Cláusulas Contratuais

Volume 2

Cláusulas Contratuais

Volume 2

Coordenadores:
Francisco Paulo De Crescenzo Marino
Marcelo Vieira von Adamek
Osny da Silva Filho

Bruno Almeida Ruggiero
Carolina Mota da Silva Telles
Conrado Van Erven
Danielle Tavares Peçanha
Diego Ramos Abrantes Teixeira
Eduardo Bruzzi
Fernanda Martino
Fernando Mirandez Del Nero Gomes
Fernando Schwarz Gaggini
Flávio Luiz Yarshell
Francisco Paulo De Crescenzo Marino
Gabriel Schulman
Gabriel Seijo Leal de Figueiredo
Gabriela Lotufo Cintra Ferreira
George Ibrahim Farath
Gerson Luiz Carlos Branco
Giacomo Grezzana
Gilberto Azevedo de Moraes Costa
Giovana Benetti
Giulia Ferrigno
Guilherme Carneiro Monteiro Nitschke
Guilherme Setoguti J. Pereira
Gustavo Birenbaum
Gustavo Santos Kulesza
Gustavo Tepedino
Hamid Bdine
Haroldo Malheiros Duclerc Verçosa
Heitor Vitor Mendonça Sica
Hugo Tubone Yamashita
Ivo Bari Ferreira
Jairo Sadd
João Carlos Mettlach-Pinter
João Felipe Martins de Almeida
João Vitor de Souza Lima Pacheco
José Augusto Fontoura Costa
José Roberto de Castro Neves
Lara Britto de Almeida Domingues Neves Calmon Borges
Lauro Gama Jr.
Lenine Munari Mariano da Rocha
Leonor Cordovil
Luiz Eduardo de Avila Guimarães
Marina Junqueira de Moraes Lima
Matheus Carneiro Lima
Paula Greco Bandeira
Pedro Marcos Nunes Barbosa
Rafael Stefanini Auilo
Ruy Amaral Andrade

ALMEDINA
BRASIL

Cláusulas Contratuais – Volume 2

ISBN: 978-85-8493-879-7

Impresso no Brasil – 1ª Edição, 2025 – Edição revisada conforme o Acordo Ortográfico da Língua Portuguesa de 2009.

Dados Internacionais de Catalogação na Publicação (CIP)
(Câmara Brasileira do Livro, SP, Brasil)

PC584c v.2
Cláusulas Contratuais – Volume 2: Coordenação: Francisco Paulo De Crescenzo Marino, Marcelo Vieira von Adamek, Osny da Silva Filho. 1.ed. Rio de Janeiro: Almedina Brasil, 2025.

704 p; 16 x 23 cm.

ISBN 978-85-8493-879-7

1. Contratos – Negociação. 2. Contratos – Redação. 3. Prática contratual. 4. Direito contratual brasileiro. 5. Cláusulas contratuais. I. Marino, Francisco Paulo De Crescenzo. II. Adamek, Marcelo Vieira von. III. Silva Filho, Osny da. IV. Título.

CDD-347.44(81)

Índices para catálogo sistemático:
1. Brasil: Direito civil: Direito contratual: Cláusulas contratuais: Estudos jurídicos

Grupo Editorial Alta Books

Produção Editorial: Grupo Editorial Alta Books
Diretor Editorial: Anderson Vieira
Editora-Chefe: Manuella Santos de Castro
Assistente Editorial: Francielle Regina
Vendas Governamentais: Cristiane Mutüs
Diagramação: Cumbuca Studio

ALTA BOOKS
GRUPO EDITORIAL

Rua Viúva Cláudio, 291 — Bairro Industrial do Jacaré
CEP: 20.970-031 — Rio de Janeiro (RJ)
Tels.: (21) 3278-8069 / 3278-8419
www.altabooks.com.br — altabooks@altabooks.com.br
Ouvidoria: ouvidoria@altabooks.com.br

Editora **afiliada à:**
ASSOCIADO CBL Câmara Brasileira do Livro

NOTA DOS COORDENADORES

Cláusulas contratuais obscuras, ambíguas, omissas ou inválidas tendem a acarretar "prejuízos de muita consideração".[1] É com essa constatação trivial, mas não raro negligenciada, que José Homem Correa Telles (1780-1849) inicia seu *Manual do tabellião ou ensaio de jurisprudencia eurematica*, texto-chave do direito notarial luso-brasileiro, publicado pela primeira vez em Lisboa, em 1819. Na obra, o jurista apresenta uma série de "cautelas, que podem ser úteis a quantos tiverem contratos [...] a fazer", reconhecendo que sobre tal empreitada não pode haver pretensão exauriente.[2]

Esse é, também, o ponto de partida desta coletânea.

Os artigos aqui reunidos, fruto da inestimável colaboração de mais de 100 autoras e autores, propõem-se a fornecer a estudantes e a profissionais do direito um panorama da prática contratual brasileira a partir da exploração doutrinária de cláusulas contratuais típicas e atípicas. Busca-se, assim, obter um retrato mais aproximado ou ampliado da prática,[3] um retrato que contemple demandas de abertura do direito dos contratos para a realidade das operações econômicas sem perder de vista o caráter inescapavelmente geral e contínuo da disciplina

---

1 José Homem Correa Telles, Manual do tabelião ou ensaios de jurisprudência eurematica: contendo a coleção de minutas dos contratos e instrumentos mais usuais, e das cautelas mais precisas nos contratos e testamentos, [4. ed.], Lisboa: Imprensa Nacional, 1842 (1919), p. 3.

2 José Homem Correa Telles, Manual do tabelião ou ensaios de jurisprudência eurematica: contendo a coleção de minutas dos contratos e instrumentos mais usuais, e das cautelas mais precisas nos contratos e testamentos, [4. ed.], Lisboa: Imprensa Nacional, 1842, p. 3. Correa Telles acrescenta: "mas nem por isso deixem de consultar os sábios, cuidando que as acham [às cautelas] aqui todas."

3 Osny da Silva Filho, Doctrinal Methods in Civil Law Jurisdictions, in Yuliya Chernykh e Joshua Karton (ed.), *Research Methods for Contract Law and Scholarship*, Cheltenham: Elgar, 2025, p. 33: "*zooming in from contracts to clauses*".

contratual.[4] Os trabalhos mencionados nas próximas páginas enfrentam problemas que não costumam ser considerados em manuais e em tratados,[5] recorrem a métodos, a técnicas e a procedimentos de investigação distintos daqueles usualmente empregados pela doutrina[6] e desenvolvem raciocínios que vão além da sistematização e da crítica da legislação e da jurisprudência.[7] Em última análise, seu propósito comum é restabelecer conexões produtivas entre a reflexão acadêmica e a prática profissional, e especialmente a prática profissional consultiva.[8]

Há obras similares na literatura estrangeira. Na Itália, encontramos dois alentados volumes organizados por Massimo Confortini em 2017 e em 2019.[9] Na França, o interessante dicionário de cláusulas de William Dross, publicado desde 2010,[10] bem como o esforço de sistematização de Geneviève Helleringer, de 2012,[11] e a obra coletiva dirigida por Frédéric Buy, Marie Lamoureux, Jacques Mestre e Jean-Christophe Roda alguns anos depois.[12] Na Alemanha, merece des-

---

4 A "percepção da necessidade de adaptação e combinação dos tipos contratuais à realidade das operações econômicas" esteve, de fato, na base de inúmeras inovações na disciplina contratual, a exemplo dos contratos coligados, como reporta Francisco Paulo De Crescenzo Marino, *Contratos coligados no direito brasileiro*, São Paulo: Saraiva, 2009, xiii.

5 No mesmo sentido, Massimo Confortini (ed.), *Clausole negoziali*: Profili teorici e applicativi di clausole tipiche e atipiche, vol. I, Torino: UTET, 2017, s. p. [introdução]: "*Nell'aspirazione, per questa via, di sollecitare l'interesse dello studente verso temi e problemi che raramente penetrano nell'architettura dei tradizionali manuali o dei trattati*". Tradução: "Na aspiração, por esta via, de estimular o interesse do estudante em direção a temas e problemas que raramente penetram na arquitetura dos tradicionais manuais ou dos tratados".

6 Como, por exemplo, os de natureza empírica. A esse respeito, Christian Starck, *Empirie in der Rechtsdogmatik*, in *JuristenZeitung* 27 (1972), p. 614; Osny da Silva Filho, Interdisciplinaridade na pesquisa em direito, in Ariel Engel Pesso, Luiz Felipe Roque e Rafael Mafei Rabelo Queiroz (coord.), *Reflexões sobre Teoria e História do Direito*: estudos em homenagem a José Reinaldo de Lima Lopes, São Paulo: Almedina, 2023, pp. 389–408.

7 Quanto a essas importantes funções, remetemos a Otavio Luiz Rodrigues Junior, Dogmática e crítica da jurisprudência (ou da vocação da doutrina em nosso tempo), in *Revista dos Tribunais* 891 (2010), pp. 86–93; e Judith Martins-Costa, Autoridade e utilidade da doutrina: a construção dos modelos doutrinários, in Judith Martins-Costa *et al.*, *Modelos de Direito Privado*, São Paulo: Marcial Pons, 2014, pp. 18–26.

8 Catherine Mitchell, *Contract Law and Contract Practice:* Bridging the Gap Between Legal Reasoning and Commercial Expectation, Oxford: Hart, 2013; e Osny da Silva Filho, *Fundamentos do direito contratual:* doutrina, teoria e empiria, São Paulo: Almedina, 2022, pp. 215–237.

9 Massimo Confortini (ed.), *Clausole negoziali*: profili teorici e applicativi di clausole tipiche e atipiche, vol. I, Torino: UTET, Torino, 2017, e Massimo Confortini (ed.), *Clausole negoziali*: profili teorici e applicativi di clausole tipiche e atipiche, vol. II, Torino: UTET, 2019.

10 William Dross, *Clausier*: dictionnaire des clauses ordinaires et extraordinaires des contrats de droit privé interne, 4. ed., Paris: Lexis Nexis, 2020 (o título original é *Clausier:* les clauses essentielles des contrats de droit privé).

11 Geneviève Helleringer, *Les clauses du contrat:* essai de typologie, Paris: L.G.D.J., 2012.

12 Frédéric Buy, Marie Lamoureux, Jacques Mestre e Jean-Christophe Roda (dir.), *Les principales clauses des contrats d'affaires*, 2. ed., Paris: LGDJ, 2018.

taque o livro de Christoph Schmitt e Sebastian Herrmann, que oferece modelos de cláusulas comentados,[13] a exemplo de volumes organizados a partir de diferentes tipos contratuais.[14] Obras dedicadas a aspectos práticos da composição contratual também têm sido publicadas já há vários anos na Inglaterra e nos Estados Unidos.[15] No Brasil, trabalhos importantes enfocam segmentos específicos do direito dos contratos, a exemplo de recente coletânea sobre fusões e aquisições publicada em 2022.[16]

Uma das particularidades desta coletânea, em relação aos trabalhos citados acima, reside em seu caráter englobante. Cláusulas contratuais estruturalmente similares podem cumprir funções distintas em diferentes contextos. É o caso das cláusulas de confidencialidade (Vera Maria Jacob de Fradera e Rodrigo Salton Rotunno Saydelles), de fixação de juros (Sergio Tuthill Stanicia), de melhores esforços (Fernando Gemelli Eick), de entendimento integral ou de acordo integral (Guilherme Carneiro Monteiro Nitschke) e de interpretação (André Nunes Conti), assim como ocorre com cláusulas contidas em preâmbulos contratuais (Luis Renato Ferreira da Silva), cláusulas de irrevogabilidade da proposta (Alice Pereira Santos Rodrigues), cláusulas resolutivas "de estilo" (Maria Beatriz Rizzo Delamuta e Renata C. Steiner), cláusulas marcianas (Carlos Edison do Rêgo Monteiro Filho), cláusulas de opção de venda (Mário Gamaliel Guazzeli de Freitas), e, de modo ainda mais abrangente, com as assinaturas eletrônicas (Clarisse Frechiani Lara Leite). A abertura funcional também pode ser identificada em artigos dedicados a cláusulas de renegociação (Anderson Schreiber), cláusulas *solve et repete* (Gustavo Tepedino, Paula Greco Bandeira e Danielle Tavares Peçanha), cláusulas-dólar (Bruno Meyerhof Salama), cláusulas de *hardship* (Gerson Luiz Carlos Branco e Lenine Munari Mariano da Rocha) e cláusulas de não-modificação do contrato (Ruy Pereira Camilo Junior).

O encerramento de relações contratuais é objeto de capítulos sobre cláusulas de denúncia ou resilição unilateral (Rafael Setoguti Julio Pereira) e sobre cláusulas estipulativas de compensações, seja em contextos abrangentes (João Vitor de Souza Lima Pacheco), seja em contextos específicos (João Felipe Martins de

---

13 Christoph Schmitt e Sebastian Herrmann, *Vertragsklauseln im Wirtschaftsrecht*: Musterformulierungen und Erläuterungen, München: Beck, 2019.

14 Por todos, VVAA, *Münchener Vertragshandbuch* (6 vols.), München: Beck, 2020.

15 Richard Christou, *Drafting Commercial Agreements*, 2. ed., London, Sweet & Maxwell, 1998; Andrew Burrows e Edwin Peel (ed.), *Contract Terms*, Oxford: Oxford University Press, 2017; A-Z Mark Anderson e Victor Woroner, *Guide to Boilerplate and Commercial Clauses*, 4. ed. London: Bloomsbury, 2020; Deborah Fosbrook e Adrian Charles Laing, *The A-Z of Contract Clauses*, 7. ed., London: Bloomsbury, 2022; e de modo menos abrangente, Nancy S. Kim, *The Fundamentals of Contract Law and Clauses*, Cheltenham: Elgar, 2016.

16 Marcelo Vieira von Adamek e Rafael Setoguti J. Pereira (coord.), *Fusões e aquisições (M&A)*, São Paulo: Quartier Latin, 2022.

Almeida e Conrado Van Erven), a exemplo da compensação recíproca ou *netting* (Jairo Saddi).

A solução de controvérsias é coberta por textos dedicados a cláusulas de mediação (Rachel Letícia Curcio Ximenes), cláusulas de eleição do direito aplicável (Fabio Queiroz Pereira e Henry Colombi) e do foro competente (Amanda Souza Barbosa), cláusulas arbitrais patológicas (Thais Schiavoni Guarnieri Silva Reynol), cláusulas compromissórias em estatuto de sociedade anônima que estabeleçam agente fiduciário para a tutela dos interesses dos minoritários em arbitragens coletivas (Alfredo de Assis Gonçalves Neto e Mariana Hofmann Fuckner), cláusulas de desconexão (Carlos Nelson Konder e Naomi Fiszon Zagarodny) e convenções processuais probatórias (Flávio Luiz Yarshell e Rafael Stefanini Auilo), bem como disposições relativas a medidas de autotutela, a exemplo das cláusulas de retenção pecuniária (Ana Alice Queiroz).

Questões tradicionais de direito civil estão contempladas por capítulos sobre cláusulas de solidariedade (André Yukio I. Lacerda), condições suspensivas (Giovana Benetti), cláusulas abusivas (José Roberto de Castro Neves), cláusulas de fiança (Rodrigo Fernandes Rebouças), cláusulas penais (Sergio Mittlaender e Lucas Víspico), cláusulas de inalienabilidade, impenhorabilidade e incomunicabilidade (Hamid Bdine), modalidades estabelecidas em contratos de doação (George Ibrahim Farath), cláusulas de renúncia do cônjuge à concorrência sucessória (Priscila M. P. Corrêa da Fonseca), cláusulas atinentes à remissão total ou parcial de créditos (Francisco Paulo De Crescenzo Marino), cláusulas de vigência nos contratos de locação de imóveis (Fernanda Pereira Bento e Guilherme Neves Rodrigues Fernandes) e cláusulas de autorização creditícia (João Carlos Mettlach-Pinter).

No âmbito das garantias em sentido amplo, encontramos os trabalhos dedicados a cláusulas de cessão fiduciária de recebíveis de cartão de crédito (Gabriela Lotufo Cintra Ferreira e Eduardo Bruzzi) e a cláusulas de garantia à primeira demanda (Amanda Lemos Dill).

Pela sua relevância prática, certos assuntos são examinados em diferentes modalidades e sob múltiplas perspectivas. É o caso das cláusulas de limitação de responsabilidade, consideradas em suas formulações clássicas (André de Albuquerque Cavalcanti Abbud e Carla Wainer Chalréo Lgow), e em hipóteses específicas, como a das cláusulas de afastamento de *consequential damages* (Rafael Branco Xavier), a das cláusulas de remédio único (Deborah Slattery-Pereira e Marília Carneiro da Cunha Lopes Ribeiro) e a das cláusulas de exclusão de responsabilidade por vícios redibitórios (Giulia Ferrigno). A multiplicidade de perspectivas também está presente na análise de cláusulas *back-to-back pay-if-paid* e *pay-when-paid* (Gabriel Seijo Leal de Figueiredo e Matheus Carneiro Lima), figuras comumente pactuadas em contratos celebrados no setor de infraestrutura e construção civil (Adriana Regina Sarra de Deus).

Diferentes contextos de aplicação também podem ser cotejados nos capítulos sobre arras confirmatórias (Gilberto Azevedo de Moraes Costa) e penitenciais (Marcelo Matos Amaro da Silveira e Bruna Duarte Leite), cláusulas-mandato pactuadas em escrituras translativas imobiliárias (Alexandre Gonçalves Kassama) e na emissão de títulos de crédito em arranjos de pagamento com cartões (Fernando Mirandez Del Nero Gomes e Diego Ramos Abrantes Teixeira) e cláusulas de *washout*, exploradas em contextos abrangentes (Hugo Tubone Yamashita e Marina Junqueira de Moraes Lima) e no âmbito do agronegócio (Antonio Carlos de Oliveira Freitas e Jose Roberto Camasmie Assad). Cláusulas de opção de venda, figura ainda controvertida na prática jurídica brasileira, são examinadas a partir de um mesmo caso referencial (Mario Engler Pinto Junior; Lara Britto de Almeida Domingues Neves Calmon Borges e Ruy Amaral Andrade). Cláusulas *negative pledge* também são discutidas em dois capítulos (Fábio Roberto Barros Mello e André Rodrigues Corrêa; Milena Donato Oliva e Danielle Tavares Peçanha).

Alguns dos capítulos examinam cláusulas empregadas em situações particulares. É o caso das *hardship clauses* em contratos internacionais de transporte de coisas (Marco Fábio Morsello), dos *Incoterms* nos contratos de compra e venda internacional de mercadorias (Lauro Gama Jr.), das cláusulas de interferência na gestão da contraparte em operações de *project finance* (Marcelo Lucon, Vitor Fernandes de Araujo e Pedro Perez Meirelles), das cláusulas de *cross-default* e de *cross-acceleration* em operações de concessão de crédito junto a instituições financeiras (Rodrigo da Guia Silva), das cláusulas de garantia em contratos de construção (Antonio Carlos Nachif Correia Filho), das cláusulas de alocação do risco de obtenção de licenças ambientais em contratos de concessão (Arnoldo Wald e Mariana Tavares Antunes) e das cláusulas de cessão de direitos patrimoniais de autor no setor audiovisual (Nichollas de Miranda Alem e Daniel Sampaio de Souza Duarte). Vale destacar, ainda, os textos relativos a cláusulas sobre segurança de informações compartilhadas (Daniele Verza Marcon e Luis Alberto Salton Peretti) e proteção de dados (Fernanda Foizer Canevari e Bruno Ricardo Bioni), e ainda a cláusulas empregadas na contratação de projetos arquitetônicos (Manuella Santos de Castro).

Aspectos de direito empresarial e concorrencial são contemplados pela análise de cláusulas de paridade (Leonor Cordovil e Fernanda Martino), de cláusulas de não solicitação pactuadas no contexto do mercado de trabalho (Luiz Felipe Ramos, Mariana Azevedo César e Maria Beatriz Fidalgo), de cláusulas de exclusividade (Gabriel Schulman e Pedro Marcos Nunes Barbosa), de cláusulas de não-concorrência (Ivo Bari Ferreira) e da relação entre atividade econômica e clausulado contratual (Rachel Sztajn e Milton Barossi Filho).

Aspectos do dia-a-dia societário são cobertos por capítulos dedicados a cláusulas limitativas da transferência de ações (Erasmo Valladão Azevedo e Novaes França e Marco La Rosa de Almeida), cláusulas de ajuste de bônus de subscrição (Daniella Neves Reali Fragoso), cláusulas de *standstill* em operações de reestruturação de dívida (Paulo Guilherme de Mendonça Lopes), cláusulas envolvendo conversão de dívida em participação societária (Sarah M. Matos Marinho), cláusulas estatutárias sobre participação de acionistas em ação de impugnação de deliberação assemblear (Heitor Vitor Mendonça Sica e Bruno Almeida Ruggiero) e cláusulas de continuação da sociedade em caso de morte do sócio (Marcelo Vieira von Adamek e Camila Bovolato Rodrigues).

Ainda em segmento delimitado, o leitor encontrará trabalhos dedicados a disposições usuais em contratos de compra e venda de participação societária: cláusulas de *sandbagging* (Rodrigo Fialho Borges), de *earn-out* (Antônio Pedro Garcia de Souza e Mário Pimenta Camargo Neto), de *material adverse change* e *material adverse effect* (Crisleine Yamaji), de *break-up fee* (Antonio Alberto Rondina Cury; Gustavo Santos Kulesza e Luiz Eduardo de Avila Guimarães) e de indenização, seja em relação a suas limitações (Ricardo Busana Galvão Bueno), seja em relação a aspectos procedimentais (Pietro Benedetti Teixeira Webber).

Operações de M&A também são contempladas em artigos sobre condições precedentes (Osny da Silva Filho e Sergio Lima Dias Junior), cláusulas de qualificação de conhecimento (Guilherme Setoguti J. Pereira e Carolina Mota da Silva Telles), qualificadoras de materialidade em relação a declarações e garantias (Giacomo Grezzana) e declarações e garantias (Gustavo Birenbaum).

Os coordenadores reiteram o agradecimento a todas as autoras e a todos os autores citados acima, bem como a Kedna Rodrigues, Yasmin Bewiahn Saba Relvas e Sergio Lima Dias Junior, sem cuja dedicação a obra não teria sido possível. Registramos, por derradeiro, o agradecimento à nossa editora, Manuella Santos de Castro, por ter apoiado a iniciativa desde os seus primórdios, no início de 2022.

São Paulo, dezembro de 2024

Francisco Paulo De Crescenzo Marino
Marcelo Vieira von Adamek
Osny da Silva Filho

SOBRE OS COORDENADORES

Francisco Paulo De Crescenzo Marino

Professor de Direito Civil na Faculdade de Direito da Universidade de São Paulo. Mestre, Doutor e Livre Docente pela Faculdade de Direito da Universidade de São Paulo. MacCormick Fellow (University of Edinburgh).

Marcelo Vieira von Adamek

Professor de Direito Comercial na Faculdade de Direito da Universidade de São Paulo. Mestre e Doutor pela Faculdade de Direito da Universidade de São Paulo. Advogado em São Paulo.

Osny da Silva Filho

Professor da FGV Direito SP. Mestre e Doutor pela Faculdade de Direito da Universidade de São Paulo. Pesquisador visitante na Faculdade de Direito de Harvard e no Instituto Max Planck de Hamburgo. Advogado.

SOBRE OS AUTORES

Bruno Almeida Ruggiero

Advogado em São Paulo. Bacharel em Direito pela Faculdade de Direito da Universidade de São Paulo. Mestrando em Direito Comercial pela Faculdade de Direito da Universidade de São Paulo, sob a orientação do Professor Doutor Marcelo Vieira von Adamek.

Carolina Mota da Silva Telles

Graduada pela Faculdade de Direito da Universidade de São Paulo. Advogada.

Conrado Van Erven

Advogado de Ferro, Castro Neves, Daltro & Gomide Advogados. Bacharel em Direito pela Pontifícia Universidade Católica do Rio de Janeiro.

Danielle Tavares Peçanha

Mestre em Direito Civil pela Faculdade de Direito da Universidade do Estado do Rio de Janeiro (UERJ). Professora de cursos de Pós-Graduação em Direito Civil. Membro efetivo da Comissão de Direito Civil do Conselho Seccional do Rio de Janeiro da Ordem dos Advogados do Brasil (OAB/RJ). Advogada e pesquisadora.

Diego Ramos Abrantes Teixeira

Graduado pela Faculdade de Direito da Universidade de São Paulo (2005); Especialização em Direito pela Pontifícia Universidade Católica de São Paulo (PUC-SP); Mestrado em Direito dos Negócios pela Fundação Getúlio Vargas (FGV). Advogado Associado em Pinheiro Neto Advogados.

Eduardo Bruzzi

Sócio do BBL Advogados. Mestre em Direito da Regulação pela FGV Direito Rio, Visiting Scholar pelo Institute for Law & Finance da Goethe-Universität de Frankfurt, Membro da Comissão de Direito Público da OAB/RJ, Professor da pós-graduação em Direito Regulatório da UERJ, autor e coordenador do livro "Banking 4.0: Desafios jurídicos e regulatórios do novo paradigma bancário e de pagamentos".

Fernanda Martino

Mestre (LL.M.) em Direito Concorrencial pela King's College London (2016). Mestranda em Direito dos Negócios pela Escola de Direito da Fundação Getúlio Vargas (FGV/SP). Pós-Graduada em Direito Internacional pela Escola Paulista de Direito (2013). Pós-Graduada em Direito Econômico pela Fundação Getúlio Vargas - GVLaw (2010). Bacharel pela Pontifícia Universidade Católica de São Paulo - PUC-SP (2007). Participante do Programa de Formação em Comércio Internacional da Missão do Brasil junto à Organização Mundial do Comércio em Genebra (2016). Membro Efetivo da Comissão de Estudos da Concorrência e Regulação Econômica da OAB/SP (CECORE).

Fernando Mirandez Del Nero Gomes

Graduado em Direito pela USP; Especialização em Finanças pela Fundação Getúlio Vargas (FGV); MBA pela Wharton School da University of Pennsylvania. Sócio em Pinheiro Neto Advogados.

Fernando Schwarz Gaggini

Advogado. Pós-graduado em Direito Mobiliário (Mercado de Capitais) e Mestre em Direito Comercial pela Faculdade de Direito da USP. Professor titular de Direito Empresarial na Faculdade de Direito de São Bernardo do Campo.

Flávio Luiz Yarshell

Advogado e árbitro. Professor Titular da Faculdade de Direito da Universidade de São Paulo.

Francisco Paulo De Crescenzo Marino

Professor Associado da Faculdade de Direito da Universidade de São Paulo. Mestre, Doutor e Livre Docente pela Faculdade de Direito da Universidade de São Paulo. MacCormick Fellow (University of Edinburgh).

Gabriel Schulman

Advogado, Professor da Graduação e Mestrado da Universidade Positivo. Doutor em Direito pela UERJ. Mestre e Bacharel em Direito pela UFPR. Especialista em Direito da Medicina pela Universidade de Coimbra. Professor de diversos cursos de especialização.

Gabriel Seijo Leal de Figueiredo

Advogado e árbitro em Salvador e São Paulo. Doutor e Mestre em Direito Civil pela PUC-SP. Bacharel em Direito pela UFBA. Sócio de Cescon, Barrieu, Flesch & Barreto Advogados. Professor da Faculdade Baiana de Direito. Presidente do Instituto de Arbitragem da Bahia. Presidente da Comissão de Arbitragem da OAB/BA. Membro do Advisory Board do Institute for Transnational Arbitration. Sócio do Instituto dos Advogados de São Paulo, do Instituto dos Advogados da Bahia, do Clube de Arbitralistas Lusófonos e da Federação dos Advogados de Língua Portuguesa.

Gabriela Lotufo Cintra Ferreira

Sócia da área de Contencioso e Arbitragem do BBL Advogados, com experiência em demandas judiciais e arbitrais envolvendo matérias cíveis, societárias e de meios de pagamento. Mestre em Direito dos Negócios e especialista em Direito Empresarial pela FGV. Graduada em Direito pela Faculdade de Direito de Ribeirão Preto – USP, com intercâmbio na Università Degli Studi di Pavia, Itália.

George Ibrahim Farath

Bacharel (1999), Mestre (2003) e Doutor (2015) em Direito Civil pela FDUSP. Procurador do Estado de São Paulo (desde 2006), com atuação no Contencioso e Consultivo Imobiliários (2007-2013, e 2016-2022), e no Registro de Empresas (desde 2023).

Gerson Luiz Carlos Branco

Professor Associado de Direito Empresarial da Universidade Federal do Rio Grande do Sul, Árbitro e Advogado.

Giacomo Grezzana

Bacharel pela Universidade Federal do Rio Grande do Sul. Mestre em Direito Comercial pela Universidade de São Paulo (USP). Doutorando em Direito pela Ludwig-Maximilians-Universität (LMU). M&A Insurance Broker na Deloitte.

Gilberto Azevedo de Moraes Costa

Mestre em Direito Civil pela PUCSP. Mestre em Processo Penal pela USP. Doutor em Processo Penal pela USP. Professor da Escola Paulista da Magistratura (EPM). Juiz de direito no Estado de São Paulo.

Giovana Benetti

Doutora em Direito Civil pela Faculdade de Direito da Universidade de São Paulo. Professora do Departamento de Direito Privado da Universidade Federal do Rio Grande do Sul. Advogada.

Giulia Ferrigno

Mestre pela Universidade de Munique. Bacharela em Direito pela Universidade de São Paulo. Advogada em São Paulo.

Guilherme Carneiro Monteiro Nitschke

Doutor pela USP, com tese ganhadora do prêmio de Melhor Tese de Direito Civil da USP em 2018, e Mestre pela UFRGS. Diretor do CBAr desde 2018 e Membro da ICC Global Commission on Arbitration and ADR, tendo sido Secretário-Executivo da Comissão de Arbitragem e Mediação da ICC Brasil de 2019 a 2023. Autor de vários livros e artigos nas áreas do Direito Civil e da Arbitragem. Sócio de TozziniFreire Advogados, com atuação em arbitragem e contencioso estratégico. Atua também como parecerista e árbitro, integrando as listas de árbitros de diversas câmaras.

Guilherme Setoguti J. Pereira

Doutor, Mestre e Bacharel pela USP. Professor do Insper. Presidente da Associação de Special Situations e Litigation Finance

Gustavo Birenbaum

Advogado. Mestre em Direito Civil pela Universidade do Estado do Rio de Janeiro.

Gustavo Santos Kulesza

Sócio de BMA Advogados. Bacharel, Mestre em Direito Internacional e Doutor em Direito Civil pela Faculdade de Direito da Universidade de São Paulo – USP.

Gustavo Tepedino

Professor Titular de Direito Civil e ex-diretor da Universidade do Estado do Rio de Janeiro (UERJ). Livre-Docente pela mesma Universidade. Doutor em Direito Civil pela Universidade de Camerino (Itália). Professor Visitante das Universidades de Molise (Itália); São Francisco (Califórnia – EUA) e Poitiers (França). Membro Titular da Academia Internacional de Direito Comparado e da Academia Brasileira de Letras Jurídicas (ABLJ). Presidente do Instituto Brasileiro de Direito Civil (IBDCIVIL). Sócio fundador do escritório Gustavo Tepedino Advogados.

Hamid Bdine

Doutor e Mestre em Direito Civil, Desembargador aposentado do Tribunal de Justiça de São Paulo e advogado.

Haroldo Malheiros Duclerc Verçosa

Mestre, Doutor e Livre Docente em Direito Comercial pela Faculdade de Direito da USP. Professor Sênior de Direito Comercial da Faculdade de Direito da USP, onde leciona nos cursos de pós-graduação. Sócio de Duclerc Verçosa Advogados Associados. Consultor e parecerista. Atuação em arbitragem por diversas câmaras nacionais. Autor de diversos livros e artigos sobre Direito Empresarial, destacando-se a Coleção de Direito Comercial em seis volumes, publicada pela Editora Dialética, 2022; e a obra "Aspectos da Teoria Geral do Direito Bancária – A Moeda e o Sistema Financeiro Nacional e Internacional", em coautoria com Alexandre Sansone Pacheco, Ed. Dialética, 2022.

Heitor Vitor Mendonça Sica

Professor Associado de Direito Processual Civil da FDUSP. Advogado.

Hugo Tubone Yamashita

Advogado em Solução de Disputas, com foco em direito empresarial. Sócio de Sacramone, Orleans e Bragança Advogados. Formado em Direito pela Universidade de São Paulo, com mestrado e doutorado em Direito Civil pela mesma entidade. Visiting researcher no Max Plank Institute for Comparative and International Private Law. Autor de livros e artigos. Professor convidado em diversas instituições de ensino.

Ivo Bari Ferreira

Doutorando e Mestre em Direito Comercial pela Faculdade de Direito da Universidade de São Paulo, Bacharel em Direito pela FGV Direito SP, Professor do LLM e LLC do Insper, Advogado e Árbitro em São Paulo.

Jairo Saddi

Advogado, árbitro e parecerista em São Paulo. Pós-Doutor pela Universidade de Oxford. Doutor em Direito Econômico pela Universidade de São Paulo. Bacharel em Direito pela Faculdade de Direito da USP. Administrador de Empresas pela FGV-SP.

João Carlos Mettlach-Pinter

Doutor em Direito Civil pela Faculdade de Direito da Universidade de São Paulo. Procurador do Estado de São Paulo.

João Felipe Martins de Almeida

Advogado. Mestre em Direito Civil pela Ludwig-Maximilians Universität. Mestrando em Direito Civil pela Universidade de São Paulo.

João Vitor de Souza Lima Pacheco

Bacharel (2016) e Mestre (2021) em Direito pela Universidade de São Paulo. Juiz de direito no Estado de São Paulo.

José Augusto Fontoura Costa

Professor de Direito do Comércio Internacional da Faculdade de Direito da USP. Bolsista produtividade do CNPq. Parecerista e árbitro.

José Roberto de Castro Neves

Advogado, Mestre em Direito (LL.M.) pela Universidade de Cambridge; Doutor em Direito Civil pela Universidade do Estado do Rio de Janeiro (UERJ); Professor de Direito Civil na Pontifícia Universidade Católica (PUC) e da Fundação Getúlio Vargas (FGV); Titular da Cadeira nº 27 da Academia Brasileira de Letras Jurídicas; Sócio do Escritório Ferro, Castro Neves, Daltro & Gomide Advogados. Autor de diversas obras. É casado e tem três filhos.

Lara Britto de Almeida Domingues Neves Calmon Borges

Advogada. Mestre em Direito dos Negócios pela FGV Direito SP. Professora da Universidade Federal da Bahia.

Lauro Gama Jr.

Bacharel em Direito (UERJ, 1987). Mestre em Relações Internacionais (PUC-Rio, 1992). LL.M em Direito Comparado (McGill, 1999). Doutor em Direito Internacional (USP, 2004). Professor Adjunto da PUC-Rio desde 1991 (Direito Internacional Privado e Arbitragem Comercial Internacional). Membro da Corte Internacional de Arbitragem da Câmara de Comércio Internacional (CCI) (2015-2021). Membro do Conselho do ICC Institute of World Business Law (2019-2025). Membro da Academia Internacional de Direito Comparado (AIDC/IACL). Advogado e Procurador do Estado do Rio de Janeiro (aposentado). Atuou como advogado e árbitro em mais de 120 arbitragens, sob as regras da CCI, LCIA, UNCITRAL, CAM-CCBC e de outras câmaras arbitrais brasileiras.

Lenine Munari Mariano da Rocha

Mestre em Direito pela Universidade Federal do Rio Grande do Sul. Advogada em Porto Alegre.

Leonor Cordovil

Doutora em Direito Econômico Internacional pela Universidade Paris 1 – Panthéon Sorbonne e pela Universidade de São Paulo. Mestre em Direito Econômico pela UFMG, onde se graduou em Direito. Fundadora do Women in

Antitrust. Vice-chair do Antitrust Committee da International Bar Association. Sócia-fundadora do Grinberg Cordovil Advogados. Professora do Mestrado Profissional da FGV Direito SP.

Luiz Eduardo de Avila Guimarães

Graduado em Direito pela Universidade Federal de Minas Gerais (UFMG). Advogado em São Paulo.

Marina Junqueira de Moraes Lima

Graduada em Direito pela Universidade Presbiteriana Mackenzie. Pós-graduanda em Direito Processual Civil pela Universidade de São Paulo. Advogada em contencioso cível estratégico e arbitragem no escritório Lobo de Rizzo Advogados em São Paulo.

Matheus Carneiro Lima

LL.M. pela Notre Dame Law School (cum laude, Aviles-Brazil Fellow). Mestre em Direito Processual pela Universidade de São Paulo. Advogado da equipe de Resolução de Disputas no escritório Cescon, Barrieu, Flesch & Barreto Advogados, com atuação em contencioso judicial e arbitragem.

Paula Greco Bandeira

Professora Adjunta de Direito Civil da Faculdade de Direito da Universidade do Estado do Rio de Janeiro (UERJ). Sócia do escritório Gustavo Tepedino Advogados.

Pedro Marcos Nunes Barbosa

Sócio de Denis Borges Barbosa Advogados (pedromarcos@dbba.com.br). Professor do Departamento de Direito da PUC-Rio. Doutor com Estágio Pós-Doutoral (USP), Mestre (UERJ) e Especialista em Propriedade Intelectual (PUC-Rio).

Rafael Stefanini Auilo

Doutor e Mestre em Direito Processual pela Faculdade de Direito da Universidade de São Paulo. Advogado, árbitro e pesquisador.

Ruy Amaral Andrade

Advogado. Mestre em Direito dos Negócios pela FGV Direito SP. Professor da Faculdade Baiana de Direito.

SUMÁRIO

31. CLÁUSULA-MANDATO PARA EMISSÃO DE TÍTULOS DE CRÉDITO NOS ARRANJOS DE PAGAMENTO DE CARTÕES: COMENTÁRIOS À POSIÇÃO DO STJ NO RECURSO ESPECIAL Nº 1.084.640/SP

Fernando Mirandez Del Nero Gomes
Diego Ramos Abrantes Teixeira

1. INTRODUÇÃO

A indústria de cartões de crédito no Brasil por muitos anos esteve num certo limbo jurídico. A ausência de regulação específica e dificuldades práticas encontradas na aplicação dos institutos jurídicos tradicionais à realidade prática deste mercado resultaram em diversas discussões acadêmicas e por décadas tiveram sua disciplina somete junto às cortes, chegando tais discussões até os tribunais superiores. Dentre tais discussões, destaca-se o rico debate sobre o tema principal deste Capítulo, a *cláusula-mandato*.

No julgamento do Recurso Especial nº 1.084.640/SP, em especial, a Segunda Seção do STJ decidiu que a chamada cláusula-mandato prevendo a emissão de título de crédito, pelo mandatário em nome do mandante, seria abusiva e, portanto, inválida. O STJ decidiu dessa maneira com base nos seguintes fundamentos:

(i) a cláusula-mandato exporia o consumidor *"à posição de extrema vulnerabilidade"* à medida que *"dela resultaria um instrumento apto possibilitar a pronta invasão de seu patrimônio por meio da compensação bancária direta ou via executiva, reduzindo, inegavelmente, a sua capacidade defensiva, porquanto a expropriação estará lastreada em cártula que, em regra, por mera autorização contratual firmada em contrato de adesão, será sacada independentemente da intervenção do devedor/mandante"*;

(ii) a Súmula 60 do STJ vedaria a obrigação cambial assumida por procurador do mutuário vinculado ao mutuante, no exclusive interesse deste; e

(iii) a emissão de título de crédito em nome dos usuários atenderia apenas os interesses da emissora dos cartões de crédito, em detrimento dos princípios da ampla defesa e do contraditório.

Parte da Doutrina, mesmo reconhecendo que o chamado arranjo de pagamento, estrutura jurídica que dá base aos cartões de crédito, forma-se a partir de contratos coligados que afetam diferentes partes, celebrou essa decisão argumentando que a posição contratual de uma dessas Partes, o consumidor, teria sido fortalecida[1].

Ocorre que, a nosso ver, a proibição à emissão de títulos de créditos por mandato, em última análise, não atende à finalidade do arranjo de pagamento, aumenta a insegurança jurídica e incentiva o inadimplemento, penalizando aquelas partes que pretendem fazer bom uso dos instrumentos de pagamento.

O objetivo deste artigo é, à luz da prática da indústria de cartões, da natureza das relações e obrigações entabuladas nesse tipo de arranjo, conceito de cláusula abusivas, bem como da própria jurisprudência do STJ em tema conexo, demonstrar que a posição adotada no acórdão proferido no Recurso Especial nº 1.084.640/SP contém equívocos fundamentais que justificam sua revisão. Objetiva-se também recomendar cautelas na elaboração dessas cláusulas-mandato, caso a opção seja por prever o uso de tal mecanismo, na tentativa de evitar sua invalidação.

O artigo divide-se em 4 partes, incluindo a presente introdução. Na parte 2, busca-se apresentar um breve contexto da indústria de cartões de crédito e seu funcionamento, via contratações coligadas com finalidade comum e deveres supracontratuais. A parte 3 comenta os fundamentos da decisão do STJ no Recurso Especial nº 1.084.640/SP, apontando possíveis equívocos conceituais e práticos, com foco na importante cláusula-mandato. O artigo é arrematado, na

---

1 MARTINS, Guilherme Magalhães; KASSUGA, Eduardo. Comentários sobre a abusividade da cláusula-mandato nos contratos de cartão de crédito e a jurisprudência do Superior Tribunal de Justiça (REsp. 1.084.640-SP). Revista de Direito do Consumidor, [s. l.], v. 103, p. 380-395, Ano 25, jan.-fev./2016.

parte 4, com a apresentação de uma interpretação alternativa ao entendimento do STJ no Recurso Especial nº 1.084.640/SP e recomendação para o uso da cláusula-mandato para fins de emissão de título de crédito.

2. CARACTERÍSTICAS GERAIS DA ÍNDUSTRIA DE MEIOS DE PAGAMENTOS

Objetivando regulamentar as relações envolvidas no sistema de pagamento de varejo no Brasil, a Lei nº 12.865 foi publicada em 09 de outubro de 2013 para disciplinar a indústria de meios eletrônicos de pagamento, criando os conceitos de "arranjos de pagamento", "instituidores de arranjos de pagamento" e "instituições de pagamento" (como emissores e credenciadores). Especificamente quanto ao conceito de arranjo de pagamento, o artigo 6º do referido diploma o define como "o conjunto de regras e procedimentos que disciplina a prestação de determinado serviço de pagamento ao público aceito por mais de um recebedor, mediante acesso direto pelos usuários finais, pagadores e recebedores".

Nesse contexto, a Lei nº 12.865/2013 estabelece que os arranjos de pagamento devem observar determinados princípios, a fim de fomentar a solidez e robustez do Sistema de Pagamentos Brasileiro (SPB). Em especial, os arranjos devem atender às necessidades dos usuários finais e assegurar a confiabilidade, qualidade e segurança dos serviços de pagamento (artigo 7º[2]). Note-se que a Lei fala em usuários, no plural, e não em usuário, no singular. Ainda, a lei outorga poderes ao Banco Central do Brasil (BACEN), conforme diretrizes estabelecidas pelo Conselho Monetário Nacional (CMN), para, entre outras funções, disciplinar os arranjos de pagamento, exercer vigilância sobre esses e aplicar as sanções cabíveis[3].

A Resolução nº 150/2021 é a mais recente a regular a prestação de serviço de pagamento no âmbito dos arranjos de pagamento integrantes do SPB. Ela

2 "Art. 7º: Os arranjos de pagamento e as instituições de pagamento observarão os seguintes princípios, conforme parâmetros a serem estabelecidos pelo Banco Central do Brasil, observadas as diretrizes do Conselho Monetário Nacional: [...]
IV – atendimento às necessidades dos usuários finais [pagadores e recebedores], em especial liberdade de escolha, segurança, proteção de seus interesses econômicos, tratamento não discriminatório, privacidade e proteção de dados pessoais, transparência e acesso a informações claras e completas sobre as condições de prestação de serviços;
V – confiabilidade, qualidade e segurança dos serviços de pagamento."

3 "Art. 9º Compete ao Banco Central do Brasil, conforme diretrizes estabelecidas pelo Conselho Monetário Nacional:
I – disciplinar os arranjos de pagamento; [...]
VIII – supervisionar as instituições de pagamento e aplicar as sanções cabíveis" (Lei nº 12.865/2013).

especifica que os instituidores do arranjo de pagamentos (também popularmente conhecidos como "bandeiras") devem estabelecer procedimentos mínimos, relativos: (i) ao gerenciamento dos riscos e de monitoramento e auditoria dos participantes do arranjo; e (ii) à liquidação das transações entre as instituições participantes do arranjo.

A Resolução nº 150/2021 também estabelece, dentre outros aspectos, que as regras dos arranjos de pagamento devem ser claras, objetivas e não discriminatórias no que tange à atribuição e delimitação de responsabilidades entre os participantes. Ainda, elas devem definir os prazos máximos para disponibilização de recursos para livre movimentação pelo recebedor da transação de pagamento e as sanções aplicáveis em caso de descumprimento (artigo 19[4]).

---

4 "Art. 19. No regulamento de que trata o inciso IV do art. 16 deve constar, de forma clara e objetiva, a descrição detalhada de todas as regras de funcionamento do arranjo, contemplando, quando aplicável, as seguintes informações:

I – o propósito do arranjo, na forma do disposto no art. 8º;

II – a modalidade de relacionamento dos usuários finais com a instituição participante, na forma do disposto no art. 9º;

III – a abrangência territorial do arranjo, na forma do disposto no art. 10;

IV – os tipos de instrumentos de pagamento utilizados para iniciar cada transação de pagamento em todas as formas previstas no processo de autorização no âmbito do arranjo;

V – as regras para o uso da marca;

VI – a previsão das modalidades de participantes, especificando as atribuições de cada modalidade, os critérios e requisitos de participação, suspensão e exclusão de participantes;

VII – a descrição detalhada do processo de autorização da transação de pagamento, contemplando os critérios aplicáveis, a atribuição de responsabilidades entre participantes e a definição do momento em que a transação é considerada autorizada no âmbito do arranjo;

VIII – a identificação dos motivos de devolução das transações de pagamento e a descrição do respectivo processo;

IX – a definição do sistema de compensação e de liquidação utilizado na liquidação entre diferentes instituições participantes do arranjo, respeitadas disposições específicas sobre o tema previstas neste Regulamento;

X – a definição dos prazos máximos para envio da transação de pagamento ao sistema de compensação e de liquidação e para a disponibilização de recursos para livre movimentação pelo recebedor da transação de pagamento;

XI – a identificação dos riscos em que os participantes incorrem em função das regras e dos procedimentos que disciplinam a prestação dos serviços de pagamento de que trata o arranjo e os mecanismos utilizados para seu gerenciamento;

XII – a estrutura das tarifas e de outras formas de remuneração, obrigatórias e eventuais, incluindo as cobradas pelo instituidor do arranjo e as tarifas cobradas entre participantes;

XIII – a delimitação de responsabilidades entre o instituidor do arranjo e seus participantes;

XIV – a delimitação de responsabilidades entre os participantes do arranjo;

XV – a governança dos processos decisórios no âmbito do arranjo, observado o disposto na Seção VI deste Capítulo;

XVI – as regras para resolução de disputas entre os participantes e entre os participantes e o instituidor;

2.1 Os participantes da cadeia de pagamentos

Os agentes da indústria de meios de pagamento desenvolvem uma atividade complexa e de rápida e constante evolução impulsionada por sua íntima ligação com a tecnologia. Essa evolução tecnológica foi responsável pela propagação de outras formas de pagamento eletrônico além do tradicional cartão de crédito, como o cartão de débito, as inúmeras modalidades de instrumentos pré-pagos e os pagamentos eletrônicos mais modernos (como os smartphones e o QR Code). A toda essa complexa teia de relações jurídicas e fluxos financeiros, costuma-se referir como "cadeia de pagamentos" ou "cadeia de valor". O foco deste estudo recairá sobre a estrutura jurídica do tradicional cartão de crédito (talvez a mais tradicional relação na cadeia de pagamentos), que é onde se situa a mais corriqueira utilização da cláusula-mandato e, por conseguinte, a questão jurídica controvertida do Recurso Especial nº 1.084.640/SP.

Ainda que a evolução desse mercado ocorra num ritmo acelerado, as bases da arquitetura jurídico-econômica se mantêm intactas desde os primórdios: os participantes envolvidos nessa atividade complexa formam o que se chama de "cadeia de valor", e podem ser divididos em cinco categorias: os usuários dos cartões de crédito; os estabelecimentos comerciais e prestadores de serviços credenciados para aceitação dos instrumentos de pagamento[5]; os adquirentes, também conhecidos como credenciadores, responsáveis pelo credenciamento dos estabelecimentos comerciais, pela captura, processamento e liquidação das transações com cartões; as bandeiras, que funcionam como um centralizador do sistema contratual estabelecendo as regras aplicáveis a todos os participantes; e os emissores, encarregados da emissão dos cartões aos usuários e cobrança aos usuários dos valores relacionados às aquisições de bens ou serviços oferecidos pelos estabelecimentos ou prestadores de serviços credenciados[6].

XVII – as penalidades aplicáveis aos participantes quando do descumprimento das regras contratuais de negócio, incluindo as situações que podem levar à sua exclusão como participante;

XVIII – os critérios e as condições para terceirização de atividades pelos participantes e as regras para evitar que um terceirizado possa restringir a competição no mercado em que atua o participante contratante;

XIX – os padrões mínimos relativos a requisitos operacionais a serem adotados pelos participantes do arranjo, de que trata o art. 4º, inciso I;

XX – as regras e os mecanismos de interoperabilidade entre os participantes do arranjo; e

XXI – as regras e os mecanismos de interoperabilidade com outros arranjos, incluindo a previsão de transferência de recursos entre eles."

5 Chamaremos indistintamente os "instrumentos de pagamento" de "cartões" ao longo desse estudo, por facilidade didática.

6 Como veremos abaixo, essas figuras tradicionais ganharam nomen juris no bojo do marco regulatório do setor de meios de pagamento: os emissores e credenciadores são instituições de pagamento; as bandeiras são os instituidores dos arranjos de pagamento.

Os emissores dos cartões, em especial, podem ser tanto instituições financeiras devidamente autorizadas a operar pelo Banco Central do Brasil quanto entidades não financeiras (hoje reguladas como instituições de pagamento, mas isso apenas recentemente). É nesse perímetro dos emissores que não têm licença para operações de crédito em sentido estrito que as discussões aqui trazidas se inserem.

Sempre que tratamos do tema, trazemos a lume um esclarecimento acerca da confusão terminológica identificada em doutrina e jurisprudência que lidam com os agentes do mercado de meios de pagamento. Conforme já mencionado, no Brasil, até a edição do marco legal e regulatório dos meios de pagamento em 2013, as bandeiras, credenciadores, adquirentes e emissores podem ser genericamente denominados "administradoras de cartões de cartões de crédito", sem distinção. Embora as atividades desempenhadas por tais agentes possam ser concentradas em uma única pessoa, as práticas de mercado demonstram a tendência de sua separação. A nomenclatura comum acabou gerando incertezas quanto às atividades efetivamente prestadas por cada entidade e a independência entre elas, o que pode ser notado tanto em julgados quanto na doutrina a respeito do assunto. Ainda, pode passar a ideia equivocada de que existiria uma relação antagônica entre, de uma lado, o "dono do serviço de cartão de crédito", ou seja, a administradora de cartões de crédito, e, de outro, o usuário hipossuficiente; quando, a realidade, tem-se, como se verá a seguir, uma rede complexa de diferentes partes e relações jurídicas, voltadas a um fim comum e coletivo: promover meio eficiente de pagamento que promova aumento da rede da qual milhões de usuários, dezenas de prestadores de serviços e milhares de estabelecimentos possam se beneficiar[7].

2.2. As relações jurídicas entre participantes e a operacionalização das transações de pagamento

Os participantes da cadeia de pagamentos se relacionam intrinsecamente gerando uma série de relações jurídicas independentes regidas por contratos específicos e individuais. Trata-se de um conjunto de negócios jurídicos complexo,

7 Em análise anterior ao marco legal de pagamentos, a Procuradoria-Geral do Banco Central do Brasil tentou trazer uma definição precisa ao assunto no âmbito de processo discutindo a classificação das administradoras de cartão de crédito como instituições financeiras: "o conceito de administradora de cartão de crédito, em sentido lato, confunde-se com o de emissor, que são as entidades que emitem e gerenciam os cartões de crédito emitidos, mantendo o relacionamento com o portador para qualquer questão decorrente da posse e do uso de seus cartões." (sem grifo no original) Petição PGBC-10811/2010 no âmbito do Processo nº 2006.61.00.011828-2.

composto e caracterizado por uma estrutura contratual multilateral envolvendo os diversos participantes e usualmente centralizada na figura da "bandeira"[8], que estabelece as regras gerais aplicáveis ao sistema contratual envolvendo (no mais das vezes) os cinco participantes que descrevemos anteriormente[9][10].

Tais operações são estruturadas para permitir a aquisição de um bem ou serviço por um usuário junto a um estabelecimento comercial ou prestador de serviço mediante a simples apresentação do cartão de crédito.

A operacionalização de uma transação de pagamento utilizando o instrumento de pagamento (i.e.) cartão se dá com o cumprimento das obrigações atribuíveis a cada parte com base nesses contratos (formando a cadeia de pagamentos já aludida). O usuário pagará os valores devidos em decorrência da transação em questão junto aos estabelecimentos comerciais ou prestadores de serviços ao emissor, com base em fatura emitida por este último em prazo contratualmente estabelecido (em média, cerca de 25 dias após a realização da transação). O emissor, por sua vez, obriga-se a pagar ao adquirente os valores assumidos pelo usuário ao realizar a transação comercial junto aos estabelecimentos ou prestadores de serviços no prazo contratual, em geral posterior à data de vencimento da fatura a ser paga pelo usuário (em média, cerca de 28 dias após a realização da transação). O adquirente, por fim, tem a obrigação de pagar os estabelecimentos

---

8 Atualmente as bandeiras com maior representatividade no mercado brasileiro são Visa, Mastercard, Elo e American Express. Vale notar que a cadeia de relações jurídicas pode variar de acordo com as regras de cada bandeira.

9 Sobre este ponto, cabe mencionar que, para parte considerável da doutrina, existe uma relação tripartite entre bandeira, usuários e estabelecimentos No entanto, entendemos que tal posicionamento não considera o papel dos emissores e dos credenciadores no sistema. A bandeira não se relaciona diretamente com os usuários e estabelecimentos comerciais ou prestadores de serviços, ao contrário do que afirmam os doutrinadores que defendem a tese do sistema tripartite. A bandeira relaciona-se com os emissores e credenciadores que, por sua vez, se relacionam com os usuários e estabelecimentos comerciais ou prestadores de serviços, respectivamente. Assim sendo, não estamos diante de um sistema tripartite, mas sim de um sistema envolvendo os cinco participantes do negócio de cartões de crédito (usuários, estabelecimentos comerciais ou prestadores de serviços, adquirentes ou credenciadores, emissores e bandeira).

10 Outro importante esclarecimento terminológico se faz necessário: o mercado costuma aludir a "modelos de três partes" e "modelo de quatro partes". No primeiro caso, costuma se referir à American Express, Diners e outros arranjos que concentram, tradicionalmente, emissão e credenciamento na mesma entidade. No segundo caso, estamos diante do modelo em que emissão e credenciamento são feitos por entidades diferentes, casos de Visa e MasterCard. Na prática do mercado, os modelos acabaram evoluindo no Brasil, mas a distinção pode ser relevante. O próprio Banco Central reconhece a diferença de modelos: "No modelo de quatro partes, mostrado na figura, o emissor e o credenciador são entidades distintas. Esquemas Visa, MasterCard e TecBan são exemplos desse modelo. Na plataforma de três partes uma única entidade presta os serviços de emissão e de credenciamento. Esquemas Amex, Hipercard e Diners exemplificam esse modelo." BCB, SEAE/MF, SDE/MJ. Relatório sobre a Indústria de Cartões de Pagamentos, maio/2010. p. 1.

no prazo estabelecido no contrato de credenciamento (em média, no mercado brasileiro, cerca de 30 dias após a realização da transação). A bandeira, conforme mencionado acima, estabelece as regras gerais aplicáveis ao sistema contratual envolvendo os demais participantes, ou seja, como vértice da cadeia de pagamentos, podendo ainda atuar como garantidora desse sistema. Para continuidade e ganho de escala do sistema, é fundamental que cada uma das partes, inclusive, usuários cumpram as obrigações assumidas, sob pena de colapso do arranjo. Em razão de sua interconexão, o inadimplemento de um usuário impactaria todos os demais à medida que oneraria partes inocentes e, em último grau, esvaziaria interesse dos demais participantes, levando-o ao colapso.

Na descrição básica da atividade de que trata o parágrafo acima, não há uma abertura de linha de crédito ou concessão de financiamento ao cliente, como comumente alguns julgados e mesmo doutrinadores erroneamente pressupõem. Esta estrutura contempla uma concessão de prazo para pagamento dos valores devidos mediante utilização de instrumento de pagamento em decorrência de toda uma estrutura existente para fomentar a aquisição de bens e serviços, bem como a segurança e conveniência das transações. Pode-se dizer que há uma concessão de crédito em sentido amplo, mas não um empréstimo financeiro ou financiamento no sentido contratual ou bancário. Isto pois não há *remuneração* propriamente dita por esse crédito, ou seja, os valores devidos pelo usuário são aqueles decorrentes do preço dos bens ou serviços adquiridos. Em verdade, a cadeia de valor é estruturada com prazos para liquidação das operações de forma a permitir a concessão de prazos para pagamento ao usuário. A necessidade da figura do "empréstimo" ou financiamento em sentido estrito surge quando usuário inadimple a fatura, tal como contratado. Essa conduta (i.e. inadimplemento) é uma anomalia, prejudicial ao arranjo, que, se perpetuada ou não tratada, pode levar ao colapso de todo sistema. Portanto, ao deixar de pagar sua fatura, o usuário que opta por participar de um arranjo complexo de pagamento não prejudica apenas seu contratante imediato (i.e. os emissores de cartão de crédito). Ele expõe a risco todos aqueles, inclusive demais usuários e estabelecimentos, que confiaram e confiam no arranjo de pagamento e fazem uso deste. No arranjo de pagamento o inadimplemento assume, portanto, proporções que extrapolam a esfera da relação contratual imediata entre único usuário e única prestadora de serviço (i.e. emissor de cartão).

2.3. Deveres sistêmicos entre participantes dos arranjos de pagamentos

Conforme estudado e sistematizado por Couto e Silva, a obrigação não é algo estanque que se constitui unicamente mediante declaração de vontade entre partes pré-determinadas e imutáveis. Em realidade, ela é um processo segmentado em duas fases: finalidade e adimplemento. Ela nasce, desenvolve-se e tende ao adimplemento[11].

A finalidade é determinante para a concepção da própria obrigação, sendo que "*a atração do dever pelo adimplemento determina mútuas implicações das regras que se referem ao nascimento e desenvolvimento do vínculo obrigacional*"[12]. Esse processo obrigacional é diretamente influenciado e condicionado a princípios, dentre os quais se destacam o da autonomia da vontade e boa-fé[13] [14].

Deveres podem surgir durante o desenvolvimento rumo ao adimplemento, influenciados pelos acontecimentos concretos do negócio originalmente entabulado. As fontes desses deveres podem ser as mais diversas, sendo que, modernamente, tem-se recepcionado como fontes normativas os diferentes "fatos sociais" [15]. Essa divisão em planos e fontes de deveres, do que pode se extrair das obras de

---

11 "O processo obrigacional supõe, portando, duas fases: a fase do nascimento e desenvolvimento dos deveres e a fase do adimplemento. Nas obrigações que não se endereçam à transmissão de propriedade, o adimplemento é realizado no plano do direito obrigacional. As obrigações resultantes do contrato de trabalho ou da cessão de créditos são adimplidas nessa dimensão, embora nem sempre o ato de adimplemento tenha a mesma categoria" (SILVA, Clóvis do Couto e. A obrigação como processo. Rio de Janeiro: FGV, 2006. p. 44).

12 SILVA, Clóvis do Couto e. A obrigação como processo. Rio de Janeiro: FGV, 2006. p. 44.

13 "Os atos praticados pelo devedor, assim como os realizados pelo credor, repercutem no mundo jurídico, nele ingressam e são dispostos e classificados segundo uma ordem, atendendo-se aos conceitos elaborados pela teoria do direito. Esses atos, evidentemente, tendem a um fim. E é precisamente a finalidade que determina a concepção da obrigação como processo". (SILVA, Clóvis do Couto e. A obrigação como processo. Rio de Janeiro: FGV, 2006. p. 21-23).

14 "A visão da relação infra-eficacial mostra a complexidade do fenômeno obrigacional, que é um todo de ordem, um organismo que gera efeitos os mais diversos e inusitados, porque é uma série de atos que se orientam a um fim unificante. Este desmembramento do fenômeno obrigacional em etapas complexas, mas unificadas pelo fim, abre novamente a discussão para o que se tem denominado de concepção da obrigação como processo, que se encontra no Brasil solido apoio na obra de C. do Couto e Silva.". (PENTEADO, Luciano de Camargo. Efeitos contratuais perante terceiros. São Paulo: Quartier Latin, 2007. p. 224)

15 "O 'processo' da obrigação liga-se diretamente com as fontes (como nascem os deveres) e com o desenvolvimento do vínculo. No capítulo anterior procuramos mostrar como existem, atualmente, certos interesses que se constituíram em fontes não enumeradas pela doutrina tradicional. Alguns deles são decorrência de novos fatos sociais, cuja existência chamou atenção ao problema da crise da teoria das fontes dos direitos e obrigações. Mais importante, porém, que esses loci, cuja força instrumental de formar novas instituição não pode ainda ser objeto de exata previsão, é o novo conceito de sistema jurídico hoje imperante. O que se denomina crise das fontes não é tanto o resultado da observação de que novos fatos sociais merecem tratamento inamoldável aos postulados até há pouco vigorantes na ciência do direito, mas, sobretudo, a certeza de que o raciocínio jurídico não se deve orientar puramente pelo método dedutivo, nem deve deixar à margem certos fatos que, não faz muito, eram considerados de exclusiva competência de outras ciências, como, e.g. da sociologia. [...] Em verdade outros fatores passam a influir poderosamente no nascimento e desenvolvimento do vínculo obrigacional, fatores decorrentes da cultura e da imersão dos valores que os códigos revelam no campo social e das transformações e modificações que produzem." (SILVA, Clóvis do Couto e. A obrigação como processo. Rio de Janeiro FGV, 2006. p. 65).

Couto e Silva e Penteado, facilita a percepção da processualidade da obrigação e, consequentemente, ampliação dos deveres das partes contratantes – em que pese não tenham previstos todos os efeitos decorrentes desses deveres[16].

O arranjo de pagamento, como preconizado por Couto e Silva, operacionaliza-se nos planos de nascimento e desenvolvimento. A instituidora do arranjo forma e cria um programa inicial. Os demais participantes se acoplam a ele, visando o pagamento das aquisições realizadas pelos usuários ao final. Os usuários, por sua vez, são parte fundamental para que o sistema se viabilize e prospere. Sua promessa original de que pagarão a fatura no prazo acordo é essencial para que o arranjo cumpra sua finalidade.

Todos, durante o desenvolvimento, devem agir e esperam que o arranjo prospere e viabilize o maior número de transações possíveis. Nesse processo, emergem interesses de cada uma das partes que demandam proteção e impõem condutas, sob pena de inviabilizar a continuidade do próprio arranjo e, consequentemente, a consecução de sua finalidade. Há, portanto, um dever maior de proteção do próprio arranjo. Caso contrário, o inadimplemento de um poderá impor prejuízo a dezenas, centenas ou melhores de outras partes inocentes.

2.4. A contratação coligada e o campo de aplicação dos deveres sistêmicos

O arranjo de pagamento dos cartões de crédito se enquadra nos conceitos de coligação ou de contratos conexos em sentido estrito propostos por Francisco Paulo De Crescenzo Marino[17] e Rodrigo Xavier Leonardo[18]. Há claramente uma operação econômica unificada. Há relação de dependência recíproca, na medida que, por um lado, o credenciador depende dos estabelecimentos comerciais para que os cartões de crédito sejam usados e, por outro, os estabelecimentos comerciais dependem dos sistemas, materiais, controles e licenças do credenciador para poderem oferecer conveniente meio de pagamento (*i.e.*, cartões) aos usuários finais. Estes, por sua vez, assumem a obrigação perante o emissor dos cartões de pagar suas faturas.

16 PENTEADO, Luciano de Camargo. Efeitos contratuais perante terceiros. São Paulo: Quartier Latin, 2007. p. 243.

17 MARINO, Francisco Paulo De Crescenzo. Contratos coligados no direito brasileiro. São Paulo: Saraiva, 2009. p. 107.

18 LEONARDO, Rodrigo Xavier. Os contratos coligados. In: BRANDELLI, Leonardo (Org.). Estudos em homenagem à Professora Véra Maria Jacob de Fradera. Porto Alegre: Lejus, 2013. No prelo. Disponível em: https://www.academia.edu/12625973/Os_contratos_coligados. Acesso em: 20 maio 2022. p. 3.

Ainda, há um fim comum mais amplo do que o de cada um dos contratos individualmente considerados, o que induz a um olhar sistemático do arranjo de pagamento. Todos querem que o arranjo prospere para que haja mais opções de estabelecimento, melhores condições de compra, por exemplo.

No caso dos arranjos de pagamento, os contratos são plurais, mas permeados por articulado e estável nexo econômico funcional. Há forte tendência à dependência e a relações de coordenação e cooperação, e a conduta de um participante pode afetar a relação entabulada por outros.

A coligação, uma vez configurada, possui consequências importantes. Ela abre espaço para o surgimento de deveres sistêmicos e interfere nos contratos individuais que a compõem, por meio da incidência – controlada e não arbitrária – dos princípios da boa-fé objetiva e função social. A coligação talvez seja um dos grandes exemplos da atualidade daquilo que Couto e Silva qualificou como "novos fatos sociais" ou "outros fatores" que agem no plano do nascimento e desenvolvimento das obrigações[19].

Acerca dessa aptidão expansiva da fonte contratual sobre a comunidade que o circunda, Luciano de Camargo Penteado ponderou que

> [p]ara além da declaração negocial, vê-se no contrato uma instituição social de certo fim próprio, que viabiliza a proteção do terceiro. Mesmo contra a vontade das partes, os direitos de outros membros da comunidade política, relativos ao contrato, são percebidos e tutelados tal e qual se fossem direitos contratuais. O contrato passa a ter, deste modo, uma função expandida, de ser o centro de base para a imputação de posições jurídicas no patrimônio de terceiros. [...] A garantia patrimonial do contrato teria o condão de, dentro do ordenamento jurídico, assegurar interesses de terceiros[20].

---

19 "O 'processo' da obrigação liga-se diretamente com as fontes (como nascem os deveres) e com o desenvolvimento do vínculo. No capítulo anterior procuramos mostrar como existem, atualmente, certos interesses que se constituíram em fontes não enumeradas pela doutrina tradicional. Alguns deles são decorrência de novos fatos sociais, cuja existência chamou atenção ao problema da crise da teoria das fontes dos direitos e obrigações. Mais importante, porém, que esses loci, cuja força instrumental de formar novas instituição não pode ainda ser objeto de exata previsão, é o novo conceito de sistema jurídico hoje imperante. O que se denomina crise das fontes não é tanto o resultado da observação de que novos fatos sociais merecem tratamento inamoldável aos postulados até há pouco vigorantes na ciência do direito, mas, sobretudo, a certeza de que o raciocínio jurídico não se deve orientar puramente pelo método dedutivo, nem deve deixar à margem certos fatos que, não faz muito, eram considerados de exclusiva competência de outras ciências, como, e.g. da sociologia. [...] Em verdade outros fatores passam a influir poderosamente no nascimento e desenvolvimento do vínculo obrigacional, fatores decorrentes da cultura e da imersão dos valores que os códigos revelam no campo social e das transformações e modificações que produzem." (SILVA, Clóvis do Couto e. A obrigação como processo. Rio de Janeiro: FGV, 2006. p. 65).

20 PENTEADO, Luciano de Camargo. Efeitos contratuais perante terceiros. São Paulo: Quartier Latin, 2007. p. 265-266.

Em outros termos, a contratação coligada atua como fonte primária de deveres sistêmicos[21], não necessariamente coincidentes com aqueles expressamente queridos pelas partes de cada um dos contratos que a compõem[22]. Como fonte, a contratação coligada deve permitir a visualização dos interesses passíveis de tutela, da finalidade sistêmica e da razoável e proporcional expectativa de proteção dos coparticipantes.

Os cocontratantes devem se guiar pelo fim comum, econômica e juridicamente relevante. O fim comum concreto é a pedra de toque para guiar o comportamento das partes e interpretação das relações jurídica entabuladas.

Em conclusão, a relação jurídica base resultante da coligação contratual caracteriza fator de extensão de eficácia e propicia o surgimento de deveres sistêmicos. A criação desses deveres, na prática, depende das circunstâncias de cada arranjo e do processo de concretização dos princípios da boa-fé e da função social do contrato[23].

2.5. O problema decorrente do inadimplemento das faturas dos cartões de crédito

Em caso de não pagamento parcial ou integral das faturas pelos usuários dos cartões de crédito ao fim de cada ciclo, os emissores devem honrar os pagamentos

21 "Por fim, o conceito de negócio jurídico abrange todas as categorias de atos de autonomia, inclusive aquelas em que não se manifesta a liberdade fática de estabelecer cláusulas." (SILVA, Clóvis do Couto e. A obrigação como processo. Rio de Janeiro: FGV, 2006. p. 73).

22 "Além disso, a necessidade de verificação concreta dos casos mostra bem o campo em que situamos, sendo o contrato, apenas e tão-somente, um ponto de referência normativo. É a partir dele que se imputa, à parte, a obrigação de reparar, mas por causa de um delito. Ou seja, mais uma vez parece estar verificada a assertiva de que o efeito contratual perante o terceiro depende menos da vontade ou de categorias criadas do que da coligação da relação obrigacional a outra relação jurídica, situando-se, este grupo de casos num campo de terceiro gênero entre a responsabilidade contratual a delitual". (PENTEADO, Luciano de Camargo. Efeitos contratuais perante terceiros. São Paulo: Quartier Latin, 2007. p. 196).

23 Marino, citando D'Angelo, esclarece que "dentre as técnicas e princípios que permitem fundar a relevância normativa da operação econômica (atribuindo-lhe função de fonte de regulação contratual independente do conteúdo contratual expresso), o autor refere, notadamente, a causa concreta e boa-fé. No que toca à primeira, afirma que "a causa, enquanto função econômica-individual, não é outra coisa senão o espelho da operação econômica, a fórmula jurídica que a designa". A boa-fé, a seu turno, mormente em função integrativa, constituiria o instrumento pelo qual a operação econômica seria erigida em fonte de regulação contratual. Isso porque a aplicação do princípio da boa-fé levaria em conta, normalmente, o equilíbrio econômico da relação, tal como deduzido da consideração global do concreto arranjo de interesses" (D'ANGELO, Andrea. Contratto e operazione economica. p. 59-60 apud MARINO, Francisco Paulo De Crescenzo. Contratos coligados no direito brasileiro. São Paulo: Saraiva, 2009. p. 25).

aos credenciadores (e estes perante os estabelecimentos comerciais e prestadores de serviços) pelos bens e serviços adquiridos pelos usuários ao realizar as transações de pagamento. De outro modo, todo o arranjo de pagamento poderá ser prejudicado. Sua finalidade, almejada por todos aqueles que confiam no arranjo e optaram por com ele interagir, não será atingida.

No sistema das tradicionais administradoras de cartões de crédito, ou seja, das emissoras de cartão de crédito não-financeiras (atualmente as instituições de pagamento emissoras de instrumentos pós-pagos) seria extremamente oneroso e potencialmente inviável aos emissores realizar tais pagamentos mediante utilização de recursos próprios (estariam, aí sim, financiando os usuários, uma vez que a obrigação do emissor de quitar os pagamentos devidos aos estabelecimentos – via credenciadora – continuaria em vigor). Dada a enorme quantidade de transações e incentivo ao inadimplemento, sem que essa anomalia fosse rapidamente sanada, no curto prazo todo arranjo poderia potencialmente colapsar.

Para resolver essa questão, que é do interesse de todos aqueles que confiam e usam determinado arranjo de pagamento, desenvolveu-se a prática de o emissor se socorrer de instituições financeiras para que estas realizem o financiamento das importâncias devidas pelo usuário, sejam em caso de atrasos no pagamento ou em caso da opção pelo pagamento de apenas uma parcela da dívida (o chamado "pagamento mínimo"). Quanto mais rapidamente essa anomalia gerada pelo inadimplemento causado por usuário for sanada, mais rapidamente o arranjo voltar a funcionar conforme seu programa original, que beneficia todos que nele confiam.

No caso de emissores que sejam eles mesmos instituições financeiras, o próprio banco emissor faz tal papel, mas no caso de emissoras sem a licença de instituição financeira, tal se dá através de um banco parceiro. O financiamento é contratado pelo emissor em nome e em favor do usuário, com base em ***mandato*** outorgado contratualmente por este último no contrato firmado para emissão do cartão.

Em decorrência de tal contratação, os emissores repassam aos usuários dos cartões, quando da emissão das faturas subsequentes à tomada do financiamento, os encargos cobrados pela instituição financeira concedente do crédito, bem como tarifa cobrada pelo próprio emissor por sua atuação como mandatário. Essa estrutura permitiu que as operações de cartão de crédito tivessem efetivamente o elemento "crédito" antes da entrada dos bancos como principais agentes na emissão de cartões e garantiu a subsistência dos emissores não-financeiros (e.g. grandes varejistas, administradoras regionais de menor porte, *fintechs* emergentes com produto pós-pago). A emissão de título de crédito, por seu turno, com acesso à ação de execução, contribui para que os efeitos negativos da anomalia decorrente do inadimplemento do usuário possa ser rapidamente mitigada.

O assunto ganha contornos ainda mais interessantes ao se observar que entidades de proteção ao consumidor e a imprensa em geral monitoram constantemente os "juros do cartão de crédito". Numa economia marcada por taxas básicas de juros elevadas e inflação crescente, os juros cobrados nos financiamentos de faturas de cartão de crédito contratados através da mecânica exposta acima costumam frequentar o nada honroso topo da lista dos mais onerosos[24] (até pela própria natureza intrínseca da equação risco-retorno desse tipo de financiamento, que pode se iniciar com um devedor já inadimplente). Tanto é assim que nos últimos anos o Banco Central limitou a prática do "crédito rotativo" do cartão de crédito, modalidade que deixava em aberto indefinidamente o financiamento de faturas[25], como uma das medidas adotadas no âmbito da agenda de medidas divulgada pelo Banco Central em 2016 para redução das taxas de juros no Brasil (Agenda BC+, posteriormente BC#). A redução de tais taxas passa não apenas pela recuperação dos valores objeto das faturas inadimplidas, mas também pela rápida recuperação desses valores e é, nesse contexto, que a cláusula-mandato para emissão de título de crédito revela sua importância supracontratual e até mesmo coletiva[26].

3. COMENTÁRIOS SOBRE A SOLUÇÃO JURÍDICA UTILIZADA PELO STJ NO RECURSO ESPECIAL Nº 1.084.640/SP

Como visto, no Recurso Especial nº 1.084.640/SP o STJ considerou abusiva a cláusula-mandato, outorgada pelos usuários de cartões de crédito os emissores, autorizando a emissão de títulos de crédito, pois: (i) ocorreria pronta invasão de seu patrimônio, com redução de capacidade defensiva, o que seria excessivamente

24 Conforme apontado no Relatório Final da CPI dos Cartões de Crédito de julho de 2018 e no último Relatório de Economia Bancária e Crédito divulgado pelo Banco Central em junho de 2018.

25 Resolução CMN nº 4.549 de 26.1.2017 e Carta Circular Bacen nº 3.816 de 20.4.2017.

26 Evolução legislativa recente que decorre do entendimento do arranjo de pagamentos como uma coligação de contratos foi trazida pela Lei 14.031 de 28 de julho de 2020, que trouxe novos artigos para a Lei 12.865. Tais inclusões asseguraram que os fluxos da cadeia de pagamentos de cartões de crédito contam com proteção legal, sendo considerados patrimônio segregado, mitigando substancialmente efeitos negativos de eventual insolvência de qualquer dos participantes. Se por um lado referida lei trouxe proteção relevante para os usuários dos arranjos, apenas reforça o caráter de coligação contratual das relações do arranjo e os potenciais efeitos deletérios do inadimplemento na ponta emissora. Merece destaque recente e oportuno estudo realizado por Marcelo Junqueira de Mello sobre o tema, em dissertação de mestrado defendida junto à Escola de Direito de São Paulo da Fundação Getúlio Vargas (MELLO, Marcelo Junqueira de. Os Arranjos de Cartão de Crédito – Análise de seu Funcionamento e dos Principais Riscos Incorridos por seus Participantes. Dissertação de Mestrado defendida perante Escola de Direito de São Paulo da Fundação Getúlio Vargas, Abril de 2023).

oneroso; (ii) a Súmula 60 do STJ vedaria a obrigação cambial assumida por procurador do mutuário vinculado ao mutuante, no exclusivo interesse deste; e (iii) a emissão de título de crédito em nome dos usuários atenderia apenas os interesses dos emissores dos cartões de crédito, em detrimento dos princípios da ampla defesa e do contraditório. A nosso ver, a solução jurídica aplicado pelo STJ é inadequada porque desconsiderou as características complexas das contratações feitas nos arranjos de pagamento de cartões de crédito. Ainda, desconsiderou decisões anteriores acerca da inaplicabilidade da Súmula 60 aos arranjos de cartão de crédito.

3.1. Consideração dos deveres supracontratuais e finalidade do arranjo de pagamento

A solução adotada pelo STJ no Recurso Especial nº 1.084.640/SP pressupõe que o inadimplemento do usuário seria evento isolado, cujo risco ou parte dele seria – ou deveria ser – suportado exclusivamente pelo emissor de cartões de crédito que assume o risco desse negócio. Ocorre que a anomalia gerada pelo inadimplemento de único usuário afeta todo o arranjo e, consequentemente, inúmeras outras partes inocentes, seja porque coloca em risco a sustentabilidade do próprio arranjo, seja porque, em último grau, transfere cursos e taxas mais onerosos para outros usuários.

Como observa Guilherme Magalhães Martins e Eduardo Kassuga, na obra coordenada por Claudia Lima Marques, *"o contrato de cartão de crédito, como expressão do fenômeno da conexidade contratual, requer maiores cautelas no seu exame. Afinal, é inegável que institutos da teoria contratual clássica precisam ser repensados à luz da conexão contratual."*[27]

A análise do inadimplemento de usuário de cartão de crédito não pode ser considerada apenas no contexto da relação direta entre ele e emissor de cartão. Deve ser feita considerando todo o sistema do qual esse usuário voluntariamente aceitou participar e se beneficiar. Para além do dever de honrar tempestivamente sua fatura, o usuário se sujeitou a deveres supracontratuais, perante o arranjo de pagamento e demais usuários.

A emissão de título de crédito é importante instrumento para que os efeitos desse inadimplemento possam ser não apenas mitigados, mas rapidamente

27 MARTINS, Guilherme Magalhães; KASSUGA, Eduardo. Comentários sobre a abusividade da cláusula-mandato nos contratos de cartão de crédito e a jurisprudência do Superior Tribunal de Justiça (REsp. 1.084.640-SP). Revista de Direito do Consumidor, [s. l.], v. 103, p. 380-395, Ano 25, jan -fev./2016

mitigados, neutralizando o desequilíbrio causado pelo usuário inadimplente que prejudicou todo arranjo de pagamento. Ainda que a emissão de título de crédito não seja condição essencial de um financiamento bancário, com a criação e disciplina da Cédula de Crédito Bancário (CCB), definida por lei como um título de crédito, a concessão de crédito no Brasil passou a ser quase um sinônimo de "emissão de CCB". A decisão do STJ, a nosso ver, não atentou para as características da contratação coligada, em especial sua finalidade coletiva e deveres supracontratuais, e se tornou ainda mais anacrônica com o uso amplo da CCB como instrumento típico para constituir o crédito bancário.

3.2. Finalidade e legalidade do instituto do mandato

O instituto do mandato foi e é fundamental para o desenvolvimento dos negócios e é amplamente empregado. Por ele, no conceito clássico de Orlando Gomes, *"uma das partes se obriga a praticar, por conta de outra, um ou mais atos jurídicos."*[28]. Dada importância desse instituto, o Código Civil contém inúmeros dispositivos regulando-o e, em especial, impondo obrigações expressas aos mandatários, justamente para inibir ou reduzir práticas abusivas. Por exemplo, no artigo 667, estipula que o mandatário deve agir de forma diligente e indenizar o mandante por qualquer prejuízo causado por culpa sua.

O artigo 8 da Lei Uniforme de Genebra, por sua vez, autoria o uso do mandato *especificamente* para emissão de títulos de crédito, confirmando tratar-se de prática amplamente difundida para viabilizar obtenção de crédito, sob condições mais vantajosas aos tomadores de financiamento. A título de exemplo, citamos os consumidores que adquirem casa própria com financiamento bancário e emissão concomitante de cédulas de crédito bancário. Há ainda aqueles que firmam notas promissórias ou cheques para viabilizar compras dos mais diferentes tipos de produtos. Esses títulos, ainda que firmados por mandatários, são válidos.

Ao contratar com os participantes de arranjo de pagamento de cartões de crédito, o usuário sabe de antemão que precisará honrar sua fatura na data combinada. Sabe também que, se não possuir os recursos necessários, caberá a ele, em primeiro lugar, buscar fontes de financiamento para saldar essa dívida. O usuário pode buscar a instituição financeira de sua preferência e contratar a linha de financiamento que melhor de aprouver, antes e após o vencimento.

Alternativamente, na própria fatura, o usuário é informado sobre condições para financiamento daquela fatura via parceiro bancário do arranjo de pagamento, caso opte por permanecer inerte ou não usar financiamento de parceiro

28 GOMES, Orlando. Contratos. Rio de Janeiro: Forense, 2022, p. 372/373

bancário diferente daquele indicado pelo arranjo. Somente se o usuário não tiver obtido crédito por outros canais e optar por não adimplir sua fatura, esse parceiro será acionado. O usuário conhece, de antemão, as condições para esse financiamento e autoriza, também de forma prévia, o emissor a contratar em seu nome o financiamento necessário para pagamento da fatura, sob aquelas condições previamente informadas.

O emissor do cartão de crédito, ao contratar financiamento em nome do usuário, na hipótese de não pagamento da fatura na data prevista, vale-se de instituto previsto em Lei e deve agir conforme condições previamente informadas ao usuário. Se contratar em condições diferentes daquela informadas previamente ao vencimento da fatura, agirá em excesso de mandato e deverá responder por esse excesso. O próprio instituto do mandato já prevê as obrigações do mandatário, limites para o exercício do seu mandato e consequências, caso extrapole esses limites.

O uso do mandato, em si, não implica qualquer ilegalidade. Ao contrário, é instituto tradicional e amplamente utilizado para a representação e prática de negócios, inclusive emissão de títulos de créditos.

3.3. Inaplicabilidade do art. 51 do CDC – Inexistência de abusividade

Segundo Claudia Lima Marques[29], *"para definir abusividade da cláusula contratual, dois caminhos podem ser seguidos: 1) uma aproximação subjetiva, que conecta a abusividade mais com a figura do abuso de direito, com se sua característica principal fosse o uso (subjetivo) malicioso ou desviado de suas finalidades sociais de um poder (direito) concedido a um agente; e 2) ou uma aproximação objetiva, que conecta a abusividade, mas com paradigmas modernos, com a boa fé objetiva ou a antiga figura da lesão enorme, como se seu elemento principal fosse o resultado objeto que causa a conduta do indivíduo, o prejuízo grave sofrido objetivamente pelo consumidor, o desequilíbrio resultante da cláusula imposta, a falta de razoabilidade ou comutatividade do exigido no contrato."*

A jurisprudência preceitua ainda um outro fator adicional para avaliação da abusividade, ou não, de uma cláusula, que decorre da própria boa-fé objetiva mencionada acima por Claudia Lima Marques[30]. É preciso avaliar se o consumidor foi amplamente informado e, consequentemente, tomou suas decisões de forma consciente e livre. O simples fato de participar de contrato de adesão não

---

29 BENJAMIM, Antonio Herman V.; MARQUES, Claudia Lima; MIRAGEM, Bruno. Comentários ao código de defesa do consumidor. 7. ed. São Paulo: Thomson Reuters, 2021, p. 1.078

30 TJSP – Apelação Cível 1006303-09.2015.8.26.0577; Apelação 9181469-84.2004.8.26.0000

significa que todas as cláusulas contidas nesse instrumento são automaticamente abusivas. Tendo o consumidor a possibilidade de exercer seu direito à livre escolha, não há imposição ou ato potestativo e, portanto, inexiste abuso de direito e/ou cláusula abusiva.

No caso do arranjo de cartão de crédito, como descrito no item acima, o usuário sabe, de antemão, que precisará pagar sua fatura. Ele pode exercer a faculdade de contratar o financiamento que melhor lhe aprouver. Antes de utilizar o cartão é informado de que, em caso de não pagamento na data acordada, o emissor precisará contratar financiamento em seu nome para honrar as compras feitas e manter sustentabilidade de todo arranjo. O usuário é também informado acerca das condições do financiamento e especialmente acerca da emissão de título de crédito atrelado a esse financiamento.

Ou seja, o usuário possui, em primeiro lugar, a opção de não contratar com o emissor de cartão que solicita cláusula mandato, com poderes para emissão de título de crédito. Usuário é livre para aceitar, ou não, essa contratação. Ele possui a plena faculdade de buscar no mercado meio de pagamento, dentre os inúmeros atualmente disponíveis, aquele que melhor atenda suas necessidades. Optando por contratar com o emissor de cartão de crédito, ele é prévia e periodicamente informado acerca das condições para financiamento das faturas não pagas. Os contratos firmados pelos usuários também não são essenciais ou de longa duração. Eles possuem a liberdade de resolvê-los a qualquer tempo. Logo, se o usuário opta por se valer desse financiamento, ao invés de buscar outro no mercado, sua decisão é, mais uma vez, informada e livre.

E a outorga de poderes para emissão de título de crédito nesse contexto não gera uma onerosidade extra, excessiva ou desequilíbrio. Isso porque o título de crédito não será emitido com base em valor aleatório. Ele será emitido somente se consumidor inadimplir a fatura, com base no financiamento tomado em nome do usuário e conforme condições previamente informadas na fatura. Além disso, na origem as compras efetivamente realizadas pelo usuário é que determinarão a base de cálculo para o financiamento e emissão do título de crédito. Portanto, o valor do financiamento e suas taxas não é escolhido a esmo. Da mesma forma, o título de crédito não é emitido com base em valor aleatório dissociado das compras do usuário, taxas de financiamento previamente informadas e financiamento contraído.

A validade da cláusula-mandato para contratação de financiamento nos arranjos de cartão de crédito já foi amplamente discutida pelo STJ. Lá fixou-se o entendimento de que ela é legal, justamente porque, de outro modo, o emissor teria que assumir consequências advindas do inadimplemento de todos os usuários perante os demais participantes dos arranjos e estabelecimentos comerciais, inviabilizando essa atividade[31].

Esse entendimento compreendeu o contexto de contratação coligada no arranjo de pagamento dos cartões de crédito e, desta forma, garantiu sua sustentabilidade. A nosso ver, esse mesmo entendimento e seus fundamentos aplicam-se para a emissão dos títulos de crédito. Isso porque trará ainda mais segurança ao arranjo e permitirá que anomalia causada pelo inadimplemento seja sanada com maior celeridade, reduzindo impactos negativos aos demais participantes.

Aplicando-se interpretação sistemática a essas circunstâncias, se o financiamento contratado pelo mandatário em nome do mandante considerando compras realizadas e não pagas, taxas previamente informadas valem; da mesma forma, o título de crédito emitido observando tais elementos também deveria valer. Inexiste diferença ou prejuízo material entre esses dois cenários. Se é lícita a contratação de financiamento pelo mandatário em nome do mandante, também deve ser a contratação de financiamento com emissão de título de crédito, desde que, evidentemente, os poderes para tal emissão tenham sido outorgados previamente pelo mandante/usuário. Essas circunstâncias demonstram que não estão presentes na hipótese da emissão de título de crédito por mandato, nos arranjos de pagamento de cartões créditos, os elementos tipicamente vistos no caso de cláusulas efetivamente abusivas, que são: atos potestativos, arbítrio, ausência de parâmetros prévios, falta de informação e/ou limitação de responsabilidade.

3.4. Inexistência de limitação à ampla defesa e contraditório

Em última análise, no Recurso Especial nº 1.084.640/SP o STJ vislumbrou onerosidade excessiva na outorga de poderes para emissão de título de créditos em razão de aspectos processuais, na forma de cobrança do crédito inadimplido. Não invocou, a nosso ver, argumentos de direito material. Até porque, como já consolidado, a contratação do empréstimo, em si, via cláusula mandato, já foi admitida.

Ponderou-se no julgamento que, com a emissão do título de crédito, haveria uma pronta invasão do patrimônio do usuário, com redução de capacidade defensiva. No entanto, a invasão patrimonial do devedor não é consequência ilícita ou ilegal. Ao contrário, é provimento desejado contra aqueles que não adimplem obrigações. Ao deixar de honrar as faturas, o principal objeto deveria ser sanar o quanto antes esse inadimplemento por todos os meios em direito licitamente admitidos, valendo-se, para tanto, do patrimônio daquele que prometeu pagar, mas não cumpriu a promessa feita. Evidentemente, ao usuário

31 STJ – Recurso Especial nº 387.581/RS

inadimplente, deve-se garantir o direito à ampla defesa e contraditório. O fato de se emitir um título de crédito, contudo, não tolhe esse tipo de direito. Apenas dá acesso ao meio de cobrança mais célere e que exige garantias ao juízo, qual seja: a ação de execução. O processo executivo não implica em reduzir defesa ou tolher direito do executado à ampla defesa. O executado pode apresentar exceção de pré-executividade. Pode ainda opor embargos à execução, medida esta que permite ampla discussão acerca da dívida executada e independe da prestação de caução, por exemplo.

Também há fragilidade no argumento de que a emissão de título de crédito somente traria vantagens ao emissor de cartão de crédito. Em realidade, o emissor de cartão e todos os demais participantes do arranjo possuem a justa expectativa e esperam, em primeiro lugar, que o usuário cumpra a promessa de pagar pelas compras que realizou, nos prazos previamente acordados. A contratação de financiamento deriva de comportamento não esperado. É, como dito, uma anomalia que gera insegurança, custos e ameaça a sustentabilidade de todo arranjo de pagamentos. O emissor, diante do inadimplemento do usuário, precisar agir para proteger o arranjo e muitas partes que dele dependem. Nesse sentido, precisa enviar esforços para contratar financiamento em nome do usuário inadimplemento, despendendo tempo e recursos próprios para isso. Ela não obtém vantagens com essa atividade de saneamento. Ao contrário, incorre em custos. O emissor não é contraparte no contrato de financiamento, nem beneficiário do título de crédito emitido, não cobra valores em razão desse financiamento e título e não se beneficia das taxas cobras pela instituição financeira.

Além disso, a compreensão de que o arranjo de pagamentos é composto por diferentes partes e interesses (coligados), inclusive dos estabelecimentos comerciais e demais usuários, demonstra que não é preciso o argumento de que, ao agir para sanar o inadimplemento de determinado usuário frente ao arranjo, a emissora age exclusivamente em interesse próprio.

A contratação de empréstimos com a natural emissão de títulos de créditos pode, inclusive, atender os interesses dos próprios usuários inadimplentes à medida que a emissão de título de créditos usualmente permite a obtenção de encargos mais baixos. Ademais, ao assegurar o funcionamento do próprio arranjo e fluxo de pagamentos, no final da cadeia aqueles estabelecimentos comerciais que o usuário costuma frequentar receberão pelos serviços e produtos fornecidos ao usuário. O usuário não será visto por esses estabelecimentos de seu convívio como inadimplente.

Aparentemente, o acórdão do Recurso Especial nº 1.084.640/SP optou por, de forma sumária e abstrata, reputar toda e qualquer emissão de título de crédito por mandato abusiva, de modo a evitar que usuário inadimplente esteja sujeito à ação de execução. Todavia, esse controle de proteção em abstrato não parece ser o mais eficiente no contexto dos arranjos de pagamento de cartões de créditos. Como visto, os emissores de cartões de crédito, em regra, são empresas de grande porte, com alta governança. Assim, na gestão dos interesses dos usuários inadimplentes, ao tratarem da emissão de título de crédito, deverão observar o valor das compras efetivamente realizadas, os encargos previamente informados e o financiamento contratado.

Se extrapolarem tais limites, deverão arcar com os ônus de sucumbência nos embargos à execução. Além disso, se sujeitarão às penalidades dos Órgão de Defesa dos Consumidores (e.g. PROCONs, SENACON, Ministério Público). Poderão ser demandadas e responsabilizadas via ações coletivas. Ou seja, há robusto aparato para supervisionar e coibir práticas abusivas dos emissores de cartões de crédito, que extrapolem os poderes efetivamente outorgados pelos usuários.

Por outro lado, caso a opção seja por dificultar recuperação do crédito contra o usuário inadimplente, haverá um claro incentivo para que as faturas não sejam pagas nas datas acordadas. O usuário inadimplente não é supervisionado, não está sujeito ao controle de todo aquele aparato estatal e, em muitas situações, faz *jus* aos benefícios da justiça gratuita. Consequentemente, as consequências decorrentes do seu inadimplemento serão bastante limitadas. Logo, também sob a ótica da eficiência e incentivos, parece-nos que a solução adotada pelo Recurso Especial nº 1.084.640/SP não é a melhor.

3.5. Inaplicabilidade da Súmula 60 do STJ

Em reforço de argumento, o acórdão proferido no Recurso Especial nº 1.084.640/SP citou também a Súmula 60 do STJ. Entretanto, a invocação dessa Súmula no contexto de arranjos de pagamento de cartões de crédito não nos parece ser adequada. Referida Súmula provém de casos em que o próprio credor recebia poderes para celebrar contrato de mútuo consigo mesmo. Naquelas hipóteses, e pela Súmula 60, o STJ pretendeu coibir o uso do mandato para sujeitar o negócio a ser celebrado ao arbítrio exclusivo do credor.

No caso do arranjo de pagamento de cartão de crédito, o emissor não contrata mútuo com ele próprio em nome do usuário inadimplemento. Tampouco emite título de crédito em seu favor em nome do usuário. Representando os interesses dos usuários, conforme – repita-se – as compras efetuadas por ele/usuário e encargos previamente informados, o emissor contrata junto à instituição financeira terceira o financiamento necessário para pagar essas compras. Ela faz a gestão e funciona como espécie de intermediária dos interesses do usuário inadimplente junto a instituição financeira. Não age, portanto, no seu exclusivo interesse, nem de forma arbitrária, uma vez que há parâmetros contratuais, previamente estabelecidos, a serem seguidos na emissão da cambial.

A Súmula 60 foi amplamente debatida pelo STJ, na mesma segunda turma que proferiu o acórdão no Recurso Especial nº 1.084.640/SP[32]. Restou decidido que ela não se aplica aos emissores de cartão de crédito, justamente porque, ao se valerem da cláusula mandato, não contratam consigo mesmas, nem em seu exclusivo interesse.

Diferentemente de um banco, uma instituição de pagamento emissora de cartão de crédito, que, a rigor, não é uma instituição financeira[33], não realiza operações passivas, não recebe valores de terceiros em depósito e não pode se valer desses valores para quitar as obrigações com demais participantes do arranjo de pagamentos, em especial os estabelecimentos comerciais. No caso de inadimplemento dos usuários, o emissor teria que utilizar recursos próprios para quitar as obrigações do arranjo e, depois, cobrar os valores em atraso dos usuários inadimplidos. Dada a magnitude das transações realizadas, a existência do próprio emissor e arranjo seriam colocados em risco, caso fosse obrigada a antecipar cada fatura inadimplida por seus usuários.

Portanto, diante das características dos arranjos de pagamento de cartões de crédito e amplas discussões conduzidas pelo próprio STJ, não nos pareceu adequado, ainda que em reforço de argumento, suscitar a Súmula 60 para reputar inválida a cláusula-mandato outorgada pelos usuários aos emissores, com estrita finalidade de emitirem título de créditos em favor de instituições financeiras terceiras, conforme parâmetros pré-estabelecidos.

CONCLUSÕES

A solução jurídica dada pelo acórdão do Recurso Especial nº 1.084.640/SP no sentido de reputar inválida, de forma sumária e abstrata, a cláusula mandato, outorgada pelos usuários em favor dos emissores de cartões de crédito, para emissão de títulos de crédito, possui, a nosso ver, fragilidades importantes. O uso de mandato para a contratação de financiamento, com emissão de títulos de créditos é prática comum. Esse mecanismo está alinhado com interesse coletivo,

32 Agravo Regimental no Agravo no Recurso Especial nº 31.336/PR e Agravo Regimental no Recurso Especial nº 860.382/RJ

33 GOMES, Fernando Mirandez Del Nero; MARTINS, Alessandra Carolina Rossi. A Súmula STJ 283: A caracterização de administradora de cartão de crédito como instituições financeiras e o novo arcabouço regulatório de meios de pagamento. In: COHEN, Gabriel (Coord.). Direito dos Meios de Pagamento: natureza jurídica e reflexões sobre a Lei nº 12.865/2013. São Paulo: Quartier Latin, 2020. p. 257-277.

supracontratual do arranjo de pagamento dos cartões de crédito, à medida que auxilia na tentativa de solução rápida à anomalia gerada por usuário inadimplente, em prejuízo de todos aqueles que confiam e participam do sistema de cartões de crédito (não só do emissor), que entre outros temas possui uma proteção legal para seus fluxos. Não há diferença substancial entre permitir cláusula-mandato para contratação de financiamento, sem título de crédito, e contratação com título de crédito. Os argumentos que autorizam a primeira se aplicam à segunda. Se a primeira prática é considerada válida pelo STJ, por consequência, a segunda também deveria ser.

A emissão de título de crédito não agrava ou onera, injustamente, a posição do devedor inadimplente a ponto de atrair aplicação da cláusula 51 do CDC. A responsabilização patrimonial é efeito esperado e legal ante o inadimplemento de obrigação de pagar assumida. É preciso observar o contraditório e ampla defesa. A legislação processual brasileira garante esses princípios, inclusive no processo executivo lastreado em título executivo, ao facultar ao devedor a oposição de embargos, de sorte que não vislumbramos redução de capacidade defensiva. Inexiste abusividade em abstrato da cláusula em análise, uma vez que os usuários possuem a faculdade de contratar financiamento perante instituição financeira que melhor lhe aprouver, são previamente informados acerca da necessidade de contratação de financiamento, caso a fatura não seja paga no prazo combinado, são informados acerca das condições do financiamento, sabem que cambial será emitida nessa hipótese, desfrutando de plena liberdade para não contratarem aquele emissor de cartão de crédito e obviamente honrarem a fatura na data combinada, evitando aplicação dos encargos previamente comunicados. Ainda, tanto a contratação do financiamento quanto a emissão da cambial não são aleatórias. Observam o valor das compras efetuadas pelo usuário inadimplente e encargos previamente informados. Igualmente relevante, a contratação do financiamento e emissão do título de crédito em nome do usuário não atende apenas o interesse do emissor. Atende o interesse de todo o arranjo e também do próprio usuário inadimplente. Finalmente, a Súmula 60 do STJ não poderia ter sido invocada como reforço de argumento porque em reiteradas situações o STJ já decidiu que ela não se aplica aos arranjos e cartão de crédito. Além disso, a contratação do empréstimo e emissão de títulos de crédito não é feita em favor da do emissor, e conforme critérios arbitrários. Não há contratação consigo mesma, no exclusivo interesse do emissor.

Por tudo isso, parece-nos que a posição adotada na decisão objeto do Recurso Especial nº 1.084.640/SP mereceria revisão e maior debate, sob pena de impedir o uso de importante instrumento para correção de anomalias, que contribuiria para redução de custos aos demais usuários e aumentaria eficiência do sistema.

Na hipótese de o arranjo optar pelo uso de cláusulas-mandatos para emissão de títulos de créditos, é fundamental que usuário sejam ostensiva e previamente informado acerca de sua existência, conteúdo e consequências. Deve ser informado acerca dos encargos, caso não honre a fatura na data combinada, seja com recursos próprios ou financiamento obtido diretamente por ele junto a outras fontes. Igualmente relevante, na gestão do interesse do usuário, via cláusula mandato, o emissor deve necessariamente verificar se o título crédito emitido observou valor das compras realizadas pelo usuário e os encargos previamente informados. Caso contrário, o emissor extrapolará os poderes a ele conferidos pelo usuário via mandato. Entendemos, entretanto, que a análise da violação aos termos do mandato deve ser feita caso a caso e não de forma abstrata, reputando, de antemão, inválida toda e qualquer outorga de poderes feita pelo usuário ao emissor do cartão de crédito para emissão de cambial.

32. BREVES NOTAS SOBRE CONVENÇÕES PROCESSUAIS PROBATÓRIAS EM ARBITRAGENS

Flávio Luiz Yarshell
Rafael Stefanini Auilo

1. INTRODUÇÃO[1-2]

Firmada a premissa de que a obra a que pertence este trabalho tem por objetivo apresentar um estudo tão pragmático e útil quanto possível sobre cláusulas contratuais, inclusive com a apresentação de aplicações concretas da cláusula analisada, de suas funções, dos detalhes de sua disciplina jurídica e das controvérsias a seu respeito, parece relevante e coerente que os autores, cuja formação é especialmente voltada para o estudo do Direito processual, busquem examinar, ainda que de forma limitada, as cláusulas contratuais que disciplinem de alguma forma as relações jurídicas dessa natureza (convenções processuais); e, neste caso, sob dois recortes metodológicos: o das convenções de arbitragem[3] e o do Direito probatório.

---

1 Cumpre agradecer desde logo a importante colaboração de Maria Luísa de Souza Bruschi e Caroline Ferreira Battistini com relação à pesquisa doutrinária e jurisprudencial que fundamenta uma série de passagens deste trabalho.

2 Ao ensejo é feita a ressalva de que parte expressiva do presente trabalho (por vezes, de forma literal) é fruto de trabalhos, estudos e textos desenvolvidos anteriormente pelos autores.

3 Cláusulas compromissórias, que digam com arbitragens comerciais, cuja lei aplicável ao mérito seja a brasileira, excluídas relações de hipossuficiência, como as de consumo

Conforme já se teve oportunidade de observar[4], conquanto não seja totalmente inédita (não, ao menos, em sua essência[5]), a regra do art. 190 do CPC gerou, quando de sua edição, verdadeiro *frisson* entre alguns dos profissionais do Direito; especialmente os acadêmicos, que buscaram analisar a natureza jurídica do instituto, suas vantagens e desvantagens; e os advogados, que refletiram sobre de que forma a alteração legislativa poderia ser útil e eficazmente explorada, quer no momento antecedente ao litígio, quer quando a controvérsia já tenha surgido. De sua parte, ao menos em primeira e quase intuitiva avaliação, muitos pareceram olhar a nova disposição com um misto de ceticismo e temor. Todos eles, contudo, compartilhavam a busca dos limites das convenções processuais: *o que pode ser objeto de disposição das partes, de forma a vincular o órgão judicante? O que pode ser legitimamente recusado pelo juiz ou pelo árbitro e qual o fundamento para assim proceder?* São indagações que, embora se caminhe para uma década de vigência do Código, ainda parecem remanescer.

Respeitadas as naturais limitações decorrentes de um artigo científico, o trabalho a seguir desenvolvido procurará responder a essas perguntas para, de forma prática, examinar potenciais cláusulas contratuais relativas ao Direito probatório que podem vir a ser objeto de negociação e adoção pelas partes para solução de reais ou potenciais conflitos pela via arbitral[6].

2. AUTONOMIA DA VONTADE, PROCESSO E REALIDADE: LIMITES LEGAIS E PRÁTICOS

Aparentemente, respostas definitivas para as indagações acima – se é que existem – não foram ainda encontradas. Mas, para que se tente superar esse desafio, convém antes ter visão realista sobre o tema, para que referida busca não passe de uma elucubração desvinculada da realidade.

Como já dissemos[7], desde logo convém ter em mente que, na formação dos contratos, as partes dedicam a maior parte de seu tempo e de sua energia para a negociação de cláusulas materiais; o que tende a deixar disposições

---

4 Cf. YARSHELL, Flávio Luiz. "Que futuro está reservado para as convenções das partes em matéria processual?", in *Carta Forense*, dez./2016.

5 Nesse sentido, além das já conhecidas convenções típicas sobre eleição de foro e inversão do ônus da prova, a que se aludia ainda na vigência do CPC/73, convém a lembrança à seguinte obra: BARBOSA MOREIRA, José Carlos. "Convenções das partes sobre matéria processual", in *Temas de Direito Processual*, terceira série, São Paulo, Saraiva, 1984, pp. 87-98.

6 A bem da verdade, as sugestões feitas, com as devidas adaptações, poderiam ser também objeto de convenções processuais em processo judicial.

7 Cf. YARSHELL, Flávio Luiz. "Que futuro está reservado para as convenções das partes em matéria processual?", in *Carta Forense*, dez./2016.

processuais – pensadas para algo que os contratantes não conseguem ou não querem vislumbrar naquele momento – para um plano secundário. Também lembramos que é preciso considerar elementos econômicos dos contratos, para que as convenções não aumentem custos de transação e, paradoxalmente, acabem funcionando como desincentivos às partes. Em suma, antes de pensar nos limites jurídicos às convenções, é preciso identificar e superar obstáculos que as impedem ou dificultam sua concreta adoção[8].

Nessa mesma linha de raciocínio, é também preciso ter em conta que o processo jurisdicional (estatal ou arbitral) permanece como instrumento de objetivos que também são públicos (ao menos no tocante à atuação do direito objetivo e à pacificação social), ainda que não se possa simplesmente colocar juiz estatal e árbitro em idêntico patamar. Uma arbitragem é instituída para um caso específico e os árbitros são – ou estão – juízes dessa particular situação; já o órgão estatal tem a seu cargo uma plêiade de processos, de tal sorte que a criação de regras convencionais particulares deve levar em conta as características, peculiaridades e limites (jurídicos e estruturais) do órgão estatal e da atividade por ele desenvolvida. Por outras palavras: se no processo arbitral a margem para autonomia da vontade é grande (embora não seja absoluto nem mesmo ali), não se pode dizer que exatamente o mesmo se passe no processo estatal.

Com essas ressalvas, parece possível examinar alguns aspectos relacionados aos limites às convenções processuais; e, a partir daí, às convenções probatórias em arbitragens.

Conquanto não seja o Código de Processo Civil aplicável em sua literalidade ao processo arbitral (salvo por expressa vontade das partes), não há como negar que o tratamento de inúmeros institutos nele regulados não seja adotado de forma igual ou, quando menos, semelhante nas arbitragens, ainda que árbitros não façam literal referência a ele[9]. Afinal, processo arbitral e processo estatal estão ligados ao tronco comum da Teoria Geral de Processo[10]. Assim, não parece possível simplesmente ignorar a regra do art. 190 do CPC e, por conseguinte, a redação adotada pelo Legislador, que limitou o campo

---

8 Cf. YARSHELL, Flávio Luiz. "Convenção das partes em matéria processual: rumo a uma nova era?", in CABRAL, Antonio do Passo; NOGUEIRA, Pedro Henrique Pedrosa (coord.). *Negócios processuais*, Salvador, JusPodivm, 2015, pp. 63-68 e 79-80.

9 Cf. APRIGLIANO, Ricardo de Carvalho. *Normas processuais aplicáveis à arbitragem: parâmetros para a aplicação das normas processuais gerais ao processo arbitral*, tese de livre-docência, Faculdade de Direito da Universidade de São Paulo, São Paulo, 2022, pp. 109-111.

10 Cf. CARMONA, Carlos Alberto. *Arbitragem e processo: um comentário à Lei n. 9.307/96*, 3ª ed., São Paulo, Atlas, 2009, p. 293; PARENTE, Eduardo de Albuquerque. *Processo arbitral e sistema*, São Paulo, Atlas, 2012, p. 39; DINAMARCO, Cândido Rangel. *O processo arbitral*, 2ª ed., Curitiba, EDC, 2022, *passim*, esp. pp. 20-31.

da convenção às controvérsias sobre direitos que comportem *autocomposição* – isto é, transação, renúncia ou submissão. É certo que teria sido preferível o emprego da terminologia adotada pela Lei 9.307/96, que se refere a litígios relativos a "direitos patrimoniais disponíveis" (art. 1º). Ao adotar a distinção entre *disponível* e *transacionável*, o CPC pode ensejar dúvida quanto à possibilidade e limites do negócio processual. De todo modo, a viabilidade de negócio processual não fica restrita a litígios relacionados a direitos patrimoniais disponíveis – o que se afirma com a consciência de que eventual aplicação mais ampla a outros litígios pouco ou nada tem de relevância diante do objeto que foi delimitado na introdução deste trabalho. Em suma, embora tenha sabor de truísmo, parece importante ratificar que a lei não criou quaisquer impedimentos para adoção *a priori* de convenções processuais em relação a arbitragens.

Essa ampla admissão, contudo, não é livre de certas limitações constitucionais e legais. Com efeito, é imprescindível a observância do devido processo legal, por força do que dispõem os incisos LIV e LV da Constituição Federal e na esteira do que dispõe o art. 21, § 2º da Lei 9.307/96, que condicionou a autonomia da vontade em matéria processual na arbitragem à observância dos princípios do contraditório, igualdade, imparcialidade e livre convencimento[11]. Mas, essa exigência tem que ser vista em sua devida dimensão.

Como já se disse, especialmente em atenção às convenções probatórias, mas cuja disciplina alcança qualquer tipo de convenção processual, "Um limite fundamental será o devido processo legal. Não será juridicamente admissível que se convencione que o processo se desenvolva em prejuízo de uma das partes. A convenção em matéria processual jamais poderá desequilibrar a relação processual. Disso decorre que não será lícito convencionar, por exemplo, que apenas uma das partes poderá produzir provas ou que somente o réu poderá falar sobre provas produzidas de ofício pelo juiz. Tais casos caracterizariam evidente ofensa ao devido processo legal, nas perspectivas da garantia do contraditório e da isonomia (paridade de tratamento)"[12]

Assim, limitações bilaterais e substancialmente isonômicas devem ser admitidas, sendo essencial que se preserve a paridade de armas e a igualdade substancial entre as partes. Naturalmente, seria inconcebível negócio que pretendesse interferir na imparcialidade do órgão judicante. Contudo, assim ocorre porque a equidistância é da essência da solução jurisdicional. Sem terceiro imparcial não haveria autêntico caráter substitutivo e, portanto, haveria um

---

11 Cf. STEFANINI AUILO, Rafael. "Os sistemas de valoração da prova nas arbitragens internacionais", in GUIMARÃES, Antônio Márcio da Cunha; MARQUES, Miguel Ângelo (coords.). *DIGE: Direito internacional e globalização econômica*, Belo Horizonte, Arraes Editores, 2017, pp. 58-59.

12 Cf. AMARAL, Paulo Osternack. *Provas: atipicidade, liberdade e instrumentalidade*, 2ª ed., São Paulo, RT, 2017, pp. 157-158.

simulacro de decisão por terceiro, quando substancialmente haveria decisão imposta por uma das partes, apenas que com a intermediação de um terceiro ou, ainda, por interposta pessoal. De forma análoga, seria inviável limitar o contraditório apenas para um dos litigantes. Nesse caso, também não seria possível falar em solução processual jurisdicional: a parte que tivesse conseguido a concordância de outra para um processo em que só uma delas falasse – suposto que isso não fosse causa substancial de invalidação do negócio (pela desigualdade ou abusividade) – já teria dado, ou ao menos encaminhado, a solução consensual do litígio. Então, o problema não seria exatamente de afronta ao devido processo legal e, reiterando, o essencial é que se preserve a paridade entre os litigantes.

De todo modo, fora dos casos em que efetivamente haja ofensa ao devido processo legal, prevalece o que as partes tiverem convencionado[13]. Não se afiguraria jurídico ou ético que uma das partes viesse – depois de ter livremente convencionado, mas em função de resultado desfavorável – queixar-se de suposto vício para o qual não teria atentado no momento próprio.

Além disso, a ideia de limite às convenções processuais ditado por "direitos fundamentais", que se encontra eventualmente em parte da doutrina[14], não pode chegar ao ponto de fazer do processo – principalmente o arbitral – uma espécie de meio indisponível de solução de controvérsias; o que, em última análise, seria a negação de seu caráter instrumental. Se as partes podem transigir no plano material e, nessa medida, até mesmo abrir mão de posições jurídicas de vantagem nessa esfera; e se podem fazê-lo sem a necessidade de qualquer processo (portanto, com a ressalva da exceção representada pelos assim chamados processos necessários), seria incoerente entender que elas não poderiam voluntariamente transigir com posições emergentes da relação processual[15]. Como a experiência é capaz de mostrar, isso não somente é possível, como ainda é comum no tocante a questões como bifurcação do processo, prolação de sentenças parciais, calendarização, forma e oportunidade de manifestações, dentre outros.

Aparentemente, essa ideia de existir uma espécie de núcleo processual intangível – mal justificada em direitos processuais que seriam "fundamentais"

13 Cf. YARSHELL, Flávio Luiz. "Convenção das partes em matéria processual: rumo a uma nova era?", in CABRAL, Antonio do Passo; NOGUEIRA, Pedro Henrique Pedrosa (coord.). *Negócios processuais*, Salvador, JusPodivm, 2015, p. 70.

14 Nesse sentido, ver ilustrativamente: AMARAL, Paulo Osternack. *Provas: atipicidade, liberdade e instrumentalidade*, 2ª ed., São Paulo, RT, 2017, pp. 157-158; GRECO, Leonardo. "Os atos de disposição processual – primeiras reflexões", in *Revista Eletrônica de Direito Processual*, v. 1, n. 1, 2007, p. 10.

15 Cf. GRECO, Leonardo. "Os atos de disposição processual – primeiras reflexões", in *Revista Eletrônica de Direito Processual*, v. 1, n. 1, 2007, p. 8 da versão eletrônica.

a ponto de se tornarem indisponíveis para as partes que querem deles dispor – deriva, na realidade, do fato de que a solução do conflito pelo processo envolve um terceiro; que, dentro do objeto acima proposto, atua como "juiz de fato e de direito" (Lei 9.307/96, art. 18), ao qual não seria oponível a vontade das partes. Mas, então o problema não é exatamente de direitos processuais "fundamentais" e indisponíveis, mas sim de saber se o que as partes convencionam pode atingir aquele terceiro, isto é, o julgador; ou, como eventualmente se diz, saber se as convenções das partes podem interferir com poderes dele.

Embora seja forçoso reconhecer que a atuação do órgão judicante é um limite a ser considerado na celebração de negócios processuais, isso não justifica a assertiva singela de que as partes não podem dispor sobre seus poderes. Nesse caso, justamente porque a atividade jurisdicional é um instrumento de solução de controvérsias, não há como recorrer ao argumento "privatista" (mas que nem mesmo no Direito privado subsiste de forma incondicional) de que o contrato só produzia efeitos entre os contratantes, sendo para o terceiro autêntica *res inter allios*[16]. Vale dizer: se a capacidade do juiz de decidir de forma imperativa e de impor decisões não pode ser vista como uma manifestação estatal estéril, explicável apenas em si mesma, de expressão do poder pelo poder. Então, com ainda mais razão isso se impõe no ambiente arbitral, no qual um terceiro imparcial e independente é investido de jurisdição de forma transitória e com o único objetivo de adjudicar a solução de uma específica disputa.

Nesse ponto, não se pode confundir a capacidade de adjudicar soluções, de um lado, com uma espécie de prerrogativa absoluta na condução do processo, de outro. Uma suposta ideia de que quem "manda" no processo é o órgão julgador seria de tal modo atécnica e distorcida que sequer mereceria ser examinada sob a ótica científica. O debate sério estuda formas civilizadas e aperfeiçoadas de solução de controvérsia. Para que as coisas se resolvam pelo exclusivo e puro arbítrio de quem decide não é preciso estudo do Direito; menos ainda sistemático ou científico. Não há dúvida de que o processo deve ser presidido por um terceiro imparcial e que ele deve ter capacidade de impor suas decisões aos sujeitos parciais. Não há dúvida de que o andamento do processo não pode e não deve ficar apenas a cargo das partes[17]. Mas, afirmar que

---

16 Cf. RAMINA DE LUCCA, Rodrigo. *Disponibilidade Processual: os interesses privados das partes diante da natureza pública do processo,* tese de doutorado, Faculdade de Direito da Universidade de São Paulo, São Paulo, 2018, pp. 403-404.

17 Conforme ensina judiciosa doutrina, a dialética do processo deve se basear "na cooperação mais intensa entre o juiz e os contendores, seja para a descoberta da verdade dos fatos que não são do conhecimento do primeiro, seja para o bom entendimento da causa e dos seus fatos, seja para a correta compreensão das normas de direito e apropriado enquadramento dos fatos nas categorias jurídicas adequadas. O contraditório, em suas mais recentes formulações, abrange o direito das

convenções processuais simplesmente não poderiam interferir com a forma de exercício do poder – seja estatal, seja dos árbitros – é coisa completamente diversa. Aliás, pelo caráter dinâmico e complexo da relação jurídica processual, seria altamente duvidoso – para não dizer impossível – que convenções processuais, ainda que restrita a posições jurídicas das partes, interferissem, direta ou indiretamente, com o exercício do poder pelo julgador – assim como ocorre perante os árbitros também.

Embora, como já foi dito e ressaltado, não seja correto simplesmente colocar juiz estatal e árbitro no mesmo patamar, os dois agentes têm em comum o exercício do poder. E, mesmo na arbitragem há disposições que, segundo judicioso entendimento, reputam-se simplesmente indisponíveis, tal como ocorre em relação a questões atinentes a alteração do objeto do processo[18]. O exemplo é bem ilustrativo: a alteração, conquanto até pudesse se afeiçoar ao escopo jurídico do processo, desafia o social, na medida em que retarda a solução da controvérsia, inclusive pelos desdobramentos que a alteração pode ter sobre contraditório, instrução e custos.

Aliás, a absoluta intangibilidade do poder do órgão judicante – no confronto com a vontade manifestada pelas partes – conflitaria com a ideia de *colaboração* ou de *cooperação* (CPC, art. 6º), que sob o ponto de vista lógico pressupõe ao menos a possibilidade de uma intervenção útil das partes na condução do processo – tal como, para ilustrar, prevê o § 3º do art. 357 do CPC. Mais ainda: a recusa ou resistência às convenções processuais como instrumento apto a "estipular mudanças no procedimento para ajustá-lo às especificidades da causa" (dicção do art. 190) é incoerente com a ideia de que essa conformação poderia ser feita pelo juiz ou árbitro, mediante *gerenciamento* do processo ou, para emprestar a expressão extraída do *common law*, do *case management*. Aqui, o conceito só pode ser um: ou bem o processo pode ser adaptado para se afeiçoar às peculiaridades da controvérsia ou não; se pode, então é irrelevante se o ajuste viria por iniciativa do órgão judicante ou das partes porque nem um nem outro estão autorizados a adotar mudanças inconstitucionais, ilegais ou

---

partes ao diálogo com o juiz: não basta que tenham aquelas a faculdade de ampla participação, é preciso também este participe intensamente, respondendo adequadamente aos pedidos e requerimentos das partes, fundamentando decisões e evitando surpreendê-las com decisões de-ofício inesperadas." (cf. DINAMARCO, Cândido Rangel, *A instrumentalidade do processo*, 16ª ed., São Paulo, Malheiros, 2022, p. 258). No mesmo sentido, ver: STEFANINI AUILO, Rafael. *O modelo cooperativo de processo civil no novo CPC*, Salvador, JusPodivm, 2017, pp. 48-53.

18 De forma ilustrativa, no âmbito das arbitragens administradas pelo Centro de Arbitragem e Mediação da Câmara de Comércio Brasil-Canadá (CAM-CCBC), os artigos 23.5, 34 e 35 do Regulamento de Arbitragem de 2022 e o Regramento de Custas são exemplos de disposições que não estão no âmbito de disponibilidade das partes.

irracionais. Seja qual for a origem das adaptações, o fundamental é que elas se alinhem aos escopos da jurisdição e que assegurem a paridade de armas.

Nesse ponto, pode ter utilidade e relevância tomar como norte fundamental para o controle dos limites das convenções, para além daqueles constantes expressamente do art. 190, os *escopos da jurisdição*: o processo existe para superar conflitos (e, portanto, restabelecer a paz social com racionalidade e presteza possível) mediante a atuação do direito objetivo (suposto que não seja possível solução consensual). É certo que tais escopos, conquanto sejam complementares sob certo aspecto, também são de alguma forma contraditórios entre si: para atuar a vontade concreta do direito é preciso tempo e, em contrapartida, para pacificar mediante a superação da controvérsia é preciso presteza[19]. Então, não se descarta que, eventualmente, seja preciso recorrer à técnica da ponderação de valores, como forma de conter eventual excesso na intervenção do órgão julgador sobre a atividade das partes. Será caso de avaliar a necessidade, a adequação e a proporcionalidade em sentido estrito de determinado óbice que o órgão jurisdicional oponha à autonomia da vontade das partes.

3. CONVENÇÕES EM MATÉRIA DE PROVA: POSSÍVEIS APLICAÇÕES PRÁTICAS

Tudo isso se aplica – ou, por coerência, deveria se aplicar – às *convenções sobre prova*, que aparentemente envolvem três importantes questões; cujo exame, contudo, convém seja precedida de nova advertência ou até exortação: tanto quanto possível, é preciso ser realista e tentar trabalhar com situações factíveis. Certamente não se pode subestimar as inúmeras possibilidades que se abrem às partes nesse terreno, tanto mais em um ambiente menos regulamentado como é o arbitral. Contudo, é preciso novamente considerar que a inserção de cláusulas processuais em contrato pode encontrar relevantes obstáculos, de tal sorte que convém lidar com as convenções que mais utilidade possam trazer às partes, sob sua própria perspectiva; que, por sua racionalidade, seja vista pelo órgão judicante como úteis.

Justamente nesse contexto está um primeiro dado relevante: prova é um daqueles institutos que podem ser considerados "bifrontes", na medida em que, a depender do enfoque, podem ser qualificados como regidos por direito material ou processual, sendo disso uma boa ilustração o fato de haver disciplina da matéria tanto no Código Civil, quanto no CPC[20]. São conhecidas as

---

19 Cf. COSTA, Marília Siqueira da. *Convenções Processuais sobre a intervenção de terceiros*, dissertação de mestrado, Faculdade de Direito da Universidade de São Paulo, São Paulo, 2017, pp. 104-107.

20 Cf. GIANNICO, Maricí. *A prova no Código Civil*, São Paulo, Saraiva, 2012, pp. 74-75.

relações entre prova e forma do negócio jurídico, seja ou não o tema tratado sob o prisma de solenidades indispensáveis à validade do ato. Não se trata, aqui, de rediscutir temas ligados ao "Direito processual material", mas, na esteira das considerações anteriores, constatar que, num contrato ou, mais especificamente, em uma convenção de arbitragem, disposições sobre prova não necessariamente tenham roupagem ou função "processual".

Isso pode ser uma vantagem na medida em que, sob essa perspectiva, a pré-constituição da prova de forma consensual pode surgir de forma mais natural entre as partes, no evoluir das negociações; até como forma de prestigiarem a boa-fé, mediante o adequado registro de ocorrências ligadas à execução do contrato, sem que isso naturalmente estabeleça formalismo ou burocracia indesejável (custos de transação). Por experiência comum, sabe-se que, após a formalização e assinatura de um contrato, sua execução (em sentido material) pode ensejar circunstâncias de fato das mais variadas, com potencial para afetar o objeto do que foi contratado ou, quando menos, interferir na interpretação do que se avençou, se isso for necessário (Código Civil, artigos 112, 421 e 421-A).

Nesse terreno, parece lícito e factível imaginar convenções que criem o ônus de documentação de fatos ocorridos no decorrer da execução do contrato, submetendo-se a determinada forma que, embora garantindo a prova dos fatos, evite a tentativa de pré-constituição unilateral de prova documental; por exemplo, limitando o campo de emprego de e-mails entre partes ou, pelo contrário, criando o encargo de que todo e qualquer fato ou objeção relevante seja documentado por essa forma. Em contratos de construção e mesmo em outras formas de fornecimento de serviços, as "medições" se prestam justamente a essa finalidade. Também é possível, nessa linha de raciocínio, projetar convenções que imponham uma vistoria ou mesmo exame por técnico no decorrer da execução do contrato, em tais ou quais condições. Isso pode envolver profissionais de ambas as partes ou mesmo um terceiro desde logo indicado por elas, convencionando-se o caráter vinculante ou não das conclusões a que chegar o terceiro sobre determinado ponto potencialmente controvertido. Mais uma vez, há o óbice dos custos, mas as partes podem e devem avaliar até que ponto esse custo intermediário pode compensar um possível custo que viria mais adiante, se tal ou qual controvérsia não fosse desde logo debelada.

Indo um pouco além, também parece possível imaginar que eventual pré-constituição de prova mereça outras disposições consensuais: a) previsão de que a produção antecipada de prova, mesmo em caso de haver cláusula compromissória, seja admissível com base nos incisos II e III do art. 381 do CPC, caso em que podem as partes convencionar, por questão de adequação de trabalho e custos, que o árbitro instrutor será apenas um, talvez até *ad hoc*, ou que o juízo estatal terá jurisdição e competência para o processamento da causa; b) colheita prévia de depoimentos de partes e de testemunhas, de forma semelhante ao que se passa nos modelos de *common law*; c) ônus de exibição de documentos, quando solicitado – prevendo-se, talvez, as hipóteses e momentos em que isso seria devido ou, até mesmo, formas de preservação do sigilo do documento; d) possibilidade de solicitação de documentos das partes em poder de terceiros.

A título ilustrativo, tome-se a importância de as partes disciplinarem a questão relativa às medidas probatórias autônomas ao firmarem eventual convenção de arbitragem. É que, conquanto ainda vacilante, o entendimento doutrinário e jurisprudencial parece, ao tempo que escrito este trabalho, pender ao reconhecimento de que, na ausência de disciplina específica, o juízo estatal não tem competência para o processamento de produção antecipada de prova[21]. Tal é relevante na medida em que, respeitada opinião diversa, os custos das arbitragens (nessa específica seara) tendem a ser mais altos em comparação com aqueles do Judiciário; e os centros de arbitragem, de um modo geral, ainda não têm regulamentação adequada para tais casos.

Ainda nessa senda, poder-se-ia pensar na criação de método semelhante à *discovery* do *common law*, de sorte que, numa fase prévia à arbitragem (ou ao processo estatal), as partes tivessem acesso a determinados documentos da parte contrária relacionados àquele contrato em que inserida ou relacionada a convenção de arbitragem – respeitado, é claro, os limites criados por elas próprias e aqueles não afastáveis por força da autonomia delas[22]. Nesse sentido, parece oportuno destacar a possibilidade de as partes conceberem a criação de "(...) cláusula com deveres e notificação recíprocas em caso de divergência, acrescendo-se a obrigação de exibição dos documentos correlatos às

21 A respeito da discussão sobre a inexistência da jurisdição estatal para conhecer de produção antecipada de prova desvinculada da urgência, ver: YARSHELL, Flávio Luiz; RODRIGUES, Viviane Siqueira; BECERRA, Eduardo de Carvalho; MARQUES, Fabio de Souza Rodrigues. "Produção Antecipada de Prova Desvinculada da Urgência na Arbitragem: Réquiem?", in YARSHELL, Flávio Luiz; PEREIRA, Guilherme J. Setoguti Pereira (coords.). *Processo Societário*, v. IV, São Paulo, Quartier Latin, 2021, pp. 455-472. Em sede jurisprudencial, o Superior Tribunal de Justiça, em exame de hipótese cuja convenção de arbitragem não excepcionava a jurisdição arbitral, decidiu que a produção antecipada de prova desvinculada da urgência não poderia ser processada perante o juízo estatal (cf. STJ, 3ª T., REsp n. 2.023.615/SP, rel. Min. Marco Aurélio Bellizze, j. 14.3.2023, DJe 20.3.2023, v.u.).

22 Já tivemos a oportunidade de debater semelhante proposta contida no Projeto de Código Comercial que tramita perante o Congresso Nacional a respeito da "permuta de documento" (art. 656, *caput* e § 1º) (cf. YARSHELL, Flávio Luiz. "O Projeto de novo Código Comercial e a proposta de permuta de documentos entre as partes: 'discovery' brasileira?", in YARSHELL, Flávio Luiz; PEREIRA, Guilherme J. Setoguti (org.). *Processo societário*, São Paulo, Quartier Latin, 2012, pp. 203-210).

pretensões, 'variando conforme o tipo de litígio – como a demonstração dos prontuários médicos em conflitos de saúde, relatórios de obra e boletins de medição em litígios de construção, livros e atas de reuniões em conflitos societários etc.'"; o que, ao seu turno, pode corroborar para eventual coibição de abusos que usualmente são vistos na fase de *discovery*. Nesse contexto, aliás, parece lícito admitir que "(...) as partes podem convencionar multas e penas pecuniárias no caso da prática de atitude que viole a boa-fé durante essa eventual fase semelhante à *discovery*"[23].

Ademais, não parece haver óbice para que as partes ajustem "(...) convenção processual que condiciona o acesso à justiça ao desfecho e conclusão da produção da prova em uma ação probatória. Tal qual nas cláusulas contratuais que estabelecem a mediação obrigatória de forma a anteceder o litígio (processo judicial ou arbitragem) em que serão disputadas as divergências materiais havidas entre os sujeitos parciais do processo. Trata-se de uma espécie de cláusula escalonada entre ação probatória/litígio propriamente dito"[24]. Nesse caso, contudo, parece correto afirmar que "O descumprimento da cláusula escalonada (...) pode não acarretar, de forma implacável, a extinção do processo por falta de interesse de agir, mas justificar a sua a suspensão até o encerramento da fase anterior, estabelecida em contrato. No mais, podem vir a ser aplicadas multas contatuais e ou decorrentes de lei (litigância de má-fé ou ato atentatório à dignidade da justiça)"[25].

A respeito da colheita da prova oral, vem a calhar a lembrança de que, conquanto haja um crescente desprestígio da oralidade perante o juízo estatal[26], o seu emprego segue sendo técnica larga e eficazmente empregada nos processos

23 Cf. RAVAGNANI, Giovani dos Santos. *Convenções Processuais em Matéria Probatória no Direito Processual Civil*, dissertação de mestrado, Faculdade de Direito da Universidade de São Paulo, São Paulo, 2019, p. 145. No mesmo sentido, ver: PANTOJA, Fernanda Medina. "Convenções pré-processuais para a concepção de procedimentos preliminares extrajudiciais", in MARCATO, Ana; GALINDO, Beatriz; GÓES, Gisele; BRAGA, Paula Sarno; APRIGLIANO, Ricardo de Carvalho; NOLASCO, Rita Dias. *Negócios processuais*, Salvador, JusPodivm, 2017, pp. 139-157.

24 Cf. RAVAGNANI, Giovani dos Santos. *Convenções Processuais em Matéria Probatória no Direito Processual Civil*, dissertação de mestrado, Faculdade de Direito da Universidade de São Paulo, São Paulo, 2019, p. 150.

25 Cf. Id. Ibid., p. 151.

26 A identidade física há muito deixou de ser regra do sistema, conforme se extrai do CPC/15 e, antes, das progressivas alterações do CPC/73. Assim, ainda que ela seja desejável, ela não é imprescindível para o sistema (cf. THEODORO JÚNIOR, Humberto. *Curso de direito processual civil*, v. 1, 63ª ed., Rio de Janeiro, Forense, 2022, p. 51; DONIZETTI, Elpídio. *Curso de Direito Processual Civil*, 25ª ed., Barueri, Atlas, 2022, p. 51; CARREIRA ALVIM, José Eduardo. *Teoria Geral do Processo*, 21ª ed., Rio de Janeiro, Forense, 2018, p. 307; ASSIS, Araken de. *Processo Civil Brasileiro*, v. II, São Paulo, RT, 2015, p. 2017).

arbitrais[27]. Ainda que não sejam imprescindíveis, eventuais disposições contratuais dentro desse contexto podem ser úteis. Ilustrações disso são o *cross* e o *direct examination*; a possibilidade de reperguntas ilimitadas; a convocação de testemunha que já depôs em razão de eventual conflito com o depoimento de outra testemunha; a admissão de depoimentos escritos; oitiva de testemunhas previamente à instauração da arbitragem, dentre outros[28]. Nessas hipóteses, parece não haver dúvida de que as convenções firmadas entre as partes acabam por vincular não somente elas próprias como também o órgão judicante.

Um segundo aspecto relevante – dos três acima enunciados – diz com o fato de que, não obstante essa estreita ligação com o Direito material, prova é um desdobramento do direito de ação e de defesa[29]. Disso decorreria um potencial problema, consistente em não se poder convencionar em detrimento do devido processo legal. Portanto, disposições que, por exemplo, limitassem a prova de tal ou qual fato à documental ou que determinassem que a prova oral deveria ser colhida de forma extrajudicial e apenas apresentada em juízo sob a forma de declarações escritas poderiam ser tidas por inadmissíveis por cercear o direito à prova.

Contudo, conforme exposto anteriormente, eventuais limitações bilaterais e isonômicas devem ser admitidas, bastando que se preserve a paridade de armas. Não se deve – a pretexto de garantir o devido processo legal – negar o próprio caráter instrumental do processo, que é instrumento de superação de controvérsias e não de atuação do direito objetivo de forma desvincula de tal finalidade[30] – o que parecer ser, repita-se, tanto ou mais relevante sob o ângulo do processo arbitral, na medida em que nele não se busca diretamente fazer valer o poder estatal, mas, antes e acima de tudo, solucionar uma determinada e específica controvérsia. Mais uma vez, convém relembrar que se as partes podem transigir no plano material, inclusive sem a necessidade de qualquer

---

27 Cf. YARSHELL, Flávio Luiz. "Que futuro está reservado para as convenções das partes em matéria processual?", in *Carta Forense*, dez./2016.

28 Cf. CAMBI, Eduardo. "Neoprivatismo e neopublicismo a partir da Lei 11.690/2008", in *Revista de Processo*, v. 167, jan./2009, pp. 8-11 da versão eletrônica; FALECK, Diego; ALVES, Rafael Francisco. "Concordar em discordar: por quê, o quê e como negociar o procedimento arbitral", in *Revista de Direito Empresarial*, v. 1, jan./2014, p. 9 da versão eletrônica; FARIA, Marcela Kohlbach de. "A produção de prova no procedimento arbitral", in *Revista de Arbitragem e Mediação*, v. 32, jan.-mar./2012, pp. 4-5 da versão eletrônica; RAVAGNANI, Giovani dos Santos. *Convenções Processuais em Matéria Probatória no Direito Processual Civil*, dissertação de mestrado, Faculdade de Direito da Universidade de São Paulo, São Paulo, 2019, p. 137.

29 Cf. YARSHELL, Flávio Luiz. *Antecipação da prova sem o requisito da urgência e direito autônomo à prova*, São Paulo, Malheiros, 2009, pp. 244 e 271; TARUFFO; Michele. "L'istruzione probatoria", in TARUFFO, Michele (a cura di). *La prova nel processo civile*, Milano, Giuffrè, 2012, p. 83.

30 Cf. DINAMARCO, Cândido Rangel. *Instrumentalidade do processo*, 16ª ed., São Paulo, Malheiros, 2022, *passim*.

processo, seria incoerente entender que elas não poderiam voluntariamente transigir com posições emergentes da relação processual. Dar ao direito à prova uma dimensão de ordem pública, no contexto da vontade livre e consciente das partes (em temas em que a disponibilidade vigora) seria sobrepor o meio aos fins[31].

Tal aspecto, aliás, liga-se ao terceiro e último de que acima se cogitou: não seria possível transigir sobre a prova porque seu destinatário é o órgão judicante. Portanto, quer porque ele seria terceiro em relação ao negócio; quer porque a liberdade de valoração da prova – ou, a regra de persuasão racional – seria postulado indissociável do poder jurisdicional, a convenção nessa matéria seria inadmissível (*ex vi* art. 21, § 2º, da Lei 9.307/96). Ou, dito de outra forma, eventuais restrições frutos de convenção poderiam ser assim traduzidas: as partes até poderiam dispor sobre seu direito à prova, mas de qualquer modo o órgão jurisdicional não ficaria jungido pelo negócio e, querendo, poderia determinar a produção de prova excluída ou limitada pela vontade das partes. Se for assim, só se tem a lamentar porque, ao invés de se construir uma solução mais coerente com o sistema e de acordo com os escopos da jurisdição, ter-se-á optado por uma visão desgastada e – forçoso reconhecer – pouco aderente à realidade no que diz com o exercício de poderes de instrução pelo órgão jurisdicional, de ofício. E há argumentos objetivos que autorizam a assertiva.

Desde logo, a objeção de que o árbitro (ou o juiz) é o destinatário da prova (e, portanto, terceiro em relação ao negócio celebrado pelas partes) decididamente não procede nos casos de prova fundada no direito autônomo a ela. Nesse caso, conforme já procuramos destacar, destinatárias são as partes, que buscam conhecer fatos relevantes e, assim, determinar suas chances de êxito e riscos ou mesmo a conveniência de buscar solução não adjudicada[32]. Nesses casos, o juiz – assim como o árbitro, caso a prova seja colhida nesse âmbito – está inclusive impedido de se pronunciar sobre a ocorrência dos fatos e respectivas consequências jurídicas, conforme § 2º do art. 382 do CPC – cuja constitucionalidade não consta tenha sido posta em discussão. Portanto, não havendo que se falar em livre apreciação da prova ou persuasão racional, nem mesmo em tese se pode cogitar de óbice às convenções processuais probatórias sob aquele pretexto. Por outras palavras: em tema de antecipação de prova, é ampla a possibilidade de convenção das partes em matéria processual.

---

31 Cf. YARSHELL, Flávio Luiz. *Antecipação da prova sem o requisito da urgência e direito autônomo à prova*, São Paulo, Malheiros, 2009, pp. 118-119.

32 Cf. YARSHELL, Flávio Luiz. *Antecipação da prova sem o requisito da urgência e direito autônomo à prova*, São Paulo, Malheiros, 2009, nn. 7-9, 12, 43, 47 e 48.

Além disso, a tese de que o julgador tem o poder de produzir prova de ofício contra a expressa vontade das partes, preservada convicção em contrário, não encontra justificativa no sistema.

Primeiro, é forçoso reconhecer que o modelo de árbitro ou juiz ativo, que toma a iniciativa da prova; que supre a inércia das partes; e que, mesmo no terreno de direitos patrimoniais disponíveis entre partes maiores e/ou capazes, engaja-se em verdadeira cruzada pela descoberta da verdade para fazer justiça é muito mais uma aspiração filosófica do que propriamente uma realidade. Esta, mesmo à míngua de dados estatísticos que respaldem a assertiva, revela que, embora o órgão judicante controle a produção da prova, ele aguarda a iniciativa das partes e, no momento próprio, ***considera as regras de distribuição do ônus probatório***. Portanto, aceita que possa ser essa premissa, se a questão ora posta não é exatamente um falso problema, sua dimensão concreta tende a ser consideravelmente menor do que talvez possa ser seu tratamento teórico.

Certo que o divórcio entre a doutrina e a jurisprudência não deve levar aquela a esmorecer e a abandonar as teses que entenda adequadas. Também é certo que a conveniência de iniciativa probatória oficial é reconhecida pela primeira, de forma praticamente unânime, nos domínios de direitos indisponíveis e naqueles em que há desigualdades substanciais – o que, diga-se de passagem, é correto, mas apenas confirma que só aí é que a inciativa oficial se justifica[33]. Mas, nem uma coisa nem outra mudam o que foi dito acima: órgão judicante que atua de ofício entre partes maiores e capazes, em tema de direitos patrimoniais disponíveis, se considerada a realidade, está mais para exceção do que para a regra. Se algo diverso ocorre nos casos de hipossuficientes – o que não é objeto deste estudo –, isso é praticamente irrelevante neste assunto porque esse ambiente é, também de forma realista, menos favorável para convenções processuais (se é que possíveis).

Aliás, como aponta a doutrina, a prática de se limitarem consensualmente as provas que serão produzidas – ou mesmo de se renunciar a determinado meio de prova – é relativamente comum nas arbitragens internacionais e nos sistemas de *common law*. A título ilustrativo, ao examinar dispositivo da Convenção da ONU sobre a Compra e Venda Internacional de Mercadorias (CISG) sobre as cláusulas de integralidade (art. 2.1.17), a doutrina afirmou que "Tais cláusulas são frequentes em contratos que envolvam partes afeitas ao *common law* e restringem a aceitação de determinados modos de prova do contrato. O artigo prevê que as declarações ou acordos anteriores à celebração do contrato

33 A respeito da discussão sobre a maior ou menor intensidade dos poderes instrutórios do juiz em contraposição à natureza do direito discutido no processo, ver: BEDAQUE, José Roberto dos Santos. *Poderes instrutórios do juiz*, São Paulo, RT, 2009, pp. 135-184.

não podem contradizer os seus termos, mas admite que possam servir de elementos interpretativos do acordo de vontades. A norma é relevante porque, nos sistemas do *common law*, a *parol evidence rule* impede a interpretação das intenções da parte manifestada durante a fase de negociações quando exista um contrato escrito que disponha, expressamente – numa cláusula de integração – que todos os elementos objeto do acordo de vontades contêm-se naquele contrato (e somente naquele contrato)"[34].

Também nesse contexto, já se afirmou que, em arbitragens internacionais, as partes podem modular regras processuais (e procedimentais) a respeito da produção de provas. Mas, nesse caso, a almejada "(...) busca por eficiência pode restringir a apresentação de provas e, como consequência, tornar-se um obstáculo para a solução justa da disputa", de tal maneira que é relevante verificar se tal disciplina viola eventual norma cogente da sede da arbitragem e, portanto, se uma sentença ali proferida será considerada executável nesses termos. Assim, "As partes devem fazer todas essas considerações ao redigir a convenção de arbitragem para garantir que as estipulações processuais sejam desejáveis para quaisquer disputas que possam surgir de seu contrato"[35].

Mesmo em termos mais teóricos, a hipótese de um órgão judicante ativo e protagonista parece conflitar, tal como afirmado anteriormente, com a ideia de um ambiente de *colaboração* ou de *cooperação processual*, que pressupõe a

---

34 Cf. GAMA E SOUZA JÚNIOR, Lauro. "Os princípios do UNIDROIT relativos aos contratos do comércio internacional 2004 e o direito brasileiro: convergências e possibilidades", in *Revista de Arbitragem e Mediação*, v. 8, jan.-mar./2006, p. 8 da versão eletrônica. De forma semelhante, ver: STEFANINI AUILO, Rafael. "Os sistemas de valoração da prova nas arbitragens internacionais", in GUIMARÃES, Antônio Márcio da Cunha; MARQUES, Miguel Ângelo (coords.). *DIGE: Direito internacional e globalização econômica*, Belo Horizonte, Arraes Editores, 2017, p. 58.

35 Cf. CORRÊA, Fábio Peixinho Gomes. "The presentation of evidence in international commercial arbitration: bridging gaps between evidentiary rules and free evaluation of evidence", in *Revista de Arbitragem e Mediação*, v. 21, abr.-jun./2009, p. 7 da versão eletrônica (tradução livre). Sob o ângulo das homologações de sentença arbitral estrangeira no Brasil proferida em sede de arbitragem na qual tenha havido limitação consensual probatória, já se disse que "Eu não tenho dúvidas de que no processo arbitral internacional, que venha a ser homologado no Brasil, muitas vezes vai ter que ser homologado sim, na medida em que, claro que na prática daquele modelo arbitral, como nós já temos em várias Câmaras, em vários modelos de arbitragem, a prova é limitada a documentos, em certos campos de direito material em que isso é muito viável, seguro, por exemplo, esses seguros de primeira demanda etc. (...)" (cf. TALAMINI, Eduardo. *Negócios jurídicos processuais em matéria probatória: a influência da arbitragem no processo civil judicial brasileiro*, transcrição de painel 2 do congresso Negócios Jurídicos Processuais na Arbitragem, organizado pelo Comitê Brasileiro de Arbitragem (CBAr) e pela Câmara de Conciliação, Mediação e Arbitragem do Centro das Indústrias do Estado de São Paulo (Ciesp) e da Federação das Indústrias do Estado de São Paulo (Fiesp), realizado em 2.7.2016. Disponível em: http://www.ciesp.com.br/wp-content/uploads/2017/06/eletronicanegocios-juridicos-processuais-na-arbitragem.pdf, p. 37. Último acesso em 25.5.2023.).

existência de uma *comunidade de trabalho* com a ampla possibilidade de intervenção útil das partes na condução do processo[36].

Segundo, uma coisa é dizer que o julgador tem o dever de suprir *omissão* das partes e, de ofício, determinar as provas que entenda necessárias; outra coisa, substancialmente diversa, é a de ordenar prova *contra* a vontade explicitada pelas partes[37]. Vale dizer: "A parte pode expressamente dispor do seu direito de produzir determinada prova, seja unilateralmente, seja mediante acordo firmado com a parte adversária (pode ser que as partes resolvam firmar um acordo de, por exemplo, não realização de perícia; elas podem imaginar que não vale a pena aguardar pela produção dessa modalidade de prova para que o litígio alcance um desfecho). (...) a) se as partes acordarem no sentido de não ser produzida prova pericial, o juiz não pode determinar a produção desse meio de prova; b) se a parte renunciar a certo testemunho, o juiz não pode determinar a sua produção; c) se houver convenção sobre o ônus da prova, o juiz não pode decidir contra o que foi convencionado. O poder instrutório do juiz tem essa limitação, enfim"[38].

Mais uma vez é preciso atentar para o paradoxo: no contexto aqui examinado, o árbitro não pode impedir que as partes abram mão de suas posições substanciais, justamente porque a premissa, nesse terreno, é de que elas

36 Cf. DINAMARCO, Cândido Rangel, *A instrumentalidade do processo*, 16ª ed., São Paulo, Malheiros, 2022, p. 258; STEFANINI AUILO, Rafael. *O modelo cooperativo de processo civil no novo CPC*, Salvador, JusPodivm, 2017, pp. 48-53; DIDIER JÚNIOR, Fredie; BRAGA, Paula Sarno; OLIVEIRA, Rafael Alexandria de. *Curso de direito processual civil: teoria da prova, direito probatório, decisão, precedente, coisa julgada e tutela provisória*, v. 2, 10ª ed., Salvador, JusPodivm, 2015, pp. 90-91 e 98.

37 Sobre o seu caráter subsidiário, clássica doutrina já afirmou "que o poder de iniciativa judicial, nesse terreno, deverá ser entendido como supletivo a iniciativa das partes, para que seja somente utilizado nos casos em que houver necessidade de melhor esclarecimento da verdade, sem o que não fosse possível ao juiz, de consciência tranquila, proferir sentença. A regra é que as provas sejam propostas pelas partes; por exceção, o juiz poderá, de ofício, ordenar diligências necessárias à instrução da causa. Bem por isso a decisão, pela qual ordená-las, deverá ser motivada." (cf. AMARAL SANTOS, Moacyr. *Primeiras linhas de direito processual civil*, v. 2, 26ª ed., São Paulo, Saraiva, 2010, p. 394). No mesmo contexto, mas em referência ao processo arbitral, já se disse que prevalece a autonomia das partes no tocante a ordens relativas à exibição de documentos por meio da *discovery* (cf. BORN, Gary B. *International Commercial Arbitration*, 3ª ed., The Hague, Kluwer Law International, 2022, §16.02 [G] do capítulo 16). A respeito da relação do princípio dispositivo e dos ônus probatórios, inclusive os convencionais, nas arbitragens comerciais, ver o nosso: MACIEL, Pedro Soares; STEFANINI AUILO, Rafael. "Autonomia privada, ônus da prova e tempestividade das decisões proferidas em arbitragens comerciais", in MOREIRA, Ana Luiza B. M. Pinto; BERGER, Renato. *Arbitragem e outros temas de direito privado: estudos jurídicos em homenagem a José Emilio Nunes Pinto*, São Paulo, Quartier Latin, 2021, pp. 432-438.

38 Cf. DIDIER JÚNIOR, Fredie; BRAGA, Paula Sarno; OLIVEIRA, Rafael Alexandria de. *Curso de direito processual civil: teoria da prova, direito probatório, decisão, precedente, coisa julgada e tutela provisória*, v. 2, 10ª ed., Salvador, JusPodivm, 2015, pp. 90-91.

sejam disponíveis; mas, estranhamente, ele poderia contrariar a vontade das partes para um tema instrumental, que é o da produção da prova. Talvez o problema até não seja exatamente de continência, mas o raciocínio não deixa de ser válido: se as partes podem transigir quanto ao "mais" que é direito substancial, *qual seria fundamento lógico e jurídico para impedir que as partes transijam sobre prova – que é "menos", na medida em que diz respeito a uma parte da controvérsia, que é seu aspecto fático?*

Sob essa ótica, a disposição probatória pode e deve ser entendida como uma convenção que resolve parcial e gradualmente a controvérsia; resolução que em nada é vedada pelo sistema e até pelo contrário. Para ilustrar, no âmbito do saneamento e organização do processo estatal, é lícito às partes apresentarem "delimitação consensual das questões de fato e de direito", inclusive de sorte as vincular (e ao juiz, conforme expressamente dispõe o § 2º do art. 357 do CPC/15). Ora, se é verdadeiro que o primeiro passo para resolver um problema é seu exato diagnóstico, então a delimitação consensual do objeto da prova é uma contribuição das partes para a solução global da controvérsia. Ademais, mesmo se considerada a solução adjudicada, ela também pode se dar de forma progressiva, tal como ilustram as ditas "sentenças parciais" na arbitragem[39] (Lei 9.307/96, art. 23, § 1º) e o julgamento antecipado parcial do mérito (CPC, art. 356).

Não por outra razão, nesses casos a doutrina alerta para a necessidade de se verificar a questão da disponibilidade do direito material. Isto é, "O requisito de disponibilidade exigido nessa hipótese não concerne à simples possibilidade de autocomposição entre as partes (no sentido de disponibilidade da pretensão de tutela judicial). (...) Ao eliminar a possibilidade de consideração pelo juiz da ocorrência de força maior, o réu pode estar abrindo mão de uma vantagem que lhe teria sido atribuída pelo direito material. Em princípio, o direito material impõe ao credor o custo econômico da impossibilidade da obrigação gerada pela força maior. O réu, devedor na relação jurídico-material, ao concordar em afastar a investigação da força maior, abre mão dessa vantagem que lhe foi atribuída pelo direito material. Ou seja, ele dispõe de um direito material – o que, na hipótese, é possível (...)"[40].

Naturalmente, se o julgador, a partir de dados objetivos e racionais, suspeitar que a convenção tenha conteúdo ou finalidade ilícita; ou de que ela pode

39 Que podem ter por objeto não apenas partes do objeto do processo (mérito), mas outros temas, como a validade da cláusula compromissória e a arbitrabilidade da controvérsia.

40 Cf. TALAMINI, Eduardo. *Um processo pra chamar de seu: nota sobre os negócios jurídicos processuais*, publicado em 21.10.2015 e atualizado em 17.6.2020. Disponível em: https://www.migalhas.com.br/depeso/228734/um-processo-pra-chamar-de-seu--nota-sobre-os-negocios-juridicos-processuais. Último acesso em 25.5.2023.

encobrir a prática de ato simulado; nesses casos – e em outros que possam ser análogos – é irrefutável que a atuação do órgão deva obstar tais ilícitos intentos. Mas, tais hipóteses são excepcionais e particulares; e, como tal, merecem solução de igual natureza, não sendo correto tomar a ilicitude e a exceção como argumentos para negar ou limitar a liberdade de convenção.

Há um argumento final e que – somado aos demais ou mesmo se considerado de forma isolada – parece ser fundamental para descartar que o árbitro teria poder de determinar prova contra a vontade expressa pelas partes em convenção processual. É que, nesse contexto, o órgão judicante não perde sua liberdade de convencimento, nem fica prejudicada a regra de persuasão racional – tal como seria vedado por força do § 2º do art. 21 da Lei 9.307/96. Conquanto sejam institutos relacionados e até mesmo complementares, o ônus da prova não se confunde com o livre convencimento motivado, nem com eventuais regras de *standards* probatórios[41]. Basta ter em mente que o julgamento de mérito há que considerar o conjunto da prova e, portanto, igual e eventualmente a *falta dela*. Por outras palavras, se a prova fruto da convenção entre as partes levar a um quadro insatisfatório, em que o estado originário de ignorância do julgador sobre os fatos não pode ser vencido; e se, como qualquer ônus, trata-se de um imperativo do próprio interesse, então ele deverá simplesmente considerar as regras de distribuição dos ônus da prova.

Sobre isso, convém lembrar que a admissibilidade, no processo estatal, de convenções sobre os ônus probatórios (*ex vi* art. 333, § único do CPC/73) não é exatamente nova – e não se tem notícia de ter sido aventada contra a regra qualquer inconstitucionalidade ou ilegalidade, ou, ademais, inaplicabilidade naquele âmbito. Ainda, o CPC/15 positivou a regra segundo a qual o juiz pode – desde que o faça de maneira fundamentada – distribuir o ônus da prova de forma "dinâmica", isto é, de forma diversa daquela "estaticamente" prevista pela lei (art. 373, § 1º); o que, a rigor, busca preservar a inafastabilidade do controle jurisdicional, o contraditório e a ampla defesa, de sorte a permitir que o juiz distribua o encargo probatório segundo as peculiaridades da controvérsia e especialmente a condição – absoluta e relativa – de cada um dos litigantes.

Ora, se ao juiz estatal foi outorgado o poder de determinar a regra de distribuição do ônus da prova; e se a comunicação às partes sobre isso deve ser feita de forma a permitir que a parte se desincumba do encargo[42]; então parece

---

41 Cf. STEFANINI AUILO, Rafael. *A valoração judicial da prova no Direito brasileiro*, Salvador, JusPodivm, 2021, pp. 158-161.

42 Cf. STEFANINI AUILO, Rafael. *O modelo cooperativo de processo civil no novo CPC*, Salvador, JusPodivm, 2017, pp. 116-121. Mesmo antes da promulgação do CPC/15, a jurisprudência do STJ já seguia o entendimento de que a eventual inversão dos ônus probatórios deveria ocorrer de modo tempestivo, permitindo-se sua eventual desincumbência. Daí porque se diz que, além

razoavelmente claro que a lei já deu ao juiz o poder de interferir nos domínios da prova de forma altamente eficiente. Não é preciso exercer poderes de instrução de ofício na medida em que, de antemão, as partes já sabem que eventual dúvida remanescente se resolverá em desfavor de uma delas.

E não se diga que assim já ocorria antes porque deixar a atribuição do ônus à lei, de um lado, e permitir que o juiz o faça, de outro, são coisas consideravelmente diversas. Mais ainda: mesmo sob a vigência do CPC/73 já era possível objetar a atuação oficial em matéria de prova nos casos em que o Direito substancial estabelece presunções; que, afinal de contas, partem da experiência comum e, atuando sobre o ônus da prova, tem por finalidade prestigiar uma das partes. Nesses casos, a atuação oficial conflitaria – de forma se não desnecessária e inútil, ao menos desproporcional – com a opção feita pelo Legislador.

De forma semelhante, convém destacar o exemplo dos *standards* probatórios, isto é, dos graus de certeza ou probabilidade necessários para que se chegue a uma decisão definitiva a respeito de dada hipótese (*beweismaß*)[43].

Com efeito, a medida de suficiência da prova pode ser construída com base em diferentes premissas, podendo-se destacar três principais: os diversos tipos de litígio; os diferentes momentos em que a decisão é proferida; a valoração dos interesses que estão em disputa, principalmente sob o aspecto negativo de uma possível decisão injusta – o quão prejudicial pode ser uma decisão equivocada para aquele caso concreto, em termos de justiça.

Ora, firmada a premissa de que o *standard* probatório será tão ou mais elevado quanto maiores forem os custos de uma decisão injusta, segundo opção política[44]; e de que "Por mais que a suficiência da prova não seja um ônus/poder/faculdade/dever processual das partes, mas uma regra de decisão, é evidente que é um critério que leva em conta a valoração das consequências jurídicas que podem ser a elas aplicadas"; é possível afirmar que as partes podem "(...) negociar a alteração das suficiências probatórias, dificultando ou facilitando a tomada de decisões que a elas diz respeito, seja em relação às decisões proferidas em cognição sumária ou exauriente. É uma questão de reconhecimento do poder da parte de se dispor a sofrer um maior ou menor risco de erro nas

---

de regra de julgamento, os ônus probatórios são também regra de instrução ou de procedimento (cf. STJ, 2ª Seção, EREsp. n. 422.778-SP, rel. p/ acórdão Min. Maria Isabel Gallotti, j. 29.2.12, DJe. 21.6.12, m.v.; STJ, 2ª Seção, REsp n. 802.832-MG, rel. Min. Paulo de Tarso Sanseverino, j. 13.4.11, DJe 21.9.11, m.v.).

43 Cf. RECENA COSTA, Guilherme. "Livre convencimento e *standards* de prova" in ZUFELATO, Camilo; YARSHELL, Flávio Luiz (coord.). *40 anos de teoria geral do processo*, São Paulo, Malheiros, 2013, pp. 365–366.

44 Cf. CLERMONT, Kevin. "Standards of proof revisited" in *Vermont Law Review*, vol. 33, n. 3, abr./2009, pp. 482–483.

decisões judiciais. Ninguém melhor do que as próprias partes para valorarem os riscos de erros a que pretendem se submeter e quais seriam as suficiências probatórias adequadas para os seus casos concretos. Ora, seria bastante plausível a alteração em uma negociação contratual entre duas empresas, com a previsão de cláusula contratual afirmando que, para a concessão da tutela provisória, exija-se uma alta probabilidade da hipótese fática, dificultando uma alteração no *status quo* antes de uma decisão definitiva de mérito"[45].

Assim, a "(....) alteração do *standard* de prova é negócio processual que possui consideráveis semelhanças com a convenção sobre ônus da prova, o qual pode ser negociado por meio de convenção típica. Inexistem razões para que se permita alteração do ônus da prova, mas não dos *standards* de prova. (...) Permitir que as partes fixem *standards* probatórios por meio de convenção processual é uma forma de gerar maior segurança jurídica aos processos judiciais em que haja negócio processual fixando-os, eis que as partes saberão de antemão exatamente qual a suficiência probatória exigida"[46].

Certo que sempre haverá o argumento segundo o qual o órgão judicante deve buscar a *verdade* no processo, porque só assim se fará justiça. Sobre isso, vale registrar duas observações.

Primeiro, novamente convém ser realista e considerar que essa busca, ao menos na generalidade dos casos, não corresponde à realidade. Na vida real, como afirmado em linhas anteriores e mesmo à míngua de estatísticas que respaldem a assertiva, a iniciativa probatória do julgador não é regra, mas exceção; principalmente se se considerar que, em uma arbitragem, necessariamente as partes litigarão sobre direitos patrimoniais disponíveis. Então, alegação e prova são – como deve mesmo ser – um assunto substancialmente a cargo do interessado.

Segundo, a busca da verdade não é um escopo do processo; que, na realidade, busca pacificar mediante a eliminação das controvérsias – embora realmente o faça mediante a atuação do direito objetivo. Essa visão, por sobre ser mais uma vez irrealista, é desde logo parcial: o conhecimento dos fatos é, sem dúvida, instrumento para consecução do objetivo de aplicar o direito no caso concreto, mas em boa medida conflita com o escopo social, de mais rápida superação da controvérsia e, como dito, de consequente pacificação social[47]. Mesmo no processo penal, em

---

45 Cf. PEIXOTO, Ravi de Medeiros. *Standards probatórios no direito processual brasileiro*, tese de doutorado, Faculdade de Direito da Universidade do Estado do Rio de Janeiro, Rio de Janeiro, 2020, pp. 59-60.

46 Cf. Id. Ibid., p. 62.

47 Sobre a busca da verdade enquanto ferramenta para a consecução dos escopos da jurisdição, ver: STEFANINI AUILO, Rafael. *A valoração judicial da prova no Direito brasileiro*, Salvador, JusPodivm, 2021, pp. 36-45; STEFANINI AUILO, Rafael. *O modelo cooperativo de processo civil no novo CPC*, Salvador, JusPodivm, 2017, p. 116.

que se diz que o juiz buscaria a verdade real[48], não é factível nem correto que o juiz, diante da omissão do órgão acusador, empreenda atividade de ofício para suprir a inércia do demandante. Certamente que quem julga não é indiferente à busca da verdade pelo simples fato de que a atividade probatória se destina à revelação dos fatos. Então, se o órgão judicante admite tal ou qual prova é natural que ele se interesse pelo resultado que tal atividade pode proporcionar. Mas, isso é coisa consideravelmente diversa de dizer que o escopo do processo – e, portanto, do juiz – seja o de descobrir a verdade. Não é porque a sentença de mérito é dada na premissa de que a prova foi insuficiente para revelar os fatos que ela é menos valorosa sob o prisma dos escopos do processo[49]. Ao contrário, nesse contexto, as regras de distribuição do ônus da prova podem e devem atuar como garantia de uma decisão tempestiva e efetiva. Embora a natural flexibilidade do processo arbitral possa permitir atos que já foram praticados anteriormente e a própria informalidade do procedimento afaste uma ideia de preclusão peremptória, uma solução efetiva do conflito passa pela aplicação correta do árbitro ou tribunal arbitral dos ônus da prova – sejam eles como regra de procedimento, sejam eles como regra de julgamento. Então, uma vez que seja dada oportunidade adequada para que as partes produzam suas provas, o ato não deve ser repetido simplesmente porque uma parte gostaria de praticá-lo ou porque o órgão jurisdicional não está plenamente convencido das razões a ele postas.

A regra legal que permite às partes a escolha consensual do perito, cujo trabalho "substitui, para todos os efeitos, a que seria realizada por perito nomeado pelo juiz" (art. 471, *caput* e § 3º do CPC/15), conquanto diga com o processo estatal, é uma boa ilustração para tudo o que foi dito, especialmente porque não se trata de expediente totalmente estranho ao processo arbitral[50].

---

48 Não parece nem mesmo correto se cogitar de dois tipos de verdade. Com efeito, no processo não se busca nunca uma verdade absoluta, isto é, um dogma, uma situação inafastável (nem mesmo, como muitas vezes é dito, a verdade material). A *verdade* – enquanto correspondência entre o fato e a alegação sobre – é uma só, embora cada sujeito possa ter inúmeras versões sobre ela. Vale dizer: não se deve confundir uma possível inexistência de verdade com a dificuldade em encontrá-la. A verdade – ou ao menos o seu conhecimento – existe; ela apenas é condicionada a limitações culturais, técnicas e factuais. Mais especificamente, no campo processual, a verdade possível de ser encontrada é aquela considerada em seus próprios *limites processuais*, isto é, relativa e adequada ao conjunto probatório trazido aos autos do processo. A verdade no processo leva em consideração as limitações da cognição humana, a qual é condicionada à quantidade e à qualidade das informações de que se dispõe para a formação do conhecimento. Ela, então, nada mais é do que um sinônimo de *conhecimento* ou *impressão da verdade* com base nas provas que são produzidas.

49 Cf. STEFANINI AUILO, Rafael. *A valoração judicial da prova no Direito brasileiro*, Salvador, JusPodivm, 2021, p. 28; STEFANINI AUILO, Rafael. *O modelo cooperativo de processo civil no novo CPC*, Salvador, JusPodivm, 2017, p. 116.

50 Nesse sentido, pode-se destacar o Protocolo Sachs, segundo o qual, cada parte apresenta uma lista de nomes de especialistas sobre a questão e o árbitro escolhe um de cada, formando-se uma

A propósito, colhe-se da doutrina que "O fato de o perito ter sido indicado pelas partes não retira do juiz o dever de valorar a qualificação do profissional indicado e não retira do juiz seus poderes instrutórios atribuídos pela lei". Assim, "o dispositivo legal não significa, contudo, dada a impossibilidade de as partes limitarem a formação do convencimento judicial, que não possa o juiz indicar outro perito para a realização de uma segunda perícia, se considerar que a primeira perícia, aquela realizada pelo profissional indicado pelas partes, não esclareceu de maneira suficiente a questão controvertida (...)"[51]. Da mesma forma, já se disse que "Considerando-se que o destinatário da prova é o juiz, este poderá determinar a realização de uma segunda perícia, a ser realizada por perito nomeado pelo juízo, na forma do art. 480"[52].

Contudo, preservada tal convicção, e sempre com a ressalva de que a realidade dificilmente levará a situação concretas e recorrentes que apresentem esse tipo de problema, essa solução é inconciliável com determinação legal de que a "perícia consensual substitui, para todos os efeitos, a que seria realizada por perito nomeado pelo juiz"; cuja constitucionalidade, ao que se sabe, não foi sequer posta em dúvida. Tal solução, por sobre ser legal, não infirma a persuasão racional porque essa haverá que se dar mediante o exame da prova produzida dentro da disponibilidade das partes e, se o caso, o recurso às regras de distribuição do ônus da prova; que, nesse caso, são os parâmetros jurídico e legal a ser considerado pelo juiz que, de todo modo, terá que justificar a razão pela qual entende seja a prova consensual imprestável para o conhecimento e revelação dos fatos controvertidos. Ora, se a lei – aparentemente sem reação contrária à altura dessa outra – diz que a simples fixação de pontos controvertidos vincula o juiz (art. 357, § 2º), seria incoerente que a convenção sobre a própria prova não vinculasse o julgador.

A perícia consensual não retira do juiz o poder de presidir as atividades relativas à prova e, nessa medida, de exercer o *case management* (que a tanto não se limita, mas que tem ali uma boa ilustração), relativamente ao objeto e à duração da prova. O magistrado pode – na verdade, continua a poder – apresentar seus próprios quesitos e determinar sejam feitos esclarecimento, inclusive oralmente em audiência, se necessário. Aqui sim, eventuais disposições

---

dupla de peritos (cf. BLACKABY, Nigel; WILBRAHAM, Alex. "Practical Issues Relating to the Use of Expert Evidence in Investment Treaty Arbitration", in *ICSID Review – Foreign Investment Law Journal*, v. 31, n. 3, jan./2016, pp. 664-666).

51 Cf. LUCON, Paulo Henrique dos Santos. "Prova Pericial no CPC/2015", in *Revista de Processo*, v. 267, mai./2017, pp. 211-223.

52 Cf. NASSER, Paulo Magalhães Nasser. "Comentário ao art. 471", in CABRAL, Antonio do Passo; CRAMER, Ronaldo. *Comentários ao Novo Código de Processo Civil*, 2ª ed., Rio de Janeiro, Forense, 2016, p. 470.

que excluíssem tais prerrogativas poderiam ser tidas como inaceitáveis. Não parece possível, contudo, que o juiz simplesmente determine a realização de nova perícia; nem mesmo por perito a ser novamente escolhido pelas partes[53] porque isso, mais uma vez, equivaleria a passar por cima da vontade das partes. O argumento fundado no art. 480 não colhe[54]: a possibilidade de se determinar de nova perícia é ali dada ao juiz na premissa de que a ele caiba essa tarefa. Mas, tendo as partes excluído tal possibilidade, permitir-se que uma segunda perícia substituísse a primeira seria, novamente, contornar a norma legal.

Isso, naturalmente não quer dizer que o julgador não possa submeter o tema – necessidade de ser feita nova perícia – ao debate, preferencialmente pessoal e em audiência, para que a oralidade preste a relevante função de servir de instrumento para o efetivo contraditório. Mas, se não houver consenso, é com a regra de distribuição do ônus da prova que o juiz deve trabalhar. Naturalmente, vale aqui a mesma ressalva que antes fora feita de forma genérica: caso o juiz identifique possível ilícito, então ele deve adotar providências para que tal prática não se consume[55].

CONCLUSÕES

O trabalho desenvolvido buscou dar resposta, ainda que de forma não exaustiva, a dois questionamentos diversos, porém complementares. Primeiro: *o que poderia ser objeto – dentro do recorte proposto na introdução do trabalho – de disposição das partes, de forma a vincular o órgão judicante?* Segundo: *o que pode ser legitimamente recusado árbitro e qual o fundamento para assim proceder?*

Conforme se procurou demonstrar, a regra ou quando menos a *ratio* do art. 190 do CPC é aplicável também ao processo arbitral ou a convenções processuais que com ele digam respeito em maior ou menor grau. Talvez se possa

53 Essa possibilidade é vislumbrada em: WAMBIER, Luiz Rodrigues; TALMINI, Eduardo. *Curso Avançado de Processo Civil*, v. 2, 16ª ed., São Paulo, RT, 2016, p. 347.

54 Em sentido diverso do texto, ver: BERALDO, Leonardo de Faria. *Comentários às Inovações do Código de Processo Civil: Novo CPC (Lei n. 13.105/2015)*, Belo Horizonte, DelRey, 2015, p. 186.

55 Ao comentar o art. 471 do CPC, judiciosa doutrina ponderou que o juiz "não pode permanecer alheio a qualquer evidência de manipulação do acordo, que deverá ser prontamente reprimida (CPC art. 139 III). Sendo assim, caso entenda que a pura e simples nomeação do perito favoreça uma das partes (em razão de alguma relação entre ambos, por exemplo), pode desconsiderar o consenso em torno do nome do perito e nomear outro" (cf. NERY JUNIOR, Nelson; NERY, Rosa Maria de Andrade. *Código de Processo Civil Comentado*, 7ª ed. *e-book* baseada na 21ª ed. impressa, São Paulo, RT, 2023, p. RL-1.95). Mas, o tema é complexo porque o exemplo dado envolve possível vício de consentimento ou social; e, nesse caso, é preciso preservar o contraditório e, principalmente, definir a forma pela qual se poderia reconhecer a invalidade e a ineficácia do acordo.

afirmar que nesse âmbito, a regra ou a *ratio* da norma sejam aplicáveis até com até mais razão em comparação ao processo estatal, se e quando considerada a realidade de cada um deles.

Nesse contexto, conquanto seja redundante, e ainda que a redação daquela norma pudesse ter refletido o texto já adotado pelo artigo 1º da Lei 9.307/96, convém ratificar que as convenções processuais estão limitadas a controvérsias que digam com direitos que comportem *autocomposição* – isto é, transação, renúncia ou submissão.

Outro limite que deve ser observado é o do devido processo legal e, na esteira do que dispõe o art. 21, § 2º da Lei 9.307/96, os princípios do contraditório, igualdade, imparcialidade e livre convencimento – exigências que devem ser vistas em sua devida dimensão e de modo pragmático, especialmente levando em consideração que limitações bilaterais e substancialmente isonômicas devem ser admitidas.

Fora desses casos, parece correto concluir que prevalece o que as partes tiverem convencionado, ainda que contrarie a vontade do órgão judicante. É que, embora seja forçoso reconhecer que a atuação do órgão judicante seja um limite a ser considerado na celebração de negócios processuais, isso não justifica a assertiva singela de que as partes não podem dispor sobre seus poderes. Nesse caso, justamente porque a atividade jurisdicional é um instrumento de solução de controvérsias, não há como recorrer ao argumento "privatista" (mas que nem mesmo no Direito privado subsiste de forma incondicional) de que o contrato só produzia efeitos entre os contratantes, sendo para o terceiro autêntica *res inter allios*.

Ademais, se o processo não é um fim em si mesmo, parece relevante destacar que os limites das convenções processuais devem ser examinados no contexto dos escopos da jurisdição, de sorte que não se descarta, eventualmente, seja preciso recorrer à técnica da ponderação de valores, como forma de conter eventual excesso na intervenção do julgador sobre a atividade das partes.

Então, tudo isso se aplica – ou, por coerência, deveria se aplicar – às *convenções sobre prova*, que aparentemente envolvem três importantes questões.

Primeiro, conquanto a experiência, ainda que à míngua de dados objetivos, revele que as disposições contratuais sobre prova tenham, em regra, uma função "processual", não se trata de uma condição *sine qua non* para sua estipulação. É possível – e, a depender da situação, desejável – que tais disposições disciplinem questões fora do âmbito processual.

Segundo, ainda que a prova possa e, não raras as vezes, seja associada a um desdobramento do direito de ação e de defesa, isso não implica dizer que convenções sobre ela violem por si só o devido processo legal. Conforme dito, eventuais limitações bilaterais e isonômicas devem ser admitidas, bastando que se preserve a paridade de armas. Não se deve – a pretexto de garantir o devido processo legal – negar o próprio caráter instrumental do processo, que é instrumento de superação de controvérsias e não de atuação do direito objetivo de forma desvincula de tal finalidade. Ainda que não haja propriamente uma relação de continência, convém relembrar que se as partes podem transigir no plano material, inclusive sem a necessidade de qualquer processo, seria incoerente entender que elas não poderiam voluntariamente transigir com posições emergentes da relação processual.

Terceiro, ainda que o órgão judicante seja destinatário e tenha liberdade na valoração da prova, e que ele seja um terceiro em relação ao negócio, isso não implica dizer que negócios jurídicos não possam dispor sobre tal matéria. É certo que não se admite dispor sobre o livre convencimento motivado (ou persuasão racional) do julgador, inserido que está no sistema de valoração da prova adotado pelo Direito brasileiro. Contudo, disciplinar questões como a limitação dos meios probatórios ou a forma de produção de tal ou qual prova não retira do árbitro (ou do juiz) sua capacidade de dar o peso que quiser à prova produzida no contexto de uma disputa; e, se for o caso, valer-se das regras de distribuição do ônus da prova, sob a perspectiva objetiva, isto é, de regra de julgamento. Ademais, não parece possível afirmar que o órgão judicante seja o único destinatário da prova, de forma que este poderia determinar a produção de ofício da prova que entendesse necessária, inclusive de modo contrário ao que dispuseram as partes. Nesse caso, além de estar relativamente dissociada da realidade, conclusão de tal ordem implicaria tornar inútil qualquer negócio probatório, sem que se tivesse qualquer justificativa no sistema para tanto.

33. CLÁUSULA ATINENTE À RENÚNCIA (REMISSÃO), TOTAL OU PARCIAL, DE CRÉDITOS: ALGUNS ASPECTOS DE SUA QUALIFICAÇÃO

Francisco Paulo De Crescenzo Marino

1. A CLÁUSULA EM ANÁLISE

Não é raro encontrar, nos contratos dos mais diversos tipos, cláusulas que façam alusão à "renúncia total ou parcial" de créditos (ou, em expressão também bastante encontradiça, "direitos creditórios"). A "renúncia" em questão pode compor o suporte fático de uma variada gama de dispositivos, desempenhando as mais diversas funções. Pode, exemplificativamente, figurar como elemento do sinalagma de um contrato de transação, caso em que integrará as concessões recíprocas que o caracterizam. Pode, ainda, vir referida como negócio jurídico eventual e futuro, evento condicionante constante de uma previsão condicional, cujo advento fará cessar ou atribuirá eficácia, no todo ou em parte, ao contrato em que inserta.

A interpretação de uma cláusula atinente à "renúncia total ou parcial" de créditos pressuporá, como é evidente, a compreensão das demais cláusulas contratuais que compõem o conteúdo do negócio jurídico em questão, bem como o entendimento da operação econômica subjacente. Não parece possível, portanto, discorrer sobre o seu sentido sem o prévio acesso a tais elementos textuais e contextuais. Afigura-se viável, contudo, realizar alguns apontamentos sobre o sentido que se possa atribuir à expressão "renúncia de créditos". Esse, pois, o objetivo do presente trabalho.

2. A RENÚNCIA E A SUA SUPOSTA UNILATERALIDADE

Lê-se, em obra de referência sobre o tema em nossa literatura[1], que a renúncia pode ser conceituada como o "negócio jurídico dispositivo pelo qual o titular de um direito extingue esse direito".[2] De forma mais precisa, Pontes de Miranda assevera: "O que caracteriza a renúncia é a deixação do que é valor para alguém (direito, pretensão, ação, exceção), por manifestação de vontade, que é bastante, em si, para isso, posto que, de regra, seja receptícia."[3]

Não há um regime geral da renúncia no Código Civil. Essa é uma das razões pelas quais a figura é envolta em diversas controvérsias doutrinárias. Discute-se, em primeiro lugar, se a renúncia é estruturada necessariamente por meio de um negócio jurídico unilateral ou, ao contrário, se pode estar inserta em um negócio bilateral (notadamente, um contrato).

Em que pesem posições divergentes[4], alinhamo-nos aos que não consideram a unilateralidade um elemento estrutural necessário da renúncia. Nesse sentido, afirma José Paulo Cavalcanti: "Com efeito, a estrutura substancial da renúncia não exige essa unilateralidade. A renúncia pode, indiferentemente, de acordo com a natureza do direito sobre que incide, ser unilateral ou bilateral, sem que desvirtuados sejam os seus característicos. Todo ato simplesmente eliminativo, do qual, portanto, decorra apenas a extinção do direito, nada valendo o proveito mediato que, desse ato, terceiro venha a auferir, será renúncia, pouco importando que esse ato, se, na maioria dos casos, pode ser realizado unilateralmente, noutros dependa de consentimento, o que se verificará quando, defronte do renunciante, haja um sujeito passivo determinado, ou até mesmo um terceiro interessado de cujo assentimento faça a lei depender a extinção do direito (v.g., art. 290 da Lei dos registros públicos, dec. n.º 4.857, de 9 de novembro de 1939). A unilateralidade ou a bilateralidade, por consequência, não integra a natureza da renúncia, pois ilógico resultaria que atos igualmente de eliminação pura e simples (por exemplo, renúncia à

---

1 José Paulo Cavalcanti, *Da renúncia no direito civil*, Rio de Janeiro: Forense, 1958. Até muito recentemente, tratava-se da única monografia sobre o tema em nossa doutrina. A ela somou-se, agora, o livro de Marcella Campinho Vaz (*Renúncia de direitos: limites e parâmetros de aplicação no direito civil*. Rio de Janeiro: Editora Processo, 2022).

2 José Paulo Cavalcanti, *Da renúncia no direito civil*, cit., p. 11-12.

3 *Tratado de direito privado: parte especial, vol. 3*, atualizado por Nelson Nery Jr. e Rosa Maria de Andrade Nery. São Paulo: Editora Revista dos Tribunais, 2012, p. 215.

4 A título exemplificativo, Marcella Campinho Vaz opina pela natureza necessariamente unilateral da renúncia, o que a leva a afastar a remissão de dívida do universo da renúncia (*Renúncia de direitos*, cit., p. 59 e 64).

propriedade e renúncia aos direitos de crédito) fossem catalogados em categorias diferentes, simplesmente porque uns podem ser concluídos unilateralmente e outros dependem, para a sua validade, do consentimento de terceiro."[5]

3. RENÚNCIA A CRÉDITO E REMISSÃO DE DÍVIDA

A questão acima exposta possui relação direta com a natureza jurídica da remissão de dívida, dado que o objeto da renúncia, no caso da cláusula em comento, são créditos.

Para parte da doutrina, a remissão é espécie do gênero renúncia, cuja especialidade residiria em levar à extinção de uma obrigação. Assim, José Paulo Cavalcanti, para quem "a renúncia de crédito se chama remissão [...]".[6] Outros sustentam tratar-se de negócio jurídico distinto da renúncia,[7] ancorando a divergência entre remissão e renúncia, na maior parte dos casos, em um fator estrutural: a unilateralidade da renúncia e a bilateralidade da remissão de dívida. Os partidários desta corrente divergem quanto à admissibilidade, ao lado da remissão (bilateral) de dívida, de uma renúncia (unilateral) ao direito de crédito.

Há de se ter cautela, nesse aspecto, com as obras anteriores ao Código Civil de 2002. Isso porque o art. 385 do referido Código contém norma inovadora em relação ao regime anterior, estabelecendo que "[a] remissão da dívida, *aceita pelo devedor*, extingue a obrigação, mas sem prejuízo de terceiro." (destacamos).

A regra, acolhida em razão de diversas manifestações doutrinárias no mesmo sentido, tornou induvidosa, em nosso sistema, a *natureza bilateral* (e, mais precisamente, contratual) da remissão de dívida.[8]

A bilateralidade da remissão de dívida – já presente no Anteprojeto de Código das Obrigações de 1941, cujo art. 318 possuía redação notavelmente similar à do art. 385 do Código de 2002[9] – figura em outras ordens jurídicas. É a regra, exemplificativamente, no direito francês (em que o Código Civil deixa

5 José Paulo Cavalcanti, *Da renúncia no direito civil*, cit., p. 73-75.

6 José Paulo Cavalcanti, *Da renúncia no direito civil*, cit., p. 16.

7 Jorge Cesa Ferreira da Silva, *Adimplemento e extinção das obrigações*, São Paulo: RT, 2007, p. 526 ss.

8 A bilateralidade é claramente afirmada, dentre outros, por Jorge Cesa Ferreira da Silva (*Adimplemento e extinção das obrigações*, cit., p. 526) e por Marcella Campinho Vaz (*Renúncia de direitos*, cit., p. 63).

9 "Art. 318. A remissão da dívida, feita pelo credor e aceita pelo devedor, extingue a obrigação."

expressa a natureza contratual da remissão de dívida[10]), no direito português (vide o art. 863 (1) do Código Civil[11]) e no direito alemão (o que se colhe do §397 do BGB[12]).

O fundamento da necessidade de um acordo tendo por objeto a renúncia ao crédito (*rectius*, remissão de dívida) é apontado pela doutrina. Assim, Karl Larenz observa que a bilateralidade da remissão "demonstra que o crédito não é um direito soberano, em virtude do qual o devedor estaria sujeito unilateralmente à vontade do titular do crédito, mas sim um vínculo ético: uma faculdade titulada por outra pessoa, no reverso da obrigação. O credor não pode liberar o devedor de sua obrigação sem o consentimento deste, já que o primeiro não pode, naturalmente, sobrepor-se à possível vontade do devedor de adimplir a sua obrigação."[13]

Menezes Cordeiro também observa: "De facto, ao extinguir voluntariamente o seu direito, o credor vai bulir, de modo automático, com a situação do devedor e não apenas com a sua. O devedor pode, pelas razões mais diversas, não querer aceitar o benefício que, em princípio, a extinção do crédito lhe propicia; ele não é obrigado a receber qualquer vantagem, sem ter dado o seu acordo. Por isso, a remissão surge como contrato entre o credor e o devedor, destinado a extinguir determinada relação obrigacional entre eles existente – artigo 863.º/1."[14]

A despeito disso, parte da doutrina admite a subsistência, ao lado da remissão (bilateral) de dívida, de uma renúncia (unilateral) ao direito de crédito.[15] A posição parece duvidosa, haja vista a expressa previsão do art. 385 do Código Civil. O que pode haver é a renúncia (unilateral) à cobrança de uma dívida, o que, contudo, não leva à sua extinção.[16] Nesse sentido, Pontes de Miranda já observava: "A renúncia de pretensão interpreta-se como remissão de dívida."[17]

---

10 "Art. 1.350. La remise de dette *est le contrat* par lequel le créancier libère le débiteur de son obligation." (destacamos)

11 "Artigo 863º (*Natureza contratual da remissão*) 1. O credor pode remitir a dívida *por contrato* com o devedor. [...]" (destacamos)

12 "§397. Contratto di remissione del debito; riconoscimento negativo del debito. (1) Il rapporto obbligatorio si estingue se il creditore rimette al debitore, *mediante contratto*, il debito. [...]" No original: "§397. Erlassvertrag, negatives Schuldanerkenntnis. (1) Das Schuldverhältnis erlischt, wenn der Gläubiger dem Schuldner durch Vertrag die Schuld erlässt." (destacamos)

13 *Derecho de obligaciones*, t. 1, Madrid: Editorial Revista de Derecho Privado, 1958, p. 439-440.

14 *Tratado de direito civil português*, II, tomo IV, Coimbra: Almedina, 2010, p. 373-4.

15 Marcella Campinho Vaz, *Renúncia de direitos*, cit., p. 65.

16 Jorge Cesa Ferreira da Silva, *Adimplemento e extinção das obrigações*, cit., p. 528.

17 *Tratado de direito privado: parte especial, vol. 3*, cit., p. 217.

4. FUNÇÕES DA RENÚNCIA E DA REMISSÃO. FUNÇÃO MERAMENTE ABDICATIVA E FUNÇÕES NÃO ABDICATIVAS. RENÚNCIA E REMISSÃO COMO NEGÓCIOS JURÍDICOS PLURICAUSAIS.

Questão da maior importância, e também diretamente relacionada à comparação entre as figuras da renúncia e da remissão, diz respeito às respectivas funções. Em síntese, há quem entenda que tanto a renúncia como a remissão possuem, necessariamente, função meramente abdicativa (*causa derelinquendi*).

Quer isto dizer que tanto o renunciante como o remitente tencionariam apenas despojar-se, privar-se do direito de que são titulares, por meio de sua extinção. A eventual atribuição de um benefício a terceiros, em virtude da abdicação, consistiria em efeito legal mediato da renúncia, ao contrário do seu efeito negocial imediato (a abdicação).[18]

Daí decorre, por exemplo, a afirmação, predominante na doutrina, no sentido da inadmissibilidade das chamadas *renúncias translativas*, tal como a renúncia em benefício de outrem (*in favorem*), que não seriam renúncias propriamente ditas.[19]

É de se notar, contudo, que o rigor doutrinário parece divorciado da prática, em que a renúncia translativa é figura corriqueira e útil, apta a satisfazer determinados interesses concretos, sobretudo no contexto da renúncia a direitos hereditários. Nesse sentido, diversos arestos do Superior Tribunal de Justiça aludem à renúncia translativa.[20]

Note-se, ainda, que a renúncia translativa (ao direito de multipropriedade) foi expressamente prevista no Código Civil por força da Lei n. 13.777/2018, que inseriu o art. 1.358-T, *verbis*: "O multiproprietário somente poderá renunciar de forma translativa a seu direito de multipropriedade em favor do condomínio edilício."

Há importantes vozes doutrinárias em favor da possibilidade de renúncias não abdicativas. Na literatura em língua portuguesa, merece destaque a aprofundada monografia de Francisco Manuel de Brito Pereira Coelho. Invocando o exemplo da remissão de dívida, ele aponta o "entendimento muito difundido – que remonta de resto à civilística francesa pré-codificatória"

18 Francisco Manuel de Brito Pereira Coelho, *A renúncia abdicativa no direito civil (algumas notas tendentes à definição do seu regime)*, Coimbra: Coimbra Editora, 1995, p. 13 ss.

19 Marcella Campinho Vaz, *Renúncia de direitos*, cit., p. 46.

20 Vide exemplificativamente, o AgInt no AREsp 1980073/PR, afirmando que "apurar a existência de renúncia abdicativa ou translativa, para concluir em sentido diverso do aresto, demanda incursão probatória inviável no Recurso especial, nos termos da Súmula 7/STJ." (Rel. Ministro Herman Benjamin, Segunda Turma, julgado em 28/03/2022, DJe 12/04/2022).

(a referência é à obra de Pothier), no sentido de haver "dois tipos de remissão: de um lado, a remissão feita com espírito de liberalidade, ou seja, no intuito de beneficiar o devedor; de outro lado, a remissão feita com o puro intuito abdicativo de renúncia ao crédito."[21] De resto, haveria a percepção de que a remissão feita com *causa donandi* seria a sua forma mais usual, o que teria motivado, por intermédio da doutrina, a previsão da estrutura contratual da remissão.[22]

Prossegue o autor, em elucidativa passagem: "Como quer que seja, a base fundamental desta forma de ver as coisas – a qual é no fundo a consideração da remissão enquanto disposição extintiva do crédito, enquanto apenas uma «forma» em que podem caber causas diversas, uma das quais é a causa abdicativa – parece acertada. Ela corresponde, de resto, em alguma medida, à perspectiva do direito germânico: a remissão do crédito seria precisamente a simples disposição extintiva do crédito, e como negócio de disposição careceria de um fundamento (negócio de obrigação), que poderia certamente ser a doação mas também poderia ser qualquer outra causa (novação, transação, dação em cumprimento, etc.). [...] Se aquela base fundamental é, como dissemos, acertada, então são de rejeitar, desde logo, as teses que entendem poder ter a remissão apenas uma única causa abdicativa: a remissão seria sempre um negócio abdicativo, ainda que fosse realizada através de um contrato e ainda que este contrato se integrasse numa operação mais complexa. [...] Alcança-se, pois, a conclusão de que a remissão é fundamentalmente a disposição extintiva do crédito – uma disposição que tanto pode ser feita com causa puramente abdicativa, como, por representar então uma atribuição, com qualquer (outra) causa de atribuição. E essa conclusão deve de resto alargar-se, bem-vistas as coisas, a todas aquelas renúncias em que a lei determina (como efeito automático) um benefício de terceiros. Desta forma, quer na renúncia a direitos potestativos, quer na renúncia a direitos reais limitados, quer na renúncia em situações de contitularidade de direitos, se deve admitir – tanto quanto na remissão de dívida –, ao lado de uma intenção e eficácia diretamente extintivas ou abdicativas, uma intenção e eficácia atributivas. O benefício determinado em favor, respectivamente, do titular da sujeição, do proprietário da coisa onerada, do(s) contitular (es) do direito renunciado, será pois, consoante se trate de uma ou outra, um efeito legal (ulterior, embora automático) ou negocial da declaração renunciativa."[23]

---

21 Francisco Manuel de Brito Pereira Coelho, *A renúncia abdicativa no direito civil*, cit., p. 22.

22 Francisco Manuel de Brito Pereira Coelho, *A renúncia abdicativa no direito civil*, cit., p. 22, nota 34.

23 Francisco Manuel de Brito Pereira Coelho, *A renúncia abdicativa no direito civil*, cit., p. 24, 25 e 30.

Como se vê, consoante essa visão, a renúncia em geral se qualificaria como um negócio jurídico abstrato ou pluricausal, a comportar diversas causas possíveis, cuja identificação no caso concreto dependeria de exame das circunstâncias.

A admissibilidade de renúncias não puramente abdicativas é coerente, ademais, com a própria natureza de certos negócios jurídicos dispositivos, como tais entendidos aqueles que tem por efeito uma modificação imediata, ou *mortis causa*, da esfera jurídica do seu autor.

De fato, a disposição de um direito pode ser realizada com diversas causas. É o que se passa, por exemplo, com a cessão de crédito, que pode ser feita a título gratuito (*v.g.*, com *causa donandi*) ou oneroso (v.g., com causa *credendi* ou *solvendi*). Nesse sentido, a doutrina alude à ideia de uma *causa variável, fungível ou genérica*.[24,25]

O que se vem de dizer é especialmente marcante em relação à remissão de dívida. Sendo ela, em nosso sistema, contratual, deve ser entendida como um negócio jurídico causal, sendo relevante a que título se dá a disposição extintiva do crédito. A remissão estará sujeita, assim, ao regime correspondente à causa que presidir, em concreto, a sua celebração.

Na literatura jurídica nacional, o ponto foi abordado por Jorge Cesa Ferreira da Silva, ao admitir remissões de dívida onerosas e causais: "Nada obstante, o argumento que sustenta ser a remissão necessariamente benéfica pode ser superado. Em um primeiro plano, a exigência de um ânimo por parte do credor (beneficiar o devedor) é contraditória com a natureza abstrata da remissão, conforme visto acima. Se o negócio é abstrato, não se pode exigir que a sua causa (que não interessa juridicamente) seja esta ou aquela. É muito provável que a grande maioria das remissões envolva a intenção de beneficiar, mas disso não se retira que essa intenção seja necessária em todos os casos. Em um segundo plano, analisando-se bem as distinções entre a remissão e os outros institutos citados, constata-se ser possível, também conceitualmente, cogitar de uma remissão onerosa. Dieter Medicus exemplifica a hipótese valendo-se do seguinte caso: um locador aceita remitir uma parte do débito de aluguel, comprometendo-se o locatário a, em um determinado prazo, deixar o imóvel (op. Cit., p. 143). A hipótese é de remissão onerosa, e não há que se falar que o exemplo se confunde com dação em pagamento, novação ou transação, se inexistente lide. [...] Assim, mostra-se plenamente viável cogitar de remissões onerosas, quando for atribuída causa ao respectivo negócio jurídico. [...] Em razão de tais argumentos, grande parte da doutrina, nacional e

---

24 Vincenzo Panuccio, *La cessione volontaria dei crediti nella teoria del trasferimento*, Milano: Giuffrè, 1955, p. 22; João de Matos Antunes Varela, *Das obrigações em geral*, vol. II, 7 ed., Coimbra: Almedina, 2001, p. 302.

25 Entre nós, Gondim Neto já asseverava: "A causa da cessão varia com o fim que se tem em vista realizar" (*Da cessão de crédito*. Recife: Imprensa Industrial I. Nery da Silveira, 1933, p. 36).

estrangeira, posiciona-se aceitando a remissão dita 'onerosa' [...]. Vale por fim sublinhar que a possibilidade de se estabelecerem contrapartidas, não relacionadas ao específico vínculo de débito e crédito, faz com que a remissão seja um instituto atrativo, notadamente nos casos de dificuldades exageradas do devedor ou em casos de constituição de relações comerciais duradouras."[26]

Como se vê, diante de cláusula relativa à "renúncia total ou parcial de créditos", o intérprete não estará vinculado ao título (*nomen iuris*) ou aos termos empregados pelos contratantes. Ressalvadas circunstâncias concretas indicativas de outro sentido juridicamente relevante, a referência à renúncia a crédito qualificar-se-á como remissão (total ou parcial) de dívida, figura que, em nosso direito, possui *natureza contratual* – sendo necessário o consentimento do devedor (art. 385 do Código Civil) – e comporta *diversas causas.*

5. RENÚNCIA E REMISSÃO COMO ELEMENTOS DE TRANSAÇÃO

Cabe examinar, por fim, a compatibilidade entre "renúncia" (*rectius*, remissão de dívida) e contrato de transação.

O contrato de transação pode ser apreendido por meio da prévia fixação de sua *estrutura* e de sua *função* típicas. No que toca ao aspecto estrutural – composto pela *síntese de forma e conteúdo*[27] –, sobressai o exame do conteúdo do contrato de transação, mormente no que diz respeito à aferição de sua compatibilidade com a abdicação de posições jurídicas característica da renúncia e da desistência.

Em linha com o art. 840 do Código Civil (idêntico ao art. 1.025 do Código Civil de 1916), Pontes de Miranda define a transação como o "negócio jurídico bilateral, em que duas ou mais pessoas acordam em concessões recíprocas, com o propósito de pôr termo a controvérsia sobre determinada, ou determinadas relações jurídicas, seu conteúdo, extensão, validade ou eficácia".[28]

---

26 Jorge Cesa Ferreira da Silva, *Adimplemento e extinção das obrigações*, cit., p. 531 a 533.

27 Cite-se, por todos, Emilio Betti: "A estrutura do negócio jurídico compreende, assim, tanto a forma como o conteúdo. Forma é o modo como o negócio é, ou seja, como se apresenta diante dos outros na vida de relação: a sua figura exterior. Conteúdo é aquilo que o negócio é, intrinsecamente considerado: a sua fattispecie interior, que é ao mesmo tempo fórmula e ideia, palavra e significado: termos, esses, cuja coligação é tarefa da interpretação." (*Teoria generale del negozio giuridico*, reimpressão corrigida da 2.ª edição, Napoli: Edizioni Scientifiche Italiane, 1994, p. 125).

28 *Tratado de direito privado: parte especial, vol. 25*, atualizado por Nelson Nery Jr. e Rosa Maria de Andrade Nery. São Paulo: Editora Revista dos Tribunais, 2012, p. 179.

Dois são os caracteres essenciais da transação: (i) a presença de concessões recíprocas feitas pelas partes; e (ii) o escopo de prevenir ou de extinguir um litígio.[29]

O legislador nacional optou por construir o tipo contratual da transação mediante o emprego de modelo *estruturalmente aberto*. Com efeito, ao contrário de tantos outros tipos contratuais, moldados a partir da natureza da prestação que compõe o conteúdo da obrigação – bastando pensar na compra e venda, na locação ou na empreitada –, o traço distintivo do tipo contratual da transação não corresponde a um específico dar, fazer ou não fazer.

Como já se observou com argúcia, à ausência de uma "determinada concessão porventura característica ou exclusiva da transação", deve-se concluir que o modelo contratual da transação não ostenta um "conteúdo mínimo que lhe seja característico e constante".[30]

Note-se, ademais, que a exigência de bilateralidade das concessões não significa que deva existir equivalência entre elas. Nesse ponto, Carlos Alberto Dabus Maluf observa que "as concessões recíprocas não precisam ser necessariamente equivalentes", sendo que a natureza delas "é a mais ampla possível. Pode ser na base tanto de um valor econômico quanto pode consistir num fazer, não fazer ou dar."[31]

Não sendo a natureza da prestação o elemento típico da transação, deve-se indagar qual o seu traço distintivo em relação a outros tipos contratuais. Em obra clássica, Giorgio De Nova adverte que, em matéria de identificação dos traços característicos dos tipos contratuais, deve-se renunciar a uma resposta geral. Ao revés, há uma pluralidade de critérios heterogêneos dos quais o legislador lança mão no processo de tipificação das operações econômicas.[32]

Discorrendo sobre os principais traços característicos, o autor observa que esse papel por vezes não é desempenhado pela natureza de uma prestação singular, mas sim pelo *nexo entre as prestações*. Nesse caso, entretanto – prossegue De Nova –, ao examinar a relação entre as prestações o intérprete "se afasta progressivamente do conteúdo para pôr em evidência, como traços distintivos, dados que dizem respeito a perfis finalísticos, ao motivo, ao escopo." Sem surpresa, um dos exemplos por ele apontados é justamente o contrato de transação, caracterizado pela "finalidade de superação da lide por meio de concessões recíprocas".[33]

A advertência de De Nova é relevante, pois leva a concluir que é o *fim comum pretendido pelas partes* – prevenir ou terminar um litígio – que

---

29 George Ibrahim Farath, *Contrato de transação*, São Paulo: Almedina, 2023, p. 15.

30 George Ibrahim Farath, *Contrato de transação*, cit., p. 16 e 21.

31 Carlos Alberto Dabus Maluf, *A transação no direito civil*. São Paulo: Saraiva, 1985, p. 48 e 52.

32 *Il tipo contrattuale*, Padova: CEDAM, 1974, p. 70.

33 *Il tipo contrattuale*, cit., p. 96.

verdadeiramente distingue a transação.[34] Está-se, pois, diante de um *tipo contratual funcional*, isto é, caracterizado pela função ou finalidade comum às partes (ou, se se preferir, pela *causa*[35], tomada em um de seus múltiplos sentidos).[36] É o que afirma, com clareza, Menezes Cordeiro: "E aqui reside a especialidade da transação: ela corresponde a um tipo funcional, isto é, a uma ordenação contratual caracterizada pela sua função: prevenir ou precludir um litígio. O modo estrutural de conseguir esse resultado é um atributo livre dos contraentes."[37]

Dentre as concessões possíveis e frequentemente verificadas nas transações, estão aquelas *extintivas de posições jurídicas*, dentre as quais se situam a renúncia, em geral, e a remissão de dívida, em particular.

A compatibilidade entre a eficácia extintiva e a transação é algo tão natural que por muito tempo ela não foi vista como um contrato, mas como um *ato extintivo de obrigações*. Nesse sentido, recorde-se que, diversamente do Código Civil de 2002, no Código de 1916 a transação não vinha regulada dentre as "várias espécies de contratos", mas sim no Título II do livro do Direito das Obrigações, intitulado "Dos Efeitos das Obrigações".

Bevilaqua justificava a opção legislativa: "Para o Código Civil [de 1916], a transação não é, propriamente, um contrato. Ainda que a lição da maioria dos Códigos seja em sentido contrário, o certo é que o momento preponderante da transação é o extintivo de obrigação."[38] Digno de nota, ainda, que o tradicional volume de Eduardo Espínola voltado aos "contratos nominados no direito civil brasileiro" sequer incluísse a transação dentre os tipos contratuais objeto de estudo.[39]

Se é verdade que o conteúdo flexível da transação não se esgota em cláusulas extintivas de posições jurídicas, essas, contudo, permanecem parte relevante do conteúdo possível da transação, sendo a remissão de dívida o

---

34 George Ibrahim Farath, *Contrato de transação*, cit., p. 22.

35 Emilio Valsecchi destaca o fato de a causa da transação consistir na composição de uma lide atual ou na prevenção de uma lide futura mediante concessões recíprocas (*Il giuoco e la scommessa. La transazione.* In Trattato di diritto civile e commerciale, XXXVII, t. 2, coord. CICU, Antonio; MESSINEO, Francesco. Milano: Giuffrè, 1986, p. 228).

36 Para uma síntese de tais sentidos, vide Antonio Junqueira de Azevedo, *Negócio jurídico e declaração negocial (Noções gerais e formação da declaração negocial)*. Tese para o concurso de professor titular de Direito Civil da Faculdade de Direito da Universidade de São Paulo, [São Paulo], [s.c.p.], 1986 p. 128 ss.

37 *Tratado de direito civil*, tomo XII (Contratos em especial), 2.ª parte, Coimbra: Almedina, 2018, p. 1061.

38 *Código Civil dos Estados Unidos do Brasil comentado por Clóvis Bevilaqua*, 6 ed., São Paulo: Livraria Francisco Alves, 1943, p. 176.

39 *Dos contratos nominados no direito civil brasileiro*, 2 ed., Rio de Janeiro: Conquista, 1956.

paradigma do negócio jurídico extintivo que pode perfeitamente figurar no bojo do contrato de transação.

Nessa linha, George Farath, em aprofundado estudo dogmático sobre a transação, refere "as disposições que se podem inserir na transação, para extinção da controvérsia, com destaque para a remissão, as renúncias e o reconhecimento (em verdade, negócios jurídicos de fixação)."[40]

Como se vê, o contrato de transação não se confunde com a renúncia (*rectius*, remissão). A transação, pelas características acima expostas, pode perfeitamente englobar, no contexto das concessões mútuas necessárias à sua configuração, a renúncia, a remissão ou a desistência, total ou parcial, a uma ou a mais posições jurídicas.

O ponto é esclarecido por Pontes de Miranda: "Se há renúncia à pretensão de direito material, por parte do autor, e renúncia à pretensão de direito material, *res deducta* da reconvenção, por parte do demandado, então, sim, se pode falar em transação. Ainda há transação se o demandado reconhece a pretensão do autor e o demandante a do demandado e ambos desistem da ação e da reconvenção; ou se o demandado reconhece a pretensão do demandante e esse acorda em receber em quotas, ou sem juros, ou por alguma tabela de amortização, o que lhe é devido."[41]

A questão é exposta com clareza também na doutrina italiana: "As concessões recíprocas, portanto, não devem apresentar-se nem homogêneas, nem correspondentes, mas cada transigente deve suportar um sacrifício tendo em vista uma vantagem de conteúdo mais variado: assim, por exemplo, o reconhecimento de uma prestação de fazer pode ter como contrapartida uma prestação de dar ou de suportar e vice-versa. Qualquer prestação lícita pode constituir objeto de 'concessão transativa': a renúncia a um direito assim como a um recurso que investe o direito de ação de um particular, desde que se trate sempre de situações disponíveis; também a quitação, quando represente a vontade de abdicar da própria pretensão, pode assumir natureza transativa. [...] Outra situação reconduzível ao requisito da reciprocidade é a renúncia a um direito condicionada suspensivamente à cessação de uma outra posição jurídica ativa, pertinente à contraparte no âmbito de uma relação contratual. O particular nexo de correspectividade entre os dois negócios jurídicos unilaterais, ou melhor, as duas renúncias, pode, de fato, determinar a realização de um negócio jurídico bilateral."[42]

---

40 George Farath, *Contrato de transação*, cit., p. 102.

41 *Tratado de direito privado: parte especial, vol. 25*, atualizado por Nelson Nery Jr. e Rosa Maria de Andrade Nery. São Paulo: Editora Revista dos Tribunais, 2012, pp. 198-199.

42 Giovanni Sciancalepore, "Della transazione (artt. 1965-1976)", *in Il Codice Civile. Commentario* (a cura di Francesco D. Busnelli), Milano: Giuffrè Francis Lefebvre, 2018, p. 22 e 23.

Na verdade, renúncia e remissão – ou renúncias e remissões recíprocas entre os transatores – são algumas das principais formas de concretização das concessões mútuas previstas no modelo jurídico da transação. Assim, Emilio Valsecchi: "Frente à lide atual, deve-se entender por concessão aquilo que uma parte sacrifica do direito afirmado com a pretensão ou com a contestação; em outras palavras, a exigência da subordinação total do interesse alheio afirmada na pretensão é parcialmente sacrificada, como, inversamente, é parcialmente sacrificada a exigência de total liberdade de qualquer obrigação afirmada na contestação. Tal posição encontra o seu conteúdo concreto em uma recíproca renúncia dos direitos incertos subjacentes à pretensão, direitos que, como dito, podem existir, mas também podem não existir, com a consequência que também a renúncia pode, estritamente, ter um conteúdo ou não o ter, ou tê-lo diverso daquele que a parte pensava existir."[43]

43 *Il giuoco e la scommessa. La transazione*. In Trattato di diritto civile e commerciale, XXXVII, t. 2, coord. CICU, Antonio; MESSINEO, Francesco. Milão: Dott. A. Giuffrè Editore, 1986, p. 217.

34. O CASO IFOOD X RAPPI E AS CLÁUSULAS DE EXCLUSIVIDADE

Gabriel Schulman
Pedro Marcos Nunes Barbosa

1. INTRODUÇÃO: CLÁUSULAS DE EXCLUSIVIDADE, SUAS REPERCUSSÕES E RECORTE PROPOSTO

A consagração constitucional da livre iniciativa e da liberdade econômica dos agentes se faz acompanhar da limitação de certas práticas em atenção aos interesses da sociedade em que o exercício da autonomia privada se exprime[1]. A concorrência, nesse sentido, desponta como um tema que dialoga e reúne múltiplos núcleos de interesses, que incluem os (a) consumidores, o (b) Estado, (c) o meio-ambiente, (d) os inovadores (pessoas físicas) e (e) os próprios agentes econômicos (titulares do perfil objetivo do estabelecimento empresarial)[2].

Além das restrições estabelecidas pela legislação, com destaque ao Sistema Brasileiro de Defesa da Concorrência e às fontes normativas de proteção ao consumidor, a restrição ao desenvolvimento de certas atividades pode ser estabelecida por iniciativa particular, por meio das chamadas cláusulas de não

---

1 O princípio da livre concorrência, adverte Ascarelli está fincado na livre concorrência e na proibição de práticas anticompetitivas. ASCARELLI, Tullio. *Teoria della concorrenza e dei Beni immateriali*. 3ª Edição. Milão: Giuffré, 1960, p. 30.

2 Para uma análise sobre a poliedria relacional em tal contexto, permita-se a remissão a: BARBOSA, Pedro Marcos Nunes. *Curso de Concorrência Desleal*. Rio de Janeiro: 2022.

concorrer (prestação de fazer negativo) ou ainda cláusulas de exclusividade (que envolvem fazeres positivos e negativos). Como explica Forgioni, "[c]ontrata-se a não concorrência, paga-se por ela"[3]. Trata-se de acordo que – como regra – não se presume, e que não comporta interpretação extensiva[4].

No campo societário é corriqueiro que, ao se negociar a cessão de quotas sociais, defina-se cláusula que impeça o cedente de atuar prontamente no mesmo mercado, em determinado tempo e espaço[5]. Quando duas sociedades empresárias formam uma *joint venture* para desenvolver e comercializar um novo produto, seu acordo pode estabelecer uma vedação ao uso dos adquiridos naquele contexto para competir com a outra parte, no mesmo mercado[6]. Frequentemente profissionais em posições estratégias ou com acessos a informações delicadas celebram acordos de confidencialidade (non-disclosure agreements ou "NDAs"), e outras restrições.

O regime jurídico da concorrência, por conseguinte, se desdobra em diversos vetores, que incluem, por exemplo, a regulação econômica (incluindo plexos laborais), reflexos ambientais, a proteção da propriedade intelectual suscetível a direitos de exclusividade, a coibição da concorrência desleal e da implementação de práticas anticompetitivas. Cláusulas de não-concorrência, dessa maneira, podem constituir estratégias razoáveis e adequadas em determinados contextos, observada a adequada funcionalidade que a proteção ao "ambiente concorrencial de distorções indesejadas"[7]. Em outras situações, *non-compete clauses,* como designa o direito anglo-saxão, são nocivas e

---

3 FORGIONI, Paula. *Contratos empresariais: teoria geral e aplicação.* 5ª Edição, São Paulo: Thomson Reuters Brasil, 2020, p. 303.

4 FORGIONI, Paula. *Contratos empresariais: teoria geral e aplicação.* 5ª Edição, São Paulo: Thomson Reuters Brasil, 2020, p. 305.

5 FERRIANI, Adriano; NANNI, Giovanni Ettore. Cláusula de não concorrência na alienação de participação societária: exame de seus requisitos de validade e ineficácia superveniente. *Civilistica.com.* Rio de Janeiro, a. 9, n. 2, 2020. Disponível em: <http://civilistica.com/clausula-de-nao-concorrencia/>.

6 Segundo Ana Paula Frazão, "mesmo no âmbito do direito da concorrência, não há maior clareza sobre em que medida tais contratos podem ser instrumentos de práticas ilícitas e em que medida os contratantes podem ser considerados um só agente econômico para efeitos do controle de condutas, ainda mais quando se trata de condutas unilaterais no exercício de empresa comum na qual haja separação de atividades entre os contratantes". FRAZÃO, Ana. Joint ventures contratuais. *Revista de informação legislativa,* v. 52, n. 207, p. 187–211, jul./set., 2015. Como aponta BAKAJ, "em relação a cláusulas de não concorrência, é possível que o Cade as aceite em joint ventures, desde que não excedam as fronteiras dos mercados relevantes em que a joint venture irá conduzir as suas atividades e a razoabilidade das cláusulas considerando-se os objetivos do empreendimento comum". BAKAJ, Giovanna. Joint ventures internacionais: particularidades e aspectos concorrenciais, *Revista do CADE,* v. 1, nº 2, Novembro de 2013, pp. 149-177.

7 STJ, REsp: 1203109, Relator: Ministro MARCO AURÉLIO BELLIZZE, 3ª. Turma, DJe: 11/05/2015.

irregulares, segundo diversos fatores. Dessa maneira, sua legalidade/legitimidade deve ser analisada detidamente.

Um interessante debate sobre cláusulas de não concorrer se extrai de recente proposta da *Federal Trade Commission* (FTC), o qual, no início de 2023, propôs tornar ilegais as regras de não concorrer fixadas em contratos de trabalho nos EUA. Segundo estima a agência estadunidense, trinta milhões de trabalhadores, isto é, um quinto de todos os empregados nos EUA, estão vinculados às cláusulas de não competir estabelecidas em seus contratos de trabalho[8]. Extrai-se do relatório:

> *In this rulemaking, the Commission seeks to ensure competition policy is aligned with the current economic evidence about the consequences of non-compete clauses. In the Commission's view, the existing legal frameworks governing non-compete clauses— formed decades ago, without the benefit of this evidence—allow serious anticompetitive harm to labor, product, and service markets to go unchecked.*

No direito brasileiro, é possível encontrar diversos precedentes que afastam a limitação a ex-funcionários, sobretudo sob o prisma da existência ou não de abuso do antigo empregador[9]. Desse modo se reconhece que "o fato de um ex-empregado resolver persistir na atividade econômica numa outra sociedade não importa, por si só, concorrência desleal"[10].

Diante de tantas repercussões sociais e econômicas, há relevância em avaliar os pressupostos para admissibilidade da cláusula ou como propõe Calixto Salomão Filho, é preciso questionar: "Qual é, afinal, a regra a definir se a limitação de concorrência de determinado ato de concentração ou cooperação econômica é ou não substancial"[11]?

Estabelecido o ponto de partida, elegeu-se para exame neste estudo a discussão das cláusulas de exclusividade no contexto do litígio entre dois grandes

---

8 Erik Stam oferece uma interessante revisão de literatura neste tema. STAM, Erik. The Case against Non-Compete Agreements, Utrecht School of Economics, *Working Papers* 19-20, 2019.

9 "Ex-funcionário utiliza de forma lícita os conhecimentos amealhados em sua experiência profissional na empresa autora. Indissociabilidade do profissional e de seu know-how. Inexistência de abuso de direito na utilização das informações colhidas no plano de ação". TJSP, Apelação n. 1074751-34.2020.8.26.0100, Relator: AZUMA NISHI, 1ª Câmara Reservada de Direito Empresarial, DJe: 28/07/2021.

10 BARBOSA, Pedro Marcos Nunes. Contenda societária e concorrência desleal no mercado de games. *Revista Brasileira de Direito Civil – RBDCivil, Belo Horizonte*, v. 21, p. 193-244, jul./set. 2019. Parecer.

11 SALOMÃO, Calixto Filho. *Direito concorrencial. as estruturas*. 2ª Edição. São Paulo: Malheiros, 2002. p. 296.

intermediários do mercado da entrega de alimentação, Rappi e Ifood. A questão central é a discussão sobre a licitude da fixação de cláusula de exclusividade por plataforma de entregas a domicílio.

O recorte proposto entrelaça, entre outras perspectivas, o direito concorrencial, a proteção do consumidor, a leitura acerca dos efeitos das relações contratuais perante terceiros, a proteção do direito de disputar clientela, assim como a observação atenta do modelo de negócio.

2. EXCLUSIVIDADE, SIGILO, CONCORRÊNCIA E RAIO

Tendo em vista a opção política-econômica-jurídica pelo capitalismo e pela livre iniciativa, presume-se que a autonomia e o pluralismo sejam de ocorrência ordinária enquanto liberdades civis[12], enquanto a sua circunscrição ou manietação possam ser vistas como excepcionais[13]. Ou seja, em regra é a liberdade para a disputa, para a implementação de vicissitudes nos mercados (e em seu domínio) ou, ainda, para a variação de estratagemas é o que se toma como regular.

Para que se compreenda as distinções entre exclusividade, sigilo, concorrência e raio de atuação, mister cotejar alguns exemplos: (1) durante a vigência de um vínculo laboral, a depender do regime trabalhista e do número de horas demandadas, nada circunscreve um professor de lecionar em universidades diversas, simultaneamente. Assim, mesmo que as instituições de ensino superior sejam privadas, que ofereçam os mesmos cursos, e que até *rivalizem* no processo de captação do alunado, afora alguma proibição específica pactuada, não há a presunção[14] de vedação à concomitância de docência pelo professor. Fato é que a hierarquia existente na relação de trabalho faz com que o polo mais forte possa exercer sua autonomia para, querendo, proibir seus funcionários de laborarem em outro lugar.

Em geral, tal exercício de prerrogativa por parte do empregador pode gerar um custo[15] correlato: (a) ou ele imporá a exclusividade de maneira remunerada majorando seu empenho econômico; ou (b) ele embutirá a cláusula de

---

12 CARVALHO, Orlando de. *Direito das Empresas*. Coimbra: Ed. Coimbra, 2012, p. 209.

13 Sobre a interpretação restritiva de cláusulas que subjugam liberdades empresariais vide GRAU, Eros Roberto. FORGIONI, Paula. *O Estado, A Empresa e O Contrato*. São Paulo: Malheiros, 2005, p. 292.

14 Sobre o papel jurídico das presunções vide LARENZ, Karl. *Metodologia da Ciência do Direito*. 2ª Edição, Lisboa: Fundação Calouste Gulbenkian, 1982, p. 244.

15 Acerca dos custos da coerção do direito vide POSNER, Richard Allen. *A problemática da Teoria Moral e Jurídica*. São Paulo: Editora Martins Fontes, 2012, p. 249.

exclusividade não remunerada (para a singularidade do exercício profissional), com os riscos de afugentar os melhores profissionais, que poderão ser refratários a tal medida. Note-se que no exemplo dado, a cláusula de não-concorrência é de eficácia mais restrita (menos onerosa à contraparte) do que uma cláusula de exclusividade; já que um professor da faculdade de direito pode estar precatado de lecionar em outra Instituição de Ensino Superior, mas não necessariamente de praticar a advocacia.

De uma forma ou de outra, o regime de dedicação exclusiva (unicidade profissional) em universidades públicas costuma circunscrever os docentes de laborarem em outro múnus – mesmo que não seja no mesmo setor (interdita-se a livre inciativa[16], logo, é mais ampla do que a cessação de atos no mesmo ramo). Por fim, na variação do exemplo dado, ainda, mesmo que a instituição de ensino superior não circunscreva a atuação do docente alhures, ela ainda poderá exigir que ele não divulgue para terceiros as informações sensíveis que tiver contato pelo seu vínculo laboral.

Por sua vez, (2) se um determinado sócio controlador se vincular a um concorrente da sociedade controlada (ex: ambos atuantes no contexto do transporte aéreo de passageiros no mesmo país), a falta de uma cláusula que proscreva seu ato concorrencial não tornará a sua atividade lícita. Neste setor, no Brasil, há poucos agentes econômicos disputando o mesmo mercado, de modo que a concentração de poder econômico denota uma situação de oligopólio. Especialmente quando não houver comunicação/consentimento dos demais sócios da mesma companhia, há nítido risco de conflito de interesses apto a desconstruir a *affectio* societatis (fim social) de tal ato de um sócio com poder de gerência.

De outro lado, diante de eventual omissão contratual apta a regular a atuação de seus sócios, desde que não se descure de seu múnus de administração, nada o precataria de ser sócio de uma companhia no ramo de bebidas alcoólicas. Ou seja, a presunção de não-concorrência para quem exerça a *gestão* de uma sociedade empresária não importa em abstenção à sua liberdade de iniciativa em outro setor. Mesmo uma leitura *extensiva-contextual* da vedação ao auxílio de quem, junto consigo, disputa o mesmo mercado, não alcança qualquer atividade distante da conquista da idêntica clientela.

Por sua vez, (3) a cláusula de raio[17] pode ser uma ferramenta negocial de um centro comercial, ou até mesmo da parte de um franqueador. Imagine-se

---

16 SZTAJN, Rachel. *Teoria jurídica da empresa: atividade empresária e mercados*. 2ª Edição, São Paulo: Atlas, 2010, p. 10.

17 Permita-se remissão ao: BARBOSA, Pedro Marcos Nunes & KLEIN, Vinicius. *Cláusulas de Raio e Concorrência Desleal*. São Paulo: Jota, 03.05.2022, disponível em https://www.jota.info/opiniao-e-analise/artigos/clausulas-de-raio-e-concorrencia-desleal-03052022 .

que (a) o *shopping center* faça uso de tal previsão contratual para evitar que um (b) locatário imbuído do magnetismo de estar assentado em suas instalações, abra loja congênere no imóvel ao lado ou no pavimento em frente da mesma rua. Seja pela desorganização caótica no estabelecimento de (b) no shopping, ou pela indução[18] dos próprios funcionários que direcionem a clientela para a loja de (b) na rua ao lado, tal poderá engendrar perda econômica a (a).

Em outra hipótese, (c) o franqueador cinde a divisão geográfica dos seus franqueados que gozarão de exclusividade em determinadas regiões/bairros/ruas, para evitar a concorrência-interna dos (d) franqueados. Se a disputa de clientela intra-marca pode importar em ato pro-competitivo, o excesso de ofertantes poderá tornar o contrato de franquia inviável, e resultar em resoluções dos pactos.

Na hipótese do shopping ou da franquia, certo é que não se interpreta tal cláusula como vedação às atividades econômicas do contratado, já que não se precata a atuação concomitante em outra forma de comércio, ainda que vicinal. Ainda, provavelmente haverá cláusulas de delimitação ao uso informacional (sigilo), mesmo porque segredos de negócio podem circular entre as partes, e algum controle sobre tal fluxo informativo é fundamental ao emissor.

O que torna a eficácia concreta da cláusula de raio mais complexa será a possibilidade de sua burla através das entregas em domicílio. Em tese, alguém vinculado a tal cláusula poderá adimplir - parcialmente - sua aplicação ao estar sediado dentro da *zona* autorizada, mas inadimplir[19] sua *ratio* ao promover entregas, também, nas *zonas* vedadas. Por tal razão, para evitar discussões mais complexas sobre *presunções* de abstinência, ou mesmo o que seja "boa-fé objetiva" no direito comercial[20], é seguro que o estipulante seja minudente quanto ao consumo exercido fora da sede dos estabelecimentos.

Vistos os exemplos (1), (2) e (3) supra, pode-se entabular que: (i) as cláusulas de exclusividade versam sobre a *conduta*, e que podem transcender a lógica de concorrência, tal como ocorre com um fornecedor de alimentos orgânicos que tenha a obrigação de entregar *toda* a sua produção a um adquirente. Não importa se terceiros interessados queiram comprar de tal fornecedor, e se eles atuam em mercados distintos, a *exclusividade* é abrangente para circunscrever esses terceiros; (ii) as cláusulas de não-concorrência são um empecilho menor ao obrigado em comparação com a hipótese '(i)'.

---

18 É provável que, no contrato de locação do shopping center, haja maior partilha de benefícios com o locador, o que não tende a ocorrer com o locador do imóvel na rua.

19 Sobre o cumprimento inexato, vide CATALAN, Marcos Jorge. *Morte da culpa na responsabilidade contratual.* 2ª Edição Indaiatuba: Editora Foco, 2019, p. 69.

20 FRANCO, Vera Helena de Mello. *Teoria Geral do Contrato: Confronto com o Direito Europeu Futuro.* São Paulo: Editora RT, 2011, p. 89.

Fora do nicho da disputa do mercado, o obrigado não está circunscrito a demais *condutas*, afora alguma hipótese em que sua atuação *descredibilize* ou *afete negativamente* o contexto de sua restrição de *conduta*. Sendo onerosa, em geral a cláusula não é sujeita a presunções, afora hipóteses em que haja um dever fiduciário por parte do obrigado, a exemplo de situações de gestão/administração/exercício de múnus estratégico; (iii) as cláusulas de sigilo podem ser onerosas ou gratuitas, podem estar cumuladas com '(i)' ou '(ii)', e são mais comuns que as anteriores. Como regra geral, além de precatarem o interlocutor de transmitir a terceiros o conteúdo informacional tutelado, também obrigam-no a tomar as cautelas necessárias para evitar o vazamento (inclusive cibernético) de tais teores; e (iv) as cláusulas de raio servem para organizar a oferta, e não são – necessariamente – tendentes a realizar a oblação na concorrência, já que a depender da extensão geográfica negativa (ou da zona de entrega em domicílio), dois sujeitos ofertantes podem estar ao alcance do consumidor.

3. INTERMEDIÁRIOS E PODER ECONÔMICO

Quando há a concentração do poder econômico no ambiente da *oferta*, é possível que se coteje uma situação de (a) oligopólio (poucos) ou (b) monopólio (um só, ou apenas um com a capacidade de alterar condições de concorrência, majorar preços, sem perder a clientela). Por sua vez, quando há a concentração do poder econômico no ambiente da *aquisição* ou da *intermediação*, é possível que se analise uma situação de (c) oligopsômio ou (d) monopômio[21].

A situação (a) é conhecida no Brasil com relação aos fornecedores de serviços de telefonia móvel; a circunstância (b) pode ocorrer quando um titular de patente de tecnologia pertinente à saúde aliene produto insuscetível de elasticidade de demanda (ex: hipoteticamente, é o único que cura determinado tipo de câncer, ainda que haja outros que amenizem a moléstia)[22]; o fato gerador de (c) pode ser exemplificado como os grandes supermercados, que sendo muito poderosos e pouco numerosos acabam impondo preços e condições difíceis aos fornecedores; e, por fim, como hipótese de (d), imagine-se o poder de compras do SUS para alguns medicamentos antirretrovirais para o tratamento do HIV que sequer, podem ser comprados no mercado privado. Para o presente texto, as hipóteses (a) e (c) são as mais relevantes e, portanto, serão cotejados com mais vagar.

---

21 BESANKO, David & DRANOVE, D. & SHANLEY, M & SCHAEFER, S. *A Economia da Estratégia*. Traduzido por Christiane Brito. 5ª Edição, Porto Alegre: Bookman, 2012, p. 235.

22 Sobre o tema: CHAVES, Gabriela Costa, *et al. Medicamentos em situação de exclusividade financiados pelo Ministério da Saúde*. Rio de Janeiro: Fiocruz – Escola Nacional de Saúde Pública, 2018.

Dentro do ambiente gastronômico, é conhecida a aglutinação do poder de barganha dos fornecedores de atacado de bebidas doces (refrigerantes, chás, sucos, refrescos *et coetera*) e das fermentadas (cervejas, em especial) para com os distribuidores (particularmente bares, lanchonetes e restaurantes). Hipoteticamente, não é inverossímil que um de tais atores no mercado concentrado proponha ao titular do estabelecimento comercial as seguintes opções: ou que ele proceda à compra (i) a preços "normais" ('x'), sem quaisquer amarras de escassez de outros fornecedores; (ii) a preços "promocionais" ('x-y'), mediante a aposição de exclusividade em termos de fornecedores.

Veja-se que a depender da margem de lucratividade do estabelecimento (ex: restaurante para a classe média), o titular poderá abdicar da *pluralidade* de produtos e vislumbrar a maior margem de mais-valia como estratégia comercial prudente. Aliás, quanto mais ampla for a diferença de preços entre (i) e (ii), particularmente se tiver algum tipo de desconto adicional pela aquisição em *escala*, pode ser que a maior margem de lucratividade do restaurante esteja na venda das bebidas, do que na própria alienação de comestíveis (ex: pizzaria rodízio). Note-se, de outro lado, que se a produtora de refrigerantes/cervejas diminui sua margem de lucro nas vendas "comuns", ela precata o concorrente de fornecer àquele distribuidor e, portanto, obtém vantagem competitiva afetando o aviamento[23] de quem não figura no contrato com (ii) cláusula de exclusividade.

Por sua vez, situação símile pode ocorrer com as sociedades empresárias do ramo de transportes de bens e os próprios estabelecimentos gastronômicos. Como não se desconhece, é possível aos agentes econômicos privados adotarem soluções que perpassam pela hierarquia[24] (ex.: contratação de motoqueiros para realizar a entrega); pelo mercado (ex.: a contratação de sociedade empresária para terceirizar a entrega); ou uma solução híbrida entre hierarquia/mercado (ex: ter alguns motoqueiros sob CLT, e também fazer uso, complementar, pela terceirização).

De outra monta, há serviços de sociedades empresárias como IFOOD e RAPPI que, além de providenciarem a *terceirização* dos transportadores, também servem de (1) centralização informacional dos cardápios e do ambiente de

---

23 "Consiste no dizer de CESARE VIVANTE, na expectativa dos lucros futuros, fundada nas coisas corpóreas e nos direitos, especialmente no sortimento de mercadorias, no nome, na insígnia, na posição local, que sirvam de reclamo aos velhos e aos novos clientes. Não tem, por isso, vida autônoma. Não existe sem o estabelecimento, a que está materialmente ligado. Constitui-lhe, no entanto, elemento essencial, de alto ou menor valor, em consonância com as circunstâncias do tempo e do mercado, tanto quanto das particularidades do comerciante". FERREIRA, Waldemar Martins. *Tratado de Direito Comercial.* V.7º, São Paulo: Saraiva, 1962, p. 209.

24 FORGIONI, Paula Andrea. *Teoria Geral dos Contratos Empresariais.* 2ª Edição. São Paulo: Editora dos Tribunais, 2010, p. 181.

pagamentos; (2) minimização das barreiras à entrada com relação a distância das entregas (ex.: o restaurante hierarquizou seus entregadores, mas delimitou um raio pequeno de atuação para maximizar o quantitativo de entregas); e (3) superação do desconhecimento que alguns consumidores em potencial podem ter de um agente econômico júnior no mercado.

No tocante à (1), nem todo pequeno-comércio disporá de um sítio virtual ou perfil na rede social com as informações necessárias para atrair a clientela não-presencial. Assim, se alguém deseja procurar um produto específico (ex.: bolinhas de queijo coalho fritas com orégano fresco), ainda que não tenha predileção de fornecedores, a centralização de dados em uma só plataforma maximiza as chances de o produtor encontrar um adquirente. No mesmo sentido, o controle sobre as formas de pagamento (ex.: cartões de crédito/débito) sobre o operador do aplicativo poderá aumentar as chances de o restaurante conseguir fazer as vendas.

Com relação à (2), a dialética das estratégias entre o dar quesível ou portável podem fazer com que o restaurante adote políticas de: (i) oferecer salão para que os consumidores comam no local; (ii) oferecer serviço que permite os consumidores *buscarem* seus alimentos diretamente (ex.: alguma janela ou *drive-through*); ou (iii) entregar o alimento ao domicílio do consumidor, com bicicletas, andando, ou com motonetas que percorrem pequenas distâncias. De outro lado, levando-se em conta os custos (e riscos) de contratar motociclistas que percorrem maiores distâncias em menores tempos, a utilização de tais plataformas de aplicativos pode lhe ser proveitosa.

Por fim, (3) tendo em vista que as plataformas[25] podem ser mais vetustas no funcionamento do que os restaurantes; pelo fato de que que as plataformas podem ser mais conhecidas e investirem mais em inovação, coleta de dados e em publicidade do que os estabelecimentos cadastrados[26]; a centralização cadastral no aplicativo poderá diminuir as barreiras à entrada de cunho reputacional para os restaurantes[27].

Fato é que algumas das questões acima acabaram por jungir as facilidades para os consumidores para com incentivos para que os produtores buscassem tais intermediários. Logo, a construção de uma cultura de consumo com a utência dos aplicativos acabou gerando significativo poder econômico à tais sociedades.

---

25 Sobre os estabelecimentos comerciais na internet seja permitida a remissão a BARBOSA, Pedro Marcos Nunes. *E-stabelecimento*. São Paulo: Quartier Latin, 2018.

26 PASQUALE, Frank. *Paradoxes of digital antitrust*: Why the FTC Failed to Explain Its Inaction on Search Bias, Harvard Journal of Law & Technology Occasional Paper Series, Jul. 2013.

27 Sobre como marcas podem constituir barreiras à entrada, vide SALOMÃO FILHO, Calixto. *Teoria Crítico-Estruturalista do Direito Comercial*. São Paulo: Marcial Pons, 2015, p. 149.

4. CLÁUSULA DE EXCLUSIVIDADE ESTABELECIDA PELO IFOOD E DESCUMPRIMENTO DE CONTRATO POR TERCEIRO (RAPPI)

Como núcleo de inspiração para o presente artigo serviu o acórdão proferido pelo Tribunal de Justiça de São Paulo, nos autos de Agravo de Instrumento n. 2180686-21.2021.8.26.0000[28], com o voto prevalente do culto Desembargador César Ciampolini[29]. A decisão foi proferida no bojo de demanda cominatória ajuizada por IFood.com Agência de Restaurantes Online S.A. (IFOOD), contra Rappi Brasil Intermediação de Negócios Ltda (RAPPI).

4.1. Algumas Notas sobre a contenda administrativa

A discussão judicial iniciou-se após representação (administrativa) junto ao CADE, promovida pela RAPPI e a e Associação Brasileira de Bares e Restaurantes – ABRASEL, em que se alegou que a concorrente IFOOD, *foodtech* líder na américa latina, valeu-se de posição dominante para adotar práticas anticompetitivas. Tais condutas imputadas à IFOOD seriam verticalmente restritivas, tais como: (a) impor a celebração de acordos de exclusividade, e (b) discriminação em relação aos restaurantes exclusivos e imposição de barreiras para dificultar o desenvolvimento da atividade dos concorrentes, tais como "estipulações contratuais como longo prazo de duração do contrato e multas pela rescisão da exclusividade"[30].

---

28 O conteúdo informacional para este capítulo foi extraído de simples busca no diretório de Jurisprudência, dentro do sítio do sodalício: https://esaj.tjsp.jus.br/cjsg/resultadoCompleta.do;-jsessionid=2B37CF78E3CC3A9118945D1FD8862FDE.cjsg3 . É preciso pontuar que há conteúdos da demanda protegidos por sigilo, de modo que os comentários ora feitos são caracterizados pela assimetria informacional. A crônica ora proposta, portanto, se limita às informações públicas disponíveis no acórdão do agravo de instrumento descrito, bem como nas notícias da imprensa. O ideal, para um caso desta magnitude e impacto social, era a regra da Publicidade plena (art. 93, IX da CRFB).

29 Sem qualquer favor, é da opinião dos autores que uma das razões pelas quais tão Órgão julgador bem exerce seu múnus no ambiente do direito comercial tem a ver com sua longa história na advocacia especializada em hiato anterior à sua experiência na magistratura. O Direito Comercial é eminentemente prático e sem uma empiria densa, dificilmente alguém poderia bem lecionar ou adjudicar direitos em tal ramo.

30 CADE. Nota Técnica n. º 4/2021/CGAA1/SGA1/SG/CADE. Procedimento preparatório nº 08700.004588/2020-47. Disponível em: <https://www.gov.br/cade/pt-br/assuntos/noticias/estudo-do-dee-aborda-concorrencia-em-mercados-digitais >. Acesso em 01.abr.2023. Como explica AZEVEDO, "Por meio de contratos de exclusividade, fixação de preço de revenda ou outras formas de restrição vertical, uma empresa pode mitigar a concorrência a montante e a jusante e, com isso, impedir a entrada de concorrentes no mercado em que já gozava de lucro de monopólio. Esta estratégia ficou conhecida como fechamento de mercado, sendo a principal base para a repressão a

Dessa maneira, como modelo de negócio, a IFOOD estabelecia cláusulas de exclusividade quanto à intermediação de seus serviços para com os restaurantes interessados. Logo, quanto aos terceiros[31] como a RAPPI, haveria uma externalidade negativa[32] já que, não sendo parte daquele contrato, estava a sofrer seus efeitos excludentes.

Por meio da Nota Técnica nº 4/2021/CGAA1/SGA1/SG/CADE[33], a Autarquia Antitruste destacou a atuação pioneira do IFOOD (*first mover* – vantagens da *primazia*), o que lhe assegurou uma posição vantajosa nas duas pontas, isto é, no alcance de consumidores, mas igualmente de rede de restaurantes. Tal aspecto é importante porque nas plataformas digitais há *mercado de dois lados (two side markets)*[34], em que "uma plataforma que busca facilitar a interação entre ofertantes e demandantes de determinados produtos ou serviços, de modo a reduzir os custos de transação dos agentes econômicos"[35].

Em outras palavras, conforme sublinha a nota técnica do CADE, a análise concorrencial precisa levar em conta os efeitos que a "cláusula de exclusividade poderá operar como um elemento de restrição na cadeia produtiva, ao criar, potencial ou efetivamente, dificuldade a que os players adicionem ao seu portfólio estabelecimentos necessários ao atingimento da massa crítica".

---

condutas que tenham por instrumento restrições verticais". AZEVEDO, Paulo Furquim de. Restrições Verticais e Defesa da Concorrência: A Experiência Brasileira. *Textos para Discussão da Escola de Economia de São Paulo da Fundação Getúlio,* Texto para discussão nº 264, de julho de 2010.

31 PENTEADO, Luciano de Camargo. *Efeitos Contratuais Perante Terceiros.* São Paulo: Quartin Latin, 2007, p.22.

32 KONDER, Carlos Nelson de Paula. *Contratos Conexos. Grupos de Contratos. Redes Contratuais e Contratos Coligados.* Rio de Janeiro: Ed. Renovar, 2006, p. 61. SUNSTEIN resume as "externalidades negativas" como sendo "condutas privadas que produzem custos externos e que não são adequadamente levados em consideração pelos mercados privados". SUNSTEIN, Cass. R. As funções das Normas Reguladoras. *Revista de Direito Público e Economia.* Belo Horizonte: Fórum, ano 1, n. 1, jan./fev./mar. 2003, p. 40.

33 CADE. Nota Técnica n. º 4/2021/CGAA1/SGA1/SG/CADE. Procedimento preparatório nº 08700.004588/2020-47. Disponível em: < https://www.gov.br/cade/pt-br/assuntos/noticias/estudo-do-dee-aborda-concorrencia-em-mercados-digitais >. Acesso em 01.abr.2023.

34 EVAN, David S., Two-Sieded Market Definition. ABA Section of Antitrust Law, Market Definition in Antitrust: Theory na case studies. Disponível em: https://papers.ssrn.com/sol3/papers.cfm?abstract_id=1396751&download=yes. Acesso em 08 abr. 2023.

35 CADE. Parecer Nº 10/CGAA3/SGA1/SG. Processo Nº 08700.001962/2019-19. Disponível em: < https://sei.cade.gov.br/sei/modulos/pesquisa/md_pesq_documento_consulta_externa.php?DZ2uWeaYicbuRZEFhBt-n3BfPLlu9u7akQAh8mpB9yOqi14-0mLTOPB748dNwUchvFs-pMx7HbHSbZW-aD4l__HSvlLE3CIDaLrDFlBur5oAz3OI6AyazeUg-dj8VnPok#_ftn2>. Acesso em 28.abr.2023. Neste caso analisou-se ato de concentração pela qual a MULTIPLAN EMPREENDIMENTOS IMOBILIÁRIOS S.A, uma das principais empreendedoras de shopping centers no Brasil, a qual pretendia a aquisição de participação societária de 18,79% da DELIVERY CENTER HOLDING. S.A, cuja atuação era no mercado de pedidos online de compras em shopping centers.

Entre outros aspectos, discutiu-se as peculiaridades do ecossistema digital, os riscos de monopolização e *tipping effects.* A confluência de determinados fatores propicia um ponto no qual certos mercados tendem à centralização em um único *player* dominante, conforme uma dinâmica de que o "vencedor leva tudo"[36], prejudicando a concorrência e os consumidores. Nos mercados digitais[37], é usual a constatação de *tipping effects,* de modo que há competição é mais intensa ao início e depois um ator dominante ocuparia papel central.

A concorrência neste mercado foi considerada pela Autoridade Antitruste como "crescente, porém ainda incipiente", o que pode ser potencializado por práticas de restrição a disputa de clientela – entre as quais as cláusulas de exclusividade[38], objeto do presente estudo. Ao avaliar as disposições, a autarquia considerou que a prática de contratar exclusividade não é irregular *per se,* de maneira que se faz essencial uma análise antitruste no caso concreto, ao mesmo tempo em que reconheceu que é

> pacífico que a adoção de cláusulas de exclusividade por agentes com posição dominante tem o potencial de (i) provocar fechamento de mercado, (ii) aumentar barreiras à entrada, (iii) elevar os custos dos rivais ao restringir sua atuação naquele mercado ou relegá-los a fornecedores (no caso, restaurantes) menos atrativos.[39]

---

36 ZINGALES, Luigi *et. al. Stigler Committee on Digital Platforms: Final Report.* University of Chicago Booth School of Business, 2019. Disponível em: < https://research.chicagobooth.edu/-/media/research/stigler/pdfs/digital-platforms---committee-report---stiglercenter.pdf?la=en&hash=2D23583FF8BCC560B7FEF7A81E1F95C1DDC5225Eftn2>. Acesso em 28.abr.2023.

37 ICC Brasil. *Digital Economy and Competition:* Working paper: Competition Commission digital platforms' main aspects under competition perspective. ICCBrasil, 2020, p. 9. ÁFRICA DO SUL. *Competition in the digital economy.* 2ª. Edição. South Africa Competition Commission's, set. 2020, p. 37.

38 O tema havia sido apreciado pela autarquia no Caso Naspers *vs.* Delivery Hero. Ao avaliar a sobreposição horizontal no mercado de pedidos *online* de comida, a Autarquia Antitruste já havia sinalizado a posição dominante da Ifood, bem como a aquisição de 10 startups do setor nos cinco anos que antecederam a análise (2013-2018). Extrai-se do parecer da autarquia: "Outra ressalva refere-se aos contratos de exclusividade firmados pela iFood com alguns restaurantes. Por mais que a base de restaurantes disponíveis seja bastante fragmentada, contratos de exclusividade entre a iFood e grandes redes (com alta visibilidade e maior capacidade de atrair consumidores) podem também servir como barreiras à entrada de novos agentes". CADE. Parecer nº 10/CGAA3/SGA1/SG. Processo nº 08700.001962/2019-19. 2018. Disponível em: < https://sei.cade.gov.br/sei/modulos/pesquisa/md_pesq_documento_consulta_externa.php?DZ2uWeaYicbuRZEFhBt-n3B-fPLlu9u7akQAh8mpB9yOqi14-0mLTOPB748dNwUchvFspMx7HbHSbZW-aD4l__HSvlLE3CI-DaLrDFlBur5oAz3OI6AyazeUg-dj8VnPok#_ftn2>. Acesso em 28.abr.2023.

39 CADE. Nota Técnica n. º 4/2021/CGAA1/SGA1/SG/CADE. PROCEDIMENTO PREPARATÓRIO Nº 08700.004588/2020-47. Disponível em: < https://www.gov.br/cade/pt-br/assuntos/noticias/estudo-do-dee-aborda-concorrencia-em-mercados-digitais >. Acesso em 01.abr.2023.

Em sede de medida preventiva, o CADE permitiu à IFOOD a manutenção de cláusula de exclusividade com restaurantes com contratos em curso com a plataforma por ocasião da data do despacho, vedada a imposição da cláusula a restaurantes que não estivessem no *marketplace*, ou cujos vínculos não envolvessem cláusula de exclusividade vigente.

4.2. A demanda judicial

No contexto desta disputa, a IFOOD promoveu demanda judicial em que buscou remover da plataforma concorrente dados como nomes e cardápios dos restaurantes que possuem contrato de exclusividade com sua plataforma. Entre as pretensões da IFOOD, requeria-se que a RAPPI se abstivesse de apresentar, no mercado, informações falsas sobre o IFOOD ou sobre a abrangência da decisão do CADE exposta na Nota Técnica nº 4/2021/CGAA1/SGA1/SG/CADE, acima citada.

Na esfera judicial, em primeiro grau, a tutela de urgência foi concedida, em desfavor da RAPPI, com base nas alegações de prática de concorrência desleal; interferência nas relações contratuais mantidas pelo IFOOD com os restaurantes parceiros; uso indevido de marcas, e desvio indevido da clientela, a qual, segundo a decisão, "é induzida a erro".

Em seu recurso contra a decisão interlocutória de primeira instância, entre outros fundamentos, o RAPPI destacou que as partes litigantes possuem modelos de negócios distintos, afinal oferece os serviços denominados de *Call Center Partners*, ou CCP pelo qual os consumidores podem contratar entregadores para que estes comprem produtos em restaurantes, ao passo que, no IFOOD, se celebra contrato diretamente com restaurantes.

O instigante caso reuniu múltiplas questões jurídicas, entre as quais se podem destacar (a) a tutela da eficácia externa nas relações contratuais; (b) modelo de negócio; (c) cumprimento do dever de informação; (d) violação de marca dos restaurantes (terceiros para efeitos da lide); e (e) legitimidade ativa; (f) a prática de concorrência desleal e abuso de posição dominante; e (g) o abuso de direito (art. 187 do CC). Como se observa, o caso envolve concomitantemente diversas projeções, as quais, embora possam ser destacadas para melhor compreensão, devem ser avaliadas de forma inter-relacionada.

Ao examinar o tema (a), a Corte Bandeirante, a partir da eficácia externa das relações contratuais e da função social dos contratos, admitiu a possibilidade de violação de contrato por terceiro. O teor do acórdão, ao tratar sobre a doutrina do terceiro cúmplice, destaca que "o terceiro que participa ou induz na violação das cláusulas do contrato é responsável pelos danos que cause ao contratante prejudicado"[40].

A partir dessa premissa, na compreensão do voto vencido do Desembargador Godoi, o RAPPI tinha ciência do contrato de exclusividade firmado com o IFOOD e, logo, ao violar tal disposição, o Réu/Agravante praticou atos que caracterizam concorrência desleal. Em sentido diverso, o voto vencedor, embora em abstrato (suprassunção) tenha admitido a doutrina do terceiro cúmplice, ao examinar o caso concreto (subsunção) rejeitou a caracterização de violação do contrato por terceiro, isto é, pelo RAPPI.

Para o tribunal, ao avaliar o aspecto (b) concluiu-se que os modelos de negócios das partes litigantes são diferentes, porque enquanto o IFOOD estabelece uma ponte entre o consumidor e o estabelecimento (restaurante), o RAPPI provê um serviço de entregadores, sem que haja relação direta da plataforma com o estabelecimento. Ao enfrentar a distinção, consignou-se no acórdão: "Veja-se a diferença: quem compra o produto não é o cliente, mas o entregador". Essa comparação foi fundamental para a própria análise da alegação de interferência do RAPPI no contrato como terceiro ofensor.

Na medida em que o IFOOD registra reclamação dos próprios restaurantes sobre anúncios feitos na plataforma concorrente, e diante da ausência de alegação de violação da cláusula de exclusividade contratual pelos restaurantes, concluiu-se que não houve descumprimento de contrato pelos restaurantes, e, muito menos, aliciamento para infringir o contrato em relação à cláusula de exclusividade. Como consequência, negou-se a possibilidade de atribuir ao RAPPI a condição de terceiro ofensor, como sinalizado acima (a).

A alegação do IFOOD de que o consumidor poderia pensar que estivesse contratando com o próprio restaurante foi rejeitada com base nas provas disponíveis nos autos. Em relação à perspectiva informacional (c), o acórdão considerou que o modelo de negócio (b) está claro ao consumidor que o restaurante não possui vínculo contratual com a RAPPI, como denotam estes

40 Sobre o tema, confira-se, entre outros: AZEVEDO, Antonio Junqueira de. Princípios do novo Direito Contratual e desregulamentação do mercado – Direito de exclusividade nas relações contratuais de fornecimento – função social do contrato e responsabilidade aquiliana do terceiro que contribui para inadimplemento contratual. *Revista dos Tribunais,* Ano 87, v. 750, Rio de Janeiro: RT, abr. 1998, p. 113-120. MULHOLAND, Caitlin. O princípio da relatividade dos efeitos contratuais. MORAES, Maria Celina Bodin de (Coord.). *Princípio do direito civil contemporâneo.* Rio de Janeiro: Renovar, 2006, p. 255-280. NEVES, José Roberto de Castro. *Direito das obrigações.* Rio de Janeiro: GZ Ed., 2009, p. 23. RODRIGUES JUNIOR, Otavio Luiz. A doutrina do terceiro cúmplice: autonomia da vontade, o princípio *res inter alios acta,* função social do contrato e a interferência alheia na execução dos negócios jurídicos. Revista dos Tribunais. São Paulo: Editora Revista dos Tribunais, vol. 821, p. 80-98, mar. 2004. PIANOVSKI RUZYK, Carlos Eduardo; BÜRGER, Marcelo. de Macedo. A tutela externa da obrigação e sua (des)vinculação à função social do contrato. *Civilistica.com.* Rio de Janeiro, a. 6, n. 2, 2017.

esclarecimentos prestados pelo aplicativo: "Restaurante não afiliado a Rappi" ; "Tudo de tudo na Rappi! Vamos entregar seu pedido, embora este restaurante ainda não seja parceiro da Rappi".

No tocante à divulgação pela RAPPI de marcas de restaurantes, inclusive de estabelecimentos com contrato de exclusividade com a plataforma IFOOD (d), o acórdão sublinhou ser necessário distinguir a maneira como marcas são utilizadas na divulgação do RAPPI para identificar se houve uso irregular. Na visão da corte, "[a] Rappi não se apropria das marcas como se suas fossem, mas sim as utiliza para anunciar produtos dos próprios restaurantes, ou seja, apenas contribui para circulação de bens e serviços que já estão inseridos no mercado". *Mutatis mutandi*, veja-se que tal raciocínio encontra eco nas disposições da Lei de Propriedade Industrial, com relação aos limites da pretensão inibitória/cessação no uso da marca por terceiros[41].

O debate acerca da proteção dos consumidores em relação ao direito à informação adequada e a proteção da marca dos restaurantes, por meio de demanda promovida pelo IFOOD ensejou a discussão da legitimidade ativa[42]. Afinal, diante da diversidade de interesses envolvidos e a quem se admite a legitimidade para pleiteá-los? O IFOOD, sob alegação de infração, por terceiro, da cláusula de exclusividade, possui legitimidade ativa?

O acórdão suscitou o art. 18 do CPC, que veda pleitear direito próprio em nome alheio, para concluir ilegitimidade, seja em relação aos consumidores, seja em relação aos próprios restaurantes. Ainda assim, optou-se por enfrentar no julgamento as alegações também no mérito para igualmente rejeitá-las, como indicado supra, por considerar a adequada informação ao consumidor (c) e ausência de uso irregular de marca (d).

Aqui novamente entrou em cena uma análise que, de forma integrada, examinou os aspectos concorrenciais e a tutela da propriedade intelectual[43].

---

41 Lei 9.279/1996, "Art. 132. O titular da marca não poderá: I – impedir que comerciantes ou distribuidores utilizem sinais distintivos que lhes são próprios, juntamente com a marca do produto, na sua promoção e comercialização; (...); III – impedir a livre circulação de produto colocado no mercado interno, por si ou por outrem com seu consentimento, ressalvado o disposto nos §§ 3º e 4º do art. 68".

42 Código de Processo Civil de 2015, Lei 13.105/2015: "Art. 17. Para postular em juízo é necessário ter interesse e legitimidade". Art. 18. "Ninguém poderá pleitear direito alheio em nome próprio, salvo quando autorizado pelo ordenamento jurídico. Parágrafo único. Havendo substituição processual, o substituído poderá intervir como assistente litisconsorcial".

43 Sobre as interfaces entre propriedade intelectual e concorrência, entre outros, vide: BARBOSA, Denis Borges, A concorrência desleal e sua vertente parasitária, *Revista da Associação Brasileira da Propriedade Intelectual (ABPI)*, n. 116 – Jan/Fev 2012. SALOMÃO FILHO, Calixto. Direito industrial, direito concorrencial e interesse público, *Revista CEJ*, Brasília, n.º 35, out./dez. 2006, p.12-19. LEMLEY, Mark. A new balance between IP and antitrust, *Stanford law and economics Olin Working Paper*, n.º 340, 2007, p. 1-20.

Nessa linha, o voto vencedor do Desembargador Ciampolini restou assim delineado: "no contexto concorrencial existente e discutido neste recurso, há que se prevalecer a preservação da concorrência, situação que não se compara, por exemplo, quando há uma inequívoca violação de direito patentário".

O voto vencido, em sentido dissonante, ponderou que "deve ser reconhecida a legitimidade da autora-agravada para postular a abstenção da ré-agravante de contratar com os restaurantes com os quais possui cláusula de exclusividade". Para melhor compreensão, permita-se transcrever essa breve passagem do voto vencido:

> E mais, a atitude da agravante em incluir em sua plataforma os restaurantes com os quais a agravada possui contrato de exclusividade pode, inclusive, acarretar prejuízos aos próprios comerciantes, pois se sujeitam à perda dos benefícios oferecidos pela agravada em razão da exclusividade. A deslealdade comercial conduz o consumidor a tomar decisões errôneas que normalmente o não faria se o infrator não agisse dessa forma perniciosa.

Nota-se que tal entendimento exarado no voto vencido propõe maior elasticidade na legitimidade para a tutela dos restaurantes e dos consumidores, a partir de pleito formulado por concorrente (IFOOD). Essa linha de fundamentação enseja interessante debate sobre a extensão da legitimidade em matéria concorrencial, haja vista que a questão em discussão atinge, simultaneamente, múltiplos núcleos interesses, conforme frisou-se na introdução.

Por fim, o acórdão torna-se ainda mais interessante quando se nota a necessidade de enfrentar a natureza abusiva ou não das cláusulas de exclusividade sob o prisma concorrencial, aspecto (e).

Ainda que o acórdão não aprofunde a discussão acerca da caracterização de *mercado relevante* (mesmo porque tal já está sob a análise da autoridade antitruste, havendo distinções entre o que está sendo analisado judicialmente em face da esfera administrativa), na declaração de voto vencedor se faz referência ao disposto na Lei n. 12.529/2011, que Estrutura o Sistema Brasileiro de Defesa da Concorrência (Lei do CADE), em seu art. 36. Essa disposição normativa, entre outros aspectos, define como infração à ordem econômica o ato de "exercer de forma abusiva posição dominante" (art. 36, inc. IV). Destaca-se também do acórdão as normas constitucionais, inclusive o art. 170, que trata da tutela da livre concorrência, e da proteção do consumidor, assim como o art. 173, que assim prevê: "[a] lei reprimirá o abuso do poder econômico que vise à dominação dos mercados, à eliminação da concorrência e ao aumento arbitrário dos lucros".

Dessa forma, levou-se em conta (i) a posição do IFOOD como *"notoriamente dominante"*, (ii) a diferenciação quanto ao modelo de negócio acima examinada (c); (iii) combate dos monopólios empresariais. Com efeito, o exame das cláusulas de exclusividade exige um olhar que considere as interfaces entre proteção do consumidor, livre concorrência, propriedade intelectual. Como já exposto, não se trata de norma necessariamente ilegal, ou mesmo lícita.

Ao enfrentar o caso concreto, a partir das lições de Paula Forgioni, costurou-se no acórdão interessante proposta interpretativa segundo a qual o abuso de posição dominante no mercado, ao exceder o exercício normal da liberdade econômica, enquadra-se no conceito de abuso de direito[44], aspecto (g).

Como se depreende do acórdão, a avaliação de abuso, tanto sob a ótica contratual, quanto sob o prisma concorrencial, deve ser feita com um olhar atento ao contexto e avaliar se há contrariedade à boa-fé como critério para aferir a legalidade das condutas. A alegação de abuso por parte do RAPPI foi rejeitada e, contrariamente à pretensão deduzida, com base na figura do abuso de direito e nos deveres decorrentes da boa-fé, considerou-se haver exercício disfuncional na forma como o IFOOD exerceu sua posição/pretensão[45].

Em resgate aos elementos expostos, o caso sob análise, ao enfrentar um caso complexo, oferece uma interessante proposta de leitura, que costura o contrato e sua principiologia, a tutela do consumidor, a proteção da marca, o uso das novas tecnologias, e o direito da concorrência, com um olhar que seja atento aos vários prismas. A adequada informação ao consumidor, mesmo quando não é parte diretamente representante na lide, não pode ser esquecida. A respeito, o voto vencedor registrou a adequada informação aos consumidores sobre a inexistência de vínculo com os restaurantes.

Como visto, antes de o intérprete concluir pela eventual violação do contrato, foi necessário, desse modo, definir o que se contratou, qual o modelo de negócio entre as partes litigantes. Nesse contexto, o TJSP, ao acertadamente não admitir o reconhecimento de interferência de terceiro na relação contratual,

---

44 Em sintonia, a leitura de Tercio Sampaio Ferraz Jr. "mesmo no exercício de prerrogativas legítimas, conferidas por lei ou não proibidas pela legislação, os atos do agente econômico com poder de mercado podem ferir interesses, lesar terceiros, produzir desequilíbrios, desigualdades no exercício de direitos. Trata-se então de uma lesão de direito que, inobstante a legitimidade da prática, pode gerar responsabilidade. Ou seja, o ato que obedece aos limites da lei, mas que, no exercício do direito, viola princípios da finalidade (econômica ou social da instituição), produzindo um desequilíbrio entre o interesse individual e o da coletividade, pode constituir um abuso". FERRAZ JR., T. S. Direito da concorrência e enforcement privado na legislação brasileira. *Revista de Defesa da Concorrência*, Brasília, v. 1, n. 2, p. p. 11-31, 2013. Disponível em: https://revista.cade.gov.br/index.php/revistadedefesadaconcorrencia/article/view/75. Acesso em: 1 maio. 2023.

45 Para um estudo detido do instituto: MENEZES CORDEIRO, António Manuel da Rocha e. *Da boa fé no Direito Civil. Coleção Teses*. Coimbra: Almedina, 1997, p. 859-865.

não negou a teoria do terceiro ofensor. Sem prejuízo, o sodalício observou que, entre seus pressupostos, está a participação do contratante direto – o restaurante – que, segundo a própria IFOOD, não participa diretamente da infração que alegou. Nas palavras de Antonio Junqueira de Azevedo: "o contrato não pode ser considerado como um ato que diz respeito somente às partes"[46].

A teoria contratual contemporânea toma com abrandamento o sentido do princípio da relatividade contratual. Além de considerar a conduta de terceiros, é preciso levar em conta os impactos sociais, assim como as falhas de mercado[47]. A discussão apresentada na lide entre IFOOD e RAPPI reforça que a tutela da livre iniciativa não está desvinculada da proteção do consumidor e da tutela da concorrência. A equilibrada atuação do Estado na regulação da iniciativa privada mostra-se, dessa forma, importante como garantia da própria liberdade dos agentes econômicos[48].

Essa leitura integrada de diferentes interfaces se opõe – em parte – à premissa neoliberal que recusa à avaliação dos interesses dos consumidores (destinatários) por não serem demandantes. O exame de práticas alegadas como anticompetitivas, não pode, entretanto, desconsiderá-los. Justamente sua vulnerabilidade é que se faz preciso enxergar seus interesses mesmo quando não estiverem processualmente presentes na lide, ou forem partes celebrantes de cláusulas submetidas a discussão. É justamente por irradiarem efeitos perante terceiros que os instrumentos contratuais firmados tanto pela RAPPI, quanto pela IFOOD atraem interesse.

Cumpre ainda dar notícia que, em consulta ao portal do CADE, verifica-se que, em fevereiro de 2023, no âmbito do Inquérito Administrativo nº 08700.004588/2020-47, o IFOOD e o CADE celebraram Termo de Compromisso de Cessação de Prática (TCC) que estabeleceu diversas restrições a imposições de cláusula de exclusividade.

---

46 AZEVEDO, Antonio Junqueira de. Princípios do novo Direito Contratual e desregulamentação do mercado – Direito de exclusividade nas relações contratuais de fornecimento – função social do contrato e responsabilidade aquiliana do terceiro que contribui para inadimplemento contratual. *Revista dos Tribunais*, Ano 87, v. 750, Rio de Janeiro: RT, abr. 1998, p. 119.

47 SALOMÃO FILHO, Calixto. Direito como instrumento de transformação social e econômica. *Revista de Direito Público da Economia.* Ano 1, n. 1, Belo Horizonte: Fórum, jan./mar. 2003, p. 26. GRAU, Eros Roberto. *Ordem econômica na Constituição de 1988.* Interpretação e crítica. 9 ª Edição, São Paulo: Malheiros, 2004, p. 17.

48 COMPARATO, Fábio Konder. O indispensável Direito Econômico. *Revista dos Tribunais.* Ano 54, v. 353, São Paulo: RT, mar. 1965, p. 15. BERCOVICI, Gilberto. *Constituição Econômica e desenvolvimento:* uma leitura a partir da Constituição de 1988. São Paulo: Malheiros, 2005. CANOTILHO, Joaquim José Gomes. *Direito Constitucional e Teoria da Constituição.* 7ª Edição., Coimbra: Almedina, 2004, p. 341-342.

Entre outros aspectos definiu-se (i) a limitação temporal de dois anos para cláusula de exclusividade, seguida de quarentena de um ano; (ii) a possibilidade de excepcionar a quarentena limitada a 50% dos estabelecimentos com cláusula de exclusividade, com duração correspondente a contrapartida pelos investimentos realizados pela plataforma no parceiro, desde que tais investimentos atinjam *meta de desempenho* que consiste em aumento da receita recebida por meio da Plataforma IFOOD em 40% (quarenta por cento) superior ao crescimento do mercado de Delivery de Comida no ano imediatamente anterior; e (iii) a vedação da imposição de cláusula de exclusividade para redes ou marcadas com mais de 30 unidades.

Como aponta o Termo de Compromisso de Cessação de Prática celebrado pelo CADE e pelo IFOOD, "compromissos de exclusividade podem gerar eficiências que em última instância beneficiam os consumidores. Por outro lado, a prática de exclusividade deve ser justificada e moderada, para prevenir potenciais riscos de ocasionar fechamento de mercado".

Os novos modelos de negócio e os novos arranjos contratuais, fruto da criatividade e impulsionados pelas novas tecnologias, demandam flexibilizar o princípio da relatividade dos efeitos dos contratos. É preciso garantir que os novos modelos de negócios e suas respectivas formas contratuais não comprometam a livre concorrência, nem propiciem abusos de poder econômico que prejudiquem os consumidores e mesmo outros agentes com poder de barganha que estejam envolvidos ou possam ser atingidos pelos contratos que celebram, ou que sobre eles repercutem. Contratantes, agentes regulatórios e consumidores devem estar atentos a essa complexidade.

CONCLUSÕES

Com a tendência centrípeta dos grandes intermediários na internet, a utência de cláusulas de exclusividade pode servir a um instrumento perigoso de extermínio à concorrência. Ou seja, se tais produtos da autonomia privada não constituem um ilícito automático, quanto maior for a concentração de poder econômico do pactuante, maiores as chances de que seu empenho gere danos injustos.

Nesse sentido, o acórdão de decisão não-perfunctória relatado pelo Desembargador César Ciampolini serve como uma genuína aula sobre função social, relatividade contratual, livre concorrência, externalidades negativas e tutela ao direito do consumidor. A norma proposta pelo Desembargador Ciampolini não apenas foi a mais correta (analisando a moldura hermenêutica), mas resultou em consequências pro-competitivas e de endosso ao capitalismo.

Factualmente, ainda que tais cláusulas de exclusividade tenham sido pactuadas em um contexto empresarial (titular do aplicativo-titular do estabelecimento comercial – *business to business*), há enorme eficácia negativa aos consumidores que acabam sendo precatados da concorrência dos intermediários.

Sem que cláusula de tal funtor (obrigação negativa) prospere, em tese, poderia haver disputa entre os intermediários (IFOOD vs. RAPPI e terceiros) em que o consumidor compararia preços (frete), tempo de entrega, além de outras questões de eficiência. Munidos, entretanto, de uma cláusula que interdita o restaurante cadastrado de comerciar com outros intermediários, aumenta-se a assimetria informacional acerca das margens de lucratividade/eficiência de tais operações. Ademais, sem o prudente dirimir do CADE e do sodalício de São Paulo, as cláusulas de exclusividade no contexto dos restaurantes poderiam resultar na ablação completa do mercado de entregas em domicílio, criando barreiras à permanência ou à entrada em tal mercado a agentes juniores.

Que tais formas de manifestação da autonomia privada em detrimento da livre iniciativa e da livre concorrência sejam interpretadas *cum grano salis*, sem preconceitos ou, tampouco, hipertrofias.

35. CLÁUSULA DE "PAY-WHEN-PAID" E "PAY-IF-PAID"

Gabriel Seijo Leal de Figueiredo
Matheus Carneiro Lima

INTRODUÇÃO

Entre as principais funções do contrato, está a partilha dos riscos (Código Civil, art. 421-A, II). Apesar de regulamentar essa alocação em certos casos, o ordenamento deixa grande espaço – e até mesmo cria incentivos – para que as próprias partes os façam[1].

Não raro, certas práticas de alocação de riscos se disseminam nas relações empresariais. Juridicamente, esse fenômeno econômico se traduz no surgimento de disposições contratuais que, embora típicas, passam a contar com um arcabouço doutrinário e jurisprudencial capaz de conferir segurança a seu uso. É o caso, por exemplo, da cláusula de *take-or-pay*, presente em uma infinidade de setores, de energia a logística, de autopeças ao agronegócio; da cláusula de cliente mais favorecido, utilizada desde contratos para a transmissão de eventos esportivos a contratos de fornecimento de mercadorias a varejistas; da cláusula de limitação de responsabilidade por perdas, usual em operações de fusões e aquisições; ou, no que interessa a este estudo, das cláusulas *pay-when-paid* ("PWP") e *pay-if-paid* ("PIP").

1 Sobre os incentivos para regulamentação contratual e as chamadas *penalty default rules*, cf. AYRES, Ian; GERTNER, Robert. *Filling Gaps in Incomplete Contracts: An Economic Theory of Default Rules*. 99 Yale L.J. 87 (1989).

As cláusulas de *pay-when-paid* e *pay-if-paid* objetivam distribuir os riscos e custos decorrentes das obrigações de pagamento por serviços prestados. Seu uso ocorre em contratos que envolvem várias partes executando tarefas distintas, mas relacionadas. Dentre os setores econômicos que costumam empregá-las destacam-se a construção civil e a infraestrutura em geral, pois essas atividades muitas vezes requerem a celebração de subcontratações.

O presente capítulo se iniciará com uma análise conceitual das cláusulas PWP/PIP no direito nacional. Em seguida será analisada a regulação de tais disposições em outras jurisdições, como forma de ilustrar as semelhanças e diferenças entre as práticas brasileira e internacional. Por fim, serão examinados conflitos que podem surgir acerca da validade, eficácia, interpretação e aplicação das cláusulas PWP/PIP no Brasil.

1. DEFINIÇÕES E CARACTERÍSTICAS

1.1 Função das cláusulas PWP e PIP

Os termos PWP e PIP são por vezes indistintamente por doutrinadores e tribunais[2]. Porém, embora relacionados, trata-se de institutos diferente.

A cláusula PWP "pura" é aquela que apenas define um prazo razoável para que o subcontratado possa exigir o pagamento de seus serviços após o pagamento pelo contratante principal. Um exemplo desse tipo de cláusula em sua forma mais simples é a seguinte: "*[Empreiteiro] pagará ao [subempreiteiro] em até sete dias após o recebimento pelo [empreiteiro] do pagamento pelo [proprietário]*"[3].

Já uma cláusula PIP é aquela que condiciona a exigibilidade do pagamento devido ao subcontratado. A` cláusula PIP "pura" define que o pagamento ao subcontratado só se tornará exigível se e quando quitada a prestação correspondente no *contrato-fim*. Um exemplo de cláusula PIP segundo a Suprema Corte de Queensland (Austrália), é a seguinte:

> "(d) fica expressamente acordado que o direito do subempreiteiro de receber pagamento é inteiramente dependente do atual recebimento pelo empreiteiro do pagamento devido pelo proprietário em relação a seu serviço, que

---

2 "As KBR has done here, courts often use the "pay-when-paid" designation to describe two types of clauses, while others treat such clauses as falling into two categories — pay-when-paid and pay-if-paid". *Tamimi Global Company Limited v. Kellogg Brown & Root International, Inc., Kellogg Brown & Root Services, Inc., Kellogg Brown & Root LLC, 300310-2014, 07 December 2010.*

3 CARNEY, Robert F. CIZEK, Adam. Payment Provisions in Construction Contracts and Construction Trust Fund Statutes, 24 Construction Law., Outono 2004.

diga respeito ao pedido de pagamento pelo subempreiteiro, e que o subempreiteiro não terá outro direito a pagamento" (tradução livre)[4].

As cláusulas PWP/PIP são aplicadas em situações envolvendo ao menos três partes: um *contratante final*, em geral o beneficiário final do produto ou serviço objeto da relação contratual (o *contrato-fim*); um *contratante intermediário*, responsável pela entrega do produto ou serviço contratado, e; um *subcontratado*, cujo serviço ou produto fornecido é utilizada como meio para a atividade final do contratante intermediário (o *contrato-meio*).

Assim, em geral, há uma relação dos níveis: um *primeiro nível* envolvendo o contratante final e o contratante intermediário, com base no *contrato-fim*; e um *segundo nível* entre o contratante intermediário e o subcontratado, com base no *contrato-meio*. Em regra, não é necessário que haja qualquer tipo de relação entre o contratante final e o subcontratado, que não firmam entre si qualquer tipo de contrato.

Essa relação escalonada cria, a princípio, um problema de risco entre as partes: para que o contrato-fim seja executado, o contratante intermediário necessita que antes o subcontratado execute o contrato-meio; por outro lado, o contratante intermediário só receberá seu pagamento após a conclusão do contrato-fim. Além disso, a depender do vulto do custo do contrato-meio, o contratante intermediário pode não ter condições para quitá-lo de imediato, incluindo seu custo na composição de preço do contrato-fim para pagamento ao final.

Sob as regras gerais dos principais ordenamentos jurídicos, inclusive o brasileiro, o subcontratado poderia cobrar do contratante intermediário o custo de seus serviços imediatamente após sua conclusão. O Código Civil prevê que "*salvo disposição legal em contrário, não tendo sido ajustada época para o pagamento, pode o credor exigi-lo imediatamente*"[5]. Essa regra cria uma alocação dupla de risco sobre o contratante intermediário, já que ao mesmo tempo que suporta o risco do inadimplemento do contratante final, fica responsável pela quitação integral do serviço do subcontratado.

Nesse cenário, as cláusulas PWP/PIP trazem uma divisão dos riscos de *tempo* e dos riscos de *adimplemento* entre o contratante intermediário e o subcontratado. A cláusula PWP pura, apesar de mais rara na prática, tem como função principal a distribuição do risco do *tempo* do pagamento, sem isentar o

4 No original: "It is expressly agreed that the subcontractor's right to receive payment is entirely dependent upon the Builder having already actually received from the Proprietor payment in respect of the work, subject of the Subcontractor's claim, and that the Subcontractor shall have no other or further right to payment." *Trade Indemnity Australia Ltd v Parkinson Air Conditioning Ltd* (1994) 11 BCL 39.

5 Código Civil, Artigo 331.

contratante intermediário da responsabilidade pelo pagamento como um todo. Assim, *a priori*, uma cláusula PWP não isentaria integralmente o subcontratante de responsabilidade em caso de inadimplemento pelo contratante principal[6].

O Tribunal Federal do Sétimo Circuito dos Estados Unidos analisou a questão no caso *BMD Contractors, Inc. v. Fid. & Deposit Co. of Md.* (o "caso BMD"), tendo endereçado a definição e efeitos de c cláusulas de PWP, as quais "*endereçam o tempo do pagamento, não a obrigação de pagar. Estas não liberam o empreiteiro de sua responsabilidade final caso não receba o pagamento do proprietário, então não transferem o risco de insolvência do empreiteiro ao subempreiteiro e abaixo na cadeia*"[7].

Já a cláusula PIP tem caráter mais amplo, distribuindo tanto os riscos do *tempo* (já que o adimplemento do contrato-fim será sujeito a um evento futuro) quando do próprio *adimplemento* pelo contratante principal. A disposição transfere, parcial ou integralmente, o risco do inadimplemento pelo contratante principal ao subcontratado, impedindo que o contratante intermediário seja responsabilizado pela mora do contratante principal.

Desse modo, ainda que há um campo de intersecção entre as cláusulas PWP/PIP em relação à sua abrangência, já que uma cláusula PIP sempre abrange necessariamente uma cláusula PWP; por outro lado, é possível que uma cláusula PWP "pura" possa existir em algumas hipóteses, não havendo a transferência do risco do adimplemento ao subcontratado.

Conforme se verá adiante, essa distinção tem impactos na validade e eficácia das cláusulas PWP/PIP em diversas jurisdições

1.2. Classificação das cláusulas PWP/PIP

Como verificado acima, as cláusulas PWP/PIP possuem conteúdos e objetivos distintos. Em termos gerais, para compreender as diferenças entre cláusulas PWP/PIP no direito brasileiro devemos analisar a diferença entre *termo* e *condição*.

---

6 Nesse sentido já decidiu o Tribunal Federal do Sétimo Circuito dos Estados Unidos: "

7 No original: "A pay- when-paid clause governs the timing of a contractor's payment obligation to the subcontractor, usually by indicating that the subcontractor will be paid within some fixed time period after the contractor itself is paid by the property owner. A typical clause of this type might say: "Contractor shall pay subcontractor within seven days of contractor's receipt of payment from the owner." Robert F. Carney & Adam Cizek, Payment Provisions in Construction Contracts and Construction Trust Fund Statutes, 24 Construction Law., Fall 2004, at 5, 5. These clauses address the timing of payment, not the obligation to pay. They do not excuse a contractor's ultimate liability if it does not receive payment by the property owner, so they do not transfer the risk of "upstream" insolvency from contractor to subcontractor and on down the chain". *BMD Contractors, Inc. v. Fid. & Deposit Co. of Md.*, 679 F.3d 643 (7th Cir. 2012)

O termo, previsto nos artigos 131 a 135 do Código Civil, trata-se da disposição contratual que sujeita o exercício de um direito a evento *futuro e certo*, em regra por meio da definição de um prazo para início de sua exequibilidade.

Já a condição é regulamentada nos artigos 121 a 130 do Código Civil, sendo assim considerada a cláusula que subordina o efeito do negócio jurídico a evento *futuro e incerto*.

Segundo Pontes de Miranda, o termo "*Os têrmos e as condições referem-se à eficácia; uns e outros determinam quando há de começar ou quando há de acabar algum efeito, ou quando hão de começar ou de acabar alguns ou todos os efeitos dos atos jurídicos, menos um ou mais*". Segundo o mesmo autor, tratam-se de "*determinações inexas*", porque necessariamente são insertos nos atos contratos, não lhe sendo anexos.[8]

Tratando-se ambas de determinações que atuam no plano da *eficácia*, o termo e a condição não incidem diretamente sobre a existência ou validade do negócio jurídico; assim, mesmo não implementado o termo ou a condição previstos nas cláusulas PWP/PIP, o contrato permanece existente e válido, obrigando os pactuantes[9]. Porém, implementado o termo ou a condição, a obrigação de pagar passa a produzir efeitos em face do subcontratado.

A diferença entre a caracterização de um evento como certo ou incerto para fins da distinção entre termo e condição nem sempre é clara, já que a incerteza pode referir-se à própria ocorrência da ou ao momento da ocorrência do evento. Nesse sentido, são possíveis quatro classificaçõe: (i) quando a ocorrência é incerta em data incerta (e.g. quando A pagar a B pelo serviço prestado); (ii) quando a ocorrência é certa em data incerta (e.g. quando A falecer); (iii) quando a ocorrência é incerta em data certa (e.g. quando o contrato completar 5 anos de vigência), e; (iv) quando a ocorrência é certa em data certa (e.g. 5 anos após a presente data).

Pontes de Miranda sustenta que seriam termos apenas aqueles previstos nas hipóteses (ii) e (iv) acima, os, sendo que em todos os outros casos em que a incerteza diz respeito à própria ocorrência do evento futuro, mesmo que em data certa, estamos diante de uma condição[10]. Por essa razão, tanto em cláusulas de cláusulas PWP quanto de cláusulas PIP, em princípio haverá uma

---

8 PONTES DE MIRANDA, Francisco Cavalcanti. Tratado de Direito Privado, Tomo V, [=] ed., p. 159.

9 Nesse sentido, ensina Vincenzo Roppo que "*La condizione incide sull'efficacia del contratto; non sull'esistenza, né sulla vincolatività, né sulla validità*". ROPPO, Vincenzo. Il Contratto (2ª ed.). Milano: Giuffrè, 2011, p. 568.

10 O autor também defende que a herança ou legado cuja entrega está subordinada ao atingimento da maioridade pelo herdeiro ou legatário constituiria termo, e não condição. PONTES DE MIRANDA, Francisco Cavalcanti. *Tratado de Direito Privado*. São Paulo: Borsoi. v. 5, p. 165.

verdadeira *condição*, já que ambas as disposições tratam sempre de um evento incerto (pagamento pelo contratante-fim) em data futura.

Uma questão que surge a partir da constatação de que toda cláusula PWP/PIP está subordinada a uma condição, é a seguinte: como explicar a existência de cláusulas PWP "puras", nas quais persiste a condição de pagar pelo subcontratante mesmo em casos de inadimplemento pelo contratante final? Isso se dá sempre que a cláusula PWP for conjugada com um termo ou condição alternativa para que o pagamento pelo contratante intermediário se torne exigível.

Um exemplo é a cláusula PWP inserida em um contrato que preveja também um termo ou condição alternativa para tornar exigível a obrigação de pagar. Considerem-se os seguintes exemplos, adaptados a partir da cláusula-modelo apresentada acima:

> *"[Empreiteiro] pagará ao [subempreiteiro] na primeira das seguintes datas, quais sejam: (i) em até sete dias após o recebimento pelo [empreiteiro] do pagamento pelo [proprietário], ou; (ii) em até 30 dias após a data prevista para a conclusão da obra no presente Contrato".*
>
> *"[Empreiteiro] pagará ao [subempreiteiro] na primeira das seguintes datas, quais sejam: (i) em até sete dias após o recebimento pelo [empreiteiro] do pagamento pelo [proprietário], ou; (ii) em até 30 dias até a conclusão da obra".*

No primeiro exemplo, tem-se uma cláusula PWP conjugada com um *termo alternativo* previsto contratualmente, já que mesmo se não houver pagamento pelo contratante final, a obrigação de pagamento ao subcontratado se tornará exigível quando do decurso do prazo previsto contratualmente.

Na segunda hipótese, vê-se uma cláusula PWP conjugado com uma *condição alternativa* também prevista contratualmente, já que na hipótese de a obra ser concluída a obrigação de pagamento ao subcontratado se tornará exigível mesmo sem que haja pagamento pelo contratante final.

As cláusulas PWP/PIP que constituem condição têm natureza *suspensiva*, pois restringem a eficácia da obrigação contratual de pagamento até seu implemento. Como exposto acima, a obrigação contratual de pagamento não deixa de existir nem perde sua validade por força da existência da condição, sendo restrita apenas no plano de sua exigibilidade.

Apesar de inserir-se no plano da eficácia, a condição pode influenciar a própria aquisição do direito subjetivo, nos termos do art. 125 do Código Civil; assim, como ensina San Tiago Dantas será suspensiva "quando da condição depende a aquisição de um direito"[11].

---

11 DANTAS, San Tiago. *Programa de Direito Civil*: Parte Geral. Rio de Janeiro: Ed. Rio, 1977, p. 305.

Além disso, a cláusula PWP/PIP submete a obrigação de pagamento a uma *condição positiva*, definida por Vicente Ráo como aquela na qual se condiciona à ocorrência de um evento futuro (em contraponto às condições *negativas*, que dependem da não ocorrência do evento futuro); e a princípio se trata também de uma condição casual, que não depende da vontade de uma das partes para sua efetivação (em contraponto à condição *potestativa*, discussão que analisaremos adiante)[12].

Conclui-se, assim, que a cláusula PWP/PIP pode constituir termo ou condição, a depender das especificidades do caso; e que quando condição constitui via de regra condição suspensiva, positiva e causal. Este artigo se concentrará na análise das cláusulas PIP e PWP enquanto *condição suspensiva*, e nas consequências dessa categorização.

2. CLÁUSULAS PWP/PIP EM OUTRAS JURISDIÇÕES

Outros sistemas jurídicos, principalmente de *common law*, possuem certas especificidades acerca das cláusulas PWP/PIP. Além disso, certas jurisdições podem possuir regras específicas que afetam a validade e eficácia de cláusulas PWP/PIP.

Cláusulas PWP/PIP são amplamente utilizadas em certos tipos de contratos de empreitada e subempreitada, como aqueles relacionados a certas entidades governamentais[13], principalmente após a década de 1980[14]. Evita-se que o contratante intermediário suporte integralmente os riscos relacionados à capacidade de adimplemento, ou a eventuais disputas relativas a preço ou pagamento com o contratante final.

Em sistemas de *common law* as cláusulas PWP/PIP são comumente interpretadas de dois modos: a primeira é como "condições precedentes" (*condition precedent*), similares às condições suspensivas discutidas acima, definidas como "um evento, de ocorrência incerta, o qual deve ocorrer, a não ser que sua não ocorrência seja dispensada, antes que uma obrigação contratual se torne

12 RÁO, Vicente. *Ato Jurídico*: Noção, Pressupostos, Elementos Essenciais e Acidentais. 4ª ed. São Paulo: Revista dos Tribunais, 1999, p. 259-260. O autor cita ainda as condições *mistas* como *tertium genum* da classificação.

13 "Again, the payments provision language of GC 3.1.4 as quoted on page 11, above, is rather standard in construction and United States Government contracts and subcontracts." Gulf Catering Company for General Trade and Contracting, WLL v. Kellogg Brown & Root International, Inc., Kellogg Brown & Root Services, Inc., LCIA Case No.111931, 30 May 2013.

14 "The use of such clauses rose significantly in the 1980s because economic conditions made successful completion of private construction projects more difficult and engendered a cautious attitude throughout the construction industry". *Galloway Corp. v. SB Ballard Const. Co.*, 464 SE 2d 349

exigível"[15]. De modo semelhante às condições suspensivas e resolutivas, alguns autores realizam uma distinção entre condições precedentes, cuja verificação torna uma obrigação contratual exigível) e "condições subsequentes" (*condition subsequent*), cuja verificação extingue uma obrigação contratual existente[16]-[17].

A segunda corrente mencionada na jurisprudência é a de que na ausência de disposições expressas indicando a transferência de risco ao subcontratado, a cláusula PWP/PIP constituiria uma condição precedente, essa constituiria apenas um termo, o que permitiria à obrigação contratual se tornar exigível mesmo se não verificado o evento futuro e incerto.

No caso *Dyer*, amplamente citado pela jurisprudência posterior, o Tribunal Federal do Sexto Circuito decidiu que uma cláusula PWP não poderia ser interpretada como uma transferência de risco de um empreiteiro ao subempreiteiro em caso de insolvência do contratante final. Por conseguinte, mesmo não havendo pagamento ao empreiteiro o subempreiteiro deveria ser pago após um período razoável de tempo[18].

Após a decisão no caso Dyer, várias cláusulas PWP/PIP começaram a utilizar expressamente o termo *condition precedent*, que a jurisprudência considerou como indicação suficiente da intenção das partes de transferir eventual risco de insolvência ao subcontratado[19]. Em casos onde não há linguagem expressa nesse sentido, o direito americano em regra não admite a possibilidade de estabelecer a interpretação do contrato por meio de elementos externos (a chamada *parol evidence rule*), a não ser que o contrato seja *prima facie* ambíguo[20]. Por outro lado, não é possível a introdução de elementos externos de prova para controverter a linguagem clara do contrato e torná-lo ambíguo[21].

---

15 No original: "*A condition is an event, not certain to occur, which must occur, unless its nonoccurrence is excused, before performance under a contract becomes due.*" Restatement (Second) of Contracts, § 224 (2nd 1981)

16 "A condition is classified according to its origin and effect. It can be express, implied in fact, or constructive. It is "precedent" if its occurrence triggers a duty of performance that had not arisen previously, but "subsequent" if its occurrence defeats a duty of performance that had arisen previously." *Colorado Structures, Inc. v. Insurance Co. of the West.* 167 P. 3d 1125, 161 Wash. 2d 577

17 O Restatement (Second) of Contracts nota a existência da distinção, mas não adota a terminologia em questão, classificando as chamadas condições subsequentes entre os "eventos que extinguem um dever". Cf. Restatement (Second) of Contracts, § 224 (2nd 1981)

18 Thos. J. Dyer Co. v. Bishop International Engineering Co., 303 F.2d 655 (6th Cir. 1962)

19 Nesse sentido: *Gilbane Building Co. v. Brisk Waterproofing Co., Inc.*, 86 Md. App. 21, 585 A.2d 248, 250 (1991)

20 Nesse sentido: *Galloway Corp. v. SB Ballard Const. Co.*, 464 SE 2d 349;: *MIDAMERICA CONSTR. MANAGE. v. MASTEC NORTH AMERICA*, 436 F. 3d 1257;

21 "*Parol evidence is not admissible for the purpose of creating an ambiguity. Only when a contract is first determined to be ambiguous may the court admit extraneous evidence to determine the true*

Além de questões relativas ao escopo e abrangência das cláusulas PWP/PIP, diversas jurisdições de *common law* divergem acerca de sua validade, seja em razão de proibições expressas, seja em razão de conflitos com outras normas.

No primeiro ponto, diversas jurisdições adotaram regras específicas proibindo a celebração de cláusulas PWP/PIP em certos tipos de contrato, como forma de proteger direitos dos subcontratados. Nesse sentido, o Estado da Austrália Ocidental editou em 2004 o "*Construction Contracts Act*" que em sua seção 9 determina que "*uma provisão em um contrato de construção não produz efeitos se objetiva tornar a responsabilidade de uma parte ('A') de realizar pagamentos sob o contrato a outra parte contingente, direta ou indiretamente, do recebimento por A de pagamentos advindos de outra pessoa (seja ou não parte do contrato)*"[22]. Normas semelhantes podem ser encontradas em certos diplomas legais em outros países como Inglaterra[23], Singapura[24], e Malásia[25].

Outro exemplo de normas legais que podem impedir a efetividade de uma cláusula PWP/PIP são normas legais que garantem direitos reais de garantia ao subcontratado sobre os bens objeto de seu serviço (chamados de "*mechanic liens*" ou "*contractors liens*").

Um exemplo é o Estado de Nova York. Segundo a Seção 34 da *Lien Law* local, qualquer disposição contratual que configure uma renúncia prévia ao direito de executar a garantia real criada pela lei é considerada nula por infração à ordem pública e não possui eficácia[26]. Com base nessa lei, o Tribunal de Recursos de Nova York considerou que uma cláusula PWP seria inválida por força da *Lien Law*, pois impediria o débito do subcontratado de se tornar

---

meaning of the instrument" *Coastal Mart, Inc. v. Southwestern Bell Telephone Co.*, 154 S.W.3d 839, 843 (Tex.App.2005)

22 No original: "9. Prohibited: pay if paid/when paid provisions A provision in a construction contract has no effect if it purports to make the liability of a party ("A") to pay money under the contract to another party contingent, whether directly or indirectly, on A being paid money by another person (whether or not a party)."

23 "A provision making payment under a construction contract conditional on the payer receiving payment from a third person is ineffective, unless that third person, or any other person payment by whom is under the contract (directly or indirectly) a condition of payment by that third person, is insolvent." Housing Grants, Construction and Regeneration Act 1996

24 "A pay when paid provision of a contract is unenforceable and has no effect in relation to any payment for construction work carried out or undertaken to be carried out, or for goods or services supplied or undertaken to be supplied, under the contract." Building and Construction Industry Security of Payment Act 2004.

25 Ireka Engineering & Construction Sdn Bhd v PWC Corp Sdn Bhd and other appeals [2020] 1 MLJ 311.

26 "Notwithstanding the provisions of any other law, any contract, agreement or understanding whereby the right to file or enforce any lien created under article two is waived, shall be void as against public policy and wholly unenforceable."

exigível, impedindo que o subcontratado executasse a garantia real pelos serviços prestados[27].

O Estado da Califórnia possui previsão constitucional do *mechanic lien*, e sua Suprema Corte também já reconheceu a nulidade de cláusulas PWP por força de normas constitucionais e legais[28]. Diversos outros estados possuem proibições específicas ou restrições à eficácia de cláusulas PWP em contratos de construção, como Maryland[29] e Missouri[30].

Dessa forma, ao celebrar cláusulas PWP/PIP em contratos envolvendo jurisdições estrangeiras, é indispensável analisar sua validade de forma específica de acordo com as normas específicas a cada local.

3. VALIDADE E APLICABILIDADE DAS CLÁUSULAS PWP E PIP

Apesar de amplamente utilizadas na prática comercial de diversos setores, não é incomum que cláusulas PWP/PIP venham a ser contestadas em casos de conflitos entre as partes contratantes. Aqui serão levantados alguns dos principais pontos levantados acerca da validade dessas cláusulas em casos concretos.

3.1. Condição Potestativa

Como visto, uma das divisões conceituais que a doutrina aplica às condições contratuais é a distinção entre condições *casuais* e *potestativas*, sendo as primeiras que não dependem da vontade da parte relacionada ao direito condicional, e a segunda aquela que depende de sua atuação para eventual implementação[31].

Como exposto acima, uma das divisões conceituais que a doutrina aplica às condições contratuais é a distinção entre condições *casuais* e *potestativas*, sendo as primeiras que não dependem da vontade da parte relacionada ao

27 *W.-FAIR ELEC. v. Aetna Cas.*, 661 NE 2d 967 - NY: Court of Appeals 1995

28 *Wm. R. Clarke Corp. v. Safeco Ins. Co.*, 15 Cal. 4th 882 - Cal: Supreme Court 1997

29 "(b) A provision in an executory contract between a contractor and a subcontractor that is related to construction, alteration, or repair of a building, structure, or improvement and that conditions payment to the subcontractor on receipt by the contractor of payment from the owner or any other third party may not abrogate or waive the right of the subcontractor to: (1) claim a mechanics' lien". Md. Code Ann., Real Prop. § 9-113.

30 "Any provision in a contract, agreement or understanding that provides that a payment from a contractor to a subcontractor, trade contractor, specialty contractor or supplier is contingent or conditioned upon receipt of a payment from any other private party, including a private owner, is no defense to a claim to enforce a mechanic's lien pursuant to the provisions of chapter 429." MO Rev Stat § 431.183 (2017).

31 Idem, ibidem.

direito condicional, e a segunda aquela que depende de sua atuação para eventual implementação[32].

Uma das objeções potenciais à validade ou eficácia de uma cláusula PWP/PIP é que esta se trataria de condição *potestativa pura*, vedada pelo art. 122 do Código Civil, segundo o qual são ilícitas as condições "*contrárias à lei, à ordem pública ou aos bons costumes*" e aquelas "*que privarem de todo efeito o negócio jurídico, ou o sujeitarem ao puro arbítrio de uma das partes*".

Segundo a doutrina e jurisprudência, apenas as condições chamadas de *potestativas puras* (que dependem unicamente do arbítrio da parte obrigada) seriam vedadas, por permitir a uma parte "*obrigar-se e reservar o direito de não se obrigar*". Por outro lado, enquanto as condições potestativas simples (também chamadas "*simplesmente potestativas*" ou "*meramente potestativas*") – assim consideradas aquelas que além da vontade de uma das partes dependem de um fato externo – são admitidas pelo direito brasileiro[33]-[34].

Em sua forma mais básica, as cláusulas PWP/PIP não podem ser consideradas por si só como condições potestativas puras (o que não impedem que sejam potestativas a depender das particularidades do caso concreto); assim, em abstrato, cláusulas PWP/PIP são plenamente válidas no ordenamento átrio.

Isso porque o evento incerto e futuro ao qual é subordinada a obrigação de pagamento ao subcontratado não depende exclusivamente da vontade do contratante intermediário, mas depende principalmente do contratante final, responsável pelo pagamento do preço. Assim, aquele responsável pela implementação da condição não é o contratante intermediário, mas o contratante final, que cuja obrigação não possui nenhuma vinculação com a cláusula PIP.

Também o fato de eventual cobrança depender de atos do contratante intermediário não degenera a cláusula PIP em potestativa.

---

32 Idem, ibidem.

33 Na jurisprudência, conferir: STJ, Terceira Turma, REsp 20.982/MG, Relator para Acórdão Ministro Eduardo Ribeiro, julgado em 10/11/1992. ("*Não é vedada em lei a condição simplesmente potestativa. Inexiste, pois, proibição a que a eficácia do ato esteja condicionada a acontecimento futuro, cuja realização dependa do devedor ou possa ser por ele obstada. Defesa é a condição meramente potestativa, correspondente a formula "si volam", que esta retira a seriedade do ato, por inadmissível que alguém queira, simultaneamente, obrigar-se e reservar-se o direito de não se obrigar*"); TJSP, 15ª Câmara de Direito Privado, Apelação nº 1000109-76.2014.8.26.0011, Rel. Des. Coelho Mendes, julgado em 26/04/2015; TJSP, Apelação nº0030025-02.2014.8.26.0100, Relator Desembargador Almeida Sampaio, julgado em 05/12/2019.

34 Na doutrina, podemos citar: RÁO, Vicente. Ato Jurídico: Noção, pressupostos, elementos essenciais e acidentais. O problema do conflito entre os elementos volitivos e a declaração. 4ª ed. São Paulo: Revista dos Tribunais, 1999, p. 278-279; PEREIRA, Caio Mário da Silva. Instituições de Direito Civil, v. I, 21ªed. Rio de Janeiro: Forense, 2005, p. 574; SERPA LOPES, Miguel Maria de. Curso de Direito Civil, v. I, 9ª ed. Rio de Janeiro: Freitas Bastos, 2000, p. 494-495; GONÇALVES, Carlos Roberto. Direito Civil Brasileiro, volume 1: Parte Geral, 8ª ed. São Paulo: Saraiva, 2010, p. 384.

A uma, porque eventual termo para o pagamento da obrigação principal não depende da cobrança pelo contratante intermediário, podendo o contratante final desincumbir-se de sua obrigação até mesmo por meio de consignação. Mesmo não havendo o aceite imediato por parte do contratante intermediário, implementa-se a condição da cláusula PIP/PWP.

A duas, porque eventual obstáculo maliciosamente imposto pelo contratante intermediário ao implemento da condição não a tornaria potestativa, mas apenas levaria a tratar-se a condição como implementada (Código Civil, art. 129).

Essa conclusão, porém, parte da premissa de que há uma obrigação válida de pagamento no contrato principal, e que essa obrigação não é a seu turno sujeita ao exclusivo arbítrio do contratante intermediário enquanto devedor do contrato principal[35]. Nesse caso, a implementação da cláusula PIP seria de forma indireta sujeita ao arbítrio do contratante intermediário, podendo ser considerada potestativa pura.

Apesar de não haver jurisprudência pacífica, há casos em que o subcontratado buscou afastar a validade de uma cláusula PIP, classificando-a como potestativa. Como exemplo, cota-se a apelação envolvendo Japy Engenharia e Comércio Ltda. e Carioca Christiani Nielsen Engenharia S.A., julgada pelo Tribunal de Justiça de São Paulo em duas oportunidades[36].

O processo teve como origem as obras de ampliação do Autódromo de Interlagos, nos quais a Carioca foi contratado pela Empresa Municipal de Urbanização da Prefeitura de São Paulo – EMURB, tendo subsubcontratado a Japy para execução de parte dos serviços.

O contrato de subempreitada entre Carioca e Japy continha cláusula PIP prevendo que o pagamento devido à Japy seria "*vinculado ao respectivo recebimento pela contratante* [Carioca] *de seu contrato principal junto à EMURB objeto da licitação n.º 01659*". Em razão do inadimplemento do contrato-fim pela EMURB, Carioca então deixou de pagar os serviços prestados por Japy, que emitiu duplicatas e as levou a protesto. Ao discutir a sustação do protesto realizado pela Japy, o juízo de primeiro grau entendeu que o pagamento à Japy seria inexigível em razão da cláusula PIP, "*até o implemento da condição prevista na cláusula de pagamento do contrato firmado entre as partes*".

Em sede de apelação, Japy levantou entre outros argumentos a alegação de que a Carioca estaria se omitindo em buscar o pagamento perante a EMURB porque já haveria sido remunerada parcialmente pela EMURB, e não

35 Lembrando que em certos casos doutrina e jurisprudência consideram válidas a condição que poderia ser considerada potestativa pura, se esta aproveita ao credor da respectiva obrigação.

36 Processo n. 0122814-44.2005.8.26.0000

teria interesse em cobrar o restante que seria repassado à Japy, obstando assim o implemento da condição.

Ao analisar o recurso pela primeira vez, o Tribunal de Justiça do Estado de São Paulo entendeu que a cláusula PIP constituiria condição potestativa pura, onde a Carioca "*permanece interte enquanto lhe aproveita manter boas políticas com a Administração Pública e utiliza, convenientemente, o argumento da suspensão do pagamento a que, admite, está obrigada*"[37].

Posteriormente, ao reanalisar o recurso em razão de determinação do Col. Superior Tribunal de Justiça, o TJSP reviu seu entendimento em razão do ingresso pela Carioca de ação monitória em face da EMURB, e decidiu pela validade da cláusula PIP, reconhecendo "*a necessidade de implemento da condição suspensiva prevista contratualmente*"[38].

Em outro precedente mais recente, o TJSP também entendeu que não seria potestativa uma cláusula PIP, por não estar vinculada à simples vontade de uma das partes. Nesse sentido, prevaleceu no voto vencedor que "*o que se pactuou foi a formalização de um acordo em que se estabeleceu 'pago quando receber', aceito pelo credor (...) [que] não deve ser considerada ilícita*".

3.2. Obstáculo à implementação da condição

Outro argumento já levantado contra cláusulas PIP/PWP é a de que eventual omissão por parte do contratante intermediário em buscar o recebimento dos valores devidos pelo contratante principal constituiria obstáculo à implementação da condição, tornando exigível o pagamento de imediato.

Nos termos do Artigo 129 do Código Civil, "*reputa-se verificada, quanto aos efeitos jurídicos, a condição cujo implemento for maliciosamente obstado pela parte a quem desfavorecer*". Trata-se de corolário da boa-fé objetiva que remete ao direito romano[39] e possui diversos paralelos no direito comparado[40], como a chamada "*prevention doctrine*" do *common law* segundo a qual "*quando o descumprimento de uma das partes de suas obrigações contribui materialmente*

---

37 TJSP, 34ª Câmara de Direito Privado, Apelação nº 0122814-44.2005.8.26.0000, Relator Desembargador Irineu Pedrotti, julgado em 16/08/2007

38 TJSP, 34ª Câmara de Direito Privado, Apelação nº 0122814-44.2005.8.26.0000, rel. Des. Soares Levada, j. 08/09/2014.

39 Conferir PONTES DE MIRANDA, Francisco Cavalcanti. *Tratado de Direito Privado*, cit., p. 195-196.

40 Citando normas semelhantes nos Códigos Civis Alemão, Francês, e Italiano cf: RÁO, Vicente. *Ato Jurídico*: Noção, Pressupostos, Elementos Essenciais e Acidentais, cit, p. 293.

para o não implemento de uma condição à qual se subordina uma de suas obrigações, o não implemento é considerado desculpado"[41].

Esse tipo de norma torna mais eficientes as relações contratuais; na ausência de tal regra, a parte prejudicada precisaria buscar em juízo o adimplemento da condição obstada, ou eventual indenização pelo obstáculo abusivo.

Para que se repute verificada a condição prevista na cláusula PIP/PWP, é preciso conjugar dois requisitos distintos, um objetivo e um subjetivo: (i) a devedora da obrigação (no caso, o contratante intermediário) deverá ter concorrido para impedir o implemento da condição (pagamento pelo contratante final), e; (ii) deve haver má-fé por parte do contratante intermediário.

O requisito objetivo exige que o implemento da condição seja efetivamente obstado pela parte obrigada, exigindo ato comissivo ou omissivo próprio. Assim, não poderia o subcontratado alegar que a ausência de cobrança imediata por parte do contratante intermediário constituiria, por si só, obstáculo malicioso ao implemento da condição prevista na cláusula PIP.

Ainda, caso o contratante intermediário consiga provar que seu ato comissivo ou omissivo pelo contratante intermediário não foi determinante para que obstar o implemento da condição suspensiva da cláusula PIP, esta não produzirá efeitos[42]. Porém, trata-se de fato modificativo ou extintivo de direito, cujo ônus da prova cabe ao contratante intermediário[43].

O requisito subjetivo só permite a implementação virtual da condição caso o obstáculo tenha sido imposto de má-fé. Nesse sentido, Caio Mário da Silva Pereira ensina que, para a incidência do art. 129, "*o que se deve ter como determinante (...) é a má-fé, e somente positivada esta é que tem lugar a ficção do implemento ou do não implemento*"[44].

Dessa forma, caso o contratante intermediário não receba seu pagamento em razão de mera culpa, não poderá ser considerada verificada a condição da cláusula PIP, ao contrário do que admite a doutrina italiana citada por Vicente Ráo[45]. Por outro lado, o obstáculo culposo à implementação da cláusula PIP não isenta o contratante intermediário de eventual responsabilidade civil por

---

41 "*Where a party's breach by non-performance contributes materially to the nonoccurrence of a condition of one of his duties, the non-occurrence is excused.*" Restatement (Second) of Contracts § 245 (1981).

42 Alguns julgados americanos entendem que a *prevention doctrine* não exige que o obstáculo imposto pelo contratante intermediário seja determinante para o inadimplemento, apenas que haja "contribuído materialmente" para tanto. Nesse sentido, cf: *Moore Bros. Co. v. Brown & Root, Inc.*, 207 F. 3d 717 - Court of Appeals, 4th Circuit 2000

43 *Ato Jurídico*: Noção, Pressupostos, Elementos Essenciais e Acidentais, cit, p. 294.

44 PEREIRA, Caio Mário da Silva. *Instituições de Direito Civil.* 21ªed. Rio de Janeiro: Forense, 2005. v. 1, p. 563.

45 RÁO, Vicente. *Ato Jurídico*: Noção, Pressupostos, Elementos Essenciais e Acidentais, cit, p. 293.

ato ilícito contratual ou extracontratual, respondendo por eventuais prejuízos causados[46]-[47].

Esse argumento também foi discutido em ambas as decisões proferidos pelo TJSP no caso envolvendo Japy e Carioca mencionado acima. Na primeira decisão o TJSP considerou a Carioca "*por intenções não reveladas, tenciona[va] obstruir a realização da condição com sua inércia*", e que por essa razão a Japy "*podia reputar verificada a condição prevista pelo contrato e, por conseguinte, entender por materializada a exigibilidade do seu crédito*".

Ao reanalisar a questão, o TJSP entendeu que o ajuizamento de ação monitória pela Carioca impediria a caracterização do implemento ficto da condição suspensiva, mantendo suspensa a exigibilidade do crédito.

Apesar do resultado final do julgamento, resta claro que se o subcontratado conseguir se desincumbir do ônus da prova de ambos os requisitos subjetivo e objetivo previstos no Artigo 129 do Código Civil, é possível afastar a eficácia suspensiva da cláusula PIP.

CONCLUSÕES

As cláusulas PWP/PIP têm um objetivo claro: distribuir entre as partes dos riscos decorrentes do inadimplemento em caso de subcontratação de serviços ou contratos coligados.

A evolução das relações comerciais, que vem exigindo especialização cada vez maior de serviços, e aumentando cada vez mais o escopo e complexidade das contratações, incentivou novos formatos de contratação, que vieram acompanhados de regras específicas adotadas como prática em todo o mundo.

As cláusulas PWP/PIP então surgem como uma dessas soluções pensadas entre as partes, e veem sua aplicação se expandir ao longo das últimas décadas. Porém, sua aplicação deve ser estudada com cuidado, em razão da sua interação com outras práticas contratuais ou normas de ordem pública que podem gerar conflitos ou até ineficácia do contratado entre as partes.

De qualquer modo, uma cláusula PWP/PIP redigida de forma clara e completa, e mediante a análise das normas de ordem pública das jurisdições relevantes, provavelmente terá sua validade e efetividade reconhecida, e terá a capacidade de atingir os fins a que se propõe, conforme acordado pelas partes.

---

46 Idem, p. 294.

47 A Suprema Corte de Queensland já decidiu que uma cláusula PIP não é aplicável a um pedido de indenização baseado em uma teoria de responsabilidade extracontratual por serviços prestados e não pagos (*quantum meruit*). *Iezzi Constructions Pty Ltd v Currumbin Crest Development Pty Ltd* (1994) 13 Aust Cons LR 29.

De mais a mais, o julgador deve ser altamente parcimonioso ao analisar pedidos de intervenção nas cláusulas PWP/PIP, tendo em vista o mandamento legal de que se deve respeitar e observar a alocação de riscos definida pelas partes (Código Civil, art. 421-A, II).

36. CESSÃO FIDUCIÁRIA DE RECEBÍVEIS DE CARTÃO DE CRÉDITO NO DIREITO BRASILEIRO: NORMAS APLICÁVEIS E CLÁUSULAS CONTRATUAIS EM FOCO

Gabriela Lotufo Cintra Ferreira
Eduardo Bruzzi

1. INTRODUÇÃO

No contexto do direito brasileiro, a cessão fiduciária tem sido um elemento consolidado e essencial nas práticas de garantia, tendo evoluído ao longo do tempo para acomodar as dinâmicas cambiantes do mercado e os novos paradigmas econômicos. Como um instrumento de segurança e compromisso, a cessão fiduciária ganhou destaque na proteção de créditos e na viabilização de negócios, sendo sua eficácia inquestionável há algum tempo.

Dentre as diversas manifestações da cessão fiduciária, emerge um fenômeno contemporâneo que merece atenção especial: a cessão fiduciária de recebíveis de cartão de crédito. Nos últimos anos, essa modalidade de garantia tem assumido um papel proeminente, acompanhando a evolução dos meios de pagamento no Brasil. A peculiaridade distintiva dessa modalidade de cessão fiduciária reside na inserção dos recebíveis de cartão de crédito em arranjos de pagamento, conferindo-lhes uma dinâmica e uma abordagem regulatória únicas.

Este artigo se propõe a oferecer uma visão abrangente das normas e cláusulas contratuais aplicáveis à cessão fiduciária de recebíveis de cartão de crédito no cenário jurídico brasileiro atual. Buscaremos explorar, primeiramente, o fundamento legal da cessão fiduciária como uma modalidade de garantia já enraizada em nosso sistema legal. Em seguida, nos voltaremos para a análise das características singulares que a cessão fiduciária de recebíveis de cartão de crédito apresenta.

O destaque aqui é a integração desses recebíveis em arranjos de pagamento, uma faceta que impõe uma regulação específica do Banco Central do Brasil (BCB) para garantir a eficiência e a segurança dessas transações. Portanto, a análise cuidadosa dessas normas regulatórias, em conjunto com as disposições pertinentes à cessão fiduciária, compõe um elemento central na compreensão dessa modalidade de garantia.

Na sequência deste artigo, examinaremos as cláusulas contratuais mais comuns encontradas no mercado prevendo a cessão fiduciária de recebíveis de cartão de crédito. Ao explorar essas cláusulas, almejamos fornecer um entendimento abrangente das práticas contratuais vigentes nesse domínio, contribuindo para a formação de uma base sólida para profissionais jurídicos e partes interessadas.

Em resumo, este artigo se propõe a lançar luz sobre a cessão fiduciária de recebíveis de cartão de crédito como um fenômeno relevante e em expansão no cenário jurídico brasileiro. Ao abordar suas peculiaridades regulatórias e cláusulas contratuais comuns, visamos oferecer um panorama integral para melhor compreender e abordar essa modalidade de garantia em um ambiente jurídico dinâmico e em constante evolução.

2. NATUREZA JURÍDICA DA CESSÃO FIDUCIÁRIA

Antes de se adentrar no mecanismo de funcionamento da cessão fiduciária de recebíveis de cartão de crédito, faz-se necessária a compreensão sobre a cessão fiduciária e sua função como garantia de operação de crédito.

A cessão fiduciária é um contrato típico, enquadrado no artigo 66-B da Lei nº 4.728/1965, introduzido pela Lei nº 10.931 em 2004. Por meio da cessão fiduciária ocorre a transferência da titularidade ou posse de direitos creditórios do devedor (cedente) para o credor (cessionário). Em seu §3º, o artigo 66-B da Lei nº 4.728/1965 prevê o funcionamento da cessão fiduciária:

> "§ 3º A alienação fiduciária de coisa fungível e a cessão fiduciária de direitos sobre coisas móveis são permitidas, bem como a alienação fiduciária de títulos de crédito. Em tais casos, a posse direta e indireta do bem objeto da propriedade fiduciária ou do título representativo do direito ou do crédito

é conferida ao credor. No caso de inadimplemento ou mora da obrigação garantida, o credor pode vender o bem objeto da propriedade fiduciária a terceiros, independentemente de leilão, e aplicar o valor na liquidação do crédito e das despesas associadas à garantia, devolvendo ao devedor qualquer saldo remanescente, se houver, juntamente com uma explicação detalhada da transação."

A cessão fiduciária de direitos sobre coisas móveis é, em essência, um contrato acessório ligado a um contrato principal (normalmente um mútuo representado por uma cédula de crédito bancário). Por meio da cessão fiduciária, o devedor transmite, como garantia de uma dívida, direitos de crédito sobre bens móveis ao credor, que, por sua vez, deverá restituir os direitos creditórios cedidos fiduciariamente, ou seja, devolver a propriedade ao devedor (cessionário) desses direitos creditórios após a quitação da obrigação garantida.

De acordo com Fábio Ulhoa Coelho, a cessão fiduciária de títulos de crédito pode ser definida como "o ato jurídico no qual uma das partes (cedente fiduciante) cede à outra parte (cessionária fiduciária) de seus direitos de crédito em relação a terceiros ('Recebíveis') como garantia do cumprimento de obrigações".[1]

Uma das grandes diferenças entre a alienação fiduciária de bem imóvel e a alienação fiduciária de coisa fungível e a cessão fiduciária de direitos sobre coisas móveis é com relação à posse do bem objeto da garantia. Na primeira, o credor passa a deter a propriedade resolúvel do bem imóvel alienado fiduciariamente em garantia, e o devedor passa a deter a posse direta do bem, sendo o seu depositário. Na segunda, salvo disposição em contrário, a posse direta e indireta do bem alienado ou do título representativo do direito cedido fiduciariamente passam a ser detidas pelo credor.

Como bem observa Eduardo Salomão Neto, não "se pode conceber a posse de direitos, e por isso não é aplicável qualquer desmembramento da posse no caso de cessão fiduciária de direitos".[2] É importante a observação de Haroldo Verçosa sobre esse ponto, no sentido de que, um vez que a posse direta e indireta do objeto da cessão fiduciária são transferidas ao credor, esse tipo de garantia "se afasta dos princípios inerentes ao Direito Comercial, que incluem

1 COELHO, Fábio Ulhoa. **Cessão Fiduciária de Títulos de Créditos e a Recuperação Judicial do Devedor Cedente**. Revista Magister de Direito Civil e Processual Civil, Porto Alegre: Magister, v. 37, p. 21, jul/ago 2010.

2 Salomão Neto, Eduardo. **Direito bancário** [livro eletrônico]. 3. ed. rev. e ampl. São Paulo: Trevisan Editora, 2020. 60Mb; ePUB. p. 9472.

a posse da coisa em mãos do devedor como forma de se tornar factível o exercício da atividade empresarial".[3]

Assim, com base nessa compreensão básica sobre a cessão fiduciária, podemos adentrar no funcionamento da cessão de recebíveis de cartão de crédito. Nesta hipótese, o exemplo mais comum é aquele em que um estabelecimento comercial figura como devedor de empréstimo contratado junto a uma instituição financeira, oferecendo em garantia fiduciária a cessão dos valores que tem a receber de suas vendas efetuadas por meio de cartão de crédito.

3. ASPECTO REGULATÓRIO: AS NORMAS DO BCB APLICÁVEIS À CESSÃO FIDUCIÁRIA DE RECEBÍVEIS DE CARTÃO DE CRÉDITO

Como adiantado na introdução, os recebíveis de cartão de crédito como objeto de cessão fiduciária atraem ao referido tipo contratual a necessidade de observância da regulação específica do BCB.

As regulamentações emitidas pelos órgãos responsáveis pela supervisão de instituições financeiras e de pagamento, notadamente o BCB e o Conselho Monetário Nacional (CMN), no âmbito das normas de direito contratual específicas, exercem uma considerável influência na formulação, interpretação e aplicação das cláusulas contratuais relativas à cessão fiduciária de recebíveis de cartão de crédito.

Essa influência decorre da função de fiscalização setorial conferida a essas entidades, especialmente em relação à promoção da competitividade e à adoção de medidas visando à melhoria da eficiência dos mercados. Dessa forma, foram estabelecidas regras para definir condições e procedimentos relacionados a operações de desconto e crédito garantido por recebíveis oriundos de transações em diversos arranjos de pagamento, incluindo aqueles baseados em contas de pagamento pós-pagas (cartões de crédito).

Embora o objetivo deste artigo não seja analisar detalhadamente o funcionamento do setor de meios de pagamento brasileiro, é necessário tecer alguns comentários sobre os arranjos de pagamento fundamentados em contas de pagamento pós-pagas, ou seja, contas em que os montantes recebidos são primeiramente registrados como créditos.

Esses créditos, com prazos de vencimento, são acumulados durante um período aberto e, após o fechamento desse período (geralmente mensal), são

3 VERÇOSA, Haroldo Malheiros Duclerc et al. **Direito Comercial – Contratos Empresariais em Espécie: segundo a sua função jurídico-econômica** – Volume 5. eBook Kindle. São Paulo: Editora Dialética, 2022. p. 115.

submetidos a um processo de vencimento ou liquidação. Nesse estágio, o contratante deve efetuar o pagamento (débito) desses créditos. Isso ilustra o exemplo do cartão de crédito e sua conta pós-paga, que representa um arranjo de pagamento baseado em contas de pagamento pós-pagas.

Com o intuito de fortalecer a confiança no mercado e possibilitar a participação de diferentes agentes, incluindo aqueles que não são instituições financeiras, no processo de negociação e intermediação de recebíveis de cartão de crédito, o BCB e o CMN estabeleceram a figura da registradora de recebíveis e impuseram outras obrigações acessórias aos participantes desses arranjos de pagamento.

É importante observar que esse processo de regulamentação do registro de recebíveis foi gradual e cuidadoso, culminando nas Resoluções 4.734/2019 do CMN e 3.952/2019 do BCB (esta última já revogada pela Resolução 264/2022 do BCB). Essas resoluções estabeleceram as condições e os procedimentos para o registro de recebíveis e a realização de operações de desconto relacionadas a esses recebíveis nos arranjos de pagamento por parte das instituições financeiras.

Tais atos normativos somaram-se a iniciativas que datam de 2013, incluindo a Lei nº 12.810/2013, que introduziu na legislação conceitos e definições específicos para atividades de registro e depósito centralizado de ativos financeiros e valores mobiliários. Esse tema foi posteriormente regulamentado pela Circular BCB nº 3.743/2015.

A Resolução nº 4.593/2017 do BCB, que também se enquadra no contexto da Lei nº 12.810/2013, definiu ativos financeiros passíveis de registro ou depósito e incluiu o direito creditório proveniente de recebíveis de arranjo de pagamento (recebíveis de cartão de crédito) como ativo financeiro sujeito a registro.

A Lei nº 13.476/2017 estabeleceu que, uma vez registrado um ativo financeiro, quaisquer ônus ou encargos sobre esse ativo devem ser constituídos na própria entidade registradora. Isso proporciona agilidade, redução de custos e segurança jurídica a operações de financiamento que utilizam esses ativos como garantia. Essas disposições são abordadas na exposição de motivos da Resolução nº 4.734 do CMN.

No exemplo do comerciante que realiza vendas em sua loja por meio de uma máquina de cartão de crédito, fornecida por uma credenciadora, há uma transação comercial na qual um vendedor efetua uma venda (por cartão de crédito) e essa transação é convertida em uma unidade de recebível. Essa unidade é composta pelo documento de identificação do vendedor, a data da transação e a bandeira do cartão de crédito correspondente. Ao se somar a outras unidades de recebíveis, forma-se a agenda de recebíveis de um determinado estabelecimento comercial.

A agenda de recebíveis é o valor que o comerciante receberá no futuro. Em essência, trata-se de um crédito proveniente de um evento futuro e certo. Esse crédito pode ser negociado e usado como garantia em contratos, como a cessão fiduciária de recebíveis de cartão de crédito, tanto em mútuos quanto em adiantamentos de recebíveis. Esses contratos também devem ser registrados nas entidades registradoras.

É importante ressaltar que, antes da obrigatoriedade do registro de recebíveis e contratos em entidades registradoras, que centralizam as informações por meio da obtenção de agendas de recebíveis de instituições financeiras, de pagamento e de outros agentes que negociam esses direitos creditórios, essas informações eram mantidas em sigilo pelas instituições. Isso aumentava o custo do crédito, prejudicava pequenas e médias empresas, bem como as próprias instituições, que enfrentavam dificuldades para cobrar créditos inadimplidos.

Quando examinamos a questão da obrigatoriedade de registrar contratos de mútuo que envolvem recebíveis como garantia, o sistema de registro centralizado desempenha um papel fundamental. Esse mecanismo possibilita que todos os envolvidos acessem informações cruciais sobre os devedores, como o montante da dívida, quais participantes detêm os recebíveis dos estabelecimentos devedores, quais recebíveis dos arranjos de pagamento foram utilizados ou ainda serão usados como garantia na operação de crédito, além de outras informações relevantes.

Essa abordagem possibilita uma melhor gestão da recuperação de crédito, uma vez que os participantes podem emitir "ordens de bloqueio" para o sistema de registro, indicando que um devedor está em mora e solicitando a captura imediata de recebíveis caso outros participantes possuam contas de pagamento com recebíveis de cartão de crédito do devedor em questão. Esse processo é comumente denominado "trava bancária", no qual uma instituição financeira, credora de uma cédula de crédito bancário que inclui recebíveis de cartão de crédito como garantia, pode solicitar que outra instituição liquide esses valores na conta bancária da credora em caso de inadimplência, conforme estabelecido no art. 10 da Resolução nº 264/2022 do BCB:

> "Art. 10 As instituições credenciadoras devem realizar a liquidação financeira das unidades de recebíveis que sejam objeto de registro em conformidade com as informações sobre posse ou titularidade efetiva ou fiduciária dessas unidades e de suas respectivas instituições domicílio, disponibilizadas pelos sistemas de registro".

A trava de domicílio bancário (ou trava bancária) nada mais é do que uma medida operacional decorrente da propriedade fiduciária do credor (instituição financeira) sobre os recebíveis dados em garantia pelo devedor (estabelecimento comercial), por meio de cessão fiduciária de recebíveis.

Como visto, as registradoras de recebíveis são responsáveis por registrar todos os pagamentos com cartões, bem como os seus respectivos ônus e gravames, funcionando, grosso modo, como uma espécie de "cartório". Assim, por exemplo, cabe à instituição financeira informar à registradora sobre os recebíveis que lhe foram ofertados em garantia por um estabelecimento comercial, em um contrato de empréstimo.

A registradora, por sua vez, instrui as credenciadoras e subcredenciadoras sobre a liquidação ou não dos recebíveis ao estabelecimento comercial e sobre a necessidade de cumprimento da trava bancária. Ou seja, as registradoras repassam às credenciadoras e subcredenciadoras a ordem da instituição financeira credora para que seja feita a retenção de recebíveis dos estabelecimentos comerciais.

Diante da complexidade do tema, conclui-se pela importância de que as cláusulas contratuais que estabelecem a cessão fiduciária de recebíveis de cartão de crédito abordem as definições e obrigações estabelecidas pelo regulador, relacionadas ao registro nas entidades registradoras dos recebíveis e dos contratos nos quais esses recebíveis foram cedidos como garantia. Também é crucial considerar a possibilidade de aplicação da trava bancária em casos de mora, de forma a conferir abrangência e segurança às transações de mútuo e ao uso de serviços de antecipação de valores.

4. A CESSÃO FIDUCIÁRIA DE RECEBÍVEIS DE CARTÃO DE CRÉDITO EM CLÁUSULAS CONTRATUAIS

Na análise da cláusula específica e, de fato, em todo o arcabouço normativo, os princípios gerais que orientam os contratos no direito civil desempenham um papel fundamental para garantir a estabilidade e segurança jurídica nas relações privadas. Esses princípios influenciam as partes em todas as fases da relação contratual que estabelece cessão fiduciária de recebíveis de cartão de crédito.

Nesse contexto, é possível observar que a maioria dos contratos que abrangem tais cláusulas são, em maior ou menor grau, padronizados, sem que isso signifique que o contrato é de adesão, para fins de enquadramento consumerista. Pelo contrário. O cedente na cessão fiduciária de recebíveis de cartão de crédito, frequentemente, é um comerciante ou um *e-commerce* que exerce atividades de intermediação ou comércio de forma profissional, habitual e com intuito de lucro, excluindo-se, portanto, da definição de consumidor.

No contexto judicial, alguns lojistas cedentes tentam enquadrar-se como consumidores, buscando os benefícios proporcionados pelo Código de Defesa do Consumidor (CDC), como a inversão do ônus da prova. No entanto, como se sabe, o Código de Processo Civil permite, em seu artigo 373, a atribuição do ônus da prova pelo juiz de acordo com as peculiaridades do caso; sendo desnecessário que se desvirtue o caráter empresarial dos contratos em que a cessão fiduciária se encontra inserida.

As discussões judiciais cuja causa de pedir se relaciona com cláusulas contratuais que estabelecem a cessão fiduciária de recebíveis de cartão de crédito costumam girar em torno da validade das cláusulas, sua respectiva redação e eventual insuficiência redacional ou ausência de clareza quanto a direitos e obrigações, bem como o próprio desconhecimento técnico das partes envolvidas sobre a dinâmica da operação que envolve esse tipo de garantia.

Por conta disso, ganham relevância e importância contratos que tenham essas cláusulas bem formuladas. De forma a ilustrar o raciocínio, o presente estudo analisou diversas cláusulas que foram objeto de discussões.

Após a exposição das cláusulas contratuais que enfrentaram dificuldades e a explicação dos motivos pelos quais é possível identificar oportunidades de aprimoramento, serão apresentadas sugestões de melhoria.

Em primeiro lugar, é importante analisar um exemplo de questão envolvendo a redação de cláusula, presente em Termos de Uso de facilitadora de pagamentos, em que se estabeleceu a cessão fiduciária de recebíveis de cartão. Tal facilitadora será chamada de "INSTITUIÇÃO B".

> "Cláusula da Trava de Domicílio: contrato celebrado pelo ESTABELECIMENTO com instituição financeira, fundo de investimento ou outro credor, pelo qual o ESTABELECIMENTO autoriza a trava de seu Domicílio Bancário ou na Agenda Financeira, mediante a cessão ou constituição de alguma garantia relacionada com os direitos creditórios decorrentes das Transações."

Percebe-se neste exemplo a falta de clareza e o uso excessivo de formalidade em algumas definições e a carência de explicações relevantes em relação a outros conceitos. Tal situação comumente desagua em frequentes interações entre o cliente (estabelecimento comercial) e os canais de atendimento da instituição, resultando, no mínimo, em maior demanda nos setores de relacionamento com o cliente.

Identifica-se, portanto, a falta de preocupação no esclarecimento sobre o conceito de "trava de domicílio" como sinônimo de "trava bancária", que, na verdade, se trata da operacionalização da cessão fiduciária dos recebíveis. Além disso, não foram oferecidas maiores explicações sobre obrigações similares que os participantes dos arranjos de pagamento baseados em contas pós-pagas (cartões de crédito) têm, como o registro de recebíveis de cartão de crédito em entidades registradoras. E, por fim, não se apresentaram situações exemplificativas.

Para minimizar entendimentos equivocados, interpretações errôneas e potenciais disputas judiciais, a solução mais prudente é sempre esclarecer completamente a situação no próprio Contrato de Prestação de Serviços/Termos de Uso, mesmo levando-se em consideração que é obrigação das instituições o registro de recebíveis, contratos e efeitos de contrato em entidades registradoras, bem como o bloqueio e liquidação por trava bancária, de acordo com as regulamentações do BCB e CMN.

Em outras palavras, mesmo sendo uma obrigação legal e regulatória das instituições, é recomendável que isso seja replicado nas cláusulas contratuais, de forma a deixar clara a dinâmica da operacionalização da garantia, da sua forma de registro e de eventual execução em caso de inadimplemento.

Nesse sentido, muitos problemas indesejados, como, por exemplo, a diminuição do NPS (índice de satisfação do cliente) ou o surgimento de litígios judiciais, podem ser evitados. Apesar de tais condições serem inerentes à operação de instituições financeiras e de pagamento (registro de recebíveis, contratos e trava bancária), elas ainda podem causar desconforto para o cliente, principalmente a trava bancária, que acaba por gerar redução do fluxo de caixa do devedor em virtude dos bloqueios realizados de forma automática.

Um cenário ilustrativo pode trazer mais luz à situação mencionada. Imagine a hipótese de um *e-commerce* que solicita um empréstimo à instituição financeira A, utilizando os recebíveis de cartão de crédito como garantia. Simultaneamente, este mesmo *e-commerce* opera suas transações comerciais, de forma *online*, através da instituição de pagamentos B, que processa as respectivas transações.

Em determinado momento, o *e-commerce* fica em mora perante a instituição financeira A, que é a credora do empréstimo. Com base no contrato/cédula de crédito bancário (CCB), que contém cláusula de cessão fiduciária de recebíveis de cartão de crédito e que fora registrado em uma entidade registradora, a instituição financeira A solicita a aplicação dos efeitos do contrato. Isso significa que uma mensagem sistêmica é enviada a todos os participantes do referido arranjo de pagamento, informando que o *e-commerce* é devedor do saldo remanescente.

Com isso, os participantes que possuem recebíveis do e-commerce em sua carteira são obrigados a bloquear os respectivos valores, conforme as disposições contratuais, incluindo a instituição de pagamentos B, que precisa aplicar a trava bancária ao saldo especificado e encaminhar os recebíveis à instituição credora, de acordo com as normas regulatórias sobre o tema.

Daí porque é necessário garantir definições claras e precisas na respectiva cláusula contratual, tornando essa situação menos coercitiva e mais esclarecedora para o cliente, evitando, com isso, reclamações, interpretações equivocadas e, em última instância, ajuizamento de ações judiciais.

Isso deve ser feito sem excessos de formalismo e de linguagem técnica inacessível a leigos, que podem ser substituídos, inclusive, por exemplos práticos.

Com o objetivo de demonstrar de forma mais concreta, apresenta-se a seguir sugestão de revisão da cláusula anterior que disciplinava a "trava de domicílio" da instituição B:

> "Cláusula de Registro de Recebíveis de Cartão de Crédito:
>
> I. Registro de recebíveis de cartão de crédito: A INSTITUIÇÃO B é obrigada a registrar todas as transações realizadas com cartões de crédito em uma entidade registradora, conforme estabelecido pelo Banco Central do Brasil. Esta entidade registradora é responsável por centralizar as informações sobre pagamentos e garantias, incluindo os valores a serem recebidos a título de pagamentos em cartão de crédito (recebíveis). Para exemplificar, todas as vendas que você (ESTABELECIMENTO) realiza por meio de cartões de crédito são diariamente enviadas à entidade registradora, como parte do cumprimento das Resoluções 4.734/2019 do Conselho Monetário Nacional e 264/2022 do Banco Central do Brasil.
>
> II. Registro de contratos de garantia em recebíveis de cartão de crédito: Instituições financeiras e não financeiras que celebram contratos para a negociação de recebíveis com ESTABELECIMENTOS devem registrar esses contratos na entidade registradora, conforme determinado pelo Banco Central do Brasil. A finalidade é centralizar as informações sobre as garantias relacionadas aos recebíveis de cartão de crédito. Para elucidar, se você (ESTABELECIMENTO) fez um contrato de empréstimo com uma instituição financeira ou não financeira, garantindo o pagamento através dos valores a receber provenientes de vendas em cartão de crédito, as informações sobre esse contrato estarão registradas na entidade registradora, disponíveis a todos os participantes. Isso está de acordo com as Resoluções 4.734/2019 do Conselho Monetário Nacional e 264/2022 do Banco Central do Brasil.

III. Trava bancária ou de domicílio: A instituição financeira ou não financeira detém a prerrogativa de aplicar os efeitos de um contrato de garantia de recebíveis registrado na entidade registradora, caso o devedor não cumpra com suas obrigações. Isso envolve sinalizar aos participantes que possuam recebíveis do ESTABELECIMENTO devedor para que realizem o bloqueio dos valores e os encaminhem à instituição credora. Para exemplificar, se você, ESTABELECIMENTO, tiver um contrato de empréstimo pendente com uma instituição financeira ou enfrentar circunstâncias semelhantes com outra instituição de pagamento, esses credores têm o direito de bloquear os valores que você tem a receber da INSTITUIÇÃO B. Os valores bloqueados podem ser usados para cobrir um eventual saldo devedor, desde que respeitadas as limitações estabelecidas nas normativas mencionadas acima."

A redação sugerida acima busca simplificar as definições, além de garantir a inclusão dos requisitos mínimos, conforme o art. 66-B da Lei nº 4.728/1965. Adicionalmente, o texto visa elucidar o processo de registro de recebíveis de cartão de crédito, a negociação de contratos de garantia e a aplicação dos efeitos da trava bancária. Tudo isso é apresentado de maneira clara, com a adição de exemplos ilustrativos.

Outra questão comumente identificada é a omissão do conceito de cessão fiduciária. Abaixo, apresenta-se um exemplo da mencionada omissão, também em um Termo de Uso de uma facilitadora de pagamentos, referida como "INSTITUIÇÃO C".

> "Cláusula de Negociação de Recebíveis:
>
> Negociação de Recebíveis: operação realizada com instituição financeira, fundo de investimento ou outro credor, pela qual o ESTABELECIMENTO realiza a cessão ou constituição de alguma garantia sobre os direitos creditórios decorrentes das Transações."

É perceptível nesse exemplo que os conceitos são inseridos sem considerar que o leitor possa não estar familiarizado com determinados termos tais como "recebíveis de cartões de crédito". Embora essa linguagem possa parecer simples para juristas e profissionais financeiros, para indivíduos que não estão imersos nesse campo a complexidade é evidente.

Além da deficiência conceitual, essa cláusula não atende aos requisitos legais mínimos estabelecidos no art. 66-B da Lei nº 4.728/1965, carecendo da inclusão de elementos como taxa de juros, cláusula penal, índice de atualização monetária e outras comissões, caso existam.

Como remédio a isso, uma sugestão de cláusula seria a seguinte:

> "Cláusula de Cessão Fiduciária de Recebíveis de Cartão de Crédito:
>
> I. Cessão fiduciária: Este é um tipo de contrato de garantia que envolve a transferência da titularidade ou propriedade de direitos creditórios de bens, que podem ser móveis ou imóveis, do devedor (cedente) para o credor (cessionário). Geralmente, é um contrato acessório a um contrato principal, que pode ser um empréstimo, antecipação de valores, entre outros. A base legal para isso pode ser encontrada no artigo 66-B, §3º, da Lei nº 4.728/1965.
>
> II. Cessão fiduciária de recebíveis de cartão de crédito: Esta é uma das formas de cessão fiduciária, aplicando o mesmo conceito acima aos recebíveis de cartão de crédito, que são considerados bens móveis. Para ilustrar, pense em uma solicitação de antecipação de valores de vendas realizadas com cartões de crédito (recebíveis). Nesse cenário, você (ESTABELECIMENTO) solicita à INSTITUIÇÃO C, uma facilitadora de pagamentos, a antecipação dos valores das vendas realizadas a prazo. A INSTITUIÇÃO C atua como intermediária, facilitando essa operação junto a uma instituição financeira parceira. Em troca da Taxa de Antecipação, você recebe os valores das vendas de forma antecipada, e os recebíveis, que representam os valores a serem pagos em parcelas, passam a ser propriedade da instituição financeira. Esta, por sua vez, ofereceu a antecipação por sua própria decisão. Essa explicação abrange a essência das operações de antecipação de recebíveis, seguindo as normas das Resoluções 4.734/2019 do Conselho Monetário Nacional e 264/2022 do Banco Central do Brasil.
>
> III. Condições da antecipação de recebíveis: Ao solicitar a antecipação de recebíveis, você (ESTABELECIMENTO) reconhece que essa concessão é uma decisão discricionária da INSTITUIÇÃO C, a intermediária dos pedidos junto à instituição financeira parceira. Mesmo após a concessão inicial, a INSTITUIÇÃO C tem o direito de suspender a antecipação dos recebíveis a qualquer momento, sem a necessidade de justificação. Essa abordagem está em conformidade com o artigo 66-B, *caput*, da Lei nº 4.728/1965 e o artigo 5º, inciso II, da Constituição Federal."

Essa revisão da cláusula visa não apenas uma delimitação abrangente dos conceitos indispensáveis, mas também atende às exigências legais estipuladas pelo art. 66-B da Lei nº 4.728/1965. Além disso, reforça a liberdade das instituições em conceder antecipação de recebíveis (ou outros serviços semelhantes) e vincula isso à legislação vigente.

A partir desses exemplos, nota-se que a completude na redação das cláusulas contratuais é essencial para evitar ambiguidades, garantir a compreensão das partes envolvidas e mitigar potenciais litígios. A inclusão de definições abrangentes e, quando necessário, de exemplos ilustrativos, contribui para a clareza das disposições contratuais, garantindo o respeito aos princípios de boa-fé e transparência que fundamentam os contratos em geral.

CONCLUSÕES

O propósito desse artigo foi ressaltar a importância de se estabelecer cláusulas contratuais abrangentes, precisas, detalhadas e acessíveis no contexto da cessão fiduciária de recebíveis de cartão de crédito. A complexidade desse tema pode torná-lo desafiador para aqueles não familiarizados com o mercado de pagamentos e de crédito.

Ao longo do texto, explorou-se as bases legais e regulatórias que sustentam a necessidade do tema ser tratado de forma completa e detalhada. Ficou claro que uma abordagem minuciosa é necessária, com explicações claras sobre os diferentes conceitos envolvidos, a fim de evitar interpretações ambíguas que possam levar a litígios judiciais sobre os termos do contrato.

Nesse contexto, a lição aprendida é que cláusulas redigidas de forma inadequada, omissas, excessivamente técnicas ou desprovidas de exemplos práticos podem dificultar a compreensão das partes envolvidas, especialmente os cedentes dos recebíveis. Muitas vezes, esses cedentes não têm conhecimento dos detalhes intricados de uma simples operação de empréstimo e suas respectivas garantias e dinâmica operacional em caso de inadimplemento, incluindo obrigações como o registro de recebíveis e contratos em entidades registradoras designadas pelo Banco Central do Brasil.

Em resumo, a análise do direito contratual e regulatório setorial de meios de pagamento e de crédito, com foco nas cláusulas de cessão fiduciária de recebíveis de cartão de crédito, proporcionou um debate conciso e esclarecedor sobre os aspectos legais, regulatórios e fundamentais que cercam o tema. Embora inicialmente possa parecer simples, ficou evidente que se trata de assunto dotado de algumas complexidades e particularidades, reforçando a importância contínua de pesquisa e aprofundamento nesse campo do conhecimento, a fim de aprimorar constantemente os contratos e os termos de uso dos principais *players* do mercado.

Em última análise, aprimorar a redação das cláusulas contratuais e garantir uma compreensão clara de todas as partes envolvidas é essencial para promover a transparência, a confiança e a eficácia nas relações contratuais. Isso contribui para a integridade e a eficiência do mercado de cessão fiduciária de recebíveis de cartão de crédito, beneficiando tanto as instituições financeiras quanto os cedentes dos recebíveis.

37. DOAÇÃO, ENCARGO, CONDIÇÕES E REVERSÃO

George Ibrahim Farath

1. ATO JURÍDICO, FINALIDADE, E CAUSA (CAUSA-FUNÇÃO).

Objetivo do texto é examinar, relativamente ao contrato de doação, o *encargo* (ou *modo*), e a denominada "reversão" - expressão que, em verdade, serve a designar figuras distintas no Direito Civil, e no Direito Administrativo. Pretende-se, ao ensejo, ressaltar a *unicidade* (e, a partir desta, também os *limites*) da doação com encargo, para a adequada interpretação das normas administrativas relevantes.

Destaque-se que a doação (pura e simples, ou com encargo) é sempre contrato *de Direito Civil*, ainda que o doador, ou doador e donatário, sejam entes da Administração Pública, celebrando-a com finalidade igualmente pública[1].

E isto, seja porque o tipo contratual é definido pelo Código Civil, seja especialmente porque os *limites* da doação com encargo dizem respeito à própria distinção entre contratos gratuitos e onerosos (= sinalagmáticos) - matéria, portanto, muito mais ampla que as questões atinentes a um ramo "particular", ou "especial", do ordenamento, caso do Direito Administrativo[2].

E, como se verá, a questão toda se reume à relevância que possa (ou não) ter, para a doação, algum interesse, *distinto da liberalidade*, e perseguido pelo

---

1 Neste sentido, HELY LOPES MEIRELLES observa ser a doação "contrato civil, e não administrativo, fundado na liberalidade do doador, embora possa ser com encargos para o donatário" (cf. *Direito Administrativo Brasileiro*, 26. ed., São Paulo, Malheiros, 2001, p. 496).

2 Destarte, embora sujeita à incidência de normas do Direito Administrativo (quanto realizada por entes da Administração Pública), a doação *não é* contrato administrativo.

doador no caso concreto. Tal interesse, em princípio, somente poderá ser deduzido como *encargo*, com a disciplina própria e específica desta figura.

Antes, porém, e devido à grande variação terminológica entre diversos ramos do Direito (e, mesmo, entre autores que se dedicam a um determinado ramo), é necessário precisar o sentido de alguns termos[3].

Como cediço, é lição corrente apontar, entre os "elementos" ou "requisitos" do ato administrativo, a *finalidade*, cabendo pois verificar: (a) em que consiste esta finalidade, à luz da teoria geral dos atos jurídicos; e (b) se a finalidade releva para a existência mesma do ato[4]; ou para sua validade; ou se, apenas, para sua eficácia.

Ora, a "finalidade" de um ato administrativo nada mais é que sua *causa-função* (cf. art. 421 CC), em que se incluem não apenas a finalidade típica de cada ato, mas também a finalidade concreta de cada negócio celebrado[5].

Portanto, é a partir daqui que se deve iniciar sua análise. E, a nosso ver, a *causa-função* pode - ao menos em tese - se demonstrar relevante para os diversos planos do negócio jurídico.

Ademais, as próprias normas administrativas devem ser interpretadas *com respeito aos limites da figura*, o que é de especial importância no que se refere à eficácia da doação com encargo, às consequências do eventual descumprimento deste e, particularmente, à disciplina da "reversão".

3 Destarte (e tendo em vista a importância de ressaltar o que há de *comum* aos diversos atos jurídicos, nos diversos ramos do ordenamento), preferimos seguir a terminologia fixada por Antônio JUNQUEIRA DE AZEVEDO, pelo que se deixa a expressão "elementos" para o quanto necessário à *existência* mesma do ato; "requisitos", para o que importe à sua *validade* (nulidade ou anulabilidade); e, "fatores", para o que diga respeito à *eficácia* do ato (cf. *Negócio jurídico: existência, validade e eficácia*, 4. ed., São Paulo, Saraiva, 2002, p. 30).

Por "ato", entenda-se tanto o ato jurídico *stricto sensu* quanto o negócio jurídico, de Direito Civil, Administrativo, ou de outro ramo. Ademais, referimo-nos, de início, à finalidade do ato (ou do negócio) *em geral*, não apenas à finalidade da doação (pura e simples ou com encargo).

4 Nesta hipótese, o ato nem sequer existiria como o ato ou negócio jurídico *que se pretendeu celebrar*, restando no campo extrajurídico, ou ensejando, apenas, o surgimento de *outro* ato jurídico, caso presentes todos os elementos do respectivo suporte fático abstrato.

5 E, conforme o negócio de que se trate, a *causa-função* pode compreender uma ou mais *causas de atribuição patrimonial*. Nos negócios bilaterais (= sinalagmáticos), cada prestação é feita não apenas *solvendi causa* (i.e., para cumprir a própria obrigação), mas sim *credendi causa*, i.e, em razão do que a outra parte *já prestou*, ou *deve prestar*.

A *doação*, por seu turno, *admite apenas uma causa de atribuição patrimonial, a liberalidade* (*causa donandi*), ainda que eventualmente *reduzida pelo encargo* (cf. Seção 2, *infra*).

Quanto ao *negotium mixtum cum donatione*, trata-se de negócio estruturalmente sinalagmático, em que todavia concorrem, *sem se confundirem, duas distintas causas-função*, pelo que uma das prestações é feita, em parte, *credendi causa* (i.e., em razão da respectiva *contraprestação*); e, na outra parte, *donandi causa* (cf. Seção 2, *infra*).

Releva, ao *plano da existência*, sempre que determinada finalidade (melhor, determinada *referência* que se faça, no ato, à sua finalidade[6]) seja necessária à configuração - e portanto à existência - de um determinado tipo negocial.

Assim, p.ex., a *liberalidade* é o fim característico da, e *essencial a*, qualquer doação (cf. art. 538 CC, "por liberalidade") - inclusive, portanto, à doação com encargo, de onde a importância de se a distinguir dos demais contratos e, especialmente, dos contratos bilaterais (= sinalagmáticos).

Releva, ao *plano da validade*, quando (p.ex.) eventuais *vícios* na finalidade do ato determinem sua nulidade (assim, p.ex., o art. 137, parte final; e o art. 166, incisos III e VI, todos do Código Civil)[7].

Trata-se sempre, aqui, de vícios *ab initio*, porquanto a validade diz respeito à própria *formação* do ato jurídico. Ou seja, os *requisitos de validade* (e seus eventuais *vícios*, e mesmo *défices*) integram, também, o suporte fático do ato ou negócio; de modo que as normas sobre validade incidem imediatamente em seguida à juridicização do ato.

Releva, por fim, ao *plano da eficácia*, quando fatos supervenientes, hábeis a prejudicar ou mesmo a frustrar o atingimento da finalidade, provoquem modificações na relação jurídica, ou mesmo sua terminação[8].

---

6 Isto porque, fazer da causa-função um elemento constitutivo do negócio envolve, em perspectiva estrutural, "a insuperável contradição de colocar a função como fazendo parte do negócio, quando jamais a função de um ser pode ser, ao mesmo tempo, elemento constitutivo dele" (Antonio JUNQUEIRA DE AZEVEDO, *Negócio jurídico* - existência, validade e eficácia, 2. ed., São Paulo, Saraiva, 1986, p. 174).

Destarte, o negócio jurídico é integrado *não* pela causa-função, em si mesma considerada, mas sim por uma *referência* feita, no negócio, a esta causa (cf. *op. cit.*, p. 170).

7 Observe-se que, segundo Antonio JUNQUEIRA DE AZEVEDO, a "falta" da causa final (i.e., da *finalidade*) em geral acarreta a *ineficácia* do negócio causal, não sua nulidade (cf. *op. cit.*, p. 174). Todavia, preocupamo-nos, aqui, com eventuais *vícios* existentes, *ab initio*, na finalidade do ato, finalidade esta que, como cediço, "justifica [o negócio] do ponto de vista social e jurídico" (cf. *op. cit.*, p. 170). Daí se tratar portanto,nestas hipóteses, de *requisito de validade*, não de fator de eficácia.

Atente-se ainda a que, no Direito Administrativo, a ação de decretação de nulidade (que é sempre de força constitutivo-negativa, *não declaratória*!) está sujeita a prazo decadencial. No Direito Privado, a regra geral é a do art. 169 CC (a teor do qual "O negócio jurídico nulo não é suscetível de confirmação, nem convalesce pelo decurso do tempo"), embora alguma jurisprudência aplique, "por analogia" (e *contra legem*), o prazo máximo de prescrição.

Há também diferenças significativas quanto à *eficácia* dos atos administrativos, e dos atos civis, quando viciados por algum ilícito invalidante (nulificante). Assim, os primeiros são em princípio eficazes, até que sobrevenha sua desconstituição, ao passo que os últimos, de ordinário, não irradiam sua eficácia típica. A matéria, por certo, demanda ulterior análise, que todavia desborda objeto do presente texto.

8 Ademais, a causa-função releva, também, para a interpretação e integração do negócio jurídico, matéria que pouco se pode desenvolver nesta sede.

Feitas estas observações, pode-se agora analisar o papel da causa na doação, e as modificações aportadas, pelo encargo, à figura.

2. CAUSA E ENCARGO NA DOAÇÃO

A teor do art. 538 CC[9], a *finalidade* de qualquer doação - inclusive, portanto, das doações com encargo - consiste, necessariamente, na prática de uma *liberalidade*. Algo há de ser atribuído, *gratuitamente*, de uma pessoa a outra, saindo do patrimônio do doador, e ingressando no do donatário.

A liberalidade - e portanto o acordo (consenso) sobre a liberalidade - são, assim, *elementos de existência* da doação[10], por mais que se trate de uma liberalidade ulteriormente modificada pelo encargo.

Ou seja, ainda que o doador vise algum *outro interesse, distinto da liberalidade* (em si mesma considerada), *tal interesse jamais poderá constituir outra causa, distinta da liberalidade*[11].

Ao contrário, tendo em vista o tipo contratual da doação, e seus respectivos limites legais e sistemáticos, tal interesse (*distinto da liberalidade*), via de regra, apenas poderá ser juridicizado como *encargo*; do contrário, permanecerá, apenas, no campo extrajurídico dos *motivos*[12].

---

9 Art. 538. Considera-se doação o contrato em que uma pessoa, por liberalidade, transfere do seu patrimônio bens ou vantagens para o de outra.

10 Sobre os elementos de existência da doação, cf. F. C. PONTES DE MIRANDA, *Tratado de Direito Privado*, v. XLVI [5. ed.], São Paulo, RT, 2012, § 5.009, p. 269-274; e § 5.010, p. 275-277.

11 Assim, e sob pena de se descaracterizar a doação, tal interesse pode apenas *reduzir a liberalidade*, aqui entendida como causa de atribuição patrimonial. E, respeitados os limites da doação (e, pois, do próprio encargo), pode *modificar a liberalidade* (aqui entendida como a causa-função do contrato), p.ex. destinação do bem doado, no todo ou em parte, a alguma finalidade específica. Todavia, *não poderá, jamais, constituir-se em outra causa de atribuição patrimonial* (distinta da liberalidade, e muito menos contraposta a esta); *nem em outra causa-função do contrato*, por hipótese distinta da liberalidade, e com esta concorrente (cf. nota n. 25, *infra*). É o quanto se pretende evidenciar nesta Seção em especial, e nas subsequentes Seções 3 e 4, *infra*.

12 Assim, a doação é negócio "causal, porque a causa está na liberalidade. Se por baixo há algum elemento que explica ou enche a liberalidade, tal elemento é apenas *motivo*" (F. C. PONTES DE MIRANDA, *Tratado de Direito Privado*, v. XLVI [5. ed.], São Paulo, RT, 2.012, § 5.010, n. 1, p. 275).
A doação há de ser, sempre (e *integralmente*) liberalidade. Não se exige, todavia, que seja altruística. A doação pode ocorrer visando à promoção pessoal, ou a facilitar o ingresso do doador em determinado círculo social, p.ex.
O que se exige é que este interesse, ainda que objetivamente aferível pelas circunstâncias do caso, *não chegue a desnaturar a doação*.
Assim, p.ex. se as circunstâncias do caso evidenciam que a razão *determinante* da atribuição patrimonial foi a obtenção de alguma vantagem concretamente definível (como o recebimento de algum bem, a conclusão de determinado negócio, ou o ingresso em certa associação) não há liberalidade e, pois, *não há doação*. É de negócio *oneroso* que se trata. E só se poderá cogitar de

Tais considerações, porque decorrentes do próprio tipo contratual da doação (e, pois, de seus *limites*), aplicam-se independentemente da pessoa do doador, abrangendo, portanto, os diversos entes da Administração Pública, inclusive aqueles com personalidade jurídica de direito público.

Destarte, ainda que toda doação, quando praticada por ente público, exija interesse público para sua celebração, tal interesse há de ser, necessariamente, um *interesse (público) hábil a justificar a prática de uma liberalidade*.

Ademais, recordando-se que o encargo, embora consista em *dever* imposto ao donatário, "não torna onerosa a doação"[13], evidente a relevância da doação com encargo para a própria distinção entre a doação (de um lado), e os contratos sinalagmáticos (de outro), distinção que já se estabelece desde o *plano da existência* destes negócios[14].

Cabe recordar, ao ensejo, o *negotium mixtum cum donatione*, espécie de contrato bilateral (= sinalagmático) em que se verifica significativa desproporção entre as prestações, com a finalidade de beneficiar uma das partes (p.ex., a venda, por R$ 300.000, de um imóvel que vale R$ 700.000)[15].

---

negotium mixtum cum donatione se o negócio permitir identificar duas *distintas* causas de atribuição patrimonial, uma gratuita, outra onerosa (cf. nota n. 15, *infra*).

Ademais, *não é doação* a distribuição de produtos, sem custo para o adquirente, em ações de publicidade e *marketing*, a partir de verbas a tanto destinadas, e/ou com o custo dos produtos distribuídos incluídos entre os custos de produção. Não há, aqui, qualquer intento de liberalidade. Também o "encargo", quando previsto, não pode ser tal que *descaracterize a liberalidade*, tornando *oneroso* o contrato, como se examinará a seguir.

13 Cf. F. C. PONTES DE MIRANDA, *Tratado de Direito Privado*, v. XLVI [5. ed.], São Paulo, RT, 2012, § 5.014, n. 1, p. 287. Tornaremos a este ponto a seguir (cf. nota n. 20, *infra*).

14 Para que se veja a relevância do tema para a distinção entre a doação (de um lado) e os contratos bilaterais (de outro), convém traçar breve paralelo entre a *doção com encargo*, e a *doação remuneratória*. Quanto a esta, F. C. PONTES DE MIRANDA esclarece que "o doador não deve ao donatário. Remunera sem dever [...] Não há reciprocidade, porque o que se remunera já foi prestado; nem há pagamento, porque nada se deve. A doação remuneratória de modo nenhum se pode colocar no rol das *donationes reciprocae*" (*Tratado de Direito Privado*, v. XLVI [5. ed.], São Paulo, RT, 2012, § 5.013, n. 3, p. 283).

Destarte, quando comparada à doação remuneratória, a doação com encargo traz um dado a mais de complexidade para a referida distinção, qual seja, o *acordo* sobre o *encargo*, i.e., sobre uma prestação cabente *ao donatário*.

Observe-se ao ensejo que *tanto a doação remuneratória, quanto a doação com encargo, são verdadeiras doações*. Não é o que ocorre com as mal chamadas "doações recíprocas", em que um dos figurantes *somente "doa" para receber a "doação" do outro*, com o que já se estabelece reciprocidade (e, portanto, *sinalagma*), entre uma e outra atribuição patrimonial (Sobre as doações recíprocas, cf. *op. cit.*, § 5.013, n. 2, p. 283-284).

15 Nota-se, a partir do negócio misto com doação, que *um mesmo negócio* pode exibir duas distintas causas de atribuição patrimonial (tal atribuição é em parte gratuita, e em parte onerosa/sinalagmática), e duas distintas causas-função, mas *sem que tais causas se confundam*. E isto, cabe ressaltar, em negócio jurídico *uno* (ou *unitário*).

É possível apontar certa semelhança entre a doação com encargo (de um lado), e o *negotium mixtum cum donatione* (de outro). Em ambos, há liberalidade; e, em ambos, a liberalidade parece apenas subsistir no que *ultrapassa* o valor do *encargo* (no primeiro caso)[16], ou da *contraprestação* (no segundo).

Todavia, encerram-se aí as semelhanças - aliás, *superficiais*, porque estranhas à estrutura (e, como se verá, também à disciplina) de um e outro negócio.

Assim, o *negotium mixtum cum donatione* (malgrado a desproporção que nele se verifica), é caracterizado essencialmente - portanto, *desde o plano da existência* - pelo *acordo sobre prestações recíprocas* (melhor, sobre prestações *até certo ponto recíprocas*). Ou seja, acordo relativo a uma *prestação*, e à sua *respectiva contraprestação*, destinadas a se substituírem (ao menos em parte), uma pela outra, no patrimônio dos respectivos adquirentes.

Acordo, portanto, único, em que a liberalidade - fim estranho aos negócios jurídicos onerosos! - se insere na *estrutura* de um negócio sinalagmático, assumindo a forma da apontada desproporção entre prestações.

Destarte, o negócio é único, e *estruturalmente oneroso (sinalagmático)*; embora, como referido, *exiba duas distintas causas de atribuição patrimonial* (a atribuição é em parte gratuita, e em parte onerosa) e, *correlatamente, duas causas-função*, mas *sem que tais causas se confundam*[17].

Observe-se ademais que, para que se trate de negócio misto com doação, o *fim* de se praticar uma liberalidade deve se inserir no ato. Pode haver desproporção sem que haja liberalidade, como ocorre, p.ex., na lesão. Pode todavia tal liberalidade se dessumir do próprio negócio e de suas circunstâncias (p.ex., pelo preço, aliado às relações pessoais entre alienante e adquirente), sem que nele esteja expressa.

Neste caso, tratar-se-á não de simples "motivo" (que remanesceria, em princípio, no campo extrajurídico), mas sim de *finalidade* do ato, ainda que meramente *implícita* nele, mas identificável a partir dos dados de fato do caso, confrontados ao valor de mercado dos bens, e analisados à luz da experiência quotidiana (i.e., do *id quod plerumque accidit*).

16 Argumento *ex* art. 540 CC, que se analisará a seguir (cf. notas nn. 22 e 23, *infra*).

17 Daí observar F. C. PONTES DE MIRANDA, quanto ao *negotium mixtum cum donatione*, que: "O contrato é negócio jurídico unitário e incidem as regras jurídicas concernentes à doação e as regras jurídicas atinentes ao outro contrato, ou dos outros contratos, *conforme o que se refere a eles, desde que não se choquem com o contrato unitário.* Chama-se a essa explicação teoria da incidência respectiva, [...]

"Na doação mista, o direito à devolução só se refere à quota do valor que corresponde à doação. No tocante aos vícios do objeto, há a indenização dos danos segundo os princípios que regem os contratos comutativos (Código Civil, arts. 1.101-1.106), mas apenas no que se liga à quota a que corresponde a contraprestação. No tocante à quota a título gratuito, as regras jurídicas da doação é que incidem" (*Tratado de Direito Privado*, v. XLVI [5. ed.], São Paulo, RT, 2012, § 5.014, n. 2, p. 288-289; *itálico nosso*).

Observe-se que, relativamente à parte gratuita, as regras sobre doação apenas podem incidir "*desde que não se choquem com o contrato unitário*" (destacamos). No *negotium mixtum cum donatione*, eventual inadimplemento pelo devedor beneficiado dará ensejo à *resolução* do contrato, ainda que limitada ao valor da *parte onerosa* deste contrato (e, pois, do bem recebido).

Já a doação, pelo contrário, tem na liberalidade seu *elemento de existência*, característico e necessário. Onde não há liberalidade, não há nem pode haver doação. Como referido, algo há de ser atribuído, *gratuitamente*[18], de uma pessoa a outra, saindo do patrimônio do doador, e ingressando no do donatário.

Daqui, surge a especificidade (e a relevância) do encargo. A doação *não admite qualquer contraprestação, ainda que de menor valor*. Onde há contraprestação (repita-se, ainda que de menor valor), há negócio sinalagmático (eventualmente, *negotium mixtum cum donatione*); *jamais doação*[19].

Portanto, a doação é sempre, necessária e *integralmente, um acordo sobre a liberalidade*; do que decorrem implicações fundamentais para a *doação com encargo*.

Assim, na doação com encargo, *não pode haver qualquer "parte" onerosa*; do contrário, não haverá doação, e sim algum contrato sinalagmático. Aliás, *sequer pode haver "partes"*[20], pois a doação é, *integralmente*, liberalidade.

Com isto, *já se exclui, quanto a estes negócios, cogitar-se de "encargo"* (porquanto o que seria - *caso possível* - redução de liberalidade, na doação com encargo, surge como verdadeira *contraprestação*, no "negotium mixtum cum donatione"); *e, a fortiori, de qualquer "revogação" pelo inadimplemento do suposto "encargo"*.

Ademais, *não é possível estabelecer-se "encargo" quanto à parte gratuita*, e isto: (a) porque o encargo foi concebido para contratos *integralmente gratuitos* (como a doação), em que não pudesse haver outra causa senão a liberalidade (que o encargo *reduz*); e (b) porque o *negotium mixtum* é contrato (unitário e) estruturalmente sinalagmático. Portanto, o *abuso* da figura do encargo seria evidente; e o dever objeto do suposto "encargo" constituiria, na verdade, *mais uma contraprestação*, aumentando a parte onerosa do contrato ou, mesmo, tornando-o integralmente oneroso.

No mais, F. C. PONTES DE MIRANDA permitia-se referir ao *negotium mixtum cum donatione* como "doação mista" (cf. *op. cit., loc. cit.*; passim); embora, como evidente, *sem jamais considerá-la mais uma "espécie", ou caso, de doação.*

De nossa parte, sugerimos manter a denominação em latim, ou empregar sua respectiva tradução, *evitando-se a todo o custo a expressão "doação mista"* que, em leitura mais apressada (e sem fundamento), poderia sugerir tratar-se de mais um caso de doação (como, p.ex., a "doação modal", a "doação remuneratória", a "doação *propter nuptias*", entre outras).

18 Sobre a gratuidade, cf. F. C. PONTES DE MIRANDA, *Tratado de Direito Privado*, v. XLVI [5. ed.], São Paulo, RT, 2012, § 5.010, n. 3, p. 276-277.

19 Se as circunstâncias indicam que a "contraprestação" foi estabelecida apenas "pro forma", ou se esta é *irrisória*, a falta de seriedade a seu respeito (no primeiro caso), ou seu valor (no segundo), *excluem* tratar-se de negócio oneroso. Trata-se, em qualquer dos casos, de *doação*.

No primeiro caso, *doação pura e simples*, que se pretendeu *dissimular* como um contrato oneroso (sendo este, pois o negócio *simulado*, cf. art. 167 CC), possivelmente com o objetivo de se fraudar lei imperativa (art. 166, VI, CC).

No segundo, *doação com encargo*, a que se atribuiu, equivocadamente, o *nomen iuris* de algum contrato oneroso. Ou, ainda, hipótese de doação *dissimulada*, ou de "abuso de forma" (no caso, abuso da figura de um negócio oneroso), possivelmente com o objetivo de fraude à lei.

Em quaisquer destes casos, todavia, o erro das partes na qualificação do contrato, ou a *dissimulação* de uma doação, ou ainda o abuso de forma, excluem tratar-se de negócio jurídico oneroso.

20 Como observa F. C. PONTES DE MIRANDA, mesmo na doação com encargo, "Não há separabilidade da parte onerosa e da parte gratuita, *porque não há partes*" (*Tratado de Direito Privado*,

E, correlatamente, a *causa* da doação com encargo há de ser "[...] a causa das liberalidades em geral e não poderia ser outra. Senão, a doação com encargo deixaria de ser doação para ser um contrato oneroso"[21].

Fundamental, pois, examinar as soluções da técnica jurídica para a figura.

Como visto, a diferença *essencial* entre a doação (de um lado), e os contratos bilaterais (de outro), implica também numa diferença - *igualmente essencial* - entre o encargo (na primeira), e a contraprestação (nos segundos). O encargo *jamais* poderá caracterizar uma contraprestação.

Destarte, o encargo consiste, apenas, em *uma redução da liberalidade.* É o quanto se extrai do art. 540 CC[22], a teor do qual a doação com encargo "não perde o caráter de liberalidade [...] no excedente [...] ao encargo imposto"; ou seja (e como se extrai do dispositivo), no excedente ao *valor* do encargo imposto.

Não há, pois, qualquer "contraprestação". O que há é, apenas, liberalidade, que se reduziu - e que, *mesmo reduzida, continua a ser, integralmente, liberalidade.* Assim se compreende porque "O *modus* não torna onerosa a doação"[23].

Ressalta, aqui, a natureza *acessória,* e *subordinada,* do encargo[24]; este pode apenas *modificar* a causa da doação - que é, sempre, a *liberalidade*

---

v. XLVI [5. ed.], São Paulo, RT, 2012, § 5.014, n. 2, p. 287; *itálico nosso*).
Ressalta, pois a diferença entre a doação com encargo, e o *negotium mixtum cum donatione,* em que, a despeito de se tratar de negócio unitário, há *parte gratuita,* e *parte onerosa* (cf. *op. cit.,* § 5.014, n. 2, p. 289; e as notas n. 15 e n. 17, *supra*).

21 Luciano de CAMARGO PENTEADO, *Doação com encargo e causa contratual* [1. ed.], Campinas, Millenium, 2004, n. 110, p. 183.

22 Art. 540. A doação feita em contemplação do merecimento do donatário não perde o caráter de liberalidade, como não o perde a doação remuneratória, ou a gravada, no excedente ao valor dos serviços remunerados ou ao encargo imposto.

23 F. C. PONTES DE MIRANDA, *Tratado de Direito Privado,* v. XLVI [5. ed.], São Paulo, RT, 2012, § 5.014, n. 1, p. 287; idem, *op. cit.,* § 5.011, n. 2, p. 279.
E ainda: "O *modus* de jeito nenhum faz oneroso o contrato de doação. Há ônus, mas sem se estender ao contrato o elemento de onerosidade. Qualquer alusão a correspectividade seria absurda" (*op. cit.,* § 5.023, n. 5, p. 347).
Compreende-se, assim, a justa crítica do autor à redação do art. 1.181, Pár. ún., do Código de 1916 que, ao se referir à doação com encargo, chamou-a "doação onerosa". A "expressão infeliz", somos informados, proviera da pena de Rui Barbosa "que, em lugar de 'doação onerada com encargo' pôs o absurdo 'doação onerosa'" (*op. cit.,* § 5.014, n. 2, p. 249), crítica aplicável, também, ao art. 562 CC
Note-se, ainda, a *cautela* necessária à interpretação do art. 540 CC, a teor do qual a doação com encargo "não perde o caráter de liberalidade [...] *no excedente* [...] *ao encargo imposto*".
O que se extrai do artigo, como visto, é *apenas* a definição do encargo como uma redução à liberalidade, todavia *sem que o dispositivo permita qualquer interpretação* (p. ex., *a contrario sensu*) *que supostamente aproximasse* (*ou, pior, equiparasse*) *a doação com encargo aos contratos onerosos, menos ainda aos sinalagmáticos.* Tornaremos a este ponto na Seção 3, *infra.*

24 "A acessoriedade do *modus* é inegável. Restringe, de certa maneira, a doação; não a bilateraliza" (F. C. PONTES DE MIRANDA, *Tratado de Direito Privado,* v. XLVI [5. ed.], São Paulo, RT, 2012, § 5.021, n. 1, p. 341).

- necessariamente *reduzindo-a* (por muito variado possa ser o conteúdo da prestação devida).

Todavia, não poderá jamais se elevar a uma causa *autônoma* de atribuição patrimonial, pois aí se tornaria *sinalagmático* o contrato[25] (ainda que, eventualmente, *negotium mixtum cum donatione*). Tornaremos a este ponto.

No mais a distinção entre a doação (de um lado), e os contratos sinalagmáticos (de outro), levou a que o encargo fosse considerado *não como parte* do contrato de doação, mas sim como *manifestação (apenas) anexa* a este contrato[26]. Portanto, *fora* do contrato de doação (e, pois, *fora* do acordo sobre a liberalidade), ainda que ligada a este. É o que explica a disposição do art. 137, primeira parte, do Código Civil: "Considera-se não escrito o encargo ilícito ou impossível [...]".

Não podendo se elevar a uma *causa* de atribuição patrimonial, "O *modus* ou encargo não é a razão jurídica, imediata, do ato jurídico; daí, ainda quando se apresente como tal, não poder identificar-se como a *causa*, o *fim* da disposição: a causa está no dispor, e não na determinação anexa"[27].

Decorre daí que, regra geral, "O *modus* não pode ser de tal valor que torne contra[to] oneroso a doação"[28]. Mais ainda, se as circunstâncias do caso evidenciam que a razão *determinante* da "doação" é o cumprimento do "encargo", o que se tem, em princípio, não é "doação com encargo", mas sim contrato sinalagmático (ainda que, eventualmente, *negotium mixtum cum donatione*).

---

25 Imperioso recordar, na matéria, a Luciano de CAMARGO PENTEADO:
"A causa a que concerne o modo, ordinariamente, é a causa final. Ela altera o fim do negócio jurídico [...].
"De fato, há a *causa donandi*, isto é, um presente, uma dádiva, mas há também a *causa credendi*, um crédito que se origina quando do cumprimento da doação que é causa dele. O cumprimento do encargo extingue a dívida.
"Essa *causa credendi*, no entanto, não se trata de uma causa autônoma, ou contraposta à causa de liberalidade [...].
"[...] Se, no entanto, este dever anexo à dádiva adquirir um *status* de causa, converter-se-á em um indício de *cause suffisante* que mostrará, conjuntamente com a vontade das partes, que não estamos diante de uma doação modal, mas de um negócio misto com doação" (*Doação com encargo e causa contratual* [1. ed.], Campinas, Millenium, 2004, n. 110, p. 183-185).
Por "*cause suffisante*", entenda-se, aqui, a causa *suficiente* para afastar a qualificação do negócio como doação, isto é, para afastar o esquema formal-causal da doação.

26 Cf. F. C. PONTES DE MIRANDA, *Tratado de Direito Privado*, v. V, Rio de Janeiro, Borsoi, 1955, § 557, n. 2, p. 216. *Idem*, *Tratado de Direito Privado*, v. XLVI [5. ed.], São Paulo, RT, 2012, § 5.014, n. 1, p. 286.

27 F. C. PONTES DE MIRANDA, *Tratado de Direito Privado*, v. V, Rio de Janeiro, Borsoi, 1955, § 558, n. 2, p. 217.

28 F. C. PONTES DE MIRANDA, *Tratado de Direito Privado*, v. XLVI [5. ed.], São Paulo, RT, 2012, § 5.014, n. 1, p. 287.

Outrossim, distinguem-se do *modus* eventuais *limitações ao poder de dispor*, como a decorrente da cláusula de inalienabilidade. Em casos que tais, certamente reduziu-se a liberalidade, o que todavia se fez pela *redução do próprio conteúdo do direito* objeto de doação, não pela imposição de dever (= encargo) ao donatário. Daí que, p.ex., a doação de imóvel, gravado com cláusula de inalienabilidade, configure *doação pura*, e não doação modal.

2.1. O encargo "motivo determinante da liberalidade", e seus limites.

Neste ponto, contudo, o intérprete logo se defronta o com a regra do art. 137, parte final, do Código Civil, que prevê *excepcional* invalidade da doação (= da liberalidade), em decorrência da invalidade *do encargo*, ilícito ou impossível, quando este constitua o "motivo determinante da liberalidade".

Tal regra necessita de adequada *interpretação sistemática*, para que se preserve a própria ideia de *liberalidade* (elemento de existência da doação). Para tanto, a especificidade da doação com encargo (i.e., a existência de uma prestação *imposta ao donatário*) deve ser considerada à luz da causa-função dos contratos (art. 421 CC) e, especialmente, da diferença entre a doação, e os contratos bilaterais (sinalagmáticos).

Já se viu que a doação, embora consista em *liberalidade*, não precisa ser necessariamente altruística, desde que tais intentos permaneçam, apenas, no campo extrajurídico dos motivos (cf. nota n. 12, *supra*).

Todavia, se há *encargo* (= prestação imposta ao donatário); e se tal encargo, ademais, constitui "motivo determinante *da liberalidade*"; então, claramente, ele *não pode ser previsto em benefício do próprio doador; nem em benefício de pessoa a quem o doador devia prestar*[29]. Do contrário, o "motivo determinante", aí, faria *oneroso* o contrato, porquanto apenas se deu para receber algo em troca.

---

29 Se o doador doa para que o donatário pague dívida pela qual ele, doador, pudesse ser *subsidiariamente* responsabilizado, pode perfeitamente tratar-se de liberalidade, desde que o doador não pretenda reaver, do donatário, a quantia que lhe transferiu (do contrário, tratar-se-ia de *mútuo*, ainda que desinteressado). Neste caso, por mais que o doador tenha evidente interesse *econômico* no pagamento da dívida (e interesse juridicamente relevante, porque elevado a encargo), tal interesse não se afigura incompatível com a doação com encargo e, pois, *não a desnatura*. Todavia, se doador e donatário são co-devedores solidários, e o primeiro transfere valores ao segundo para o pagamento da dívida *comum*, só se pode cogitar de doação (se o caso) relativamente à quantia que o doador pudesse reaver do donatário conforme as *relações internas* existentes, entre ambos, como devedores solidários. E somente se pôde cogitar de doação com encargo, no exemplo, por se tratar de bem *divisível*, o que permite cindir, em duas, a atribuição que se faz ao coobrigado. Na hipótese de bem indivisível, e destinado ao pagamento da dívida, haveria *negotium mixtum cum donatione*.

E, a nosso ver, ainda que previsto em benefício de terceiros, *interesses particulares do doador (ainda que não exclusivos deste) não podem ser o "motivo determinante" da atribuição patrimonial.*

Assim, p.ex., é possível que o encargo consista na destinação do bem doado a alguma finalidade de interesse público (educação, saúde, entre outras); é também possível, em certos limites, particularizar ainda mais tal destinação, p.ex., para o ensino fundamental, ou adulto; ou, de maneira ainda mais específica, para a Faculdade de Engenharia, ou a de Química; e exclusivamente para a aquisição de livros, ou a modernização de laboratórios.

E é também possível que tais encargos correspondam a finalidades institucionais *do próprio doador* (não apenas do donatário), com a fundamental ressalva de que a especificidade da atuação institucional do "doador" (ou de alguma de suas atuações institucionais), bem assim a do "encargo" imposto, podem *descaracterizar a liberalidade* e, pois, a doação.

Assim, *não haverá doação* se o pretenso "doador" é entidade que (por seus objetivos institucionais expressos, ou pela linha de atuação adotada) venha se dedicando a promover determinada prática ou método pedagógico, ou determinado conteúdo educacional, e a "doação" se faz com o "encargo" de adoção daquela prática, ou método (ou a divulgação ou reforço daquele conteúdo).

Ora, nestes exemplos, *a razão determinante do contrato não é a liberalidade*, mas sim, e claramente, a *promoção de certos interesses, ou conteúdos, especificamente adotados pela entidade "doadora"* (determinada prática, ou método, ou conteúdo - previstos no estatuto, ou simplesmente adotados em sua linha de ação - *sobre outros* que o donatário poderia adotar), com vistas a *interferir na*, e mesmo *direcionar a*, maneira pela qual o donatário desempenha tal ou qual atividade.

Note-se que, *para fins de qualificação do contrato*, é *irrelevante* a aceitação, mais difundida ou mais restrita, de tal prática, método, ou conteúdo. E é também *irrelevante* que o adquirente já a pudesse adotar, antes e independentemente de qualquer contrato (mesmo porque, do contrário, poderia tratar-se de contrato *ilícito*).

Em qualquer destas hipóteses, e para além dos contratos sinalagmáticos mais frequentes (em que predomina a função de *troca*), pode se configurar *convênio*, ou outro negócio que evidencie conjugação de esforços para a promoção de algum *interesse comum* (ou que se *tornou comum*) ao alienante, e ao adquirente.

Jamais, porém, doação com encargo, porque o motivo determinante da alienação (certos interesses, ou conteúdos, *especificamente adotados e promovidos* pela entidade "doadora"), *exclui* tratar-se de "liberalidade".

Outrossim (e reiterando a necessidade de interpretação sistemática do dispositivo), cabe acrescentar que o art. 137 necessita ser interpretado conjuntamente ao art. 140 CC. Ou seja, algo deve existir na declaração negocial (sempre analisada à luz das circunstâncias do caso), *ou dela decorrer*, que permita considerar-se o encargo "motivo determinante".

A Seção 3, *infra*, será dedicada ao exame específico da regra do art. 137, parte final do código Civil (e também, no que interessa às doações praticadas por entes da Administração Pública, do art. 17, *caput*, da Lei n. 8.666/1993; e, no mesmo sentido, do art. 76, *caput*, da Lei n. 14.133/2021). Antes, porém, é necessário concluir a análise do encargo em geral.

2.2. O encargo como um "sentido para a liberalidade". As doações realizadas por entes da Administração Pública

Os exemplos analisados na Subseção 2.1, *supra*, puseram em evidência alguns casos em que o encargo pode ser, *corretamente*, caracterizado como um "sentido para a liberalidade"[30], i.e., *sem que se descaracterize a liberalidade* (e, pois, o próprio encargo); e outros em que tal já não resulta possível.

Mais especificamente, foram analisados casos em que se impôs, ao bem alienado (para o que ora interessa, o bem *doado*, i.e., alienado *por liberalidade*), destinação a certa finalidade de interesse público (repita-se, sempre por liberalidade, ainda que modificada pelo encargo, que a *reduziu*).

Todavia (e embora estes sejam os casos de maior interesse para o presente trabalho), são muito mais amplas as hipóteses em que o encargo configura, verdadeiramente, um *sentido* para a liberalidade.

Assim, p.ex., se a destinação, em vez de interesse público, visa a determinado interesse *coletivo*, como na hipótese de doação de imóvel destinado a finalidades institucionais de determinada igreja, sindicato, ou associação - hipóteses de doação evidentemente *vedadas aos Entes* **Públicos**, mas que podem, em princípio, ser realizadas por particulares.

Ou, também, se o bem é destinado, no todo ou em parte, a alguma finalidade de interesse pessoal *do donatário* (que também interesse *ao doador* ver alcançada, porquanto o encargo há de refletir, *sempre*, interesse *do doador*, embora não necessariamente interesse egoístico deste), como para custear seus estudos, ou ajudá-lo a se estabelecer profissionalmente, ou a pagar dívidas.

30 Na feliz expressão de Luciano de CAMARGO PENTEADO, *Doação com encargo e causa contratual* [1. ed.], Campinas, Millenium, 2004, n. 110, p. 187.

Ou, ainda, se o objeto do encargo é alguma homenagem, seja à memória de alguém, pessoa ou grupo, seja ao próprio doador, a quem se dedica placa em agradecimento, da qual podem constar, inclusive, os nomes de outros doadores que concorreram ao atingimento de determinada finalidade[31].

Outrossim, (e com as ressalvas feitas na nota n. 29, *supra*), haverá verdadeira *doação com encargo* quando este reverter em proveito *do donatário* (inclusive, se em proveito de suas finalidades institucionais)[32], matéria de especial interesse para as doações realizadas por entes da Administração Pública, embora não só para estas.

Também aqui, o encargo continua a ser figura muito útil ao doador, p.ex, para que o bem seja utilizado, ou apenas utilizado, na execução de determinada ou determinadas finalidades, dentre aquelas a que se dedica o donatário.

Nestes casos, portanto, o que de ordinário ocorre é que o encargo impõe determinada *destinação* (e, portanto, determinada *finalidade*) relativamente ao bem, finalidade esta cuja execução pode até implicar no dispêndio de valor *muito superior* ao do bem doado (como, p.ex., nas hipóteses de terreno doado pelo Município, ao Estado, para a construção de estabelecimento estadual de ensino, ou de saúde).

Todavia, como tal finalidade se insere entre as finalidades institucionais *do próprio donatário* - finalidades, portanto, que ele, donatário, deve realizar com seus próprios recursos orçamentários[33] - é perfeitamente possível celebrar-se doação com encargo, sem que se possa cogitar do valor "do encargo" (i.e., do valor necessário à *execução* do encargo) relativamente ao valor do bem doado.

Houve aqui, em princípio, *liberalidade*, importando em diminuição do patrimônio municipal, e acréscimo ao patrimônio estadual, com consequente redução de custos ao Estado - que necessitaria encontrar um terreno adequado

---

31 Neste caso, todavia, há de se ter cautela com hipóteses em que, mais que simples placa comemorativa, busque-se *nomear* determinado bem (em especial se se trata de bem de maior vulto, ou relevância), no todo ou em parte, para que não se configure verdadeiro contrato, *oneroso*, de aquisição de *naming rights*, porquanto o encargo jamais pode se elevar a uma *causa*, autônoma, de atribuição patrimonial.

32 "Se o que se entende por *modus* é tão elevado, em valor, que o enriquecimento do donatário não ocorre, ou é ínfimo, a ponto de não haver interesse do outorgado acima do que tem de prestar, não há doação. Não se confunda com isso o caso da doação com fim, o *datum ob causam*, se o outorgado é fundação ou outra pessoa jurídica a cujo fim ou a um de cujos fins (legais ou estatutários) corresponde o da doação (*Zweckschenkung*). Mesmo aí, não se há de pensar em negócio jurídico oneroso" (F. C. PONTES DE MIRANDA, *Tratado de Direito Privado*, v. XLVI [5. ed.], São Paulo, RT, 2012, § 5.014, n. 1, p. 287).

33 Sem se excluir, como evidente, a hipótese de colaboração entre Entes Públicos, o que todavia já *desborda* da simples doação com encargo.

para aquele estabelecimento, seja adquirindo-o, seja dispondo de algum que já titulasse, e que ora pode ser destinado a outras finalidades.

E assim, por mais que seja evidente (e *determinante*, para a alienação do bem) o interesse daquele município em abrigar determinado estabelecimento estadual, tal interesse não descaracteriza a liberalidade, nem seu respectivo encargo.

Em casos que tais, como evidente, cabe ao donatário, antes de aceitar a doação, verificar a conveniência a oportunidade de desempenhar seus serviços na forma resultante do encargo[34].

Fixadas, assim, as diferenças essenciais entre a doação com encargo (de um lado), e os contratos sinalagmáticos (de outro), pode-se passar ao exame mais detalhado daquela figura no *plano da validade*, matéria objeto da Seção seguinte.

3. INVALIDADE DA DOAÇÃO PELA INVALIDADE DO ENCARGO. INVALIDADE E CAUSA

Sendo o encargo manifestação apenas *anexa* à doação, e *subordinado* à finalidade característica desta última (a liberalidade), eventual *vício* do primeiro, em princípio, não atinge a segunda. Simplesmente, considera-se "não escrito" (e, pois, *inexistente*) o encargo ilícito ou impossível, subsistindo *incólume* a doação; neste sentido, a regra do art. 137 CC, primeira parte.

Todavia, o Código Civil de 2002 *inovou* na matéria ao prever a *invalidade* da doação quando o encargo, "ilícito ou impossível [...] constituir o motivo determinante da liberalidade" (cf. art. 137, parte final)[35]. "Motivo determinante", note-se, para o doador, *não já para ambas as partes*, como se exige no art. 166, III, CC[36].

---

34 Ao ensejo, cabe um esclarecimento acerca do art. 19, IV, da C.E.S.P., que prevê a necessidade de a autorização legislativa para "o recebimento, pelo Estado, de doações com encargo, não se considerando como tal a simples destinação específica do bem". Evidentemente, a parte final do dispositivo não traz norma de Direito Civil, e nem o poderia, pela competência privativa da União. Toda e qualquer *destinação*, que se fixar a determinado bem doado, e no interesse do doador, é *encargo*.

Trata-se portanto, e *apenas*, de norma de Direito Público Estadual, que *exclui* a necessidade de autorização legislativa quando o *encargo* - no sentido técnico do termo - se limitar à "simples destinação específica do bem", sem incluir portanto outros elementos (como prazos, ou quantidades) hábeis a interferir *diretamente*, no planejamento orçamentário do Estado, matéria subordinada a reserva de lei.

35 A teor do art. 137, "Considera-se não escrito o encargo ilícito ou impossível, salvo se constituir o motivo determinante da liberalidade, caso em que se invalida o negócio jurídico".

36 A referência a "motivo determinante" impõe confrontar o art. 137 ao art. 166, III (ambos do CC), que faz nulo o negócio quando "o motivo determinante, comum a ambas as partes, for

Assim, relativamente às doações com encargo, o art. 137 CC, primeira parte, constitui a regra geral, enquanto a parte final do artigo constitui *norma especial*, a exigir, todavia, adequada construção dogmática.

Destarte, a primeira questão suscitada pelo dispositivo consiste em identificar as hipóteses em que o encargo, *juridicamente*, possa ser considerado "motivo determinante" da liberalidade, *sem desnaturar esta última* (cf. Seção 2.1, *supra*).

Verificou-se, ao ensejo, que o dispositivo necessita de adequada *interpretação sistemática*, hábil a respeitar a diferença entre a doação e os contratos sinalagmáticos. Destarte (e como visto), *sempre que constitua "motivo determinante" da liberalidade, o encargo não pode ser previsto em benefício do próprio doador, nem em benefício de pessoa a quem o doador devia prestar*. Em casos que tais, o "motivo determinante" faria sinalagmático o contrato, porquanto apenas se deu *para receber algo em troca*.

Observou-se também que, ainda quando o encargo reverta em proveito de terceiros, *interesses particulares do doador (ainda que não exclusivos deste) não podem ser o "motivo determinante" da atribuição patrimonial*.

Nestes casos, a *diferença essencial* entre doação (de um lado), e os contratos sinalagmáticos (de outro), *veda* que as partes procurem caracterizar, como *suposta* "doação com encargo", qualquer contrato com causa distinta da liberalidade, *mesmo que apenas parcialmente distinta*[37].

---

ilícito". A hipótese do art. 137 CC, parte final, é de *nulidade da doação*, em decorrência da *nulidade do encargo, por ilicitude*, tal como no art. 166, III (ou ainda por impossibilidade *originária*, tal como no art. 166, II), quando o encargo constituir o "motivo determinante da liberalidade". Necessário, pois, verificar se a exigência de ser o motivo determinante "comum a ambas as partes" (constante do art. 166, III) releva, *ou não*, para o art. 137, parte final, do Código Civil, que não a menciona. E a resposta é, claramente, *negativa*.

Por certo, todo encargo consiste em *acordo* entre doador e donatário (ainda que se trate de acordo *nulo*, como no caso), pelo que, em perspectiva estrutural, o "motivo" decerto se fez "comum a ambas as partes", embora *de modo algum* "determinante" para ambas.

Isto porque o encargo é feito, necessariamente, *no interesse do doador* (ainda que seja seu interesse destinar a prestação, objeto do encargo, a outra pessoa), e como redução à liberalidade. O dispositivo, aliás, bem evidencia o interesse *do doador* ao se referir ao encargo como o "motivo determinante *da liberalidade*". Para o donatário, o "motivo determinante" apenas pode ser o objeto da liberalidade, *não o encargo*, que consiste, justamente, numa *redução à liberalidade* proposta.

Observe-se que tal redução ocorre ainda quando o encargo seja fixado, *também*, no interesse do donatário (hipótese, de resto, meramente *eventual*). Portanto, seria *absurdo* exigir-se que o encargo fosse o motivo *determinante* "comum a ambas as partes".

37 Recorde-se, aqui, o *negotium mixtum cum donatione*, que não configura *doação*, nem mesmo com encargo, e apresenta estrutura e disciplina distintas desta.

Ou seja, apenas se pode cogitar de *encargo*, que constitua "motivo determinante" *da liberalidade*, quando tal "motivo determinante" ***não implique em desnaturar nem a liberalidade, nem (por conseguinte) seu respectivo encargo***.

Neste contexto, verifica-se que a regra do art. 137, parte final, CC, embora configure *lex specialis*, em verdade *pouco tem de assistemática*; o mesmo se aplica, em matéria de doação, ao art. 17, *caput*, da Lei n. 8.666/1993, e ao correspondente art. 76, *caput*, da Lei n. 14.133/2021[38].

Tais dispositivos exigem, para a alienação de bem imóvel, "interesse público devidamente justificado", resultando daí que, nas doações praticadas por Entes Públicos, o "motivo determinante" deve consistir, especificamente, em interesse público hábil a *justificar* (porque *suficientemente relevante*) a prática da liberalidade.

Daqui se evidencia, portanto, que a (possível) invalidade da doação, em decorrência da invalidade do encargo, *não surge* com o Código Civil de 2002, sendo a questão *menos recente* do que se poderia supor.

A bem se ver, a *especialidade* destas regras (do Código Civil, ou da Lei de Licitações) consiste em estabelecer uma forma de invalidade *distinta* daquelas objeto do art. 184 CC, em que: (a) ou se trata de *negócio único*, sendo de se verificar se a invalidade de determinada cláusula (p.ex.) torna inválido todo o negócio, ou se há, nele, alguma parte separável; ou (b) há *dois negócios jurídicos distintos*, caso em que a invalidade do negócio principal se *contagia* ao negócio acessório, invalidando-o[39].

E, pela definição mesma de *doação*, e de *encargo*, ainda quando este último constitua "motivo determinante" da primeira, ***jamais poderá ser considerado o "negócio principal"***. Principal é sempre, e somente, a *liberalidade*; o

---

38 A lei exige que a alienação de bens da Administração Pública seja "subordinada à existência de interesse público devidamente justificado" (art. 17, *caput*, da Lei n. 8.666/1993; e, no mesmo sentido, art. 76, *caput*, da Lei n. 14.133/2021).

39 É fundamental recordar, neste ponto, que a invalidade *nem sempre* decorre de um defeito existente no suporte fático *do próprio negócio jurídico invalidado*, como se poderia extrair do art. 184, *primeira parte*, do Código Civil, a teor do qual "Respeitada a intenção das partes, a invalidade parcial de um negócio jurídico não o prejudicará na parte válida, se esta for separável".
Note-se que o dispositivo se refere a "invalidade parcial" (e, portanto, a parte inválida), e a "parte válida", de "*um* negócio jurídico" - ou seja, de negócio jurídico único.
Para além desta hipótese, a invalidade também pode se propagar, como que por *contagiação* (é este, aliás o termo técnico), de um negócio jurídico a outro, como p.ex. *do negócio principal ao(s) negócio(s) acessório(s)*. É o quanto se extrai do art. 184, *parte final*, do Código Civil ("a invalidade da obrigação principal implica a das obrigações acessórias, mas a destas não induz a da obrigação principal"), à medida em que tais "obrigações acessórias" sejam objeto de negócio jurídico distinto (por hipótese, *negócio jurídico acessório*), passível de ser *contagiado* pela invalidade *do negócio principal*.

encargo apenas a *reduz* e, neste sentido, apenas pode ser negócio *acessório* e, como visto, *externo à doação*, estando apenas anexo a esta.

Daí a necessidade de regras especiais, que excepcionalmente tornam inválido *o negócio principal* (= a doação) pela *referência*, que neste se contém, *a outro negócio* (= o encargo), funcionalmente acessório, e (em princípio) apenas anexo à primeira.

Ressalta, aqui, a semelhança com a inserção da *causa* nos negócios jurídicos (cf. nota n. 06 *supra*), o que se explica porquanto, *embora o encargo* não constitua *uma causa autônoma de atribuição patrimonial, serve todavia a modificar a causa única* (= a liberalidade), necessariamente *reduzindo-a*.

Tal se aplica, como evidente, apenas nos *limites* em que é possível configurar-se verdadeira *doação com encargo*, e não algum negócio jurídico oneroso (limites analisados na Seção 2.1, *supra*, e também nesta Seção 3).

Atendidos tais limites, pode-se afirmar que o que se quer é *liberalidade reduzida*, e *apenas liberalidade reduzida* (em geral, reduzida por um *sentido*, uma específica *destinação* fixada, no todo ou em parte, ao bem doado), do que resulta a *invalidade da doação* se esta redução não é possível.

Note-se que, mesmo nestas hipóteses, *o encargo não se internaliza à doação*. Com isto, evita-se romper a *unidade estrutural* da figura, permanecendo a doação, integralmente, como um *acordo sobre a liberalidade*, e o encargo como um negócio *externo à doação*, ainda que ligado a esta.

A bem se ver, portanto, as regras especiais sobre validade, que ora se analisam, determinam *uma única mudança estrutural* à doação com encargo.

Isto porque, nestes casos, a *contagiação* que pode existir, *do encargo inválido à doação*, já impede considerar o primeiro como um negócio meramente *anexo* à doação, fazendo com que, em verdade, *a doação e seu respectivo encargo se tornem negócios coligados*.

Ainda aqui, todavia, os *limites* inerentes à doação (em sua diferença *essencial* relativamente aos contratos sinalagmáticos) impõem que tal encargo permaneça, *em tudo o mais*, como uma figura hábil, *apenas*, a modificar a liberalidade, *reduzindo-a*.

Destarte, *a dependência que se instaura, da doação para com seu respectivo encargo, limita-se apenas à gênese do negócio*[40].

---

40 Recorde-se que a invalidade decorre de um *défice* (i.e., um *vício*, ou uma *falta*) existente já *no suporte fático* do ato ou negócio - ainda que tal défice aí se insira por *referência a outro negócio*, inválido - caracterizando-se portanto já no momento de juridicização do negócio jurídico.
Nas hipóteses de invalidade, portanto, o suporte fático, embora *suficiente* à formação de determinado ato ou negócio (porque nele concorrem todos os *elementos de existência* de tal ato), apresenta um *défice* que o torna *inválido*.

Portanto (e para além das possíveis consequências, *desta invalidade*, no plano da eficácia[41]), tal dependência não implica, *nem poderia implicar*, em qualquer outra alteração, seja à *estrutura* da doação com encargo, seja à sua respectiva *disciplina*. Não altera, p.ex., *nem permite que se alterem*, a(s) conseqüência(s) legalmente prevista(s) para eventual descumprimento do encargo.

Em síntese, pois, os *limites* da doação com encargo *impedem*, mesmo na hipótese do art. 137 CC, parte final (e, *idem*, nos casos de doação realizada pela Administração Pública), que o "motivo determinante" se eleve à *causa*, ou mesmo a uma *concausa*, da figura (cf. nota n. 25, *supra*).

Resta agora verificar se *outras causas de invalidade do encargo* (distintas daquelas previstas no art. 137, parte final) *também se contagiam à doação sempre que o encargo configure "motivo determinante" daquela*. Inclusive, por hipótese, eventuais causas de *anulabilidade* do encargo[42].

Do ponto de vista da técnica jurídica, não há nenhum óbice a tal aplicação. Aqui, todavia, pode ser necessário maior labor interpretativo para se definir qual o verdadeiro alcance da regra do art. 137, parte final, do Código civil. A excepcionalidade estaria, apenas, na invalidade *da doação*, em decorrência da invalidade de seu respectivo encargo? Ou tal excepcionalidade abrange, *também*, as *causas de invalidade* ali referidas (ilicitude e impossibilidade), como únicas hipóteses nas quais o legislador permitiu o excepcional contágio da doação?

A nosso ver, ainda parece preferível a última interpretação, pelo que a regra do art. 137, parte final, apenas poderia ser aplicada, em *interpretação extensiva*, a outras hipóteses de *nulidade* do encargo; e, por conseguinte, da respectiva doação, *quando o encargo constitua "motivo determinante da liberalidade"*.

Pode-se, agora, passar à análise da doação com encargo no *plano da eficácia*, cabendo verificar quais são (ou podem ser), *neste plano*, as diferenças

41 Em princípio, como cediço, a nulidade (na hipótese do art. 137, parte final) privaria de toda a eficácia seja o encargo, seja a doação (então *excepcionalmente* contagiada), *ex vi* do art. 169 CC. Todavia, mesmo na esfera privada há hipóteses de negócios nulos e eficazes, ou passíveis de produzir efeito.
Recorde-se ainda, ao ensejo, o art. 1.245, § 2 º, CC, a teor do qual "Enquanto não se promover, por meio de ação própria, a decretação de invalidade do registro, e o respectivo cancelamento, o adquirente continua a ser havido como dono do imóvel". E, no mesmo sentido, o art. 252 LRP, a teor do qual "O registro, enquanto não cancelado, produz todos os efeitos legais ainda que, por outra maneira, se prove que o título está desfeito, anulado, extinto ou rescindido".
Outrossim, no Direito Administrativo, o ato ou negócio *inválido* é considerado via de regra *eficaz*, até que sobrevenha a respectiva desconstituição, a qual, ademais (e ao contrário da nulidade civil), está sujeita a prazo decadencial.

42 Quanto a tais causas, não seria necessário, p.ex., que o erro invalidante se verificasse "na doação". Bastaria que se verificasse *no encargo* (que configure "motivo determinante"), *contagiando assim a doação*, e sujeitando *ambos* à desconstituição por invalidade.

entre *encargo* (de um lado), e *contraprestação* (de outro). E a diferença mais significativa radica, exatamente, na(s) consequência(s) prevista(s) para o *descumprimento* do encargo.

4. CONSEQUÊNCIAS DO DESCUMPRIMENTO DO ENCARGO. REVOGAÇÃO X RESOLUÇÃO

Descumprido o encargo, *são aplicáveis as regras relativas à resolução por inadimplemento*? Formulada com tal generalidade, a questão se refere seja ao poder *legal* de resolução, que se exerce *pela via judicial* (assim, o art. 1.092, Par. ún., c./c. art. 119, Par. ún., ambos do CC1916; e o art. 474 CC2002); seja a algum poder de resolução *negocialmente* estabelecido; seja, ainda, à cláusula resolutiva expressa[43].

---

43 Para a diferença entre o poder *legal* e resolução; o poder *negocial* de resolução; e a cláusula resolutiva expressa, cf. F. C. PONTES DE MIRANDA, *Tratado de Direito Privado*, v. XXXVIII, [1. ed.], Rio de Janeiro, Borsoi, 1962, § 4.246, nn. 3 e 4, p. 332-334.
No Código Civil de 1916, o art. 1.092 se referia aos "contratos bilaterais", e o respectivo Parágrafo único dispunha que "A parte lesada pelo inadimplemento pode requerer a rescisão do contrato com perdas e danos".
Ressalta, aqui, a aplicabilidade da resolução aos *contratos sinalagmáticos*, em que a correspectividade de prestação e contraprestação ensejara a ideia de que o poder de resolução decorreria de uma cláusula "tacitamente" inserta no contrato.
Entre outros defeitos (como certo *artificialismo*), tal concepção se revela a um só tempo *obsoleta* (não se precisa recorrer a qualquer suposto consenso "tácito" para fundamentar uma previsão *legal*), e *insuficiente, porque a resolução por inadimplemento não se aplica, apenas, aos contratos bilaterais.*
Tanto assim que, na Parte Geral do Código Civil de 1916, ao se tratar da *condição resolutiva* (!), o art. 119, Parágrafo único, estabelecia que "A condição resolutiva da obrigação pode ser expressa, ou tácita; operando, no primeiro caso, de pleno direito, e por interpelação judicial, no segundo". Ora, a resolução "tácita" é *previsão legal*, o que já a distingue de qualquer condição, *no sentido técnico do termo*, que é sempre *cláusula* - portanto, disposição acordada pelas partes (cf. art. 114 CC1916; e, *idem*, art. 125 CC2002) - observando-se que, para além da *lex generalis* concernente a este poder *legal* de resolução, normas especiais podem alterar sua respectiva disciplina.
Outrossim, pode em princípio ser previsto *direito negocial de resolução*, para uma ou algumas obrigações, inclusive prevendo-se que a resolução se dará pela via *extrajudicial*, p. ex. pelo recebimento, pelo devedor, de comunicação do credor dando por resolvido o contrato, ou apenas após o decurso de certo prazo para eventual purgação da mora. Em tais hipóteses, eventual controvérsia quanto à ocorrência do inadimplemento, e/ou quanto à efetiva resolução do contrato, será decidida por ação de força *declarativa*, e não constitutivo-negativa (= desconstitutiva), como se exige nos casos de poder *legal* de resolução (ao menos pela regra geral do art. 474 CC).
Do direito *negocial* de resolução, distingue-se ainda outra possível cláusula contratual, a saber, a *cláusula resolutiva expressa*. Isto porque, desta, já não decorre qualquer *poder* ao credor, que dependesse de seu respectivo *exercício* para efetivamente se resolver o contrato. A resolução, aqui, é simples *efeito* de se haver configurado o inadimplemento, e eventual controvérsia a respeito será igualmente decidida por ação de força *declarativa*, e não constitutivo-negativa.

Quanto ao *direito legal de resolução*, em que se exige a interpelação *judicial* do devedor (art. 474, parte final, CC2002), *de modo algum se aplica apenas aos contratos sinalagmáticos*.

São frequentes, e bastante diversas, as hipóteses em que a resolução *legal* por inadimplemento se aplica seja aos negócios ditos *bilaterais imperfeitos* (em

---

O art. 474 CC ("A cláusula resolutiva expressa opera de pleno direito; a tácita depende de interpelação judicial") tem a vantagem de *não* se referir, expressamente, aos contratos bilaterais (ao contrário do que ocorria com o art. 1.092 CC1916).

Todavia, mantém ainda a referência a "cláusula tácita", concepção que se desenvolveu relativamente àqueles contratos, e *descabida* para se referir a um poder *legal* de resolução, como se prevê no art. 474, *parte final*, do Código.

Ademais (e tal como o art. 119, Parágrafo único, do CC1916), o art. 474 CC trata expressamente *apenas* do poder *legal* de resolução, e da *cláusula resolutiva expressa*. Quanto à última; é realmente importante que o faça, uma vez que (como se verá na Seção seguinte) *a cláusula resolutiva expressa se distingue da condição resolutiva*.

Contudo, ao tratar expressamente *apenas destas duas figuras*, deixou *implícito* significativo espaço de autonomia privada, entre uma e outra, para se configurar um poder *negocial* de resolução.

Um espaço que, não raras vezes, a prática quotidiana ignora, ou utiliza muito mal, embora a falha, aí, seja antes dos intérpretes e aplicadores do direito, que da lei.

Expressão máxima disto é a *excessiva* referência, nos contratos, à cláusula resolutiva expressa (não raro sem qualquer especificação das hipóteses de seu cabimento, ou descabimento), figura a bem se ver *extrema*, e *frequentemente afastada, na execução contratual, pela conduta das partes* - o que, por sua vez, pode suscitar diversas questões relativas seja à *qualificação jurídica* desta conduta (*idem*, quanto à conduta de *terceiros* agindo no interesse de um ou outro contraente), seja, mais amplamente, à *definição do regramento* aplicável àquele caso.

Assim, e apenas exemplificativamente: (a) trata-se de verdadeira cláusula resolutiva expressa?; ou (b) por defeito de técnica jurídica, denominou-se como tal o que, em verdade, é poder *negocial* de resolução, sem adequado regramento?; (c) se complexa a relação jurídica obrigacional, quais hipóteses de inadimplemento (ou de adimplemento ruim) são suficientemente graves a ponto de ensejar a resolução *pleno iure* do contrato?; (d) caso haja ocorrido a resolução *pleno iure*, como qualificar (e disciplinar) a conduta de quem tenha executado a prestação, e/ou a de quem a tenha recebido?

Recorde-se, entre outras questões de interesse, que tais condutas podem ser realizadas por pessoas *distintas do contratante* (ainda que a serviço deste), e sem qualquer poder de representação; similarmente, podem faltar, ao órgão da pessoa jurídica contratante, poderes de *presentação* bastantes para a prática deste ou daquele ato.

De onde se verifica a complexidade que pode surgir, nos diversos casos concretos, para a aplicação da regra do art. 113, § 1º, I, do Código Civil de 2002, a teor do qual "A interpretação do negócio jurídico deve lhe atribuir o sentido que [...] for confirmado pelo comportamento das partes posterior à celebração do negócio".

Não raro, a imputação destes atos (realizados por pessoa sem os bastantes poderes de representação, ou de presentação) a um ou outro dos contraentes, é apenas (e implicitamente) *pressuposta*, embora, nos diversos casos concretos, possa ser de interesse discutir os critérios e fundamentos de tal imputação.

que *não há* qualquer reciprocidade entre prestações; e, portanto, não há sinalagma)[44]; seja, ainda, a *contratos unilaterais*[45].

Neste contexto, em que o poder *legal* de resolução surge como figura de aplicação (possivelmente) *a mais ampla e geral possível*, necessário justificar porque se questiona sua aplicabilidade à doação com encargo.

Tal questão surge, *primeiro*, porque a lei previu remédio *específico* para o descumprimento do encargo, qual seja, a *revogação* da liberalidade (cf. arts. 555 e 562 CC); e *segundo* porque, no ordenamento brasileiro, a *suposta* aplicabilidade, da resolução por inadimplemento, à doação com encargo, parece decorrer de ideias *imprecisas*, e mesmo *equivocadas*.

Nada obsta a que, em determinado sistema jurídico, o legislador inclua o descumprimento do encargo entre as hipóteses sujeitas à resolução por inadimplemento, e não à revogação; a questão é de escolha legislativa[46].

Situação *distinta*, e de necessária análise, é a *suposta* existência, em determinado ordenamento jurídico, de verdadeiro concurso de normas, entre duas figuras (a resolução e a revogação), ambas *de efeitos extintivos*, para a mesma hipótese.

Dispunha o art. 1.181 CC1916 que "*Além dos casos comuns a todos os contratos*, a doação também se revoga por ingratidão do donatário", prevendo a revogação por inexecução do encargo no Parágrafo único ("A doação onerosa poder-se-á revogar por inexecução do encargo, desde que o donatário incorrer em mora").

---

44 P.ex., o mandato gratuito, em que surja dever de indenização, ao mandatário, pelas despesas em que este incorreu, dever cujo inadimplemento pode ensejar a resolução do mandato.

45 P.ex., mandato gratuito, em que o mandatário não cumpre o que fora pactuado, o que pode perfeitamente ensejar sua resolução pelo mandante. Ou, ainda, o *mútuo desinteressado* (=sem cobrança de juros), em que o inadimplemento de determinado número de parcelas provoque a resolução do contrato, com a consequente necessidade de se devolver todo o valor ainda não amortizado. Ou o *comodato*, em que o abuso do imóvel pelo comodatário (i.e., sua utilização em desconformidade aos termos do contrato, ou à natureza e finalidade do imóvel) pode ensejar a resolução do contrato pelo comodante.

46 "No direito comum, se o doador não cumpria o *modus*, qualquer que fôsse a causa do inadimplemento, havia a *condictio*, para que o donatário devolvesse o que foi doado; não no direito clássico [...] na L. 10. C., *de revocandis donationibus*, 8, 55, Justiniano criou a revogação por inadimplemento [do modo], na doação entre vivos, preferindo a técnica da subtração ao suporte fático, em vez da técnica da resolução, em que o ato se daria no mundo jurídico. A concepção do Código Civil, no art. 1.181, parágrafo único, é essa: 'A doação onerosa poder-se-á revogar por inexecução do encargo, desde que o donatário incorrer em mora'. Veio-nos das Ordenações Filipinas, Livro, IV, Título 63, § 5, que aliás subssumia a espécie na revogação por ingratidão: 'A quinta causa é, quando o donatário prometeu ao doador por lhe fazer a doação, dar-lhe, ou cumprir-lhe alguma coisa e não o fez, nem cumpriu como prometeu' (Ordenações Afonsinas, Livro IV, Título 70, § 5; Ordenações Manuelinas, Livro IV, Título 55, § 5)" (*Tratado de Direito Privado*, v. XLVI [5. ed.], São Paulo, RT, 2012, § 5.014, n. 1, p. 286).

Todavia, *não há* hipótese de "revogação" prevista para a generalidade dos contratos; e há elementos significativos a indicar que o dispositivo se refere, *também*, à *resolução por inadimplemento*[47].

Nessa matéria, a nosso ver, a única solução adequada (por conciliar o campo se aplicação, bastante amplo, da resolução por inadimplemento, às *especificidades* da doação com encargo) impunha *limitar a aplicabilidade da resolução, apenas, ao inadimplemento de obrigações distintas do encargo* (ou da obrigação principal fixada como encargo), e dos deveres violados nas hipóteses de ingratidão[48].

Note-se que *tal solução se aplica, também, ao Código Civil de 2002*, cujo art. 555 já não repete a redação do art. 1.181, *caput*, primeira parte, do CC1916, limitando-se a estabelecer que "A doação pode ser revogada por ingratidão do donatário, ou por inexecução do encargo". Não a repete, e não seria bom que o fizesse, porque redação ampla daquele dispositivo deu lugar a graves confusões.

Quanto à resolução por inadimplemento, *se e quando aplicável*, decorre dos arts. 474 e 475 CC (e, idem, dos arts. 1.092, Par. ún., e 119, Par. ún., CC1916), *não do art. 1.181 CC1916*, cuja redação era meramente expletiva, salvo no que se referia às hipóteses de revogação. Aí, como evidente, *tratava-se de "lex specialis", a afastar a incidência da norma geral, relativa* à resolução por inadimplemento.

---

47 Segundo F. C. PONTES DE MIRANDA, "O art. 1.181 do Código Civil tem de ser lido como se lá estivesse escrito: '*Além dos casos de desconstituição, comuns a todos os contratos*, a doação também se revoga por ingratidão do donatário'" (*Tratado de Direito Privado*, v. XLVI [5. ed.], São Paulo, RT, 2012, § 5.024, n. 1, p. 350; *itálico nosso*).

Restaria, contudo, precisar a quais "casos de desconstituição" se refere o autor, tanto mais que a "desconstituição" pode ocorrer seja no *plano da eficácia* (como nas diversas hipóteses de *resolução*), seja no *plano da existência*, como se dá com as ações de nulidade ou de anulação de atos jurídicos; a *revogação*, como se verá, vai ainda mais fundo, aniquilando o próprio *suporte fático* do negócio jurídico.

Em verdade, o preceito se refere a *todos estes casos* (*inclusive, portanto, à resolução por inadimplemento*) porque, como se verá, trata-se de norma com função meramente expletiva, i.e., destinada, apenas, a explicitar a incidência de certas normas gerais, respeitando-se, evidentemente, o que, na doação, constitua *lex specialis*.

48 É possível que uma obrigação acessória (p.ex., ir buscar o carro doado) não chegue a configurar encargo; doar o carro não implica em providenciar também, e gratuitamente, o quanto necessário à sua entrega. Trata-se de *dois bens distintos* (o carro, e seu transporte), e frequentemente separados na vida quotidiana, sendo que a liberalidade tem por objeto *apenas um*.

Em princípio, neste exemplo, a diversidade dos bens *exclui* que se possa cogitar de "redução da liberalidade" (e portanto de encargo). Todavia, *se as circunstâncias do caso revelarem algum interesse específico do credor no cumprimento desta obrigação* (*inclusive, pela transferência de custos relativos ao bem doado*), *é de encargo que se trata*. E, eventualmente, de *negócio jurídico oneroso* (ainda que parcialmente, como o *negotium mixtum cum dontione*), caso tenha sido esta a razão determinante da avança (cf. Seção n. 2.1, *supra*).

Qualquer outra solução - para além de desconsiderar a regra básica de que *lex specialis derogat generali* - levaria a contradições evidentes, ou quando menos a redundâncias injustificáveis.

Se a resolução por inadimplemento fosse aplicável, *também*, às hipóteses de revogação, seria *desnecessário* prever esta última figura. As mesmas hipóteses dariam ensejo tanto ao poder de *revogação*, quanto a um poder de *resolução*, ambos de *origem legal*, tendentes a *finalidades semelhantes*, e exercíveis, apenas, pela *via judicial*[49]. Resultaria, pois, *inexplicável* haver o Código dedicado tantos dispositivos à revogação, quando - supostamente - haveria outra solução *legal* aplicável.

Tal redundância, já de si incompreensível, desaguaria ainda em *contradição manifesta*, porquanto a revogação é um poder *legal*, e exercível *apenas em juízo*; todavia (e para além de um poder *legal* de resolução, também exercível *apenas em juízo*), doador e donatário poderiam supostamente prever, *para as mesmas hipóteses* (!), seja um direito *negocial* de resolução, exercível por via *extrajudicial*; seja, ainda, a *cláusula resolutiva expressa*, cuja eficácia é *de pleno direito* e, portanto, sequer permite cogitar de "exercício". *Pobre revogação*[50]!

Pelo quanto exposto, *as normas concernentes* à revogação da doação não constituem "*direito dispositivo*". Nem há qualquer concurso de normas,

---

49 O art. 1.184 CC1916 referia-se a *pleitear* a revogação; e *não* se refere, apenas, às hipóteses de ingratidão do donatário, objeto do artigo imediatamente anterior. Na doação, *todas* as hipóteses de revogação se exercem pela via judicial.

Tanto assim que o art. 178, § 6°, inciso I, do mesmo Código, estabelecia prescrever em um ano "A ação do doador para revogar a doação; contado o prazo do dia em que souber do fato, que o autoriza a revogá-la". E este artigo (cuja redação, aliás, é essencialmente semelhante à do art. 1.184) terminava com referência expressa aos "arts. 1.181 a 1.187", *a compreender, portanto, também a revogação pelo inadimplemento do encargo*, objeto do art. 1.181, Parágrafo único, do CC1916.

50 E, para além da *lex specialis* aplicável ao descumprimento do encargo, a nosso ver, também por outro fundamento, *resulta impossível cogitar-se de "doação com encargo" cujo descumprimento estivesse sujeito a cláusula resolutiva expressa.*

Isto porque, se o "encargo" subordina, *e de pleno direito*, a própria subsistência da atribuição patrimonial realizada pelo "doador", *claramente já não se trata, aí, de simples "redução da liberalidade"*. Nem mesmo de "motivo determinante da liberalidade", que pode viciar a formação do contrato (implicando em sua nulidade), mas que *não determina qualquer outra consequência, no plano da eficácia, senão aquelas decorrentes da própria invalidade.*

Em verdade, *a cláusula resolutiva expressa termina por elevar o "encargo" a verdadeira causa da atribuição patrimonial* realizada pelo "doador" (e, assim, a *verdadeira contraprestação*), com o que já se descaracteriza *qualquer doação.*

E isto, *qualquer que seja o objeto do encargo*, e *quem quer que seja seu beneficiário*, porquanto, no caso, a atribuição patrimonial é querida, mas apenas *em troca* do cumprimento de determinada (contra)prestação. O que há, aí, é negócio jurídico *sinalagmático* (caracterizado, pois, pela *reciprocidade de prestações*), ainda que apenas parcialmente, se se trata de *negotium mixtum cum donatione.*

entre revogação e resolução, na hipótese de descumprimento do encargo. *A resolução por inadimplemento, em qualquer das suas espécies (resolução legal; resolução negocial; e cláusula resolutiva expressa), é inaplicável ao descumprimento do encargo*[51].

Portanto, descumprido o encargo, cabe ao doador, apenas, *demandar para revogar a doação, ou para obter a execução do encargo*[52].

---

51 Nesta matéria, após tão bem distinguir a doação dos contratos bilaterais (cf. Seção 2, *supra*, especialmente notas n. 20; nn. 23 e 24; e nn. 26 a 28), chega a *espantar* que F. C. PONTES DE MIRANDA, em item dedicado à resolução (!) da doação com encargo, afirme que "No que se refere ao *modus*, os princípios dos contratos bilaterais são invocáveis. Por isso, não adimplido o *modus*, pode o doador exigir a resolução do contrato, com a conseqüente restituição do bem doado. O *modus* apenas resulta de fim anexo ao contrato de doação, mas a infração repercute no contrato unilateral" (*Tratado de Direito Privado*, [5. ed.], São Paulo, RT, 2012, § 5.014, n. 7, p. 291).
Ora, como visto, *nenhuma das formas de resolução por inadimplemento se aplica à doação com encargo*, porquanto *há norma, especial e cogente, a prever a revogação.* E já não há, no CC2002, qualquer norma com a redação pouco clara do art. 1.181 CC1916 (que, mesmo assim, era suscetível de adequada interpretação sistemática).
E, *ad argumentandum tantum*, caso a resolução fosse aplicável ao descumprimento do encargo (e já vimos que *não o é*), então, *seria desnecessário invocar-se "os princípios dos contratos bilaterais" para justifica-lo*, e por duas razões.
Primeiro, porque *a resolução incidiria, no caso (e sempre ad argumentandum tantum), em decorrência de lei.* Mais especificamente, *ex vi* do art. 119, Par. ún., do Código Civil de 1916 (que não se refere, apenas, aos contratos bilaterais), e também do art. 1.181, *caput*, do mesmo Código (recordando-se todavia que, em verdade, e como demonstrado, o *inadimplemento do encargo enseja apenas a revogação da doação, não também sua resolução*)
E, segundo, porque *a resolução se aplica, também, a outros contratos.* Aliás, associar a resolução por inadimplemento apenas (ou precipuamente) aos contratos bilaterais, é *mero resquício da evolução histórico-doutrinária da figura*, de pouco ou nenhum valor dogmático.
Ademais, para além de *desnecessário*, seria também *manifestamente incorreto, porquanto o encargo não bilateraliza a doação; apenas, reduz a liberalidade.* O que se aplica à doação com encargo, respeitada sempre a disciplina específica da figura, são as regras aplicáveis aos *negócios jurídicos em geral*, aos *contratos em geral*, e às *obrigações em geral.* Princípios ou regras próprios dos negócios jurídicos bilaterais, em princípio, seriam aplicáveis apenas mediante *cuidadosa interpretação analógica.*

52 "Se a doação modal é doação com encargo a favor do doador, indiscutivelmente cabe ao doador a ação para exigir o adimplemento do *modus*. Idem, se a favor de terceiro, caso em que se pode atribuir ao terceiro a ação, nos termos dos arts. 1.098-1.100 do Código Civil [correspondentes aos arts. 436-438 CC2002]. Não se pode excluir tal ação do doador se o donatário é o favorecido, como se A doou o dinheiro a B para terminar a construção da casa que B iniciara. O doador tem a ação para exigir a restituição, algo como a *condictio ob causam datorum*" (F. C. PONTES DE MIRANDA, *Tratado de Direito Privado*, v. XLVI [5. ed.], São Paulo, RT, 2012, § 5.023, n. 5, p. 347).
Tais regras, constantes do art. 1.180 CC1916, foram integralmente reproduzidas no art. 553 CC2002, a teor do qual "O donatário é obrigado a cumprir os encargos da doação, caso forem a benefício do doador, de terceiro, ou do interesse geral". E, quando se tratar deste último, "o Ministério Público poderá exigir sua execução, depois da morte do doador, se este não [o] tiver feito", cf. art. 553, Par. ún.

Quanto a este último ponto, embora nem sempre seja possível demandar por sua execução *específica* (assim, p.ex., se o donatário é pessoa jurídica de direito público), é possível demandar por eventuais danos decorrentes da mora (art. 395 CC), ou do inadimplemento (art. 389 CC), *caso existam*, e decorram daquela, ou deste, "por efeito [...] *direto e imediato*" (cf. art. 403 CC).

Isto porque o encargo, embora possa apenas modificar a causa da doação (= a liberalidade), reduzindo-a, consiste em um *dever estipulado no interesse do doador* (ainda que, muitas vezes, não em seu interesse exclusivo).

No que diz respeito ao enriquecimento sem causa, uma vez que o encargo não é, *nem pode ser*, "a" causa da atribuição patrimonial (ele apenas *modifica* a causa do negócio, que é a *liberalidade, reduzindo-a*), pode-se concluir, com Luciano de CAMARGO PENTEADO, que *seu eventual inadimplemento é matéria estranha à disciplina do enriquecimento sem causa*[53].

Este é um ponto da maior importância. O encargo consiste em *dever jurídico, não em simples ônus*, como já o evidencia, *quantum satis*, o art. 553 CC. E, como bem *explicita* o mesmo artigo, não se há de pensar que, a tal dever, corresponda direito *mutilado* (i.e., direito inacionável, ou inexigível e inacionável); ou que enseje, *apenas*, a revogação por inadimplemento do encargo. Aliás, o próprio art. 553 já *exclui* pensar-se que, ao inadimplemento do encargo, corresponda apenas a revogação, que é objeto de artigos distintos (art. 555 e art. 562, CC).
Todavia, são ainda necessárias duas observações relativas ao art. 553. Uma, é a de que se trata de norma com função *expletiva*. Não existisse o dispositivo, o direito do doador (contraposto ao encargo do devedor) continuaria sendo *exigível*, e *acionável*, como o é a generalidade dos direitos, e acionável também para a execução do encargo, não apenas para a revogação da doação. Seria preciso, pois, que alguma norma especial, *inexistente em nosso direito*, limitasse a acionabilidade, apenas, à revogação por inadimplemento do encargo.
Outrossim, deve-se ter cuidado com a interpretação do art. 553 (tal como, antes, do art. 1.180 CC1916), para se evitar apressadas interpretações *a contrario sensu*. Assim, o fato de o dispositivo não referir eventual encargo feito em benefício *do próprio donatário* não exclui sua fixação. Pode perfeitamente corresponder ao interesse *do doador* que o bem doado seja utilizado para tal ou qual finalidade, que ele estima relevante para o donatário, e que pretende ver realizada. Já aqui (pela referência ao *interesse do doador*, embora não egoístico deste), se evidencia a possibilidade de fixação de *verdadeiro encargo* (= dever jurídico, e dever exigível e acionável) em proveito do donatário, não de simples conselho, recomendação, ou exortação.

53 "Se o encargo fosse causa do contrato de doação, sua não realização implicaria a prestação de dar ficar sem o correspectivo devido e prometido. Logo, haveria um deslocamento patrimonial sem contraprestação, o que repugna ao princípio do justo comutativo contratual, que exige um *quid pro quo*. A não realização do encargo, no entanto, não consubstancia hipótese típica de enriquecimento sem causa, mas guarda certa semelhança com ela. Daí porque Pontes de Miranda defende a tese de que a ação de revogação da doação modal corresponde a uma *condictio ob causam datorum* do direito romano" (*Doação com encargo e causa contratual* [1. ed.], Campinas, Millenium, 2004, n. 110, p. 187).
Esclareça-se que a *condictio ob causam datorum*, também chamada *condictio causa data causa non secuta*, é a que se vê no art. 885 CC, parte final, a teor do qual "A restituição é devida, não só quando não tenha havido causa que justifique o enriquecimento, *mas também se esta deixou de existir*".

Todavia, e contrariamente à opinião deste autor, não consideramos possível o recurso à *condictio ob causam datorum*, porquanto as ações por enriquecimento sem causa (e similarmente, a nosso ver, também as ações por *enriquecimento injustificado*, "categoria mais ampla que a do enriquecimento sem causa") têm *natureza subsidiária*, nos termos do art. 886 CC[54].

Note-se que tal dispositivo é amplo o suficiente para se aplicar tanto ao enriquecimento sem causa, quanto ao enriquecimento injustificado; e não vislumbramos qualquer razão para se tratar, diferentemente, uma e outra espécie de enriquecimento.

Assim, *caso não se deseje demandar pela execução do encargo (seja execução específica, seja pelo equivalente)*, o *remédio para seu descumprimento será sempre, e apenas, a revogação da doação* (isto é, a retirada da "*vox*", da manifestação de vontade que é o suporte fático da doação).

Jamais, porém, a resolução por inadimplemento, em qualquer de suas formas (poder legal; ou poder negocial; ou, ainda, a cláusula resolutiva expressa); *nem a ação por enriquecimento sem causa* (o *modus* não é causa); *nem, ainda, eventual ação por enriquecimento injustificado* (*ex vi* do art. 886 CC).

Neste sentido, Luciano de CAMARGO PENTEADO observa que "A melhor solução, no entanto, é vê-la [i.e., ver a consequência do inadimplemento do encargo] como uma *retirada da declaração negocial* por descumprimento do fim do contrato (frustration)"[55]. A nosso ver, não só "a melhor", como também *a única*, no que se refere à terminação do contrato, e da respectiva relação jurídica.

E esta é, precisamente, a *revogação*. Como observa PONTES DE MIRANDA, "O efeito específico [da revogação] é a retirada da *vox*. Com a revogação da doação nasce a pretensão à restituição do bem que fora doado"[56]. Por "*vox*", entenda-se *a própria manifestação de vontade*, que constitui o *suporte fático* da doação.

Esta, a diferença essencial entre a *revogação*, de um lado, e *resolução*, de outro (cf. nota n. 46, *supra*). A primeira, consistindo na retirada da *vox* (= voz),

---

E ainda: "Bem vistas as coisas, especialmente tendo em conta que o modo não é uma contraprestação (causa do contrato), não há enriquecimento sem causa em sentido estrito. O doador não poderá ser valer, então, alternativamente, da ação visando a revogação da doação e a de enriquecimento sem causa. O doador, além da ação de revogação, poderá valer-se da pretensão à restituição do bem, algo como a *condictio ob causam datorum*, uma das ações que tutelam o enriquecimento injustificado, categoria mais ampla que a do enriquecimento sem causa" (*Doação com encargo e causa contratual* [1. ed.], Campinas, Millenium, 2004, Parte, II, n. 32, p. 235. Cf. ainda, n. 31, fls. 241-242).

54 Art. 886. Não caberá a restituição por enriquecimento, se a lei conferir ao lesado outros meios para se ressarcir do prejuízo sofrido.

55 *Doação com encargo e causa contratual* [1. ed.], Campinas, Millenium, 2004, n. 110, p. 187; itálico nosso.

56 *Tratado de Direito Privado*, v. XLVI, 3. ed., Rio de Janeiro, Borsoi, 1972, § 5.025, n. 6, p. 281.

em verdade atua *desde o mundo extrajurídico*, tratando-se assim de um *poder fático*, do qual o ordenamento, *excepcionalmente*, reconhece o efeito (fático) do respectivo exercício. Há, todavia, outras e importantes diferenças entre revogação e resolução.

Assim, tanto no CC1916 (art. 1.184), quanto no CC2002 (art. 559) a revogação exige, sempre, exercício *judicial*, prevendo-se que a revogação "deverá ser *pleiteada*"[57]. Neste caso, contudo (e tendo em vista a natureza desta figura), "A ação não desconstitui o negócio jurídico da doação; a ação integra a declaração de vontade negativa da *vox*: nega-se a continuidade do suporte fático; não, o negócio jurídico"[58].

Destarte, a revogação jamais pode ter eficácia *pleno iure*, uma vez que requer exercício, e *exercício judicial*, para que se efetive.

Outrossim, uma vez que se exige o exercício judicial da revogação, tem-se que suposta "revogação" extrajudicial *não é revogação*; ou, para dizer-se o menos, *não tem qualquer eficácia extintiva da doação*. Destarte, *não há possibilidade de se extinguir a doação por ato unilateral, e extrajudicial, do doador.*

Similarmente, o ato unilateral do donatário (p.ex., eventual "reconhecimento" ou "confissão" deste, relativo ao descumprimento do encargo) também *não é eficaz* para extinguir a doação[59].

Assim, ocorrido o descumprimento do encargo, ou bem o doador manifesta *judicialmente* a vontade de revogar a doação (cf. arts. 555 e 562, CC), ou as partes celebram negócio jurídico geneticamente bilateral, como o *distrato*[60].

4.1. Constituição do donatário em mora

Como observa PONTES DE MIRANDA, "A eficácia do *modus* começa com a prestação do doador. O direito a adimplemento nasce nesse momento; a

57 "No direito brasileiro, o *ius poenitendi* é exercido pela *ação de revogação*. O art. 1.184 do Código Civil [de 1916] fala de 'pleitear-se'. Não basta o exercício extrajudicial [...] Trata-se portanto de revogação por *ação constitutiva negativa*" (F. C. PONTES DE MIRANDA, *Tratado de Direito Privado*, v. XLVI, 3. ed., Rio de Janeiro, Borsoi, 1972, § 5.024, n. 9, p. 276; itálico nosso).

58 F. C. PONTES DE MIRANDA, *Tratado de Direito Privado*, 3. ed, Rio de Janeiro, Borsoi, 1970, v. V, § 584, n. 1, p. 312; destaques nossos.

59 Cabe recordar que até mesmo a confissão, como simples *declaração de fato* (embora, de ordinário, de fato juridicamente relevante), necessita ser feita por quem tenha *poder de disposição* sobre o "direito a que se referem os fatos confessados" (cf. art. 213 CC), sem o que não será *vinculante* para o titular daquele direito.

60 Caso em que, relativamente às doações de bens imóveis, as pessoas jurídicas de direito público, via de regra, deverão contar com a necessária *autorização legislativa* (cf. art. 17, I, da Lei n. 8.666/1993; art. 76, I, da Lei n. 14.133/2021; e o art. 19, IV, da Constituição Paulista), uma vez que o respectivo *distrato* consiste, também, em ato de disposição de patrimônio imobiliário.

pretensão, no momento em que tenha de ser adimplido o dever oriundo do *modus*. Os direitos, pretensões e ações do doador passam aos seus sucessores. No caso de *modus* a favor de terceiro, regem os arts. 1.098-1.100 do Código Civil [= arts. 436 a 438 CC2002]"[61].

Se não há prazo certo para cumprimento do encargo, necessária a constituição em mora do donatário, que a *lex specialis* do art. 562 CC exige seja feita por *notificação judicial*, regra fixada em evidente paralelismo com o exercício, *também judicial*, da revogação, embora alguns precedentes já admitam a notificação extrajudicial[62].

Todavia, mesmo nas obrigações sem prazo certo, a mora pode se constituir *ex re*, nos termos do art. 398 CC ("Nas obrigações provenientes de ato ilícito, considera-se o devedor em mora, desde que o praticou"), dispositivo que se aplica tanto a ilícitos contratuais quanto a ilícitos extracontratuais.

Assim, p.ex., comete ato ilícito, e incorre em mora, o donatário que recebeu o imóvel com o encargo de destiná-lo à finalidade "A", e o destina a fim diverso; ou o aliena[63]; ou descuida do imóvel, que sofre esbulho - tanto mais se

---

61 *Tratado de Direito Privado*, v. XLVI [5. ed.], São Paulo, RT, 2012, § 5.014, n. 3, p. 289.

62 P.ex., REsp. n. 1.622.377/MG, Terceira Turma, Rel. Min. Paulo de Tarso Sanseverino, j. 11/12/2018, DJE de 13/12/2018.

63 Embora, no caso de alienação, seja em princípio possível cogitar-se de seu cumprimento pelo terceiro adquirente, salvo se personalíssima a obrigação. E, neste ponto, no que se refere à doação de bens imóveis, deve-se destacar a *importância de que o encargo conste na matrícula do bem*. E isto, já no próprio *registro* do título de aquisição (que deve ser corretamente qualificado como "doação com encargo"), eventualmente *retificado* para que dele constem a referência ao encargo e seu conteúdo, como nos parece mais correto. Ou - se assim se entender - como *averbação*, o que é também possível *ex vi* do art. 172, e do art. 246, *caput*, ambos da Lei de Registros Públicos. A teor deste último dispositivo "Além dos casos expressamente indicados no inciso II do *caput* do art. 167 desta Lei, serão averbadas na matrícula as sub-rogações e outras *ocorrências que, por qualquer modo*, alterem o registro ou *repercutam nos direitos relativos ao imóvel*".
Já aqui se verifica como é *incorreto* negar assento ao encargo, no registro imobiliário, sob o fundamento de que este não constitui uma limitação ao próprio direito real, como o seria, p.ex., a condição resolutiva, na hipótese de propriedade, ou de outro direito real resolúvel. Argumentar assim significa desconsiderar que a transmissão real imobiliária, no Brasil, é *causal*, e regida pelo *princípio da continuidade*, pelo que interessa, aos adquirentes sucessivos, conhecer o quanto possa implicar na desconstituição de título precedente (ou de sua eficácia, o que tem efeitos práticos semelhantes) - como a existência de *encargo*, cujo descumprimento possa acarretar na *revogação* da liberalidade.
Tanto é assim que, para que os direitos de terceiros adquirentes fossem preservados, seria necessária *norma especial* que expressamente os ressalvasse, como se verifica, no art. 563 CC, relativamente às hipóteses de revogação *por ingratidão do donatário* ("A revogação por ingratidão não prejudica os direitos adquiridos por terceiros [...]"). *Não assim, todavia, para a revogação por descumprimento do encargo, o que mais ressalta a necessidade de que o encargo conste da matrícula.*
Nem cabe, aqui, argumentar com o art. 1.360 CC ("Se a propriedade se resolver por outra causa superveniente, o possuidor, que a tiver adquirido por título anterior à sua resolução, será

duradouro, e/ou de vulto - e o donatário não toma as medidas para a necessária reintegração.

Nestes casos, rigorosamente, *não se deve exigir qualquer notificação ao donatário, pois que ele já está em mora*, embora nem sempre a jurisprudência atente a que o art. 398 CC, quando incide, *afasta* a exigência de interpelação

---

considerado proprietário perfeito, restando à pessoa, em cujo benefício houve a resolução, ação contra aquele cuja propriedade se resolveu para haver a própria coisa ou o seu valor"), idêntico ao art. 648 CC1916.

Em sua literalidade, tais dispositivos aparentemente excepcionariam, apenas, o implemento de *condição resolutiva*, ou o advento de *termo resolutivo*. Todavia, necessitam ser lidos no contexto do sistema do Código Civil, em que a *resolução por inadimplemento*, como regra, produz também eficácia *ex tunc* - apagando pois, *desde o passado*, toda a eficácia do negócio - exceção feita a negócios com prestações continuadas ou periódicas, à semelhança, aliás, do que se verifica com a condição resolutiva (cf. art. 128 CC, e nota n. 71, *infra*). *Idem*, quanto à revogação da doação por *descumprimento do encargo*, que não está sujeita à regra especial do art. 563 CC (cabendo ressaltar que os arts. 1.359 e 1.360 *nem mesmo se referem às hipóteses de revogação, apenas às de resolução*).

Daí que a forma correta de se ler o artigo é aquela indicada pelo Enunciado n. 509, da V Jornada de Direito Civil do Conselho da Justiça Federal, a teor do qual "A resolução da propriedade, quando *determinada por causa originária, prevista no título*, opera *ex tunc* e *erga omnes*; se decorrente de causa superveniente, atua *ex nunc* e *inter partes*".

Destarte, se a propriedade já se transmitiu, mas o negócio previa *pagamento em prestações*, e ainda não houve a respectiva quitação (total, ou *substancial*, de modo que se possa invocar a *substantial performance*); ou se a hipótese é de doação com encargo, e ainda não houve, ou *não se ultimou*, o respectivo cumprimento, trata-se, evidentemente, de resolução (no primeiro caso), ou de revogação (no segundo), determinada "*por causa originária, prevista no título*". Basta que dele constem a referência às prestações, ou *ao encargo*, não sendo sequer necessário que o título faça referência à resolução, ou à revogação, que, num caso e noutro, *decorrem de lei*.

Ademais, cabe recordar o *princípio da concentração dos atos na matrícula do imóvel*, sendo de especial interesse, para o caso, o art. 54, III, da Lei n. 13.097/2015, a teor do qual "Os negócios jurídicos que tenham por fim constituir, transferir ou modificar direitos reais sobre imóveis são eficazes em relação a atos jurídicos precedentes, nas hipóteses em que não tenham sido registradas ou averbadas na matrícula do imóvel as seguintes informações [...] averbação de restrição administrativa ou convencional ao gozo de direitos registrados, de indisponibilidade *ou de outros ônus quando previstos em lei*".

Conquanto o encargo não constitua "ônus" (e sim *dever*), *a expressão, aqui, não pode ser tomada em seu sentido estrito e técnico*, como nos dá suficientes mostras o próprio Código Civil. Basta recordar o art. 562, que chama "doação onerosa" à doação com encargo; e o art. 564, II, que se refere a doações "oneradas com encargo".

Outrossim, a referência a ônus "*previstos em lei*" não restringe a incidência do dispositivo, apenas, aos "ônus" *de incidência legal*. Basta, como se extrai do próprio artigo, que esteja *abstratamente* previsto em lei (isto é, que não decorra de pura criação da autonomia privada), ainda que sua aplicação, a determinado caso concreto, dependa de *acordo das partes*.

Por fim, tendo em vista que a transmissão real imobiliária é *causal*, e regida pelo *princípio da continuidade, a expressão "ônus", no referido art. 54, III, não se refere, apenas, aos ônus reais*. O dispositivo deve, necessariamente, ser interpretado em consonância aos sistema brasileiro de transmissão real imobiliária; de toda forma, a registrabilidade do encargo decorre *do direito material*.

ou notificação para a constituição do devedor em mora (e isto, quer se trate da regra geral do art. 397, Par. ún., quer se trate da *lex specialis* do art. 562 CC).

Em tais casos, todavia (e *ex vi* do art. 373, I, CPC), compete ao autor provar a constituição do donatário em mora, e *desde quando* esta se caracterizou, mesmo porque o autor terá, também, o ônus de provar o decurso de "prazo razoável para que cumpra a obrigação assumida" *desde que configurada a mora*, em atenção à regra do art. 562 CC.

Outrossim (e para prosseguir no exemplo), ainda que se trate de obrigação sem prazo certo, a falta de cumprimento do encargo por tempo *injustificadamente longo* também implica na constituição do donatário em mora *ex re*; e, também, eventualmente, no decurso de qualquer prazo razoável para que este cumpra (ou cumprisse) o encargo, uma vez configurada sua mora.

Com efeito, permitir que o doador pudesse notificar o donatário para - supostamente - "constituí-lo em mora" muitos anos (ou mesmo décadas) depois de doado o imóvel implicaria compactuar com *exercício abusivo de posição jurídica* ("abuso de direito"), em violação ao art. 187 CC.

Ademais, como bem observa F. C. PONTES DE MIRANDA, "Se o titular da pretensão tem de reclamar [exigir], mas poderia reclamar antes, prova isso que a pretensão *já existia*"[64]; e, se existia, por óbvio, podia *prescrever*[65].

4.2. *Prescrição* da ação de revogação por descumprimento do encargo

Neste ponto, são oportunas algumas observações, porquanto há lição corrente no sentido de que as *ações constitutivas* (positivas e negativas, i.e., *desconstitutivas*) subordinam-se apenas à decadência, não à prescrição. E, em termos tão gerais, tal afirmação se revela *insustentável*.

Isto porque há *ações desconstitutivas* que se originam da violação de um direito de crédito (mais especificamente, de um direito de crédito *exigível*), e permanecem vinculadas a este direito (ou melhor, à *exigibilidade deste direito*, figura a que PONTES DE MIRANDA, na esteira de WINDSCHEID, denomina *pretensão*).

---

64 *Tratado de Direito Privado*. 3. ed. Rio de Janeiro: Borsoi, 1970, v. VI, § 660, n. 4, p. 96.

65 Como cediço, a teor do art. 199, II, CC 2002, não corre a prescrição "não estando vencido o prazo"; todavia, e pelas razões expostas, o dispositivo não pode se converter num ato de puro arbítrio do doador, como se este pudesse constituir o donatário em mora *se e quando quiser*, passem-se muitos anos ou, quiçá, *décadas* (como já vimos ocorrer). Ou seja, não corre a prescrição *desde que prazo haja*; ou, *se não houver prazo*, desde que o credor não *abuse* de seu poder de constituir em mora o devedor, protraindo indefinida e injustificadamente tal constituição.

Assim, p.ex., a ação de *resolução por inadimplemento*, bem como a ação de *revogação por descumprimento do encargo*, embora sejam, ambas, *ações desconstitutivas*, subordinam-se a *prazo prescricional*, que é o mesmo prazo para se *exigir o cumprimento da prestação* (e *demandar por ele*).

Isto porque a *pretensão-base*, em verdade, é *uma* e a *mesma*; sua violação pode determinar o surgimento tanto de uma *ação executiva* (ou condenatório-executiva), tendente à obtenção do objeto da prestação (ou de um seu equivalente); quanto de uma *ação desconstitutiva*, tendente à *terminação do negócio* (atuando, pois, diretamente no plano da existência), *ou de sua eficácia* (atuando, pois, no plano da eficácia), embora, num caso e noutro, com *efeitos práticos semelhantes*[66].

E, exatamente por se tratar de uma e a mesma pretensão é que o credor, *quando não puder mais exigir o cumprimento da prestação* (nem, consequentemente, *agir* para sua obtenção), *também não poderá agir pela resolução do contrato, nem pela revogação da doação* (hipótese em que, como visto, *a resolução é inaplicável*)[67]. Note-se que a solução é *a mesma*, quer se trate de um *poder jurídico* (como a resolução), quer se trate de um *poder fático* (como a revogação).

Ou seja, ações constitutivas (positivas ou negativas), quando surgidas da violação de uma *pretensão* (entendida, sempre, como a *exigibilidade* de um direito), subordinam-se, em princípio (e salvo regra especial), ao prazo *prescricional* aplicável à pretensão violada[68].

---

66 Podem surgir, ademais, *novas pretensões, subordinadas*, relativas à indenização por perdas e danos.

67 Se o contrato é de prestações periódicas, e parte delas já prescreveu, apenas se pode agir, demandando a resolução, pelo inadimplemento das prestações que ainda se pode *exigir* (ressalvada, evidentemente, a hipótese de *substantial performance*).

68 Por seu turno, as ações de desconstituição do negócio jurídico por invalidade (nulidade, ou anulabilidade), *quando sujeitas a prazo extintivo*, submetem-se a *prazo decadencial*. Estas, todavia, já não decorrem da violação de algum anterior dever exigível; ao menos, *não diretamente*.
Violação de dever, se houve (como é frequente), poderá haver provocado um *défice*, ou *vício*, no *suporte fático* do negócio. *Défice* este que, quando da juridicização do negócio, determina, *se o caso* (i.e., se presentes todos os requisitos necessários à configuração de tal ou qual espécie de invalidade), a incidência da norma invalidante aplicável à espécie, e o consequente surgimento da respectiva *ação de desconstituição* do ato ou negócio jurídico.
Ações há, outrossim, que não se submetem *nem à prescrição, nem à decadência*. Basta recordar as ações declarativas, ou (ao menos na esfera do Direito Privado, e como regra geral) a ação de desconstituição por nulidade do ato ou negócio jurídico, *ex vi* do art. 169 CC.
Todavia, não são estes os únicos exemplos. A bem se ver, a *ação por desapropriação indireta*, na conformação que lhe deram a jurisprudência e a doutrina quase unívocas (a exceção, aqui, foi PONTES DE MIRANDA), *não prescreve*, e *nem decai*. Extingue-se, sim, mas *no momento mesmo em que se extingue, pela usucapião, a propriedade que ela visava tutelar*, e em decorrência da extinção mesma desta propriedade.

Portanto, e ao contrário de opinião corrente, *não se pode afirmar que o prazo de prescrição da ação de resolução por inadimplemento, ou o da ação de revogação por inadimplemento do encargo, seja sempre o prazo geral, de dez anos*, previsto no art. 205 do Código Civil.

Será este "*quando a lei não lhe haja fixado prazo menor*", com a observação que o prazo (salvo *regra especial*) é fixado *para a pretensão violada, e não, especificamente, para cada uma das ações que dela decorrem.*

Ademais, *tratando-se de prescrição, e não de decadência, é obviamente aplicável, em tais casos, a disciplina relativa à primeira, e não a esta* última. As possíveis consequências práticas são *inúmeras*, e já aqui tivemos de lidar com uma questão relativa ao art. 199, II, CC (cf. nota n. 65, *supra*)[69].

Passa-se, agora, à análise das *condições*, e da possibilidade (ou impossibilidade) de sua inserção na doação, bem assim dos limites em que tal inserção é eventualmente possível.

5. DOAÇÃO, ENCARGO, E CONDIÇÕES SUSPENSIVA E RESOLUTIVA

Interessam aqui, em especial, as condições, suspensivas ou resolutivas, que subordinem a eficácia *da doação* (e, portanto, *a liberalidade*), *no todo ou em parte*, a determinado evento futuro e incerto[70].

---

69 Cabe por fim ressaltar, na matéria, que o termo *pretensão*, aqui definido como a *exigibilidade de um direito*, é empregado em sentido *diverso* daquele constante do art. 189 CC ("Violado o direito, nasce para o titular a pretensão, a qual se extingue, pela prescrição, nos prazos a que aludem os arts. 205 e 206").

O que o Código Civil denomina "pretensão", é por nós denominado, na esteira de F. C. PONTES DE MIRANDA, como *ação em sentido material*, ou ação de direito material, figura que de modo algum se confunde com o direito de demandar, e que (para o que interessa à prescrição), surge da violação a um direito *exigível*, i.e., a um direito munido de *pretensão.*

Daí a importância de se distinguirem direito, pretensão, e ação de direito material, porquanto, nos direitos de crédito (= direitos a uma prestação) a *pretensão* (entendida como a *exigibilidade de um direito*) constitui o antecedente lógico-jurídico necessário ao surgimento da *ação de direito material.* Isto porque, como visto, somente se pode *agir* em relação ao que, antes, já se podia *exigir*, e não foi prestado.

Em direito brasileiro, a referencia fundamental, na matéria, encontra-se em F. C. PONTES DE MIRANDA, *Tratado de Direito Privado*, v. V, Rio de Janeiro, Borsoi, 1955, Capítulo IX (§§ 615-621), e Capítulo X (§§ 622-627), respectivamente dedicados às *pretensões*, e às *ações* (de direito material). Dedicamos, ao tema, nossa tese de doutorado (*Um Ensaio sobre a Ação de Direito Material.* Tese de Doutorado. São Paulo, USP, Faculdade de Direito, 2014), da qual cabe destacar as p. 73-97 como de maior interesse para a prescrição - que, todavia, não foi especificamente analisada na ocasião.

70 Em casos que tais, portanto, a *eficácia plena da doação apenas se irradiará, ou cessará* (respectivamente, com a *transmissão do bem doado*, ou com a *sujeição do doador à transmissão do bem*, na hipótese de condição suspensiva; ou com a *resolução desta transmissão*, na hipótese de condição resolutiva), *se e quando se realizar o fato futuro e incerto.*

O Código Civil disciplina ao menos uma hipótese de *doação condicional*. É a figura constante do art. 547 CC, a teor do qual "O doador pode *estipular que os bens doados voltem ao seu patrimônio*, se sobreviver ao donatário".

Tem-se, aqui, a denominada "*cláusula de reversão*". Tecnicamente, como referido, trata-se de *condição* (definida pelo art. 121 CC como a "cláusula [...] que subordina o efeito do negócio a evento futuro e incerto"); e *condição resolutiva*, de modo que, *implido* (= ocorrido) o fato deduzido sob condição, "extingue-se, para todos os efeitos, o direito a que ela se opõe" (art. 128 CC).

Em casos que tais, portanto, o que se *aliena* (mais especificamente, se *doa*) é *propriedade resolúvel* (cf. art. 1.359 CC).

Nesse contexto, logo ressalta que, *em princípio*: (a) a "cláusula de reversão" pode se inserir *nos mais diversos negócios de alienação, gratuitos ou onerosos*; e (b) *os mais diversos fatos* podem ser deduzidos sob tal *condição resolutiva*[71].

Destarte, a bem se ver, a figura do art. 547 CC nada mais é que *um exemplo* de cláusula de reversão. Todavia, em matéria de doação, é necessária *grande cautela* com eventuais ilações que se pretenda extrair deste dispositivo.

Isto porque, muitas vezes, a condição (suspensiva ou resolutiva que seja) termina por *descaracterizar a doação*. Tal se verifica em decorrência: (a) da *natureza jurídica da doação*, que é, *necessária e integralmente, uma liberalidade* (cf. Seção 2, *supra*); e (b) da *natureza jurídica da condição*, como *manifestação inexa de vontade - e com eficácia de pleno direito*[72].

Observe-se que, nas hipóteses de condição suspensiva, é necessário aludir à "*sujeição do doador à transmissão do bem*" porquanto a transmissão mesma ainda pode estar sujeita a determinado *fator de eficácia*, como o *registro* do título, após o implemento (= realização) da condição (cf. nota n. 76, *infra*).

Outrossim, como se verá (cf. nota n. 78, *infra*), nas hipóteses de *doação condicionada*, a condição acaba por subordinar *tanto a eficácia da doação, quanto a de seu respectivo encargo*, se houver.

Hipótese distinta é aquela em que *apenas o encargo* (*negócio anexo*) está sujeito a alguma condição, suspensiva ou resolutiva que seja. Em tais casos, o *dever*, que constitui objeto do encargo, *apenas existirá, ou deixará de existir, se e quando se realizar o fato futuro e incerto*. Nestas hipóteses, como se vê, *apenas o encargo* está sujeito a condição, *não a doação mesma* - pelo que, como evidente, *não se trata de doação condicionada*. Tais considerações, se aplicam, igualmente, ao encargo "motivo determinante da liberalidade" (art. 137 CC).

71 Como observa F. C. PONTES DE MIRANDA, "O direito de retorno ou de reversão é direito a que a coisa, ou o valor, que a alguém pertencia lhe volte, ao advento do termo resolutivo ou da condição resolutiva. Ou nasce da lei, ou de negócio jurídico (e.g., Código Civil [de 1916], art. 283). É válido o pacto reversivo nas doações, porém não se subentende [...], bem assim nos outros negócios jurídicos, ainda que a respeito de imóveis" (*Tratado de Direito Privado*, v. XIV, 3. ed., Rio de Janeiro, Borsoi, 1971, § 1.647, n. 2, p. 303).

72 Neste sentido, observa F. C. PONTES DE MIRANDA que "A eficácia, ao implir-se a condição, é *ipso iure*. Realizada, nasce o crédito, a pretensão, a ou a ação, ou se produz a modificação jurídica real (criação, transferência, ou cessação do direito real), ou pessoal, que teria de provir de ato de disposição. A ciência dos figurantes, ou seus sucessores, e a sua vontade no momento de

Por manifestação *inexa*, entenda-se a manifestação ínsita, *inerente a determinada manifestação negocial* (nos negócios condicionados, quer-se *apenas condicionadamente*[73]), *e dela inseparável*[74] - por oposição às manifestações *anexas*, como o encargo, que estão *fora da manifestação negocial* à qual se *anexam* (ou de outra forma se ligam, cf. Seção 3, *supra*).

Trata-se aqui, portanto, de *negócio jurídico único*, e em que (como referido) apenas se quis *condicionadamente*. Destarte, nas atribuições patrimoniais (alienações) realizadas sob condição, *certo interesse do alienante*:

(a) *está totalmente internalizado ao contrato* (situação *oposta*, portanto, à que se verifica na doação com encargo, ainda quando este configure o "motivo determinante" da liberalidade, cf. Seção 3, *supra*); e

(b) *subordina, completamente, a atribuição patrimonial por ele feita*, porquanto a condição, suspensiva ou resolutiva, tem sempre eficácia *de pleno direito* (ao contrário do que se verifica na doação com encargo, em que eventual revogação depende de *ato de exercício* – e exercício *judicial* – pelo doador).

Consequência disto é que, *muitas vezes, a condição, suspensiva ou resolutiva que seja, resulta incompatível com a doação, descaracterizando-a.*

Isto porque, como referido, a doação é, *necessária e integralmente, uma liberalidade* (ainda que eventualmente *reduzida pelo encargo*) - liberalidade esta que, muitas vezes, termina *afastada* pela inserção (tecnicamente, *inexação*) de alguma condição, tendo em vista sua natureza e eficácia.

Neste contexto, a hipótese do art. 547 CC surge como uma *exceção*, em que o fato deduzido sob condição resolutiva (o doador sobreviver ao donatário) *não descaracteriza a liberalidade* - que, na hipótese, é feita *apenas para determinada pessoa*, e não para qualquer outra, nem mesmo para seus herdeiros[75].

Ademais, como se percebe, *outras exceções são possíveis*, desde que o *fato* deduzido sob condição – e, portanto, o *interesse* que ele visa resguardar – *não*

---

implir a condição, não importam. A vontade, que fixou a condição, foi manifestada no passado e inseriu-se, como determinação inexa, no ato jurídico" (*Tratado de Direito Privado*, v. V, 3. ed., Rio de Janeiro, Borsoi, 1970, § 545, n. 4, p. 170-171).

73 Para uma referência ao "que condicionadamente se quis", cf. F. C. PONTES DE MIRANDA, *Tratado de Direito Privado*, v. V, 3. ed., Rio de Janeiro, Borsoi, 1970, § 540, n. 3, p. 100.

74 Por isso, aliás, as condições inválidas, via de regra, invalidam *todo* o negócio jurídico (cf. art. 123 CC). Apenas se consideram *inexistentes* (não afetando, pois, o negócio jurídico) as "condições" de que, logicamente, *não possa se irradiar qualquer efeito*, quais sejam, "as condições impossíveis, quando resolutivas, e as de não fazer coisa impossível" (cf. art. 124 CC).

75 Observe-se ainda que, nesta hipótese, o evento deduzido sob condição resolutiva é tomado como simples fato (i.e., como fato jurídico *stricto sensu*) - sendo, portanto, *independente de qualquer conduta* do doador (beneficiário da condição), ou mesmo do donatário.

sejam incompatíveis com uma atribuição patrimonial feita, *integralmente, por liberalidade.*

Assim, p.ex., é possível conceber-se doação de imóvel realizada sob a *condição suspensiva* de o doador receber determinados valores, ou concluir determinado negócio, sendo tais fatos *completamente estranhos ao donatário*[76].

Também é possível, p.ex., conceber-se a doação de imóvel sob a *condição suspensiva* de o donatário ser aprovado em determinado vestibular, ou concurso, vindo a estudar ou trabalhar na cidade onde se localiza o imóvel.

Ao ensejo, cabe esclarecer que a doação *propter nuptias*, prevista no art. 546 CC (e, *idem*, no art. 1.173 CC1916) *não é doação sob condição* - embora nesta hipótese, a nosso ver, a *oferta de doação* surge claramente subordinada a uma condição suspensiva (a realização do matrimônio, evento futuro e incerto)[77].

---

76 Em tal caso, o doador *não* deseja, desde logo, alienar o bem, p.ex. pelo receio de se ver privado de um recurso importante para a manutenção própria e de sua família. Todavia, recebendo determinados valores, ou concluindo determinado negócio (fatos estes *estranhos ao donatário, e à sua atuação*), entende que, *desde este momento*, poderá transferir-lhe - melhor, sujeitar-se à transferência - do imóvel.

Observe-se que *não* se trata, aqui, de mera promessa de doação (negócio jurídico unilateral); nem de contrato preliminar de doação; nem, ainda, de simples "doação obrigacional" (figura que, a rigor, não atende ao disposto no art. 538 CC, *verbis* "transfere"). Mas sim, de verdadeira doação, no sentido estrito e técnico do termo, em que o *acordo de transmissão do direito real*, espécie de *negócio jurídico dispositivo*, já se inseriu no contrato, embora com sua eficácia plena (= a efetiva transmissão do bem doado, ainda que pelo subsequente registro do título) subordinada ao implemento do fato deduzido sob condição suspensiva.

Por se tratar de doação sob *condição suspensiva*, o negócio ainda *não* pode ser *registrado* na matrícula do imóvel porquanto, pendente a condição, ainda não ocorreu a transmissão do direito. Todavia, *pode ser desde logo averbado, ex vi* dos arts. 172 e 246, ambos da LRP.

77 A teor destes dispositivos, "A doação feita em contemplação de casamento futuro com certa e determinada pessoa, quer pelos nubentes entre si, quer por terceiro a um deles, a ambos, ou aos filhos que, de futuro, houverem um do outro, não pode ser impugnada por falta de aceitação, e só ficará sem efeito se o casamento não se realizar".

A este respeito, observa PONTES DE MIRANDA que "Se a doação foi feita 'em contemplação de casamento futuro com certa e determinada pessoa' (art. 1.173 [CC1916]), o casamento é aceitação. Se o casamento não se vai celebrar, ou o oferente tem como ineficaz a oferta, ou, para maior segurança, a retira, frisando a ineficácia" (*Tratado de Direito Privado*, v. XLVI [5. ed.], São Paulo, RT, 2012, § 5.017, n. 03, p. 319). Destarte, exatamente porque "o casamento é aceitação", uma vez realizado, a doação *propter nuptias* já não pode ser impugnada por falta de aceitação.

Trata-se de hipótese em que *a lei* atribuiu ao matrimônio *eficácia de aceitação*, uma vez que o casamento, *em si mesmo considerado*, não "contém" aceitação da doação (ou de qualquer outro negócio), nem mesmo sob a forma de comportamento concludente; o que nele se expressa é o consenso *para o matrimônio*. Todavia, e como evidente, é possível ao destinatário da oferta *recusá-la*, à semelhança do que ocorre nas hipóteses do art. 432 CC e, mais amplamente, em qualquer outro caso de oferta contratual.

Nesta hipótese, pois, *não* há "doação condicional" porque o contrato de doação ainda não se concluiu, *e apenas se concluirá com a celebração do casamento*, se esta sobrevier. Todavia, parece-nos

Similarmente, a nosso ver, a liberalidade feita "*aos filhos* que, de futuro, [os nubentes] houverem um do outro" (art. 546 CC), hipótese em que - a seguir-se a letra do artigo - a *oferta de doação* está subordinada a uma condição suspensiva *complexa*, porquanto são *dois* os eventos, futuros e incertos, deduzidos sob condição suspensiva, a superveniência do matrimônio, e o nascimento de filhos (ou de *pelo menos um* filho).

Ademais, nesta hipótese (e a bem se ver), donatários serão *os próprios filhos*, não os nubentes - aos quais, como genitores, cabe administrar tal patrimônio *no interesse dos filhos menores*.

Nada impede, todavia, conceber-se doação feita, *aos próprios nubentes*, sob a *condição suspensiva* do nascimento de um filho - inclusive, com o *encargo* de que a renda do bem doado, ou o produto de sua alienação, sejam empregados no cuidado e criação do(s) filho(s).

Em todas estas hipóteses, a condição é, *em princípio*, *compatível com a liberalidade* e, portanto, com a *doação* (ou com a respectiva *oferta de doação*), porquanto é possível entender que tal liberalidade seja *especialmente relevante* em determinada hipótese - como eventual mudança de cidade, ou o casamento (com a consequente vida em comum), ou o nascimento de filho(s), p.ex. - e não em outras.

Ademais, como cediço, a doação pode ter um aspecto *premial* (sendo feita "em contemplação do merecimento do donatário", cf. art. 540 CC), hipótese em que também se pode conceber *oferta de doação*, ou mesmo *doação*, feita, p.ex., sob a *condição suspensiva* de determinada conquista pelo donatário (p.ex., sua aprovação em vestibular ou concurso, a inclusão de suas obras em determinada exposição, e assim por diante).

Recorde-se que, em tais exemplos, a condição subordina a eficácia *da própria doação* (e, portanto, a própria *transmissão do bem* objeto de doação, cf. nota n. 70 *supra*), *e também de eventual encargo* (*negócio jurídico anexo*), se houver[78].

---

claro que a *oferta de doação*, negócio jurídico unilateral, nasce subordinada à *condição suspensiva*, deixando de ser vinculante se o casamento (evento futuro e incerto) não se realizar.

78 Destarte, em se tratando de *condição suspensiva*, a ela se subordinam a eficácia da própria doação, *e de seu respectivo encargo* (se houver), o qual apenas passará ser devido uma vez implido (= ocorrido) o fato deduzido sob condição e, portanto, transmitido (ou *sujeito a transmissão*, cf. nota n. 70, *supra*) o bem doado. A hipótese é, portanto, *distinta* daquela objeto do art. 136 CC (= art. 128 CC1916), em que a conduta, que *seria* objeto do encargo, é deduzida como *condição suspensiva* da aquisição do bem, dispositivo que se analisará adiante.

Em se tratando de condição *resolutiva*, também esta, em princípio, subordinará a doação *e seu respectivo encargo*, pela natureza *subordinada* deste - que, como visto, permanece ainda quando se trate do encargo "motivo determinante da liberalidade" (cf. Seção 3, *supra*).

Destarte, implido (= realizado) o fato deduzido sob condição resolutiva, o *bem doado* ficará *sem causa de atribuição patrimonial*, e sua propriedade será recuperada, *pleno iure*, pelo antigo

Todavia (e tendo em vista que a doação há de ser, *necessária e integralmente, liberalidade*), as *doações* (e, *idem*, as *ofertas de doação*) *condicionadas* devem ser objeto de *especial cautela* pelo intérprete - em especial quando o fato, deduzido sob condição suspensiva ou resolutiva, consiste em (ou envolve) alguma *conduta do donatário* (ou, mais amplamente, alguma conduta do *beneficiário da condição*)[79].

---

doador (todavia, a *condição resolutiva* deve estar *reproduzida na matrícula do imóvel*, para que possa surtir efeitos em relação a terceiros; neste sentido, a decisão proferida pelo CSM-TJSP, na Apelação Cível 0000293-93.2012.8.26.0116, da Comarca de Campos do Jordão, publicada no DOE de 29.01.2013).

É o quanto se extrai do art. 128, primeira parte, CC2002, a teor do qual "Sobrevindo a condição resolutiva, *extingue-se*, para todos os efeitos, *o direito* a que ela se opõe [...]" (cf. em sentido semelhante, o art. 119, parte final, CC1916). E, *também*, do art. 1.359 CC (*idem*, do art. 647 CC1916), a teor do qual "*Resolvida a propriedade* pelo implemento da condição ou pelo advento do termo [...] o proprietário, em cujo favor se opera a resolução, pode reivindicar a coisa do poder de quem a possua ou detenha".

Daí nos parecer que, implida (= realizada) a condição, a *averbação* de seu implemento, no Registro de Imóveis, é ato de eficácia essencialmente *declaratória* (cf., ainda, a nota n. 72, *supra*).

Quanto ao *encargo já cumprido*, embora este *não constitua* uma causa autônoma de atribuição patrimonial, o desaparecimento ("para todos os efeitos"), da liberalidade que ele *reduzia* implicará, em princípio, no surgimento de um *direito de restituição* ao antigo donatário, ainda que limitadamente ao *quantum* necessário para se evitar *enriquecimento injustificado do antigo doador*.

Note-se, *enriquecimento injustificado*, que é categoria *mais ampla* (cf. nota n. 53, *supra*), e *não* "enriquecimento *sem causa*", que é *mais restrita*. O direito de restituição, aqui, decorre de aplicação *extensiva* (ou, se assim se entender, analógica) do art. 885, parte final, do Código Civil ("A restituição é devida, não só quando não tenha havido *causa* que justifique o enriquecimento, *mas também se esta deixou de existir*").

Todavia, *se o encargo consistir em dever "de execução continuada ou periódica"*, é possível que se aplique, ao caso, a ressalva constante do art. 128 CC2002, a teor do qual "Sobrevindo a condição resolutiva, extingue-se, para todos os efeitos, o direito a que ela se opõe; *mas, se aposta a um negócio de execução continuada ou periódica, a sua realização, salvo disposição em contrário, não tem eficácia quanto aos atos já praticados*, desde que compatíveis com a natureza da condição pendente e conforme aos ditames de boa-fé".

Isto, contudo, desde que os "atos já praticados" resultem *compatíveis com a liberalidade* (*e com o tempo que houver durado a liberalidade*, até o implemento da condição); e ressalvada a existência de eventual "disposição em contrário" – que seria, na hipótese, *benéfica ao donatário*.

79 *Em princípio*, nos diversos negócios jurídicos, é possível deduzir, *sob condição*, alguma *conduta* de parte. Neste sentido, observa F. C. PONTES DE MIRANDA que:

"Quando o ato ou a omissão não pode ser objeto de obrigação, ou seria menos cômodo conceber como prestação o ato, ou a omissão (prestação de valores ao portador dependente de formalidades de compra-e-venda), a condição exerce função supletiva. Ainda assim, se a intenção é de obter o ilícito (ato ou omissão), é nula e contagiante. A função da condição consiste em adequar ao futuro, que é incerto, as relações inter-humanas. O motivo, que, de regra, não é relevante, faz-se relevante, sob a cápsula da condição. É inconfundível com o encargo ou modo (*modus*), porque êsse cria obrigação do beneficiado. Há constrição futura, no modo; não há suspensão, nem resolução" (*Tratado de Direito Privado*, v. V [5. ed.], São Paulo, RT, 2012, § 541, n. 2, p. 171).

5.1. Conduta, *do próprio beneficiário da condição*, deduzida sob condição suspensiva ou resolutiva. (In)compatibilidade com a doação

Isto porque, como visto, a condição torna ínsito, a certo negócio (e dele *inseparável*), um determinado evento; quer-se, mas *apenas condicionadamente*.

Destarte, a condição pode se revelar (e frequentemente se revela) *incompatível com a doação*, já que esta consiste, *necessária e integralmente, numa liberalidade* (ainda que eventualmente *reduzida pelo encargo*), cf. Seção 2, *supra*.

Neste contexto, a bem se ver, virtualmente *toda e qualquer* "doação condicionada" (em que se haja deduzido, sob condição, *determinada conduta do "donatário"*), pode suscitar questionamentos quanto à real natureza do negócio.

Destarte (e para considerar os exemplos indicados na Seção 5, *supra*), a hipótese é de *doação condicionada* se o doador *busca, apenas, facilitar* (ou, mesmo, *viabilizar*) determinada conduta que o(s) donatário(s) *desejava(m) adotar* – assim, p.ex., se A desejava prestar determinado vestibular, ou concurso, em outra cidade; ou se A (ou A e B) desejava(m) se casar, ou se casar e ter filho(s).

Todavia, se as circunstâncias do caso revelam que a *intenção* do doador era *obter* determinada conduta do donatário (p.ex., induzi-lo a ingressar em determinada(s) faculdade(s), e não em outra(s); a cursar determinada graduação, e não outra; a se casar; ou a se casar com determinada pessoa; ou a ter filho, ou filhos), rigorosamente está *descaracterizada a liberalidade* (*e, portanto, a doação*), uma vez que *apenas se deu para se obter* (*ou porque se obteve*) *algo em troca*.

Pouco importa, aqui, que o "doador" tenha agido (ou procurado agir) no interesse preponderante do "donatário", cujos passos procura guiar. Um *sinalagma* se estabeleceu, por mais a conduta do "donatário" eventualmente não seja, *como tal*, objeto de avaliação pecuniária.

Também não devem causar espanto, nesta matéria, referências às *circunstâncias do caso*, ou à *intenção* (= *motivo*) *do "doador"*, de ordinário *estranhos ao negócio*, e *juridicamente irrelevantes*. Isto porque, como observa F. C. PONTES DE MIRANDA, "O motivo, que, de regra, não é relevante, faz-se relevante, sob a cápsula da condição" (cf. nota n. 79, *supra*); *idem*, quanto às circunstâncias do caso, relevantes para se interpretar a condição.

A matéria é de grande importância, teórica e prática, para a doação com encargo, logo se evidenciando que, *via de regra, não é possível deduzir, sob*

Todavia, pode haver – e *frequentemente há* – condições incompatíveis com a "liberalidade" que se afirma fazer (ou, mesmo, incompatíveis com a própria ideia de liberalidade) – e, portanto, *incompatíveis com a doação*, o que analisa na Seção 5.1, *infra*.

condição suspensiva, a conduta que seria objeto do encargo; nem deduzir, sob condição resolutiva, a conduta contrária.

Tal se dá pela *natureza jurídica da condição.* Esta, como *manifestação inexa de vontade,* revela-se *incompatível com a doação* (que é, necessária e integralmente, um *acordo sobre a liberalidade*) *sempre* que, pela condição – suspensiva ou resolutiva – pretenda-se *obter determinada conduta do "donatário"*[80].

Recorde-se que, pela condição, *o interesse do suposto "doador"* (na hipótese que ora interessa, a *conduta* que ele deseja ver realizada pelo "donatário") *está totalmente internalizado ao contrato, e subordina, completamente, a atribuição patrimonial por ele feita.*

Em tal hipótese, portanto, a realização da conduta pelo "donatário" é - literal e tecnicamente - a *condição para a aquisição do direito* (no caso de condição

---

80 Tal se aplica inclusive, e como evidente, aos casos em que a conduta se compreende nas *finalidades institucionais* do "donatário", mas o "doador" pretende, com a condição, *interferir na,* ou mesmo *direcionar a,* maneira pela qual o "donatário" desempenha tal ou qual atividade.
Um exemplo, que serve a ilustrar esta hipótese, é o caso analisado por GILBERTO VALENTE DA SILVA, em que o "doador" pretendera aplicar a "cláusula de reversão" (i.e., a condição resolutiva) para o caso de "a finalidade [na espécie, a construção de um templo] não se concretizar".
O autor, em seu parecer, corretamente observou *não ser aplicável, na espécie, a "cláusula de reversão", mas tão somente a figura da doação com encargo.* Concluiu assim que, no caso, "não será possível o registro da escritura que deverá ser re-ratificada para constar que se refere a doação com encargo" (cf. "Doação com cláusula de reversão", disp. em http://www.ggv.com.br/2013/04/30/doacao-com-clausula-de-reversao/. Acesso em 03/08/2023).
E, se aplica, *também,* aos casos em que se pretenda, por meio de *condição, subordinar a "doação" a algum outro negócio.*
Daí porque (com a devia vênia), entendemos *incorreto* o julgado que admitiu **"doação" (*sic*) celebrada com** "cláusula de reversão [i.e., condição resolutiva] segundo a qual o bem doado volta ao patrimônio do doador no caso de extinção de união estável em razão de comprovada ou confessada infidelidade da donatária" (01ª Vara de Registros Públicos de São Paulo, autos n. **583.00.2008.105272-6, Juiz de Direito Gustavo Henrique Bretas Marzagão, j. de 05/06/2008, DOE de 24/06/2008; *apud*** Paulo Roberto GAIGER FERREIRA, "1ª VRP|SP: Dúvida imobiliária – Recusa de registro de escritura de doação com cláusula de reversão - Afastamento do óbice, pois a cláusula não viola o ordenamento jurídico - Interessados maiores e capazes - Ausência prejuízo a terceiros - Improcedência", *in Blog do 26.* Disponível em https://www.26notas.com.br/blog/?p=13105. Acesso em 03/08/2023).
Neste caso, como se percebe, a mesma conduta é *objeto de dever,* e *deduzida sob condição resolutiva,* o que todavia ocorre em *duas relações jurídicas distintas,* embora conexas - e uma das quais (a "*doação*"), *subordinada à outra* (a *união estável*), ainda que apenas na hipótese de extinção desta última por infidelidade da "donatária".
A atribuição patrimonial, neste caso, *apenas é querida* se não houver extinção da união estável por infidelidade da "donatária", o que já *exclui* a ideia de uma atribuição feita, *integralmente,* por *liberalidade* (ainda que, *eventualmente, reduzida pelo encargo*) – e, portanto, *exclui a doação.* Também neste caso, portanto, é *evidente o sinalagma,* que se instaurou na *suposta* "doação", porquanto apenas se deu *para se obter – e enquanto se obtém – algo em troca* (tanto assim que a propriedade transferida *se resolve, de pleno direito,* se a conduta oposta ocorrer).

suspensiva); ou a *condição para a consolidação da titularidade plena* (= não mais resolúvel), *do direito, no patrimônio do "donatário"* (no caso de condição resolutiva)[81].

Consequência disto é que, em tais casos, já *não existe doação condicionada*, mas sim um *negócio jurídico sinalagmático*, e portanto *oneroso, total ou parcialmente*. Se parcialmente, trata-se de *negotium mixtum cum donatione*, i.e., um negócio *unitário*, e estruturalmente *sinalagmático*, em que a atribuição patrimonial é *em parte onerosa*, e *em parte gratuita*. Trata-se, portanto, de figura *distinta da doação* (cf. Seção 2, *supra*).

5.2. Interpretação do art. 136 CC. Conduta *objeto de dever*, e conduta *deduzida sob condição*

O quanto exposto já basta à adequada interpretação do art. 136 CC, a teor do qual "O encargo não suspende a aquisição nem o exercício do direito, salvo quando expressamente imposto no negócio jurídico, pelo disponente, como condição suspensiva".

Tecnicamente, *não* é "o encargo" que se deduz "como condição suspensiva", mas sim *a conduta, que seria objeto de encargo*, mesmo porque a condição é manifestação *inexa* de vontade (i.e., está *dentro* no negócio jurídico), ao passo que o encargo é manifestação *anexa*, e portanto *externa à doação*. Destarte, uma vez que tal conduta tenha sido deduzida sob condição, já *não há encargo*.

E, tendo em vista a natureza jurídica da condição (e da doação), também não *há doação* se o que se busca, com a condição, é *obter alguma conduta de seu beneficiário* (i.e., do beneficiário da condição). Em tais hipóteses, o que surge é *negócio sinalagmático*, e portanto *oneroso*, seja *total*, seja *apenas parcialmente* (= *negotium mixtum cum donatione*)[82].

---

81 Observe-se que, nos termos dos arts. 128 e 1.359 CC, a eficácia da resolução é *extintiva*, e o que se transmite, nos casos de atribuição patrimonial realizada sob condição resolutiva, é propriedade (ou outro direito) *resolúvel* (cf. nota n. 78, *supra*).
Portanto, se determinada conduta do adquirente (beneficiário da condição) foi deduzida sob condição resolutiva, e ele a *afasta* (adotando a conduta oposta), o que se extingue é, justamente, a *limitação do direito recebido* (no caso, sua *resolubilidade*), de modo que o adquirente passa a ter a titularidade *plena* (i.e., não mais resolúvel) do direito transferido. Na hipótese mais frequente, tratar-se-á de *propriedade* que, de *resolúvel*, passa a *plena*.

82 No mais, a espécie é interessante por evidenciar que o *sinalagma* pode se estabelecer *sem que qualquer das partes tenha um dever principal de prestação*. O alienante não o tem, porque a condição é eficaz *de pleno direito*; e o adquirente não o tem porque a condição, suspensiva ou resolutiva, *não supõe* (e *não implica em*) qualquer dever de seu beneficiário - nem mesmo quando

Ademais, como visto, a condição, em si mesma considerada, *não supõe* (e *não implica em*) qualquer dever de seu beneficiário; nem mesmo quando alguma conduta, deste beneficiário, tenha sido deduzida sob condição suspensiva ou resolutiva (cf. notas nn. 79 e 82, *supra*). Destarte, mesmo nesta hipótese, o beneficiário é em princípio *livre* para praticar, ou não, a conduta deduzida sob condição.

Portanto, se a conduta que *seria* objeto do encargo for deduzida sob *condição suspensiva*, sua disciplina será, em princípio, *bastante distinta* seja do encargo, seja, mais amplamente, de qualquer outro dever.

Assim, *não havendo dever*, já *não incidem* as disposições sobre mora, nem sobre inadimplemento; o que *poderia configurar* mora, ou inadimplemento, *não* enseja qualquer pretensão indenizatória; e *não cabe* qualquer ação para execução específica desta conduta.

Como evidente, também *não* surgem quaisquer ações de revogação, ou de resolução, mesmo porque, em tais casos, o interesse do alienante está *protegido, de forma distinta*, pela eficácia *pleno iure* da condição, suspensiva ou resolutiva, inserta (mais precisamente, *inexada*) no negócio[83].

---

alguma conduta, deste beneficiário, seja deduzida sob condição suspensiva ou resolutiva (como já se extrai da nota n. 79, *supra*).

83 Ademais, uma vez que a condição, em si mesma considerada, *não supõe* (e *não implica em*) qualquer dever de seu beneficiário, a própria *natureza da condição* impõe saber *se*, e *em que casos*, é possível que *uma mesma conduta* seja, *simultaneamente*, *objeto de dever*, e *deduzida sob condição*.

Uma resposta definitiva exige precisar *se*, e *em que casos*, a eventual existência de contradição lógica *exclui* esta possibilidade. Todavia, no que se refere à *condição resolutiva*, é possível desde logo evidenciar – a partir da distinção da distinção entre a *condição resolutiva*, e a *cláusula resolutiva expressa* – que *uma mesma conduta*, com (o *mesmo objeto* e) os *mesmos efeitos*, não pode, *simultaneamente*, ser *objeto de dever*, e *deduzida sob condição*.

Como cediço, ambas são figuras de natureza negocial; relativas a fato futuro e incerto; e com eficácia resolutiva de pleno direito. Todavia, a cláusula resolutiva expressa *supõe necessariamente um dever*, cujo inadimplemento sujeita o devedor à resolução *pleno iure* do negócio.

E surge aqui, a nosso ver, a *diferença essencial* entre a *condição resolutiva* (de um lado), e a *cláusula resolutiva expressa* (de outro) – seja porque, como visto, a condição não supõe (e não implica) qualquer dever de seu beneficiário; seja porque, *se os próprios deveres* pudessem, *como tais*, ser deduzidos sob condição resolutiva, não seria necessário prever a cláusula resolutiva expressa.

Destarte, *nenhum dever, como tal, pode ser deduzido sob condição resolutiva* (e tal condição *não* pode se substituir à cláusula resolutiva expressa) - *embora a respectiva conduta* (que constitui, ou *constituiria*, o *objeto* deste dever) *possa ser deduzida sob condição resolutiva*.

Neste caso, em princípio, a condição resolutiva *se substitui ao dever, excluindo-o* (como já se extrai da nota n. 79, *supra*), *salvo* se os *efeitos* submetidos à condição resolutiva forem *distintos* daqueles decorrentes do adimplemento, ou inadimplemento do dever. Na nota n. 80, *supra*, analisou-se um exemplo em que a mesma conduta é *objeto de dever*, e *deduzida sob condição resolutiva*, o que todavia ocorre em *duas relações jurídicas distintas*, embora conexas.

6. DOAÇÕES REALIZADAS POR ENTES PÚBLICOS, E "REVERSÃO"

No que se refere às doações realizadas por Entes Públicos, o Direito Administrativo previa a "clausula de reversão" no art. 17, § 04º, da Lei n. 8.666/1993[84].

Todavia, tal dispositivo necessitava ser interpretado em conjunto ao art. 17, § 01º, da mesma Lei[85], que tivera sua eficácia *suspensa* pela medida cautelar concedida na ADI n. 927-DF, sendo assim, em maior ou menor medida, também atingido.

Contudo, e como não estivesse formalmente suspenso, a "reversão" continuava a ser mencionada em normas autorizadoras, e nas escrituras de doação, ganhando agora renovado interesse em face do art. 76, §§ 02º e 06º, da Lei n. 14.133/2021, que em essência reproduzem o art. 17, §§ **01º** e 04º, da Lei n. 8.666/1993.

De início, observe-se que o termo "reversão", em Direito Administrativo, tem significados diversos (e por vezes *equívocos*), observando CARLOS ARI SUNDFELD e JACINTHO ARRUDA CÂMARA que "[...] a extensão *e modo* da reversibilidade - e até sua própria existência - dependem de aspectos que variam de setor a setor, de contrato a contrato"[86].

Outrossim (como visto), a doação, por sua natureza, não admite *nem a resolução* (e, portanto, *não admite a cláusula resolutiva expressa*), *nem a condição resolutiva*, quando o que se busca, pela condição, é *obter alguma conduta* de seu beneficiário (que é, ao mesmo tempo, o adquirente do bem); mas, *apenas*, a *revogação*, por *descumprimento do encargo*.

84 A teor do referido art. 17, § 04º, da Lei n. 8.666/1993, "A doação com encargo será licitada e de seu instrumento constarão, obrigatoriamente os encargos, o prazo de seu cumprimento *e cláusula de reversão*, sob pena de nulidade do ato, sendo dispensada a licitação no caso de interesse público devidamente justificado".
Tal preceito foi essencialmente reproduzido pelo art. 76, § 06º, da Lei n. 14.133/2021, a teor do qual "A doação com encargo será licitada e de seu instrumento constarão, obrigatoriamente, os encargos, o prazo de seu cumprimento *e a cláusula de reversão*, sob pena de nulidade do ato, dispensada a licitação em caso de interesse público devidamente justificado". O art. 76, § 07º, que não se necessita analisar nesta sede, constitui inovação legislativa.

85 A teor do referido art. 17, § 01º, da Lei n. 8.666/1993, "Os imóveis doados com base na alínea "b" do inciso I deste artigo, cessadas as razões que justificaram a sua doação, reverterão ao patrimônio da pessoa jurídica doadora, vedada a sua alienação pelo beneficiário". Tal preceito tivera sua eficácia suspensa pela medida cautelar concedida na ADI n. 927-DF, num contexto em que a Lei n. 8.666/1993, em sua redação original, restringira muito a possibilidade de doação de bens públicos.
Todavia, as regras sobre doação, constantes da Lei n. 8.666/1993, foram posteriormente reformuladas. E, agora, o preceito constante do referido art. 17, § 01º, foi essencialmente reproduzido pelo art. 76, § 02º, da Lei n. 14.133/2021, a teor do qual "Os imóveis doados com base na alínea "b" do inciso I do *caput* deste artigo, cessadas as razões que justificaram sua doação, serão revertidos ao patrimônio da pessoa jurídica doadora, vedada sua alienação pelo beneficiário".

86 Carlos Ari SUNDFELD e Jacintho ARRUDA CÂMARA, *Bens reversíveis nas concessões públicas: a inviabilidade de uma teoria geral.* In: Revista da Faculdade de Direito - UFPR, Curitiba, vol. 61,

Daqui, pois, a importância e se analisar os referidos preceitos em vista do conteúdo e dos *limites* da doação, para se evitar interpretações incompatíveis com a figura. Mais especificamente, trataremos da *doação com encargo*, porquanto, como visto, *toda a doação efetuada por Entes Públicos é feita com encargo* (consistindo, frequentemente, em alguma destinação específica a ser dada ao bem doado), devendo tal encargo consistir em *interesse público hábil a justificar a prática de uma liberalidade*[87].

E, neste contexto, a primeira questão consiste em *precisar quais as hipóteses de incidência do dispositivo*, uma vez que ambas as Leis preveem que "*cessadas as razões que justificaram sua doação*, [os imóveis] serão revertidos ao patrimônio da pessoa jurídica doadora, vedada sua alienação pelo beneficiário"[88].

O dispositivo, nos termos em que versado, *abrange o eventual inadimplemento do encargo*? Ou abrange *também a este*? A pergunta se justificaria, em tese, porquanto é comum referir-se à *perda de interesse do credor* (e assim, poder-se-ia argumentar, à "cessação das razões que justificaram" sua atribuição patrimonial), ao se analisar as ações voltadas à terminação de algum negócio, e/ou de alguma relação jurídica.

Todavia, logo se percebe que *o dispositivo não trata do eventual inadimplemento do encargo*, porquanto, nesta hipótese: (a) não seria necessário tratar do retorno do bem ao patrimônio do doador, já que este seria um *efeito da revogação da doação*, com o oportuno registro da sentença na matrícula do imóvel; e (b) como evidente, *não seria cabível tratar de eventual alienação do bem pelo donatário*.

A "*reversão*", *portanto*, é figura estranha às hipóteses de eventual inadimplemento do encargo, em relação às quais, como visto, cabem apenas a *ação para execução do encargo*, ou a *revogação da doação* - esta última, como visto, objeto de *norma especial, e cogente*, o que deve ser, sempre, objeto de atenção do intérprete.

Destarte, a nosso ver, a "reversão" se aplica a hipóteses em que a "cessação das razões que justificaram a doação" do bem ocorre por *outros fatos*, em princípio *não imputáveis ao devedor* – cabendo pois verificar se entre tais fatos se incluem (ou não) os casos de *encargo já cumprido*.

Assim, p.ex., se o terreno fora doado para a construção de escola rural (efetivamente implantada) mas, após prolongado êxodo rural, a demanda declinou

n. 2, maio/ago. 2016, p. 171. Disponível em https://revistas.ufpr.br/direito/article/view/45093; destaque nosso.

87 Cf. Seção 2.2, *supra*, esp. nota n. 34; e Seção 3, *supra*, esp. nota n. 38.

88 Da lei antiga para a nova, a única mudança foi a do verbo, que passou de "reverterão" a "serão revertidos" (cf. nota n. 85, *supra*).

a tal ponto que já não se mostra conveniente manter aquele educandário, e os poucos alunos restantes podem ser, adequadamente, relocados para estabelecimentos próximos.

A letra do dispositivo leva a crer que se incluam ("cessadas as razões que justificaram sua doação, serão revertidos ao patrimônio da pessoa jurídica doadora"), e é possível, quiçá *provável*, que seja este o sentido das futuras decisões judiciais e administrativas.

Aqui, todavia, é necessário recordar que o encargo consiste, *apenas*, numa *redução da liberalidade*, e assim se mantém mesmo nas doações realizadas por Entes Públicos, quando há de ser o interesse (público) que *justifique a prática da liberalidade* (= da doação) que se pretende concluir.

Destarte, e tendo em vista a natureza mesma da doação com encargo, entendemos que o art. 76, § 02º, da Lei n. 14.133/2021 não deveria ser aplicado às hipóteses de encargo cumprido (ou mesmo substancialmente cumprido), *devendo se restringir aos casos em que fatores supervenientes, não imputáveis ao donatário, tornem impossível ou desnecessário o cumprimento do encargo*, diminuindo, *em muito*, a utilidade inicialmente prevista.

Necessário, agora, examinar qual a *natureza jurídica* da reversão e, assim, qual sua eficácia. Certamente, *não se trata de condição resolutiva*, porquanto condição é *cláusula* (art. 121 CC) e, embora ambas as leis se refiram a "cláusula de reversão" (cf. nota n. 84, *supra*), trata-se claramente de uma *imposição legal*, não de fruto da autonomia negocial das partes.

Daí que, embora sua ausência possa causar a *nulidade* do contrato, forçoso concluir que, *mesmo na hipótese de sua eventual ausência, a vedação à alienação do imóvel continua a incidir, por se tratar de imposição legal.* Aliás, continua a incidir, e a determinar a *nulidade* dos atos produzidos em violação a ela, nos termos do art. 166, VII, CC, a teor do qual "É nulo o negócio jurídico quando [...]" a lei taxativamente o declarar nulo, *ou proibir-lhe a prática, sem cominar sanção*".

Nada obstante, necessário indagar *se a reversão tem, ou não, eficácia de pleno direito*. A nosso ver, a resposta é claramente *negativa*, e por três razões.

Primeiramente porque, como se depreende do próprio art. 76, § 02º, da Lei n. 14.133/2021, "cessadas as razões que justificaram sua doação, [os imóveis doados] serão revertidos ao patrimônio da pessoa jurídica doadora, vedada sua alienação pelo beneficiário". Ora, *se a reversão operasse de pleno direito, seria desnecessário vedar a alienação do imóvel pelo beneficiário*[89].

---

89 Tal alienação, ainda que por hipótese ocorresse, seria *desconstituída*, não sendo possível ao eventual adquirente alegar desconhecimento da proibição. Com efeito, constariam, da matrícula

Em segundo lugar, porque na expressão "cessadas as razões que justificaram sua doação", cabem diversas hipóteses, nem todas devidas apenas a fatores objetivos, e nem todas a implicar na impossibilidade superveniente da execução do encargo.

Neste dispositivo, com efeito, a expressão "cessadas as razões" não pode ser tomada, apenas, em sentido literal, como que a indicar, exclusivamente, a eventual *desaparição* destas razões. Recorde-se que o doador - e, muitas vezes, o doador *e o donatário* - são Entes Públicos, adstritos, pois, a uma alocação *eficiente* de seus recursos. Destarte, alterações de circunstâncias que impliquem em *diminuição significativa* do interesse que, *de início*, justificara a liberalidade, podem ser também relevantes para a aplicação do preceito, ainda que não impliquem em impossibilidade objetiva do cumprimento do encargo.

E, neste contexto, em que as hipóteses relevantes podem revelar contornos *mais imprecisos*, eventual terminação da liberalidade *ex lege*, e *de pleno direito*, já não se afiguraria a solução mais adequada. Pode haver *renegociação*, ou mesmo *distrato*, uma e outro precedidos das necessárias autorizações, conforme a lei aplicável.

Todavia, cogitar de uma "*diminuição significativa* do interesse que, *de início*, justificara a liberalidade", *em princípio implica admitir que tal interesse, objetivado no encargo* (ou mesmo subjacente a este, mas objetivamente identificável pelo negócio, e por seu contexto) *atua não apenas como "redução da liberalidade", mas sim como causa, ou concausa, da atribuição patrimonial.*

E isto parece *ultrapassar os limites da doação com encargo* e, assim, *desnaturar a figura* (cf. Seção 2, e notas nn. 21 a 25, *supra*). Contudo, ressalta aqui a terceira razão pela qual *a terminação da doação não se opera de pleno direito.*

Com efeito, e à semelhança do que se verificou a respeito da *cláusula resolutiva expressa* (cf. Seção 4, nota n. 50, *supra*), e também da *condição resolutiva* (cf. Seção 5, *supra*), *prever a terminação de pleno direito da doação implicaria submeter a suposta "liberalidade" ao seu respectivo "encargo", desnaturando, pois, a doação, que passaria a ser negócio oneroso.*

---

do imóvel, o registro da doação e, neste, a identificação do doador (Ente Público), *não se podendo alegar desconhecimento da lei* (cf. art. 3° da LINDB c./c. art. 76, § 02º, da Lei n. 14.133/2021). Outrossim (e em que pese o art. 76, § 02º, da Lei n. 14.133/2021 haver utilizado linguagem proibitiva, "vedada sua alienação"), seria possível entender-se que o art. 76, § 02º **contenha** *restrição ao poder de dispor*, do que decorreria, em princípio, a *ineficácia* de eventual ato de disposição. De nossa parte, todavia, entendemos que *a lei, ao utilizar linguagem proibitiva, pretendeu resaltar as vedações a estes atos* (inclusive, como visto, aos atos de *lavratura* e *registro* do título), *com as nulidades daí decorrentes.*

O raciocínio é o mesmo, seja para as hipóteses de *cláusulas* (portanto, manifestações *negociais*) que impliquem em resolução de pleno direito, seja para alguma aventada hipótese de terminação (ou resolução) *legal*.

Onde o legislador previsse resolução de pleno direito, em verdade haveria *excluído, ou quando menos limitado, a própria doação com encargo*, porquanto tal consequência se mostra incompatível com a doação (entendida como *acordo sobre a liberalidade*), e com o encargo (entendido como uma simples *redução à liberalidade, jamais como uma concausa de atribuição patrimonial*).

Destarte, a solução que resulta conforme ao tipo contratual da doação (inclusive, pois, da doação com encargo), e à letra do art. 76, § 02º, da Lei n. *14.133/2021* (como já se demonstrou), é a que faz tal reversão depender do agir do doador, seja negociando com seu donatário, seja *demandando, judicialmente, pela reversão com fundamento neste dispositivo, em ação de óbvia eficácia desconstitutiva*, e não declaratória.

38. A CLÁUSULA DE HARDSHIP: ESTRUTURA E FUNCIONALIDADE

Gerson Luiz Carlos Branco
Lenine Munari Mariano da Rocha

INTRODUÇÃO

A cláusula de *hardship* é disposição inserida no contrato com o objetivo de regular eventual ocorrência de fato superveniente que de algum modo possa afetar as premissas negociais que justificaram a celebração de um contrato cujas prestações são protraídas no tempo.

O propósito deste artigo é apresentar a estrutura e funcionalidade destas cláusulas, compreender o que lhes caracteriza e os elementos que as distinguem das normas cogentes que tratam do mesmo fenômeno e regulam a alteração das circunstâncias nos contratos nos quais as partes não dispuseram previsão similar.

Apesar de a origem histórica da cláusula de *hardship* ser relacionada a uma condição material comum à teoria da quebra da base objetiva do negócio jurídico, o seu desenvolvimento deve-se a um movimento próprio do comércio internacional, que passou a elaborar cláusulas dotadas de requisitos mais claros do que aqueles genéricos previstos por essa e outras teorias que tratam sobre as alterações supervenientes das circunstâncias, assim como, para estabelecer procedimentos sobre como identificar e implementar as hipóteses de incidência desta cláusula, e definir sua eficácia sobre o contrato submetido aos efeitos de um fato futuro e incerto de natureza não condicional.[90]

A cláusula de *hardship*, portanto, pressupõe a elaboração voluntária de uma regulamentação para disciplinar eventos futuros e incertos,[91] prevendo, tanto quanto possível, os efeitos que podem afetar o adimplemento das prestações de uma ou ambas as partes, com o propósito de reduzir a imprevisibilidade que poderia decorrer do entendimento jurídico a respeito das diversas teorias que tratam sobre a matéria, tais como a teoria da pressuposição, teoria da imprevisão, teoria da quebra da base subjetiva, teoria da onerosidade excessiva e teoria da quebra da base objetiva do negócio jurídico.[92]

O tema é particularmente relevante aos contratos de longa duração, caracterizados pela existência de uma ou mais prestações protraídas no tempo, especialmente naqueles contratos nos quais duração é verdadeiro elemento causal, ou, como designa tradicionalmente a doutrina italiana, na qual a conservação do pacto integra o complexo do adimplemento contratual.[93]

A exposição ao decurso do tempo impõe estes contratos a um risco majorado de incidência de eventos externos, imprevisíveis e supervenientes à sua formação - sejam de ordem política, econômica ou social - que, na fase funcional, possuem o potencial de alterar o sinalagma genético e os riscos inerentes a natureza do contrato.

Neste contexto, as cláusulas de *hardship* se apresentam como instrumentos de adaptação dos contratos cujo sinalagma foi afetado por evento

90 Trata-se de fato não condicional, pois não previsto e não integrante do conteúdo do contrato, embora com irradiação de eficácia que de algum modo perturba o adimplemento regular.

91 Martins-Costa identifica o fenômeno e o descreve como uma busca por "fórmulas e métodos que permitam obstar, em alguma medida, os efeitos deletérios do tempo sobre a vida do contrato, adaptando-o a realidade superveniente ao momento de sua conclusão". A autora cita os diversos meios utilizados ao longo do tempo para atingir este objetivo, que vão "Desde o casus e a vis major dos romanos, levando à extinção, até a 'cláusula MAC (Material Adverse Change, também dita Material Adverse Event ou Material Adverse Effect - MAE)' dos investimentos acionários feitos nessa nossa Era da Incerteza; desde a cláusula rebus sic stantibus do Direito canônico medieval às cláusulas de salvaguarda, às 'government take clause', à variada tipologia das cláusulas de adaptação automática do preço e das cláusulas de hardship, que preveem uma renegociação não-automática do contrato." (MARTINS-COSTA, Judith. A cláusula de hardship e a obrigação de renegociar nos contratos de longa duração. **Revista de Arbitragem e Mediação**, São Paulo, v. 7, n. 25, p. 11-39, abr./jun. 2010. p.11, 24).

92 Para detalhamento destas teorias, ver: RODRIGUES JUNIOR, Otavio Luiz. **Revisão judicial dos contratos**: Autonomia da vontade e teoria da imprevisão. 2ª ed. São Paulo: Atlas, 2006. Sobre a Teoria da Base Subjetiva e Objetiva, ver: LARENZ, Karl. Geschäftsgrundlage und Vertragserfüllung: die Bedeutung ‚veränderter Umstände' im Zivilrecht. München: C. H. Beck, 1951. Ibidem. **Lehrbuch des Schuldrechts**. Allgemeiner Teil. Bd. 1. 14ª ed. München: Beck, 1987.

93 OPPO, Giorgio. I contratti di durata. **Rivista di Diritto commerciale**: Milano. 1943, p174.

superveniente, constituindo-se em elementos revisionais negociais[94] e não-automáticos[95], aptos a promover a conformação futura das prestações por meio dos mecanismos procedimentais previstos na própria cláusula.[96]

2. ELEMENTOS ESTRUTURAIS DA CLÁUSULA DE HARDSHIP

A expressão *hardship* é utilizada na língua inglesa para descrever situações de adversidade, infortúnio, sofrimento ou necessidade,[97] associando-se à noção identificada pela doutrina como um "evento" de *hardship*, que justifica a cláusula que possui a mesma denominação.

O evento de *hardship* consiste em qualquer fato ou circunstância que, sem impossibilitar a execução da obrigação, institua uma dificuldade ou rigor excessivo à sua prestação por uma das partes, seja pelo aumento substancial dos custos de sua execução ou pela redução do valor em receber a contraprestação, afetando o equilíbrio das cargas econômicas distribuídas contratualmente na fase genética, para além da elasticidade inerente aos riscos normais ou naturais de um determinado contrato.

As cláusulas de *hardship*, por sua vez, são previsões contratuais utilizadas especialmente nos contratos internacionais, que disciplinam condições, parâmetros e procedimentos a serem adotados pelas partes na hipótese de

---

94 No mesmo sentido, aplica-se, ainda, a expressão "transacionais" no sentido de que a cláusula promoverá a renegociação (ou transação) entre os contratantes, possibilitando a revisão derivada de ato da autonomia privada das partes, que podem chegar, elas mesmas, a novas bases contratuais reestruturantes do sinalagma original do contrato.

95 MARTINS-COSTA. Judith. A cláusula de hardship e a obrigação de renegociar nos contratos de longa duração. **Revista de Arbitragem e Mediação**, São Paulo, v. 7, n. 25, abr/jun 2010, p. 12, classifica as cláusulas negociadas pelas partes para adaptação dos contratos em: "*(a) cláusulas de adaptação automática, cuja atuação ocorre quando o evento previsto se realiza (exemplificativamente, as cláusulas de reajuste de preço por ato das partes, indexadas a tal ou qual valor); (b) cláusulas que preveem uma adaptação semiautomática, como as que estipulam a "resolução-salvaguarda" ou chamadas "cláusulas de alinhamento" (por exemplo, pela oferta de um concorrente, ou a chamada "cláusula de cliente mais favorecido"); e, finalmente, (c)* ***as cláusulas não-automáticas, que implicam a obrigação de renegociação do contrato, para – mediante a renegociação – alcançar-se a revisão que possibilitará o reequilíbrio do contrato, ferido pelas circunstâncias supervenientes que vieram a modificar o seu equilíbrio global.***" (grifos nossos). No mesmo sentido: GHESTIN, Jacques; BILLIAU, Marc. **Le prix dans les contrats de longue durée.** Paris: LGDJ, 1990, p.137.

96 As partes, ao estabelecer o conteúdo da cláusula de *hardship* podem até mesmo determinar que, não chegando elas mesmas, em negociação autônoma, a novos termos para adaptar o contrato, o pacto possa ser revisado por um terceiro consensualmente escolhido, seja árbitro, mediador ou *dispute board*, seguindo parâmetros e limites também delineados na cláusula e agindo dentro dos limites consensualmente estabelecidos no contrato.

97 Livre tradução dos sinônimos apresentados no dicionário de Inglês de Cambridge, consultado no site https://dictionary.cambridge.org/dictionary/english/hardship, acesso em 15/07/2023.

ocorrência do evento de *hardship*, prevendo tradicionalmente hipóteses de revisão das prestações ou o modo de sua realização, a serem conformadas diretamente pelas partes ou por um terceiro[98] por elas designado, com o objetivo de manter o contrato em condições tais que preserve do melhor modo possível o equilíbrio jurídico estipulado no instrumento original.

Essa definição corresponde ao que a doutrina clássica sobre a matéria tem desenvolvido, alguns com acento na noção de afastamento de um "rigorismo injusto"[99] no caso de manutenção as condições originais, ou no sentido de que a cláusula visa manter "o equilíbrio primitivo das obrigações das partes".[100]

A primeira dificuldade estrutural para tratar da cláusula de *hardship* é diferenciar o seu âmbito de atuação daquele próprio das teorias desenvolvidas durante o final do século XIX e século XX para tratar da alteração superveniente das circunstâncias[101].

Embora seja afirmação óbvia, a circunstância de a cláusula de *hardship* decorrer de um ato de autonomia privada, merece um enfrentamento da diferenciação dessa condição em face da regulação legal prevista em disposições como as do art. 317,[102] art. 393[103] e art. 478[104] do Código Civil brasileiro, nas quais há normas cogentes com pressupostos de fato e efeitos estáticos que em nada se assemelham às disposições contratuais que podem regular efeitos similares.

O legislador brasileiro não tratou expressamente da cláusula de *hardship*, seja com essa ou com outra denominação, todavia a disposição do Art. 316[105]

---

98 Neste caso, é denominada de cláusula de *hardship* heterônoma.

99 OPPETIT. Bruno. L'adaptation des contrats internationaux aux changements de circonstances: la clause de hardship. In: **Journal du Droit International**, v. 101, nº 4, oct/dec-1974. p. 797.

100 GOMES, Orlando. A *"hardship clause"* no contrato de empreitada. Em **Novíssimas Questões de Direito Civil**. São Paulo: Saraiva, 1984, p. 143.

101 Orlando Gomes afirma que: "Não se trata de aplicação especial da teoria da imprevisão à qual alguns querem reconduzir a referida cláusula, no vezo condenável de 'transferir mecanicamente os institutos do armário civilístico clássico aos novos contratos comerciais'. Trata-se de nova técnica para encontrar uma adequada reação à superveniências que alterem a economia das partes para manter [...] sob o controle das partes, uma série de controvérsias potenciais e para assegurar a continuação da relação em circunstâncias que segundo os esquemas jurídicos tradicionais, poderíamos levar a resolução do contrato." Ibidem., p. 143.

102 Art. 317. Quando, por motivos imprevisíveis, sobrevier desproporção manifesta entre o valor da prestação devida e o do momento de sua execução, poderá o juiz corrigi-lo, a pedido da parte, de modo que assegure, quanto possível, o valor real da prestação.

103 Art. 393. O devedor não responde pelos prejuízos resultantes de caso fortuito ou força maior, se expressamente não se houver por eles responsabilizado.

104 Art. 478. Nos contratos de execução continuada ou diferida, se a prestação de uma das partes se tornar excessivamente onerosa, com extrema vantagem para a outra, em virtude de acontecimentos extraordinários e imprevisíveis, poderá o devedor pedir a resolução do contrato. Os efeitos da sentença que a decretar retroagirão à data da citação.

105 Art. 316. É lícito convencionar o aumento progressivo de prestações sucessivas.

do Código Civil, que foi desenvolvida para deixar clara a licitude das chamadas "cláusulas de escala móvel"[106] nos contratos com prestação pecuniária, contém disposição suficientemente genérica para permitir um "guarda-chuvas" normativo sobre a possibilidade de afastamento das normas cogentes relativas à alterações supervenientes, quando as partes expressamente dispuserem sobre a matéria.

Ou seja, há permissão normativa para a cláusula de *hardship*, razão pela qual é possível a regulação autônoma da matéria, apesar do caráter cogente das normas que tratem sobre fatos imprevisíveis, seja na regulação pelo Código Civil do resultado inevitável de fato superveniente (art. 393, parágrafo único[107]), seja nas hipóteses de alteração das circunstâncias que criem onerosidade excessiva (art. 317 e art. 478).[108]

Essa permissão normativa é elemento essencial para aferição da validade da cláusula de *hardship*, já que a regulação do Código Civil não alcança todas as esferas do Direito Privado, havendo espaços de regulação cogente que afastam a regulação convencional, tal como se vê no sistema do Código de Defesa e Proteção ao Consumidor brasileiro, cujo art. 6º, V, [109] estabelece de modo direto e claro, sob a estrutura de um "direito subjetivo do consumidor", a possibilidade de revisão contratual. Essa disposição, conjugada com as disposições do art. 51 e art. 54[110] do mesmo diploma legal, autorizam a afirmação de que nos contratos de consumo não há espaço normativo equivalente ao previsto no Código Civil, para as cláusulas de *hardship*.

Isso significa que, não obstante a cogência das normas que versam sobre a impossibilidade e sobre alteração superveniente das circunstâncias no âmbito das relações privadas reguladas pelo Código Civil, a cláusula de *hardship* permite o afastamento das mesmas, tendo em vista que a disposição legal do Art.

---

106 FERREIRA DA SILVA, Jorge Cesa. **Adimplemento e Extinção das Obrigações**. São Paulo: Revista dos Tribunais, 2006, p. 159.

107 Art. 393. Parágrafo único. O caso fortuito ou de força maior verifica-se no fato necessário, cujos efeitos não era possível evitar ou impedir.

108 A esse propósito, os Princípios UNIDROIT inserem a hardship no capítulo sobre a execução do contrato, tratando da força maior no capítulo relativo à sua extinção. Para a íntegra dos princípios do UNIDROIT (L'Institut internacional pour l'unification du droit privé) acessar https://www.unidroit.org/wp-content/uploads/2021/06/Unidroit-Principles-2016-Portuguese-bl.pdf. Neste sentido: GAMA JÚNIOR, Lauro. **Contratos internacionais à luz dos princípios do UNIDROIT 2004**: soft Law, arbitragem e jurisdição. Rio de Janeiro: Renovar, 2006, p. 364.

109 Art. 6º, inciso V do CDC dispõe que é direito básico do consumidor "a modificação das cláusulas contratuais que estabeleçam prestações desproporcionais ou sua revisão em razão de fatos supervenientes que as tornem excessivamente onerosas";

110 O Art. 51 estabelece as hipóteses de nulidade de pleno direito de cláusulas relativas ao fornecimento de produtos e serviços, enquanto o Art. 54 disciplina os efeitos dos contratos de adesão no caso de incidência do CDC.

316 do Código Civil permite que as partes substituam a regulação da matéria por meio de regramento contratual equivalente sob o ponto de vista estrutural.[111]

Do mesmo modo, a cláusula de *hardship* não encontra vedação no Direito Internacional Privado. Segundo os princípios do UNIDROIT[112], assim como pelo entendimento pacífico da doutrina,[113] ainda que a lei de regência de um contrato internacional não possua disposição que permita a revisão do contrato por conta de alterações supervenientes, a cláusula de *hardship* tem validade e seus mecanismos podem ser aplicados, desde que o seu conteúdo não viole outras normas cogentes do sistema regente.

Estabelecida essa importante distinção, passa-se a tratar sobre os elementos da cláusula contratual, quais sejam: condições, parâmetros e procedimentos a serem adotados pelas partes na hipótese de ocorrência do evento de *hardship*.[114]

---

111 FERREIRA DA SILVA, Jorge Cesa. **Adimplemento e Extinção das Obrigações**. São Paulo: Revista dos Tribunais, 2006, p. 159. O autor, assim como os autores deste artigo, identifica no Art. 316 do Código Civil a cláusula de escala móvel nas prestações pecuniárias, bem como as cláusulas de repasse de custos de aumento de prestações em contratos duradouros, como também as cláusulas de *hardship*.

112 O preâmbulo dos "Princípios UNIDROIT Relativos aos Contratos Comerciais Internacionais", que relaciona os objetivos dos princípios, determina que os princípios "devem ser aplicados caso as partes tenham acordado que o seu contrato será regulado por eles".

113 Neste sentido: BAPTISTA, Luiz Olavo. O risco nas transações internacionais: problemática jurídica e instrumentos de defesa. **Revista de Direito Público**, São Paulo, n. 66, p. 265-273, abr./jun. 1983. GLITZ, Frederico Eduardo Zenedin. **O contrato e sua conservação**: lesão e cláusula de hardship. Curitiba: Juruá, 2008; BARRETO, Gabriel de Almeida. Hardship in international commercial contracts: a comparative analysis of the rules in transnational commercial law. **Revista da Faculdade de Direito [da] Universidade de São Paulo**, São Paulo, v. 111, p. 693-728, jan./dez, 2016; BONELL, Michael Joachim. **An international restatement of contract law: the UNIDROIT principles of international commercial contracts**. 3. ed. New York: Transnational Publishers, 2005; CRETELLA NETO, José. **Contratos internacionais: cláusulas típicas**. Campinas: Millennium, 2011.

114 Para Frignani os três elementos principais da cláusula são: (I) a especificação dos pré-requisitos ou fatos que constituem um evento de hardship para o contrato em questão; (II) o procedimento para invocar a cláusula de hardship, caso venha a ocorrer uma circunstância disruptiva, e (III) o método utilizado para realizar a adaptação do contrato. FRIGNANI, Aldo. La Hardship clause nei contratti internazionali e le tecniche di allocazione dei rischi negli ordinamenti di civil e di comon law. **Rivista di Diritto Civile**, Padova, p.1, p.680-712, p.701. Já para Costa e Nusdeo, enquadram os componentes materiais da cláusula em Hipótese (o evento e sua invocação) e Regime (método utilizado para renegociar) da cláusula contratual. COSTA, José Augusto Fontoura; NUSDEO, Ana Maria de Oliveira. As cláusulas de força maior e de 'hardship' nos contratos internacionais. **Revista de Direito Mercantil, Industrial, Econômico e Financeiro**. São Paulo, n.97, p.76-103, 1995. p. 77. Para Fontaine e Ly a cláusula se compõe de duas partes: a primeira com a descrição das situações que ensejam uma hardship para a economia específica do contrato e, a segunda, com as consequências desta ocorrência para as prestações e para o contrato em si. FONTAINE, Marcel; LY, Filip de. **Drafting international contracts**. 2. ed. Leiden: Martinus Nijhoff, 2009. p. 460-470.

O primeiro elemento a ser enfrentado na cláusula de *hardship* diz respeito às condições, ou melhor, as hipóteses de sua incidência, que determinarão o que é um evento de *hardship* para aquele contrato.

De modo distinto das hipóteses de incidência das normas cogentes, que levam em consideração os elementos legais e sociais típicos que caracterizam os riscos normais de um contrato e o que é extraordinário ou imprevisível, a liberdade contratual permite que as partes "desenhem" de modo mais aberto ou fechado as condições de incidência da cláusula.

Considera-se uma regulação aberta aquela na qual as partes descrevem fatos genéricos ou mais amplos, sem identificar eventos determináveis e precisos que irão provocar sua incidência. Uma regulação aberta exigirá maior esforço interpretativo no momento de sua utilização pois será dotada de certo grau de incerteza e generalidade que pode ser comparável, em maior ou menor medida, às hipóteses legais que regulam a revisão contratual[115].

Pela utilização de disposições abertas relativamente às hipóteses de incidência, podem as partes reduzir seus riscos em detrimento da manutenção das condições originais, estabelecendo, por exemplo, que todo e qualquer evento que modifique o equilíbrio entre as cargas econômicas do contrato justifique a sua aplicação.

115 Um exemplo de cláusula de hardship aberta (em todos os seus elementos) é o modelo fornecido pela Câmara Internacional de Comércio (ICC), atualizado em 2020 devido ao impacto provocado pela pandemia do COVID19, para a seguinte redação: "**1.** A parte em uma relação contratual é obrigada a adimplir suas obrigações ainda que fatos tornem o cumprimento do contrato mais oneroso do que se podia razoavelmente esperar ao tempo da sua celebração. **2.** Não obstante o parágrafo 1º desta Cláusula, quando a parte comprovar que: **a)** o cumprimento das suas obrigações contratuais se tornou mais oneroso devido a um evento que não poderia ter sido razoavelmente levado em consideração ao tempo da conclusão do contrato; e que **b)** o evento ou suas consequências não poderiam ter sido razoavelmente evitados ou superados, as partes estão obrigadas, dentro de um prazo razoável do recurso a esta Cláusula, a renegociar os termos do contrato de uma forma que permita a razoável superação das consequências do evento. (**escolha uma das alternativas seguintes**) (**3a.** Resolução pela parte). Quando aplicável o parágrafo 2º desta Cláusula sem que as Partes tenham sucesso em acordar novos termos contratuais conforme o referido parágrafo, a parte que invocar esta Cláusula poderá resolver o contrato, todavia, não poderá, sem o consentimento da outra parte, requerer que um juiz ou árbitro o adapte. (**3b.** Resolução ou adaptação pelo Juiz). Quando aplicável o parágrafo 2º desta Cláusula sem que as Partes tenham sucesso em acordar novos termos contratuais conforme o referido parágrafo, qualquer uma das partes poderá requerer ao juiz ou árbitro que adapte o contrato com o objetivo de restaurar o seu equilíbrio, ou que o resolva, conforme apropriado. (**3c.** Resolução pelo juiz). Quando aplicável o parágrafo 2º desta Cláusula sem que as Partes tenham sucesso em acordar novos termos contratuais conforme o referido parágrafo, qualquer uma das partes poderá requerer ao juiz ou árbitro que resolva o contrato." (https://www.iccbrasil.org/media/uploads/2020/04/30/forca-maior-e-hardship.pdf. Acesso em 30/07/2023).

Isso não significa, necessariamente, um afrouxamento contratual, pois conforme for a solução prevista pela cláusula sobre quais serão os efeitos do evento de *hardship*, isso pode tornar o contrato mais estável e equilibrado.

Considera-se, por outro lado, uma regulação fechada, aquela que elenca eventos mais específicos, tais como variação de preços de determinado produto em proporção maior do que "x" porcento, ou a duração de eventos extraordinários que impeçam o transporte de uma mercadoria por mais de "x" dias etc., restringindo a possibilidade interpretativa e aumentando o grau de previsibilidade sobre as hipóteses de incidência da cláusula de *hardship*.

Isso significa que a *hardship* não exige a demonstração dos requisitos que são desenvolvidos pelas teorias que tratam sobre quebra da base, imprevisão ou onerosidade excessiva, embora possam ser mais restritos ou amplos. O próprio evento de *hardship*[116] dependerá do desenho contratual para se configurar, assim como as condições e os efeitos da cláusula não dependerão da simples ocorrência de algum evento externo, mas da materialização do evento descrito na condição de incidência da cláusula.

Exemplificativamente, em um contrato de fornecimento de longa duração, poderia ser especificado preambularmente que o preço de venda do produto foi negociado em patamares abaixo daqueles usuais de mercado em x%, na expectativa de obter-se o rendimento econômico desejado através da continuidade do contrato por um período mínimo de [xx] anos e/ou em um volume mínimo de vendas mensais ou anuais.

A profundidade do detalhamento da dimensão causal irá variar de acordo com a complexidade e grau de abstração do contrato, podendo gerar cláusulas bastante específicas (por exemplo: o aumento de X% no custo da matéria-prima) ou mais abertas (por exemplo: na superveniência de eventos econômicos afetando o valor da prestação "x" em pelo menos 70%)[117].

Uma alternativa que pode ser utilizada, isolada ou concomitantemente, na caracterização do evento de *hardship*, é a definição negativa, ou seja, especificar quais circunstâncias não constituem um evento subversor ao equilíbrio

---

116 GOMES, Orlando. A "hardship clause" no contrato de empreitada. *In*: ____. **Novíssimas questões de Direito Civil**. São Paulo: Saraiva, 1984. p. 187.

117 Com base no diferente grau de especificidade encontrado nas disposições contratuais das cláusulas de *hardship*, Ullmann as classifica em restritivas e abertas, referindo que as restritivas limitarão um evento episódico e pontual, por vezes mais fácil de detectar ou interpretar. Em contrapartida, as cláusulas abertas inserem termos gerais, que exigirão maior interpretação no momento de sua utilização. ULLMAN, Harold. Enforcement of hardship clauses in the French and American legal systems. **California Western International Law Journal**, San Diego, v. 19, n. 1, p. 81-119, 1988. p. 82.

daquele contrato, deste modo afastando a invocação da cláusula em situações específicas e determináveis.

O segundo elemento da cláusula de *harship* diz respeito ao regramento dos efeitos decorrentes de sua hipótese de incidência.

Embora a cláusula contratual possa privilegiar tanto resolução do contrato quanto a sua revisão, a evolução histórica e, portanto, a tipicidade social da cláusula de *harship* privilegia a revisão do contrato e a sua renegociação.[118]

Tradicionalmente a cláusula de *hardship* excepciona o cumprimento do contrato em situações nele pré-definidas e delimitadas (em elástica ou rígida extensão e em maior ou menor rigor de detalhamento), autorizando o rearranjo das prestações.

A previsão quanto aos efeitos no contrato quando da ocorrência do evento de *hardship* normalmente é muito elástica, dependendo da natureza do contrato e de quanto as partes detiveram-se sobre o modo de revisá-lo, e pode determinar desde uma simples obrigação de renegociação, indicando parâmetros e diretrizes gerais para restabelecimento do equilíbrio jurídico do contrato, até estabelecer um detalhamento mais extenso sobre os critérios de equivalência da prestação, seja em relação a divisão de custos para contornar os efeitos de um evento (por exemplo, uma guerra), o realinhamento de preços de mercadorias nas hipóteses de elevação brusca do preço de matérias-primas, etc.

Ou seja, a lógica da cláusula de *hardship* será a de estabelecer parâmetros para a conservação do contrato, indicando os critérios de reordenação atribuições econômicas e prestações para a manutenção do equilíbrio e comutatividade contratual.

A doutrina costuma acentuar que pela circunstância de a cláusula de *hardship* privilegiar a conservação do contrato, constitui-se em verdadeira cláusula de flexibilização, dotada de dinamicidade suficientemente especificada[119],

---

118 Costa e Nusdeo referem à "nítida função conservatória do negócio jurídico" das cláusulas de Hardship afirmando que se trata de "cláusula de readaptação do contrato, prevendo a renegociação pelos contratantes dos termos contratuais, quando a execução houver se tornado inútil ou demasiado onerosa para uma delas, em vista das modificações imprevistas de circunstâncias que embasaram o negócio." (COSTA, José Augusto Fontoura; NUSDEO, Ana Maria de Oliveira. As cláusulas de força maior e de *hardship* nos contratos internacionais. **Revista de Direito Mercantil, Industrial, Econômico e Financeiro**, São Paulo, n.97, p.76-103, 1995). No mesmo sentido: CESARO, Vincenzo Maria. **Clausola di rinegoziazione e conservazione dell'equilibrio contrattuale**. Nápoles: ESI, 2002, p. 10.

119 SORNARAJAH, M. Supremacy of the renegotiation clause in international contracts. **Journal of International Arbitration**, London, v. 5, n. 2, p. 97-114, 1988. p. 106.

que se desenvolverá e se transformará ao longo da execução do contrato,[120] em benefício de sua eficácia obrigatória.

Vislumbradas sob este prisma, as cláusulas de *hardship* são mecanismos de adaptação dos contratos,[121] pois estruturalmente tornam o contrato dinâmico e permeável a transformações funcionais, sem afastar a sua eficácia obrigatória e sua vigência. Pelo contrário, esse instrumento de adaptação permite que se alcance melhor os fins e o próprio adimplemento dos contratos de duração, tais como preconizado por Giorgio Oppo.[122]

Uma análise deste processo de adaptação a partir de um viés sociológico, permite dizer que a cláusula de *hardship* atua para afastar uma regulação exógena, imprimindo ao contrato uma capacidade de autorregulação para adaptar-se, por meio de regras nele próprio contidas, ao meio no qual está inserido, ou, como descrito nessa doutrina, adaptar-se ao meio envolvente, em constante e imprevisível mutação[123]. A revisão contratual, portanto, não representaria a fragmentação de sua eficácia normativa, mas uma unicidade que decorre da autoreferencialidade[124] de suas operações, que permite ao contrato dizer o que é e o que não é parte de seu sistema regulador, incorporando para si apenas o que estiver de acordo com sua natureza particular.

Neste sentido, é importante destacar que não é possível interpretar os efeitos da incidência da cláusula constantes no dispositivo contratual a partir de pressupostos doutrinários das teorias que tratam sobre a alteração superveniente das circunstâncias, mas sim, das normas gerais de interpretação dos contratos, tais como as previstas nos arts. 112 e 113 do Código Civil[125].

Para tornar mais concreta a determinação dos efeitos da ocorrência de um evento de *hardship*, parte da doutrina afirma que as soluções abertas são

---

120 Por esta razão, Fabre as define como "une chose vivante". FABRE, Regis. Les clauses d'adaptation dans les contrats. **Revue Trimestrielle de Droit Civil**, Paris, n. 82, n. 1, p. 1-30, 1983. p.4.

121 BATISTA, Luiz Olavo. **Dos contratos internacionais**: Uma visão teórica e prática. São Paulo: Saraiva, 1994. p.144.

122 OPPO, Giorgio. I contratti di durata. **Rivista di Diritto commerciale**, Milano, n. 5-6, p. 143-180, 1943.

123 TEUBNER, Gunther. **Hyperzyklus im recht und organisation**: Zum Verhaltnis von Selbstbeobachtung. *In*: SINN, Kommunikation und soziale Differenzierung. **Beiträge zu Luhmanns Theorie sozialer Systeme**. Frankfurt: Suhrkamp 1987. p. 105-107.

124 Ibiden. Grundsatz von Treu und Glauben. *In*: **Kommentar zum Bürgerlichen Gesetzbuch**: Band 2: Allgemeines Schuldrecht. Neuwied: Luchterhand, 1980. Em sentido similar, Luhmann entende que autorreferência e circularidade constituem o princípio vital (tradução livre de Gestalt Prinzip) dos sistemas, inclusive dos sistemas sociais. (LUHMANN, Niklas. **Soziale systeme. grundiss einer allgemeinen theory**. Frankfurt: Surkampf, 1984. p. 24-25).

125 Art. 112. Nas declarações de vontade se atenderá mais à intenção nelas consubstanciada do que ao sentido literal da linguagem. Art. 113. Os negócios jurídicos devem ser interpretados conforme a boa-fé e os usos do lugar de sua celebração.

de pouca valia, sendo recomendado que os parâmetros de renegociação esclareçam, da maneira mais completa possível, o que Ullman[126] denomina "*framework for parties to renegotiate*".

Exemplo disso é a prévia pactuação dos limites aceitáveis de revisão das prestações, incrementando a redação com detalhes típicos de cláusulas de *best effort*, contendo o tipo e o *quantum* de esforço que as partes se dispõem a sujeitar-se em nome da continuidade do contrato, até mesmo para estabelecer que além de tais limites, o contrato perde sua utilidade. Nesse caso a cláusula de *hardship* é conjugada com cláusula resolutiva, pois estabelece os limites da renegociação e manutenção. Ultrapassados tais limites, o caminho será a resolução do contrato.

Exemplificativamente, pode ser determinado na cláusula que os atos para evitar ou contornar os efeitos do evento de *hardship* serão considerados razoáveis se não agregarem custos superiores a "x"% da margem bruta (ou líquida) obtida pelo contrato nos últimos "x" meses. Ou ainda, fixar pressupostos de que apenas o preço será alterado, ou somente o prazo de entrega, ou ainda, que as alterações ocorrerão desde que o preço não se eleve acima do valor de mercado que poderia ser obtido pela outra parte.

Tendo em vista que o recrudescimento das prestações causado pela *hardship* pode ser temporário, é possível, ainda, prever que, se tratando de circunstâncias transitórias, nova adaptação do contrato seja realizada assim que cessarem os efeitos danosos do evento disruptivo, retomando, tanto quanto possível, os valores anteriormente estabelecidos no contrato.

O terceiro elemento integrante da cláusula é o procedimento previsto para sua operacionalização na hipótese de uma ou ambas as partes identificarem a ocorrência do evento de *hardship*.

Do mesmo modo que os elementos anteriores, é possível encontrar graus variados de abertura da disposição, que vão desde a simples imposição do "dever de renegociar" a revisão contratual, até a previsão de procedimentos complexos de notificação, resposta e, até mesmo, remessa à participação de terceiros no processo de ajuste das obrigações contratuais.

Apesar de todo o debate na doutrina nacional a respeito do "dever de renegociar"[127] como efeito da boa-fé objetiva, a questão posta na cláusula

---

126 ULLMAN, Harold. Enforcement of hardship clauses in the French and American legal systems. **California Western International Law Journal**, San Diego, v. 19, n. 1, p. 81-119, 1988. p. 82.

127 Sobre o dever geral de renegociar, ver debate realizado no cenário nacional, com posições opostas, entre: SCHREIBER, Anderson. **Equilíbrio Contratual e Dever de Renegociar**. 2. ed. São Paulo: Saraiva Educação, 2020 e MARTINS-COSTA, Judith. Impossibilidade de prestar e a excessiva onerosidade superveniente na relação entre shopping center e seus lojistas. Revista da Faculdade de Direito da Universidade de Lisboa. Número Temático: COVID-19 e o Direito. Ano LXI. Nº 1, 2020, p. 391-427.

de *hardship* é distinta, pois uma das soluções mais comuns para os contratos de duração é o estabelecimento de procedimentos para renegociar ou simplesmente adotar a solução da obrigação de as partes renegociarem o conteúdo ou modo de realizar as prestações nas hipóteses de incidência.

Embora o dever de renegociar tenha limites importantes sobre o ponto de vista do seu cumprimento e dos efeitos do eventual descumprimento desse dever, quanto mais longo o contrato, mais imprevisíveis podem ser os fatos que de algum modo atuam para perturbá-lo.

Veja-se, por exemplo, a administração de usinas hidrelétricas, gestão de canais de gás e óleo, entre outros contratos que são celebrados para vigorar durante décadas e que estão sujeitos aos efeitos de transformações absolutamente imprevisíveis, passando por pandemias, mudança de papéis de países no cenário internacional ou mesmo o seu desaparecimento, além de alterações profundas nas ordens jurídicas nacionais. Nesse cenário, prever procedimentos detalhados sobre como solucionar e como revisar o contrato pode criar dificuldades tão grandes quanto fazer previsões sobre o imprevisível.

De qualquer modo, é comum que a cláusula estabeleça procedimentos de notificação de uma das partes à outra, comunicando a intenção de modificar o contrato, bem como, estabelecendo procedimentos e prazos para a condução e conclusão das tratativas antes de início da aplicação das cláusulas de adjudicação do conflito por terceiros.

É possível que parte do procedimento seja a atribuição do "arbitramento" da solução a um terceiro com conhecimento técnico ou comercial sobre determinado tema. Essa hipótese não se confunde com a arbitragem, que é norma de adjudicação para solver conflito, pois neste caso, as partes antecipadamente escolhem quem será o terceiro que indicará o modo de acomodação das prestações e viabilização do contrato, e sua manifestação não terá a eficácia de uma decisão arbitral, mas de um arbitramento material sobre o conteúdo do contrato, aos moldes do que o Código Civil estabelece no art. 485, ao dizer que o preço pode ficar ao "arbítrio de terceiro".[128]

---

128 As partes podem determinar que, não chegando elas mesmas, em negociação autônoma, a novos termos para adaptar o contrato, possa haver a revisão por um terceiro consensualmente escolhido (árbitro, mediador, dispute board etc.). Todavia, é importante distinguir o "arbitramento por terceiro" da "arbitragem como norma de adjudicação". No primeiro caso, a interveniência do terceiro visa auxiliar ou substituir as partes no procedimento de renegociação, devendo interpretar e aplicar os parâmetros e limites estabelecidos na cláusula. Seus pareceres ou decisões não são vinculantes, apesar de poderem assumir força obrigatória se as partes assim convencionaram na cláusula de *hardhip*. Não obstante, o reconhecimento jurídico de qualquer efeito vinculativo dependerá de posterior declaração judicial. Já no segundo caso, a decisão do árbitro terá força vinculativa, substituindo a vontade das partes, dentro dos limites estabelecidos no contrato.

Ainda que parte da doutrina tenha fundados receios da intervenção de terceiros na revisão dos contratos, a previsão de intervenção exógena na cláusula de *hardship* para o restabelecimento do equilíbrio contratual pode surtir efeitos positivos no incentivo a cooperação das partes, evitando que a Parte que, em tese, for prejudicada pela readaptação das prestações, se recuse a renegociar. A incerteza quanto à decisão do terceiro poderá constrangê-la a cooperar[129].

Ademais, a intervenção exógena pode ter sua função restrita a apenas determinar se houve ou não um evento de *hardship* segundo as regras do contrato. Como existe a possibilidade de que a parte notificada não reconheça a situação reportada pelo contratante onerado como um evento de *hardship* é prudente definir quem decidirá a esse respeito, caso este impasse venha a se instaurar. Podem as partes avençar que será acatada a decisão de um arbitrador escolhido, dando obrigatoriedade a sua decisão, ou ainda, que submeterão a questão a um *dispute board*, ou recorrerão à uma solução adjudicatória.

Pode-se, ainda, estabelecer penalidades para o descumprimento de prazos, ou oferecimento de propostas meramente protelatórias, ou mesmo para o não reconhecimento injustificado de um evento como de *hardship*. A aplicação destas multas poderá ser vinculada à decisão exógena.

Os três elementos da cláusula de *harship* enfrentam o paradoxo de que a precisão delimitativa não deve lhe retirar a generalidade, crucial para que a estrutura da cláusula não reduza sua funcionalidade e permita a readaptação do contrato, que têm como característica a imprevisibilidade. O desafio da redação de uma cláusula de *harship* é, torná-la um mecanismo a um só tempo muito elaborado e muito genérico de adaptação dos contratos. [130]

A dicotomia entre a abertura e a delimitação possuem evidente oposição estratégica, sendo recomendável o estabelecimento de premissas genéricas que permitam sua aplicação, sem prejuízo de conter certo grau de elaboração e detalhamento, reforçando a importância da escolha de caminhos a serem seguidos.[131]

Encontrar os limites entre a flexibilidade e a precisão é o grande desafio na elaboração destas cláusulas. Por um lado, a imprecisão não pode ser total, sob

---

129 No mesmo sentido: COSTA, José Augusto Fontoura; NUSDEO, Ana Maria de Oliveira. As cláusulas de força maior e de '*hardship*' nos contratos internacionais. **Revista de Direito Mercantil, Industrial, Econômico e Financeiro**. São Paulo, Revista dos Tribunais, 1995. n.97, p.76-103. p.85.

130 Destacando este aspecto, Opetit afirma que a cláusula de hardship "c'est celle qui nous retiendra tout spécialement ici, car c'est certainement celle qui corresponda u mécanisme le plus élaboré et le plus general d'adaptation d'um contrat international à de nouvelles données et qui, à ce titre, soulève les problèmes juridiques les plus intéressants." (OPPETIT, Bruno. L'adaptation des contrats internationaux aux changements de circonstances: la clause de hardship. **Journal du Droit International**, Paris, v. 101, n. 4, p. 794-814, oct/dec.1974. p. 797).

131 RODIERE, René; TALLON, Denis. Les modifications du contrat au cours de son exécution em raison de circonstances nouvelles. Paris: Pedone, 1986. p. 177.

pena de se tolerar o vago, o incerto, que traz o risco da subjetividade da interpretação. Por outro lado, a precisão pode limitar demasiadamente as soluções para situações imprevistas, esvaziando funcionalmente a cláusula e frustrando o objetivo de conservação do contrato por conta de uma solução muito restritiva e inviável.

3. FUNCIONALIDADE DAS CLÁUSULAS DE HARDSHIP

A função primordial da das cláusulas de *hardship* é promover a conservação de contratos de longa duração diante de eventos incertos, não importando se esses fatos sejam previstos ou imprevisíveis, desde que estejam identificados na cláusula como sendo fatores de sua incidência.

Ou seja, a razão pela qual as partes ajustam uma cláusula de *hardship* é estabelecer mecanismos para solução de situações incertas que não comportam regulação plena no contrato, seja por sua extrema aleatoriedade, seja por não serem comuns aos riscos naturais daquele tipo contratual ou mesmo por conta de sua absoluta imprevisibilidade.

A cláusula também serve para evitar que riscos extraordinários àqueles assumidos pelas partes provoquem desequilíbrios entre as prestações ou na economia do contrato, permitindo dispensar a necessidade de aguardar uma solução heterocompositiva e adjudicatória, que normalmente é desgastante, morosa e pouco previsível, tendo em vista as diversas teorias que tratam sobre a alteração superveniente das circunstâncias, algumas de caráter mais objetivo como é a teoria da quebra da base objetiva do negócio jurídico e outras mais subjetivas como a teoria da imprevisão.

Não obstante a matéria seja regulada legislativamente tanto no Direito brasileiro como em ordenamentos do Direito Comparado, a interpretação e o significado das disposições legais não têm uma coerência e unidade plena, trazendo insegurança sobre a sua definição.

Parte da doutrina identifica que, além das funções acima mencionadas, a cláusula de *hardship* é dotada de dupla funcionalidade conservativa: uma negativa, visando evitar a resolução do contrato, e outra positiva, cujo fim é restabelecer o equilíbrio e comutatividade rompidos por um evento de *harship*[132].

A função conservativa a adequa aos contratos de duração, para os quais o tempo é elemento essencial, pois a utilidade primordial nesses contratos é manter o mercado, impedir rupturas, assegurar a continuidade das atividades,

---

132 GLITZ, Frederico Eduardo Zenedin. **Contrato e sua Conservação**: Lesão e Cláusula de Hardship, 1 ed.
Curitiba: Juruá, 2012. p. 167.

evitando a resolução, ainda que por determinado período exista algum desequilíbrio, pois é de sua essência a permanência, tal como são os contratos de distribuição, franquia, concessão, etc.[133]

Nestes contratos a duração integra o interesse dos contratantes a tal ponto, que torna especialmente relevante a inclusão de cláusulas de renegociação como a de *hardship*, para viabilizar o objetivo maior da avença continuativa que é manutenção da contratualidade, ainda que com alteração do contrato original, auxiliando no cumprimento da função daquele negócio jurídico.

Em relação a função de preservação do equilíbrio jurídico original contrato, é importante notar que ela visa preservar a comutatividade contratual, o que não significa manter a igualdade econômica nos moldes originais ou a equivalência absoluta de atribuições patrimoniais. Havendo desequilíbrio nas obrigações assumidas desde a formação do contrato, o retorno ao equilíbrio irá apenas cuidar de restabelecer o mesmo grau de onerosidade contratado.

Sob a perspectiva da utilidade do negócio jurídico, alguns autores[134] apontam uma possível função "adaptativa" da autonomia privada que poderia ser exercida pela cláusula, sugerindo a possibilidade de, com vistas ao objetivo primário de conservação do contrato, evitar a extinção de um contrato que ainda pode ser útil, através da alteração ampla do contrato, atendendo ao mútuo interesse das partes. Neste sentido, seria razoável a modificação desde o objeto da obrigação principal (por exemplo, a mudança da prestação ou do prazo da execução), até à novação (supressão e criação) de uma ou de várias obrigações[135], respeitados os limites legais estabelecidos para a atipicidade contratual[136].

---

133 Oppo refere que para os contratos de longa duração, o tempo não será mero acessório da obrigação, mas característica individualizante da prestação, de tal modo que a obrigação não é extinta pelo seu adimplemento, mas sim, pelo transcurso do tempo, ou seja, pela duração. OPPO, Giorgio. I contratti di durata. **Revista di Diritto Commerciale**, 1943, p. 148. No mesmo sentido Clóvis do Couto e Silva, refere que o elemento duradouro nestes contratos "se relaciona com a essência do dever de prestação" COUTO E SILVA, Clóvis do. **A obrigação como processo**. São Paulo: José Buschatsky, 1976, p. 211.

134 Neste sentido: PRADO, Maurício Almeida. A evolução das cláusulas de Hardship. **Direito do comércio internacional**: pragmática, diversidade e inovação. BASSO, Maristela; PRADO, Maurício Almeida; ZAITZ, Daniela. (Org.). Curitiba: Juruá, 2005, p 441; CESARO, Vincenzo Maria. **Clausola di rinegoziazione e conservazione dell'equilibrio contrattuale**. Nápoles: ESI, 2002, p. 10; MARTINS-COSTA, Judith. A cláusula de hardship e a obrigação de renegociar nos contratos de longa duração. **Revista de Arbitragem e Mediação**, São Paulo, v. 7, n. 25, p. 11-39, abr. /jun. 2010, p.15.

135 PRADO, Maurício Almeida. A evolução das cláusulas de Hardship. In: **Direito do comércio internacional**: pragmática, diversidade e inovação. BASSO, Maristela; PRADO, Maurício Almeida; ZAITZ, Daniela. Curitiba: Juruá, 2005, p. 441.

136 Ver: MARTINS-COSTA, Judith. A cláusula de hardship e a obrigação de renegociar nos contratos de longa duração. **Revista de Arbitragem e Mediação**, São Paulo, v. 7, n. 25, p. 11-39, abr. / jun. 2010, p.15. A autora refere que as alterações devem ser viabilizadas "nos limites do princípio da atipicidade contratual (art. 425 do CC/2002)".

Ullmann[137] destaca, ainda, duas grandes funcionalidades complementares, ambas atribuindo à cláusula de hardship um caráter instrumental e procedimental. A primeira seria a de permitir uma aproximação flexível entre as partes para negociar circunstâncias imprevistas ocorridas no curso da execução dos contratos. A segunda está em fornecer aos contratantes uma estrutura jurídica que facilita a renegociação, pois as bases estarão aprioristicamente definidas e determinadas e, assim, menos sujeitas às interpretações subjetivas.

Esse viés instrumental da cláusula, todavia, não afasta a necessidade de construção de um consenso, bem como, não elide a necessidade de que ambas as partes sejam cooperativas na hipótese de ocorrência de um evento de *hardship*. Contudo, a simples circunstância de o contrato ter previsto o procedimento para a aproximação flexível, bem como, de dispor dessa estrutura jurídica facilitadora da negociação, será elemento de ampliação da segurança e de impulsionamento para que o contrato seja conservado em bases que não surpreendam nenhuma das partes.[138]

Eventual falta de cooperação dos contratantes permite que, na hipótese de recorrer-se a uma solução de adjudicação, seja judicial ou arbitral, a aplicação das premissas da cláusula promova um resultado mais previsível do que a simples aplicação da Lei, além de estimular a cooperação das partes para alcançarem uma solução adequada sem que seja necessária uma solução adjudicatória.

Em outras palavras, a simples previsão da cláusula de *hardship* permite às partes vislumbrarem a possível solução decorrente da hipótese de adjudicação, o que facilita e amplia as chances de uma negociação bem-sucedida, pois reduz substancialmente as especulações por conta das incertezas jurídicas que normalmente derivam da aplicação das cláusulas gerais que regulam as alterações supervenientes das circunstâncias.

---

137 ULLMAN, Harold. Droit et pratique des clauses de *hardship* dans les système juridique américan. **Revue de Droit et des Affaires Internationaux**, London, n. 7, p. 889-904, 1988.

138 Exemplo dessa necessidade de consenso é indicada por Ullman ao comentar cláusula de hardship inserida em um contrato entre Cleveland-Cliffs Iron Co. e a Comissão de Comércio Interestadual, assim redigida: *"If either party should suffer a gross inequity as a result of the formula failing to fairly reflect cost changes, such inequities will be resolved by mutual agreement between BN [Burlington Northern] and the shipper"*.

Neste caso, as partes estabeleceram uma fórmula representativa do equilíbrio do contrato, definindo que variações nesta fórmula indicariam o hardship. Ainda assim houve discussão sobre a expressão "gross inequity". Os argumentos das partes perpassavam o que seria o suposto limitador como "failing to fairly reflect cost changes". A parte argumentava que pequeno aumento percentual de custos não constitui uma gross inequity. A sugestão do autor é simples: definir um intervalo numérico a partir do qual haveria a gross inequity. ULLMAN, Harold. Enforcement of hardship clauses in the French and American legal systems. California Western International Law Journal, San Diego, v. 19, n. 1, p. 81-119, 1988. p. 91-92.

De algum modo, quando as partes inserem uma cláusula de *hardship* em um contrato, fazem integrar a possibilidade jurídica de sua revisão para reequilibrar as prestações contratuais diante de um evento disruptivo superveniente.

Isso significa que a cláusula também funciona para afastar as restrições legislativas sobre a excepcionalidade da revisão dos contratos.

Embora o tema deste artigo não seja diretamente a revisão dos contratos, deve-se observar para os seus fins que o Código Civil na sua concepção original não admitia revisão dos contratos por alterações supervenientes das circunstâncias. A solução que o sistema oferecia era a resolução, quando preenchidas as condições do art. 478, ou, se a parte contrária concordasse com a redução do proveito decorrente do fato superveniente, a revisão nos termos do art. 479 do Código Civil, como bem desenvolvido em recente obra de Francisco Marino.[139] Ou seja, a redação original do Código Civil, vigente até o advento da Lei da Liberdade Econômica, não admitia revisão dos contratos por alterações das circunstâncias.

Todavia, a reforma realizada no Código Civil no ano de 2019, não obstante mencione que a revisão depende de condições excepcionais, passou a admitir a revisão de modo genérico no parágrafo único do art. 421 e no art. 421-A, III.[140]

A possibilidade de revisão judicial dos contratos no Direito brasileiro é extremamente limitada àquelas hipóteses previstas na Lei, tal como na hipótese do art. 317 do Código Civil,[141] ou, casos mais especiais como o previsto no Art. 620[142] do mesmo diploma legal e na hipótese do Art. 19 da Lei 8.245/1991.[143]

---

139 O autor esclarece que o artigo 479 outorga ao credor da prestação (e somente a ele), a faculdade de modificar ("contrapoder modificativo") o contrato para reconduzi-lo à equidade. MARINO, Francisco Paulo De Crescenzo. **Revisão contratual**: onerosidade excessiva e modificação contratual equitativa. 1ª ed. São Paulo: Almedina, 2020, p.48.

140 A norma é despicienda e contém uma perigosa abertura, pois a partir do seu conteúdo passa a permitir que excepcionalmente possa ocorrer a revisão de contratos a partir da cláusula geral da função social dos contratos. Entre outros argumentos, pode-se partir da ideia de que a "Lei não possui palavras inúteis". No mesmo sentido TEPEDINO, Gustavo e CAVALCANTI, Lais. Notas sobre as alterações promovidas pela Lei n. 13.874/2019 nos Artigos 50, 113 e 421 do Código Civil. In: SALOMÃO, Luis Felipe. CUEVA, Ricardo Vilas Bôas e FRAZÃO, Ana. Lei de Liberdade Econômica e seus impactos no Direito brasileiro. São Paulo: Revista dos Tribunais, 2020, p. 505: "A inclusão de tal dispositivo (...), a rigor, sequer precisava dele constar".

141 Art. 317. Quando, por motivos imprevisíveis, sobrevier desproporção manifesta entre o valor da prestação devida e o do momento de sua execução, poderá o juiz corrigi-lo, a pedido da parte, de modo que assegure, quanto possível, o valor real da prestação.

142 Art. 620. Se ocorrer diminuição no preço do material ou da mão-de-obra superior a um décimo do preço global convencionado, poderá este ser revisto, a pedido do dono da obra, para que se lhe assegure a diferença apurada.

143 Art. 19. Não havendo acordo, o locador ou locatário, após três anos de vigência do contrato ou do acordo anteriormente realizado, poderão pedir revisão judicial do aluguel, a fim de ajustá-lo ao preço de mercado.

Porém, é preciso analisar se, não conseguindo as partes renegociar, ou não se alcançando uma solução consensual por meio dos procedimentos previstos na própria cláusula, seria possível uma solução adjudicatória de revisão das obrigações contratuais segundo as normas vigentes no ordenamento brasileiro.

A esse respeito, deve-se levar em conta muitas possibilidades, porém, para fins de sistematização, serão apresentados três caminhos possíveis, conforme o conteúdo da cláusula de *hardship*.

A primeira possibilidade é a de a cláusula de *hardship* conter uma porta de saída, conforme mencionado anteriormente, prevendo que na ausência de condições adequadas para reordenamento das prestações, o caso seja de resolução do contrato.[144]

Nessa hipótese, mesmo com as disposições do art. 421, parágrafo único e art. 421-A, III, a solução não é a revisão, mas a resolução do contrato, tendo em vista que o procedimento contratual afastou a revisão heterônoma.

A segunda possibilidade depende de a cláusula conter elementos objetivos suficientes, tanto de hipóteses de incidência, quanto no que respeita aos

144 Exemplo de cláusula de *hardship* que apresenta a resolução como uma as "portas de saída" é a cláusula modelo da UNIDROIT, como se vê a seguir:
"SEÇÃO 2: HARDSHIP.
ARTIGO 6.2.1 (Obrigatoriedade do contrato)
Quando o cumprimento de um contrato se torna mais oneroso para uma das partes, tal parte continua, ainda assim, obrigada a cumprir o contrato, ressalvadas as disposições seguintes a respeito de hardship.
ARTIGO 6.2.2 (Definição de hardship)
Há hardship quando sobrevêm fatos que alteram fundamentalmente o equilíbrio do contrato, seja porque o custo do adimplemento da obrigação de uma parte tenha aumentado, seja porque o valor da contraprestação haja diminuído, e
(a) os fatos ocorrem ou se tornam conhecidos da parte em desvantagem após a formação do contrato;
(b) os fatos não poderiam ter sido razoavelmente levados em conta pela parte em desvantagem no momento da formação do contrato;
(c) os fatos estão fora da esfera de controle da parte em desvantagem; e
(d) o risco pela superveniência dos fatos não foi assumido pela parte em desvantagem.
ARTIGO 6.2.3 (Efeitos da hardship)
(1) Em caso de hardship, a parte em desvantagem tem direito de pleitear renegociações. O pleito deverá ser feito sem atrasos indevidos e deverá indicar os fundamentos nos quais se baseia.
(2) O pleito para renegociação não dá, por si só, direito à parte em desvantagem de suspender a execução.
(3) À falta de acordo das partes em tempo razoável, cada uma das partes poderá recorrer ao Tribunal.
(4) Caso o Tribunal considere a existência de hardship, poderá, se for razoável,
(a) extinguir o contrato, na data e condições a serem fixadas, ou
(b) adaptar o contrato com vistas a restabelecer-lhe o equilíbrio".
Disponível em https://www.unidroit.org/wp-content/uploads/2021/06/Unidroit-Principles-2016-Portuguese-bl.pdf, acesso em 30/06/2023.

efeitos, de modo que a cláusula de *hardship* forneça subsídios para sua executoriedade compulsória.

Nesse caso, pode a parte prejudicada recorrer a uma via adjudicatória para postular a execução das obrigações contratuais, caso em que poderá o juiz ou árbitro interpretar e integrar a cláusula de modo a promover a revisão do contrato, a fim de viabilizar a sua execução.

Todavia, nessa hipótese não haverá propriamente uma revisão judicial ou arbitral do contrato, mas sim, a execução do contrato e dos efeitos da cláusula de *hardship*, ainda que por uma via absolutamente incomum.

A terceira possibilidade diz respeito a cláusulas que não contém portas de saída, tampouco procedimentos para além da simples obrigação de renegociar.

Nesse caso, pode-se dizer que há controvérsia doutrinária, pois, por um lado, as próprias partes admitem a revisão ao prever a cláusula de *hardship*, estabelecendo a primazia da manutenção do contrato, ou seja, tendo a faculdade de inserir uma cláusula resolutiva, optaram por priorizar a manutenção do contrato.

Por isso, nestes casos, estando caracterizada a hipótese de incidência, estaria alcançada a situação de excepcionalidade prevista no parágrafo único do art. 421 e no art. 421-A, III, justificando-se a revisão contratual por meio de uma solução adjudicatória.

Deve-se observar que a matéria não é pacífica, pois parte da doutrina considera que o único caminho é a resolução e a obrigação de indenizar. Quanto a esta, considera-se que as partes que incluem uma cláusula de *hardship* em seu contrato, criam a legitima expectativa de readaptação do sinalagma desvirtuado no ciclo de execução. Assim, teriam excluído certos custos da avença, com base nesta justa expectativa, de modo que o valor deve ser tomado em conta para cálculo de indenização[145].

Embora não haja uma solução genérica que possa ser aplicada para todos os casos, as situações apresentadas pela realidade deverão ser apreciadas à luz de suas circunstâncias, decidindo-se em cada caso, qual alternativa se mostra

145 Martins-Costa refere que "(...) deve-se ter em conta, no cálculo do montante da indenização, o fato de as partes, no "balanceamento de interesses" que antecede a conclusão contratual - isto é, no cálculo dos pesos e contrapesos, riscos e garantias, vantagens e ônus mútuos - terem assumido a expectativa legítima à readequação, tal qual pactuada e como é próprio dos "contratos evolutivos". Essa expectativa legítima pode ser traduzida em termos econômicos, pois, certamente, impacta na estipulação do preço contratual. Fiado na possibilidade de renegociar preços, em caso de hardship, o contraente pode ter deixado de "embutir" valores que compensassem, ou quando menos mitigassem, o risco assumido." MARTINS-COSTA, Judith. A cláusula de hardship e a obrigação de renegociar nos contratos de longa duração. **Revista de Arbitragem e Mediação**, São Paulo, v. 7, n. 25, p. 11-39, abr./jun. 2010. p. 19-20.

mais adequada à preservação da autonomia das partes e a força obrigatória dos contratos.

CONCLUSÕES

As cláusulas de *hardship* são disposições contratuais *favor contractus*, ou seja, profundamente comprometidas com a conservação desta espécie de negócio jurídico. A conservação do contrato será viabilizada por meio de sua capacidade de adaptação – promovendo o reequilíbrio sinalagmático do contrato – e de integração – fornecendo estrutura para a renegociação ou revisão, fundamentada e limitada por critérios e parâmetros aprioristicamente determinados.

Para que estas cláusulas cumpram essas funções adequadamente, atenção especial deve ser dedicada à sua redação, permitindo-lhes ser suficientemente abertas para conceder-lhes flexibilidade, e suficientemente fechadas para garantir segurança e previsibilidade em relação aos efeitos de uma futura revisão. Portanto, serão estruturadas para integrar e harmonizar, a um só tempo, a dicotomia entre a generalidade e a especificidade.

Cláusulas de *hardship* adequadamente formuladas transformam-se em ferramentas eficientes para dar estabilidade às relações negociais, promovendo segurança às transações econômicas e à circulação de riquezas e, deste modo, contribuindo para a funcionalização dos contratos.

Sob o aspecto dos efeitos de sua inclusão nos contratos, pode se dizer que produzirão consequências relevantes para as partes, dentre elas, o surgimento do dever de renegociar, que nasce quando houver a notificação pela parte prejudicada, da ocorrência do evento de *hardship*.

A obrigação de renegociar determina aos contratantes que restaurem o equilíbrio contratual, agindo em conformidade com a boa-fé, com o dever de cooperação e a lealdade. Isto significa que deverão trocar proposições sérias e não meramente protelatórias, fazendo concessões recíprocas e empreendendo esforços para adequação e continuação do contrato, sob pena de incidirem em descumprimento contratual, ensejador do dever de indenizar.

39. O QUALIFICADOR DE MATERIALIDADE (MATERIALITY QUALIFIER) E SUAS RELAÇÕES COM A CLÁUSULA DE DECLARAÇÕES E GARANTIAS EM ALIENAÇÕES DE PARTICIPAÇÃO SOCIETÁRIA

Giacomo Grezzana

1. INTRODUÇÃO

Em operações envolvendo alienação de participação societária, a parte que presta declarações e garantias frequentemente busca limitar a responsabilidade por sua eventual falsidade. Em uma cláusula de declarações e garantias, o declarante (toma-se por base as declarações prestadas pelo vendedor) enuncia as características da sociedade-alvo, por meio de afirmações de fatos presentes e passados, com o objetivo de proteger o comprador contra a falsidade de tais características. Por simplicidade, a cláusula de declarações e garantias será referida neste estudo simplesmente como "declarações". Já o termo "contingências" significa os passivos, defeitos e/ou vicissitudes da sociedade-alvo pelos quais o vendedor se responsabiliza, independentemente de sua efetiva realização.

As partes costumam discutir intensamente as declarações do vendedor, pois ela constitui um dos principais objetos de litígio após o fechamento da operação, mormente quanto ao pagamento das contingências exsurgidas da sociedade-alvo. Como um contrato de alienação de participação sem declarações é improvável, o vendedor busca restringir sua responsabilidade reduzindo a intensidade e/ou o escopo das suas declarações. Para tanto, ele pode fazer afirmações apenas quanto a matérias sobre as quais esteja bastante seguro,[1] ou que estejam sob seu controle.[2]

O uso de moduladores na cláusula de declarações e garantias é um método eficaz para o vendedor obter maior controle sobre os fatos por elas cobertos e atenuar a assunção de responsabilidade. Um modulador bastante em voga é o chamado qualificador de materialidade, conhecido por "*materiality qualifier*". A tradução aqui proposta é uma corruptela da nomenclatura americana, pois "*materiality*" aqui tem o significado de relevância[3] e não de materialidade propriamente dita. Nada obstante, dada sua difusão na praxe, será utilizada neste trabalho alternadamente a nomenclatura "qualificador de materialidade" ou "*materiality qualifier*". Por meio do qualificador, o vendedor só incorre em responsabilidade na medida em que a falsidade da declaração seja material. Falsidades de pequena monta ficam excluídas da cobertura.

O presente trabalho está dividido em cinco partes. Após esta introdução (Capítulo I), serão abordados os traços essenciais do qualificador de materialidade na prática norte-americana, com a finalidade de melhor compreender a sua função no sistema de origem (Capítulo II). Esclarecidos os seus traços essenciais, proceder-se-á, no Capítulo III, à adaptação do instituto ao direito brasileiro, abordando-se sua definição, modalidades e outras questões de relevância prática. No Capítulo IV, será demonstrado como o qualificador de materialidade influencia a cláusula de declarações e garantias. Por fim, as conclusões deste estudo serão apresentadas de forma resumida no Capítulo V.

2. O QUALIFICADOR DE MATERIALIDADE NA PRAXE NORTE-AMERICANA

Na prática norte-americana, o qualificador de materialidade nada mais faz que limitar a responsabilidade do vendedor, com base na importância dos fatos subjacentes à declaração.[4] O qualificador aloca o risco relativo a itens

---

1 AMERICAN BAR ASSOCIATION. *Model stock purchase agreement with commentary.* 2ª ed. Chicago: ABA Book Publishing, 2010, p. 81-82.

2 BAINBRIDGE, Stephen M. *Mergers and Acquisitions.* 3rd ed. Nova Iorque: Thomson Reuters, Foundation Press, 2012, p. 79-80.

3 Adotando a mesma tradução: MARTINS COSTA, Fernanda Mynarski. *Execução diferida do contrato em operações de fusões e aquisições (f&a) de sociedades anônimas: análise de aspectos contratuais e societários.* Tese (Doutorado em Direito) – Faculdade de Direito, Universidade de São Paulo, São Paulo, 2021, p. 45.

4 HARRISON, Christopher S. *Make the deal – negotiating mergers & acquisitions.* Nova Jérsei: John Wiley & Sons, 2016, p. 97.

não materiais para o comprador de ações.[5] A materialidade pode qualificar tanto um fato subjacente a uma declaração da parte (aqui chamado qualificador de materialidade "simples"), quanto a mudança de uma situação de fato, ou do efeito gerado por uma tal mudança na situação de fato – as duas últimas cláusulas vulgarmente conhecidas por "*material adverse change*" e "*material adverse effect*", ou simplesmente pelas siglas MAC e MAE. O jogo entre essas conformações da materialidade e a cláusula por ela qualificada não é dos mais simples. A cláusula de declarações e garantias, por exemplo, pode ser qualificada tanto por materialidade simples, quanto por uma MAE[6] ou MAC, e esta, por sua vez, também pode servir de suporte fático para uma condição precedente.[7]

A materialidade pode ser difícil de definir[8] e implica que as partes sejam capazes de negociar uma solução amigável para a ambiguidade.[9] Por vezes, as partes quantificam o que é material,[10] como na hipótese em que os contratos materiais são precisados como sendo aqueles que apresentam determinado faturamento anual mínimo. Todavia, é preciso ter em mente que o que é material para certa declaração pode não o ser para outra. A inclusão de uma menção genérica a materialidade acaba, então, obviando a necessidade de negociar um valor específico para cada declaração.[11] Por outro lado, cláusulas

---

5 GOLDBERG, Richard A. *A guide to mergers & acquisitions*. Nova Iorque: Practising Law Institute, 2007, p. 27.

6 KLING, Lou R.; NUGENT, Eileen T. *Negotiated acquisitions of companies, subsidiaries, and divisions*. Nova Iorque: Law Journal Press, 1992, p. 11-24.

7 ADAMS, Kenneth A. *A Legal-Usage Analysis of Material Adverse Change Provisions*. *in*: Fordham Journal of Corporate & Financial Law, Ano 2004, Vol. X, p. 12. Ligeiramente diverso: GALIL, Yair Y. *MAC clauses in a materially adversely changed economy*. *in*: Columbia Business Law Review, 2002, Vol. 3, p. 847-848 (MAC ou MAE pode qualificar uma declaração ou outorgar o direito de cancelar o negócio).

8 Referindo a ambiguidade intrínseca ao conceito de materialidade, HALL, Kari K. *How big is the MAC? Material adverse change clauses in today's acquisition environment*. *in*: University of Cincinatti Law Review 2003, Vol. 71, p. 1064, 1083.

9 HARRISON, Christopher S. *Make the deal – negotiating mergers & acquisitions*. Nova Jérsei: John Wiley & Sons, 2016, p. 97.

10 Isso ocorreu no caso *Great Lakes Chemical Corp. v. Pharmacia Corp.* 788 A.2d, 544 (Del. Ch. 2001). Great Lakes adquirira uma subsidiária de Pharmacia, alegando violação de uma *warranty* de que não havia nenhuma mudança nas operações da subsidiária que resultassem em efeito adverso relevante. O comprador alegou que a sociedade-alvo havia diminuído seu volume de vendas, tolerado a violação de uma de suas patentes, descontos e redução de vendas no mercado de adoçantes. Embora o contrato tivesse uma cláusula expressa dizendo que não seriam mudanças relevantes aquelas incapazes de ultrapassar a cifra de US$ 6,5 milhões, a corte interpretou que o valor das mudanças era de US$ 50 milhões e condenou à indenização.

11 KLING, Lou R.; NUGENT, Eileen T. *Negotiated acquisitions of companies, subsidiaries, and divisions*. Nova Iorque: Law Journal Press, 1992, p. 11-21 e 11-22.

de cobrança de contingências de forma agregada em valor mínimo (*baskets*)[12] e de valores mínimos para uma contingência ser passível de reembolso (*de minimis, thresholds*) atenuam a necessidade de se discutir um valor específico para o *materiality qualifier*.[13]

O vocábulo "*materiality*", em termos gerais, pode remeter a qualquer dado ou fato que seja significativo ou relevante para merecer atenção, mas também pode ter o significado mais restrito de algo com tamanha relevância a ponto de influenciar o processo decisório de uma pessoa.[14] Para fins de referência, o primeiro standard acima será doravante chamado *materialidade-atenção*, ao passo que o segundo será o standard de *materialidade-decisão*. É razoável supor que as partes normalmente tenham em mente a materialidade-atenção quando redigem um contrato.[15] Quando na forma de uma cláusula MAC, o preenchimento do standard de materialidade costuma demandar uma piora substancial no valor da empresa como um todo (em se tratando de alienação de participação societária).[16]

O caso paradigmático, no que diz respeito à definição de materialidade, foi *IBP v. Tyson Foods*.[17] Tratava-se de um *merger agreement* envolvendo companhias abertas do ramo alimentício, por meio do qual Tyson adquiriria ações de IBP. No que concerne ao qualificador de materialidade, IBP informara problemas na contabilização do inventário de uma de suas subsidiárias (DFG) e prestou uma declaração e garantia de que não possuía dívidas materiais não informadas (*no undisclosed material liabilites*), tomando o cuidado de ressalvar a possível baixa contábil relacionada à subsidiária DFG (declaração 5.11). Em paralelo, prestou declarações e garantias sobre registro de documentos junto ao órgão supervisor do mercado de capitais (*SEC filings*) e demonstrações financeiras (declarações 5.07 a 5.09), bem como declaração de que não haveria nenhum fato capaz de gerar efeito material adverso sobre os seus negócios desde o balanço de 25.12.1999 (declaração 5.10). Além disso, foram feitas projeções de performance dos negócios de IBP antes de concluir o negócio. Entre a assinatura e o fechamento da

---

12 AVERY, Daniel; WEINTRAUB, Daniel. *Trends in M&A provisions: the "materiality scrape"*. *in*: Bloomberg law reports – mergers and acquisitions, vol. 5, n. 2, 2011.

13 KLING, Lou R.; NUGENT, Eileen T. *Negotiated acquisitions of companies, subsidiaries, and divisions*. Nova Iorque: Law Journal Press, 1992, p. 11-21 e 11-22.

14 ADAMS, Kenneth A. *A Legal-Usage Analysis of Material Adverse Change Provisions*. *in*: Fordham Journal of Corporate & Financial Law, Ano 2004, Vol. X, p. 23.

15 ADAMS, Kenneth A. *A Legal-Usage Analysis of Material Adverse Change Provisions*. *in*: Fordham Journal of Corporate & Financial Law, Ano 2004, Vol. X, p. 24.

16 Veja-se, com maiores referências: MILLER, Robert T. *The Economics of Deal Risk: Allocating Risk through Mac Clauses in Business Combination*. *in*: William and Mary Law Review, Ano 2009, Vol. 50, p. 2042.

17 *In re IBP S'Holders Litig. v. Tyson Foods, Inc.* 789 A.2d 14 (Del. Ch. 2001).

operação, IBP divulgou resultados aquém do esperado e revelou-se a necessidade de reapresentar suas demonstrações financeiras corrigidas – não só pelo problema na contabilização do inventário de DFG, mas também por outras razões de menor monta, como a qualificação do plano de compra de ações oferecido aos executivos como fixo ou variável, apresentação de demonstrações financeiras por segmento de indústria e reconhecimento retroativo de receitas. Diante disso, Tyson se recusou a proceder ao fechamento do negócio, alegando (i) que as correções necessárias às demonstrações financeiras seriam materiais (violação às declarações 5.07 a 5.09) e (ii) que a performance fraca de IBP somada à recontabilização do inventário da subsidiária configuraria efeito material adverso. A corte de Delaware, aplicando o direito do Estado de Nova Iorque, julgou quanto ao item 'i' que o *standard* de materialidade deveria tomar por ponto de partida se as correções teriam influência sobre o processo decisório de um investidor ou adquirente racional de posse das mesmas informações detidas por Tyson.[18] Como as correções à contabilização do inventário haviam sido ressalvadas e as demais violações às declarações 5.07 a 5.09 não eram materiais, a Corte rejeitou a alegação de Tyson. Quanto ao ponto 'ii', entendeu-se que a fraca performance de IBP poderia ser material para um especulador de curto prazo, mas não para um adquirente de longo prazo. A materialidade deveria ser aferida sob a perspectiva de longo prazo de um adquirente racional[19], o que levou à rejeição também do ponto 'ii'.

A decisão mencionada traz um importante ponto de atenção: sob a perspectiva de quem a materialidade deve ser analisada? A decisão adotou o standard do adquirente racional de longo prazo, mas dá margem para que se entenda que o standard depende do adquirente concreto, já que justificou em sua fundamentação que Tyson seria um adquirente de longo e não de curto prazo. Ou seja, não se adotou ali um critério monolítico. Por outro lado, foi mencionado também o critério de materialidade-decisão. Isso leva a uma segunda ordem de questionamentos, pois também é preciso definir qual o nível de adversidade do efeito para se considerá-lo material.[20] A Corte de Delaware exigiu uma ameaça substancial ao potencial da sociedade-alvo de gerar lucros.[21]

---

18 *In re IBP S'Holders Litig. v. Tyson Foods, Inc.* 789 A.2d 14, 63 (Del. Ch. 2001). No original: "*whether the restatements would be influential in the decisionmaking process of either a reasonable investor or acquiror, having the same total mix of information that Tyson possessed*".

19 *In re IBP S'Holders Litig. v. Tyson Foods, Inc.* 789 A.2d 14, 68 (Del. Ch. 2001). No original: "*rather the Material Adverse Effect should be material when viewed from the longer-term perspective of a reasonable acquiror*".

20 ADAMS, Kenneth A. *A Legal-Usage Analysis of Material Adverse Change Provisions. in*: Fordham Journal of Corporate & Financial Law, Ano 2004, Vol. X, p. 27.

21 *In re IBP S'Holders Litig. v. Tyson Foods, Inc.* 789 A.2d 14, 68 (Del. Ch. 2001). No original: "*protecting the acquiror from the occurrence of unknown events that substantially threaten the overall earnings potential of the target in a durationally-significant manner*".

Outra decisão importante sobre a matéria foi proferida pela Corte de Delaware no caso *Akorn v. Fresenius*,[22] desta vez aplicando o direito do estado de Delaware. Fresenius se comprometera a adquirir ações de Akorn, companhia publicamente listada e atuante no ramo de produção de medicamentos. Para o que interessa a este estudo,[23] Akorn concedeu várias declarações, no contrato voltado à aquisição das ações, dando conta de que estaria cumprindo as exigências regulatórias impostas pelo órgão de vigilância americano (FDA – *Food and Drug Administration*). A falsidade de tais declarações no momento do fechamento daria a Fresenius o direito de desistir da operação, exceto se não fosse razoavelmente esperado que tais discrepâncias pudessem gerar um efeito material adverso. Entre a assinatura do contrato e o fechamento da operação, Fresenius descobriu uma série de irregularidades relacionadas à qualidade e integridade dos dados utilizados no desenvolvimento dos medicamentos, o que resultaria em frontal descumprimento das normas regulatórias. Fresenius, assim, recusou-se a fechar a operação, alegando, dentre outras razões, a existência de efeito materialmente adverso decorrente da falsidade das declarações, ao que Akorn moveu ação em Delaware. Em sua pormenorizada análise, a corte entendeu que, do ponto de vista qualitativo, o descumprimento às exigências do FDA por Akorn era tão profundo e sistemático, que a situação em Akorn seria material quando vista sob a perspectiva de longo prazo de um adquirente razoável[24] – citando o standard de *IBP v. Tyson*. Do ponto de vista quantitativo, embora as partes divergissem quanto ao impacto econômico-financeiro da falsidade das declarações, a Corte considerou que o impacto seria de USD 900 milhões, o que equivaleria a aproximadamente 21% do valor de mercado de Akorn, que girava em torno de USD 4,3 bilhões, constituindo, portanto, um efeito material adverso. A Corte resumiu sua decisão, dizendo que "*as dificuldades regulatórias de Akorn possuem tal significância qualitativa e quantitativa, que o efeito sobre os negócios de Akorn é material, quando visto pela perspectiva de longo prazo de um adquirente razoável, a qual é medida em anos*".[25] A Corte decidiu, assim, em favor de Fresenius.

---

22 *Akorn, Inc. v. Fresenius Kabi AG*, 2018 Del. Ch. LEXIS 325.

23 Além da falsidade das declarações e garantias, foram arguidas também questões relativas à existência de efeito adverso relevante em geral a impedir o fechamento da operação (o chamado "*general MAE*") e o descumprimento de obrigações relacionadas ao curso ordinário dos negócios período interimístico.

24 *Akorn, Inc. v. Fresenius Kabi AG*, 2018 Del. Ch. LEXIS 325, 165. No original: "*the regulatory situation at Akorn is qualitatively 'material when viewed from the longer-term perspective of a reasonable acquiror'*".

25 *Akorn, Inc. v. Fresenius Kabi AG*, 2018 Del. Ch. LEXIS 325, 193. No original: "*Akorn's regulatory difficulties have such qualitative and quantitative significance that the effect on Akorn's business is material when viewed from the longer-term perspective of a reasonable acquirer, which is measured in years*".

Em que pese a Corte de *Akorn v. Fresenius* tenha seguido o standard da perspectiva de longo prazo do adquirente razoável definido em *IBP v. Tyson*, o efeito material adverso não foi analisado apenas do ponto de vista da capacidade de gerar lucros (como ocorrera na decisão de *IBP v. Tyson*)[26], mas também e sobretudo comparando tal efeito ao valor de mercado da sociedade-alvo.[27] Para além do aspecto quantitativo, sobressai a análise qualitativa do interesse de Fresenius no compliance regulatório, incluindo as medidas que se fariam necessárias para remediar a situação.

3. O QUALIFICADOR DE MATERIALIDADE NO DIREITO BRASILEIRO

O escorço do qualificador de materialidade na praxe norte-americana, conforme acima delineado, indica os principais problemas com que o aplicador do direito se depara e permite adentrar a questão no direito brasileiro. Os tópicos mais relevantes e que serão tratados a seguir podem ser aqui elencados: (i) definição de materialidade e modalidades do qualificador; (ii) standard de materialidade; e (iii) sob a perspectiva de quem se avalia a materialidade.

3.1. Definição e Modalidades

Com a inserção de qualificador de materialidade, o declarante assume responsabilidade apenas por desvios relevantes em relação ao previsto no programa contratual. O qualificador é importante para o declarante, pois este pode não se sentir 100% seguro em fazer certas declarações. É difícil, por exemplo, que uma sociedade cumpra absolutamente todas as leis de um país. O declarante então limita-se a afirmar que nunca descumpriu de forma material qualquer lei.[28] Quando acoplado a uma cláusula de declarações e garantias, o *materiality qualifier* permite que o declarante não seja responsabilizado por pequenas divergências entre a declaração e a realidade.[29]

---

26 *In re IBP S'Holders Litig. v. Tyson Foods, Inc.* 789 A.2d 14, 68 (Del. Ch. 2001): "um soluço de curto prazo nos lucros não basta; o Efeito Material Adverso será material quando visto pela perspectiva de longo prazo de um adquirente razoável". No original: "*A short-term hiccup in earnings should not suffice; rather the Material Adverse Effect should be material when viewed from the longer-term perspective of a reasonable acquiror*".

27 Veja-se a extensa análise dos aspectos quantitativos da falsidade das declarações em *Akorn, Inc. v. Fresenius Kabi AG*, 2018 Del. Ch. LEXIS 325, 166-178.

28 O exemplo é de Edwin Miller: MILLER JR., Edwin L. *Mergers and acquisitions: a step-by-step legal and practical guide*. Nova Jérsei: John Wiley & Sons, 2008, p. 218.

29 MENDES-MEDEIROS, Mariana. *Cláusulas de declarações e garantias nos contratos internacionais de aquisição de empresas ou ativos*. Dissertação (Mestrado em Direito) – Faculdade de Direito, Universidade de São Paulo, São Paulo, 2006, p. 194.

A materialidade pode qualificar diversos tipos de cláusulas, sendo as declarações e garantias e as condições precedentes ao fechamento as mais relevantes. No último caso, normalmente o qualificador aparece como substrato fático de uma MAC ou MAE. Ou seja, qualquer mudança ou efeito material adverso ocorrido entre assinatura e fechamento pode gerar ao comprador o direito de se furtar ao fechamento da operação. Esta hipótese, contudo, não será tratada neste trabalho.[30] Aqui será tratada apenas a hipótese de o qualificador estar acoplado a uma cláusula de declarações e garantias.

O qualificador de materialidade tanto pode formatar o conteúdo de uma declaração na forma simples, quanto na forma de uma MAC ou MAE.[31] As formulações do qualificador são tão variadas e criativas quanto a necessidade das partes. Não é possível precisar uma linguagem padrão para o qualificador ou aquela mais comum no mercado. Por facilidade de referência e apenas para fins de discussão neste estudo, tomaremos por base as duas formulações a seguir, que podem refletir razoavelmente cláusulas vistas na prática de M&A:

Materialidade simples	**MAC/MAE**
O vendedor declara e garante que a Companhia, <u>em todos os aspectos materiais</u>, cumpre e vem cumprindo a legislação ambiental, apresentou todos os relatórios e outras informações, obteve e/ou requereu a emissão, conforme o caso, e vem observando todas as licenças ambientais, bem como não existe nenhuma condição nem ocorreu qualquer evento que constitua uma infração ou causaria qualquer ônus à Companhia ou a qualquer de seus bens, projetos ou atividades segundo a legislação ambiental.	O vendedor declara e garante que a Companhia cumpre e vem cumprindo a legislação ambiental, apresentou todos os relatórios e outras informações, obteve e/ou requereu a emissão, conforme o caso, e vem observando todas as licenças ambientais, bem como não existe nenhuma condição nem ocorreu qualquer evento que constitua uma infração ou causaria qualquer ônus à Companhia ou a qualquer de seus bens, projetos ou atividades segundo a legislação ambiental <u>que possa constituir uma mudança [um efeito] material adversa[o]</u>.

30 Para uma análise mais detida das cláusulas MAC e MAE, veja-se a doutrina especializada, sobretudo: YAMAJI, Crisleine Barboza. *As previsões contratuais da superveniência de circunstâncias: uma construção teórica à luz das cláusulas material adverse change*. Tese (Doutorado em Direito) – Faculdade de Direito, Universidade de São Paulo, São Paulo, 2019; YAMASHITA, Hugo Tubone; MORAIS, Pedro Augusto Guadalupe de; CLARO, Thiago Freixo. *As cláusulas MAC e seu uso nos contratos de fusão e aquisições. in*: GUERRERO, Luís Fernando (coord.). M&A e reestruturação de empresas: estudos do comitê de M&A e reestruturação de empresas da CAMARB. São Paulo: Quartier Latin, 2023, pp. 189-224.

31 Mencionando especificamente que a MAC ou MAE pode qualificar uma declaração: MARTINS COSTA, Fernanda Mynarski. *Execução diferida do contrato em operações de fusões e aquisições (f&a) de sociedades anônimas: análise de aspectos contratuais e societários*. Tese (Doutorado em Direito) – Faculdade de Direito, Universidade de São Paulo, São Paulo, 2021, p. 44. No mesmo sentido vai o exemplo dado por Sérgio Botrel *in* BOTREL, Sérgio. *Fusões e Aquisições*. 5ª ed. São Paulo: Saraiva, 2019, p. 305.

De forma geral, e tomando-se por base a dicção do qualificador nos exemplos acima, não parece razoável exigir um impacto extremamente grave à correção da declaração e garantia para se dar o umbral de materialidade por preenchido, quando o qualificador está na forma simples. Basta que o impacto seja meritório de atenção. Afinal, a declaração apenas diz que os aspectos materiais – isto é, os que merecem atenção – são verdadeiros. Na modalidade MAC ou MAE dos exemplos acima, o qualificador vem formulado de forma inversa: a mudança adversa (ou efeito adverso) é que precisa ser material. Pequenas mudanças que não sejam materiais não tornam a declaração falsa, ainda que pudessem afetar aspectos materiais da declaração. Na modalidade MAC ou MAE, o umbral inegavelmente é mais alto. Mas o que parece de fato diferenciar as modalidades do qualificador é onde a materialidade precisa estar instalada: se nos fatos que subjazem à declaração (simples) ou na mudança em relação a tais fatos (MAC/MAE).

No qualificador simples, dentro do universo de fatos abrangidos pela declaração, ocorre uma cisão entre as questões materiais e as imateriais. As duas são círculos excludentes, não se tocam. Apenas as questões materiais estão abrangidas na declaração. Sobre as imateriais nada declara o vendedor. Qualquer discrepância entre a realidade e uma questão material torna a declaração falsa. Na modalidade MAC/MAE, nenhum fato é excluído do âmbito de abrangência da declaração, mas a discrepância entre a realidade e o quanto declarado é que precisa ser material. Discrepâncias imateriais não afetam a veracidade da declaração.

O grande problema está em se definir o que é a materialidade *in concreto*. O operador do direito busca, no mais das vezes, uma cifra objetiva para definir o que entra no âmbito de abrangência da declaração. É preciso atentar, porém, para que não cabe ao juiz ou árbitro definir uma cifra objetiva onde as próprias partes não o fizeram. Nesse sentido, deve-se reconhecer que as partes muitas vezes utilizam o qualificador de materialidade propositalmente sem definir um número,[32] seja porque é inviável precisá-lo uma, seja porque tal discussão seria contraproducente ou infindável, dado que diferentes declarações podem ter distintos umbrais de materialidade.

Por vezes, o contrato traz um número definido para o qualificador. Exemplo clássico é a declaração de contratos materiais, na qual se sói defini-los como aqueles cujo valor ultrapasse determinada quantia. Outro exemplo é a

32 Vide nota de rodapé n. 11 (praxe norte-americana).

declaração de que não existem litígios cíveis cujo valor em disputa seja superior ao valor acordado pelas partes.[33]

A remissão a um *basket provision* como umbral de materialidade não parece de todo correta. O *basket* consiste em estipular um valor até o qual o alienante não responde por contingências, mas, uma vez atingido o *basket*, por meio da soma de várias contingências, o adquirente ganha o direito de exigir reembolso.[34] Na realidade, o *basket* apenas obsta que contingências de pequeno valor sejam trazidas a todo instante, mas qualquer contingência que entra para o *basket* é reembolsável. Inexiste uma conexão direta entre o *basket* e a materialidade. A cláusula *de minimis* parece se conectar melhor com o qualificador de materialidade, pois por ela se define que contingências abaixo de certo valor não são reembolsáveis, o que poderia ser interpretado como sendo imaterial para a operação. Em qualquer caso, nada obsta a que exista um *basket* ou um *de minimis* cumulado com um qualificador de materialidade na declaração específica, caso então em que se haverá de cumprir duas ordens de barreiras para responsabilizar o vendedor.[35]

Não havendo definição em contrato, não será possível ao intérprete basear-se na vontade explícita das partes para definir o umbral do qualificador de materialidade. Dever-se-á recorrer, em tais situações, à interpretação e/ou à integração do contrato[36] para se atribuir conteúdo mais concreto ao qualificador de materialidade. O que parece ser uma constante em tais casos, é que o intérprete deve prender-se não a uma cifra objetiva,[37] mas ao interesse con-

33 Mariana Mendes-Medeiros cita tal ferramenta como o mecanismo de "threshold", *in*: MENDES-MEDEIROS, Mariana. *Cláusulas de declarações e garantias nos contratos internacionais de aquisição de empresas ou ativos*. Dissertação (Mestrado em Direito) – Faculdade de Direito, Universidade de São Paulo, São Paulo, 2006, p. 194-195.

34 Aceitando o *basket* como índice de relevância da falsidade da declaração e garantia, MENDES-MEDEIROS, Mariana. *Cláusulas de declarações e garantias nos contratos internacionais de aquisição de empresas ou ativos*. Dissertação (Mestrado em Direito) – Faculdade de Direito, Universidade de São Paulo, São Paulo, 2006, p. 195.

35 O mesmo exemplo é utilizado na doutrina norte-americana. Veja-se: KLING, Lou R.; NUGENT, Eileen; GOLDMAN, Michael. *Summary of acquisition agreements*. *in*: University of Miami Law Review, vol. 51, 1997, p. 794.

36 Não são objeto deste estudo as diferentes teorias sobre a natureza da interpretação e integração contratual. Para alguns autores, a integração é etapa prévia à interpretação contratual, ao passo que outros entendem ser etapa posterior. Não é intenção deste estudo tomar posicionamento por uma corrente ou outra. Para uma completa digressão sobre o assunto, veja-se: NITSCHKE, Guilherme Carneiro Monteiro. *Lacunas contratuais e interpretação: história, conceito e método*. São Paulo: Quartier Latin, 2019, p. 333-343 e 368-390.

37 Até mesmo porque pode não ser viável unificar o entendimento de materialidade em torno de uma porcentagem, como revela o estudo feito na jurisprudência norte-americana por *Galil*, o qual revela que uma contingência tributária de 1,9% do preço de compra já foi considerada material, ao passo que, em *IBP v. Tyson*, uma queda de 64% no faturamento não foi considerada material

cretamente protegido pela declaração e garantia. Se o intuito da declaração é proteger um interesse específico do adquirente de ações (uma autorização específica para a sociedade funcionar, por exemplo), será relevante a falsidade da declaração, quando tal interesse for afetado; se o próprio contrato for o parâmetro (como se o vendedor apenas não quis responsabilizar-se em demasia), pode-se considerar relevante a violação a uma declaração que traga impacto substancial diante da magnitude do negócio, do faturamento, EBITDA ou lucratividade da sociedade-alvo.

Frise-se que o interesse protegido relevante é aquele consubstanciado na declaração – e não no qualificador em si mesmo. O qualificador apenas modula a intensidade com que o interesse é protegido. É preciso também não confundir o interesse visado com a operação (considerada como um todo) com o interesse protegido pela declaração específica. Mesmo se uma declaração e garantia se refere a um objeto de menor importância dentro do conjunto da operação, as partes quiseram atribuir responsabilidade pela falsidade da declaração – do contrário, não a teriam estipulado. Não fosse assim, o vendedor poderia facilmente esquivar-se de responsabilidade alegando que a falsidade de uma declaração não é material, toda vez que esta não se referir ao objeto principal da transação.

Tome-se por exemplo a compra da totalidade das ações de uma sociedade-alvo que possui expressivo maquinário em seu ativo. O vendedor presta uma declaração de que o maquinário, em todos os aspectos materiais, encontra-se em perfeito estado de manutenção e conservação. Após o fechamento da operação, o comprador descobre que o vendedor negligenciara por dois anos seguidos a manutenção de rotina no maquinário, de modo que este apresenta claros sinais de desgaste. Uma manutenção urgente é necessária a fim de recuperar o maquinário, embora o custo seja pequeno, sob pena de comprometer o funcionamento do equipamento e a qualidade dos produtos acabados que passam pela linha de produção. Em que pese o baixo valor, a falsidade da declaração é material, pois afeta diretamente o interesse do comprador a extrair a utilidade esperada do maquinário. Se, ao contrário, o estado do maquinário não impacta imediatamente o funcionamento ou a qualidade da produção e somente pode ser recuperado a um custo alto, sendo que a manutenção pode ser postergada para anos posteriores (momento em que teria de ser feita de qualquer modo) com pouco ou nenhum acréscimo de valor, então a veracidade da declaração não é materialmente afetada, apesar do alto custo.

(GALIL, Yair Y. *MAC clauses in a materially adversely changed economy. in*: Columbia Business Law Review, 2002, Vol. 3, p. 850-851). Não há razão para crer que as cortes brasileiras teriam maior facilidade nesta tarefa.

Ao fim e ao cabo, a quantia pecuniária necessária para recompor a situação em que a sociedade-alvo estaria caso a declaração fosse verdadeira será sempre um forte indício de materialidade, afinal, quase sempre é possível presumir que o comprador possui interesse a não despender quantias vultosas em virtude de contingências. O valor, todavia, não é critério absoluto. Sobretudo quando as próprias partes deixam de atribuir valores fixos ao umbral de materialidade, é mais frutífero atentar para o impacto ao interesse protegido pela declaração.

3.2. *Standard* de Materialidade

O *standard* de materialidade refere-se ao bem jurídico protegido. Se se protege a própria decisão de celebrar o negócio, estar-se-á diante do standard de *materialidade-decisão*. Caso se proteja simplesmente a gravidade da desconformidade ao programa contratual, o standard será *materialidade-atenção*. Essa distinção, oriunda da experiencia norte-americana e influenciada pelos precedentes retratados *supra*, não parece se adequar ao direito brasileiro.

O bem jurídico protegido não é definido pelo qualificador de materialidade, mas sim pela cláusula à qual ele se acopla. Isso fica evidente em cláusulas de declarações e garantias, pois a sua natureza jurídica não é unívoca, podendo tanto remeter as partes para o regime dos vícios de vontade (erro e dolo), quanto à responsabilidade pré-contratual por violação ao dever de informar ou ainda à obrigação de garantia e à obrigação de dar a participação societária.[38] A liberdade de decisão – ou melhor dizendo, a correta formação da vontade – ficaria adstrita às declarações que remetem aos regimes do erro, dolo e da responsabilidade pré-contratual por violação ao dever de informar. Mesmo quando se inclui (como sói ocorrer) uma cláusula MAC ou MAE como justificativa para não fechar ou desfazer a operação, na verdade o que se tem é a materialidade modulando uma outra cláusula contratual que concede o direito de se desvincular do negócio.[39]

Na realidade, a falsidade da declaração será material sempre que o desvio em relação ao quanto declarado for digno de atenção, variando, conforme a

38 Remetemos aqui para outra sede em que se abordou a questão com maior detalhe GREZZANA, Giacomo. *A cláusula de declarações e garantias em alienação de participação societária*. São Paulo: Quartier Latin, 2019, Parte III, cap. 3.

39 Para uma análise das cláusulas MAC e MAE e do direito a desvincular-se do negócio, veja-se as obras citadas na nota de rodapé n. 30. Veja-se também MARTINS COSTA, Fernanda Mynarski. *Execução diferida do contrato em operações de fusões e aquisições (f&a) de sociedades anônimas: análise de aspectos contratuais e societários*. Tese (Doutorado em Direito) – Faculdade de Direito, Universidade de São Paulo, São Paulo, 2021, p. 90 e ss.

modalidade empregue, o objeto sobre o qual recai essa atenção (fatos subjacentes à declaração ou a mudança em si) e a gravidade exigida de tal desvio – esta última a ser aferida segundo os parâmetros definidos em contrato e o interesse concretamente protegido. O qualificador não define, mas antes pressupõe o estabelecimento do bem jurídico protegido pela disposição contratual à qual se agrega.

3.3 Perspectiva da Materialidade

A falsidade da declaração pode ser material para uma pessoa e não para outra, conforme suas acepções pessoais e interesses subjetivamente perseguidos. A questão que se coloca, então, é a de definir a perspectiva relevante para concretizar o umbral de materialidade.

A experiência comparatista revela que, em transações envolvendo sociedades listadas, já se considerou relevante a perspectiva do adquirente de ações racional (*reasonable acquiror*).[40] Mas essa perspectiva poderia ser criticada pela incerteza que traz consigo, já que o interesse do adquirente pode variar de um caso para outro – em uma aquisição, ele pode estar voltado à maximização do lucro, ao passo que, em outra, à utilização de determinados bens da sociedade-alvo.[41]

No direito brasileiro, a questão deve ser colocada sob o ângulo do ponto de relevância hermenêutica. Isto é, em qual sede devem ser buscadas as atitudes objetivamente reconhecíveis que são objeto da interpretação:[42] se na pessoa do declarante, do declaratário ou de um terceiro. Tudo passa por precisar na pessoa de quem se encontra a interpretação determinante do vocábulo "materialidade". Idealmente, as partes definiriam no contrato o umbral de materialidade. Não sendo isso possível, ou havendo interpretações divergentes, é preciso definir qual o ponto de relevância hermenêutica. Em um caso envolvendo ações negociadas em bolsa, parece sólido afirmar que o ponto de vista relevante é o de um adquirente racional, já que as ações são destinadas a circular junto ao público, cuja proteção merece prioridade.

No mais das vezes, contudo, o contrato de aquisição de ações será celebrado em negociação particular por um polo comprador e um polo vendedor bem definidos. Nos negócios jurídicos bilaterais, ambos os contratantes são declarantes e declaratários ao mesmo tempo. O ponto de relevância hermenêutica está em

40 Vide a análise dos casos *IBP v. Tyson* e *Akorn v. Fresenius* no Capítulo II acima.

41 ADAMS, Kenneth. *A legal-usage analysis of "material adverse change" provisions*. *in*: Fordham Journal of Corporate and Financial Law, vol. 10, 2004, p. 24.

42 Sobre os pontos de relevância hermenêutica, veja-se MARINO, Francisco Paulo De Crescenzo. *Interpretação do negócio jurídico*. São Paulo: Saraiva, 2011, p. 144 e ss.

ambos os contratantes. Daí vem a necessidade de se aferir a vontade comum das partes.[43] Em transações complexas, como aquisições de ações, normalmente realizadas por partes especializadas e bem assessoradas, com intensa negociação de cláusulas e vívida troca de versões contratuais, não parece possível atribuir maior relevância ao sentido dado à declaração por uma parte ou outra. Deve-se, então, proteger igualmente a confiança de ambas as partes.[44]

Assim situada a questão, percebe-se que raramente haverá uma perspectiva preponderante ao aferir-se a materialidade da falsidade da declaração. As perspectivas do comprador e do vendedor estão em pé de igualdade. Ou seja, tanto deve o comprador deixar transparecer ao vendedor até que ponto está disposto a tolerar que eventuais falsidades de declarações e garantias afetem o seu interesse; quanto o vendedor precisa deixar claro ao comprador a partir de que ponto está disposto a assumir responsabilidade por tais falsidades. É dessa intersecção que emerge o significado concreto de materialidade.

4. INTERSECÇÃO COM A CLÁUSULA DE DECLARAÇÕES E GARANTIAS

A cláusula de declarações e garantias funciona como um suporte fático, em cima do qual podem incidir diversos regimes jurídicos, dando azo a diferentes remédios jurídicos, normalmente previstos no próprio contrato, mas, por vezes, dispostos em lei. A natureza das declarações varia conforme a função que lhes é atribuída pelas partes. É preciso lê-las, portanto, em conjunto com as consequências que as partes lhes querem atribuir.[45] A exata natureza jurídica da cláusula de declarações e garantias, bem como as funções que estas podem assumir, já foram analisadas em outra sede, para a qual se remete a fim de evitar repetições.[46] Aqui serão sumariamente expostas tais características, como breve introito para se adentrar a correlação do qualificador de materialidade com as declarações e garantias. Essa correlação será analisada dentro de cada uma das quatro funções (e, por via de consequência, das naturezas jurídicas) que as declarações podem desempenhar.

---

43 MARINO, Francisco Paulo De Crescenzo. *Interpretação do negócio jurídico*. São Paulo: Saraiva, 2011, p. 167.

44 MARINO, Francisco Paulo De Crescenzo. *Interpretação do negócio jurídico*. São Paulo: Saraiva, 2011, p. 169-170.

45 Também reconhecendo a pluralidade de regimes jurídicos aplicáveis às declarações e garantias, embora sem adotar a mesma opinião aqui defendida: OLIVEIRA, Caio Raphael Marotti de. *A cláusula pró-sandbagging (conhecimento prévio) em contratos de alienação de participação acionária*. Dissertação (Mestrado em Direito) – Faculdade de Direito da Universidade de São Paulo, São Paulo, 2020, Cap. 3.

46 Vide nota de rodapé n. 38.

4.1 Qualificador de Materialidade e Obrigação de Garantia

As declarações cumprem função assecuratória quando protegem o comprador contra o risco de a sociedade-alvo não apresentar as características enunciadas. Nesta situação, as declarações formam parte de uma disposição contratual, por meio da qual o vendedor assume com seu patrimônio as consequências negativas acarretadas por um fato prejudicial aos interesses do comprador. Destarte, as declarações são negócio jurídico e o vendedor assume uma obrigação de garantia. O vendedor não se obriga a prestar um resultado ou uma diligência voltada a um resultado, mas apenas sujeita o seu patrimônio às consequências negativas do fato, vulgarmente denominado "sinistro". No mais das vezes, ele se obriga a reembolsar os prejuízos sofridos pelo comprador ou pela sociedade-alvo em virtude desse fato. O reembolso não é a própria obrigação de garantia, mas uma obrigação ulterior, disparada pela ocorrência do sinistro.

Em aquisições de ações, a obrigação de garantia costuma se desdobrar em um fato gerador e um fato revelador da contingência. O fato gerador precisa ser anterior à entrega das ações e é o que propriamente torna a declaração falsa, ou seja, é a desconformidade entre a realidade e o quanto afirmado na declaração. No exemplo do maquinário sem manutenção, a desconformidade estaria presente pelo fato de a sociedade-alvo não ter realizado as manutenções de rotina para garantir o perfeito estado de conservação e manutenção das máquinas. Já o fato revelador é aquele que, dentro de um prazo de garantia contratualmente definido, traz à tona o fato gerador. Se a falsidade é revelada após tal prazo, nenhuma responsabilidade surge para o vendedor. No mesmo exemplo, o fato revelador poderia ser a descoberta pelo comprador, após consultar o setor de engenharia, de que nos últimos anos a manutenção não fora feita. Preenchidos os fatos gerador e revelador, incidem os remédios previstos em contrato. A princípio, não há nenhuma limitação quanto ao remédio cabível. As partes tanto podem prever a obrigação de reembolsar as perdas "centavo por centavo", como podem prever redução de preço, desfazimento do contrato ou correção *in natura* da falsidade, ou qualquer outra consequência.

Dentro dessa estrutura, o qualificador de materialidade simples altera o âmbito de abrangência dos fatos cobertos pela garantia. Nem todos os fatos estão sendo cobertos, mas apenas aqueles que são dignos de atenção, conforme acima se explicou. Se um fato imaterial é falso, tal circunstância refoge ao escopo da garantia. Na modalidade MAC/MAE, o qualificador determina que apenas desconformidades dignas de atenção integram a cobertura da obrigação de garantia. Qualquer que seja a modalidade do qualificador, tudo se passa no campo dos fatos cobertos pela garantia. Não há alteração na estrutura da obrigação de garantia, mas somente diminuição do seu campo de incidência.

4.2. Qualificador de Materialidade e Obrigação de Dar

Exercendo função conformativa, as declarações especificam as qualidades das ações da sociedade-alvo que o vendedor promete ao comprador. A falta de tais qualidades remete a situação ao inadimplemento da obrigação de dar as ações tal como prometidas, e o comprador tem à sua disposição os remédios previstos no Código Civil (arts. 389 e ss.). As reações mais comuns contra o inadimplemento são o cumprimento específico, a indenização e a resolução contratual. O cumprimento específico dificilmente será possível e, por razões de ordem prática, não é desejável em aquisições de ações. A resolução do contrato é de operacionalização complexa, pois é difícil desfazer uma transação deste gênero e retornar as partes ao *statu quo ante*. A indenização, porém, é um remédio bastante prático.

O qualificador atua aqui limitando a promessa de qualidades àquelas características da sociedade-alvo que são materiais (qualificador simples) ou excluindo da promessa de qualidades discrepâncias imateriais (modalidade MAC/MAE). A materialidade atua sobre a extensão da obrigação assumida pelo vendedor. Não se deve cometer o equívoco de equiparar o umbral de materialidade ao standard da utilidade da prestação para o credor, constante do parágrafo único do art. 395 do Código Civil. O standard do Código pressupõe o inadimplemento e define a partir de que ponto o credor pode proceder à resolução do contrato. O qualificador de materialidade não pressupõe inadimplemento, antes define o que é o inadimplemento, já que as qualidades prometidas não abrangem aspectos imateriais. Ademais, não é correto presumir que as partes queiram elevar o umbral de materialidade a um ponto tão alto quanto a perda de utilidade da prestação, sob pena de se poder exigir indenização apenas quando o credor não tiver mais interesse nas ações.

4.3. Qualificador de Materialidade nos Regimes do Erro e do Dolo

O vendedor pode se valer das declarações apenas para repassar informações ao comprador, de forma a possibilitar que este tome uma decisão bem-informada sobre a conclusão da operação. As declarações cumprem, neste caso, função informativa e probatória. O fato de a informação estar documentada no contrato não significa que tenha sido elevada ao nível de conteúdo do contrato:

as partes podem utilizar o instrumento contratual para facilitar a prova do repasse da informação, fazendo incidir a regra do parágrafo único do art. 219 do Código Civil.

Por serem informações pré-contratuais, a falsidade das declarações não acarreta aqui responsabilidade contratual. Na verdade, pode haver indução a erro, negligente ou dolosa, acarretando a anulação do negócio jurídico por erro ou dolo. O regime de invalidades é típico, não admitindo criação de novas figuras pela vontade das partes. As partes tampouco podem modificar os seus requisitos. Portanto, as declarações atuam apenas facilitando o preenchimento dos requisitos desses institutos e, nesse contexto, a sua falsidade pode evidenciar que o vendedor repassou informação indutora em falsa representação da realidade. O qualificador de materialidade apenas modula a amplitude ou o grau de precisão da informação – *a fortiori*, da sua confiabilidade. Assim, é preciso bem entender a natureza da informação veiculada em uma declaração com e sem o qualificador.

Sem o qualificador, o vendedor garante a veracidade do que está afirmando, daí porque o comprador sempre pode confiar na veracidade das informações prestadas. No regime do erro, isso obvia a necessidade de demonstrar a escusabilidade pelo comprador e a cognoscibilidade do erro pelo vendedor.

Em uma declaração qualificada por materialidade simples, todavia, o vendedor afirma apenas quanto aos fatos materiais aquilo que está na declaração. Sobre fatos imateriais, nenhuma afirmação é feita, nenhuma informação é repassada. Comparativamente a uma declaração sem o qualificador, a amplitude da informação é menor. A demonstração da escusabilidade e da cognoscibilidade fica dispensada apenas quanto a estes fatos. Isto não significa que erros quanto a aspectos imateriais não possam ser escusáveis e cognoscíveis, apenas não milita nenhuma presunção em favor destes. O qualificador impacta também o requisito de essencialidade do erro, pois, ao precisar o que é material e o que não é, está o comprador firmando a presunção *juris tantum* de que os fatos imateriais não teriam impacto em sua decisão de contratar, já que não são dignos de atenção. Em se tratando de erro (bem como de dolo), afinal, entra em cena o standard de materialidade-decisão. É uma questão do caso concreto se a soma de erros sobre fatos imateriais recolhidos junto a diversas declarações falsas pode preencher o requisito de essencialidade, mas o comprador precisa derrubar a presunção relativa de que não afetariam sua decisão. Isoladamente, nenhum aspecto imaterial é essencial. Por outro lado, não se pode apressadamente pular para a conclusão de que qualquer aspecto material falso individualmente seja essencial. O qualificador diz respeito mais à incapacidade dos fatos imateriais de serem essenciais do que à possibilidade de os fatos materiais serem essenciais.

Já em se tratando de declaração qualificada por MAC/MAE, o que se reduz é o grau em que ao comprador é lícito confiar na informação, pois o vendedor deixa claro que podem existir discrepâncias entre a realidade e as declarações, apenas tais discrepâncias não são dignas de atenção. Se o umbral de materialidade do caso concreto atinge o nível de diligência com seus próprios interesses exigido pela norma para preencher o requisito de escusabilidade do erro, é uma questão que não se pode responder em abstrato. Isso depende do nível de conhecimento que poderia ser obtido mediante emprego da diligência exigida pela norma e da qualidade da informação que escapa ao umbral de materialidade. Também aqui a falsidade imaterial não se demonstra apta a preencher o standard de essencialidade do erro, já que não é digna de atenção; mas é possível que várias informações imateriais formem um conglomerado informativo essencial, em que pese a presunção *juris tantum* contrária. A falsidade material de uma declaração tampouco implica por si só essencialidade, devendo-se analisar *in concreto* se o comprador teria deixado de celebrar o negócio. Já a cognoscibilidade do erro se presume apenas na parcela da informação que ultrapassa a barreira da materialidade, já que, abaixo dessa barreira a declaração não será falsa e, logo, não poderá haver indução a erro.

No regime do dolo, o comprador precisa comprovar a prática do ato que induz em erro, o *animus decipiendi* e a essencialidade da falsa representação da realidade. Na presença do qualificador de materialidade, a indução em erro somente se dá quando forem falsos os fatos materiais abrangidos na declaração (qualificador simples) ou quando houver uma discrepância material entre a declaração e a realidade (MAC/MAE). Nesse sentido, há uma modulação do elemento objetivo do dolo. O qualificador de materialidade se imbrica com o requisito de essencialidade nos mesmos termos em que o faz com o erro. O qualificador nada dispõe sobre o *animus decipiendi*, o qual precisa ser comprovado no caso concreto.

O qualificador de materialidade não diz respeito, no que toca ao repasse de informações, a nenhum standard de diligência do vendedor na coleta e entrega da informação. Essa questão pode ser coberta por outro dispositivo contratual, como um qualificador de conhecimento (*knowledge qualifier*).[47]

---

47 Esta questão já foi abordada em outro estudo, para o qual se remete: GREZZANA, Giacomo. *O Qualificador de Conhecimento (Knowledge Qualifier) e suas Relações com a Cláusula de Declarações e Garantias em Alienações de Participação Societária*. in: ADAMEK, Marcelo Vieira von; PEREIRA, Rafael Setoguti J. (Org.). Fusões e Aquisições (M&A). São Paulo: Quartier Latin, 2022, v. 1, p. 247 e ss.

4.4. Qualificador de Materialidade e Responsabilidade Pré-Contratual

A cláusula de declarações e garantias não cria nem modifica o regime da responsabilidade pré-contratual por violação ao dever de informar, pois tal dever exsurge (quando não previsto de forma típica no ordenamento) da boa-fé. As declarações podem, no entanto, facilitar o preenchimento dos requisitos de incidência da responsabilidade pré-contratual, documentando o fornecimento de informação equivocada na fase de negociações.

Posto que se trata de prestação de informação, não há substancial diferença entre o papel desempenhado pelo qualificador de materialidade nos regimes do erro e do dolo acima analisados e a responsabilidade pré-contratual. O qualificador simples modula apenas a amplitude dos fatos abrangidos no fluxo informativo. Isto é, aspectos imateriais não entram no escopo da informação prestada pelo vendedor – ao menos não aquela estampada no contrato, podendo haver repasse de outras informações para fora do que está nas declarações. Já o que aqui se denomina qualificador MAC/MAE modifica o grau em que o comprador pode confiar nas informações, já que pequenas discrepâncias entre as declarações e a realidade são aceitas, apenas modificações ou efeitos materiais gerando falsidade da informação repassada.

O bem jurídico protegido pelo dever de informação na fase pré-contratual é o consentimento informado.[48] É preciso indagar, tal como se fez anteriormente para o erro e o dolo, se a falsidade da declaração é capaz de violar este bem jurídico. É que a informação material falsamente prestada não necessariamente será o suficiente para prejudicar a formação da vontade. Restará ao comprador demonstrar a presença dos demais requisitos da responsabilidade civil, quais sejam, dano, nexo de causalidade e culpa.

CONCLUSÕES

O qualificador de materialidade define, no direito brasileiro, um umbral a partir do qual determinado aspecto da declaração é merecedor de atenção. Esse aspecto tanto pode ser um fato afirmado na declaração, quanto a discrepância do estado de fatos vis-à-vis a declaração. O umbral pode ser uma cifra precisa definida em contrato ou simplesmente o ponto a partir do qual o interesse protegido pela declaração é afetado. Dependerá do caso concreto a definição precisa de onde essa linha deve ser traçada – tarefa que deve ser

---

48 MARTINS-COSTA, Judith. *A boa-fé no direito privado: critérios para sua aplicação.* 2ª ed. São Paulo: Saraiva, 2018, p. 591.

feita com base na correta interpretação da vontade das partes e/ou da integração contratual.

A investigação realizada demonstrou que o qualificador não é responsável por indicar o bem jurídico protegido pela declaração (p. ex., a livre formação da vontade), já que isso quem define é a própria declaração e garantia. Também se concluiu que não é possível precisar na generalidade das aquisições de ações sob a perspectiva de qual pessoa deve ser aferida a materialidade, pois o ponto de relevância hermenêutica não está em um ou outro polo da relação jurídica.

Quando acoplado a uma cláusula de declarações e garantias, o qualificador de materialidade pode limitar o escopo dos fatos cobertos por uma obrigação de garantia (função assecuratória), assim como pode especificar quais qualidades da sociedade-alvo integram a promessa de qualidades da coisa em uma obrigação de dar a participação societária (função conformativa). O qualificador de materialidade também se imbrica com a prestação de informações na fase pré-contratual, modulando a amplitude ou o nível em que se pode confiar na precisão da informação (funções informativa e probatória), indicando, assim, em que medida a informação falsamente recebida pelo comprador pode preencher determinados requisitos do erro, do dolo ou da violação ao dever de informar na fase pré-contratual.

40. ARRAS CONFIRMATÓRIAS, CLÁUSULA PENAL E RETENÇÃO DE PARCELAS PAGAS: UMA DIFERENTE VISÃO

Gilberto Azevedo de Moraes Costa

INTRODUÇÃO

Ao longo dos últimos anos, vê-se uma tendência em se abrandar penalidades ou até mesmo excluí-las. Isso é sentido de forma mais acentuada no direito penal, pois é neste campo que estão disciplinadas as reprimendas mais severas, o que ocorre em razão de tal ramo tutelar interesses considerados de grande relevância social. Há, a bem da verdade, considerável repercussão e divulgação de inovações neste sentido. A CF/88, ao prever os Juizados Criminais e permitir que em seu âmbito fossem celebradas transações, deu o mais importante passo. Surgiram, na sequência, outros mecanismos com o mesmo escopo, a exemplo dos institutos da suspensão condicional do processo (criminal) e mais recentemente a criação do acordo de não persecução penal.

Na seara do direito civil, de forma sensivelmente diversa, não se costuma falar e debater (ao menos de forma não tão acalorada) sobre dispositivos legais que têm por escopo abrandar ou afastar a incidência de sanções. Não que inexistam previsões a respeito disso; apenas se vê menor repercussão sobre o tema. O CDC, ao limitar as intituladas multas de mora em dois por cento do valor da prestação (art. 52, § 1º), seguiu a aludida tendência, a qual também é observada no Código Civil. Neste há, por exemplo, previsão limitativa de cobrança de multa por atraso no pagamento de débito condominial. Também aqui, o limite legal é de 2% (art. 1.336, § 1º), ao passo que antigamente se permitia multa de até 20% (art. 12, § 3º, da Lei 4.591/64).

Entretanto, no que interessa ao presente estudo, a inovação legislativa parece ter seguido caminho ligeiramente diverso, figurando, em comparação ao modelo anterior, como mais rigorosa com aquele que deixa de honrar a prestação tal como pactuada. Cabe, na sequência, discorrer rapidamente sobre as funções da cláusula penal, dada a proximidade com o tema, e verificar se a mesma sistemática que lhe é aplicável tem reflexos nas arras. A depender da corrente a ser adotada, será possível questionar alguns entendimentos que parecem estar consolidados, sobretudo no âmbito judicial, mas também na doutrina.

Compete, ainda, em razão do grande volume de negócios (decorrentes da expansão do mercado imobiliário), analisar as disposições legais e contratuais a respeito de promessas de compra e venda de imóveis, sobretudo as cláusulas que estabelecem as consequências do inadimplemento e desfazimento do negócio jurídico. Mais especificamente, cabe verificar se a disciplina dada à matéria não destoa da aludida tendência e se há desequilíbrio nas relações negociais, em prejuízo do consumidor adquirente.

1. FUNÇÕES DA CLÁUSULA PENAL

A cláusula penal, de acordo com o regramento dado pelo CC, pode ser estipulada para a hipótese de inadimplemento total da obrigação (art. 410) ou, ainda, para o caso de mora ou como segurança especial de alguma cláusula (art. 411). Para estas duas últimas situações, ela é exigível juntamente com a obrigação principal, ou seja, em cumulação. Na outra situação, a cláusula penal, como regra, substitui a prestação. Excepcionalmente, se houver previsão específica (art. 416, p.u., do CC), o credor está autorizado, em demonstrando prejuízo maior, cobrar algo além, desde que limitado ao total do dano.

A doutrina, ao discorrer sobre o tema, costuma defender que a cláusula penal exerce mais de uma função. Alguns autores apontam a presença de duas (a saber, indenizatória e sancionatória)[49], enquanto outros sustentam a coexistência de três (acrescentando às duas já mencionadas, a função de reforço)[50]. Contrariando tal entendimento, surgiu opinião no sentido de que há

49 VENOSA, Sílvio de Salvo. *Direito civil*: teoria geral das obrigações e teoria geral dos contratos. 3. ed. São Paulo: Atlas, 2003, v. 2, p. 165

50 LÔBO, Paulo. *Direito civil*: obrigações. 3. ed. São Paulo: Saraiva, 2013, p. 268.

uma função exclusiva, ou ao menos prevalente, qual seja, a indenizatória[51]. A cláusula penal, assim vista, se assemelha aos *liquidated damages* do direito anglo-saxônico, não tendo função senão reparatória[52].

Tomando como base as alterações que o CC português sofreu na década de 1980, e mais especificamente as modificações que atingiram o art. 811º, entendeu-se que o caráter sancionatório-coercitivo cedeu passo ao reparatório[53], pois está vedada, de ordinário, a cumulação do cumprimento forçado e o pagamento da cláusula penal e, de modo absoluto, a pretensão de cobrança de algo além do prejuízo decorrente do descumprimento da obrigação principal.

O que se vê da legislação brasileira atual é algo semelhante. O art. 410 do CC dá ao credor uma escolha, lhe sendo lícito postular a execução específica ou cobrar o valor devido a título de cláusula penal. O art. 411, de sua parte, embora aluda à viabilidade de cobrança conjunta, na verdade estipula que a cláusula penal (moratória) tem o condão de indenizar o dano decorrente da mora ou da inobservância de uma específica previsão contratual.

Não se faz lícita, diante do regramento vigente, a pretensão de exigir algo que supere o prejuízo experimentado. Ainda que se pactue conforme autoriza o art. 416, p.u., parte final, ao credor não se confere o direito de receber o montante devido em virtude da incidência da cláusula penal, acrescido daquilo que se apurou como sendo perdas e danos.

Contra mencionado entendimento, poder-se-ia objetar que o art. 413 emprega o termo penalidade e autoriza a redução da cláusula penal quando tiver ocorrido cumprimento parcial ou quando ficar evidenciado que o valor previsto é sobremaneira excessivo. Cabe, porém, perceber que a primeira situação não se equipara ao total inadimplemento (art. 410) e que a segunda hipótese nada mais é do que a confirmação do viés indenizatório do instituto.

---

51 MONTEIRO, António Joaquim de Matos Pinto (*Cláusula penal e indemnização*. Coimbra: Almedina, 1990) desenvolveu tal pensamento em Portugal. No Brasil, é seguido por RODRIGUES JUNIOR, Otavio Luiz e LEONARDO, Rodrigo Xavier (O novo "despertar" da cláusula penal no direito civil brasileiro: a crise da função indenizatória e a necessidade de reforma legislativa. *In*: SALOMÃO, Luis Felipe e TARTUCE, Flávio (Org.). *Diálogos entre a doutrina e a jurisprudência*. São Paulo: Atlas, 2020, v. 2, p. 289-306) e TEPEDINO, Gustavo e SCHREIBER, Anderson (*In*: AZEVEDO, Álvaro Villaça de. *Código Civil comentado:* direito das obrigações: artigos 233 a 420. São Paulo: Atlas, 2008, v. 4, p. 390-405).

52 CHESHIRE, G. C. and FIFOOT, C. H. S (*The law of contract*. 5. ed. London: Butterworth, 1960, p. 512), ao distinguirem a cláusula penal daquela de liquidação dos danos, pontuam: "First, it may be a genuine pre-estimate of the loss that will be caused to one party if the contract is broken by the other. In this case it is called liquidated damages and it constitutes the amount, no more and no less, that the plaintiff is entitled to recover in the event of breach without being required to prove actual damage".

53 MONTEIRO, António Joaquim de Matos Pinto. *Cláusula penal e indemnização*. Coimbra: Almedina, 1990, p. 421-423.

As partes, quando estipulam a cláusula penal, não sabem qual será o prejuízo oriundo do descumprimento. Acordam (ou em alguns casos se aceita) que, em se verificando a ocorrência do descumprimento, determinado valor será devido. O juiz, ao ser instado a analisar o caso concreto (art. 413), terá condições de verificar se aquilo que foi estabelecido perdeu o caráter indenizatório, figurando como sanção. E se esta for a descoberta, excluirá o excesso, com o que evidenciará e reafirmará a natureza indenizatória do instituto.

Se a parte cumpre parcela daquilo a que se obrigou, é incorreto dizer que houve total inadimplemento. Assim, se é isso o que sucede, o juiz tem o dever de reduzir equitativamente o valor devido em decorrência da incidência da cláusula penal (art. 413 do CC). Na vigência do CC/16, permitia-se a redução proporcional (art. 924)[54]. Houve, com a mudança legislativa, inovação: de faculdade, passou-se à obrigação; de proporcionalidade, passou-se à equidade. O novo diploma, ademais, também obriga a diminuição, sob o mesmo critério, para as hipóteses em que se constata o manifesto excesso. Para tanto, o julgador levará em conta a natureza e a finalidade do negócio.

2. AS ESPÉCIES DE ARRAS

Como se sabe, existem duas espécies de arras, e ambas estão disciplinadas no CC. As penitenciais são aquelas estipuladas para permitir o arrependimento, tornando-o lícito. O art. 420 fala em "função unicamente indenizatória". Por seu turno, o sinal confirmatório é empregado com finalidade diversa, ou seja, para indenizar e sancionar (e como desdobramento reforçar o vínculo e impedir o desfazimento do negócio jurídico). De tal diferença, parece razoável dizer que no primeiro caso (penitencial) se está diante do preço da desistência[55]. Aqui, dada a extensão da proposta, cabe o estudo do sinal confirmatório. É necessário verificar a sua sistemática.

54 MOREIRA, Guilherme Alves (*Instituições do direito civil português*: parte geral. Coimbra: Universidade de Coimbra, 1907, v. 1, p. 500), ao se manifestar sob a égide do CC português revogado, disse que "a cláusula penal é estabelecida por livre vontade das partes, da qual fica dependente a sua importância (art. 674.º), e não pode ser por isso alterada pelo prudente arbítrio do juiz, salvo quando a obrigação contraída haja sido realizada em parte".

55 COSTA, Gilberto Azevedo de Moraes. *Arras*. São Paulo: Almedina, 2022, p. 57. Acrescente-se que o art. 1386 do CC italiano, que disciplina o sinal penitencial, não emprega o termo indenização. No dispositivo consta que "la caparra ha la sola funzione di corrispettivo del recesso". Melhor teria sido se o CC pátrio tivesse seguido a mesma sistemática, pois ao empregar o termo indenização fez com que fosse possível confundir a função do sinal penitencial.

2.1. O regramento das arras confirmatórias

Caso as partes não pactuem que o sinal é penitencial, o recesso é conduta considerada contrária ao direito. O Brasil, com a entrada em vigor do CC/16, na mesma linha já seguida pelo C.Com, adotou a regra segundo a qual o sinal, salvo estipulação em sentido contrário, se presume confirmatório. Nisso, se distanciou, por exemplo, do regramento francês, mas se aproximou do de outros países.

Na vigência do CC italiano de 1865, por expressa disposição, as arras funcionavam como cautela para viabilizar o ressarcimento (art. 1217), com o que se diferenciava da cláusula penal, que figurava como a própria compensação pelos danos sofridos pelo credor em virtude do inadimplemento da obrigação principal (art. 1212). De tal diferença decorria, para parcela da doutrina[56], a possibilidade de o sinal figurar como parte da indenização, ao contrário do que sucedia com a cláusula penal, que a substituía.

O diploma peninsular atual (art. 1385) não fala mais em garantia. Mas igualmente não alude à função ressarcitória. Surgiu, então, quem enxergasse semelhança entre arras e cláusula penal, dizendo que ambas têm por fim (apenas) ressarcir a parte prejudicada pelo descumprimento da obrigação[57]. Mas despontou também entendimento de que o sinal confirmatório tem caráter sancionatório, não admitindo, por conseguinte, redução equitativa[58].

Na Itália, mencionada corrente se baseia na redação do art. 1385. No *comma* 2, nada se fala sobre ressarcimento; ali, apenas é passada a ideia de que, na hipótese de inadimplemento, a parte não culpada pode reter o sinal ou recebê-lo em dobro. Não se diz que o valor é computado na indenização. Por sua vez, o *comma* 3 estabelece que o inocente pode demandar a execução ou a resolução do contrato, mas nestes casos o ressarcimento é regulado pelas normas gerais.

Embora o CC brasileiro tenha, quanto às arras, buscado alguma inspiração no citado diploma, traçou regramento um tanto diverso, o que fez com que não se pudesse seguir (ao menos de maneira completa) os caminhos apresentados por doutrinadores daquela nacionalidade.

2.1.1. Pormenores da disciplina brasileira

O art. 418 se aproxima do art. 1385, *comma* 2, do CC italiano. A ideia é a mesma, e ambos estabelecem que, em caso de inadimplemento, aquele que

56 SARFATTI, Mario. Caparra. *In:* MANCINI, Pasquale Stanlislao (dir.). *Enciclopedia giuridica italiana*. Milano: Società Editrice Libraria, 1900, v. 3, 1ª Parte, 2ª Seção, p. 684.

57 MIRABELLI, Giuseppe. *Dei contratti in generale*. Torino: Tironese, 1958, p. 265.

58 MARINI, Annibale. Caparra confirmatoria e reductio ad aequitatem. *Rivista del diritto commerciale e del diritto generali delle obbligazioni*, Milano, 2ª parte, 1978, p. 180.

não foi o causador pode reter as arras ou recebê-las em dobro. O que há de diferente é a redação. O CC/02 alude à "devolução mais o equivalente" e acrescenta a possibilidade de correção monetária, juros e honorários advocatícios.

A disparidade entre as duas leis é notada na regulamentação das demais consequências oriundas do descumprimento. Na Itália, como visto, o interessado na execução ou na resolução tem de se valer das regras gerais sobre a reparação do dano[59]. No Brasil, diversamente, há um microssistema para as arras. Elas, nos termos do art. 419, figuram como indenização, mas não a limitam. Servem, na verdade, como taxa mínima, e por isso possibilitam que o inocente resolva o contrato ou postule o cumprimento forçado, sem prejuízo da cobrança das perdas e danos[60]. Há, portanto, a possibilidade de surgimento de três consequências: (i) desfazimento ou execução; (ii) perda ou restituição dobrada do sinal; (iii) cobrança do valor correspondente ao prejuízo.

A primeira delas evidencia que, tendo as partes convencionado arras, se faz presente a cláusula resolutiva expressa. Verificado o inadimplemento, pode a parte inocente, em razão do que dispõe o art. 418, ter o contrato por desfeito. Ou seja, não é necessário o pronunciamento judicial (art. 474)[61]. Ao inocente, outrossim, é facultado exigir o cumprimento, caso em que o negócio jurídico não é resolvido. Qualquer que seja a opção, de acordo com o art. 419, o credor pode ficar com o sinal e cobrar algo além. Daí se vê a necessidade de verificar se o que ultrapassa as arras é indenização ou sanção.

2.1.1.1. Indenização

O sinal se presta a ressarcir o prejuízo experimentado por quem não deu causa à inexecução do negócio jurídico. A vantagem em se pactuar a sua entrega está em que a parte inocente fica dispensada de provar a existência e

59 BRUGI, Biagio. Effetti della caparra confirmatoria. *Rivista del diritto commerciale e del diritto generali delle obbligazioni*, Milano, v. 21, 2ª parte, 1923, p. 442.

60 Na Inglaterra, não se admite a cobrança da *penalty clause* cumulada com a reparação do dano se o valor da pena serve para indenizar integralmente o prejuízo. Se, porém, o valor previsto a tal título não é suficiente para saná-lo, a parte pode, em demanda judicial, postular o valor da indenização, abrindo mão da cláusula que lhe beneficiava. Mas, se há previsão de *liquidated damages*, não se faz lícita a cobrança de algo além do que prevê a cláusula com o propósito de sanar os prejuízos. Neste sentido, CHESHIRE, G. C. and FIFOOT, C. H. S. *The law of contract*. 5. ed. London: Butterworth, 1960, p. 513.

61 SILVA, Jorge Cesa Ferreira da. Inadimplemento das obrigações: comentários aos arts. 389 a 420 do Código Civil: mora; perdas e danos; juros legais; cláusula penal; arras ou sinal. In: REALE, Miguel; MARTINS-COSTA, Judith. *Biblioteca de direito civil. Estudos em homenagem ao professor Miguel Reale*. São Paulo: RT, 2007, v. 7, p. 303-304.

a extensão do dano[62]. Ao celebrarem o negócio, os contratantes, ainda que por presunção, acordam que o inadimplemento retrata uma perda patrimonial que deve ser indenizada.

Nem todo o dano, porém, estará coberto pelo sinal. Como regra, não se faz possível, quando das tratativas do negócio, precisá-lo. As partes, na verdade, quando convencionam sobre as arras apenas anteveem qual será o provável prejuízo que decorrerá do inadimplemento, que pode ser tanto do dador quanto do recebedor.

Somente este dano provável está coberto pelas arras. Se ele for maior, caberá ao interessado a prova de sua existência e extensão. De acordo com a regulamentação atual brasileira, e aí está uma de suas características, o sinal não obsta a cobrança daquilo que o excede. Em outros termos, é piso (ou, nos termos da lei, "taxa mínima"), e não teto[63].

Pelos termos do art. 419, a cobrança do valor suplementar independe de previsão contratual específica que a autorize. Com isso, a discussão existente quando ainda vigorava o CC/16 perdeu a razão de ser. Antes, por inexistir dispositivo semelhante ao que foi mencionado, havia quem sustentasse que o sinal impedia a parte inocente de buscar o ressarcimento integral. Argumentava-se que não era viável o lesado ser indenizado duas vezes por um único prejuízo[64].

O fundamento utilizado, porém, parece que não era válido para obstar a cobrança. O dano, diversamente do que se afirmava, não é (e não era) dividido em duas partes. O que havia era a possibilidade de as partes preestabelecerem determinado valor (o das arras) para ressarci-lo, abrindo mão da necessidade de sua efetiva demonstração, o que não impedia a previsão a favor do prejudicado no sentido de que, em querendo, buscasse comprovar as exatas perdas e danos. O objetivo de uma cláusula assim redigida era permitir o ressarcimento completo.

Atualmente, insista-se, a regulamentação é diversa. Mais especificamente, existe a possibilidade de as partes estipularem que nada mais será devido, senão apenas a perda ou a restituição dobrada do sinal. Porém, no silêncio dos contratantes, as arras figuram como o mínimo devido (desde que, é claro, o sinal não supere o valor do dano)[65]. O objetivo é alcançar a reparação integral.

---

62 DE CUPIS, Adriano. *Il danno*: teoria generale della responsabilità civile. Milano: Giuffrè, 1946, p. 236.

63 RODRIGUÉZ, María Elvira Afonso (*Las arras en la contratación*. Barcelona: Bosch, 1995, p. 152) pontua que "salvo pacto en contrario, no hay ningún obstáculo para considerar que el montante de las arras sólo representa una cautela contra el resarcimiento de los daños, de tal modo que la constitución de un pacto arral con carácter penal no priva el acreedor para, probando un daño superior al valor de las mismas, reclamar ser indemnizado por la diferencia".

64 RODRIGUES, Silvio. *Das arras*. São Paulo: [s.n.], 1954, p. 92.

65 MARTINS-COSTA, Judith (In: TEIXEIRA, Sálvio de Figueiredo (Coord.). *Comentários ao novo Código Civil*: v. 5, t. 2: do inadimplemento das obrigações (Arts. 389 a 420). 2. ed. Rio de Janeiro: Forense, 2009, p. 764-765) diz que "o art. 419 será chamado a atuar apenas se o valor do dano for *superior* ao que já está coberto pelas arras".

2.1.1.2. Sanção

Se não há dúvida que (ao menos no ordenamento pátrio) o sinal serve para indenizar, o seu caráter sancionatório não é ponto pacífico na doutrina. Há, com efeito, quem sustente que tal figura visa apenas ressarcir[66]. O estudo do desenvolvimento histórico do tema, entretanto, parece levar a outra conclusão[67]. Desde o início, na regulamentação da compra e venda grega, o sinal foi visto como pagamento parcial do preço e sanção decorrente do inadimplemento[68]. Em Roma, até o nascimento do direito Justiniano, quando as arras passaram a ser penitenciais, funcionaram como sanção e indenização[69].

Se é verdade que no CC/16 o caráter penal não estava claro em razão da redação do art. 1.097, parece que a atual legislação tratou de evidenciá-lo. Ao permitir que a parte inocente exija a execução do contrato e retenha ou cobre em dobro o sinal (art. 419), estipulou que a prestação, ainda quando útil ao credor, não basta para satisfazê-lo. Assim, por exemplo, se houve desrespeito ao

---

66 SILVA, Jorge Cesa Ferreira da (Inadimplemento das obrigações: comentários aos arts. 389 a 420 do Código Civil: mora; perdas e danos; juros legais; cláusula penal; arras ou sinal. In: REALE, Miguel; MARTINS-COSTA, Judith. *Biblioteca de direito civil. Estudos em homenagem ao professor Miguel Reale*. São Paulo: RT, 2007, v. 7, p. 309) afirma que, "ao contrário da cláusula penal, as arras não possuem caráter sancionatório. É certo que a inclusão de arras confirmatórias no negócio jurídico pode ter o efeito *psíquico* de coação, mas essa coação não compõe a concepção *jurídica* do instituto. As arras confirmatórias não visam – nem nunca visaram – coagir o devedor a adimplir, mas atestam a celebração do contrato ou estabelecem as condições e as consequências da resolução. Assim, seu caráter indenizatório é, em comparação com a cláusula penal, muito mais voltado à busca da *justa indenização*, e não de um valor que tenha por fim desestimular o inadimplemento". No mesmo sentido, MARTINS-COSTA, Judith. In: TEIXEIRA, Sálvio de Figueiredo (Coord.). *Comentários ao novo Código Civil*: v. 5, t. 2: do inadimplemento das obrigações (Arts. 389 a 420). 2. ed. Rio de Janeiro: Forense, 2009, p. 762.

67 MONTEIRO, António Joaquim de Matos Pinto (*Cláusula penal e indemnização*. Coimbra: Almedina, 1990, p. 195) defende que "o sinal não compreender-se dentro da indemnização, dada a sua independência relativamente ao dano efectivo, de cuja existência prescinde. Todavia, a solução consagrada no n.º 4 do art. 442.º parece considerá-lo como quantia devida a título de indemnização. Não nos parece adequado tal entendimento, se bem que consideravelmente atenuado na redacção actual (como o fora já na redacção de 80) da referida norma. A quantia – ou coisa – a que o contraente fiel tem direito, por força do mecanismo próprio do sinal, é devida a título sancionatório, ainda que, na falta de estipulação em contrário, se reflicta sobre a indemnização, na medida em que impede o recurso a esta. A lei presume, no silêncio das partes, uma vontade contrária à via indemnizatória normal, conferindo aos efeitos típicos da constituição do sinal uma função limitativa do valor a receber pelo contraente fiel. Trata-se, como dissemos atrás, de uma solução a que não será alheia a simpatia legislativa pelo valor penitencial daquela figura, contraditória com a natureza – sancionatória – que lhe subjaz.

68 TALAMANCA, Mario. *L'arra della compravendita in diritto greco e in diritto romano*. Milano: Giuffrè, 1953, p. 7.

69 RODRIGUÉZ, María Elvira Afonso (*Las arras en la contratación*. Barcelona: Bosch, 1995, p. 24-25), ao abordar a parte histórica, aponta a função sancionatória das arras tanto no direito grego quanto no direito romano antes do período Justiniano.

prazo, a parte pode optar por não desfazer o contrato e cobrar a sua execução e ficar ou receber as arras mais o equivalente.

A impossibilidade de discussão sobre a existência do dano não deixa de ser espécie de sanção ao inadimplente. Vendo-se tolhido de provar que o prejuízo não ocorreu, sofre a reação decorrente de seu comportamento faltoso. Em suma, não importa, pela literalidade do dispositivo (art. 419), saber se houve ou não prejuízo[70]. O sinal figura como pena pelo descumprimento do quanto acordado.

2.1.1.2.1. Função coercitiva

Desdobramento do viés sancionatório, a função coercitiva tem por escopo reforçar o vínculo, impedindo que a parte descumpra a sua obrigação[71]. Temendo sofrer a imposição da pena, o contratante é levado a honrar aquilo a que se comprometeu. No período pré-clássico do direito romano, em razão de o contrato não ter o condão de obrigar o cumprimento, as arras exerciam tal papel[72]. Aquele que as havia dado se sentia forçado a cumprir a prestação para conseguir reavê-las, até porque muitas vezes eram representadas por objetos personalíssimos[73].

Ainda hoje não se pode deixar de notar o viés coercitivo do sinal. Dada a natureza real do pacto (o que garante, desde a celebração do negócio, a indenização ao recebedor) e o fato de a não restituição, quando devida, configurar em tese crime de apropriação indébita (art. 168 do CP), o que é uma segurança ao dador adimplente, atuam no sentido de forçar o cumprimento do contrato.

2.1.2. Pagamento parcial

O art. 417 estabelece que se o sinal é dado em dinheiro ou outro bem móvel deve-se, no caso de execução, ser restituído ou computado na prestação devida, se do mesmo gênero. Faltou aqui, ao legislador, aludir à qualidade.

---

70 CASTRO FILHO; ANDRADE, Marcos Vinicius; MESQUITA, Eduardo M. e SCAVONE JUNIOR, Luiz Antonio. In: ARRUDA ALVIM e ALVIM, Thereza. *Comentários ao Código Civil brasileiro*: do direito das obrigações. Rio de Janeiro: Forense, 2006, v. 4, p. 594.

71 No direito anglo-saxônico, a *penalty clause* exerce tal função. Sobre ela, CHESHIRE, G. C. and FIFOOT, C. H. S (*The law of contract*. 5. ed. London: Butterworth, 1960, p. 513) dizem "it may be in the nature of a threat held over the other party in terrorem – a security to the promisee that the contract will be performed".

72 PUIG BRUTAU, José (*Fundamentos de derecho civil*. Barcelona: Bosch, 1956, t. 2, v. 2, p. 154-155) pontua que "las arras son un residuo de la etapa anterior al reconocimiento de la voluntad manifestada como fuente de las obligaciones".

73 BOYER, G. Isidore de Séville et la définition des arrhes. In : LÉVY-BRUHL, Henri. *Droits de l'antiquité et sociologie juridique*. Paris: Université de Paris, 1959, p. 54.

Nada impede que o sinal seja representado por algum bem (ex.: uvas) de qualidade diversa daquele que corresponde ao devido por força do contrato (ex.: compra e venda). E pode até mesmo se tratar de bem consumível. É inviável, porém, computar na prestação, figurando como pagamento parcial, uma coisa no lugar de outra. Constatado o adimplemento, o recebedor tem de restituir o que recebeu. Se já o consumiu, entrega (como restituição do sinal) bem do mesmo gênero e qualidade, e não parte daquele que lhe foi dado por cumprimento da prestação, ainda que se trate de coisa mais valiosa.

Da aludida regra se nota que, na ausência de estipulação em sentido diverso e não havendo impossibilidade de computação por disparidade de gênero e qualidade, as arras figuram como pagamento parcial, abatendo-se do montante total devido. Se é impossível a computação, a restituição tem de ocorrer. Mas, para qualquer dessas duas situações, se faz necessária uma condição: a execução. E entenda-se: execução completa. Se não há cumprimento da prestação, o sinal não é pagamento: não se computa naquilo que é devido. Figurará como penalidade e indenizará a parte inocente, ainda que não exista prova do dano. Se assim se quiser dizer: o prejuízo é presumido.

Como consequência, estipulado o pagamento de arras, havendo inadimplemento, não incide (ou não deveria incidir) o art. 53 do CDC. Na verdade, as parcelas adimplidas teriam de ser restituídas[74], e o sinal seria perdido, pois figura como sanção e indenização. As arras podem se tornar parte da prestação; não o são obrigatoriamente, em todos os casos. Quando o forem, a computação se faz ao final, e apenas para impedir a prática de atos inúteis. Não teria sentido o sinal ser de 100 e, quando do pagamento da última parcela, que alcança tal montante, o devedor não poder empregá-lo para liquidar o débito[75].

Andou bem o legislador pátrio em não dizer que sinal é princípio de pagamento. Insista-se: não o é[76] (salvo, é claro, se as partes estipularem em sentido

---

74 O dispositivo mencionado tem de ser aplicado quando não foi estabelecida a dação de sinal. Em outros termos, ausente tal garantia e estando prevista a perda de parcelas pagas, é de se considerar nula a cláusula que estipula, em favor do alienante, a retenção integral. Se o sinal, somente ao final, pode integrar a prestação (tornando-se parte dela), e o inadimplemento ocorre justamente em virtude do não cumprimento completo, é lícita a sua perda. O que não se deve admitir é a cumulação: perda do sinal e de parte das parcelas.

75 Perceba-se que quando se estipula a dação de arras em bem diverso daquele que corresponde à prestação, a restituição se dá ao final, ou seja, quando cumprida integralmente a prestação. Isso revela que o sinal figura como garantia em prol do credor. A sistemática não deve ser alterada quando as arras são dadas em dinheiro (ou bem de igual gênero e qualidade daquele que corresponde ao da prestação). Em todos os casos, o sinal estará para garantir o adimplemento, e somente quando não mais houver risco de inexecução é que se utiliza, computando, aquilo que foi dado.

76 GAUDEMET, Eugène (*Théorie générale des obligations*. Paris : Recueil Sirey, 1937, p. 272) anota que « il faut les [as arras] distinguer des acomptes. L'acompte est une partie du prix payée d'avance ; il vient en déduction du prix. »

diverso, querendo afastar o regramento dado pelo CC quanto às arras). Entenda-se bem: as arras são dadas ao início, mas computadas ao final[77].

O emprego da nomenclatura que se tornou usual leva a equívocos, pois quando se fala que o sinal é o início do adimplemento, tendencialmente se imagina que serve mais como parcela da prestação do que como garantia contra a inexecução e reparação, ao menos parcial, de eventuais prejuízos. E é justamente o contrário o que ocorre: quando não há mais risco de inadimplemento, o sinal se torna pagamento[78].

O CC/02 não reproduziu o art. 1.096 do CC/16, que estabelecia que "as arras em dinheiro consideram-se princípio de pagamento". E agiu corretamente. A virtude do diploma revogado, embora com redação infeliz, estava na parte final do dispositivo. Ali era passada a ideia de que, não sendo viável a computação, o sinal tem de ser restituído, o que se dá "quando o contrato for concluído". Na verdade, a intenção era dizer que as arras são devolvidas quando a execução do contrato for concluída. É ao término que se computa ou se devolve.

O CC português diferencia as figuras. No art. 440º regulamenta a antecipação do cumprimento, algo diverso e que não se confunde com o sinal. Diz a regra que a entrega que coincide com a prestação é havida como antecipação do cumprimento, "salvo se as partes quiserem atribuir à coisa entregue o caráter de sinal". Nesta hipótese, ou seja, pactuada a dação de arras, elas são imputadas na prestação (art. 442º, 1).

2.2. A incidência da disciplina da cláusula penal nas arras

Existe certa tendência de se aplicar à cláusula penal e às arras tratamento semelhante. O CC/02, ao optar por rumo diverso do diploma revogado, não prevendo as arras no livro dedicado aos contratos, mas naquele reservado às obrigações, e mais especificamente logo após à disciplina da cláusula penal, parece ter seguido tal orientação, que não é exclusividade brasileira[79].

---

77 COSTA, Gilberto Azevedo de Moraes. *Arras*. São Paulo: Almedina, 2022, p. 134.

78 Ao tratar do assunto em outra oportunidade (COSTA, Gilberto Azevedo de Moraes. *Arras*. São Paulo: Almedina, 2022, p. 131-133), foi dito que sinal é princípio de pagamento, embora tenha sido sustentada, tal como aqui, a ideia de que a computação se faz ao final. Com essa nova reflexão, se propõe o abandono do emprego da expressão mencionada. Parece ser mais correto, por retratar melhor a realidade, a afirmação de que o sinal é o pagamento parcial e eventual da prestação devida.

79 MAZZARESE, Silvio e TARDIA, Ignazio. Caparra. In: SCHLESINGER, Piero; BUSNELLI, Francesco Bonato. *Il Codice Civile*: commentario. Milano: Giuffrè, 2016, p. 15-16.

No entanto, a dificuldade em se adotar regramento uniforme decorre da ausência de identidade entre as funções de cada um dos institutos. Se é verdade que ambos têm por escopo reparar as perdas e danos, somente (ou com maior preponderância) o sinal funciona também como espécie de sanção ao inadimplente. Nesta linha, é de se notar que o ponto que mais chama a atenção diz respeito à redução das arras.

Por ter sido criada a regra da "taxa mínima" (art. 419), não seria de se estranhar o posicionamento no sentido de que o objetivo da lei foi impedir qualquer discussão a respeito da alteração do sinal. As partes, ao preestabeleceram qual seria o valor devido como reparação (ao menos parcial) pelo incumprimento, não estariam, sob tal ótica, autorizadas a rever o que acordaram. Por essa sistemática, como decorrência, maior estabilidade seria verificada com o emprego das arras em comparação à cláusula penal, embora situações desproporcionais e, portanto, injustas, pudessem surgir.

É possível sustentar, no mais, que, tendo sido elaborado um regramento próprio para o sinal, nada dispondo sobre a aplicação de normas gerais de reparação do dano, restaria afastada a incidência de dispositivos que tratam de outras matérias, ainda que próximas, como é o caso da cláusula penal. Mais especificamente, não seria viável a redução equitativa regulamentada pelo art. 413. A doutrina pátria, porém, se posicionou, em sua maioria, em sentido contrário. Ao argumento de que o sinal não tem viés sancionatório, diversamente da cláusula penal (que figuraria como pena), defende-se a sua diminuição quando há manifesto excesso[80].

Tal entendimento, por conta de sua fundamentação, tem de ser questionado. A premissa aqui adotada, e é dela que se parte desde o início do trabalho, é diversa. Ademais, cabe verificar se existe razão para justificar a redução por se tratar de indenização, e não por ser pena. Em outros termos, compete questionar a eventual impossibilidade de abrandamento de sanções.

---

80 SILVA, Jorge Cesa Ferreira da (Inadimplemento das obrigações: comentários aos arts. 389 a 420 do Código Civil: mora; perdas e danos; juros legais; cláusula penal; arras ou sinal. In: REALE, Miguel; MARTINS-COSTA, Judith. *Biblioteca de direito civil. Estudos em homenagem ao professor Miguel Reale*. São Paulo: RT, 2007, v. 7, p. 309) afirma que, "ao contrário da cláusula penal, as arras não possuem caráter sancionatório. É certo que a inclusão de arras confirmatórias no negócio jurídico pode ter o efeito *psíquico* de coação, mas essa coação não compõe a concepção *jurídica* do instituto. As arras confirmatórias não visam – nem nunca visaram – coagir o devedor a adimplir, mas atestam a celebração do contrato ou estabelecem as condições e as consequências da resolução. Assim, seu caráter indenizatório é, em comparação com a cláusula penal, muito mais voltado à busca da *justa indenização*, e não de um valor que tenha por fim desestimular o inadimplemento". No mesmo sentido, MARTINS-COSTA, Judith. In: TEIXEIRA, Sálvio de Figueiredo (Coord.). *Comentários ao novo Código Civil*: v. 5, t. 2: do inadimplemento das obrigações (Arts. 389 a 420). 2. ed. Rio de Janeiro: Forense, 2009, p. 762.

2.2.1. Redução da indenização?

A indenização tem por escopo recompor o dano (art. 403). Não visa criar situação mais benéfica ao prejudicado, tampouco objetiva repreender o causador do prejuízo[81]. É, por assim dizer, um instituto neutro. Diversa é a função da pena, que tem por objetivo criar situação desfavorável, de desconforto, a quem infringiu a norma. Não por outra razão, ao menos como regra, a pena não substitui a indenização e vice-versa.

Daí se nota que, ao menos em tese, por desdobramento lógico baseado em critério objetivo, a indenização, fixada dentro dos critérios legais, nunca será excessiva. Poderá o ser se se adotar perspectiva subjetiva. Assim, a depender das condições financeiras daquele que é obrigado a reparar o dano e o grau de sua culpa (que, inclusive, é deixada de lado quando se trata de responsabilidade objetiva), pode-se concluir que o valor devido como indenização lhe é uma "sanção".

Trata-se, porém, de emprego incorreto do termo (e por isso a necessidade do uso de aspas), mas que, por ter se tornado de uso comum, redundou no entendimento de que a reparação do dano pode ser, ainda que em casos excepcionais, mitigada. O próprio CC/02, ao tratar da responsabilidade civil, previu (art. 944, p.u.) que, na hipótese de excessiva desproporção entre a gravidade da culpa e o dano, o juiz pode (e perceba-se bem o termo empregado) reduzir, de forma equitativa, a indenização.

A regra tem caráter social, figurando como desdobramento dos princípios que coordenaram a elaboração do diploma. Assim, em uma situação que se amolda à regra autorizadora, o julgador deixa de empregar somente critérios técnicos e objetivos, e levando em conta as características daquele que causou o prejuízo, bem como a sua conduta, reduz a indenização, dividindo de forma equitativa a responsabilidade pelo ocorrido. O lesado, como consequência, suporta parte do prejuízo.

O art. 413, de sua parte, embora adote o mesmo critério para que se opere a redução (ou seja, a equidade), a faz obrigatória (pois o dispositivo fala em dever) desde que cumprida uma de duas condições: (i) cumprimento parcial da obrigação; (ii) excessividade manifesta da "penalidade".

Para a primeira hipótese, a regra tem aplicação mais fácil. Se a cláusula penal é prevista "para o caso de total inadimplemento da obrigação" (art. 410), e esta foi em parte cumprida, a redução se opera de maneira proporcional, o

81 Em sentido diverso, TRIMARCHI, Pietro (Causalità giuridica e danno. In: VISINTINI, Giovanna (Org.). *Risarcimento del danno contrattuale ed extracontrattuale.* Milano: Giuffrè, 1984, p. 4) anota que a "la responsabilità contrattuale ha un aspetto reintegrativo e uno sanzionatorio".

que não deixa de ser critério de equidade[82]. A dificuldade está na outra situação mencionada. Além de o CC/02 ter empregado termos vagos, aludiu àquilo que é sanção (e não à indenização).

2.2.1.1. O excesso manifesto

Tanto a cláusula penal quanto as arras (se dadas em dinheiro) têm limites quantitativos. No caso do sinal, por uma questão lógica, ou seja, por figurar como pagamento parcial; na hipótese de cláusula penal, em decorrência da regra contida no art. 412. Em ambos os casos, não se poderá convencionar montante que supere ao da obrigação principal.

Se a regra mencionada é criticável, não cabe aqui tal análise. O que interessa é apenas perquirir os critérios que autorizam a diminuição. Assim, se se convenciona, por exemplo, cláusula penal ou sinal em valor correspondente a noventa por cento do total da obrigação principal, parece não haver dúvida de que, ao menos em tese, se poderá dizer que há excesso manifesto.

Mas isso é verdade apenas se se enxergam os mencionados institutos como puramente sancionatórios. Se figuram como indenizatórios, a depender das circunstâncias concretas (e dada a possibilidade real de o prejuízo causado pelo inadimplemento total ser maior do que o valor da prestação), o montante pode, na realidade, ser manifestamente ínfimo, inapto para a reparar o dano ocasionado.

A redução, como consequência, somente pode ocorrer se ficar provado que o valor supera ao da indenização, pois a partir daí terá a natureza de pena, e é com base no que excede que se analisará a ocorrência ou não da condição legal[83].

Para a cláusula penal, se se adota a ideia de que a sua natureza é exclusiva ou preponderantemente indenizatória, tudo (ou quase tudo) que supera o que é devido a título de indenização figura como abusivo, justificando a redução (ou a até mesmo a exclusão, pois o art. 413 não obsta a diminuição ao máximo).

No caso do sinal, se se entender pela aplicabilidade do dispositivo citado, a redução não pode se dar nos mesmos moldes mencionados, pois se faz presente a função sancionatória. Consequentemente, demonstrado o que excede a indenização (pois até aí o valor é devido), se analisará a presença ou não

82 COSTA, Gilberto Azevedo de Moraes. *Arras*. São Paulo: Almedina, 2022, p. 169.

83 No direito anglo-saxônico somente se cogita de redução da *penalty clause*, e não da *liquidated damages clause*. Neste sentido: CHESHIRE, G. C. and FIFOOT, C. H. S. *The law of contract*. 5. ed. London: Butterworth, 1960, p. 513. Isso se dá em razão da natureza de cada uma dessas previsões.

da condição autorizadora da diminuição. No exemplo mencionado, se dos noventa por cento dados como arras, mais da metade é consumido para reparar o dano (p. ex.: 60%), é sobre o restante (no caso, 40%) que se verificará a possibilidade de redução.

2.2.1.1.1. Parâmetros e critérios para a redução

O art. 413 não traça parâmetros precisos a respeito do modo em que a diminuição deverá ocorrer. Diz apenas que o juiz levará em conta a natureza e a finalidade do negócio. Esses são os critérios. Diante da omissão legislativa, se poderia entender que o manifesto excesso se verifica quando aquilo que é sanção supera o valor devido a título de indenização. Haveria, assim, a aplicação estendida da regra contida no art. 412.

Constatada, então, em uma primeira etapa, a necessidade de se operar a redução, levar-se-ia em conta, no segundo momento, os dois critérios aludidos. Caberia ao magistrado perquirir a espécie de contrato, principalmente se se está diante ou não de relação de consumo, e se foi celebrado para a obtenção de bem necessário, útil ou supérfluo.

Nos contratos em que não se vislumbra a hipossuficiência de qualquer das partes, e principalmente naqueles em estão presentes pessoas jurídicas de semelhante capacidade financeira, raramente se cogitará da redução de valores. O risco da atividade e o próprio modelo capitalista justificariam a manutenção do negócio jurídico nos termos em que foi celebrado, o que garantiria segurança jurídica, um dos pilares de qualquer economia de mercado. Não se deve pretender afastar a pena por ela configurar um acréscimo patrimonial ao lesado[84]. O art. 421, p.u., reforça o entendimento aqui apresentado, na medida em que estipula a excepcionalidade da revisão contratual, o que o faz como desdobramento do princípio da intervenção mínima.

A diminuição, portanto, precisa basicamente se restringir às situações em que se vislumbra desequilíbrio entre os contratantes. Isso é sentido, não exclusivamente, mas com expressiva tendência, nas relações consumeristas, e principalmente naquelas que têm por objeto bens necessários e úteis, dos quais são exemplos imóveis para moradia (e não para investimento, pois nesta situação o adquirente, ainda que economicamente mais fraco que o vendedor, está a agir com propósito de mero acréscimo patrimonial posterior) e veículos terrestres para uso, e não para revenda.

---

84 HUGUENEY, Louis. Le sort de la peine privée en France dans la première moitié du XX° siècle. In : *Le droit privé français au milieu du XX° siècle* : études offertes à Georges Ripert. Paris : R. Fchon et R. Durand-Auzias, 1950, t. 2, p. 256.

2.2.1.2. A necessidade de equivalência e bilateralidade nas relações de consumo

As arras servem para proteger e indenizar os contratantes que estão em posições antagônicas. Na compra e venda, com tais previsões, alienante e adquirente estão seguros. E se isso não era claro (e mesmo inexistente) na vigência do CC/16, que não previa a restituição em dobro do sinal para a hipótese de inexecução por parte do recebedor (art. 1.097), atualmente está estabelecida idêntica consequência, seja lá quem for o inadimplente (art. 418).

Trata-se de previsão que garante o equilíbrio entre os negociantes, algo a ser observado com maior rigor quando se está diante de relação consumerista. Em contratos paritários, dado o semelhante poder econômico das partes e a autonomia privada, poder-se-ia cogitar da faculdade de previsão (p. ex. de arras) que resguardasse o interesse de apenas uma delas.

Fala-se, então, em bilateralidade[85], o que quer significar que as previsões são simétricas, atingindo indistintamente qualquer dos contratantes em caso de inexecução. Com isso, se observa o princípio da igualdade[86], e fica atenuada, ou até mesmo excluída, a possibilidade de comportamento arbitrário, o que se verificaria diante de previsão de cláusula que atingisse somente uma das partes, abrindo espaço para a outra atuar em desrespeito à boa-fé.

Quando algo assim ocorre, não se deveria apenas cogitar de redução do valor. O caso seria de reconhecimento de nulidade da previsão contratual, com o consequente afastamento, por completo, das arras. O art. 51, IV, do CDC não pode deixar de ser aplicado diante da viabilidade de incidência do art. 413 do CC. Entendimento diverso prejudica a parte hipossuficiente, fazendo letra morta a regra protecionista. A redução, portanto, somente se faz possível quando se constata que a cláusula não é nula.

2.2.1.3. A quem compete a demonstração do excesso

Com a estipulação de arras (ou com a previsão de cláusula penal) as partes preestabelecem o valor que precisará ser pago em caso de inadimplemento. Acordam, em suma, que determinado montante será a parcela devida em decorrência da inobservância da prestação que figurou como obrigatória por força do negócio jurídico. Entretanto, não se pode perder de vista que, em alguns casos, constata-se excesso.

---

85 MOSCATI, Enrico. Pena privata e autonomia privata. *Rivista di diritto civile*, Padova, ano 31, 1ª parte, jan.-feb. 1985, p. 533.

86 GONÇALVES, Luiz da Cunha. *Da compra e venda no direito comercial brasileiro*. São Paulo: Editora Monteiro Lobato, 1908, p. 170.

Se aquele que é apontado como inadimplente alega não ser o responsável pela inexecução, lhe é incumbido o ônus da prova. A falta de cumprimento, por assim dizer, se presume culposa. A mesma sistemática precisa ser aplicada nas hipóteses em que é afirmada a ocorrência de excesso. Ou seja, compete a quem não honrou a prestação a demonstração de que não houve dano ou que ele é inferior ao que foi imaginado quando da pactuação e que se faz presente a função sancionatória.

Na verdade, não teria cabimento, máxime em se tratando de relação paritária, a adoção de outro entendimento. A partir do momento em que foi criada, por comum acordo, a presunção de que o prejuízo corresponde a determinado montante (e que este também figura como sanção), o interessado no seu afastamento tem a incumbência de provar que há excesso e que ele é manifesto[87]. Não faria sentido aceitar a mera alegação do inadimplente, para com isso carrear o ônus da prova do prejuízo ao lesado. Não foi ele quem se desdisse, e por isso está protegido pelo contrato. Ademais, se fosse diversa a sistemática, restaria afastado o microssistema das arras, fazendo com que incidissem as regras gerais sobre reparação de perdas e danos.

Assim, constatada a inexecução, o inadimplente pode provar que o valor pretendido pela parte contrária é superior ao prejuízo e que a penalidade é manifesta. Por outro lado, e daí se nota a bilateralidade, se o dano é mais expressivo, cabe ao lesado, se visa receber algo além, a prova de que o prejuízo supera o valor da previsão contratual (art. 419).

A dificuldade se vislumbra quando a relação é de consumo, pois, além de a previsão de sinal (ou cláusula penal) ter sido imposta, os custos (e a complexidade) para demonstrar a inocorrência (ainda que parcial) do dano é muitas vezes maior do que aquilo que é devido. E tal circunstância não deveria figurar como desincentivo (ou óbice) ao consumidor e, consequentemente, como garantia ao fornecedor.

Em situações assim, uma solução cabível é permitir que o consumidor, de maneira não tão precisa, demonstre que o valor cobrado pela parte contrária excede aquilo que em regra é devido quando, em situações análogas, se vislumbra o inadimplemento. Ademais, não se pode perder de vista que o fornecedor, diante da quantidade de negócios semelhantes que celebra e por saber que determinado percentual de contratos serão inadimplidos, coloca em seu custo, pulverizado, o preço do inadimplemento.

87 Se há paridade, seria possível cogitar da faculdade de as partes acordarem que a presunção de dano é absoluta e que o valor da cláusula penal ou do sinal é indiscutivelmente devido em caso de inadimplemento. Prevalece, porém, o entendimento de que o art. 413 traz regra inderrogável.

Caso fosse imposto ao consumidor o ônus de provar que o dano foi menor que aquele valor previsto em cláusula e lhe fosse retirada qualquer possibilidade de redução da cobrança, estaria ele diante de uma obrigação considerada iníqua, e o CDC (art. 51, IV) visa justamente ao contrário, ou seja, impedir que situações assim ocorram.

2.2.1.4. A redução equitativa

Em consonância com o que ficou dito, sobretudo com a impossibilidade de a parte não conseguir provar exatamente o dano ocasionado, é que se fala em redução com base em critério de equidade. Em outros termos, com fundamento no art. 413 se buscará chegar ao montante que mais se aproxima daquele que representa o prejuízo, e no que for inviável, se decidirá com base no que se mostra como próximo e, portanto, como justo.

Não se deve pretender, como objetivo na hora de decidir, a situação que seja a mais favorável ao consumidor. Não parece ser este o caminho traçado pelo art. 413. O que cabe ao juiz é tentar encontrar aquilo que cobre o prejuízo decorrente do inadimplemento, ainda que se trate de valor elevado a quem terá de suportá-lo. Equidade não é sinônimo de benefício a qualquer das partes. Ademais, se o sinal visa não apenas ressarcir, mas também sancionar, não se mostrará incorreta a decisão que, além de apontar o valor próximo ao prejuízo, impuser o pagamento de algo além. O que não se deve admitir é o excesso manifesto da penalidade[88].

Tratando-se de relação de consumo, não parece despropositado limitar a sanção a 2%, pois em outras disposições a respeito de penalidade, este é o limite (art. 52, § 1º). Assim, descoberto o valor dos danos, não se obstaria a cobrança de algo além, desde que dentro do percentual indicado. As arras indenizariam e figurariam como penalidade ao inadimplente, cumprindo as funções que lhe caracterizam. Em outros termos, constatado o valor do prejuízo, todo ele seria devido, pois o sinal serve para indenizar. E por as arras funcionarem também como sanção, não se obstaria a sua incidência, desde que limitada a 2% do valor devido a título de perdas e danos.

3. A JURISPRUDÊNCIA E AS ARRAS

Os Tribunais costumam enfrentar questões relacionadas ao tema aqui em debate, principalmente quando são instados a se manifestar em relação a

88 DE CUPIS, Adriano. Precisazioni sulla funzione dell'equità nel diritto privato. *Rivista di diritto civile*, Padova, ano 17, 1ª parte, 1971, p. 648.

contratos que têm por objeto imóveis, e mais especificamente promessas de compra e venda. Cabe, então, selecionar alguns julgados, notadamente aqueles que revelam a orientação predominante no âmbito do STJ, e verificar se seria cabível a mudança de entendimento.

3.1. As arras confirmatórias e suas funções

A mencionada Corte, em 7 de dezembro de 2020, quando do julgamento do AgInt no REsp 1.893.412/SP[89], de relatoria da Ministra Nancy Andrighi, decidiu que "as arras confirmatórias não se confundem com a prefixação de perdas e danos, tal como ocorre com o instituto das arras penitenciais, visto que servem como garantia do negócio e possuem característica de início de pagamento, razão pela qual não podem ser objeto de retenção na resolução contratual por inadimplemento do comprador".

No aresto, chamam a atenção alguns pontos. São eles: (i) a ausência da função indenizatória; (ii) a garantia do negócio; (iii) o início de pagamento.

---

89 O processo (1000922-46.2018.8.26.0696) tramitou na Vara Única de Ouroeste e a apelação foi julgada pela 5ª Câmara de Direito Privado. É curioso notar que pouco se discutiu sobre as arras. Na inicial, nenhuma menção foi feita. E isso se deu pelo fato de no instrumento do contrato também não ter sido empregado os termos sinal e arras. Há, diversamente, previsão de entrada e multa por rescisão. A parte autora, ao argumento de que a previsão é nula por violar os preceitos do CDC, postulou a devolução de 90% de tudo o que pagou. Na contestação, a parte ré diz ter direito em reter a entrada. Menciona os arts. 418 e 419 do CC e diz se tratar de arras ou sinal. O Ministério Público, ao apresentar parecer, se manifestou pelo perdimento do sinal. Na sentença, com fundamento no art. 418 do CC, decidiu-se que a parte demandada poderia reter as arras. Em segundo grau, o Ministério Público mais uma vez opinou pelo perdimento do sinal. O TJSP, por sua vez, deu parcial provimento à apelação. Ao tratar do tema aqui em debate, consignou que "Arras/sinal que, quando de natureza confirmatória como no caso concreto, figura como simples confirmação do ajuste principal e se presta ao início de pagamento do preço" (fls. 290/291) e que "Consequentemente afetados os valores adiantados sob esta roupagem pelo dever de devolução e pelo direito de retenção" (fl. 291). Decidiu, então, que "o sinal (arras) está incluso no valor pago a ser restituído/retido" (fl. 292). Em outros termos, condenou "a parte recorrida à devolução de 90% das prestações pagas, incluindo o valor do sinal (arras) dentro das prestações pagas" (fl. 294). Salvo melhor juízo, diante da ausência de previsão específica sobre o sinal no contrato, caberia a devolução integral daquilo que foi dado como entrada. Até porque, vale perceber, a previsão atinge somente o consumidor. Isto é, em caso de inadimplemento do fornecedor, inexiste previsão de restituição dobrada da "entrada". O consumidor, do que se verifica dos termos empregados no negócio jurídico, em nenhum momento foi informado a respeito da incidência das regras sobre as arras. Aliás, como já dito, no negócio sequer inexistiu alusão aos termos jurídicos adequados. Também, salvo melhor juízo, teria sido melhor se o STJ escolhesse outro processo como paradigma para o tema. Ou seja, mais adequado seria selecionar processo em que se debatessem as funções das arras, principalmente aquela de antecipação do pagamento.

3.1.1. Função indenizatória

No que toca ao primeiro tópico, cabe lembrar que o art. 420 traça o regramento a respeito do sinal penitencial, o qual, se pactuado, permite que qualquer das partes exerça o direito de recesso. O arrependimento passa, portanto, a ser conduta lícita, e por isso é que se fala em preço da desistência, expressão que, em comparação ao termo indenização, melhor retrata o fenômeno jurídico.

Na França, onde as arras como regra são penitenciais, não se costuma ver referência à palavra indenização. O art. 1590[90], que teve a redação preservada desde a edição do *Code*, em 1804, não alude ao termo, tampouco a algum sinônimo. Ali, em suma, se diz que se há arras qualquer das partes é a dona da vontade de partir, ou seja, é livre para se afastar do vínculo, conduta que acarretará a perda do sinal ou a necessidade de restituição dobrada[91].

É certo que, na hipótese de desistência, o contratante que não demonstra interesse no desfazimento do vínculo fica ou recebe em dobro o sinal, o qual, se houve prejuízo, poderá servir para repará-lo. Mas a função das arras, quando penitenciais, não é propriamente indenizar, senão tornar lícita a desistência, conduta que não se equipara ao inadimplemento, este sim, comportamento contrário ao direito.

O sinal penitencial representa o dinheiro para o exercício de um direito potestativo criado pelo livre acordo dos negociantes. Se o contrato, como se diz, faz lei entre as partes, as arras são o preço para a revogação de tal lei. Perceba-se que, sintomaticamente, ao contrário do que estabelece o art. 419, o dispositivo legal seguinte não autoriza a cobrança de algo que supere o sinal[92]. Pelo contrário, na parte final do art. 420 está consignado que "não haverá direito a indenização suplementar". O que ocorreu, quando da elaboração da norma, insista-se, foi o emprego incorreto (ou ao menos inadequado) do termo jurídico. Não se deveria falar em indenização, pois isso leva a equívocos, como se vê do mencionado julgado do STJ.

---

90 O art. 1590 do CC francês está assim redigido: "Si la promesse de vendre a été faite avec des arrhes chacun des contractants est maître de s'en départir, celui qui les a données, en les perdant, et celui qui les a reçues, en restituant le double".

91 Na Itália, também há previsão no CC (art. 1386) a respeito das arras penitenciais, e igualmente não se fala em função indenizatória. Igualmente, o art. 1454 do CC espanhol não fala em indenização quando traça a regulamentação das arras penitenciais.

92 CARNELUTTI, Francesco (Funzione della caparra nel contratto preliminare. *Rivista del diritto commerciale e del diritto generali delle obbligazioni*, Milano, v. 21, 2ª parte, 1923, p. 228) ao se manifestar sob a égide do CC italiano revogado, pontuava que se não fosse possível, quando pactuado sinal confirmatório, a cobrança de algo além para que se obtivesse a efetiva reparação do dano, mencionada espécie de arras se confundiria com as penitenciais, que impedem tal prática.

A citada Corte, outrossim, assentou que as arras confirmatórias "não se confundem com a prefixação de perdas e danos". Mais uma vez, com tal entendimento, contrariou a previsão legal. O art. 419 estabelece que a parte inocente, se provar maior dano, pode pedir indenização suplementar, "valendo as arras como taxa mínima". Da redação do dispositivo, nota-se que mencionada espécie de sinal, ao contrário do penitencial, ressarce (ainda que apenas de forma parcial) o dano decorrente da adoção de comportamento ilícito. Em outros termos, funciona como indenização, e por ser dado antes que ocorra o inadimplemento (característica da natureza real do pacto), figura como a prefixação das perdas e danos.

O STJ, ao decidir a questão colocada em debate, disse, com outras palavras, que o comportamento ilícito não é indenizável, mas o lícito, pelo contrário, o é, e com o uso de uma ferramenta jurídica que não foi criada para indenizar.

3.1.2. Função garantidora

As arras confirmatórias, como visto anteriormente, funcionam como indenização e como penalidade. O caráter garantidor, tal como o aspecto coercitivo, decorre da função sancionatória[93]. A parte, temendo pelas consequências da adoção de comportamento ilícito, é levada a não violar o contrato (função coercitiva), com o que se garante a sua existência (função garantidora). Vale dizer: ciente de que terá de indenizar se se tornar inadimplente, e que o valor devido poderá ser maior do que o das arras (art. 419), ou mesmo mais elevado que a própria indenização (dada a função sancionatória), o contratante é forçado a cumprir a prestação[94].

Vê-se daí que, tal como afirmado pelo STJ (que neste ponto agiu corretamente), o sinal serve como garantia do negócio, mas isso se dá (e aqui diferentemente do que entende a Corte) em virtude de funcionar como sanção e como prefixação das perdas e danos, as quais não ficam limitadas ao valor do sinal quando o prejuízo é de maior vulto.

Diante disso, parece contrariar a lógica do instituto entender que, ao mesmo tempo, as arras figuram como garantia, mas não como indenização, e que por isso, no caso de inadimplemento, "não podem ser objeto de retenção".

---

93 Sobre o tema, GIAMPIERI, Alberto. La clausola penale e la caparra. In: ALPA, Guido e BESSONE, Mario. *I contratti in generale*: i requisiti del contratto. Torino: UTET, 1991, v. 3, p. 432.

94 MESSINEO, Francesco (*Dottrina generale del contrato*. 2. ed. Milano: Giuffrè, 1946, p. 115), ao traçar um paralelo entre a cláusula penal e o sinal, pontua que "la *funzione* della caparra è *analoga* (rafforzamento [indiretto] del contratto e *risarcimento del danno*: carattere satisfattorio) a quella della clausola penale, stipulata per l'ipotesi *di inadempimento ingiustificato*".

Ora, se a parte tem ciência de que, mesmo se tornando inadimplente, lhe será restituído o sinal dado, o contrato, ao invés de estar garantido, fica desprotegido: o contratante não teme as consequências de sua inadimplência.

Mais do que isso, parece mesmo difícil imaginar a sistemática e o funcionamento de uma espécie de garantia que tem de ser restituída ao dador quando, por culpa sua, se verifica o inadimplemento. O STJ, ao adotar o entendimento mencionado, criou nova espécie de garantia: a que não garante.

3.1.3. Função de parcial adimplemento

A orientação seguida pela citada Corte encontra amparo em parcela da doutrina. Aqui, porém, como visto anteriormente, foi adotado outro posicionamento. Mais especificamente, defendeu-se que as arras, quando dadas em dinheiro ou em bem de mesmo gênero e qualidade, figuram como pagamento parcial e são computadas ao final, se não verificado o inadimplemento. Pois, se houver inobservância das previsões contratuais, o sinal funciona como garantia (ou seja, como prefixação das perdas e danos), e não como pagamento daquilo que ficou acordado na avença.

Os contratantes, porém, em razão de se tratar de direito disponível, caso queiram, podem estabelecer que o sinal é início de adimplemento[95]. Mas se assim acordam, de certo modo, desfiguram o instituto. O que valeria como indenização para a hipótese de descumprimento passa a funcionar desde logo como pagamento. E é por tal razão (seguida a lógica da ideia de início de pagamento) que se pode cogitar da necessidade de restituição quando se verifica a violação e consequentemente o desfazimento do contrato. Com efeito, resolvido o negócio jurídico, as partes devem retornar ao estado anterior: aquele que pagou algumas parcelas passa a ter direito de reavê-las.

O STJ, ao que parece (e salvo melhor juízo), chegou ao entendimento mencionado em razão de ter adotado premissa que, de acordo com o que se constatou ao longo deste estudo, está equivocada. O sinal não pode ser confundido

95 MIRANDA, Francisco Cavalcanti Pontes de (*Tratado de direito privado*: parte especial. 3. ed. Rio de Janeiro: Borsoi, 1971, v. 24, p. 178) observa que as arras "ora são começo de pagamento ora não no são. Daí surgir o problema da técnica legislativa: ou (a) as lei deixariam tão-só à interpretação do negócio jurídico de dação de arras o responder à perguntar sobre serem, *in casu*, começo de pagamento, ou não, as arras dadas; ou (b) o sistema jurídico adotaria a regra jurídica – dispositiva – de serem começo de pagamento as arras; ou (c) adotaria a regra jurídica – dispositiva – de não serem começo de pagamento; ou (d) redigiria regra jurídica – interpretativa – de serem começo de pagamento; ou (e) redigiria regra jurídica – interpretativa – de não serem começo de pagamento. Preliminarmente, afastam-se as soluções cogentes (só podem ser consideradas começo de pagamento; ou não podem ser consideradas começo de pagamento)".

com antecipação do pagamento (ou, se assim se preferir dizer, como início de pagamento). Insista-se: trata-se de garantia. Dos Códigos que foram aqui citados (com destaque ao italiano e ao português, assim como o espanhol), nenhum prevê as arras com tal função. O CC/02 segue a mesma linha. Basta tentar procurar: não vai achar: entre o art. 417 e o art. 419 não se encontra a palavra pagamento. Também não consta início.

É importante perceber que com a edição do diploma atual rompeu-se a sistemática até então vigente. O art. 1.096 do CC/16 estabelecia que "salvo estipulação em contrário, as arras em dinheiro consideram-se princípio de pagamento". Isso não mais ocorre. Agora, o que se constata é o oposto, e então se pode dizer: se as partes assim estipularem, as arras em dinheiro consideram-se princípio de pagamento. Do contrário, não.

O diploma revogado, quando de sua elaboração, foi buscar na legislação alemã a sua inspiração[96]. Os §§ 336 e 337 do BGB, entretanto, também não preveem o sinal como início de pagamento. A regra, na verdade, parece ter sido criada em razão da previsão constante do art. 218 do Código Comercial, que falava em "dinheiro adiantado"[97].

É de se notar, porém, que não necessariamente o que é adiantado (e ainda que seja dinheiro) funciona como pagamento (mais especificamente, início de pagamento). No caso das arras, pela própria natureza de pacto real, a sua constituição ocorre e se aperfeiçoa quando da dação, o que não quer significar que a parte já começou, de forma parcial, a adimplir aquilo a que se comprometeu. Simplesmente, quando é entregue o sinal, dá-se a garantia de que, em caso de inadimplemento, parte do dano será ressarcido. O descumprimento pode se dar justamente em razão do não pagamento da primeira parcela.

3.2. A restituição do sinal

O entendimento adotado no REsp 1.893.412/SP está em consonância com outro julgado do STJ, datado de 2018, o AgInt no AREsp 1273751/DF. Em tal oportunidade, a Corte decidiu que o "arrependimento do promitente comprador não importa perda das arras, se forem confirmatórias, admitindo-se,

96 WALD, Arnoldo. *Curso de direito civil brasileiro*: obrigações e contratos. 8. ed. São Paulo: RT, 1989, v. 2, p. 104.

97 Se é certo que no direito comercial as arras configuravam adiantamento, a mesma sistemática não era observada no regramento civil anterior ao CC/16. BEVILAQUA, Clóvis (*Direito das obrigações*. 2. ed. Salvador: Livraria Guimarães, 1910, p. 95) anotada que, "o que é excepcional no direito civil assume a posição de regra na legislação mercantil. Nas vendas comerciais, o sinal entender-se-á sempre dado como adiantamento do preço ou pagamento".

contudo, a retenção, pelo vendedor, de parte das prestações pagas, como forma de indenizá-lo pelos prejuízos suportados".

Vê-se, pela redação empregada no acórdão, que o sinal, ainda que a extinção do contrato ocorra por iniciativa e culpa do dador, tem de ser restituído, podendo a parte contrária, em contrapartida, reter, mas somente de forma parcial, as parcelas adimplidas.

O sinal, contudo, se se adota o mencionado entendimento, deixa de ser confirmatório e, consequentemente, fica desprovido de suas típicas funções. Perceba-se. Em primeiro lugar, o arrependimento passa a ser aceito como conduta lícita, e a perda, que seria a consequência natural do emprego das arras, mesmo que fossem penitenciais, não ocorre. A indenização pelos danos (cuja existência não se cobra demonstração, é isso o que se percebe do aresto) se traduz na retenção de parte da prestação.

As arras confirmatórias, entretanto, é de sua natureza, não admitem desistência. Tanto que, nos termos dos arts. 418 e 419, é o contratante inocente que escolhe, em sendo constatado o não pagamento, se o negócio jurídico será extinto ou se será postulada a execução forçada. O sinal, conforme alhures observado, cria a cláusula resolutória expressa (art. 474). A parte não culpada, independentemente do pronunciamento judicial, pode dar o contrato por resolvido. Se opta pela manutenção, ao menos pela literalidade legal, lhe é lícito "exigir a execução do contrato" (art. 419).

Poder-se-ia argumentar que, não tendo o outro contratante condições financeiras de suportar o pagamento, justo seria colocar fim ao negócio jurídico, ainda mais em se constatando que a relação é de consumo. O direito de exigir o cumprimento, por assim ser, acabaria mitigado, o que ocorreria para se alcançar a proteção dos interesses da parte hipossuficiente da relação[98]. A própria lei, portanto, pode prever a ocorrência do desfazimento, e nem por isso tornar lícito tal comportamento. Apenas se retira, de um dos contratantes, a faculdade de exigir o cumprimento forçado.

Ocorre que o entendimento adotado pelo STJ pode não amparar o consumidor, mas certamente altera a sistemática dos institutos. O sinal, se confirmatório, é (ou deveria ser) perdido (ou restituído em dobro), quando se verifica o inadimplemento. Acaso se constate o manifesto excesso daquilo que figura como penalidade, pode ser cogitada a redução equitativa (art. 413) – assegurando-se, por a outra função (a indenizatória) se manter íntegra, a reparação (ao menos parcial) dos danos causados.

---

98 A Lei 13.786/18 alterou as Leis 4.591/64 e 6.766/79, "para disciplinar a resolução do contrato por inadimplemento do adquirente de unidade imobiliária em incorporação imobiliária e em parcelamento de solo urbano".

Se a previsão, constante do contrato a ser analisado, é abusiva (art. 51 do CDC), como ocorre, por exemplo, quando o fornecedor é exonerado de qualquer obrigação nas hipóteses de não cumprimento exato (e/ou pontual) de sua prestação contratual (art. 25 do CDC), cabe o reconhecimento da nulidade e, como desdobramento, o completo afastamento do sinal (ou da cláusula que prevê consequência somente em detrimento do consumidor). A mesma solução precisa ser aplicada se se verifica que o consumidor não foi devidamente informado a respeito dos termos do negócio jurídico e das consequências do não pagamento e de eventual desistência (arts. 31 e 46 do CDC).

As parcelas adimplidas, não havendo previsão sobre perdimento, não podem ser retidas, nem mesmo de forma parcial[99]. Isso é ainda mais evidente se há pactuação de sinal, pois a função indenizatória nele está consubstanciada. Em outros termos, as arras ressarcem o prejuízo (ao menos parcial) decorrente do inadimplemento. Se o dano é de maior monta, o lesado pede, prova e recebe.

Os arts. 389 a 393 do CC, que tratam do inadimplemento das obrigações, nada dispõem sobre retenção de pagamentos parciais. No capítulo das perdas e danos (arts. 402 a 405), igualmente não se vê previsão em tal sentido. As partes, entretanto, em razão da autonomia privada, podem assim acordar. A disposição contratual funciona, então, como prévia estipulação das perdas e danos (ou como sanção).

Não se pode perder de vista, porém, que a Lei 13.786/18 acrescentou o art. 67-A na Lei 4.591/64, estabelecendo que, em contrato celebrado exclusivamente com o incorporador, é lícita a retenção, a título de pena convencional, de 25% da quantia paga, nas hipóteses de distrato ou inadimplemento absoluto por parte do adquirente do imóvel.

3.2.1. A retenção de parte das parcelas em substituição ao perdimento das arras

Em razão de ter se tornado corriqueira a previsão, notadamente em contratos de promessa de compra e venda de imóveis, de perda de parcelas pagas, acabou por ser criada regulamentação específica sobre a matéria, ao menos no que toca aos contratos celebrados entre consumidor e incorporador, com o que o tema ganhou maior relevância jurídica.

Antes, em virtude da ausência de dispositivo legal específico, embora já se admitisse previsão de cláusula com tal teor, a jurisprudência não estava

99 É o que se depreende do art. 35-A, VI, da Lei 4.591/64 e do art. 26-A, V, da Lei 6.766/79.

consolidada a respeito de qual seria o montante suscetível de retenção[100]. O STJ, quando do julgamento do EAg 1138183/PE, datado de 27 de junho de 2012, de relatoria do Ministro Sidnei Beneti, entendeu que o limite seria de 25%. O percentual acabou por se tornar de uso padrão[101] e, como visto, agora está previsto em lei.

Se é verdade que a regulamentação trouxe maior estabilidade às relações jurídicas, por outro lado retirou das arras as suas funções, muito embora, quase sempre, elas estejam igualmente previstas em contratos de promessa de compra e venda, com a denominação de "entrada". Ao admitir a possibilidade de perda de parte de parcelas adimplidas, a mencionada Corte, em contrapartida (e ao que parece com intuito de evitar a incidência de sanções exageradas), entendeu que o sinal tem de ser devolvido, com o que ele deixa de cumprir a sua razão de ser.

O problema em se aceitar o entendimento citado está no fato de que somente uma parte, no caso a mais forte da relação, acaba por receber proteção. Não se encontra no diploma mencionado (que dispõe sobre incorporações imobiliária) previsão no sentido de que, verificado o inadimplemento da incorporadora, ela suporta consequência de igual ou semelhante intensidade daquela que é estipulada em detrimento do consumidor[102].

Diversamente, se os contratantes estipulam arras (e elas são aplicadas), a segurança é para ambos, ainda que, de certo modo, o recebedor esteja mais bem protegido por já ter a posse daquilo que garante o ressarcimento. De todo modo, constata-se a reciprocidade e a bilateralidade, algo a ser cobrado quando se está diante de negócios jurídicos envolvendo relações com partes de distintas capacidades financeiras.

---

100 No AgInt no AREsp 2051509/RJ, julgado em 20.03.2023, o STJ decidiu que "Nas hipóteses de rescisão de contrato de promessa de compra e venda de imóvel por iniciativa do comprador, é admitida a flutuação do percentual da retenção pelo vendedor entre 10% a 25% do total da quantia paga".

101 Ao julgar o AgInt no AREsp 1922869/MG, em 27.03.2023, asseverou-se que "A Segunda Seção do STJ, por ocasião do julgamento do REsp 1.723.519/SP, consolidou o entendimento de que, na rescisão de contrato de compra e venda de imóvel, por desistência do comprador, anterior à Lei 13.786/2018, deve prevalecer o percentual de 25% (vinte e cinco por cento) de retenção, tal como definido no julgamento dos EAg 1.138.183/PE, por ser montante adequado e suficiente para indenizar o construtor das despesas gerais e do rompimento unilateral do contrato (REsp 1723519/SP, Rel. Ministra MARIA ISABEL GALLOTTI, Segunda Seção, julgado em 28/8/2019, DJe 2/10/2019)"

102 Na hipótese de a incorporação estar submetida ao regime do patrimônio de afetação, a consequência é ainda mais drástica para o consumidor. O art. 67-A, § 5º, autoriza a que a pena "seja estabelecida até o limite de 50% (cinquenta por cento) da quantia paga". É certo que, em um contrato de adesão, elaborado pela incorporadora, não se encontrará sanção equivalente para o caso de inadimplência sua. Isso, então, reforça a ideia de que há um descompasso entre o tratamento conferido aos contratantes.

A propósito do assunto, o Código do Consumo italiano estabelece (art. 33, *e*) como vexatória a cláusula que autoriza que o profissional (no caso, o fornecedor) retenha parte daquilo que foi pago pelo consumidor se este não executa por completo a obrigação ou resolve o contrato, sem que seja previsto o direito do consumidor de exigir o dobro do fornecedor se é ele que adota qualquer dos comportamentos mencionados.

A regra citada tem por escopo equilibrar as relações consumeristas, pois o adquirente, como pessoa economicamente mais fraca, precisa ser amparada nas situações em que está diante do inadimplemento do fornecedor. Contrariando tal sistemática (que é um dos escopos do CDC, lei criada para proteção do consumidor), o legislador brasileiro, por intermédio da inovação comentada, seguindo a orientação acolhida pelo STJ, estabeleceu que somente o descumprimento por parte do hipossuficiente acarreta consequências severas[103].

Não há dúvida que a mesma Corte sedimentou o entendimento (Tema Repetitivo 971) de que, em contrato de adesão, a ausência de previsão de cláusula penal que regulamenta a inadimplência do fornecedor permite que se tome como parâmetro, para a fixação da indenização em prol do adquirente, a cláusula penal que estabelece qual a consequência para a hipótese de incumprimento de sua parte[104].

No entanto, para impedir que mencionado entendimento seja aplicado, basta que o vendedor (no caso a incorporadora ou construtora), quando da elaboração dos termos do negócio jurídico, o qual é apresentado ao fornecedor sem margem de discussão, estabeleça, independentemente de equivalência, a consequência para o seu inadimplemento. O art. 43-A da Lei 4.591/64 não impediria previsão assim.

3.2.1.1. A perda de parcelas pagas como sanção

O já mencionado art. 67-A da Lei 4.591/64 diz em seu *caput* que, "Em caso de desfazimento do contrato celebrado exclusivamente com o incorporador,

---

103 Veja-se que, segundo o art. 43-A, *caput*, da Lei 4.591/64, o atraso do vendedor, em até 180 dias, não dá ensejo à resolução contratual. Por sua vez, o § 1º estipula em favor do adquirente, na hipótese de superação do prazo previsto no *caput*, a incidência "da multa estabelecida". O § 2º, de outro lado, prevê indenização de 1% do valor pago por cada mês de atraso. A quantia é paga somente se não se opera a resolução e é devida "por ocasião da entrega da unidade".

104 A tese conta com a seguinte redação, "No contrato de adesão firmado entre o comprador e a construtora/incorporadora, havendo previsão de cláusula penal apenas para o inadimplemento do adquirente, deverá ela ser considerada para a fixação da indenização pelo inadimplemento do vendedor. As obrigações heterogêneas (obrigações de fazer e de dar) serão convertidas em dinheiro, por arbitramento judicial".

mediante distrato ou resolução por inadimplemento absoluto de obrigação do adquirente", este terá direto de receber, com atualização monetária prevista em contrato, o que pagou, descontada a comissão de corretagem (inciso I) e a "a pena convencional, que não poderá exceder a 25% (vinte e cinco por cento) da quantia paga" (inciso II).

O dispositivo, do que se percebe pela redação, regulamenta espécie de sanção. Em outros termos, não se verifica a natureza reparatória. O art. 67-A, § 1º, não apenas dispensa o fornecedor da prova do dano: vai além, pois estabelece que "não é necessário que o incorporador alegue prejuízo". Note-se bem: basta reter: está dispensada, pelo próprio mecanismo da ferramenta, a cobrança (judicial ou extrajudicial).

A redação do dispositivo, não há dúvida, se assemelha àquela encontrada no art. 416 do CC, que também alude à "pena" e afasta a necessidade de alegação de prejuízo. Entretanto, não parece ser o caso de considerar a previsão como típica cláusula penal. Há alguns pontos que distanciam os dois institutos. Pela regulamentação constante do último diploma mencionado, inexiste a autorização de retenção. Ou seja, verificado o inadimplemento, cabe à parte inocente postular o pagamento daquilo que se acordou como devido[105]. A pena se cumpre com uma prestação futura[106]

Na cláusula penal, outrossim, se prevê qual será o montante devido em virtude do incumprimento. Isto é, estabelece-se um valor fixo (ou percentual sobre quantia preestabelecida), o qual representa a indenização decorrente do dano causado pena inobservância das disposições contratuais. Diversamente, nos termos do citado art. 67-A, o montante varia segundo a época em que se verifica o inadimplemento ou a resolução contratual, sendo irrelevante perquirir se o prejuízo aumentou (ou se aumentou na mesma proporção). Nem sempre, no caso concreto, o dano será maior se o desfazimento se deu no primeiro mês de vigência do contrato ou quando completado um ano.

A reforçar o entendimento de que se está diante de pena, e não de indenização, perceba-se que inexiste previsão, na Lei 4591/64, de regra semelhante ao art. 413 do CC. Na jurisprudência, sobretudo naquela formada no âmbito do STJ, não parece haver certa orientação no sentido de reduzir o valor devido com o propósito de alcançar aquilo que é efetivamente o necessário para reparar o

105 MONTEIRO, António Joaquim de Matos Pinto (*Cláusula penal e indemnização*. Coimbra: Almedina, 1990, p. 44) pontua que, com a cláusula penal, a parte "se obriga antecipadamente, perante a outra, a efectuar certa prestação". Ou seja, trata-se de algo diverso da perda de parcelas.

106 A lei brasileira não conta com dispositivo semelhante ao art. 162, 1, do Código Suíço de Obrigações. Mencionado dispositivo estabelece que "Les dispositions concernant la clause pénale sont applicables à la convention par laquelle les versements partiels effectués restent, en cas de résiliation, acquis au créancier".

dano ocasionado. Em outros termos, admite-se, como regra geral, a perda de 25% das parcelas pagas.

A redução na cláusula penal, cabe reforçar a tese sustentada desde o início, se dá com o escopo de retratar o caráter indenizatório do instituto. Eventual diminuição com fundamento em excesso de penalidade, mas sem o intuito de afastá-la por completo, não cumpre a finalidade mencionada, pois não se retira o viés sancionatório. O que caberia buscar (ainda que não se conseguisse encontrar), se o propósito fosse outro, seria o verdadeiro prejuízo. Somente assim a alteração para menos cumpriria a função precípua da cláusula penal.

No caso da previsão em comento (de perda de parcelas), seguida a mesma sistemática do sinal, com a possibilidade de retenção, o incorporador se satisfaz com a apropriação de expressivo percentual de praticamente tudo o que houver sido adimplido pelo adquirente e se garante no fato de que resta obstada a possibilidade de a outra parte provar a existência de prejuízo de menor vulto.

A previsão legal em comento, portanto, além de conferir vantagem desproporcional ao fornecedor, torna, na prática, letra morta o instituto das arras. Ao se deparar com tais questões, o Judiciário, e no que aqui interessa os Tribunais Superiores, poderia repensá-las. Maior proteção poderia ser conferida ao consumidor se se aceitasse aplicar o regramento constante do CC sobre o sinal, afastando-se, em contrapartida, a incidência de normas como a mencionada, de perda de até 25% das parcelas pagas. O adquirente, com isso, saberia de antemão qual consequência sofreria nas hipóteses de inadimplemento ou resolução contratual. Saberia, ainda, que perderia as arras e que, no máximo, teria de reparar o dano que ocasionou, se este fosse mais expressivo que o valor dado. Saberia, enfim, que se o alienante se tornasse inadimplente, dele receberia aquilo que entregou quando da contratação, mais o equivalente.

CONCLUSÕES

O direito civil, a exemplo de outros ramos do direito, e mais especificamente o criminal, segue tendência de excluir ou abrandar as sanções. Isso é sentido, de forma mais clara, no que toca às obrigações, na disciplina da cláusula penal. Porém não deixa de estar presente também em outros institutos constantes do CC, como é o caso da multa por atraso no pagamento de despesas condominiais. Trata-se de um dos desdobramentos do princípio da sociabilidade, e a mesma lógica é percebida no CDC, que foi editado com o propósito de conferir proteção ao consumidor.

As arras, contrariando ligeiramente a aludida trilha, despontou no Código de 2002 com regramento um tanto diverso daquele constante no estatuto revogado, prevendo punição para quem se torna inadimplente ou resolve o contrato. Se antes era possível defender a impossibilidade de cobrança de algo além do sinal para reparar o dano ocasionado, atualmente ele figura como o mínimo indenizatório. Com isso se vê que o seu escopo é permitir a reparação integral.

Houve, na disciplina do instituto, aprimoramento técnico. Seguindo parcialmente a linha traçada por legislações estrangerias, o CC evidenciou que as arras, quando confirmatórias, servem para indenizar a parte inocente e punir aquele que não honrou a prestação assumida, com o que consegue conferir maior segurança às relações contratuais.

O viés sancionatório, entretanto, não faz do sinal um instrumento à parte, destacado e distante dos demais e que contraria os propósitos atuais da disciplina civilista. Com o seu emprego, não há dúvida, se busca a coerção, e mais especificamente: que o negócio jurídico seja fielmente cumprido. Ainda assim, a incidência das arras não se dá sem qualquer possibilidade de controle. Quando se constata o excesso, torna-se possível a redução, o que se faz na busca da readequação, para que se encontre o equilíbrio entre as partes.

O intuito será sempre o afastamento daquilo que se mostra despropositado, exagerado. Em outros termos, caberá ao intérprete a busca do patamar da razoabilidade, e para tanto é indispensável que ele tenha como norte a aludida tendência, de impossibilidade de utilização do direito civil para repreender condutas. A ferramenta para que isso se torne possível consta do art. 413, que fala da necessidade de abrandamento da penalidade.

Aqui, de forma parcialmente diversa daquela que se verifica quando se está diante da cláusula penal, não cabe cogitar do afastamento completo ou quase integral da sanção. As arras, vale a insistência, servem para repreender. A diminuição, por conseguinte, buscará atenuar a sanção até que se constate a ausência do manifesto excesso. O juiz levará em conta a natureza e a finalidade do negócio e se atentará às características das partes, sobretudo se há relação de consumo.

Em qualquer situação, a diminuição atingirá somente aquilo que supera o valor necessário para a reparação do dano. Em outros termos, autoriza-se a redução da pena, mas não da indenização. Esta, por ter por objetivo restaurar a situação anterior à ocorrência do prejuízo, será devida em sua integralidade, ainda que represente quantia elevada.

Nas relações paritárias, como regra, não se verificará a mudança das cláusulas (art. 421, p.u.). Se, porém, ficar evidenciada a condição que dá ensejo à revisão, ela terá de operar. Uma das possibilidades, e a norma em comento permite tal interpretação, é a redução da sanção para aquém do valor devido a título de indenização. Em outros termos, quando se constatar que a pena supera a indenização, restará caracterizado o exagero.

Nas relações consumeristas, o comportamento a ser seguido é outro. Não se pode pretender dar àquele que é hipossuficiente na relação o tratamento que seria conferido se ele atuasse em pé de igualdade com o fornecedor. Assim, figurando como economicamente mais fraco, é possível que se tome como base para diminuição da pena o percentual adotado como padrão pelo CDC para as multas.

A jurisprudência, porém, ao invés de conferir às arras o tratamento previsto no CC, e, nos casos em que se verifica o abuso, determinar a redução do valor, entendeu, de forma majoritária, o que é constatado sobretudo no âmbito do STJ, que, havendo inadimplemento ou pretensão de resolução contratual por iniciativa do adquirente de imóvel, cabe a restituição integral do sinal e, em contrapartida, a perda de determinado percentual das parcelas pagas.

Assim agindo, o Judiciário relegou um vetusto mas eficaz instrumento ao esquecimento para abrir campo para a incidências de previsões que causam desequilíbrio contratual e que amparam somente a parte economicamente mais forte da relação. Prevaleceu o entendimento de que é lícita a retenção de até 25% das parcelas adimplidas, e posteriormente foi editada lei que ampara disposições contratuais em tal sentido.

O que aqui se defendeu foi a mudança de entendimento. Buscou-se demonstrar que o sinal confere às partes segurança recíproca e previsibilidade a respeito daquilo que será devido para a hipótese de desfazimento do negócio jurídico. Demonstrou-se, enfim, que as arras amparam de forma bastante ampla os contratantes e que há mecanismos para impedir a ocorrência de excessos.

Aquilo que a jurisprudência sedimentou (e que se tornou lei) é exatamente o contrário do que se mostrou como tendência. Ao invés de se seguir a orientação de redução do uso de mecanismos próprios do direito civil para punir, admitiu-se em contratos a inserção de cláusulas que estabelecem sanções para somente uma das partes, no caso a mais fraca, e em percentuais que destoam de tudo aquilo que se previu no CC e no CDC. Talvez seja a hora de repensar o assunto.

41. A CONDIÇÃO SUSPENSIVA E O ART. 129 DO CÓDIGO CIVIL: A VEDAÇÃO À PROVOCAÇÃO E AO EVITAMENTO MALICIOSO DA CONDIÇÃO

Giovana Benetti

INTRODUÇÃO[1]

Os negócios jurídicos devem ser examinados nos planos da existência, da validade e da eficácia, pois, como é sabido, há negócios que "existem e não valem, ou que existem, valem e não são eficazes"[2]. Para o presente ensaio, importa a hipótese em que o negócio jurídico é existente e válido, mas não se encontra apto a produzir, de imediato, todos os efeitos queridos pelas partes[3]. Essa situação é denominada de "ineficácia pendente ou simples", por faltar um "elemento acessório exigido pela vontade das partes"[4-5], como ocorre quando é pactuada uma condição.

---

1 A autora agradece aos Professores Francisco Marino, Marcelo von Adamek e Osny da Silva Filho pelo honroso convite para participar desta obra. Também agradeço a leitura do Professor Matheus Sousa Ramalho.

2 AZEVEDO, Antonio Junqueira de. *Negócio Jurídico*: existência, validade e eficácia. São Paulo: Saraiva, 2002, p. V.

3 THEODORO JÚNIOR, Humberto; FIGUEIREDO, Helena Lanna. *Negócio Jurídico*. Rio de Janeiro: Forense, 2021, p. 103.

4 AZEVEDO, Antonio Junqueira de. *Negócio Jurídico*: existência, validade e eficácia. São Paulo: Saraiva, 2002, p. 53.

5 Como salientado por Fabiano Menke, a "característica da acessoriedade, ou de elemento acidental, numa acepção mais tradicional, significa que a ausência de condição [...] não desfigura o negócio jurídico ao qual foram apostos, persistindo o modelo de negócio em questão. A ausência [desse

Condição, como está no art. 121 do Código Civil, é a "cláusula que, derivando exclusivamente da vontade das partes, subordina o efeito do negócio jurídico a evento futuro e incerto". Ocorre uma modulação na eficácia dos negócios jurídicos, que pode ser utilizada tanto para demarcar o início da produção dos efeitos ("fatores de atribuição de eficácia") quanto para encerrá-los diante de causa superveniente que torne o negócio ineficaz ("fator de ineficácia")[6].

A condição é considerada como *fator de atribuição de eficácia* quando as partes estabelecem que os efeitos do negócio jurídico apenas começarão a ser produzidos a partir do acontecimento futuro e incerto, o que se qualifica como *condição suspensiva*. É o que se tem quando, por exemplo, alguém declara: "darei o trator se te formares em Agronomia"[7].

Diversamente, a condição será um *fator de ineficácia*, se os efeitos do negócio jurídico são produzidos desde logo e duram até que evento futuro e incerto ocorra. Nessa hipótese, a condição é *resolutiva*[8], como se verifica quando alguém empresta determinado objeto a outrem até o seu retorno da viagem de férias.

Independentemente da espécie, as condições, para serem consideradas válidas, devem observar o comando do art. 104 do Código Civil[9], assim como os controles específicos constantes do art. 122[10] do mesmo diploma[11].

Além de cuidar da validade das condições, o ordenamento jurídico estabelece regra específica para tratar da proteção dos figurantes diante de condutas ilícitas[12]. Trata-se do art. 129 do Código Civil, segundo o qual "Reputa-se verificada, quanto aos efeitos jurídicos, a condição cujo implemento for maliciosamente obstado pela parte a quem desfavorecer, considerando-se, ao contrário, não verificada a condição maliciosamente levada a efeito por aquele a quem aproveita o seu implemento".

---

elemento] faz com que o negócio jurídico seja denominado puro [...]". (MENKE, Fabiano. Comentário ao art 121. In: NANNI, Giovanni (Org.). *Comentários ao Código Civil*. Saraiva: 2019, p. 210.

6 AZEVEDO, Antonio Junqueira de. *Negócio Jurídico*: existência, validade e eficácia. São Paulo: Saraiva, 2002, p. 55 e 61.

7 VELOSO, Zeno. *Condição, Termo e encargo*. São Paulo: Malheiros, 1997, p. 49.

8 PONTES DE MIRANDA, Francisco Cavalcanti. *Tratado de Direito Privado*. T. V. São Paulo: Revista dos Tribunais, 2012, § 540, p. 165.

9 Código Civil, art. 104: "A validade do negócio jurídico requer: I – agente capaz; II – objeto lícito, possível, determinado ou determinável; III – forma prescrita ou não defesa em lei.

10 Código Civil, art. 122: "São lícitas, em geral, todas as condições não contrárias à lei, à ordem pública ou aos bons costumes; entre as condições defesas se incluem as que privarem de todo efeito o negócio jurídico, ou o sujeitarem ao puro arbítrio de uma das partes".

11 ZANETTI, Cristiano de Souza. Querer e poder no direito dos contratos: as chamadas condições potestativas. In: MACHADO FILHO, José Augusto Bitencourt et al. (Org.). *Arbitragem e Processo*. Homenagem ao Prof. Carlos Alberto Carmona. São Paulo: Quartier Latin, 2022, p. 363-384, 364-365.

12 MARTINS-COSTA, Fernanda Mynarski. *Condição suspensiva*. São Paulo: Almedina, 2017, p. 129.

O art. 129 do Código Civil estipula que o evento deve ocorrer, ou não, naturalmente, sem a interferência maliciosa dos envolvidos. Dito de outro modo: a parte não tem o direito de provocar ou de obstar o implemento da condição[13]. Se, porém, for verificada a "manipulação maliciosa das vicissitudes da condição", incide o remédio previsto no art. 129, qual seja a "vicissitude fictícia" da condição, levando ao resultado contrário ao querido pelo manipulador[14].

Diante das especificidades envolvendo a "vicissitude fictícia" da condição, o presente estudo terá como foco a incidência deste fenômeno quando uma condição suspensiva tiver sido pactuada. De início, serão abordados a noção e a função da condição suspensiva para, em seguida, examinar os impactos da regra constante do artigo 129 do Código Civil.

1. NOÇÃO E FUNÇÃO DA CONDIÇÃO SUSPENSIVA

Como referido, condição é "a cláusula que, derivando exclusivamente da vontade das partes, subordina o efeito do negócio jurídico a evento futuro e incerto" (art. 121 do Código Civil). Ou seja, trata-se da cláusula que sujeita a produção de efeitos do negócio jurídico a um acontecimento futuro e incerto[15]. Justamente por isso Pontes de Miranda sublinhava que a "condição permite ao figurante querer, sem temer o futuro", pois, por meio dela, "o que não se quereria, sem auxílio de hipótese, pode ser querido"[16].

As partes buscam fazer com que *todos* os efeitos do negócio jurídico dependam de evento futuro e incerto ou, então, *alguns* efeitos ou, ainda, apenas *um* efeito dependa da sua ocorrência[17]. Portanto, diversamente do que ocorre em negócios jurídicos "puros" com a produção imediata de efeitos[18], a subordinação dos efeitos do negócio jurídico à *condição suspensiva* implica a produção *limitada* de efeitos a partir de sua celebração. Embora já exista relação obrigacional a vincular as partes, nem todos os efeitos são imediatamente produzidos.

---

13 PEREIRA, Caio Mário da Silva. *Instituições de Direito Civil*. V. 1. 33 ed. Rio de Janeiro: Forense, 2020, p. 476.

14 MARTINS-COSTA, Fernanda Mynarski. *Condição suspensiva*. São Paulo: Almedina, 2017, p. 130.

15 AMARAL, Francisco. *Direito Civil*. Introdução. 10 ed. São Paulo: Saraiva, 2018, p. 562.

16 PONTES DE MIRANDA, Francisco Cavalcanti. *Tratado de Direito Privado*. T. V. São Paulo: Revista dos Tribunais, 2012, § 540, p. 165.

17 VELOSO, Zeno. *Condição, Termo e encargo*. São Paulo: Malheiros, 1997, p. 20.

18 Veja-se, a título de exemplo, o art. 482 ao tratar da compra e venda "pura": "A compra e venda, quando pura, considerar-se-á obrigatória e perfeita, desde que as partes acordarem no objeto e no preço".

Há uma "restrição parcial e temporária de determinados efeitos do negócio jurídico" com a produção, em caráter provisório, de certos efeitos[19], enquanto perdurar a condição. Dentre os efeitos produzidos na fase anterior à verificação da condição, está por exemplo, o da conservação da coisa (art. 130 do Código Civil[20]), assim como o da vedação a condutas ilícitas que manipulem o curso da condição (art. 129 do Código Civil)[21].

Percebe-se que a condição serve, portanto, para que os contratantes possam deslocar, temporalmente, a exigibilidade de alguns efeitos do negócio jurídico[22]. Esta função e a importância desta figura foram muito bem explicitadas por Pontes de Miranda: "Serve [a condição], em grande escala, à autonomia privada: por ela, o manifestante da vontade como que ajusta o futuro ao presente; obvia à imprevisibilidade; leva em conta fatos que podem vir a acontecer, ou não acontecer [...]"[23].

Com efeito, os contratantes podem querer "ajustar o futuro ao presente", em vista de diversos interesses, como a necessidade de obter a aprovação de uma operação por um órgão público; a obtenção de recursos a partir da autorização de um determinado empréstimo; o julgamento favorável de alguma demanda; o atingimento de determinadas metas; etc. Em vista de interesses como esses, as partes pactuam condições suspensivas, de modo que, se, no futuro, a operação não for aprovada; o empréstimo não for autorizado pelo banco; a demanda for julgada desfavoravelmente; e as metas não forem atingidas, os efeitos não serão produzidos, desde que se tenha observado o curso normal da condição, sem comportamentos maliciosos dos figurantes.

Também é frequente a pactuação de condições no contexto de operações de aquisição de participações societárias[24-25]. A título ilustrativo, veja-se alguns exemplos práticos de condições suspensivas neste contexto:

19 MARTINS-COSTA, Fernanda Mynarski. *Condição suspensiva*. São Paulo: Almedina, 2017, p. 28.

20 Código Civil, art. 130: "Ao titular do direito eventual, nos casos de condição suspensiva ou resolutiva, é permitido praticar os atos destinados a conservá-lo".

21 MARTINS-COSTA, Fernanda Mynarski. *Condição suspensiva*. São Paulo: Almedina, 2017, p. 28-29. Ainda conforme a autora, "a vontade é única, no sentido de se querer realizar negócio cujos efeitos condicionados estarão pendentes até a verificação do evento futuro e incerto, mas que, desde logo, surte efeitos secundários que visam a assegurar o direito eventual que poderá surgir, caso ocorrido o evento condicional" (Idem, p. 29).

22 MARTINS-COSTA, Fernanda Mynarski. *Condição suspensiva*. São Paulo: Almedina, 2017, p. 34.

23 PONTES DE MIRANDA, Francisco Cavalcanti. *Tratado de Direito Privado*. T. V. São Paulo: Revista dos Tribunais, 2012, § 540, p. 167.

24 GUERREIRO, José Alexandre Tavares. Condição: comportamento malicioso do devedor. In: ALVIM, Arruda et. al (Coord.). *Uma vida dedicada ao direito*: estudos em homenagem a Roberto Rosas. 1 ed. Rio de Janeiro: GZ, 2020, p. 411, p. 411-416.

25 A título de exemplo, podem ser pactuadas condições para o pagamento de *earn-out*.

"8.8. Condição suspensiva expressa. Todas as obrigações do Vendedor e da Compradora de acordo com os termos do presente Contrato, em especial a transferência das Quotas e o pagamento do saldo do Preço de Compra, estão sujeitas à consumação do Fechamento até o dia 31 de dezembro de 2007, exceto pelas obrigações da Cláusula 5.1 acima"[26].

"4.2. O presente Contrato é assinado nesta data, contudo, o Fechamento está condicionado à verificação da seguinte condição ('Condição Suspensiva'): aprovação, pela Cummins do Brasil Ltda., da Cessão do Contrato de Distribuição da Powertech para a Nordeste"[27].

Além de a condição ser pactuada pelas partes no exercício de sua autonomia privada, é necessário que o evento previsto na cláusula seja incerto e relacionado a acontecimento futuro. A incerteza do evento é, com efeito, o que confere "sentido ao mecanismo condicional", afinal, se "um evento contrário ao interesse das partes é certo no momento da conclusão do contrato, não há risco envolvido, mas um aspecto negativo no contexto contratual"[28].

Deve existir dúvida quanto à ocorrência do evento, o que também explica a necessidade de sua realização no futuro, não podendo a condição dizer respeito a evento já concretizado no momento em que se realiza a declaração de vontade[29]. Logo, não é considerada como condição a hipótese de alguém se comprometer a doar sua casa a outrem, se houver vencido o concurso da loteria federal que já foi realizado na semana anterior[30].

Enquanto os eventos condicionantes não se verificarem, nem deixarem de se poder verificar, haverá a "pendência da condição" e, nesse período, as

---

26 Contrato de compra e venda de quotas, celebrado em 04 de agosto de 2007, entre Adriano Giannetti Dedini Ometto e ASA Bioenergy Holding AG. Documento público, disponível nos autos de Sentença Estrangeira Contestada (STJ. SEC nº 9.412/EX. Rel. Min. Felix Fischer. Rel. para acórdão Min. João Otávio de Noronha. Julgado em 19.04.2017)

27 Contrato de compra e venda de quotas e outras avenças entre LD Participações Ltda. e LEMPAR Serviços e Participações S/A, celebrado em 20 de dezembro de 2013. Documento público, disponível nos autos do processo tramitado no TJSP de número 1034556-07.2020.8.26.0100.

28 ROPPO, Vincenzo. *Il contratto*. 2ª ed. Milão: Giuffrè, 2011, p. 573 (tradução livre). No original: "L'incertezza del fato è ciò che dà senso al meccanismo condizionale. [...] Se un evento contrario all'interesse delle parti è certo al momento del contratto, questo non è un rischio, ma un dato negativo del contesto contrattuale".

29 TEPEDINO, Gustavo; MILENA, Oliva Donato. *Fundamentos do Direito Civil*. V. 1. 3 ed. Rio de Janeiro: Forense, 2022, p. 311. PEREIRA, Caio Mário da Silva. *Instituições de Direito Civil*. V. 1. 33 ed. Rio de Janeiro: Forense, 2020, p. 470.

30 TEPEDINO, Gustavo; MILENA, Oliva Donato. *Fundamentos do Direito Civil*. V. 1. 3 ed. Rio de Janeiro: Forense, 2022, p. 311-312.

partes devem se comportar de acordo com a boa-fé objetiva[31], não adotando comportamentos maliciosos com vistas a impedir ou a provocar o implemento da condição[32].

2. O ART. 129 DO CÓDIGO CIVIL E A FICÇÃO DO IMPLEMENTO (OU NÃO IMPLEMENTO) DA CONDIÇÃO

Quando os efeitos do negócio jurídico estão sujeitos a alguma condição, distingue-se a fase chamada "pendência da condição" e a fase da "ocorrência ou não do evento". Pendência da condição significa o "período que vai da prática do negócio jurídico até o momento do implemento, ou não, do evento condicionante"[33]. Já o implemento da condição significa "a ocorrência do evento, ou a certeza de que não ocorrerá"[34].

Diante de condição suspensiva, instaura-se a fase da pendência da condição desde a celebração do negócio até que, chegado o momento do seu implemento, os efeitos, que antes estavam subordinados à ocorrência da condição, serão produzidos[35].

A realização da condição "deve ocorrer naturalmente, espontaneamente, obedecendo-se ao curso normal dos acontecimentos"[36]. Afinal, a partir da pactuação da condição, surgem "pretensões a que não se frustre ou não se prejudique o direito expectativo[37], frustrando-se ou prejudicando-se o objeto expectado"[38].

---

31 ROPPO, Vincenzo. *Il contratto*. 2ª ed. Milão: Giuffrè, 2011, p. 592. No original: "In pendenza della condizione, ciascuna parte deve 'comportarsi secondo buona fede per conservare integre le ragioni dell'altra parte (art. 1358)".

32 MARTINS-COSTA, Judith. Contrato de cessão e transferência de quotas. Acordo de sócios. Pactuação de parcela variável do preço contratual denominada *earn out*. Características e função ("causa objetiva") do *earn out*. Revista de Arbitragem e Mediação, v. 42, 2014, p. 153 e ss. Acesso pela RT Online.

33 AMARAL, Francisco. *Direito Civil*. Introdução. 10 ed. São Paulo: Saraiva, 2018, p. 578.

34 AMARAL, Francisco. *Direito Civil*. Introdução. 10 ed. São Paulo: Saraiva, 2018, p. 578.

35 Nos negócios em que restar pactuada uma condição resolutiva, os efeitos são produzidos de imediato, mas cessam com o implemento da condição.

36 VELOSO, Zeno. *Condição, Termo e encargo*. São Paulo: Malheiros, 1997, p. 63.

37 Pontes de Miranda distingue entre "direito expectativo" e "direito expectado": "O direito expectativo, em caso de condição suspensiva, é direito a adquirir, *ipso iure*, outro direito, ao se cumprir a condição" (p. 232); "De regra, com o implemento da condição, nasce o direito expectado" (p. 230). PONTES DE MIRANDA, Francisco Cavalcanti. *Tratado de Direito Privado*. T. V. São Paulo: Revista dos Tribunais, 2012, § 545, p. 230 e 232.

38 PONTES DE MIRANDA, Francisco Cavalcanti. *Tratado de Direito Privado*. T. V. São Paulo: Revista dos Tribunais, 2012, § 617, p. 544 ("pretensões a que não se frustre ou não se prejudique o direito expectativo [isto é, o direito a adquirir outro direito no futuro], frustrando-se ou prejudicando-se o objeto expectado [isto é, o direito adquirido com o implemento da condição]").

Logo, durante a pendência da condição, em se tratando de condição suspensiva, é preciso "abster-se de qualquer ato que possa prejudicar a legítima expectativa do credor"[39]. Isso significa que a parte beneficiada não tem o direito de provocar ou de impedir o seu implemento, pois o Direito reprova tal comportamento[40]. Para tanto, as partes devem se abster de adotar comportamentos lesivos, assim como devem adotar comportamentos protetivos aos interesses em causa[41].

Desvia-se de tal padrão de comportamento, por exemplo, a parte que, sem qualquer justificativa, destitui o outro figurante do cargo de administrador apenas com a finalidade de frustrar o implemento da condição às vésperas do atingimento das metas necessárias para o recebimento da quantia pactuada a título de *ear-out*[42].

Também interfere no curso normal dos acontecimentos e age deslealmente quem retarda o cumprimento da condição[43], objetivando impedir a sua implementação. Neste sentido, já se decidiu que, diante da falta de interesse em agir para implementar a condição suspensiva consistente na conclusão de estudos em curso superior, tal comportamento não poderia ser tolerado por implicar a frustração do implemento da condição[44]. Do mesmo modo, a atuação negligente ao não providenciar a venda de imóvel no prazo aproximado de cinco anos, cujo valor seria utilizado para pagar dívida confessada, foi considerada como suficiente ao reconhecimento judicial do implemento da condição, determinando-se o pagamento dessa dívida[45].

Quando o curso normal dos acontecimentos não é observado em razão do comportamento da parte que obsta o advento da condição (ou que age para implementá-la), incide o art. 129 do Código Civil, segundo o qual "Reputa-se

---

39 AMARAL, Francisco. *Direito Civil*. Introdução. 10 ed. São Paulo: Saraiva, 2018, p. 578.

40 VELOSO, Zeno. *Condição, Termo e encargo*. São Paulo: Malheiros, 1997, p. 63; PEREIRA, Caio Mário da Silva. *Instituições de Direito Civil*. V. 1. 33 ed. Rio de Janeiro: Forense, 2020, p. 475-476.

41 ROPPO, Vincenzo. *Il contratto*. 2ª ed. Milão: Giuffrè, 2011, p. 573. No original: "Il suo contenuto [i.e., da obrigação de agir em conformidade com a boa-fé objetiva na pendência da condição] può essere negativo (astersi da comportamenti lesivi), oppure positivo (tenere comportamenti protettivi) [...]".

42 Exemplo inspirado em MARTINS-COSTA, Judith. Contrato de cessão e transferência de quotas. Acordo de sócios. Pactuação de parcela variável do preço contratual denominada *earn out*. Características e função ("causa objetiva") do *earn out*. Revista de Arbitragem e Mediação, v. 42, 2014, p. 153 e ss. Acesso pela RT Online.

43 FLUME, Werner. *El Negocio Jurídico*. Tomo II. 4ª ed. Trad. espanhola. Madrid: Fundación Cultural del Notariado, 1998, p. 837.

44 TJSP. AC nº 1005980-91.2015.8.26.0451. 1ª Câmara de Direito Privado. Rel. Des. Francisco Loureiro. J. 30.08.2016.

45 TJDFT. AC nº 20160510064980APC. (0006402-57.2016.8.07.0005). 6ª Turma Cível. Rel. Des. Vera Andrighi. J. 16.08.2017. Em sentido semelhante, vide: TJSP. AC nº 0024766-95.2009.8.26.0554. 19ª Câmara de Direito Privado. Rel. Des. Mario de Oliveira. J. 3.06.2014.

verificada, quanto aos efeitos jurídicos, a condição cujo implemento for maliciosamente obstado pela parte a quem desfavorecer, considerando-se, ao contrário, não verificada a condição maliciosamente levada a efeito por aquele a quem aproveita o seu implemento".

A regra do art. 129 do Código Civil objetiva coibir o comportamento malicioso da parte que interfere de maneira indevida, seja para impedir, seja para provocar o implemento da condição[46]. Trata-se de um modo especial[47] de implemento da condição. É o que se chama de "ficção do implemento da condição"[48]. Para tanto, é preciso demonstrar que a sua provocação ou o seu evitamento decorreram, diretamente, da ação ou da omissão injustificada do figurante manipulador.

Considera-se verificada a condição quando o seu implemento "for maliciosamente obstado pela parte a quem desfavorecer", nos termos do art. 129 do Código Civil. Consequentemente, o negócio jurídico passa a ter plena eficácia. Diversamente, quando a condição for, maliciosamente, levada a efeito por aquele a quem o seu implemento aproveita, o legislador determina que seja considerada como não verificada[49] e o negócio permanece sendo condicional.

Em outras palavras, o Código Civil cria a *ficção do implemento* (ou do não implemento) da condição como uma consequência contrária a quem, deslealmente, interferiu no curso normal dos acontecimentos e, ao assim proceder, acabou por agir "maliciosamente" e impedir (ou provocar) o seu implemento.

Questiona-se, na atualidade, se o sentido do advérbio "maliciosamente" empregado no art. 129 do Código Civil está atrelado ao "dolo"[50], em sentido estrito, ou se, diversamente, a expressão significaria "culpa"[51-52].

---

46 MENKE, Fabiano. Comentário ao art 129. In: NANNI, Giovanni (Org.). *Comentários ao Código Civil*. Saraiva: 2019, p. 219.

47 GOMES, Orlando. *Introdução ao Direito Civil*. 22 ed. Rio de Janeiro: Forense, 2019, p. 297.

48 AMARAL, Francisco. *Direito Civil*. Introdução. 10 ed. São Paulo: Saraiva, 2018, p. 579.

49 Código Civil, Art. 129, *in verbis*: "Reputa-se verificada, quanto aos efeitos jurídicos, a condição cujo implemento for maliciosamente obstado pela parte a quem desfavorecer, considerando-se, ao contrário, não verificada a condição maliciosamente levada a efeito por aquele a quem aproveita o seu implemento".

50 Distinta é a figura do dolo civil indicativa da comunicação de informação errônea, da prática de manobra ardilosa ou da omissão de informações que provoquem o engano em outrem por ocasião da celebração de um negócio jurídico. A respeito desta acepção estrita, escreveu-se em BENETTI, Giovana. *Dolo no direito civil*: uma análise da omissão de informações. São Paulo: Quartier Latin, 2019.

51 Judith Martins-Costa identifica os diferentes posicionamentos a este respeito em MARTINS-COSTA, Judith. Contrato de cessão e transferência de quotas. Acordo de sócios. Pactuação de parcela variável do preço contratual denominada *earn out*. Características e função ("causa objetiva") do *earn out*. Revista de Arbitragem e Mediação, v. 42, 2014, p. 153 e ss. Acesso pela RT Online.

52 No Direito português, a título de exemplo, o art. 275.º, n.º 2 do Código Civil prevê que: "2. Se a verificação da condição for impedida, contra as regras da boa fé, por aquele a quem

De modo semelhante ao regramento do art. 129 do Código Civil atual, o art. 120 do Código Civil de 1916 já previa que se reputava verificada a condição quando o seu implemento fosse obstado, maliciosamente, pela parte a quem desfavorecesse, tratando, igualmente, de seu não implemento ficto[53].

A este respeito, Judith Martins-Costa afirma que a "doutrina tradicional[54] limitava a incidência da regra legal apenas às hipóteses de dolo, considerado em seu sentido estrito", porém, a doutrina mais recente atenta à "função hermenêutica do princípio da boa-fé"[55] a fim de "perceber com temperamento o advérbio 'maliciosamente'"[56].

De acordo com Gustavo Tepedino, Heloisa Helena Barboza e Maria Celina Bodin de Moraes, "a expressão maliciosamente" adquire novo significado, sendo "informada pelo princípio da boa-fé objetiva" e não estando atrelada "ao elemento intencional", mas, sim, "à culpa (imputabilidade da conduta ao agente)". Logo, o "ato de quem obsta a ocorrência da condição dever ser

---

prejudica, tem-se por verificada; se for provocada, nos mesmos termos, por aquele a quem aproveita, considera-se como não verificada". A este respeito, Carlos Alberto da Mota Pinto afirmou: "O Código estabelece uma limitação a esta doutrina geral [i.e. art. 275.º, n.º 1], nos casos de 'sabotagem' da condição (275.º, n.º 2), isto é, quando a parte a quem a condição prejudicaria impede a sua verificação contra as regras da boa-fé, ou quando a parte a quem ela beneficiaria a faz produzir contra as referidas regras. Comporta-se contra a boa fé quem não se comporta como se pode esperar, segundo o sentido do contrato, de um contraente que pense com lealdade; não é preciso que o contraente vise dolosamente a verificação da condição; basta que o seu comportamento, de uma forma reconhecível para ele, não corresponda ao que a outra parte, segundo a boa fé, tem legitimidade para esperar dele". (*Teoria Geral do Direito Civil.* 4ª ed., revista e atualizada por Antonio Pinto Monteiro e Paulo Mota Pinto. Coimbra: Coimbra Editora, 2005, p. 572).

53 Código Civil de 1916, Art. 120, *in verbis*: "Reputa-se verificada, quanto aos efeitos jurídicos, a condição, cujo implemento for maliciosamente obstado pela parte, a quem desfavorecer. Concederа-se, ao contrário, não verificada a condição maliciosamente levada a efeito por aquele, a quem aproveita o seu implemento".

54 A título de exemplo, vide BEVILAQUA, Clovis. *Codigo Civil dos Estados Unidos do Brazil.* V. 1. Rio de Janeiro: Francisco Alves, 1916, p. 404.

55 Conforme Miguel Reale, "a boa-fé é tanto forma de conduta como norma de comportamento, numa correlação objetiva entre meios e fins, como exigência de adequada e fiel execução do que tenha sido acordado pelas partes, o que significa que a intenção destas só pode ser endereçada ao objetivo a ser alcançado, tal como este se acha definitivamente configurado nos documentos que o legitimam. Poder-se-ia concluir afirmando que a boa-fé representa o superamento normativo e, como tal imperativo, daquilo que no plano psicológico se põe como intentio leal e sincera, essencial à juridicidade do pactuado" (REALE, Miguel. Um artigo-chave do Código Civil. In: REALE, Miguel. *História do Novo Código Civil.* São Paulo: Editora Revista dos Tribunais, 2005, p. 242).

56 MARTINS-COSTA, Judith. Contrato de cessão e transferência de quotas. Acordo de sócios. Pactuação de parcela variável do preço contratual denominada *earn out*. Características e função ("causa objetiva") do *earn out*. Revista de Arbitragem e Mediação, v. 42, 2014, p. 153 e ss. Acesso pela RT Online.

voluntário, para que seja deflagrado o dispositivo", mas "não se dev[e] exigir a intencionalidade dolosa"[57].

Como "a cláusula geral da boa-fé [...] impõe um comportamento pró-ativo de cooperação por parte do credor" e quem age "no sentido de impedir o implemento da condição que lhe desfavoreceria, age culposamente", isso seria "o bastante para que o ordenamento considere a condição verificada"[58], sendo dispensável a presença de dolo[59].

Em sentido semelhante, José Alexandre Tavares Guerreiro afirma que "a lei brasileira teve como finalidade, ao proscrever a obstaculização do implemento da condição, defesa ao agente a quem interessaria a paralização do efeito da verificação da mesma condição". E conclui: "O que se ofende, a título de malícia do agente, é a lesão à boa fé, como princípio e como norma de direito positivo, que deve presidir todas as relações negociais, inclusive em sua execução"[60].

O emprego do advérbio "maliciosamente" com esse sentido também é encontrado na jurisprudência. A título de exemplo, julgado do TJSP já reconheceu que, para a aplicação do art. 129 do Código Civil, "não é necessária a verificação de dolo da parte", bastando "frustração voluntária da condição pelo beneficiário, em violação ao princípio da boa-fé objetiva"[61]. Da mesma forma, julgado do TJRJ considerou, como "comportamentos dissonantes com os padrões da boa-fé", a atuação de quem "não envid[ou] esforços necessários para a sua inserção no mercado de trabalho", atraindo a incidência do art. 129 para que fossem produzidos os efeitos jurídicos previstos para a hipótese de implementação de condição resolutiva[62].

---

57 TEPEDINO, Gustavo; BARBOZA, Heloisa Helena; MORAES, Maria Celina Bodin de. *Código Civil interpretado conforme a Constituição da República*. V. I. 3ª ed. Rio de Janeiro: Renovar, 2014, p. 262. Vide, ainda: AMARAL, Francisco. Direito Civil. Introdução. 10 ed. São Paulo: Saraiva Educação, 2018, p. 579; GOMES, Orlando. *Introdução ao Direito Civil*. 22 ed. Atualizada. Rio de Janeiro: Forense, 2019, p. 297; TEPEDINO, Gustavo; OLIVA, Milena. *Fundamentos do Direito Civil*. Teoria Geral do Direito Civil. 3 ed. Rio de Janeiro: 2022, p. 320.

58 Todos os trechos entre aspas deste parágrafo estão em: TEPEDINO, Gustavo; BARBOZA, Heloisa Helena; MORAES, Maria Celina Bodin de. *Código Civil interpretado conforme a Constituição da República*. V. I. 3ª ed. Rio de Janeiro: Renovar, 2014, p. 262.

59 MARTINS-COSTA, Judith. Contrato de cessão e transferência de quotas. Acordo de sócios. Pactuação de parcela variável do preço contratual denominada *earn out*. Características e função ("causa objetiva") do *earn out*. Revista de Arbitragem e Mediação, v. 42, 2014, p. 153 e ss. Acesso pela RT Online.

60 GUERREIRO, José Alexandre Tavares. Condição: comportamento malicioso do devedor. In: ALVIM, Arruda et. al (Coord.). *Uma vida dedicada ao direito*: estudos em homenagem a Roberto Rosas. 1 ed. Rio de Janeiro: GZ, 2020, p. 414, p. 411-416.

61 TJSP. AC nº 1005980-91.2015.8.26.0451. 1ª Câmara de Direito Privado. Rel. Des. Francisco Loureiro. J. 30.08.2016.

62 TJRJ. AC nº 0334839-82.2014.8.19.0001. 17ª Câmara Cível do Tribunal de Justiça do Estado do Rio de Janeiro. Rel. Des. Marcia Ferreira Alvarenga. J. 06.02.2019.

Outro sentido encontrado na doutrina aponta que o "advérbio 'maliciosamente' incluiria tanto a conduta dolosa quanto aquela frontalmente contrária ao padrão da boa-fé objetiva", admitindo-se que a "malícia seria presumida em face de uma disjunção frontal evidente entre o comportamento devido e aquele exercido pela parte manipuladora". Nessa linha, "se a conduta que obsta (ou que força) a realização da condição não se revestir de nenhuma justificativa, a consequência do art. 129 é reconhecida", havendo uma "presunção de malícia do figurante manipulador, já que ele deverá provar a pertinência de sua conduta"[63].

Embora se concorde com o entendimento mais recente, segundo o qual o advérbio "maliciosamente" atine "à culpa (imputabilidade da conduta ao agente)"[64], fato é que, independentemente do sentido empregado, a consequência decorrente da incidência do art. 129 do Código Civil será a ficção do implemento (ou do não implemento) da condição, desde que comprovado que a atuação maliciosa impactou, diretamente, no curso normal dos eventos, levando à frustração ou à provocação do implemento da condição. Assim, se a condição for maliciosamente obstada pelo interessado, o "efeito é tê-la como verificada"[65]. Se, porém, o figurante agiu para provocar o implemento da condição que lhe beneficiava, o efeito é considerá-la como não verificada.

Tal remédio é apontado como um "modo especial" de reparar o figurante prejudicado: "em seu favor e, ao mesmo tempo, em desfavor do manipulador, a incerteza do evento é dissipada", sendo uma hipótese de "reparação específica"[66].

Pense-se no já referido exemplo do administrador destituído do cargo, sem qualquer justificativa, quando se aproximava o atingimento das metas para fazer jus ao recebimento de *earn-out.* Tendo sido comprovado que a condição foi maliciosamente obstada pelo interessado, a incidência do art. 129 do Código Civil "leva a considerar que a condição [...] realizou-se poucos dias antes de completar-se" cronologicamente o termo final da aquisição do direito à parcela variável, sendo, pois, tida como "implementada [a condição], *ex jure*,

---

63 Todos os trechos entre aspas neste parágrafo refletem o entendimento de MARTINS-COSTA, Fernanda Mynarski. *Condição suspensiva.* São Paulo: Almedina, 2017, p. 134-135.

64 TEPEDINO, Gustavo; BARBOZA, Heloisa Helena; MORAES, Maria Celina Bodin de. *Código Civil interpretado conforme a Constituição da República.* V. I. 3ª ed. Rio de Janeiro: Renovar, 2014, p. 262.

65 MARTINS-COSTA, Judith. Contrato de cessão e transferência de quotas. Acordo de sócios. Pactuação de parcela variável do preço contratual denominada *earn out.* Características e função ("causa objetiva") do *earn out.* Revista de Arbitragem e Mediação, v. 42, 2014, p. 153 e ss. Acesso pela RT Online.

66 MARTINS-COSTA, Fernanda Mynarski. *Condição suspensiva.* São Paulo: Almedina, 2017, p. 131.

quando obstada a continuidade da permanência [...] no cargo de diretor"[67]. Ou seja, comprovado que o comportamento malicioso impactou, diretamente, o atingimento da meta, impedindo a sua concretização, considera-se fictamente implementada a condição.

Por estar em causa o remédio da reparação específica[68], a manipulação do curso normal da condição já levou ao reconhecimento de sua implementação quando, por meio de "inércia prolongada" em promover a venda de imóvel, postergou-se indefinidamente a realização da condição, considerando-se tal situação como abuso de direito e, por via de consequência, a dívida tornou-se plenamente exigível[69]. De modo semelhante, entendeu-se que, diante da omissão em adotar providências como a contratação de advogado, foram criados obstáculos ao implemento de condição suspensiva constante de confissão de dívida, razão pela qual deveria "ser considerado que ocorreu a condição, sendo, portanto, exigível a confissão de dívida"[70].

Além do remédio específico, a doutrina admite que a "não implementação da condição por ato malicioso do figurante manipulador poderá gerar o seu dever de indenizar"[71], desde que presentes os pressupostos da responsabilidade civil, quais sejam, ato ilícito identificado como ação ou a omissão maliciosa, o dano e o nexo de causalidade.

CONCLUSÕES

As partes, com frequência, pactuam condições suspensivas para subordinar efeitos do negócio jurídico à ocorrência de eventos futuros e incertos,

67 Exemplo inspirado em MARTINS-COSTA, Judith. Contrato de cessão e transferência de quotas. Acordo de sócios. Pactuação de parcela variável do preço contratual denominada *earn out*. Características e função ("causa objetiva") do *earn out*. Revista de Arbitragem e Mediação, v. 42, 2014, p. 153 e ss. Acesso pela RT Online.

68 Assim se pronuncia Ana Isabel Afonso, para quem, à luz do art. 275.º, n.º 2 do Código Civil Português "os efeitos da ficção correspondem a uma reintegração ou ressarcimento em forma específica do prejuízo derivado para uma das partes pelo comportamento incorreto da outra" (AFONSO, Ana Isabel. *A condição*. Reflexão crítica em torno de subtipos de compra e venda. Porto: Universidade Católica Editora, 2014, p. 363). Rememore-se a referida regra do Código Civil Português: "2. Se a verificação da condição for impedida, contra as regras da boa fé, por aquele a quem prejudica, tem-se por verificada; se for provocada, nos mesmos termos, por aquele a quem aproveita, considera-se como não verificada".

69 TJRJ. AC nº 0052187-52.2015.8.19.0002. Segunda Câmara Cível. Rel. Des. Carlos Eduardo da Fonseca Passos. J. 11.11.2020.

70 TJSP. AC nº 0260355-74.2009.8.26.0002. 21ª Câmara de Direito Privado. Rel. Des. Itamar Gaino. J. 20.06.2012.

71 MENKE, Fabiano. Comentário ao art 121. In: NANNI, Giovanni (Org.). *Comentários ao Código Civil*. Saraiva: 2019, p. 219.

como ocorre, por exemplo, no contexto de operações de M&A com a pactuação do pagamento de *earn-out*, desde que determinadas metas, definidas como condições suspensivas, sejam alcançadas.

Embora já exista relação obrigacional a vincular as partes, a estipulação de condições suspensivas serve para demarcar o início da produção de determinados efeitos, já que, enquanto perdurar a condição, são produzidos efeitos provisórios.

Dentre tais efeitos em caráter provisório, ocupou-se, no presente ensaio, da vedação à provocação e ao evitamento malicioso da condição. Trata-se da hipótese prevista pelo art. 129 do Código Civil, o qual contém importante salvaguarda contra a manipulação e a frustração maliciosa dessas condições.

É o que ocorreria no já referido exemplo do administrador destituído do cargo, sem qualquer justificativa, quando se aproximava o atingimento das metas para fazer jus ao recebimento de *earn-out*, uma vez comprovado que o comportamento malicioso do figurante interessado impactou, diretamente, o curso normal dos eventos para o atingimento da meta e, com isso, impediu a sua concretização, de modo a considerar fictamente implementada a condição.

A partir dessas noções, podemos sintetizar as principais conclusões alcançadas ao longo do presente ensaio:

(i) O Direito reprova o comportamento da parte que, por ação ou por omissão injustificada, "sabota" o curso normal dos acontecimentos, de modo a provocar ou a impedir o implemento da condição, incidindo, nesta hipótese, a regra do art. 129 do Código Civil. Para tanto, é preciso demonstrar que a sua provocação ou a sua frustração decorreram, diretamente, da ação ou da omissão do figurante manipulador.

(ii) O advérbio "maliciosamente", constante do art. 129 do Código Civil, indica, segundo a doutrina mais recente, a atuação culposa de quem provoca ou obsta o implemento da condição, encontrando-se entendimento semelhante na jurisprudência.

(iii) A consequência decorrente da aplicação do art. 129 do Código Civil é considerada um "modo especial" de reparar o figurante prejudicado pela manipulação e pela interferência indevida no curso normal da condição, levando, por meio da ficção do implemento (ou do não implemento) da condição, a resultado contrário ao querido pelo manipulador, desde que preenchidos os pressupostos da referida regra.

42. "NO ESTADO EM QUE SE ENCONTRA" *ET AL.*: ALCANCE E LIMITAÇÃO DAS CLÁUSULAS DE EXCLUSÃO DA RESPONSABILIDADE POR VÍCIOS REDIBITÓRIOS

Giulia Ferrigno

1. INTRODUÇÃO

A prestação do vendedor no contrato de compra e venda consiste na entrega da coisa ou mercadoria na quantidade e qualidade convencionadas (primeira obrigação principal do vendedor), e este responde, consequentemente, pelos vícios ou defeitos ocultos da coisa, na medida em que tais vícios a tornem imprópria ao uso que a que é destinada ou diminua-lhe o valor sensivelmente (segunda obrigação principal do vendedor)[1].

Nesse sentido, a disciplina dos vícios redibitórios está prevista atualmente nos arts. 441 e ss. do Código Civil e determina, de forma resumida que, em caso de vícios, uma vez que não seja possível corrigir a prestação, o vendedor fica sujeito à resolução do contrato, seja total ou parcial (a primeira, em caso de vícios mais graves; a segunda, em caso de possibilidade de redução da contraprestação, no caso de qualquer vício), independentemente de ter o vendedor conhecido ou não o vício da coisa; e cumulativamente à indenização por perdas e danos.

1 Luiz da Cunha Gonçalves, *Da Compra e Venda no Direito Comercial Brasileiro*, 2ª ed., SP: Max Limonad, 1950, p. 441.

Tal disciplina é, no entanto, em grande parte dispositiva, sendo plenamente possível às partes a convenção da exclusão, limitação ou aumento da responsabilidade do vendedor. Neste primeiro caso, tem-se as cláusulas de exclusão dos remédios redibitórios (que configuram os negócios celebrados na modalidade "as is", "gekauft wie gesehen", "no estado em que se encontra", entre outras possíveis conformações). Passamos a analisar e expor os pressupostos e as limitações de tais cláusulas. Para isso, impende, em um primeiro momento, bem compreender a extensão da responsabilidade ditada pela lei, para, posteriormente, evidenciar qual é o alcance das cláusulas de exclusão de responsabilidade, suas limitações e suas consequências.

2. O SISTEMA LEGAL DA RESPONSABILIDADE PELOS VÍCIOS REDIBITÓRIOS

A disciplina da responsabilidade por vícios redibitórios determina, resumidamente, que, no caso de a coisa objeto do contrato oneroso ou comutativo apresentar um vício oculto, que seja anterior à outorga da posse, e que acarrete a perda de utilidade da coisa ou a diminuição considerável de seu valor, deve o vendedor responder por tais vícios (art. 441, *caput* CC). Baseia-se a responsabilidade na noção de inadimplemento contratual por parte do vendedor no que tange à sua obrigação de fornecer ao comprador a coisa imune de vícios[2] – e, sendo assim, existente um vício, a responsabilidade reside no fato objetivo da existência de tal vício, independentemente de qualquer análise de culpa do vendedor[3].

O "vício" que tem o condão de acarretar a responsabilidade do vendedor representa um conceito técnico-jurídico, e caracteriza-se por um defeito material que representa um desvio negativo (ou seja, desfavorável para o comprador) da "condição real" (*Ist-Beschaffenheit*) da coisa em relação à "condição desejada" (*Soll-Beschaffenheit*)[4]. Deve existir previamente à outorga da posse e deve ser oculto[5].

---

2 *Cf.* para uma análise mais detalhada sobre os fundamentos da responsabilidade por vícios redibitórios e as correlatas divergências doutrinárias: Custodio da Piedade Miranda, *Comentários ao Código Civil: dos contratos em geral,* vol. 5, SP: Saraiva, 2013, p. 243 ss.

3 É o que bem explica Francesco Messineo: "[...] e nel senso quest'ultima dipende da un obbligo fondamentale del venditore e nel senso che essa è dovuta, per il solo fato oggettivo della presenza del vizio, indipendentemente da ogni presupposto di colpa del venditore" (*Manuale di Diritto Civile e Commerciale,* vol. 4, Milano: Giuffrè, 1954, §140, nº 20, p. 105).

4 Wolfgang Hau, Hans-Joachim Musielak, *Grundkurs BGB,* 17ª ed., München: C. H. Beck, 2021, nº 793, p. 312.

5 Christopher Alexander Roisin, *Vícios Redibitórios,* SP: YK, 2018, p. 76.

Um dos pressupostos – e, no âmbito deste artigo, o que mais interessa – de aplicação do regime legal dos vícios redibitórios é, com isso, a diferenciação entre "vícios ocultos" e "vícios ostensivos", ou aparentes. Na tentativa de uma distinção teórica entre as categorias, diz-se tradicionalmente que "vícios ocultos" seriam aqueles não facilmente perceptíveis pelos sentidos "e bem assim, os que o comprador não pode descobrir sem esforço, com a vulgar diligência de qualquer pessoa prudente, com um simples e rápido exame exterior da coisa, no ato da recepção desta, posto que se revelem, mais tarde, pela experiência, pela abertura dos invólucros, pelo corte (frutos sorvados, bichosos, etc.), pela análise ou prova (azeite, manteiga, vinho, etc.)"[6], enquanto os ostensivos, *a contrario sensu*, seriam aqueles facilmente perceptíveis pelo mero contato com a coisa.

A realidade, entretanto, sempre mais complexa que a teoria, comporta um sem-número de casos intermediários entre os vícios cuja constatação é evidente ou óbvia, e aqueles absolutamente indetectáveis – e é precisamente em tais casos que a diferenciação torna-se problemática. Como tentativa de abastecer a análise com parâmetros mais concretos, sói-se utilizar a noção do "cuidado ordinário" para diferenciar as categorias: vícios perceptíveis com cuidado ordinário seriam classificados como "ostensivos" para fins legais, e aqueles que dependeriam de análise mais aprofundada por um especialista seriam "ocultos". Em outras palavras, não há vício oculto – e, portanto, não há responsabilidade do vendedor pela lei – quando o vício puder ser reconhecível segundo uma diligência ordinária, ainda que não seja considerado "óbvio". Por outro lado, vícios cujo reconhecimento dependeria de algum conhecimento técnico seriam considerados ocultos e, portanto, incluídos na responsabilidade[7]. Na prática, a

---

6 Luiz da Cunha Gonçalves, *Da Compra e Venda no Direito Comercial Brasileiro*, cit. , p. 449. Cita-se, como exemplo: "Sono, ad esempio, vizi occulti di un edificio i difetti di costruzione che ne pregiudichino la stabilità (si è sbagliato il calcolo del cemento armato, si è costruito su terreno instabile cc), i difetti di fabbricazione di machine o di altri prodotti industriali, che ne impediscano l'utilizzazione da parte del compratore (la macchina non funziona o funziona male o è pericolosa per l'incolumità di chi deve usarla); sono ancora vizi occulti quei difetti della cosa che, pur non impedendone l'utilizzazione, ne diminuiscono il valore, come ad esempio le impurità o "falle" degli oggetti di cristallo o dei materiale metallici. Ai vizi occulti la legge equipara la mancanza delle qualità promesse o delle qualità essenziali della cosa: il tessuto fornito dal venditore, ad esempio, non à di pura lana, come pattuito, ma di lana mista a fibra sintetica; i prodotti agricoli consegnati dal produttore all'esportatore non presentano le qualità richieste dal mercato estero" (Francesco Galgano, *Diritto Privato*, 17ª ed. Milano: CEDAM, 2018, nº 28.1, p. 554).

7 Nesse sentido, *cf.* Sebastião de Souza, *Da Compra e Venda*, 2ª ed., RJ: Forense, 1956, p. 302 ("Ainda que aparente, deve-se considerar também oculto o vício que demanda conhecimentos técnicos, que o comprador não possui. Haja vista na compra de animais, muitas moléstias que para um veterinário são aparentes, apresentam-se-lhe imediatamente à vista, e no entanto, para um homem rústico ficam inteiramente ocultas").

questão de saber se um vício é ou não facilmente reconhecível é uma questão de fato e que deve ser constatada por critérios subjetivos, à luz igualmente das circunstâncias da conclusão da compra e venda e do negócio celebrado.

Como quer que seja, fato é que os vícios efetivamente conhecidos pelo comprador antes da conclusão do contrato, seja porque aparentes ou facilmente reconhecíveis (perceptíveis pelo mero contato com a coisa), seja porque previamente declarados na oferta (sendo certo que há o dever do alienante de informar a respeito dos vícios que conheça), não estão incluídos no regime de responsabilidade determinado pela lei[8]. Na prática, o vendedor tem o ônus de provar que o comprador tinha conhecimento do vício da coisa no momento de conclusão do contrato, ou que o vício era facilmente reconhecível; ao passo que incumbe ao comprador a eventual prova de que, malgrado facilmente reconhecível, o vendedor maliciosamente declarou que a coisa era isenta de vícios[9].

A razão para a distinção entre as duas categorias repousa na racionalidade da tutela da confiança das partes[10]: a aceitação de uma oferta pelo comprador no conhecimento de determinados vícios, seja pela sua fácil constatação, seja porque baseados na declaração do vendedor, seja porque de outra forma conhecidos, implica no reconhecimento de que o comprador a desejou

---

8 Francesco Messineo, *Manuale di Diritto Civile e Commerciale*, cit., §140, nº 20, p. 106 ("Inoltre, la responsabilità resta del tutto esclusa (per disposizione di legge), se, al momento del contrato, il compratore conoscesse i vizi della cosa, ovvero se i vizi fossero in quel momento facilmente riconoscibili, salvo, in quest'ultimo caso, che il venditore, a smentire l'esistenza dei vizi, abbia dichiarato che la cosa ne era esente, sviando così l'attenzione del compratore"). Inclusive, destaca-se que tais vícios "ostensivos", salvo exceções particulares atinentes às condições específicas do comprador e decorrentes da boa-fé objetiva, nem sequer precisam ser declarados pelo vendedor. Ressalvam-se dessa afirmação as relações jurídicas consumeristas, nas quais o dever de informar do vendedor é consideravelmente mais amplo (art. 4º e 6º III, CDC).

9 Francesco Messineo, *Manuale di Diritto Civile e Commerciale*, cit., §140, nº 20, p. 107.

10 Wolfgang Hau explica, nesse sentido, que: "A relação preço-prestação é regularmente perturbada se, ao concordar com o preço de compra, o comprador presumir que adquirirá um objeto livre de defeitos e descobrir, no momento da entrega, que essa expectativa não está correta. Os direitos aos quais o comprador tem direito devido a um defeito no objeto destinam-se a corrigir a desproporção no desempenho das partes contratantes. No entanto, se o comprador já tiver conhecimento do defeito do objeto de venda no momento da conclusão do contrato, ele poderá se ajustar a ele, especialmente ao concordar com o preço. Portanto, parece lógico excluir os direitos do comprador por causa de um defeito nesse caso" (no original: "Das Preis-Leistungs-Verhältnis ist regelmäßig gestört, wenn bei Vereinbarung des Kaufpreises der Käufer davon ausgeht, dass er eine mangelfreie Sache erwirbt und er bei Lieferung feststellen muss, dass diese Erwartung nicht zutrifft. Die dem Käufer wegen eines Mangels der Sache zustehenden Rechte bezwecken, das Missverhältnis in den Leistungen der Vertragsparteien zu korrigieren. Kennt aber der Käufer bei Vertragsschluss bereits den Mangel der Kaufsache, kann er sich insbesondere bei der Preisvereinba-rung darauf einstellen. Es erscheint deshalb folgerichtig, die sonst dem Käufer wegen eines Mangels zustehenden Rechte in diesem Fall auszuschließen"). *Cf.* Wolfgang Hau, Hans-Joachim Musielak, *Grundkurs BGB*, cit., nº 858, p. 540.

do modo como ofertada, tendo havido a possibilidade de refletir a existência destes defeitos na negociação do preço – ou seja, considera-se que sua declaração de vontade foi íntegra[11], tanto no que tange ao preço, quanto à situação da coisa adquirida. Caso não perceba a existência de um vício ostensivo, deve o comprador culpar a sua própria negligência e desrespeito a um dever mínimo de cuidado no momento de conclusão do contrato[12]. Neste caso, tutela-se a confiança do vendedor que, ao alienar a coisa com tal defeito conhecível ou informado, eventualmente já tendo "sofrido as consequências" da existência desse vício na negociação do preço, espera não ser posteriormente responsabilizado por eles.

Já no caso de o vício ser grave e não ser perceptível pelo comprador, e nem ter sido informado pelo vendedor, avulta a tutela da confiança do comprador, que, ao concluir o contrato, confiou na aquisição de determinada coisa de determinada forma[13]. Sendo assim, caso posteriormente se manifestem vícios,

---

11 Sebastião de Souza, *Da Compra e Venda*, cit., p. 302.

12 Francesco Messineo, *Manuale di Diritto Civile e Commerciale*, cit., §140, nº 20, p. 107. ("Sulla distinzione fra vizi facilmente riconoscibili (che il codice abrogato chiamava apparenti) e vizi occulti, si impernia, dunque, la proponibilità dell'azione in discorso. E la ragione della distinzione è ovvia, in quanto il compratore deve imputare alla propria negligenza, se non ha avvertito la presenza di un vizio di agevole constatazione, c'è, dunque, un onere di diligenza minima del compratore, da esercitare all'atto della stipulazione del contratto. Peraltro, è chiaro che il presupposto di tutto questo è la formazione del contratto in presenza della cosa e la conseguente conoscenza di essa, da parte del compratore; chè, se si tratti di cosa, sulla quale il compratore ha contrattato, essendone lontano e non potendone prendere visione, la conoscenza dei vizi della cosa non è, di regola, a lui attribuibile").

13 Explica-se que a ideia de vícios se baseia na doutrina da pressuposição, formulada por Windscheid (e que acaba diferenciando o regime dos vícios redibitórios daquele do erro substancial): "A pressuposição é uma condição não manifestada; e quem emite um desejo sob uma pressuposição, embora queira, como quem manifesta uma vontade condicional, que o efeito jurídico-econômico visado se realize em certo estado de relações, não vai até fazer depender desse estado a própria existência do dito efeito. Resulta daí que o efeito jurídico subsiste, posto que falte a pressuposição. Mas, como este resultado não corresponde ao verdadeiro intuito de quem fez a declaração de vontade, segure-se que o prejudicado pode, não só defender-se por exceção, mas intentar uma acção tendente a efectuar a sua pressuposição. Assim, suponhamos que um merchante compra um boi, pressuposto que ele seja apto a ser abatido no talho e consumido pelo público. O boi, porém, está tuberculoso: vício oculto, que o torna inútil para o consumo. O contrato não é nulo; o comprador não comprou o boi porque ele não tinha defeito oculto (erro substancial) nem isto pelo vendedor lhe foi asseverado; mas comprou- tendo em vista a normal aptidão de tais animais a serem consumidos como alimento (pressuposição). Se a pressuposição não se verifica (vício redibitório), fica viciada a declaração de vontade nela baseada, e o contrato será resolúvel, se o vendedor não satisfizer à reclamação do comprador". (Luiz da Cunha Gonçalves, *Da Compra e Venda no Direito Comercial Brasileiro*, cit., p. 446.) Esta pressuposição não é posta *ad libitum*, representando algum desejo ou fantasia, mas é uma pressuposição que, segundo regras interpretativas dos contratos, pode ser objetiva e subjetivamente reconhecida como visada pelo comprador.

resta prejudicada sua declaração de vontade e, com isso, torna-se necessária a restauração do equilíbrio[14] e equivalência das prestações.

Em relação ao momento, tendo em vista que a existência do vício depende do cotejo entre a condição real e a condição ideal da coisa, é relevante perscrutar a partir de quando o vício passou a existir, devendo-se considerar como parâmetro para aferição da existência de vício ("condição real") o momento da outorga da posse da coisa (art. 441 CC), que é o momento da transmissão dos riscos da coisa e o momento da aferição do adimplemento do vendedor[15-16]. A partir desse momento, todos os vícios que surgirem pertencem à esfera de responsabilidade do adquirente. Já os vícios surgidos anteriormente pertencem, no regime escolhido pela lei, à esfera de responsabilidade do vendedor. E esta constatação da existência ou não de vício depende do cotejo com um "parâmetro" da coisa, que é definido no momento de celebração do negócio comutativo, em que se acorda o objeto, sua quantidade e qualidade, e se forma a expectativa do adquirente sobre a qualidade da coisa e a definição da contraprestação pela sua alienação. Ou seja, para ser incluído na disciplina dos vícios redibitórios, o vício deve já existir, ocultamente, no momento da celebração do negócio, ou surgir no ínterim entre a celebração do negócio e a outorga da posse.

Uma vez constatado o vício, prevê-se basicamente dois mecanismos em lei[17]: pode o comprador exigir a redibição, através da ação redibitória; ou a diminuição do preço, através da ação estimatória *quanti minoris* (art. 442, CC), e, em qualquer caso, o comprador tem direito ao ressarcimento dos danos sofridos, que se estende também aos danos indiretos derivados do vício da

---

14 Francesco Messineo, *Manuale di Diritto Civile e Commerciale*, cit., §140, nº 20, p. 106. ("Precisati i punti ora detti, diviene chiaro perché il venditore debba, nel caso che la cosa non sai imune dai detti vizi, ristabilire l'equilibrio contrattuale, nei modi che verremo esponendo").

15 Sendo certo que, havendo mora do credor, não é possível a este recusar o recebimento da coisa pelo vício gerado ao tempo da mora (art. 401, II CC e art. 400 CC).

16 Christopher Alexander Roisin explica que, historicamente, no direito romano, considerava-se que o momento decisivo para aferição dos vícios era o momento de celebração do negócio jurídico, justamente por ser o momento em que e se forma a expectativa do adquirente sobre a qualidade da coisa e a definição da contraprestação pela sua alienação (*Vícios Redibitórios*, cit., p. 84). Hodiernamente, entretanto, entende-se que o momento substancial é aquele da tradição. É o que explica Pontes de Miranda: "Quem prometeu a e prestou a, mas a era de outrem, ou a estava com doença o quebrado em peça interior, responde por ter prestado com vício. É por isso que a existência do vício há de ser no momento da prestação, e não no momento da promessa" (*Tratado de Direito Privado: Parte Especial,* tomo XXXVIII, 3ª ed., SP: RT, 1984, §4233, p. 275). O autor, inclusive, defende o momento da *traditio* pode se considerado como decisivo até no direito romano, a partir de uma interpretação mais moderna dos textos (§4233, nº 3, p. 278).

17 No CDC, preveem-se outros mecanismos, como a correção do produto ou sua substituição, quando a correção não for possível (arts. 18 a 20 CDC).

coisa[18] – neste caso, responde o vendedor pelos danos decorrentes do vício, segundo as regras gerais de responsabilidade civil. Ou seja, diferentemente dos dois remédios anteriores, a tutela ressarcitória depende da comprovação de culpa do vendedor, consistente no conhecimento do vício ou na ignorância negligente do vício no momento do contrato[19].

Note-se, de qualquer forma, que tal regime de responsabilidade do vendedor pelos vícios redibitórios não se confunde com as eventuais garantias prestadas pelo vendedor relacionadas ao bom funcionamento da coisa vendida por tempo determinado (o chamado "período de garantia"). Esta, diferentemente daquela, abrangeria também vícios aparentes e de fácil constatação, além de exigir previsão contratual expressa[20] e ter como objetivo principal aquele de dispensar o comprador do ônus de provar que o defeito do produto derivaria de um vício anterior à transmissão da posse (basta ao comprador somente demonstrar que a coisa é defeituosa e reclamar pela sua substituição ou reparação dentro do período previsto na garantia)[21].

---

18 Francesco Galgano, *Diritto Privato*, cit., n 28.1, p. 555 ("in ogni caso, il compratore ha diritto al risarcimento dei danni subiti, se il venditore non prova di avere senza colpa ignorato i vizi della cosa. Al venditore è così imposta la specifica obbligazione di controllare che la cosa posta in vendita sai immune da vizi: egli si libera da responsabilità verso il compratore solo provando di avere esercitato gli opportuni controlli con la dovuta diligenza [...] Il diritto del compratore al risarcimento si estende oltre l'ordinario danno conseguente ala risoluzione del contrato per inadempimento, fino ai danni derivato dai vizi della cosa").

19 No primeiro caso, trata-se da devolução da coisa viciada ao vendedor, com a consequente devolução do preço pago; no segundo caso, promove-se uma espécie de "revisão do contrato" considerando a nova informação de existência do vício, com redução do preço pago anteriormente, e de forma proporcional ao defeito apresentado. *De lege ferenda*, advoga-se, com base na ideia de que "os negócios livremente convencionados sejam preservados, e, mais que isso, que atinjam seus fins imediatos, com a satisfação do interesses das partes do modo como desejaram no momento da contratação", pela inclusão de outras opções ao comprador, como a possibilidade de substituição da coisa, se possível. Afinal, tal desejo do legislador em "conceder ao devedor uma segunda chance" de cumprir sua obrigação ficou claro ao regular o inadimplemento, e, tendo em vista que a entrega da coisa com vícios é, de uma certa forma, também uma espécie de inadimplemento da prestação contratual, não haveria sentido para que, na regulação dos vícios redibitórios, tal possiblidade fosse excluída. Sobre isso, *cf.* Christopher Alexander Rcisin, *Vícios Redibitórios*, cit., p. 173 ss. No sistema jurídico alemão, por exemplo, o comprador deve exigir regularmente a Nacherfüllung (§ 439 BGB), e somente no caso de falha ou impossibilidade de execução subsequente ele terá direito aos outros direitos mencionados no § 437, II e III (*cf.* Wolfgang Hau, Hans-Joachim Musielak, *Grundkurs BGB*, cit., nº 791, p. 311).

20 Excetua-se, aqui, o Código de Defesa do Consumidor, em que se prevê o período de "garantia legal" de 30 ou 90 dias, a depender do produto, no qual o comprador pode reclamar a respeito de vícios aparentes ou de fácil constatação (arts. 24, 26 e 50 do CDC). A essa garantia legal, pode-se somar a garantia contratual, prestada voluntariamente pelo comprador.

21 Francesco Galgano, *Diritto Privato*, cit., n 28.1, p. 555.

Por fim, vale notar que a disciplina dos vícios redibitórios é antiga, e encontra raízes já nos sistemas jurídicos da antiguidade, sendo posteriormente melhor desenvolvida no direito romano[22], por meio das ações edilícias, e em termos de direito comparado, outros sistemas jurídicos mantiveram o raciocínio romano e preveem disposições similares à brasileira[23] – e, consequentemente, cláusulas de exclusão de responsabilidade pelos vícios redibitórios igualmente similares, conforme se verá a seguir.

---

22 *Cf.* Francesco Messineo, *Manuale di Diritto Civile e Commerciale*, cit., §140, nº 20, p. 106.; Sebastião de Souza, *Da Compra e Venda*, cit., p. 302. Este último explica que: "No antigo direito romano, o vendedor não respondia pelos vícios da coisa. O comprador não tinha outra ação ao lado da *actio autoritatis*, relativa à evicção, além da *actio de modo agri*, referente à falta na área de terreno declarada. [...] Para os vícios usavam-se os pactos adjetos (*stipulatio duplae*). A garantia dos vícios era assegurada por um contrato distinto. O desenvolvimento do instituto se operou incluindo-se cláusula no próprio contrato de compra e venda, a princípio obrigatória e depois subentendida. Os edis se ocuparam dessa garantia nas vendas de escravos e de animais, em mercado. Expediram regulamentos, tornando obrigatória a declaração dos vícios das coisas postas à venda e criaram ações para o caso de violação de tal preceito. Eram duas as ações: uma de resolução do contrato, redibitória e outra de redução do preço, *quanti minoris*. Essas ações se aplicavam na compra e venda de escravos e de animais". *Cf.* também: Pontes de Miranda, *Tratado de Direito Privado: Parte Especial*, cit., §4233, p. 275; Wolfgang Kunkel, *Diligentia Zur erklärung der lex metalli vipascensis*, 'in' Zeitschrift der Savigny-Stiftung für Rechtsgeschichte: Romanistische Abteilung, vol. 45, no. 1, 1925, pp. 266-351.

23 Na França, o *Code civile* dispõe que: "Le vendeur est tenu de la garantie à raison des défauts cachés de la chose vendue qui la rendent impropre à l'usage auquel on la destine, ou qui diminuent tellement cet usage que l'acheteur ne l'aurait pas acquise, ou n'en aurait donné qu'un moindre prix, s'il les avait connus" (art. 1641) e que "Il est tenu des vices cachés, quand même il ne les aurait pas connus, à moins que, dans ce cas, il n'ait stipulé qu'il ne sera obligé à aucune garantie" (art. 1643).

Na Itália, o *Codice* Civile dispõe que: "Il venditore è tenuto a garantire che la cosa venduta sia immune da vizi che la rendano inidonea all'uso a cui è destinata o ne diminuiscano in modo apprezzabile il valore. Il patto con cui si esclude o si limita la garanzia non ha effetto, se il venditore ha in mala fede taciuto al compratore i vizi della cosa" (art. 1490, valendo conferir também os arts. 1491-1494).

Na Alemanha, o BGB estatui que "Durch den Kaufvertrag wird der Verkäufer einer Sache verpflichtet, dem Käufer die Sache zu übergeben und das Eigentum an der Sache zu verschaffen. Der Verkäufer hat dem Käufer die Sache frei von Sach- und Rechtsmängeln zu verschaffen" (§ 433 BGB), sendo a categoria "Sachmangel" conceituada no § 434 BGB, os direitos do comprador no caso de vício no § 437 BGB, e a possibilidade de exclusão da responsabilidade no § 444 BGB. Regulamento similar pode ser encontrado também na Convenção das Nações Unidas sobre Contratos de Compra e Venda Internacional de Mercadorias (CISG, Decreto 8.327/2014). Neste, prevê-se a obrigação do vendedor de "entregar mercadorias na quantidade, qualidade e tipo previstos no contrato, acondicionadas ou embaladas na forma nele estabelecida" (art. 35 I CISG) e que "o vendedor será responsável, de acordo com o contrato e com a presente Convenção, por qualquer desconformidade que existir no momento da transferência do risco ao comprador, ainda que esta desconformidade só venha a se evidenciar posteriormente" (art. 36 I CISG).

3. A CONFORMAÇÃO CONTRATUAL DO REGIME LEGAL ATRAVÉS DAS CLÁUSULAS DE EXCLUSÃO DE RESPONSABILIDADE

As regras relacionadas à responsabilidade por vícios redibitórios são dispositivas – ou seja, podem ser excluídas ou moduladas livremente pelas partes (inclusive de forma tácita) em nome da liberdade contratual[24]. Disso decorre que, como no caso de qualquer outra cláusula modulável pela livre vontade das partes, a depender da forma como determinada cláusula é conformada, a exclusão da responsabilidade pode ser mais ou menos ampla; abranger os vícios ocultos ou só aqueles aos que o comprador poderia ter-se apercebido[25], entre outras conformações. Ou seja, em um grande número de casos, as cláusulas de exclusão da responsabilidade por vício exigem difíceis empreitadas interpretativas, em particular com relação ao escopo da exclusão de responsabilidade, para que se determine seu real alcance.

Fato é, porém, que a garantia legal de responsabilidade no caso de vícios redibitórios apresenta alguns inconvenientes – motivo pelo qual não raro prevê-se alterações. Em primeiro lugar, da perspectiva do comprador, o regime legal traz incertezas, máxime no que tange à dificuldade de comprovação da anterioridade do vício ao momento de outorga da posse. Da perspectiva do vendedor, o regime

24 É verdade que o Código Civil de 2002 não foi expresso em afirmar a possibilidade de modulação e exclusão da responsabilidade pelos vícios redibitórios, diferentemente do que fazia o anterior Código Civil de 1916 (art. 1102 do CC/16). Com isso, poder-se-ia indagar se a intenção do legislador era limitar a liberdade contratual das partes em tal seara. Tal tese, entretanto, não parece convencer, por dois motivos: (*i*) ainda que não tenha previsto expressamente essa possibilidade para a disciplina dos vícios redibitórios, o legislador a previu no instituto da evicção – e não faria absolutamente nenhum sentido permitir a derrogação da disciplina legal para uma, e não para outra. Trata-se de incongruência sintomática de que o silêncio do legislador, aqui, não é eloquente; (*ii*) de qualquer forma, fato é que, pelo princípio da legalidade aplicada, ao particular é permitido fazer tudo aquilo que a lei não proíba (art. 5º, II da CF). Com isso, a omissão do legislador, de qualquer forma, não deve ser entendida como uma proibição – visto que esta é a exceção, e não a regra, mas sim como uma permissão. De fato, não se nega que teria sido prudente a previsão da possibilidade de exclusão, escapando-se a qualquer tipo de dúvidas a este respeito. O esquecimento do legislador, entretanto, não é dramático, e é pressuposto no presente trabalho. Sobre a discussão, *cf.* também: CHRISTOPHER ALEXANDER ROISIN, *Vícios Redibitórios*, cit., p. 85.

25 No geral, as cláusulas podem modificar a disciplina legal dos vícios redibitórios em relação (i) ao defeito da coisa, por exemplo excluindo a responsabilidade de certos tipos de vício, mas mantendo em relação a outros, por exemplo, determinando que o vendedor só responde em caso de culpa (o que não é um critério presente na lei); (ii) as consequências da garantia, excluindo totalmente a responsabilidade, ou, por exemplo, determinando que o comprador só possa utilizar-se de um ou outro remédios legais; (iii) o modo de exercício do direito, regulando, por exemplo, o prazo de decadência para exigir reparação, etc. *cf.* ROBERTA MONTINARO, *Clausola di esclusione o modifica della garanzia per vizi e/o per evizione*, in "Clausole Negoziali: Profili teorici e applicativi di clausole tipiche e atipiche" – coord. Massimo Confortini, Milano: UTET, 2017, p. 388.

traz a mesma insegurança jurídica, sobretudo em situações em que a ele não é possível conhecer o vício anteriormente[26]. Assim sendo, a racionalidade econômica por detrás das cláusulas de exclusão da responsabilidade por vícios redibitórios é clara: do lado do vendedor, este reconhece que há a possibilidade de uma mercadoria não ser traditada em estado perfeito de conservação, e por isso prefere excluir a sua responsabilidade, ainda que isso eventualmente signifique também uma contraprestação menor. Do lado do comprador e em termos negociais, a cláusula abre margem para o acordo de uma contraprestação consideravelmente menor do que aquela que seria devida na constância do regime legal. Com isso, uma vez que a coisa entregue seja da espécie e da qualidade pactuada, o contrato encontra-se cumprido, sem que se fale em responsabilidade do vendedor[27].

3.1 Cláusulas em espécie

Na prática jurídica contratual, como bem sói ocorrer, a repetição no uso das cláusulas fez surgir um processo de "padronização", de modo que, hodiernamente e em vários sistemas jurídicos, é possível avaliar algumas cláusulas-padrão que têm como objetivo regular, modular ou excluir completamente a responsabilidade do vendedor pelos vícios redibitórios – o que, por sua vez, não neutraliza o esforço interpretativo na confirmação do escopo da cláusula. Ainda que não haja fórmula específica que deva ser utilizada pelas partes, fato é que a exclusão de garantia deve ser inequívoca[28].

Exemplos dessas cláusulas são as cláusulas "tel quel" ("como está") no direito francês; "senza garantia" ("sem garantia"), "avariato o non" ("danificado ou não"), "merce come sta" ("mercadoria como está"), "nello stato di fato in cui si trova" ("no estado de fato em que se encontra"), "merce vista e gradita" ("mercadoria vista e apreciada"), "visto e piaciuto" ("visto e apreciado"), "come sta e giace" ("como está e jaz"), no direito italiano; "wie es steht und liegt" ("como está e jaz") e "wie besichtigt unter Ausschluss jeder Gewährleistung" ("como visto sob a exclusão de qualquer garantia"), "gekauft wie gesehen" ("comprado como visto"), "wie besichtigt" ("como visto"). No direito brasileiro, fala-se na cláusula "no estado em que se encontra".

Normalmente, entende-se que a intenção das partes é excluir totalmente a responsabilidade na presença de cláusulas que estatuem expressamente que

26 *Cf.* François Collart Dutilleul e Philippe Delebecque, *Contrats civils et commerciaux*, Paris: Dalloz, 1992, nº 291, p. 202.

27 Luiz da Cunha Gonçalves, *Da Compra e Venda no Direito Comercial Brasileiro*, cit., p. 391.

28 *Cf.* Angelo Luminoso, *I Contratti Tipici e Atipici*, Milano: Giuffrè, 1995, p. 150 ("La volontà di escludere la garanzia non richiede formule particolari, ma deve risultare (anche implicitamente) in modo inequivoco").

"não há garantia", o que, no direito estrangeiro, é correspondente às cláusulas "senza garantia", "avariato o non", "clause de non-garantie"[29], "aux risques et périls de l'acheteur"[30], "wie es steht und liegt" e "wie besichtigt unter Ausschluss jeder Gewährleistung"[31]. Entende-se, nesses casos, que a intenção das partes é excluir toda e qualquer garantia relacionada à coisa, ainda aquelas relacionadas a vícios que, uma vez ocultos, eventualmente em momento posterior se manifestariam. Ou seja, independentemente de ser ou não possível à parte compradora a detecção de algum vício antes da outorga da posse.

Por outro lado, cláusulas cuja redação faz referência à coisa "do modo em que está", ou, no direito estrangeiro, "merce come sta", "nello stato di fato in cui si trova", "merce vista e gradita", "visto e piaciuto", "come sta e giace", "tel quel", "gekauft wie gesehen", "wie besichtigt"[32], "besichtigt und probegefahren"[33], não teriam o mesmo alcance. Em relação a estas, há certas divergências.

Por um lado, defende-se que tais cláusulas seriam cláusulas meramente de estilo, que não teriam o condão de excluir a responsabilidade do vendedor, e, pelo contrário, indicariam em realidade que a coisa teria sido comprada da forma como subjetivamente aparentava ao comprador ou existia perante o comprador no momento da compra, isto é, sem os vícios ocultos (significa: "a coisa foi comprada da forma como aparenta")[34]. Ou seja, tais cláusulas teriam

---

29 Marcel Planiol e Georges Ripert, *Droit civil français*, tome X, Paris: LGDJ, 1932, nª 139, p. 146.

30 Alguns autores defendem que, neste caso, nesse caso, o comprador não poderia invocar a garantia, mesmo que o vendedor conhecesse o vício (conservando-se, porém, a possibilidade de anular o contrato provando dolo ou manobras fraudulentas). *Cf.* Marcel Planiol e Georges Ripert, *Droit civil français*, cit., nº 139, p. 147. Esta solução, entretanto, não corresponde com o que é defendido pela doutrina majoritária.

31 Florian Faust, §444 Haftungsausschluss, in BeckOK BGB – coord. Wolfgang Hau, München: C. H. Beck, 65ª ed., 2023, nº 5.

32 Florian Faust, §444 Haftungsausschluss, cit., nº 5 ("Die Klausel „wie besichtigt" oÄ schließt allenfalls die Haftung für erkennbare Mängel aus (RG JW 1933, 1387 (1388); LZ 1933, Sp. 1249; BGH BB 1957, 238; BGHZ 74, 204 (210) = NJW 1979, 1406; Grüneberg/Weidenkaff Rn. 16; zweifelnd Staudinger/Matusche-Beckmann, 2014, Rn. 17").

33 Annemarie Matusche-Beckmann, *§ 444 Haftungsausschluss*, in Staudinger BGB, Köln: Ottoschmidt, 2013, nº 17. ("Die Klausel „wie besichtigt" oder „wie besichtigt und probegefahren" (usw) schließt nur die Haftung für Mängel aus, die bei ordnungsgemäßer Besichtigung ohne Zuziehung von Sachverständigen wahrgenommen werden können, nicht also die Haftung für verborgene Mängel (BGH BB 1953, 693; 1957, 238; RGZ 94, 285, 287; s Rn 17 mwNw; bestätigt in BGH NJW 2005, 3205 [3208]")

34 No direito pátrio, a jurisprudência defendeu a exclusão de responsabilidade em contrato de venda de veículo usado "no estado em que se encontra", por considerar que houve assunção dos riscos do negócio pelo comprador ao adquirir o veículo, com 17 anos de uso, nesses termos e sem vistoria prévia. *cf.* TJSP, AC 1007018-07.2022.8.26.0577, 27ª Câmara de Direito Privado, Rel. Des. Celina Dietrich Trigueiros, v.u., j. 30.05.2023, Dje, 30.05.2023 ("Apelação. ação de rescisão contratual c/c repetição de indébito e indenização por danos morais. Aquisição de veículo usado, que apresentou vícios ocultos. Celebração de contrato de financiamento para pagamento de parte do preço. Sentença de procedência, com a rescisão

por objetivo verificar consensualmente que o comprador tomou conhecimento da coisa e que a responsabilidade do vendedor estaria excluída em relação aos defeitos reconhecíveis pelo comprador com o uso de uma diligência normal e não ocultados de má fé pelo vendedor. Não haveria, nesse caso, nenhuma variação em relação à disciplina legal em relação aos vícios ocultos[35].

Outros autores, porém, diferenciam dentro do grupo supramencionado entre as cláusulas que fazem referência ao estado da coisa comprada (como a "tel quel"), e as cláusulas que fazem referência à inspeção do comprador da coisa comprada (como a "wie besichtigt"). Tecnicamente, as primeiras indicariam a "condição desejada"[36] (*Soll-Beschaffenheit*) pelo comprador[37], de modo que vícios ocultos, pré-existentes e manifestados posteriormente, e que

---

dos contratos. Apelação manejada pelas requeridas. Exame: Compra e venda concretizada de forma presencial. Desistência do negócio jurídico não comprovada. Não incidência do artigo 49 do Código de Defesa do Consumidor. Situação que não se subsume à norma. Cláusula do contrato de compra e venda, com termos claros e inequívocos, que certificava que o automóvel era vendido no estado que se encontrava. Automóvel que contava com 17 anos de uso e 200 mil km rodados. Ausência de vistoria prévia pelo autor, que adquiriu automóvel usado sem saber sua real condição. Assunção dos riscos do negócio. Precedentes deste E. Tribunal. Alegações do autor que carecem de evidências. Sentença reformada. Honorários sucumbenciais carreados aos autor. Recursos Providos"). Os vícios, entretanto, eram vícios de fácil constatação, o que os descaracterizava como vícios ocultos (e a cláusula "no modo em que se encontra", nesse sentido, seria apenas uma ratificação da ausência de responsabilidade por vícios aparentes): "Acontece que os problemas descritos pelo autor – pneus carecas e sem estepe; setas, faróis dianteiros e freios sem luz; e para-choque solto – são defeitos de fácil percepção, de modo que não caracterizam, vício oculto, já que poderiam e deveriam ter sido verificados pelo requerente no momento da aquisição do produto. (...) No contrato de compra e venda de fls. 16 consta expressamente que era "veículo vendido no estado em que se encontra", não havendo que se reclamar de problemas visíveis após a tradição."

35 C. Massimo Bianca, *La Vendita e la permuta*, in Trattato di diritto civile italiano, vol. VII, tomo 1, Torino: UTET, 1984, p. 922; Angelo Luminoso, *I Contratti Tipici e Atipici*, cit., p. 150 ("La pratica conosce svariati tipi di clausole in materia, il cui contenuto precettivo non sempre, però, è di significato sicuro (potendo essere dirette ad escludere semplicemente che il compratore possa pretendere un bene diverso da quello che resulta dal suo stato apparente). Ci riferiamo alle clausole "merce come sta", "nello stato di fato in cui si trova", "merce vista e gradita" e simili, che vengono usate specialmente nelle vendi-te di cose usate e di autoveicoli d'occasione").
Essa também é a opinião predominante na jurisprudência alemã (*cf.* BGH BB 1953, 693; BGH BB 1957, 238; RGZ 94, 285, 287; BGH NJW 2005, 3205, 3208) e na doutrina (*cf.* por todos: Ulrich Büdenbender, § 444 Haftungsausschluss, in BGB Schuldrecht – coords. Barbara Dauner-Lieb e Werner Langen, vol. 2, 4º ed., Baden-Baden: Nomos, 2020, nºs 11-12, pp. 1992-1993).

36 É imperativo notar que as cláusulas de exclusão de responsabilidade não se confundem com os acordos realizados em relação à qualidade da coisa. Também em nome da liberdade contratual, é possível que as partes acordem padrões diferentes dos "normais" para a coisa vendida, seja positiva ou negativamente. Caso acordem, por exemplo, que a coisa vendida terá a qualidade inferior ao "normal", então presume-se que a compensação já foi feita na contraprestação, por meio de um pagamento de preço menor, por exemplo. Nesse caso, simplesmente não se fala em vício (Ulrich Büdenbender, § 444 Haftungsausschluss, cit., nº 2, p. 1990).

37 Annemarie Matusche-Beckmann, *§ 444 Haftungsausschluss*, cit., nº 15 ("Dem Grunde nach handelt es sich hier also, ebenso wie etwa Gebrauchsspuren bei einer als gebraucht verkauften

alterassem essa condição seriam de responsabilidade do vendedor; já o alcance das segundas seria discutível, não sendo a elas necessariamente possível refletir a mesma interpretação, pois elas, ao contrário daquelas, seriam indicativas de uma vontade clara do vendedor no sentido de se eximir completamente da responsabilidade por vícios ocultos – indicariam que o comprador inspecionou o item e teve a oportunidade de examiná-lo em detalhes, e não apenas que comprou a coisa "na medida" em que o inspecionou[38].

Isso, porém, não deve ser tomado como regra. Em última análise, as circunstâncias do caso concreto são sempre decisivas para a interpretação – é o que nos ensina tanto o direito pátrio, quanto o estrangeiro.

E, por fim, resta ressaltar que, além dessas cláusulas "padronizadas", a exclusão pode ocorrer em outras medidas: as partes podem excluir a garantia de forma abrangente para vícios de todos os tipos, como também pode ser acordado que apenas determinados vícios sejam excluídos da responsabilidade ou que apenas determinados remédios sejam excluídos ou limitados em escopo (*e.g.* as partes podem estipular que o comprador não tem o direito de rescindir o contrato, mas apenas o direito de reduzir o preço de compra; da mesma forma, pode ser acordado que a responsabilidade por danos não inclui danos indiretos causados por um vício, ou que é limitada a um determinado valor máximo ou é totalmente excluída, entre outros[39]); também é concebível que o direito do comprador de escolher o remédio a ser usado seja transferido para o vendedor, bem como que os prazos de prescrição sejam alterados[40].

Sache, um eine Vereinbarung über die Sollbeschaffenheit der Ware, die schon das Vorliegen eines Mangels ausschließ"). No mesmos sentido, *cf.* Florian Faust, §444 Haftungsausschluss, cit., nº 7.

38 Annemarie Matusche-Beckmann, *§ 444 Haftungsausschluss*, cit., nº 17 ("Die Klausel „wie besichtigt" oder „wie besichtigt und probegefahren" (usw) schließt nur die Haftung für Mängel aus, die bei ordnungsgemäßer Besichtigung ohne Zuziehung von Sachverständigen wahrgenommen werden können, nicht also die Haftung für verborgene Mängel (BGH BB 1953, 693; 1957, 238; RGZ 94, 285, 287; s Rn 17 mwNw; bestätigt in BGH NJW 2005, 3205 [3208]). Diese Auslegung ist nicht unbedenklich; denn der Verkäufer wird mit der Klausel „wie besichtigt" die Haftung meist gänzlich ausschließen wollen, weil ja der Käufer die Sache besichtigt hat und Gelegenheit zur Untersuchung hatte und nicht nur soweit er besichtigt hat. Unter dem Aspekt des Käuferschutzes erscheint die restriktive Interpretation der Rspr indessen akzeptabel"). A autora ressalta, porém, que do ponto de vista da proteção do comprador, a interpretação restritiva (que é a adotada pela jurisprudência) parece aceitável.

39 Vale ressaltar que o dever de indenizar proveniente do dano causado pela coisa viciada (pretensão delitual) não é automaticamente excluído na presença da cláusula genérica de exclusão de responsabilidade por vício redibitório. Para isso é necessária previsão específica na cláusula. (*cf.* Harm-Peter Westermann, § 444 Haftungsausschluss, in Münchener Kommentar zum BGB, vol. 4, München: C. H. Beck, 8ª ed., 2019, nº 10.)

40 Michael Stöber, § 444 Haftungsausschluss, in BeckOGK – coord. Beate Gsell, Stephan Lorenz *et al.*, München: C. H. Beck, 2022, nº 15.

3.2 Interpretação

Mais útil do que a discussão abstrata e da tentativa de traçar uma regra geral para determinado grupo de cláusulas é a definição de cânones interpretativos para auxiliar na análise casuística. Valem, nesse ponto, algumas observações:

a) Impende assentar, em primeiro lugar, a regra geral de que a responsabilidade por vícios ocultos só é excluída se houver estipulação clara para ambas as partes no sentido da exclusão.

b) Em caso de dúvida, portanto, não se deve presumir uma exclusão de responsabilidade por vícios ocultos.

c) Por outro lado, não se deve aplicar a regra da *interpretatio contra proferentem* (CC, art. 113, § 1º, IV) sem maiores perscrutações. Tal regra, tradicional no sistema jurídico, pressupõe (*i*) a existência de ambiguidade ou contradição, não somente a mera dúvida; (*ii*) exige que haja evidência clara e inequívoca do domínio de uma das partes na fase negocial para a redação do dispositivo em questão (o que justificaria utilizar o sentido menos favorável a quem formulou a cláusula, pois ele é que escolheu a literalidade contraditória e assumiu o risco da ambiguidade) – este não necessariamente será o caso na negociação da cláusula de exclusão da responsabilidade por vícios redibitórios, visto que a parte compradora também pode estar interessada na redução da garantia contra uma contraprestação menor; (*iii*) é subsidiária, no sentido de que só poderia ser aplicada no caso de outros métodos interpretativos falharem em prover uma alternativa razoável para uma ambiguidade contratual.

d) Todas as circunstâncias do caso individual e, em especial, as outras disposições do contrato de compra e venda devem ser levadas em consideração na interpretação (*eg.* se o contrato de venda prevê uma exclusão abrangente de responsabilidade de acordo de uma perspectiva literal, por um lado, mas por outro lado, pela perspectiva sistemática, encontra-se acordos sobre certas características do objeto de venda (*Soll-Beschaffenheit)*, então o acordo que exclui a responsabilidade, ainda que amplamente formulado, geralmente deve ser interpretado como não se referindo a vícios dos quais resultariam a ausência das características de qualidade acordadas, pois, caso contrário, a disposição acerca de tais características restaria esvaziada[41]).

---

41 Hans Brox e Wolf-Dietrich Walker, *Schuldrecht BT*, München: C. H. Beck, 47ª ed., 2023, §4, nº 31c; Annemarie Matusche-Beckmann, *§ 444 Haftungsausschluss*, cit., nº 12.

Ou seja, caso o vendedor tenha assumido alguma garantia, a exclusão de responsabilidade só produz efeitos na medida em que não seja contraditória com a garantia prestada – e, em caso de dúvida, a garantia prevalece sobre uma limitação de responsabilidade. Trata-se, essencialmente, de consequência do princípio imanente à lei de proibição do comportamento contraditório (*venire contra factum proprium*)[42]. Uma vez garantida uma determinada qualidade do objeto, não se pode, paralelamente, minimizar a posição legal vantajosa decorrente da garantia com base em uma cláusula de exclusão de responsabilidade.

e) Pelo fato de se tratar de cláusula que se desvia da disposição estatutária, é necessária uma interpretação restritiva[43].

f) Como consequência do item anterior, mesmo uma exclusão geral da responsabilidade pela garantia não pode, em caso de dúvida, ser interpretada no sentido de que a responsabilidade também abrangeria vícios surgidos entre a celebração do contrato e a transferência do risco. Isso porque, com relação aos vícios já existentes no momento da celebração do contrato, o comprador tem a possibilidade de verificá-los examinando o objeto da compra e, se necessário, levá-los em consideração no conteúdo do contrato de compra ou abster-se de celebrar o contrato por completo. Essa possibilidade não existe mais com relação aos defeitos que ocorrem somente após a conclusão do contrato, motivo pelo qual não se pode presumir que um comprador que concorda com uma exclusão de garantia também deseja renunciar a seus direitos com relação a vícios que ocorram após a conclusão do contrato. Em vez disso, em caso de dúvida, deve-se presumir que uma exclusão de garantia não especificada em mais detalhes se estende apenas aos defeitos existentes no momento da celebração do contrato. Em casos individuais, no entanto, pode ser evidente a partir de um acordo inequívoco entre as partes – o que

---

42 Ulrich Büdenbender, § 444 Haftungsausschluss, cit., nº 1, p. 1190. ("Rechtspolitisch handelt es sich um eine spezialgesetzliche Ausprägung des Verbots widersprüchlichen Verhaltens. Garantiert der Verkäufer eine bestimmte Qualität der Beschaffenheit der Sache, soll er die daraus resultierende vorteilhafte Rechtsstellung des Käufers nicht zugleich aufgrund eines Haftungsausschlusses oder einer Haftungsbeschränkung wieder zurücknehmen können. Dasselbe gilt, wenn der Verkäufer einen Mangel arglistig verschweigt, den Käufer auf diese Weise in eine mangelhafte Vertragserfüllung und dieser sodann bei Geltendmachung seiner Rechte aus § 437 auf einen Haftungsausschluss verwiesen werden sol. Der Käufer wird so vor einem unredlichen Verhalten des Verkäufers geschützt").

43 Ingo Saenger, § 444 Haftungsausschluss, in BGB – coord. Schulze, Baden-Baden: Nomos, 11ª ed., 2021, nº 3.

é permitido em contratos individuais em qualquer caso – ou a partir das circunstâncias que a exclusão da garantia também se destina a cobrir defeitos que ocorram após a conclusão do contrato até a transferência do risco[44].

4. LIMITAÇÕES À CLÁUSULA DE EXCLUSÃO DE RESPONSABILIDADE: PACTUM NE DOLUS PRAESTETUR

A liberdade contratual das partes, malgrado ampla, encontra sua principal limitação na má-fé. Ou seja, a cláusula de limitação de responsabilidade não produz efeitos em relação a vícios que tenham sido ocultados pelo vendedor de má-fé[45]. Neste ponto, exsurge a questão de saber *o que caracteriza a má-fé,* em termos práticos, para fins de anulação da pactuação. A intepretação prevalecente hoje (e, aliás, também prevalecente no direito estrangeiro) é a de que basta que a omissão do vendedor em relação a um vício do qual tenha conhecimento, sem que haja efetivamente uma conduta com a finalidade primária de ocultar o vício[46]. Isso pressupõe que o vendedor tenha conhecimento do vício ao concluir o acordo sobre a exclusão de responsabilidade e também tenha conhecimento ou, pelo menos, leve em consideração a hipótese de que o comprador não estava ciente do vício.

Note que a responsabilidade por vícios redibitórios, em si, não decorre de culpa ou má-fé do alienante, de modo que mesmo o alienante que ignore o vício da coisa que transmitiu será submetido às ações edilícias. É irrefutável,

44 Ingo Saenger, § 444 Haftungsausschluss, cit., nº 3.

45 *Cf.* por todos: Francesco Messineo, *Manuale di Diritto Civile e Commerciale,* cit., §140, nº 20, p. 106.; e Francesco Galgano, *Diritto Privato*, cit., nº 28.1, p. 554. ("La garantia per i vizi occulti può essere esclusa o limitata dal contrato, ma il patto che la esclude o la limita non ha effetto a favore del venditore che conoscesse i vizi della cosa e li avesse in mala fede taciuti al compratore").

46 Isto significa que não necessariamente é necessário o "dolo" (que genericamente já seria motivo de nulidade contratual pelo art. 145 CC), bastando a má-fé à luz do critério geral de boa-fé nas negociações, que exige que haja revelação do vendedor a respeito das circunstâncias que são obviamente importantes para a decisão do comprador e cuja revelação pode ser esperada de acordo com o entendimento do comércio. *Cf.* Roberta Montinaro, *Clausola di esclusione o modifica della garanzia per vizi e/o per evizione*, cit., p. 391. Conforme explica Christian Berger, alguns fatores determinam a extensão do dever de informação do vendedor no caso concreto, *e.g.* eventual posição de confiança do vendedor que justifique um dever secundário de aconselhamento; tipo e motivo do vício; a possibilidade e a capacidade do comprador de reconhecê-lo; existência ou não de questionamentos explícitos do comprador a respeito de vícios; tipo de objeto do contrato (por exemplo, a venda se um carro usado seria diferente da venda de um carro novo); entre outros (§444 Haftungsauschluss, in Jauernig BGB Kommentar – coord. Rolf Stürner, München: C. H. beck, 18ª ed., 2021, nº 11).

porém, que o legislador reconhece não ser equânime um tratamento paritário entre o alienante leal e o desleal, agravando a condição do transmitente que tinha ciência do vício oculto da coisa ao tempo da entrega efetiva da posse (CC, art. 443). É natural, neste contexto, que a cláusula de exclusão da responsabilidade, não possa servir como instrumento para que o vendedor, em nome de sua liberdade contratual, possa se desviar à sua obrigação e se eximir de sua responsabilidade, sendo esta uma prerrogativa possível apenas ao vendedor de boa-fé. Assim não fosse, ter-se-ia típico caso de *pactum ne dolus praestetur*[47].

Como consequência, caso o comprador consiga comprovar a má-fé do vendedor, perde este o direito de invocar a cláusula de exclusão como forma de se eximir de sua responsabilidade.

5. EXCURSO: CLÁUSULA DE LIMITAÇÃO EM CONTRATOS DE M&A

Operações de M&A, embora envolvam uma operação jurídica de compra e venda, em geral são contratos atípicos nos quais as partes alocam de maneira livre as suas responsabilidades em relação aos riscos do negócio[48]. Diante da disciplina contratual, porém, permanece, ao menos abstratamente, a possibilidade de recorrência à disciplina legal de alocação de risco e responsabilidade

---

47 Aquele que autoriza a "agir contra as leis da honestidade, contraste com os princípios de boa-fé, pelos quais as obrigações são governadas" (Roberto de Ruggiero, *Instituições de Direito Civil, vol. 3*, SP: Saraiva, 1934, p. 103). O pacto é nulo, bem como era no direito romano (Ulpiano, fr. 1, § 7 D. 16. 3: "Illud non probabis, dolum non esse praestandum si convenerit: ram haec conventio contra bonam fidem contraque bonos mores est et ideo nec sequenda est" cfr. fr. 27, § 3, 4 D. 2. 14. Vale ressaltar que a figura do "dolo", em matéria contratual, adquire dois significados: o primeiro, como vício de consentimento (antes da celebração do contrato, CC, arts. 145-150) e o segundo, como critério de imputação de responsabilidade – que é precisamente o que aqui nos interessa em termos de limitação da cláusula de exclusão, e que se caracteriza pelo descumprimento doloso e malicioso da prestação (não só o cometimento voluntário de atos positivos voltados ao descumprimento, mas também de omissões voluntárias que levam ao descumprimento ou omissão voluntária de atos voltados a eliminar as consequências de um descumprimento que é, em si, involuntário). A proibição do pactum ne dolus praestetur tem raízes romanas, e foi hodiernamente expandida para abranger também casos de culpa grave (*cf.* Indira Díaz Lindao, *Límites a las cláusulas modificativas de la responsabilidad contractual em el derecho romano*, in Revista de Derecho Privado, nº 20, 2011, p. 34 ss).

48 Em geral, cada parte esforça-se ao máximo por se ver livre dos riscos do negócio, procurando assumir garantias na menor extensão e pelo menor período possível. Especialmente o comprador, que tem menos informações sobre os riscos da empresa – e, portanto, mais motivos para temer incertezas – tende a resistir à compra enquanto o vendedor não assume amplas garantias, ao mesmo tempo em que resiste ao aumento do preço que essa alocação de riscos em princípio traria consigo, o que pode inviabilizar o negócio do lado do comprador pelo ônus financeiro excessivo que poderia ser gerado a partir de uma garantia.

(incluindo a disciplina dos vícios redibitórios). Há, porém, algumas considerações a serem feitas de forma geral.

Em primeiro lugar, como visto, a responsabilidade pelo vício redibitório exige que o vício seja "oculto", o que não inclui vícios que possam ser reconhecidos por experts e especialistas. No caso das fusões e aquisições, a presença desse pressuposto de aplicação é mitigada não somente pelo fato de a operação em si envolver partes que possuem conhecimento a respeito do funcionamento do mercado e do setor, mas também pelo fato de que, ao menos na grande maioria dos casos, as operações são precedidas de longas *due dilligences* completas e abrangentes pela parte compradora para ponderar os riscos do negócio. Dessa forma, a aplicação da disciplina legal exigiria que o vício fosse, de fato, oculto (o que não será o caso, na hipótese de a informação completa e suficiente ter sido disponibilizada pelo vendedor e o comprador não ter interpretado de forma adequada)[49].

Também merece atenção o critério temporal – o vício deve ser existente ao tempo da transação. Aqui, é questionável se eventualmente vícios surgidos após a operação, mas com "fato gerador" anterior seriam abrangidos pela disciplina dos vícios redibitórios.

Como quer que seja, fato é que embora haja abstratamente a possibilidade de aplicação do instituto dos vícios redibitórios na presença dos requisitos, na prática contratual as partes costumam firmar cláusulas específicas de declarações e garantias e regras específicas de indenização para regular os riscos do negócio, derrogando a disciplina legal em todo ou em parte e, com isso, tornando também obsoleta a previsão de uma "cláusula de exclusão da responsabilidade por vícios redibitórios", cujos efeitos acabam por serem alcançados a partir dos métodos tradicionais de alocação de riscos e responsabilidades em M&A.

CONCLUSÕES

As principais conclusões do artigo podem ser assim sintetizadas:

1. A disciplina dos vícios redibitórios é em grande parte modulável pelas partes, sendo plenamente possível acordar a exclusão da responsabilidade do vendedor.

---

49 Caio Brandão, Felipe Hanszmann e Ricardo Mafra, *Contingências Ocultas em Contratos de M&A: vícios redibitórios, evicção e declarações e garantias,* in "A Evolução do Direito Empresarial e Obrigacional" – coord. Henrique Barbosa e Jorge Cesa Ferreira da Silva, vol. 2, SP: Quartier Latin, 2021, p. 154.

2. As cláusulas padronizadas presentes na prática contratual, que visam a regular tal exclusão, dividem-se em três grandes categorias: (*i*) cláusulas que fazem referência à venda "no estado em que se encontra"; (*ii*) cláusulas que fazem referência à inspeção pelo comprador; (*iii*) cláusulas que fazem referência expressa à "exclusão de garantia".
3. Entende-se que as cláusulas que efetivamente excluem a responsabilidade do vendedor seriam somente as do último grupo. Em relação aos dois primeiros grupos, a doutrina nacional e estrangeira costuma divergir, sendo certo que se tende a negar a exclusão de responsabilidade no primeiro grupo (cujas cláusulas acabam por ser entendidas ou como mera "cláusula de estilo", ou como acordos sobre a qualidade da coisa, o que transfere a discussão a exclusão da responsabilidade por vícios para a categoria dos "vícios" em si) e, no segundo grupo, embora seja possível reconhecer uma doutrina majoritária que nega a exclusão, há argumentos consideráveis no sentido oposto.
4. Como quer que seja, mesmo que haja a existência de tais cláusulas padronizadas no contrato, impede ao aplicador do direito proceder à uma análise interpretativa a fim de perscrutar o seu real alcance.
5. Como cânones interpretativos, dentro da lógica das regras gerais de interpretação do negócio jurídico presentes no ordenamento (CC, arts. 112, 113, 114), destaca-se que (*i*) em caso de dúvida, não se deve presumir uma exclusão de responsabilidade por vícios ocultos; (*ii*) todas as circunstâncias do caso individual e, em especial, as outras disposições do contrato de compra e venda devem ser levadas em consideração na interpretação; (*iii*) a cláusula de exclusão deve ser compatibilizada com efeituais garantias, só produzindo efeitos na medida em que não seja contraditória com a garantia prestada; (*iv*) em caso de dúvida, a garantia prevalece sobre uma limitação de responsabilidade; (*v*) pelo fato de se tratar de cláusula que se desvia da disposição legal, necessária uma interpretação restritiva; e (*vi*) para vícios surgidos entre a celebração do contrato e a transferência do risco deve haver previsão expressa, de modo que tais vícios não estão incluídos em uma previsão de exclusão genérica.
6. A cláusula de exclusão encontra limitação na má-fé do vendedor, que, caso conheça o vício, a ela não se pode reportar a fim de se eximir da responsabilidade.

43. CLÁUSULA DE ENTENDIMENTO INTEGRAL OU DE ACORDO INTEGRAL

Guilherme Carneiro Monteiro Nitschke

INTRODUÇÃO

As "cláusulas de entendimento integral" ou "de acordo integral" têm sua denominação advinda da prática anglo-americana, onde encontradas com os nomes de "entire agreement clauses", "whole agreement clauses", "merger clauses", "integration clauses" ou, ainda, "zipper clauses" (quando combinadas às "no oral modification clauses"). Usualmente insertas com texto padronizado, advindo de *templates* ou modelos contratuais que já as contêm, ou buscadas como parte do texto-base de contratos anteriores[1], tais cláusulas podem apresentar variações acidentais quando redigidas concretamente, mas, no essencial, sustentam a seguinte forma e transmitem o seguinte conteúdo: "Este contrato contém o acordo e entendimento integrais das partes sobre o negócio ora entabulado, substituindo, em relação aos signatários, qualquer outro entendimento anterior, seja verbal, seja escrito". Exemplo de variação, por outro lado, é a que limita a eficácia da cláusula, excepcionando manifestações anteriores seja no próprio dispositivo (por inserir trecho que diga: "com exceção das cláusulas" ou

1 Por esta razão tratadas como "boilerplate clauses", i.e. cláusulas padrão e, assim, comuns a grande parte dos contratos por não se relacionarem às particularidades de nenhum deles. Veja-se: CORDERO-MOSS, Giuditta (Ed.). *Boilerplate Clauses, International Commercial Contracts and the Applicable Law.* Cambridge: Cambridge University Press, 2011, *passim*; MILLET, Lord; ANDERSON, Mark; WARNER, Victor. *The Encyclopedia of Forms and Precedents. Vol. 4(3). Boilerplate and Commercial Clauses.* London: LexisNexis, 2017, p. 43.

"dos instrumentos" a serem especificados, "que permanecerão em vigor como lá disciplinados"), seja com remissão a outras disposições do contrato (e.g.: "salvo quando expressamente excepcionado por este instrumento"). A prática registra outras modelagens para além destes exemplos, mas tais são as mais recorrentes.

Tratando-se de modelo jurídico estrangeiro, a indagação central é quanto à sua aderência à ambiência de destino e à transformação que sofre quando aclimatado, uma vez que, por consequência da transplantação, o modelo não é mais a mesma coisa e não é mais o mesmo modelo[2]. Tal é premissa relevante mesmo quando se lida com um modelo *negocial*, ainda que adotado e empregado concretamente como parte da declaração negocial, uma vez que, ao assim se consolidar, vira artefato de um pano de fundo jurídico mais amplo, a impor o mesmo exercício de testagem que se emprega quando diante de qualquer modelo jurídico estrangeiro circulante[3].

No caso da cláusula de entendimento integral, é de se adiantar que essa testagem revela potenciais variações seja sob o ponto de vista normativo, seja sob o ponto de vista hermenêutico.

Acerca do primeiro, basta considerar que a cláusula inserta passa a ser partícula de uma concreta disciplina, que não se esgota na declaração negocial, mas se enriquece pela incidência de regras derivadas de outras fontes – as heterônomas (i.e. lei, costumes, boa-fé) – que não, apenas, a autonomia privada[4]. Tais fontes tanto ampliam e complexificam a disciplina negocial concreta, quanto limitam o exercício da liberdade negocial, de modo que a cláusula elaborada estará não à parte, mas dentro dessa normativa que vai entretecida pelas demais fontes. Por isso a necessidade duplicada de se testar a aderência do modelo negocial ao direito de fundo.

Acerca do ponto de vista hermenêutico, é suficiente aludir ao novel art. 113 §2º do Código Civil, que possibilita aos contratantes "livremente pactuar regras

2 Parafraseando-se Pierre Legrand para o contexto francês, "[i]l s'agit, au mieux, d'une règle de droit américaine francisée, ce qui n'est pas la même chose et ce qui n'est pas la même règle" (LEGRAND, Pierre. L'hypothèse de la conquête des continents par le droit américain (ou comment la contingence arrache à la disponibilité). In: *Archives de Philosophie du Droit. T. 45. L'Américanisation du Droit.* Paris: Dalloz, 2001, p. 38).

3 "Une règle de droit en provenance des États-Unis qui vient se fixer en France, en Italie ou ailleurs ne peut pas s'installer "telle quelle". Pour être accueillie, pour "faire du sens" sur le plan local, pour s'inscrire dans le reseau de significations qui constitue inévitablement le fruit d'une histoire particulière à une société spécifique, cette règle de droit américaine doit, pour ainsi dire, subir une métabolisation. Au moment même où la règle de droit américaine prétend s'intégrer au droit français, par exemple, le droit français la transforme et fait qu'elle n'est plus la règle de droit américaine qu'elle était" (idem ibidem).

4 Sobre a noção de conteúdo contratual e suas fontes, remete-se ao quanto escrito em NITSCHKE, Guilherme Carneiro Monteiro. *Lacunas Contratuais e Interpretação. História, conceito e método.* São Paulo: Quartier Latin, 2019, pp. 212-272.

de interpretação, de preenchimento de lacunas e de integração dos negócios jurídicos diversas daquelas previstas em lei”. Se uma cláusula de entendimento integral for entendida como se imiscuindo na disciplina da interpretação, colocando em ato a previsão abstrata do art. 113 §2º, há que se analisar tanto as possibilidades e os limites da liberdade que vem reconhecida neste dispositivo, quanto, por extensão, a eficácia (se existente) que uma cláusula de entendimento integral é capaz de gerar à sua luz. Por isso, mais uma vez, a necessidade de se testar aderência do modelo negocial ao direito de fundo.

Nada disso é possível – senão sob pena de "graves equívocos" de compreensão quanto ao seu conceito e "resultados distorcidos"[5] quanto às suas funcionalidades – sem que se compreenda como a cláusula é empregada em sua ambiência de origem, o que se fará por examinar os pressupostos jurídico-culturais de fundo e a padronagem adotada que a estes é responsiva (Parte I). Ato seguinte, passar-se-á a analisar as consequências do movimento de aclimatação do modelo negocial à ambiência jurídica brasileira (Parte II), seja sob sua face normativa (Cap. A), seja sob sua face hermenêutica (Cap. B).

1. A CLÁUSULA DE ENTENDIMENTO INTEGRAL NA AMBIÊNCIA JURÍDICA DE ORIGEM

O direito norte-americano convive com o conceito de "contratos integrados" ("integrated agreements") pelo menos desde que John Wigmore o depurou e empregou para definir aqueles que "corporificam" os termos negociados em "uma unidade documental integral", assim fazendo com que as partículas textuais anteriores "não tenham mais nenhum efeito legal" porque "substituídas por uma única corporificação do ato"[6]. Portanto, antes da "cláusula de entendimento integral" veio o "contrato integrado", que, por ser unidade textual, sequer dependeria de dispositivo que assim o declarasse, porque *de per se* fundador da prevalência da palavra final escrita[7]. Há inutilidade do material que

5 CASTRONOVO, Francesco. *Autonomia Contrattuale e Disponibilità dell'Integrazione. La merger clause dal diritto americano a quello italiano*. Torino: Giappichelli, 2017, p. 8.

6 WIGMORE, John Henry. *A Treatise on the System of Evidence in Trials at Common Law*. Boston: Little, Brown, and Company, 1905, v. 4, p. 3409 (par. 2425). "In other words: *When a legal act is reduced into a single memorial, all other utterances of the parties on that topic are legally immaterial for the purpose of determining what are the terms of their act*" (idem ibidem).

7 Tal compreensão é produto da "golden age of the law of contract" nos Estados Unidos que foi o século XIX, e que, dentre outros desenvolvimentos, privilegiou a estabilidade da palavra escrita: "The law emphasized the document itself, if there was one, and the plain meaning of its words, just as it did in land law or the law of negotiable instruments, and probably for similar reasons" (FRIEDMAN, Lawrence M. *A History of American Law*. 4. ed. Oxford: Oxford University Press, 2019, p. 258).

lhe antecede para identificação da concreta disciplina, uma vez que superado pela corporificação do ato; e, assim, ao intérprete que por sobre tal unidade se debruçará vai declarado: "parol evidence of antecedent agreements, negotiations, and understandings is not admissible for the purpose of varying or contradicting the contract so embodied"[8].

Quando o contrato se tornou, sozinho, insuficiente para produzir o efeito que se queria, a cláusula entrou em cena. Por detrás dessa oscilação, alimentando-a e justificando-a, estão orientações da doutrina e dos tribunais que hoje se etiquetam sob os rótulos de "textualistas" e "contextualistas"[9]. Essa antítese sumariza, simplificando – pois "a realidade é mais complexa que as versões estilizadas" para o exame[10] –, a postura de cada polo frente ao texto contratual, e que repercute na visão que se tem quanto ao seu conteúdo (se mais ou menos expansível) e na orientação que se presta ao intérprete (se mais ou menos flexível). Essas são visões que também se espicham à "cláusula de entendimento integral".

Ainda que sob o risco de simplificar panorama que é complexo e múltiplo[11], a posição chamada "textualista" defende tanto limitar ou barrar as provas admissíveis em juízo referentes ao período pré-negocial (cartas, telegramas, memorandos, *drafts* preliminares, etc.[12]) para o fito de "contraditar, variar, suplementar ou subtrair os termos de um contrato escrito"[13], quanto fazer pre-

---

8 CORBIN, Arthur Linton. *Corbin on Contracts. One Volume Edition*. St. Paul: West Publishing, 1952, pp. 534-535. Advirta-se, porém, que Arthur Corbin se situa dentre os chamados "contextualistas", de modo que a enunciação da regra geral é seguida de propostas de flexibilização.

9 Aos "textualistas" se contrapõem os "contextualistas", dualidade no sistema norte-americano adveniente da experiência jurídica inglesa: "along with the historically legal contract doctrines, such as the plain meaning rule and the parol evidence rule, American contract law also absorbed the equitable doctrines specifically designed to vitiate the common-law rules of interpretation. As a consequence, contract interpretation law is torn between the prospective regulatory perspective of the common law and the retrospective dispute-resolution perspective of equity" (SCOTT, Robert E. Text versus Context: the failure of the unitary law of contract interpretation. In: BUCKLEY, F. H. (Ed.). *The American Illness. Essays on the Rule of Law*. New Haven/London: Yale University Press, 2013, p. 318).

10 POSNER, Eric. The parol evidence rule, the plain meaning rule, and the principles of contractual interpretation. *University of Pennsylvania Law Review*. Philadelphia: University of Pennsylvania, 1997, v. 146, p. 538.

11 Bastando exemplificar com a intensa variação que se tem quanto ao conceito e à eficácia da "parol evidence rule", verdadeiro "espectro" que encontra nos tribunais norte-americanos e na doutrina "diversas abordagens, todas usando o mesmo nome e frequentemente as mesmas palavras" (LINZER, Peter. The comfort of certainty: plain meaning and the parol evidence rule. *Fordham Law Review*. New York: Fordham University School of Law, 2002, v. 71, pp. 805-807).

12 FARNSWORTH, E. Allan. *Contracts*. 3. ed. New York: Aspen Law & Business, 1999, p. 428.

13 KNIFFIN, Margaret N. Conflating and confusing contract interpretation and the parol evidence rule: is the emperor wearing someone else's clothes? *Rutgers Law Review*. Newark: Rutgers School of Law, 2009, v. 62, p. 102.

valecer o sentido literal, claro e inequívoco, por sobre provas de contexto que eventualmente se manejem[14]. Os autores norte-americanos costumam identificar o "Restatement (First) of Contracts" como manifestação positivada do textualismo e Samuel Williston como figura central de tal entendimento[15], para quem – e nada obstante os tantos desdobramentos de sua percepção, que, tripliquese o alerta, não permitem simplificá-la em duas ou três orações – "se as provas tendem a mostrar não o sentido do que foi escrito mas uma intenção completamente inexpressa no texto, elas são irrelevantes"[16].

Polarmente opostos estão os posicionamentos ditos "contextualistas", afins ao "Restatement (Second) of Contracts" e ao "Uniform Commercial Code", por entenderem que a linguagem contratual escrita funda uma disciplina apenas *prima facie* que os tribunais "podem (e devem) superar ao considerar provas do contexto da negociação se entenderem que tal é necessário para "corrigir" o contrato escrito pelas partes de modo a realinhá-lo ao seu "verdadeiro" significado"[17]. Seria "perverso" insistir na manutenção do significado literal que o tribunal sabe "teria sido rejeitado pelas partes se eles soubessem o que o tribunal sabe"[18].

Esse contextualismo pode ser tanto normativo quanto hermenêutico.

O primeiro é encampado por quem assume postura mitigada em face da "parol evidence rule", adotando como presunção que todos os instrumentos

14 SCOTT, Robert E. Text versus Context: the failure of the unitary law of contract interpretation. In: BUCKLEY, F. H. (Ed.). *The American Illness. Essays on the Rule of Law*. New Haven/London: Yale University Press, 2013, pp. 312-313.

15 Samuel Williston, a propósito, foi o redator principal do "Restatement (First) of Contracts" ao ponto de este ser chamado de "Williston's on Contracts under a new name and reduced in size", como relatam EPSTEIN, David G.; ARCHER, Timothy; DAVIS, Shalayne. Extrinsic evidence, parol evidence, and the parol evidence rule: a call for courts to use the reasoning of the Restatements rather than the rhetoric of common law. *New Mexico Law Review*. Albuquerque: The University of New Mexico, 2014, v. 44, p. 62.

16 WILLISTON, Samuel; THOMPSON, George J. *Selections from Williston's Treatise on the Law of Contracts*. Rev. Ed. New York: Baker, Voorhis & Co., 1938, p. 499.

17 SCOTT, Robert E. Text versus Context: the failure of the unitary law of contract interpretation. In: BUCKLEY, F. H. (Ed.). *The American Illness. Essays on the Rule of Law*. New Haven/London: Yale University Press, 2013, p. 313.

18 SCOTT, Robert E. Text versus Context: the failure of the unitary law of contract interpretation. In: BUCKLEY, F. H. (Ed.). *The American Illness. Essays on the Rule of Law*. New Haven/London: Yale University Press, 2013, p. 314. O autor logo a seguir faz uma ponderação crítica, porém, à visão contextualista: "As compelling as it seems, however, the contextualist justification for contract interpretation rests on an unsupported premise: it presumes that all parties want courts to reinterpret the formal terms of a written contract in light of the surrounding context of the transaction so as to better achieve their shared contractual purposes. But there is good reason to doubt that commercially sophisticated parties typically, let alone always, prefer this method of interpreting their contracts" (idem ibidem).

contratuais (o "contrato-texto") não são finais e completos, exceto quando as partes assim o manifestarem via aposição, por exemplo, de uma "merger clause"[19]. Para estes, portanto, não haverá barreira ao aplicador para que considere os acordos ou as manifestações anteriores[20] ao contrato-texto para o fito de contraditar, modular, suplementar ou corrigir os termos deste, exceto se as partes expressamente afastarem essa possibilidade[21].

O segundo – i.e. o contextualismo hermenêutico – atua em uma zona distinta, que não é a de formação da disciplina contratual, mas de sua interpretação, para destacar que, quando se busca compreender o significado de uma concreta disciplina, o aplicador deve ir além do sentido literal. A figura palmar dessa vertente é Arthur Corbin, para quem – novamente com o risco de simplificação – "é invariavelmente necessário [...] que provas extrínsecas sejam analisadas de modo a fazer o tribunal consciente quanto às "circunstâncias do entorno", incluindo as pessoas, os objetos, e os eventos a que as palavras possam se aplicar e que deram causa às palavras utilizadas"[22]. Não há interpretação possível sem análise do contexto em que celebrado o contrato[23], de modo que o objeto de combate do contextualismo hermenêutico é a "plain meaning rule".

---

19 MURRAY JR., John Edward. *Murray on Contracts*. 3. ed. Charlottesville: The Michie Company 1990, p. 395 ("There is, therefore, no presumption that the writing is the complete and exclusive expression of the parties' agreement. Rather, the opposite is assumed, i.e., the writing will not be viewed as complete and exclusive unless the courts finds the parties intended it to be complete and exclusive"). Sustentando que no direito inglês a presunção vai invertida, mas admitindo prova de que o contrato *não* é completo e exclusivo: TREITEL, Guenter. *The Law of Contract*. 10. ed. London: Sweet & Maxwell, 2001, p. 177.

20 Ainda que a versão mais aceita da "parol evidence rule" trate como sinônimo de "parol evidence" apenas o que for acordo anterior, há versões mais flexíveis e que incluem em tal expressão toda e qualquer "extrinsic evidence" que for anterior ao contrato-texto, inclusive "trade usages". Sobre isso, confira-se EPSTEIN, David G.; ARCHER, Timothy; DAVIS, Shalayne. Extrinsic evidence, parol evidence, and the parol evidence rule: a call for courts to use the reasoning of the Restatements rather than the rhetoric of common law. *New Mexico Law Review*. Albuquerque: The University of New Mexico, 2014, v. 44, pp. 55-56.

21 Nas decisões é assim o frequentemente citado caso *Pacific Gas & Electric Co. v. G. W. Thomas Drayage & Rigging Co.*, California, S. F. No. 22580. In Bank. July 11, 1968.

22 CORBIN, Arthur Linton. *Corbin on Contracts. One Volume Edition*. St. Paul: West Publishing, 1952, pp. 499-500. Noutro texto, sendo ainda mais explícito: "no man can determine the meaning of written words by merely glueing his eyes within the four corners of a square paper; to convince that it is men who give meanings to words and that words in themselves have no meaning; and to demonstrate that when a judge refuses to consider relevant extrinsic evidence on the ground that the meaning of written words is to him plain and clear, his decision is formed by and wholly based upon the completely extrinsic evidence of his own personal education and experience" (CORBIN, Arthur Linton. Interpretation of words and the parol evidence rule. *Cornell Law Quarterly*. Ithaca: Cornell Law School, 1965, v. 50, n. 2, p. 164).

23 "Nevertheless, it is the circumstances that surrounded and could have affected the party to the contract that are relevant to the issue, and not the circumstances that now surround the

Essa "bizantina complexidade"[24] da matéria envolvendo textualismo e contextualismo está presente mesmo dentro de cada tendência, uma vez que, de um lado, há posturas que cindem os processos de integração (i.e. formação da disciplina contratual concreta) e interpretação contratual (i.e. extração do significado), para mostrar a absoluta diferença que há, respectivamente, entre "parol evidence rule" (que barra a integração da disciplina por manifestações precedentes ao contrato-texto) e "plain meaning rule" (que impede o intérprete de acessar elementos externos ao puro texto, quando claro e inequívoco)[25]. De outro lado, há posturas que aproximam, fazendo quase eclipsar, as operações da integração e da interpretação contratuais, por entenderem que subjacente à "parol evidence rule" repousa a noção de que as palavras têm "plain meanings", o que faz com que ambas as regras sejam como que "gêmeas siamesas"[26]. Essa cacofonia se reflete nos tribunais e mostra não haver um direito norte-americano unitário seja em tema de formação da disciplina contratual, seja em tema de interpretação.

Como adentram as cláusulas de entendimento integral nesse palco turbulento?

---

judge or the circumstances that might have surrounded some imaginary reasonable and prudent ghost" (CORBIN, Arthur Linton. *Corbin on Contracts. One Volume Edition*. St. Paul: West Publishing, 1952, p. 501).

24 MURRAY JR., John Edward. *Murray on Contracts*. 3. ed. Charlottesville: The Michie Company 1990, p. 379.

25 BURTON, Steven J. *Elements of Contract Interpretation*. New York: Oxford University Press, 2009, pp. 120-121; FULLER, Lon L.; EISENBERG, Melvin Aron. *Basic Contract Law*. 8. ed. St. Paul: Thomson West, 2006, p. 637; KNAPP, Charles L.; CRYSTAL, Nathan M.; PRINCE, Harry G. *Problems in Contract Law: cases and materials*. 9. ed. Frederick: Aspen Publishing, 2019, p. 434; POSNER, Eric A. *Contract Law and Theory*. New York: Wolters Kluwer, 2011, pp. 142-145; KNIFFIN, Margaret N. Conflating and confusing contract interpretation and the parol evidence rule: is the emperor wearing someone else's clothes? *Rutgers Law Review*. Newark: Rutgers School of Law, 2009, v. 62, p. 76 e ss. Destaque-se, a partir da metáfora empregada por esta última autora: "Contract interpretation, which can be labeled the Empress, functions to assign meaning to terms already contained within a contract. In contrast, the parol evidence rule, which can be designated the Emperor, determines whether a term can be added to (or in rare cases, deleted from or displace terms in) a contract. Although both processes contribute to the final result of a definite, enforceable agreement, and both often entail decisions whether to admit evidence of prior negotiations, each embodies a clearly distinguishable concept" (idem, p. 77). No direito inglês, a separação vai defendida com ênfase, rejeitando-se a possibilidade de que a "parol evidence rule" atue no processo da "construction" (MCMEEL, Gerard. *The Construction of Contracts. Interpretation, implication, and rectification*. 2. ed. Oxford: Oxford University Press, 2011, pp. 166-168).

26 LINZER, Peter. The comfort of certainty: plain meaning and the parol evidence rule. *Fordham Law Review*. New York: Fordham University School of Law, 2002, v. 71, pp. 799 e 801. Mais em frente, critica ambas as regras e se posiciona em favor das "parties' intentions, discerned from their words, read in the context of all relevant evidence, extrinsic or not. Yes, we lose some security, some peace of mind, some belief in the sanctity of the written word, but on the whole we gain truth and individual dignity at a cost to form and rules and certainty" (idem, p. 838).

Dispositivos contratuais como as "merger" ou "integration clauses" são instrumentos forjados, por consenso das partes, para limitar o caudal contextualista, reforçando as trincheiras contra as investidas dos intérpretes que se venham a dirigir para além das fronteiras do contrato. Afinal, por essas cláusulas as partes declaram que seu contrato é parcial ou totalmente integrado, a depender da intenção que se descubra, no texto ou por debaixo de seu veu[27], de os contratantes o quererem como expressão *final* (no que se considera haver "partial integration", uma vez que, para as áreas desprotegidas da expressão escrita, há a possibilidade de se buscar externamente a disciplina) ou como expressão *final e completa* (no que a manifestação escrita é considerada hermética e impermeável, porque autossuficiente)[28]. São dispositivos que trazem para dentro do texto contratual o que, sob uma postura textualista, já se tem (ou se teria, não fossem as flexibilizações de orientação contextualista) na "parol evidence rule" e – para quem eclipsa as regras – na "plain meaning rule", deste modo "limitando o objeto da interpretação do juiz"[29]. Também é assim na ambiência inglesa, em que se sugere a inclusão de cláusulas da estirpe caso não se deseje deixar aos tribunais alguma dose de arbítrio quando da aplicação da "parol evidence rule"[30].

Dentro da cacofonia já destacada, advirta-se que nem a "parol evidence rule" vai tratada de modo linear e unívoco pela doutrina e pelos tribunais norte-americanos[31], e nem a cláusula de entendimento integral é vista, também linear

---

27 No que vai destacada desde logo uma peculiaridade: se a "merger clause" e a subjacente "parol evidence rule" estabelecem uma barreira para que se acessem provas anteriores à manifestação final, de outro lado há autores que sustentam não haver qualquer limitação de acesso a evidências que permitam ao juiz concluir se a intenção das partes foi por ter um contrato integrado (parcial ou totalmente) ou não. Apenas o passo subsequente, em se concluindo positivamente, é que atrairá a eficácia plena da "merger clause" e da "parol evidence rule". Sobre isso, veja-se: FARNSWORTH, E. Allan. *Contracts*. 3. ed. New York: Aspen Law & Business, 1999, p. 432; MURRAY JR., John Edward. The parol evidence process and standardized agreements under the Restatement (Second) of Contracts. *University of Pennsylvania Law Review*. Philadelphia: University of Pennsylvania, 1975, v. 123, p. 1357. Isso é exatamente o que vai previsto no "Restatement (Second) of Contracts", §210(3) ("Whether an agreement is completely or partially integrated is to be determined by the court as a question preliminary to determination of a question of interpretation or to application of the parol evidence rule") e §214(b) ("Agreements and negotiations prior to or contemporaneous with the adoption of a writing are admissible in evidence to establish [...] (b) that the integrated agreement, if any, is completely or partially integrated").

28 MURRAY JR., John Edward. *Murray on Contracts*. 3. ed. Charlottesville: The Michie Company, 1990, pp. 379-382 e 388.

29 CASTRONOVO, Francesco. *Autonomia Contrattuale e Disponibilità dell'Integrazione. La merger clause dal diritto americano a quello italiano*. Torino: Giappichelli, 2017, p. 54.

30 MILLET, Lord; ANDERSON, Mark; WARNER, Victor. *The Encyclopedia of Forms and Precedents. Vol. 4(3). Boilerplate and Commercial Clauses*. London: LexisNexis, 2017, pp. 121 e 123.

31 Ficando-se com apenas um exemplo dentre tantos, faz-se referência ao caso *Yocca v. The Pittsburgh Steelers Sports, Inc.*, que suscitou dois julgamentos antagônicos nos tribunais de apelação

e univocamente, como capaz de insular o contrato de elementos externos. Se por um lado a "parol evidence rule" enfrenta intensa e variável polêmica sobre os conceitos de "finalidade" (*finality*) e "completude" (*completeness*), que são os *standards* pressupostos para sua aplicação – especialmente este segundo, a invocar uma sucessão de pelo menos seis modelos de abordagem e definição[32], sem falar dos tantos testes que se sugerem para o emprego da regra em si[33] –, de outro lado a cláusula de entendimento integral encontra exceções para seu afastamento[34].

Para a vertente textualista, essas exceções podem decorrer, e.g., do fato de se ter apenas uma "partial integration", do fato de o texto negocial ser patentemente incompleto, de quando não se demonstrar que ambas as partes assentiram especificamente com a "merger clause" ou, ainda, de quando se tratar de casos com prestação de declarações falsas na etapa pré-negocial[35],

do Estado da Pennsylvania. O caso fora iniciado em 2001 por uma série de fãs do Steeler's, clube de futebol americano de Pittsburgh, em decorrência de contratos firmados visando à locação de cadeiras do *Three Rivers Stadium* por temporada. Ao passo que as brochuras prometiam a localização em dado setor do estádio, os contratos celebrados continham um anexo indicando outras localidades que não as da propaganda original. Os demandantes pretenderam que o previsto nas brochuras prevalecesse, o que, no grau de apelação, gerou decisões contrárias: a *Commonwealth Court* admitiu "parol evidence" e fez prevalecer o que a brochura previra, ao passo que a *Pennsylvania Supreme Court* aplicou a "parol evidence rule" e, baseada na presença de uma "integration clause", não admitiu o emprego de qualquer prova anterior ao contrato que o contradissesse. Para uma narrativa e uma análise do caso, veja-se MEYERS, Matthew A. Where parties have manifested their intentions in a final, exclusive, and fully integrated agreement, that writing will be the only evidence of their agreement: Yocca v. The Pittsburgh Steelers Sports, Inc. *Duquesne Law Review*. Pittsburgh: Duquesne University School of Law, 2005, v. 43, p. 497 e ss.

32 Para resumo dos seis, veja-se CALAMARI, John D.; PERILLO, Joseph M. *Contracts (Black Letter Series)*. 2. ed. St. Paul: West Publishing, 1990, pp. 195-198.

33 Entre outros, o "appearance" ou "four corners test", o "merger clause test", o "natural inclusion test", o "natural omission test", o "separate consideration test" e o "scope test", como sumarizado por MURRAY JR., John Edward. *Murray on Contracts*. 3. ed. Charlottesville: The Michie Company 1990, pp. 385-399.

34 "The law on what effect should be given to merger clauses is messy" (FULLER, Lon L.; EISENBERG, Melvin Aron. *Basic Contract Law*. 8. ed. St. Paul: Thomson West, 2006, p. 602).

35 O posicionamento dos tribunais varia desde uma posição que presta respeito absoluto a "merger clauses", barrando qualquer pretensão embasada em circunstâncias do período negocial, até posições que mitigam a cláusula para considerá-la no universo das demais, ou mesmo que a afastam sob o argumento de que a matéria de "fraudulent misrepresentations" pertence à "public policy", que não pode ser derrogada. Um sumário dessas posições está em DAVIS, Kevin. Licensing lies: merger clauses, the parol evidence rule and pre-contractual misrepresentations. *Valparaiso University Law Review*. Valparaiso: Valparaiso University, 1999, v. 3, n. 2, pp. 489-492. Mirada que se dirija à prática inglesa, de outro turno, só admite que as "entire agreement clauses" sejam capazes de excluir responsabilidade por "misrepresentation" se o dispositivo tiver sido expresso em derrogá-la, não sendo suficientes para tanto o emprego da cláusula-padrão. "Wording such as 'superseding' or not 'relying' representations are not sufficient" (MILLET, Lord; ANDERSON, Mark; WARNER, Victor. *The Encyclopedia of Forms and Precedents. Vol. 4(3). Boilerplate and Commercial Clauses*. London:

ou com nulidades, anulabilidades ou ineficácias[36]. Também é assim para as cláusulas ou contratos incorporados por referência, como bem se destaca no direito inglês, situação em que a prova do que incorporado é admissível, exceto a que for extrínseca a ambos os documentos[37] (i.e. o que incorpora e o que é incorporado *per relationem*). Essas são situações em que a cláusula de entendimento integral não operará, seja porque a integração pretendida não se encontra presente, seja porque circunstâncias de natureza injuntiva se sobreporão à sua eficácia.

Já se adotado o prisma contextualista, acha-se compreensão de que, em nenhum caso, se terá "complete integration": a integração será sempre parcial[38], uma vez que em qualquer situação as provas externas poderão ser levadas em consideração para se chegar ao significado negocial concreto ou, ao menos, para o próprio significado de "integrated" para o caso concreto[39]. Noutras palavras, assomará sempre a necessidade de se analisar elementos de contexto para ao menos definir a intenção das partes quanto a querer, ou não, que seu contrato seja parcial ou completamente integrado (mesmo em situações em que houver uma "merger clause", que, por exemplo, pode ou não ter sido produto da anuência específica de ambos os contratantes, a depender do concreto feitio do negócio), ou que seu contrato seja permeável a elementos externos. Posturas inclusive mais extremas sustentam que "uma "merger clause" não deve ter efeito algum exceto se for uma "merger clause" negociada"[40].

Daí se poder resumir a finalidade da cláusula de entendimento integral na intenção de congelar a disciplina do contrato estritamente aos termos que o acordo escrito exprimir, à exclusão de outras manifestações anteriores à sua celebração (como, e.g., quaisquer documentos da fase pré-negocial, contratos coligados, garantias em apêndice, "implied terms based on usage and custom",

---

LexisNexis, 2017, pp. 122-123). Assim os casos *BSkyB Ltd v HP Enterprise Services UK Ltd (formerly t/a Electronic Data Systems Ltd)* [2010] EWHC 86 (TCC) (26 January 2010); e *AXA Sun Life Services plc v. Campbell Martin Ltd* [2011], EWCA Civ 133.

36 CALAMARI, John D.; PERILLO, Joseph M. *Contracts (Black Letter Series)*. 2. ed. St. Paul: West Publishing, 1990, p. 201; WILLISTON, Samuel; THOMPSON, George J. *Selections from Williston's Treatise on the Law of Contracts*. Rev. Ed. New York: Baker, Voorhis & Co., 1938, pp. 500-501. Tal inclui, até mesmo,

37 TREITEL, Guenter. *The Law of Contract*. 10. ed. London: Sweet & Maxwell, 2001, p. 175.

38 CALAMARI, John D.; PERILLO, Joseph M. *Contracts (Black Letter Series)*. 2. ed. St. Paul: West Publishing, 1990, p. 197.

39 "Such an integration may make antecedent expressions inoperative; but it does not deprive them of evidential value in the process of interpreting the language of the integration" (CORBIN, Arthur Linton. *Corbin on Contracts. One Volume Edition*. St. Paul: West Publishing, 1952, p. 510).

40 CALAMARI, John D.; PERILLO, Joseph M. *Contracts (Black Letter Series)*. 2. ed. St. Paul: West Publishing, 1990, p. 197.

etc.)[41] ou declarações orais contemporâneas à celebração do negócio que se venham a provar por testemunhas[42]. Há, portanto, um precípuo escopo normativo, de limitação da disciplina ao que exprimido no texto contratado, ao que se soma um incidental e derivado escopo hermenêutico, de limitar o horizonte do intérprete. Tal é uma reprodução, para a cláusula, tanto do entendimento que se passou a prestar à "parol evidence rule", na origem considerada apenas uma "rule of evidence" e, depois, expandida para ter uma funcionalidade normativa, i.e. de explicitar a concreta disciplina do contrato[43]; quanto da "plain meaning rule", que, à diferença da "parol evidence rule", é mais abrangente por não pretender limitar, apenas, o material da fase pré-negocial, mas qualquer elemento extrínseco ("extrinsic evidence") que pudesse ajudar na interpretação de um dado contrato escrito que contivesse sentido claro e inequívoco, extraído da simples leitura, exceto quando ambíguo[44].

Calha registrar um último comentário. Como a "parol evidence rule" produz restrição apenas para documentos da etapa anterior ao contrato-texto, não obstando que evidências do período posterior sejam acessadas tanto para demonstrar que houve alteração na disciplina contratual, quanto (sob o prisma mais elastecido da "parol evidence rule", que a faz eclipsar à "plain meaning rule") para proceder à interpretação do negócio, não é incomum que a "merger

---

41 Documentos posteriores não são excluídos pela "parol evidence rule".

42 MILLET, Lord; ANDERSON, Mark; WARNER, Victor. *The Encyclopedia of Forms and Precedents. Vol. 4(3). Boilerplate and Commercial Clauses.* London: LexisNexis, 2017, pp. 121-122.

43 CALAMARI, John D.; PERILLO, Joseph M. *Contracts (Black Letter Series).* 2. ed. St. Paul: West Publishing, 1990, p. 198; MURRAY JR., John Edward. *Murray on Contracts.* 3. ed. Charlottesville: The Michie Company 1990, p. 376; WIGMORE, John Henry. *A Treatise on the System of Evidence in Trials at Common Law.* Boston: Little, Brown, and Company, 1905, v. 4, p. 3409 (par. 2425); WILLISTON, Samuel; THOMPSON, George J. *Selections from Williston's Treatise on the Law of Contracts.* Rev. Ed. New York: Baker, Voorhis & Co., 1938, p. 501. Daí alguns autores sustentarem que "the parol evidence rule fits none of the words in its name: it is not limited to parol – that is, oral – testimony, it is not evidentiary, and it is not really a rule" (LINZER, Peter. The comfort of certainty: plain meaning and the parol evidence rule. *Fordham Law Review.* New York: Fordham University School of Law, 2002, v. 71, p. 802); para outros, trata-se de um "parol evidence process", e não "rule" (MURRAY JR., John Edward. The parol evidence process and standardized agreements under the Restatement (Second) of Contracts. *University of Pennsylvania Law Review.* Philadelphia: University of Pennsylvania, 1975, v. 123, p. 1352).

44 Para as diferenças e semelhanças entre "parol evidence rule" e "plain meaning rule", remete-se a: BURTON, Steven J. *Elements of Contract Interpretation.* New York: Oxford University Press, 2009, pp. 120-121; FULLER, Lon L.; EISENBERG, Melvin Aron. *Basic Contract Law.* 8. ed. St. Paul: Thomson West, 2006, p. 637; KNAPP, Charles L.; CRYSTAL, Nathan M.; PRINCE, Harry G. *Problems in Contract Law: cases and materials.* 9. ed. Frederick: Aspen Publishing, 2019, p. 434; KNIFFIN, Margaret N. Conflating and confusing contract interpretation and the parol evidence rule: is the emperor wearing someone else's clothes? *Rutgers Law Review.* Newark: Rutgers School of Law, 2009, v. 62, p. 76 e ss.

clause" venha casada com outro modelo de cláusula. Alude-se aqui à chamada "no oral modification clause" ou "no oral amendments clause", que, por sua vez, garante a eficácia prospectiva da intenção das partes de congelar a disciplina no texto posto, exceto se modificado por escrito. Tal modelo dispõe o seguinte, no mais das vezes: "Este acordo não poderá ser aditado, suplementado ou de qualquer modo modificado exceto se por acordo escrito das partes". Como o deus romano Jano de duas faces, o resguardo fica dúplice, pois garante a não afetação da relação pelo passado e assegura-se que eventual modificação futura só se possa dar não por conduta e não pela oralidade, mas apenas e tão somente pelo texto expresso e consensado que produza a alteração desejada. Tal possibilidade vai consolidada no "Uniform Commercial Code" (§2-209(2)); e, conjuntamente, pelo efeito que produz em amarração à "merger clause", é chamada de "zipper clause".

Esse mosaico de possibilidades que na ambiência de origem se pode encontrar ganha reconfiguração quando de seu emprego no pano de fundo do direito brasileiro. É sobre isso que se passará a tratar.

2. A CLÁUSULA DE ENTENDIMENTO INTEGRAL NA AMBIÊNCIA JURÍDICA BRASILEIRA

Caso empregadas as molduras explicativas norte-americanas do textualismo e do contextualismo, chega-se facilmente à conclusão de que o direito brasileiro não se resume nem a uma e nem a outra. Em verdade, a disciplina do direito contratual no Brasil combina autonomia e heteronomia, tanto no sentido de compreender que o conteúdo negocial se constitui a partir da incidência de regras dispositivas e de regras cogentes, em acréscimo ou limitação à declaração negocial; quanto no sentido de compreender que a disciplina da interpretação é via de regra cogente, ainda que amainada pela liberdade das partes em dispor, dentro da moldura injuntiva, acerca de regras de interpretação para si próprias. Essas especificidades locais fazem com que o modelo negocial da cláusula de entendimento integral, quando aqui empregado, tenha eficácia normativa também específica (Cap. A) e praticamente se esvazie de qualquer eficácia hermenêutica que se lhe pudesse atribuir (Cap. B).

A) Eficácia Normativa da Cláusula de Entendimento Integral

Sob o ponto de vista normativo, uma cláusula de entendimento integral no direito brasileiro pode ser lida como tendo dúplice escopo: primeiro, de novar os acordos prévios, substituindo-os pelo contrato-texto firmado; e segundo, de excluir o incremento do conteúdo contratual em decorrência da incidência das fontes heterônomas (lei cogente, lei dispositiva, costumes e boa-fé). Se a primeira leitura não invoca dificuldade, a segunda, porém, não se compadece inteiramente com o direito brasileiro.

Premissa a anotar antes de se passar a esses dois exames é que, presente no texto de um contrato paritário, a cláusula fará parte de seu conteúdo e, assim, vigerá como partícula da intenção comum das partes, que é intenção de conteúdo (*rectius* intenção de disciplina concreta)[45]. A observação tem razão de ser uma vez que, na ambiência norte-americana, há quem defenda seu afastamento quando não houver específica anuência de ambos os contratantes, por se tratar de cláusula padrão ("boilerplate clause")[46]. Assim também se dá no direito italiano – para ficar-se com outra paragem –, em que as chamadas "clausole di stile" são tidas por não baseadas na efetiva vontade das partes, por essa razão ineficazes, caso se demonstre que elas corresponderam concretamente a uma padronagem sobre a qual não houve específica anuência das partes[47]. O mesmo não ocorre no direito brasileiro, por não se trabalhar com as intenções unilateralmente expressas enquanto constitutivas da disciplina contratual, mas de uma única intenção, que é intersubjetiva[48] e, por isso, objetivada no conteúdo resultante da declaração e da incidência de regras advenientes de fontes heterônomas (lei, costumes, boa-fé).

Quando se tiver no caso concreto um contrato por adesão, contudo, a regra legal a servir de escudo ao aderente é a do art. 424 do Código Civil: a

45 Aludimos ao quanto desenvolvido sobre o assunto em NITSCHKE, Guilherme Carneiro Monteiro. *Lacunas Contratuais e Interpretação. História, conceito e método*. São Paulo: Quartier Latin, 2019, pp. 444-455.

46 Assim, e.g.: CALAMARI, John D.; PERILLO, Joseph M. *Contracts (Black Letter Series)*. 2. ed. St. Paul: West Publishing, 1990, p. 197; MEYERS, Matthew A. Where parties have manifested their intentions in a final, exclusive, and fully integrated agreement, that writing will be the only evidence of their agreement: Yocca v. The Pittsburgh Steelers Sports, Inc. *Duquesne Law Review*. Pittsburgh: Duquesne University School of Law, 2005, v. 43, p. 513.

47 DE NOVA, Giorgio. The Romanistic tradition: application of boilerplate clauses under Italian law. In: CORDERO-MOSS, Giuditta (Ed.). *Boilerplate Clauses, International Commercial Contracts and the Applicable Law*. Cambridge: Cambridge University Press, 2011, p. 228.

48 "Ogni regola ha le sue ragioni. Ma le regole contrattuali esprimono un particolare assetto di ragioni: *un assetto intersoggettivo*" (GENTILI, Aurelio. *Senso e Consenso. Storia, teoria e tecnica dell'interpretazione dei contratti*. Torino: Giappichelli, 2015, v. 1, p. 321). Também no âmbito italiano: "Oggetto dell'interpretazione non può essere che quanto della volontà si è manifestato nella dichiarazione, e di intenzione, di cui l'aggettivo "commune" sembra delineare la depurazione da ogni fattore psicológico, si può parlare solo come "meta" del processo interpretativo" (ALPA, Guido; FONSI, Gianluca; RESTA, Giorgio. *L'Interpretazione del Contratto*. 2. ed. Milano: Giuffrè, 2001, p. 130). No Brasil: ESPÍNOLA, Eduardo. *Manual do Codigo Civil Brasileiro. Parte Geral. Dos Factos Juridicos. Arts. 74 a 113*. 2. ed. Rio de Janeiro: Jacintho Ribeiro dos Santos, 1929, v. 3, p. 178; MOREIRA ALVES, José Carlos. *A parte geral do Projeto de* Código Civil brasileiro, com análise do texto aprovado pela Câmara dos Deputados. São Paulo: Saraiva, 1986, p. 103; e PONTES DE MIRANDA, F. C. *Tratado de Direito Privado*. 4. ed. São Paulo: RT, 1983, t. 3, p. 334.

cláusula de entendimento integral vai considerada nula, porque capaz de provocar a "renúncia antecipada do aderente a direito resultante da natureza do negócio". A chave de leitura, como bem adverte a doutrina, está em compreender o conceito de "natureza do negócio"[49], e que remete ao conceito de *naturalia negotii*[50], assim respeitando ao grupo dos chamados "elementos categoriais derrogáveis", quais sejam: as regras dispositivas (decorrentes de lei, costumes e boa-fé) que, por sua incidência presuntiva, "normalmente compõem o quadro negocial, mas que, em princípio, podem ser afastados pelas declarações das partes"[51]. Tal é o caso das regras ligadas a tipos contratuais específicos (=regras do tipo) ou a categorias mais gerais (e.g. contratos bilaterais, contratos unilaterais, contratos de execução continuada ou por trato sucessivo, etc.). Nessas situações em que houver adesividade, a renúncia antecipada quanto a elementos categoriais derrogáveis vai vedada, e a cláusula de entendimento integral, assim, por pretender insular o contrato inclusive quanto à incidência de regras dispositivas, se esvazia de validade.

Fique-se, porém, com a categoria dos contratos paritários para conseguir-se adentrar na dupla análise da eficácia normativa da cláusula de entendimento integral.

A primeira leitura é aquela que mais se liga à *littera* da cláusula e ao sentido restritivo de sua eficácia normativa: a de provocar a novação do que for antecedente ao contrato-texto, este substituindo eventuais pactos ou contratos anteriores. A esse respeito, calha notar que tanto a "merger clause" quanto a "parol evidence rule", na origem, "não privilegiam a linguagem sobre outra coisa qualquer", mas "alguma linguagem (o escrito final) sobre outra linguagem (declarações escritas e orais antecedentes)"[52]. Também na ambiência brasileira

---

49 ZANETTI, Cristiano de Sousa. *Direito Contratual Contemporâneo. A liberdade contratual e sua fragmentação*. Rio de Janeiro: Forense, 2008, p. 238.

50 Convocando-se a distinção entre *essentialia* (ou *substantialia*) *negotii*, *naturalia negotii* e *accidentalia negotii* de fundas raízes na tradição jurídica ocidental, e que encontra já em autores brasileiros do séc. XIX, como Teixeira de Freitas, acabado desenvolvimento. Para este, os *essentialia negotii* eram os "caracteres que varião segundo o fim particular das diversas especies de contractos, sem os quaes o contracto dado não póde existir"; os *naturalia negotii*, "effeitos que derivão da natureza do contracto, tal como as leis o-regulão, e que se-subentendem, ainda que as partes sejão omissas, á menos que tenhão convencionado o contrario"; e os *accidentalia negotii*, "modificações que alterão a natureza do contracto, ou seus effeitos previstos na lei, salva porém a essencia delle" (TEIXEIRA DE FREITAS, Augusto. *Consolidação* das Leis Civis. 3. ed. Rio de Janeiro: Garnier, 1876, p. 253).

51 ZANETTI, Cristiano de Sousa. *Direito Contratual Contemporâneo. A liberdade contratual e sua fragmentação*. Rio de Janeiro: Forense, 2008, p. 239. E mais em frente: "Nos contratos concluídos por adesão, contudo, não é de se admitir, em princípio, a renúncia antecipada à incidência das normas dispositivas que atribuam direitos à parte mais fraca" (idem, p. 256).

52 POSNER, Eric. The parol evidence rule, the plain meaning rule, and the principles of contractual interpretation. *University of Pennsylvania Law Review*. Philadelphia: University of Pennsylvania,

uma cláusula que declare estar "substituindo, em relação aos signatários, qualquer outro entendimento anterior, seja verbal, seja escrito", produz efeitos novatórios: o que antes se consensou (por memorando de entendimentos, *term sheet*, contrato preliminar ou qualquer outro instrumento situado na fase das tratativas ou na zona limítrofe desta e da execução contratual propriamente dita) vai substituído pelo contrato-texto. Tal efeito novatório é reforço do que o Código Civil já prevê no art. 360, inc. I[53], tanto quanto decorrente da disciplina geral do contrato preliminar, quando este existir.

Sob a disciplina legal da novação, esta é tida por ocorrida quando houver ânimo de novar, senão a segunda manifestação será, apenas, confirmatória da primeira (art. 361[54]). A cláusula de entendimento integral, ao mencionar o efeito de substituição dos pactos e contratos anteriores pelo que a contém, consolida o *animus novandi*, deixando inequívoco que, naquilo que o instrumento posterior disciplina e coincide aos consensos anteriores, os extingue e os substitui[55]. É novação objetiva, porque faz surgir nova dívida, extinguindo a anterior, sendo comum que traga "algo novo" (*quid novi*)[56], mas não em virtude de existir propriamente um "contrato de novação": a novação é efeito do contrato-texto (há nele "eficácia novativa") e, em específico, da cláusula de entendimento

---

1997, v. 146, p. 569.

53 "Art. 360. Dá-se a novação: I – quando o devedor contrai com o credor nova dívida para extinguir e substituir a anterior".

54 "Art. 361. Não havendo ânimo de novar, expresso ou tácito mas inequívoco, a segunda obrigação confirma simplesmente a primeira".

55 Bem ensina Pontes de Miranda que "[n]ão se pode dizer que a novação teve o *efeito* de extinguir a dívida; a novação é o modo de extinção de dívida. A nova dívida é posterior, mas constituir-se e extinguir foram num só instante: extinguiu, constituindo-se; constituiu-se, para extinguir" (PONTES DE MIRANDA, F. C. *Tratado de Direito Privado*. 3. ed. São Paulo: RT, 1984, t. 25, p. 70).

56 Assim: CARVALHO DE MENDONÇA, M. I. *Doutrina e Prática das Obrigações ou Tratado Geral dos Direitos de Crédito*. 4. ed. Rio de Janeiro: Forense, 1956, t. 1, p. 594; ESPÍNOLA, Eduardo. *Garantia e Extinção das Obrigações. Obrigações solidárias e indivisíveis*. Rio de Janeiro: Freitas Bastos, 1951, pp. 193-195; LACERDA DE ALMEIDA, Francisco de Paula. *Obrigações*. 2. ed. Rio de Janeiro: RT, 1916, p. 341. Mais recentemente, é o destaque de Jorge Cesa Ferreira da Silva de que o *animus novandi* é insuficiente, tendo de existir, em conjugação "um algo novo como resultado" (FERREIRA DA SILVA, Jorge Cesa. *Adimplemento e Extinção das Obrigações*. São Paulo: RT, 2007, pp. 425-426). Em sentido ligeiramente diverso há a compreensão de que o *quid novi*, apesar de corriqueiro, não é requisito necessário para que haja novação: "ousamos sustentar que, ainda não havendo nenhuma differença entre a primeira e a segunda obrigação, a novação se dará si as partes manifestarem, expressamente, que essa é a sua vontade" (SOUSA NETO, José Soriano de. *Da Novação*. Recife: [s.n.], 1935, pp. 119-120; no mesmo sentido, CARVALHO SANTOS, J. M. de. *Código Civil Brasileiro Interpretado*. 4. ed. Rio de Janeiro: Freitas Bastos, 1952, v. 13, pp. 164-166). Na cláusula de entendimento integral, o efeito novativo vai produzido, assim, tanto para aquilo que é diverso do instrumento anterior, quanto para aquilo que o repete.

integral que assim o declare, por consolidar a intenção de novar[57]. Daí por que a novação pode operar para parte e não para o todo do que constava de instrumentos anteriores, pois, sendo efeito, ela ocorrerá para aquilo que contraditar ou sobrepuser, no contrato posterior, o anteriormente avençado. Para as áreas em que não houver contradição ou sobreposição, o efeito novatório não se estende, mantendo-se vigentes, porque não substituídas, seja nas hipóteses em que houver repetição (assim se tendo confirmação, e não novação), seja nas hipóteses em que houver silêncio do instrumento posterior.

Tal ocorre no direito brasileiro se a cláusula de entendimento integral for genérica e, assim, empregada em seu padrão mais corrente; ou, então, se for específica e explicitar o que vai substituído pelo instrumento posterior. Em qualquer dessas circunstâncias, deverá ser interpretada estritamente, conforme art. 114 do Código Civil, uma vez que pode implicar renúncia a direito de qualquer dos contratantes. Isso faz com que a cláusula de entendimento integral gere eficácia novativa apenas para as matérias sobre as quais o contrato é expresso, sem, contudo – e de outro lado –, barrarem-se os entendimentos antecedentes nos temas sobre os quais o instrumento final for omisso. Para estes, os entendimentos anteriores poderão ser acessados para o fito de se descobrir se há disciplina que, omitida no contrato-texto (e.g. por um lapso das partes na montagem do instrumento), consta algures.

Já quanto ao contrato preliminar, presume-se que, firmado o definitivo, o anterior é tido por inteiramente extinto e superado pela disciplina posterior[58]. Conquanto vija tal presunção, ela não é absoluta[59], uma vez que o contrato preliminar poderá vir a ser fonte de disciplina, caso o contrato definitivo seja omisso naquilo que o anterior contiver. Isso se dá mesmo sob a vigência de uma cláusula de entendimento integral, que só gera efeitos novatórios para os temas em que houver explícito tratamento. Não havendo contradição entre a disciplina constante do contrato preliminar e a intenção comum das partes consolidada no contrato definitivo, a primeira suprirá, por referência, a omissão da segunda (a exemplo do que ocorre quando as partes esquecem de

57 PONTES DE MIRANDA, F. C. *Tratado de Direito Privado*. 3. ed. São Paulo: RT, 1984, t. 25, pp. 71-73.

58 Sobre extinção do contrato preliminar mediante a celebração do contrato definitivo, veja-se, por todos, ALEM, Fabio P. *Contrato Preliminar*. São Paulo: Almedina, 2018, p. 86.

59 Como ocorre noutros ordenamentos que aclimatam a cláusula de entendimento integral, e.g. o alemão, em que o principal problema de validade que a doutrina aponta se dá nas hipóteses em que fixada uma irreprochável regra de entendimento integral, afastando qualquer presunção. Tal seria violador das regras alemãs de produção probatória, em especial dos §§309, n. 12, e 307(1) do BGB (MAGNUS, Ulrich. The Germanic tradition: application of boilerplate clauses under German law. In: CORDERO-MOSS, Giuditta (Ed.). *Boilerplate Clauses, International Commercial Contracts and the Applicable Law*. Cambridge: Cambridge University Press, 2011, pp. 193-194).

repristinar, no definitivo, a cláusula de resolução de disputas que o preliminar contém). No entanto, quando houver contradição entre as matérias do contrato preliminar e as do contrato definitivo, aquelas não servirão nem para fins normativos, nem para fins interpretativos[60].

Para ambas as situações acima tratadas, na própria doutrina norte-americana entende-se que uma "merger clause" só é exclusiva e excludente de acordos anteriores se o contrato-texto incluir no seu conteúdo a matéria antes endereçada. Isso quer dizer que, se os acordos anteriores não forem inconsistentes com o contrato posterior e se este não tratar das questões que tais documentos antecedentes tratam, estes não estarão barrados pela cláusula de entendimento integral, uma vez que esta faz integral (exclusiva e excludente) apenas o que pelo contrato-texto expressamente tratado. Assim é o que dita o §213(2) do "Restatement (Second) of Contracts": "[a] binding completely integrated agreement discharges prior agreements to the extent that they are within its scope". Tal não é diverso do que já constava do "Restatement (First) of Contracts", §228, ao aludir ao "final statement of their intentions as to the matters contained therein". Há uma certa persistência, portanto, em considerar que um contrato integrado (*rectius* final e completo) só o é com referência aos temas que ele endereça.

Apreciado o escopo novatório da cláusula de entendimento integral, passe-se à sua segunda leitura, que seria a de excluir o incremento do conteúdo contratual que decorre da incidência de fontes heterônomas (lei cogente, lei dispositiva, costumes e boa-fé).

A premissa bem exposta pela doutrina norte-americana é de que tal cláusula "implicitamente invoca a "parol evidence rule", instruindo a corte" que resista "à tentação de examinar provas extrínsecas"[61]. Na ambiência de origem, a versão mais tradicional da "parol evidence rule" (e que encontra na "merger clause" corrente sinonímia) trata como "parol evidence" não quaisquer manifestações anteriores ao contrato-texto, mas apenas e tão-somente aquelas, escritas ou orais, que tiverem plasmado *acordos* entre as partes[62]. A

---

60 MARTINS-COSTA, Judith. *A Boa-Fé no Direito Privado. Critérios para sua aplicação.* 2. ed. São Paulo: Saraiva, 2018, p. 436. Essa era já a lição de BETTI, Emilio. *Interpretazione della Legge e degli Atti Giuridici (teoria generale e dogmatica).* Milano: Giuffrè, 1971, pp. 385-386.

61 POSNER, Eric A. *Contract Law and Theory.* New York: Wolters Kluwer, 2011, p. 147.

62 "The most widely endorsed version of the common law parol evidence rule may be stated in two parts as follows, synthesizing the authorities read for this study: (1) When an enforceable, written agreement is the final and complete expression of the parties' agreement, prior oral and written agreements and contemporaneous oral agreements (together, "parol agreements") concerning the same subject as the writing do not establish contract terms when the parol agreement contradicts or adds to the terms of the writing; (2) in addition, when an enforceable, written agreement is the final, but not the complete, expression of the parties' agreement, a parol agreement may add to, but

"parol evidence" seria, assim, um recorte restrito de "extrinsic evidence", que é mais ampla e omnicompreensiva de todo e qualquer elemento de contexto que possa suplementar ou explicar um dado contrato, inclusive usos e costumes. Autores norte-americanos ponderam, entretanto, que esta versão tecnicamente mais adequada da "parol evidence rule" nem sempre é empregada por doutrina e tribunais, que frequentemente acabam por ampliar o conceito de "parol evidence" para fazer nele caber toda e qualquer "extrinsic evidence"[63], inclusive "implied terms based on usage and custom"[64].

O movimento de transplantação pode fazer ainda mais elástica essa amplitude, como se veem de cláusulas que procuram também limitar a incidência da disciplina heterônoma, ou que são lidas enquanto tal, apesar de inexpressas a respeito. É pressuposto ter presente que o conteúdo contratual (a disciplina concreta), no direito brasileiro, tem como fonte não apenas a autonomia privada, que vai concretizada na declaração negocial, mas também: (i) a lei cogente, que faz inserir regras injuntivas à disciplina concreta; (ii) a lei dispositiva, que faz somar, presuntivamente, regras supletivas, quando as partes não tiverem sido explícitas aos temas sobre os quais versam[65]; (iii) os costumes, que acrescentam "usos-regras" vinculadas às dimensões de lugar, tempo e setor em que situado o negócio; (iv) e a boa-fé na sua eficácia normativa, que enriquece o conteúdo contratual com regras que fixam deveres laterais de conduta, *ab origine* e *in executivis*. Daí dizer-se que o conteúdo contratual não se compõe apenas de regras que as partes desenharam, mas também de regras

---

may not contradict, the written terms" (BURTON, Steven J. *Elements of Contract Interpretation*. New York: Oxford University Press, 2009, p. 64). E mais adiante: "The parol evidence rule often poses no barrier to addressing the question of integration in light of relevant parol evidence, such as evidence of the circumstances at the time of signing. Parol agreements should be distinguished from parol evidence; the latter may not amount to an agreement and therefore would not bind either party. The parol evidence rule applies to render parol agreements inoperative when they are offered to establish contract terms. Moreover, parol evidence offered on the question of integration is not being offered to establish contract terms" (idem, p. 67).

63 EPSTEIN, David G.; ARCHER, Timothy; DAVIS, Shalayne. Extrinsic evidence, parol evidence, and the parol evidence rule: a call for courts to use the reasoning of the Restatements rather than the rhetoric of common law. *New Mexico Law Review*. Albuquerque: The University of New Mexico, 2014, v. 44, pp. 55-56.

64 MILLET, Lord; ANDERSON, Mark; WARNER, Victor. *The Encyclopedia of Forms and Precedents. Vol. 4(3). Boilerplate and Commercial Clauses*. London: LexisNexis, 2017, pp. 121-122.

65 E que se ligam não apenas a tipos contratuais específicos (=regras do tipo), mas também a categorias mais gerais (e.g. contratos bilaterais, contratos unilaterais, contratos de execução continuada ou por trato sucessivo, etc.); e nem apenas à *lei* em sentido estrito, mas também às demais normas estatais editadas para setores específicos da atividade econômica (e.g. as Resoluções do Conselho Monetário Nacional para contratos bancários, as Circulares da Superintendência de Seguros Privados para contratos de seguros, as Instruções da Comissão de Valores Mobiliários para contratos derivativos, etc.).

que, por incidência, se agregaram (i.e. se integraram) à disciplina geral da particular relação, sendo, por isso, o complexo de regras informado por um conjunto de fontes, em autorregulação e heterorregulação. Formalmente, o conteúdo é o "conjunto das cláusulas negociais" e das regras que se agregam por derivação de fontes heterônomas; substancialmente, é a própria auto e hetero "regulação de interesses", no sentido de ser uma combinação de "elementos normativos" e de "elementos voluntários"[66].

A questão que se põe diante desse compósito normativo é: podem as regras advenientes das fontes heterônomas sofrer afastamento por uma cláusula de entendimento integral que implícita ou explicitamente pretenda as fazer não incidentes? A resposta é: depende da natureza das regras em questão.

Quando inserta uma cláusula de entendimento integral, estarão barradas tão-somente as regras *dispositivas*, e apenas naquilo em que houver coincidência de matérias. As demais regras dispositivas sobre tópicos que não tratados expressamente no contrato-texto incidirão, incrementando o concreto conteúdo contratual. Se, por exemplo, um contrato de compra e venda nada dispuser sobre a fixação do preço e de seus critérios de estimação, mesmo havendo cláusula de entendimento integral encartada, o art. 488 do Código Civil incidirá; ou se, e.g., houver regra costumeira para contratos de compra e venda de cacau em certa localidade estipulando que o pagamento do preço dá-se depois da entrega da mercadoria, e o instrumento contratual nada prever a respeito ainda que contendo cláusula de entendimento integral, a regra costumeira vigerá como parte do conteúdo contratual[67]. Também os deveres laterais gerados pela boa-fé poderão vir a ser barrados pela cláusula de entendimento integral nas matérias em que o instrumento contratual tiver versado, ainda que contendo a cláusula em análise[68]. No contrato de compra e venda de participação societária, por exemplo, a aposição de cláusulas de declarações e garantias faz sobrepor conteúdo declarado ao conteúdo presumido, que seria informado pela boa-fé, quer-se dizer: as regras dispositivas que derivariam desta, por

---

66 MENEZES CORDEIRO, António. *Tratado de Direito Civil. II. Parte Geral. Negócio Jurídico. Formação. Conteúdo e Interpretação. Vícios da Vontade. Ineficácias e Invalidades.* 4. ed. Coimbra: Almedina, 2017, pp. 538-539.

67 O caso a que se alude não é hipotético: ainda que sem cláusula de entendimento integral em questão, reconheceu-se a vigência de regra costumeira. Veja-se STF, Primeira Turma, Recurso Extraordinário n. 79.545, Rel. Min. Aliomar Baleeiro, j. em 22.11.1974.

68 Também assim no direito italiano: CASTRONOVO, Francesco. *Autonomia Contrattuale e Disponibilità dell'Integrazione. La merger clause dal diritto americano a quello italiano.* Torino: Giappichelli, 2017, p. 138. Como explica no trecho, para contraditar autores italianos que sustentam a inderrogabilidade: "Il punto non è la derogabilità del principio di buona fede in sé, ma la delimitazione della sua specifica applicazione riguardo al singolo obbligo – quando quest'ultimo verta su una materia disponibile – che altrimenti integrerebbe il rapporto in forza della buna fede stessa".

incidência, são adiantadas, em parte ou no todo, pelos próprios contratantes, via expressa declaração.

Por fim, o limite de tais possibilidades é o da injuntividade legal. Regras cogentes se agregam ao conteúdo contratual independentemente da vontade das partes, e mesmo contrariamente a esta, pois "[n]ão há autonomia absoluta ou ilimitada de vontade; a vontade tem sempre limites, e a alusão à autonomia é alusão ao que se pode *querer* dentro desses limites"[69]. Quer-se dizer, assim, que uma cláusula de entendimento integral, em nenhuma hipótese, poderá distender sua eficácia no sentido de possibilitar que a disciplina contratual concreta contrarie o que injuntivamente a lei dispõe. São exemplos de regras legais cogentes, insuscetíveis de derrogação pela declaração das partes e, assim, inafastáveis por uma cláusula de entendimento integral, as constantes dos arts. 4º, 47 e 51 da Lei de Locações para os contratos de locação; o art. 26 da Lei Federal n. 6.766/79 para os compromissos de compra e venda de bens imóveis; o art. 27 da Lei Federal n. 4.886/65 para os contratos de representação comercial; os arts. 96 e 96 do Estatuto da Terra para contratos de arrendamento rural e parceria agrícola, pecuária, agro-industrial e extrativa; dentre tantos outros casos. Dessa feita, o entendimento integral é o que se situa dentro da moldura de cogência. Se houver disposição contratual que se antagonize à lei cogente, nula ela será, vigendo em seu lugar a regra legal.

Tal não é estranho inclusive ao contexto anglo-americano, bastando exemplificar com o direito inglês em que há "terms implied by statute" que não admitem afastamento por cláusula de entendimento integral[70] (e.g. proibições de exclusão de responsabilidade presentes no "Unfair Contract Terms Act 1977"[71]). Semelhante é o que se tem no direito italiano, em que o "Codice Civile" declara expressamente no art. 1.339, ao tratar da "inserzione automatica di clausole": "Le clausole, i prezzi di beni o di servizi, imposti dalla legge, sono di diritto inseriti nel contratto, anche in sostituzione delle clausole difformi apposte dalle parti". À luz dessa disposição, a doutrina já observou que uma "cláusula de entendimento integral não tem – nem de modo algum pode ter – poder de limitar ou excluir de operar tal artigo que, enquanto norma imperativa, não pode ser influenciada pela intenção das partes"[72]. O mesmo se dá para aquelas normas que se agregam à disciplina concreta quando as partes não forem expressas, por derivação do art. 1.274 do mesmo Código:

69 PONTES DE MIRANDA, F. C. *Tratado de Direito Privado*. 3. ed. São Paulo: RT, 1984, t. 38, p. 39.

70 MILLET, Lord; ANDERSON, Mark; WARNER, Victor. *The Encyclopedia of Forms and Precedents. Vol. 4(3). Boilerplate and Commercial Clauses*. London: LexisNexis, 2017, p. 136.

71 E.g. seções 2(1), 2(2), 3(2)(a), 5(1), 6(1), 7(2) e 7(4), dentre outras.

72 CASTRONOVO, Francesco. *Autonomia Contrattuale e Disponibilità dell'Integrazione. La merger clause dal diritto americano a quello italiano*. Torino: Giappichelli, 2017, p. 99.

"Il contratto obbliga le parti non solo a quanto è nel medesimo espresso, ma anche a tutte le conseguenze che ne derivano secondo la legge, o, in mancanza, secondo gli usi e l'equità". Tal dispositivo, por sinal, é uma das razões pelas quais a doutrina italiana afirma serem raras as cláusulas de entendimento integral em sua prática[73].

Desdobramento dessas possibilidades se dá quando o contrato posterior for específico quanto ao afastamento da incidência de certos conjuntos de regras, ao declarar, e.g., que não aplicável concretamente a CISG, os costumes de determinado setor ou as regras vinculadas a certos contratos típicos. Desde que não-cogentes e especificamente aludidos, tais conjuntos de regras podem ser afastados pelas partes. Nessa hipótese, porém, a eficácia decorre de outra cláusula – a de escolha do direito material aplicável – que não a de entendimento integral, ainda que possa haver conjugação e complementação eficacial entre elas.

Para finalizar a análise que se procede sob o ponto de vista normativo da cláusula de entendimento integral, enunciem-se dois desdobramentos que se relacionam com o objeto deste estudo mas vão para além dele, devendo-se paralisar o aprofundamento, ainda que antecipada a problemática que geram.

O primeiro é do elastecimento episódico que a cláusula pode apresentar para abranger também o que se conhece por "declarações e garantias" em contratos de compra e venda de participação societária. Sua padronagem nesse sentido, quando empregada, é de enunciar que "as partes reconhecem que nenhuma declaração ou garantia foi prestada exceto aquelas expressamente insertas" no instrumento contratual em questão. Aqui não se tem entendimento integral quanto às regras, mas aos seus pressupostos, i.e. às declarações que são prestadas pelas partes enquanto premissas do negócio, e que poderiam gerar, em caso de omissão, pretensões diversas, transitando pela anulação do negócio, por sua revisão ou, cumulativa ou alternativamente, indenização. Se não é tranquilo na experiência estrangeira que uma cláusula de entendimento integral possa excluir genericamente responsabilidades de qualquer das partes[74], menos ainda no direito brasileiro, em que o nó cego se dá a partir

---

73 DE NOVA, Giorgio. The Romanistic tradition: application of boilerplate clauses under Italian law. In: CORDERO-MOSS, Giuditta (Ed.). *Boilerplate Clauses, International Commercial Contracts and the Applicable Law*. Cambridge: Cambridge University Press, 2011, p. 227.

74 Para ficar-se com os tribunais ingleses, por exemplo, em que a matéria chegou com alguma frequência, há compreensão que tal mecanismo, para gerar a eficácia excludente, deve ser expresso, do contrário estaria barrado pelo "Misrepresentation Act" de 1967 ("Avoidance of provision excluding liability for misrepresentation. If a contract contains a term which would exclude or restrict— (a) any liability to which a party to a contract may be subject by reason of any misrepresentation made by him before the contract was made; or (b) any remedy available to another party to the contract by reason of such a misrepresentation, that term shall be of no

do potencial confronto que tal disposição pode apresentar em face do art. 187 do Código Civil e à funcionalidade corretora da boa-fé objetiva.

O segundo desdobramento se dá para a hipótese das chamadas "zipper clauses", que combinam "entire agreement" com "no oral modification". Como antecipado na Parte I, estas últimas são cláusulas que impõem não se poder modificar o conteúdo contratual senão por escrito, assim afastando que tal possa se dar seja oralmente, seja pela conduta das partes. No direito brasileiro, dispositivo dessa sorte convoca indagar se é adequado à boa-fé objetiva, uma vez que, por sua aludida eficácia corretora, tal norma pode atuar na "conformação ao exercício de direitos subjetivos ou de direitos formativos"[75], conjugada à "diretriz da coerência" que considera atentar "contra a boa-fé uma conduta contratual deslealmente contraditória"[76]. Quer-se dizer: se dada conduta reiterada se afastou da disciplina prevista pelas partes, a indagação que fica é se uma "no oral modification clause" barrará a eficácia da boa-fé e impedirá que a execução supere a previsão; ou, pelo contrário, se justamente o fato de se ter uma "no oral modification clause" é inversora das expectativas concretas e, por isso, ela própria protegida pela boa-fé, por antecipar às partes que não expectem quaisquer modificações senão quando consensadamente por escrito. Tais questões hão de merecer resposta apartada que não neste estudo, haja vista o transbordamento temático que sua resposta provocaria.

Para andar-se em frente, passe-se ao segundo viés sob o qual uma cláusula de entendimento integral no direito brasileiro pode ser lida: o de sua eficácia hermenêutica

B) Eficácia Hermenêutica da Cláusula de Entendimento Integral

effect except in so far as it satisfies the requirement of reasonableness as stated in section 11(1) of the M1 Unfair Contract Terms Act 1977; and it is for those claiming that the term satisfies that requirement to show that it does"). Em sendo expresso, tem-se entendido que ele configura "contractual estoppel", não havendo impedimento de que as partes, portanto, o estabeleçam (PEEL, Edwin. The common law tradition: application of boilerplate clauses under English law. In: CORDERO-MOSS, Giuditta (Ed.). *Boilerplate Clauses, International Commercial Contracts and the Applicable Law*. Cambridge: Cambridge University Press, 2011, pp. 141-142). O mesmo ocorre no direito italiano, em que se atribui essa específica eficácia à cláusula quando as partes expressamente a dirigem às "declarações e garantias", expressando-as como exaustivas, à exclusão de outras que não manifestadas (CASTRONOVO, Francesco. *Autonomia Contrattuale e Disponibilità dell'Integrazione. La merger clause dal diritto americano a quello italiano*. Torino: Giappichelli, 2017, pp. 108-109).

75 MARTINS-COSTA, Judith. *A Boa-Fé no Direito Privado. Critérios para sua aplicação*. 2. ed. São Paulo: Saraiva, 2018, p. 610.

76 MARTINS-COSTA, Judith. *A Boa-Fé no Direito Privado. Critérios para sua aplicação*. 2. ed. São Paulo: Saraiva, 2018, p. 613.

Ainda que alguns autores norte-americanos destaquem que uma "merger clause" "não tem qualquer relevância para a interpretação"[77], nem na ambiência de origem e nem na de destino o entendimento é pacífico ou a prática é imune a riscos. São vários os autores e tribunais norte-americanos a sustentar que uma cláusula de entendimento integral barra ao intérprete a possibilidade de acessar elementos anteriores e externos ao texto contratual para o desvelamento de seu significado, eclipsando "parol evidence rule" com "plain meaning rule"[78], tanto quanto não são raras as tentativas de aclimatação que incidem no mesmo elastecimento. A este segundo propósito, basta exemplificar com o direito italiano, que alguns autores apontam assim proceder[79]; e, no plano transnacional, com o "Advisory Council" da CISG, ao descrever a funcionalidade da "merger clause" como capaz de "excluir provas extrínsecas para fins de interpretação contratual"[80].

Também no Brasil, o risco de tal mistura por via da inserção de cláusula de entendimento integral não é insignificante[81]. Complicando o cenário, basta

77 KNIFFIN, Margaret N. Conflating and confusing contract interpretation and the parol evidence rule: is the emperor wearing someone else's clothes? *Rutgers Law Review*. Newark: Rutgers School of Law, 2009, v. 62, p. 80.

78 Isso se dando, em parte, porque a "parol evidence rule" na sua versão mais estrita, apesar de não ter relevância para a interpretação, a condiciona, "poichè seleziona gli elementi che dovranno fare parte dall'accordo, tra quelli contenuti nel testo e quelli ad esse esterni", de modo que "inevitabilmente invade il campo dell'interpretazione del contratto, condizionandola spesso in maniera decisiva" (CASTRONOVO, Francesco. *Autonomia Contrattuale e Disponibilità dell'Integrazione. La merger clause dal diritto americano a quello italiano*. Torino: Giappichelli, 2017, p. 45).

79 CASTRONOVO, Francesco. *Autonomia Contrattuale e Disponibilità dell'Integrazione. La merger clause dal diritto americano a quello italiano*. Torino: Giappichelli, 2017, p. 81 e ss.; e VIGLIONE, Filippo. *Metodi e Modelli di Interpretazione del Contratto. Prospettive di un dialogo tra common law e civil law*. Torino: Giappichelli, 2011, p. 205.

80 CISG-AC Opinion No 3, Parol Evidence Rule, Plain Meaning Rule, Contractual Merger Clause and the CISG, 23 October 2004. Rapporteur: Professor Richard Hyland, Rutgers Law School, Camden, NJ, USA ("4.5. The CISG does not deal with Merger Clauses and therefore does not contain similar distinctions. Indeed, the dividing line may be blurred. Under the CISG there is authority for the proposition that a properly worded Merger Clause bars the consideration of extrinsic evidence. However, extrinsic evidence should not be excluded, unless the parties actually intended the Merger Clause to have this effect. The question is to be resolved by reference to the criteria enunciated in Article 8, without reference to national law. Article 8 requires an examination of all relevant facts and circumstances when deciding whether the Merger Clause represents the parties' intent. 4.6. Under the CISG, a Merger Clause does not generally have the effect of excluding extrinsic evidence for purposes of contract interpretation. However, the Merger Clause may prevent recourse to extrinsic evidence for this purpose if specific wording, together with all other relevant factors, make clear the parties' intent to derogate from Article 8 for purposes of contract interpretation").

81 A rara doutrina que já tratou do tema, por vezes, incide na mesma amplificação, e.g.: ROSTRO, Bruno Montanari. A cláusula de *entire agreement* nos contratos de fusões e aquisições. *Revista CEJ*. Brasília: Centro de Estudos Judiciários/Conselho da Justiça Federal, 2022, n. 83, pp. 69-70.

aludir à reforma operada pela chamada Lei da Liberdade Econômica, que fez inserir ao art. 113 do Código Civil um §2º dispondo que "[a]s partes poderão livremente pactuar regras de interpretação, de preenchimento de lacunas e de integração dos negócios jurídicos diversas daquelas previstas em lei"; tanto quanto um art. 421-A que, no inc. I, possibilitou aos contratantes "estabelecer parâmetros objetivos para a interpretação das cláusulas negociais". Subjacente a tais noveis dispositivos esteve a tentativa de esvaziar de cogência todas e quaisquer regras legais incidentes sobre relações contratuais[82], e que permaneceu, ao menos enquanto texto nebuloso, para as regras "de interpretação, de preenchimento de lacunas e de integração dos negócios jurídicos".

A indagação que se coloca frente a tal eficácia elastecida que se queira atribuir à cláusula de entendimento integral é dúplice: primeiro, se a liberdade aludida pelos arts. 113 §2º e 421-A, inc. I, do Código Civil admite que a clausulação derrogue todas e quaisquer normas de interpretação contratual, estabelecendo uma sorte de "controle privado sobre o procedimento interpretativo"[83]; e segundo, se é aderente ao direito brasileiro dispositivo que queira isolar o intérprete apenas ao contrato-texto, impedindo-o de ir além de suas paredes, ao modo de uma "plain meaning rule"[84]. A resposta a essas duas questões passa por examinar a natureza da disciplina da interpretação contratual no direito brasileiro, i.e. se cogente ou dispositiva, e no que é cogente e no que é dispositiva, para, então, poder-se concluir pela admissibilidade ou inadmissibilidade, entre nós, de uma cláusula que insira na disciplina negocial uma sorte de "plain meaning rule"[85].

---

82 Alude-se aqui à tentativa mais ampla do redator da Medida Provisória n. 881/2019 de esvaziar de cogência todas as regras legais referentes a contratos (art. 3º, inc. VIII, da MP), e que não foi acolhida pelo texto da lei de conversão. Sobre isso tratou-se mais expandidamente em NITSCHKE, Guilherme Carneiro Monteiro. Comentário ao artigo 113 §§1º e 2º do Código Civil: interpretação contratual a partir da Lei da Liberdade Econômica. In: MARTINS-COSTA, Judith; NITSCHKE, Guilherme Carneiro Monteiro (Orgs.). *Direito Privado na Lei da Liberdade Econômica. Comentários*. São Paulo: Almedina, 2022, pp. 416-418.

83 VIGLIONE, Filippo. *Metodi e Modelli di Interpretazione del Contratto. Prospettive di un dialogo tra common law e civil law*. Torino: Giappichelli, 2011, p. 206.

84 "The plain meaning rule, applied by more jurisdictions in the United States than any other approach, limits admission of extrinsic evidence for interpretative purposes to situations in which the disputed contract term is deemed by the court to be "ambiguous". A term is generally held to be ambiguous when it is capable of having at least two different meanings" (KNIFFIN, Margaret N. Conflating and confusing contract interpretation and the parol evidence rule: is the emperor wearing someone else's clothes? *Rutgers Law Review*. Newark: Rutgers School of Law, 2009, v. 62, p. 95).

85 Tenha-se por premissa que, no direito brasileiro, à diferença de noutros contextos, a discussão que se põe não toca a matéria probatória, considerando não haver qualquer regra sobre provas que pudesse fazer frente a uma cláusula de entendimento integral ou a ela se sobrepor. O mesmo não ocorre noutras paragens, como, por exemplo, na italiana, em que pelo menos um dispositivo do "Codice Civile" faz, em parte, as vezes do que uma cláusula de entendimento integral faria, sob a

Passe-se à primeira questão: qual é a amplitude da liberdade mencionada pelos arts. 113 §2º e 421-A do Código Civil?

Principiando-se pela literalidade dos dispositivos, o art. 113 §2º faz remissão estrita a *regras* de interpretação (aqui utilizada para conglobar as três operações mencionadas pelo artigo), sem aludir a princípios e postulados normativos; ao passo que o art. 421-A, inc. I, refere, apenas, à vaga e obscura expressão "parâmetros objetivos" de interpretação. Se alguma concessão eles estabelecem, esta vai restrita a regras de interpretação, entendendo-se, de sua face, que acerca dos princípios e postulados as partes não podem dispor. Tal não chega a ser novidade, uma vez que jamais se negou, entre nós, que as partes pudessem estabelecer certas regras de interpretação contratual. Há liberdade para tanto, que se ancora no mais genérico art. 425: há permissão para que se celebrem contratos atípicos e há permissão para que se estipule disciplina contratual concreta não coincidente às regras legais típicas.

Essa liberdade, porém, é situada, porque ela se enquadra na moldura das regras legais injuntivas de interpretação. Tanto por isso, não há liberdade plena que permita às partes fixar ou alterar *quaisquer* das regras de interpretação, mas apenas aquelas que se situam no horizonte de sua autonomia privada. Esta é "a margem deixada à vontade pelo sistema jurídico" que "traça os contornos do campo onde se pode exercer o poder do auto-regramento (autonomia)", assim só podendo a vontade ser manifestada "de conformidade com as normas jurídicas de natureza cogente"[86]. Não se pode ler os arts. 113 §2º e 421-A do Código Civil como se tornassem dispositivas, de um golpe só, todas as regras de interpretação, senão sob a consequência de fazer ruir a disciplina inteira a tal respeito.

Essa percepção importa para o tema da cláusula de entendimento integral na medida que esta não pode ser lida como capaz de derrogar as normas cogentes de interpretação do direito brasileiro, ao pretexto de privilegiar uma inadequada insularidade do texto contratual. Se tal dispositivo contratual for lido como se visando a este objetivo, há, à partida, ineficácia frente ao que é injuntivo.

O ponto a saber é justamente o que é injuntivo, e isso permite passar à segunda indagação sob a perspectiva hermenêutica da cláusula de entendimento integral: é aderente ao direito brasileiro dispositivo que queira isolar o

---

perspectiva probatória: o art. 2.722, que dita que "[l]a prova per testimoni non è ammessa se ha per oggetto patti aggiunti o contrari al contenuto di un documento, per i quali si alleghi che la stipulazione è stata anteriore o contemporanea". Tenha-se a cautela, porém, de não ler no art. 2.722 uma regra de entendimento integral, uma vez que a barreira anteposta se dirige, apenas, à prova testemunhal, sem que se exclua a possibilidade de acesso a outras provas.

86 MELLO, Marcos Bernardes de. *Teoria do Fato Jurídico. Plano da Existência*. 8. ed. São Paulo: Saraiva, 1998, p. 161.

intérprete apenas ao contrato-texto, impedindo-o de ir além de suas paredes? A resposta é negativa; e ela é negativa porque a disciplina injuntiva da interpretação contratual no direito brasileiro impõe que o olhar do intérprete vá para além da dimensão textual do negócio. Não há, aqui, a vigência de uma sorte de "plain meaning rule", e que inclusive na ambiência de origem é vez ou outra criticada[87].

A injuntividade decorre, a um, do postulado normativo da intenção comum das partes, que se extrai do art. 112 do Código Civil[88]. Ela é a finalidade da exegese contratual, uma vez que a interpretação tem por objetivo desnudar o sentido do contrato que se tornou turbulento, e que é justamente a intenção comum das partes, enquanto intenção de conteúdo[89]; tanto quanto critério de aplicação de outras normas (princípios e regras) e "diretriz metódica" que conduz o aplicador na interpretação destas, sendo que tais normas (de que se destilam os critérios de interpretação) são *viae ad res*, quer-se dizer: literalidade, contexto verbal, contexto situacional, e objeto e fim do contrato[90] são acessados para fins de se desvelar a concreta intenção comum das partes.

A injuntividade decorre, a dois, dos princípios retores da interpretação contratual e que, assim, iluminam finalisticamente a atividade interpretativa. São princípios da interpretação contratual no direito brasileiro: (i) o princípio da fixação genérica[91], que orienta começar-se a investigação interpretativa sempre

---

87 A "plain meaning rule" por vezes é ironicamente chamada, por autores norte-americanos, de "never-never land" (LINZER, Peter. The comfort of certainty: plain meaning and the parol evidence rule. *Fordham Law Review*. New York: Fordham University School of Law, 2002, v. 71, p. 812) ou de "lawyer's Paradise" onde "todas as palavras têm um fixo, precisamente delimitado significado" (THAYER, James Bradley. *A Preliminary Treatise on Evidence at the Common Law*. Boston: Little, Brown, & Co., 1898, pp. 428-429). Esse Éden – acrescentam tais autores – não existe na prática, pois "uma palavra não é um cristal, transparente e imodificável; é a pele de um pensamento vivo e pode variar intensamente em cor e conteúdo conforme as circunstâncias e o tempo em que utilizada" (conhecida passagem de Oliver Wendell Holmes Jr. no caso *Towne v. Eisner*, de 1918, citado por MURRAY JR., John Edward. *Murray on Contracts*. 3. ed. Charlottesville: The Michie Company, 1990, p. 407). Ainda é grande e disseminada, contudo, a adoção da regra por doutrina e jurisprudência norte-americana.

88 Sobre a intenção comum das partes como postulado, remete-se ao quanto escrito em NITSCHKE, Guilherme Carneiro Monteiro. Comentário ao artigo 113 §§1º e 2º do Código Civil: interpretação contratual a partir da Lei da Liberdade Econômica. In: MARTINS-COSTA, Judith; NITSCHKE, Guilherme Carneiro Monteiro (Orgs.). *Direito Privado na Lei da Liberdade Econômica. Comentários*. São Paulo: Almedina, 2022, p. 325 e ss.

89 Daí dizer-se que a interpretação contratual tem por escopo desvelar "o conteúdo da declaração de vontade que tende a fixar o sentido específico da *unidade de consentimento*" (FERNANDES, Adaucto. *O Contrato no Direito Brasileiro*. Rio de Janeiro: A. Coelho Branco F.º Ed., 1945, v. 2, p. 48).

90 Adotando-se os conjuntos de critérios de interpretação sistematizados e explorados por MARINO, Francisco Paulo De Crescenzo. *Interpretação do Negócio Jurídico*. São Paulo: Saraiva, 2011, *passim*.

91 Conforme conceito esmiuçado por PONTES DE MIRANDA, F. C. *Tratado de Direito Privado*. 4. ed. São Paulo: RT, 1983, t. 3, p. 154.

a partir do "sentido literal das expressões empregadas"[92], porque "roupagem do pensamento"[93], sem, porém, sustentar a suficiência da textualidade; (ii) o princípio da ultraliteralidade, constante do art. 112 do Código Civil, referenciado ao brocardo do *falsa demonstrativo non nocet* e que, enquanto a face inversa da moeda que contém a fixação genérica, orienta o intérprete a ir para além do aparência textual; (iii) o princípio da boa-fé, previsto no art. 113 do Código Civil, e que orienta interpretar-se dado contrato tomando em consideração a preservação da expectativa justa e legítima das partes; (iv) e o princípio da conservação do negócio jurídico (ou *favor negotii*, ou *favor contractus*), que, no plano da eficácia, alça-se à regra costumeira para interpretar o negócio jurídico, orientando a interpretação que mais preserve seu efeito, quando possível[94].

A injuntividade decorre, a três, de certas regras de interpretação que vêm previstas seja no art. 113 do Código Civil, seja no direito costumeiro. Fique-se com os incisos do art. 113 §1° para um exercício exemplificativo de objetividade. Os incisos I ("comportamento das partes posterior à celebração do negócio", que também abrange o anterior), II ("usos, costumes e práticas") e V ("razoável negociação das partes sobre a questão discutida, inferida das demais disposições do negócio e da racionalidade econômica das partes, consideradas as informações disponíveis no momento de sua celebração"), por se desdobrarem do mesmo princípio da ultraliteralidade, dando-lhe concretude, hão de ser lidos como cogentes: são todos concreções dos arts. 112 e 113, de modo que, sem seu atendimento, desconsiderada estará a principiologia de suporte. O inc. III, que refere à boa-fé, é cogente por redundância ao *caput*. Apenas o inc. IV que se mostra verdadeiramente dispositivo e, portanto, derrogável pela autonomia privada, seja porque a interpretação *contra proferentem* não se situa dentro das bordas da intenção comum das partes (i.e. não é critério para sua averiguação), seja porque não há justificativa protetiva a polo fraco que o inspire. Fosse o inc. IV dirigido a prestar resguardo a alguma categoria de contratantes (como os aderentes, os locatários ou os representantes comerciais são protegidos pelo exercício do dirigismo via Estado-lei), seria de se cogitar injuntividade ao dispositivo legal, mas tal não é o caso.

Todo o mais é composto por disciplina dispositiva, portanto derrogável pelas partes. Para além do caso do art. 113 §1°, inc. IV, que estipula a interpretação *contra proferentem*, essa é a situação, por exemplo, de todas as regras de

---

92 CESAR, José Augusto. *Ensaio sobre os Actos Juridicos*. Campinas: Typ. da Casa Genoud, 1913, p. 122.

93 FERNANDES, Adaucto. *O Contrato no Direito Brasileiro*. Rio de Janeiro: A. Coelho Branco F.° Ed., 1945, v. 2, p. 60.

94 AZEVEDO, Antonio Junqueira de. *Negócio Jurídico. Existência, validade e eficácia*. São Paulo: Saraiva, 2002, p. 70.

preenchimento de lacunas previstas em atrelamento a contratos típicos, quais sejam: os arts. 485, 596, 628, Parágrafo Único, 658, Parágrafo Único, 701, 721 e 724. Os próprios dispositivos legais sempre pressupõem, em seu texto, a ausência de estipulação específica dos contratantes[95], de modo que, aqui, a liberdade negocial que se exercer estará sobreposta às regras legais de interpretação.

Diante desse cenário, a cláusula de entendimento integral que seja lida como aprisionando o intérprete apenas à faceta textual do concreto contrato carece de aderência. Ela não supera a injuntividade das normas jurídicas que remetem o intérprete à apreciação do contexto verbal, do contexto situacional, e do objeto e fim do negócio jurídico. Quanto a elas, a cláusula é simplesmente ineficaz, sendo correto, portanto, o comentário de raro mas qualificado estudo brasileiro sobre a cláusula de entendimento integral acerca dos limites que sua eventual funcionalidade hermenêutica encontra: "(i) da cogência das normas da interpretação, em virtude (ii) do postulado normativo da intenção comum e seus acessórios princípios da ultraliteralidade e da boa-fé objetiva"[96]. Não há espaço no direito brasileiro para o textualismo norte-americano da "plain meaning rule".

Um sobrevoo comparatista descortina semelhantes conclusões, ainda que com peculiaridades locais. No direito italiano, por exemplo, tecem-se severas restrições a cláusulas de entendimento integral que tenham por fito limitar o acesso a elementos externos durante o processo de interpretação contratual. Isso se dá porque, de maneira semelhante à ambiência brasileira, o art. 1.362 do Código Civil italiano é inderrogável. Este trata da "intenção dos contratantes", e assim fixa: "Nell'interpretare il contratto si deve indagare quale sia stata la comune intenzione delle parti e non limitarsi al senso letterale delle parole. Per determinare la comune intenzione delle parti, si deve valutare il loro comportamento complessivo anche posteriore alla conclusione del contratto". A doutrina extrai que com "comportamento" se deve entender também o que precede à celebração do contrato[97], de modo que uma cláusula de entendimento integral que pretendesse impedir o intérprete de acessar a "intenção comum

---

95 O art. 485, por exemplo, dispõe que a fixação do preço "*pode* ser deixada ao arbítrio de terceiro"; o art. 596 indica que o critério legal só o art. 596 indica que o critério legal só se aplica quando não houver estipulação ou acordo das partes; os arts. 628, Parágrafo Único, e 658, Parágrafo Único, fazem aplicáveis as orientações da lei se a retribuição não "resultar de ajuste"; o art. 701 faz pressuposto não ter havido estipulação pelos contratantes; e o art. 724, por fim, só incide em seu critério se a remuneração do corretor não constar do ajuste das partes.

96 ROSTRO, Bruno Montanari. A cláusula de *entire agreement* nos contratos de fusões e aquisições. *Revista CEJ*. Brasília: Centro de Estudos Judiciários/Conselho da Justiça Federal, 2022, n. 83, p. 73.

97 DE NOVA, Giorgio. The Romanistic tradition: application of boilerplate clauses under Italian law. In: CORDERO-MOSS, Giuditta (Ed.). *Boilerplate Clauses, International Commercial Contracts and the Applicable Law*. Cambridge: Cambridge University Press, 2011, p. 229.

das partes" pela consulta a qualquer dos elementos externos do contrato-texto seria nula, porque afrontosa ao art. 1.362[98].

Mesmo na ambiência norte-americana, e ainda que não seja ponto tranquilo por lá, há quem defenda, sob a luz do "Uniform Commercial Code" (§ 2-202), que a "merger clause" não barra, em nenhuma circunstância, a utilização dos usos e costumes ("usage of trade"), dos negócios anteriores ("course of dealing") e do comportamento posterior das partes ("course of performance") para fins de interpretação e suplementação do contrato[99]. Tal posição deriva do próprio conceito de contrato que se encontra no "Uniform Commercial Code", ao dispor, no § 1-201(11), que é a "total legal obligation which results from the parties' agreement", e que este, segundo § 1-201(3), é o acordo extraído da linguagem empregada pelas partes ou da "implication from other circumstances including course of dealing or usage or trade or course of performance"[100].

O mesmo se dá sob a vigência dos "UNIDROIT Principles of International Commercial Contracts", de 2016, *soft law* vez ou outra escolhida pelas partes para a disciplina de seu concreto contrato. Segundo estes, uma "merger clause" pode vir a ter por fito declarar que determinado contrato não pode ser "contraditado ou suplementado por provas referentes a declarações ou acordos

98 DE NOVA, Giorgio. The Romanistic tradition: application of boilerplate clauses under Italian law. In: CORDERO-MOSS, Giuditta (Ed.). *Boilerplate Clauses, International Commercial Contracts and the Applicable Law*. Cambridge: Cambridge University Press, 2011, p. 229 ("In short, under Italian law, an entire agreement clause cannot prevent the judge from interpreting the contract by examining the common intent of the parties in the light of their overall behaviour prior and subsequent to the execution of the contract").

99 MURRAY JR., John Edward. *Murray on Contracts*. 3. ed. Charlottesville: The Michie Company, 1990, p. 396. Os conceitos de "usage of trade", "course of dealing" e "course of performance" podem ser encontrados no "Uniform Commercial Code", respectivamente no § 1-303, (c), (b) e (a).

100 Sob uma ótica brasileira, perceba-se que a observação mistura formação do conteúdo contratual, interpretação propriamente dita e interpretação completativa (*rectius* preenchimento de lacunas), estas que, no direito norte-americano, por conta do processo da "implication", vêm de certo modo eclipsadas. Um termo derivado da conduta das partes é "implied-in-fact", ao passo que o derivado de outras fontes normativas, como estatutos ou usos e costumes, é "implied-in-law" (FARNSWORTH, E. Allan. *Contracts*. 3. ed. New York: Aspen Law & Business, 1999, pp. 499-503). Daí se explica a combinação que autores de lá fazem ao afirmar: "The scope of the contractual obligation – the "circle of assent" – may be gleaned from sources other than the writing. If the writing is incomplete, the gaps are filled judicially with reasonable times, reasonable performance terms, and even reasonable prices" (MURRAY JR., John Edward. The parol evidence process and standardized agreements under the Restatement (Second) of Contracts. *University of Pennsylvania Law Review*. Philadelphia: University of Pennsylvania, 1975, v. 123, p. 1342). Do mesmo modo que ocorre no direito inglês, segundo alguns autores , os "implied terms" não são barrados pela "parol evidence rule" e, assim, admitem prova, nada obstante haver posicionamentos expansivos da eficácia da regra que a entende barradando a "implication" (TREITEL, Guenter. *The Law of Contract*. 10. ed. London: Sweet & Maxwell, 2001, p. 178).

anteriores", mas não limitar que estes sejam utilizados no processo de interpretação do contrato[101].

Também no direito português a questão se coloca, importando saber se o art. 236º e seguintes do Código Civil português consolidam regras injuntivas ou dispositivas[102]. Se é bem verdade que "a norma injuntiva é desvio ao princípio da subsidiariedade do direito, mais intenso no direito privado"[103], também é correto dizer que no direito brasileiro, que enucleia o processo interpretativo na intenção comum das partes, a injuntividade das normas de interpretação tem por função preservar esse postulado normativo. Assim, a cláusula de entendimento integral naquilo que poderia gerar de limitação à interpretação padece de parcial ineficácia, no direito brasileiro: ela não pré-exclui do horizonte do intérprete nem o exame do contexto – seja verbal, seja circunstancial –, nem o do fim do negócio jurídico. Do contrário, ter-se-ia, tal qual um castelo de cartas, o desabamento do postulado normativo, de seus princípios e de suas regras.

CONCLUSÕES

A tradição anglo-americana em matéria contratual é produto de um particular desenvolvimento que não recomenda se enxertem, acriticamente e sem um exame clínico de adaptação, as soluções lá gestadas para a resolução de problemas aqui existentes. A ambiência brasileira não compreende uma dicotomia tal qual a instaurada entre o textualismo e o contextualismo, produto histórico que se liga, na origem, a um movimento de substituição da tradição anterior, centrada no racional de se buscar a justiça objetiva do negócio, por uma visão orientada pelo consenso e, assim, pelo que as partes concretamente entabulam[104].

101 "ARTICLE 2.1.17 (Merger clauses) A contract in writing which contains a clause indicating that the writing completely embodies the terms on which the parties have agreed cannot be contradicted or supplemented by evidence of prior statements or agreements. However, such statements or agreements may be used to interpret the writing".

102 E.g. PIRES, Catarina Monteiro. Cláusulas de acordo integral e cláusulas de solução única ou de "remédio" único. In: MONTEIRO, Antonio Pinto (Coord.). *A Tutela dos Credores*. Lisboa: UCE, 2020, p. 73 e ss., que opina por serem dispositivas as regras de interpretação presentes no Código Civil português, "na medida em que não vislumbramos interesses relevantes que permitam comprimir a autonomia privada das partes".

103 PIRES, Catarina Monteiro. Cláusulas de acordo integral e cláusulas de solução única ou de "remédio" único. In: MONTEIRO, Antonio Pinto (Coord.). *A Tutela dos Credores*. Lisboa: UCE, 2020, p. 69.

104 Sobre isso, veja-se o percuciente exame de HORWITZ, Morton J. The historical foundations of modern contract law. *Harvard Law Review*. Cambridge: Harvard University, 1974, v. 87, n. 5, p. 917 e ss.

As cláusulas de entendimento integral se situam no cruzamento dessas vias, porque voltadas a reforçar a face textual do contrato em reação à expansão de orientações contextualistas, sendo modelo negocial responsivo ao contexto em que gestado. Trazido para a ambiência brasileira, ele não há de responder aos mesmos problemas, não gozará de idênticas características e, como consequência, não gerará os mesmos efeitos de origem. Como visto, e agora em resumo, uma cláusula de entendimento integral no direito brasileiro:

(i) sob o ponto de vista normativo, gerará efeito novativo em face dos pactos e contratos que forem anteriores ao negócio em que inserta, mas apenas para os temas sobre os quais o contrato posterior versar;

(ii) ainda sob o ponto de vista normativo, só afastará a incidência de regras dispositivas, uma vez que inderrogáveis as regras legais cogentes; e mesmo dentre as dispositivas, a não incidência se dará apenas para as relacionadas aos temas expressamente versados pelo contrato;

(iii) sob o ponto de vista hermenêutico, será ineficaz em face das normas cogentes de interpretação contratual, não sendo admissível, no direito brasileiro, que se a leia como aprisionando o intérprete à face textual do contrato.

Por evidente, a maior ou menor extensão dessas virtualidades, tanto quanto de seus desdobramentos e de suas combinações (como, e.g., para fazerem sobreviventes certos pactos e contratos anteriores, para atingirem "declarações e garantias", para costurarem "zipper clauses" com as de "no oral modification", etc.), dependerão do *design* concreto que se venha adotar. Em qualquer circunstância, há de viger, para tanto, o exercício de cautela perante a "metabolização"[105] que a aclimatação de um modelo negocial estrangeiro produz: o de vê-lo no enquadramento da moldura local, senão sob o risco de não se conseguir o antevisto pelo emprego da cláusula ou de se ter, como consequência do incauto agir, efeitos jurídicos indesejáveis.

---

105 Expressão de LEGRAND, Pierre. L'hypothèse de la conquête des continents par le droit américain (ou comment la contingence arrache à la disponibilité). In: *Archives de Philosophie du Droit. T. 45. L'Américanisation du Droit*. Paris: Dalloz, 2001, p. 38.

44. CLÁUSULAS DE QUALIFICAÇÃO DE CONHECIMENTO

Guilherme Setoguti J. Pereira
Carolina Mota da Silva Telles

INTRODUÇÃO

Como tantas das cláusulas comumente utilizadas em operações de compra e venda de participação societária[1] no Brasil, as cláusulas de qualificação de conhecimento são importadas de modelos estrangeiros, especialmente de sistemas jurídicos de *common law*.[2] Referidas cláusulas modulam o alcance da responsabilidade decorrente de cláusulas de declarações e garantias, na tentativa de restringir a responsabilidade daquele que está prestando as declarações e garantias e afastar a responsabilização do contratante por fatos que não sejam do seu conhecimento.

O foco deste trabalho será a qualificação de conhecimento nas declarações e garantias prestadas pelo vendedor, já que, de forma geral, as declarações e garantias do vendedor têm maior relevância na prática societária e tendem a desencadear problemas posteriores à celebração dos contratos com maior frequência.[3]

---

1 Para fins desse trabalho, serão utilizadas, indistintamente, as denominações "M&A", "fusões e aquisições", "incorporações e aquisições", "compra e venda de participação societária" e "alienação de participação societária" para fazer referência às operações em análise.

2 Há vários países que adotam o *common law* como sistema jurídico, a exemplo dos Estados Unidos, Canadá, Inglaterra, Austrália, e outros países, geralmente de língua inglesa. Neste trabalho, trataremos dos aspectos do *common law* a partir do sistema legal dos Estados Unidos.

3 COATES, John. M&A *Contracts: Purposes, Types, Regulation, and Patterns of Practice*. Harvard John M. Olin Discussion Paper Series Paper No. 825, Apr. 2015, p. 10.

Serão analisadas a origem e a função dessa cláusula em sistemas de *common law* e como ela se relaciona com os institutos do direito brasileiro, sobretudo considerando que o nosso ordenamento prevê diversas medidas e consequências próprias para os problemas que essa cláusula pretende solucionar. Também diante das discrepâncias entre os sistemas de *common law* e as normas do direito brasileiro relacionadas à boa-fé objetiva, analisaremos os efeitos e a efetividade da qualificadora de conhecimento em nosso ordenamento jurídico.

Ainda, a inserção da qualificadora de conhecimento nos contratos de M&A suscita dúvidas a respeito dos seus limites subjetivos e objetivos. A princípio, os efeitos projetados da qualificadora de conhecimento são fáceis de delimitar: o vendedor declara fatos nas declarações e garantias e, se for incluída a qualificadora, ele não poderá ser responsabilizado pela falsidade das declarações e garantias se não tinha conhecimento dos fatos que as tornavam falsas.

Mas, como se sabe, as sociedades cujas quotas ou ações são alienadas pelos contratos de M&A podem ser organismos complexos. É possível – quiçá provável – que o vendedor não tenha, pessoalmente, ciência de determinado fato, mas esse fato poderia ser conhecido por ele mediante emprego de maior ou menor grau de diligência. Isso faz surgir a questão de quais fatos podem ser considerados como de conhecimento do vendedor para efeitos de aplicação da cláusula: a qualificadora incide apenas sobre o que o vendedor efetivamente conhecia na data da assinatura do contrato ou pode incluir outros fatos que ele poderia ou deveria conhecer?

Do mesmo modo, muitas vezes o próprio vendedor é uma pessoa jurídica ou um ente despersonalizado (como um fundo de investimento), o que dificulta a definição dos limites do seu conhecimento. De que forma uma pessoa jurídica ou um fundo de investimento toma conhecimento de um fato? Quais pessoas físicas relacionadas à sociedade ou ao fundo de investimento têm que estar cientes desse fato para que aqueles possam ser responsabilizados pela falsidade das declarações e garantias?

Buscaremos tecer considerações a respeito desses e de outros questionamentos a partir da definição do conhecimento, da exposição e análise das diferentes variações de redação da cláusula e explorando os seus limites objetivos e subjetivos.

1. ORIGEM E FUNÇÃO

As cláusulas de declarações e garantias e as cláusulas qualificadoras de conhecimento vêm da prática de fusões e aquisições do *common law*. Esse transplante jurídico sofre diversas (e muitas vezes acertadas) críticas na doutrina brasileira, por não levar em conta as peculiaridades dos institutos do ordenamento jurídico brasileiro. Tomando de empréstimo as palavras de Judith Martins-Costa, não raro ocorre "transplante acrítico de soluções estrangeiras",[4] porque o direito brasileiro já prevê soluções para os problemas que as cláusulas de declarações e garantias – e, como consequência, as cláusulas de qualificação de conhecimento – foram concebidas para solucionar.

No direito estadunidense há a necessidade de inclusão de cláusulas de declarações e garantias porque sem elas as partes envolvidas na operação de compra e venda de participações societárias não estariam suficientemente protegidas juridicamente quanto a informações imprecisas, incompletas e defeitos e/ou vícios referentes ao objeto da operação.[5]

A proteção das partes no sistema norte-americano parte, historicamente, do princípio do *caveat emptor*, que estabelece que cabe à parte, por conta própria, examinar, investigar e avaliar as informações do negócio que pretende celebrar. De acordo com esse enunciado, o comprador deve empregar os esforços necessários para realizar as investigações e diligências que desejar, e confiar apenas no seu próprio julgamento a respeito do que averiguar. Não há garantias implícitas de que as partes devem se proteger reciprocamente ou proceder de boa-fé nas negociações. Há, antes, a presunção de que as partes são adversárias e buscam vantagens uma sobre a outra, de modo que cada uma deve realizar suas próprias investigações e estudos sobre o negócio.[6] Como decorrência disso, não se impõe ao vendedor um dever geral de informar derivado da boa-fé (*caveat venditor*).[7]

O *caveat emptor* começou a perder força a partir da segunda metade do século XX nos Estados Unidos, momento em que os tribunais norte-americanas passaram a flexibilizar e excetuar o princípio.[8] Mesmo assim, ainda existe controvérsia sobre a vigência ou não do *caveat emptor* nas operações de compra

---

4 MARTINS-COSTA, Judith. *Modelos de Direito Privado*. São Paulo: Marcial Pons, 2014, p. 22.

5 CUNHA, Juliana Bonazza Teixeira da. *A Qualificadora "No Melhor Conhecimento" em Contratos de Compra e Venda de Participação Societária*. 2016. Dissertação (Mestrado em Direito). Escola de Direito de São Paulo da Fundação Getulio Vargas, São Paulo, 2016, p. 15.

6 MENDES-MEDEIROS, Mariana. *Cláusulas de declarações e garantias nos contratos internacionais de aquisição de empresas ou ativos*. 2006. Dissertação (Mestrado em Direito). Faculdade de Direito da Universidade de São Paulo, São Paulo, 2006, p. 26/29.

7 CARVALHO, Bruno Caetani. ZANINI, Carlos Klein. "A due diligence e os deveres fiduciários em operações de M&A de companhias abertas." IN: ADAMEK, Marcelo Vieira von. PEREIRA, Rafael Setoguti J. *Fusões e Aquisições (M&A)*. São Paulo: Quartier Latin, 2022, p. 70.

8 WEINBERGER, Alan M. *Let the Buyer Be Well Informed? – Doubting the Demise of Caveat Emptor*, 55 Md. L. Rev. 387 (1996). Disponível em: https://digitalcommons.law.umaryland.edu/mlr/vol55/iss2/6/ (acesso em 22.04.23).

e venda de participações societárias, sobretudo entre empresários experientes.[9] Também existe a controvérsia de se existe ou não o dever de informar (*duty to disclose*) e em que medida ele se aplica nas operações de M&A.[10]

De modo geral, no direito estadunidense admite-se que há determinadas hipóteses em que o *duty to disclose* existe, mas que a regra geral é que o silêncio é permitido, e o papel dos deveres de informação nesse sistema é bastante limitado.[11] Vê-se, de pronto, que há um enorme descompasso entre as condutas exigidas dos contratantes em decorrência da boa-fé nos sistemas de *common law* e *civil law* (romano-germânicos), assim como das consequências de se prestar informações falsas ou de falhas no dever de informar nesses dois regimes.[12]

Em conjunto com outras peculiaridades de sistemas de *common law*, essas circunstâncias tornaram comum a inserção de declarações e garantias nos contratos de M&A, para conferir segurança jurídica às partes (sobretudo aos compradores), impor responsabilidade por vícios na sociedade-alvo ou outras informações falsas e permitir a obtenção de indenização por perdas sofridas em decorrência dessas informações falsas ou omissões.[13]

As declarações e garantias são comumente prestadas em maior extensão pelos vendedores, e também são destes as declarações e garantias mais relevantes. Isso se dá porque há uma inegável assimetria de informações entre vendedores e compradores a respeito da sociedade-alvo, desequilíbrio que se busca mitigar pela inclusão de declarações e garantias dos vendedores que enumerem fatos, dados e informações sobre essa sociedade. Consequentemente, quanto mais declarações e garantias forem prestadas pelo vendedor, maior o risco que

---

9 MENDES-MEDEIROS, Mariana. *Cláusulas de declarações e garantias nos contratos internacionais de aquisição de empresas ou ativos.* 2006. Dissertação (Mestrado em Direito). Faculdade de Direito da Universidade de São Paulo, São Paulo, 2006, p. 33/34.

10 PALMIERI, Nicola W. *Good Faith Disclosures Required During Precontractual Negotiations.* Seton Hall Law Review, v. 24, 1993, p. 74/75; MENDES-MEDEIROS, Mariana. Cláusulas de declarações e garantias nos contratos internacionais de aquisição de empresas ou ativos. 2006. Dissertação (Mestrado em Direito). Faculdade de Direito da Universidade de São Paulo, São Paulo, 2006, p. 41.

11 PALMIERI, Nicola W. *Good Faith Disclosures Required During Precontractual Negotiations.* Seton Hall Law Review, v. 24, 1993, p. 120/124; e BUSCHINELLI, Gabriel Saad Kik. *Compra e Venda de Participações Societárias de Controle.* Orientador: Eduardo Secchi Munhoz. 2017. Tese (Doutorado em Direito). Faculdade de Direito da Universidade de São Paulo, São Paulo, 2017, p. 265.

12 Embora não se negue, primeiro, que há diferentes escopos e consequências do dever de observância à boa-fé nas diferentes jurisdições de *civil law*, e, segundo, que os deveres decorrentes da boa-fé também podem existir nas jurisdições de *common law*, é pacífico que as jurisdições de civil law contemplam uma aplicação mais expansiva desses deveres (PARGENDLER, Mariana. *The Role of the State in Contract Law: The Common-Civil Law Divide.* New York University School of Law. Law & Economics Research Paper Series. Working Paper No. 17-01, Vol. 43: 143, 2018, p. 150).

13 GREZZANA, Giacomo. *A Cláusula de Declarações e Garantias em Alienação de Participação Societária.* São Paulo: Quartier Latin, 2019, p. 57/58.

esse vendedor assume de ser posteriormente responsabilizado por violá-las. Como não é razoável esperar que em uma negociação o comprador aceitaria abrir mão por completo da inclusão de declarações e garantias, a alternativa que resta ao vendedor é tentar limitar, de algum modo, o seu escopo. Nesse cenário surgem os *moduladores* de declarações e garantias, como a cláusula de qualificação de conhecimento.

A qualificação de conhecimento (*knowledge qualifier*) tem a função de restringir a responsabilidade de quem está fazendo a declaração, para afastar a responsabilização por fatos que não sejam do seu conhecimento.[14] A motivação para sua inclusão é alocar os riscos quanto a fatos desconhecidos a respeito da sociedade.[15] Pactuada a cláusula de qualificação de conhecimento, pretende-se que a cláusula de declarações e garantias seja considerada violada apenas quando o fato que torna falsa a informação prestada for de efetivo conhecimento da parte que prestou as declarações e garantias.

É dizer: produzidos os efeitos a que se destina, não haveria responsabilidade se os fatos que tornam a declaração falsa não eram (ou não poderiam ser) conhecidos pelos vendedores.[16] Em declarações e garantias sem essa qualificação, poder-se-ia sustentar – com muitas ressalvas, em nossa opinião – que o vendedor assume o risco quanto à falsidade objetiva de todos os fatos objeto da declaração, ainda que não tenha conhecimento da sua falsidade[17] – e, consequentemente, poderá ser responsabilizado caso a falsidade seja descortinada posteriormente, independentemente do seu conhecimento sobre a questão. Trata-se, em nossa visão, de posição que deve ser vista *cum grano salis*, uma vez que, ainda que o vendedor preste declarações e garantias de forma ampla e sem qualificadores, não parece ser possível sustentar que ele assumiu, de maneira objetiva, responsabilidade por toda e qualquer inadequação que venha a se apurar, não ao menos sem análise das circunstâncias fáticas do caso concreto. De qualquer maneira, a questão exige maior aprofundamento.

---

14 DE NOVA, Giorgio. *Il* Sale and Purchase Agreement: *un conttrato commentato*. Torino: G. Giappichelli Editore, 2017, p. 152.

15 CUNHA, Juliana Bonazza Teixeira da. *A Qualificadora "No Melhor Conhecimento" em Contratos de Compra e Venda de Participação Societária*. 2016. Dissertação (Mestrado em Direito). Escola de Direito de São Paulo da Fundação Getulio Vargas, São Paulo, 2016, p. 246.

16 CUNHA, Juliana Bonazza Teixeira da. *A Qualificadora "No Melhor Conhecimento" em Contratos de Compra e Venda de Participação Societária*. 2016. Dissertação (Mestrado em Direito). Escola de Direito de São Paulo da Fundação Getulio Vargas, São Paulo, 2016, p. 45.

17 GREZZANA, Giacomo. "O Qualificador de Conhecimento (*Knowledge Qualifier*) e Suas Relações com a Cláusula de Declarações e Garantias em Alienações de Participação Societária." In: ADAMEK, Marcelo Vieira von. PEREIRA, Rafael Setoguti J. *Fusões e Aquisições (M&A)*. São Paulo: Quartier Latin, 2022, p. 247.

A qualificadora de conhecimento insere um elemento de subjetivismo nas declarações e garantias, cuja violação passa a ter consequências distintas dependendo do grau de conhecimento do declarante a respeito dos fatos.[18]

Com o aumento dos investimentos estrangeiros no Brasil nas décadas de 80 e 90, essas cláusulas, de declarações e garantias e qualificação de conhecimento, em conjunto com diversas outras da prática do *common law*, passaram a ser inseridas também na prática jurídica brasileira.[19] Mas o direito brasileiro prevê diversas soluções próprias aos problemas que ensejaram a criação das cláusulas de declarações e garantias e da qualificação de conhecimento.[20] Assim, surge a questão de como compatibilizar essas cláusulas contratuais com os institutos do direito brasileiro.

2. VALIDADE

As declarações e garantias e a qualificadora de conhecimento surgiram em sistemas legais que não privilegiam e não têm normas estritas a respeito da necessidade de os contratantes observarem a boa-fé nas negociações e na celebração dos contratos. No direito brasileiro, por outro lado, o Código Civil traz a boa-fé objetiva como princípio que impõe *standard* aos que ingressam em relação contratual, como fonte de deveres de conduta e como limite ao exercício de direitos.[21]

O Código Civil prevê defeitos do negócio jurídico (erro, dolo, coação, estado de perigo, lesão e fraude contra credores – artigos 138 a 165), que estão relacionados à boa-fé objetiva ou derivam da inobservância dela. A boa-fé objetiva também impõe aos contratantes deveres anexos e de proteção,[22] como dever de cooperação, dever de lealdade e dever informativo.

---

18 GREZZANA, Giacomo. "O Qualificador de Conhecimento (*Knowledge Qualifier*) e Suas Relações com a Cláusula de Declarações e Garantias em Alienações de Participação Societária." In: ADAMEK, Marcelo Vieira von. PEREIRA, Rafael Setoguti J. *Fusões e Aquisições (M&A)*. São Paulo: Quartier Latin, 2022, p. 245

19 MENDES-MEDEIROS, Mariana. *Cláusulas de declarações e garantias nos contratos internacionais de aquisição de empresas ou ativos*. 2006. Dissertação (Mestrado em Direito). Faculdade de Direito da Universidade de São Paulo, São Paulo, 2006, p. 15.

20 WALD, Arnoldo. *Dolo Acidental do Vendedor e Violação das Garantias Prestadas*. Revista dos Tribunais, vol. 949/2014, p. 95-103, nov./2014, DTR\2014\17599, p. 2.

21 MARTINS-COSTA, Judith. "A boa-fé como modelo (uma aplicação da teoria dos modelos de Miguel Reale)". In: MARTINS-COSTA, Judith. BLANCO, Gerson. *Diretrizes teóricas do novo Código Civil brasileiro*. São Paulo: Saraiva, 2002, p. 188.

22 Judith Martins-Costa explica que "os deveres fundados na boa-fé estão ou instrumentalizados à otimização dos deveres de prestação ("deveres anexos"), ou têm escopo protetivo para que, do contrato ou das tratativas contratuais não resultem danos injustos aos contraentes ("deveres de

Esses deveres, especialmente o dever de informar, têm estrita relação com a função das cláusulas de declarações e garantias e da qualificadora de conhecimento. Isso porque, como já se viu, a função primordial das declarações e garantias é suprir a assimetria de informações entre compradores e vendedores (protegendo, de modo geral, o comprador) e a função da qualificadora de conhecimento é limitar a responsabilidade daquele que está prestando a declaração (protegendo, de modo geral, o vendedor).

O dever de informar tem diversas nuances que merecem análise mais aprofundada do que a que se propõe no escopo deste trabalho, mas é inegável que, por decorrência da regra de boa-fé objetiva, na fase de tratativas de uma operação de alienação de participação societária pode surgir o dever de uma parte fornecer informação à outra (que pode ter diferentes conteúdos e extensões dependendo do caso), independentemente de regra contratual prévia que estipule tal obrigação de fornecimento da informação.[23]

Ou seja, no Brasil já há situações em que é imposto às partes o dever de fornecer informações à contraparte na negociação, o que em tese poderia contribuir ou até bastar para equalizar a assimetria informacional que existe entre as partes de tais negócios. Do mesmo modo, são facetas do dever de informação o *ônus de se auto informar* e a *imputação de conhecimento* em determinadas situações, que também influenciariam, em tese, a aplicabilidade da qualificadora de conhecimento. A imputação de conhecimento será tratada em maiores detalhes nos capítulos subsequentes, mas desde já é possível ver as diversas interseções entre as consequências da boa-fé objetiva e os efeitos das declarações e garantias e da qualificadora de conhecimento.

Contudo, a mera existência de institutos no direito brasileiro que coíbem ou afetam, de algum modo, as circunstâncias que deram causa à criação e utilização da qualificadora de conhecimento não afasta a validade dessa cláusula. Como se sabe, vigoram no direito brasileiro os princípios da autonomia privada e da liberdade de contratar. Em contratos de compra e venda de participação societária esses princípios são aplicáveis com particular ênfase, considerando se tratar de negócio jurídico complexo, que envolve partes capacitadas,

---

proteção", em sentido estrito). Assim, a boa-fé poderá estar na origem (i) tanto dos deveres instrumentais, ditos deveres anexos aos interesses à prestação, quanto (ii) dos deveres de proteção contra danos que poderiam advir da relação obrigacional, reportando-se, então, aos interesses à proteção. Os primeiros estão insertos aos interesses de prestação; os segundos, aos interesses de proteção. Ambos constituem, fundamentalmente, deveres de cooperação (em sentido amplo) e proteção dos recíprocos interesses dos contraentes" (MARTINS-COSTA, Judith. *A boa-fé no direito privado: critérios para a sua aplicação*. São Paulo: Saraiva Educação, 2018, p. 573).

23 GREZZANA, Giacomo. *A Cláusula de Declarações e Garantias em Alienação de Participação Societária*. São Paulo: Quartier Latin, 2019, p. 244.

experientes e especializadas, ao contrário do que ocorreria, por exemplo, em relações de consumo, com partes hipossuficientes. Em razão disso, a despeito de a qualificadora de conhecimento ter sido importada de outros sistemas, nada impede que as partes optem por inclui-la nos contratos de compra e venda de participação societária, sendo ela plenamente válida.[24]

Por outro lado, a existência dessa cláusula não escusa os contratantes de observar a boa-fé objetiva nas negociações ou após a conclusão do contrato. Evidentemente, a cláusula também não afasta a incidência das disposições sobre defeitos do negócio jurídico mencionadas acima ou outras normas cogentes.[25]

A qualificadora de conhecimento deve ser compatibilizada, caso a caso, com a boa-fé objetiva e institutos relacionados. Exemplos que podem ser mencionados dessa necessidade de compatibilização são o dever de se informar para informar e o dilema do duplo mentiroso.

A doutrina aceita que, por conta da boa-fé objetiva, os contratantes têm o *dever de se informar para informar*.[26] Por conta disso, é possível considerar que, em determinadas circunstâncias - quando, por exemplo, a informação em questão disser respeito a qualidades essenciais do negócio -, é irrelevante uma parte alegar que não tinha conhecimento de determinada informação, pois, mesmo diante da presença da qualificadora, recairia sobre ela o dever de ter se informado para informar.[27]

A expressão "duplo-mentiroso", por sua vez, se refere à situação em que um contratante mente para a contraparte ou para eventual julgador de um litígio ao afirmar que não tinha conhecimento da falsidade de uma declaração que ele sabia ser falsa.[28] Se o vendedor tinha ciência da falsidade da declaração, mas o vendedor também sabia que a declaração era falsa, o vendedor deve ser

24 SABADIN, Mariana Guerra. *Autonomia Privada e Licença para Mentir - Uma Investigação Sobre a Possibilidade de Limitação Contratual da Responsabilidade por Dolo*. 2015. Dissertação (Mestrado em Direito). Escola de Direito de São Paulo da Fundação Getúlio Vargas, São Paulo, 2015, p. 14; e CUNHA, Juliana Bonazza Teixeira da. *A Qualificadora "No Melhor Conhecimento" em Contratos de Compra e Venda de Participação Societária*. 2016. Dissertação (Mestrado em Direito). Escola de Direito de São Paulo da Fundação Getulio Vargas, São Paulo, 2016, p. 53.

25 TEPEDINO, Gustavo. "Novos Princípios Contratuais e Teoria da Confiança: a Exegese da Cláusula to the Best Knowledge of the Sellers". In: *Soluções Práticas de Direito - Pareceres*, vol. 2, p. 245-450, nov./2011, DTR\2012\442, p. 9.

26 BENETI, Giovana Valentiniano. *Dolo por Omissão no Direito Civil Brasileiro*. Tese (Doutorado em Direito). Faculdade de Direito da Universidade de São Paulo, São Paulo, 2018, p. 226.

27 CUNHA, Juliana Bonazza Teixeira da. *A Qualificadora "No Melhor Conhecimento" em Contratos de Compra e Venda de Participação Societária*. 2016. Dissertação (Mestrado em Direito). Escola de Direito de São Paulo da Fundação Getulio Vargas, São Paulo, 2016, p. 50.

28 SABADIN, Mariana Guerra. *Autonomia Privada e Licença para Mentir - Uma Investigação Sobre a Possibilidade de Limitação Contratual da Responsabilidade por Dolo*. 2015. Dissertação (Mestrado em Direito). Escola de Direito de São Paulo da Fundação Getulio Vargas, São Paulo, 2015, P. 83.

responsabilizado pela violação às declarações e garantias? A discussão merece aprofundamento que vai além do escopo deste trabalho, mas em princípio nos parece que, sob a perspectiva da compatibilização da boa-fé objetiva com a aplicação da qualificadora, o comportamento do comprador (o *segundo mentiroso* do exemplo) não pode ser convalidado ou ignorado para fins de responsabilização, sob pena de violação da boa-fé objetiva, que veda comportamentos oportunistas como esse. De todo modo, a questão demanda maior reflexão e aprofundamento.

Em resumo, a despeito de importadas de outros sistemas, as cláusulas qualificadoras de conhecimento são válidas, em razão da autonomia da vontade e da liberdade de contratar, mas elas não podem ser utilizadas como subterfúgios para inobservância da boa-fé ou como veículos para a prática de ilícitos.

3. AS DIFERENTES CLÁUSULAS QUALIFICADORAS DE CONHECIMENTO, LIMITES SUBJETIVOS E LIMITES OBJETIVOS

a. As diferentes cláusulas qualificadoras de conhecimento e exemplos de redação

A cláusula de qualificação de conhecimento, na sua forma mais básica ("qualificador de conhecimento simples"), é, em geral, redigida da seguinte maneira:

> Exemplo 1: "Tributos. Exceto pelo listado no Anexo 1, não há, no conhecimento da Vendedora, demandas de qualquer natureza, incluindo de natureza cível, trabalhista, previdenciária, tributária, penal ou administrativa das quais a sociedade alvo seja parte".

Também é comum a inclusão da expressão "melhor conhecimento", no lugar de apenas "conhecimento", conforme o exemplo abaixo ("qualificador de melhores conhecimentos"):

> Exemplo 2: "Questões ambientais. No melhor conhecimento da Vendedora, a sociedade-alvo está em situação regular em relação às Leis ambientais em vigor, detém todas as licenças ambientais necessárias para atuar e não ocorreu qualquer evento que constitua infração às referidas Leis ou possa implicar a cassação das licenças".

Uma terceira redação possível é construída mediante a especificação de grau de diligência a ser empregado pelo vendedor, conforme exemplo abaixo ("qualificador de melhores conhecimentos após investigação diligente"):

> Exemplo 3: "Propriedade intelectual. A sociedade-alvo não utiliza, sem a devida titularidade, autorização ou licença, qualquer marca, nome comercial, patente, desenho industrial, direito autoral, trabalho passível de registro autoral ou outros direitos de propriedade na condução dos seus negócios. Até esta data, não há, no melhor conhecimento do vendedor, após investigação diligente, qualquer demanda ou reclamação relacionada a direitos de propriedade intelectual de terceiros".

Considerando a complexidade dos critérios que serão analisados adiante para imputação de conhecimento e da possibilidade de diferentes interpretações quanto aos limites subjetivos e objetivos da cláusula, esses limites podem ser incluídos na própria redação do contrato. Isso pode ser feito a partir da listagem das pessoas que podem ter ciência dos fatos declarados:[29]

> Exemplo 4: "O conhecimento do vendedor corresponde ao conhecimento real pessoal de uma ou mais das pessoas físicas listadas no Anexo 4".

Também é possível a inclusão do conceito de conhecimento no contrato, para facilitar a interpretação[30]:

> Exemplo 5: "Nas hipóteses de declarações e garantias que se referem ao conhecimento de uma pessoa: (i) uma pessoa natural será considerada como ciente do fato ou assunto se aquela pessoa tiver o real conhecimento do fato ou assunto e (ii) uma pessoa jurídica será considerada como ciente de certo fato ou assunto se quaisquer das pessoas listadas no Anexo A tiver ou tenha tido conhecimento, a qualquer momento, do assunto ou fato"[31]

> Exemplo 6: "Conhecimento (i) quando usado com referência ao vendedor significa o real conhecimento de qualquer fato, circunstância ou condição, de quaisquer dos diretores ou conselheiros do vendedor ou da sociedade alvo listados no Anexo A ou o conhecimento que quaisquer desses diretores ou conselheiros deveriam ter após a devida diligência; e (ii) quando

29 TEPEDINO, Gustavo. "Novos Princípios Contratuais e Teoria da Confiança: a Exegese da Cláusula to the Best Knowledge of the Sellers". In: *Soluções Práticas de Direito - Pareceres*, vol. 2, p. 245-450, nov./2011, DTR\2012\442, p. 7; e LEVIN, Edward J. *"Best" Is Not Always Best When It Comes to Knowledge*. Chicago: American Bar Association (ABA Publishing), 2017.

30 DE NOVA, Giorgio. *Il* Sale and Purchase Agreement: *un conttrato commentato*. Torino: G. Giappichelli Editore, 2017, p. 154; LEVIN, Edward J. *"Best" Is Not Always Best When It Comes to Knowledge*. Chicago: American Bar Association (ABA Publishing), 2017.

31 CUNHA, Juliana Bonazza Teixeira da. *A Qualificadora "No Melhor Conhecimento" em Contratos de Compra e Venda de Participação Societária*. 2016. Dissertação (Mestrado em Direito). Escola de Direito de São Paulo da Fundação Getulio Vargas, São Paulo, 2016, p. 44.

usado com referência ao comprador o real conhecimento de qualquer fato, circunstância ou condição, de quaisquer dos diretores ou conselheiros do comprador listados no Anexo B ou o conhecimento que quaisquer desses diretores ou conselheiros deveriam ter após a devida diligência"[32]

b .Conhecimento

Antes de analisar os limites subjetivos e objetivos das cláusulas de qualificação de conhecimento a partir dos exemplos postos acima, é necessário conceituar o conhecimento e diferenciar os tipos de conhecimento.

No conceito naturalístico, o conhecimento é a presença de uma informação na mente de uma pessoa.[33] No entanto, esse conceito não corresponde à noção jurídica de conhecimento. Isso é evidenciado, por exemplo, pelo fato de que a figura do vendedor na qualificação de conhecimento pode ser uma sociedade, o que seria incompatível com a noção naturalística. O conhecimento juridicamente relevante para fins da cláusula em análise pode ser dividido entre três tipos: (i) conhecimento positivo, (ii) conhecimento exigível e (iii) conhecimento objetivado.[34]

O conhecimento positivo é o conhecimento que o sujeito efetivamente detém, excluído o conhecimento que esse sujeito eventualmente poderia ser capaz de adquirir empreendendo qualquer grau de investigação. É, portanto, o conhecimento anterior ao emprego de qualquer investigação e independente da observância a quaisquer deveres de diligência, de autoinformação e afins.[35] Trata-se do conhecimento efetivo (*actual knowledge*).[36]

---

32 CUNHA, Juliana Bonazza Teixeira da. *A Qualificadora "No Melhor Conhecimento" em Contratos de Compra e Venda de Participação Societária*. 2016. Dissertação (Mestrado em Direito). Escola de Direito de São Paulo da Fundação Getulio Vargas, São Paulo, 2016, p. 45.

33 GREZZANA, Giacomo. "O Qualificador de Conhecimento (*Knowledge Qualifier*) e Suas Relações com a Cláusula de Declarações e Garantias em Alienações de Participação Societária." In: ADAMEK, Marcelo Vieira von. PEREIRA, Rafael Setoguti J. *Fusões e Aquisições (M&A)*. São Paulo: Quartier Latin, 2022, p. 227.

34 Em geral, a doutrina distingue apenas os dois primeiros. A tripartição foi preconizada, na doutrina brasileira, por Giácomo Grezzana: GREZZANA, Giacomo. "O Qualificador de Conhecimento (*Knowledge Qualifier*) e Suas Relações com a Cláusula de Declarações e Garantias em Alienações de Participação Societária." In: ADAMEK, Marcelo Vieira von. PEREIRA, Rafael Setoguti J. *Fusões e Aquisições (M&A)*. São Paulo: Quartier Latin, 2022, p. 229.

35 GREZZANA, Giacomo. "O Qualificador de Conhecimento (*Knowledge Qualifier*) e Suas Relações com a Cláusula de Declarações e Garantias em Alienações de Participação Societária." In: ADAMEK, Marcelo Vieira von. PEREIRA, Rafael Setoguti J. *Fusões e Aquisições (M&A)*. São Paulo: Quartier Latin, 2022, p. 230.

36 FELDMAN, Reid. *Black Holes and Boilerplate in M&A Practice*. Business Law International. Vol. 19. No. 2. May 2018, p. 47.

O conhecimento exigível, por outro lado, é o conhecimento que o sujeito poderia ou deveria ter obtido com algum grau de diligência e mediante o emprego de medidas para obtenção desse conhecimento.[37] O conhecimento exigível deriva do dever de conhecer, sendo que o grau de diligência que deve ser empregado depende do objeto do que se deve conhecer e das normas aplicáveis.

É possível considerar que, em linhas gerais, há dever de conhecer quando se está contratando com um profissional ou quando, mesmo quando a parte não é um profissional, a informação que deve ser conhecida diz respeito a qualidades substanciais do objeto da prestação.[38]

Portanto, o conhecimento exigível é formado a partir da conjugação de elementos objetivos (como o grau de dificuldade para obtenção de determinada informação), subjetivos (como experiência nos negócios) e normativos (como os usos comuns do tráfego).[39] Considerando esses fatores, é possível definir qual o grau esperado de diligência para obter informações em determinada situação (análise eminentemente casuística) e, a partir desse grau de diligência, constitui-se o conhecimento exigível.

Por fim, o conhecimento objetivado corresponde ao conhecimento que se imputa ao sujeito independentemente das suas possibilidades efetivas de obtê-lo, por ser tão difundido que a probabilidade de o indivíduo já detê-lo é alta.[40] O conhecimento objetivado se relaciona a fatos notórios ou de domínio público, isto é, que são seguramente conhecíveis ou fazem parte da cultura normal de determinado grupo social, na região e na época em que ocorreram, cujo conhecimento público e valor jurídico são extraídos da sua larga difusão num determinado contexto.[41]

---

37 GREZZANA, Giacomo. "O Qualificador de Conhecimento (*Knowledge Qualifier*) e Suas Relações com a Cláusula de Declarações e Garantias em Alienações de Participação Societária." In: ADAMEK, Marcelo Vieira von. PEREIRA, Rafael Setoguti J. *Fusões e Aquisições (M&A)*. São Paulo: Quartier Latin, 2022, p. 232.

38 BENETI, Giovana. *Dolo no Direito Civil: Uma Análise da Omissão de Informações*. São Paulo: Quartier Latin, 2019, p. 233.

39 GREZZANA, Giacomo. "O Qualificador de Conhecimento (*Knowledge Qualifier*) e Suas Relações com a Cláusula de Declarações e Garantias em Alienações de Participação Societária." In: ADAMEK, Marcelo Vieira von. PEREIRA, Rafael Setoguti J. *Fusões e Aquisições (M&A)*. São Paulo: Quartier Latin, 2022, p. 240.

40 Com base no princípio da difusão suficiente, considera-se que existe conhecimento quando a informação que tem altíssima probabilidade de ser conhecida porque é fato notório ou foi amplamente divulgado (GREZZANA, Giacomo. "O Qualificador de Conhecimento (*Knowledge Qualifier*) e Suas Relações com a Cláusula de Declarações e Garantias em Alienações de Participação Societária." In: ADAMEK, Marcelo Vieira von. PEREIRA, Rafael Setoguti J. *Fusões e Aquisições (M&A)*. São Paulo: Quartier Latin, 2022, p. 235).

41 BENETI, Giovana Valentiniano. *Dolo por Omissão no Direito Civil Brasileiro*. Tese (Doutorado em Direito). Faculdade de Direito da Universidade de São Paulo, São Paulo, 2018, p. 245.

O efeito jurídico dessas categorias é que, dependendo de qual tipo de conhecimento está em análise, o conhecimento ou não-conhecimento podem equivaler ou não equivaler, juridicamente, à situação fática, como se verá a seguir.

No conhecimento positivo, a situação jurídica equivale necessariamente à situação fática: o conhecimento equivale ao conhecimento e o não-conhecimento equivale ao conhecimento. Por outro lado, no conhecimento exigível, se o fato pode ser conhecido dentro do grau de diligência esperado, o não-conhecimento a respeito desse fato tem o efeito jurídico de conhecimento. Apenas se o fato não conhecido não puder ser conhecido mediante emprego do grau de diligência esperado é que a circunstância fática de não-conhecimento terá o efeito jurídico de não-conhecimento.[42]

No conhecimento objetivado, o não-conhecimento também tem o efeito jurídico de conhecimento porque, como explicado acima, os fatos em relação aos quais se considera haver conhecimento objetivado são notórios ou de conhecimento público, presumidos como conhecidos por todos. Inclusive, isso implica que os fatos dispensam comprovação (art. 374, I, do Código de Processo Civil), e não há, a princípio, dever de informar esses fatos.[43]

c. Limites subjetivos e objetivos

A qualificadora de conhecimento limita a responsabilidade do prestador das declarações e garantias aos fatos que sejam do seu efetivo conhecimento. No entanto, as sociedades que são alvo dos contratos de compra e venda de participação societária são organismos complexos e, em geral, têm diversos colaboradores, funcionários, representantes legais e afins. O próprio vendedor pode ser uma sociedade ou ente que, por sua vez, também tem diversos colaboradores, administradores e funcionários.

Na grande maioria dos casos também há diversos outros envolvidos nas operações de M&A, como os assessores e consultores das partes (advogados, assessores financeiros, auditores, entre outros). Isso faz com que o vendedor possa ter maior ou menor facilidade para obter informações da sociedade-alvo e, ainda, que alguns desses envolvidos possam ter conhecimento dos fatos objeto das declarações e garantias que não são necessariamente de conhecimento do próprio vendedor.

---

42 GREZZANA, Giacomo. "O Qualificador de Conhecimento (*Knowledge Qualifier*) e Suas Relações com a Cláusula de Declarações e Garantias em Alienações de Participação Societária." In: ADAMEK, Marcelo Vieira von. PEREIRA, Rafael Setoguti J. *Fusões e Aquisições (M&A)*. São Paulo: Quartier Latin, 2022, p. 243.

43 BENETI, Giovana Valentiniano. *Dolo por Omissão no Direito Civil Brasileiro*. Tese (Doutorado em Direito). Faculdade de Direito da Universidade de São Paulo, São Paulo, 2018, p. 247.

Surge, portanto, a questão de definir os limites subjetivos e objetivos das qualificadoras de conhecimento, isto é, definir *quem* deveria saber daqueles fatos e *o que* se pode assumir que está abrangido pela qualificadora. Nesse contexto, a primeira questão que se põe é definir o que está abrangido pelas diferentes qualificadoras de conhecimento (dos exemplos 1, 2 e 3): se o conhecimento objetivo, exigível ou objetivado.

O exemplo 1, da qualificadora simples, tem como limite objetivo o conhecimento positivo. Só haverá responsabilização do vendedor por violação a declarações e garantias qualificadas pela qualificadora simples se o vendedor tinha conhecimento positivo dos fatos que tornavam as declarações e garantias falsas. O efeito projetado de tal cláusula, assim, é de que, mesmo que o vendedor tenha sido negligente em sua conduta de obter informações, ele não poderá ser responsabilizado se não tinha conhecimento efetivo da falsidade das declarações e garantias.[44]

Essa é a redação mais simples de interpretar. No entanto, a prática demonstra que não é tão usual quanto as formas dos exemplos 2 e 3, por questões negociais: a qualificadora simples tem por efeito projetado limitar demasiadamente a responsabilidade do vendedor e a proteção do comprador. Por isso, é comum que ao menos um dos itens das declarações e garantias que incluem qualificadoras de conhecimento também inclua os termos "melhor conhecimento" ou "após investigação"[45] (exemplos 2 e 3). A definição dos limites nessas hipóteses é mais controversa, porque, a não ser que o próprio contrato defina o que constitui "melhor conhecimento" ou "investigação", trata-se de conceito indeterminado e que não tem previsão legal,[46] o que invariavelmente demandará maior esforço interpretativo e, sem dúvida, discussão em eventual disputa.

Em princípio, é possível sustentar que a existência de diferentes formas possíveis de redação da qualificadora de conhecimento, conforme os exemplos 1 a 3, sugere haver uma gradação lógica de diferentes graus de diligência que as partes desejam imputar ao vendedor para obtenção de informações.

Na qualificadora simples, como indicado acima, nenhum grau de diligência é imputado ao vendedor, que é responsabilizado apenas pelo que efetivamente conhece sem ter que tomar qualquer medida adicional. Da perspectiva de interpretação do negócio jurídico (especialmente de negócios jurídicos altamente

---

44 PIRES, Catarina Monteiro. *Aquisição de Empresas e de Participações Acionistas – Problemas e Litígios*. Coimbra: Almedina, 2018, p. 78; DE NOVA, Giorgio. *Il* Sale and Purchase Agreement: *un conttrato commentato*. Torino: G. Giappichelli Editore, 2017, p. 153/154.

45 COATES, John. M&A *Contracts: Purposes, Types, Regulation, and Patterns of Practice*. Harvard John M. Olin Discussion Paper Series Paper No. 825, Apr. 2015, p. 10.

46 PIRES, Catarina Monteiro. *Aquisição de Empresas e de Participações Acionistas – Problemas e Litígios*. Coimbra: Almedina, 2018, p. 78.

especializados como a compra e venda de participação societária), a redação "melhor conhecimento" não pode ter o mesmo significado e efeitos de "conhecimento", porque sua adjetivação sugere grau adicional de diligência esperada do vendedor.

A qualificadora de melhor conhecimento, com a redação do exemplo 2, inclui o conhecimento positivo e o conhecimento exigível. Como se viu, o grau de diligência englobado pelo conhecimento exigível é variável a depender do caso. Em relação ao "melhor conhecimento", entendemos, como afirmado por Catarina Monteiro Pires,[47] que a medida de diligência para obtenção do conhecimento exigível é estabelecida considerando a diligência que o indivíduo habitualmente emprega nos seus próprios negócios (diligência padrão ou ordinária). Se o conhecimento dos fatos que levavam à falsidade das declarações e garantias poderia ser obtido mediante emprego de diligência ordinária, o não conhecimento do vendedor tem o efeito de conhecimento e ele poderá ser responsabilizado perante o comprador.[48]

No exemplo 3, há ainda uma camada adicional de diligência esperada do vendedor na obtenção de informações. Isso pode ser concluído pela mesma lógica interpretativa traçada acima. Parece claro que partes especializadas como as que estão geralmente envolvidas em operações de M&A não incluiriam a redação específica de "melhor conhecimento após investigação diligente" se pretendessem apenas atribuir ao vendedor o dever de obter o conhecimento exigível mediante diligência ordinária.[49] Tanto pelo critério da vontade das partes quanto pelo sentido literal da linguagem, parece razoável concluir que a qualificadora de melhor conhecimento após investigação diligente extrapola a diligência ordinária do vendedor para obtenção de informações.

Com a formulação da cláusula do exemplo 3, seja com a utilização de "investigação diligente", "devida investigação", ou apenas "investigação", é estabelecido que o vendedor precisa proceder a investigações prévias extraordinárias e não usuais para obter o conhecimento.[50]

---

47 PIRES, Catarina Monteiro. *Aquisição de Empresas e de Participações Acionistas – Problemas e Litígios*. Coimbra: Almedina, 2018, p. 78/79.

48 PIRES, Catarina Monteiro. *Aquisição de Empresas e de Participações Acionistas – Problemas e Litígios*. Coimbra: Almedina, 2018, p. 79.

49 A respeito da necessidade de considerar a sofisticação das partes e caráter deliberado da inclusão dos termos "após investigação diligente": PARGENDLER, Mariana. GOUVÊA, Carlos Portugal. "As Diferenças entre Declarações e Garantias e os Efeitos do Conhecimento do Adquirente (Sandbagging)". In: MONTEIRO DE CASTRO, Rodrigo Rocha; AZEVEDO, Luis André; HENRIQUES, Marcus de Freitas (Coord.). *Direito Societário, Mercado de Capitais, Arbitragem e Outros Temas: Homenagem a Nelson Eizirik*. Vol. 3. São Paulo: Quartier Latin, 2020, p. 153/168.

50 CUNHA, Juliana Bonazza Teixeira da. *A Qualificadora "No Melhor Conhecimento" em Contratos de Compra e Venda de Participação Societária*. 2016. Dissertação (Mestrado em Direito). Escola de Direito de São Paulo da Fundação Getulio Vargas, São Paulo, 2016, p. 44.

Assim, poderia ser entendido que a qualificadora de melhores conhecimentos após investigação diligente inclui o conhecimento positivo e o conhecimento exigível, sendo que o grau de diligência para balizar o conhecimento exigível vai além da diligência ordinária, para incluir a diligência extraordinária e investigação extensiva dos fatos que podem ser relevantes para a veracidade das declarações e garantias.

Ressalta-se, por fim, que há autores que colocam como limite objetivo os fatos "cujo desconhecimento, só por si, configura ato ilícito".[51] Seria o caso, por exemplo, de informações sobre a titularidade das quotas ou ações que estão sendo alienadas, a respeito das quais o vendedor não poderia ter dúvida. Esse limite parece correto tendo em vista as considerações feitas acima no sentido de que a qualificadora deve se adequar às normas vigentes relativas à boa-fé e validade do negócio jurídico, e não pode servir para escusar condutas ilegais.

A segunda questão que se deve enfrentar, considerando as redações do item "a" acima, diz respeito à definição dos limites subjetivos da cláusula, ou seja, de *quem* é o conhecimento a que se refere a qualificadora.

Caso sejam utilizadas as especificações dos exemplos 4, 5 e 6, os limites subjetivos dispensam maior reflexão: está englobado na qualificadora o conhecimento dos indivíduos listados no contrato. Caso não haja essa especificação, a tarefa do intérprete é mais complexa.

Via de regra, o fechamento das operações de M&A é condicionado à conclusão do processo de auditoria (*due diligence*). A auditoria, os documentos nela produzidos, a troca de informações que ocorre nesse processo e os envolvidos nele são de extrema relevância para delimitar os limites da qualificadora de conhecimento. Isso porque é na auditoria que ocorre o fluxo de troca de informações, dados e documentos entre credores e vendedores. É também durante a auditoria que são verificadas as manifestações do dever de informar e do ônus de se auto informar.[52]

A auditoria pode ser desenvolvida mediante a análise de documentos apenas ou mediante investigação presencial do estabelecimento. Para a análise de documentos, é prática consolidada a disponibilização da documentação em um *data room*. Há quem sustente na doutrina que todas as informações

51 TEPEDINO, Gustavo. "Novos Princípios Contratuais e Teoria da Confiança: a Exegese da Cláusula to the Best Knowledge of the Sellers". In: *Soluções Práticas de Direito – Pareceres*, vol. 2, p. 245-450, nov./2011, DTR\2012\442, p. 7.

52 BUSCHINELLI, Gabriel Saad Kik. *Compra e Venda de Participações Societárias de Controle*. Orientador: Eduardo Secchi Munhoz. 2017. Tese (Doutorado em Direito). Faculdade de Direito da Universidade de São Paulo, São Paulo, 2017, p. 284.

ali incluídas são de conhecimento positivo do vendedor,[53] afirmação que nos parece que não possa ser levada em consideração de modo absoluto. Não se pode presumir, apenas pelo fato de que a administração da sociedade disponibilizou determinadas informações, que o vendedor necessariamente tem conhecimento das informações disponibilizadas ou responde objetivamente por tais informações.

Também há quem defenda que há conhecimento positivo do vendedor quando o conhecimento é detido por pessoas que têm tal envolvimento no M&A a ponto de serem capazes de influenciar o processo,[54] afirmativa que também nos parece que deva ser temperada nas situações concretas. A depender das circunstâncias do caso concreto, essa conclusão pode se aplicar também a pessoas físicas ou jurídicas, porque, em relação às pessoas físicas, embora possa haver fisicamente o conhecimento naturalístico (presença de informação na mente), não é razoável considerar que essa pessoa física está agindo sozinha na condução do M&A. Via de regra, ela é acompanhada no processo por advogados, assessores e outros, que têm conhecimento dos termos do negócio, dos termos do contrato (inclusive do conteúdo das declarações e garantias) e têm a capacidade de influenciar o desfecho da operação. Caso essa cúpula de indivíduos envolvidos no processo inegavelmente tenha efetivo conhecimento da informação, seria possível entender que há conhecimento positivo do vendedor. De todo modo, essas conclusões dependem muito das especificidades do caso concreto.

Por outro lado, o conhecimento positivo dos demais funcionários não corresponde ao conhecimento positivo do vendedor – não fazemos referência apenas a funcionários de baixa patente necessariamente, mas mesmo funcionários de alta patente que não estejam diretamente envolvidos ou tenham capacidade de influenciar o M&A.

O conhecimento desses demais funcionários poderá ser imputado ao vendedor quando o parâmetro estabelecido na qualificadora for o conhecimento exigível, isto é, quando houver qualificadora de melhor conhecimento ou qualificadora de melhor conhecimento após investigação diligente. Isso porque, como esclarecido acima, essas modalidades de qualificadora exigem,

53 GREZZANA, Giacomo. "O Qualificador de Conhecimento (*Knowledge Qualifier*) e Suas Relações com a Cláusula de Declarações e Garantias em Alienações de Participação Societária." In: ADAMEK, Marcelo Vieira von. PEREIRA, Rafael Setoguti J. *Fusões e Aquisições (M&A)*. São Paulo: Quartier Latin, 2022, p. 257.

54 GREZZANA, Giacomo. "O Qualificador de Conhecimento (*Knowledge Qualifier*) e Suas Relações com a Cláusula de Declarações e Garantias em Alienações de Participação Societária." In: ADAMEK, Marcelo Vieira von. PEREIRA, Rafael Setoguti J. *Fusões e Aquisições (M&A)*. São Paulo: Quartier Latin, 2022, p. 259.

respectivamente, diligência ordinária e extraordinária na obtenção de informações pelo vendedor. Caso ele não proceda com a diligência no padrão esperado, o seu não conhecimento terá efeito jurídico de conhecimento, como indicado no capítulo "b" acima.

Os conceitos de diligência ordinária e extraordinária são abstratos e dependem de análise casuística para serem concretizados. Apenas para ilustrar o raciocínio, e sem prejuízo de essas considerações serem adaptadas dependendo do caso, é possível dizer, ressalvadas vicissitudes que apenas os casos concretos demonstrarão existir, que (i) na diligência ordinária, é razoável esperar que o vendedor questione os funcionários de alta patente ou líderes de cada setor relacionado ao objeto das declarações e garantias, como o diretor jurídico, para tratar das declarações e garantias relativas a litígios; e (ii) na diligência extraordinária, é razoável esperar que o vendedor questione funcionários e colaboradores diversos, mesmo de baixa patente, consulte arquivos e documentação mais antiga, e, seguindo o mesmo exemplo de declarações e garantias relacionadas a litígios, contate (além do diretor jurídico) o time jurídico como um todo e os escritórios de advocacia externos contratados pela sociedade-alvo no passado.

Uma questão relevante, que merece aprofundamento que vai além do escopo deste trabalho, diz respeito à responsabilidade de terceiros pela transmissão de informações equivocadas ou negligência na transmissão de informações. Agentes como auditores, técnicos que produzem relatórios sobre máquinas da sociedade-alvo, especialistas que certificam qualidade e afins são terceiros porque não são partes signatárias do contrato de M&A e não têm, em princípio, poder de representação outorgado pelas partes. O vendedor que diligentemente busca a informação desses indivíduos, especialmente por não ter conhecimento técnico na área, nos parece ter cumprido o padrão de diligência esperado dele. Por outro lado, é certo que a informação falsa ou imprecisa produzida por esses agentes pode causar dano ao comprador, o que coloca em dúvida a forma de obtenção de indenização ao comprador, porque, como indicado, os causadores desse dano são terceiros não signatários do contrato. A questão é relevante, mas, como indicado, é demasiado complexa para aprofundamento neste trabalho.

CONCLUSÕES

Este artigo buscou expor as discussões envolvendo a inclusão de qualificadores de conhecimento em cláusulas de declarações e garantias em operações de M&A. A intenção do trabalho foi contribuir para a discussão a respeito do tema considerando que, embora a maioria dos contratos de M&A inclua a qualificadora de conhecimento ao menos em parte dos itens das declarações e garantias, ainda há pouca análise sobre o tema na doutrina brasileira. A jurisprudência a esse respeito é ainda mais escassa – para não dizer inexistente –, muito porque predomina a inclusão de cláusulas arbitrais nos contratos de M&A e os litígios decorrentes desses contratos ocorrem em arbitragens confidenciais, o que prejudica a formação da jurisprudência societária e a visibilidade das soluções dadas às questões relacionadas às qualificadoras de conhecimento.

Assim como as declarações e garantias, a qualificadora de conhecimento tem origem nos modelos de contratos de M&A de sistemas de *common law*. As declarações e garantias foram concebidas para conferir segurança jurídica às partes, sobretudo o comprador, por conta da profunda assimetria informacional existente entre o vendedor e o comprador de participação societária ou de empresa: o vendedor conhece a fundo as características da sociedade-alvo do contrato de compra e venda de participação, enquanto o comprador, por mais que realize diligências e investigações, tem apenas informações pontuais e, em larga escala, dados fornecidos pelo próprio vendedor.

A qualificadora de conhecimento, por outro lado, tem a função de proteger primordialmente o vendedor e impedir sua responsabilização pela violação às declarações e garantias se os fatos que acarretam a falsidade dessas declarações e garantias não eram do seu conhecimento à época da assinatura do contrato. Caso sejam prestadas declarações e garantias sem a qualificadora de conhecimento, haveria quem pudesse sustentar – com muitas ressalvas, em nossa visão – que o vendedor poderia ser responsabilizado pela falsidade objetiva de todos os fatos, ainda que não tivesse conhecimento da falsidade. Isso expõe o vendedor a um risco elevado, considerando que em geral as sociedades-alvo de operações de M&A possuem atividade e estrutura empresariais complexas, sendo virtualmente impossível que o vendedor tenha conhecimento detalhado de todos os aspectos do negócio, por mais presente e diligente que seja.

Os sistemas de *common law* não privilegiam a boa-fé objetiva de forma acentuada como os ordenamentos de sistemas de *civil law*, como o Brasil, em que as partes têm deveres anexos e de proteção, como o dever de informar. Por isso, o sistema brasileiro já conta com alguns remédios aos problemas que a inclusão de declarações e garantias e de qualificadoras de conhecimento buscam solucionar no direito norte-americano. No entanto, isso não afasta a validade da qualificadora de conhecimento, que se fundamenta nos preceitos de autonomia privada e liberdade de contratar. A incidência da qualificadora deve ser compatibilizada com as normas cogentes e os deveres decorrentes da boa-fé objetiva, de modo que a qualificadora de conhecimento não pode ser utilizada como salvo conduto para comportamentos ilícitos, oportunistas ou violadoras da boa-fé objetiva.

A qualificadora de conhecimento pode ser incluída nos contratos de M&A com algumas variações de redação que, apesar de parecerem pontuais numa primeira leitura, trazem consequências relevantes para a sua aplicação. Em linhas gerais, é possível redigir a qualificadora de conhecimento de três maneiras: a qualificadora simples ("no conhecimento", "tanto quanto é do conhecimento" e afins); a qualificadora de melhor conhecimento ("no melhor conhecimento"); e a qualificadora de melhor conhecimento após investigação diligente ("no melhor conhecimento e após investigação diligente", "no melhor conhecimento, após a devida investigação" e similares).

Não há definição legal ou jurisprudencial desses termos. Por isso, o próprio contrato pode prever as definições de melhor conhecimento e delimitar os limites subjetivos e objetivos da cláusula, definindo conhecimento, listando as medidas que são consideradas como "investigação diligente" e elencando as pessoas que devem ter ciência dos fatos declarados. É recomendável, aliás, que haja essa especificação, para que a interpretação corresponda exatamente à vontade das partes.

Na ausência dessas definições no próprio contrato, nos parece, salvo reflexão mais amadurecida, que (i) a qualificadora simples abrange apenas o conhecimento positivo ou efetivo do declarante, que independe de qualquer investigação adicional ou grau de diligência na busca de informações; (ii) a qualificadora de melhor conhecimento inclui o conhecimento positivo e o conhecimento exigível de acordo com a diligência ordinária – isto é, mesmo que o vendedor não tivesse o conhecimento efetivo de uma informação e tenha sido incluída a qualificadora de conhecimento, ele poderá ser responsabilizado se o fato desconhecido poderia ser conhecido mediante investigação com emprego de diligência ordinária; e (iii) a mesma ponderação do item anterior é aplicável à qualificadora de conhecimento após investigação diligente, com a ressalva de que o grau de diligência esperado do vendedor vai além da diligência ordinária e engloba a diligência extraordinária para obtenção do conhecimento. Essa conclusão é teórica e, por se tratar de conceitos abstratos, depende de análise casuística e pode vir a ser modificada a depender do caso concreto. Isso porque os elementos particulares da situação fática, como, por exemplo, a qualificação e expertise dos agentes, podem alterar as balizas de melhor conhecimento, diligência e do próprio dever de informar, e, consequentemente, a solução que deva ser conferida ao caso concreto.

45. QUALIFICADORA DE CONHECIMENTO EM CLÁUSULA DE DECLARAÇÕES E GARANTIAS: LIMITES E POSSIBILIDADES NO DIREITO BRASILEIRO

Gustavo Birenbaum

INTRODUÇÃO[1]

São raros os contratos de compra e venda de participação societária que não contenham uma ou mais seções dedicadas às declarações e garantias prestadas pelas partes compradora e vendedora (e às vezes também pela sociedade-alvo da aquisição).[2-3]

Nascido no sistema contratual anglo-saxão, onde por muito tempo vigorou (e ainda vigora em alguns casos) a máxima *caveat emptor* (traduzida do

---

1 Agradeço à minha colega Stephanie Trindade Cardoso pela pesquisa, revisão e fechamento do texto e, sobretudo, por ter paciência para debater algumas das ideias trazidas neste artigo.

2 Não é objeto deste artigo a análise da qualificadora de conhecimento em cláusulas de declarações e garantias estipuladas em outras figuras contratuais, que não aquelas usuais nas chamadas operações de *mergers and aquisitions* ("M&A"), dentre as quais se destaca (posto não seja o único) o contrato de compra e venda de participação societária.

3 Embora muitos autores diferenciem as declarações das garantias (aquelas atestam fatos passados ou presentes; estas asseguram a continuidade futura desses fatos), entendemos que, para a proposta deste artigo, não há prejuízo em adotar-se tais expressões de forma indistinta e/ou aglutinada. Nesse sentido: "Atualmente, a expressão '*representations and warranties*' tornou-se uma díade que sintetiza e expressa um sistema unitário de declarações, já que normalmente a elas estão atreladas as mesmas consequências jurídicas. (...) O regime jurídico depende muito mais do que as partes regulam na cláusula de *indemnification*. (GREZZANNA, Giacomo. *A cláusula de declarações e garantias em alienação de participação acionária*. São Paulo: Quartier Latin, 2019, pp. 55-57.).

latim como "let the buyer beware"[4]), esse mecanismo contratual atípico (não previsto em estatutos legais, mas socialmente típico[5]) busca, juntamente com a *due diligence*[6], proteger o comprador contra vicissitudes que porventura inquinem a atividade empresarial que constitui o objeto mediato da operação (as ações ou cotas em que se divide o capital social da sociedade-alvo, e a consequente situação jurídica de sócio, configuram o seu objeto imediato). Por meio dessas cláusulas, especialmente quando prestadas pelo alienante, *"o vendedor enuncia as características da sociedade-alvo, por meio de afirmações de fatos presentes e passados sobre ela, com o objetivo de proteger o comprador contra a inexistência das características assim enunciadas"*.[7]

De fato, em um ambiente marcado pela regra geral de *caveat emptor*, ausente uma ferramenta contratual que proteja o comprador contra riscos futuros, incide em seu prejuízo a norma que lhe atribui o ônus geral de precaver-se, ou, mais propriamente, de informar-se.[8]

---

4 *Law Dictionary by Steven H. Gifis*, 4th ed. New York: Barron's Educational Series, Inc., 1996, p. 70.

5 Ao tratar da tipicidade social, Pedro Pais de Vasconcelos leciona: "Para que de um tipo social se possa falar é preciso, em primeiro lugar, que se verifique uma pluralidade de casos: a tipicidade não é compatível com a individualidade. Em segundo lugar, é necessário que essa pluralidade se traduza numa prática, quer dizer, que entre casos que constituem a pluralidade haja uma relação ou ligação tal que eles se reconheçam como aparentados ou do mesmo tipo e que essa prática seja socialmente reconhecível, quer dizer, que seja, no meio social em que é praticada, reconhecida como prática e não apenas como uma ou mais coincidências fortuitas. Em terceiro lugar, é preciso que exista, no meio social em que é praticada, uma consciência assumida, em termos tendencialmente gerais e pacíficos, da vigência e da existência dessa prática como algo de vinculativo, como modelo de referência e padrão de comparação, e como norma de comportamento, isto é, é preciso que exista o reconhecimento do carácter vinculativo dessa prática e desse modelo" (*Contratos atípicos*. Coimbra: Almedina, 1995, p. 60-61).

6 Nesse sentido: "A prática das auditorias norte-americanas é influenciada pelo princípio *caveat emptor*, impondo ao comprador o ônus de cercar-se de todos os cuidados na investigação do bem a ser comprado." (Buschinelli, Gabriel Saad Kik. *Compra e venda de participações societárias de controle*. São Paulo: Quartier Latin, 2018, p. 356.).

7 Grezanna, Giacomo. O qualificador de conhecimento *(knowledge qualifier)* e suas relações com a cláusula de declarações e garantias em alienações de participação societária. In: Von Adamek, Marcelo Vieira e Pereira, Rafael Setoguti J. (Coord.) *Fusões e aquisições (M&A)*. São Paulo: Quartier Latin, 2022, p. 221. Em sentido semelhante: Pires, Catarina Monteiro. *Aquisição de empresas e de participações acionistas – problemas e litígios*. Coimbra, Almedina, 2020 (reimpressão), p. 63; e Pontes, Evandro Fernandes de. *Representations & warranties no direito brasileiro*. São Paulo: Almedina, 2014, p. 64 e sgts.

8 Vale a advertência de Charles M. Fox (ainda que baseada em uma ausência de dever informacional que não se verifica no Brasil à luz da cláusula geral de boa-fé): "[R]epresentations are a natural outgrowth of the principle of *caveat emptor*. In most commercial transactions, the parties are under no legal obligation to make any disclosure. A party counteracts this principle by requiring disclosure of facts that may be relevant to its decision to enter into the contract. This is accomplished through the other party's representations." (*Working with contracts*, 2nd edition, New York: Practising Law Institute, 2008, p. 17, §2:2.2).

Aliás, também no regime jurídico brasileiro, à falta de um mecanismo contratual que proteja o comprador de uma atividade empresarial (as ações ou cotas são apenas as frações do capital social da sociedade que realiza a atividade), os riscos inerentes a essa atividade, dinâmica por definição, em regra acompanham a empresa-alvo, à semelhança (*modus in rebus*) de uma obrigação *propter rem*, afetando apenas indiretamente o patrimônio de quem a controla.[9] Dir-se-á, com boa razão, que eventuais ganhos contingentes também acabam sendo absorvidos (ainda que indiretamente) pela parte compradora e, logo, soa natural que a ela se aloquem também eventuais perdas supervenientes provenientes de origem desconhecida.

Surgidas eventuais perdas ou contingências no patrimônio da sociedade-alvo, sem que se possa cogitar de responsabilidade pré-contratual, o recurso a remédios legais genericamente previstos para a tutela do comprador, como redibição ou ação *quanti minoris* (Código Civil, arts. 441 e 442), pode ser ineficaz ou insuficiente, dadas suas limitações temporais atinentes ao curto prazo decadencial do art. 445[10], e também porque o alegado "vício", no comum das vezes, acomete aspectos inerentes à atividade empresarial (será um decréscimo patrimonial um "defeito da coisa" ou apenas um risco ordinário próprio de qualquer atividade empresarial?[11]), e não das frações do capital social que configuram o objeto primário do contrato de compra e venda.

De igual modo, o recurso a remédios que tutelam a validade da manifestação de vontade mostra-se não apenas desafiador, frente a seus estreitos requisitos legais, como por vezes indesejado, pois muitas vezes interessa à parte que se sujeita a tais riscos manter o negócio, recebendo uma indenização, ao invés de anulá-lo por erro ou dolo por omissão informacional, por exemplo (isso sem se falar na dificuldade quanto à reposição das partes ao *status quo ante* considerando o dinamismo da atividade empresarial a cargo da sociedade-alvo).[12]

Especialmente quando enunciam aspectos dinâmicos da atividade empresarial da sociedade-alvo (*v.g.*, a execução de contratos relevantes, a observância de obrigações fiscais, ou a manutenção de determinada carteira de clientes), as declarações e garantias estipuladas em benefício do comprador[13] assumem

---

9 ABLA, Maristella Sabbag. Sucessão empresarial – Declarações e garantias – O papel da *legal due diligence*. In: CASTRO, Rodrigo R. Monteiro de. & ARAGÃO, Leandro Santos de (coord.) *Reorganização societária*, Quartier Latin, 2005, p. 108.

10 GALVÃO, Clemente V. Conteúdo e incumprimento do contrato de compra e venda de participações sociais, In: *Revista da Ordem dos Advogados*, Ano 70, I/IV – Lisboa, Jan.-Dez. 2010, p. 9.

11 Catarina Monteiro Pires explora com profundidade esse tema (*Aquisição de empresas e de participações acionistas – problemas e litígios*, cit., p. 92 e sgts).

12 GREZZANA, Giacomo. *A cláusula de declarações e garantias...*, cit., p. 242.

13 As declarações e garantias prestadas pela parte compradora em benefício do vendedor raramente se fazem acompanhar da qualificadora de conhecimento objeto deste estudo.

a chamada *função assecuratória*, além de função informativa voltada a reduzir a assimetria informacional entre as partes e conformadora do objeto da prestação. Nesse sentido, atuam como obrigações de garantia[14], criando para o declarante *"verdadeira obrigação de garantir o declarado contra os riscos de concretização de determinado evento danoso adverso ao outro contratante"*.[15] Quando, porém, verifica-se divergência entre aquilo que foi declarado e garantido e os fatos efetivamente verificados no patrimônio social ou nas atividades da sociedade-alvo após o fechamento, mas que remontam a eventos anteriores à operação, surge para a parte declarante uma responsabilidade contratual oriunda da já referida obrigação de garantia.

Embora gestado em sistema diverso do romano-germânico, a adoção do mecanismo de declarações e garantias no Brasil e no direito continental é bem aceita, não se tendo notícia de grandes atritos na sua assimilação[16]. Em verdade, tornou-se assídua em operações de M&A no país, tanto pela maior inserção do Brasil na economia global, quanto pelo mérito de propiciar uma solução justa para um problema juridicamente desafiador — que pode não encontrar respostas satisfatórias nas regras comuns que disciplinam as obrigações em geral e o contrato de compra e venda em particular: como proteger o adquirente de cotas ou ações contra vicissitudes no patrimônio social da sociedade-alvo, quando o objeto mediato do contrato de compra e venda é o controle de uma atividade empresarial, que encerra um feixe complexo de riscos?[17]

---

14 A doutrina atribui outras funções para as declarações e garantias (informativa, conformativa, probatória) como descritas em Grezzana, Giacomo (*A cláusula de declarações e garantias...*, cit., p. 69-80). Para o objeto deste breve estudo, interessa de forma mais intensa a sua função de assegurar/garantir a veracidade dos predicados enunciados pelo declarante. Nesse sentido, Wald, Arnoldo. "Dolo acidental do vendedor e violação das garantias prestadas". In: *Revista dos Tribunais*, vol. 949/2014, p. 95-103, p. 98, §19.

15 Martins-Costa, Fernanda Mynarski. Ensaio sobre o descumprimento de cláusulas de declarações e garantias em alienações de participações societárias com fechamento diferido. In: Terra, Aline de Miranda Valverde; Guedes, Gisela Sampaio da Cruz (coords.). *Inexecução das obrigações:* pressupostos, evolução e remédios, vol. I. Rio de Janeiro: Editora Processo, 2020, p. 748. Em sentido similar: "[E]m sua função assecuratória, as declarações e garantias podem ser associadas à assunção de uma obrigação de garantia pelo declarante, apartada da obrigação principal de entrega das ações ou quotas, mas que a ela se liga em relação de acessoriedade. Nesta função, as declarações e garantias visam apenas garantir o declaratório contra superveniências da sociedade-alvo adversas e que estejam em desconformidade com o que foi declarado." (Grezzana, Giacomo. *A cláusula de declarações e garantias...*, cit., p. 71).

16 Mulholland, Caitlin. "As cláusulas de declarações e garantias e a aplicação do princípio da boa-fé objetiva nos contratos societários". In: Frazão, Ana, Castro, Rodrigo R. Monteiro de., Campinho, Sérgio (org.) *Direito empresarial e suas interfaces, vol. II* – Homenagem a Fábio Ulhoa Coelho. São Paulo: Quartier Latin, 2022, p. 231.

17 Como explica Giacomo Grezzana, "[N]a ausência de declarações e garantias, os itens que compõem o patrimônio social ou os caracteres da atividade social configuram meros motivos

Se ao alienante interessa obter o maior preço possível pela alienação de sua participação societária, e se o comprador se dispõe a oferecer o preço almejado pelo vendedor, é natural que o adquirente busque precaver-se, na maior extensão possível, dos riscos associados à atividade empresarial a ser por ele absorvida.[18] Afinal, no comum das vezes, o preço reflete projeções futuras baseadas no desempenho da sociedade-alvo, de modo que eventuais perturbações nesse desempenho podem afetar a justeza do preço cogitado.[19]

É recomendável, portanto, que, no curso das tratativas, o vendedor se empenhe em revelar a maior quantidade possível de riscos associados à atividade empresarial, tanto por meio de declarações e garantias[20], quanto através da disponibilização de informações para *due diligence* (de modo a desincumbir-se do seu dever de informar, ditado pela cláusula geral de boa-fé). Porém, até que ponto o vendedor detém a capacidade (cognitiva, operacional etc.) de realizar tais revelações, por mais empenhado que possa estar? De igual modo, até que ponto deve o adquirente buscar informações que porventura sejam mais facilmente alcançáveis pelo alienante?[21]

Quando se pensa, por exemplo, na aquisição de bens com menor complexidade, como uma peça de vestuário, é compreensível que as partes se satisfaçam com as regras gerais dispostas, por exemplo, nos artigos 237, 441 ou 447, do Código Civil. De igual modo, estando em causa a aquisição de gêneros alimentícios, é mesmo comum que caiba ao adquirente certificar-se de que está comprando algo apropriado ao seu uso (essa, aliás, é uma das origens da máxima *caveat emptor*). Nada impediria, em termos gerais, que essas mesmas regras se aplicassem para contratos de compra e venda

---

do negócio e são, portanto, irrelevantes. Não poderia ser diferente, pois o objeto do negócio é a participação societária e não os bens sociais. Qualquer tutela deve ser dirigida apenas à própria participação societária. Ou seja, apenas o erro quanto a características da própria participação, ou vícios redibitórios e evicção incidentes sobre as ações ou quotas são dignos de tutela." (*A cláusula de declarações e garantias...*, cit. p. 464).

18 GILSON, Ronald J. Value creation by business lawyers: legal skills and asset pricing. In: *The Yale Law Journal*, Vol. 94, n. 2, Dec./84, p. 267; MULHOLLAND, Caitlin. *As cláusulas de declarações e garantias...*, cit., p. 237; GREZZANA, Giacomo. *A cláusula de declarações e garantias ...*, cit., p. 76.

19 Há mecanismos contratuais usualmente empregados para minimizar os efeitos de tais perturbações, como a instituição de conta garantia *(escrow account)*, disposições sobre determinação contingente do preço *(earn-out)*, dentre outros, os quais não integram o escopo deste artigo. Para um panorama detalhado sobre o tema, remete-se a BUSCHINELLI, Gabriel Saad Kik. *Compra e venda de participações...* cit., p. 215-236.

20 "A party being asked to make a representation will want to make complete disclosure in order to avoid liability." (FOX, Charles M. *Working with contracts*, cit., p. 17, §2:2.2).

21 GILSON, Ronald J. *Value creation...*, cit., p. 270.

de participações societárias, e há mesmo autores de nomeada que defendem com afinco tal possibilidade.[22]

Ocorre que essas normas, embora potencialmente aplicáveis, costumam ser afastadas (ou apenas supletivamente aplicadas) pelos agentes econômicos que se engajam em tais transações. Isso porque, com boa dose de razão, estes desejam conceber arranjos contratuais capazes de alocar com maior precisão os riscos empresariais envolvidos em uma operação de M&A, pois o que está em causa é, em última análise, a aquisição de um patrimônio social, que representa uma complexa universalidade de bens, direitos, ativos e passivos.[23] E é da natureza dessa universalidade que ela sofra mutações, as quais não a tornam imprestável a seu uso, mas que podem alterar a economicidade da operação.[24]

Diversamente do que se passa com uma peça de vestuário, ou com gêneros alimentícios, o dinamismo da atividade empresarial, aliado à ideia de perenidade (ou longevidade) da empresa, faz com que existam fatos desconhecidos ao tempo do fechamento da operação que se mostram capazes, tempos depois, de gerar perdas significativas à sociedade-alvo (e, por via oblíqua, a seu novo controlador). Se, de um lado, o comprador deseja proteger-se desse tipo de risco não precificado — e para isso estaria disposto a desembolsar um preço condizente — por outro, o vendedor também não se sente confortável em "afiançar" um determinado estado de coisas que desconhece por completo — e pode mesmo ocorrer que, para evitar a assunção de tamanho risco, ele aceite receber um preço descontado frente àquele inicialmente almejado.

---

22 Como nos dá conta Buschinelli, Gabriel Saad Kik (*Compra e venda de participações...*, cit., p. 391), Fábio Konder Comparato, Calixto Salomão Filho e Guilherme Döring Cunha Pereira admitem tal possibilidade. De igual modo, à luz do direito português, Pires, Catarina Monteiro (*Aquisição de empresas...*, cit., p. 83 e sgts.).

23 Grezzana, Giacomo. *A cláusula de declarações e garantias...*, cit., p. 362 e sgts. No mesmo sentido: Buschinelli, Gabriel Saad Kik, *Compra e venda...*, cit., p. 390 e sgts.; Negreiros, Teresa. Dos vícios redibitórios e da sua articulação com as cláusulas de declarações & garantias em contratos de compra e venda de empresas. In: Benetti, Giovana; Corrêa, André Rodrigues; Fernandes, Márcia Santana; Nitschke, Guilherme Carneiro Monteiro; Pargendler, Mariana; Varela, Laura Beck (orgs.). *Direito, cultura, método:* leituras da obra de Judith Martins-Costa. Rio de Janeiro: GZ, 2019, p. 845.

24 Como explica Giacomo Grezzana, "[O]s vícios redibitórios apenas conferem tutela ao adquirente da participação societária quando incidirem diretamente sobre a própria participação societária. Este será o caso quando os defeitos sobre os bens ou sobre as atividades sociais forem de tamanha gravidade a ponto de minar a função ou valor da própria participação societária. A cláusula de declarações e garantias em nada auxiliará na concretização do vício redibitório, pois aí atuará ou como promessa de qualidades ou como assunção de garantia. Será impossível comunicar-se ao regime de vícios do objeto, vez que este protege o preenchimento das qualidades normais da coisa, ao passo que a especificação de qualidades protege quanto às qualidades convencionais da coisa". (*A cláusula de declarações e garantias...*, cit., p. 398).

Embora assente a noção de que, em operações de M&A, confluem, de um lado, o dever de informar do alienante (por ser detentor, em regra, da maior parte das informações reputadas relevantes para a operação)[25] e, de outro, o ônus de autoinformação do adquirente, parece existir em certos casos uma espécie de "ponto cego" informacional, não facilmente solucionável por essas situações jurídicas contrapostas, as quais, em tese, deveriam gerar um resultado ótimo sob o aspecto informacional.

Foi a partir dessa constatação, vivenciada em muitas operações de M&A, que a prática anglo-saxã concebeu — e o direito continental abraçou — a chamada "qualificadora de conhecimento", cada vez mais vista em contratos regidos pelas leis brasileiras.[26] Na essência, salvo algumas variações de intensidade e linguagem, a qualificadora é redigida desta forma:

> *A Vendedora declara e garante que, **de acordo com seu conhecimento,** os produtos da linha "Y", comercializados por "Z"* [Sociedade-Alvo], *não violam quaisquer direitos de propriedade industrial de terceiros, assim como não infringem qualquer tipo de norma sanitária.*

Não havendo, no exemplo acima, o surgimento de eventual desalinho entre o declarado-garantido e a realidade da sociedade-alvo após o fechamento da operação, a qualificadora não suscita maiores questionamentos, pois não é acionada. É, porém, na ocorrência de eventual dissonância que surgem questões bastante desafiadoras para o intérprete.

Sem a pretensão de examinar os múltiplos aspectos dogmáticos que o tema suscita, este breve artigo concentra-se em traçar os contornos desse tipo de disposição contratual e aquilatar quais são, à luz do direito brasileiro, seus limites de eficácia.

1. CARACTERIZAÇÃO

Estruturalmente, a qualificadora de conhecimento reveste a forma de ressalva contratual, isto é, ela retira, ou de certo modo mitiga (a depender de seu alcance), a operabilidade de uma regra contratual mais abrangente (a

---

25 E mesmo o ônus de se informar para poder informar.

26 A qualificadora de conhecimento não é a única forma de se delimitar os riscos assumidos pelo vendedor em operações de M&A. Há muitas outras fórmulas, voltadas a lidar com outros tipos de risco, que podem ser usadas inclusive de forma aglutinada, como as que criam limites mínimo e máximo de indenização de perdas; as que estabelecem prazos para que determinada perda se materialize após os quais o vendedor deixa de ser responsabilizado (*survival period*); ou as que estabelecem graus de materialidade sobre determinada informação, dentre outras.

declaração e garantia), que, ausente a ressalva, atribuiria objetivamente certas responsabilidades ao declarante em caso de divergência entre o declarado-garantido e o verificado na situação patrimonial sociedade-alvo após a transferência da participação e pagamento do preço (responsabilidades que podem, a depender do programa contratual, ensejar remédios indenizatórios, anulatórios, de retenção de parte do preço, dentre outros).[27]

Presente, contudo, a qualificadora de conhecimento, já não tem mais o declaratário um caminho direto e objetivo de responsabilização do declarante em caso de descompasso entre o declarado-garantido e o verificado, pois ele precisa também comprovar algo mais: que o declarante conhecia (ou assumiu o risco de ilegitimamente desconhecer, a depender de como redigida a ressalva) esse desalinho entre declaração e garantia, de um lado, e realidade, do outro. Como sintetiza Giacomo Grezzana, *"o qualificador de conhecimento insere um aspecto subjetivo nas declarações"*.[28]

Nesse cenário, portanto, a qualificadora de conhecimento busca alocar entre as partes o risco quanto a fatos desconhecidos de ambos, declarante e declaratário, atribuindo a este último o risco de sua eventual ocorrência.[29]

Sob a perspectiva funcional, por fazer referência ao conhecimento do próprio declarante, a qualificadora atua como uma "autodeclarada" presunção de ignorância legítima[30]— autodeclaração que, por sua vez, é aceita pelo declaratário, do que resulta, portanto, seu traço negocial. Trata-se, a toda evidência, de presunção relativa, pois comporta prova em contrário. E é justamente aí que

---

27 "Hoje em dia, é mais comum as partes excluírem todos os demais remédios jurídicos disponíveis e pactuarem apenas o ressarcimento de certas perdas definidas em contrato. Muda-se assim o esquema clássico das *representations* e das *warranties* em direção ao instituto das *indemnities*" (Grezzana, Giacomo. *A cláusula de declarações e garantias...*, cit., p. 395)

28 Grezzana, Giacomo. *O qualificador...*, cit., p. 244.

29 De Nova, Giorgio. *Il sale and purchase agreement: un contratto commentato*, 2ª ed. Turim: G. Giappichelli Editore, 2017, p. 154-156. Cunha, Juliana Bonazza Teixeira de. *A qualificadora "no melhor conhecimento" em contratos de compra e venda de participação societária*. Dissertação (Mestrado em Direito) - Escola de Direito de São Paulo, Fundação Getúlio Vargas, São Paulo, 2016, p. 60. Em sentido semelhante: "O conhecimento de certo estado de coisa, ou a sua ausência, é um factor de risco (*Risikiofaktor*), na medida em que o Direito associa, a tais estados subjetivos, e verificados certos pressupostos, desvantagens para os sujeitos a quem tais estados se imputam (Gomes, José Ferreira; Gonçalves, Diogo Costa. *A imputação de conhecimento às sociedades comerciais*. Coimbra: Almedina, 2018, p. 42).

30 De Nova, Giorgio. *Il sale and purchase...*, cit., p. 152. Em sentido similar: Tepedino, Gustavo. Novos princípios contratuais e teoria da confiança: a exegese da cláusula "to the best knowledge of the sellers". In: Tepedino, Gustavo. *Temas de direito civil*. Volume II. Rio de Janeiro: Renovar, 2006, p. 258: "Sob a perspectiva funcional, o direito norte-americano não empresta à expressão to the best knowledge of the seller sentido diverso do que, no Brasil, poderia ser definido como uma presunção relativa de boa-fé subjetiva, ou seja, uma presunção relativa de desconhecimento, por parte do declarante, de determinado vício da coisa por ele não informado."

entra em jogo uma outra relevante faceta da qualificadora: a de criar certos ônus probatórios de parte a parte, em conexão com a presunção de ignorância por ela instituída.

Nesse sentido, a ressalva de conhecimento do declarante pode ser enxergada como uma espécie de negócio jurídico pré-processual[31], voltado a distribuir certos ônus probatórios às partes quando surge uma disputa acerca do descompasso entre declarado-garantido e realidade, na forma do §3º do art. 373 do Código de Processo Civil.

De fato, como regra geral, o declaratário lesado por falsidade da declaração tem o ônus de provar o desalinho entre o que foi declarado-garantido e a realidade revelada na sociedade-alvo (ao passo que à parte contrária caberá demonstrar que não há esse desalinho, ou que o declaratário tomou conhecimento dos fatos reveladores previamente ao fechamento e, portanto, seria incogitável a violação às declarações e garantias[32]). Presente a qualificadora de conhecimento, os ônus probatórios antes descritos são profundamente modificados. Ao declaratário, já não bastará provar o descompasso, mas também o conhecimento (efetivo ou presumido) do declarante acerca dos fatos reveladores da divergência entre patrimônio social e situação declarada-garantida.

Resta, a seguir, examinar em que condições o desconhecimento suscitado pelo declarante, com amparo na qualificadora de conhecimento, será tutelável (ou não) pelo ordenamento.

2 ALCANCE

A qualificadora de conhecimento, como visto, cria para o declaratário, que almeja valer-se da função assecuratória de uma cláusula de declaração e garantia, o ônus adicional de provar que o declarante conhecia o fato revelador da desconformidade entre declarado-garantido e verificado na sociedade-alvo (ou, como aqui propugnamos em certas circunstâncias, deveria conhecê-lo).

---

31 "O uso dos acordos pode revelar-se um instrumento útil tanto nos pactos pré-processuais quanto naqueles celebrados já durante o processo (incidentais)." (Cabral, Antônio do Passo. *Convenções processuais*. Salvador: Jus Podivm, 2016, pp. 200/205).

32 Pargendler, Mariana; Gouvea, Carlos Portugal. As diferenças entre declarações e garantias e os efeitos do conhecimento do adquirente. In: Castro, Rodrigo Rocha Monteiro de; Azevedo, Luis; e Henriques, Marcus de Freitas (coords.) *Direito societário, mercado de capitais, arbitragem e outros temas:* homenagem a Nelson Eizirik. Volume III. São Paulo: Quartier Latin, 2020, p. 167; Oliveira, Caio Raphael Marotti de. A cláusula pro-sandbagging (conhecimento prévio) em contratos de alienação de participação acionária. Dissertação (Mestrado – Programa de Pós-Graduação em Direito Comercial) – Faculdade de Direito, Universidade de São Paulo, 2020, p. 134.

Esse ônus probatório, que negocialmente recai sobre o declaratário como regra geral, comporta, porém, certos temperamentos. Afinal, até que ponto a autodeclaração de ignorância do declarante terá, invariável e legitimamente, o fito de alocar o risco de desconhecimento ao declaratário? Em que medida, e sob que circunstâncias, o estado de desconhecimento de fatos juridicamente relevantes (que porventura violem preceitos legais) é escusável? Qual o limite exigível do ônus probatório que recai sobre o declaratário?[33]

Para responder a estas provocações, convém abordar, ainda que com brevidade, a própria noção de conhecimento (e a consequente noção de desconhecimento) sob um ponto de vista estritamente jurídico, e não naturalístico ou psíquico.

Partindo do seguro pressuposto de que *"...enquanto operação intelectual, o ato de conhecer só existe no Homem: o sujeito do estado subjetivo de conhecimento é sempre uma pessoa singular"*[34], parece-nos evidente que a busca última desse estado subjetivo encontra barreiras intransponíveis, pois a ninguém é dado averiguar (pelo menos por enquanto) o que se passa na mente de outrem. Por isso, soa incogitável que, em caso de falsidade da declaração, deva o declaratário comprovar inequivocamente a ciência, *enquanto estado psíquico subjetivo*, do declarante acerca de determinado fato revelador da divergência entre declarado-garantido e verificado no patrimônio social. Tal prova, mormente quando o declarante é uma pessoa natural, é humanamente impossível (*ad impossibilita nemo tenetur*). E mesmo em se tratando de pessoas coletivas, o acesso ao fluxo informacional desses entes, por situar-se dentro de sua esfera de interesses, pode revelar-se tormentoso, como se verá.[35]

É por razões dessa ordem que o Direito, em inúmeras situações, contenta-se com o conhecimento imputado (ou, em outros casos, com um conhecimento presumido[36]), para atribuir efeitos a certas situações jurídicas que têm no

---

33 Recorde-se que o ônus probatório pode ser dinamicamente distribuído entre as partes, à luz das peculiaridades do caso concreto (entre elas a impossibilidade ou a excessiva dificuldade de cumprir o encargo), na forma do art. 373, parágrafo primeiro, do CPC.

34 Gomes, José Ferreira; Gonçalves, Diogo Costa. *A imputação de conhecimento...*, cit, p. 13.

35 Como assinala Rodrigo Salton, em obra dedicada ao dever de informar na fase pré-contratual, "...envolveria verdadeira prova diabólica a efetiva demonstração do conhecimento por parte de um agente econômico, razão pela qual é necessário que se busquem parâmetros normativos que permitam determinar quando se 'conhece' determinada informação. Por essa razão, dentro do mundo jurídico, a determinação do 'conhecer' ou 'desconhecer' não passa por uma análise sociológica, psicológica ou biológica acerca do sujeito, devendo adotar-se, necessariamente, um parâmetro normativo". (*O dever de informar na fase pré-contratual e as operações de M&A*. São Paulo: Quartier Latin, 2023, p. 166).

36 Exemplos comuns de conhecimento presumido, ou ficto, são aqueles decorrentes de citações ou convocações por edital publicado em jornal de grande circulação.

conhecimento (ou no desconhecimento) o seu suporte fático. E não há dúvida de que a qualificadora de conhecimento, aqui estudada, é uma dessas figuras cujo funcionamento depende de cuidadosa aferição desse suporte fático.

Já se viu na Introdução deste artigo que a qualificadora de conhecimento nasce a partir da tensão (*rectius*: insuficiência de alcance) entre o dever de informar do detentor das informações (geralmente o alienante) e o ônus de se informar, a cargo do credor das informações (geralmente o adquirente). Há, de fato, informações que, posto relevantes, não são passíveis de obtenção dentro de um *standard* ordinário se diligência exigível (e o eventual custo de obtê-las fora desse *standard* usualmente não se coaduna com a agilidade de uma operação de M&A).[37]

Em sua obra dedicada ao dolo por omissão informacional, Giovana Benetti enumera três aspectos que limitam o dever de informar: (i) utilidade da informação para a contraparte; (ii) conhecimento efetivo pelo devedor acerca da informação em causa (ou se deveria ter conhecimento); e (iii) o desconhecimento da informação pelo credor.[38] Para a hipótese objeto deste artigo, interessa-nos em particular o segundo aspecto, atinente ao conhecimento efetivo por aquele que presta a declaração "no seu melhor conhecimento". É nesse ponto que a interpretação quanto ao alcance da qualificadora de conhecimento torna-se desafiadora. Afinal, provar o "conhecimento efetivo" do declarante quanto a determinada informação não é tarefa simples. Daí a inafastabilidade da noção de imputação do conhecimento.

Ao se afirmar que o conhecimento é imputado a alguém, parte-se necessariamente de um certo artificialismo normativo. Afinal, a norma realmente *impõe* o conhecimento (e o faz para que daí emanem efeitos jurídicos de

---

37 Ao longo deste artigo, haverá referências frequentes ao dever de diligência. Cabe a ressalva de que este é um conceito jurídico indeterminado, que não se compatibiliza com definições apriorísticas. As circunstâncias de cada caso darão o devido contorno a tal conceito. A esse respeito, cf. Judith Martins-Costa: "[o] Código Civil brasileiro contempla uma imensa variedade de conceitos formados por termos ou expressões indeterminadas que se referem a realidades fáticas. (...) Cabe ao intérprete concretizá-los, determinando a hipótese legal com base nas regras de experiência e aplicando a consequência da incidência da norma que está predeterminada na própria estrutura normativa. (...) Considerado o direito brasileiro, os administradores podem ser responsabilizados (observadas as vias legalmente determinadas para tanto) pela violação de deveres decorrentes da boa-fé. Assim, os deveres de lealdade à companhia (que inclui frequentemente o dever de sigilo): de diligência; de obediência; e o de informação. Esses deveres atribuídos aos administradores são concretizados com base em *standards* comportamentais gerais, vazados em linguagem vaga justamente para poder comportar a concreção com base em critérios relacionais e contextuais, embora objetivos." (*A boa-fé no direito privado.* São Paulo: Marcial Pons, 2015, pp. 99-333.).

38 Benetti, Giovana. *Dolo no direito civil:* uma análise da omissão de informações. São Paulo: Quartier Latin, 2019, p. 251.

atribuição em prol do tráfego[39]) mesmo a quem porventura desconheça o fato cujo conhecimento lhe é imputado.[40] Como explicam José Ferreira Gomes e Diogo Costa Gonçalves, *"[P]ara determinados fins, o Direito opera uma dissociação entre o sujeito que conhece e aquele a quem o estado de conhecimento é atribuído. A representação de um certo estado de coisas (enquanto processo intelectual) ocorre em A, mas aquele a quem é atribuído o resultado da operação intelectual (o conhecimento-objeto) é B. A é sujeito do ato de conhecer, mas B – por efeito de uma atribuição normativa a que chamamos imputação de conhecimento – é o sujeito do estado subjetivo em causa".*[41]

Presentes estas noções, e de volta ao objeto deste artigo, percebe-se que o conhecimento, enquanto elemento integrante do suporte fático da qualificadora, pode ter origem em certas informações que, sendo relevantes à tutela de interesses da parte declaratária (do contrário, não haveria estipulação de declarações e garantias a respeito delas), podem transitar entre diferentes setores no bojo de uma organização marcada por divisão de tarefas — o que conduz à noção de *risco da organização* como critério para imputação do conhecimento. Entende-se que, se o fator de risco em causa for passível de controle mediante o emprego de adequada organização dos fluxos informacionais pela entidade, este deve ser imputado à pessoa coletiva correspectiva.[42]

Em que pese o acerto da advertência de Giacomo Grezanna — de que a teoria da organização do conhecimento mais se assemelha a uma aplicação específica do *standard* geral de diligência a situações de conhecimento fragmentado, do que propriamente de uma teoria geral de imputação —[43], não há como negar que, quando está em causa uma pessoa coletiva, qualquer que seja o seu porte, pensa-se em divisão de atribuições entre os variados agentes que presentam-na e com ela contribuem (a divisão será maior ou menor a depender do tamanho da entidade). E, nesse contexto, é usual (até mesmo esperado) que informações relevantes acabem se fragmentando pelos diversos

---

39 Gomes, José Ferreira; Gonçalves, Diogo Costa. *A imputação de conhecimento...*, cit., p. 46.

40 Importante ter-se presente a dificuldade de definição uniforme do conceito de imputação. Como explicam José Ferreira Gomes e Diogo Costa Gonçalves, "[N]ão obstante a centralidade do conceito no discurso jurídico, não existe, em rigor, uma noção técnico-jurídica de imputação. A pluralidade de hipóteses normativas impede, aliás, a construção de um conceito unitário. (...). Ainda assim, pode dizer-se que a imputação corresponde a um efeito normativo de atribuição. Os contornos precisos de tal efeito dependem do objeto da atribuição, do lugar sistemático onde a atribuição normativa ocorre e do escopo, ou pluralidade de escopos, em presença." (*A imputação de conhecimento...*, cit., p. 23).

41 Ob. cit.; loc. cit.

42 Salton, Rodrigo. *O dever de informar na fase pré-contratual...*, cit., pp. 170-171; Gomes, José Ferreira; Gonçalves, Diogo Costa. *A imputação de conhecimento...*, cit., p. 43.

43 *O qualificador...*, cit., p. 241.

setores da organização. Se é certo, porém, que a pessoa coletiva se beneficia da divisão de tarefas, tem ela o ônus de adequadamente organizar os seus fluxos informacionais.[44]

Assim, uma primeira premissa pode ser extraída. Provando o declaratário, lesado pela falsidade da declaração, que os fatos reveladores da falsidade da declaração transitaram pelos órgãos dotados de competência para tratar de tais informações dentro da organização declarante, a ela são imputados os efeitos jurídicos do conhecimento pleno dessas informações, sendo-lhe defeso invocar em seu benefício a qualificadora de conhecimento. Afinal, nesse caso, o conhecimento dessas informações lhe é imputado.[45]

Outro limite que, a nosso ver, inibe a possibilidade de invocação em termos absolutos da qualificadora de conhecimento (ao menos no direito brasileiro, por força do presumido conhecimento da norma legal, *ex vi* do art. 3º da Lei de Introdução às Normas de Direito Brasileiro – LINDB [46]), é aquele resul-

---

44 "A existência de uma tal organização importa, naturalmente, a exposição ao risco da fragmentação do conhecimento (*Wissensaufspaltung*), tanto mais intenso quanto maior e mais complexa for a organização. Sem prejuízo de quanto desenvolvemos adiante, a fragmentação do conhecimento é um *Organisationsrisiko* que deve ser controlado ou mitigado pela própria sociedade. Se esta beneficia da divisão de tarefas, deve suportar os seus riscos: *ubi commoda, ibi.* (...) Assumimos então como fundamento da imputação a teoria do risco de organização, de acordo com a qual aquele que, para desenvolvimento da sua atividade, divide tarefas (e delega poderes para o efeito), deve suportar os correspondentes riscos de organização." (GOMES, José Ferreira; GONÇALVES, Diogo Costa. *A imputação de conhecimento...*, cit., p. 42-46).

45 Apenas a título ilustrativo, no sistema norte-americano, já há muito se tem presente, mesmo que com alguns temperamentos, a ideia de imputação do conhecimento à sociedade nas relações entre *agents* e *principals*: "The ordinary rule in principal and agent cases is applied to corporations. And so it is commonly said that notice to an agent of a corporation is notice to the corporation if it is of facts concerned with the business in which he is employed. But the rule as applied to corporations is bound up with other rules which further limit the cases in which information obtained by a corporate agent will be imputed. So, information casually obtained by the agent is not imputed to the corporation unless it acts through that agent in a matter in which the information is pertinent. It may be said that there are three general limitations upon the rule of imputed notice: notice will not be imputed—(1) where it is such as it is not the agent's duty to disclose; (2) where the agent's relation to the subject matter or his previous conduct renders it certain that he will not disclose it; (3) where the person claiming the benefit of the notice colluded with the agent to cheat or defraud principal (The doctrine of imputed knowledge applied to corporations and members thereof. In: *Columbia Law Review*, Apr. 1924, Vol. 24, No. 4, p. 402).

46 Ressalvadas as opiniões contrárias de Caio Mário da Silva Pereira (*Instituições de direito civil.* Rio de Janeiro: Forense, 1999, p. 76/79) e de Miguel Maria de Serpa Lopes (*Curso de direito civil*, V.1 – 8ª ed. rev. e atualizada. Rio de Janeiro: Freitas Bastos, 1996, p. 103-104), a doutrina nacional acerca do art. 3º da LINDB divide-se entre as hipóteses da ficção jurídica e da presunção (absoluta!) do conhecimento da norma, sem o que seria inviável o convívio social. Nesse sentido, com extensa pesquisa em direito comparado, cf. MAGALHÃES, Tereza Ancona Lopez de. A presunção no direito, especialmente no direito civil. Doutrinas essenciais de direito civil. In: *Revista dos Tribunais Online*, vol. 5., Out/2010, p. 1323-1345.

tante da violação a dispositivos de lei por parte da sociedade-alvo, quando o declarante declara e garante a observância desses mesmos preceitos. Dito de outro modo, quando o declarante garante, com base no seu "conhecimento", que a sociedade-alvo cumpre determinadas normas, mas depois revela-se o descumprimento dessas mesmas normas, parece-nos surgir aí, no mínimo, um pêndulo que transfere de volta ao declarante o ônus de provar o legítimo desconhecimento dos fatos reveladores do descompasso entre declarado-garantido e realidade. Notadamente quando o declarante é dotado de profissionalismo (seja ele empresário, na forma do art. 966 do Código Civil, ou uma pessoa coletiva devida e adequadamente organizada), milita em seu desfavor uma presunção de que conhece os aspectos internos de sua atividade.[47] Daí, portanto, o ônus probatório voltar-se contra aquele contra quem milita uma dupla presunção (do conhecimento dos fatos subsumidos na lei e do conhecimento da própria lei).

De fato, se no direito brasileiro não é dado invocar-se o desconhecimento da norma como escusa para seu eventual descumprimento, tem-se que o próprio ordenamento já cria uma hipótese de *conhecimento* presumido da norma[48] — que logicamente não se equipara a conhecimento dos fatos (por vezes mais ricos e mais complexos) que atraem a incidência da norma.

No cenário aqui descrito — em que o fato revelador da falsidade da declaração configura violação a dispositivo legal (ex.: não recolhimento de determinado tributo, ausência de licença para explorar certa atividade etc.) —, caberá ao declarante algo mais do que apenas invocar a qualificadora de conhecimento, pois milita contra ele a presunção de que conhece a lei e que conhece as práticas adotadas pela sociedade-alvo.[49] Será preciso provar (e por isso alu-

47 Neste sentido: "Em verdade, a existência de um contratante profissional permite a presunção de que esse conhece informações relacionadas à sua área de conhecimento técnico, pois é inerente à noção de 'profissionalidade' a necessidade de busca por determinadas informações dentro da área de expertise cuja inobservância dá azo à violação de dever profissional. Dessa forma, existe urna presunção *juris tantum* de que o empresário detém conhecimento acerca dos fatos endógenos a sua atividade negocial. (...) Por essa razão, há de se reconhecer um 'dever de não ignorar', que permite a equiparação de um estado subjetivo de ignorância ao conhecimento, mediante um juízo normativo, estando cm causa a existência de um dever ou ônus que, quando violado, tem por consequência normativa a atribuição dos efeitos do conhecimento." (Salton, Rodrigo. *O dever de informar...*, cit., pp. 166-167).

48 Giacomo Grezanna parece tratar dessa hipótese dentro do conceito de conhecimento *objetivado*, um terceiro gênero a meio caminho entre o conhecimento *positivo* (ou *actual knowledge* entre os anglo-saxões) e o conhecimento *exigível* (ou o *constructive knowledge*) (*O qualificador de conhecimento...*, cit., p. 234-235).

49 José Ferreira Gomes e Diogo Costa Gonçalves defendem que "[À] sociedade cabe organizar-se de forma a assegurar adequados fluxos internos de informação. Não o fazendo, suporta os riscos do desconhecimento dos factos." (*A imputação de conhecimento...*, cit., p. 58).

dimos ao pêndulo do ônus probatório) ou que a norma não foi violada, ou que tal violação originou-se de mudança de entendimento dos tribunais ou das autoridades que aplicam a norma (bem por isso, aliás, é comum em operações de M&A as partes afastarem o regime de indenização por quebra de declarações e garantias quando tal quebra deflui de mudança legislativa ou modificação de entendimentos consolidados antes do fechamento).

Não é dado ignorar, porém, situações em que o prévio conhecimento dos fatos geradores de potencial violação a uma norma legal escapam completamente ao declarante, por mais empenhado que esteja no cumprimento do seu dever informacional, à luz de *standards* ordinários de diligência exigível. Há, de fato, uma diferença entre desconhecer a norma, algo sabidamente inescusável em direito brasileiro, e desconhecer condutas que podem integrar o suporte fático da violação de uma determinada norma (determinadas condutas até então desconhecidas do declarante podem ensejar a violação de normas ambientais, por exemplo).[50]

A qualificadora de conhecimento encontra a sua melhor justificativa quando a busca pela informação (o *"informar-se para poder informar"*) demandar esforços além do ordinariamente aceitável (e aqui se trata de uma ordinariedade aferível caso a caso). Quando, *e.g.*, se declara que, de acordo com o conhecimento do declarante, determinada linha de produtos de alta tecnologia não viola patentes de terceiros, é razoável supor que o declarante, ao assim declarar, tenha pesquisado demandas judiciais e administrativas em todos os tribunais e escritórios de patentes onde o produto é comercializado para prestar tal declaração "de acordo com seu conhecimento"[51].

---

50 José Ferreira Gomes e Diogo Costa Gonçalves, ao tratarem do risco de *hindsight bias*, aludem a interessante exemplo trazido por Mario Campobasso (*L'imputazione di conoscenza nelle società*, 2002, *apud A imputação de conhecimento...*, cit., p. 42): "se no passado não se conheciam os riscos do amianto para a saúde, a informação sobre as condições do seu depósito poderia não ser considerada relevante e, como tal, poderia ser ignorada. O facto de hoje se conhecer a toxicidade do amianto não altera a avaliação sobre a legitimidade do juízo antes realizado no tratamento da informação".

51 Há autores que criam diferentes graus do conhecimento autodeclarado pelo declarante, apontando a necessidade, *v.g.*, de mais aprofundada diligência quando se empregar a expressão "best knowledge" em contraposição a apenas "knowledge", ou quando se alude a "best knowlege after enquiry" (Gilson, Ronald J. *Value creation...*, cit., p. 279; Verboogen, Alizée. *Legal implications of the qualification 'best actual/constructive knowledge' in seller's warranties*. LoyensLoeff, 01.06.2022. Disponível em: https://www.loyensloeff.com/globalassets/02.-publications-pdf/02.-external/2022/ll_legal-implications-of-best-actual-constructive-knowledge-draft-v2.pdf. Acesso em 20.06.2023). A nosso ver, salvo se o instrumento contratual trouxer definições muito específicas a esse respeito, acreditamos que as circunstâncias do caso importam tanto ou mais que o texto literal da qualificadora, na forma do art. 112 do Código Civil.

Não parece, contudo, alinhada à ideia de esforços ordinários, que, mesmo tendo essa pesquisa indicado a ausência de reclamações de terceiros, devesse o declarante ir mais a fundo e contratar especialistas para verificar se a tal linha de produtos tecnológicos, de fato, não poderia potencialmente infringir patentes de terceiros, até então desconhecidas, apenas para poder prestar a informação com maior acurácia. Tal nível de pesquisa demandaria incremento de custos de transação por vezes incompatível com a velocidade ordinariamente verificada em operações do tipo.[52] Em um tal caso, sobrevindo depois do fechamento perdas oriundas de pleito de terceiro baseado em violação de patentes, a qualificadora terá cumprido, a nosso ver legitimamente, o seu papel de limitar a responsabilidade do declarante, pois o seu estado de ignorância, contratualmente presumido pela ressalva, terá sido justificável frente às circunstâncias e frente ao *standard* de diligência razoavelmente exigível.[53]

Esse mesmo cenário, todavia, muda drasticamente se, por exemplo, antes de lançar a mesma linha de produtos de alta tecnologia, tiver a administração da sociedade-alvo, por cautela, contratado um estudo (*clearance*) para aferir esse risco e nele especialistas apontassem a *possibilidade* de tais produtos porventura violarem patentes de terceiros (a depender, *v.g.*, de como se interpretassem as reivindicações de certas patentes), mas, apesar disso, a sociedade-alvo lançou os produtos e nunca surgira, até o fechamento da operação, um pleito dessa natureza. Nessas circunstâncias, ainda que objetivamente se possa declarar que os produtos não violam patentes de terceiros — pois até aquele momento não violavam —, o eventual emprego da qualificadora de conhecimento já não poderia eximir o alienante de responsabilidade caso surgisse,

---

52 A rigor, nada impede uma tal estipulação, mas ela precisa estar expressa no contrato, com fórmulas como ("conhecimento obtido após a devida investigação"), não se podendo deduzir, como regra, a adoção de diligência acima da ordinária. Nesse sentido, Verboogen, Alizée. *Legal implications of the qualification "best actual/constructive knowledge" in seller's warranties*. LoyensLoeff, 01.06.2022. Disponível em: https://www.loyensloeff.com/globalassets/02.-publications-pdf/02.-external/2022/ll_legal-implications-of-best-actual-constructive-knowledge-draft-v2.pdf. Acesso em 20.06.2023.

53 Como explicam José Ferreira Gomes e Diogo Costa Gonçalves, "[S]e a sociedade adotou uma adequada organização e, ainda assim, o conhecimento de certo estado de coisas não foi assegurado, devemos assumir, como princípio de ponderação, que o conhecimento em causa escapa à controlabilidade da sociedade e, como tal, o risco a ele associado não lhe deve ser imputado. (...) Esta formulação permite antever os limites da imputação: se só é imputável o conhecimento de que o sujeito (que atua por conta da sociedade) dispõe ou deveria dispor no quadro de uma organização adequada, há necessariamente informações cujo conhecimento não pode ser imputado à sociedade: são as informações de que o sujeito (que atua por conta da sociedade) não dispõe, nem era exigível que dispusesse através de uma organização adequada – entendida esta como o produto do cumprimento da obrigação de organização, nos termos sustentados (*A imputação de conhecimento...*, cit., p. 43-48). No mesmo sentido, Pires, Catarina Monteiro (*Aquisição de empresas...*, cit., p. 79).

após o fechamento, uma demanda por violação de patente cuja possibilidade, ainda que não concretizada até o fechamento, já era contemplada pela administração. Afinal, o alienante obrigara-se a *assegurar* a permanência do estado de coisas enunciado nas declarações e garantias, até porque sempre esteve a seu alcance — e por um custo plenamente acessível — um dado (o estudo de *clearance*) o qual, à luz dos deveres de cuidado e diligência, e dada a relevância da informação, não seria lícito desconhecer.[54]

A depender das circunstâncias, portanto, assume o declarante o risco de uma presunção de ignorância, que em tese lhe beneficia, vir a ser desconstituída mediante prova em contrário — ou o risco de entender-se que, frente às circunstâncias do caso concreto, tal estado de ignorância não se faz digno de tutela. Afinal, o desconhecimento de fato relevante à esfera da contraparte, quando derivado de negligência de quem tinha condições de conhecer, não pode ser tolerado pelo direito, pois a tanto equivaleria uma violação ao dever anexo de proteção aos interesses da contraparte[55], como imperativo da cláusula geral de boa-fé.[56]

Mais do que isso, o chamado "desconhecimento negligente" permitiria o esvaziamento unilateral, pelo declarante, da obrigação de garantia resultante da cláusula de declaração e garantia por ele mesmo assumida, colocando em xeque a própria seriedade de tal estipulação (pois aquilo que se concede mutuamente com uma mão {a garantia limitada apenas pelo desconhecimento escusável} retira-se unilateralmente com a outra {o desconhecimento

---

54 Quando contrapostos, de um lado, o ônus de se informar para informar e, de outro, o ônus de cuidado com seus próprios negócios (autorresponsabilidade), parece-nos fazer sentido avaliar qual das partes (credora ou devedora da informação) está em melhores condições de diligenciar a sua obtenção com o menor desgaste de recursos possível. Nesse sentido, pertinentes as observações de Ronald J. Gilson: "During the negotiation, the buyer and seller will face different costs of information acquisition for two important reasons. First, as a simple result of its prior operation of the business, the seller will already have large amounts of information concerning the business that the buyer does not have, but would like to acquire. Second, there usually will be information that neither party has, but that one or both would like and which one or the other can acquire more cheaply. The question is then how both of these situations are dealt with in the acquisition agreement so as to reduce the informational differences between the parties at the lowest possible cost." (Gilson, Ronald J. *Value creation...* cit., p. 269 270).

55 Grigoleit, Hans Christoph. Zivilrechtliche Grundlagen der Wissenszurechnung. *in*: ZHR – Zeitschrift fiir das gesamte Handelsrecht und Wirtschaftsrecht. Ano 2017, vol.181, pp.160-202, p. 172, *apud* Grezzana, Giacomo, *O qualificador de conhecimento*..., cit., p. 232.

56 Nesse sentido, Fabian, Christoph: "O dever de se informar fundamenta-se no conceito da cooperação e, finalmente, na boa-fé. As partes devem ajudar-se na realização da obrigação." (*O dever de informar no direito civil*, São Paulo: Revista dos Tribunais, 2002, p. 158).

inescusável}).[57] A falta de seriedade do vínculo é exprobrada pelo ordenamento, como se passa, por exemplo, com a condição puramente potestativa.[58]

Não se ignora que o uso da ressalva de conhecimento tem origem no sistema norte-americano, onde há entendimentos díspares sobre o alcance da expressão "to the best of knowledge". Como noticia Edward J. Levin, há julgados para os quais o emprego da qualificadora, em conexão com cláusula de garantia, exime o declarante de realizar diligências antes de emitir sua declaração, permitindo um nítido descompromisso com o vínculo de garantia. Existem, contudo, outras decisões no sentido inverso, que exigem certa dose de diligência daquele que enuncia, em benefício de outrem, um estado de fato de acordo com seu "best knowledge".[59]

Uma vez transposta a qualificadora de conhecimento para contratos regidos pelo direito brasileiro — profundamente marcado pelos deveres de cuidado e de informação oriundos da cláusula geral de boa-fé e pela presunção de veracidade dos enunciados e declarações das partes, à luz do art. 219 do Código Civil —, é necessário ter cuidado, pois a adoção irrefletida de mecanismos contratuais gestados noutros sistemas pode não se coadunar por completo com o ordenamento receptor.[60]

---

57 "Já nas normas de conhecimento exigível, se o conhecimento de que se trata está dentro da esfera de conhecimentos passíveis de serem adquiridos mediante emprego de diligência exigível, então o não conhecimento equivale a conhecimento. A lógica subjacente é a de que o sujeito apenas deixou de conhecer por sua negligência; logo, não pode ser premiado com a escapatória aos efeitos previstos na norma. Se o conhecimento demandar grau de diligência além do exigível para ser obtido, então o não-conhecimento não pode ser tratado como se conhecimento fosse." (Grezzana, Giacomo. *O qualificador de conhecimento*..., cit., p. 242).

58 Cristiano de Sousa Zanetti explica que "[D]eclarações de vontade do tipo 'contrairei uma obrigação, se eu quiser' são insuficientes à formação do negócio jurídico, por serem destituídas de seriedade." (Querer e poder no direito dos contratos: as chamadas condições potestativas. In: *Arbitragem e processo: homenagem ao prof. Carlos Alberto Carmona*. São Paulo: Quartier Latin, 2022. v. 2, p. 373). Em semelhante sentido, Anderson Schreiber: "A vedação à condição puramente potestativa não assenta na sua ilicitude, mas na sua inutilidade, por revelar a falta de seriedade do negócio jurídico celebrado." (*Código civil comentado: doutrina e jurisprudência*, 3.ed. - Rio de Janeiro: Forense, 2021, p. 305).

59 Levin, Edward J. "Best" is not always best when it comes to knowledge. American Bar Association Probate & Property Magazine, vol. 30, n. 1, Jan./Feb. 2016, pp 5-6. A Corte do Distrito de Maryland (*In re Grausz*, 302 B.R. 820 (D. Md. 2002), aff'd, 63 F. App'x 647 {4th Cir. 2003}) adotou interessante abordagem: "[T]o the extent that every contract contains an element of good faith performance, a party to a contract who undertakes to act 'to the best of his knowledge' at a minimum implies that he will make a good faith effort to ascertain the true state of the facts." (*apud*, Levin, Edward J. *"Best" is not always best*..., cit., p. 6).

60 Vale lembrar a advertência de Gustavo Tepedino: "Aliás, a adoção de modelos jurídicos estrangeiros, cada vez mais intensa com a globalização do mundo contemporâneo, se não for precedida de rigorosa metodologia comparatista, no sentido de se buscarem soluções de equivalência funcional nos sistemas em cotejo, gerará resultados absurdos e, por vezes, aberrantes. Ou seja, caso não se verifique, na cultura jurídica do país receptor de um determinado modelo jurídico, os expedientes

Um aspecto prático merece, por fim, ser ressaltado. Como quem presta declarações e garantias em uma operação de M&A é o alienante da participação societária, este o faz na condição de titular das quotas ou ações em que se divide o capital social (e, portanto, detentor do *status* de sócio da sociedade-alvo). Porém, frequentemente quem franqueia acesso às informações tidas por relevantes para a operação, antes, durante ou depois da de *due diligence*, costumam ser membros da administração da sociedade-alvo (ou profissionais por esta contratados) — ou seja, um grupo de pessoas que pode ser diverso da administração da sociedade vendedora (controladora). Assim, mesmo quando o alienante declara conhecer ou desconhecer certa informação, devem-se ter presente a possibilidade, nada desprezível, de a informação ser conhecida apenas pelos administradores da sociedade-alvo, que conduzem a atividade empresarial, cabendo então aquilatar, para efeito de imputação do conhecimento, a vinculação dessas pessoas com quem as nomeou. Sendo o alienante controlador da sociedade-alvo, como não raro ocorre, é de se supor que ele indicou os administradores daquela, à luz do art. 116 da Lei das S.A. (ou norma equivalente em contrato social).[61] Porém, não estando em causa a alienação de participação societária de controle, pode realmente ocorrer uma significativa dissociação no fluxo informacional entre administradores da sociedade-alvo, de um lado, e sociedade alienante (não controladora), de outro.

Essa diferenciação pode ser relevante quando se está diante de cláusula de declaração e garantia afiançando que, pelo conhecimento do declarante, a sociedade-alvo não viola preceitos de *compliance* ou não adota práticas comerciais escusas (por vezes intitulada "certain practices"). Em ambos os casos, o que se está a declarar é a conformidade com normas de observância obrigatória na atividade empresarial desempenhada pela sociedade-alvo. Logo, em linha de princípio, não deveria ser digno de tutela o desconhecimento de tais violações, pois, como regra geral, não se pode legitimamente desconhecer um ilícito, mesmo em caso de eventuais falhas dos controles internos da organização declarante. Contudo, mesmo pela teoria do risco da organização do conhecimento (baseada na proteção ao tráfego jurídico e na inevitável fragmentação do conhecimento nas organizações), pode haver um reduzido espaço de desconhecimento escusável, ainda mais se determinadas informações, ou condutas, não alcançam os escalões dotados de poder decisório, ou corretivo, da sociedade-alvo. Nesse caso, porém, o ônus de demonstrar que a informação ficou

---

técnicos que, a despeito da terminologia adotada pela língua oficial, possam oferecer soluções equivalentes àquelas alcançadas pelo mesmo modelo no país de origem, jamais se conseguirá aquilatar a função de determinado instituto no contexto cultural em que foi engendrado." (*Novos princípios...*, cit., p. 258).

61 Grezzana, Giacomo. *O qualificador de conhecimento...*, cit., p. 252.

confinada em um grupo reduzido de pessoas de baixo escalão caberá a quem pretenda valer-se da qualificadora de conhecimento.

CONCLUSÕES

A informação assume protagonismo nas operações econômicas que os contratos de compra e venda de participações societárias modelam, pois é a partir do conhecimento preciso da situação concreta da sociedade-alvo que todos os caracteres definidores do contrato, principalmente o preço, serão definidos. Adquire-se, nas operações de M&A, o *futuro* da empresa, e não seu presente; futuro este que somente pode ser propriamente avaliado pelos envolvidos a partir da posse de todas as informações relevantes sobre a vida da organização.

A obtenção de tais informações, todavia, constitui tarefa complexa e custosa. A falha em algum ponto desse processo, que se esteia na dicotomia "dever de informar" *versus* "ônus de autoinformação", pode implicar o fracasso da operação nos moldes concebidos pelas partes. A fim de assegurar a conformidade das prestações contratuais que lhes são devidas, os contratantes recorrem ao sistema das declarações e garantias (e também à *due diligence*, em operações de maior vulto). Este, contudo, nem sempre é suficiente para transpor integralmente para o instrumento contratual todas as circunstâncias fáticas relevantes para as partes, pois é possível que existam informações que não foram reveladas pelo vendedor e nem assimiladas pelo comprador durante o procedimento de *due diligence*.

Para solucionar, ou ao menos, mitigar, o problema da alocação da responsabilidade por falhas informacionais que causem prejuízos à operação contratual, surge a qualificadora de conhecimento das declarações e garantias. Em caso de prejuízo causado por eventual falsidade de uma declaração, será necessário aquilatar o conhecimento prévio daquele a quem incumbia a declaração, e, em segundo lugar, se, independentemente de tal ciência, o conhecimento da informação deveria ter sido adquirido. Cria-se assim, negocialmente, um sistema de distribuição do ônus da prova, regra de julgamento que será aplicável à resolução de eventual conflito decorrente da falsidade de uma declaração.

Discutiu-se, no presente estudo, como deve se guiar o intérprete para delinear o conteúdo do "conhecimento" que deve compor o suporte fático da qualificadora em exame. Para tanto, percorreu-se com brevidade conceitos como imputação e presunção de conhecimento, além de ignorância legítima.

No mais, verificou-se que os esforços que devem ser exigidos das partes envolvidas na operação de M&A, para cumprimento de seus deveres e ônus de informar e de se autoinformar, respectivamente, devem ser avaliados de acordo com as circunstâncias concretas da operação e das características da sociedade-alvo.

Conclui-se, desta forma, que a qualificadora do conhecimento é um mecanismo que, embora importado de outros sistemas, afigura-se extremamente útil para alocar riscos informacionais em operações de M&A regidas pela lei brasileira, desde que as partes, ao desenhar o respectivo contrato, certifiquem-se de que todos os esforços foram colaborativamente empreendidos, incidindo, assim, a qualificadora do conhecimento apenas no espaço reservado ao desconhecimento legítimo do declarante acerca de fatos relevantes envolvendo a sociedade-alvo.

46. CLÁUSULA BREAK-UP FEE EM OPERAÇÕES DE M&A NO DIREITO BRASILEIRO: ALOCAÇÃO DOS RISCOS DECORRENTES DA FRUSTRAÇÃO DA OPERAÇÃO

Gustavo Santos Kulesza
Luiz Eduardo de Avila Guimarães

1. INTRODUÇÃO

Operações de fusões e aquisições (no jargão, *mergers and acquisitions* ou M&A) são conhecidas pela estrutura complexa dos arranjos contratuais criados para atender às particularidades de cada negócio. Grande parte delas é fragmentada em dois momentos distintos: assinatura e fechamento. No primeiro, as partes celebram o contrato, mas diferem parte relevante da eficácia do negócio para o segundo momento (fechamento), quando, após a satisfação de determinadas condições, haverá o adimplemento das obrigações principais, em especial, o pagamento do preço e a tradição da participação societária.

Esse faseamento torna o mercado de fusões e aquisições um ambiente propício a disputas. Não raro, entre a assinatura do contrato e o fechamento do negócio (*período intermístico*),[1] algum evento superveniente se materializa e ameaça a conclusão da operação na data prevista para o fechamento. Nesse contexto, surgem controvérsias a respeito de temas como a deflagração de

1 MARTINS-COSTA, Judith; COSTA E SILVA, Paula. *Crise e Perturbações no Cumprimento da Prestação Contratual.* São Paulo: Quartier Latin, 2020, p. 127.

alteração material adversa (*material adverse change*), o implemento de condições precedentes ao fechamento, a apresentação de ofertas concorrentes *etc.*

O risco de frustação da operação ganha maior relevância quando se consideram os altos investimentos normalmente empregados para consumação dessas contratações. Desde a formulação da proposta até o fechamento, essas operações exigem o emprego de altas somas, muitas delas relacionadas à contratação de assessoria financeira e contábil (*due diligence* e avaliação dos ativos da sociedade-alvo), de advogados (negociação e redação dos instrumentos contratuais) e de financiamento para pagamento do preço.

Nesse cenário, questiona-se: do ponto de vista jurídico, o que ocorre quando as partes assinam o contrato de compra e venda e, por algum motivo, imputável ou não a um dos contratantes, o fechamento da operação é frustrado? Quem responde pelos prejuízos decorrentes da ruptura do negócio jurídico? Para endereçar preocupações como essas, as partes costumam alocar previamente os riscos associados ao negócio inexitoso, com a criação de regras contratuais para disciplinar as consequências do não fechamento da operação.[2]

Na prática de *common law*, desenvolveu-se a figura chamada *break up-fee*,[3] criada para regrar situações de ruptura e frustração da operação.[4] Em linhas gerais, essa disposição contratual disciplina o pagamento de determinado valor em dinheiro em benefício de uma das partes quando a operação não é concluída em razão de certos eventos contratualmente determinados, que podem ou não ser imputáveis a um dos contratantes.[5-6]

---

2 *"Não há dúvidas –, em face ao princípio da atipicidade que domina o Direito Obrigacional (Código Civil, art. 425) –, sobre a admissibilidade, a validade e a utilidade de cláusulas contratuais que visem a distribuir os riscos da superveniência de eventos que possam perturbar o curso ordinário da prestação."* (MARTINS-COSTA, Judith. "A cláusula break up fee: qualificação perante o direito brasileiro". *Revista de Direito Societário e M&A*, vol. 1, ano 1, 2022, jan.-jun., p. 3. Disponível em: www.revistadostribunais.com.br. Acesso em: 09.7.2023).

3 Parte da doutrina utiliza a expressão "*termination fee*" para se referir a esse tipo de cláusula (v. p. ex.: BARBOSA, Henrique Cunha. "Termination fees: estruturas e polêmicas no sistema brasileiro". In: ADAMEK, Marcelo; PEREIRA, Rafael Setoguti (coord.). *Fusões e Aquisições (M&A)*, São Paulo: Quartier Latin, 2022). Contudo, optamos por utilizar o termo "*break-up fee*", dado que "*termination fee*" parece, por vezes, alcançar também a hipótese de pagamento de uma quantia em virtude da *resilição unilateral e imotivada* do contrato (CC, art. 473), que não será abordada neste artigo.

4 A *break-up fee* pode ser celebrada tanto nos contratos definitivos da operação, quanto nos instrumentos firmados nas fases preliminares – tais como, MoUs (*memorandum of understanding*), NBOs (*non binding offers*), LOI (*letter of intente*), NDA (*non-disclosure agreement*) *etc.*

5 GUINOMET, Pascal. *Break Fee-Vereinbarungen.* Berlin: Duncker & Humblot, 2003. p. 30. *Apud* ADAMEK, Marcelo Vieira von. "No-shop, break-up fee e fiduciary out em contratos preparatórios a operações de fusões e aquisições (M&A): validade e compatibilidade com os deveres fiduciários dos administradores". *Revista de Direito Societário e M&A*, vol. 1, ano 1, 2022, jan.-jun., nota 6. Disponível em: www.revistadostribunais.com.br. Acesso em: 09.07.2023.

6 "*Reverse break-up fee*" é a expressão utilizada para os casos em que o comprador é quem assume o pagamento da quantia devida ao vendedor em virtude da frustração do negócio (v.

Imagina-se que determinado empresário formula proposta para aquisição de uma companhia de controle disperso e, após meses de negociações, celebra memorando de entendimentos vinculante com a administração da sociedade-alvo. Entre a assinatura do instrumento e a consumação da operação, seria necessário o implemento de determinadas condições precedentes, como, p. ex., a obtenção de autorização do Conselho Administrativo de Defesa Econômica – CADE e a aprovação de financiamento necessário para viabilizar a aquisição. Caso um desses eventos não se verifique, a operação pode fracassar, em prejuízo aos investimentos realizados pelas partes. Com a contratação da *break-up fee*, um dos contratantes aloca para si o risco da deflagração de um evento impeditivo (ex., não implemento de uma condição precedente) e assume a obrigação de pagar determinado valor em benefício da contraparte diante da frustração da operação.

Assim como os demais arranjos contratuais desenvolvidos na prática anglo-saxão de fusões e aquisições e importados ao nosso sistema,[7] a cláusula *break-fee* tem sido frequentemente prevista nos contratos de compra e venda regidos pelo direito brasileiro. Este artigo procura contribuir para que a importação desse mecanismo seja acompanhada do necessário (mas nem sempre empreendido)[8] esforço de *decodificação* do modelo importado e de sua *requalificação* segundo as categorias jurídicas do nosso sistema.[9]

---

p. ex.: ZARZUR, Cristianne; FERREIRA, Jackson. "Gestão de riscos antitruste e consideração de remédios em fusões e aquisições: da negociação entre as partes às interações com as autoridades." *Revista de Direito Societário e M&A*, São Paulo, v. 3, ano 2, 2023, jan./jun., p. 5. Disponível em www.revistadostribunais.com.br. Acesso em: 09.07.2023). Tendo em vista a equivalência de função entre uma "*break-up fee*" e uma "*reverse break-up fee*", as considerações aqui apresentadas aplicam-se a ambas, justificando seu tratamento como sinônimos no artigo.

7 "*Essa recepção de modelos jurídicos estrangeiros resulta, em boa medida, da influência hegemônica dos países da common law no mundo dos negócios, do movimento de globalização dos escritórios de advocacia e da pluralidade normativa que marca o direito contratual na atualidade*" (KULESZA, Gustavo Santos. Limitações contratuais à tutela do comprador de participações societárias. In: GUERRERO, Luis Fernando *et al.* (org.). *M&A e Reestruturação de Empresas*. São Paulo: Quartier Latin, 2023, p. 228).

8 Na ausência desse esforço, faltar-nos-á *substrato teórico* para resolver as questões jurídicas postas aos juízes e árbitros brasileiros nas disputas decorrentes das operações de M&A. Nesse sentido, v. BUTRUCE, Vitor. *O design da ruptura dos contratos empresariais de prazo determinado*. Tese de Doutorado (Direito Comercial). Faculdade de Direito da Universidade de São Paulo, São Paulo, 2019, p. 28; TEPEDINO, Gustavo. Novos princípios contratuais e teoria da confiança: a exegese da cláusula to 'the best knowledge of the sellers'. In: *Temas de Direito Civil*, tomo I. Rio de Janeiro: Renovar, 2006, pp. 225-6: "*Aliás, a adoção de modelos jurídicos estrangeiros, cada vez mais intensa com a globalização do mundo contemporâneo, se não for precedida de rigorosa metodologia comparatista, no sentido de se buscarem soluções de equivalência funcional nos sistemas em cotejo, gerará resultados absurdos e, por vezes, aberrantes*".

9 DE NOVA, Giorgio. *Il Sale and Purchase Agreement*: un contratto comentato. 2º ed. atual. Turim: Giappichelli, 2006, p. 11.

O objetivo deste breve artigo é, portanto, analisar a cláusula de *break-up fee* sob a ótica do direito brasileiro, com foco no exame das possíveis qualificações jurídicas atribuídas a esse tipo de cláusula em sua acepção funcional mais comum, conforme apontado pela doutrina. Com base nas possíveis qualificações encontradas em nosso sistema, o texto também aborda dois casos reais em que houve discussões sobre o potencial não fechamento do negócio, com algumas conclusões relacionadas ao regime jurídico aplicável e às possíveis controvérsias enfrentadas nesse tipo de disputa.

2. ASPECTOS FUNCIONAIS DA *BREAK-UP FEE*

Para compreensão de qualquer disposição contratual, além da "letra fria" do contrato, é fundamental investigar qual a *finalidade* que as partes buscam alcançar quando celebram esse tipo[10] de arranjo,[11] fruto de sua autonomia privada (CC, art. 425).[12]

Nas operações de M&A, do momento de formulação da oferta até o fechamento da operação, as partes incorrem em despesas variadas, como aquelas relacionadas à *due diligence*, à precificação do negócio e à negociação dos instrumentos da transação. Parte dos custos relevantes são incorridos após a assinatura do contrato, como, por exemplo, despesas para garantir o financiamento da operação ou para implementação das condições suspensivas do negócio. Normalmente, essas despesas não são nada desprezíveis e, para além delas, há ainda o *custo de oportunidade* relacionado à alocação de tempo e recursos (financeiros e humanos) para a consecução daquela operação específica em detrimento de outras opções existentes no mercado.[13]

Se o negócio não é concluído, as partes estarão sujeitas ao risco de perder os investimentos realizados ao longo de todo o processo. Nesse sentido, é

10 "*Conquanto não dotada de tipicidade legal, a previsão de pagamento de uma soma pecuniária em decorrência do não implemento de uma condição ou da não realização de determinado evento contratualmente previsto, apresenta tipicidade social. Trata-se, basicamente, de um mecanismo de alocação de riscos característicos do período intermitente, ou intercalar, entre a assinatura e a o fechamento da operação.*" (MARTINS-COSTA, Judith. "A cláusula break up fee: qualificação perante o direito brasileiro". *op. cit.*, p. 4).

11 "*Ou seja, indo além de sua dimensão escrita, o negócio jurídico há de ser visto como meio empregado pelas partes na concreção de seus escopos.*" (FORGIONI, Paula A., *Contrato Empresariais*: teoria geral e aplicação, 4ª ed., São Paulo: Revista dos Tribunais, 2019, p. 118).

12 CC, art. 425: "*É lícito às partes estipular contratos atípicos, observadas as normas gerais fixadas neste Código*".

13 PINTO, Marcos Barbosa. "As break-up fees nas incorporações envolvendo companhias sem controlador." In: *Revista de Direito das Sociedades e dos Valores Mobiliários*, v. II, dez/2021, São Paulo: Almedina, p. 258.

justamente para alocar os riscos relacionados à não consumação da operação que as partes celebram disposições como a *break-up fee*. Sua razão de ser é garantir à parte beneficiada "*uma compensação dos custos e das despesas havidos na preparação da operação cujo fechamento acabou por não ser atingido*".[14]

A *break-up fee* surge, assim, como um mecanismo de proteção do negócio e dos investimentos realizados. Por vezes, assume também o papel de *desestimular* condutas que, na ausência das consequências pecuniárias impostas pela cláusula, poderiam frustrar a conclusão da operação. Em outras palavras: ao prever as consequências de uma eventual frustração do fechamento, a *break-up fee* também pode atuar como incentivo à conclusão do negócio.[15] Por outro lado, ao antecipar os valores que deverão ser pagos diante da operação inexitosa, as partes também evitam as dificuldades inerentes à quantificação de prejuízos decorrentes da ruptura.[16]

O mecanismo pode estar atrelado a uma variedade de eventos que, se materializados, representam o gatilho para o pagamento previsto. Sem prejuízo de outras hipóteses desenhadas pelas partes no contexto de cada operação, os seguintes exemplos são os mais frequentes na doutrina: (*i*) descumprimento de obrigação de exclusividade;[17] (*ii*) aprovação, pela sociedade-alvo ou por seus acionistas, de uma

---

14 MARTINS-COSTA, Judith. "A cláusula break up fee: qualificação perante o direito brasileiro". *op. cit.*, p. 5. No mesmo sentido: "*A previsão do pagamento desse valor na hipótese de frustração do negócio desempenha fundamentalmente a função de garantir à sociedade proponente uma indenização de seu interesse negativo, isto é, de todos os vultosos custos em que incorre com a preparação do negócio (inclusive por perda de oportunidades alternativas) caso a operação não seja realizada.*" (ADAMEK, Marcelo Vieira von. "No-shop, break-up fee e fiduciary out em contratos preparatórios a operações de fusões e aquisições (M&A): validade e compatibilidade com os deveres fiduciários dos administradores". *op. cit.*, p. 7).

15 MARTINS-COSTA, Judith. "A cláusula break up fee: qualificação perante o direito brasileiro". *op. cit.*, p. 4. BARBOSA, Henrique Cunha. *Termination fees*: estruturas e polêmicas no sistema brasileiro. *op. cit.*, p. 335.

16 TJMG, 17ª Câmara Cível, Apel. 1.0024.12.138378-0/010, Rel. Des. Roberto Vasconcellos, j. 02.09.2021. "*No caso, a despeito do desfazimento do Ajuste de fls. 64/66 ter sido impulsionado pelo descumprimento perpetrado pela Autora, o retorno dos Contraentes ao* status quo ante *deve ocorrer sem nenhuma contenção pelos Requeridos. Isso porque, além de não constar, no Instrumento de fls. 64/66, cláusula penal específica, dispondo sobre a aplicação de índice de perdimento em desfavor daquele que desatendeu as obrigações assumidas no negócio, nos autos não há prova de que a cessação dos pagamentos pela Demandante resultou em prejuízo a Império Mineração Limitada.* [...] *Registro que o Magistrado não pode instituir cláusula penal em substituição à vontade das partes, devendo ser aplicada, na ausência de pactuação a esse respeito, as regras ordinárias de responsabilidade civil, quais sejam, aquelas disciplinadas nos arts. 186, 402 e 403, do Código Civil, que, todavia,* não autorizam a indenização de dano presumido, ou seja, não comprovado." (realce nosso).

17 Obrigações de exclusividade (*no-shop agreement*): impede que os vendedores (e a sociedade-alvo) solicite propostas concorrentes de terceiros durante o período de vigência do contrato e, de modo geral, assegura ao potencial comprador a exclusividade para o fechamento de qualquer operação similar (Cf. ADAMEK, Marcelo Vieira von. "No-shop, break-up fee e fiduciary out em

operação concorrente durante o período de vigência do contrato; (*iii*) inadimplemento absoluto, por qualquer das partes, de obrigação prevista no acordo que dê ensejo à sua resolução; (*iv*) não implemento de condições precedentes; e (*v*) ocorrência de eventos previstos nas cláusulas MAC (*material adverse change*).[18]

Percebe-se que os gatilhos para acionamento da *break-up fee* podem caracterizar eventos imputáveis a um dos contratantes (como, por exemplo, o descumprimento da obrigação de exclusividade), assim como hipóteses não imputáveis a qualquer das partes (p. ex., não implemento de uma condição precedente em razão da ausência de aprovação da operação por órgão regulatório). Nessa direção, Judith Martins-Costa é precisa ao concluir que, como o pagamento da *break-up fee* poderá estar atrelado tanto ao descumprimento de obrigações do negócio jurídico imputável a uma conduta culposa, quanto à verificação de fatos alheios à vontade dos contratantes, é fundamental detalhar as distinções entre essas hipóteses, de modo a evitar confusões decorrentes da "*utilização de um mesmo rótulo para espécies distintas*".[19]

Assim, compreendida a função e a estrutura usual da *break-up fee*, cabe agora definir a qualificação jurídica que esse tipo de disposição poderá assumir no direito brasileiro, a depender dos eventos escolhidos como gatilho do pagamento da soma acordada.

3. NATUREZA JURÍDICA

Dada a amplitude dos eventos que a cláusula *break-up fee* pode albergar, não há como conduzir todas as cláusulas com esse rótulo a uma única natureza jurídica no nosso sistema. Sua qualificação jurídica é, portanto, *multifacetada*, e variará conforme o gatilho que enseja sua incidência. Feita essa ressalva, partiremos das funções usualmente atribuídas à *break-up fee* a partir das estruturas normalmente verificadas nos instrumentos contratuais das operações de M&A, para enfrentar as possíveis soluções oferecidas pela doutrina e tomar posição a respeito daquelas que entendemos mais adequadas.

---

contratos preparatórios a operações de fusões e aquisições (M&A): validade e compatibilidade com os deveres fiduciários dos administradores". *op. cit.*, pp. 1-2).

18 "*O termo MAC é uma sigla em inglês que significa material adverse change (também por vezes referido como material adverse effect ou MAE). Ele descreve a existência de eventos ou condições que possam causar perdas substanciais na capacidade de receita da companhia ou no seu valor de negócio.*" (CRUZ, Pedro Santos. "A cláusula MAC (material adverse change) em contratos de M&A no direito comparado (EUA e Reino Unido)". In: *Revista de Direito Bancário e do Mercado de Capitais*, vol. 45/2009, pp. 149-182, jul.-set., RT: 2009, p. 150. Disponível em: https://revistadostribunais.com.br. Acesso em 09.07.2023.

19 MARTINS-COSTA, Judith. "A cláusula break up fee: qualificação perante o direito brasileiro"., *op. cit.* p. 4.

3.1. Arras

No direito brasileiro, arras ou sinal é o acordo pelo qual, no momento de celebração do contrato ou até mesmo antes disso, uma das partes oferece à outra um valor em dinheiro ou outro bem móvel. Quando o contrato é cumprido, o sinal deve ser restituído ou, se houver coincidência de objeto com a prestação, pode ser computado para fins de aferição do adimplemento (CC, art. 417).[20] A doutrina indica variadas funções para as arras, dentre elas: (*i*) assegurar a conclusão do negócio e, em alguma medida,[21] (*ii*) pré-fixar perdas e danos.[22]

Como os contratantes costumam negociar o sinal para prestigiar o vínculo obrigacional, poder-se-ia enxergar uma aparente proximidade funcional entre a figura e a *break-up fee*. Porém, há distinções relevantes que, ao nosso ver, impedem a qualificação da *break-up fee* como sinal.

A primeira delas reside no fato de que as arras são exigidas logo na formação do vínculo obrigacional, ao passo que a quantia estipulada como *break-up fee* só é exigível (se e) quando a consumação da operação é frustrada. Independentemente da natureza das arras, seja *confirmatória*, seja *penitencial*, o sinal é dado de uma só vez, antes ou no ato da assinatura do contrato. Já a *break-up fee*, como visto, só será acionada em caso de óbices ao fechamento.[23]

Além disso, *break-up fee* tem sua eficácia condicionada ao implemento de uma situação previamente fixada no negócio. Independentemente de essa situação ser (ou não) atribuível ao comportamento de uma das partes, fato é que sempre haverá um fundamento para a frustração da operação para que haja o correspectivo pagamento da soma acordada. O regime das arras é distinto. Se

---

20 CC, art. 417: "*Se, por ocasião da conclusão do contrato, uma parte der à outra, a título de arras, dinheiro ou outro bem móvel, deverão as arras, em caso de execução, ser restituídas ou computadas na prestação devida, se do mesmo gênero da principal.*"

21 Ao contrário do que ocorre com a cláusula penal (CC, art. 416, par. único), como regra geral, o credor prejudicado pelo inadimplemento do contrato poderá pedir indenização suplementar, valendo as arras como "indenização mínima" (CC, art. 419).

22 PEREIRA, Caio Mário da Silva. *Instituições de Direito Civil*: teoria geral das obrigações. vol. II, 33ª ed., Rio de Janeiro: Forense, 2022, p. 361. NANNI, Giovanni Ettore. *Comentários ao Código Civil*: direito privado contemporâneo. 2ª ed., São Paulo: Saraiva, 2021, p. 400. MARTINS-COSTA, Judith. *Comentários ao Novo Código Civil*: do inadimplemento das obrigações. TEIXEIRA, Sálvio de Figueiredo (coord.). vol. V, tomo II, 2ª ed., Rio de Janeiro: Forense, 2009, pp. 735 e 766.

23 No mesmo sentido, Fernanda MARTINS-COSTA afasta a semelhança entre as figuras, "*pois enquanto as arras são entregues por ocasião da conclusão do contrato, as* multas por desistência motivada [i.e., *break-up fee*] *são devidas posteriormente, no momento (e se) o evento garantido ocorrer.*" (MARTINS-COSTA, Fernanda Mynarski. *Execução diferida do contrato em operações de fusões e aquisições (F&A) de sociedades anônimas*: análise de aspectos contratuais e societários. 2021. Tese de Doutorado. Faculdade de Direito da Universidade de São Paulo, São Paulo: 2021, p. 133).

o negócio for impedido por fato alheio às partes, o sinal deve ser restituído, sob pena de enriquecimento sem causa.[24]

Ainda que as arras possuam natureza *penitencial* em resposta ao arrependimento de uma das partes,[25] as figuras permanecem funcionalmente apartadas. Enquanto, nessa hipótese, o sinal enfraquece o vínculo entre os contratantes, permitindo a extinção *imotivada* do negócio jurídico,[26] a *break-up fee* só é exigida mediante a materialização de uma causa contratualmente prevista – ou seja, tem sua incidência restrita à ruptura *motivada* do negócio.

Vê-se que, a despeito da aparente proximidade funcional entre os institutos, prevalecem seus traços distintivos, impedindo-se que se atribua à *break-up fee* a qualificação jurídica de arras ou sinal.

3.2. Multa penitencial

Outra possível qualificação jurídica das *break-up fees* no direito brasileiro é a de *multa penitencial*. Nesse sentido, ao escrever sobre as *termination fees* (figura que, como visto,[27] abrange, mas não se limita, às *break-up fees*) no nosso sistema, Henrique Barbosa as qualifica como multa penitencial em dois cenários: (*i*) quando as partes estipulam o pagamento de uma soma em dinheiro em razão do exercício do direito de arrependimento; e (*ii*) nos casos em que o gatilho do pagamento for um evento previsto em uma cláusula MAC.[28]

Transportando esse raciocínio à cláusula de *break-up fee*, diante do caráter sancionador que lhe é frequentemente associado, poder-se-ia concluir que a cláusula tem qualificação de multa penitencial. Contudo, apesar das semelhanças e, em alguns casos, da dificuldade prática de diferenciação, não nos parece existir proximidade funcional que permita a correlação entre as figuras.

---

24 *"Ocorrendo a impossibilidade sem culpa, não pode qualquer das partes ser punida. O que recebeu as arras restitui-as, simplesmente, porque não pode reter o recebido, sem que com isto se enriqueça indevidamente."* PEREIRA, Caio Mário da Silva. *Instituições de Direito Civil*: teoria geral das obrigações. *op. cit.*, p. 361.

25 Como explica Orlando GOMES: *"arras penitenciais consistem na entrega de quantia feita por um contraente ao outro, ficando os dois com o direito de arrependimento, se deixarem de concluir o contrato ou o desfizerem."* Segundo o autor, essa espécie de arras busca permitir que o contrato se desfaça via exercício do direito de arrependimento. (*Obrigações*. 17ª ed. Rio de Janeiro: Forense, 2019, p. 195).

26 PONTES DE MIRANDA, Francisco Cavalcanti. *Tratado de Direito Privado*, t. XXIV, Rio de Janeiro: Borsoi, 1955, pp. 171-172.

27 V. *supra*, nota 5.

28 BARBOSA, Henrique Cunha. *Termination fees*: estruturas e polêmicas no sistema brasileiro. *op. cit.*, p. 339.

Entende-se por multa penitencial a "*compensação pecuniária atribuída à parte que se viu privada da vantagem do contrato porque a outra se arrependeu de o ter celebrado*".[29] A figura está atrelada ao poder de resilição unilateral e imotivada do ajuste, expressamente convencionado pelas partes.[30] Quando acordada pelos contratantes, a multa penitencial tende a enfraquecer o vínculo,[31] pois cria uma alternativa às partes: executar o negócio ou pagar a multa.[32]

Em sentido oposto, a *break-up fee* é comumente vista como ferramenta de *incentivo* à conclusão da operação. Trata-se de mecanismo negociado como verdadeiro "*deal protection*",[33] de modo que, ao menos em sua acepção mais comum, a *break-up fee* não costuma estar vinculada ao exercício do direito de arrependimento (*i.e.*, do poder de resilição unilateral e imotivada do contrato). Fosse assim, a disposição enfraqueceria a operação, pois permitiria a desvinculação *imotivada* da parte reticente ao fechamento.

A conclusão parece-nos a mesma para os casos em que a *break-up fee* tem como gatilho eventos previstos em cláusulas MAC. Como visto,[34] a cláusula MAC abrange as disposições que disciplinam o direito de as partes resolverem o contato diante da materialização de eventos com potencial de provocar redução substancial no valor do negócio entre assinatura e fechamento, principalmente aqueles que afetam a capacidade de receita da sociedade-alvo. Como explica Catarina Monteiro Pires, na sua formatação típica, esse tipo de cláusula cria "*um direito de desvinculação extrajudicial sem custos, verificado um determinado contexto, caraterizado por determinadas ocorrências desfavoráveis entre o momento da celebração do contrato de compra e venda de ações e o da efetiva transmissão das mesmas*".[35]

Como se percebe, a desvinculação do negócio fundada em cláusulas MAC igualmente não se dá de forma *imotivada*. Pelo contrário, o fundamento da

---

29 GOMES, Orlando. *Contratos*. 28ª ed., Rio de Janeiro: Forense. 2022, p. 219.

30 "*A multa penitencial se aproxima das chamadas arras penitenciais. Ambas criam de antemão a faculdade de arrependimento, mas só têm eficácia se forem expressamente estabelecidas, pois que a presunção é a de que os contratos nascem para serem cumpridos.*" FERRIANI, Carlos Alberto. Da cláusula penal. *Revista de Direito Bancário e do Mercado de Capitais*, São Paulo: RT, v. 55, ano 15, mar. 2012, p. 132.

31 SEABRA, André Silva. *Limitação e redução da cláusula penal*. Tese de Doutorado em Direito Civil. Faculdade de Direito da Universidade de São Paulo, 2020, p. 55. PEREIRA, Caio Mário da Silva. *Instituições de Direito Civil*: teoria geral das obrigações, *op. cit.*, p. 167.

32 GOMES, Orlando. *Obrigações*. *op. cit.*, p. 194.

33 AFSHARIPOUR, Afra. *Paying to break-up*: the metamorphosis of reverse termination fees, p. 16. Disponível em: http://ssrn.com/abstract=1443613. Acesso em 09.07.2023.

34 V. *supra*, nota 20.

35 MONTEIRO PIRES, Catarina. "Cláusulas de preço fixo, de ajustamento de preço e de alteração material adversa ("MAC") e cláusulas de força maior — revisitando problemas de riscos de desequilíbrio e de maiores despesas em tempos virulentos". In: *Revista da Ordem dos Advogados*, 2020, p. 82.

extinção é justamente o evento contratualmente qualificado como *mudança adversa material*. Logo, também nessa hipótese, eventual pagamento de *break up fee* não ocorre em resposta à resilição unilateral e imotivada da avença – o que, novamente, a afasta da qualificação como multa penitencial.

Assim, ao contrário da multa penitencial, a disposição em estudo visa à preservação do negócio. É dizer: não cria uma *válvula de escape* para a parte reticente em concluir a operação. À luz da função normalmente atribuída à *break-up fee* (pagamento de soma em dinheiro em contrapartida à desvinculação *motivada*), não nos parece correta a condução desse tipo de cláusula ao regime da multa penitencial.

3.3. Cláusula penal punitiva

Denomina-se cláusula penal punitiva a multa que não guarda relação direta com a compensação dos prejuízos decorrentes do inadimplemento. Como mecanismo de incentivo ao cumprimento das obrigações contratadas, sua função é exclusivamente *reforçar o vínculo*. O conteúdo desse tipo de cláusula penal permite ao credor cumular a multa com perdas e danos ou com a execução específica da obrigação inadimplida.[36]

Em princípio, concordamos com parte da doutrina favorável à admissão de cláusulas penais punitivas no direito brasileiro.[37] De fato, não nos parece existir, em nosso sistema, vedação para essa espécie de multa, que estará sempre sujeita aos limites previstos no ordenamento para qualquer tipo de cláusula penal (CC, arts. 408 a 416).

André Seabra explica que a função exclusivamente punitiva da cláusula penal nunca se presume. As partes deverão sempre deixar clara a possibilidade de cumulação da multa com o cumprimento da obrigação a que se refere, assim como deverão estabelecer a preservação do direito do credor de exigir

---

36 *"Com a cláusula penal punitiva as partes pretendem reforçar o vínculo, mediante a estipulação de penalidade, para o caso de inadimplemento absoluto ou relativo, de todo o contrato ou de cláusula determinada, sem prejuízo do direito à indenização pelas perdas e danos decorrentes daquele inadimplemento específico, ou da execução específica da obrigação."* SEABRA, André Silva. *Limitação e redução da cláusula penal*, *op. cit.*, p. 124.

37 A favor, v. MARTINS-COSTA, Judith. *Comentários ao Novo Código Civil*, *op. cit.*, p. 620; e SEABRA, André Silva. *Limitação e redução da cláusula penal*, *op. cit.* Em sentido contrário, v. RODRIGUES JUNIOR, Otavio Luiz. *Natureza, função e modificação da cláusula penal no direito civil brasileiro*. São Paulo. Tese de Doutorado. Faculdade de Direito da Universidade de São Paulo (USP), São Paulo, 2006; e TEPEDINO, Gustavo; SCHREIBER, Anderson. "As penas privadas no direito brasileiro." In: (org.) SARMENTO, Daniel; GALDINO, Flavio. *Direitos fundamentais*: estudos em homenagem ao professor Ricardo Lobo Torres. Rio de Janeiro: Renovar, 2006.

indenização pelos prejuízos decorrentes do incumprimento absoluto ou relativo do contrato.[38]

Feitas essas considerações iniciais, passa-se a examinar eventual condução da *break-up fee* ao regime das cláusulas penais punitivas.

A esse respeito, Marcelo Adamek argumenta que, quando o valor pré-fixado na cláusula de *break-up fee* exceder a indenização pelo interesse negativo[39] da parte prejudicada pela frustração do negócio, a cláusula poderia ser qualificada como cláusula penal punitiva.[40] A argumentação é sedutora: realmente há aspectos comuns entre as figuras. Assim como a multa punitiva, a *break-up fee* busca proteger o acordo de vontade, e, não raro, prevê o pagamento de quantia que supera a indenização pelos danos oriundos da desvinculação da contraparte.

A despeito disso, entendemos que a solução não é a mais adequada. Diferentemente da cláusula penal punitiva, via de regra, a *break-up fee* não permite que a parte prejudicada exija a multa em conjunto com a execução específica das obrigações inadimplidas. Ao contrário, o usual é que o credor tenha que escolher entre receber o valor acordado ou exigir a conclusão "forçada" da operação. Aliás, quando a *break-up fee* é associada a uma disposição de *sole remedy*,[41] em princípio, só restará ao credor o recebimento da multa.

Assim, a despeito das proximidades funcionais entre as figuras, a qualificação da *break-up fee* como cláusula penal punitiva, a nosso ver, é imprecisa.

---

38 SEABRA, André Silva. *Limitação e redução da cláusula penal*, *op. cit.*, p. 169.

39 O interesse negativo (interesse derivado da confiança) corresponde tradicionalmente à situação hipotética em que o lesado estaria se não tivesse sequer cogitado da celebração do contrato (*status quo ante*). A respeito, v. MARINO, Francisco Paulo De Crescenzo. Perdas e danos. In: *Obrigações*. LOTUFO, Renan; NANNI, Giovanni Ettore (coord.). São Paulo: Atlas, 2011, p. 664; STEINER, Renata Carlos. *Reparação de danos*: interesse positivo e interesse negativo. São Paulo: Quartier Latin, 2018, pp. 74-5. No caso das operações de M&A, a indenização pelo interesse negativo procura conduzir a parte lesada pela frustração da operação à situação patrimonial hipotética em que estaria se nunca tivesse engajado em tratativas e firmado qualquer instrumento com a contraparte.

40 ADAMEK, Marcelo Vieira von. "No-shop, break-up fee e fiduciary out em contratos preparatórios a operações de fusões e aquisições (m&a): validade e compatibilidade com os deveres fiduciários dos administradores". *op. cit.*, p. 7.

41 Em geral, as cláusulas de *sole remedy* são pactuadas para restringir a tutela do contratante (normalmente, o comprador) a determinados remédios exclusivos contratualmente pactuados (ex. obrigação de garantia e indenização), em detrimento dos demais remédios legais que estariam disponíveis ao lesado (p. ex., execução específica). A respeito, v. KULESZA, Gustavo Santos. "Limitações contratuais à tutela do comprador de participações societárias". *op. cit.*, p. 230 e ss.; MONTEIRO PIRES, Cataria. Cláusulas de acordo integral e cláusulas de solução única ou de "remédio" único. In: MONTEIRO, Antonio *et al*. *Encontros de direito civil*: a tutela dos credores. Lisboa: Universidade Católica, 2020.

3.4. Cláusula penal compensatória

No direito das obrigações, cláusula penal é a obrigação acessória por meio da qual se estipula uma prestação (geralmente, o pagamento de determinada quantia) como consequência do inadimplemento (*absoluto* ou *relativo*) da obrigação principal.[42] Tal instituto tem seu regime geral disciplinado entre os artigos 408 e 416 do Código Civil.

Como visto, o traço marcante da cláusula *break-up fee* é prever o pagamento de uma quantia à parte prejudicada pela frustração da operação. Por vezes, esse pagamento busca ressarcir as despesas efetuadas pela parte na fase de negociações ou no período intercalar, o que pode conduzir à identificação da *break-up fee* como *cláusula penal compensatória*.[43]

De fato, quando a causa do fracasso da operação corresponder ao inadimplemento contratual imputável a uma das partes, a *break-up fee* preencherá os *pressupostos*[44] necessários para sua qualificação como cláusula penal compensatória. Esse enquadramento atende bem ao aspecto funcional da *break-up fee* , pois a cláusula penal compensatória é tida, entre nós, como mecanismo de reforço ao cumprimento do contrato,[45] que pode ser acordado para prefixar as perdas e danos decorrentes da frustração do negócio.[46]

---

42 MARTINS-COSTA, Judith. *Comentários ao Novo Código Civil*, *op. cit.*, p. 608.

43 A doutrina parece encontrar consenso na qualificação da *break-up fee* como *cláusula penal compensatória* nos casos em que a operação não ocorre em razão do inadimplemento culposo de uma das partes. Nesse sentido: ADAMEK, Marcelo Vieira von. "No-shop, break-up fee e fiduciary out em contratos preparatórios a operações de fusões e aquisições (M&A): validade e compatibilidade com os deveres fiduciários dos administradores". *op. cit.*, p. 7; MARTINS-COSTA, Judith. "A cláusula break up fee: qualificação perante o direito brasileiro." *op. cit.*, p. 5; WALD, Arnoldo; BLATTNER, Marina Gaensly. "A break-up fee e o business judgment rule na incorporação ou mudança de controle de S.A." In: *Fusões e aquisições – pareceres*. GOUVÊA, Carlos Portugal; PARGENDLER, Mariana; LEVI-MINZI, Maurizio (coord.). São Paulo: Almedina, 2022, p. 23; BARBOSA, Henrique Cunha. *Termination fees*: estruturas e polêmicas no sistema brasileiro, *op. cit.*, pp. 337-338.

44 Segundo André Seabra, a cláusula penal possui os seguintes pressupostos: "*(i) consistir no exercício da liberdade de contratar, sendo fruto de acordo de vontades válido, nos termos da disciplina do negócio jurídico; (ii) regular por convenção das partes a responsabilidade civil contratual, estabelecendo uma consequência em adição, ou em substituição, das regras legais sobre o inadimplemento; (iii) estabelecer uma prestação acessória, sujeita ao princípio da gravitação jurídica, que pode consistir em obrigações de dar, fazer, ou não fazer, ou, ainda, a perda de um direito; (iv) ter sua exigibilidade condicionada ao inadimplemento imputável, e (v) permanecer exigível mesmo diante da prova da ausência de prejuízo.*" SEABRA, André Silva. *Limitação e redução da cláusula penal*, *op. cit.*, p. 54.

45 CASSETTARI, Christiano. Multa contratual: teoria e prática da cláusula penal. 2. ed. São Paulo: RT, 2010, p. 47 e ss.

46 Orlando GOMES define a cláusula penal como "*o pacto acessório pelo qual as partes de um contrato fixam, de antemão, o valor das perdas e danos que por acaso se verifiquem em consequência da inexecução culposa de obrigação*". (*Obrigações*. *op. cit.*, p. 190).

A corroborar esse entendimento está o fato de que, tal como a cláusula penal compensatória, diante da pretensão de uma das partes de frustrar o fechamento da operação, e ausente a previsão da *break-up fee* como remédio exclusivo no respetivo contrato, a contraparte terá que optar entre receber o valor acordado ou exigir a execução específica e forçar o fechamento (CC, art. 410).[47]

Por certo, se qualificada como cláusula penal, a disposição em estudo estará sujeita ao regime legal previsto nos artigos 408 a 416 do Código Civil, o que inclui a possibilidade de redução equitativa[48] da quantia pré-fixada (CC, art. 413), bem como da limitação do seu valor ao montante da obrigação principal (CC, art. 412), desde que presentes os pressupostos de incidência dessas normas.

Contudo, como visto, nem sempre o evento que serve de gatilho à incidência da *break-up fee* decorrerá do inadimplemento imputável e culposo. É comum a previsão de outros gatilhos, associados a eventos cuja responsabilidade não será atribuível ao comportamento negligente de um dos contratantes – p. ex., quando há negativa da instituição financeira na liberação dos recursos necessários para o pagamento do preço, ou quando autoridades regulatórias impedem o fechamento do negócio. Nessas hipóteses, dada a ausência de incumprimento, impossibilita-se a condução da *break-up fee* ao regime da cláusulas penal compensatória; impondo-se, em nossa opinião, sua qualificação como *obrigação de garantia*,[49] objeto do próximo tópico.

---

47 Código Civil, art. 410: "*Quando se estipular a cláusula penal para o caso de total inadimplemento da obrigação, esta converter-se-á em alternativa a benefício do credor*". Sobre a norma, André Seabra comenta: "*a principal situação prevista no artigo 410 é aquela em que a cláusula penal foi prevista de forma substitutiva a uma obrigação integralmente inadimplida, mas ainda é possível de ser cumprida, pois remanesce o interesse do credor no seu recebimento. Caso seja do seu interesse, o credor poderá perseguir o cumprimento da obrigação natural, valendo-se dos meios conferidos pelo ordenamento para viabilizar a execução específica.*" SEABRA, André Silva. *Limitação e redução da cláusula penal*, *op. cit.* p. 111.

48 A respeito da limitação e redução da cláusula penal no direito brasileiro: SEABRA, André Silva. *Limitação e redução da cláusula penal*, *op. cit.*, pp. 227-346. Especificamente sobre a redução equitativa de cláusula da *break-up fee*: MARTINS-COSTA, Judith. "A cláusula break up fee: qualificação perante o direito brasileiro". *op. cit.*, pp. 7-8.

49 "*Ora, ao vincular o pagamento de uma soma predeterminada ou predeterminável à não implementação de uma condição, o obrigado garantirá um determinado resultado –* i.e.*, assumindo o risco do não implemento de um evento condicional –, bem como compensará os prejuízos da ocorrência da desvinculação contratual. A função de garantia cria um estímulo e 'sinaliza' fortemente que o fechamento será alcançado.*" MARTINS-COSTA, Judith. "A cláusula break up fee: qualificação perante o direito brasileiro". *op. cit.*, p. 6. No mesmo sentido: "*Ao vincular uma soma pecuniária à não realização de um evento condicional, o obrigado estará assegurando, a rigor, um determinado resultado, assumindo o risco da não realização da condição, razão pela qual a natureza da convenção é de cláusula de garantia.*" (MARTINS-COSTA, Fernanda Mynarski. *Execução diferida do contrato em operações de fusões e aquisições (F&A) de sociedades anônimas*: análise de aspectos contratuais e societários. *op. cit.*, p. 133.

3.5. Obrigação de garantia

Obrigação de garantia é aquela pela qual *"o devedor assegura ao credor determinado resultado, assumindo o risco da não verificação do mesmo, qualquer que seja, em princípio, a sua causa"*.[50] Nessa espécie de obrigação, o devedor não assume o dever de evitar o evento antevisto, mas toma para si o risco da não concretização do resultado garantido.[51] Sob a perspectiva do conteúdo da prestação, a obrigação de garantia é configurada pela *"eliminação de um risco que pesa sob o credor"*. Eliminar um risco é, portanto, *"reparar as consequências de sua realização"* na esfera jurídica e patrimonial do credor.[52]

Em nossa opinião, nas hipóteses em que o gatilho do pagamento da *break-up fee* é um evento fora da *"esfera de controle dos contratantes"*, a cláusula adquire a feição de obrigação de garantia, uma vez que a contraparte (devedor) assumirá o risco de frustração da operação.[53] O pagamento da quantia prevista na cláusula consistirá, assim, na reparação das consequências do negócio malsucedido.

A princípio, se o fechamento é impedido por fatores externos, cada parte arca com os custos despendidos durante as negociações e o período intercalar. Ausente qualquer disposição contratual regulando o tema, não seria possível atribuir as consequências do negócio inexitoso a um dos contratantes. No entanto, a autonomia privada permite a alocação prévia dos riscos inerentes a esse tipo de evento (CC, art. 425). Com a previsão do pagamento de uma soma em dinheiro que será devida caso o evento se materialize, transfere-se previamente o risco a uma das partes, que ficará responsável por desembolsar certa quantia em benefício da contraparte caso a operação fracasse, independentemente de ter contribuído para esse resultado. Como explica Judith Martins-Costa, haverá *"imputação contratual desse risco a uma das partes por um fator de imputação objetivo (o risco) e não subjetivo (culpa)"*.[54]

---

50 PINTO MONTEIRO, António. *Cláusula Penal e Indemnização.* Lisboa: Almedina, 1990, p. 265.

51 *"Efectivamente, nas obrigações de garantia o devedor promete ainda mais do que nas obrigações de resultado, pois assume o risco da não verificação do efeito pretendido."* ALMEIDA COSTA, Mário Júlio de. *Direito das Obrigações.* 12ª ed. Coimbra: Almedina, 2012, p. 1.040.

52 COMPARATO, Fábio Konder. Obrigações de meios, de resultado e de garantia. *Ensaios e pareceres de direito empresarial.* Rio de Janeiro: Forense, 1978, p. 539. MARINO, Francisco Paulo De Crescenzo. Responsabilidade contratual. Efeitos. In: *Teoria Geral dos Contratos.* LOTUFO, Renan; NANNI, Giovanni Ettore (coord.). São Paulo: Atlas, 2011, p. 429.

53 MARTINS-COSTA, Judith. "A cláusula break up fee: qualificação perante o direito brasileiro". *op. cit.*, p. 4.

54 MARTINS-COSTA, Judith. "A cláusula break up fee: qualificação perante o direito brasileiro". *op. cit.*, p. 4.

Sob a perspectiva funcional, a qualificação também nos parece satisfatória. Enquanto obrigação de garantia, a *break-up fee* permite que a parte beneficiada pela cláusula e interessada na operação tome iniciativas para formular uma oferta e seguir com a assinatura do contrato sem o receio de ter que suportar os custos em caso de frustação do acordo por eventos alheios às vontades das partes. A cláusula, portanto, também serve de mecanismo de incentivo à contratação, ao proporcionar uma *rede de segurança* caso a operação fracasse.

Postas as considerações sobre as possíveis qualificações jurídicas assumidas pela *break-up fee* em nosso sistema, partiremos, agora, para breve análise casuística.

4. ANÁLISE DAS CLÁUSULAS DE *BREAK-UP FEE* À LUZ DE CASOS CONCRETOS

Feita a qualificação dogmática da cláusula de *break-up fee* no direito brasileiro, neste tópico, pretendemos contribuir com o estudo do dispositivo a partir de uma análise *prática*, tomada com base em dois casos que envolveram referida disposição contratual. No primeiro caso (*Musk vs. Twitter*), a disputa foi travada perante as Cortes de Delaware, nos Estado Unidos, levando em conta o direito daquele país. Já no segundo caso (*Ser vs. Laureate*), a discussão foi desenvolvida no âmbito de medidas cautelares pré-arbitrais, distribuídas à 1ª Vara Empresarial e Conflitos de Arbitragem do Tribunal de Justiça de São Paulo (TJSP), e que foram encerradas por acordo homologado antes de eventual julgamento definitivo de mérito.

4.1. Twitter vs. Musk

Caso recente e bastante emblemático envolvendo a potencial frustração da operação no período entre a assinatura e o fechamento foi a disputa entre o bilionário Elon Musk ("Musk") e a rede social Twitter Inc. ("Twitter").[55]

Em abril de 2022, Musk assinou um contrato de fusão (*merger agreement*) para adquirir o controle acionário do Twitter por cerca de US$ 44 bilhões. Na oportunidade, foi acordado que, caso Musk decidisse não seguir adiante com o fechamento da operação, Twitter receberia US$ 1 bilhão à título de *break-up fee*.

55 A respeito, v. KULESZA, Gustavo Santos; PASCHOALINI, Felipe; GUIMARÃES, Luiz Eduardo de Avila. "O que a disputa Twitter vs. Musk ensina para o M&A no Brasil". *Revista Capital Aberto*, 22 de novembro de 2022. Disponível em: https://capitalaberto.com.br/secoes/artigos/o-que-a--disputa-twitter-vs-musk-ensina-para-o-ma-no-brasil/. Acesso em 09.07.2023.

Após a assinatura, Elon Musk anunciou que não seguiria com o negócio. Na tentativa de justificar sua negativa, argumentou que (*i*) o percentual de perfis automatizados declarado pelo Twitter no contrato seria falso; (*ii*) a falsidade dessa declaração representaria um *efeito adverso relevante* (MAC), pois diminuiria o número de contas monetizáveis da rede; e (*iii*) a companhia teria descumprido obrigações contratuais, falhando em enviar informações e agindo fora do curso normal dos negócios.

Diante da resistência de Musk, Twitter deu início à demanda judicial perante as Cortes de Delaware, nos Estados Unidos, na tentativa de exigir a execução específica da obrigação de Musk de fechar a operação e pagar o preço ou subsidiariamente, receber US$ 1 bilhão fixados a título de *break-up fee*.[56] As primeiras decisões judiciais sinalizavam posição favorável ao cumprimento forçado do contrato, até que, em outubro de 2022, Musk anunciou que seguiria com o fechamento e a disputa foi encerrada, com a conclusão do negócio na véspera do fim do prazo para fechamento.[57]

Se transportássemos a disputa para o nosso ordenamento, diversos debates surgiriam a respeito das consequências do comportamento reticente de Musk.[58] Especialmente para este trabalho, chama atenção as dúvidas sobre a qualificação e o regime jurídico aplicável à *break-up fee* incidente na hipótese em que Musk se recusasse a consumar a operação.[59]

De início, é preciso fixar a natureza da causa prevista como gatilho do pagamento exigido a título de *break-up fee*. No caso, a multa era exigida sob o pretexto de que Musk estaria descumprindo o *merger agreement* e impedindo a

---

56 Cf.: https://corpgov.law.harvard.edu/2022/07/14/twitter-vs-musk-the-complaint/. Acesso em: 09.07.2023.

57 Cf.: https://www.pbs.org/newshour/economy/elon-musk-offers-to-end-legal-fight-pay-44-billion-to-buy-twitter. Acesso em: 09.07.2023.

58 Sem adentrar no mérito das discussões relacionadas ao direito norte-americano, para fins de análise da disputa à luz do ordenamento brasileiro, assumiremos a premissa que a recusa de Musk em seguir com o fechamento configura inadimplemento contratual.

59 A cláusula de *break-up fee* prevista no contrato entre Twitter e Musk previa o seguinte: "*Upon valid termination of the merger agreement under certain specified circumstances, Parent will be required to pay, at the direction of Twitter, a termination fee of $1,000,000,000, the payment of which has been guaranteed pursuant and subject to the terms and conditions of the limited guaranty. Specifically, the termination fee will be payable by Parent to Twitter if the merger agreement is terminated by Twitter:* [...] *because Parent and Acquisition Sub failed to consummate the merger as required pursuant to, and in the circumstances specified in, and subject to the terms of, the merger agreement while Twitter stood ready, willing and able to consummate the merger and the other transactions contemplated by the merger agreement.*" Disponível em: https://www.sec.gov/Archives/edgar/data/1418091/000119312522176753/d283119dprer14a.htm#toc283119_1. Acesso em 09.07.2023.

consumação da transação.[60] A rigor, estar-se-ia diante de um *inadimplemento* contratual imputável a uma conduta culposa do comprador, o que atrairia, no direito brasileiro, a qualificação jurídica de *cláusula penal compensatória* para a *break-up fee*.

Nesse sentido, a parte prejudicada pelo suposto inadimplemento culposo (no caso concreto, o Twitter) só poderia buscar indenização suplementar se houvesse convenção expressa nesse sentido no contrato (CC, art. 416, par. único).[61] Naquele caso, contudo, e até onde nossa pesquisa nos permitiu compreender, não parece que as partes contrataram disposição semelhante de modo a permitir a indenização suplementar.

Outro potencial debate estaria relacionado à possibilidade de Musk pedir a redução equitativa da multa à luz do art. 413 do Código Civil. Nesse caso, parece que haveria pouco espaço para o argumento. Afinal, a *break-up fee* fixada em US$ 1 bilhão era considerada baixa por analistas do mercado em comparação ao preço proposto por Musk, que representava um prêmio significativo sobre a cotação das ações do Twitter na bolsa de Nova York.[62]

A mesma *break-up fee* poderia receber qualificação distinta se a disputa fosse travada em razão de outras hipóteses previstas no *merger agreement*, como, por exemplo, a falha na obtenção do financiamento necessário para Musk concluir o *deal*. Neste caso, a negativa dos financiadores representaria evento não imputável ao comprador, impondo-se a qualificação da *break-up fee*, nessa hipótese, como obrigação de garantia.

Eis algumas das questões que poderiam ser objeto de discussão caso o contrato subjacente à disputa fosse regido pelo direito brasileiro.

4.2. SER vs. Laureate[63]

Outro caso recente – e, aqui, regido pelo direito brasileiro – que também envolveu potencial pagamento de *break-up fee* diz respeito à disputa entre a Ser Educacional S.A. ("Ser") e Laureate Education Inc. ("Laureate").

---

60 "*Twitter brings this action to enjoin Musk from further breaches, to compel Musk to fulfill his legal obligations, and to compel consummation of the merger upon satisfaction of the few outstanding conditions.*" Disponível em: https://corpgov.law.harvard.edu/2022/07/14/twitter-vs-musk-the-complaint/. Acesso em: 09.07.2023.

61 CC, art. 416, par. único: "*Ainda que o prejuízo exceda ao previsto na cláusula penal, não pode o credor exigir indenização suplementar se assim não foi convencionado. Se o tiver sido, a pena vale como mínimo da indenização, competindo ao credor provar o prejuízo excedente.*"

62 Disponível em: https://www.nytimes.com/2022/10/27/technology/elon-musk-twitter-deal-complete.html. Acesso em 09.07.2023.

63 TJSP, tutela cautelar pré-arbitral nn. 1097999-29.2020.8.26.0100 e 1099602-40.2020.8.26.0100

Em 13 de setembro de 2020, Ser emitiu fato relevante[64] para anunciar operação negociada com o grupo norte-americano Laureate, que envolvia os ativos do grupo no Brasil. Após meses de negociações, alguns dias antes da divulgação ao mercado, em 11 de setembro, as partes celebraram *Transaction Agreement*, para regular a aquisição dos ativos de titularidade da Laureate no Brasil pela Ser, com a transferência de quotas e a incorporação da Rede Internacional de Universidades Laureate Ltda., por aproximadamente R$ 5 bilhões.

A transação incluía uma previsão de "*go shop*" para permitir que, durante o prazo de 30 dias após a assinatura,[65] a administração da Laureate aprovasse propostas de operações mais vantajosas, sendo resguardado à Ser os direitos de igualar a oferta concorrente e fechar a operação com a Laureate ("*right do match*"). Se a oferta concorrente não fosse igualada, o acordo seria encerrado e a Laureate deveria pagar multa contratual de R$ 180 milhões à Ser, prevista sob o título de *termination payment*.

Na semana de publicação do fato relevante pela Ser, dois agentes do mercado indicaram sua intenção de apresentar oferta concorrente à Laureate. Dentre eles, a oferta apresentada pela Ânima Holding S.A., do grupo Ânima Educação, foi considerada pela administração da Laureate como uma "*proposta superior*", nos termos do contrato celebrado com Ser.

Na sequência, a Laureate informou que pretendia rescindir o acordo e seguir com a proposta concorrente do Grupo Ânima, diante da alegada perda do prazo, pela Ser, para igualar dita oferta concorrente. Diante disso, a Ser ajuizou demanda cautelar pré-arbitral para (*i*) impedir que a contraparte

---

64 Disponível em: rad.cvm.gov.br/ENET/frmDownloadDocumento.aspx?Tela=ext&numProtocolo=793025&descTipo=IPE&CodigoInstituicao=1. Acesso em: 09.07.2023.

65 Segundo a cl. 6.9(a) do contrato celebrado entre Ser e Laureate: "*Notwithstanding anything to the contrary contained in this Agreement, during the period beginning on the date of this Agreement and continuing until 12:01 a.m. (New York time) on the thirty-first (31st) day after the date of this Agreement (such period, the "Go Shop Period"), Athena, its Subsidiaries and their respective Affiliates and Representatives shall have the right to (i) initiate, solicit, facilitate and encourage any inquiry or the making of any proposal or offer that constitutes, or could reasonably be expected to lead to, a Company Competing Proposal (as defined below), (ii) provide information (including non-public information) regarding, and afford access to the business, properties, assets, books, records and personnel of, the Group Companies to any Persons (and their Representatives, including potential financing sources) relating to a potential Company Competing Proposal* [...] *and (iii) engage in, enter into or otherwise participate in any discussions or negotiations with any Persons that are party to an Acceptable Confidentiality Agreement (and their respective Representatives, including potential financing sources) with respect to any Company Competing Proposals (or inquiries, proposals or offers or other efforts that constitute, or could reasonably be expected to lead to, a Company Competing Proposal) and cooperate with or assist or participate in or facilitate any such inquiries, proposals, offers, discussions or negotiations or any effort or attempt to make any Company Competing Proposals*".

encerrasse o contrato e celebrasse acordo semelhante com terceiro; ou, subsidiariamente, (*ii*) suspender o prazo contratual para a Ser igualar a oferta concorrente até que a disputa fosse definida pelo tribunal arbitral a ser instaurado.

Após a concessão inicial de medida liminar[66] impedindo que o contrato fosse encerrado, a Laureate ajuizou ação cautelar paralela, para que fosse autorizado o depósito em juízo da multa prevista a título de "*go shop termination payment*", no valor de R$ 180 milhões. A disputa acabou solucionada por acordo entre as partes.[67]

Ao comentar o caso, Henrique Barbosa argumentou que o *termination payment* associado à cláusula de "go shop" naquele contrato assumiria a natureza de *multa penitencial*, "*estabelecida não propriamente como pena, mas como salvo conduto à(s) parte(s) para que possam abandonar a operação*".[68] Com base na doutrina sobre multa penitencial, o autor complementa seu raciocínio dizendo que, em casos como esse, a multa "*enfraquece a higidez da operação*" e funciona como "*ônus-protetivo do devedor e remédio exclusivo ao credor*".[69]

Discordamos, respeitosamente, da opinião de Barbosa. Como visto, a figura da multa penitencial está sempre atrelada ao direito de arrependimento em relação ao pactuado, que prescinde de justificativa da parte arrependida. Em outras palavras, se multa penitencial fosse, mediante o pagamento do valor pré-fixado, a Laureate poderia encerrar o contrato de forma discricionária. No entanto, em nossa visão, o arranjo firmado entre as partes apresenta apectos fundamentais que impedem essa qualificação.

O *termination payment* acordado para a hipótese de celebração de proposta concorrente superior, a nosso ver, não equivale ao valor pago pelo contratante arrependido a título de multa penitencial. Ao contrário, a desvinculação do acordo e

---

66 A medida foi posteriormente revogada pelo juízo da 1ª Vara Empresarial e Conflitos de Arbitragem, em decisão proferida em 27.10.2020 para negar a tutela de urgência pleiteada pela Ser. In verbis: "*Em síntese, não vislumbra o Juízo razões para se obstar o processo de go shop, devendo ele prosseguir como vinha a ocorrer. Ante o exposto, indefiro a tutela de urgência, revogando-se a medida precária outrora concedida a fls. 2209/2214*" (processo n. 1097999-29.2020.8.26.0100, fl. 2.516 dos autos).

67 Cf. fato relevante divulgado pelo Grupo Ser em 30.10.2020: "*foi assinado, ontem, um acordo extrajudicial com a Laureate Education, Inc. e a Rede Internacional de Universidades Laureate Ltda. ("Laureate"), pelo qual, dentre outras avenças: (a) Ser e Laureate extinguiram, de comum acordo, os processos judiciais e arbitrais em curso entre tais entidades, com outorga de quitação ampla e geral de parte a parte; e (b) Ser e Laureate reconheceram, expressamente, o direito da Ser de receber o pagamento de R$ 180.000.000,00*". Disponível em: https://ri.sereducacional.com/news/fato-relevante-acordos-extrajudiciais-com-laureate-education-inc-e-anima-holdings-s-a/. Acesso em: 09.07.2023.

68 BARBOSA, Henrique Cunha. "Termination fees: estruturas e polêmicas no sistema brasileiro". *op. cit.*, p. 339.

69 BARBOSA, Henrique Cunha. "Termination fees: estruturas e polêmicas no sistema brasileiro". *cit.*, pp. 342-3.

o pagamento da multa seria devido apenas se, nos termos do contrato, houvesse uma "*proposta superior*" dentro do período de "*go shop*", e desde que que tal proposta não fosse igualada pela Ser. Nos termos da decisão da 1ª Câmara Reservada de Direito Empresarial do Tribunal de Justiça de São Paulo, que revogou a tutela de urgência antes concedida em favor da Ser, "*a Laureate não teria o direito contratual de resolver o contrato mediante o pagamento puro e simples da multa*".[70]

Em nossa visão, a qualificação jurídica adequada da cláusula nessa hipótese seria a de *obrigação de garantia*. Pelo arranjo contratual, as partes alocaram à Laureate o risco de frustração da operação (e a consequente obrigação de pagar valor pré-fixado em benefício da Ser) em razão do surgimento de uma "*proposta superior*" no período pré-estabelecido, cujos termos não pudessem ser equiparados pela primeira ofertante. Como forma de reembolso dos custos incorridos pela Ser na expectativa de que a operação seria celebrada (interesse negativo), a Laureate se obrigou a pagar R$ 180 milhões ao grupo Ser. Preenchidos os pressupostos acordados para a hipótese de encerramento do contrato (*i.e.*, materializado o risco antevisto), o valor seria devido, independentemente da aferição de um inadimplemento culposo da parte que aceitou a *proposta superior*.

CONCLUSÕES

Em conclusão, ao se deparar com disposições contratuais moldadas como cláusulas de *break-up fee*, o intérprete precisará, antes de mais, investigar qual o substrato fático que serve de gatilho para a incidência do dispositivo no caso concreto.

Se estiver diante de um evento caracterizado como inadimplemento culposo de um dos contratantes, em regra, a disposição deve ser conduzida ao regime jurídico aplicável à *cláusula penal compensatória* (CC, arts. 408 a 416). Lado outro, se a disputa envolver a cobrança de uma multa em razão de um evento que, a despeito de inviabilizar o fechamento, não poderá ser imputável a um comportamento culposo das partes, a rigor, a cláusula deverá estar sujeita ao regime das *obrigações de garantia*. Essas hipóteses se diferenciam principalmente pelo fator de imputação de responsabilidade que, a depender da circunstância concreta, poderá ser subjetivo (*culpa*) ou objetivo (*risco*).

Espera-se que este breve artigo possa contribuir para melhor qualificação jurídicas das cláusulas de *break-up fee* regidas pelo direito brasileiro, de modo a facilitar a resolução de disputas nos casos em o fechamento da operação é colocado em xeque por uma das partes.

---

70 Processo n. 1097999-29.2020.8.26.0100, fl. 2.505 dos autos.

47. CLÁUSULA *SOLVE ET REPETE* COMO MECANISMO DE GESTÃO DOS RISCOS CONTRATUAIS NO DIREITO BRASILEIRO

Gustavo Tepedino
Paula Greco Bandeira
Danielle Tavares Peçanha

1. INTRODUÇÃO

Alude-se com frequência, na atualidade, à *Era do Risco*, no âmbito da qual o contrato desponta como o instrumento jurídico posto à disposição da autonomia privada para disciplinar os riscos econômicos previsíveis relativos às operações negociais, especialmente as continuativas, que se protraem no tempo. Tais riscos econômicos previsíveis, que se materializam nas naturais oscilações da economia negocial, repercutem sobre as prestações contratuais e, por isso mesmo, hão de ser geridos pelo contrato, que irá alocar esses riscos aos contratantes.

Em cenário assim delineado, ganham cada vez mais destaque as denominadas cláusulas *solve et repete* ("*pay first, argue later*" ou, no vernáculo, "pague e depois reclame"), por meio das quais os contratantes, premidos por exigências de celeridade e eficiência de certos setores econômicos, preveem a inoponibilidade de certas exceções pelo devedor quando acionado pelo credor. Cuida-se de disposição negocial que determina a sujeição do devedor ao cumprimento imediato da obrigação que lhe cabe, sem que possa invocar matérias de defesa que o permitiriam recusar o cumprimento, não fosse o acerto negocial.

Em que pese tratar-se de útil mecanismo de gestão de riscos contratuais, discute-se acerca de sua validade e eficácia em determinadas relações negociais, a depender da natureza do direito em questão e da função do regulamento de interesses no qual se encontra inserida. Nesta perspectiva, almeja-se identificar o perfil funcional da cláusula *solve et repete*, identificando-se seus principais contornos e limites na legalidade constitucional.

2. CONTRATO COMO MECANISMO DE ALOCAÇÃO DE RISCOS: GESTÃO POSITIVA E NEGATIVA DOS RISCOS CONTRATUAIS

Contratar é *se arriscar*: não há contrato sem risco. Ao contratar, as partes, precisamente em razão da incerteza quanto ao implemento do risco, desconhecem o resultado econômico final do negócio, não sabem se irão lucrar ou perder economicamente; se o negócio é bom ou ruim. O risco se mostra presente em qualquer espécie negocial, quer se trate de contrato aleatório – assim qualificado pela identificação da álea jurídica como elemento integrante de sua causa, para além da álea normal –, quer se trate de contrato comutativo – caracterizado pela sujeição exclusivamente à álea normal –, sendo, portanto, objeto de gestão pelos contratantes.[1] Daí a indagação recorrente, na linguagem vulgar, diante de determinado contrato, de *qual é o risco do negócio* assumido pelas partes. Em matéria de risco negocial, avulta, assim, em importância, a repartição de riscos efetuada pela autonomia privada no concreto regulamento de interesses, a qual poderá decorrer da gestão positiva ou negativa da álea normal.

Em tal perspectiva, compreende-se o contrato, portanto, como mecanismo do qual se vale a autonomia privada para a gestão dos riscos econômicos pertinentes a determinada operação que almeja concretizar. Com efeito, os negócios jurídicos levados a cabo pelos particulares, notadamente os contratos empresariais, têm por finalidade repartir os riscos de determinada operação econômica entre os contratantes, de modo a fixar as respectivas responsabilidades.[2]

Por outras palavras, o regulamento de interesses atribui ao contratante a responsabilidade pelas consequências deflagradas pelo implemento de

1 Sobre a qualificação dos contratos aleatórios a partir da álea jurídica, cfr. Paula Greco Bandeira, *Contratos Aleatórios no Direito Brasileiro*, Rio de Janeiro: Renovar, 2009.

2 Tais relações contratuais se caracterizam pela simetria entre as partes. Nesse sentido, o Enunciado nº 21 da I Jornada de Direito Comercial do Conselho da Justiça Federal (CJF) estabelece que "nos contratos empresariais, o dirigismo contratual deve ser mitigado, tendo em vista a simetria natural das relações empresariais".

determinado fato superveniente previsível, cuja ocorrência, no momento da contratação, era incerta (*rectius*, risco). A verificação do risco repercutirá, assim, na esfera jurídica dos contratantes, desencadeando as responsabilidades definidas no contrato, com impacto na relação contratual e na economia das partes.

A Lei das Liberdades Econômicas, Lei n.º 13.874, de 20 de setembro de 2019, introduziu no Código Civil o art. 421-A, o qual, em seu inciso II,[3] destaca a importância de se respeitar a alocação de riscos definida pelos contratantes em relações paritárias, com simetria informacional, por expressar a finalidade econômica perseguida pelas partes com a ultimação do negócio.[4] Em uma palavra, a observância à alocação de riscos estabelecida pelos contratantes encontra-se em consonância com os princípios da autonomia privada, do equilíbrio econômico e da obrigatoriedade dos pactos.[5] Admite-se, em caráter excepcional, a revisão do contrato, com alteração da repartição de riscos originária (art. 421-A, III,[6] do Código Civil), desde que atendidos os pressupostos legais estabelecidos pelos arts. 478 e ss.[7]

---

3 "Art. 421-A. Os contratos civis e empresariais presumem-se paritários e simétricos até a presença de elementos concretos que justifiquem o afastamento dessa presunção, ressalvados os regimes jurídicos previstos em leis especiais, garantido também que: (...) II – a alocação de riscos definida pelas partes deve ser respeitada e observada".

4 V., dentre outros, Paulo Lôbo, *Direito Civil:* Contratos [livro digital], 7. ed, São Paulo: Saraiva, 2021). Sobre o ponto, v. tb. João Ricardo Brandão Aguirre, Reflexões Acerca da Função Social do Contrato e da Autonomia Privada, Após a Declaração dos Direitos de Liberdade Econômica. *Revista Brasileira de Direito Contratual*, n. 2, jan./mar., 2020.

5 Gustavo Tepedino; Paula Greco Bandeira; Carlos Nelson Konder. *Fundamentos de Direito Civil:* contratos, 4. ed., Rio de Janeiro: Forense, 2023.

6 "Art. 421-A. Os contratos civis e empresariais presumem-se paritários e simétricos até a presença de elementos concretos que justifiquem o afastamento dessa presunção, ressalvados os regimes jurídicos previstos em leis especiais, garantido também que: (...) III – a revisão contratual somente ocorrerá de maneira excepcional e limitada".

7 Sobre a importância de se respeitar a alocação de riscos, cfr. interessante precedente que, a despeito do cenário de pandemia da COVID-19, determinou a observância do conteúdo pactuado em contrato de compra e venda de energia celebrado no Ambiente de Contratação Livre: "Agravo de Instrumento. Tutela cautelar requerida em caráter antecedente. Decisão agravada que defere liminar para que a Agravante efetuasse a cobrança da metade do valor mínimo das faturas de consumo de energia elétrica até que perdurasse o fechamento do shopping, ora Agravado, em decorrência da pandemia (COVID-19). Reforma. *Contrato de aquisição de energia elétrica firmado entre as partes no 'Ambiente de Contratação Livre (ACL)', no qual as pessoas jurídicas contratantes se encontram em igualdade de condições, não se tratando de um contrato de adesão, regulado pelas normas do Direito do Consumidor. Contrato financeiro que leva ao aderente os riscos da contratação e variação do preço da energia no mercado (Preço de Liquidação de Diferenças – PLD), conforme tenha sobras ou déficits em dado momento, não sendo razoável afastar cláusula contratual livremente pactuada e desconsiderar, por completo, a alocação de riscos previstas no instrumento*. Provimento do recurso" (TJRJ, Ag Inst 0033074-45.2020.8.19.0000, Rel. Des. Luciano Saboia Rinaldi de Carvalho, 7ª CC, julg. 20.10.2020; grifou-se). V. tb. TJSP, Ap. Cív. 1006216-86.2015.8.26.0566, Rel. Des. Cesar Ciampolini, 1ª C. D. Priv, julg. 04.10.2017.

De fato, a partir da alocação de riscos estabelecida pelas partes, define-se o sinalagma contratual, isto é, a comutatividade ou correspectividade entre as prestações, o qual revela a racionalidade econômica do negócio. A equação econômica subjacente ao contrato traduz o seu equilíbrio intrínseco, desejado pelos contratantes, o qual, por isso mesmo, há de ser perseguido em respeito aos princípios do equilíbrio contratual,[8] da autonomia privada e da obrigatoriedade dos pactos.

Ressalte-se que o conceito de risco contratual se relaciona diretamente com o de equilíbrio, tendo em conta que as partes estabelecem negocialmente a repartição dos riscos como forma de definir o equilíbrio do ajuste.[9] Ao se perquirir a alocação de riscos estabelecida pelos contratantes, segundo a vontade declarada, o intérprete deverá atentar para a função prático-social ou para a causa do concreto negócio.[10] Neste particular, deverá observar se está diante de contrato típico ou atípico. Cada tipo contratual possui critérios de repartição do risco previamente estabelecidos em lei. Entretanto, as partes poderão modelar a alocação de riscos do negócio, inserindo na sua causa alocação de riscos específica e incomum a certa espécie negocial, a dar vida a negócios atípicos.

Ao lado da causa ou função prático-social do negócio, o intérprete, para fins de identificação da alocação de riscos e das respectivas responsabilidades, há de considerar a qualidade das partes, investigando-se a atividade normalmente praticada pelos contratantes à luz dos usos negociais, que se agregam ao regulamento de interesses.[11] A título de ilustração, considera-se razoável imputar maior risco a empresários do que a indivíduos que não sejam *experts* em determinado

8 A ideia de equilíbrio contratual se aproxima da noção de sinalagma funcional a que a doutrina faz referência. Cfr., na doutrina italiana, Massimo Bianca, *Diritto civile:* il contratto, Milano: Giuffrè, 1987, v. 3, p. 488; tradução livre.

9 Mario Bessone, *Adempimento e rischio contrattuale*, Milano: Giuffrè, 1969, p. 2 e ss.

10 O tema é desenvolvido, de forma magistral, por Pietro Perlingieri, *Perfis do Direito Civil*, 3. ed, Rio de Janeiro: Renovar, 2002, pp. 116-117.

11 Os usos negociais consistem em fonte de integração dos contratos. Sobre o ponto, cfr. Judith Martins-Costa: "As características até aqui enunciadas justificam o peculiar e muito complexo papel dos usos do comércio ('usos do tráfico'), expressão ora empregada latamente, bem como das práticas das partes na atividade empresarial. Para além de serem criadores de formas contratuais e de modos de comportamento e comunicação empresarial, os usos são considerados, no plano propriamente hermenêutico, fonte de heterointegração normativa" (*A Boa-fé no Direito Privado*: critérios para a sua aplicação, São Paulo: Marcial Pons, 2015, pp. 288-289). Veja-se, também, a síntese de Paula Forgioni: "A prática reiterada de acordos com a mesma função econômica leva à segurança e à previsibilidade em relação ao comportamento da outra parte, porque cria um padrão de mercado que passa a ser a conduta esperada do mercador (legítima expectativa)" (Tullio Ascarelli e os Contratos de Distribuição. In: *Princípios do Novo Código Civil Brasileiro e outros temas*: homenagem a Tullio Ascarelli, São Paulo: Quartier Latin, 2010, pp. 524-531).

tema ou setor.[12] Ou, ainda, imputar a responsabilidade ao contratante pelo risco inerente à atividade econômica por ele regularmente desenvolvida. Deve-se, de outra parte, observar se há cláusula limitativa ou excludente de responsabilidade, bem como identificar o sistema de responsabilidades que decorrem da interpretação sistemática e teleológica das cláusulas contratuais.[13]

A alocação dos riscos econômicos há de ser identificada, portanto, no caso concreto, de acordo com o específico regulamento de interesses. Deste modo, mostra-se possível alargar a responsabilidade dos contratantes, imputando-lhes risco maior do que aquele comumente assumido em determinado tipo contratual; ou, ainda, diminuir o seu espectro. Imagine-se, por exemplo, contrato de empreitada, em que as partes atribuam ao empreiteiro a responsabilidade pelas chuvas abundantes que atrasem o cronograma da obra, ainda que, reiteradamente, as chuvas configurem fortuito ou força maior, capazes em tese de afastar a responsabilização do devedor.

Em relações paritárias, em que não há assimetria de informações, a equação econômica estabelecida pelos contratantes por meio da alocação de riscos há de ser observada em toda a vida contratual, em consonância com os princípios da autonomia privada e da obrigatoriedade dos pactos. Afinal, a repartição dos riscos traduzirá a finalidade almejada pelos contratantes com o concreto negócio, os quais buscam satisfazer os seus interesses por meio daquela específica alocação de riscos.

A alocação de riscos no contrato revela, repita-se ainda uma vez, o equilíbrio econômico do negócio perseguido pelos contratantes e mediante o qual as partes visam concretizar seus objetivos econômicos. Tal repartição de riscos insere-se, assim, na causa do contrato, isto é, nos efeitos essenciais que o negócio pretende realizar, ou, em outras palavras, na sua *função econômico-individual* ou *função prático-social*, que exprime a racionalidade desejada pelos contratantes, seus interesses perseguidos *in concreto*, com base nos quais se interpreta e se qualifica o negócio, em procedimento único e incindível. Como observado pela doutrina italiana, o equilíbrio contratual se expressa não em termos objetivos de valores, mas corresponde à finalidade almejada pelos contratantes ou ao interesse que pretendem realizar com o sinalagma ou a correspectividade entre as prestações.[14]

---

12 Mario Bessone, *Adempimento e rischio contrattuale*, Milano: Giuffrè, 1969, p. 39.

13 Sobre o tema, v. Guido Alpa, Rischio. In: *Enciclopedia del diritto*, Milano: Giuffrè, 1989, v. 40, p. 1158, em que o autor passa em revista critérios que devem orientar o juiz na repartição dos riscos, dentre os quais o exame da qualidade das partes; da prestação (fungível, infungível etc.); e da função econômica do negócio.

14 Na mesma linha, poder-se-ia aduzir, também no sistema jurídico pátrio, "o legislador, portanto, se absteve de considerar a validade do contrato com base em valorações quantitativas

No ordenamento jurídico brasileiro, existem duas formas de gestão de riscos nos contratos: a gestão positiva e a gestão negativa. Evidentemente, os riscos que constituirão objeto de gestão pelos particulares hão de ser previsíveis, de modo a que se possa atribuir a um ou outro contratante os efeitos de sua verificação. Ao ser repartido entre os contratantes, o risco previsível passa a integrar a álea normal do contrato, compreendida como o risco externo ao negócio, o qual, embora não integre a sua causa, mantém com ela *relação de pertinência*, por representar o risco econômico previsível assumido pelos contratantes ao escolher determinado tipo ou arranjo contratual. A definição da álea normal irá se operar no concreto regulamento de interesses, mostrando-se possível que determinado evento previsível não se insira na álea normal e, portanto, não figure como fato previsto, objeto de gestão pelas partes. Por outro lado, as partes poderão alargar a álea normal, incluindo na gestão do risco eventos previsíveis que ordinariamente não sejam associados a determinada espécie negocial (e que, portanto, no comum dos casos, seriam considerados fatos extraordinários).

Deste modo, as partes, ao distribuírem os riscos econômicos previsíveis a partir das cláusulas contratuais, procedem à *gestão positiva da álea normal*. Aludida alocação de riscos, que será identificada a partir da vontade declarada[15] pelos contratantes, estabelece o equilíbrio econômico do negócio. Tal equação econômica, que fundamenta o sinalagma ou a correspectividade entre as prestações, há de ser observada no curso da relação contratual, em observância aos princípios da obrigatoriedade dos pactos e do equilíbrio dos contratos.

Ao lado da gestão positiva da álea normal, os contratantes poderão optar por gerir negativamente os riscos econômicos previsíveis. Surge, então, a figura do contrato incompleto, o qual consiste, em linhas gerais, em negócio jurídico que adota a técnica de gestão negativa da álea normal. Com efeito, no contrato

---

do sinalagma, tendo, ao revés, deslocado a própria valoração sobre a função teleológica da correspectividade, que é aquela destinada a satisfazer os interesses de ambas as partes, às quais apenas compete estabelecer quais valores econômicos atribuir às prestações que satisfazem aos seus interesses" (Francesco Camilletti, Profili del problema dell'equilibrio contrattuale. In: *Collana diritto privato. Università Degli Studi di Milano*. Dipartamento Giuridico-Politico: sezione di diritto privato, Milano: Giuffrè, 2004, v. 1, p. 44; tradução livre).

15 Sobre a teoria da declaração, originada no Séc. XX e em pleno vigor na teoria contratual contemporânea, assinala v. Vincenzo Roppo: "no contrato, é importante não apenas a *efetiva vontade individual*, em como se forma na esfera psíquica do sujeito, mas também a *sua projeção social externa*, e, em particular, o modo pelo qual a vontade das partes é percebida pela contraparte. Esta percepção é determinada essencialmente pelo modo como a vontade, objetivamente, vem manifestada externamente; por isso o teor objetivo da declaração de vontade" (Il contrato. In: Giovanni Iudica; Paolo Zatti (Org.), *Trattato di diritto privato*, Milano: Giuffrè, 2001, pp. 38-39; tradução livre).

incompleto, as partes, deliberadamente, optam por deixar em branco determinados elementos da relação contratual, como forma de gestão do risco econômico superveniente, os quais serão determinados, em momento futuro, pela atuação de uma ou ambas as partes, de terceiro ou mediante fatores externos, segundo o procedimento contratualmente previsto para a integração da lacuna. Cuida-se de não alocação voluntária do risco econômico, em que as partes deixam em branco determinado elemento do negócio jurídico (lacuna voluntária), o qual seria diretamente afetado pelo implemento do risco. Após a concretização do risco, as partes distribuirão os ganhos e as perdas econômicas, por meio da integração das lacunas, segundo o procedimento previsto originariamente no contrato.[16] O modo de alocação de riscos empregado pelos contratantes será identificado a partir da interpretação da vontade declarada das partes, que poderá ser expressa ou implícita, extraída da interpretação sistemática e teleológica das cláusulas contratuais.

Assim sendo, existem, no ordenamento jurídico brasileiro, duas formas voluntárias de gerir a álea normal dos contratos: (i) a *gestão positiva*, por meio da alocação de riscos econômicos previsíveis segundo as cláusulas contratuais; e (ii) a *gestão negativa*, por meio do contrato incompleto, no qual, voluntariamente, as partes não alocam *ex ante* o risco econômico superveniente, de natureza previsível, cujas perdas e ganhos econômicos serão distribuídos, portanto, posteriormente, diante da verificação de determinado evento, mediante o preenchimento da lacuna contratual, de acordo com os critérios definidos *ex ante*. Nessa direção, o contrato incompleto, por permitir a gestão *ex post* dos riscos de superveniências, atende aos imperativos da segurança jurídica e da flexibilidade, podendo figurar, no caso concreto, como opção que melhor realiza os interesses das partes.

Por outro lado, os riscos que fujam à esfera de previsibilidade dos contratantes consistirão em riscos econômicos imprevisíveis, razão pela qual não poderão constituir objeto de gestão pelas partes (não alocação involuntária do risco), constituindo fato extraordinário. Nessa hipótese, presentes os demais pressupostos, aplicar-se-á a teoria da excessiva onerosidade prevista nos arts. 478 e ss. do Código Civil, sempre em caráter excepcional. Em consequência, o risco previsível, que se insere na álea normal do contrato, poderá ser alocado pelos contratantes, por meio de gestão positiva ou negativa, o que será identificado a partir do exame das cláusulas contratuais e da causa *in concreto*. A cláusula *solve et repete*, como se verá, consiste em mecanismo de gestão positiva dos riscos do inadimplemento contratual, apresentando-se como meio de assegurar o cumprimento da finalidade do concreto regulamento de interesses.

16 Sobre o tema, seja consentido remeter a Paula Greco Bandeira, *Contrato incompleto*, Rio de Janeiro: Atlas, 2015, *passim*.

3. A CLÁUSULA *SOLVE ET REPETE*: ESTRUTURA E FUNÇÃO

Expressão da autonomia negocial, a cláusula *solve et repete* assumiu, em variados sistemas jurídicos, significativa relevância na tutela de interesses negociais em contratos de diversas ordens.[17] Exemplificativamente, em matéria tributária, tem por função impor ao contribuinte o pagamento imediato do crédito tributário, impedindo seu retardamento ou a negativa de cumprimento da obrigação diante da alegação de quaisquer matérias de defesa.[18]

Do ponto de vista técnico, compreende-se pela cláusula *solve et repete*, também denominada *exceptio solutionis*, o pacto por meio do qual se estabelece que uma das partes não poderá eximir-se de realizar ou retardar a prestação que lhe cabe, opondo exceções que, em tese, lhe permitiriam a negativa ou o atraso, não fosse a cláusula.[19] Em outras palavras, traduz-se em limitação, instituída pela vontade das partes, "da faculdade de opor exceção como a *exceptio non adimpletis contractus* ou a de retenção aceita por um dos contratantes, em consequência da qual o outro contratante pode agir em juízo sem enfrentar obstáculo na eventual oposição de exceções, como a de resolução do contrato".[20] Funciona, assim, como causa impeditiva da exceção, afastada contratu-

---

17 Giovanni Sicari, *La clausola solve et repete nel sistema delle obbligazioni negoziali*. Tese (Doutorado em Direito). Università degli Studi di Padova, 2008, pp. 21-23. Ao propósito, naquele sistema, o Codice Civile italiano de 1942 absorveu a praxis e previu expressamente, em seu art. 1.462, a possibilidade de convencionar cláusula limitativa da oponibilidade de exceções. Veja-se o teor do dispositivo: "Art. 1.462. *(Clausola limitativa della proponibilita' di eccezioni). La clausola con cui si stabilisce che una delle parti non puo'opporre eccezioni al fine di evitare o ritardare la prestazione dovuta, non ha effetto per le eccezioni di nullita', di annullabilita' e di rescissione del contratto. Nei casi in cui la clausola è efficace, il giudice, se riconosce che concorrono gravi motivi, puo' tuttavia sospendere la condanna, imponendo, se del caso, una cauzione.*" Tradução livre: "Art. 1.462. (Cláusula limitativa da proposição de exceções). A cláusula que estabeleça que uma das partes não pode opor exceções a fim de evitar ou retardar a prestação devida, não tem efeito para as exceções de nulidade, anulabilidade e lesão do contrato. Nos casos em que a cláusula for eficaz, como ressaltado, o juiz, se achar que concorrem motivos graves, poderá suspender a condenação, impondo, se necessário, a caução."

18 Giovanni Sicari, *La clausola solve et repete nel sistema delle obbligazioni negoziali*. Tese (Doutorado em Direito). Università degli Studi di Padova, 2008, p. 25-34. Cfr., ainda, acerca do tratamento da cláusula *solve et repete* na experiência brasileira em cotejo com a estrangeira, Rodrigo da Guia Silva; Jeniffer Gomes da Silva. Cláusulas *solve et* repete: perspectivas de atuação da autonomia privada na (de)limitação das exceções oponíveis pelo devedor. In: *Revista Eletrônica da PGE-RJ*, Rio de Janeiro, vol. 3, n. 1, jan./abr.2020.

19 Assim, Orlando Gomes, *Novíssimas Questões de Direito Civil*, São Paulo: Saraiva, 1984, p. 276.

20 Orlando Gomes, *Novíssimas Questões de Direito Civil*, São Paulo: Saraiva, 1984, pp. 276-277. Na experiência italiana: "*Il meccanismo oggi codificato nell'art. 1462 cod. civ., e tradizionalmente noto come solve et repete, consente alle parti di attribuire a un contraente il diritto di paralizzare la proponibilità di talune eccezioni della controparte, allo scopo di evitare che l'esecuzione degli obblighi contrattuali sia evitata o ritardata.*" (Giovanni Sicari, *La clausola solve et repete nel sistema*

almente, adquirindo caráter de renúncia preventiva.[21] Nessa esteira, pode-se afirmar que a cláusula *solve et repete* tem por função garantir a exequibilidade imediata da prestação pelo devedor, ainda que existissem razões jurídicas que justificassem, não fosse a pactuação expressa das partes, a possibilidade de não cumprimento ou o seu retardamento.

Dada a vocação da aludida cláusula, tem-se afirmado que tal disposição em muito se aproximaria da lógica observada na denominada garantia autônoma,[22] ou seja, aquela garantia acessória, fidejussória e atípica, criada pela autonomia privada, com o fim de que o beneficiário tenha direito ao recebimento do valor constante na garantia, a ser pago pelo terceiro garantidor, independentemente de disputas entre credor e devedor da relação jurídica base.[23] Nessa direção, a garantia autônoma traduz-se em garantia invulnerável aos meios de defesa atinentes à relação obrigacional à qual se liga, cuja execução pode prescindir, tanto quanto possível, da comprovação do inadimplemento do devedor principal. A despeito da similaridade, com a cláusula *solve et repete* não se confunde, na medida em que este expediente carece da acessoriedade própria da garantia autônoma,[24] que vincula o patrimônio de um terceiro (o garantidor) à satisfação dos interesses do credor beneficiário da garantia.

---

delle obbligazioni negoziali. Tese (Doutorado em Direito). Università degli Studi di Padova, 2008, p. 9). Tradução livre: "O mecanismo agora codificado no art. 1462 do Cód. Civ., e tradicionalmente conhecido como *solve et repete*, permite que as partes atribuam a uma parte contratante o direito de paralisar a proposição de certas exceções da outra parte, a fim de evitar que a execução das obrigações contratuais seja evitada ou retardada."

21 "A causa impeditiva surte efeito em momento logicamente anterior àquele em que o faz a extintiva. Isto ocorre porque impede o surgimento do direito à exceção, ao invés de fazê-la caducar. A renúncia – incluídas aí a cláusula solve et repete e a prescrição – é causa impeditiva" (Rafael V. Gagliardi, Exceção de contrato não cumprido. In: Renan Lotufo (coord.), *Coleção Prof. Agostinho Alvim*, São Paulo: Editora Saraiva, 2010, pp.69-70).

22 Sobre o tema, Gustavo Tepedino; Danielle Tavares Peçanha. Contornos das garantias autônomas no direito brasileiro. *Revista Brasileira de Direito Civil*, vol. 28, 2021, p. 275-290; e Danielle Tavares Peçanha, *Qualificação funcional, contornos e limites das garantias autônomas no direito brasileiro.* Dissertação (Mestrado em Direito Civil) – Faculdade de Direito, Universidade do Estado do Rio de Janeiro (UERJ), Rio de Janeiro, p.170, 2023. V. também Arnoldo Wald, Garantia à primeira demanda no direito comparado, p. 5. *Revista de Direito Mercantil, Industrial, Econômico e Financeiro*, São Paulo: Revista dos Tribunais, vol. 66, abr./jun., 1987, pp. 5-12).

23 Danielle Tavares Peçanha, *Qualificação funcional, contornos e limites das garantias autônomas no direito brasileiro.* Dissertação (Mestrado em Direito Civil) – Faculdade de Direito, Universidade do Estado do Rio de Janeiro (UERJ), Rio de Janeiro, 2023, p. 10.

24 Na direção do texto, Pietro Perlingieri aduz que a cláusula *solve et repete* traduz-se em "*pattuizione la quale ha lo scopo di assicurare al creditore una rapida realizzazione del suo interesse secondo modalità analoghe a quelle dei contratti autonomi di garanzia a prima richiesta: il fideiussore infatti deve adempiere immediatamente la sua obbligazione potendo far valere le proprie eccezioni soltanto dopo il pagamento in via di ripetizione (...) La fideiussione con clausola solve et repete, pur simile alla garanzia autonoma a prima richiesta, ne rimane distinta perché in essa sopravvive*

Ao propósito, a renúncia ao exercício do direito de opor exceções pode originar-se não apenas de cláusula contratual, pela *solve et repete*, consensualmente estabelecida pelas partes, mas também de ato unilateral de uma delas.[25] Quando inserta no acordo de vontades de forma refletida e séria pelas partes, por cláusula contratual, visa a afastar a possibilidade de suspensão do contrato cuja natureza não recomenda tal paralisação em decorrência da alegação de defesa manejada pelo devedor.[26] Trata-se, em síntese, de meio de autotutela, que visa a reforçar as chances de adimplemento contratual, sem que o cumprimento da prestação possa sofrer influência de eventuais discussões que poderiam se protrair no tempo, atrasando ou extirpando o recebimento de prestação considerada indispensável de forma imediata, tão logo vencido o termo que impõe o cumprimento da obrigação.[27] Embora não prevista expressamente no

---

la tipica accessorietà fideiussoria" (Pietro Perlingieri con la collaborazione di G. Biscontini [et al.], *Manuale di Diritto Civile*, Napoli: Edizioni Scientifiche Italiane, 1997, pp. 551-553). Em tradução livre: "acordo que tem por finalidade assegurar ao credor a rápida realização do seu interesse segundo modalidade análoga a dos contratos autônomos de garantia de primeira ordem: com efeito, o garantidor deverá cumprir imediatamente sua obrigação, podendo fazer valer suas objeções somente após o pagamento em repetição. (...) A garantia com cláusula *resolve e repete*, embora semelhante à garantia autônoma de primeiro pedido, dela se distingue porque nela subsiste a típica acessoriedade da garantia".

25 Nesse último caso, "o ato unilateral da parte que, no curso do contrato, renuncia ao exercício da exceção pode se manifestar expressamente ou por simples omissão. A renúncia implícita decorre do não exercício da defesa, quando possível a sua arguição; do cumprimento voluntário da prestação; da entrega do título de crédito; da remissão da dívida etc. A renúncia pode surgir mesmo depois de oferecida a exceção, com a desistência, e até o momento da sentença" (Ruy Rosado de Aguiar Júnior, *Comentários ao Novo Código Civil*: Da Extinção do Contrato, coord. Sálvio de Figueiredo Teixeira, vol. VI, tomo II, Rio de Janeiro: Forense, 2011, pp. 821-826).

26 Nesses termos, "A cláusula inserta no acordo original ou em termo aditivo decorre do interesse das partes de não permitir a suspensão da execução do contrato cuja natureza não recomenda a paralisação enquanto se decide a procedência da defesa dilatória e corresponde ao que se denomina de cláusula solve et repete" (Ruy Rosado de Aguiar Júnior, *Comentários ao Novo Código Civil*: Da Extinção do Contrato, coord. Sálvio de Figueiredo Teixeira, vol. VI, tomo II, Rio de Janeiro: Forense, 2011, pp. 821-826).

27 Nas palavras de Pietro Perlingieri, "*A volte al negozio fidiussorio si appone una clausola secondo la quale 'ogni eccezione di qualsiasi natura potrà essere fatta valere soltanto dopo l'integrale soddisfacimento della richiesta (da parte del creditore)'. (...) Tale patto riproduce lo schema della c.d. clausola limitativa della proponibilità di eccezioni, prevista in sede di disciplina generale del contratto, secondo la quale 'una delle parti non può opporre eccezioni al fine di evitare o ritardare la prestazione dovuta*'" (Pietro Perlingieri con la collaborazione di G. Biscontini [et al.], *Manuale di Diritto Civile*, Napoli: Edizioni Scientifiche Italiane, 1997, pp. 551-553). Em tradução livre: "Por vezes é afixada ao negócio fiduciário uma cláusula segundo a qual 'qualquer objecção de qualquer natureza só pode ser levantada depois de o pedido ter sido totalmente satisfeito (pelo credor)'. (...) Este pacto reproduz o esquema da chamada cláusula restritiva sobre a proposição de exceções, prevista na disciplina geral do contrato, segundo a qual 'uma das partes não pode levantar exceções para evitar ou retardar o cumprimento devido'".

Código Civil, a cláusula *solve et repete* se mostra amplamente reconhecida no direito brasileiro, tanto em sede doutrinária quanto jurisprudencial.[28]

Dentre as possíveis exceções que podem ser afastadas por meio da cláusula *solve et repete*, incluem-se a compensação,[29] eventuais deveres de indenizar,[30] e a exceção de contrato não cumprido (ou *exceptio non adimpleti contractus*), segundo a qual "o demandado recusa a sua prestação, sob fundamento de não ter aquele que reclama dado cumprimento à que lhe cabe",[31] derivando da "reciprocidade das prestações ou da sua unidade jurídica".[32] Com fundamento no art. 476 do Código Civil,[33] o mecanismo, aplicável a contratos bilaterais e sinalagmáticos, destina-se a impedir que a parte inadimplente exija da outra a satisfação da sua prestação,[34] antes de cumprida a sua obrigação.[35]

Note-se que a cláusula *solve et repete* não tem o condão de extinguir o direito à prestação correspectiva daquele a quem se nega o manuseio da exceção, nem sequer extirpa-se definitivamente o direito do devedor de discutir

---

28 Na jurisprudência: "Apelação cível. Embargos à execução. (...) Exceção do contrato não cumprido. Cláusula impeditiva. Sentença mantida. (...) 2. Conforme o art. 476 do Código Civil, não é lícito a um dos contratantes exigir da outra parte o cumprimento da sua obrigação (pagamento) sem que, antes, tenha também cumprido com a sua parte na avença. 3. Existindo cláusula contratual impeditiva da invocação da exceção do contrato não cumprido, em relação a obrigações acessórias, escorreita a sentença ao afastar a alegação de contrato não cumprido. Apelo conhecido e desprovido" (STJ, 4ª T., AREsp 1.275.333/GO, Rel. Min. Ricardo Villas Bôas Cueva, julg. 23.4.2018).

29 Rodrigo da Guia Silva; Jeniffer Gomes da Silva. Cláusulas *solve et repete*: perspectivas de atuação da autonomia privada na (de)limitação das exceções oponíveis pelo devedor, pp. 12-13. In: *Revista Eletrônica da PGE-RJ*, Rio de Janeiro, vol. 3, n. 1, jan./abr.2020. Na jurisprudência, embora entendendo que a discussão não possuía natureza de ordem pública, a Corte Especial do Superior Tribunal de Justiça examinou cláusula *solve et repete* que afastava a alegação de compensação. Veja-se: "Desse modo, não procedem as alegações da segunda requerida (PETROMEC INC.) quando afirma que as decisões estrangeiras teriam vedado a possibilidade de compensação e estipulado o princípio *solve et repete*, uma vez que, assim como a regra da exceção do contrato não cumprido, referida questão não possui natureza de ordem pública, razão pela qual foge à apreciação por esta via" (STJ, Corte Especial, SEC 3.932/GB, Rel. Min. Felix Fischer, julg. 6.4.2011).

30 Assim, Luiz Octávio Villela de V. Bandeira, *Exceção de Insegurança no Direito brasileiro*, Grupo Almedina (Portugal), 2022, pp.369-370.

31 Caio Mário da Silva Pereira, *Instituições de direito civil*, vol. III, Rio de Janeiro: Forense, 2019, 23ª ed., p. 141.

32 Washington de Barros Monteiro, *Curso de Direito Civil*, vol. 5: direito das obrigações, São Paulo: Saraiva, 2007, 35ª ed., p. 28.

33 CC/2002, "Art. 476. Nos contratos bilaterais, nenhum dos contratantes, antes de cumprida a sua obrigação, pode exigir o implemento da do outro."

34 Sobre o ponto, v. Orlando Gomes, *Contratos*. Rio de Janeiro: Forense, 2019, 27ª ed., p. 91.

35 J. M. de Carvalho Santos, *Código Civil brasileiro interpretado*, Rio de Janeiro: Freitas Bastos, 1964, vol. 15, p. 237.

questões que entenda pertinentes.[36] O direito de discutir matérias que lhe possam beneficiar é apenas projetado para momento futuro, quando já terá sido realizada a prestação que lhe cabia, nos termos acordados contratualmente, permitindo a ininterrupção da atividade contratual e vedando-lhe condicionar o pagamento ao cumprimento da prestação correlata. Vale dizer, o contratante se dispõe a cumprir sua obrigação independentemente da realização da contraprestação, perdendo, assim, "a possibilidade de dilatar a execução até que se cumpra a bilateralidade da relação, aceitando prestar sem que tenha recebido o que lhe é devido".[37]

Deste modo, a cláusula *solve et repete* que se volta a afastar a oposição da exceção de contrato não cumprido não obsta a deflagração dos demais efeitos decorrentes do inadimplemento contratual, mas apenas refere-se à impossibilidade de o devedor acionado negar ou atrasar o cumprimento da prestação, alegando o descumprimento da prestação correspectiva. A despeito de não poder alegar a exceção de contrato não cumprido, poderá a parte discutir o inadimplemento concomitante ou subsequentemente,[38] utilizando-se de meios coercitivos outros voltados à realização de seu direito de crédito ou mesmo excutir garantia prestada em reforço ao cumprimento daquela obrigação, seja real, a exemplo da hipoteca e do penhor; seja fidejussória, como uma fiança.

Convém sublinhar que a previsão da cláusula *solve et repete* apenas se justifica em determinados arranjos negociais, que, por sua natureza, admitem-na com vistas à ultimação de sua finalidade. Dito diversamente, a cláusula *solve et repete* destina-se a assegurar o cumprimento da finalidade contratual e tem seu limite, evidentemente na tutela da boa-fé objetiva (art. 113, do Código Civil) e no controle de abusividade do exercício de direitos (art. 187, do Código Civil).

---

36 Assim, "uma vez tendo cumprido regularmente a obrigação que assumiu, nada o impede de investir contra o outro contratante, ainda inadimplente, total ou parcialmente, com o fito de obter o cumprimento forçado da obrigação ainda pendente" (Rafael V. Gagliardi, Exceção de contrato não cumprido. In: Renan Lotufo (coord.), *Coleção Prof. Agostinho Alvim*, São Paulo: Editora Saraiva, 2010, pp.69-70).

37 Ruy Rosado de Aguiar Júnior, *Comentários ao Novo Código Civil*: Da Extinção do Contrato, coord. Sálvio de Figueiredo Teixeira, vol. VI, tomo II, Rio de Janeiro: Forense, 2011, pp. 821-826, para quem: "A renúncia à exceção não significa a renúncia a direito de crédito; o renunciante fica com todos os demais direitos e meios de defesa decorrentes de sua posição, inclusive o de promover a execução do seu crédito, no mesmo feito, mediante reconvenção, ou em processo autônomo. Perde apenas essa defesa indireta".

38 Com efeito, "a falta de pagamento não afetará, neste caso, a realização da prestação pela outra parte, podendo, todavia, o interessado pretender em juízo a resolução, demonstrando a gravidade do inadimplemento, e consequente impossibilidade de continuação do negócio jurídico. Isso não impedirá, todavia, que se possa judicialmente examinar a estipulação contratual à luz da necessária equivalência material das obrigações e dos deveres inerentes à boa-fé objetiva" (Bruno Miragem, *Direito Civil – Direito das Obrigações*, Rio de Janeiro: Forense, 3ª ed., 2021, p. 306).

Em contrapartida, não parece merecer salvaguarda a disposição embutida no contrato despropositadamente, a consagrar mero capricho de uma das partes e que não encontre merecimento de tutela nos interesses subjacentes.

À guisa de exemplo, tem-se entendido como válida cláusula *solve et repete* em contrato de fornecimento de bens essenciais, cuja suspensão com fundamento na exceção de contrato não cumprido causaria dano grave e irreparável à contraparte, proporcionalmente maior que o cumprimento da prestação exigida,[39] e inviabilizaria o atingimento da finalidade contratual.

Mencione-se ainda a previsão da cláusula *solve et repete* em contratos associativos, com comunhão de escopo, cujo não cumprimento da prestação compromete a finalidade comum dos contratantes. Nestes casos, a cláusula funciona como legítimo mecanismo de alocação de riscos pactuado precisamente com o intuito de permitir a consecução do escopo comum, sem embargo da possibilidade de discutir o inadimplemento da contraparte em outro momento. Basta pensar, ilustrativamente, nas complexas relações negociais ajustadas para a exploração e produção de petróleo,[40] reguladas não raro por dois contratos coligados,[41] que exprimem, a partir de sua função unitária, o escopo econômico comum perseguido pelos contratantes: o contrato de concessão, que regula as obrigações da empresa concessionária em face da União Federal, detentora, por determinação constitucional, do monopólio da pesquisa e lavra das jazidas de petróleo e gás natural no território brasileiro, com interveniência da ANP; e o contrato de consórcio, o qual, por sua vez, formaliza a reunião de sociedades que, em conjunto, promoverão a exploração e produção do petróleo nos campos especificados na concessão.

Por consubstanciarem contratos coligados, as vicissitudes de um contrato podem repercutir no outro,[42] de tal sorte que, neste caso, a exceção de contrato

---

39 Ruy Rosado de Aguiar Júnior, *Comentários ao Novo Código Civil*: Da Extinção do Contrato, coord. Sálvio de Figueiredo Teixeira, vol. VI, tomo II, Rio de Janeiro: Forense, 2011, pp. 821-826. Ilustra o autor: "a empresa de telecomunicações que fornece o acesso a serviço indispensável a milhões de usuários, como hoje é comum na comunicação virtual, pode renunciar ao direito de alegar em exceção a falta do pagamento do seu crédito. Reconhecida a validade da cláusula pela qual ela aceitou a cláusula solve et repete, a fornecedora pode ser obrigada a prestar, sem possibilidade de oferecer a exceção, por causa dessa cláusula, mas com a possibilidade de exercer todos os demais direitos decorrentes do seu crédito."

40 Cfr., sobre tais arranjos negociais: Gustavo Tepedino; Paula Greco Bandeira; Bruna Vilanova Machado. A cláusula forfeiture nos contratos de consórcio para exploração e produção de petróleo. In: Aline de Miranda Valverde Terra; Giovanni Ettore Nanni (orgs.). *Gestão de Riscos no Direito Privado e na Arbitragem*. Editora Almedina, no prelo.

41 Sobre o tema, cfr. Carlos Nelson Konder, *Contratos conexos*: grupos de contratos, redes contratuais e contratos coligados, Rio de Janeiro: Renovar, 2006.

42 Gustavo Tepedino; Carlos Nelson Konder; Paula Greco Bandeira. *Fundamentos do Direito Civil*, vol. 3: Contratos, Rio de Janeiro: Forense, 2023, 4ª ed., p. 82. Por outro lado, advertem Aline

não cumprido eventualmente invocada no contrato de consórcio prejudicaria o atingimento da finalidade econômica comum pretendida pelos contratos associativos, qual seja, a exploração do petróleo em regime de concessão. Nessa esteira, a cláusula *solve et repete* poderá ser acionada relativamente às obrigações de aportes de capital, denominadas *cash calls*, cuja satisfação revela-se essencial ao exercício da atividade e, em consequência, à continuidade da concessão. Tal mecanismo mostra-se usual no mercado internacional de petróleo.[43] Em geral, vem acompanhado, no mesmo ajuste, de cláusula que impede que o devedor, mesmo considerando a cobrança indevida, alegue qualquer exceção para justificar o não cumprimento da obrigação de aporte de capital, postergando-se, assim, quaisquer discussões para momento ulterior.[44]

---

de Miranda Valverde Terra e Giovanni Ettore Nanni que "o simples inadimplemento de um contrato que se encontra conexo a outro não autoriza, por si só, abstratamente, que se oponha a exceção de contrato não cumprido em relação ao pacto que não foi descumprido" (Exceção de contrato não cumprido na coligação contratual, p. 23. *Civilistica.com*, Rio de Janeiro, a. 10, n. 2, 2021, pp. 1-26), a denotar que nem sempre o descumprimento de certo contrato coligado importará em descumprimento em cadeia dos demais contratos que lhe são coligados. Na mesma direção, tem-se ressalvado que "a existência de contratos coligados não implica a verificação de todas as consequências da coligação contratual, como também podem as partes, no âmbito da autonomia privada, afastar os efeitos atinentes à coligação" (Pedro Guilhardi. *Garantias autônomas:* instrumento para proteção jurídica do crédito, São Paulo: Quartier Latin, 2019, p. 170).

43 Vale conferir o teor de cláusula *sove et repete* inserida no bojo das relações negociais ajustadas para a exploração e produção de petróleo, e aposta no âmbito do contrato de consórcio, *in verbis*: "3.3. Ownership, Obligations and Liabilities (...) (C) Each Party shall pay when due, in accordance with the Accounting Procedure, its Participating Interest share of Joint Account expenses, including cash advances and interest, accrued pursuant to this Agreement and the Consortium Agreement. The Parties agree that time is of the essence for payments owing under this Agreement. *A Party's payment of any charge under this Agreement shall be without prejudice to its right to later contest the charge*" (grifou-se). Em tradução livre: "Titularidade, Obrigações e Responsabilidades (...) (C) Cada Parte pagará no vencimento, de acordo com o Procedimento Contábil, sua participação nas despesas da Conta Conjunta, incluindo adiantamentos em dinheiro e juros, acumulados de acordo com este Contrato e o Contrato de Consórcio. *As Partes concordam que o tempo é essencial para os pagamentos devidos nos termos deste Contrato. O pagamento por uma Parte de qualquer encargo nos termos deste Contrato não prejudicará seu direito de contestar posteriormente o encargo*".

44 Confira-se: "8.6. No Right of Set Off. Each Party acknowledges and accepts that a fundamental principle of this Agreement is that each Party pays its Participating Interest share of all amounts due under this Agreement as and when required. Accordingly, any Party which becomes a Defaulting Party undertakes that, in respect of either any exercise by the non-defaulting Parties of any rights under or the application of any of the provisions of this Article 8, *such Party hereby waives any right to raise by way of set off or invoke as a defense, whether in law or equity, any failure by any other Party to pay amounts due and owing under this Agreement and the Consortium Agreement or any alleged claim that such Party may have against Operator or any Non-Operator, whether such claim arises under this Agreement or otherwise.* Each Party further agrees that the nature and the amount of the remedies granted to the non-defaulting Parties hereunder are reasonable and appropriate in the circumstances" (grifou-se). Em tradução livre: "Sem direito de compensação.

Percebe-se, portanto, pelas características e necessidades de tal mercado, que, nos contratos coligados com a finalidade de exploração do petróleo, a cláusula *solve et repete* desponta como mecanismo legítimo de alocação de riscos contratuais, por assegurar a consecução da aludida finalidade, devendo, por isso mesmo, ser merecedora de tutela.

4. A CLÁUSULA *SOLVE ET REPETE* COMO MECANISMO DE GESTÃO POSITIVA DOS RISCOS CONTRATUAIS: CONTORNOS E LIMITES NO DIREITO BRASILEIRO

Como se viu, a cláusula *solve et repete* traduz-se em relevante mecanismo de gestão positiva dos riscos contratuais, na medida em que aloca ao contratante o risco de não se valer de determinadas exceções ou meios de defesa com o intuito de assegurar o atingimento da função ou finalidade contratual. É dizer: o devedor assume os riscos de cumprir imediatamente a sua prestação ainda que disponha de defesas que autorizem o seu não cumprimento ou o seu retardamento. Cuida-se de gestão positiva na medida em que a disposição é identificada a partir da vontade declarada pelas partes, e, por integrar o sinalagma contratual, expressando o equilíbrio econômico do concreto regulamento de interesses.[45] Dessa forma, a oponibilidade de exceções – que seria a regra, não fosse a cláusula aposta no contrato – é afastada por expressa manifestação de vontade das partes, no livre exercício de sua autonomia negocial, que alocam os riscos contratuais, como forma de concretização de seus interesses.

A alocação de riscos no contrato pela estipulação da cláusula *solve et repete* revela a harmonia interna do negócio perseguida pelos contratantes e mediante a qual as partes visam concretizar seus objetivos econômicos. O seu exame de validade, contudo, dependerá das circunstâncias do caso concreto,

---

Cada Parte reconhece e aceita que um princípio fundamental deste Acordo é que cada Parte paga sua participação de todos os valores devidos sob este Acordo como e quando necessário. Consequentemente, qualquer Parte que se torne uma Parte inadimplente compromete-se a que, em relação a qualquer exercício pelas Partes adimplentes de quaisquer direitos sob ou a aplicação de qualquer uma das disposições deste Artigo 8, *tal Parte renuncia a qualquer direito de levantar como forma de compensar ou invocar como defesa, seja em lei ou equidade, qualquer falha de qualquer outra Parte em pagar valores devidos nos termos deste Contrato e do Contrato de Consórcio ou qualquer reivindicação alegada que tal Parte possa ter contra a Operadora ou qualquer Não- Operador, quer tal reivindicação surja sob este Contrato ou de outra forma*. Cada Parte concorda ainda que a natureza e o valor dos recursos concedidos às Partes adimplentes são razoáveis e apropriados nas circunstâncias."

45 Francesco Camilletti, Profili del problema dell'equilibrio contrattuale. In: *Collana diritto privato. Università Degli Studi di Milano*. Dipartamento Giuridico-Politico: sezione di diritto privato, Milano: Giuffrè, 2004, v. 1, p. 44.

podendo, em determinadas manifestações, se revelar inválida.[46] Nessa direção, merecem atenção as repercussões que tal mecanismo poderá apresentar na seara dos contratos de adesão e dos contratos de consumo.

Advirta-se, por outro lado, a imprescindibilidade da especificação, pelas partes, dos eventos não suscetíveis de oposição pelo devedor, quando instado a realizar a prestação. Não se admitem, em regra, cláusulas genéricas, que atribuam ao devedor o dever de cumprir a obrigação em quaisquer circunstâncias, de forma arbitrária. Cuidando-se de gestão positiva de riscos, aqueles alocados ao devedor afiguram-se previsíveis aos contratantes, devendo estar indicados no negócio, com contornos bem delimitados, os casos em que restará afastado o direito de opor específicas matérias de defesa. Em contrapartida, as exceções que não tenham sido enumeradas pelas partes não poderão ser negadas ao devedor.

Registre-se, ainda, que, embora os direitos patrimoniais, em regra, sejam amplamente reconhecidos como passíveis de renúncia por seu titular, tem-se defendido que existiriam certas exceções, como é o caso da alegação de invalidade e de prescrição não consumada, que, por sua natureza, não poderiam ser suprimidas por acordo de vontade das partes.[47] No primeiro caso, relativo à alegação de invalidade do negócio, defende-se em doutrina que "a existência da cláusula de *solve et repete* é ineficaz quando se alega a invalidade do contrato por uma das causas de nulidade, anulabilidade, lesão ou abuso".[48] Isso porque, cuidando-se de vício que atinge a validade do negócio, não seria dado às partes afastar as regras que extirpam os efeitos do negócio inválido, sendo certo que, na hipótese de nulidade, o juiz poderá reconhecê-la de ofício e qualquer interessado poderá invocá-la.[49] Ao propósito, o *Codice Civile* italiano prevê expressamente, em seu art. 1.462, a tipicidade da cláusula *solve et repete*, ressalvando apenas a sua ineficácia nas hipóteses de nulidade, anulabilidade e lesão, além de prever a possibilidade de o magistrado, perante

46 Aduz Miguel Maria de Serpa Lopes: "a referida cláusula não pode ser entendida deslimitadamente, mas sim guardadas certas reservas, sobretudo no tocante à questão da nulidade, anulabilidade e precipuamente em relação ao dolo" (*Exceções substanciais*: exceção de contrato não cumprido, Rio de Janeiro: Freitas Bastos, 1959, p. 334).

47 Rodrigo da Guia Silva; Jeniffer Gomes da Silva. Cláusulas *solve et repete*: perspectivas de atuação da autonomia privada na (de)limitação das exceções oponíveis pelo devedor. In: *Revista Eletrônica da PGE-RJ*, Rio de Janeiro, vol. 3, n. 1, jan./abr.2020.

48 Ruy Rosado de Aguiar Júnior, *Comentários ao Novo Código Civil*: Da Extinção do Contrato, coord. Sálvio de Figueiredo Teixeira, vol. VI, tomo II, Rio de Janeiro: Forense, 2011, pp. 821-826.

49 CC/2002, "Art. 168. As nulidades dos artigos antecedentes podem ser alegadas por qualquer interessado, ou pelo Ministério Público, quando lhe couber intervir. Parágrafo único. As nulidades devem ser pronunciadas pelo juiz, quando conhecer do negócio jurídico ou dos seus efeitos e as encontrar provadas, não lhe sendo permitido supri-las, ainda que a requerimento das partes."

graves motivos, nos casos de eficácia da cláusula, suspender a condenação, mediante exigência de caução.[50]

O direito brasileiro não dispõe de previsão semelhante. De todo modo, pode-se afirmar que a simples alegação de invalidade do negócio pelo devedor não parece ser suficiente para afastar o dever inserto na cláusula *solve et repete*, desde que previsto o afastamento da exceção, sob pena de subverter a lógica do instituto. Afinal, a suposta cobrança indevida, por qualquer causa (dolo, má-fé ou abuso), só poderia ser constatada em momento posterior, quando a prestação de execução imediata já poderia ter sido executada em prol do atendimento da finalidade contratual. A menos que se demonstrasse o dolo específico na sua formulação, hipótese em que teria sido pactuada já com o intuito de causar o dano injusto à contraparte.

Por outro lado, não se poderia admitir a cláusula *solve et repete* que afastasse a defesa relativa à prescrição não consumada, tendo em conta o disposto pelo art. 191 do Código Civil,[51] que veda expressamente a renúncia antecipada à prescrição.

Controverte-se, ainda, se mereceria salvaguarda a cláusula *solve et repete* aposta em contratos de adesão e em negócios celebrados no âmbito das relações de consumo. Acerca dos contratos de adesão,[52] marcados pela predisposição, unilateralidade e rigidez,[53] o Código Civil estabelece, em seu art. 424, que

---

50 Eis o teor do dispositivo: "Art. 1.462. *(Clausola limitativa della proponibilita' di eccezioni). La clausola con cui si stabilisce che una delle parti non puo'opporre eccezioni al fine di evitare o ritardare la prestazione dovuta, non ha effetto per le eccezioni di nullita', di annullabilita' e di rescissione del contratto. Nei casi in cui la clausola è efficace, il giudice, se riconosce che concorrono gravi motivi, puo' tuttavia sospendere la condanna, imponendo, se del caso, una cauzione.*" Tradução livre: "Art. 1.462. (Cláusula limitativa da proposição de exceções). A cláusula que estabeleça que uma das partes não pode opor exceções a fim de evitar ou retardar a prestação devida, não tem efeito para as exceções de nulidade, anulabilidade e lesão do contrato. Nos casos em que a cláusula for eficaz, como ressaltado, o juiz, se achar que concorrem motivos graves, poderá suspender a condenação, impondo, se necessário, a caução." Sobre tal pactuação, à luz do dispositivo italiano, v. Maria Alessandra Livi, Clausola attributiva del potere di sospendere l'esecuzione del contratto. In: Massimo Confortini, *Clausole negoziali*: Profili teorici e applicativi di clausole tipiche e atipiche, Torino: Utet, 2019, pp. 27-64.

51 CC/2002, "Art. 191. A renúncia da prescrição pode ser expressa ou tácita, e só valerá, sendo feita, sem prejuízo de terceiro, depois que a prescrição se consumar; tácita é a renúncia quando se presume de fatos do interessado, incompatíveis com a prescrição." Sobre o ponto: "Exceções existem incapazes de serem renunciadas senão em um dado momento posterior ao seu aparecimento, sendo inoperante a sua renúncia antecipada. Está nesse caso a renúncia à prescrição, que depende dos seguintes requisitos: a) ser manifestada após a consumação do lapso prescricional; b) não haver prejuízo a terceiros." (Miguel Maria de Serpa Lopes, *Exceções substanciais*: exceção de contrato não cumprido, Rio de Janeiro: Freitas Bastos, 1959, p. 329).

52 Sobre o conceito de contratos de adesão, v., por todos, Orlando Gomes, *Contratos*, Rio de Janeiro: Forense, 2019, 27ª ed., p. 107.

53 Pinto Monteiro, Contratos de adesão e cláusulas contratuais gerais: problemas e soluções. *Revista Trimestral de Direito*, vol. 7. Rio de Janeiro: Padma, 2000, p. 6.

são nulas as cláusulas que estipulem renúncia antecipada do aderente a direito resultante da natureza do negócio.[54] Entende-se que, para além dos direitos essenciais do tipo contratual analisado, o dispositivo impede também a renúncia de direitos que constituam elementos naturais do contrato, ou que decorram de usos contratuais em um setor econômico ou região.[55] Assim sendo, releva-se compreender se a renúncia à oposição de exceções, estipulada pela cláusula *solve et repete*, constitui renúncia a direito resultante da natureza do negócio e, como tal, se seria nula *ex vi* do art. 424 do Código Civil. A doutrina majoritária entende, com razão, que a cláusula só será válida quando aposta em contratos paritários,[56] sem qualquer disparidade na formação do ajuste,[57] visto que a exceção é remédio próprio e elemento natural dos contratos sinalagmáticos.[58]

---

54 CC/2002, "Art. 424. Nos contratos de adesão, são nulas as cláusulas que estipulem a renúncia antecipada do aderente a direito resultante da natureza do negócio."

55 Gustavo Tepedino; Carlos Nelson Konder; Paula Greco Bandeira. *Fundamentos do Direito Civil*, vol. 3: Contratos, Rio de Janeiro: Forense, 2023, 4ª ed., p. 82.

56 "Embora geralmente válida, essa renúncia pode transbordar para o campo da ilicitude, quando violar preceitos de maior relevância social. Sua validade depende da igualdade substancial entre as partes e da existência de um mínimo de liberdade na negociação. Em suma, deve ocorrer nos contratos paritários" (Rafael V. Gagliardi, Exceção de contrato não cumprido. In: Renan Lotufo (coord.), *Coleção Prof. Agostinho Alvim*, São Paulo: Editora Saraiva, 2010, pp.69-70). Na mesma direção: "Quando estipulada em contratos por adesão, a cláusula *solve et repete* será considerada inválida, em regra, pois, conforme o art. 424 do Código Civil, nessa categoria contratual 'são nulas as cláusulas que estipulem a renúncia antecipada do aderente a direito resultante da natureza do negócio'. E a invocação da exceptio, sendo regra geral atribuída pelo art. 476 do Código Civil aos contratos com prestações correspectivas, é inequivocamente um 'direito resultante da natureza do negócio'" (Vitor Augusto José Butruce, *A exceção de contrato não cumprido no direito civil brasileiro contemporâneo*: funções, pressupostos e limites de um "direito a não cumprir", Dissertação (Mestrado em Direito), Rio de Janeiro: 2009, pp.159-162).

57 Assinala Ruy Rosado de Aguiar Júnior: "a renúncia ao direito de oferecer exceção há de ser vista sempre como uma situação extraordinária, somente admissível se presentes certos requisitos. O primeiro deles exige, para a validade das cláusulas, que ela conste de contratos em que tenha sido garantida a igualdade entre as partes, atendida a boa-fé e respeitados os princípios de ordem pública. Por isso, em princípio, é inaceitável nos contratos de adesão, a que a parte adere sem condições de negociar suas cláusulas, submetendo-se o aderente ao dever de cumprir sem receber a contraprestação" (*Comentários ao Novo Código Civil: Da Extinção do Contrato*, coord. Sálvio de Figueiredo Teixeira, Volume VI, tomo II, Rio de Janeiro: Forense, 2011, pp. 821-826).

58 Há quem pondere que nem sempre a cláusula deverá ser considerada nula, sendo possível cogitar do afastamento de uma exceção que não diga respeito a direito resultante da natureza do negócio. Para estes autores, embora se reconheça que a cláusula que afaste a exceção de contrato não cumprido tende a ser considerada nula, porque remédio da essência dos contratos sinalagmáticos, quando a cláusula *solve et repete* importar no afastamento de outra exceção, como a compensação, esta poderia ser considerada válida, sem violação ao art. 424 do Código Civil. Nesse sentido, Rodrigo da Guia Silva; Jeniffer Gomes da Silva. Cláusulas *solve et repete*: perspectivas de atuação da autonomia privada na (de)limitação das exceções oponíveis pelo devedor. In: *Revista Eletrônica da PGE-RJ*, Rio de Janeiro, vol. 3, n. 1, jan./abr.2020.

Questiona-se, ainda, se seria lícita a cláusula *solve et repete* quando inserida em contrato de consumo, ou, diversamente, se deveria ela ser considerada abusiva na medida em que implica renúncia antecipada de direito do consumidor, presumidamente vulnerável. Diferentemente de outros sistemas, como o italiano, em que há expressa vedação à aposição de cláusula *solve et repete* nos contratos de consumo,[59] no direito brasileiro, embora não haja previsão semelhante, entende-se que, notadamente quando predisposta pelo fornecedor, a cláusula deve ser considerada abusiva,[60] visto que restringe direitos do consumidor decorrentes da relação estabelecida, bem como ameaça o equilíbrio contratual.[61] A cláusula seria ilícita, portanto, dado que viola o disposto no art. 51, § 1°, II, do Código de Defesa do Consumidor,[62] e coloca o fornecedor em situação de extrema vantagem contratual,[63] a afrontar norma de ordem pública.

---

59 O Codice del Consumo de 2005 estabelece tal vedação no art. 33, 2, alíneas r e t, veja-se: "Art. 33.Clausole vessatorie nel contratto tra professionista e consumatore. (...) 2. Si presumono vessatorie fino a prova contraria le clausole che hanno per oggetto, o per effetto, di: (...) r) limitare o escludere l'opponibilità dell'eccezione d'inadempimento da parte del consumatore; (...) t) sancire a carico del consumatore decadenze, limitazioni della facoltà di opporre eccezioni, deroghe alla competenza dell'autorità giudiziaria, limitazioni all'adduzione di prove, inversioni o modificazioni dell'onere della prova, restrizioni alla libertà contrattuale nei rapporti con i terzi;". Tradução livre: "Art. 33. Cláusulas abusivas no contrato entre profissional e consumidor. (...) 2. As cláusulas que tenham por objeto ou efeito: (...) r) Limitar ou excluir a exigibilidade da oposição de incumprimento pelo consumidor presumem-se abusivas até prova em contrário; (...) t) Caducidades sancionatórias, limitações ao direito de arguir excepções, derrogações à competência da autoridade judiciária, limitações à produção de provas, inversões ou modificações do ónus da prova, restrições à liberdade contratual nas relações com terceiros;".

60 "No âmbito das relações de consumo, essa cláusula, mormente quando predisposta pelo fornecedor, acaba por ser considerada abusiva, pois implica renúncia antecipada de direito do consumidor, além de colocá-lo em situação de inegável inferioridade" (Rafael V. Gagliardi, Exceção de contrato não cumprido. In: Renan Lotufo (coord.), *Coleção Prof. Agostinho Alvim*, São Paulo: Editora Saraiva, 2010, pp.69-70).

61 Nessa direção: "a aposição da *solve et repete* em relações de consumo também é passível de invalidação por abusividade, à luz do disposto no art. 51, § 1°, II, do CDC, que presume exagerada a vontade que 'restringe direitos ou obrigações fundamentais inerentes à natureza do contrato, de tal modo a ameaçar seu objeto ou equilíbrio contratual'. Ou seja, a abusividade da cláusula solve et repete será presumida quando integrar uma relação de consumo, por retirar do consumidor um direito que é da natureza do contrato celebrado" (Vitor Augusto José Butruce, A exceção de contrato não cumprido no direito civil brasileiro contemporâneo: funções, pressupostos e limites de um "direito a não cumprir", Dissertação (Mestrado em Direito), Rio de Janeiro: 2009, pp.159-162).

62 CDC, "Art. 51. São nulas de pleno direito, entre outras, as cláusulas contratuais relativas ao fornecimento de produtos e serviços que: (...) § 1°. Presume-se exagerada, entre outros casos, a vantagem que: (...) II – restringe direitos ou obrigações fundamentais inerentes à natureza do contrato, de tal modo a ameaçar seu objeto ou equilíbrio contratual;"

63 Ruy Rosado de Aguiar Júnior, *Comentários ao Novo Código Civil*: Da Extinção do Contrato, coord. Sálvio de Figueiredo Teixeira, vol. VI, tomo II, Rio de Janeiro: Forense, 2011, pp. 821-826.

Nesse caso, considera-se abusiva não só a cláusula *solve et repete* que estipule renúncia ao exercício da *exceptio non adimpleti contractus*, mas também aquela que importe renúncia ao direito de ajuizar ação de resolução do contrato por inadimplemento, restringindo o direito de defesa do consumidor.[64] Nesses casos, afirma-se que "em ação movida pelo fornecedor, pode o consumidor alegar, na contestação, tanto a exceção material de contrato não cumprido como a de contrato cumprido de modo deficiente, devendo o magistrado negar efeitos, por abusiva, à cláusula contratual que impedir o consumidor de deduzir essas exceções".[65]

No Tribunal de Justiça do Estado de São Paulo, a propósito, já se entendeu abusiva cláusula *solve et repete* quando inserida em relação de consumo. No caso submetido à Corte, discutia-se a viabilidade da cláusula que atribuía ao consumidor segurado o dever de arcar com as despesas com o tratamento *home care*, sem que pudesse levantar exceções, para somente depois de efetuar tal pagamento poder ser ressarcido ou promover discussões atinentes à obrigação. Afirmou-se, na ocasião: "o tratamento prescrito (*home care*) deve ser coberto, reputando-se abusiva cláusula contratual em contrário. A não ser assim, o consumidor estaria submetido a situação excessivamente onerosa em detrimento do seu direito fundamental, garantido pelo contrato, de proteção eficaz à saúde (art. 51, IV, § 1º, II e III do CDC)".[66]

Compreende-se, assim, que o exame da validade da cláusula *solve et repete* dependerá da natureza da relação jurídica na qual se insere e da finalidade

---

64 Nelson Nery Júnior, Das Cláusulas Abusivas. In: Ada Pellegrini Grinover et al., *Código Brasileiro de Defesa do Consumidor*: Comentado pelos Autores do Anteprojeto, vol., Rio de Janeiro: Forense Universitária, 2007, 9. ed., pp. 577-578.

65 Nelson Nery Júnior, Das Cláusulas Abusivas. In: Ada Pellegrini Grinover et al., *Código Brasileiro de Defesa do Consumidor*: Comentado pelos Autores do Anteprojeto, vol., Rio de Janeiro: Forense Universitária, 2007, 9. ed., pp. 577-578.

66 TJSP, 2ª Câmara de Direito Privado, Ap. Cív. nº 0189768-19.2012.8.26.0100, Rel. Des. Guilherme Santini Teodoro, julg. 01.12.2015. Do inteiro teor, se extrai: "Acertada a conclusão do julgado quanto à abusividade da obrigatoriedade contratual do procedimento *solve et repete* para despesas elevadas e substanciais como as atinentes ao tratamento *home care*. A transferência de riscos de grande monta integrou a legítima expectativa do consumidor no momento da adesão ao contrato, formando a base objetiva do negócio, a qual não pode depois ser rompida, o que inegavelmente ocorreria se o consumidor primeiro tivesse de pagar as despesas do risco de grande monta para somente depois obter ressarcimento, criando verdadeiro óbice ao fiel cumprimento do contrato pela operadora." Da mesma forma, o Tribunal de Justiça do Rio de Janeiro já entendeu que a cobrança de encargos excessivos em fatura mensal de serviços públicos constitui fundamento válido para a recusa de pagamento até que a concessionária exclua a cobrança ou demonstre sua legitimidade, sinalizando que, tratando-se de relação de consumo, "o entendimento oposto implicaria obrigar o consumidor, sob pena de interrupção do serviço, a primeiro suportar a cobrança abusiva para só depois discutir sua restituição, numa aplicação da odiosa fórmula "solve et repete"" (TJRJ, 27ª C.C., Ap. Cív. 0269234-92.2014.8.19.0001, Rel. Marcos Alcino de Azevedo Torres, julg. 20.3.2019).

contratual pretendida, sendo certo que, nas relações paritárias e sem assimetria informacional, há de se preservar a alocação de riscos estabelecida pela autonomia negocial, incidindo o princípio da intervenção mínima nos contratos.

CONCLUSÕES

A cláusula *solve et repete* constitui mecanismo legítimo de alocação de riscos negociais, a traduzir gestão positiva de riscos, por meio do qual o devedor suporta em um primeiro momento os riscos do inadimplemento da outra parte, cumprindo sua prestação de imediato, ainda que possua meio de defesa que autorize o seu não cumprimento ou o seu retardamento, a exemplo da exceção de contrato não cumprido ou da compensação. A discussão quanto à validade e legitimidade da cobrança é, assim, postergada para momento futuro.

Aludida disposição, inserida no exercício legítimo da autonomia negocial dos contratantes, tem por função garantir a exequibilidade imediata da prestação, ainda que existam razões jurídicas que justifiquem a possibilidade de não cumprimento ou o retardamento da prestação.

A previsão da cláusula *solve et repete* justifica-se em determinados arranjos negociais, que, por sua natureza, admitem-na com vistas à ultimação de sua finalidade. Dito diversamente, a cláusula *solve et repete* destina-se a assegurar o cumprimento da finalidade contratual.

Em contrapartida, não parece merecer salvaguarda a disposição embutida no contrato despropositadamente, a consagrar mero capricho de uma das partes. O seu exame de validade e eficácia, deste modo, dependerá das circunstâncias do caso concreto, podendo, em determinadas manifestações, se revelar inválida, como no caso de contratos de consumo, em que a cláusula represente renúncia do consumidor a seus meios de defesa, situando o fornecedor em posição de extrema vantagem contratual.

Em síntese, a cláusula *solve et repete* sujeita-se a controle de legalidade e abusividade *in concreto*, de sorte que a validade de sua pactuação e regularidade do seu exercício dependerão da natureza da relação jurídica na qual se insere e da finalidade contratual pretendida, sendo certo que, nas relações paritárias e sem assimetria informacional, há de se preservar a alocação de riscos estabelecida pela autonomia negocial, identificando-se e preservando-se os interesses merecedores de tutela na legalidade constitucional.

48. CLÁUSULA DE INALIENABILIDADE, IMPENHORABILIDADE E INCOMUNICABILIDADE

Hamid Bdine

INTRODUÇÃO

Desde a entrada em vigor do Código Civil, em 2003, o testador só pode estabelecer cláusula de inalienabilidade, impenhorabilidade e incomunicabilidade sobre os bens da legítima, se houver justa causa.

Assim, do testamento deverá constar a indicação específica daquilo que o testador considere seja razão bastante para impor restrições aos bens que integram a legítima do herdeiro.

Será necessário que a causa declarada seja verdadeira e apta a justificar sua incidência, já que o direito à herança é constitucionalmente assegurado e não se pode restringi-lo arbitrariamente.

O primeiro ponto a examinar neste artigo, portanto, são os limites para identificação do conceito de justa causa.

Também os efeitos das restrições deverão ser considerados e analisados, somando-se ao fato de que em determinadas situações será necessário mitigar o rigor das restrições, para, mesmo sem a sub-rogação de bens, liberar as restrições, mediante autorização judicial.

1. A JUSTA CAUSA PARA IMPOSIÇÃO DAS CLÁUSULAS RESTRITIVA SOBRE A LEGÍTIMA

Na vigência do Código Civil de 1916 não havia limites para que o testador impusesse restrições aos bens da herança. Estava autorizado a gravar a herança - disponível ou não - com inalienabilidade, impenhorabilidade ou incomunicabilidade sempre que lhe aprouvesse.

Contudo, no Código em vigor, adotou-se solução distinta e o art. 1.848 do CC restringiu essa possibilidade, autorizando que a cláusula restritiva atinja os bens da legítima, apenas se houver justa causa.

Em relação à disponível, assim como pode dispor livremente a seu respeito o autor da herança, pode fazê-lo com restrições. Pode até mesmo "estabelecer sanções para a eventual hipótese de violação da cláusula restritiva gravada, por meio de uma cláusula penal de resolução de liberalidade". [1]

Ponderam **Cristiano Chaves de Faria e Nelson Rosenvald**, que as cláusulas arrefecem os poderes do proprietário previstos no art. 1.228 do CC, impondo ao beneficiário de um testamento ou doação que receba a propriedade "entrecortada, limitada na extensão dos poderes de titularidade. O beneplácito (herança ou legado) gera a aquisição plena da propriedade, sim, mas dentro dos limites especificados na transmissão".[2]

Segundo Caio Mário da Silva Pereira, testador e doador têm o direito de impor aos bens "cláusulas que os tornam *inalienáveis, impenhoráveis e incomunicáveis*". A incidência é livre em relação à herança disponível, mas condicionada à justa causa, em relação à legítima.[3]

O legislador não esclarece o conceito de justa causa, cumprindo ao intérprete estabelecer seus contornos, pois, se não houver a identificação de seus elementos mínimos, o testador poderá impor a cláusula restritiva do modo que lhe convier e, assim, desrespeitar o direito à herança.

Não se pode perder de vista que a exigência de justa causa é decorrência da necessidade de respeito à legítima, que pertence aos herdeiros de pleno direito (CC, art. 1.846).

O legislador, certo de que os bens da legítima compõem direito do herdeiro digno de proteção, optou por protegê-lo de restrições aleatórias e abusivas.

A intangibilidade que atinge a legítima implica que ela não pode ser desfalcada, reduzida ou esvaziada, vedando-se ao testador o abatimento de legados ou a imposição de encargos, sob pena de nulidade da cláusula.[4]

Por isso é que a justa causa a que se refere o art. 1.848 do CC deve ser declarada no testamento e especificamente descrita.

---

1 Rosenvald, Nelson e Cristiano Chaves de Farias e, Curso de Direito Civil, v. 7, Atlas, 2015, p. 385.

2 Rosenvald, Nelson e Cristiano Chaves de Farias e, Curso de Direito Civil, v. 7, Atlas, 2015., p. 383.

3 Caio Mário da Silva Pereira, Revista e Atualizada por Carlos Roberto Barbosa Moreira, Instituições de Direito Civil, VI, Forense, 2010, p. 241.

4 Gustavo Tepedino, Heloisa Helena Barboza e Maria Celina Bodin de Moraes, Código Civil Intepretado Conforme a Constituição da República, IV, Renovar, 2014, p. 658.

Não é qualquer causa, que, subjetivamente, o testador considere relevante, que autoriza a cláusula restritiva.

Em se tratando de restrição ao Direito Constitucional à propriedade e à herança, é imperioso que se assegure ao herdeiro o direito de demonstrar que a causa indicada não é justa e, em consequência, cancelar a restrição imposta:

> "A causa deve ser enunciado no testamento em termos que permitam a análise da justeza de sua imposição. Não serão válidas, por conseguinte, indicações genéricas, sem singularidade em face do herdeiro que sofrerá a restrição; nem puramente subjetivas, que impeçam a referida apreciação posterior".[5]

Não se admite causa imposta de modo genérico, como, por exemplo, aquela em que o testador ou doador afirma que pretende proteger o herdeiro ou que não se trata de pessoa confiável. A causa indicada deve ser "passível de apreciação objetiva".[6]

É possível que, passados vários anos da elaboração do testamento, a causa, que era justa, deixe de sê-lo, devendo ser levantada. Basta imaginar a hipótese em que dificuldades financeiras objetivas tenham levado o testador a impor aos bens da herança a inalienabilidade. Passados os anos e tendo o herdeiro superado tais dificuldades e se tornado titular de vasto patrimônio, não há razão para que subsista a restrição.

E sua finalidade não pode ser de impor sanção ao herdeiro, pois, para tanto, há as hipóteses de indignidade e deserdação (CC, art. 1.814 e 1.961 a 1.965).

A justa causa deve ser expressão de uma preocupação do testador com a preservação do patrimônio deixado ao herdeiro. Não se admite que motivos frívolos ou meramente emocionais configurem justa causa:

> "As opções pessoais da vida do herdeiro não se mostram consistentes para justificar uma limitação patrimonial. Até porque, efetivamente, não pode o pai impedir o filho de optar por um, ou outro caminho, por mais que a idade e experiência representem sabedoria...em sendo assim, sem uma motivação clara e consistente, razoável, não se pode restringir a legítima".[7]

Assim, conhecendo o herdeiro e sabendo que sua imprudência nos negócios pode levá-lo à insolvência, decide privá-lo do direito de alienar seus bens, e de tê-los penhorados, em razão de maus negócios.

---

5 Mauro Antonini, Código Civil Comentado, Coord. Cezar Peluso, Manole, 2022, p. 2.260.
6 Mauro Antonini, Código Civil Comentado, Coord. Cezar Peluso, Manole, 2022, p. 2.260.
7 Rosenvald, Nelson e Cristiano Chaves de Farias e, Curso de Direito Civil, v. 7, Atlas, 2015, p. 386.

Ou, ainda, ciente de que o casamento do filho não caminha bem, sendo eles casados pelo regime da comunhão universal de bens, opta por clausular a herança necessária com cláusula de incomunicabilidade.

O conceito de justa causa é aberto e deverá ser analisado em virtude das circunstâncias do caso.

Em qualquer desses exemplos, o testador haverá de declarar expressamente a causa e fazê-lo com precisão e detalhes, para que não se reconheça sua invalidade.

É que a justa causa declarada pode ser questionada pelo herdeiro.

Parte relevante da doutrina considera que a impugnação pode ser feita por qualquer interessado na proteção da legítima: o próprio herdeiro prejudicado, seu credor, o adquirente do imóvel alienado pelo herdeiro sem autorização judicial.

O cônjuge prejudicado pela cláusula de incomunicabilidade (aquele casado pelo regime da comunhão universal) também pode impugnar a causa apontada. E até mesmo o credor deste cônjuge, "na medida em que a comunicação dos bens lhe amplia as perspectivas de recebimento de seu crédito".[8]

No conflito entre os que adotam posição mais abrangente e os que seguem posição mais restritiva, reconhecendo que apenas o herdeiro está legitimado a impugnar a justa causa, Marcelo Truzzi Otero propõe solução intermediária.[9]

Sustenta que os vícios de forma podem ser suscitados por quaisquer interessados. Já os de fundo só o podem ser pelo herdeiro prejudicado. Mas, se o vício material afrontar a lei de ordem pública, o magistrado poderá dele conhecer de ofício, pois haveria violação ao inciso VI do art. 166 do CC.[10]

O autor explica que esta interpretação se funda no fato de que as cláusulas restritivas visarem, exclusivamente, à proteção do herdeiro, de modo que os demais interessados só se legitimam se houver violação a lei de ordem pública.

Assim, nem mesmo o conluio entre o autor da herança e o herdeiro para fraudar credores autoriza a legitimidade destes últimos para a impugnação da justa causa. Marcelo Truzzi Otero aduz que somente o patrimônio livre do devedor justifica o reconhecimento do ilícito.[11]

---

8 Marcelo Truzzi Otero, Justa Causa Testamentária: inalienabilidade, impenhorabilidade e incomunicabilidade sobre a Legítima do Herdeiro Necessário, Livraria do Advogado, 2012, digital, loc. 3319.

9 Marcelo Truzzi Otero, Justa Causa Testamentária: inalienabilidade, impenhorabilidade e incomunicabilidade sobre a Legítima do Herdeiro Necessário, Livraria do Advogado, 2012, digital, loc. 2222.

10 Marcelo Truzzi Otero, Justa Causa Testamentária: inalienabilidade, impenhorabilidade e incomunicabilidade sobre a Legítima do Herdeiro Necessário, Livraria do Advogado, 2012, digital, loc. 3333.

11 Marcelo Truzzi Otero, Justa Causa Testamentária: inalienabilidade, impenhorabilidade e incomunicabilidade sobre a Legítima do Herdeiro Necessário, Livraria do Advogado, 2012, digital, loc. 3384.

Registre-se, de todo modo, que há vozes contrárias à existência das cláusulas restritivas. Assim, Sílvio Rodrigues e Ana Luiza Maia Nevares afirmam, respectivamente, que tais cláusulas são inconvenientes por retirar bens do comércio e afrontam o direito de propriedade constitucionalmente assegurado.[12]

E a própria constitucionalidade das cláusulas restritivas é controvertida, perfilhando-se, contudo, a posição adotada por Mauro Antonini:

> "Não parece, no entanto, que haja essa antinomia, pois tais direitos não são absolutos e podem sofrer limitações pela legislação infra constitucional, como ocorre por exemplo, pela previsão da legítima, metade disponível por testamento, que limita o direito de propriedade".[13]

Para Marcelo Truzzi Otero, os requisitos para a justa causa serão de forma ou de mérito.[14]

Os requisitos formais são a existência de causa declarada, a pessoalidade da declaração e a idoneidade do instrumento.[15]

A causa será a indicação da razão que justificam a imposição da restrição sobre os bens, como consta do art. 1.848 do CC.

A pessoalidade resulta da necessidade de a imposição da restrição ser personalíssima, afastando-se qualquer possibilidade e delegação a terceiros, ainda que com poderes expressamente concedidos para tal fim.

E a idoneidade do instrumento correspondente a um testamento ou doação válidos[16], submetidos aos requisitos formais impostos pela lei.

Marcelo Truzzi Otero adverte que no testamento a indicação da justa causa é desde logo obrigatória, sob pena de nulidade, passível de declaração,

---

12 Gustavo Tepedino, Heloisa Helena Barboza e Maria Celina Bodin de Moraes, Código Civil Intepretado Conforme a Constituição da República, IV, Renovar, 2014, p. 658.

13 Mauro Antonini, Código Civil Comentado, Coord. Cezar Peluso, Manole, 2022, p. 2.261/2.262. No mesmo sentido a posição de Mário Luiz Delgado. O autor registra posições que consideram a exigência de justa causa inconstitucional e afirma: "Manifestamo-nos, desde sempre, posição diversa, pois o direito fundamental de herança do testador e a autonomia privada, como esteio da liberdade testamentária, também gozam de idêntico amparo constitucional e deve prevalecer no confronto com o direito fundamental de herança dos herdeiros necessários" (Direito Fundamental de Herança: sob a ótica do titular do patrimônio, Foco, 2023, p. 143).

14 Marcelo Truzzi Otero, Justa Causa Testamentária: inalienabilidade, impenhorabilidade e incomunicabilidade sobre a Legítima do Herdeiro Necessário, Livraria do Advogado, 2012, digital, loc. 2222.

15 Marcelo Truzzi Otero, Justa Causa Testamentária: inalienabilidade, impenhorabilidade e incomunicabilidade sobre a Legítima do Herdeiro Necessário, Livraria do Advogado, 2012, digital, loc. 2222.

16 É possível, porém, por força da liberdade contratual, cogitar da imposição da cláusula em contrato oneroso, segundo Álvaro Villaça Azevedo, Enciclopédia do Direito, v. 15, p. 15-49.

mesmo de ofício, pelo Magistrado, na abertura e registro do testamento ou no inventário. Na doação, é mera faculdade, podendo o doador indicá-la por testamento, sob pena de serem consideradas "injustificadas as cláusulas consignadas no instrumento de doação".[17]

Prossegue o autor, ponderando que a justa causa pode constar de testamento diverso daquele em que imposta a cláusula restritiva, ainda que lavrado por forma diversa (um deles por escritura pública e outro, por instrumento cerrado). Apenas não se admite que a justa causa venha declarada em instrumento particular ou mera escritura pública de declaração. Isso é, não se admite que seja declarada em instrumento que não o exigível para a doação ou o testamento.[18]

A cláusulas restritivas não são elementos acidentais do testamento, como condição ou encargo. Sua natureza jurídica é de "restrição dos poderes da propriedade transferida pelo benefício testamentário. É a simples aplicação da máxima de quem pode o mais (transferir a propriedade plena), pode o menos (transferir a propriedade limitadas na extensão de seus poderes)".[19]

A discussão a respeito da justeza da causa pode ser levada a efeito nos autos do inventário se passível de solução sem necessidade de produção de provas em audiência. Do contrário, será necessária ação própria para dirimir o conflito, na forma do art. 612 do CPC.

2. EFEITOS DA INCIDÊNCIA DA CLÁUSULA

A inalienabilidade torna o bem indisponível para alienação, com exceção da desapropriação e de execuções por dívidas de tributos relativos ao imóvel.[20]

A restrição pode alcançar todo o patrimônio ou apenas certos bens que integram o acervo.

Pode ser vitalícia quando perdurar enquanto viver o beneficiário, que é presumida se o testador não estipular prazo de duração do vínculo. Mas não se admite que as cláusulas sejam perpétuas, permanecendo por várias gerações seguidas.[21]

Em caso de renúncia à herança, o gravame não subsiste se não foi estipulado com causa especificamente dirigida ao renunciante (incapacidade, p.ex):

---

17 Marcelo Truzzi Otero, Justa Causa Testamentária: inalienabilidade, impenhorabilidade e incomunicabilidade sobre a Legítima do Herdeiro Necessário, Livraria do Advogado, 2012, digital, loc. 2236.

18 Obra e local citados.

19 Rosenvald, Nelson e Cristiano Chaves de Farias e, Curso de Direito Civil, v. 7, Atlas, 2015., p. 383.

20 Caio Mário da Silva Pereira, Revista e Atualizada por Carlos Roberto Barbosa Moreira, Instituições de Direito Civil, VI, Forense, 2010, p. 241.

21 Luiz Paulo Vieira de Carvalho, Direito das Sucessões, Atlas, 2015, p. 445.

"Assim sendo, somos da seguinte opinião: em caso de renúncia à herança (parágrafo único do art. 1.804 e §2º do art. 1.805, ambos do CC), o gravame só não subsistirá se o testador o opôs com intenção específica de proteger a pessoa do renunciante beneficiado pela liberalidade. Nas outras hipóteses mencionadas pelo referido jurista a cláusula gravativa permanecerá".[22]

O bem clausulado pode ter sua alienação autorizada judicialmente, hipótese em que será necessariamente implementada a sub-rogação em outro bem.[23]

A cláusula de inalienabilidade, segundo o art. 1.911 do CC abrange a impenhorabilidade e a incomunicabilidade.

A inalienabilidade é a vedação de bens, total ou parcial, vitalícia ou temporária, onerosa ou gratuita a terceiro. A incomunicabilidade é a cláusula que impede que bens da legítima se comuniquem por força do regime de casamento. E a impenhorabilidade é a vedação da penhora dos bens por dívidas contraídas pelo herdeiro.

Para a impenhorabilidade alcançar a frutos ou rendimentos depende de cláusula expressa. Mas a inalienabilidade não pode alcançar frutos e rendimentos do herdeiro, porque, nesse caso, "o direito do herdeiro ou legatário seria nada: faltar-lhe-ia a disponibilidade, juntamente com o aproveitamento de seus créditos".[24]

A instituição das cláusulas restritivas por testamento não atinge o autor da herança, mas apenas o herdeiro ou legatário que recebe o bem. Somente para eles vale a restrição, por exemplo, em relação à penhora.

Os credores do autor da herança podem penhorar o patrimônio por ele deixado, porque seu crédito tem prioridade em relação aos herdeiros.[25]

As restrições só produzem efeitos a partir da transferência plena da herança aos herdeiros, que depende, porém da prévia quitação das dívidas do falecido, na forma do art. 1.997 do CC:

> "Primeiramente, é importante ressaltar que a instituição da cláusula de inalienabilidade (e/ou impenhorabilidade) só poderá produzir seus regulares efeitos se o instituidor, por ocasião da transmissão do bem onerado, não tiver contraído dívidas, eis que os credores do monte têm prioridade no recebimento de seus créditos, cabível a excussão do bem sobre o qual incidiu o gravame".[26]

---

22 Luiz Paulo Vieira de Carvalho, Direito das Sucessões, Atlas, 2015, p. 450.

23 Caio Mário da Silva Pereira, Revista e Atualizada por Carlos Roberto Barbosa Moreira, Instituições de Direito Civil, VI, Forense, 2010, p. 241.

24 Caio Mário da Silva Pereira, Revista e Atualizada por Carlos Roberto Barbosa Moreira, Instituições de Direito Civil, VI, Forense, 2010, p. 241.

25 Rosenvald, Nelson e Cristiano Chaves de Farias e, Curso de Direito Civil, v. 7, Atlas, 2015, p. 384.

26 Luiz Paulo Vieira de Carvalho, Atlas, 2015, p. 446.

E não há impedimento a que o bem clausulado seja adquirido por terceiro por usucapião, que é modo originário de aquisição de propriedade, insuscetível, portanto, de suportar os efeitos da relação jurídica que atingia o proprietário anterior.[27]

A mesma conclusão não poderá prevalecer, contudo, se a usucapião for um modo fraudulento de afastar a cláusula de alienabilidade. Basta pensar no caso em que o proprietário do bem gravado, o aliene e abandone para que o adquirente possa obter o domínio por intermédio da usucapião:

> "Podem ser usucapidos bens de família, ou gravados com cláusula de inalienabilidade, pois a usucapião é modo originário de aquisição, não ocorrendo transmissão por parte do titular registrário da propriedade. Não se confundem inalienabilidade e imprescritibilidade, salvo demonstração de fraude a lei, ou seja, de a usucapião ser modo oblíquo de contornar a cláusula restritiva de alienação, na hipótese de usucapião ordinária".[28]

3. A MITIGAÇÃO DO CARÁTER PERMANENTE DA IMPENHORABILIDADE, INCOMUNICABILIDADE E INALIENABILIDADE

Como se vê do parágrafo único do art. 1911 do CC, em caso de desapropriação de bens clausulados, ou de sua alienação, por conveniência econômica do donatário ou do herdeiro, mediante autorização judicial, o produto da venda converter-se-á em outros bens, sobre os quais incidirão as restrições apostas aos primeiros.

Na desapropriação do bem clausulado – ato imperativo que dispensa manifestação de vontade -, as cláusulas restritivas recairão em outros bens, em regra nos valores produto da desapropriação.

O dispositivo também admite, mediante autorização judicial, a alienação do bem transferindo-se as cláusulas restritivas para outros bens.

Requisito para a autorização é conveniência econômica do donatário ou herdeiro. A apreciação desse requisito será feita pelo juiz conforme as circunstâncias de cada caso:

> "A interpretação conjunta do presente dispositivo com o par. Único do art. 1.911 permite concluir que a alienação pode ser feita por conveniência

27 Rosenvald, Nelson e Cristiano Chaves de Farias e, Curso de Direito Civil, v. 7, Atlas, 2015, p. 384.
28 Francisco Loureiro, Código Civil Comentado, Coord. Cezar Peluso, Manole, 2022, p. 1.157.

econômica do herdeiro, o que deve ser comprovado, para apreciação pelo juiz que a autorizar. Isto, porém, não impede que outras justificativas sejam apresentadas e até que se libere parte do produto da alienação da sub-rogação do gravame, quando razões maiores, como as despesas com o tratamento de saúde do herdeiro, devidamente comprovadas, o exigirem".[29]

No caso de execução por dívidas oriundas do próprio bem, a penhora será possível e eventual saldo ficará sub-rogado nas cláusulas impostas pelo testador ou doador.[30]

No CPC há regra em tudo aplicável à hipótese. Assim, a sub-rogação das cláusulas restritivas está prevista entre as hipóteses de jurisdição voluntária (CPC, art. 725, II) e no art. 723,§ único, autoriza o juiz afastar-se do critério da legalidade estrita para encontrar solução que considera mais conveniente ou oportuna.

Desse modo, convencendo-se da conveniência de deferir a autorização judicial fora das hipóteses do mencionado parágrafo único, poderá o juiz fazê-lo, se o fizer justificadamente.

A nosso ver, pelos mesmos fundamentos poderá dispensar a sub-rogação e autorizar o cancelamento do gravame.

Luiz Paulo Vieira de Carvalho observa que princípios e valores fundamentais devem preponderar. Assim, "a dignidade da pessoa humana, o direito à vida, a subsistência mínima, a solidariedade social e a função social da propriedade" justificariam a dispensa da cláusula.[31]

A impenhorabilidade também vem sendo mitigada em casos em que se cuida de execução de dívidas condominiais:

> "Impende sublinhar uma exceção à inalienabilidade do bem clausulado, estabelecida pela construtiva jurisprudência do Superior Tribunal de Justiça. Vem entendendo a Corte Superior, com esteio na função social da propriedade, ser possível a penhora da coisa gravada para pagamento de taxa condominial, evitando um prejuízo aos demais condôminos. O entendimento pretoriano superior é digno de elogios, uma vez que a cota condominial tem natureza de obrigação *propter rem*, vinculada, por conseguinte, à

---

29 Gustavo Tepedino, Heloisa Helena Barboza e Maria Celina Bodin de Moraes, Código Civil Intepretado Conforme a Constituição da República, IV, Renovar, 2014, p. 660.

30 Gustavo Tepedino, Heloisa Helena Barboza e Maria Celina Bodin de Moraes, Código Civil Intepretado Conforme a Constituição da República, IV, Renovar, 2014, p. 745.

31 Luiz Paulo Vieira de Carvalho, Direito das Sucessões, Atlas, 2015, p. 457

coisa, enquanto a restrição imposta pela clausulação se dirige à pessoa que titulariza o bem".[32]

4. CLÁUSULAS RESTRITIVAS E DOAÇÃO

A doação é contrato gratuito em que o doador, sem prestação correspondente, transmite bem ao donatário, cujo patrimônio é acrescido sem empobrecimento equivalente.

Em muitos casos, a doação é feita ao descendente do doador e, assim, pode compreender parte indisponível da herança. A despeito disso, é comum que a doação seja feita com cláusulas de inalienabilidade, impenhorabilidade ou incomunicabilidade, que, eventualmente, podem atingir o que seria a indisponível do donatário, herdeiro necessário.

A questão deve ser compreendida à luz do disposto no art.544 do CC, que estabelece que a doação de ascendentes a descendentes e de um cônjuge a outro é adiantamento de legítima, salvo se o doador estipular que os bens saiam de parte disponível.

Caso a doação recaia sobre parte indisponível da herança é indispensável que a imposição das cláusulas restritivas sejam impostas com indicação de justa causa.

A respeito do tema, sustentando a necessidade da indicação da justa causa na doação, Mauro Antonini esclarece:

> "A não se adotar tal entendimento, o doador, por meio de doação, conseguiria burlar a restrição do art. 1.848. Sendo a doação de ascendente a descendente, ou de um cônjuge a outro, adiantamento de legítima, por expressa previsão do art. 544, não há sentido em dar tratamento legal diferenciado à limitação da clausulação da legítima por testamento ou por doação".[33]

Sobre o tema, é relevante registrar a decisão do E. Conselho Superior da Magistratura, relatado pelo e. Corregedor Geral da Justiça, Des. Fernando Antonio Torres Garcia, na apelação n. 1026118-04.2021.8.26.0602, j.2.12.2021:

> "Registro de imóveis – Dúvida – Recusa em registrar escritura pública de doação com reserva de usufruto com cláusulas restritivas em face da inexistência de indicação de justa causa – Inteligência dos arts. 1.848, "CAPUT" e

32 Rosenvald, Nelson e Cristiano Chaves de Farias e, Curso de Direito Civil, v. 7, Atlas, 2015, p. 385.
33 Mauro Antonini, Código Civil Comentado, Coord. Cezar Peluso, Manole, 2022, p. 2.261.

2.042 do código civil – Aplicação das exigências legais contemporâneas ao registro – ITCMD – Dever do oficial de registro de velar pelo recolhimento do tributo – Impossibilidade de reconhecimento de compensação, isenção ou dispensa do tributo na estreita via administrativa – Recurso desprovido".

A escritura havia sido lavrada em 1998 – antes, portanto, da vigência do Código Civil de 2002 – quando não se exigia a indicação de justa causa para a instituição da cláusula. No entanto, o E. Conselho Superior da Magistratura do C. Tribunal paulista decidiu que o exame dos requisitos para o registro se daria à luz da lei vigente ao tempo da apresentação do título no Registro de Imóveis.

E acrescentou que a doação que integra a parte a legítima do doador só é admitida se houver indicação da justa causa, como resulta da leitura dos arts. 544 e 2.005 do CC.

Já em relação aos bens da parte disponível, não há restrição para a instituição das cláusulas restritivas.

CONCLUSÕES

As cláusulas restritivas podem ser impostas em testamentos, ou no contrato de doação, sobre a herança indisponível exclusivamente se houver indicação de justa causa por parte de quem testa ou doa.

A justa causa há de ser especificamente indicada para permitir que o herdeiro ou os legitimados para tanto possam impugnar a inalienabilidade, incomunicabilidade ou impenhorabilidade.

As cláusulas não podem ser perpétuas, vigendo apenas, no máximo, até o falecimento do donatário ou herdeiro.

De todo modo, em determinadas hipóteses será possível sub-rogar o bem gravado em outro, liberando-se o primeiro. E em situações excepcionais em que se demonstre a inconveniência ou a desnecessidade da permanência das cláusulas, será possível obter decisão judicial que as cancele.

49. CLÁUSULAS DE PROTEÇÃO AO PONTO COMERCIAL

Haroldo Malheiros Duclerc Verçosa
Fernando Schwarz Gaggini

> "O conceito de aviamento é fundamental na teoria do estabelecimento, porque constitui exatamente a razão de ser da tutela que lhe é conferida como objeto unitário de direito."
>
> Oscar Barreto Filho

1. INTRODUÇÃO

No universo negocial, em especial para os agentes que se dedicam ao comércio, é figura comum a menção ao "*ponto comercial*". Inclusive, são corriqueiras as transações envolvendo sua aquisição ou negociação.

No entanto, no plano jurídico, a tutela da figura do ponto comercial envolve critérios bem objetivos, que demandam cautelas contratuais pelas partes, no sentido de assegurar tal direito, bem como mecanismos processuais que lhe permitam fazer valer tal prerrogativa.

Nesse contexto, o presente trabalho se propõe a, de início, caracterizar a figura do ponto comercial, para em sequência analisar as cláusulas contratuais destinadas à sua proteção. Ainda, ao final, algumas considerações quanto à lógica econômica envolvida na negociação de ponto, bem como quanto ao pagamento da verba popularmente denominada como "*luvas*".

2. CONSIDERAÇÕES QUANTO À LOCAÇÃO IMOBILIÁRIA EMPRESARIAL

2.1 O empresário e a instalação de seu estabelecimento em imóvel locado

O empresário, nos termos constantes do artigo 966 do Código Civil, é a pessoa que se dedica a exercer profissionalmente uma atividade econômica organizada para a produção ou circulação de bens ou de serviços. Assim, trata-se o empresário de agente econômico que exerce uma empresa, o que faz através do estabelecimento empresarial, assim considerado um conjunto de bens de diversas naturezas, articulados para viabilizar o exercício da atividade empresarial.

O estabelecimento, por vezes, a depender do ramo adotado[1], será instalado em imóvel. Caso o empresário seja, ao mesmo tempo, titular do estabelecimento e proprietário do imóvel, inexistirão conflitos nesse sentido. No entanto, não raro o empresário instala seu estabelecimento próprio em imóvel alheio, em razão de contrato de locação. Nesse sentido, como pontuou Oscar Barreto Filho, "*o estabelecimento existe em função da atividade desenvolvida pelo empresário. Assim, o vínculo que une entre si os elementos do estabelecimento é essencialmente funcional. Não é preciso, portanto, que esses bens todos estejam na disponibilidade do empresário a título de propriedade. Pode acontecer que o empresário que explore o estabelecimento não seja o seu titular (como sucede nos casos de usufruto ou arrendamento) ou que o titular do estabelecimento não seja o proprietário dos bens singulares (como nas hipóteses de locação do imóvel onde se acha instalado o fundo, concessão de licença para a exploração de invento privilegiado etc.)*"[2].

Verifica-se no caso acima uma dissociação jurídica da propriedade. A primeira, *propriedade imobiliária*, é regida pelas normas próprias do Código Civil, cujo titular é o *dono do imóvel*. A segunda, a *propriedade comercial*, corresponde a uma construção jurídica já antiga, objeto de tratamento pelos comercialistas, tendo no Brasil Oscar Barreto Filho como o seu principal estudioso na obra já aqui citada. A propriedade comercial tem um valor em si mesma, autônoma em relação à propriedade imobiliária, que a esta se agrega sem se misturar, merecendo tratamento jurídico próprio. É claro que a operacionalização da primeira tem efeitos limitadores sobre o exercício da segunda, tal como se observa claramente pelo tratamento dado ao trespasse do estabelecimento

---

1 Pois, como observado por Oscar Barreto Filho, "*juridicamente, a noção de estabelecimento não envolve, necessariamente, a conotação de lugar, tanto que pode o empresário exercer sua atividade sem fixar-se em ponto algum*" (confome *Teoria do estabelecimento comercial*. 2. ed, São Paulo: Saraiva, 1988, p. 142), dado que em diversos ramos o estabelecimento pode ser itinerante ou mesmo virtual.

2 Obra citada, p. 138-139.

instalado pelo comerciante em imóvel alheio, como também no exercício da ação renovatória da locação[3].

A propriedade comercial não nasce do nada, nem mesmo da vontade do empresário que exerce uma atividade mercantil. Ela se consubstancia pelo exercício dessa atividade ao longo de um período de tempo, minimamente necessário para que se agregue ao estabelecimento comercial uma clientela, e, consequentemente, formadora do seu aviamento, tema este que será tratado logo adiante.

Do ponto de vista econômico, no mesmo local do imóvel locado ao comerciante, em relação ao qual se caracteriza primariamente a propriedade imobiliária, agrega-se a propriedade comercial, fazendo com que para fins do comércio, o valor da primeira fica acrescido pelo valor da segunda. Esta, do ponto de vista subjetivo foi instituída pela atividade do empresário e não do proprietário do imóvel. Fala-se aqui do valor maior correspondente ao aviamento subjetivo que se constitui ao lado de eventual aviamento objetivo, inerente ao próprio local como é o caso clássico, por exemplo, de uma lanchonete ou livraria no saguão dos aeroportos.

Na forma acima, o legislador, ao reconhecer a existência da propriedade comercial, protegeu os interesses do seu criador de eventual usurpação pelo locador. Essa proteção do ponto de vista legislativo foi objeto da Lei 8.245/91, artigo 51, I a III, que regula o direito do locatário à renovação compulsória da locação do imóvel onde está localizado o seu estabelecimento como forma de impedir que o locador se aproprie indevidamente da propriedade comercial, em procedimento que será tratado em ponto mais à frente.

Assim, dada a relevância do tema locatício para o presente artigo, cabe desenvolver algumas observações a respeito.

2.2 Aspectos gerais da lei de locações: a locação de imóveis e o grau de liberdade contratual das partes

A locação de imóveis urbanos encontra-se regulada, atualmente, pela Lei n. 8.245, de 1991. Dentro da ampla abrangência do tema, a lei trata tanto de locações residenciais quanto das não residenciais, dentre elas as voltadas a atividades empresariais. No entanto, apesar de tratar-se de única lei, por certo ela concede tratamento diverso a tais situações.

3 Sobre o estabelecimento comercial e a locação do estabelecimento mercantil, vide obras do primeiro dos autores deste texto: "Direito Comercial, Teoria Geral", Vol. 1 (cap, 5); e "*Direito Comercial*, Vol. 5, "Contratos Empresariais em Espécie Segundo a sua Função Jurídico-Econômica" (cap. 2.1), Editora Dialética, São Paulo, 2022.

E nesse sentido, é notório que referida legislação restringe ou amplia o grau de liberdade contratual das partes a depender da situação concreta. Ou seja, para locações destinadas a fins residenciais, em que se entende o locatário como parte mais fraca, a lei se mostra mais intervencionista, com consequente restrição de liberdade às partes. Em locações para fins empresariais, no entanto, se amplia a liberdade das partes, embora ainda assim submetidas, a depender do caso, a eventuais normas cogentes estipuladas no texto legal, cuja observância é necessária de modo a assegurar a sustentabilidade das disposições contratuais em juízo.

2.3 Aspectos gerais das locações imobiliárias empresariais

Algumas observações devem ser feitas sobre esse tema.De um lado, conforme visto acima, o contrato de locação comercial deve atender o disposto no art. 51, da Lei 8.245/1991 (contrato escrito e prazo mínimo), indagando-se da necessidade de vênia conjugal quando o prazo da locação for igual ou superior a dez anos, nos termos do artigo 3º. Esse seria o entendimento do alcance desse dispositivo, que tem por objeto de forma genérica o *imóvel urbano*, tanto residencial como comercial. Considerando-se os efeitos patrimoniais de uma locação tão longa, bem como mudanças sensíveis em relação aos seus efeitos, o legislador teria considerado ser necessária uma proteção ao cônjuge do locador e do comerciante locatário, observando-se que o favorecido não está obrigado a cumprir o contrato pelo prazo superior ao da década referida[4]. Presente uma dúvida sobre os efeitos de contrato em tal situação, a medida de cautela a ser adotada será a de providenciar a autorização do cônjuge.

Outro ponto a merecer atenção diz respeito aos termos do artigo 56 da mencionada lei, sob os seguintes aspectos: **(i)** findo do prazo do contrato, ele está extinto de pleno direito, independentemente de notificação ou de aviso; e **(ii)** se o locatário permanecer no imóvel por mais de trinta dias sem oposição do locador, é presumida a prorrogação da locação, mas sem prazo determinado. Esta hipótese abre uma porta para a insegurança da locação, uma vez que, em

---

4 APELAÇÃO CÍVEL – ANULATÓRIA DE ATO JURÍDICO – TRANSAÇÃO LOCATÍCIA POR PRAZO SUERIOR A DEZ ANOS – AUSENCIA DE VÊNIA CONJUGAL – NULIDADE DO NEGÓCIO – NÃO CONFIGURAÇÃO – CIRCUNSTÂNCIA ATINENTE À EFICÁCIA CONTRATUAL – INTELIGÊNCIA DO ART. 3º. PARÁGRAFO ÚNICO, DA LEI Nº 8.245/91 – RECURSO DESPROVIDO. Consoante a disposição do art. 3º, parágrafo único, da Lei nº 8.245/91, o contrato de locação, se igual ou superior a dez anos, depende de outorga uxória, sob pena de não obrigar o cônjuge não anuente a observar o prazo excedente. A redação inequívoca da norma não deixa margem de dúvidas ao se referir ao plano de eficácia do negócio jurídico, razão porque não se cogita da nulidade do pacto quando ausente a vênia conjugal no contrato de locação com prazo superior a dez anos (Ap. 48485/2011, Des. Orlando de Almeida Perri, 1º C. Cível, J. 28.08.2011, DJE de 29.08.2011).

atendimento ao disposto no art. 59, § 1°, VIII o locador poderá notificar o locatário do seu intento de retomar o imóvel, mediante a notificação apropriada.

Presente a situação acima mencionada a solução adequada será a da assinatura de novo contrato de locação objetivando o atendimento do interesse das duas partes, locador e locatário.

2.4 Peculiaridade da locação empresarial: a clientela

O tratamento do tema das locações para fins empresariais deve levar em conta uma peculiaridade intrínseca a tal modalidade: a questão da clientela e, consequentemente, do próprio aviamento do estabelecimento.

Ou seja, na medida em que um empresário instala estabelecimento em imóvel pertencente a outrem, surge potencial conflito de interesses, entre o direito do locador sobre o imóvel e o direito do empresário sobre seu estabelecimento e respectivos atributos, como a clientela e o aviamento, sendo o ponto comercial item de extrema relevância nesse contexto, ao impactar na questão da posse e respectivo uso do imóvel.

Note-se que a clientela, como observa Barreto Filho, "*não é um bem imaterial objeto autônomo de direito; é uma situação de fato, à qual se atribui um valor econômico, muitas vezes relevante, que é protegido indiretamente pela lei*"[5].

A clientela, por sua vez, gera impacto direto no aviamento, assim considerado, ainda nas lições de Oscar Barreto, "*o resultado de um conjunto de variados fatores pessoais, materiais e imateriais, que conferem a dado estabelecimento in concreto a aptidão de produzir lucros*"[6]. Assim, o reconhecimento do aviamento leva à tutela dos elementos que o viabilizam, como é o caso da proteção ao ponto comercial. Por essa razão, a legislação disciplina tal proteção, adotando critérios objetivos a definir a titularidade sobre o ponto.

3. O PONTO COMERCIAL

3.1 A caracterização do ponto comercial

A adequada caracterização do instituto demanda alguns esclarecimentos, na medida em que a expressão "ponto comercial" é usada no linguajar cotidiano do comércio de forma abrangente e imprecisa.

---

5 BARRETO FILHO, Oscar. *Teoria do estabelecimento comercial.* 2. ed, São Paulo: Saraiva, 1988, p.182.

6 BARRETO FILHO, Oscar. *Teoria do estabelecimento comercial.* 2. ed, São Paulo: Saraiva, 1988, p. 169.

De início, é pertinente observar que o ponto comercial não se confunde com a propriedade do imóvel. Como observa Wilges Ariana Bruscato, *"a noção de ponto comercial, intangível, não se confunde com o imóvel ocupado pelo estabelecimento, concreto. É certo que o ponto se fixa no imóvel, mas não é o imóvel, considerado de modo estático"*[7]. Nesse prisma, em se tratando de situação de locação imobiliária para fins empresariais, é certo que o contrato de locação em nada impacta quanto à propriedade, mas envolve a posse, e consequentemente o uso do imóvel. Portanto, em sendo locador o dono do imóvel, a propriedade se manterá em sua titularidade, independentemente da situação do ponto comercial.

Também não se deve confundir o ponto com o estabelecimento empresarial. Por vezes, ao decidir alienar um estabelecimento, o vendedor se utiliza da expressão *"passo o ponto"*, o que, juridicamente, é impreciso, dado que está se vendendo muito mais, o estabelecimento empresarial como um todo. O ponto comercial, em realidade, pode ser um dos diversos elementos que integra o estabelecimento, caso o empresário seja efetivamente titular do ponto.

Inclusive, é preciso se distinguir o contrato de trespasse, que tem por objeto a venda de todo o estabelecimento (conforme disciplinado no Código Civil, entre os artigos 1.144 e 1.149), de uma relação contratual que assegure ao empresário um direito ao ponto, hipótese que encontra respaldo na Lei de Locações (Lei n. 8.245/1991).

Logo, a adequada delimitação do instituto leva a reconhecer a figura do "ponto comercial" como um direito adicional em relação ao imóvel locado, dado que envolve a questão da posse. Desta forma, um empresário, locatário de um imóvel, possuirá efetivamente o ponto comercial quando detiver o direito de impor ao locador a sua continuidade na posse do imóvel, mesmo quando o contrato de locação chegar ao final do prazo pré-determinado. Assim, a definição do que seria o ponto acaba sendo bastante objetiva, quando se reconhece que ele é um direito que, de forma simplificada, permite ao empresário locatário continuar no imóvel mesmo contra a vontade do locador.

Inclusive, é válido destacar também que, nos meios negociais, muitos acreditam que o ponto (pelo qual muitas vezes se paga, destacadamente ao aluguel, mediante as chamadas *"luvas")* seria relacionado com a localização ou alguma qualidade ou característica específica que o imóvel possua. Mas esse entendimento parece equivocado. Isto porque, a qualidade da localização, bem como eventuais outros diferenciais que o imóvel possua, já estão compreendidos no valor do aluguel. Não à toa, o valor do aluguel naturalmente se diferencia de imóvel para imóvel, em razão de aspectos como seu tamanho,

7 BRUSCATO, Wilges. *Manual de direito empresarial brasileiro*. São Paulo: Saraiva, 2011, p. 134.

localização, infraestrutura, entre outros predicados que possa oferecer. Logo, o empresário que decide alugar um imóvel para fins empresariais já sabe que pagará, em retribuição a todas essas características, um valor de aluguel que corresponda às vantagens que a posse do imóvel irá lhe proporcionar.

Consequentemente, a exigência de um pagamento adicional, a título de ponto, por certo não irá remunerar novamente os predicados do imóvel, mas sim terá por contrapartida a outorga de um direito adicional. Trata-se do direito de renovação compulsória do contrato de locação, mesmo contra a vontade do locador, de modo que, sendo detentor do direito de ponto, poderá o empresário locatário manter-se no imóvel, e consequentemente resguardando sua clientela e o aviamento do estabelecimento.

Assim, objetivamente, a titularidade do ponto comercial será atribuída ao empresário locatário quando detiver tal direito de renovação, que lhe permite, guardadas certas ressalvas, decidir o destino da posse do imóvel ao final do contrato de locação original.

3.2 A atribuição do direito de ponto ao empresário locatário: ação renovatória

Sob um prisma objetivo, o direito de ponto, que assegura ao locatário a permanência no imóvel mediante a renovação compulsória do contrato de locação, se dá quando assegurados os requisitos para a propositura da chamada *"ação renovatória"*, que é a medida processual que possibilita a renovação contratual forçada, e garante ao empresário a permanência no imóvel locado. Nessa ótica, portanto, possuir o ponto comercial corresponde a, na prática, ter condições de propor a referida ação, o que permite impor ao locador a renovação contratual.

Logo, é possível se constatar que, na prática, nem todos os empresários que alugam imóvel para fins empresariais possuem o ponto comercial, pois na impossibilidade de propositura da mencionada ação, não terá, o locatário, qualquer medida que lhe assegure a continuidade no imóvel ao final do contrato, o que é aspecto que coloca em risco o acesso à clientela conquistada, e impacta diretamente no aviamento do estabelecimento.

Assim, repita-se: o direito de ponto, exercível através da ação renovatória, somente será obtido se o empresário locatário se assegurar contratualmente quanto aos requisitos legais para a referida medida processual.

Logo, a obtenção do ponto (e eventual pagamento em contrapartida a ele) somente se verifica quando concedidos os requisitos legais, constantes da Lei n. 8.245/1991, e que veremos em sequência.

O caput do artigo 51 da Lei n. 8.245/1991 estipula que "*nas locações de imóveis destinados ao comércio, o locatário terá direito a renovação do contrato, por igual prazo, desde que, cumulativamente:*". Referido artigo destaca que o direito à renovação compulsória demanda possuir alguns requisitos cumulativos, indicados em seus três incisos. Ademais, veja-se que o texto fala em "imóveis destinados ao comércio". No entanto, considerando que a lei data de 1991, parece-nos mais apropriado interpretar o referido texto como abrangendo "imóveis destinados a atividades empresariais", de maneira adequada à Teoria da Empresa, adotada efetivamente com o Código Civil de 2002.

O primeiro inciso do artigo 51 elenca como requisito que: *I – o contrato a renovar tenha sido celebrado por escrito e com prazo determinado*". Requisito constante do inciso seguinte, é de que: "*II – o prazo mínimo do contrato a renovar ou a soma dos prazos ininterruptos dos contratos escritos seja de cinco anos*". Por fim, o requisito final: "*III – o locatário esteja explorando seu comércio, no mesmo ramo, pelo prazo mínimo e ininterrupto de três anos.*". Note-se que os prazos mínimos, respectivamente, de cinco e de três anos foram considerados pelo legislador como o mínimo suficiente para, a partir da exploração do comércio no imóvel alugado, tenha o comerciante tido a oportunidade de criar a sua clientela, a qual dá nascimento à propriedade comercial, objeto da proteção de que temos falado. Ainda, também aqui (inciso III) a lei fala em "*comércio*", mas devendo ser compreendido, na atualidade, como empresa, dada a conjuntura vigente pós Código Civil de 2002.

Deve ser destacado também que, na medida em que tais requisitos servem à propositura de eventual ação judicial (na hipótese de locador e locatário não chegarem a renovação amigável anteriormente), deverá o locatário atentar também para o prazo de propositura da referida ação, que deve ser proposta no interregno de um ano, no máximo, até seis meses, no mínimo, anteriores à data da finalização do prazo do contrato em vigor (conforme artigo 51, parágrafo 5º, da Lei de Locações).

4. CLÁUSULAS CONTRATUAIS DESTINADAS A ASSEGURAR A PROTEÇÃO DO PONTO

4.1 Cláusulas garantidoras do direito de permanência (prazo determinado, vigência e ramo)

Conforme visto no tópico anterior, o empresário locatário obterá a titularidade do ponto comercial mediante a estipulação contratual de requisitos que lhe assegurem eventual propositura de ação renovatória, independentemente de realizar pagamento ao locador para tal finalidade ou não. Os requisitos, portanto, são objetivos e indiferentes a eventual contraprestação financeira.

Logo, para caracterizar o direito ao ponto, o locatário deverá negociar e estipular, contratualmente, a presença de requisitos em seu contrato de locação. Dos requisitos elencados no artigo 51 da Lei de Locações, os constantes nos incisos I e II podem ser assegurados previamente.

Quanto ao inciso I, que exige que o contrato seja celebrado por escrito e por prazo determinado, são decorrências diretas da opção negocial das partes. Assim, o locatário que quiser se assegurar do direito de ponto, deverá evitar a contratação verbal, bem como deverá negociar o contrato estipulando, na cláusula de vigência, prazo determinado. Tais cautelas se justificam, pois, em sendo o contrato celebrado verbalmente ou, ainda que escrito, tendo prazo indeterminado, não terá o locatário o direito de ponto, inviabilizando eventual ação renovatória, e deixando o locatário à mercê do locador por ocasião do término do vínculo.

Ademais, no que tange à cláusula de vigência, além de estipular um prazo determinado, deverá também, em atenção à exigência do inciso II do artigo 51, estipular um prazo de no mínimo cinco anos. Somente nessa hipótese é que o locatário assegurará, de antemão, o direito de ponto. É certo que a lei admite a hipótese de soma dos prazos ininterruptos de contratos, que atinjam, em conjunto, ao mínimo de cinco anos. Mas, neste caso, se o contrato inicial for de prazo inferior, existirá incerteza de obtenção de novos contratos que garantam o patamar mínimo legal. Em conclusão, para se assegurar do ponto previamente, a cláusula de vigência deverá estipular, desde o início, período de cinco anos ou mais.

Veja-se que somente é possível se assegurar, contratualmente, quanto aos dois primeiros incisos do artigo 51. O terceiro, por certo, será consequência do comportamento durante a etapa de cumprimento do contrato, quando o locatário deverá se assegurar de manter o exercício da mesma atividade por no mínimo três anos antes de eventual ação renovatória. É certo que o contrato poderá prever cláusula de ramo, definindo a atividade a ser desempenhada. Mas o cumprimento do requisito, em concreto, dependerá do comportamento efetivo do locatário no curso do cumprimento do contrato.

Ainda quanto às cláusulas contratuais assecuratórias do direito de ponto, é relevante mencionar que se trata de direito essencial garantido em lei. Frente a isso, o artigo 45 da Lei de Locações estipula que são nulas de pleno direito eventuais cláusulas do contrato de locação que visem a elidir os objetivos da lei, com destaque, no plano empresarial, em relação às que afastem o direito à renovação (hipótese do art. 51), ou que imponham obrigações pecuniárias para tanto.

4.2 Cláusula de vigência em caso de alienação do imóvel

Além de se assegurar quanto à renovação compulsória do contrato, é possível também se resguardar, contratualmente, quanto à continuidade do contrato em caso de alienação do imóvel.

Embora a lei estipule um direito de preferência ao locatário (vide artigo 27), nem sempre terá esse interesse, ou mesmo condições econômicas, de exercer a preferência. Assim, é possível se estipular previsão contratual que assegure a continuidade da vigência do contrato mesmo em relação a eventuais terceiros adquirentes da propriedade. Nesse caso, contudo, deverão ser observados os requisitos constantes do artigo 8º da Lei de Locações.

> "Art. 8º Se o imóvel for alienado durante a locação, o adquirente poderá denunciar o contrato, com o prazo de noventa dias para a desocupação, salvo se a locação for por tempo determinado e o contrato contiver cláusula de vigência em caso de alienação e estiver averbado junto à matrícula do imóvel."

Por força de tal dispositivo, o contrato deverá observar três aspectos: **(i)** prever expressamente cláusula de vigência em caso de alienação; **(ii)** conter obrigatoriamente prazo determinado; e **(iii)** estar averbado junto à matrícula do imóvel, como forma de dar oponibilidade junto a terceiros adquirentes. Na ausência de tais cautelas, o adquirente do imóvel poderá denunciar o contrato, mediante concessão de prazo de noventa dias para desocupação.

4.3 Hipóteses de prevalência do direito do locador em relação ao empresário locatário titular do ponto: exceções de retomada

Deve ser observado, contudo, que o direito de ponto (e consequente renovação compulsória do contrato) não é um direito absoluto do locatário, determinando a legislação hipóteses em que o locador não estará obrigado a aceitar a renovação, mesmo que presentes os requisitos legais. São as chamadas exceções de retomada, que correspondem aos seguintes casos:

Nos termos do artigo 52, II, da Lei de Locações, uma primeira exceção seria o caso de uso próprio do imóvel pelo locador (abrangendo tanto o uso residencial quanto para fins não residenciais). Nessa hipótese, conforme a letra da lei, o locador não estará obrigado a renovar o contrato "se o imóvel vier a ser utilizado por ele próprio ou para transferência de fundo de comércio existente há mais de um ano, sendo detentor da maioria do capital o locador, seu cônjuge, ascendente ou descendente". No entanto, o parágrafo primeiro do referido artigo, visando coibir a captação indevida de clientela, dispõe que nesse caso o imóvel não poderá ser destinado ao uso do mesmo ramo do locatário, ressalvada a hipótese de a locação também ter envolvido o estabelecimento, com as instalações e pertences.

Segunda exceção, prevista no artigo 52, I, é a necessidade de realização de obras no imóvel, que podem decorrer de determinação do Poder Público, que demanda radical transformação do bem; ou ainda, para fazer modificações, por iniciativa própria, mas de tal natureza que aumente o valor do negócio ou da propriedade.

Terceira exceção, prevista no artigo 72, III, é a situação do locador possuir proposta de terceiro em melhores condições. Nesse caso, embora a lei a princípio desobrigue a renovação, terá o locatário preferência sobre o terceiro, podendo aceitar as condições para obter a renovação pretendida, e caso assim não o faça, terá direito a indenização em consequência da não prorrogação da locação, solidariamente devida pelo locador e o proponente.

Por fim, quarta exceção, prevista no artigo 72, II, é o caso de não atender, a proposta do locatário, o valor locativo real do imóvel na época da renovação, excluída a valorização trazida por aquele ao ponto ou lugar, hipótese em que não estará o locador obrigado à renovação, por não ser justo lhe impor condição econômica desvantajosa.

5. A QUESTÃO DA COBRANÇA DE "LUVAS": UMA ANÁLISE JURÍDICA E ECONÔMICA

5.1 A distinção entre "luvas" e aluguel, e o pagamento de "luvas" como contrapartida ao direito de ponto: lógica econômica da remuneração

Dado que a outorga do direito de ponto, que se efetiva através da concessão dos requisitos da ação renovatória, atribui ao empresário locatário um direito significativo, que dificulta a retomada do imóvel pelo locador, é natural que se atribua preço a tal direito, sendo que, no meio negocial, os locadores acabam cobrando verba distinta na hipótese de concessão de tal prerrogativa. Assim, como remuneração por esse direito ao ponto comercial, pode ser cobrada a verba que é popularmente conhecida como *"luvas"*.

E, nesse contexto, é relevante distinguir o pagamento de aluguel em relação ao pagamento das luvas, sendo verbas distintas, e destinadas a remunerar contraprestações igualmente distintas. O aluguel representa a contraprestação pelo uso do imóvel, aí incluídas todas as vantagens que tal bem possa oferecer ao empresário locatário. As luvas, por seu turno, representam remuneração decorrente da concessão do direito de ponto comercial, atribuído através da disponibilização dos requisitos da ação renovatória.

Nesse prisma, portanto, o pagamento de luvas encontra lógica econômica se as considerarmos uma retribuição ao direito de ponto, tendo assim uma função de "*indenização*" ou "*compensação*" ao locador pela eventual restrição futura que poderá sofrer para retomada da posse do imóvel. Logo, é um pagamento justificável para esse fim, ao início do contrato.

Em sentido contrário, em se tratando de contratos de locação por prazo indeterminado, ou por prazos inferiores a cinco anos, não existirá justificativa econômica para a cobrança de "*luvas*", pela inexistência de uma contrapartida efetiva ao empresário locatário, que nessas situações não teria direito à ação renovatória.

Ora, sabe-se que os agentes econômicos atuam buscando maximizar seus resultados, escolhendo a opção mais vantajosa dentro das várias disponíveis, mediante uma análise de custo-benefício. E por certo, o empresário locatário, ao lidar com os custos de transação, no contexto de negócio oneroso (que é a locação), uma vez já arcando com o aluguel, não iria pagar uma segunda verba sem contrapartida distinta. Assim, acaso inexistente a concessão do direito de ponto, não se justifica o pagamento de luvas.

Deste modo, é possível intuir que, diante de contratos em que não se atribua ao locatário direito de ponto, não se justifica a cobrança de luvas, até por falta de lógica econômica. No entanto, sabe-se que, na prática, muitas vezes por desconhecimento das regras legais, locador e locatário celebram contratos de locação e estipulam pagamentos de aluguel e luvas, sem a contraprestação efetiva para a segunda verba, ou seja, sem a concessão efetiva do ponto comercial e consequente direito de ação renovatória. E, nesse caso, seria de se indagar: como justificar o referido pagamento de luvas, sem uma efetiva contraprestação? Tratando-se de negócio empresarial, de caráter evidentemente oneroso, parece que a cobrança da verba, sem contraprestação específica, acaba por revelar que, em realidade, ela teria natureza de aluguel, pois estaria remunerando, duplamente, a utilização do imóvel. Ou seja, nessa hipótese, o valor do aluguel seria, na realidade, muito maior do que estipulado em contrato, pois seria a somatória das parcelas denominadas aluguel e luvas. Ademais, tal situação pode acarretar diversos problemas, visto que, em se reconhecendo natureza de aluguel ao referido pagamento, é preciso observar as restrições legais à cobrança de eventual aluguel antecipado, visto que o artigo 20 estipula que a exigência de pagamento antecipado do aluguel só é cabível em locações para temporada, e em casos de locação sem garantia, o que não é o costume em matéria de locação empresarial. Ademais, nos termos do artigo

43, constitui contravenção penal a exigência, por motivo de locação ou sublocação, de quantia ou valor além do aluguel e encargos permitidos (vide inciso I do referido artigo), além de igualmente ser contravenção a cobrança antecipada de verba de aluguel, fora das hipóteses autorizadas em lei (vide inciso III).

Logo, a cobrança de luvas é admitida e respaldada, desde que observados a lógica econômica da operação, e os limites permitidos em lei. Frente a isso, permite-se a cobrança da referida verba, por ocasião da celebração do primeiro contrato, e mediante a contraprestação adequada, através da concessão do direito de ponto, outorgados os requisitos para eventual propositura de ação renovatória. Fora de tais hipóteses, tal negociação carece de lógica econômica, bem como de respaldo jurídico.

5.2 Posição jurisprudencial

A possibilidade de cobrança de luvas é admitida e respaldada pelos tribunais, observados os limites legais. Nesse sentido, a título de exemplo, veja-se a seguinte passagem, constante de decisão do Tribunal de Justiça do Estado de São Paulo, de fevereiro de 2022: "*Com a edição da Lei de Locação e em relação às luvas, houve a concessão de maior liberdade à autonomia privada e a liberdade de contratar, permitindo-se aos contratantes a pactuação do pagamento de luvas na contratação inicial, persistindo a vedação à cobrança de luvas apenas por ocasião da renovação do contrato*" (Apelação Cível nº 1023554-70.2019.8.26.0554). Nessa mesma linha de entendimento, já se posicionou o STJ – Superior Tribunal de Justiça: "Não há ilegalidade na cobrança de luvas em contrato inicial de locação. Inteligência dos arts. 43, I, e 45 da Lei 8.245/91. Precedente do STJ" (REsp 1.003.581/RJ).

CONCLUSÕES

O reconhecimento do ponto comercial como um bem autônomo, como se verificou em rápidas linhas neste texto, foi o fruto de uma longa maturação da doutrina, progressivamente agasalhada pela jurisprudência. A proteção correspondente, a par das previsões legais, demanda o cuidado das partes na defesa dos seus interesses, por meio da elaboração cuidadosa dos contratos de locação, em que devem ficar delimitadas, de forma clara e objetiva, as disposições destinadas à proteção do ponto, para o fim de se evitar surpresas no caminho, obviando desgaste pessoal e custos desnecessários.

50. CLÁUSULA ESTATUTÁRIA SOBRE PARTICIPAÇÃO DE ACIONISTAS EM AÇÃO DE IMPUGNAÇÃO DE DELIBERAÇÃO ASSEMBLEAR EM SOCIEDADES ANÔNIMAS

Heitor Vitor Mendonça Sica
Bruno Almeida Ruggiero

1. INTRODUÇÃO

Problema secular enfrentado por nossa doutrina processual e societária concerne à compatibilização da ação judicial de impugnação de deliberação assemblear tomada por uma maioria simples ou qualificada de acionistas e a eficácia subjetiva da coisa julgada material subsequentemente formada sobre a sentença que acolher, ou não, o pleito de invalidação.

Isso porque, todos que possuam algum quinhão no capital social da sociedade correlata teriam, *a priori*, interesse favorável à manutenção ou à desconstituição da deliberação impugnada, tratando-se, por certo, de *pluralidade interessada na (in)validação de um único ato*.

Não obstante a relevância da questão ora posta, nosso ordenamento processual não foi apto a providenciar uma solução *legislada* satisfatória, sendo o sistema de convocação de interessados ao processo (isto é, a disciplina da *citação*) ineficiente ou insuficiente para esse fim. Não bastasse, a coisa julgada material possui limites subjetivos claramente circunscritos aos *terceiros que se beneficiam do provimento jurisdicional imutável* (art. 506 do CPC), de modo que, não fossem os limites temporais (de cunho decadencial) para a (in)validação de uma deliberação assemblear, a questão poderia, em tese, ser sucessivamente posta perante o Poder Judiciário por determinado acionista não comunicado da ação anulatória e interessado na obtenção de provimento em sentido contrário.

A cláusula a ser estudada visa a suprir tais deficiências da codificação vigente, valendo-se do permissivo legal à celebração de *negócios jurídicos processuais atípicos* (art. 190 do CPC) para resolver dois percalços que fugiram à atenção do legislador, quais sejam: (*i*) *o escasso arcabouço legal para propiciar a efetiva participação em juízo dos demais acionistas interessados na impugnação da deliberação por aquele(s) que se insurgiu(ram) contra ela em juízo*; e (*ii*) *as dificuldades práticas em serem convocados, pelos meios de comunicação processuais usuais, todos os integrantes do quadro social para o processo que discute a impugnação de deliberação assemblear.*

Como solução a tais obstáculos, propõe-se a seguinte cláusula, a ser afixada ao estatuto social na gênese da respectiva pessoa jurídica, ou por intermédio de aditivo ulterior:

> ***Modelo de Cláusula Contratual***
>
> Cláusula. Em havendo ação judicial de impugnação de deliberação tomada pela Assembleia Geral, os acionistas serão comunicados acerca da existência do processo pela administração da companhia, no prazo de 5 dias úteis a contar do recebimento da citação por esta, usando-se o mesmo instrumento aplicável à convocação para a Assembleia Geral conforme definido no presente estatuto.
>
> §1º. A comunicação será considerada como citação para todos os fins, permitindo-se que os acionistas, se assim o desejarem, requeiram intervenção no processo judicial na forma e sob as condições previstas em lei.
>
> §2º. Havendo ou não intervenção, a comunicação realizada nos termos do presente dispositivo estatutário será suficiente para sujeitar todos os acionistas à coisa julgada material formada

Cabe analisar as minúcias da solução ora propugnada, em especial, sua exequibilidade e natureza jurídica, bem como seus efeitos sobre um debate há tempos conhecido e enfrentado pela processualística brasileira.

2. PREMISSAS CONCEITUAIS[1]

A plena compreensão do que consiste em *negócio jurídico processual* pressupõe o exame dos conceitos que abrangem esse instituto jurídico, quais sejam, os de *fato jurídico*, *ato jurídico* e *negócio jurídico*.

---

1 O presente tópico vale-se de considerações já feitas por um dos coautores ao comentar o art. 190 do CPC. Para esse fim, vide: BUENO, Cassio Scarpinella (coord.). ***Comentários ao Código de Processo Civil, Volume 1: Arts. 1º a 317 - Parte Geral.*** São Paulo: Saraiva, 2017, pp. 744-754.

O *fato jurídico*, em sentido lato, compreende todo e qualquer acontecimento natural e ação humana que produz efeitos relevantes para o Direito[2]. A atribuição de efeitos jurídicos a tais fatos, por evidente, pressupõe a incidência de uma norma jurídica, de modo a dotá-los de *sentido objetivo*, conforme o escólio de Hans Kelsen[3]. Pode-se dizer, assim, que toda a linhagem do fato jurídico é dotada dessa essência normativista, que constitui, modifica e extingue direitos/deveres de cunho, igualmente, jurídico[4].

Os fatos jurídicos em sentido lato subdividem-se, segundo a generalidade da doutrina, em *fatos jurídicos stricto sensu*, produzidos por força de acontecimentos naturais, sem concurso humano, bem como em *atos jurídicos*, cujo elemento distintivo é a vontade humana, nesse momento valorizada pelo ordenamento jurídico quando da deflagração do ato jurídico, denominado, por alguns, como *fato voluntário*[5].

A subdivisão seguinte, adotada pela esmagadora maioria dos civilistas brasileiros, tem como critério a existência de margem para a vontade humana determinar *os efeitos jurídicos dos atos que deflagra*. Por essa via, temos os *atos jurídicos stricto sensu*, cujos efeitos são predeterminados pela lei, e os *negócios jurídicos*, consistentes em manifestações de vontade aptas a moldar a produção de efeitos jurídicos, sem prejuízo de serem disciplinados por normas jurídicas[6]. Diferentemente de suas espécies – com destaque aos *contratos* –, o negócio jurídico, como categoria do Direito, *abstrai-se do contexto social e econômico específico de suas espécies*[7]. Valoriza-se, por certo, a autonomia

---

2 Cf., dentre outros, Miguel Reale (***Lições Preliminares de Direito*** – 22ª ed. – São Paulo: Saraiva, 1995, p. 197 e ss.) e Zeno Veloso (***Invalidade do Negócio Jurídico: Nulidade e Anulabilidade***. Belo Horizonte: Del Rey, 2002, p. 1 e ss.).

3 KELSEN, Hans. ***Teoria Pura do Direito***. Trad. João Baptista Machado – 9ª ed. – São Paulo: WMF Martins Fontes, 2009, p. 3,

4 GOMES, Orlando. ***Introdução ao Direito Civil*** – 22ª ed. – Rio de Janeiro: Forense, 2019, p. 186.

5 AMARAL, Francisco. ***Direito Civil: Introdução*** – 10ª ed. – São Paulo: Saraiva, 2018, pp. 463-464. Seguindo tal delimitação conceitual, que situa a vontade humana na *gênese do ato jurídico*, concordamos com a opinião de Miguel Reale (***Idem***, pp. 203-204) e de Custódio da Piedade Ubaldino Miranda (***Teoria Geral do Negócio Jurídico*** – 2ª ed. – São Paulo: Atlas. 2009, pp. 6-7), sendo o ato ilícito, igualmente, um ato jurídico *lato sensu*.

6 Notável contribuição à conceituação do negócio jurídico foi feita por Antônio Junqueira de Azevedo ao qualificar a manifestação de vontade que o origina como "*ato que socialmente é visto como ato de vontade destinado a produzir efeitos jurídicos*" (***Negócio Jurídico: Existência, Validade e Eficácia*** – 4ª ed. – São Paulo: Saraiva, 2002, pp. 15 e ss.). Daí se extrairiam as *circunstâncias negociais* como elementos de existência do negócio jurídico. Frente à formalização da cláusula proposta por esse estudo em estatuto de companhia, não enxergamos margem para contestar a presença de circunstâncias negociais em torno dela, tratando-se de negócio jurídico mesmo por essa via conceitual.

7 ROPPO, Enzo. ***O Contrato***. Trad. Ana Coimbra e Manuel Januário Costa Gomes. Coimbra: Almedina, 2021, pp. 53-54.

privada em grau maior que nos atos jurídicos *stricto sensu*. No entanto, a concretização ulterior do negócio jurídico em uma aplicação específica pode se dar nos mais diversos contextos, algo visto com frequência cada vez maior em tempos recentes[8].

A multiplicidade de aplicações do conceito de negócio jurídico afigurou-se tamanha que, ao final, ele se aproxima antes à Teoria Geral do Direito que propriamente ao Direito Privado, bastando que ramos jurídicos tipicamente associados a uma relação jurídica de Direito Público abram uma margem, mesmo que exígua, à *autonomia privada*.

No Direito Processual, sempre se reconheceu a existência de fatos jurídicos em sentido estrito, bem como de atos jurídicos em sentido estrito.[9] Entretanto, a doutrina processual tradicional reuniu-se em torno do consenso de que os atos processuais teriam seus efeitos sempre previstos em lei, de tal sorte que a vontade do agente seria secundária. Em consequência, os atos processuais se encaixariam sempre no conceito de *atos jurídicos em sentido estrito*, inexistindo *negócios jurídicos processuais*. Para exemplificar, basta citar dois autores estrangeiros (Redenti[10] e Liebman[11]), e dois autores brasileiros (embora em dimensões e com fundamentos distintos Calmon de Passos[12] e Dinamarco[13]). A força desse entendimento doutrinário se revela pela diferença de idades e de momentos de produção intelectual de cada um dos autores citados.

---

8 Além da aproximação entre Direito Civil e Direito Administrativo possibilitada pela conceituação de um *negócio jurídico administrativo* (PEREZ, Marcos Augusto. ***O Negócio Jurídico Administrativo***. In: MEDAUAR, Odete; SCHIRATO, Vitor Rhein (coord.). ***Os Caminhos do Ato Administrativo***. São Paulo: RT, 2012, pp. 263-273), vimos também, recentemente, a difusão do consensualismo na seara penal e administrativo-sancionadora com os acordos de delação premiada, os acordos de leniência e os acordos cíveis complementares.

9 Cândido Rangel Dinamarco (***Instituições de Direito Processual Civil, Volume II*** - 8ª ed. - São Paulo: Malheiros, 2019, pp. 555-556) alude, como exemplos de *fatos jurídico-processuais*, ao incêndio nas dependências judiciárias (que implica perda dos autos físicos), a morte da parte ou de seu patrono (que enseja suspensão do processo) e a conduta de terceiros estranhos ao processo. Por evidente, estariam abarcados por tal categoria os *atos jurídico-processuais*, como aqueles praticados pelos indivíduos atuantes em juízo.

10 REDENTI, Enrico. ***Profili Pratici del Processo Civile***. Milano: Giuffrè, 1938, p.298.

11 Para o saudoso processualista, a vontade manifestada nos atos processuais se trata de "*uma vontade extremamente genérica, ou seja, a simples vontade e consciência de realizar o ato*"; "*esse tênue elemento volitivo tem, além disso, uma importância nitidamente secundária*", "*sendo irrelevante a intenção íntima do sujeito que o realiza e ficando excluída qualquer investigação destinada a perquiri-la*" (LIEBMAN, Enrico Tullio. ***Manual de Direito Processual Civil, Volume 1***. Trad. Cândido Rangel Dinamarco - 3ª ed. - São Paulo: Malheiros, 2005, p. 291).

12 PASSOS, José Joaquim Calmon de. ***Esboço de uma Teoria das Nulidades aplicada às Nulidades Processuais***. Rio de Janeiro: Forense, 2002, p. 58.

13 DINARMARCO, Cândido Rangel. ***Idem***, pp. 481-485.

Esse entendimento se baseava em uma série de elementos de ordem histórica e científica.

De início, tal construção teórica ainda revelava, em certa medida, ecos do histórico esforço empreendido pelos processualistas entre o final do século XIX e as primeiras décadas do século XX em se afirmar como estudiosos de um ramo autônomo da ciência jurídica. Tende-se, quando ao estudo dessa fase metodológica, a enfatizar a *introspecção de seus estudiosos*, demasiadamente atentos à formulação de um instrumental técnico e alheios, portanto, a objetivos extraprocessuais[14]. Com efeito, uma das formas de se atingir a autonomia da ciência jurídica processual foi afastar do processo quaisquer elementos que remetiam a fenômenos inerentes aos contratos, de modo a caracterizá-lo como uma relação jurídica de Direito Público autônoma, pautada por princípios e conceitos distintos daqueles vigentes no regramento da relação de Direito Material.

Ademais, esse entendimento doutrinário afinava-se com a ideia de proeminência do juiz (na qualidade de agente estatal encarregado de distribuir a justiça) e de um procedimento rígido (calcado no direito fundamental ao devido processo legal e fonte de segurança jurídica e proteção ao cidadão em face do arbítrio do Estado-juiz). Não por outra razão, tipicamente atribui-se relevo ao *formalismo processual* enquanto limite por excelência à soberania estatal e garantia à liberdade dos litigantes[15].

Pois é fácil constatar que, mesmo antes da promulgação do CPC de 2015, essa construção passou a ser revista.

Em um primeiro momento, o papel da vontade passou a ser revalorizado,[16] seja para reconhecer, agora de maneira mais ampla, a possibilidade de atos processuais maculados por vícios de vontade[17], seja, principalmente, para afirmar a importância do papel da vontade na interpretação dos atos processuais em geral,

---

14 CINTRA, Antonio Carlos de Araújo; GRINOVER, Ada Pellegrini; DINAMARCO, Cândido Rangel. ***Teoria Geral do Processo*** – 30ª ed. – São Paulo: Malheiros, 2014, pp. 61-62.

15 OLIVEIRA, Carlos Alberto Alvaro de. ***Do Formalismo no Processo Civil.*** São Paulo: Saraiva, 1997, pp. 62 e ss.

16 Marco dessa mudança de rumo se encontra na monografia da autora portuguesa Paula Costa e Silva (***Acto e Processo.*** Coimbra: Coimbra Editora, 2003), de grande influência na doutrina pátria, cujo sugestivo subtítulo é "***O Dogma da Irrelevância da Vontade na Interpretação e nos Vícios do Acto Postulativo***".

17 Não se pode ignorar que o sistema processual sempre se preocupou em coibir o processo eivado de vício de *simulação* (art. 115 do CPC de 1939, art. 129 do CPC de 1973 e art. 142 do CPC de 2015), ao passo em que sempre reconheceu, ainda que implicitamente, a influência do erro na prática de atos processuais das partes (de modo a salvá-los da inadmissibilidade sob aplicação da "*fungibilidade*" diante de uma situação de "*dúvida objetiva*").

mormente os de natureza postulatória[18], temática que vem captando o interesse de monografias recentes[19] e que se reflete, a título exemplificativo, no repúdio à noção de *ação típica*, como sugestível de algum esforço legislativo em taxativamente arrolar os remédios processuais à disposição dos sujeitos de direito[20], como que em prestígio ao sistema romano das *legis actiones*.

Seguindo por essa trilha, uma parte da processualística brasileira contemporânea pôs-se a rever o enquadramento de determinados atos processuais como atos jurídicos em sentido estrito e, em consequência, passou a propor a reclassificação de vários deles (a maioria, atos unilaterais) como negócios jurídicos[21]. Não obstante louvável, parece-nos que a resposta doutrinária acabou

---

18 De fato, se os atos postulatórios se governam pelo princípio dispositivo, o Judiciário só pode apreciar o que lhe foi submetido pelo sujeito parcial postulante. Quanto à postulação inicial, o pedido é moldado pela vontade do sujeito, e tal delimitação deve ser observada pela sentença (arts. 141 e 492). Nos recursos, as coisas se passam da mesma maneira, à luz do 1.013.

19 *V.g.* RODRIGUES, Rafael Ribeiro. ***Interpretação do Pedido***. São Paulo: Malheiros, 2022, pp. 345 e ss.

20 Para esse fim, veja-se a acurada crítica de Flávio Luiz Yarshell em: ***Tutela Jurisdicional***. São Paulo: Atlas, 1999, pp. 65-67.

21 Pedro Henrique Nogueira mesmo à luz do CPC de 1973, propôs que fosse catalogado como negócio jurídico um rol bastante heterogêneo de atos, tais como: a suspensão convencional do processo, a desistência do recurso, adjudicação do procedimento executivo, desistência da ação, transmissão de direito litigioso, celebração de convenção de arbitragem, acordo sobre a distribuição do ônus da prova quando o litígio verse sobre direitos disponíveis, pacto para substituição do bem penhorado na execução *etc*. O autor ainda destaca que a petição inicial e a contestação veiculam negócios jurídicos processuais, a exemplo da escolha do procedimento pelo autor, as arguições de incompetência absoluta do juízo e ilegitimidade de parte pelo réu. (***Negócios Jurídicos Processuais: Análise dos Provimentos Judiciais como Atos Negociais***. Tese de Doutorado. Salvador: Universidade Federal da Bahia, 2011, pp. 134-144). No mesmo sentido, Leonardo Carneiro da Cunha: ***Negócios Jurídicos Processuais no Processo Civil Brasileiro***. In. CABRAL, Antonio do Passo; NOGUEIRA, Pedro Henrique (coord.), ***Negócios Processuais***. Salvador: Juspodivm, 2015, pp. 27-62, pp. 28-29), insere nessa mesma categoria os seguintes exemplos: (a) modificação do réu na nomeação à autoria (arts. 65 e 66 do CPC/1973), (b) sucessão do alienante ou cedente pelo adquirente ou cessionário da coisa litigiosa (art. 42, § 1º do CPC/1973, (c) acordo de eleição de foro (art. 111 do CPC/1973), (d) prorrogação da competência territorial por inércia do réu (art. 114 do CPC/1973), (e) desistência do recurso (arts. 158 e 500, inc. III do CPC/1973), (f) convenções sobre prazos dilatórios (art. 181 do CPC/1973), (g) convenção para suspensão do processo (arts. 265, inc. II e 792 do CPC/1973), (h) desistência da ação (arts. 267, § 4º e 158, parágrafo único do CPC/1973), (i) convenção de arbitragem (arts. 267, inc. VII e 301, inc. IX do CPC/1973), (j) revogação da convenção de arbitragem (art. 301, inc. IX e § 4º do CPC/1973), (k) reconhecimento da procedência do pedido (art. 269, inc. II do CPC/1973), (l) transação judicial (arts. 269, inc. III, 475-N, inc. III e 794, inc. II do CPC/1973), (m) renúncia ao direito sobre o qual se funda a ação (art. 269, inc. V do CPC/1973), (n) convenção sobre a distribuição do ônus da prova (art. 333, parágrafo único do CPC/1973), (o) acordo para retirar dos autos o documento cuja falsidade foi arguida (art. 392, parágrafo único do CPC/1973), (p) conciliação em audiência (arts. 447 a 449 do CPC/1973), (q) adiamento da audiência por convenção das partes (art. 453, inc. I do CPC/1973), (r) convenção sobre alegações finais orais de litisconsortes (art. 454, § 1º do

por fazer pender o pêndulo a seu outro extremo: realocou-se indevidamente diversos atos processuais que *independem, não apenas do consenso mútuo dos litigantes, mas também da consideração de ambos os polos*, ao campo dos negócios jurídicos processuais. Pense-se, para esse fim, em atos liberatórios, como a desistência da ação e nos recursos, assim como no próprio ato postulatório. Por evidente, tais atos são sujeitos a algum controle no que atine à vontade de quem os praticou, que pode ser viciada ou decisiva para a interpretação do ato, mas seus efeitos são preponderantemente definidos em lei.

Se estamos cogitando de negócios jurídicos processuais *aptos produzirem efeitos queridos pelas partes e que influenciem o trâmite processual*, maior contribuição é encontrada no campo as denominadas *convenções processuais*, assim entendidas como negócios jurídicos bilaterais e plurilaterais[22].

Curiosamente, quando se suscita a noção de *negócio jurídico no Direito Civil*, logo vem à mente os contratos em espécie, enquanto reguladores de um conjunto de operações econômicas com longeva história e reconhecimento social indubitável. Aparecem, em um primeiro momento, os *negócios jurídicos processuais* como artifícios um tanto abstratos e de aparente difícil visualização; ainda assim, exemplos de tal instituto exprimem-se em cláusulas de uso consagrado e habitual pelo operador do Direito.

O CPC de 1973 previa algumas poucas convenções processuais típicas, às quais a doutrina normalmente dedicava pouca atenção[23], tais como: a eleição de foro (art. 111), a suspensão convencional do processo (art. 265, II e §3º), a

---

CPC/1973), (s) liquidação por arbitramento em razão de convenção das partes (art. 475-C, inc. I do CPC/1973), (t) escolha do juízo da execução (art. 475-P, parágrafo único do CPC/1973), (u) renúncia ao direito de recorrer (art. 502 do CPC/1973), (v) requerimento conjunto de preferência no julgamento perante os tribunais (art. 565, parágrafo único do CPC/1973), (w) desistência da execução ou de medidas executivas (art. 569 do CPC/1973), (x) escolha do foro competente pela Fazenda Pública na execução fiscal (art. 578, parágrafo único do CPC/1973), (y) opção do exequente pelas perdas e danos na execução de obrigação de fazer (art. 633 do CPC/1973), (z) desistência da penhora pelo exequente (art. 667, inc. III do CPC/1973), (aa) administração de estabelecimento penhorado pelo exequente (art. 677, § 2º do CPC/1973), (bb) dispensa da avaliação se o exequente aceitar a estimativa do executado (art. 684, inc. I do CPC/1973), (cc) opção do exequente por substituir a arrematação pela alienação via *internet* (art. 689-A do CPC/1973), (dd) opção do executado pelo pagamento parcelado (art. 745-A do CPC/1973), (ee) acordo de pagamento amigável pelo insolvente (art. 783 do CPC/1973), (ff) escolha de depositário de bens sequestrados (art. 824, inc. I do CPC/1973) e (gg) acordo de partilha (art. 1.031 do CPC/1973).

22 Essa é a expressão preferida por Antonio do Passo Cabral (***Convenções Processuais entre Publicismo e Privatismo.*** Tese de Livre Docência. São Paulo: Universidade de São Paulo, 2015, pp. 37-45), com sólidos argumentos a justificar a opção. As reflexões que seguem estão centradas nos negócios bilaterais, que, é possível afirmar, tenderão a ser muito mais frequentes que os plurilaterais.

23 Costumavam ser lembrados apenas em sucintos ensaios, como aquele de José Carlos Barbosa Moreira: ***Convenções das Partes sobre Matéria Processual.*** In: ***Temas de direito processual civil: Terceira Série***, São Paulo: Saraiva, 1984, pp. 87-98).

distribuição convencional do ônus da prova (art. 333, par.ún.) e a fixação de prazos convencionais para memoriais escritos em substituição às alegações finais em caso de litisconsortes (art. 454, §1º).

O CPC de 2015 não apenas manteve essas convenções processuais típicas (arts. 63, 313, 373, §3º e 364, §1º, respectivamente), como ainda criou diversas outras, tais como o chamado "*saneamento consensual*" (art. 357, §2º) e a escolha consensual de perito (art. 471). Não bastasse, o art. 190 da codificação vigente rompeu com a noção de *tipicidade estrita dos negócios jurídicos processuais*, ao abrir margem a alterações procedimentais consensualmente avençadas pelos litigantes. Inverte-se, assim, "*o sinal da legalidade*": da previsão expressa dos negócios à disposição das partes (legalidade positiva), chega-se à limitação da autonomia das partes por aqueles negócios expressamente vedados pelo ordenamento processual (legalidade negativa). Percebe-se, de forma cristalina, como veio a ser abandonada uma visão estanque da relação jurídica processual como imersa nos princípios de Direito Público e adversa ao Direito Privado, carente de aplicações práticas[24].

Ao final, se o esforço da doutrina, anteriormente ao art. 190, era o de identificar em que situações as partes poderiam convencionar sobre as normas processuais, a partir do advento desse dispositivo em nosso ordenamento, a doutrina recebeu a missão de identificar em que situações as partes *não poderão* fazê-lo.

Atenta a esse novo ponto fulcral de estudo, veio a se consolidar a *convencionalidade subjetiva e objetiva* dos negócios jurídicos processuais, em exegese do dispositivo *supra* analisado, em conjunto com o controle de validade inscrito em seu parágrafo único.

Do ponto de vista subjetivo, só caberão negócios processuais se celebrados por partes plenamente capazes, o que exclui a possibilidade de celebrar convenção processual com pessoas absoluta ou relativamente incapazes (arts. 3º e 4º do Código Civil). Nesse passo, o art. 190 acha-se afinado com o disposto no art. 104, I, do Código Civil, que dispõe como requisito de validade dos negócios jurídicos em geral o "*agente capaz*"[25].

---

24 Semelhantes críticas e flexibilizações à visão estanque da *summa divisio* foram denunciadas por autorizados doutrinadores do Direito Administrativo, ramo mais tipicamente associado à *puissance publique* (*v.g.* SUNDFELD, Carlos Ari. ***Crítica à Doutrina Antiliberal e Estatista do Direito Administrativo.*** In: ***Direito Administrativo para Céticos*** – 2 ª ed. – São Paulo: Malheiros, 2017, pp. 113-144; MEDAUAR, Odete. ***O Direito Administrativo em Evolução*** – 3ª ed. – Brasília: Gazeta Jurídica, 2017, pp. 205 e ss.).

25 Não concordamos com o entendimento (esposado, *v.g.*, por Leonardo Carneiro da Cunha em: CABRAL, Antonio do Passo; CRAMER, Ronaldo (coord.). ***Comentários ao Novo Código de Processo Civil***, Rio de Janeiro: Forense, 2015, p. 325), segundo o qual a capacidade a que alude o dispositivo será a capacidade processual, e não a capacidade para os atos da vida civil. A uma, porque a convencionabilidade objetiva é baseada no direito material, sendo necessário reconhecer que

Já do ponto de vista objetivo, caberão convenções processuais em litígios que versem sobre "*direitos que admitem autocomposição*". Salta aos olhos, logo de início, que a fórmula empregada pelo art. 190 é muito mais ampla que aquela utilizada pelo art. 1º da Lei nº 9.307/96 (a "Lei da Arbitragem") para definição da arbitralidade objetiva, qual seja, "*direitos patrimoniais disponíveis*". Dessa comparação resulta a constatação de que diversos litígios que, ao menos em princípio, não seriam arbitráveis – como, por exemplo, aqueles envolvendo direitos transindividuais – poderiam ser objeto de processo regulado por convenções processuais, especialmente quando se está defronte de relevantes progressos quanto à admissão da autocomposição com o Poder Público (Lei n. 13.140/2015), bem como quando se tem em mente a prévia admissão da autocomposição em conflitos de índole coletiva, como nas ações possessórias (art. 565 do CPC).

Ademais, as convenções processuais também se sujeitam aos requisitos de validade dos negócios jurídicos em geral previstos nos incisos II e III do art. 104 do Código Civil, que são regras relativas a institutos da Teoria Geral do Direito.

O primeiro requisito de validade seria o *objeto lícito* (as partes não podem validamente convencionar, por exemplo, a admissão de provas ilícitas ou ilicitamente obtidas ou a supressão do dever de boa-fé processual), *possível* (não se pode validamente convencionar uma vedação aos poderes instrutórios do juiz, pois seria juridicamente impossível sobrepor a vontade das partes à autoridade do juiz) e *determinado ou determinável* (não pode a generalidade do objeto convencionado transmutar-se em vagueza tamanha que torne excessivamente oneroso o negócio jurídico processual).

Quanto à *forma*, entende-se que os atos processuais devam ser produzidos desde logo por escrito ou, ao menos, reduzidos a escrito quando produzidos oralmente, consoante regra geral dos atos processuais (art. 209 do CPC).

Por fim, transitando ao *plano da eficácia do mundo jurídico*, as convenções processuais produzem efeitos *independentemente de homologação judicial*, salvo disposição em sentido contrário. Esse entendimento se extrai do parágrafo único do art. 190 (segundo o qual o juiz faz um controle *a posteriori* das convenções celebradas pelas partes), do art. 200 do CPC (que preceitua que "*os atos das partes consistentes em declarações unilaterais ou bilaterais de vontade*

---

a convencionabilidade subjetiva também o seja (como ocorre no âmbito da arbitragem). A duas, porque o dispositivo trata de sujeitos "*plenamente*" capazes, expressão que só faz sentido à luz do Código Civil (que dispõe sobre os absolutamente e os relativamente incapazes) e não no âmbito do Código de Processo Civil (em que não há graus distintos de capacidade, devendo todos os litigantes ostentar a chamada "*tríplice capacidade*", isto é: a capacidade de ser parte, a capacidade de estar em juízo e capacidade postulatória. A três, porque a falta (não sanada pela parte no prazo assinado pelo juiz) conduz às consequências previstas no art. 76 do CPC, não se cogitando de qualquer ato praticado pelo sujeito que não ostente "*plena*" capacidade.

produzem imediatamente a constituição, modificação ou extinção de direitos processuais") e da análise de uma série de dispositivos que exigem a homologação expressa apenas em casos excepcionais[26] (indicando que, nos demais, essa manifestação estatal se mostra desnecessária).

No plano subjetivo, a prestigiar o princípio da relatividade dos efeitos tipicamente associada à disciplina geral dos contratos, estendem-se os efeitos do negócio jurídico processual àqueles que o celebraram. Em verdade, a máxima *res inter alios vel judicata allis non nocet nec potest* vem situada, em sua terminologia literal, ora no Direito das Obrigações em sentido amplo, ora nos efeitos da coisa julgada material, não havendo razão a justificar sua hodierna aplicação como *princípio do Direito Contratual*[27]. Dessa forma, as convenções processuais não são oponíveis a outros sujeitos[28] (salvo raras exceções[29]), pois fundadas no livre exercício da autonomia privada.

Em suma, o juízo de existência, validade e eficácia corresponde àquele aplicável, no fundo, aos negócios jurídicos conhecidos pelo estudioso do Direito Privado. Isso porque, sua especialidade não se encontra em sua *natureza jurídica*, sendo ontologicamente idêntico a qualquer outro negócio jurídico. Sua especificidade encontra-se em sua *função em influir ativamente na relação jurídica processual*, tangenciando apenas mediatamente uma dada operação econômica ou contrato. Por essa razão, pode-se qualificar o negócio jurídico processual como *instituto com disciplina híbrida*, aproximando-se da esfera dos denominados *institutos bifrontes*[30].

3. ANÁLISE DA CLÁUSULA EM ESTUDO

Com base nas noções gerais explanadas, revela-se indubitável a admissão da cláusula ora proposta pelo ordenamento processual e substantivo pátrios.

---

26 Com efeito, a homologação é exigida em casos específicos, como: na desistência da ação (art. 200, parágrafo único, art. 335, §2º, e art. 485, VIII, todos do CPC), na autocomposição quanto ao objeto litigioso (art. 12, §1º, art. 334, §1º, e art. 487, III, '*a*' a '*c*', todos do CPC) e no saneamento consensual (art. 357, §2º, do CPC).

27 MAXIMILIANO, Carlos. ***Hermenêutica e Aplicação do Direito*** – 21ª ed. – Rio de Janeiro: Forense, 2017, p. 237.

28 Sejam eles partes do processo (mas não signatários da convenção) ou terceiros em relação ao processo (e, igualmente, não signatários). São oponíveis, outrossim, aos signatários da convenção que optem por não atuar no processo como partes ou intervenientes.

29 Para que se fique numa zona livre de dúvidas, o exemplo é o negócio processual validamente celebrado pelo sucedido, o qual será eficaz em relação ao sucessor (conforme expressamente reconhecido, no caso da eleição de foro, pelo art. 63, §4º do CPC de 2015).

30 Seguindo-se a definição de Cândido Rangel Dinamarco (***Instituições de Direito Prcessual Civil, Volume I*** – 9ª ed. – São Paulo: Malheiros, 2017, pp. 105 e ss.).

Trata-se ela de convenção processual – pois consubstancia um *negócio jurídico plurilateral*, enquanto cláusula fixada no estatuto de uma sociedade[31] – que visa a influir sobre a relação jurídica processual em três dimensões: (*i*) na dimensão da legitimidade *ad causam* ativa, faz o autor as vezes dos demais acionistas concordes quanto à impugnação de determinada deliberação assemblear (*legitimidade extraordinária ativa*), enquanto faz a companhia as vezes dos acionistas porventura silentes ou concordes quanto à manutenção da referida deliberação (*legitimidade extraordinária passiva*); (*ii*) na dimensão dos atos de comunicação, torna inócua a necessidade de se valer das modalidades legais de citação para a convocação dos demais sócios ao feito; e (*iii*) na dimensão da coisa julgada material, torna incontroversa a amplitude de seus limites subjetivos a todos os integrantes do quadro social.

A convencionalidade, em seus aspectos subjetivo e objetivo, estaria, em regra, presente. Ressalva-se, quanto à dimensão subjetiva, a situação já excepcional, na prática, do *sócio incapaz*. Por atrair uma disciplina de cunho protetivo, preocupação comum à teoria das incapacidades em termos gerais[32], não se aventa possível sua participação em um *negócio jurídico processual*. Destarte, sem prejuízo ao permissivo legal ao seu ingresso em sociedade de responsabilidade limitada (art. 974, §3º, do CC) – fruto de coerente histórico legislativo que extrapola as fronteiras nacionais[33] –, deverá o sócio incapaz ser regularmente citado para participar no processo em que se discute a invalidação de deliberação assemblear. Quanto à dimensão objetiva, não se enxerga qualquer óbice à resolução consensual de conflitos em torno de deliberação assemblear, sendo, inclusive, esperado prévio recurso dos interessados aos sócios controladores.

O objeto da cláusula em estudo seria lícito não apenas em um juízo de *legalidade negativa*, como também em vista da redação do art. 190 do CPC, que expressamente aduz ao *ajuste do procedimento à luz das especificidades da causa*. Inexiste, no mais, quaisquer vedações legais às alterações veiculadas pela cláusula.

---

31 Convergem, assim, suas partes à consecução do *fim comum da sociedade*, de desenvolver lucrativamente determinada atividade econômica descrita em seu objeto social, seguindo-se a clássica lição de Tullio Ascarelli (***O Contrato Plurilateral***. In: ***Problemas das Sociedades Anônimas e Direito Comparado***. Campinas: Bookseller, 2001, pp. 372-452, pp. 387-389).

32 Destacando tal finalidade: RODRIGUES, Silvio. ***Direito Civil, Volume 1: Parte Geral*** – 34ª ed. – São Paulo: Saraiva, 2003, pp. 39-40; PEREIRA, Caio Mário da Silva. ***Instituições de Direito Civil, Volume 1: Introdução ao Direito Civil, Teoria Geral do Direito Civil*** – 32ª ed. – Rio de Janeiro: Forense, 2018, pp. 229-230.

33 FRANÇA, Erasmo Valladão Azevedo e Novaes; ADAMEK, Marcelo Vieira von. ***O Sócio Incapaz (CC, Art. 974, §3º)***. In: Revista de Direito Mercantil, Industrial, Econômico e Financeiro, v. 50, n. 159/160, jul./dez., 2011, pp. 112-126, pp. 112-115.

Quanto à previsão de hipótese de *legitimidade extraordinária ativa* dos sócios-autores em relação aos demais acionistas interessados na procedência da ação proposta, dois pontos devem ser enfatizados.

Inicialmente, tais sócios, em conjunto, perfazem hipótese de *litisconsórcio unitário facultativo*, pois, afinal, visam a um provimento jurisdicional indivisível que afetará uniformemente os litisconsortes (invalidação de um ato claramente individualizado na inicial), não sendo imposta por lei a participação de todos no processo. Para esse fim, será legitimado: (*i*) *qualquer interessado*, para a proposição de ação declaratória da nulidade de deliberação assemblear (art. 168 do CC); (*ii*) *qualquer acionista que votou contrariamente à deliberação impugnada, ou que se absteve do certame*, para a proposição de ação constitutiva negativa contra deliberação assemblear anulável, ressalvada a existência de vício de voto que culminou em posicionamento a ela favorável; e (*iii*) *qualquer sócio cujos direitos especiais foram alterados sem seu consentimento*, em face de deliberação assemblear ineficaz[34].

Em havendo a propositura de ação impugnativa por algum dos legitimados *supra* aludidos, não haverá qualquer óbice à participação de outros em auxílio ao autor, bem como em oposição à sua pretensão – contando, ou não, com a tutela de seus interesses pela companhia –, pois, afinal, a sociedade ocupará *o polo processual passivo*. Não obstante, como ocorre na invalidação de qualquer ato jurídico, a participação é *facultada aos litisconsortes*, motivo pelo qual não se constata a existência de litisconsórcio necessário, sem prejuízo à uniformidade do provimento jurisdicional resultante.

Ato seguinte, não se pode confundir conceitualmente a constatação de *legitimidade extraordinária* com a de *substituição processual*, como óbice à licitude da cláusula proposta. Como cediço, desde a revogação do CPC/1939, foi aparentemente expurgada de nosso ordenamento processual a denominada *substituição processual convencional*, em que uma parte é contratualmente legitimada a defender direito alheio em nome próprio[35]. Sem prejuízo de ser criticável a conceituação chiovendiana da substituição processual segundo a dicotomia direito x nome – construção absorvida um tanto imotivadamente

---

34 Louvável panorama das hipóteses de legitimidade ativa e passiva em ação desse jaez é providenciado por Erasmo Valladão em: ***Invalidade das Deliberações de Assembleia das S/A e Outros Escritos sobre o Tema da Invalidade das Deliberações Sociais*** – 2ª ed. – São Paulo: Malheiros, 2017, pp. 135-143.

35 Tendência já verificada na vigência do CPC/73: ALVIM, Arruda. ***Tratado de Direito Processual Civil, Vol. 1 – Arts. 1º ao 6º, do CPC.*** São Paulo: RT, 1990, p. 515; MIRANDA, Francisco Cavalcanti Pontes de. ***Comentários ao Código de Processo Civil, Volume 1*** – 2ª ed. – Rio de Janeiro: Forense, 1979, p. 251.

pela doutrina pátria[36] –, assim como questionável a inadmissão da substituição convencional pela codificação vigente, basta constatarmos que o autor de ação impugnativa à deliberação assemblear, em sendo sócio, *terá interesse próprio a resguardar em juízo, defendendo, pois, direito próprio em nome próprio.* Não se incorre, assim, nos denominados *problemas de agência* existentes na esfera processual[37] e que impõem significativas limitações à atuação do substituto processual (*v.g.* a proibição de atos liberatórios[38] e, segundo alguns, mesmo a inexistência de qualquer interesse próprio[39]), respeitando-se, ao final, o teor do art. 18 do CPC (mera reprodução do art. 6º do CPC/73) e facultando-se a participação ativa dos sócios interessados ao lado do sócio autor ou da companhia.

Quanto à previsão da citação de todos os acionistas – seja como interessados na impugnação da deliberação assemblear, seja como contrainteressados – por igual veículo ao utilizado na convocação dos sócios à Assembleia Geral, igualmente, não existe margem para constatar-se qualquer ilicitude

---

36 Em especial em razão do seminal ensaio de José Carlos Barbosa Moreira intitulado: ***Apontamentos para um Estudo Sistemático da Legitimação Extraordinária.*** Revista de Direito do Ministério Público do Estado da Guanabara, Rio de Janeiro, n. 9, set./dez. 1969, pp. 41-55.

37 A expressão *problemas de agência* tende a ser associada à atuação do administrador em sociedade anônima; não obstante, trata-se de risco econômico comum à gestão de patrimônio alheio, sendo, destarte, fenômeno igualmente presente nas demais formas de representação e, inclusive, na substituição processual. Para esse fim, ressalta-se a qualidade abstrata da conceituação dos *problemas de agência*, facilmente amoldáveis aos fenômenos da representação processual e da substituição processual: "[...] *um 'problema de agência' – no sentido mais geral do termo – surge quando uma parte, denominada 'representado' ('*principal*'), depende de ações tomadas pela outra parte, denominada 'agente' ou 'representante' ('*agent*'), que afetarão o bem-estar do representado. O problema consiste em motivar o agente a agir no interesse do representado, e não simplesmente no interesse próprio do agente. Vistos sob esse prisma amplo, os problemas de agência ocorrem numa vasta gama de contextos que vão muito além daqueles que seriam classificados formalmente como contratos de mandato ou de agência pelos juristas.*" (ARMOUR, John; HANSMANN, Henry; KRAAKMAN, Reinier. ***Problemas de Agência e Estratégias Jurídicas.*** In: KRAAKMAN, Reinier *et al.* ***A Anatomia do Direito Societário: Uma Abordagem Comparada e Funcional.*** Trad. Mariana Pargendler. São Paulo: Singular, 2018, pp. 79-110, p. 79). No caso em análise, inexiste problema de agência: o sócio autor, ao perseguir seu interesse próprio, visaria à desconstituição da deliberação assemblear impugnada, tão quanto os demais acionistas favoráveis à sua pretensão. Mesmo na hipótese de o autor adotar estratégia processual tendente ao fracasso, ainda assim poderiam os demais interessados no sucesso da ação auxiliarem o autor, integrando-se ao polo processual ativo como litisconsortes.

38 Pense-se na renúncia do direito (SILVA, Ovídio A. Baptista da. ***Comentários ao Código de Processo Civil, Volume 1*** – 2ª ed. – São Paulo: RT, 2005, p. 79), no reconhecimento do pedido e na transação (MITIDIERO, Daniel Francisco. ***Comentários ao Código de Processo Civil, Tomo 1.*** São Paulo: Memória Jurídica, 2004, p. 134).

39 OLIVEIRA, Carlos Alberto Álvaro de; MITIDIERO, Daniel. ***Curso de Processo Civil, Volume 1: Teoria Geral do Processo Civil e Parte Geral do Direito Processual Civil.*** São Paulo: Atlas, 2010, p. 148.

na cláusula proposta. Isso porque, não obstante entenda-se sejam *de ordem pública* as normas em torno da citação, a adaptação proposta não prejudica em nada a garantia do contraditório e da ampla defesa aos interessados[40]. Pelo contrário, entre optar-se por um método de comunicação ao qual os sócios já estão habituados e, por outro lado, realizar-se dispendioso processo de citação postal, ou mesmo, meramente fictícia citação por edital em massa, resta claramente preferível a primeira alternativa.

Por fim, quanto à sujeição dos integrantes do quadro social à imutabilidade do *decisum* final e aos efeitos da coisa julgada material a acobertá-lo, trata-se de consectário lógico da regular comunicação da ação a todos os sócios, com a subsequente convocação deles a juízo, não havendo qualquer percalço inédito a ser enfrentado.

Os demais requisitos de validade do negócio jurídico processual veem-se intuitivamente preenchidos: a redação da cláusula revela um objeto possível e determinado, enquanto sua inscrição em um contato ou estatuto devidamente averbado no registro competente cumpre quaisquer requisitos relativos à sua forma.

A concluir o presente tópico, tendo-se analisado exaustivamente a natureza jurídica e a exequibilidade da cláusula contratual em estudo, cabe dedicar-se algumas passagens a eventuais custos de transação incorridos quando de sua celebração. Isso porque, não é raro que contratos de cunho empresarial, a despeito da maior *profissionalização* de suas partes, venham marcados por sensíveis *lacunas*, em especial no tocante a disposições relativas a um futuro litígio judicial entre os contraentes. Tal *incompletude contratual* pode mesmo ser *voluntária*, não querendo uma das partes correr o risco de inutilizar a negociação até então desenvolvida ao trazer à tona contingências indissociáveis de um conflito com a outra[41]. Deflagrado o conflito, então, a possibilidade de se chegar a um compromisso contratual ulterior sobre o procedimento judicial a ser deflagrado torna-se ainda mais remota, já havendo, nesse momento, certa animosidade entre os contratantes e já prenunciando, similar postura,

---

40 É nesse sentido que deve ser entendida a vedação a negócio jurídico processual que disponha sobre ato regido por norma processual de ordem pública, recentemente consagrada no julgamento do REsp 1.810.444/SP. No caso paradigmático, foi celebrada convenção processual prevendo a concessão de liminar de bloqueio de bens, *inaudita altera parte*, em sendo ajuizada ação por uma das contratantes em face da outra fundada sobre o contrato avençado. Ou seja, não bastasse previsão expressa inutilizando o contraditório de uma das partes, ainda, visou-se a vincular o entendimento do juízo de origem, algo inadmissível à luz do art. 190 do CPC. Por evidente, nenhuma medida semelhante está sendo propugnada no presente artigo.

41 FORGIONI, Paula A. ***Contratos Empresariais: Teoria Geral e Aplicação*** – 6ª ed. – São Paulo: RT, 2021, pp. 162-165.

o recurso ao meio heterocompositivo estatal, um tanto alheio a uma solução consensual ao litígio.

Não nos afiguram expressivos, no entanto, os riscos para a pactuação do negócio jurídico processual em estudo por três razões centrais. A um, trata-se de convenção processual prévia, a ser fixada em estatuto firmado no plano do Direito Material, quando os sócios não estão em conflito com a sociedade. A dois, o negócio jurídico ao qual se integra a cláusula possui índole *associativa*, não havendo, no momento de gênese da sociedade, *contraposição de interesses* apta a dificultar sua pactuação ou a gerar custos de transação por ocasião dela. A três, diferentemente de outros negócios jurídicos processuais, como é o caso daqueles voltados à prévia distribuição do ônus probatório, temos que a cláusula em estudo, *a priori*, não coloca nenhuma das partes do contrato de sociedade em situação de desvantagem. Pelo contrário, suas finalidades se esgotam na convocação mais eficiente dos sócios a juízo, bem como em intuitiva disposição sobre a legitimidade extraordinária de futuros sócios litigantes e da companhia. Não se espera, portanto, que a cláusula sirva como estopim de brigas acaloradas ou desentendimentos entre os sócios, tratando-se, ao final, de negócio jurídico processual benéfico a todos[42].

4. DAS APLICAÇÕES DA CLÁUSULA: O SECULAR DEBATE EM TORNO DA PLURALIDADE DE LEGITIMADOS À IMPUGNAÇÃO DE UM ATO

Antes de afeiçoar-se a mera *faculdade legal*, o litisconsórcio facultativo pode ser mais claramente descrito recorrendo-se à noção de *autonomia*: é facultativo o litisconsórcio ativo quando cada um dos autores puder, autonomamente, ajuizar a ação que originou o processo no qual ora se reúnem. Nesse sentido, é esperada tal modalidade de litisconsórcio na medida em que a pertinência subjetiva do autor à situação jurídica de Direito Material correlata à ação seja autossuficiente para justificar seu ajuizamento, sendo desnecessária a participação de sujeito adicional para esse fim.

---

42 Similares dificuldades, a seu turno, são esperadas de outros negócios jurídicos processuais, como naqueles voltados ao Direito Probatório. Assim, já foi destacada a corrente imposição abusiva de convenções relativas à distribuição do ônus probatório (GODINHO, Robson. ***Negócios Processuais sobre o Ônus da Prova no Novo Código de Processo Civil***. São Paulo: RT, 2015, p. 37), bem como os custos de transação envolvidos na desjudicialização da produção da prova, quando se anteveem futuras contingências contratuais (MÜLLER, Julio Guilherme. ***Negócios Processuais e Desjudicialização da Produção da Prova: Análise Econômica e Jurídica***. São Paulo: RT, 2017, p. 368).

Em um primeiro momento, é o que se verifica em ações voltadas à impugnação de determinado ato, seja para desconstituí-lo via sua anulação, seja para declarar sua nulidade: cada pretenso autor conseguiria demonstrar seu *interesse* em obter a tutela jurisdicional pleiteada sem que o ordenamento lhe imponha a participação em litisconsórcio necessário. Ainda assim, existem *colegitimados*. A hipótese descrita adquire feições de maior complexidade ao se ter em mente o efeito precípuo da procedência do pedido inicial, qual seja, a *expurgação de certo ato, plenamente identificável, do mundo jurídico*, ora com eficácia *ex tunc* (nulidade), ora com eficácia *ex nunc* (anulabilidade). Similar efeito se estende, subjetivamente, a qualquer sujeito de direito *de igual forma*, motivo pelo qual, em havendo pluralidade de autores, há *litisconsórcio unitário* em tais hipóteses; são efeitos naturalmente esperados da indivisibilidade do pedido inicial, na hipótese de ser posteriormente acolhido.

Resta o questionamento: *se os efeitos da desconstituição de certo ato afetam colegitimados que não participaram do processo que a determinou, poderiam eles rediscutir a matéria em processo ulterior e autônomo?* Surge, com isso, o secular debate em torno da pluralidade de legitimados à impugnação de um único ato ou, em linguagem mais precisa, de um *único ato incindível*.

Tal discussão cativou a atenção da processualística italiana há tempos, sendo tratada por Liebman em ensaio no qual foram enfatizados seus componentes centrais: (***i***) a *indivisibilidade do objeto da demanda*; e (***ii***) a *identidade das situações jurídicas dos legitimados*[43]. Passado quase um século, a temática ainda é considerada por autores pátrios como "*uma das mais tormentosas questões que a doutrina do direito processual civil conhece no que diz respeito ao tema 'partes e terceiros'*"[44].

No fundo, destina-se a cláusula em estudo, precisamente, à superação de tal problema secular no terreno da impugnação das deliberações assembleares. O fato de uma deliberação social decorrer de certo consenso entre os titulares do capital social não lhe retira sua individualidade enquanto ato, tampouco eventuais diferenças entre as participações de cada sócio prejudicam a identidade das situações jurídicas que lhes legitimam a autonomamente

---

43 Trata-se do estudo "***Pluralidade de Partes Legítimas à Impugnação de um Único Ato***", sendo deveras valiosos os comentários feitos a ele pela saudosa Ada Pellegrini Grinover, que dá ênfase à associação de seu objeto com uma especial hipótese de litisconsórcio facultativo unitário (In: LIEBMAN, Enrico Tullio. ***Eficácia e Autoridade da Sentença e Outros Escritos sobre a Coisa Julgada*** – 4ª ed. – Rio de Janeiro: Forense, 2007, pp. 221-239).

44 BUENO, Cassio Scarpinella. ***Curso Sistematizado de Direito Processual Civil, Volume 1: Teoria Geral do Direito Processual Civil, Parte Geral do Código de Processo Civil*** – 10ª ed. – São Paulo: Saraiva, 2020, p. 77.

propor eventual ação impugnando dita deliberação. Ou seja, foram preenchidos ambos os requisitos a atrair a discussão narrada.

A princípio, a doutrina pátria enfrentou o problema manuseando institutos tradicionais da ciência processual, recaindo, ao final, em *quatro alternativas de solução*, cada qual criticável em algum aspecto.[45]

A primeira alternativa simplesmente nega a existência de qualquer litisconsórcio unitário facultativo na hipótese aventada[46]. Para tanto, com fundamento em regras constitucionais, argumenta-se que não se poderia estender a coisa julgada formada sobre sentença desfavorável ao acionista que não participou do contraditório, e tampouco se poderia simplesmente negar a formação de coisa julgada para o sócio interessado na impugnação da deliberação assemblear que não veio a juízo, pois isso obrigaria a sociedade a se defender seguidas vezes em subsequentes processos quanto à mesma pretensão deduzida cada vez por um diferente integrante do quadro social, violando-se a paridade de armas. Referida solução pressupõe que todo litisconsórcio unitário seria também necessário[47], impondo-se ao juiz ordenar ao autor a integração dos demais colegitimados sob pena de, não o fazendo, haver extinção do processo sem exame de mérito. Se, por outro lado, o sócio autor atender à ordem, haveria a integração de todos os acionistas ao contraditório, excluindo-se qualquer dificuldade no tocante aos limites subjetivos da eficácia da sentença e da imutabilidade da coisa julgada.

De início, desponta evidente que essa solução esvazia completamente a utilidade das diversas regras de Direito Material que enunciam a legitimidade isolada para cada sujeito da relação incindível buscar tutela jurisdicional, que é, ao nosso ver: *a ampliação e facilitação do acesso à justiça*. O inconveniente desponta manifesto nos casos em que houver um número elevado de sócios, como sói ocorrer nas companhias abertas, em que eventual preocupação em integrar ao processo todos os acionistas poderia dificultar ou até mesmo inviabilizar o acesso à justiça daquele(s) que se dispôs (ou dispuseram) a mover demanda. O problema ainda poderia ser resolvido no âmbito da tutela coletiva, ou mesmo no âmbito de um processo individual, por meio da citação editalícia de todos

---

45 Tais propostas vieram desenvolvidas, por um dos coautores, em artigo publicado em 2016: SICA, Heitor Vitor Mendonça. ***Três Velhos Problemas do Processo Litisconsorcial à luz do CPC/2015***. Revista de Processo, Vol. 256, São Paulo: RT, jun./2016, pp. 65-86.

46 Posição defendida, por exemplo, por Luiz Guilherme Marinoni e Daniel Mitidiero (***Código de Processo Civil Comentado Artigo por Artigo*** – 3ª ed. – São Paulo: RT, 2011, p. 138).

47 Essa solução havia sido expressamente descartada pelo texto do novo CPC aprovado pela Câmara Federal em 26.03.2014, cujo art. 114, par. ún., dispunha que "*o litisconsórcio unitário pode ser necessário ou facultativo*". Contudo, esse dispositivo não permaneceu na versão final do diploma.

os acionistas, que não puderam ser identificados (art. 256, I, do CPC). Mas, em uma companhia fechada, essas soluções não se aplicariam, o que poderia conspirar contra o direito fundamental de acesso à justiça de maneira irremediável, a depender do caso.

A segunda alternativa aventada pela doutrina brasileira parte da premissa de que, efetivamente, existe o litisconsórcio facultativo unitário ativo. Contudo, a despeito disso, se proporia como obrigatório que o juiz convocasse todos os demais colegitimados a integrar o contraditório, em processo movido por apenas um ou alguns deles.

Trata-se da solução então propugnada pelo art. 116, §2º, do projeto de CPC aprovado pela Câmara dos Deputados ("*O juiz deve determinar a convocação de possível litisconsorte unitário ativo para, querendo, integrar o processo*"). Como esse dispositivo restou rejeitado pelo Senado e, portanto, não figura na codificação vigente, poder-se-ia cogitar, quando muito, de uma solução de *lege ferenda*.

No entanto, embora parta de premissa teórica diferente da alternativa anterior, ela possui basicamente o mesmo objetivo: *integrar ao processo todos os integrantes do quadro social*, de modo a eliminar problemas no tocante aos limites subjetivos da eficácia da sentença e à imutabilidade da coisa julgada.

Nesse passo, além de padecer dos mesmos problemas da solução anterior, acima destacados, criar-se-ia um anacronismo. Imaginando-se que o dispositivo houvesse sido preservado na codificação vigente, despontaria evidente o tratamento distinto entre o litisconsórcio unitário ativo (que poderia ser facultativo) e o litisconsórcio unitário passivo (que seria sempre necessário). No primeiro caso, o juiz *deveria* integrar *ex officio* o sócio que não figurou na peça inicial (art. 116, §2º, do projeto de CPC aprovado pela Câmara Federal), ao passo que, no segundo, o juiz deveria determinar que o autor integrasse o sócio omitido na inicial sob pena de, não o fazendo, extinguir-se o processo sem exame de mérito (art. 116, §1º, da mesma versão do projeto, equivalente ao art. 115, parágrafo único, da codificação vigente). Não há uma explicação plausível para essa diferença de tratamento entre as duas soluções[48], mormente porque

48 Conviria que o sistema escolhesse, de maneira coerente e sistemática, entre duas alternativas: (a) aceitar que o autor tem o direito de *escolher* contra (ou com) quem litigar, de tal modo que o juiz não poderia obrigá-lo a aceitar mais um litigante integrado *ex officio*; ou (b) reconhecer que o autor, uma vez proposta a petição inicial, perde o controle da formação subjetiva do processo. Na primeira hipótese, seria forçoso dar ao autor o poder de se opor ao "*chamamento ao processo*" e à "*denunciação da lide*". No segundo caso, impor-se-ia necessário reformular o procedimento subsequente à constatação de falta de litisconsorte necessário, de modo a eliminar a necessidade de concordância do autor quanto à sua integração ao processo.

ela parte do (errado) pressuposto que é possível determinar, de antemão, se um determinado acionista pertence ao polo passivo (hipótese em que o litisconsórcio é necessário) ou ao polo ativo (caso em que se aplicaria a intervenção *ex officio*, determinada com base no art. 116, §2º, do projeto de CPC aprovado na Câmara Federal).

Esse problema despontaria ainda mais grave em um conflito plurilateral, como é o caso em análise, no qual é inviável identificar quais dos demais sócios são *cointeressados* ou *contrainteressados*[49] em relação àquele que veio a juízo. Para arrematar, há que se considerar que o sujeito que foi integrado ao processo como "*possível litisconsorte unitário ativo*" pode, inicialmente, prostrar-se contra o pedido do sócio autor, mas, depois, mudar de ideia e alinhar-se a essa posição[50].

A terceira alternativa reconhece a existência do litisconsórcio unitário facultativo, e se baseia na proposição de que o sócio – ou sócios – que veio a juízo seria *substituto processual* dos demais que permaneceram inertes. Trata-se de uma solução pragmática, cujo objetivo primordial é permitir a extensão da coisa julgada àqueles que não integraram o contraditório, partindo do pressuposto de que o substituído processual é, sempre, atingido pela coisa julgada produzida no processo ajuizado pelo substituto[51].

Contudo, embora haja autorizados pronunciamentos doutrinários nesse sentido[52], essa solução esbarra em diversos óbices já apontados no presente estudo, quais sejam: (*i*) o fato de que o sócio autor, quando impugna determinada deliberação social, está a resguardar *direito próprio em juízo*; e (*ii*) a ausência de previsão legal de semelhante hipótese de substituição processual, consoante exige o art. 18 do CPC. A tudo isso, acresça-se que já foi posto em

---

49 A propósito, confira-se o clássico texto de Renato Alessi (***Osservazione intorno ai Limiti Soggettivi di Efficacia del Giudicato Amministrativo***. Rivista Trimestrale de Diritto Pubblico, 1954, p. 51-69).

50 Está coberto de razão Antonio do Passo Cabral ao reconhecer a "*despolarização do processo*" da qual decorreria a migração das partes entre os polos (***Despolarização do Processo e Zonas de Interesse sobre a Migração entre Polos da Demanda***. Revista Forense, vol. 105, n. 404, Rio de Janeiro: Forense, jul.-ago./2009, pp. 3-42).

51 Esse entendimento ecoa no STJ, valendo citar a guisa de exemplo o seguinte julgado: "*Os efeitos da sentença e a autoridade da coisa julgada, nas hipóteses de substituição processual, estendem-se de forma a atingir o terceiro cujos interesses foram representados em juízo, sobretudo quando o juízo é de procedência*" (REsp 983.357/RJ, Rel. Ministra Nancy Andrighi, Terceira Turma, julgado em 03/09/2009, DJe 17/09/2009).

52 É o entendimento há tempos defendido por Donaldo Armelin (***Legitimidade para agir***. São Paulo: RT, 1979, pp. 119-120) e, mais recentemente, por Nelson Nery Junior e Rosa Maria de Andrade Nery (***Código de Processo Civil Comentado*** – 18ª ed. – São Paulo: RT, 2019, p. 154).

dúvida o entendimento longamente assentado de que a coisa julgada se aplica sempre e em qualquer caso ao substituto processual[53].

Por fim, há que se reconhecer, novamente, que os sócios não estarão sempre alinhados e concordes em torno de qual situação pretendem defender em juízo, de tal modo que seria no mínimo estranho propor que um substituto processual atue para obter tutela jurisdicional contrária ao interesse do substituído. Nesse caso, não se trataria de *defender* direito alheio em nome próprio, mas sim de apenas *atacar* direito alheio e, para isso, não se dispensaria o respeito ao contraditório. Como se observou, essa situação se reconhece facilmente em se tratando de relações jurídicas plurilaterais, como a hipótese em estudo, nas quais é inviável identificar de antemão quais dos demais sujeitos são cointeressados ou contrainteressados em relação ao que veio a juízo.

A quarta alternativa se baseia na simples afirmação de que a coisa julgada se estenderia aos demais sócios que não vieram a juízo (e que, portanto, *são tecnicamente terceiros*[54]). Ou seja, chega-se aqui ao mesmo resultado da proposição anterior, mesmo sem recorrer ao "*artifício*" da substituição processual, para justificar que acionistas que não participaram no feito ficassem vinculados à coisa julgada.

Contudo, a solução esbarra nas garantias constitucionais do processo e no texto expresso do art. 506 do CPC de 2015, segundo o qual a coisa julgada não poderia *prejudicar* terceiros. Isso basta para que essa proposição seja descartada, ao menos com base no que consta de ordenamento processual pátrio, sem prejuízo de a eficácia natural da sentença reverter-se em favor dos demais sócios interessados na desconstituição da deliberação social impugnada e que não chegaram a ocupar o polo processual ativo do feito. Em sendo indivisível o pleito de impugnação, resta esvanecido qualquer interesse processual, por parte desse interessado, em pleitear tal providência em momento ulterior.

53 Eduardo Talamini (***Coisa julgada e sua Revisão.*** São Paulo: RT, 2005, pp.114-115) propõe que o substituto seja atingido pela coisa julgada material apenas quando: (a) podia ter ajuizado pessoalmente a demanda e não o fez; e (b) tinha ciência da demanda proposta pelo substituto. José Rogério Cruz e Tucci (***Limites Subjetivos da Eficácia da Sentença e da Coisa Julgada Civil*** – 2ª ed. – São Paulo: Marcial Pons, 2020, pp. 169-172) concorda com essa posição e, examinando a questão à luz das garantias constitucionais, acrescenta ser recomendável, a seu ver, que as hipóteses de legitimação extraordinária sejam reduzidas pelo legislador.

54 Aderem a essa tese ninguém menos que José Carlos Barbosa Moreira (***Litisconsórcio Unitário.*** Rio de Janeiro: Forense, 1972, pp. 138 e ss.), além de Ada Pellegrini Grinover (***Coisa Julgada Erga Omnes, Secundum Eventum Litis e Secundum Probationem.*** Revista de Processo, n. 126, São Paulo: RT, ago./2005, pp. 9-21, pp. 11-14). Mais proximamente ao tema em debate, confira-se: PEREIRA Guilherme Setoguti J. ***Impugnação de Deliberações de Assembleia das S/A.*** São Paulo: Quartier Latin, 2013, pp. 304 a 310.

Por evidente, o interesse processual *supra* aludido permanecerá existente se o sócio originalmente autor se ver derrotado na demanda por ele movida.

Como se vê, contornar o problema em discussão não se revela empreitada fácil. Mesmo que se opte por enfrentá-lo diretamente, *integrando a totalidade dos sócios ao processo*, recair-se-á, nos casos envolvendo companhias fechadas com extenso quadro social ou companhias abertas, em diligências dispendiosas e morosas que, ao final, não se revelarão frutíferas ao satisfatório deslinde do feito. Isso porque, como é cediço, o desinteresse de certos acionistas minoritários é esperado do modelo majoritário de poder de controle prevalecente no ambiente societário pátrio[55], não havendo motivos para se crer que semelhante desinteresse não se replicaria em procedimentos judiciais relacionados, igualmente, à gestão da sociedade.

A seu turno, de *lege ferenda*, poderia se cogitar da citação editalícia, mesmo sendo possível identificar todos os sujeitos da relação jurídica material plurilateral, se os atos de comunicação realizados no âmbito do Direito Material seguem essa forma (como no caso da maioria das sociedades por ações). Contudo, essa solução, não bastasse se apresentar de *lege ferenda*, recai em invariável ilusão. Isso porque, como é cediço, não passa a citação por edital de meio a promover o prosseguimento de feito paralisado há anos, certamente não garantindo eficazmente a integração dos sócios interessados ao contraditório, motivo pelo qual, *há tempos*, se diz constituir tal modalidade uma *ficção*[56].

À luz do exposto, resta campo fértil para a aplicação da cláusula geral atípica ora inscrita no art. 190 do CPC, havendo margem para a celebração de negócios jurídicos processuais em atenção a um debate que se prolonga há anos na processualística pátria e estrangeira. É exatamente para esse fim que se propõe a cláusula ora estudada, tendo se cindido a doutrina, infrutiferamente, entre admitir a eficácia *erga omnes* da coisa julgada material em potencial prejuízo a interessados que não participaram ou não foram eficazmente comunicados do processo que culminou na decisão imunizada, e admitir a rediscussão *ad infinitum* de decisões resultantes de procedimentos que dispensaram a participação de todos os colegitimados.

---

55 Tanto é esperado, que tal desinteresse pode, inclusive, afligir a própria maioria, resultando em curiosíssimas hipóteses de *controle minoritário*, tratadas, classicamente em: COMPARATO, Fábio Konder; SALOMÃO FILHO, Calixto. ***O Poder de Controle na Sociedade Anônima*** – 5ª ed. – Rio de Janeiro: Forense, 2008, p. 87.

56 Narrando, de forma detida, a aceitação notória de que o edital não cumpre sua função em garantir a efetiva comunicação do processo em curso: SICA, Heitor Vitor Mendonça. ***Comentários ao Código de Processo Civil, Volume V: Arts. 236 a 293 – Da Comunicação dos Atos Processuais até do Valor da Causa.*** GOUVÊA, José Roberto *et al* (coord.). São Paulo: Saraiva, 2019, pp. 170-171.

Em um primeiro momento, os óbices representados pela citação de todos os sócios interessados são evadidos pelo aproveitamento da via de comunicação à qual eles já estão acostumados em seus afazeres, qual seja, a utilizada para fins de convocação aos ritos assembleares ("*caput*" da cláusula). Tal solução não apenas torna mais eficiente o trâmite processual, como também amolda o procedimento perfeitamente à realidade subjacente ao litígio societário, pois, afinal, o acionista que participa ativamente das reuniões societárias será aquele mais interessado em participar em algum dos polos de eventual processo que trate, exatamente, da impugnação a uma deliberação assemblear. Ao contrário, a parcela do quadro social que frequentemente não se interessa na gestão social – fazendo jus, nesses termos, ao estereótipo do *sócio de capital* –, muito provavelmente tratará a comunicação relativa à ação como se relativa a uma assembleia fosse, sem prejuízo de lhe ser facultada a participação no processo[57].

Em um segundo momento, a vinculação de sócios que não participaram processualmente do resguardo a seus interesses é explicada pela concentração da pretensão impugnativa em apenas um processo, acrescida da legitimidade extraordinária de seus autores e da sociedade, prevista, respectivamente, pelo §1º da cláusula. A pertinência subjetiva dos sócios omissos à lide, a seu turno, terá em vista o posicionamento porventura manifestado pelos representados quando da aprovação da deliberação impugnada: se opuseram-se a ela durante o rito assemblear, serão representados no polo ativo; se mantiveram-se silentes ou foram favoráveis à deliberação impugnada, seus interesses serão tutelados pela companhia. Por terem seus interesses próprios tutelados em juízo, mesmo que por outrem, não há razão para negar a extensão dos efeitos da coisa julgada material ulteriormente formada aos sócios que voluntariamente optaram por manter-se omissos (§2º da cláusula ora proposta)[58].

57 Eduardo Talamini opta por propor um negócio jurídico processual atípico "*a previsão de uma exigência de citação de todos os sócios para que, querendo, ingressassem no processo, no polo ativo ou passivo, conforme seu interesse.*" (***Coisa Julgada e Efeitos da Sentença na Ação de Impugnação de Deliberação Societária.*** In: YARSHELL, Flávio Luiz; PEREIRA, Guilherme Setoguti J. (coord.). ***Processo Societário, Volume IV***. São Paulo: Quartier Latin, 2021, pp. 335-377, p. 355). Parece-nos que tal alternativa peca pela pouca adequação à realidade societária, em que quadros sociais podem ser compostos por ampla variedade de indivíduos, de diferentes nacionalidades e domicílios. Semelhante pluralidade, conquanto já prevista contratualmente quando da previsão das vias de comunicações para as assembleias sociais, é estranha ao modelo legal de citação, que ora se revelaria insuficiente (resultando no insatisfatório e mesmo ilícito recurso à citação editalícia), ora se revelaria dispendioso e moroso.

58 Nesse caso, pois, não entendemos que seria adequada, propriamente, a previsão contratual de *substituição processual convencional* (a exemplo do negócio jurídico processual atípico proposto por Eduardo Talamini em: ***Coisa Julgada e Efeitos da Sentença na Ação de Impugnação de Deliberação Societária.*** In: YARSHELL, Flávio Luiz; PEREIRA, Guilherme Setoguti J. (coord.). ***Processo Societário, Volume IV***. São Paulo: Quartier Latin, 2021, pp. 335-377, pp. 354-355), por ser teoricamente mais consistente a previsão de legitimidade extraordinária ativa e passiva.

Por essa via, todos os sócios cientificam-se não apenas da existência de ação constitutiva negativa ou declaratória de nulidade, como também dos únicos posicionamentos a serem tomados em seu interior: sustentar a invalidação da deliberação assemblear ou sustentar sua validade. Em consequência, eventuais omissões não servirão como fundamento para o ajuizamento de futuras ações, pois, afinal, nesse cenário hipotético, será plenamente invocável a exceção de litispendência ou de coisa julgada pela companhia, a depender do estado processual em que se situe a impugnação inaugural. Subsistindo apenas um processo, serão as decisões proferidas em seu interior que darão o desfecho à impugnação da deliberação assemblear, de modo a evitar a existência simultânea de decisões contraditórias prolatadas por órgãos judiciais distintos.

Por fim, mas não menos importante, temos que eventual insatisfação do sócio que não participou em juízo com o negócio jurídico processual em estudo se manifestaria em pretensão contra cláusula do contrato social proximamente associada ao procedimento ordinário de convocação assemblear. Em outros termos, salvo excepcionais hipóteses de vícios de consentimento a macularem o liame existente entre esse sócio e a sociedade, revela-se francamente improvável a impugnação da referida cláusula por algum vício objetivo ou abusividade ínsita à sua substância, na medida em que similar defeito por certo caracterizaria qualquer cláusula concernente ao ato convocatório a ritos assembleares. De duas, uma, portanto: ou o sócio está insatisfeito com o funcionamento regular do órgão de maior relevância à gestão social, ou a regulação contratual em si está a obscurecer um mecanismo de exclusão de certos sócios do procedimento decisório (por exemplo, na forma de uma via de convocação propositalmente restritiva imposta pelos fundadores ou pelos atuais detentores do controle).

A seu turno, se o sócio omisso está a insurgir-se em face de seu representante em juízo – *id est*, os autores ou a sociedade –, não há que imputar defeito às hipóteses de legitimidade processual extraordinária previstas pela cláusula ora proposta, mas sim deve assumir a responsabilidade por seu comportamento omissivo em não ingressar a algum dos polos processuais, quando tal chance lhe foi satisfatoriamente ofertada. Por outro lado, se foi impedido de participar do processo por fatos alheios à sua vontade, deve buscar reparação em face do responsável por tais fatos, recaindo a controvérsia, pois, na esfera da responsabilidade civil extracontratual.

CONCLUSÕES

Curiosamente, se havia certo esplendor a rodear o instituto do negócio jurídico processual quando de sua introdução à codificação vigente, hodiernamente, a processualística tende a enxergá-lo com um olhar um tanto cético. Nesse sentido, a escassa estipulação de negócios jurídicos processuais na prática forense, aliada à manutenção do *status quo ante* com a conservação de conhecidos negócios jurídicos processuais típicos (*v.g.* as convenções relativas ao ônus probatório, a eleição do foro e a própria transação em juízo), tornou corrente a frase "*nunca vi um negócio jurídico processual*" e comum a associação do instituto àqueles que se prendem à letra da lei e dela não se desgrudam (remontando à clássica dicotomia: *validade* x *eficácia da norma*).

Não podemos nos olvidar, contudo, que a utilidade de um instituto não é dada abstratamente, especialmente quando se está a tratar de um fruto da autonomia privada. O art. 190 do CPC ofereça balizas seguras para a construção de instrumento voltado à resolução de problemas concretos que possam obstar a satisfatória tutela jurisdicional de interesses, e é por essa lente que deve ser enxergado e aproveitado. Nesse sentido, se o negócio jurídico processual atípico não é passível de superfetação ao ponto de tornar-se um *deus ex machina*, a socorrer o processualista em todos os seus apuros teóricos, pode ele servir de auxílio na refletida adequação do procedimento à realidade jurídico-material nele abordada.

Buscamos esboçar, no presente estudo, exatamente uma aplicação de inegável utilidade desse instituto, cuja função é declaradamente instrumental. Há tempos os limites subjetivos da coisa julgada material em demandas impugnativas de deliberações assembleares revela-se insolúvel pela moldura legal do processo civil, com os institutos tipicamente associados à *relação jurídica processual de Direito Público* (tome-se a citação, a título exemplificativo) proporcionando soluções de escassa exequibilidade prática. Por essa razão, a autonomia privada proporciona, nessa temática, margem para a adequação do procedimento mediante cláusula conhecida pelos sócios quando se vinculam à sociedade e cuja aplicação concentra o objeto litigioso (invalidação de determinada deliberação assemblear) a um único processo, o que é desejável quando se conhece de antemão todos os indivíduos que serão afetados pela decisão final.

Ao final, portanto, se a conturbada discussão doutrinária em torno da matéria se via em franco *stalemate* entre dois posicionamentos teoricamente consistentes e, no entanto, insatisfatórios na prática, chega-se a uma solução exitosa recorrendo-se à estrutura contratual e permitindo sua absorção no campo tipicamente publicístico do Direito Processual Civil, sem prejuízo à segurança esperada deste e aproveitando-se a celeridade e anseio pela efetividade que marcam as relações privadas.

51. A CLÁUSULA DE *WASH-OUT*

Hugo Tubone Yamashita
Marina Junqueira de Moraes Lima

1. INTRODUÇÃO: AS CLÁUSULAS DE *WASH-OUT* E O AGRONEGÓCIO BRASILEIRO

Ao conjunto das atividades relacionadas às cadeias produtivas agrícola e pecuária e às relações econômicas e comerciais atreladas a essas atividades, "antes, dentro e depois da porteira", dá-se o nome de agronegócio – ou *agribusiness.* Neste setor, estão inseridas todas as empresas que, direta ou indiretamente "*fornecem os insumos necessários, produzem, processam e distribuem produtos, subprodutos e resíduos de origem agrícola, pecuária, de reflorestamento ou aquicultura*"[1].

É senso comum que esse é um dos principais setores econômicos mundiais, dado que é o grande responsável por produzir e fornecer alimento, energia e insumos de forma geral, mas fato é que o agronegócio é especialmente relevante para a economia brasileira. A primeira atividade econômica exercida pelos colonizadores portugueses durante o período pré-colonial no Brasil foi justamente a exploração da madeira do pau-brasil, seguida da exploração de cana-de-açúcar durante o período colonial e do plantio e exportação de café, cuja ascensão teve início no século XIX e perdura até hoje. Nesse sentido, o

1 BATALHA, Mário Otávio (Coord.). Recursos humanos para o agronegócio brasileiro. Brasília: CNPQ, 2000. p. 5. Apud: BURANELLO, Renato. *Manual do direito do agronegócio.* 2ª ed. São Paulo: Saraiva, 2018, p. 34.

Brasil segue sendo, até hoje, o principal exportador e segundo maior consumidor de café do mundo[2].

No início do século XX, iniciou-se o cultivo de soja em solo brasileiro, cuja expansão se deu durante a década de 70, fortemente amparada pelo avanço tecnológico no campo[3]. Esse período recebeu o nome de "Revolução Verde"[4], caracterizada pela ampliação do uso de maquinários, fertilizantes e adubos, sementes transgênicas etc. nas produções agropecuárias.

Atualmente, o agronegócio compõe cerca de 30% do Produto Interno Bruto do Brasil[5] e mais de 40 milhões de hectares do território nacional são destinados unicamente para o plantio de soja[6], o que torna o Brasil um dos maiores produtores mundiais deste grão.

Considerando que o agronegócio representa um papel fundamental no desenvolvimento de regiões do país e impacta diretamente na vida de produtores rurais de micro, pequeno, médio e grande porte – ou seja, do pequeno produtor, que depende da agricultura familiar para a sua subsistência, até os grandes latifundiários responsáveis por boa parte do abastecimento de soja do mundo –, faz-se necessária a intervenção do direito para regular os instrumentos e disponíveis aos jurisdicionados, bem como para proteger essa cadeia de produção e as relações econômicas existentes entre os diferentes *players* do mercado.

Nesse sentido, a legislação brasileira voltada para os contrários agrários, em sentido estrito, são as Leis nº 4.504/194 (Estatuto da Terra), Lei nº 4.947/1966 e o Decreto nº 59.566/1966[7]. Evidentemente, existem outros ins-

---

2 Segundo dados do Ministério da Agricultura e Pecuária, disponíveis em: https://www.gov.br/agricultura/pt-br/assuntos/noticias/brasil-e-o-maior-produtor-mundial-e-o-segundo-maior--consumidor-de-cafe#:~:text=Maior%20produtor%20mundial%20do%20gr%C3%A3o,por%20It%C3%A1lia%2C%20B%C3%A9lgica%20e%20Jap%C3%A3o. Acesso em 01.05.2023.

3 Segundos dados da Associação dos Produtores de Soja e Milho do Estado de Mato Grosso (APROSOJA), disponíveis em: http://www.aprosoja.com.br/soja-e-milho/a-historia-da-soja#:~:text=No%20Brasil,de%20sementes%20para%20produtores%20paulistas. Acesso em 01.05.2023.

4 Buranello, Renato. *Manual do direito do agronegócio*..., p. 34.

5 Segundo pesquisa realizada pelo Centro de Estudos Avançados em Economia Aplicada (CEPEA), da Escola Superior de Agricultura "Luiz de Queiroz" da Universidade de São Paulo (Esalq/USP), em parceria com a Confederação da Agricultura e Pecuária do Brasil (CNA), disponível em: https://www.cepea.esalq.usp.br/br/pib-do-agronegocio-brasileiro.aspx#:~:text=-Considerando%2Dse%20os%20desempenhos%20da,pecu%C3%A1rio%20avan%C3%A7ou%202%2C11%25. Acesso em 01.05.2023.

6 Segundo pesquisa da Empresa Brasileira de Pesquisa Agropecuária (EMBRAPA), disponível em: https://www.embrapa.br/soja/cultivos/soja1/dados-economicos. Acesso em 1.5.2023.

7 Querubini, Albenir. Contratos agrários: questões polêmicas e algumas propostas para a solução de conflitos. In: Rodrigues, Rafael Molinari; Souza, Lucas Monteiro de (Org.). *Direito do Agronegócio, sustentabilidade e comércio exterior*. São Paulo: LTr, 2022, p. 13.

trumentos, comerciais ou civis, que também são amplamente utilizados no âmbito do agronegócio que não se limitam a contratos agrários.

Um desses mecanismos, regido pela lei cível e muito bem aceito pelos usos e costumes do agronegócio, trata-se do contrato de compra e venda futura de grãos com preço pré-fixado, ou contrato de venda a termo. Por meio desse contrato, as partes convencionam a compra e venda de mercadorias que serão entregues em data futura por um preço acordado pelas partes, pré-fixado, que independe do valor da mercadoria na data de entrega. Normalmente, as partes vendedora e compradora são produtores rurais e *tradings* agrícolas, respectivamente, e a celebração do contrato ocorre no momento do plantio, enquanto a data de entrega se dá na colheita da próxima safra.

Ao celebrar o contrato a termo, o produtor rural pode embutir no preço pré-fixado os custos que teve/terá com a lavoura – que, no momento da contratação, já são conhecidos –, bem como calcular uma margem de lucro que lhe pareça adequada. Ou seja, o maior benefício ao produtor rural é que, com o contrato de venda futura, ele *"não precisa arcar sozinho o ônus do risco, além de ser possível para ele ter fomento antecipado de recursos materiais e/ou insumos para sua atividade produtiva a ser realizada"*[8].

Da mesma forma, a contratação também é vantajosa à *trading*, que garante determinada quantidade de mercadoria e já pode iniciar as negociações de venda com seus clientes e, em paralelo, se blindar das oscilações de preço através da contratação de *hedge*[9], – uma espécie de "seguro" contra o risco de oscilação de preços, realizado por meio de operações de derivativos[10],

8 TIMM, Luciano Benetti; YEUNG, Luciana. Parecer Jurídico Econômico concedido à ABIOVE sobre os impactos jurídico-econômicos de decisões judiciais revisionais de contratos de compra antecipada da safra ao agronegócio brasileiro, 10.1.2021, pp. 14-15.

9 Conforme leciona MURIEL WAKSMAN, *"as operações de* hedge *implicam a existência de transações casadas iguais e de sentido contrário, simultaneamente, no mercado a vista e no mercado a termo, evitando as variações mercadológicas que podem, concomitantemente, arrecadar lucros a uma das partes e grande prejuízo à outra. O intuito dos operadores do mercado, ao trazer em referido instituto para o agronegócio, é atrair ainda mais investidores e aumentar a viabilidade da atividade rural – mediante a modernização e emancipação da atividade rural (...)"* (*Apud*: VERÇOSA, Haroldo Malheiros Duclerc; FRANCO, Nancy Gombossy de Melo. Crédito e títulos de crédito na economia moderna: uma visão focada na cédula de produto rural- CPR. *Revista de Direito Mercantil.* Vol. 45. N 141, p. 96. *In.:* WAKSMAN, Muriel. Contratação de Hedge em casos de CPR – Mitigação de riscos. In: *Revista de Direito Empresarial.* Vol. 8. Ano 3 pp.. 225-238. São Paulo: Revista dos Tribunais, mar.-abr. 2015.

10 RODRIGUES, Rafael Molinari. A tradicional relação de parceria comercial entre produtores rurais e tradings e a importância do cumprimento dos contratos de compra e venda antecipadas. In: RODRIGUES, Rafael Molinari; SOUZA, Lucas Monteiro de (Org.). *Direito do Agronegócio, sustentabilidade e comércio exterior*. São Paulo: LTr, 2022, pp. 253-254.

que a permite diluir *"riscos (inclusive cambiais) com outros agentes econômicos como bancos de investimento, fundos e outros operadores desse mercado"*[11].

O contrato com preço pré-fixado acaba sendo muito interessante às partes justamente por proporcionarem uma melhor proteção contra a volatilidade e instabilidade e o dinamismo do mercado, que está constantemente sujeito a inúmeros fatores como clima, variação de câmbio, crises sanitárias, políticas e financeiras etc. A alternativa – venda em balcão, ou como comumente se diz neste âmbito, no mercado *spot* – traz uma maior exposição aos fatores dinâmicos e, consequentemente, a riscos.

Conforme leciona Olavo Guarnieri, as cadeias econômicas do agronegócio são complexas e estão a todo tempo sujeitas a elementos externos, extremos e imprevisíveis, como por exemplo, a disponibilidade e o custo dos serviços e do crédito, riscos de produção, riscos sanitários, riscos decorrentes de infraestrutura e das mudanças institucionais, bem como os desafios no preparo no plantio e na colheita, que podem envolver estiagem, seca, excesso de chuvas, acometimento da lavoura por pragas etc.[12]

Por essa razão, leciona que o contrato com entrega futura é "*o mecanismo mais utilizado nas comercializações dos produtores rurais brasileiros para proteção contra o risco de preço de mercado*"[13]. Isso porque esse tipo de contrato "*produz o efeito de oferecer proteção contra o risco de preços que incorre o vendedor (em caso de baixa na cotação da* commodity*) e o comprador (em caso de alta no momento da entrega)"*[14].

Nesse sentido, apesar de evidentemente trazer mais segurança às partes, o contrato a termo não está livre de reveses. Nas situações em que o preço de grãos no mercado sobe bruscamente entre o período da celebração do contrato e da colheita do grão, é comum que os produtores rurais tenham a impressão de que a pré-fixação do preço do contrato acaba por lhes imputar perdas ou prejuízos, porque, caso optassem por realizar a venda em balcão, estariam lucrando mais com aquelas vendas.

Um importante exemplo de desestabilização de preços ocorreu durante a colheita da Safra de 2003/2004, quando a variação positiva na Bolsa de Chicago,

---

11 TIMM, Luciano Benetti; YEUNG, Luciana. Parecer Jurídico Econômico concedido à ABIOVE..., p. 16.

12 GUARNIERI, Olavo. Contratos do Agronegócio – As modernas estratégias de precificação para proteção contra oscilações de preços de mercado. In: RODRIGUES, Rafael Molinari; SOUZA, Lucas Monteiro de (Org.). *Direito do Agronegócio, sustentabilidade e comércio exterior*. São Paulo: LTr, 2022, pp. 242-243.

13 Id. Ibid., p. 243.

14 Id. Ibid., p. 243.

entre plantio e colheita de soja, alcançou 55,7%[15]. Durante a Safra de 2020/2021, em decorrência de diversos fatores, situação similar verificou-se com as *commodities* no Brasil, especialmente com o preço da saca da soja, que, ao longo do ano de 2020, passou por uma valorização de mais de 100% de seu preço inicial[16].

Por consequência, produtores rurais passaram a ameaçar o descumprimento dos contratos celebrados a termo – e muitos efetivamente o fizeram – para poderem vender seus produtos em mercado *spot*, aproveitar a valorização da *commodity* e se valer daquele lucro de forma imediata. Na contramão, as *tradings*, que já haviam negociado esses mesmos produtos, muitas vezes para exportação, veem-se reféns dessa possível e crescente onda de inadimplemento.

Quando o inadimplemento se torna efetivo, as *tradings* veem-se obrigadas a recorrerem ao mercado *spot* para poderem adquirir quantidade semelhante de determinada *commodity*, suficiente para poderem cumprir seus compromissos com os seus próprios clientes – para quem já haviam repassado e revendido o produto adquirido do produtor. Há um verdadeiro efeito dominó[17] inerente ao contexto de rede contratual em que todos estes instrumentos estão incluídos[18].

---

15 NASTARI, Plinio M. *A cadeia produtiva do complexo de soja no Brasil – formação de preços, mecanismos de proteção a risco de preço, mercado a termo e importância da preservação dos contratos.* Parecer de 8.1.2021, contratado pela ABIOVE – Associação Brasileira das Indústrias de Óleos Vegetais. São Paulo, 2021, p. 69. Disponível nos autos do processo nº 1017505-46.2021.8.26.0100.

16 Conforme estudo do CEPEA (Centro de Estudos Avançados em Economia Aplicada), instituição ligada à ESALQ-USP, a elevação dos preços das *commodities* em 2020 foi impulsionada, especialmente, pela pandemia de COVID-19, que gerou a redução de operação nas cadeias produtivas. Ulteriormente, com a reabertura de mercados, houve um descompasso entre produção e consumo, o que acarretou um pico de alta de preços no ano de 2022. O cenário ainda se agravou com a guerra no leste europeu. A partir de abril do ano passado, no entanto, o movimento de alta parece estar se revertendo (ADAMI, Andréia. *O que esperar dos preços das commodities alimentícias nos próximos meses?* In: https://cepea.esalq.usp.br/br/opiniao-cepea/o-que-esperar-dos-precos-das-commodities-alimenticias-nos-proximos-meses.aspx, consultado em 26.6.2023).

17 TIMM, Luciano Benetti; YEUNG, Luciana. Parecer Jurídico Econômico concedido à ABIOVE..., p. 15.

18 Conforme discorre ERIK REGIS: "[c]om efeito, a dinâmica contratual que envolve esse negócio é retratada por meio uma cadeia sucessiva de contratos. Essa cadeia se inicia com o produtor rural e com o comprador original, que também será vendedor oportunamente, para outros compradores e importadores, até que os produtos cheguem ao consumidor final, em todo o mundo. Uma perturbação, mesmo diminuta, no início dessa cadeia, na relação entre produtor rural e o primeiro comprador, com a entrega original fora do termo, em quantidades menores, e especialmente a frustração integral, com a caracterização do inadimplemento absoluto, poderá reverberar por toda a operação" (Regis, Erik da Silva. *Execução pelo equivalente: suporte fático, operatividade, efeitos e quantificação.* Dissertação de mestrado apresentada ao Departamento de Direito Civil da Universidade do Estado do Rio de Janeiro em 2022, p. 132). Um dos autores desse artigo já teve a oportunidade de examinar o tema de rede de contratos em trabalho específico: YAMASHITA, Hugo Tubone. *Cooperação Empresarial: Contratos Híbridos e Redes Empresariais.* São Paulo: Almedina, 2022.

Evidente que, nesse cenário, a instabilidade é regra, considerando que se torna até mesmo mais vantajoso ao produtor rural descumprir o contrato de venda futuro e negociar sua produção na bolsa. O inadimplemento torna-se não somente eficiente, mas também lucrativo. Por consequência, durante esses períodos há uma crescente no número de processos judiciais e discussões acerca do cumprimento forçado das obrigações contratuais, da revisão dos contratos, ou, especialmente, da compensação pelos danos sofridos nos casos em que o inadimplemento é efetivo.

Nessa linha de ideias, é importante observar que o lucro obtido pelos produtores rurais acaba sendo revertido como uma perda que é absorvida integralmente pelas *tradings*. Esse dano financeiro é comumente chamado no mercado de *MTM*[19]. Em adição, as *tradings* incorrem em penalidades diárias de vultosas quantias decorrentes do atraso no embarque de *commodities*[20].

Para evitar tal situação, passou-se a adotar, nos contratos de compra e venda futura de *commodities*, a inclusão de uma cláusula que torna o inadimplemento ineficiente aos produtores e que é capaz de "reembolsar" as *tradings* pelo *MTM* sofrido. Trata-se da cláusula de *Wash-out*.

De acordo com a professora Judith Martins-Costa, a cláusula de *Wash-out* é a "d*enominação atribuída à cláusula contratual que tem por função enfrentar problemas advindos das alterações supervenientes de circunstâncias em relações contratuais estendidas no tempo*"[21].

Assim, diante da não entrega do produto na data aprazada, a cláusula de *Wash-out* "*prevê a obrigação do produtor em indenizar o adquirente relativamente aos custos adicionais que este tiver para adquirir a mesma quantidade de produto com terceiros, com base no preço de mercado*"[22].

O intento "*é deixar o credor na posição em que ele estaria, caso, de fato, o contrato tivesse sido efetivamente cumprido*", permitindo ao comprador, "*mesmo diante do inadimplemento absoluto, buscar no mercado, munido do valor*

---

19 "*Market to market*".

20 TREVIZAN, Ana Flávia. *'Wash out' frente ao ordenamento jurídico brasileiro*. In: SOARES, Danielle Cevallos; SALDANHA, Evely Bocardi de Miranda; SOUZA, Murilo Oliveira. O Direito na Fronteira e as Fronteiras do Direito, Cáceres: Unemat, 2017, p. 12.

21 MARTINS-COSTA, Judith. Parecer oferecido a ABIOVE – Associação Brasileira das Indústrias de Óleos Vegetais. Porto Alegre, 2021. Disponível nos autos do processo nº 1017505-46.2021.8.26.0100.

22 GAMA, Clairton Kubassewski. Os contratos a termo e soja à luz da behavioral law and economics. In: *Revista Jurídica Luso-Brasileira*, n. 5, ano 7, set/out 2021, pp. 513-548. Nas palavras de ANA TREVIZAN: "*o 'wash out brasileiro' tem por escopo a indenização sobre a valorização da/s* commodities *no mercado, ou seja, a diferença entre o preço no momento da celebração do contrato e no instante em que o mesmo for descumprido e aquele comprador tiver que procurar no mercado do dia o produto que deseja*" (TREVIZAN, Ana Flávia. *'Wash out' frente ao ordenamento jurídico brasileiro...*, p. 14).

correspondente, o produto que não lhe foi entregue, para poder seguir cumprindo os contratos subsequentes da cadeia contratual de commodities"[23]. O mecanismo visaria ainda a "*afastar a percepção do inadimplemento eficiente*"[24].

Trata-se de modelo de cláusula contratual importada do *common law*. O termo *Wash-out* se trata de verbo frasal anglófono, que significa impedimento para continuar um evento ou cancelamento de um evento em razão de mau tempo; já o termo *washout*, por outro lado, se trata de substantivo da mesma língua que descreve um evento fracassado[25]. É necessário que esse conceito seja tropicalizado e adaptado às leis brasileiras.

Isso porque as cláusulas de *Wash-out* não possuem tipificação legal (artigo 425, do Código Civil) ou uniformidade nas suas formulações e estruturas. Assim, é comum que as previsões contratuais a respeito do *Wash-out* tenham as mais diversas estruturas – desde as bastante singelas, genericamente indicando que o inadimplemento por parte do produtor acarretará o pagamento de perdas e danos relacionados ao *MTM*, até as mais robustas, que indicam com exatidão o critério de liquidação dos danos. As disposições podem ainda se encontrar no próprio instrumento de compra e venda ou em outro adjeto, celebrado por ocasião de transação entre as partes[26].

Esse tema é de extrema importância, porque, como já dito, o mercado do agronegócio é um dos mais influentes na economia brasileira. Assim, o inadimplemento de um dos mais utilizados contratos do maior seguimento do comércio nacional deve ser estudado de forma aprofundada, para que a legislação e sua correlata aplicação sejam feitas da melhor forma possível.

---

23 Regis, Erik da Silva. *Execução pelo equivalente...*, p. 132.

24 Gama, Clairton Kubassewski. Os contratos a termo e soja..., p. 531. Como bem explica o autor, "[o] *produtor pode perceber o descumprimento do contrato como mais vantajoso do que o seu cumprimento, na hipótese em que arcar com as sanções decorrentes da inadimplência e comercializar a soja no mercado por preço mais elevado do que aquele que foi pré-fixado se mostra mais vantajoso*" (p. 531). O *Wash-out*, portanto, ao estabelecer uma consequência pecuniária ao incumprimento, afastaria esse comportamento oportunista.

25 Vide as definições disponibilizadas nos sites: https://dictionary.cambridge.org/pt/dicionario/ingles/washout e https://dictionary.cambridge.org/pt/dicionario/ingles/wash-out. Acessados em 6.5.2023.

26 Após fazer referência ao regramento contido da Grain Trade Australia – GTA, que aparentemente se refere ao *Wash-out* como mecanismo de transação entre as partes, Ana Trevizan comenta que "[n]*o Brasil, o tema em comento ganhou outra roupagem. Via de regra, vem embutida nos contratos de compra e venda. Pode também ser objeto de um contrato autônomo, habitualmente chamado de 'acordo de* wash out*'. Ambos são constituídos de maneira unilateral pelas* tradings" (Trevizan, Ana Flávia. *'Wash out' frente ao ordenamento jurídico brasileiro...*, p. 14).

A relevância é tanta, que o tema chamou a atenção da Câmara de Arbitragem e Mediação do Agronegócio e foi tema do caso discutido na V Competição de Arbitragem, organizada pela Câmara[27].

O objetivo deste artigo é, portanto, o aprofundamento do tema, estudado principalmente pela ótica de sua aplicação prática – seja pelas previsões contratuais das cláusulas de *Wash-out*, seja em sua análise, aplicação e limitação pela jurisprudência.

2. AS ESTRUTURAS MAIS FREQUENTES DAS DISPOSIÇÕES DE *WASH-OUT*

Conforme já explicado, uma vez que a cláusula de *Wash-out* é atípica, não há qualquer regramento a respeito de sua estrutura, razão pela qual não é incomum que referida cláusula tenha diversas estruturas, a depender essencialmente da redação e estrutura escolhidas pelas partes contratantes. Nesse sentido, trataremos abaixo de alguns exemplos de estrutura da cláusula *Wash-out*[28], para aprofundarmos posteriormente sua função e a disciplina jurídica a elas aplicável.

Conforme se verifica abaixo, algumas cláusulas específicas de *Wash-out* são incluídas em instrumentos de transação celebrados entre as partes, em apartado do instrumento de compra e venda e por ocasião da falha na entrega das *commodities*:

> "*3. O Vendedor se obriga a pagar a título de indenização pelo desfazimento do negócio o valor de U$ 56.406,89 (cinquenta e seis mil, quatrocentos e seis dólares americanos e oitenta e nove centavos) a Compradora, pagamento esse que será devidamente descontado da entrega imediata de 110 (cento e dez) toneladas de algodão em Pluma do* [instrumento]"[29].

---

27 Nesse sentido, a título exemplificativo, colacionamos a cláusula de *Wash-out* prevista no contrato do caso fictício que foi discutido no âmbito da competição: *Cláusula: "7.2. Configurado o inadimplemento, a Vendedora, independentemente de aviso ou notificação pela Compradora, estará automaticamente constituída em mora para o pagamento cumulativo das seguintes penalidades contratuais: (...) D. Sem prejuízo das demais penalidades, a Vendedora se sujeita ao pagamento ou compensação das demais despesas, custos e/ou perdas e danos, inclusive danos emergentes e lucros cessantes que forem apurados na data do vencimento da entrega, arcados pela Compradora em decorrência direta ou indireta do inadimplemento".*

28 Apesar de estarem todas disponíveis para acesso em processos judiciais públicos, ocultaremos, de forma proposital, o nome das partes envolvidas, os instrumentos em que estão previstas e quaisquer detalhes previstos nas cláusulas mencionadas e que permitam a identificação das partes. A pesquisa também não é exaustiva e visa apenas e tão somente ilustrar as formas mais usuais identificadas na práxis forense.

29 Disponível nos autos do proc. n. 1078003-79.2019.8.26.0100.

"Diante da impossibilidade de entregar a totalidade da mercadoria vendida através Contrato referenciado. proponho pagar o valor de R$ 16,50 (dezesseis reais e cinquenta centavos) por saca de 60 kg a título de indenização pelo valor de reposição de dita quantidade faltante ("wash-out"), totalizando de R$ 359.268,52 (Trezentos e cinquenta e nove mil, duzentos e sessenta e oito reais e cinquenta e dois centavos) o qual reconheço como líquido, certo e exigível"[30].

"Em razão da impossibilidade da entrega de 8.600.000 kg (oito milhões e seiscentos mil) quilos de Trigo em grãos indicadas acima, as Partes, desejam formalizar a liquidação por diferença de mercado - Wash Out ("Termo de Liquidação - W.O."), nos termos e condições estabelecidos no presente instrumento; (...) Ocorre que o VENDEDOR não cumpriu o respectivo Contrato, bem como, já informou à Compradora que não terá condições de efetuar a entrega de 8.600.000 kg (oito milhões e seiscentos mil) quilos do produto correspondente aos respectivos Contrato. (...) Assim, a fim de minimizar os prejuízos causados pela falta de entrega tempestiva dos 8.600.000 kg (oito milhões e seiscentos mil) quilos de Trigo, o Vendedor, neste ato, compromete-se a efetuar o pagamento correspondente a R$ 2.102.000,00 (dois milhões, cento e dois mil reais), referente a liquidação por diferença de mercado (Wash out), conforme indicado abaixo (...)"[31].

"Ocorre que as Partes, de comum acordo, decidiram por distratar os Contratos e, devido a tal distrato o VENDEDOR dever pagar à [trading] *a quantia de U$ 111.561,39 (cento e onze mil, quinhentos e sessenta e um dólares dos Estados Unidos da América e trinta e nove centavos dos Estados Unidos da América) ("Wash Out")*|.

(...) Por este Instrumento e na melhor forma de direito, o DEVEDOR reconhece e confessa dever à [trading] *a quantia líquida e certa, nesta data, de U$ 111.561,19 (cento e onze mil, quinhentos e sessenta e um dólares dos Estados Unidos da América e trinta e nove centavos dos estados Unidos da América) ("Wash Out") ("Dívida")"*[32].

"As per email exchange dated December 19th, 2011 regarding our Intention to wash out the below mentioned contract, we thereby confirm the close out far part of our purchase contract number 643315 with you according to the details below and according to the ICA Rules;

30 Disponível nos autos do proc. n. 1036450-23.2017.8.26.0100.

31 Disponível nos autos do proc. n. 1084519-47.2021.8.26.0100.

32 Disponível nos autos do proc. n. 1053683-38.2014.8.26.0100.

> *(...)*
>
> *Please make payment in full to our account with seven (7) business days of this tatter. If payment is not received in full by this date we reserve our rights procced with 1CA arbitration and all Legal means available to recover this amount in full."*[33]
>
> *"Em razão da não entrega do milho por parte da DEVEDORA a CREDORA, esta, como dito, foi obrigada a adquirir a quantidade de 19.000.000 toneladas de milho a granel no mercado para cumprir suas obrigações junto aos seus clientes, ao custo de RS 1.583.333.33 (um milhão, quinhentos e oitenta e três mil, trezentos e trinta e três reais e trinta e três centavos), valor correspondente a compra em mercado e acordado expressamente entre as partes, cujo valor está reconhecido e confessado pela DEVEDORA junto a CREDORA.(...)*
>
> *Para encerrar em definitivo o negócio jurídico representado pelo contrato n° S-304 e S-328, especialmente o pagamento da dívida reconhecida e confessada pela DEVEDORA no valor de RS 1.583.333,33 (um milhão, quinhentos e oitenta e três mil. trezentos e trinta e três reais e trinta e três centavos), correspondente ao washout de RS 5.00 (cinco) reais por saca de 60 quilos, valor este acordado entre as partes, relativos a compra dos produtos ao preço de mercado para adimplemento das obrigações da CREDORA, a DEVEDORA efetuará o pagamento do valor aqui mencionado da seguinte forma: (...)"*[34]

De outro lado, algumas cláusulas, incluídas no próprio instrumento de compra e venda, podem prever, simplesmente, que, em caso de inadimplemento, o produtor rural deverá pagar à *trading* o valor da diferença positiva existente entre o preço da mercadoria previsto no contrato e o preço da mercadoria no dia da liquidação, multiplicado pelo volume não entregue. Não raro as disposições preveem tanto a liquidação a título de *Wash-out*, como também o pagamento de cláusulas penais moratória e/ou compensatórias. Em determinadas situações, sequer há uma distinção clara entre referidas hipóteses ou há apenas a referência genérica ao dever de indenizar. Confira-se:

> *"Caso o* [produtor rural] *realize a entrega parcial do* [produto] *contratado, no volume mínimo de 50% (cinquenta por cento), não incidirá a multa pactuada na* [cláusula], *entretanto* <u>a [trading company] *deverá ser indenizada pelo* [produtor rural] *pela diferença do preço da mercadoria contratada e o preço*</u>

33 Disponível nos autos do proc. n. 1068719-86.2015.8.26.0100.

34 Disponível nos autos do proc. n. 1268606-7.

da mercadoria no dia da liquidação do contrato multiplicado pelo volume não entregue (Washout)"[35].

"Caso o [produtor rural] *tenha deixado de entregar qualquer quantidade de* [produto] *objeto deste* [instrumento], *o pagamento de todas as perdas e danos incorridos pela* [trading company], *cujo valor não poderá ser inferior ao maior valor entre os seguintes, sem prejuízo de indenização suplementar: (i) 20% (vinte por cento) do preço da quantidade de* [produto] *que deixou de ser entregue; ou (ii) a diferença entre o preço do saldo estabelecido neste* [instrumento] *e o preço do saldo para a praça mais próxima ao local de entrega ou retirada do* [produto], *divulgado pela consultoria Safras & Mercado, no primeiro dia útil posterior ao término do período de entrega ou retirada do* [produto] *ou à data do inadimplemento/vencimento antecipado, o que ocorrer primeiro. A multa compensatória aqui estabelecida será acrescida de correção monetária pelo [índice] e juros moratórios de 1% (um por cento) ao mês, contados desde a data do inadimplemento/vencimento antecipado até a data do efetivo pagamento"*[36].

"É facultado à [trading company], *em não lhe entregando o* [produtor rural] *o* [produto] *vendido com preço definitivo já fixado, no prazo estipulado, atualizar o preço da quantidade faltante, para todos os efeitos legais, inclusive cláusula penal, com base no preço praticado pela* [trading company] *no dia da liquidação, ou ainda, atualizá-lo monetariamente com base no [índice], e acrescendo juros moratórios de 1% (um por cento) ao mês calculados pro rata die.*

A mora ou inadimplemento, total ou parcial, na entrega do [produto], *independentemente de interpelação, sujeitará o* [produtor rural] *: i) ao pagamento de multa de 50% (cinquenta por cento) sobre o valor do* [produto] *faltante (saldo descumprido); ii) juros moratórios de 1% (um por cento) ao mês, calculados pro rata die desde o dia do inadimplemento, que incidirão sobre o valor da quantidade faltante do* [produto]*; iii) perdas e danos e lucros cessantes; e iv) honorários advocatícios fixados desde logo em 20% (vinte por cento) sobre o valor do presente* [instrumento]. *Os valores devidos em razão da multa, juros moratórios e dos honorários advocatícios, são reconhecidos desde já como líquidos, certos e exigíveis e serão imediata e totalmente compensáveis com eventuais valores a que faça jus a* [trading company], *proveniente do valor do* [produto]

35 Disponível nos autos do proc. n. 1001523-75.2021.8.26.0040.
36 Disponível nos autos do proc. nº 0012475-76.2023.8.26.0100.

porventura entregue, ou de qualquer outro a que faça jus nos termos deste [instrumento] *ou de qualquer outro contrato com a* [trading company]"[37].

"*Não obstante o disposto nos itens antecedentes, caso o* [produtor rural] não efetue a entrega dos produtos conforme descritos na [cláusula], *a tempo e modo, fica desde já estabelecido que sobre o valor total do presente* [instrumento], *incidirão os seguintes acréscimos, que deverão ser liquidados na data da entrega dos produtos, a saber: I. JUROS MORATÓRIOS de 1% (um por cento) ao mês, a partir do segundo dia posterior ao vencimento deste* [instrumento]*; II. MULTA de 2% (dois por cento), a partir do segundo dia seguinte ao vencimento deste* [instrumento], *calculada sobre o valor total da dívida; III. Diferenças de preço de fixação e wash out para os casos em que tenha havido o Hedge da operação; IV. Honorários advocatícios à razão de 20%; V. Multa não compensatória de 50% do valor do* [instrumento]"[38].

"*7.2. Configurado o inadimplemento, a Vendedora, independentemente de aviso ou notificação pela Compradora, estará automaticamente constituída em mora para o pagamento cumulativo das seguintes penalidades contratuais: (...) D. Sem prejuízo das demais penalidades, a Vendedora se sujeita ao pagamento ou compensação das demais despesas, custos e/ou perdas e danos, inclusive danos emergentes e lucros cessantes que forem apurados na data do vencimento da entrega, arcados pela Compradora em decorrência direta ou indireta do inadimplemento*"[39].

"*9.2.2. Não obstante o disposto nos itens antecedentes, caso o Emitente não efetue a entrega dos produtos conforme descritos na Cláusula Primeira supra, a tempo e modo, fica desde já estabelecido que sobre o valor total da presente Cédula de Produto Rural, incidirão os seguintes acréscimos, que deverão ser liquidados na data da entrega dos produtos, a saber:*
I. JUROS MORATÓRIOS de 1% (um por certo) ao mês, a partir do segundo dia posterior ao vencimento desta cédula.
II MULTA de 2% (dois por cento), a partir do segundo dia seguinte ao vencimento desta cédula, calculada sobre o valor total da dívida.
III. Diferenças de preço de fixação e "Wash out" para os casos em que tenha havido o Hedge da operação.
IV. honorários advocatícios à razão de 20%.

37 Disponível nos autos do proc. n. 2103961-25.2020.8.26.0000.

38 Disponível nos autos do proc. n. 2103961-25.2020.8.26.0000.

39 Cláusula de Wash-out debatida no âmbito da V Competição de Arbitragem Câmara de Arbitragem e Mediação do Agronegócio.

V. Multa não compensatória de 50% do valor da presente Cédula;

9.2.5. Sendo dispare o produto localizado quando do cumprimente da medida, na hipótese da cláusula antecedente o Arresto, busca e apreensão, ou qualquer outra medida constritiva incidirá sobre o quantitativo do referido produto necessário a salvaguardar o exato valor econômico do produto que deveria estar plantado na forma do Penhor ora constituído, valendo como parâmetro a cotação da revista safras e mercadas para a região em questão para constatação da equivalência econômica entre um e outro"[40].

É ainda interessante notar que, possivelmente em vista de litígios deflagrados anteriormente, alguns contratos trazem, junto à disposição da *Wash-out*, declarações a respeito da relação de rede[41] em que as operações econômicas estão inseridas e/ou visando a afastar a incidência dos artigos 317 e 478 do Código Civil. Algumas ainda fazem referência específica aos valores praticados em praças específicas. *In verbis*:

"*O descumprimento contratual pelo* [produtor] *fará com que o mesmo pague à* [compradora], *a título de cláusula penal, multa equivalente a 30% (trinta por cento) do valor da contratação, incidindo, ainda, até a data do cumprimento da obrigação, juros moratórios de 3% (três por cento) ao mês e correção monetária, calculados sobre o valor da multa estabelecida. Parágrafo Primeiro: Está ciente o* [produtor] *de que o produto café ora comercializado junto à* [compradora], *compõe um lote de café alienado a empresa terceira. Assim, caso haja o descumprimento contratual por parte do* [produtor], *a* [compradora], *para não incorrer em multa com esta empresa adquirente do café, será obrigada a adquirir no mercado produto para cobrir o volume não entregue pelo* [produtor]. *Neste caso, além da penalização prevista no caput desta Cláusula, deverá o* [produtor] *ressarcir a* [compradora] *pelas perdas e danos suportados pela mesma em razão da compra de café no mercado para suprir o descumprimento*

40 Disponível nos autos proc. n. 2103961-25.2020.8.26.0000.

41 Um dos autores deste artigo já definiu a relação de rede como "*uma relação jurídica entre os membros que aderem a uma rede contratual, mas que não firmam, entre si, contratos bilaterais. Por meio dessa relação (...), cria-se um vínculo intersubjetivo entre cada um dos membros da rede, impondo-lhes poderes e deveres oriundos da boa-fé, os quais estarão dimensionados, a partir de elementos do mea regis agitur entremeados por outros advindos do nostra regis agitur. Entendemos que essa relação de rede surge, a partir de um negócio jurídico unilateral não-receptício, praticado por cada um dos membros da rede, no seu ato de ingresso na coletividade*" (YAMASHITA, Hugo Tubone. *Cooperação Empresarial: Contratos Híbridos e Redes Empresariais*. São Paulo: Almedina, 2022, p. 380).

contratual do [compradora] *e, assim, honrar o compromisso assumido com a empresa terceira*"[42].

"*4.5. O VENDEDOR assume e reconhece, em caráter irrevogável e irretratável dentre outros, que, em razão da celebração do presente Contrato, a COMPRADORA assume o compromisso junto à bolsa de mercadorias e futuros de Chicago – Chicago Board of Trade ("CBOT"), principal bolsa comercializadora e formadora dos preços deste Produto, sendo certo que o adimplemento das obrigações da COMPRADORA perante a CBOT depende do cumprimento pelo VENDEDOR das suas obrigações oriundas deste Contrato. Consequentemente, na hipótese de o VENDEDOR não cumprir o Contrato de acordo com os prazos e condições deste, o VENDEDOR assume e reconhece que, a COMPRADORA incorrerá em perdas e danos, sem prejuízo da multa prevista na Cláusula 8.1. abaixo, bem como de outros motivos que ensejam perdas e danos. Já que a COMPRADORA arcará com eventuais custos, em razão da (I) recompra de posições de contratos futuros referente à quantidade, total ou parcial, de Produto não entregue conforme os termos deste Contrato; e/ou (II) a recompra de mercadoria tísica no mercado com os mesmos padrões de quantidade e qualidade do Produto conforme informado, por escrito, através de notificação a ser enviada pela COMPRADORA ao VENDEDOR.*

4.5.1. O VENDEDOR assume e reconhece, em caráter irrevogável e irretratável, dentre outros, os riscos de grande oscilação, a maior ou a menor, da cotação do dólar norte-americano frente à moeda corrente nacional e os riscos de grande oscilação da cotação do Produto na CBOT e, por consequência, o risco de grande oscilação do Preço Final (conforme abaixo definido) do Produto. Consequentemente, o VENDEDOR, irrevogável e irretratavelmente reconhece que (a) a ocorrência das referidas oscilações não constituirão fatos extraordinários e imprevisíveis; e (b) jamais poderão motivar a resolução ou revisão do presente Contrato por onerosidade excessiva, nos termos dos artigos 478 e 317. ambos do Código Civil Brasileiro.

8.1. Caracterizado o inadimplemento nos termos do caput desta cláusula, as obrigações do VENDEDOR oriundas deste Contrato serão antecipadamente vencidas, ficará ele obrigado, sem prejuízo de outras disposições deste Contrato e dos demais ajustes contratuais aplicáveis, bem como das normas aplicáveis, a pagar à COMPRADORA uma multa moratória e não compensatória em montante equivalente a 20% (vinte por cento) do valor total deste Contrato, ou o

42 Disponível nos autos do proc. n. 2613368-24.2021.8.13.0000.

equivalente em mercadoria nas mesmas características do Produto (a exclusivo critério da COMPRADORA), acrescido de juros de 1 % (um por cento) ao mês (calculados pro rata per diem). mais perdas e danos eventualmente sofridos pela COMPRADORA,

8.1.1. A multa estabelecida na Cláusula 8.1. acima constitui a indenização mínima a ser aplicada ao VENDEDOR, independente de comprovação de qualquer prejuízo, conforme disposto no Artigo 416 do Código Civil"[43].

Como se nota, portanto, tanto a estrutura, quanto a redação das cláusulas de *Wash-out* são ainda pouco uniformes. Há tanto disposições contidas em **(i)** instrumentos em apartado, celebrados por ocasião de transação concluída entre as partes, como também **(ii)** outras contidas no próprio instrumento de compra e venda. Nesse segundo cenário, a redação dos dispositivos também é bastante variada, abarcando disposições mais singelas e, por vezes genérica, e outras, mais robustas, prevendo maneiras de calcular o importe devido e com declarações a respeito do contexto em que o negócio foi celebrado.

É relevante entender a função e enquadramento jurídico aplicável ao dispositivo em análise, para que eventuais discussões sobre as disposições contratuais (por exemplo, a cumulação de multas e "*bis in idem*", a vinculação do Wash-out à contratação de *hedge*, a limitação aos valores estipulados) não obstem e/ou prejudiquem o exercício de direitos contratualmente previstos pelas partes contratantes.

3. POSSÍVEIS FUNÇÕES DAS CLÁUSULAS DE *WASH-OUT*

Dentre as inúmeras funções das disposições de *Wash-out*, a primordial e mais evidente é a de **liquidação prévia** da consequência pecuniária decorrente do incumprimento na prestação de entrega dos produtos agrícolas contratados. Diante da falha, total ou parcial, do vendedor, o comprador fica autorizado a adquirir os produtos contratados em mercado e, havendo saldo positivo entre a diferença do valor pactuado e o corrente em mercado, cobrar tal importe da contraparte. Quanto à natureza jurídica do valor pago no exercício da função liquidatória, trataremos com mais vagar no tópico seguinte.

A toda evidência, a convenção a respeito da forma como referido saldo positivo será liquidado também traz ao *Wash-out* contornos de um mecanismo de *dispute avoidance*. Ora, na medida em que, de antemão, estão estipuladas as bases de

43 Disponível nos autos do proc. n. 2102235-45.2022.8.26.0000.

liquidação da consequência pecuniária decorrente da falha de entrega, não haverá a necessidade de que as partes se engajem em tratativas para fins de identificar um valor de composição ou, pior, em um cenário de ausência de consenso, tenha de se socorrer de mecanismos de lógica adversarial para a resolução da crise contratual (arbitragem e/ou Judiciário)[44]. Portanto, o *Wash-out* inequivocamente também carrega a função de **prevenir litígios** entre as partes contratantes.

Uma terceira função que sobressai do mecanismo sob análise é o **assecuratório.** Como mais que evidente, o *Wash-out* visa também ao reforço da prestação a ser cumprida em favor do comprador. Para tal razão, é frequente que tais disposições concedam ao comprador o direito de, por si, efetuar a compensação do saldo positivo devido a título de *Wash-out* com o que eventualmente vier a dever ao vendedor em decorrência de entregas já efetivadas ou que venham a se efetivar[45].

Como decorrência das demais funções, há ainda o fato de que as disposições de *Wash-out* funcionam outrossim como relevante elemento de **precificação de risco** na operação econômica firmada. Tal função é especialmente importante, diante da inerente oscilação de preços no contexto do mercado internacional de *commodities*[46]. Ao assegurar ao comprador o recebimento da diferença de preços, o *Wash-out* afasta a indesejada incerteza[47], permitindo a organização das cadeias produtivas e a consectária diluição de riscos entre os diversos nódulos desta rede contratual[48]. Há, assim, uma estabilização da rela-

44 Esta função fica evidente em disposições que, em conjunto à função liquidatória, há a renúncia prévia ao exercício de prerrogativas decorrentes do artigo 478 do Código Civil.

45 Sobre o ponto, Pedro Souza comenta: "*Na praxe do mercado de grãos, é comum que, como alternativa ao recebimento do wash-out em dinheiro – ou combinado com este –, o comprador pactue com o vendedor a aquisição de safras subsequentes com desconto no valor correspondente ao wash-out*" (*A cláusula de Wash-out no Comércio de Grãos e a não incidência do PIS e do Cofins – Uma Análise Jurisprudencial*, Revista Direito Tributário Atual nº 52. ano 40. p. 283-302. São Paulo: IBDT, 3º quadrimestre 2022, p. 298).

46 Regis, Erik da Silva. *Execução pelo equivalente...*, pp. 133-134.

47 "*Eis a grande diferença no campo das ciências econômicas e atuariais entre incerteza e risco: o risco é calculável, a incerteza não. Quando há possibilidade de calcular risco, o mercado se organiza em contratos compartilhando e precificando esses riscos; quando há incerteza os agentes econômicos se abstêm de atuar naquele mercado, o que traria certamente prejuízos para toda cadeia do agronegócio*" (Timm, Luciano Benetti; Yeung, Luciana. Parecer Jurídico Econômico concedido à ABIOVE..., pp. 14-15).

48 Ainda sobre o ponto, confira-se o comentário de Luciano Timm e Luciana Yeung: "*Sob tais circunstâncias, para tornar possível essa atividade econômica – que há alguns anos é o grande motor da economia brasileira, e também o grande propulsor da produtividade nacional (ao contrário do setor industrial e o de serviços, cujas produtividades estão estagnadas há diversas décadas) – foi imprescindível desenvolver mecanismos para pulverizar os riscos entre os diversos agentes desse sistema. 43. O contrato de venda a termo, ou venda futura, foi um dos mecanismos que surgiu com esse objetivo. Com ele, foi possível transferir os riscos do produtor para as organizações que vêm depois na cadeia produtiva: empresas de insumos, comercializadoras (tradings) e indústrias processadoras. Assim, o*

ção de fornecimento firmada, que garante a higidez de toda a cadeia produtiva[49] e torna o contrato de compra e venda a termo poderoso instrumento de financiamento da atividade agrícola[50].

Last, but not least há ainda a função do *Wash-out* como **instrumento de mitigação de danos** ao credor. Isso porque, na medida em que há o recebimento da diferença de valor necessário para que o comprador tenha acesso às *commodities* negociadas, não deveria haver, em teoria, danos relacionados ao elo seguinte da cadeia (ex.: em um contrato de exportação). Afinal, ao receber o importe devido a título de *Wash-out*, o credor-comprador poderia manter incólume o cumprimento da obrigação subsequente da cadeia de fornecimento. Nesses termos, a cláusula *Wash-out* tem outrossim uma relevantíssima função convencional de mitigação de danos próprios[51] – o que, a toda evidên-

---

produtor rural não precisa arcar sozinho o ônus do risco, além de ser possível para ele ter fomento antecipado de recursos materiais e/ou insumos para sua atividade produtiva a ser realizada. Assim como os traders de soja diluem seus riscos (inclusive cambiais) com outros agentes econômicos como bancos de investimento, fundos e outros operadores desse mercado" (TIMM, Luciano Benetti; YEUNG, Luciana. Parecer Jurídico Econômico concedido à ABIOVE..., pp. 14-15).

49 REGIS, Erik da Silva. *Execução pelo equivalente: suporte fático, operatividade, efeitos e quantificação.* Dissertação de mestrado apresentada ao Departamento de Direito Civil da Universidade do Estado do Rio de Janeiro em 2022, p. 134.

50 A jurisprudência arbitral, inclusive, pressupõe que qualquer agente econômico atuante no mercado do agronegócio brasileiro conhece tal forma de financiamento: "*Pre-payment export agréments containing wash-out options are commonly used for financing by Brazilian sugar producers. Such contracts provide one of the: least expensive means for Brazilian sugar producers to obtain financing. (Second Milan Stmt. ¶ 12; Second Jacintho Rpt. ¶¶ 14-15, 20). It is reasonable to expect that an investor making an acquisition in the Brazilian sugar and ethanol market would be aware of this form of financing. Claimant should have known that utilizing export contracts with wash-out options was a mechanism to obtain financing in the industry*" (Asa Bioenergy Holding A.G. v. Ometto (Sentença Final), ICC N. 16176/JRF/CA, 21.11.2011).

51 Essa função é igualmente destacada por PEDRO SOUZA: "*Visando mitigar perdas decorrentes do inadimplemento da obrigação de entrega de grãos pelo vendedor, é comum que compradores – seguindo práticas internacionais do comércio de commodities – estipulem a cláusula de wash-out. A cláusula de wash-out obriga o vendedor, na hipótese de seu inadimplemento à obrigação de entrega, a pagar ao comprador a diferença positiva entre o valor pactuado para a venda de grãos (Preço) e o valor de mercado destes grãos no momento da entrega frustrada (Valor de Mercado)1-2. Este mecanismo permite que o comprador cumpra a etapa seguinte do ciclo de comercialização de grãos – a remessa destes para o exterior ou para o mercado doméstico – sem sofrer perdas financeiras. Havendo inadimplemento do vendedor, o comprador que antes do recebimento estiver compromissado com uma nova venda, como é comum às empresas comerciais do setor, terá que, necessariamente, adquirir no mercado interno a mesma quantidade de grãos que deixou de ser entregue pelo vendedor para honrar o seu contrato de venda. Como esta eventual compra é sujeita ao Valor de Mercado, serve a cláusula de wash-out para manter o comprador indene em relação ao gasto adicional ao Preço*" (*A cláusula de Wash-out no Comércio de Grãos e a não incidência do PIS e do Cofins – Uma Análise Jurisprudencial*, Revista Direito Tributário Atual nº 52. Ano 40. São Paulo: IBDT, 3º quadrimestre 2022, p. 284).

cia, também protege um interesse do devedor, dado que reduz os prejuízos que este deverá ressarcir.

Pense-se no seguinte exemplo: um determinado produtor que vende 3 safras subsequentes a um mesmo comprador. Havendo o incumprimento de entrega já na primeira safra, com sinais claros de que as subsequentes também não serão cumpridas pelo vendedor, é de rigor que o comprador (credor) não adote medidas que poderão aprofundar seus prejuízos próprios. Nessa ilustração, não seria razoável que o comprador, ciente da probabilidade de que não venha a receber os produtos, deixe de adotar as providências para se certificar de que, nas safras dos anos 2 e 3, terá acesso aos produtos agrícolas e engaje-se em novos acordos de exportação. Eventuais perdas decorrentes desse cenário para além da diferença de preço no mercado à vista não poderão ser imputadas ao devedor-vendedor, sob pena de violação ao princípio da mitigação de danos.

A cláusula, portanto, visa a afastar maiores debates acerca do *quantum* indenizatório que seria devido ao credor-comprador. Havendo uma parametrização objetiva para fins de cálculo da indenização (ex.: preço praticado em determinada praça), evitar-se-á a discussão acerca da razoabilidade de determinada contratação substitutiva, caso esta tenha sido realizada, ou ainda sobre o impacto que uma eventual contratação substitutiva teria sobre os danos sofridos pelo credor. Isso pois, considerando que a contratação substitutiva[52] é a principal medida de mitigação de danos, a disposição de liquidação do *Wash-out* dispensará a análise em torno das condições concretas em que o negócio com terceiro foi realizado ou, pior, das condições hipotéticas em que poderia ser realizado,[53] economizando tempo e recursos que as partes despenderiam em um provável litígio.

---

52 Como anota Gustavo Kulezsa, a compra substitutiva (*substitute transaction*) é a principal medida para mitigação de ônus no âmbito do Direito Inglês (*Sale of Goods Act* 1979, *Section* 51(3)). O autor comenta: "[e]*ssas fórmulas de cálculo de indenização do credor com base no preço de mercado do bem ou serviço (*market price formulas*) representam o critério abstrato de quantificação do prejuízo do credor. Na Inglaterra, privilegia-se o critério abstrato em detrimento do critério concreto. Assim, essas fórmulas são utilizadas mesmo nos casos em que o credor efetivamente realiza a contratação substitutiva. Quando o preço obtido na contratação substitutiva é menos vantajoso do que o preço corrente do mercado, entende-se que o credor não atuou de forma razoável na busca de uma contratação substitutiva. Na hipótese inversa, quando o preço obtido na contratação substitutiva é mais vantajoso em comparação ao preço corrente de mercado, entende-se que o credor é beneficiado por sua diligência e competência*" (Kulezsa, Gustavo Santos. *Princípio da Mitigação de Danos: Evolução no Direito Contratual.* São Curitiba: Juruá, 2015, pp. 141-142). E o mesmo autor ainda destaca a contratação substitutiva como medida de mitigação de danos no âmbito da CISG (arts. 75 e 76) e da jurisprudência arbitral no âmbito do comércio internacional (pp. 240-241 e 285).

53 A esse respeito, Gustavo Kulesza anota que "[n]*os casos em que o credor permanece inerte, mas os árbitros entendem que seria razoável que ele tivesse providenciado uma contratação substitutiva, exclui-se da indenização os danos que poderiam ter sido mitigados se o credor tivesse agido. Nessa hipótese, quantifica-se a indenização do credor com base na diferença entre o preço*

Em resumo, estas parecem ser as principais funções das cláusulas de *Wash-out*, que, a toda evidência, deverão ser consideradas pelo intérprete em especial ao se buscar o regime jurídico aplicável a tais disposições, conforme se abordará no tópico a seguir.

4. DISCIPLINA JURÍDICA APLICÁVEL ÀS CLÁUSULAS DE *WASH-OUT*

Examinadas as funções das cláusulas de *Wash-out*, parte-se, por fim, ao maior desafio atinente a este estudo: a definição da disciplina jurídica de tais mecanismos contratuais. A dificuldade quanto a este ponto decorre essencialmente da ausência tanto de tipicidade legal quanto de uniformidade na construção de tais estruturas. Ao tratar especificamente da cláusula de *Wash-out*, Judith Martins-Costa e Rafael Xavier bem destacam que "*soluções existentes em outros sistemas não são nunca mecanicamente 'transmutáveis': modo geral são acomodáveis por via de mutações e adaptações, quando houver, no ordenamento receptor, institutos que possam desempenhar funções similares aos atribuídos à figura recebida*"[54].

Em primeiro lugar, é válido destacar, conforme apontado no item anterior, a hipótese de o *Wash-out* ser utilizado simplesmente como mecanismo de que dá cabo a debates entre as partes a respeito da falha total ou parcial da entrega de produtos. Algumas decisões de organismos de classe, inclusive, fazem referência ao *Wash-out* como mecanismo de acordo no âmbito de contratos de compra e venda futura de produtos agrícolas[55]. Sob esse viés, o *Wash-*

---

contratual e preço de mercado da prestação substitutiva no momento em que o credor deveria tê-lo adquirido" (Kulezsa, Gustavo Santos. Princípio da Mitigação de Danos: Evolução no Direito Contratual. São Curitiba: Juruá, 2015, p. 289).

54 Martins-Costa, Judith; Xavier, Rafael Branco. A cláusula de wash-out nos contratos de compra e venda de commodities a preço fixo. *In:* Valverde Terra, Aline de Miranda; Da Cruz Guedes, Gisela Sampaio. (Coord.). *Inexecução das Obrigações*: Pressupostos, evolução e remédios. Vol. II. Rio de Janeiro: Processo, 2021, p. 788.

55 Id. Ibid., p. 796. Vale destacar que a Grain Trade Australia – GTA recomenda, expressamente, que, ao menor sinal de possível cenário de incumprimento, o vendedor deve notificar o comprador para que entrem em tratativas. O *Wash-out* é ainda tratado pelo órgão como um "processo voluntário", com recomendação para que os produtores transacionem com os compradores na hipótese de problemas de entrega: "[u]*nderstand that a 'washout' is a voluntary process supported by the GTA Dispute Resolution Service. In general, if you don't think you will be able to perform your obligations under a contract by the due date and you know this ahead of time, it might be worth settling and performing a 'washout' to protect yourself against any further fluctuations in the contract price / Crop production is not a force majeure event*" (https://www.graintrade.org.au/sites/default/files/Publications/014%20Grain%20Contracts%20-%20Contract%20%27Washout%27%202July2021.pdf). No Brasil, a APROSOJA também recomenda "[t]*entar negociar amigavelmente a rescisão ou cumprimento parcial do contrato, se não tiver a quantidade total de produto a ser entregue*" (http://www.aprosoja.com.br/produtor/informes-tecnicos/2016/pagina/3/).

-out estaria cingido ao regramento contido, nos arts. 840 a 850 do Código Civil, a respeito da **transação**.

Em segundo lugar – e essa parece ser o posicionamento mais comum[56] -, há o enquadramento do *Wash-out* como **cláusula penal**, mais especificamente de natureza compensatória (CC, art. 410). Esse é o posicionamento de Judith Martins-Costa e Rafael Xavier, para quem, embora não sejam "*exatamente equivalentes*", o *Wash-out* deve ser acomodado "*em nosso sistema (...) à figura da cláusula penal compensatória*". A razão, para tanto, estaria na similitude de funções, haja vista que, diante da eficácia do *Wash-out*, o comprador-credor "é colocado na posição em que estaria caso o contrato fosse cumprido como inicialmente previsto"[57].

Sob essa ótica, "[s]*erá, então, despiecenda a perquirição concreta sobre quais seriam os danos emergentes e os lucros cessantes que decorreram ou decorreriam, com grande probabilidade do fato da não entrega das commodities*"[58]. Havendo aplicação analógica do regime da cláusula penal, o comprador-credor estaria dispensado da prova da existência do dano sofrido (CC, art. 416). Diante do inadimplemento absoluto, surgem duas opções ao credor: perseguir o cumprimento *in natura* (se a prestação ainda for possível) ou exigir a cobrança da pena convencionada (CC, art. 410)[59]. Em qualquer caso, eventuais cláusulas penais moratórias incidiriam até a conversão da mora em inadimplemento absoluto[60] e seria possível também a cobrança de cláusulas com viés estritamente punitivo[61] – ainda que derivadas de mesmo fato[62].

---

56 Inúmeros julgados referem-se ao *Wash-out* como uma "multa" convencionada pelas partes: TJ-SP, 12ª Câm. Dir. Privado, Rel. Des. Jairo Oliveira Junior, Apel. n. 1049914-56.2013.8.26.0100, j. 5.12.2023; TJ-SP, 17ª Câm. Dir. Privado, Rel. Des. Mauro Conti Machado, Apel. n. 1046373-68.2020.8.26.0100, j. 25.5.2021; TJ-RS, 15ª Câm. Cível, Apel. n. 7007396853, Rel.ª Desª. Adriana da Silva Ribeiro, j. 6.12.2017. Esse também parece ser o entendimento de Ana Trevizan, ao destacar que "*estabelecer o 'wash out' seria aplicar duplamente a penalização em virtude do inadimplemento*" (Trevizan, Ana Flávia. *'Wash out' frente ao ordenamento jurídico brasileiro...*, p. 14).

57 Martins-Costa, Judith; Xavier, Rafael Branco. A cláusula de wash-out nos contratos de compra e venda..., p. 808.

58 Id. Ibid., p. 807.

59 Seabra, André Silva. *Limitação e Redução da Cláusula Penal.* São Paulo: Almedina, 2022, pp. 202-203.

60 Id. Ibid., pp. 214-215.

61 Id. Ibid., p. 219. Sobre o caráter estritamente punitivo, André Seabra destaca o fato de que, havendo dúvida no texto contratual, a presunção é de que a cláusula seja de caráter compensatório.

62 Sobre o ponto, André Seabra comenta: "*(...) a cumulatividade de cláusulas penais também pode decorrer de distintos inadimplementos em relação a uma mesma obrigação. Esse é o caso do exemplo mencionado no subcapítulo anterior de entrega do vestido de casamento, que poderá prever cláusula penal para o atraso, bem como para o inadimplemento absoluto, que se verificará, por exemplo, após a data do casamento. As partes, então, poderão fixar duas cláusulas penais relacionadas aos distintos inadimplementos da mesma obrigação, uma cumulativa e outra substitutiva*" (*Limitação e Redução da Cláusula Penal...*, p. 221).

A cumulação da cláusula de *Wash-out* com cláusulas penais mostra-se um ponto sensível quando se analisa a jurisprudência a respeito das disposições dos contratos de compra e venda futura de *commodities*. Isso porque ainda é ponto controverso nos Tribunais pátrios a possibilidade de cumulação do *Wash-out* com a cláusula penal, principalmente porque a natureza jurídica do *Wash-out* e, consequentemente, o regime jurídico a ele aplicável ainda são discutíveis[63].

O regime da cláusula penal ainda imporia outros efeitos ao *Wash-out*. Entre eles, vale destacar: **(i)** estabelecimento de limite máximo de indenização ao credor-comprador, caso não tenha sido convencionada possibilidade de cobrança de indenização suplementar (CC, art. 416, parag. único)[64]; **(ii)** possibilidade de concessão de tutela evidência, tendo como base o mínimo indenizatório estipulado na cláusula (em caso de ação de cobrança envolvendo pleito de indenização suplementar)[65]; **(iii)** limitação do *Wash-out* ao valor da obrigação principal (CC, art. 412)[66].

Ao tratar do regime legal da cláusula penal, André Seabra comenta que a limitação imposta pelo art. 412, CC, é especialmente inadequada aos casos de cláusulas compensatórias, cujo prejuízo geral decorrente do inadimplemento supere o valor da obrigação principal. E, nessa toada, cita exatamente o caso da compra e venda futura de *commodities*, quando, para além das perdas relacionadas a este negócio, há ainda os danos oriundos do inadimplemento ao negócio de exportação[67].

Judith Martins-Costa e Rafael Xavier entendem não haver margem para redução equitativa do *Wash-out*. Isso porque a diferença do *Wash-out* é

---

63 Nesse sentido, veja-se o entendimento dos Tribunais quanto à **(i)** possibilidade de cumulação do *Wash-out* com a cláusula penal moratória: **(i.a)** TJ-SP, 36ª Câm. de Dir.Privado, Apel. n. 1017505-46.2021.8.26.0100, Rel. Des. Pedro Baccarat, j. 18.8.2022; **(i.b)** TJ-PR, 15ª Câm. Cível, Apel. n. 1268606-7, Rel. Des.ª Elizabeth Maria Franca Rocha, j. 28.1.2015; **(i.c)** TJ-SP, 23ª Câm. de Dir. Privado, AI n. 2146471-82.2022.8.26.0000, Rel. Des. Virgílio de Oliveira Junior, j. 7.12.2022; ou **(ii)** impossibilidade de cumulação: **(ii.a)** TJ-SP, 24ª Câm. de Dir. Privado, Apel. n 1000779-55.2021.8.26.0210, Rel. Des. Rodolfo Pellizari, j. 28.7.2022; **(ii.b)** TJ-GO, 4ª Câm. Cível, Apel. n. 5577002-36.2021.8.09.0067; Rel. Des. Delintro Belo de Almeida Filho, j.:9.12.2022; **(ii.c)** TJ-SP; 26ª Câm. de Dir. Privado, Apel. n. 4001477-06.2013.8.26.0011, Rel. Renato Sartorelli, j.: 28.7.2016; e **(ii.d)** TJ-SP; 33ª Câm. de Dir. Privado, Apel. n. 1000784-77.2021.8.26.0210, Rel. Des. Luiz Eurico, j. 8.4.2022.

64 Em se tratando de cláusulas penais moratórias ou estritamente punitivas, não se verificaria tal efeito (Seabra, André Silva. Limitação e Redução da Cláusula Penal..., p. 225).

65 Seabra, André Silva. Limitação e Redução da Cláusula Penal..., p. 226.

66 André Seabra critica o regramento contido no artigo 412, CC, pois, para ele, "*o parâmetro de limitação adotado pelo legislador tem o potencial de criar litígios, seja sobre o cálculo do valor da obrigação principal, seja sobre a expressão pecuniária da pena, transformando o instituto que em essência visa a facilitar a contratação, em um fator de insegurança jurídica*" (Seabra, André Silva. Limitação e Redução da Cláusula Penal..., p. 323).

67 Seabra, André Silva. Limitação e Redução da Cláusula Penal..., p. 325.

calculada com base no valor de mercado, que, em raciocínio circular, deve ser também o balizador para a concretização do "*manifestamente excessivo*" previsto no art. 413, CC – logo, nunca haveria excesso no importe necessário para viabilizar a aquisição substitutiva em mercado a preços correntes. Inclusive, entendimento diverso seria contrário à própria finalidade da disposição convencionada entre as partes[68].

Em terceiro lugar, parece-nos que as cláusulas de *Wash-out* poderiam eventualmente ser vislumbradas como meras **cláusulas de prefixação de danos** (*liquidated damages*), destacando-se do regime típico das cláusulas penais. Nesse contexto, o mecanismo teria abrangência mais delimitada, voltando-se unicamente a liquidar previamente um prejuízo pressuposto causado a uma das partes diante do incumprimento contratual. A convenção seria animada para o fim de "evitar as delongas de um processo judicial, seja pela dificuldade de futura comprovação, seja pelo interesse de delimitar desde logo a exposição patrimonial do devedor"[69].

A esse respeito, André Seabra bem esclarece que, diversamente do que se passa em outros ordenamentos[70], o caráter autônomo da cláusula de prefixação de danos ainda não está pacificado no ambiente nacional. A doutrina ainda diverge sobre o tema e a matéria sequer é debatida nos tribunais com a adequada profundidade. De todo modo, na sua visão, a exemplo do que se passou no espaço germânico, o Direito Brasileiro também percorrerá nos próximos anos o caminho da distinção e autonomia da cláusula de prefixação de danos em relação ao regime da cláusula penal[71]. Afinal, e como parece evidente, não seria adequado dar tratamento idêntico a uma disposição que lide com a estipulação prévia do *quantum* indenizatório e à outra que estabeleça uma sanção privada, visando à coerção do devedor[72].

A discussão não é de interesse meramente acadêmico e desperta efeitos práticos bastante relevantes na casuística. O enquadramento de determinada cláusula de *Wash-out* como cláusula de prefixação de danos afasta a aplicação do regime legal instituído nos artigos 408 a 416 do Código Civil. Nessa esteira,

---

68 MARTINS-COSTA, Judith; XAVIER, Rafael Branco. A cláusula de wash-out nos contratos de compra e venda..., p. 816.

69 SEABRA, André Silva. Limitação e Redução da Cláusula Penal..., p. 82.

70 Sobre o ponto, SEABRA examina o desenvolvimento, no decorrer do último século e início do presente, da distinção entre o aspecto penal e o de prefixação de danos da cláusula penal no âmbito do Direito Alemão (*Vertragsstrafe* e *pauschalierten Schadensersatz*, respectivamente) e faz alusão às *penalty clauses* e *liquidated damages clauses* da *common law* (SEABRA, André Silva. Limitação e Redução da Cláusula Penal..., pp. 83-88).

71 SEABRA, André Silva. Limitação e Redução da Cláusula Penal..., pp. 83-88.

72 SEABRA, André Silva. Limitação e Redução da Cláusula Penal..., p. 135.

por exemplo, não haverá, de regra[73], a possibilidade de redução equitativa do importe estipulado a título de danos prefixados (CC, art. 413) ou mesmo discussões a respeito da limitação do importe previamente avençado (CC, art. 412)[74].

De outro lado, em se tratando de disposição que pressupõe a existência do dano e se limita à sua quantificação prévia, é admitida a prova de ausência de prejuízo como exceção a um eventual pleito condenatório do credor-comprador[75]. Ilustrativamente, pense-se na hipótese em que, conquanto o vendedor tenha falhado na entrega das *commodities* contratada, o contrato seguinte da cadeia de fornecimento também tenha sido extinto e/ou modificado por fatores alheios ao comprador, de forma que este não tenha mais a necessidade de receber, total ou parcialmente, os produtos.

Nessa hipótese, e se admitindo o tratamento do *Wash-out* como *liquidated damages*, seria de rigor também o afastamento da verba, na totalidade ou em partes, acaso estivesse evidenciada a ausência de redução patrimonial do comprador. Esse cenário seria absolutamente diverso, se se considerasse o *Wash-out* como cláusula penal, haja vista a presunção absoluta do piso mínimo de dano estipulado, a afastar debates sobre a existência ou não deste; admitir-se-á tão somente a prova do excedente, nos casos em que assim se estipular (CC, art. 416, parág. único)[76].

---

73 Sobre o ponto, ANDRE SEABRA bem destaca a possibilidade de aplicação das regras de cláusula penal às hipóteses de prefixação de danos, ressalvando, no entanto, que "(...) *não se trata propriamente de aplicação analógica, pois, apesar de ser a cláusula penal a figura típica mais próxima da cláusula de prefixação de danos, dentre suas principais diferenças está, justamente, a incompatibilidade das normas legais da cláusula penal para regular a cláusula de prefixação de danos*" (Limitação e Redução da Cláusula Penal..., p. 92).

74 SEABRA, André Silva. Limitação e Redução da Cláusula Penal..., p. 89.

75 Há, nesse sentido, julgado que negou o direito ao recebimento de importe a título de *Wash-out* face à ausência de prova do dano: "*(...) não há como se admitir a cobrança da indenização de "wash out" (documento de fls. 39), correspondente à indenização pela suposta diferença necessária para a reposição da mercadoria faltante, na medida em que não há nos autos comprovação de que o valor de R$ 16,50 por saca corresponda ao efetivo prejuízo experimentado pela apelada. E, como é cediço, ainda que tenha sido convencionada a possibilidade de cobrança de indenização suplementar além da cláusula penal pactuada, cabia à credora demonstrar o prejuízo excedente, nos termos do artigo 416, parágrafo único, do Código Civil, o que não ocorreu no caso dos autos, já que a apelada sequer comprovou qual era o valor da soja no momento do inadimplemento*" (TJ-SP, 32ª Câm. Dir. Privado, Apel. n. 1036450-23.2017.8.26.0100, Rel.ª Des.ª MARIA CLÁUDIA BEDOTTI, j. 6.2.2020).

76 SEABRA, André Silva. *Limitação e Redução da Cláusula Penal...*, pp. 90-91. Questão interessante no que toca ao assunto de prova seria se haveria ou não inversão de ônus de prova em favor do credor-comprador no âmbito da convenção para liquidação prévia de danos. PINTO MONTEIRO, conforme notícia de ANDRE SEABRA, e este mesmo entendem que não (*Limitação e Redução da Cláusula Penal...*, p. 91). A matéria, no entanto, parece suscitar maiores reflexões, que ultrapassam os limites deste singelo artigo.

A correta delimitação da natureza da verba recebida tem ainda implicações relevantes para fins tributários[77]. Os cenários podem ser diversos, caso o *Wash-out* seja recebido para remediar a necessidade de o comprador-credor cumprir um contrato subsequente na cadeia de fornecimento (dano emergente) ou na hipótese em que o valor lhe seja outorgado sem essa necessidade (lucro cessante). Embora a segunda alternativa seja menos frequente, o cenário poderia ser verificado, se se considerasse o *Wash-out* como cláusula penal compensatória de mínimo indenizatório a ser recebido, sem margem para prova em sentido contrário.

A *práxis*, especialmente face à discussão ainda bastante superficial em torno do tema, deve suscitar outrossim discussões relativas à própria identificação da natureza da cláusula estipulada, se penal ou de prefixação de danos. A recomendação, nesse âmbito, é o recurso às regras de interpretação contratual, principalmente à literalidade do convencionado. Referências a "estimativas prévias de danos" ou textos similares podem ser bons indicativos do caráter meramente liquidatório.[78]

---

77 Sobre o ponto: Pedro Guilherme Gonçalves de Souza (*A cláusula de Wash-out no Comércio de Grãos...*, pp. 283-302). Em artigo que trata sobre a incidência tributária no valor recebido sob exercício de *Wash-out*, o autor é categórico: "[a] *natureza jurídica é de indenização*", pois "[n]ão há acréscimo patrimonial ao comprador quando este executa tal cláusula, mas tão somente a recomposição patrimonial da perda decorrente do custo adicional de aquisição de grãos que aquele terá de incorrer no momento seguinte" (p. 285). O autor ainda crítica, com acerto em nossa opinião, enquadramento feito pelo CARF, em determinado caso, do *Wash-out* como verbas equivalentes a lucros cessantes: "[a] *premissa de que teria havido perda de lucro recomposta pela cláusula de wash-out é questionável. Uma vez que o comprador estiver comprometido a entregar o produto para compradores no exterior ou no mercado interno, o seu ganho continuará sendo pago por estes compradores, e não pelo vendedor inadimplente. Este último apenas recompõe o custo do comprador, consistente no gasto adicional com o qual teve que arcar para adquirir os produtos que precisou entregar a terceiros. Em contrapartida ao voto vencedor parcialmente transcrito acima, na realidade prática não há, em regra, revenda de mercadoria a valor de mercado pelo comprador que executou a cláusula de wash-out. No âmbito do comércio profissional de grãos, quando o comprador realiza a compra, este já realiza o hedge, mediante venda futura ou a termo da mercadoria adquirida, travando, assim, a oscilação de preço. Em virtude disso, não há ganho ou perda quando há diferença entre o preço pré-fixado no contrato e o valor de mercado verificado posteriormente. A receita da venda e o saldo da operação de hedge irão garantir o resultado esperado, e não o wash-out. (...) O comprador que executa o wash-out não deixa de ganhar os valores pagos pelo mercado internacional ou doméstico quando há inadimplemento do vendedor. O ingresso de sua venda permanece ileso nesta hipótese. O inadimplemento sofrido lhe impõe um passivo que antes inexistia: a obrigação de pagamento adicional, a qual é recomposta pelo wash-out. Caso fosse possível "carimbar" os valores pagos pelo comprador subsequente dos grãos e aqueles pagos pelo vendedor (comprador da primeira operação inadimplida) que teve que executar o wash-out, restaria evidenciado que o primeiro valor ingressa no vendedor como receita e o segundo como recomposição do custo adicional pago ao mercado para aquisição das mercadorias vendidas*" (pp. 292-293).

78 Seabra, André Silva. Limitação e Redução da Cláusula Penal..., p. 93.

Por fim, embora para alguns não haja questionamentos quanto à natureza indenizatória do *Wash-out*, há ainda um quarto caminho necessariamente a ser percorrido: o da **execução pelo equivalente**.

O inadimplemento absoluto, caracterizado pelo cenário de impossibilidade de prestar e/ou inutilidade ao credor por fato imputável ao devedor, caracteriza-se como um risco contratual. E, diante da materialização de tal risco, há essencialmente duas alternativas ao credor[79]: **(i)** a resolução contratual, com retorno ao *status quo ante*, ou **(ii)** a execução pelo equivalente pecuniário da prestação descumprida. Em ambos os casos, o credor, por força da responsabilidade civil, está ainda autorizado a cobrar as perdas e danos decorrentes do incumprimento por parte do devedor (CC, art. 475).[80]

Diversamente do que se passa na resolução[81], a opção pela execução do equivalente pecuniário não gera a extinção da relação obrigacional. Esta meramente modifica-se (sub-rogação real), com a substituição da prestação do devedor no sinalagma, que passa a ser o do equivalente pecuniário.[82] Ficam, assim, preservados todos os demais elementos da relação obrigacional, como, por exemplo, as eventuais garantias prestadas pelas partes e também a prestação do credor. A relação obrigacional será extinta pelo cumprimento, ainda que de modo indireto[83]. E as consequências práticas de se optar por um ou outro caminho são bastante diversas.

Nesse aspecto, pense-se no caso da venda de safra futura de determinado produto rural (1 tonelada), em que tenha havido a antecipação de valores pelo comprador (100 moedas), mas a entrega foi frustrada por fato imputável ao vendedor. Se se escolher a resolução, deverá haver a restituição das 100 moedas ao comprador, com os devidos reajustes. Eventual perda adicional sofrida pelo comprador precisará ser evidenciada no contexto de procedimento judicial e/ou arbitral. De outro lado, optando-se pelo equivalente pecuniário, o

---

79 A execução *in natura* é o remédio aplicável às hipóteses da mora, quando ainda há o interesse do credor na realização da prestação pelo devedor.

80 TERRA, Aline de Miranda Valverde. Execução pelo equivalente como alternativa à resolução: repercussões sobre a responsabilidade civil. In: *Revista Brasileira De Direito Civil, 18*, 49. Recuperado de https://rbdcivil.ibdcivil.org.br/rbdc/article/view/305.

81 Na resolução, a relação obrigacional original é extinta e substituída por outra, de caráter liquidatório. Os seguintes efeitos decorrem do exercício potestativo ao direito de resolução: "*(a) liberatório, que libera as partes de cumprirem as prestações ainda não adimplidas; (b) restitutório, que impõe a ambas as partes a restituição, uma a outra, de tudo o que já houverem recebido por força da relação obrigacional;21 e (c) indenizatório, que atribui ao devedor a indenização por eventuais perdas e danos experimentadas pelo credor*" (TERRA, Aline de Miranda Valverde. Execução pelo equivalente...).

82 TERRA, Aline de Miranda Valverde. Execução pelo equivalente...

83 REGIS, Erik da Silva. *Execução pelo equivalente...*, pp. 76-77.

comprador-credor estará autorizado a cobrar do vendedor-devedor o valor necessário para a aquisição do produto rural no termo avençado para a entrega, ainda que o valor supere as 100 moedas anteriormente entregues. É evidente que, caso o valor de mercado de produtos seja inferior às 100 moedas, o equivalente pecuniário também acompanhará a variação negativa do preço de mercado.

Outra consequência prática muito importante refere-se à possibilidade de que o equivalente pecuniário seja cobrado em cumulação a eventuais cláusulas penais que tenham sido convencionadas entre as partes, sejam elas moratórias ou compensatórias. De efeito, no contexto de crise do programa contratual, haverá a incidência da cláusula moratória enquanto a mora persistir e, convertendo-se em inadimplemento absoluto, o credor poderá cobrar tanto o equivalente pecuniário quanto a cláusula penal compensatória firmada entre as partes[84]. Não haverá qualquer sorte de *bis in idem* na cobrança, haja vista se tratar de valores cobrados sob rubricas diversas[85].

Adicionalmente, a autonomia do equivalente pecuniário em relação às verbas indenizatórias também afasta a incidência de cláusulas limitadoras de responsabilidade à espécie. Assim, a opção pela cobrança do equivalente não estaria cingida a eventual limitação estipulada pelas partes para eventuais perdas e danos decorrentes do inadimplemento absoluto[86].

No caso específico do *Wash-out*, as consequências pecuniárias seriam flagrantemente diversas no enquadramento como equivalente pecuniário, especialmente por afastar debates acerca da impossibilidade de cumulação com as cláusulas penais. Nesta senda, Erik Regis defende que as cláusulas de *Wash-out* seriam mecanismos de gestão negativa[87] do risco contratual (inadimplemento

---

84 TERRA, Aline de Miranda Valverde. Execução pelo equivalente... No mesmo sentido: REGIS, Erik da Silva. *Execução pelo equivalente...*, p. 72. A posição, no entanto, não é pacífica. ANDRE SEABRA, por exemplo, tem entendimento frontalmente contrário, argumentando nos seguintes termos: "(...) *a execução pelo equivalente representa o recebimento da obrigação principal por outros meios, sem o rompimento do vínculo, através de uma 'substituição sucedânea, equivalente e aproximada'. Recebendo o credor a obrigação principal por via indireta, através da execução pelo equivalente a prestação terá sido satisfeita, o que, em nosso entendimento, é incompatível com o recebimento da cláusula penal de natureza substitutiva*" (*Limitação e Redução da Cláusula Penal...*, pp. 211/212).

85 Sobre o ponto, ERIK REGIS bem anota que eventuais abusos deverão ser coibidos na forma do art. 413 do Código Civil. Para ele, inclusive, idealmente seria que as partes convencionassem cláusulas penais compensatórias específicas para as respectivas hipóteses de interesse negativa e positiva (*Execução pelo equivalente...*, p. 73).

86 REGIS, Erik da Silva. *Execução pelo equivalente...*, p. 72.

87 Na ótica de ERIK REGIS, as partes podem gerir, positiva ou negativamente, as hipóteses de execução pelo equivalente pecuniário. A gestão positiva dar-se-ia nas situações em que as partes atribuíram *ex ante* um montante fixo ao equivalente pecuniário. A gestão negativa, a seu turno,

absoluto), com base no artigo 486 do Código Civil. Isso porque a razão de ser do *Wash-out* seria "*viabilizar o acesso ao equivalente em dinheiro na data que estava prevista para entrega da produção, pelo produtor, para que os contratos subsequentes não se frustrem*". O objetivo "é cumprir o contrato, com base no seu substituto pecuniário, e não extinguir para obter a indenização respectiva"[88].

A ideia da cláusula de *Wash-out* como mecanismo de gestão do risco contratual guarda inequívoca relação com a já referida função de mitigação de danos. Como visto, legislações estrangeiras e instrumentos de *soft-law* preveem a contratação substitutiva como principal medida a ser tomada pelo comprador-credor na hipótese de inadimplemento absoluto. O equivalente pecuniário, nesse contexto, prestar-se-ia como viabilizador da contratação substitutiva e a convenção expressa de *Wash-out* afastaria a necessidade de completamento de eventual lacuna contratual por terceiro (juiz ou árbitro).

Diante da verificação do suporte fático do *Wash-out* (inadimplemento absoluto), o comprador-credor, mesmo que não tenha prestado, não precisará desembolsar o valor em favor do vendedor-devedor para só, então, receber o importe total para aquisição de produtos. Nessa hipótese, o comprador receberá apenas o saldo positivo necessário para adquirir a mesma quantidade de produtos rurais contratados no termo avençado, compensando-se a sua prestação com o equivalente pecuniário – tudo a fim de evitar tráfego jurídico e econômico desnecessário[89].

Em relação ao ponto, vale destacar que Judith Martins-Costa e Rafael Xavier, embora defendam a extinção da obrigação descumprida e aplicação analógica do regime da cláusula penal, reconhecem o caráter substitutivo do *Wash-out*: "*(...) o comprador (credor) recebe, substitutivamente ao produto, quantia em dinheiro equivalente à diferença de valor de mercado, restando ao vendedor (devedor) liberado da prestação de entrega do produto*"[90].

Em último lugar sobre o tema – e apenas para fins de registro, haja vista o escopo restrito de investigação deste artigo –, é importante destacar a divergência doutrinária quanto ao aspecto autônomo do equivalente pecuniário. Sobre a questão, fazemos referência à doutrina de Renata Steiner, para quem o cumprimento pelo equivalente seria "representativo de um método de cálculo de

---

existiria nos casos em que as partes convencionam "como" o importe será calculado (*i.é.*, um procedimento), seja nomeando um terceiro para arbitrar o valor, estabelecendo critérios objetivos de mercado/índices específicos ou mesmo dispondo de mecanismo de ajuste bilateral, em que ambas conjuntamente definirão o valor (REGIS, Erik da Silva. *Execução pelo equivalente...*, p. 91).

88 REGIS, Erik da Silva. *Execução pelo equivalente...*, pp. 136-137.

89 REGIS, Erik da Silva. *Execução pelo equivalente...*, p. 136.

90 MARTINS-COSTA, Judith; XAVIER, Rafael Branco. A cláusula de wash-out nos contratos de compra e venda..., p. 804.

indenização devida por sub-rogação da obrigação *in natura*"[91]. Assim, diante do aspecto externo unitário da indenização, "*entende-se que o cumprimento pelo equivalente não é, propriamente, um remédio autônomo, mas uma composição da indenização devida*"[92].

Bem dispostos os possíveis enquadramentos (transação, cláusula penal, cláusula de prefixação de danos, execução pelo equivalente), parece-nos que a ausência de uniformidade com que as disposições de *Wash-out* são construídas dificulta – se não, impede – seu enquadramento em regime unitário. Conquanto a hipótese da execução pelo equivalente pareça-nos mais consentânea às funções genericamente vislumbradas nas cláusulas de *Wash-out*, a adequada delimitação de determinado dispositivo contratual dependerá, essencialmente, do acurado exame pelo intérprete, a fim de que se compreenda a sua função específica no programa contratual desenhado pelas partes e, assim, defina, no caso concreto, o regime aplicável[93].

---

91 Steiner, Renata. Descumprimento Contratual: remédios à disposição do credor lesado. *In:* Terra, Aline de Miranda Valverde; Guedes, Gisela Sampaio da Cruz (coord.). *Inexecução das Obrigações: Pressupostos, evolução e remédios.* Volume II. Rio de Janeiro: Processo, 2021, p. 330.

92 Steiner, Renata. Descumprimento Contratual: remédios à disposição do credor lesado. *In:* Terra, Aline de Miranda Valverde; Guedes, Gisela Sampaio da Cruz (coord.). Inexecução das Obrigações: Pressupostos, evolução e remédios. Volume II. Rio de Janeiro: Processo, 2021, p. 330. Em contraposição, Aline Terra pontua: "[n]ão sendo possível a execução *in natura*, se se entender que a execução pelo equivalente é, na verdade, instrumento voltado à quantificação da indenização por perdas e danos, restaria ao credor apenas resolver a relação obrigacional, obtendo a restituição do que já houvesse prestado. Não lhe seria facultado, com efeito, escolher entre a execução pelo equivalente e a resolução, já que o pagamento do equivalente, repita-se, sendo concebido como um dos componentes da indenização franqueada pela responsabilidade civil, estaria obstado pela cláusula de não indenizar. Esse, todavia, não parece o melhor entendimento" (Terra, Aline de Miranda Valverde, Execução pelo equivalente como alternativa à resolução: repercussões sobre a responsabilidade civil. In: *Revista Brasileira De Direito Civil, 18*, 49. Recuperado de https://rbdcivil.ibdcivil.org.br/rbdc/article/view/305). Erik Regis, de seu lado, defende que "[l]ogo, se 'exigir-lhe o cumprimento [da prestação]' e 'perdas e danos [indenização' são cumuláveis, como dispõe expressamente o art. 475 do Código Civil, não podem ser excludentes; e tampouco representam a mesma rubrica. Indenização, sob esse viés, não pode representar, portanto, o mesmo que prestação. Desse modo, o cumprimento pelo equivalente deve se dar à luz da prestação frustrada e a sua execução forçada pode, inclusive, ser acompanhada do pleito indenizatório, a título de perdas e danos. Ambas, no entanto, correspondem a rubricas próprias, baseadas em fontes diversas e requisitos específicos" (Regis, Erik da Silva Faria. *Execução pelo equivalente....*, p. 70).

93 Em linha similar, Judith Martins-Costa e Rafael Xavier anotam que "*a exata definição do instituto que lhe é mais próximo dependerá, sempre, do exame do caso concreto*" (A cláusula de wash-out nos contratos de compra e venda de commodities..., p. 789). Ana Trevizan destaca também a necessidade de que a interpretação dos dispositivos leve em conta eventuais relações de dependência econômica e imposição de disposições de caráter abusivo, o que, evidentemente, somente poderá se dar no nível da análise casuística (*'Wash out' frente ao ordenamento jurídico brasileiro...*, p. 22). De qualquer modo, como bem assevera Clairton Gama, "*não se trata de relação de consumo (BRASIL, 2008), mas sim de relação comercial que, dada a simetria e*

5. CONCLUSÕES

Em linha de conclusão, percebe-se que o *Wash-out* perfaz relevante elemento de estabilização das cadeias produtivas do agronegócio, em especial para garantir que eventual inadimplemento absoluto por parte do vendedor de determinada *commodity* não afete os elos seguintes da rede. Não obstante, tais disposições passaram a ser alvo de questionamentos pelos produtores rurais diante do recente *boom* no preço dos produtos agrícolas, o que suscita a necessidade de melhor compreensão a respeito de tal mecanismo contratual.

Dada a sua atipicidade, não há uniformidade nas estruturas de Wash-out, mas se nota sua utilização, com maior frequência, em **(i)** instrumentos de transação em apartado para fins de composição entre produtores e *tradings* ou **(ii)** no próprio instrumento de compra e venda, como indicações genéricas a respeito do dever de indenizar o importe despendido para aquisição de produtos em mercado ou, mais especificamente, prevendo maneiras de calcular o importe devido pela falha na entrega e com declarações a respeito do contexto em que o negócio foi celebrado.

As disposições de Wash-out parecem atender às funções de: **(i)** liquidação prévia do importe devido pelo vendedor; **(ii)** prevenção de litígio entre as partes; **(iii)** assegurar o cumprimento da obrigação de entrega de produtos agrícolas; **(iv)** precificação do risco envolvido na operação de compra e venda; e **(v)** mitigação dos danos oriundos do inadimplemento absoluto.

Por fim, quanto ao regime jurídico aplicável, as cláusulas de *Wash-out*, em nosso entender, enquadram-se em uma das seguintes hipóteses: **(i)** transação, **(ii)** cláusula penal, **(iii)** cláusula de prefixação de danos e **(iv)** gestão do risco contratual referente à execução pelo equivalente. A delimitação do regime adequado à determinada cláusula de *Wash-ou* dependerá do exame casuístico, a ser realizado pelo intérprete a partir de dados específicos do caso concreto.

profissionalização das partes, as quais inclusive são presumidas, exige uma interpretação diferente daquela geralmente empregada nos demais contratos de direito privado, tais como os contratos de trabalho, os contratos de consumo ou mesmo os contratos entre particulares" (GAMA, Clairton Kubassewski. Os contratos a termo e soja..., p. 529).

52. CLÁUSULAS DE NÃO-CONCORRÊNCIA: VINCULAÇÃO E EXEQUIBILIDADE EM RELAÇÃO A TERCEIROS

Ivo Bari Ferreira

1. CONTEXTO INTRODUTÓRIO

As cláusulas restritivas de concorrência (*non compete*) são figuras comuns na prática transacional e na vida societária, no Brasil e mundo afora. É bastante comum que se veja um comprador de participação societária exigir do vendedor a assunção de obrigação de não concorrer com a sociedade-alvo da transação, por um prazo pré-determinado contado do fechamento da transação.

Como "*le parti non stipulano contratti per il piacere di scambiarsi dichiarazioni di volontà; ma in vista di certe finalità pel conseguimento delle quali entrano reciprocamente in rapporto*",[1] o principal objetivo comercial da avença restritiva de concorrência é a preservação da clientela da sociedade-alvo da transação.[2-3-4]

1 CHIOVENDA, Giuseppe. *Istituzioni di diritto processuale civile*, vol. I, Napoli, Jovene, 1993. p. 188.

2 "A limitação à livre concorrência, seja ela legal ou voluntária, que dá ensejo, quando violada, à concorrência desleal, atende a uma variada sorte de fundamentos, porém o mais relevante é a tradicional noção de clientela". FERRIANI, Adriano; NANNI, Giovanni Ettore. Cláusula de não concorrência na alienação de participação societária: exame de seus requisitos de validade e ineficácia superveniente. Civilistica.com. Rio de Janeiro, a. 9, n. 2020, p. 12.

3 "Assim se verifica quando, por exemplo, o alienante das participações societárias obriga-se a não atuar no ramo de fabricação e comercialização de produtos de limpeza em determinada região, durante certo tempo, pois se trata justamente do âmbito de atuação da sociedade-objeto e há um interesse legítimo do beneficiário em proteger a clientela desta". BENETTI. Giovanna. A cláusula de não concorrência no contrato de compra e venda de participações societárias: Noção, requisitos e remédios à luz do direito brasileiro. In: ADAMEK, Marcelo Vieira von; PEREIRA, Rafael Setoguti J. *Fusões e Aquisições (M&A)*. São Paulo: Quartier Latin, 2022, p. 279.

4 "São válidas as cláusulas contratuais de não-concorrência, desde que limitadas espacial ou temporalmente, porquanto adequadas à proteção da concorrência e dos efeitos danosos

Fazendo "boa ao comprador a coisa vendida",[5] ou seja, efetivamente transferindo a capacidade de geração de lucros da empresa-alvo ao adquirente.[6]

A preservação da clientela pode ocorrer sob uma *ótica direta*, com o intuito de impedir que o vendedor saia da sociedade-alvo com destino a uma sociedade concorrente e leve consigo a clientela, ou sob uma *ótica indireta*, com o intuito de impedir que o vendedor, que detém conhecimento específico do desenvolvimento das atividades comerciais da sociedade-alvo, retire-se sem deixar tal *know-how* específico aos que ficam, permanecendo o comprador incapaz de conduzir os negócios da sociedade-alvo de maneira satisfatória à clientela existente, resultando na perda desta por insatisfação dos clientes.

Na *ótica direta*, vê-se larga utilização em transações envolvendo empresas prestadoras de serviços – cujo vínculo entre os vendedores e seus clientes muitas vezes tem natureza personalíssima – tais como agências de publicidade, clínicas médicas, escritórios de arquitetura, e escritórios de agentes autônomos de investimentos. Nesses casos, os vendedores são os grandes responsáveis pela originação e fidelização da clientela da sociedade-alvo, sem os quais a clientela se esvai, *ou* seguindo o vendedor para sua nova sociedade, *ou* em busca de outro prestador de serviços que atenda os interesses específicos buscados, tendo em vista não terem mais acesso aos serviços daquele vendedor que os atendia.

Na *ótica indireta*, sua utilização se dá com frequência em sociedades nas quais a atividade econômica é altamente técnica e especializada, requerendo um conhecimento específico para o seu desenvolvimento e operação rotineira. Casos desse tipo são encontrados em empresas de tecnologia, que detêm softwares de alta sofisticação e operacionalização (meios de pagamento, *analytics*, *big-data*, etc.), e em empresas de engenharia altamente especializadas (poços de petróleo, atividades de perfuração de alta profundidade, etc.). A ótica indireta também é aplicável a sociedades-alvo cujas atividades demandam um *know-how* setorial específico, visando restringir a replicação do modelo desenvolvido na sociedade originária em uma sociedade concorrente (franqueadoras,

decorrentes de potencial desvio de clientela – valores jurídicos reconhecidos constitucionalmente". STJ, 3ª Turma, REsp 1.203.109-MG, Rel. Min. Marco Aurélio Bellizze, j. 05.05.2015.

5 "Ou seja, uma das garantias devidas pelo vendedor é fazer boa ao comprador a coisa vendida". FERRIANI, Adriano; NANNI, Giovanni Ettore. Cláusula de não concorrência na alienação de participação societária: exame de seus requisitos de validade e ineficácia superveniente. Civilistica.com. Rio de Janeiro, a. 9, n. 2020, p. 18.

6 GRAU, Eros Roberto; FORGIONI, Paula. Cláusula de não-concorrência ou de não-restabelecimento. Evolução histórica, função econômica e análise jurídica. In: GRAU, Eros Roberto; FORGIONI, Paula. *O Estado, a empresa e o contrato*. São Paulo: Malheiros, 2005. p. 284.

operadoras logísticas, etc.). Retirando-se aqueles que detêm o conhecimento específico, o comprador resta impossibilitado de continuar exercendo tal atividade com a mesma qualidade, igualmente perdendo a clientela.

A cláusula de não concorrência é alvo de intensos debates entre as partes contratantes, sendo ponto estrutural significativo de inúmeras transações.[7] As discussões usualmente podem ser agrupadas em quatro tipos: *(i)* quais seriam as *atividades restritas* previstas na cláusula – ou seja, quais atividades específicas não poderão ser desenvolvidas pelo obrigado, *(ii)* qual seria o *território restrito* previsto na cláusula – ou seja, qual seria a delimitação geográfica da obrigação contratada, fora da qual o obrigado estaria livre para conduzir tais atividades, *(iii)* qual seria o *prazo de restrição* previsto na cláusula – ou seja, o prazo aplicável à restrição de concorrer, e *(iv)* se haveria *contrapartida financeira* específica à assunção da obrigação de não concorrer – i.e., se, ao aceitar tal restrição às suas atividades econômicas possíveis, o obrigado faria jus ao recebimento de contraprestação pecuniária a esse título.

Na prática transacional brasileira, sem muitas variações, as cláusulas de não concorrência restam assim dispostas:

> "Cláusula X. Obrigação de Não Concorrência.
> X.1. Não Concorrência dos Acionistas. Cada Acionista, em seu nome e em nome de suas Partes Relacionadas e Afiliadas, deverá abster-se de, direta ou indiretamente (por interpostas pessoas ou de outra forma): [*descrição das atividades restritas*] ("Atividades Restritas"). A obrigação de não concorrência dos Acionistas permanecerá em vigor durante todo o período no qual os Acionistas detiverem participação societária na Companhia, e pelo prazo adicional de [*prazo*] meses, contados da data em que o Acionista encerrar o seu respectivo vínculo societário com a Companhia ("Período Restrito"). A

7 "[A] pactuação da cláusula de não concorrência é apontada como um dos elementos críticos para a viabilidade da aquisição, pois coloca em evidência a tensão entre os interesses do comprador e do vendedor e a necessidade de se alcançar um 'meio termo'. Na perspectiva do adquirente, os potenciais benefícios a serem por ele obtidos após a transferência das participações societárias podem ser seriamente comprometidos na hipótese de não conseguir limitar as possibilidades de o vendedor passar a desenvolver atividades em competição àquelas desempenhadas pela sociedade-objeto. Já perspectiva do vendedor, a inserção desse tipo de cláusula no contrato pode inviabilizar o seu exercício profissional, de modo que lhe interessa insistir em maior detalhamento sobre os contornos da obrigação a ser assumida, especificando ainda mais os tipos de atividades e sua abrangência (temporal e geográfica)". BENETTI. Giovanna. A cláusula de não concorrência no contrato de compra e venda de participações societárias: Noção, requisitos e remédios à luz do direito brasileiro. In: ADAMEK, Marcelo Vieira von; PEREIRA, Rafael Setoguti J. *Fusões e Aquisições (M&A)*. São Paulo: Quartier Latin, 2022, p. 280.

> obrigação de não concorrência dos Acionistas é aplicável para todas as Atividades Restritas, durante o Período Restrito, dentro do [*território*] ("Território Restrito"). Em contrapartida à assunção de tal obrigação de não concorrência, os Acionistas farão jus ao recebimento de contrapartida financeira no valor de R$[*valor*], a serem pagos mensalmente, durante a parcela do Período Restrito na qual o Acionista em questão já tenha encerrado seu respectivo vínculo societário com a Companhia ("Contrapartida Financeira").
>
> X.2. Multa. As Partes concordam que caso qualquer Acionista viole a obrigação de não concorrência prevista na Cláusula X.1 acima, tal Acionista infrator estará sujeito ao pagamento, em favor da Companhia, de multa não compensatória pré-liquidada no valor de R$[*valor*], por ato de violação, exigível judicialmente pela Companhia caso o Acionista infrator não realize o seu pagamento e cesse a conduta infratora em até 5 (cinco) dias contados da data de recebimento de notificação enviada pela Companhia nesse sentido."[8]

A recorrência de contencioso envolvendo tais cláusulas confirma a importância do tema. Há amplo acervo de disputas, tanto no Poder Judiciário quanto sob jurisdição arbitral, que analisam violações de cláusulas contratuais de limitação de concorrência de sócios-vendedores.[9] Discutem-se, nesses casos, aspectos extracontratuais, a interpretação de tais cláusulas (arts. 112 e 113 do Código Civil; restritiva por conta da natureza restritiva de direitos;[10] ou

---

8 A prática estrangeira também não se desvia significativamente dessa estrutura de cláusulas, cf. se vê: "*Le vendeur s'interdit d'exploiter, soit indirectement, notamment par personne interposée, sous forme individuelle ou sociale, tout fonds de commerce avant une activité similare à celui cédé. Il s'interdit de même de se faire embaucher em qualité de salarié dans ce secteur d'activité. Toute participation autre que purement financière à une société exploitant um fonds de commerce de même nature est pareillement interdite. La presente interdiction lie le vendeur pour une durpee de ... années, et uniquement dans le secteur géographique constitué par la comune de ... et les communes limitrophes*". DROSS, William. *Clausier: Dictionnaire des clauses ordinaires et extraordinaires des contrats de droit privé interne.* 4a ed. Paris: LexisNexis, 2020, p. 524-525.

9 Como se vê, por exemplo, em PELLEGRINELLI, Eduardo. A obrigação de não concorrência à luz da jurisprudência. In: YARSHELL, Flávio Luiz; PEREIRA, Guilherme Setoguti J. (coord.). *Processo Societário IV.* São Paulo: Quartier Latin, 2021, p. 291-318.

10 "Adicione-se que a cláusula de não concorrência, uma vez que encerra uma restrição aos princípios constitucionais da livre iniciativa e da livre concorrência, sua interpretação há de ser restritiva". FERRIANI, Adriano; NANNI, Giovanni Ettore. Cláusula de não concorrência na alienação de participação societária: exame de seus requisitos de validade e ineficácia superveniente. Civilistica.com. Rio de Janeiro, a. 9, n. 2020, p. 18. No mesmo sentido: "Uma vez mais, da análise de nossa doutrina e jurisprudência resulta pacífica a conclusão de que regra bem definida orienta a hermenêutica das cláusulas de não-concorrência: sua interpretação há de ser restritiva. [...] Tratando-se de uma restrição aos princípios constitucionais da livre iniciativa e da livre concorrência, a cláusula de não-restabelecimento inadmite interpretação extensiva". GRAU,

as regras de interpretação previstas no próprio contrato),[11] os limites de validade e eficácia de tais cláusulas (*incluindo em relação a terceiros – o cerne deste artigo*), execuções de multas pré-liquidadas estabelecidas nos respectivos contratos, e cobranças indenizatórias, muitas vezes de difícil liquidação.

A vinculação e exequibilidade perante terceiros de tais cláusulas, tema deste breve estudo, gera controvérsias materiais e processuais. Há dúvidas se tal cláusula seria oponível perante terceiros. É comum que a parte infratora, signatária do contrato, utilize interpostas pessoas para perpetrar a concorrência proibida. Pais, filhos, tios, irmãos, ou até terceiros não familiares com os quais há vínculo de confiança (ou coação) são utilizados como veículos da conduta restrita.

Tais pessoas, que não são partes do contrato original, estão vinculadas à obrigação de não concorrência e podem estar sujeitas a tutelas jurisdicionais em seu desfavor (de natureza financeira – pagar multa ou indenização; de execução específica – cessar a atividade econômica violadora)?

A questão não é simples, pois aqueles que não aderiram expressamente ao pacto têm esfera própria de direitos, dentre os quais a liberdade de concorrer e de desenvolver atividade econômica. Impor restrições a tais pessoas, com base em uma cláusula contratual que não assinaram, não é algo óbvio.[12]

É a problemática acima que será tratada adiante, sob a ótica da promessa de fato de terceiro (Item 2.1) e sob a ótica de terceiro cúmplice (Item 2.2).

2. PROBLEMAS DE VINCULAÇÃO E EXEQUIBILIDADE EM RELAÇÃO A TERCEIROS

Conforme visto acima, as cláusulas de não concorrência usualmente preveem que o obrigado assume a avença "*em seu nome e em nome de suas Partes Relacionadas e Afiliadas*", concordando em não exercer as atividades restritas "*direta ou indiretamente (por interpostas pessoas ou de outra forma)*".

Eros Roberto; FORGIONI, Paula. Cláusula de não-concorrência ou de não-restabelecimento. Evolução histórica, função econômica e análise jurídica. In: GRAU, Eros Roberto; FORGIONI, Paula. *O Estado, a empresa e o contrato*. São Paulo: Malheiros, 2005, p. 291-292.

11 Como autorizado pelo próprio Art. 113, §2º, do Código Civil, e comumente utilizado em contratos empresariais sofisticados (Cláusula de Definições e Interpretação).

12 "Mas a questão está longe de ser simples, porque aquele que não participou do negócio jurídico tem direitos próprios, dentre os quais exercer atividade econômica e concorrer com outros agentes, o que também tem fundamento na livre iniciativa." PELLEGRINELLI, Eduardo. "A obrigação de não concorrência à luz da jurisprudência". In: YARSHELL, Flávio Luiz; PEREIRA, Guilherme Setoguti J. (coord.). *Processo Societário IV*. São Paulo: Quartier Latin, 2021. p. 300.

A cláusula de não concorrência é negócio jurídico[13] acessório,[14] e sujeito a controle de acordo com seus *elementos de existência, requisitos de validade*, e *fatores de eficácia*.[15]

Tal norma contratual tem (i) como sujeito-signatário a parte obrigada, (ii) como sujeitos-destinatários a parte obrigada e suas afiliadas, partes relacionadas, etc., e (iii) como objeto (ou, nas palavras de Norberto Bobbio, *ação prescrita*)[16] a vedação à concorrência nas atividades, geografias e prazos avençados.

A relação jurídica é de 'pretensão vs. dever'. A obrigação de não concorrer é norma de comportamento (*primária*), sendo que o beneficiário da obrigação ocupa posição jurídica subjetiva ativa que o outorga uma pretensão em relação ao sujeito da posição jurídica subjetiva passiva, para o *obbligo* (dever de comportamento) deste em relação à conduta pactuada.[17]

O inadimplemento da obrigação de não concorrer gera a possibilidade de formulação de pretensão judicial (ou arbitral, conforme o caso). A cláusula pode estar prevista em diversos instrumentos diferentes, mas a prática transacional primordialmente aloca tal cláusula nos contratos de compra e venda de participações societárias ou em acordos de acionistas.

---

13 "*In concreto*, negócio jurídico é todo fato jurídico consistente em declaração de vontade, a que o ordenamento jurídico atribui os efeitos designados como queridos, respeitados os pressupostos de existência, validade e eficácia impostos pela norma jurídica que sobre ele incide". AZEVEDO, Antonio Junqueira de. *Negócio jurídico: Existência, validade e eficácia*. 4ª ed. São Paulo: Saraiva, 2002. p. 16.

14 "A proibição de concorrência deve ser acessória (ancilar) e auxiliar a consecução (escopo) do contrato de trespasse traduzido, em última instância, na tutela (proteção) do aviamento (*goodwill*). A acessoriedade significa dizer que, para que seja válida, a cláusula de não concorrência depende da existência de um acordo principal em relação ao qual figura como acessório. Neste sentido, o dever de não concorrência não tem validade por si só – dependerá, sim, de um negócio jurídico cujos efeitos posteriores à execução do contrato se pretenda resguardar (notadamente, a proteção da atividade empresarial)." FERRIANI, Adriano; NANNI, Giovanni Ettore. Cláusula de não concorrência na alienação de participação societária: exame de seus requisitos de validade e ineficácia superveniente. Civilistica.com. Rio de Janeiro, a. 9, n. 2020. p. 36.

15 "A verificação da validade dos negócios jurídicos subordina-se, como sabido, ao seu exame em três planos distintos, concernentes à sua existência, validade (validade *stricto sensu*) e eficácia, a saber: o primeiro diz respeito à conjugação dos elementos essenciais para que o negócio exista (*plano de existência*); o segundo concerne à constatação do preenchimento dos requisitos a que a lei subordina a validade dos elementos essenciais do negócio (*plano da validade*); e o terceiro refere-se à apuração da sua aptidão para produzir os efeitos segundo a legislação aplicável e a vontade das partes (*plano da eficácia*)". LEÃES, Luiz Gastão Paes de Barros. *Novos pareceres*. São Paulo: Singular, 2018. p. 1197.

16 BOBBIO, Norberto. *Teoria da norma jurídica*. 6° ed. São Paulo: Edipro, 2016. p. 176.

17 LUMIA, Giuseppe. *Lineamenti di teoria e ideologia del diritto*, 3ª ed., Milano: Giuffrè, 1981. p. 102-123.

Ao nosso ver, não há diferença de exequibilidade e/ou efetividade da implementação dos termos pactuados vis-à-vis o contrato específico no qual a obrigação está prevista. Primeiramente, pois ambos os instrumentos podem preencher os requisitos para serem títulos executivos extrajudiciais, nos termos do Código de Processo Civil.[18] Em segundo lugar, pois ambos os contratos parecem dar direito ao beneficiário da obrigação à execução específica dos termos ali previstos.[19]

Existem diversos meios para imposição da obrigação via tutela jurisdicional. Ao beneficiário da obrigação, por óbvio, o que interessa é que o obrigado cumpra o avençado – mesmo que forçadamente – cessando a concorrência irregular.[20]

Desse modo, a *tutela jurisdicional mais efetiva*, sob a perspectiva do credor da obrigação, é o comando de interrupção da atividade concorrente. Dado seu caráter gravoso, demanda "*situações extremas, diante de elementos probatórios sólidos*",[21] apesar de tal crivo ter sido atingido em diversos casos.[22] Alternativamente à medida acima, há também a possibilidade de multa diária estipulada pelo juízo, bem como a cobrança de cláusula penal prevista no instrumento aplicável.

Se houver descumprimento direto do obrigado à cláusula de não concorrência, não parece haver discussão. Haverá pretensão a ser formulada pelo credor da obrigação contra a sua contraparte contratual. Se comprovada a violação, está à disposição do julgador a imposição de medidas coercitivas de natureza pecuniária e fática, inclusive com auxílio de força para cessação da conduta ilícita.

Se houver descumprimento indireto, i.e., mediante a utilização de interpostas pessoas, sejam elas físicas ou jurídicas, parece-nos que o problema deve ser analisado sob duas figuras jurídicas distintas, com resultados diferentes entre si. São essas (i) a promessa de fato de terceiro, e (ii) o terceiro cúmplice.

---

18 Código de Processo Civil, Art. 784. "São títulos executivos extrajudiciais: [...] III – o documento particular assinado pelo devedor e por 2 (duas) testemunhas".

19 No caso do acordo de acionistas, inclusive por previsão expressa do art. 118, §3º, Lei das S/A.

20 PELLEGRINELLI, Eduardo. "A obrigação de não concorrência à luz da jurisprudência". In: YARSHELL, Flávio Luiz; PEREIRA, Guilherme Setoguti J. (coord.). *Processo Societário IV*. São Paulo: Quartier Latin, 2021. p. 306.

21 PELLEGRINELLI, Eduardo. "A obrigação de não concorrência à luz da jurisprudência". In: YARSHELL, Flávio Luiz; PEREIRA, Guilherme Setoguti J. (coord.). *Processo Societário IV*. São Paulo: Quartier Latin, 2021. p. 306.

22 TJSP, AI 2203971-14.2019.8.26.0000, Rel. Des. Cesar Ciampolini, j. 11.12.2019; TJSP, AI 2183106-33.2020.8.26.0000, Rel. Des. Sérgio Shimura, j. 18.12.2020; TJSP, AI 2208572-97.2018.8.26.0000, Rel. Des. Cesar Ciampolini, j. 01.04.2019.

2.1. Promessa de fato de terceiro: Remédio expresso, porém insuficiente

A promessa de fato de terceiro é regulada pelo art. 439 do Código Civil, que determina que o promitente responde por perdas e danos em caso de inexecução da promessa pelo terceiro. Tal conceito consiste nas partes, aptas a estabelecer direitos e obrigações entre si, contratando objeto relativo à prestação de um ato a ser cumprido pelo terceiro – não participante do contrato.[23]

Como nota Luciano Penteado, o terceiro em questão "pode ser identificado já no momento de conclusão do contrato, ou seja, no plano da existência, na figura contratual geral da promessa de fato de terceiro".[24]

É o caso da tradicional redação da cláusula de não concorrência, como visto acima. Em tais situações, o obrigado a não concorrer, para além de concordar com sua própria restrição, promete fato de terceiro, qual seja, que os terceiros lá previstos também não concorrerão, inobstante não serem signatários do pacto (*cada Acionista, em seu nome e em nome de suas Partes Relacionadas e Afiliadas, deverá abster-se de, direta ou indiretamente...*).[25]

Nesses casos, o promitente é responsável perante o credor da obrigação para que o terceiro cumpra com o *obbligo*, sendo certo, no entanto, que a responsabilidade pela eventual inexecução da promessa é restrita ao promitente. O comportamento do terceiro interessa à relação contratual apenas como *mero fato*, não existindo *a priori* oneração patrimonial, responsabilidade ou obrigação do terceiro.[26]

Como observa Caio Mario da Silva Pereira, a prestação de fato de terceiro tem como característica essencial precisamente o fato de que não se cria qualquer obrigação para o terceiro enquanto este não der seu consentimento. Pode-se prometer a prestação do fato do terceiro, mas não se pode obrigar tal terceiro a executar a prestação prometida.[27]

No mesmo sentido, Manuel Inácio Carvalho de Mendonça, esclarecendo que o promitente atua sempre em *proprio nomine*,[28] e Luiz Gastão Paes de

---

23 LEÃES, Luiz Gastão Paes de Barros. *Pareceres*. São Paulo: Editora Singular, 2004. p. 1105.

24 PENTEADO, Luciano de Camargo. *Efeitos contratuais perante terceiros*. São Paulo: Quartier Latin, 2007. p. 160.

25 Outro exemplo comumente utilizado é de alguém que promete levar um famoso cantor a uma determinada casa de shows, sem ter obtido anteriormente a anuência do próprio cantor. "*Na hipótese, o agente não agiu como mandatário do artista, que não anuiu de nenhuma forma*". MONTEIRO, Washington de Barros. Curso de Direito Civil, São Paulo: Saraiva, 1998.

26 PENTEADO, Luciano de Camargo. *Efeitos contratuais perante terceiros*. São Paulo: Quartier Latin, 2007. p. 161.

27 PEREIRA, Caio Mário da Silva Pereira. *Instituições de direito civil*. Rio de Janeiro: Forense, 2022.

28 CARVALHO DE MENDONÇA, Manuel Inácio. *Doutrina e prática das obrigações*. Rio de Janeiro: Forense, v. I. p. 405.

Barros Leães, ao pontuar que "quem assume uma obrigação é o sujeito passivo da relação; é ele que se obriga, em nome próprio, a conseguir que o terceiro se comprometa a executar a prestação final", sendo certo que "dele não nasce obrigação de espécie alguma para o terceiro".[29]

Ainda conforme Luciano Penteado:

> "O caso da promessa de fato de terceiro é emblemático justamente no sentido de que mostra a inoponibilidade das convenções, em geral, ao patrimônio de terceiros, sendo elas, de modo geral e como regra, portanto, ineficazes relativamente a este, especialmente no que diga respeito a posições jurídicas passivas".[30]

A consequência jurídica da violação da promessa do fato do terceiro é clara: perdas e danos, cf. 439 do Código Civil.[31] Haveria de se concluir, portanto, que, em que pese o *inadimplemento direto* (violação da não concorrência pelo obrigado) permitir ao credor da obrigação a sua execução específica, o *inadimplemento indireto* (violação da não concorrência pelo terceiro) permitiria ao credor tão somente perdas e danos, e estes, exigíveis apenas contra o promitente, e não contra os terceiros em questão.[32]

---

29 LEÃES, Luiz Gastão Paes de Barros. *Pareceres*. São Paulo: Editora Singular, 2004. p. 1105. Também Cristiano Zanetti: "A promessa de fato de terceiro não excepciona o princípio da relatividade dos efeitos, por força do qual o contrato não aproveita nem prejudica pessoas estranhas às partes. Isso porque, o terceiro não está originalmente vinculado ao que foi avençado entre o promitente e o promissário. Segue-se daí que o promitente e o promissário são livres para modificar os termos do negócio antes que sobrevenha a aceitação do terceiro. O terceiro somente estará obrigado a cumprir a prestação se externar seu consentimento nesse sentido. Deixará então de ser terceiro e passará a ser parte do contrato." ZANETTI, Cristiano de Sousa. Art. 439. In *Comentários ao Código Civil: direito privado contemporâneo*. NANNI, Giovanni Ettore (Coord.). 2ª ed. São Paulo: Saraiva Educação, 2021. p. 727.

30 PENTEADO, Luciano de Camargo. *Efeitos contratuais perante terceiros*. São Paulo: Quartier Latin, 2007. p. 162.

31 "Trata-se de obrigação de fazer, que, não cumprida, se resolve em perdas e danos, consoante regra geral." MONTEIRO, Washington de Barros. Curso de Direito Civil, São Paulo: Saraiva, 1998. "Caso não obtenha a vinculação do terceiro, o promitente estará obrigado a ressarcir os prejuízos sofridos pelo promissário." ZANETTI, Cristiano de Sousa. Art. 439. In *Comentários ao Código Civil: direito privado contemporâneo*. NANNI, Giovanni Ettore (Coord.). 2ª ed. São Paulo: Saraiva Educação, 2021. p. 728.

32 "A obrigação de fazer contraída pelo promitente não comporta execução específica, pois seu adimplemento depende do consentimento do terceiro que, sem ser parte na avença, não está obrigado a cumprir o que foi pactuado entre o promissário e o promitente." ZANETTI, Cristiano de Sousa. Art. 439. In *Comentários ao Código Civil: direito privado contemporâneo*. NANNI, Giovanni Ettore (Coord.). 2ª ed. São Paulo: Saraiva Educação, 2021. p. 728.

A solução é razoável e com raízes históricas,[33] dado que o terceiro não integra a relação contratual e não controla o conteúdo da promessa estipulada pela parte – de modo que parece incorreto vinculá-lo e sujeitar seu patrimônio a obrigações e responsabilidades às quais não aderiu voluntariamente.

No entanto, não faz muito para tutelar o direito do credor da obrigação, que pode seguir prejudicado por uma concorrência que não esperava ter, em vista do quanto pactuado, tendo como remédio único à sua disposição a formulação de pretensão indenizatória contra o obrigado, observando-se os limites da natureza da tutela jurisdicional disponível e os limites subjetivos do contrato.

A solução possível para contornar tais limitações parece ser o enquadramento do terceiro como cúmplice da violação contratual, caso em que passaria a se permitir execução específica da obrigação e ampliação dos limites subjetivos contratuais para atingi-lo, nos termos abaixo.

2.2. Terceiro Cúmplice: Maiores dificuldades, porém maior efetividade

Como visto acima, o terceiro não assume direitos e obrigações contratuais sem a correspondente declaração de vontade e vinculação.[34] Não obstante, parece existir uma obrigação, que irradia efeitos para além dos limites subjetivos do contrato, de *respeito ao conteúdo do contrato*.[35]

Carneiro da Frada pontua que, na mesma toada da tutela de direitos de terceiros em relação aos contratos (caso, por exemplo, dos efeitos protetivos perante terceiros), há o reconhecimento "simétrico, da vinculação de terceiros à observância dos deveres de protecção que constituem essa relação".[36]

Como observado por Luciano Penteado, no Brasil tal fenômeno já foi admitido, de modo que, "se é possível que certos direitos surjam espontaneamente, dentro do contrato, da boa-fé, e admitida a sua expansão para terceiros,

33 "O direito romano negava eficácia às estipulações em relação a terceiros. A máxima então vigente era esta: *alteri stipulari nemo potest*, cujo fundamento residia no poder exclusivo da vontade individual na regulamentação das relações jurídicas da pessoa. Ineficazes teriam de ser, portanto, por impossibilidade lógica, negócios em favor dela, acaso concluídos por outrem, sem a necessária representação. Por outras palavras, não se concebia que um acordo de vontades pudesse produzir efeitos em relação a terceiros." MONTEIRO, Washington de Barros. Curso de Direito Civil, São Paulo: Saraiva, 1998.

34 PENTEADO, Luciano de Camargo. *Efeitos contratuais perante terceiros*. São Paulo: Quartier Latin, 2007. p. 197.

35 PENTEADO, Luciano de Camargo. *Efeitos contratuais perante terceiros*. São Paulo: Quartier Latin, 2007. p. 197.

36 CARNEIRO DA FRADA, Manuel Antônio de Castro Portugal. *Contratos e deveres de protecção*. Coimbra: Almedina, 2004. p. 104.

seria admissível também a eficácia de deveres jurídicos protetivos".[37] São situações nas quais mesmo que o terceiro, por definição, não ocupe posição contratual, este "deve ter sua situação jurídica onerada, ao menos pelo dever de respeito ao seu conteúdo, a fim de que não se possam violar as convenções utilizando-se de terceiros".[38]

Os critérios para atingimento da esfera jurídica de terceiros advêm das figuras da boa-fé (e abuso do direito), do dolo de terceiro e do terceiro cúmplice.

A boa-fé é um *standard* de conduta, um "dever imposto às partes para agirem de acordo com determinados padrões (de correção, lisura, honestidade etc.) socialmente recomendados".[39] Conforme Giovanni Nanni, "a boa-fé exprime os valores basilares da ordem jurídica. É um princípio indissociável do direito, permeando todas as relações jurídicas como um padrão de comportamento que faz parte da autonomia privada".[40] Está positivada no Código Civil em seus arts. 113 (critérios de interpretação dos negócios jurídicos), 187 (abuso de direito), e 422 (*standard* de conduta objetiva na conclusão e execução do contrato).

A observância à boa-fé é medida necessária aos contratantes, mas também aos terceiros que gravitam ao redor do vínculo contratual. O art. 186 do Código Civil determina que a pessoa (não necessariamente parte) que, por ação voluntária, violar direito e causar dano a outrem, comete ato ilícito. O terceiro que age voluntariamente, ainda mais de forma maliciosa – i.e., sabendo da violação do direito contratual alheio e o dano que lhe causará – cooptando um obrigado a inadimplir sua obrigação de não concorrer (ou se deixando usar como interposta pessoa para tentar se esquivar da restrição contratual), torna-se sujeito à obrigação e consequente responsabilização pela violação da cláusula.

Da mesma forma, o art. 187 do Código Civil determina que o titular de um direito (neste caso, de exercer atividade econômica e/ou de se associar com outros em tal exercício) que o utiliza em excesso aos limites impostos pelo seu fim econômico ou social, pela boa-fé ou pelos bons costumes, também comete ato ilícito. Somos da opinião de que o terceiro que se deixa utilizar como ferramenta de burla da obrigação de não concorrência assumida por outro, ainda

37 PENTEADO, Luciano de Camargo. *Efeitos contratuais perante terceiros*. São Paulo: Quartier Latin, 2007. p. 198.

38 PENTEADO, Luciano de Camargo. *Efeitos contratuais perante terceiros*. São Paulo: Quartier Latin, 2007. p. 122.

39 MELO, Diogo Leonardo Machado de. Arts. 186 a 188. In *Comentários ao Código Civil: direito privado contemporâneo*. NANNI, Giovanni Ettore (Coord.). 2ª ed. São Paulo: Saraiva Educação, 2021. p. 200-201.

40 NANNI, Giovanni Ettore. "Abuso do Direito". In: LOTUFO, Renan; NANNI, Giovanni Ettore (Coord.). *Teoria Geral do Direito Civil*. São Paulo: Atlas, 2008. p. 754-756.

mais quando sabe do inadimplemento que está auxiliando, preenche o tipo ilícito previsto no art. 187.

Por sua vez, o dolo de terceiro está previsto no art. 148 do Código Civil, determinando ser anulável o negócio jurídico por dolo de terceiro, se a parte beneficiada pelo dolo dele tivesse ou devesse ter conhecimento, ou respondendo o terceiro por perdas e danos à parte ludibriada, se subsistir o negócio jurídico.

Conjugando-se tais figuras, é possível concluir que "um terceiro [...] obriga-se à reparação para com o credor, se, com conhecimento de causa, ajuda o devedor a praticar atos contrários à sua obrigação".[41] No mesmo sentido, Eros Grau e Paula Forgioni, ao constatarem que, havendo conluio do terceiro para burlar a avença de não concorrência, pode a obrigação ser estendida para atingi-lo.[42] Também a Corte de Cassação francesa: "*toute personne qui, avec connaissance, aide autrui a enfreindre les obligations contractuelles pesant sur lui, commet une faute delictuelle a l'egard de la victime de l'infraction*".[43]

O Tribunal de Justiça do Estado de São Paulo já assim se posicionou, tanto em caso que reconheceu a legitimidade passiva dos filhos do obrigado, "na medida em que colaboraram para a infração se deixando usar para permitir que a cláusula de não concorrência fosse utilizada indiretamente em prejuízo dos adquirentes",[44] quanto em caso de vinculação de demais familiares do obrigado, reconhecendo que "não é incomum, na prática, o exercício de atividade empresarial por meio de pessoa interposta, inclusive para burlar eventual cláusula contratual de não concorrência".[45]

Portanto, há requisitos mais rígidos à vinculação e responsabilização de terceiros em relação a descumprimentos de cláusulas de não concorrência das quais não sejam signatários, quais sejam, os componentes de (i) conhecimento da avença existente (ou, no mínimo, do dever de conhecimento – "*tivesse ou devesse ter conhecimento*"), e (ii) a intenção, conjunta com o obrigado, de se esquivar do cumprimento da obrigação de não concorrer.

Presentes tais elementos, parece-nos que, em observância à boa-fé objetiva, à função social do contrato, e à vedação ao exercício abusivo de direito e

41 AZEVEDO, Antonio Junqueira de. *Estudos e pareceres de direito privado*. São Paulo: Saraiva, 2004. p. 215.

42 GRAU, Eros Roberto; FORGIONI, Paula. Interpretação de cláusulas de não-concorrência. In: GRAU, Eros Roberto; FORGIONI, Paula. *O Estado, a empresa e o contrato*. São Paulo: Malheiros, 2005. p. 309.

43 Cour de cassation, Chambre commerciale, n° 70-11.892, audience publique du lundi 11 octobre 1971.

44 TJSP, AC 0000205-49.2014.8.26.0160, Rel. Des. Maia da Cunha, j. 13.07.2016.

45 TJSP, AI 2103844-34.2020.8.26.0000, Rel. Des. Grava Brazil, j. 27.10.2020.

ao dolo de terceiro, a melhor solução seria, sim, vincular o terceiro cúmplice à obrigação, e, por conseguinte, ao seu inadimplemento.

Vale ressaltar, por fim, que a promessa de fato de terceiro e a teoria do terceiro cúmplice atingem diferentes partes da cláusula de não concorrência. Como visto acima, as cláusulas de não concorrência usualmente preveem que o sujeito passivo da obrigação concorda em não concorrer (i) *em nome próprio e por suas Afiliadas ou Partes Relacionadas*, e (ii) *direta ou indiretamente (por interposta pessoa)*.

Em relação ao item (i), parece-nos que a tipificação jurídica de tal avença é unicamente promessa de fato de terceiro. Ou seja, para sua violação não há necessidade de participação, conhecimento ou intenção de violar a cláusula, ou, ainda, qualquer conluio com o terceiro em questão. Basta que uma de tais pessoas não signatárias exerça a atividade restrita para gerar o inadimplemento e responsabilidade do promitente, não sendo possível obrigar ou responsabilizar o terceiro pela não consumação do fato prometido.

Em relação ao item (ii), por outro lado, há necessidade de utilização de terceiro como interposta pessoa, na finalidade do próprio obrigado se esconder por detrás de outra pessoa, para consumar - *indiretamente* - a concorrência vedada. Para tais casos, entendemos que cabe a aplicação da teoria do terceiro cúmplice, dado que o terceiro utilizado como interposta pessoa se deixa usar (ou até estimula a conduta) como fachada do obrigado no inadimplemento contratual. Nesse caso, pode o credor atingir a interposta pessoa para fazer valer seu direito contratual (observados os requisitos de conhecimento e intencionalidade da conduta acima delimitados).

CONCLUSÕES E PROPOSTAS

Este artigo se propôs a tratar da vinculação e exequibilidade de cláusulas de não concorrência perante terceiros. Demonstrou-se que as cláusulas de *non compete* são usuais na prática transacional, tendo em vista sua importante função de preservar a clientela e fazer boa a compra do adquirente de determinada empresa ou participação societária.

Na sequência, delimitou-se os principais aspectos de substância das cláusulas de não concorrência, quais sejam, as atividades restritas, o território restrito, o prazo de restrição e a contrapartida financeira. Apresentou-se redação usual de tais cláusulas refletindo o acima.

Em relação às controvérsias existentes, observou-se que existem disputas sobre aspectos extracontratuais, interpretativos, de limites de validade e eficácia (inclusive perante terceiros), de aplicação de multas pré-liquidadas e de cobranças indenizatórias.

Expôs-se que, especificamente em relação a terceiros, é comum que tais cláusulas contenham redações que incluem a vedação da concorrência pelo obrigado, *direta ou indiretamente* (i.e., por interpostas pessoas), e pelas afiliadas e/ou partes relacionadas do obrigado. Porém, em que pese tais cláusulas conterem tais redações, ainda assim é desafiador exigir o cumprimento de uma obrigação contratual perante pessoa que não é parte de tal contrato.

Viu-se que a violação da cláusula em virtude de concorrência perpetrada por terceiros pode ser enquadrada como descumprimento de promessa de fato de terceiro, cujo promitente seria o obrigado, ou por meio da teoria do terceiro cúmplice, que estimula ou auxilia o obrigado a violar a obrigação de não concorrência.

Pela promessa de fato de terceiro, entende-se que o remédio disponível ao credor prejudicado seria a formulação de pretensão de perdas e danos contra o próprio obrigado, não estando o terceiro sujeito à vinculação ou responsabilidade pela não ocorrência do fato prometido.

Pela perspectiva do terceiro cúmplice, entendeu-se que a sua caracterização depende da comprovação de que o terceiro tenha (ou devesse ter) ciência da obrigação de não concorrência e que intencionalmente se articulou com o obrigado para o descumprimento da avença. Comprovando-se ambos os aspectos acima, parece-nos que o terceiro passa a estar sujeito aos termos da cláusula e às responsabilizações oriundas de seu inadimplemento.

Por fim, esclareceu-se que as alternativas acima se aplicam a seções diferentes da cláusula de não concorrência. De um lado, a promessa de fato de terceiro se aplica à parte que determina que o obrigado assume a avença *em nome próprio e de suas afiliadas e partes relacionadas.* De outro lado, para aplicação da teoria do terceiro cúmplice, é necessária violação da seção que trata da obrigação de não concorrer *direta ou indiretamente (por interposta pessoa)*, sendo certo que o terceiro utilizado com interposta pessoa consuma ato ilícito em conjunto com o obrigado para burlar a cláusula, e não *mero fato de terceiro.*

53. CLÁUSULA DE "COMPENSAÇÃO RECÍPROCA" OU "NETTING"

Jairo Saddi

1. INTRODUÇÃO

Honrado por participar desta obra coletiva sobre *Cláusulas Contratuais*, organizada pelos eminentes professores Francisco Marino, Marcelo Vieira von Adamek e Osny da Silva Filho, decidi tratar do tema da compensação recíproca de obrigações, as chamadas 'Cláusulas de Netting".

À guisa de introdução, alguns comentários sobre o tema da compensação se fazem necessários. A compensação surgiu no Direito Romano em duas formas distintas: a *deductio* imposta ao *argentarius* (quando se obriga a compensar o crédito com as quantias que devesse ao próprio devedor) e a *deductio* imposta ao *bonorum emptor* (quando viesse a adquirir o patrimônio de um devedor inadimplente). Pela importância e utilidade do instituto, este tornou-se mundialmente celebrado em todas as jurisdições. Não é um instituto novo no ordenamento jurídico pátrio; já que foi apenas no Código Napoleônico de 1804 que se fixou como meio de extinção de obrigações.[1]

---

1 Art. 1.290 do Código Civil Francês: *La compensation s'opère de plein droit par la seule force de la loi, même à l'insu* dês *débiteurs; les deux dettes s'eteignent reciproquement, à l'instant ou elles se trouvent exister à la fois, jusqu'a concurrence de leurs quotités respectives.* Tradução livre: "A compensação se opera de pleno direito pela única força da lei, mesmo à revelia dos devedores; as duas dívidas se extinguem reciprocamente, no instante em que elas se encontravam constituídas, à medida da concorrência dos seus débitos respectivos".

A compensação é um duplo pagamento por meio do qual as partes credoras e devedoras se liberam reciprocamente. A definição clássica de Modestino, "*compensatio, est debiti et crediti inter se contributio*", encontrou resistências na doutrina, já que enuncia os seus requisitos mais do que explica uma situação fática: quando duas pessoas são devedoras uma da outra, opera-se entre elas a compensação que extingue os dois débitos, definição celebrada no art. 1.289 do Código Civil Francês.

Ademais, a compensação tem sua existência justificada fundamentalmente por duas razões: economia de procedimentos e segurança do crédito.

A economia de procedimentos se dá uma vez que, se duas pessoas são ao mesmo tempo credora e devedora uma da outra, não faz sentido que se exija de uma o pagamento integral daquilo que deve para só então receber seu crédito da outra, pois haveria gastos desnecessários, inclusive e principalmente em caso de demanda judicial.

Tratando-se de simplificação de quitação, tal procedimento evita a duplicação de pagamentos e minimiza o risco da inadimplência, tornando o crédito mais seguro. Após o pagamento de um credor-devedor, o outro pode se tornar insolvente, acarretando prejuízo ao que cumpriu fielmente sua obrigação. A compensação minimiza esse risco. Em outras palavras, a compensação é uma forma procedimental de economia de transações e, não por outra razão, o instituto é também mecanismo de contabilidade universalmente aceito em todos os regimes atuariais.

Para Pontes de Miranda, "o verdadeiro fundamento da compensação, como instituto de direito material, a despeito dos variáveis fundamentos da função histórica, mas passageira, do juiz (repulsa ao dolo, equidade), é a utilidade", em conformidade com as razões de existência ora expostas.[2]

A compensação está prevista no art. 368 da nossa Lei Civil, que determina a extinção das obrigações até onde se compensarem, se duas pessoas forem ao mesmo tempo credora e devedora uma da outra. É, assim, modalidade de extinção das obrigações, que possui requisitos determinados: as dívidas a serem compensadas devem ser líquidas, vencidas e fungíveis.

Um primeiro debate surge sobre a compensação: a sobreposição da lei à vontade dos credores-devedores *vis-à-vis* o seu caráter negocial e volitivo.

Denominada de compensação *ipso jure*, trata da compensação com força exclusiva da lei, operando-se independentemente da vontade das partes, ou mesmo na sua ignorância e a despeito delas.[3] Ou seja, basta estarem atendi-

2 MIRANDA, Pontes de. *Tratado de direito privado*. Parte especial. São Paulo: Revista dos Tribunais, 2012. Tomo XXIV. p. 333.

3 ALMEIDA, Lacerda de. *Obrigações*. 2. ed. São Paulo: Revista dos Tribunais, 1960. p. 79.

dos os requisitos legais e as dívidas estariam de pleno compensadas. Outros, diferentemente, entendem que a compensação é facultativa, e que se efetua por simples declaração unilateral de vontade.

2. O INSTITUTO DA COMPENSAÇÃO NO CONTRATO

É comum pensar em um contrato como um instrumento formal, que consiste no conjunto acabado dos direitos e das obrigações que partes livres e iguais reciprocamente assumem e se vinculam a determinadas condições. Também do Direito Romano, aprendemos que, com o contrato, base geradora de obrigações, deve-se dar, prestar, fazer, ou deixar de fazer aquilo que o regulamento contratual dispõe, cogente que é entre quem o celebra.

Mas o contrato é, antes de mais nada, um instrumento de mitigação e alocação de risco, e sua maior função na sociedade é econômica.

O contrato distribui e designa os riscos entre as partes contratuais. A identificação e a avaliação dos riscos, mutuamente considerados, fazem parte da transação contratual, do sistema de contrapartidas, e a forma como é formulado e negociado nada mais espelha senão isso. Assim, os termos e condições adequados são os meios pelos quais os riscos se refletem no acordo pactuado. Ou seja, o desenho do contrato é, em si, um custo de transação que se dá como uma espécie de formalização dos mecanismos de proteção e de tratamento dos riscos (sejam eles quais forem).

No entanto, é impossível, por exemplo, pressupor todos os acontecimentos ou fatos que poderão ocorrer entre os agentes econômicos, especialmente no futuro. Apenas quando decorrido o prazo entre seu início e seu cumprimento (ou não) é que se saberá a utilidade do instrumento. Dito isto, os contratos são sempre incompletos, já que sua eficácia é sempre auferida *ex post*. Assim, é possível alocar o risco com mais eficiência mediante a criação de incentivos ou de sanções no desenho contratual, se as partes conseguirem incluir cláusulas capazes de maximizar os respectivos benefícios e se forem bem-sucedidas em prever que, na execução do contrato, tais cláusulas serão validadas.

Neste sentido, o contrato pretende oferecer a possibilidade de remediar a previsão defeituosa com a correção de um determinado evento externo ocorrido. Já se sabe, intuitivamente, que a certeza contratual é fundamental para viabilizar qualquer investimento de longo prazo. Ao fazer um contrato de longo prazo, é natural que as partes contratantes esperem que não ocorram modificações nas condições originalmente pactuadas, por exemplo.

Quando as cláusulas de um contrato forem indetermináveis, incoerentes ou implausíveis, apresentando dificuldades na sua execução, pode-se dizer que o contrato passa a ser, largo senso, inexigível. No entanto, se os contratos se afastarem de tal modo dos seus respectivos propósitos jurídicos ou econômicos, se sua formulação for defeituosa, enfim, se sua recepção pelo ordenamento jurídico estiver integralmente comprometida a ponto de se questionar a matéria de direitos reais e de negócios bilaterais, pode-se afirmar que a mácula implicará a nulidade absoluta do instrumento.

Isto dito, passaremos a analisar as cláusulas de compensação nos contratos bilaterais. As partes assumem e podem, ao mesmo tempo, ser credoras e devedoras recíprocas e, assim, estabelecerem mecanismos para automática e efetiva extinção das obrigações. A ideia de obrigações compensáveis, até onde se compensem, está em consonância com o disposto do art. 368 e seguintes do Código Civil Brasileiro e no art. 30 da Medida Provisória nº 2192-70, de 24 de agosto de 2001, e, no caso de instituições financeiras, na Resolução do Conselho Monetário Nacional nº 3.263, de 24 de fevereiro de 2005.

As partes podem celebrar um acordo para compensação e liquidação de obrigações regido por determinadas cláusulas em que se estipulem eventuais obrigações que tenham sido ou vierem a ser assumidas. Podem estar sujeitas à cláusula de compensação, sem prejuízo de outras que lá se estabeleçam, demais operações, produtos, serviços, de outras naturezas firmadas entre as partes. Tais obrigações que vierem a ser contratadas por uma parte que figure como devedora principal, solidária, coobrigada, podem se limitar (ou não) às obrigações da concessão de crédito via celebração de contrato, emissão de notas, letras, cédulas, certificados, operações e derivativos, cessão de direitos fiduciários, desconto de títulos, repasse de recursos, prestação de garantias bancárias, títulos e valores mobiliários, de emissão de responsabilidade dos devedores.

As partes devem reconhecer que serão entendidas como obrigações compensáveis aquelas em que o credor, tendo em vista uma obrigação contra a outra, considera o somatório dos valores devidos de uma parte a outra. A noção de obrigação compensável é que será automática e imediata, vale dizer, o valor compensado com o somatório devido de parte a parte de tais obrigações. A noção de imediato e automático é talvez a principal característica de uma cláusula de compensação no sentido de que ela não exige nenhum ato precedente ou condicionante.

As obrigações, aqui mencionadas, são exigíveis pelo pagamento de um dado conjunto de obrigações, seja em razão do vencimento regular, seja em razão de um vencimento antecipado por força de dispositivo legal, ou de qualquer outra norma em que a correspondente obrigação compensada represente obrigações de derivativos, por exemplo. Nos contratos financeiros de derivativos, instrumentos financeiros correntes, a compensação e a liquidação pelo saldo das operações são normas cogentes em quase todos os países. Não apenas é cláusula do padrão global ISDA, mas também constante da própria Lei Falimentar: "não afetarão ou suspenderão, nos termos da legislação aplicável, o exercício dos direitos de vencimento antecipado e de compensação no âmbito de operações compromissadas e de derivativos, de modo que essas operações poderão ser vencidas antecipadamente, desde que assim previsto nos contratos celebrados entre as partes ou em regulamento" (Incluído pela Lei nº 14.112, de 2020).

Para fins de compensação, as compensações serão consideradas como exigíveis na data prevista, vale dizer, o acordo precisa da autorização da parte devedora, em caráter irrevogável e irretratável, garantindo que o credor possa realizar o resgate, a liquidação, de determinados ativos em parâmetros e em condições de mercado na data estabelecida, para que as obrigações compensáveis sejam consideradas como a realização de uma compensação total. E a compensação será total no caso de os valores devidos serem idênticos, hipótese em que as obrigações compensáveis extinguir-se-ão integralmente, havendo a plena e recíproca quitação, já que a compensação é forma de extinção das obrigações.

Sempre se levanta a ideia de compensação parcial na hipótese de haver diferença entre os valores devidos por cada uma das partes em razão das obrigações compensáveis, mas entende-se que isso se extinguirá até onde os valores se compensarem e o saldo remanescente será liquidado, se e quando o devedor assumir sua responsabilidade após a compensação.

A mora quanto ao pagamento do saldo remanescente ainda é causa de incidência de encargos moratórios, conforme a legislação aplicável, nos termos que regem as obrigações celebradas. E, nesses acordos, sempre existem declarações determinando que as partes estão autorizadas nos termos da lei e de seus atos constitutivos a celebrar o acordo de compensação, bem como a cumprirem todas as disposições ali previstas. "A celebração e a execução não violam nenhum outro dispositivo legal e são plenamente exequíveis no âmbito dos atos constituídos pela legislação e regulamentação em vigor, e todas as aprovações e medidas, que forem necessárias, para a celebração do instrumento de compensação devem ser tomadas ou obtidas, especialmente aquelas decorrentes de exigências legais, sendo que a celebração desses instrumentos não viola qualquer disposição ou cláusula contida em qualquer acordo, contrato, avença ou obrigação", resume bem o intuito contratual comum.

Também é importante dizer que, nesses acordos de compensação, existe execução específica e as partes podem, a seu critério, requerer execução específica das obrigações nos termos dos art. 535, 537 e 806 do Código de Processo Civil, pois, como qualquer contrato, tais instrumentos financeiros podem ser levados a registro pelas instituições financeiras, na forma e prazos estipulados pela Resolução nº 3.263 ou nos normativos que a vierem suceder.

3. O INSTITUTO DA COMPENSAÇÃO EM MATÉRIA FALIMENTAR

Miranda Valverde, comentando os efeitos jurídicos da sentença de falência, critica a compensação por efeito de lei, pela redação do art. 46 da antiga Lei de Falências (correlato ao art. 122 da Lei nº 11.101/05), pois esta, segundo o ilustre jurista, daria azo a uma interpretação equivocada. Se, entre as dívidas que não estejam vencidas, quando da decretação do estado de falência, somente as passivas do falido pudessem ser compensadas, perpetuar-se-iam grandes injustiças, já que as dívidas ativas não seriam consideradas, visto que estas não venceriam antecipadamente por ocasião da falência. Assevera o jurista: "A compensação *ipso jure* é, na verdade, uma ficção legal inútil, pois longe de resolver situações jurídicas comuns, onde a equidade reclama a sua aplicação, dificulta e entrava, na realidade, o regular funcionamento do instituto".[4]

Assim, somente seria possível compensar as dívidas ativas do falido quando vencidas anteriormente à sentença declaratória, ou se vencessem exatamente no dia da abertura da falência. Por esta razão, a compreensão de Miranda Valverde é que, vencendo as dívidas passivas do falido, a compensação pode ser possível mesmo se a dívida do credor do falido não estiver vencida por meio do requisito da liquidez. Segundo Valverde, a compensação é espécie de pagamento separado: "Quem pode opor ao falido a compensação tem o pagamento do seu crédito, até a concorrência do crédito contrário, 'em si mesmo', e, por isso, não precisa habilitar-se na falência".

Sabendo que, via de regra, a sentença declaratória não encontra vencidos os débitos do credor, raríssimas vezes este preceito legal teria aplicação e acarretaria, segundo Valverde, prejuízo ao credor *in bonis* à compensação.

No entanto, contrários à teoria da compensação legal, há autores, como Rossel, que, na esteira do Direito Germânico, entendem a compensação revestida de natureza facultativa e veem a compensação como uma garantia, um penhor, ou, ainda, um direito à retenção, que facilitaria ao credor-devedor o seu próprio pagamento.[5]

O art. 122 da Lei nº 11.101/05 incluiu preferência sobre os demais credores àquele que possui crédito compensável com dívidas do liquidando. Preenchidos

4 VALVERDE, Trajano de Miranda. *Comentários à Lei de Falências.* v. II. São Paulo: Forense, 1962. p. 321.

5 ROSSEL, Pierre. *Manuel de Droit Federal des Obligations.* Paris: Gallimard, 1958. v. 1. p. 264.

os requisitos de liquidez, vencimento e fungibilidade, a compensação extingue dois débitos de uma só vez, e, na opinião de Requião, equivale a um pagamento privilegiado, cujas legislações concursais modernas tendem a favorecer.[6]

Sendo o credor do falido também seu devedor, é evidente que pode fazer valer a totalidade de seu crédito em contraposição à sua dívida. Não se pode impor ao credor a obrigação de pagar o falido e ser obrigado a aguardar o atendimento do seu crédito. A compensação não gera incremento patrimonial, e, portanto, não burla a condição de igualdade visada no processo de falência.

Não se pode olvidar que, feita a compensação do crédito do falido com o débito do credor na falência, estará extinta a obrigação do falido de adimplir aquela dívida, diminuindo-se o passivo da massa liquidanda. Ou seja, não há qualquer prejuízo à massa em ter o passivo reduzido.

Aliás, o entendimento jurisprudencial há muito afastou o argumento do prejuízo aos demais credores. Primeiro, por ser irreal qualquer massa falida pagar integralmente o seu passivo (se isto ocorresse, teoricamente não haveria motivo para o decreto de falência); segundo, por celeridade processual na redução dos passivos (e ativos) da massa.

Como se afirmou, vê-se que o espírito da lei foi o de não obrigar o credor e, ao mesmo tempo, devedor da massa falida, a pagar de imediato seu débito, ficando obrigado a esperar indefinidamente pelo recebimento de seu crédito.

Conforme assevera Silva Pacheco: "nenhuma razão de direito ou equidade poderá ser invocada, capaz de impedir que o devedor, cujo débito ainda não se venceu, surpreendido pela falência do seu credor e tendo também contra ele crédito vencido por força de sentença declaratória, renuncie ao prazo estipulado a seu benefício, operando, assim, desde logo, a compensação".[7]

O objetivo do legislador ao disciplinar a compensação não foi outro senão se alinhar aos princípios que norteavam as modernas legislações falimentares, que continuam válidos até esta data, conforme se depreende do trabalho elaborado pelo Banco Mundial e que inspirou a nossa atual Lei Falimentar, ao conter princípios que deveriam reger as legislações falimentares: "É injusto que o inadimplente cobre os valores que tem a receber, mas não pague o que ele deve. A compensação evita o pior para os credores, mitigando o efeito cascata provocado pela falência. A compensação de pagamentos é fundamental em mercados atacadistas e para minimizar o risco sistêmico dos sistemas de pagamento. Compensação de pagamentos reduz riscos de perda e portanto o custo de crédito [...]".[8]

---

6 REQUIÃO, Rubens. *Curso de Direito Falimentar.* São Paulo: Saraiva, 1995. p. 212.

7 PACHECO, Silva. *Da falência e concordata.* São Paulo: Forense, 2004. v. II. p. 111.

8 WORLD Bank. Disponível em: www.worldbank.org.

4. O CASO LOJAS AMERICANAS

Em janeiro de 2023, a tradicional varejista Lojas Americanas ajuizou medida cautelar que logo se converteu em pedido de recuperação judicial em razão da descoberta de dívidas estimadas em R$ 43 bilhões. O caso das Lojas Americanas "enfrenta a suspeita de ser o maior escândalo da história do capitalismo brasileiro", segundo alguns.[9] Um dos assuntos debatidos no Poder Judiciário foi exatamente a compensação prévia.

Havia variados "Acordos de Compensação", em instrumentos próprios, nos termos da Resolução nº 3.263/2005 do Conselho Monetário Nacional (CMN), editada com base na competência do CMN para "disciplinar o crédito em todas as suas modalidades e operações creditícias em todas as suas formas, inclusive aceites, avais e prestações de quaisquer garantias" (art. 4.º, VI, da Lei 4.595/1964) e do art. 30, *caput*, da MP 2.192-70/2001, que reza o seguinte: "É admitida a realização de acordo para a compensação e a liquidação de operações no âmbito do Sistema Financeiro Nacional, nas hipóteses e segundo as normas estabelecidas pelo Conselho Monetário Nacional". O § 1.º do artigo transcrito ainda declara que "a realização da compensação e da liquidação nos termos e nas condições acordados, não será afetada pela decretação de insolvência civil, concordata, intervenção, falência ou liquidação extrajudicial da parte do acordo, não se aplicando o disposto na parte final do *caput* do art. 43 e inciso I do art. 52, ambos do Decreto-Lei nº 7.661, de 21 de junho de 1945".

O questionamento foi o seguinte: se por ser contrato bilateral poderia ser resolvido pelo administrador ou declarado ineficaz, prevendo o § 2.º o destino do saldo final credor ou devedor, conforme a hipótese. Os bancos alegavam que o propósito imediato dos contratos ou acordos de compensação consistiam em determinar o Patrimônio Líquido Exigido pelas instituições financeiras que firmaram tais acordos, nos termos do art. 6.º da já mencionada Resolução nº 3.263/2005 do CMN. De acordo com os bancos, trata-se de pressupostos de validade e requisitos de eficácia privativa a consubstanciação em instrumento próprio; o registro no Banco Central, em até 15 (quinze) dias úteis após sua celebração; e a estipulação das condições que conduzam ao vencimento antecipado, que caracterizem inadimplência e metodologia de apuração dos créditos compensáveis, bem como a indicação do diretor responsável por firmar tal negócio jurídico.

Quando chegou ao STJ, o vice-presidente do Superior Tribunal de Justiça (STJ), ministro Og Fernandes, no exercício da presidência, suspendeu decisão

9 ESTADÃO. Disponível em: https://einvestidor.estadao.com.br/especial-caso-americanas-amer3/.

da 4ª Vara Empresarial do Rio de Janeiro, que havia determinado a reversão imediata ao patrimônio da rede Lojas Americanas de valores que haviam sido compensados por um dos bancos credores, o BTG Pactual, em razão de dívidas em aberto da empresa.

Na decisão, o ministro considerou, entre outros fundamentos, a possibilidade de que a reversão dos valores poderia comprometer "a análise futura de conflito de competência entre a vara empresarial e a Justiça arbitral, tendo em vista que, no acordo de compensação, havia a previsão de que eventuais litígios entre as partes deveriam ser resolvidos por meio da arbitragem."[10]

O caso das Lojas Americanas, no momento em que este artigo está sendo escrito, ainda não se encerrou. E ainda que não exista decisão definitiva sobre o caso da compensação dos derivativos, uma coisa é cristalina: é preciso cumprir a cláusula contratual *ex-ante*, sob pena de encarecer todos os demais contratos.

---

10 STJ. Disponível em: https://www.stj.jus.br/sites/portalp/Paginas/Comunicacao/Noticias/2023/25012023-STJ-suspende-devolucao-de-valores-a-Americanas-que-haviam-sido-compensados-por-banco-credor.aspx.

54. A CLÁUSULA DE AUTORIZAÇÃO CREDITÍCIA (*EINZIEHUNGSERMÄCHTIGUNG*) NO DIREITO BRASILEIRO

João Carlos Mettlach-Pinter

1. INTRODUÇÃO

O tema do negócio jurídico autorizativo, nas suas diversas modalidades, é um assunto ainda pouco debatido no direito brasileiro. Por mais que haja menção à sua existência em parecer dos anos 80[1], fato é que apenas nos últimos anos o tema ganhou dignidade acadêmica, sendo explorado em teses universitárias[2] que buscaram lhe conceder conformação teórica. Essa constatação é ainda mais surpreendente quando se verifica que nem mesmo um autor de inquestionável conhecimento da produção jurídica alemã como Pontes de Miranda logrou reduzir a autorização aos seus princípios gerais, mencionando apenas esparsamente, em seu *Tratado de Direito Privado*, certas concretizações da autorização dispositiva.[3]

---

1 COUTO E SILVA, Clóvis. Cessão de Crédito, **Revista dos Tribunais**, São Paulo, v. 77, n. 638, pp. 10-4, 1988.

2 Cf. HAICAL, Gustavo. **A autorização.** São Paulo: Revista dos Tribunais, 2020; METTLACH-PINTER, João Carlos. ***Summa divisio* do direito civil patrimonial**: estrutura, sistematização e sentido da distinção entre direitos reais e obrigacionais. Curitiba: Juruá, 2023, pp. 406-16.

3 PONTES DE MIRANDA, Francisco Cavalcanti. **Tratado de direito privado.** Vol. XXXIX. São Paulo, Revista dos Tribunais, 2012, pp. 503ss.; Vol. XLIII, p. 367ss.

A autorização constitui gênero de negócios jurídicos, à semelhança do que ocorre com outros institutos jurídicos: é o caso, sobretudo, da representação, que conhece concretizações nas suas modalidades legal e negocial. Diferentemente da representação, a autorização não obteve assento legislativo: não há, nem no Código Civil, nem na legislação extravagante, norma cuja construção jurídica faça menção explícita ou referência implícita ao gênero das autorizações. De fato, à época da codificação original, sequer na Alemanha, país onde foi identificado e elevado à teoria, o tema havia sido devidamente explorado.[4] Com efeito, a autorização só viria a ganhar atenção no período posterior à pandectística: é sobretudo a partir dos anos 20 do séc. XX que surgem os principais trabalhos acadêmicos cujo objetivo está em conformar teoricamente o instituto. No Brasil, pouco ou nada desses trabalhos penetrou na literatura jurídica nacional.

Todavia, como demonstra o histórico do instituto no direito alemão, trata-se de tema de grande relevância teórica e prática. A relevância teórica reside na *constituição de uma nova categoria de negócios jurídicos*, à semelhança do que o pensamento dogmático dos últimos dois séculos obrou em relação à cessão de crédito e à representação negocial – isto é, o aperfeiçoamento de seus efeitos como efetiva transmissão da posição creditícia, no primeiro caso[5]; e da produção de efeitos jurídicos diretamente na esfera jurídica do representado, no segundo caso[6], superando concepções herdadas ao direito romano que impediram, durante o longo período do *ius commune*, que a forma jurídica desses negócios jurídicos correspondesse efetivamente às operações sociais e econômicas subjacentes. Como se sabe, a criação de uma nova categoria dogmática é um instrumento metodológico poderoso para a reinterpretação das previsões normativas que, embora sejam antigas e tradicionais, causam espanto quando analisadas à luz das teorias já conhecidas.[7]

Já a relevância prática pode ser demonstrada pela própria gênese do tema: por mais que o tema tenha sido anunciado – mas não desenvolvido – em artigo científico, o estopim para o seu estudo se deu após uma série de julgados em que os tribunais alemães tiveram de se debruçar sobre uma espécie de

---

4 Cf. o esboço histórico em DORIS, Philippos. **Die rechtsgeschäftliche Ermächtigung bei Vornahme von Verfügungs-, Verpflichtungs- und Erwerbsgeschäften**. München: Beck, 1974, pp. 12-8.

5 Em perspectiva histórica, cf. MENEZES LEITÃO, Luís Manuel Teles de. **Cessão de créditos**. Coimbra: Almedina, 2005, pp. 45ss.

6 Em perspectiva histórica, cf. DE ALBUQUERQUE, Pedro. **A representação voluntária em direito civil: ensaio de reconstrução dogmática**. Coimbra: Almedina, 2004, pp. 179ss.

7 Sobre tal questão metodológica, cf. METTLACH-PINTER, João Carlos. ***Summa divisio* do direito civil patrimonial**: estrutura, sistematização e sentido da distinção entre direitos reais e obrigacionais. Curitiba: Juruá, 2023, pp. 127-33.

cláusula contratual que não encontrava nem previsão normativa de regulação, nem elaboração doutrinária. No Brasil, onde ainda é parca a produção teórica sobre o tema, é significativo notar que seu tratamento se deu, inicialmente, na literatura consiliar.[8] Com efeito, Clóvis do Couto e Silva publicou, em 1988, parecer[9] na *Revista dos Tribunais* em que teve de analisar a possibilidade jurídica, segundo o direito brasileiro, da seguinte cláusula:

> *"É da responsabilidade do Banco M. a realização, amigável ou judicial, dos créditos cedidos e transferidos na cláusula 7ª do contrato aditado, razão pela qual a referida cessão é celebrada com reserva, em favor do Banco M., das ações e pretensões emergentes dos créditos cedidos e transferidos, de forma a possibilitar ao M. atuar em nome próprio nas gestões amigáveis ou judiciais de cobrança".*

No caso em tela, o Banco M. (cedente) havia cedido, em favor do Banco Central (cessionário), créditos determinados. Por meio da referida cláusula, conquanto o Banco Central fosse titular do crédito, o Banco M. ficava obrigado (e autorizado) a cobrar, em nome próprio, os referidos créditos nas vias judicial e extrajudicial. No decorrer deste trabalho, o caso será retomado em algumas ocasiões com maior profundidade. Anote-se, como informação relevante, que o parecer do jurista foi lavrado a pedido do cedido, concluindo, a seu favor[10], pela ilicitude da referida cláusula no direito brasileiro sob o argumento, entre outros, de inexistência de previsão legislativa para a autorização creditícia.

Demonstrada a relevância teórica e prática do tema, convém passar à ordem da exposição. Debuxados os principais traços históricos, apresenta-se a autorização como gênero de negócio jurídico, expondo-se brevemente suas principais modalidades. Em seguida, inicia-se a exposição da possibilidade de

---

8 Sobre a literatura consiliar e suas características, cf. METTLACH-PINTER, João Carlos. ***Summa divisio* do direito civil patrimonial**: estrutura, sistematização e sentido da distinção entre direitos reais e obrigacionais. Curitiba: Juruá, 2023, pp. 96-101.

9 COUTO E SILVA, Clóvis. Cessão de Crédito, **Revista dos Tribunais**, São Paulo, v. 77, n. 638, pp. 10-4, 1988.

10 Julgo importante realçar o fato de o parecer ser uma peça jurídica escrita numa situação de interesse concreto, pois é de estranhar que COUTO E SILVA, em parecer de 1988, tenha dado preferência, para embasar sua opinião contrária à autorização creditícia, a uma série de autores alemães do início do séc. XX, desconsiderando a plena aceitação que tal negócio passou a granjear posteriormente. Para se limitar a um único exemplo, veja-se a citação de obra antiga de K. LARENZ, *Vertrag und Unrecht*, datada de 1936, contrária à referida cláusula, e desconsiderando o fato de o autor ter mudado de opinião após ter orientado a tese de M. STATHOPOULOS, publicada em 1968. Há uma enfática defesa do instituto em comento na edição de 1976 do seu *Lehrbuch des Schuldrechts* (cf. LARENZ, Karl. **Lehrbuch des Schuldrechts**. Vol. I. 11ª ed. München: Beck, 1976, pp. 198; 466-9).

inserção sistemática, diferenciando a autorização creditícia de outros institutos jurídicos conceitual ou funcionalmente semelhantes. Provado que ela não se reduz a nenhum instituto já existente no direito privado brasileiro, passa-se a ponderar se os interesses nutridos pelas partes por ocasião da autorização são dignos de tutela jurídica segundo os valores jurídicos positivados na legislação brasileira. Em seguida, passa-se à construção dogmática, em que se especificam os requisitos e os efeitos da modalidade creditícia do negócio jurídico autorizativo. Por fim, demonstra-se, à luz de institutos jurídicos tradicionais e com assento legislativo no direito privado brasileiro, como a categoria da autorização creditícia permite que se lhes dê nova interpretação.

2. HISTÓRICO

Instituto concebido já em época moderna, os negócios jurídicos autorizativos não são dotados de uma profundidade histórica digna de nota. Com efeito, o direito romano conhecia instituto semelhante à autorização dentre aqueles que substituíam funcionalmente a moderna cessão de crédito, diante da inadmissibilidade, naquele direito, da plena transmissão das posições jurídicas obrigacionais. Sob o olhar do jurista contemporâneo, trata-se de uma forma intermediária e aparentemente injustificada, na medida em que a cessão de crédito, ao permitir uma verdadeira transmissão da posição jurídica, teria dado uma forma jurídica adequada à necessidade econômica, tornando supérfluos os antigos institutos.

É o caso da *procuratio in rem suam*: por meio de um *iussum*, o cedente concedia ao cessionário o poder de exigir em juízo, em nome próprio, certa prestação que lhe havia sido prometida pelo devedor. O nome do representante aparecia na intentio da *actio*, dando-se ao *procurator* um poder de representação despido de todas as obrigações tipicamente ligadas à prestação de contas do mandato. A grande desvantagem desse instituto estava na sua livre revogabilidade pelo representado, e pela extinção com a morte do outorgante.[11] A situação do *procurator* era especialmente frágil anteriormente à *litiscontestatio*, já que era ela que, com seu efeito novativo, dava autonomia à atuação do *procurator*. Para remediar tal problema, permitiu-se que tais efeitos fossem adiantados por meio de uma *denuntiatio* do devedor, de modo que apenas o *procurator* tivesse legitimidade para receber a prestação. Posteriormente, a concedeu-se

11 Cf., por todos, KASER, Max. **Das römische Privatrecht**. Vol. I. 2ª ed. München: Beck, 1971, p. 653.

uma *actio utilis*, por meio da qual o "cessionário", independentemente da existência de um *mandatum agendi*, podia cobrar o devedor *suo nomine*.[12]

Malgrado a existência desse precedente histórico na tradição jurídica, é controversa entre os autores que lidaram com a autorização creditícia o peso que se deve atribuir a tais institutos. A razão central está em que institutos posteriores, como a cessão de crédito, absorveram a função desempenhada pelos institutos de estágios intermediários. Parece, todavia, exagerada a afirmação de Stathopoulos, segundo a qual "[c]om a mera menção à história não se ganha nada", pois "[a] evolução histórica não corrobora nem desautoriza a possibilidade de aceitação da autorização creditícia".[13] Afinal, se tal instituto está presente na tradição jurídica, e a ausência de sua previsão expressa se deu apenas em razão da avaliação (superficial) do legislador de que sua função havia sido absorvida por outros institutos, tem-se um claro indício de que a autorização tem, ao menos *prima facie*, a possibilidade de ser inserida no sistema jurídico de direito civil sem causar distorções ou contradições axiológicas.

Passando-se à histórica recente do instituto, nota-se que a primeira menção à autorização se dá num artigo de R. v. Jhering datado de 1858.[14] Nesse trabalho, o autor trata da forma jurídica dos diferentes modos de cooperação em negócio jurídico alheio. Na quarta parte do artigo, o autor trata da concordância e da cooperação do legitimado para disposições realizadas pelo não-legitimado. Uma das subespécies identificadas consistia precisamente na tolerância do proprietário com que o autorizado gravasse a coisa com direito real. Para o autor, não havia nenhuma dificuldade na hipótese, sendo questionável apenas até que ponto certas regras originalmente previstas para a representação – como a extinção pela morte, bem como a revogação anterior ao cumprimento – poderiam ser aplicadas.

Jhering pôs em relevo o fato de os juristas romanos não terem elaborado um conceito próprio para a autorização: "[o] conceito próprio e autônomo de autorização lhes era desconhecido, eles a conheciam apenas como espécie ou caso de procuração e aplicavam a ela, por essa razão, os princípios relutantes do mandato (...)". Diante da necessidade de distinguir a autorização da representação, Jhering prometeu "tratar a teoria da autorização em artigo próprio nesta revista", sem, todavia, cumprir a promessa.

---

12 LUDEWIG, Wilhelm. **Die Ermächtigung nach bürgerlichem Recht**. Marburg: Elwert, 1922, pp. 16-7.

13 STATHOPOULOS, Michael. **Die Einziehungsermächtigung**. Karlsruhe: C. F. Müller, 1968, pp. 4-5.

14 VON JHERING, R. Mitwirkung für fremde Rechtsgeschäfte, **Jahrbücher für die Dogmatik des heutigen römischen Deutschen Privatrechts**, v. 2, Jena, Mauke, 1858, pp. 67-180, esp. pp. 131-2.

Ainda à época da pandectística, alguns poucos autores se manifestaram a respeito da autorização. Assim, Bekker[15] passou a empregá-la em sentido amplíssimo, isto é, como "competência para realizar atos de exercícios", abrangendo a competência para realizar disposição, outorga de procuração, mandato, oferta de contrato e outros negócios jurídicos. Regelsberger[16] e Krückmann[17], por sua vez, também levaram o conceito de *Ermächtigung* longe demais, ao fazê-lo abranger a possibilidade de intervenção na esfera jurídica do autorizante com atos puramente fáticos.

Diante dessas oscilações doutrinárias, o BGB deixou de elencar explicitamente um negócio jurídico autorizativo. Apenas previu, no § 185 (1), BGB, uma norma que permitia a concessão de eficácia à disposição realizada pelo não-legitimado caso o legitimado prestasse sua concordância: "[a] disposição realizada pelo não-legitimado sobre determinado objeto é eficaz se ocorrer com a concordância do legitimado". O termo utilizado pelo BGB para a noção de "concordância" é *Einwilligung*. Não demorou muito até que a doutrina entendesse a *Einwilligung* como gênero, na medida em que a concordância poderia ser anterior ou posterior à realização da disposição.[18] O reconhecimento da possibilidade de concordância anterior abriu o caminho para que se reconhecesse a possibilidade jurídica, no sistema alemão, da autorização dispositiva com base no § 185 (1), BGB.

No início do séc. XX, já sob a vigência do BGB, passam a surgir alguns trabalhos com a espécie de autorização que seria posteriormente identificada como creditícia. Em 1905, Schöninger publica um artigo intitulado *A cessão de crédito para fins de cobrança*. Mesmo criticando o instituto, é curioso notar que o autor inicie seu trabalho afirmando que "[a] todo juiz é bem conhecido o caso do cessionário que figura como autor, a que o réu opõe a alegação de que a cessão seria simulada, por não ser efetivamente querida, já que realizada exclusivamente para cobrança (*zum Inkasso*) ou para fins processuais".[19] Isso mostra, de um lado, a importância prática do instituto à época; de outro, repete

15 BEKKER, Ernst Immanuel. **System des heutigen Pandektenrechts**. Vol. II. Weimar: Hermann Böhlau, 1889, pp. 210-9.

16 REGELSBERGER, Ferdinand. **Pandekten.** Vol. I. Leipzig: Duncker & Humblot, 1893, pp. 592-3.

17 KRÜCKMANN, Die Ermächtigung und der Rechtsbesitz nach dem BGB. *In*: **Die Reichsgerichtspraxis im deutschen Rechtsleben.** Vol. III. Berlin, Leipzig: Walter de Gruyter, 1929, pp. 79-113, esp. p. 80, n. 7; p. 84, n. 18.

18 Cf., por todos, VON TUHR, Andreas. **Der Allgemeine Teil des Deutschen Bürgerlichen Rechts.** Vol. II/2. Berlin: Duncker & Humblot, 1918, pp. 211-2.

19 SCHÖNINGER. Forderungsabtretung zum Zweck des Einzugs (Cession zum Inkasso), **Archiv für die civilistische Praxis**, v. 96, n. 2, Tübingen, Mohr Siebeck, 1905, pp. 163-199.

uma antiga tendência de reputar simulados os negócios jurídicos que não se encaixam perfeitamente nos modelos previstos na lei.[20]

Desconsiderando-se outras tentativas parciais, foi o trabalho de Ludewig, datado de 1922, que identificou todas as formas possíveis da *Ermächtigung*, dando-lhe uma base segura. Considerando a autorização um conceito uno, Ludewig identificou as quatro modalidades de autorização que serão comentadas abaixo. Se seu trabalho tem o mérito de buscar expandir conceitualmente as hipóteses de autorização, é preciso considerar que sua justificativa para a aceitação de tal espécie de negócio jurídico é frágil.[21] Entendendo a autorização como transmissão do exercício do direito, o autor constrói um direito de administração do próprio patrimônio, que incluiria a possibilidade de dispor, contrair obrigação e exigir judicialmente. Com base nisso, entende como admissíveis todas as formas de exercício de direito alheio pelo autorizado.[22]

A partir desse trabalho, a discussão sobre os negócios jurídicos autorizativos tornou-se mais fecunda: tais institutos, além de ganharem tratamento em teses e artigos específicos, passaram a ser explorados nos principais manuais. Após certa hesitação, a doutrina majoritária acabou por aceitar a autorização dispositiva e a autorização creditícia, como se há de demonstrar mais detalhadamente abaixo.

3. A AUTORIZAÇÃO COMO GÊNERO DE NEGÓCIO JURÍDICO

3.1. Introdução

Para que se fale com propriedade da autorização creditícia, é necessário que antes se passe em revista as outras formas de negócio jurídico autorizativo já encontradas pela doutrina. Note-se que, como se há de detalhar a seguir, nem todas as espécies constituem institutos jurídicos reconhecidos pela doutrina alemã: algumas delas permanecem como hipóteses teóricas, em busca de uma justificativa teórica superior ou de uma necessidade prática maior.

---

20 Lembre-se, nesse ponto, que CARIOTA-FERRARA teve de refutar por diversas vezes em seu trabalho dedicado aos negócios fiduciários que eles fossem espécie de negócios simulados. Cf. CARIOTA-FERRARA, Luigi. **I negozi fiduciari**. Padova: CEDAM, 1933, pp. 43ss.

21 Crítico, cf. DORIS, Philippos. **Die rechtsgeschäftliche Ermächtigung bei Vornahme von Verfügungs-, Verpflichtungs- und Erwerbsgeschäften.** München: Beck, 1974, pp. 14-6.

22 LUDEWIG, Wilhelm. **Die Ermächtigung nach bürgerlichem Recht**. Marburg: Elwert, 1922, pp. 31-40.

3.2. Autorização dispositiva

A autorização dispositiva, ou *autorização para disposição*, foi a primeira modalidade de autorização identificada. Por meio dessa espécie, o autorizante permite que o autorizado realize um negócio de disposição sobre determinado objeto cujo poder de disposição está na esfera jurídico do autorizante.[23] Como regra geral, a disposição por aquele que não é legitimado a realizá-la é ineficaz, admitindo-se a pós-eficacização se aquele que realizou o negócio jurídico adquire, *inter vivos* ou *causa mortis*, o poder de disposição sobre o objeto.[24]

Nessa modalidade, a autorização funciona como forma de ampliar a legitimidade para os negócios de disposição. Diferentemente dos negócios de obrigação – por meio dos quais se criam posições jurídicas de crédito e débito nas esferas jurídicas (ao menos) do credor e do devedor, com a finalidade de realização de uma prestação para cujo desenvolvimento é indispensável a cooperação das partes – os negócios de disposição dizem respeito à modificação imediata da esfera jurídica do disponente (e, quando houver, do adquirente). Tal como sugerido pelo art. 108, CC, conhecem-se quatro espécies de disposição: a) a disposição *constitutiva*, ligada à criação de direitos reais sobre coisas corpóreas, móveis ou imóveis, ou incorpóreas, como créditos e estabelecimento; b) a disposição *transmissiva*, por meio da qual o objeto, mantida sua identidade, passa de uma esfera jurídica à outra (ex.: tradição, acordo de transmissão de propriedade, trespasse, cessão de crédito, cessão da posição contratual, assunção de dívida, etc.); c) a *disposição modificativa*, por meio da qual se modifica o conteúdo de uma relação jurídica já existente; d) a *disposição extintiva*, por meio do qual se extingue uma posição ou relação jurídica (ex.: remissão do débito, renúncia, resolução contratual, etc.).[25]

Com efeito, todas essas espécies de disposição, com a ampla variedade de objetos que admitem, podem ser instrumentalizadas por meio da autorização

---

23 Dentre os principais manuais, aceitando o instituto, cf. BORK, Reinhard. **Allgemeiner Teil des Bürgerlichen Gesetzbuchs**. Tübingen: Mohr Siebeck, 2001, pp. 628-9; FLUME, Werner. **Allgemeiner Teil des Bürgerlichen Rechts**. Vol. II. 2ª ed. Berlin: Springer, 1975, pp. 901-5; WOLF, Manfred; NEUNER, Jörg. **Allgemeiner Teil des Bürgerlichen Rechts**. 10ª ed. München: Beck, 2012, pp. 662-3.

24 Sobre a pós-eficacização no direito brasileiro, com exemplo, cf. METTLACH-PINTER, João Carlos. ***Summa divisio* do direito civil patrimonial**: estrutura, sistematização e sentido da distinção entre direitos reais e obrigacionais. Curitiba: Juruá, 2023, pp. 410-1.

25 A respeito da disposição e de suas modalidades, cf. FLUME, Werner. **Allgemeiner Teil des Bürgerlichen Rechts**. Vol. II. 2ª ed. Berlin: Springer, 1975, pp. 140-5; VON TUHR, Andreas. **Der Allgemeine Teil des Deutschen Bürgerlichen Rechts**. Vol. II/1. Berlin: Duncker & Humblot, 1914, pp. 365ss. Para o direito brasileiro, cf. PONTES DE MIRANDA, Francisco Cavalcanti. **Tratado de direito privado**. Vol. V. São Paulo: Revista dos Tribunais, 2012, pp. 385ss.

dispositiva. Não há razão para limitar a esfera de atuação da autorização dispositiva exclusivamente aos casos de disposição de coisa corpórea, situação paradigmática que serviu de base à identificação da figura. Na verdade, constituindo a disposição um fenômeno uno no direito privado, admitindo grande variedade de objetos de direito (isto é, objetos de direito de primeiro e de segundo grau), e impondo requisitos semelhantes a todos eles, a autorização para disposição deve mimetizar o mesmo grau de abrangência.[26]

O direito brasileiro conhece diversas hipóteses de autorização dispositiva, sem que a legislação faça menção expressa à categoria. Na verdade, trata-se de situações de difícil explicação para a doutrina em razão do desconhecimento da categoria. O primeiro exemplo está no contrato de comissão: como é possível que o comissário, recebendo apenas a posse dos bens remetidos pelo comitente, e não sendo representante deste último, possa transmitir a propriedade dos bens ao terceiro adquirente? Afinal, como o comissário não tem o poder de disposição sobre os bens, a disposição seria, por conseguinte, ineficaz.[27] A mesma situação afeta o segundo exemplo: como seria possível, no contrato estimatório, que o consignatário transmitisse a propriedade dos bens cuja posse lhe transmitiu o consignante, se não é nem proprietário dos bens, nem representante do proprietário?[28] Não há forma de resolver a questão se não se supuser a existência de uma autorização dispositiva em ambos os casos.[29]

3.3. Autorização obrigacional

A autorização obrigacional constitui uma *hipótese teórica* segundo a qual o autorizante permitiria ao autorizado contrair negócios jurídicos de obrigação em seu próprio nome, mas com efeitos sobre a esfera jurídica do autorizante,

---

26 Mencionando a autorização dispositiva sobre pretensões, cf. LUDEWIG, Wilhelm. **Die Ermächtigung nach bürgerlichem Recht**. Marburg: Elwert, 1922, pp.83-4.

27 Sobre a relação entre autorização e comissão, no direito alemão, cf. CANARIS, Claus-Wilhelm. **Handelsrecht**. 23ª ed. München: Beck, 2000, p. 552; OETKER, Hartmut. **Handelsrecht.** 8ª ed. Berlin: Springer, 2019, pp. 275-6.

28 A doutrina nacional fala em *autorização para disposição* (TEPEDINO, Gustavo. *In*: TEIXEIRA, Sálvio de Figueiredo. (Coord.). **Comentários ao novo código civil.** Vol. X. Rio de Janeiro: Forense, 2008, p. 211), em *outorga do poder de disposição* (PONTES DE MIRANDA, Francisco Cavalcanti. **Tratado de direito privado.** Vol. XXXIX. São Paulo: Revista dos Tribunais, 2012, pp. 503ss.; Vol. XLIII, pp. 367ss.) e *imputação do direito de disposição* (RODRIGUES JUNIOR., Otávio Luiz, in: AZEVEDO, Álvaro Villaça. **Código civil comentado.** Vol. VI/1. São Paulo: Atlas, 2008, pp. 613-4).

29 Sobre a possibilidade de aceitação da autorização para disposição no direito brasileiro, cf., com profundidade: HAICAL, Gustavo. **A autorização no direito privado**. São Paulo: Revista dos Tribunais, 2020, pp. 46ss.

sem representação.[30] A doutrina alemã majoritária a reputa inaceitável[31], ao menos segundo o ordenamento jurídico alemão, uma vez que, de um lado, produz efeitos muitíssimo semelhantes aos da representação direta, mas, por outro, desobedece ao princípio da publicidade que rege essas mesmas relações.

Nas relações de representação, é necessário que o representante negocial explicite sua condição, uma vez que contrata em nome alheio. Assim, por mais que, do ponto de vista da existência do negócio jurídico, seja o representante o emissor da declaração de vontade, do ponto de vista da eficácia, não há dúvida de que os efeitos se produzem diretamente na esfera jurídica do representado. Para isso, é necessário que o representante declare expressamente quem é o representado, uma vez que é este que ocupará um dos polos da relação jurídica.[32] A grande dificuldade de admissão da autorização obrigacional reside na desnecessidade de obediência ao princípio da publicidade: é plenamente possível, como se há de ver abaixo, que a autorização não seja explicitada à outra parte e, mesmo assim, produza seus efeitos. Todavia, quando a eficácia da autorização se dirige para a contratação de um negócio de obrigação – em que haverá a realização de uma prestação – parece grave, ao menos *prima facie*, que se contrate sem saber claramente quem é a contraparte.

No direito alemão, a situação paradigmática da autorização obrigacional é realização de contrato de locação entre o inquilino e o administrador do imóvel que, não sendo proprietário do imóvel, foi autorizado contratualmente por este último a locá-lo.[33] No direito brasileiro, pode-se imaginar a situação em que a imobiliária, autorizada pelo proprietário do imóvel a locá-lo a terceiro, aluga-o em nome próprio para evitar revelar ao inquilino o nome do proprietário do imóvel e, por conseguinte, evitar a contratação direta que dispensaria seus serviços. Trata-se de uma situação bastante semelhante à da comissão, em que também há interesse do comissário em que o comitente e o terceiro não tenham conhecimento das identidades recíprocas.

---

30 LUDEWIG, Wilhelm. **Die Ermächtigung nach bürgerlichem Recht**. Marburg: Elwert, 1922, pp. 72-4.

31 A respeito, cf. ENNECCERRUS, Ludwig; NIPPERDEY, Hans Carl. **Allgemeiner Teil des Bürgerlichen Rechts.** Vol. II. 15ª ed. Tübingen: Mohr, 1960, p. 1.236; BORK, Reinhard. **Allgemeiner Teil des Bürgerlichen Gesetzbuchs**. Tübingen: Mohr Siebeck, 2001, p. 636; WOLF, Manfred; NEUNER, Jörg. **Allgemeiner Teil des Bürgerlichen Rechts.** 10ª ed. München: Beck, 2012, p. 663.

32 Ainda que se admita tal declaração na forma tácita. No direito brasileiro, sobre a publicidade, cf. PONTES DE MIRANDA, Francisco Cavalcanti. **Tratado de direito privado**. Vol. III. São Paulo: Revista dos Tribunais, 2012, pp. 317-8.

33 FLUME, Werner. **Allgemeiner Teil des Bürgerlichen Rechts.** Vol. II. 2ª ed. Berlin: Springer, 1975, p. 907. Note-se que a solução do autor para o exemplo em questão – a saber, entender a transmissão da posse na locação como espécie de autorização dispositiva – não resolve os problemas do direito brasileiro mencionados.

Nesse caso, realizando a imobiliária negócio jurídico em nome próprio, mas autorizada pelo proprietário, seria possível imputar a posição de locador diretamente ao proprietário, ainda que inexista procuração outorgada por ele à imobiliária? Com efeito, há interesse de ambas as partes em que isso aconteça: do ponto de vista do inquilino, é preciso evitar que a locação seja realizada *a non domino*, sob pena de não poder averbar na matrícula do imóvel a cláusula de vigência da locação, que o protege contra a ineficácia da relação obrigacional em face de futuros adquirentes do imóvel. Do ponto de vista do locador, também há interesse: a Lei de Locação exige expressamente, para algumas hipóteses de denúncia cheia (art. 47, III e IV; cf. art. 47, § 2º, Lei 8.245/91) que a figura do locador coincida com a do proprietário. Diante desse quadro, caso se concebesse, no direito brasileiro, uma autorização obrigacional, o contrato de locação concluído pela imobiliária em nome próprio poderia ser imputado à esfera jurídica do proprietário e, como tal, produzir efeitos jurídicos de interesse de ambas as partes. Trata-se, portanto, de uma hipótese teórica que encontra, na realidade, interesses reais a proteger.

3.4. Autorização aquisitiva

A autorização aquisitiva é hipótese teórica de negócio jurídico autorizativo por meio da qual o autorizante permite que o autorizado adquira, por meio de ato próprio, determinado objeto, que passa diretamente ao patrimônio do autorizante.[34] Reputada inaceitável pela doutrina alemã majoritária[35], a vantagem da autorização aquisitiva estaria, de um lado, em dispensar a existência de representação e, de outro, em permitir a passagem direta da propriedade do bem, sem que houvesse necessidade de que, ainda que por um segundo lógico, o autorizado o mantivesse em seu patrimônio.

A situação paradigmática dessa espécie ocorre na comissão para aquisição. Assim, o comitente contrata o comissário para que adquira determinado bem de um terceiro. Diferentemente do que ocorre na comissão para venda, em

---

34 Admitindo a figura para fins de aquisição de direitos reais (mas não para constituição de pretensões), cf. VON TUHR, Andreas. **Der Allgemeine Teil des Deutschen Bürgerlichen Rechts**. Vol. II/2. Berlin: Duncker & Humblot, 1918, p. 350; Vol. II/1. Berlin: Duncker & Humblot, 1914, pp. 396-7.

35 DORIS, Philippos. **Die rechtsgeschäftliche Ermächtigung bei Vornahme von Verfügungs-, Verpflichtungs- und Erwerbsgeschäften**. München: Beck, 1974, pp. 150-4; FLUME, Werner. **Allgemeiner Teil des Bürgerlichen Rechts**. Vol. II. 2ª ed. Berlin: Springer, 1975, p. 908; BORK, Reinhard. **Allgemeiner Teil des Bürgerlichen Gesetzbuchs**. Tübingen: Mohr Siebeck, 2001, pp. 635-6; MEDICUS, Dieter. **Allgemeiner Teil des BGB**. 9ª ed. Heidelberg: C. F. Müller, 2006, p. 398.

que a propriedade passa diretamente do comitente para o terceiro, sem passar pelo autorizado (autorização dispositiva), no caso da comissão para aquisição, há duas etapas: em primeiro lugar, o terceiro transmite o bem ao comissário, que adquire a propriedade; posteriormente, o comissário o retransmite ao comitente, adimplindo o contrato de comissão.[36] Note-se que o interesse em ocultar a identidade do comitente e do terceiro é a mesma na comissão para aquisição que na comissão para venda.

No entanto, o interesse central na existência dessa espécie de autorização estaria no risco de insolvência: com a passagem direta da propriedade, a insolvência do autorizado não afetaria o autorizante. Por outro lado, inexistindo autorização ou representação, no ínterim entre a aquisição do bem pelo autorizado e a sua retransmissão ao autorizante, fica este último sujeito à insolvência do autorizado. A autorização para aquisição modificaria, portanto, a distribuição dos riscos de insolvência.[37]

A doutrina alemã entende majoritariamente pela impossibilidade jurídica da autorização aquisitiva por duas razões. Em primeiro lugar, haveria violação do princípio da publicidade, uma vez que o terceiro desconheceria a contraparte do negócio de disposição, isto é, o adquirente. Além disso, haveria a dificuldade de limitar o poder de aquisição do autorizado por negócio jurídico em detrimento dos seus credores: no direito alemão, alguns autores consideram que os modos de aquisição originária da propriedade servem de garantia aos credores e, por essa razão, não pode ser limitado por negócio de obrigação, mas apenas por negócio de disposição.[38]

Como demonstrado alhures, não há nenhuma dificuldade em reconhecer a possibilidade de afastamento dos modos de aquisição originária da propriedade por meio de negócio jurídico, inclusive de obrigação. Tal hipótese é sistemática no direito brasileiro: assim, não há dúvida de que a existência de relação jurídica de locação ou de comodato impede a usucapião, da mesma forma que a existência de contrato impede, conforme dispõe a lei, os efeitos da invenção.[39] Já em relação ao princípio da publicidade, o problema assume aqui

36 A respeito do problema, cf. CANARIS, Claus-Wilhelm. **Handelsrecht**. 23ª ed. München: Beck, 2000, pp. 551-2; OETKER, Hartmut. **Handelsrecht.** 8ª ed. Berlin: Springer, 2019, pp. 274-5.

37 CANARIS, Claus-Wilhelm. **Handelsrecht**. 23ª ed. München: Beck, 2000, pp. 551-2.

38 A questão é controversa no direito alemão, envolvendo questões práticas, como a possibilidade de especificação sobre matérias-primas sobre as quais incide direito real de garantia. Para um panorama do problema, cf. WILHELM, Jan. **Sachenrecht**. 3ª ed. Berlin: Walter de Gruyter, 2011, pp. 431-5.

39 Para a formulação de uma teoria sobre o problema, sob o ordenamento jurídico brasileiro, cf. METTLACH-PINTER, João Carlos. ***Summa divisio* do direito civil patrimonial**: estrutura, sistematização e sentido da distinção entre direitos reais e obrigacionais. Curitiba: Juruá, 2023, pp. 491-501.

forma muito menos grave que na autorização obrigacional, uma vez que não há constituição de um negócio de obrigação e da cooperação ínsita ao adimplemento desses negócios. O risco central estaria na possibilidade de antedatação da autorização aquisitiva após a insolvência do devedor com o objetivo de fazer retroagir o esvaziamento patrimonial. Tal espécie de fraude poderia ser bem resolvido com a aplicação analógica do art. 221, CC. Trata-se, portanto, de mais uma forma de autorização que, concebida teoricamente, serve também para dar conformação jurídica a interesses reais de problemas concretos.

3.5. Considerações parciais

Expostas as outras formas identificadas de negócio jurídico autorizativo, nota-se que uma definição comum levaria ao emprego de conceitos dotados de alto grau de abstração, de cuja serventia se poderia mesmo duvidar.[40] No entanto, é preciso considerar que cada espécie identificada é capaz de conformar juridicamente interesses efetivamente tutelados pelo ordenamento jurídico. Dentre as espécies comentadas, apenas a autorização dispositiva é amplamente aceita na doutrina alemã e conta com recepção doutrinária no direito nacional: as outras modalidades, por sua vez, demandam um estudo apartado para que se possa concluir a respeito de sua aceitação no direito nacional. Que há serventia em todas elas, porém, é inegável.

4. INSERÇÃO SISTEMÁTICA

4.1. Metodologia

Para que se avalie a possibilidade de inserção sistemática da autorização creditícia, é preciso verificar, em primeiro lugar, se a função por ela desempenhada já não é instrumentalizada por outro instituto jurídico, de modo a torná-la supérflua. É necessário, portanto, estabelecer distinções conceituais, axiológicas e funcionais entre a autorização creditícia e os institutos que dela se aproximam.

---

40 É, em geral, a conclusão partilhada pelos trabalhos que tentam dar unidade ao conceito de *Ermächtigung* no direito alemão. Cf., por todos, GURSKY, Karl-Heinz. **Staudinger: §§ 164-240.** Berlin: Walter de Gruyter, 2004, p. 383.

4.2. Representação direta

Tanto a autorização como a representação direta concedem um poder jurídico por meio do qual se permite que certa pessoa (o autorizado ou o representante) atue na esfera jurídica de outra (autorizante ou representado) com eficácia direta. Assim, nessas situações, o sujeito de direito que se envolve diretamente na emissão de declaração de vontade não se identifica com o sujeito de direito atingido pela eficácia jurídica da declaração realizada.

A diferença essencial entre ambas as espécies está em que, na representação direta, atua o *representante em nome do representando*, sendo-lhe necessário relevar tal condição se deseja que os efeitos jurídicos de sua declaração de vontade se produzam na esfera jurídica do representado. Já na autorização, o *autorizante atua em nome próprio* e, por essa razão, não lhe é necessário revelar que atua como autorizado.[41] Não há na autorização distinção entre aquele em cujo nome se atua juridicamente e aquele que é atingido pelos efeitos dessa atuação.[42] A autorização não se confunde, portanto, com a representação direta.

4.3. Representação indireta

Diferentemente da representação direta, há representação indireta quando o representante atua em interesse alheio, mas em nome próprio. Falta à representação indireta a eficácia central da representação direta, isto é, a possibilidade de o representante atuar diretamente na esfera jurídica do representado. Com efeito, na representação indireta, o representante é parte dos negócios jurídicos que contrai e, por conseguinte, os resultados obtidos ingressam em seu patrimônio, sendo repassados apenas posteriormente ao patrimônio do representado. Trata-se de uma forma de promover interesse alheio sem que o representado tenha, ele mesmo, de participar do negócio jurídico: a mediação realizada pelo representante indireto o dispensa disso, ao mesmo tempo em que lhe permite colher os resultados do negócio.[43] No direito brasileiro, tal espécie é prevista na segunda parte do art. 663, CC: "ficará

41 LUDEWIG, Wilhelm. **Die Ermächtigung nach bürgerlichem Recht**. Marburg: Elwert, 1922, pp. 55-6; DORIS, Philippos. **Die rechtsgeschäftliche Ermächtigung bei Vornahme von Verfügungs-, Verpflichtungs- und Erwerbsgeschäften**. München: Beck, 1974, pp. 25-30.

42 Sobre a necessidade dessa distinção para fins de representação no direito brasileiro, cf. PONTES DE MIRANDA, Francisco Cavalcanti. **Tratado de direito privado**. Vol. III. São Paulo: Revista dos Tribunais, 2012, p. 317.

43 BORK, Reinhard. **Allgemeiner Teil des Bürgerlichen Gesetzbuchs**. Tübingen: Mohr Siebeck, 2001, pp. 481-3; WOLF, Manfred; NEUNER, Jörg. **Allgemeiner Teil des Bürgerlichen Rechts**. 10ª ed. München: Beck, 2012, pp. 592-3. No direito brasileiro, cf. PONTES DE MIRANDA,

(...) o mandatário pessoalmente obrigado, se agir no seu próprio nome, ainda que o negócio seja de conta do mandante"

A representação indireta guarda uma forte semelhança com a autorização, pois, em ambos os casos, atua-se em nome próprio. No entanto, *o autorizado pode atuar diretamente sobre a esfera jurídica do autorizante*, ao passo que *o representante indireto não tem poder para vincular diretamente o representado*. É precisamente essa falta do poder de representação em sentido estrito que distingue a representação indireta da direta. Já o critério que distingue as duas formas de representação da autorização está em que o representante sempre atua no interesse de outrem, ao passo que o autorizado pode tanto atuar em interesse próprio como em interesse de outrem[44]: *o interesse não é critério distintivo para caracterizar a autorização*.

No direito brasileiro, exemplo de representação indireta há no contrato de comissão: o comissário age no interesse do comitente, mas não é seu representante (direto). Assim, ao contratar com terceiros, o comissário contrata em nome próprio, ocultando o do comitente. Como já se viu, para explicar a transmissão da propriedade, é necessário supor a existência de uma autorização dispositiva que, contudo, é negócio jurídico autônomo em relação ao contrato de comissão. De toda maneira, verifica-se também nesse passo que a autorização não se confunde com a representação indireta.

4.4. Legitimação legal extraordinária

A autorização tampouco se confunde com os diversos casos, previstos na legislação, em que a lei atribui ao não-legitimado uma legitimação excepcional como forma de proteger valores como a aparência jurídica e a boa-fé do terceiro. São exemplos[45] de legitimação legal extraordinária os seguintes casos: *a)* legitimação para receber a prestação, com eficácia liberatória para o devedor, atribuída ao portador da quitação (art. 311, CC); *b)* legitimação do transportador para alienar *a non domino*, mas com eficácia de transmissão da propriedade, mercadorias objeto do contrato de transporte de coisas, não

---

Francisco Cavalcanti. **Tratado de direito privado.** Vol. III. São Paulo: Revista dos Tribunais, 2012, pp. 322-3.

44 LUDEWIG, Wilhelm. **Die Ermächtigung nach bürgerlichem Recht**. Marburg: Elwert, 1922, pp. 57-8; DORIS, Philippos. **Die rechtsgeschäftliche Ermächtigung bei Vornahme von Verfügungs-, Verpflichtungs- und Erwerbsgeschäften**. München: Beck, 1974, pp. 30-1.

45 Para uma tipologia mais ampla de casos no direito alemão, cf. DORIS, Philippos. **Die rechtsgeschäftliche Ermächtigung bei Vornahme von Verfügungs-, Verpflichtungs- und Erwerbsgeschäften.** München: Beck, 1974, pp. 3-11.

sendo possível entregá-las no local de destino nem requisitar instruções ao contratante (art. 753, § 1º, CC); *c)* legitimação para alienação *a non domino* da propriedade de coisa móvel oblata ao público em leilão ou estabelecimento comercial ao terceiro de boa-fé (art. 1.268, *caput*, CC); *d)* legitimação do condômino para reivindicar a coisa na sua integralidade em face de terceiro (art. 1.314, CC). Note-se que a legitimação, em todos esses casos, provém diretamente da lei, independendo de previsão negocial específica.

Tais espécies se distinguem da autorização, do ponto de vista conceitual, por se restringirem às hipóteses legais expressamente previstas, ao passo que a autorização, constituindo gênero de negócio jurídico, põe à disposição das partes diversas possibilidades de conformação jurídica. Já do ponto de vista axiológico, os casos de legitimação extraordinária servem sobretudo como forma de proteção da aparência jurídica e da boa-fé de terceiros, ao passo que a autorização serve sobretudo à conveniência da operação social e econômica realizada pelas partes, não raro impondo, ao menos *prima facie*, restrição à proteção dos terceiros estranhos à autorização.

4.5. Direito real sobre crédito

O direito brasileiro conhece hipóteses em que o direito real, em vez de ter por objeto coisa corpórea, móvel ou imóvel, recai sobre pretensão. É o caso, sobretudo, do penhor de créditos e do usufruto de créditos (art. 1.395, *caput* e p. u.; arts. 1.451ss., CC). Há sem dúvida certa semelhança entre ambos os institutos mencionados e a autorização creditícia, na medida em que se permite ao usufrutuário e ao credor pignoratício de créditos cobrar o capital e os juros que são de titularidade de outrem.[46] Haveria, em tal caso, autorização creditícia?

A resposta é negativa: como exposto alhures, os direitos reais sobre coisa alheia constituem forma de compartilhamento de posições jurídicas por meio de um duplo procedimento: (a) a *fissão do direito subjetivo*, de maneira que determinados poderes permanecem com o titular do direito maior, ao passo que outros se transmitem ao titular do direito real menor; (b) a *criação de uma relação jurídica obrigacional* que obriga as partes a cooperarem durante a administração do bem objeto de direito real.[47]

46 Sobre tais institutos, no direito brasileiro, cf. PONTES DE MIRANDA, Francisco Cavalcanti. **Tratado de direito privado**. Vol. XX. São Paulo: Revista dos Tribunais, 2012, pp. 647-54; Vol. XIX, pp. 267-78.

47 Para uma teoria dos direitos reais sobre coisa alheia, cf. METTLACH-PINTER, João Carlos. ***Summa divisio* do direito civil patrimonial**: estrutura, sistematização e sentido da distinção entre direitos reais e obrigacionais. Curitiba: Juruá, 2023, pp. 452-72.

Os direitos reais sobre créditos se distinguem de duas formas da autorização creditícia. Em primeiro lugar, *o usufrutuário ou credor pignoratício age, sobre o crédito, em nome próprio e com base em direito próprio* – isto é, o usufruto ou penhor de créditos, de que é titular, ao passo que *o autorizante age em nome próprio, mas intervém em esfera jurídica alheia.* Em segundo lugar, não há, na autorização creditícia, fissão do conteúdo interno do direito subjetivo, de modo que o *autorizante segue titular pleno da posição jurídica.*[48] No caso dos direitos reais sobre créditos, passa a haver dois novos direitos sobre o crédito, à semelhança do que ocorre com a concessão do usufruto sobre coisa corpórea: nasce, de um lado, a nua-propriedade e, de outro, o usufruto.

Conclui-se, assim, que a autorização não se confunde minimamente com os direitos reais sobre o crédito e, por conseguinte, também não exige os mesmos requisitos que aquela categoria. Isto é, não se trata de negócio de disposição sobre o crédito, nem se submete à tipicidade dos direitos reais.[49]

4.6. Negócio jurídico fiduciário

A autorização tampouco se confunde com os negócios jurídicos fiduciários. Como se sabe, a doutrina conhece duas espécies desses negócios: o de tipo romano e os de tipo germânico. Aqueles se caracterizam pela conjugação de um negócio de disposição, por meio do qual se confere determinados poderes ao fiduciário; e um negócio de obrigação, por meio do qual se criam obrigações de não-fazer para o fiduciário, numa tentativa de limitar o excesso de poderes conferidos por meio do negócio de disposição.[50] Todavia, como essa limitação de caráter obrigacional não tolhe efetivamente o poder do fiduciário, criam-se apenas obrigações de não-fazer, cujo inadimplemento há de ser resolvido em perdas e danos. Os negócios fiduciários de tipo romano constituem efetivamente espécie dos negócios jurídicos indiretos, categoria que designa

48 Corretamente, STATHOPOULOS, Michael. **Die Einziehungsermächtigung.** Karlsruhe: C. F. Müller, 1968, pp. 77ss. Construindo a autorização creditícia como fissão do direito subjetivo, LÖBL, R. Geltendmachung fremden Forderungsrechte im eigenen Namen. In: **Archiv für die civilistische Praxis**, v. 129, n. 3, pp. 257-339, 1928, esp. pp. 292ss.

49 Sobre a tipicidade dos direitos reais, cf. WILHELM, Jan. **Sachenrecht**. 3ª ed. Berlin: Walter de Gruyter, 2011, pp. 6-10.

50 O texto clássico do tema, propondo as espécies aqui acolhidas, é SCHULTZE, Alfred. Treuhänder im geltenden bürgerlichen Recht. In: **Jherings Jahrbücher für die Dogmatik des bürgerlichen Rechts**, v. 43, pp. 1-104, 1901, esp. pp. 6-13. Para o direito brasileiro, cf. MOREIRA ALVES, José Carlos. **Da alienação fiduciária em garantia.** 3ª ed. Rio de Janeiro: Forense, 1987, pp. 25ss.

os negócios jurídicos cuja utilização pelas partes visa à realização de um fim determinado que não é aquele tipicamente previsto na legislação.[51]

Já os negócios fiduciários de tipo germânico são aqueles em que há limitação dos poderes concedidos no próprio negócio jurídico de disposição, de maneira que o fiduciário não é titular de mais poderes do que efetivamente necessita. Essa segunda espécie é muito mais protetiva para o fiduciante que a de tipo romano, uma vez que, com a limitação dos poderes internamente ao negócio de disposição, tolhem-se efetivamente os poderes excessivos do fiduciário: caso este último os exerça, haverá ineficácia jurídica, originária ou superveniente.

Seria possível interpretar a autorização como espécie de cessão de crédito fiduciária? A resposta é negativa: tanto nos negócios fiduciários de tipo romano, como nos de tipo germânico, transmite-se total ou parcialmente a posição jurídica originária ao fiduciário. Ele, ao exercer os poderes que lhe foram concedidos, age em nome próprio, já que é titular de posição jurídica própria, que se encontra em seu patrimônio.

Já na autorização não há essa transmissão, nem total, nem parcial[52]: o que há é a concessão de um poder para atuação na esfera jurídica alheia, sem que, com isso, transfiram-se efetivamente as posições jurídicas sobre as quais o autorizado exercerá seu poder. Ademais, em relação ao tipo romano, é preciso esclarecer que não há nenhuma conjugação entre negócios de obrigação e negócios de disposição para constituição da autorização; esta última constitui negócio jurídico uno e indivisível.

4.7. Considerações parciais

Do que acima se expôs, conclui-se que a autorização não se identifica com nenhum outro instituto conceitual ou funcionalmente assemelhado já existente no direito privado. Na sua relação com os outros institutos, são distintivos os seguintes traços característicos: trata-se de *negócio jurídico* que permite ao autorizado a *atuação em nome próprio*, sobre *esfera jurídica alheia*, constituindo-se *independentemente de disposição* (constitutiva ou transmissiva) da titularidade integral ou parcial da posição jurídica.

51 A respeito, cf. RUBINO, Domenico. **Il negozio giuridico indiretto**. Milano: Giuffrè, 1937, pp. 13ss.

52 Cf. DORIS, Philippos. **Die rechtsgeschäftliche Ermächtigung bei Vornahme von Verfügungs-, Verpflichtungs- und Erwerbsgeschäften**. München: Beck, 1974, pp. 33-4.

5. INTERESSE E VALORES

5.1. Introdução

No tópico anterior, chegou-se à conclusão de que não há nenhum instituto jurídico de direito privado brasileiro que se identifique com a autorização creditícia, pois ela estabelece traços distintivos relevantes com todos aqueles que dela se aproximam. Isso, todavia, não é suficiente para reconhecer a viabilidade da autorização creditícia no direito brasileiro: como demonstrado alhures, as construções jurídicas dos institutos jurídicos são formadas não apenas por uma *camada conceitual*, mas também por uma *camada axiológica*. Dessa maneira, é preciso identificar se, do ponto de vista do sistema interno, há a viabilidade e a necessidade de reconhecer a autorização creditícia como instituto jurídico autônomo no direito brasileiro.[53]

Para isso, é preciso que se analise neste tópico se a *função* que a autorização desempenha não pode ser instrumentalizada por outros institutos jurídicos, ainda que *conceitualmente* distintos. Noutros termos, é preciso ponderar se a autorização põe à disposição das partes *vantagens específicas* que, de um lado, sejam dignas de tutela pelo ordenamento jurídico e, de outro, não sacrifiquem excessivamente outros valores do sistema jurídico.

Por conseguinte, é preciso avaliar até que ponto interesses como a redistribuição de riscos, a atuação em nome próprio e a possibilidade de ocultação do interessado constituem interesses lícitos segundo o ordenamento jurídico. Por fim, é preciso ponderar se a admissão da autorização creditícia não sacrifica excessivamente a proteção ao devedor que desconhece a operação jurídica existente entre o credor-autorizante e o autorizado. Tal proteção está presente nos dois institutos jurídicos que mais se aproximam da autorização, isto é, na cessão de créditos e na representação. Feita tal ponderação, será possível principiar a construção de um regime jurídico que congregue o conjunto de interesses tuteláveis e de valores positivados no sistema jurídico, indicando quais normas jurídicas devem ser aplicadas por analogia à autorização creditícia.

---

53 Sobre o duplo caráter conceitual-axiológico das construções e dos institutos jurídicos, cf. METTLACH-PINTER, João Carlos. ***Summa divisio* do direito civil patrimonial**: estrutura, sistematização e sentido da distinção entre direitos reais e obrigacionais. Curitiba: Juruá, 2023, pp. 118-33.

5.2. Riscos da fidúcia

No direito brasileiro, os negócios fiduciários previstos tipicamente na legislação são de tipo germânico.[54] No entanto, em virtude do princípio da autonomia da vontade, nada impede que as partes pactuem negócio fiduciário de tipo romano, assumindo para si os riscos acima mencionados. Nesse sentido, seria possível questionar qual a razão de se reconhecer a necessidade da autorização creditícia se as partes poderiam fazer uso da cessão fiduciária de créditos.

A cessão fiduciária se caracteriza pela existência de um negócio de disposição – a cessão de crédito – e de um negócio de obrigação, por meio da qual se restringe a atuação do cessionário, limitando obrigacionalmente (com meras obrigações de não-fazer) seus poderes às funções de garantia ou de cobrança. Contudo, o cessionário se torna titular do crédito e, como tal, pode eficazmente dispor do crédito em favor de outrem, remiti-lo, modificá-lo, ou mesmo constituir direito real sobre ele. Com isso, o fiduciante perderia definitivamente seu direito. Ademais, o crédito transmitido também estaria exposto à execução dos credores do fiduciário. Tudo isso se agrava caso se considere que a cessão fiduciária não pode ser revogada à semelhança do que ocorre na representação negocial e na autorização: caso se resolva o negócio jurídico fiduciário, é preciso que o cessionário devolva, por nova cessão de crédito, a posição jurídica.[55]

A vantagem da utilização da autorização em tais casos está em que *a autorização creditícia circunscreve a atuação do autorizado à cobrança do crédito, sendo ineficaz eventual disposição realizada*. Além disso, caso se verifique comportamento abusivo, nada obsta que, à semelhança da representação, o negócio jurídico autorizativo seja *imediatamente revogado*, tornando ineficazes atos posteriores do autorizado.[56] Há, portanto, mais segurança para o autorizante que para o fiduciante. Assim, como a própria lei prefere a forma germânica dos negócios fiduciários como meio de minimizar os riscos da forma romana, a segurança concedida pela autorização creditícia em comparação com os negócios fiduciários de tipo romano, ao delimitar mais estreitamente os poderes do autorizado, se revela um valor tutelado pelo sistema jurídico.

---

54 Com restrições à identificação proposta, cf. MOREIRA ALVES, José Carlos. **Da alienação fiduciária em garantia.** 3ª ed. Rio de Janeiro: Forense, 1987, p. 33.

55 STATHOPOULOS, Michael. **Die Einziehungsermächtigung.** Karlsruhe: C. F. Müller, 1968, pp. 46-9. Semelhante, LARENZ, Karl. **Lehrbuch des Schuldrechts.** Vol. I. 11ª ed. München: Beck, 1976, pp. 466-7.

56 STATHOPOULOS, Michael. **Die Einziehungsermächtigung.** Karlsruhe: C. F. Müller, 1968, p. 163.

5.3. Ocultação do autorizante

A ocultação do autorizante e a atuação em nome próprio do autorizado são faces da mesma moeda: ao permitir que o autorizado atue em nome próprio, cria-se uma espécie de autorização creditícia que torna prescindível o conhecimento do devedor a respeito. Logo de início, é preciso ressaltar que a ocultação a que aqui se faz referência nada carrega de ilícito: o direito privado conhece institutos tradicionalíssimos por meio dos quais se pode ocultar a participação em certa atividade. Para além dos negócios de *representação indireta*, já comentados acima, o exemplo mais significativo é o da *sociedade em conta de participação* (arts. 991 e ss., CC), na qual apenas o sócio ostensivo figura como sócio perante terceiros; o sócio participante, outrora chamado oculto, é sócio apenas nas relações jurídicas internas, isto é, entre os próprios sócios.[57] Se a origem do instituto estava ligada a defraudar proibições de comerciar impostas a certos extratos sociais[58], hoje sua aplicação é mais ampla e mais lícita.

Com efeito, pode não ser interessante ao credor cobrar o crédito em nome próprio. Por mais que, sob a ótica do direito privado contemporâneo, chamar alguém a juízo na posição de réu não seja mais tido por algo gravoso[59], do ponto de vista social, a cobrança judicial ou extrajudicial de um crédito pode levar a situações constrangedoras, aptas a perturbar a relação de partes que costumam contratar frequentemente entre si (por ex., fornecedores, clientes habituais) ou ser nociva a quem pode não convir se envolver em processo com determinada pessoa (empregados, funcionários públicos). Tais perturbações se tornam ainda mais graves na fase de execução, quando podem sobrevir medidas constritivas ordenadas pelo juízo. Para o ordenamento jurídico, é digno de tutela que o credor tenha à sua disposição *medidas alternativas ao enfrentamento direto com o devedor*[60]: é o que se alcança também por meio de certas formas de *pagamento indireto*. Ademais, repassando-se ao autorizado a cobrança judicial do crédito, redistribui-se a responsabilidade pelas custas judiciais, honorários contratuais e sucumbenciais.

---

57 Sobre a distinção entre a eficácia interna e externa do contrato, cf. PONTES DE MIRANDA, Francisco Cavalcanti. **Tratado de direito privado.** Vol. XLIX. São Paulo: Revista dos Tribunais, 2012, pp. 413-21.

58 WIEDEMANN, Herbert. **Gesellschaftsrecht.** Vol. II. München: Beck, 2004, pp. 878-9.

59 No direito anterior, a situação era distinta: algumas relações sociais impediam o livre ajuizamento de ações, por vezes sendo necessária autorização judicial específica. A respeito, cf., por todos, TEIXEIRA DE FREITAS, Augusto. **Consolidação das leis civis.** 3ª ed. Rio de Janeiro: Garnier, 1876, pp. 163-4 (*sub* arts. 183 a 187).

60 STATHOPOULOS, Michael. **Die Einziehungsermächtigung.** Karlsruhe: C. F. Müller, 1968, p. 11-7.

A representação negocial não seria instrumento adequado a servir a esse interesse: a representação obedece ao princípio da publicidade, de maneira que ao representante é fundamental explicitar o exercício em nome alheio, bem como a apresentação de procuração. Em juízo, autor ou exequente será o representado, não o representante. A cessão, por sua vez, implicaria os riscos vistos acima no caso da fidúcia. Abre-se, assim, uma lacuna entre esses dois institutos jurídicos e, em meio a eles, fica sem tutela um valor protegido pelo ordenamento jurídico em casos como a representação indireta e a sociedade em conta de participação: a *participação indireta do interessado*. Parece, com efeito, que apenas autorização creditícia guarda a vocação para colmatar tal lacuna.

5.4. Proteção do devedor

No direito brasileiro, sempre que o credor delega (em sentido amplíssimo) sua posição jurídica, permitindo que outrem a exerça, prevê a legislação normas que protegem o devedor. É irrelevante, nesse ponto, se a atuação se dará em nome próprio, como na cessão de crédito, ou em nome alheio, como na representação: em ambos os casos, não se admite que tais negócios jurídicos prejudiquem o devedor. Com efeito, pode-se afirmar existir, no sistema interno, um princípio de *vedação do empioramento da situação do devedor em razão de ato unilateral do credor.*[61]

Semelhantemente a esses dois institutos, permite-se, na autorização creditícia, que outrem, distinto do credor, exerça sua pretensão. Diversos prejuízos potenciais surgem ao devedor, ligadas à dificuldade de determinação do legitimado a receber a prestação, à incerteza da efetiva existência de uma autorização e à dúvida sobre a eficácia liberatória do adimplemento. Nesse ponto, é preciso investigar quais normas jurídicas concebidas para institutos jurídicos como a cessão de crédito e a representação poderiam ser aplicadas por analogia para tornar a autorização creditícia aceitável conforme o sistema interno do direito privado brasileiro.[62]

Em primeiro lugar, convém a aplicação analógica dos arts. 290 e 292, CC. Desse modo, protege-se o devedor que desconhece a autorização, admitindo-se que, ao pagar ao autorizante – em vez do autorizado –, haja eficácia

61 A respeito da necessidade de proteção do devedor na cessão de créditos, cf. OLSHAUSEN, Eberhard v. **Gläubigerrecht und Schuldnerschutz bei Forderungsübergang und Regreß**. Köln: Carl Heymann, 1988, pp. 33ss.

62 Empregando o mesmo raciocínio no direito alemão, cf. STATHOPOULOS, Michael. **Die Einziehungsermächtigung**. Karlsruhe: C. F. Müller, 1968, pp. 108ss.

liberatória. Tal regra é ainda mais natural no âmbito da autorização, uma vez que o autorizante segue titular do crédito. Caso haja aparência de autorização, tendo o credor-autorizante contribuído de alguma forma para essa aparência, deve-se considerar o autorizado credor putativo, aplicando-se analogicamente o art. 309, CC. Ademais, como no direito brasileiro só pode receber o pagamento aquele que tem a possibilidade de emitir quitação, deve-se entender que é necessário que o autorizado possa passar quitação apta à liberação do devedor, por aplicação analógica dos arts. 310 e 311, CC, bem como do art. 335, I, 2ª parte, CC, lido *a contrario sensu*.

Caso a autorização tenha sido comunicada ao devedor, convém aplicar por analogia certas normas do regime da procuração. Ganha especial relevo, nesse ponto, o art. 654, §§ 1º e 2º, que dizem respeito ao conteúdo do instrumento particular e à confiabilidade em relação à existência da outorga de procuração.[63] Afinal, se o devedor souber que o autorizado não é credor, convém que ele possa se certificar de que o verdadeiro credor conferiu efetivamente poder ao autorizado para realizar a cobrança. Tais normas, porém, são inaplicáveis aos casos de autorização oculta, isto é, a autorização feita sem notificação ao devedor: nesses casos, a proteção do devedor será concretizada por meio das normas jurídicas acima referidas.

Como a revogação é causa extintiva comum à procuração e à autorização[64], convém haver também aplicação analógica do art. 686, que protege o devedor, na qualidade de terceiro de boa-fé, ao impedir que a revogação da procuração leve à ineficácia dos negócios contraídos junto ao representante. Da

---

63 É controversa, no direito alemão, a necessidade de submeter a autorização à forma específica. W. FLUME (**Allgemeiner Teil des Bürgerlichen Rechts**. Vol. II. 2ª ed. Berlin: Springer, 1975, p. 903) admite que o devedor repute ineficaz a interpelação do autorizado se desacompanhada de prova escrita da autorização. Já outros autores (por ex., cf. LÖBL, R. Geltendmachung fremden Forderungsrechte im eigenen Namen. In: **Archiv für die civilistische Praxis**, v. 129, n. 3, pp. 257-339, 1928, esp. p. 266) reputam a desnecessidade de forma específica como vantagem da autorização em relação a outros negócios jurídicos. No direito brasileiro, a solução mais adequada parece ser a da *dispensa de forma específica*, podendo-se admitir até mesmo a *autorização verbal*, do mesmo modo que se dispensa a forma escrita para a outorga de poderes de representação (cf. PONTES DE MIRANDA, Francisco Cavalcanti. **Tratado de direito privado**. Vol. III. São Paulo: Revista dos Tribunais, 2012, p. 325). No entanto, a ausência de forma escrita pode impor limites à eficácia do negócio jurídico em relação aos credores do autorizante por aplicação analógica do art. 221, CC. Ademais, caso o ato jurídico objeto da autorização creditícia envolva necessariamente forma escrita, deve-se aplicar por analogia o art. 654, § 2º, CC.

64 Aplicando normas da revogação dos poderes de representação à autorização, cf. STATHOPOULOS, Michael. **Die Einziehungsermächtigung**. Karlsruhe: C. F. Müller, 1968, p. 163ss.; DORIS, Philippos. **Die rechtsgeschäftliche Ermächtigung bei Vornahme von Verfügungs-, Verpflichtungs- und Erwerbsgeschäften**. München: Beck, 1974, pp. 181-4.

mesma forma, desconhecendo o devedor a revogação da autorização, deverá ser considerado liberado da dívida se pagar ao autorizado.

Como o autorizado não goza de poder de disposição sobre a pretensão cobrada, não são dotadas de eficácia jurídica declarações suas que tenham por objeto a modificação do conteúdo da obrigação. Não se admite, portanto, que o autorizado nove, transija ou pactue dação em pagamento; tampouco se admite que ele modifique a forma de adimplemento em todas as suas facetas, isto é, tempo, lugar e modo. A ineficácia dessas declarações serve de proteção ao devedor: além de não haver modificação da prestação, ela será realizada nas mesmas condições que seria se diretamente em proveito do credor. É essa igualdade de condições que justifica que o devedor esteja obrigado a pagar ao autorizado: como se cobre de ineficácia toda declaração que imponha eventual prejuízo ao devedor, deixa de haver para ele diferença relevante em prestar ao credor ou ao autorizado.[65]

5.5. Considerações parciais

Uma vez avaliado neste tópico o conjunto de interesses e valores que fundamentam e delimitam a autorização creditícia, verificou-se que o reconhecimento do instituto se justifica também do ponto de vista axiológico: por meio da autorização creditícia, protegem-se valores já existentes no sistema interno e já protegidos por outros institutos, mas com abrangência distinta da abarcada pela autorização. Por conseguinte, além da possibilidade de inserção conceitual e axiológica demonstrada no tópico anterior, ficou provada a necessidade de prevê-la no sistema jurídico de direito civil, sob pena de determinados interesses e valores, protegidos pelo sistema interno, ficarem desabrigados em situações específicas.

6. CONSTRUÇÃO DOGMÁTICA

6.1. Introdução

Demonstrada a possibilidade e a necessidade da autorização creditícia no sistema de direito privado, é necessário agora dotá-la de uma construção

65 GERNHUBER, Joachim. **Die Erfüllung und ihre Surrogate.** 2ª ed. Tübingen: Mohr Siebeck, 1994, p. 504-6.

jurídica que, de um lado, a conforme com as diferenças conceituais anteriormente expostas e, de outro, limite os interesses e valores conflitantes. Para isso, é preciso estudar, em primeiro lugar, os requisitos de constituição do negócio jurídico autorizativo para depois passar à eficácia da autorização.

6.2. Constituição

A autorização creditícia, na qualidade de efeito jurídico, nasce de um negócio jurídico autorizativo.[66] Tal gênero de negócios jurídicos não se confunde nem com os negócios de obrigação, nem com os de disposição, pois o autorizante de nada dispõe, nem a nada se obriga: ele apenas concede um poder jurídico. Por essa razão, o negócio jurídico autorizativo se assemelha, nesse ponto, aos negócios jurídicos de representação, cujo melhor exemplo é a outorga de procuração. Da mesma forma que esta última, o negócio jurídico autorizativo é unilateral, dependendo exclusivamente da declaração jurídico-negocial do autorizante. O autorizado, por sua vez, não precisa declarar vontade, uma vez que não se obriga a realizar nenhuma prestação por efeito do negócio autorizativo.[67]

No comum dos casos, o negócio autorizativo surge como negócio sobrejacente, isto é, um negócio jurídico que tem outro negócio jurídico como causa. Em geral, trata-se de um negócio de obrigação, por meio do qual o autorizado se compromete a exercer, de algum modo, a cobrança, ou que atribui efeitos específicos, nas relações entre autorizante e autorizado, para a cobrança que eventualmente venha a ser realizada. No direito brasileiro, não parece convir construí-lo como negócio jurídico abstrato[68], tal como se faz no direito alemão, em razão da sensível repulsa que o ordenamento jurídico tem aos negócios jurídicos abstratos.

É costumeiro afirmar que, diferentemente da representação, ligada antes a determinada pessoa (*personenbezogen*) que a determinado objeto, a autorização se liga ao objeto (*gegenstandbezogen*), de modo que a figura do autorizante

---

66 GERNHUBER, Joachim. **Die Erfüllung und ihre Surrogate.** 2ª ed. Tübingen: Mohr Siebeck, 1994, p. 500.

67 DORIS, Philippos. **Die rechtsgeschäftliche Ermächtigung bei Vornahme von Verfügungs-, Verpflichtungs- und Erwerbsgeschäften.** München: Beck, 1974, p. 160; STATHOPOULOS, Michael. **Die Einziehungsermächtigung.** Karlsruhe: C. F. Müller, 1968, pp. 2, 67.

68 Crítico à abstração, no direito alemão, cf. DORIS, Philippos. **Die rechtsgeschäftliche Ermächtigung bei Vornahme von Verfügungs-, Verpflichtungs- und Erwerbsgeschäften.** München: Beck, 1974, p. 172.

é reflexo da titularidade dele.[69] Assim, é preciso que o negócio jurídico determine, com certa precisão, as pretensões que serão objeto do negócio autorizativo. Tal determinação é fundamental tanto para controle do credor, como para a conveniência do devedor. Além disso, a própria eficácia do negócio depende da situação do objeto: caso a pretensão, cuja cobrança foi objeto da autorização creditícia, venha a ser cobrada diretamente pelo credor, extingue-se a autorização.[70]

A autorização creditícia pode ter abrangência variável. Em geral, deve-se entender que ela inclui a possibilidade de exigir – judicial e extrajudicialmente – o cumprimento da prestação pelo devedor, com a possibilidade de interrupção da prescrição e da constituição em mora. Como negócio jurídico que é, o poder concedido ao autorizado pode ser moldado conforme a autonomia da vontade. No direito alemão, reconhecem-se situações em que se admitiu fazer parte do conteúdo da autorização creditícia a possibilidade de ceder a autorização a outrem, bem como de criar sub-autorizados, à semelhança do que ocorre com a procuração. Em certas operações jurídicas, tais poderes extraordinários podem ser presumidos.[71]

6.3. Eficácia

A eficácia da autorização está em conceder ao autorizado o poder de cobrar o crédito em nome próprio, com eficácia direta sobre o patrimônio do autorizante. A eficácia direta diz respeito à desnecessidade de confirmação ou ratificação dos atos jurídicos realizados pelo autorizado: a esfera jurídica do autorizante se submete imediatamente a eles. Justamente por essa imediatidade dos efeitos da declaração jurídica unilateral do autorizado, entende boa parte da doutrina alemã que o poder jurídico atribuído pela autorização pode ser classificado como um direito formativo peculiar.[72]

Considerando-se especificamente a autorização creditícia, o poder concedido ao autorizado está diretamente voltado à cobrança da pretensão em face do devedor – o que pode, como visto, estender-se a outros atos e negócios

---

69 BAYREUTHER, Frank. **Münchener Kommentar zum Bürgerlichen Gesetzbuch: §§ 1-240.** Vol. I. 6ª ed. München: Beck, 2012, pp. 1989.

70 DORIS, Philippos. **Die rechtsgeschäftliche Ermächtigung bei Vornahme von Verfügungs-, Verpflichtungs- und Erwerbsgeschäften.** München: Beck, 1974, p. 171.

71 GERNHUBER, Joachim. **Die Erfüllung und ihre Surrogate.** 2ª ed. Tübingen: Mohr Siebeck, 1994, pp. 506-7.

72 DORIS, Philippos. **Die rechtsgeschäftliche Ermächtigung bei Vornahme von Verfügungs-, Verpflichtungs- und Erwerbsgeschäften.** München: Beck, 1974, p. 177, n. 94

jurídicos, bem como conceder legitimidade processual. Não houvesse a autorização, todos os atos jurídicos realizados pelo "autorizado" configurariam intervenção indevida na esfera jurídica alheia, protegendo-se o atingido por meio da ineficácia de tais atos. A autorização preenche especificamente essa carência: ela funciona como a concessão do requisito de eficácia necessário para que o não-legitimado possa realizar a cobrança da pretensão com produção direta de efeitos sobre a esfera do autorizante.[73]

No direito brasileiro, a autorização creditícia – como, em verdade, a autorização em geral – pode ser realizada de duas formas: *transmitindo* a legitimidade para cobrança e recebimento da prestação, de modo que o autorizante perca a legitimidade; ou *compartilhando*-a, de forma que tanto autorizante como autorizado passem a tê-la. No caso da autorização dispositiva, essa duplicidade de formas é bastante evidente: no contrato estimatório, há transferência da legitimidade, pois se vedam ao consignante atos dispositivos (art. 537, CC); por outro lado, não havendo a mesma norma para a comissão, tanto o comitente como o comissário seguem legitimados para a realização da disposição.[74] Em relação à autorização creditícia, deve-se proceder da mesma maneira, com a observação de que a perda de legitimidade para cobrança e recebimento da prestação pelo credor só pode ocorrer nos casos em que a autorização tiver sido comunicada ao devedor.

A transmissão ou o compartilhamento da legitimidade para cobrança permite que o autorizado atue nos dois últimos graus de eficácia das relações jurídicas obrigacionais, expostos noutro trabalho.[75] Assim, o autorizado atua tanto na fase de prestabilidade como na de exigibilidade: de um lado, é legitimado a receber a prestação, de modo a liberar o devedor; de outro, é legitimado também a cobrá-la do devedor, constrangendo-o a realizar a prestação a seu favor, em virtude da eficácia liberatória.

É preciso observar ainda que o compartilhamento de tais eficácias supõe que elas existam na esfera jurídica do autorizante: assim, em casos de obrigações desprovidas de prestabilidade – como as condicionadas antes da verificação da condição suspensiva, em que eventual prestação pode ser repetida com base no art. 876, 2ª parte, CC – ou de exigibilidade – temporária, como

---

73 Sobre a ineficácia como forma de proteção da esfera jurídica, cf. CANARIS, Claus-Wilhelm. Die Verdinglichung obligatorischer Rechte. *In*: NEUNER, Jörg; GRIGOLEIT, Hans Christoph (orgs.). **Gesammelte Schriften**. Vol. I. Berlin: De Gruyter, 2012, pp. 142-3

74 PONTES DE MIRANDA, Francisco Cavalcanti. **Tratado de direito privado**. Vol. XLIII. São Paulo: Revista dos Tribunais, 2012, pp. 386, 405.

75 Sobre os graus de eficácia das relações jurídicas obrigacionais, cf. METTLACH-PINTER, João Carlos. ***Summa divisio* do direito civil patrimonial**: estrutura, sistematização e sentido da distinção entre direitos reais e obrigacionais. Curitiba: Juruá, 2023, pp. 511-21.

as dotadas de termo final, ou permanente, como as dívidas de jogo (art. 814, *caput*, CC) – a autorização não aumenta a legitimidade do autorizado em relação à do autorizante. Dessa maneira, o autorizado só poderá agir nos estreitos limites que a eficácia da obrigação impunha ao autorizante. Por essa razão, o autorizado a cobrar dívida de jogo não poderá exigi-la eficazmente do devedor, mas poderá receber a prestação com eficácia liberatória.

Ainda como consequência desse caráter derivado da legitimação do autorizado – e, adicionalmente, em razão da necessidade de proteção do devedor – convém admitir que o devedor possa opor todas as exceções (em sentido amplo) que tenha contra o credor também contra o autorizado, independentemente do momento de seu surgimento. A compensação, por sua vez, só pode ocorrer com crédito contra o credor; crédito contra o autorizado não dá azo à compensação. Deve-se admitir também que a mora do autorizado em receber a prestação seja tida por mora do credor, com todas as consequências daí decorrentes.[76]

7. CONCRETIZAÇÕES

7.1. Cessão de crédito *inter partes*

No direito brasileiro, não há previsão explícita de situações de autorização. Como já mencionado, a noção de autorização apenas recentemente penetrou na literatura nacional. Todavia, demonstrou-se que algumas situações previstas no CC só podem ser explicadas por meio da autorização dispositiva. Agora, é relevante questionar: haveria alguma situação dotada de assento legal que só pode ser explicada teoricamente por meio da autorização creditícia? A resposta é afirmativa: trata-se da cessão de crédito realizada sem as formalidades exigidas pelo art. 288, CC.

A cessão de crédito é negócio dispositivo. Como tal, ela provoca uma mudança imediata na esfera jurídica do cedente e do cessionário: a posição jurídica cedida transfere-se desde logo.[77] Se é efeito do negócio jurídico dispositivo uma mudança efetiva nos patrimônios atingidos, e se o pertencimento de uma posição jurídica no patrimônio de determinada pessoa é uma situação

76 STATHOPOULOS, Michael. **Die Einziehungsermächtigung.** Karlsruhe: C. F. Müller, 1968, pp. 159-61.

77 FLUME, Werner. **Allgemeiner Teil des Bürgerlichen Rechts.** Vol. II. 2ª ed. Berlin: Springer, 1975, pp. 140-5; PONTES DE MIRANDA, Francisco Cavalcanti. **Tratado de direito privado.** Vol. V. São Paulo: Revista dos Tribunais, 2012, pp. 385ss.

com eficácia *erga omnes*, como explicar a situação do art. 288, CC, em que, não se obedecendo aos requisitos de forma previstos, a cessão de crédito não será oponível a terceiros (e, sobretudo, aos credores do cedente)? Há algo semelhante no art. 221, CC, incluso na parte de provas: segundo tal artigo, os efeitos do instrumento particular não se operam, em relação a terceiros, antes de registrados no registro público. Qual o sentido dessas normas?

A leitura sistemática destas previsões leva à conclusão de que, para que a cessão de crédito tenha eficácia de negócio dispositivo – e, como tal, tenha efeitos *erga omnes* – ela deve obedecer à forma específica: ou instrumento público, ou instrumento privado dotado de certos requisitos e apresentado ao registro público. A razão para essa previsão é a preocupação do legislador com a possibilidade de antedatação do instrumento, que inclusive é mencionada como hipótese de simulação (art. 167, § 1º), CC.[78] A antedatação de um documento permite que se fraudem os credores, pois se simula a transmissão a outrem de um crédito que, por essa razão, deixa de estar no patrimônio do devedor e, como tal, deixa de garantir os créditos do conjunto de credores. O instrumento público é dotado de datação certa, feita por notário dotado de fé pública; a apresentação ao registro público, por sua vez, não assegura plenamente a data da redação do documento, mas prova que, na data do registro, ele já existia. E é essa a data a ser considerada para o efeito *erga omnes* da cessão.[79]

Não se pode, todavia, ignorar a lei: a exigência de forma específica não carece de fundamento, na medida em que a prevenção à fraude é inegavelmente um valor fundamental do direito civil brasileiro. É preciso, portanto, considerar que só pode haver cessão de crédito caso o instrumento privado possa ter sua data aferida por algum meio imparcial, que não tenha sido produzido pelas partes envolvidas. Que o registro público sirva para isso não há dúvida; mas também não parece teleologicamente adequado limitar a essa previsão, pois há outros meios, habituais na praxe forense, que permitem alcançar o mesmo resultado e, dessa forma, evitam a possibilidade de antedatação.[80]

---

78 Neste sentido, PONTES DE MIRANDA, Francisco Cavalcanti. **Tratado de direito privado.** Vol. XXIII. São Paulo: Revista dos Tribunais, 2012, pp. 284.

79 Assim, PONTES DE MIRANDA, Francisco Cavalcanti. **Tratado de direito privado**. Vol. III. São Paulo: Revista dos Tribunais, 2012, pp. 478.

80 A norma do art. 221 é complementada pelo art. 409, CPC. Isso é indicativo da interpretação que a comunidade jurídica brasileira deu ao dispositivo: isto é, de que o registro teria mera eficácia probatória – no caso, em relação a terceiros – e não constitutiva das relações jurídicas. Dito de outra forma, *deixou-se de analisar o problema pela ótica do direito material*, vendo no registro do instrumento particular um elemento de constituição do negócio jurídico, e passou-se a vê-lo sob o aspecto da prova. E é exatamente na seção destinada à prova documental, e mais especificamente à força probante dos documentos, que se regulou pormenorizadamente a situação.

A doutrina brasileira unanimemente ignorou esses artigos, negando ser a cessão de crédito negócio jurídico solene e entendendo haver cessão de créditos mesmo que os efeitos fossem exclusivamente *inter partes*.[81] A questão, porém, não é tão simples e precisa ser analisada do ponto de vista histórico e sistemático. É muito provável que a razão de tal proceder do conjunto da doutrina esteja no desconhecimento do instituto da autorização creditícia: *como os autores não imaginavam como classificar uma cessão de crédito que não obedecesse à forma exigida, dispensaram toda a forma para evitar os inúmeros casos de nulidade que surgiriam na praxe.*

Assim, *a cessão de crédito é negócio solene*: para que valha como cessão de crédito, é preciso que seja feita por escrito, com as formas dos arts. 221 e 288, ainda que o crédito não nasça de relação jurídica que tenha sido instrumentalizada por escrito. Quando não se obedecer à forma prescrita, há nulidade e, imediatamente (art. 170, CC), *conversão do negócio jurídico em autorização creditícia*, de forma que o cessionário será tido por autorizado, sendo-lhe lícito exercer a pretensão, objeto da autorização creditícia, em nome próprio, tal como se fosse um cessionário; e, conjuntamente, passa-lhe a possibilidade de receber a prestação do devedor com efeito liberatório. Ainda lhe é lícito dispor de sua posição jurídica, transferindo a autorização creditícia recebida.

No entanto, diferentemente da verdadeira cessão de créditos, o autorizado não adquire a *titularidade* sobre a posição jurídica. Isto é, titular segue sendo o cedente, o que leva a que o crédito fique sujeito à penhora pelos seus credores. Assim, explica-se a previsão do art. 228: *o que há não é ineficácia relativa da cessão perante os credores do cedente, mas ausência de transmissão da titularidade sobre o crédito.* Já no patrimônio do cessionário, surge apenas o poder jurídico ligado à autorização que, sendo bem patrimonial, também pode ser objeto de constrição pelos seus credores, desde que não tenha havido anteriormente constrição pelos credores do cedente.

7.2. Cessão oculta

A cessão oculta é uma importante aplicação prática da autorização creditícia: é a situação do parecer analisado na introdução deste artigo. Há cessão

---

81 Assim, BEVILAQUA, Clóvis. **Código Civil dos Estados Unidos do Brasil comentado.** Vol. IV. 11ª ed. São Paulo, Rio de Janeiro: Francisco Alves, 1958, pp. 181-2; MONTEIRO, Washington de Barros. **Curso de direito civil.** Vol. IV. 25ª ed. São Paulo: Saraiva, 1991, p. 34; RODRIGUES, Sílvio. **Direito civil.** Vol. II. 26ª ed. São Paulo: Saraiva, 1998, p. 296; SILVA PEREIRA, Caio Mário. **Instituições de direito civil.** Vol. II, 15ª ed. Rio de Janeiro: Forense, 1997, p. 253; LÔBO, Paulo. **Direito civil: obrigações.** 5ª ed. São Paulo: Saraiva, 2017, p. 167; GONÇALVES, Carlos Roberto. **Direito civil brasileiro.** Vol. II. 7ª ed. São Paulo: Saraiva, 2010, p. 222.

oculta quando a cessão não é notificada ao devedor. Comumente, há conjuntamente previsão de limitações quanto ao exercício das pretensões cedidas, além de vedação da notificação ao devedor.[82] Comumente, a cessão oculta se liga à autorização creditícia: é o caso quando A cede um crédito a B, mas B autoriza A a cobrar a prestação, recebendo-a com eficácia liberatória para o devedor. O devedor, por sua vez, segue crendo que A é credor, pois nem a cessão de crédito, nem a autorização lhe foi notificada. Desse modo, é natural que o devedor pague a A, pois, ao menos segundo sua esfera de conhecimento, é A que permanece como credor. Como essa cessão oculta é ineficaz em relação ao cedido pela falta de notificação, a prestação realizada em favor de A terá eficácia liberatória, como se feita ao verdadeiro credor.

A cessão oculta tem importância prática já que nem sempre convém ao credor informar ao devedor que está cedendo créditos. Em situações concretas, em que a relação das partes se baseia numa confiança mútua a respeito da capacidade de adimplemento das obrigações contraídas, a cessão para fins fiduciários pode despertar a desconfiança a respeito da solvência do credor ou da sua capacidade de administração patrimonial. Dessa maneira, a autorização funciona, na cessão oculta, como uma forma de compromisso entre o interesse juridicamente tutelável de não revelar ao devedor a cessão realizada e o interesse de proteção do devedor.

CONCLUSÕES

O objetivo deste artigo foi avaliar a possibilidade, a conveniência e a necessidade de se reconhecer, no direito brasileiro, uma espécie de negócio jurídico autorizativo – a autorização creditícia – que até o momento não havia sido estudada com profundidade. Explicadas as razões pelas quais a autorização creditícia não se reduz a nenhum outro instituto jurídico já existente, nem desafia princípios basilares do ordenamento jurídico, e debuxados seus principais traços característicos, crê-se ter sido demonstrada a pertinência desse instituto jurídico no direito nacional e evidenciada a necessidade de que os estudos dogmáticos nacionais de direito civil se aprofundem no tema da autorização.

82 Sobre a cessão oculta, cf. NÖRR, Knut Wolfgang; SCHEYHING, Robert; PÖGGELER, Wolfgang. **Sukzessionen.** 2ª ed. Tübingen: Mohr Siebeck, 1999, pp. 16-7; ROTH, Günter H. **Münchener Kommentar zum Bürgerlichen Gesetzbuch: §§241-432.** Vol. II. 5ª ed. München: Beck, 2007, p. 2491.

55. AS CLÁUSULAS DE COMPENSAÇÃO INSERIDAS PELA PETROBRAS EM SEUS CONTRATOS

João Felipe Martins de Almeida
Conrado Van Erven

1. AS CLÁUSULAS DE COMPENSAÇÃO CONSTANTES DOS CONTRATOS CELEBRADOS ENTRE A PETROBRAS E SUAS CONTRATADAS

Como forma de extinção de obrigações, a compensação de créditos representa instituto conhecido do direito civil desde o direito romano[1]. A despeito dos vinte e dois séculos de construção doutrinária e jurisprudencial[2] que separam os primeiros registros do instituto e a sua atual regulação, os fundamentos que amparam a compensação como forma legítima de extinção de obrigações não parecem ter se modificado de forma substancial. A repulsa à cobrança de pedir-se o que é devido, bem como o dever de equiparação entre credor e devedor e a própria utilidade do instituto para facilitar o tráfego negocial encontram-se no seio da sua fundação[3].

---

1 CHAMOUN, Ebert. *Instituições de Direito Romano*, 5ª ed., Rio de Janeiro: Forense, 1968, pp. 321-323.

2 CORDEIRO, António Menezes. *Da Compensação no Direito Civil e no Direito Bancário*. Coimbra: Almedina, 2014, pp. 9-10.

3 MIRANDA, Francisco Cavalcanti Pontes de. *Tratado de Direito Privado: Tomo XXIV*. Rio de Janeiro: Borsói, 1958, pp. 332-333.

Mantém-se o instituto utilíssimo. Pela perspectiva do direito civil, a compensação de créditos com os requisitos do artigo 369 do Código Civil[4], permite o autopagamento do credor[5], afastando a necessidade de serem realizadas duas transações recíprocas de mesma natureza. Por outro lado, no direito bancário, a compensação e liquidação de valores mobiliários pelas Câmaras de Compensação é atividade regulada[6], diante do risco sistêmico inerente a essa atividade[7]. Ademais, pela perspectiva processual, a compensação pode ser arguida, por exemplo, em impugnação a cumprimento de sentença, para fins de extinção do processo pelo cumprimento da obrigação[8].

Como é de se intuir, a larga utilização do instituto gera diversas controvérsias doutrinárias e jurisprudenciais. Exemplo atual e pertinente de lide nesse sentido se extrai de acórdãos proferidos pelo Tribunal de Justiça do Estado do Rio de Janeiro em casos envolvendo a Petrobras e suas contratadas, conforme exposto abaixo a partir de exemplos concretos. A estatal petrolífera sustenta em juízo que possui o direito de compensar quaisquer créditos que lhe são devidos por suas prestadoras de serviço no âmbito dos contratos com elas celebrados, com base na disposição prevista no artigo 7.1.3, 'n' do Decreto-Lei nº 2.745[9] e replicada em seus contratos.

---

4 "Art. 369. A compensação efetua-se entre dívidas líquidas, vencidas e de coisas fungíveis."

5 LEVADA, Filipe Antônio Marchi. *Garantias autoexecutáveis*. São Paulo: Revista dos Tribunais, 2022, p. 247

6 Vide Instrução CVM nº 379, de 12 de novembro de 2002. – "Dispõe sobre a obrigatoriedade de prestação de informações sobre operações com valores mobiliários à Comissão de Valores Mobiliários – CVM, pelas bolsas de valores, pelas bolsas de mercadorias e futuros, pelas entidades do mercado de balcão organizado e pelas câmaras de compensação e liqüidação de operações com valores mobiliários".

7 A doutrina elenca os três métodos clássicos de compensação registrados em Roma no direito civil e comercial. Além da compensação fundada na boa-fé subjetiva (*bonae fidei iducia*), a compensação opera-se para fins de liquidação de dívidas bancárias (*argentarius*) e no caso de aquisição de massa falida (*bonorum emptur*) CORDEIRO, António Menezes. Op. Cit, pp. 17-25 e MIRANDA, Francisco Cavalcanti Pontes de. Op. Cit., pp. 306-314.

8 "Art. 525. Transcorrido o prazo previsto no art. 523 sem o pagamento voluntário, inicia-se o prazo de 15 (quinze) dias para que o executado, independentemente de penhora ou nova intimação, apresente, nos próprios autos, sua impugnação. (...) VII – qualquer causa modificativa ou extintiva da obrigação, como pagamento, novação, compensação, transação ou prescrição, desde que supervenientes à sentença."

9 "Art. 7.1.3. Os contratos deverão estabelecer, com clareza e precisão, os direitos, obrigações e responsabilidades das partes e conterão cláusulas específicas sobre: (...) n) estipulação assegurando à PETROBRÁS o direito de, mediante retenção de pagamentos, ressarcir-se de quantias que lhes sejam devidas pela firma contratada, quaisquer que sejam a natureza e origem desses débitos."

A cláusula contratual que embasa a pretensão da Petrobras possui redação padrão, com pouca variação. Um exemplo concreto é o seguinte:

> *"Cláusula **6.5 – Fica assegurado à PETROBRAS o direito de deduzir do pagamento devido à CONTRATADA, por força deste Contrato ou de outro contrato mantido com a PETROBRAS**, comunicando-lhe, em qualquer hipótese, a decisão, com antecedência de cinco dias úteis, por escrito, importâncias correspondentes a: 6.5.1 –**Todos os débitos <u>a que tiver dado causa</u>, notadamente multas de qualquer espécie** e os decorrentes de obrigações tributárias, previdenciárias e trabalhistas, acrescidos de consectários".*

O cerne do problema gira em torno da presunção de certeza de que a contratada teria dado causa ao débito cobrado pela Petrobras. A estatal entende que a imposição de multa gera a presunção de certeza e que a mera oposição do contratado não é capaz de obstar a compensação com valores que lhe são devidos. Trata-se de assunto espinhoso, pois, como se verá, a doutrina não é uníssona no que diz respeito ao conceito do requisito da liquidez e ao grau de certeza necessário para fins de compensação.

Ressalvando-se os casos de insolvência e iminente recuperação judicial de uma das partes, nos quais há concreto risco de não adimplemento das obrigações previstas contratualmente, – nessas hipóteses, a jurisprudência de tribunais pátrios é uníssona quanto à possibilidade de apropriação de valores compensados antes do pedido de recuperação[10] –, a jurisprudência sobre a legalidade da compensação alegada pela Petrobras é vacilante: alguns julgados adotam o posicionamento defendido pela Petrobras[11], em contraposição a

---

10 TJRJ, Agravos de Instrumento nºs 0002782-72.2023.8.19.0000 e 0002792-19.2023.8.19.0000, Rel. des. Leila Santos Lopes, 15ª Câmara Cível, j. 21.03.23; TJSP, Agravo de Instrumento nº 0063948-62.2013.8.26.0000, Des. Rel. Francisco Loureiro, 1ª Câmara Reservada de Direito Empresarial, j. 03.07.14; TJSP, Agravo de Instrumento nº 2098961-10.2021.8.26.0000, Des. Rel. Maurício Pessoa, 2ª Câmara Reservada de Direito Empresarial, j. 26.11.21; TJSP, Agravo de Instrumento nº 2098665-22.2020.8.26.0000, Des. Rel. Maurício Pessoa, 2ª Câmara Reservada de Direito Empresarial, j. 21.09.20; TJSP, Agravo de Instrumento nº 2162819-83.2019.8.26.0000, Des. Rel. Maurício Pessoa, 2ª Câmara Reservada de Direito Empresarial, j. 21.07.20.

11 TJRJ, Agravo de Instrumento nº 0025574-93.2018.8.19.0000, Des. Rel. Marco Antonio Ibrahim, 4ª Câmara Cível, j. 05.12.18; TJRJ, Agravo de Instrumento nº 0047056-68.2016.8.19.0000, Rel. Des. Rel. Mônica Sardas, 20ª Câmara Cível, j. 27.09.17; TJRJ, Agravo de Instrumento nº 0031640-86.2018.8.19.0001 , Des. Rel. Patricia Ribeiro Serra Vieira, 10ª Câmara Cível, j. 24.01.19; TJRJ, Apelação Cível nº 28060-90.2014.8.19.0000 , Des. Rel. Eduardo Gusmão Alves de Brito, 16ª Câmara Cível, j. 05.08.14; TJRJ, Apelação Cível nº 0429508-93.2015.8.19.0001, Des. Rel. Margaret de Olivaes Valle dos Santos, 18ª Câmara Cível, j. 23.05.18.

outros que adotam o entendimento contrário[12], sendo essa a posição majoritária nos julgados mais recentes[13].

O argumento utilizado pelos julgados que entendem pela legalidade da compensação alegada pela Petrobras é o de que "*as multas debatidas em juízo são indiciárias*", pelo fato de que a estatal possui a prerrogativa contratual de se ressarcir por débitos a que seus contratados tiverem dado causa, não se mostra razoável. Afinal, a multa imposta ao contratado não adquire presunção de legalidade pela sua aplicação e a mera declaração da Petrobras de que é credora não sua contratada.

Do outro lado, os julgados que entendem pela ilegalidade da compensação alegada pela Petrobras seguem a linha de que a lei não autoriza a retenção dos créditos do particular na pendência de apuração do inadimplemento. O que a lei e o contrato autorizam é a compensação convencional de créditos sobre os quais não há discordância, na medida em que a renúncia ao preenchimento do requisito da liquidez da dívida em compensações convencionais, conquanto permitida, deve ser expressa e interpretada restritivamente, de modo a evitar abusos.

Diante disso, faz-se necessária uma análise mais completa do instituto da compensação para que se possa chegar a uma conclusão a respeito da validade

12 TJRJ, Agravo de Instrumento nº 0007450-67.2015.8.19.0000, Des. Rel. Rogerio de Oliveira Souza, 22ª Câmara Cível, j. 14.04.15; TJRJ, Agravo de Instrumento nº 0021228-36.2017.8.19.0000, Des. Rel. Denise Levy Tredler, 21ª CC, j. 19.06.18; TJRJ, Agravo de Instrumento nº 0046381-13.2013.8.19.0000, Des. Rel. Denise Levy Tredler, 21ª Câmara Cível, j. 13.05.14; TJSP, Apelação Cível nº 0066246-21.2008.8.26.0576, Des. Rel. Correia Lima, 20ª Câmara de Direito Privado, j. 26.05.14; TJSP, Apelação Cível nº 0013497-98.2010.8.26.0077, Des. Rel. Dimas Carneiro, 37ª Câmara de Direito Privado, j. 05.02.13; TJSP, Apelação Cível nº 0023245-74.2009.8.26.0309, Des. Rel. Edgard Rosa, 25ª Câmara de Direito Privado, j. 27.03.13; TJRJ, Agravo de Instrumento nº 0037119-58.2021.8.19.0000, Des. Rel. Tereza Cristina Sobral Bittencourt Sampaio, 27ª Câmara Cível, j. 23.03.22; TJRJ, Apelação Cível nº 0328695-87.2017.8.19.0001, Des. Rel. Carlos Santos de Oliveira, 22ª Câmara Cível, j. 25.11.20; TJRJ, Agravo de Instrumento nº 0025717-19.2017.8.19.0000, Rel. Des. Renata Machado Cotta, 3ª Câmara Cível, j. 26.07.17; TJRJ, Agravo de Instrumento nº 0049609-15.2021.8.19.0000, Rel. Des. Cláudia Telles de Menezes, 5ª Câmara Cível, j. 12.04.22; TJRJ, Apelação Cível nº 0125258-17.2020.8.19.0001, Rel. Des. Heleno Ribeiro Pereira Nunes, 5ª Câmara Cível, j. 08.02.22; TJRJ, Agravo de Instrumento nº 0053136-48.2016.8.19.0000, Rel. Des. Jose Roberto Portugal Compasso, 9ª Câmara Cível, j. 07.02.17.

13 TJRJ, Agravo de Instrumento nº 0016532-44.2023.8.19.0000, Des. Rel. Luiz Felipe Miranda de Medeiros Francisco, 14ª Câmara de Direito Privado, j. 18.05.23; TJRJ, Apelação Cível nº 0260899-45.2018.8.19.0001, Des. Rel. Teresa de Andrade Castro Neves, 22ª Câmara Cível, j. 06.06.23; TJRJ, Apelação Cível nº 0263895-11.2021.8.19.0001, Des. Rel. Paulo Wunder de Alencar, 15ª Câmara Cível, j. 16.05.23; TJRJ, Agravo de Instrumento nº 0010366-93.2023.8.19.0000, Des. Rel. Helda Lima Meireles, 2ª Câmara de Direito Privado, j. 10.05.23; TJRJ, Agravo de Instrumento nº 0061133-72.2022.8.19.0000, Des. Rel. Werson Franco Pereira Rêgo, 25ª Câmara Cível, j. 15.02.23; TJRJ, Agravo de Instrumento nº 0062893-56.2022.8.19.0000, Des. Rel. Marcelo Almeida, 19ª Câmara Cível, j. 27.10.22.

dessas cláusulas de compensação presentes nos contratos entre a Petrobras e suas contratadas.

2. BREVE HISTÓRICO DO INSTITUTO DA COMPENSAÇÃO

a. A concepção da compensação em roma

A evolução do tráfego negocial civil e bancário em Roma, associado ao desenvolvimento do direito pretoriano, acarretou na inevitável análise judicial de situações nas quais determinada pessoa cobrava de outrem valor que a ela lhe devia[14]. Em defesa, o demandado suscitava o contradireito representado pela existência de crédito em seu favor da mesma natureza daquele que lhe estava sendo cobrado[15]. A cobrança de valores – ainda que devidos – na pendência de pagamentos de créditos da mesma natureza afigura-se instintivamente indevida.

Em Roma, a defesa do demandado assentava-se na violação à boa-fé no sentido subjetivo até então conhecido (*bonae fidai iudicia*), prática que era inerente a todas as relações civis, devendo ser considerada pelo pretor em todos os processos que lhes fossem submetidos[16]. A denominada *exceptio doli* era defesa aceita em qualquer relação civil[17], a fim de afastar a conduta dolosa da contra parte[18]. No sistema romano de *fórmulas*[19], ficou conhecida a proposição segundo a qual *comete dolo aquele que pede o que deve restituir em seguida*[20].

Trata-se de versão resumida do rescrito de Marco Aurélio que representa o grande marco da utilização de compensação como matéria de defesa[21]. Pela sua importância, merece transcrição o seguinte trecho da Constituição de Justiniano a respeito do tema:

> "Pretendemos que as compensações sejam feitas de pleno direito (ipso iure) em todas as ações, sem qualquer distinção entre as ações reais e as pessoais.

---

14 CORDEIRO, António Menezes. Op. Cit., pp. 19-20.

15 CORDEIRO, António Menezes. *Da boa-fé no Direito Civil.* 4ª ed. Coimbra: Almedina, 2010, pp. 721-722.

16 MIRANDA, Francisco Cavalcanti Pontes de. Op. Cit., pp. 310-311

17 CORDEIRO, António Menezes. *Da boa-fé no Direito Civil.* 4ª ed. Coimbra: Almedina, 2010, pp. 721-722.

18 BIAZI, João Pedro de Oliveira. *A Exceção de Contrato não Cumprido no Direito Privado Brasileiro*, São Paulo: GZ Editora, 2018, pp. 22-28.

19 CHAMOUN, Ebert. *Instituições de Direito Romano*, 5ª ed., Rio de Janeiro: Forense, 1968, pp. 129-138

20 A citação no original se encontra em WENDT, Otto. *Die exceptio doli generalis im heutigen Recht oder Treu und Glauben im Recht der Schuldverhältnisse*, Acp 100 (1906), p. 63 e seguintes; "*dolo facit qui petit quod statim redditurus est.*"

21 CORDEIRO, António Menezes. Op. Cit., p. 27.

> Contudo, determinamos que as compensações não operem a não ser que a causa dela seja líquida e não inundada de muitas dificuldades, mas antes possa o juiz facilmente sair dela."[22]

A utilização no original em latim da expressão "*ipso iure*", traduzida por Menezes Cordeiro[23] como "*por força do direito*" se encontra, nas palavras, de Pontes de Miranda, no "*germe das disputas através de tantos séculos*"[24]. Explica-se: a previsão genérica nas *Instituições* do direito à compensação levou ao emprego da expressão *ipso iure*, com o objetivo de informar que o direito objetivo passara a prever a possibilidade de que o pretor reconhecesse a compensação sem recorrer ao gênero da *exceptio doli*[25]. Em outras palavras, a compensação *ipso iure* de Justiniano equivale à instituição da *compensação legal*, em que o juiz passava a declará-la, ao invés de constituí-la no processo.

Apesar disso, a obra dos glosadores decisivos na pré-codificação francesa a respeito do tema indicava que a compensação operar-se-ia independentemente da sua declaração por ao menos um dos titulares dos créditos compensados[26]. Nesse sentido, destaca-se o entendimento de Martinus Gosia, discípulo de Irnério, o primeiro grande glosador de Bolonha[27]. Martinus entendia que a compensação *ipso iure* ocorreria mesmo que não fosse oposta por qualquer pessoa. Compreende-se a interpretação teleológica ínsita aos estudos dos autores medievais, uma vez que buscava-se afirmar a utilidade da compensação automática para o tráfego negocial, em franca ascensão com o desenvolvimento do comércio na Itália e, posteriormente, com as grandes navegações.

Contudo, parece que lhes escaparam as inconveniências da compensação automática, na medida em que credor e devedor podem, por diversos motivos, desejar realizar o pagamento dos créditos que lhes são devidos por meio do cumprimento específico da obrigação, não podendo-se alçar a compensação, método alternativo de pagamento, a forma *automática* de extinção recíproca de obrigações.

---

22 "*Sed nostra constitutio as compensationes, que iure aperto nituntur, latius introduxit, ut actiones ipso iure minuant sive in rem sive personales sive alias quascumque, excepta sola depositi actione*" – I. 4.6.30, 2ª Parte.

23 CORDEIRO, António Menezes. *Da Compensação no Direito Civil e no Direito Bancário*. Coimbra: Almedina, 2014, p. 29.

24 MIRANDA, Francisco Cavalcanti Pontes de. *Tratado de Direito Privado: Tomo XXIII*, p. 310. Op. Cit

25 CORDEIRO, António Menezes. Op. Cit., p. 311.

26 ASTUTI, Guido. *Compensazione (storia)*, Ed. VIII (1961) 14/15.

27 SAVIGNY, Friedrich Karl von. *Geschichte des rômischen Rechts im Mittelalter*, IV. Vol.., *Das 12. Jahrhundert*, 2ª ed. (1850, reimpr. 1986), 124-140 e 481-493.

b. O estudo do instituto pelos glosadores e a recepção pelos códigos europeus

Inobstante as críticas e controvérsias existentes entre os glosadores[28], a natureza automática da compensação (*ipso vi legis*[29]) inspirou o agora revogado artigo 1290 do Código Napoleônico[30], sendo defendida por Jean Domat e Robert-Joseph Pothier[31]. O texto da lei não poderia ser mais claro: a compensação operava-se, segundo o sistema francês clássico, "*por força unicamente de lei, mesmo sem o conhecimento dos devedores*".

Ocorre que a extinção da obrigação por meio alternativo ao pagamento jamais foi prevista no direito romano. Trata-se de equívoco merecedor de diversas críticas[32]. Não à toa, a jurisprudência interpreta o referido artigo de modo a exigir a invocação da compensação pelo devedor demandado, sendo vedado o seu reconhecimento de ofício[33]. As críticas se seguiram durante o século XX e XXI, até a revogação do referido dispositivo legal pelo atual artigo 1347,[34], o qual exige a invocação da compensação para que ela se opere[35]. O sistema italiano, após ter se alinhado ao método francês de compensação automática[36], veio a ser corrigido pelo Código Civil de 1942[37].

Opondo-se ao sistema francês, a pandectística alemã considera que, conquanto dotada de juridicidade, a compensação produziria efeitos apenas por meio de declaração, feita pelo beneficiário que pretende compensar seu crédito[38]. Trata-se de direito material formativo extintivo, que pode vir a ser alegado

---

28 ASTUTI, Guido. *Compensazione (storia)*, Ed. VIII (1961) 10/1.

29 MIRANDA, Francisco Cavalcanti Pontes de. *Tratado de Direito Privado: Tomo XXIII*, p. 310.

30 "Article 1290 (abrogé) La compensation s'opère de plein droit par la seule force de la loi, même à l'insu des débiteurs ; les deux dettes s'éteignent réciproquement, à l'instant où elles se trouvent exister à la fois, jusqu'à concurrence de leurs quotités respectives."

31 DOMAT, Jean. *Les loix civiles dans leur ordre naturel: le droit public et legum delectur* (1767), 243 ss. e POTHIER, Robert-Joseph, *Traité des Obligation, Oeuvres*, II (1848), 345 ss.

32 SALEILLES, Raymond. *Étude sur la théorie Générale de l'obligation/d'aprés la premier projet de Code Civil pour l'Empire Allemand* (1914), 43 ss.

33 Cf. motivos da reforma do Código Civil Francês de 2016, exposto abaixo.

34 "Article 1347: La compensation est l'extinction simultanée d'obligations réciproques entre deux personnes. Elle s'opère, sous réserve d'être invoquée, à due concurrence, à la date où ses conditions se trouvent réunies."

35 A exposição de motivos da reforma explica a motivação da mudança no regramento do instituto, relacionada às incertezas geradas pelo antigo artigo 1290 do Código Napoleônico: – acessível em: https://www.legifrance.gouv.fr/jorf/id/JORFARTI000032004616#JORFARTI000032004616 – acesso em 13.12.22

36 CUTURI, Torquato. *Trattato delle compensazioni nel diritto privado italiano*, 1909, pp. 185-186.

37 CORDEIRO, António Menezes. *Da Compensação no Direito Civil e no Direito Bancário*. Coimbra: Almedina, 2014, p. 43.

38 DERNBURG, Heinrich. *Geschichte und Theorie der Compensation*, 2ª ed., cit., 309 ss.

judicialmente ou não[39]. Apesar disso, a eficácia retroativa à data da verificação da compensabilidade dos créditos desenvolvida a partir de diversas teorias a respeito levou à aproximação do sistema com o do Código Napoleônico[40].

A doutrina portuguesa pré-codificação[41] se alinhou ao sistema francês, declarando a natureza automática da compensação. Destaca-se o amplo estudo formulado por Adriano Paes da Silva Vaz Serra em 1952, que serviu de inspiração para o projeto do Código Civil vigente[42]. Atualmente, o sistema português adota o sistema de compensação por declaração, nos moldes do método alemão[43], apesar de possuir forte inspiração na codificação italiana.[44]

3. A COMPENSAÇÃO NO DIREITO BRASILEIRO

a. O instituto antes da consolidação das leis civis

O direito brasileiro regula a compensação desde o Código Comercial de 1850. Eis o teor do texto do artigo 439 daquele código:

> *"Se um comerciante é obrigado a outro por certa quantia de dinheiro ou efeitos, e o credor é obrigado ou devedor a ele em outro tanto mais ou menos, sendo as dívidas ambas igualmente líquidas e certas, ou os efeitos de igual natureza e espécie o devedor que for pelo outro demandado tem direito para exigir que se faça compensação ou encontro de uma dívida com a outra, em tanto quanto ambas concorrerem".*

Infere-se desse dispositivo que o comerciante credor demandado possuía a *pretensão* de exigir a compensação apenas por meio de declaração de vontade manifestada em juízo, salvo se houvesse previsão contratual a respeito. O próprio Regulamento nº 737 previu, de forma expressa, a possibilidade de se

39 MIRANDA, Francisco Cavalcanti Pontes de. Op. Cit., p. 310.

40 CORDEIRO, António Menezes. *Da Compensação no Direito Civil e no Direito Bancário.* Coimbra: Almedina, 2014, p. 52

41 Destaca-se, inicialmente, MELO FREIRE, Pascoal José de Melo. *Institutiones Juris Civis Lusitani,* 4 tomos, 3ª ed., reimp., 1842. Em seguida, tem-se CÔRREA TELLES, J.H. *Digesto Portuguez ou Tratado dos direitos e obrigações civis acomodado ás leis e costumes da Nação Portugues para servir de subsídio ao "Novo Código Civil",* nova edição revista (1909, correspondente à 3ª ed., de 1845). Por fim, COELHO DA ROCHA, M.A. tratou do tema nas *Instituições de Direito Civil Portuguez,* 8ª ed. (1917), §§ 164-167.

42 VAZ SERRA, Adriano Paes da Silva. *Compensação,* BMJ 31 (1952), 13-210, pp. 201.

43 CORDEIRO, António Menezes. *Da Compensação no Direito Civil e no Direito Bancário.* Coimbra: Almedina, 2014, p. 115

44 CORDEIRO, António Menezes. *Da Compensação no Direito Civil e no Direito Bancário.* Coimbra: Almedina, 2014, p. 102.

opor a compensação como matéria de defesa capaz de suspender a execução ajuizada por suposto credor[45]. Nada obstava que a compensação fosse, também, matéria de reconvenção[46]. Fato é que o legislador pátrio não previra, até aquele momento, a possibilidade de compensação extrajudicial sem previsão contratual ou consentimento do demandado.

Esse cenário começa a mudar a partir da publicação da Consolidação das Leis Civis, por Teixeira de Freitas[47]. Remetendo-se ao Livro IV, T. 78 das Ordenações Filipinas (cuja redação é muito parecida com o respectivo título das Ordenações Manuelinas, por sua vez inspiradas na Constituição de Justiniano acima transcrita), o autor baiano formulou treze dispositivos legais[48] que constituem sistema semelhante ao adotado pelo Código Civil vigente (também com treze artigos sobre o tema[49]).

Não se pretende, neste artigo, realizar análise sistemática da codificação a respeito da compensação proposta por Teixeira de Freitas e aprimorada pelos Códigos Civis de 1916 e 2002. Atendo-se ao recorte ora proposto, busca-se compreender os requisitos e limites da compensação no ordenamento brasileiro no que se refere especificamente à necessidade de liquidez das dívidas compensadas.

b. A regulação do instituto no código civil

Destaca-se, nesse particular, a redação dos artigos 840[50] e 848[51] da Consolidação das Leis Civis, em consonância com os artigos 368[52] e 369 do Código Civil vigente, cuja redação é idêntica aos dispositivos correspondentes no Código Civil de 1916.

Teixeira de Freitas conceituou a compensação como "*o desconto, que reciprocamente se faz no que duas pessoas devem uma à outra* (artigo 840 da Consolidação das Leis Civis). Bevilaqua afastou-se da redação conceitual, focando em descrever a situação fática que leva à compensação. Nesse sentido,

---

45 "Art. 577. São admissiveis na execução, com suspensão della e propostos conjunctamente nos seis dias seguintes á penhora os embargos: (...) § 5.º De compensação (arts. 439 e 440 Codigo)."

46 "Art. 103. Si o réo quizer reconvir ao autor, proporá a reconvenção simultaneamente com a contestação no mesmo termo para ella assignado, e sem dependência de prévia citação do autor."

47 FREITAS, Augusto Teixeira de. *Consolidação das Leis Civis*. 3ª Ed. Rio de Janeiro: H. Garnier, 1896, Introdução, XXIII.

48 Arts. 840-853.

49 Arts. 368-380.

50 "Art. 840. Compensação ó o desconto, que reciprocamente se-faz no que duas pessoas devem uma á outra."

51 "Art. 848. Para dar-se a compensação ó necessário, que as dividas sejão liquidas, certas, e claras, por confissão da parte, ou por outra prova."

52 "Art. 368. Se duas pessoas forem ao mesmo tempo credor e devedor uma da outra, as duas obrigações extinguem-se, até onde se compensarem."

a codificação brasileira afirma que as obrigações se extinguem, até onde se compensarem, "*se duas pessoas forem ao mesmo tempo credor e devedor uma da outra*" (artigo 368 do Código Civil vigente).

A qualificação das dívidas compensáveis se fez representar no texto do artigo 369 do Código Civil, bastando que ambas sejam líquidas, estejam vencidas e representem coisas fungíveis. A redação diverge do que havia sido estabelecido por Teixeira de Freitas. O referido autor elencou como requisitos para a compensação, além da fungibilidade e liquidez das dívidas, que ambas sejam "*certas e claras, por confissão da parte ou por outra prova*". A ausência dos requisitos da certeza e clareza no Código Civil de 1916, replicado hoje em dia, pode se explicar pelo conceito de liquidez adotado por Bevilaqua no artigo 1.533 daquele diploma legal: "[c]*onsidera-se liquida a obrigação certa, quanto à sua existência, e determinada, quanto ao seu objecto*". A clareza seria redundante, diante da certeza da dívida, representada por sua liquidez.

Nesse cenário, busca-se entender o conceito de liquidez cunhado pelo artigo 1.533 do Código Civil de 1916, que não foi replicado no Código Civil de 2002, e os seus efeitos para o fim de verificação dos requisitos da compensação, nos moldes do aludido artigo 369.

4. O REQUISITO DA LIQUIDEZ PARA FINS DE COMPENSAÇÃO

O conceito de liquidez adotado pelo Código Civil de 1916 pode ser depurado em duas acepções: (i) deve haver a certeza da existência da dívida; e (ii) a determinação de sua quantia[53]. Conquanto não se tenha notícia de que tenha sido adotado em ordenações estrangeiras[54], o conceito tem inspiração no direito romano[55]. Seguindo a tradição romana, as obrigações líquidas são traduzidas por Bevilaqua como aquelas de "*corpo certo, quantidade fixa e soma determinada*"[56]. Inobstante a diferença semântica entre as traduções dos diferentes autores, importa que o objeto da obrigação seja aferível no aspecto corpóreo e quantitativo.

Ocorre que, havendo divergência entre aquele que declara possuir direito à prestação determinada em qualidade e quantidade e outrem que deve cumprir tal obrigação, diverge a doutrina a respeito das consequências da querela

---

53 SERPA LOPES, Miguel Maria de. Curso de direito civil. Vol. II, 7. ed. rev. e atual. por José Serpa Santa Maria. Rio de Janeiro: Freitas Bastos, 1989, pp. 280-281.

54 BEVILAQUA, Clovis. *Código Civil dos Estados Unidos do Brasil Comentado: Vol. V.* 6ª ed. Rio de Janeiro: Livraria Francisco Alves, p. 312.

55 POTHIER, Robert-Joseph, *Traité des Obligation, Oeuvres*, II (1848), p. 345.

56 Op. Cit., p. 312

para fins de reconhecimento da compensação[57]. Na prática, estabelecido o litígio, a questão será submetida ao crivo do julgador, relegando-se a uma questão de prova, a fim de determinar se a dívida compensada era líquida no momento da declaração de compensação[58].

Contudo, não se pode ignorar que o desdobramento do litígio poderá ter desfecho bastante diverso caso o receptor da declaração de compensação seja, em qualquer situação, privado dos recursos aos quais teria direito se as dívidas não tivessem sido compensadas, por meio de autotutela, pelo declarante da compensação. Por conta disso, parte da doutrina entende que a contestação da dívida gera a sua consequente iliquidez, o que elide a compensação.

Entre os autores brasileiros, Clovis Beviláqua defendia que dívidas, uma vez contestadas, não podem ser consideradas como sendo certas, inclusive para fins de compensação[59]. O autor do Código Civil ampara-se no § 390 (1) do BGB, cuja redação, bastante clara e sucinta, dispõe que "[o] *crédito contra o qual existe exceção não pode ser compensado*"[60]. A exceção, evidentemente, deve ter fundamento, sob pena de ser considerada ilícita[61]. Nesse particular, mesmo a doutrina à qual se filiava Clovis Beviláqua, admite a impossibilidade, *a priori*, de recusa da compensação que se funde em título expressivo de dívida e coisa aferível de plano[62].

É o que se depreende do conceito de liquidez defendido por Beviláqua[63]. O autor afirma gozarem de presunção de certeza os títulos previstos no artigo 247 do Regulamento nº 737[64], muitos dos quais são, pelo ordenamento vigente,

57 As diferentes visões são expostas por CARVALHO SANTOS, João Manuel de. Código Civil brasileiro interpretado, principalmente do ponto de vista prático. 13. ed. atual. Rio de Janeiro: Freitas Bastos, 1978. v. XIII: Direito das obrigações (arts. 972-1.036). p. 246.

58 Op. Cit. p. 247.

59 BEVILAQUA, Clovis. *Código Civil dos Estados Unidos do Brasil Comentado*: *Vol. IV*. 6ª ed. Rio de Janeiro: Livraria Francisco Alves, p. 163.

60 No original: "§ 390 Keine Aufrechnung mit einredebehafteter Forderung: Eine Forderung, der eine Einrede entgegensteht, kann nicht aufgerechnet werden." Sobre o tema, ver: FILKENTSCHER, Wolfgand et. HEINEMANN, Andreas. *Schuldrecht: Allgemeiner und Besonderer Teil* – 12ed. Berlin: De Gruyter, 2022, pp. 206 e ss.

61 A respeito da legalidade da exceção de compensação, veja-se a decisão do Bundesarbeitsgericht de Niedersachsen de 30.03.1973, disponível em: https://dejure.org/dienste/vernetzung/rechtsprechung?Text=DB%201974,%20585

62 POTHIER, Robert-Joseph, *Traité des Obligation, Oeuvres*, II (1848), p. 345.

63 BEVILAQUA, Clovis. *Código Civil dos Estados Unidos do Brasil Comentado*: *Vol. IV*. 6ª ed. Rio de Janeiro: Livraria Francisco Alves.

64 "Art. 247. Compete esta acção :§ 1º Ás escripturas publicas, e instrumentos que são como taes considerados pelo Codigo e leis civis; § 2º Aos instrumentos de contratos commerciaes; § 3º Ás letras de cambio, e áquellas que conforme o Codigo têm a mesma força e acção (arts. 425, 635 e 651 Codigo); § 4º Ás notas promissorias, ou escriptos de transacções commerciacs (arts. 22 e 426 Codigo); § 5º Aos conhecimentos de frete (art. 587 Codigo); § 6º Ás apolices ou

títulos executivos, conforme disposto no artigo 784 do Código de Processo Civil[65]. Por outro lado, o referido autor considera que as dívidas ordinárias por perdas e danos que tenham sido contestadas são consideradas ilíquidas[66].

Contrapõe-se a ele J.M. Carvalho Santos[67]:

> *"A certeza da existência da dívida verifica-se sempre que, com a simples exibição do título, se fica sabendo ser alguma coisa devida. A contestação da dívida não lhe tira o caráter de certa, pelo que sustentamos, com a melhor doutrina, ser compensável a dívida contestada*[68].

Frise-se que o referido autor exige, para fins de compensação, que a dívida possa ser verificada pela "*simples exibição do título*".

Portanto, o ponto de divergência entre os autores parece residir no caráter de presunção de licitude de compensação de dívidas representadas por títulos que não gozem de presunção legal ou contratual de certeza. Na prática, havendo incerteza, a dúvida consiste em definir se o julgador deverá permitir a compensação de dívidas até o julgamento definitivo da lide ou ordenar o

---

letras de seguro para haver o segurador o premio do seguro (art. 675 Codigo); § 7º Ás facturas e contas de generos vendidos em grosso (art. 219), não reclamados no prazo legal sendo assignados pela parte."

65 "Art. 784. São títulos executivos extrajudiciais: I – a letra de câmbio, a nota promissória, a duplicata, a debênture e o cheque; II – a escritura pública ou outro documento público assinado pelo devedor; III – o documento particular assinado pelo devedor e por 2 (duas) testemunhas; IV – o instrumento de transação referendado pelo Ministério Público, pela Defensoria Pública, pela Advocacia Pública, pelos advogados dos transatores ou por conciliador ou mediador credenciado por tribunal; V – o contrato garantido por hipoteca, penhor, anticrese ou outro direito real de garantia e aquele garantido por caução; VI – o contrato de seguro de vida em caso de morte; VII – o crédito decorrente de foro e laudêmio; VIII – o crédito, documentalmente comprovado, decorrente de aluguel de imóvel, bem como de encargos acessórios, tais como taxas e despesas de condomínio; IX – a certidão de dívida ativa da Fazenda Pública da União, dos Estados, do Distrito Federal e dos Municípios, correspondente aos créditos inscritos na forma da lei; X – o crédito referente às contribuições ordinárias ou extraordinárias de condomínio edilício, previstas na respectiva convenção ou aprovadas em assembleia geral, desde que documentalmente comprovadas; XI – a certidão expedida por serventia notarial ou de registro relativa a valores de emolumentos e demais despesas devidas pelos atos por ela praticados, fixados nas tabelas estabelecidas em lei; XII – todos os demais títulos aos quais, por disposição expressa, a lei atribuir força executiva".

66 BEVILAQUA, Clovis. *Código Civil dos Estados Unidos do Brasil Comentado*: *Vol. V*, 6ª ed. Rio de Janeiro: Livraria Francisco Alves, p. 312.

67 No mesmo sentido: ALVES, João Luiz; CHAMOUN, Ebert. *Código Civil da República dos Estados Unidos do Brasil Anotado*, 4º Vol. Rio de Janeiro: Borsoi, 1958.

68 CARVALHO SANTOS, João Manuel de. Código Civil brasileiro interpretado, principalmente do ponto de vista prático. 13. ed. atual. Rio de Janeiro: Freitas Bastos, 1978. v. XIII: Direito das obrigações (arts. 972-1.036). p. 245.

pagamento da dívida que se pretende compensar, relegando a possível compensação, com efeitos retroativos, para o final do processo judicial ou arbitral.

Nesses casos o julgador será obrigado a privilegiar uma das partes, sendo comum a ordem para prestar garantia ao juízo a fim de assegurar a utilidade prática da sentença a ser proferida. A solução acaba por perpassar a análise do direito discutido no caso concreto, avaliando-se a verossimilhança do direito dos envolvidos na lide e a sua urgência (artigo 300 do Código de Processo Civil[69]). Contudo, a prática demonstra que, muitas vezes, há enorme controvérsia a respeito do direito discutido liminarmente, sendo a decisão de tutela de urgência analisada pelo julgador causa de futuras composições, em virtude da posição de fragilidade em que uma das partes se encontra pelo deferimento ou indeferimento de medida liminar requerida.

Nesse cenário, a delimitação de balizas a respeito da alocação de presunção de certeza ou incerteza, do crédito que se busca compensar, tem por objetivo diminuir a insegurança jurídica inerente a lides dessa natureza.

5. O GRAU DE CERTEZA NECESSÁRIO PARA FINS DE COMPENSAÇÃO

O conceito de certeza da dívida, conquanto tenha sido suprimido do Código Civil de 2002 pela ausência de repetição do artigo 1.533 do Código anterior, encontra-se inserto em outros diplomas legais. O exemplo que vem à tona no primeiro momento é o do artigo 783 do Código de Processo Civil[70], segundo o qual a execução para cobrança de crédito deve se fundar, sempre, em título de obrigação *certa*, líquida e exigível.

Como se vê, o Código de Processo Civil dissociou o conceito de *certeza* do conceito de *liquidez*, o que levou a doutrina a qualificá-los de forma diversa. A certeza deriva do fato de que o título deve representar obrigação perfeitamente indicada em seus elementos[71]. Ou seja, segundo a doutrina:

> *"Se for necessário investigar em outros documentos os fatos indicativos da natureza da obrigação, do valor de seu objeto etc., não há executividade e o credor terá necessidade de obter pela via judicial adequada o título apto a executar"*[72].

69 "Art. 300. A tutela de urgência será concedida quando houver elementos que evidenciem a probabilidade do direito e o perigo de dano ou o risco ao resultado útil do processo."

70 "Art. 783. A execução para cobrança de crédito fundar-se-á sempre em título de obrigação certa, líquida e exigível."

71 DINAMARCO, Cândido Rangel. *Instituições de Direito Processual Civil*, Vol. IV, São Paulo: Malheiros, 2004, p. 208.

72 Op. Cit., p. 209.

Transpondo esse raciocínio para o direito civil, conforme a discordância entre Clovis Bevilaqua e J.M. Carvalho Santos acima exposta, questiona-se a presunção de licitude da compensação se o título que se busca compensar não gozar de presunção legal ou contratual de certeza. Destaca-se, nesse sentido, o artigo 3º da Lei nº 6.830 (Lei de Execuções Fiscais), o qual é expresso em afirmar que "[a] *Dívida Ativa regularmente inscrita goza de presunção de certeza e liquidez*".

Pode-se concluir que o ordenamento elenca casos de presunção de certeza e liquidez, de forma mais ou menos clara. As partes podem, também, estabelecer de forma expressa que dívidas de determinada natureza em sua relação jurídica gozem de presunção de certeza. Contudo, há casos omissos, como, por exemplo, a cobrança de cláusula penal pelo suposto descumprimento de obrigação contratual. Nesse exemplo, o contratante, dono de uma obra, pode vir a cobrar de um empreiteiro multas aplicadas pelo atraso na obra, compensando-as com valores que lhes sejam devidos pelos serviços prestados. O litígio ocorrerá caso o empreiteiro considere que o valor da multa que lhe foi aplicada seja incerto na sua natureza ou quantidade.

Tomando-se por base tal exemplo, de natureza técnica e difícil apuração liminar, o julgador poderá ser obrigado a tomar decisão a respeito da legalidade da compensação que se pretende adotar de forma açodada e com base em documentos de difícil interpretação. Nesses casos, entende-se que deve ser privilegiado aquele a quem é devido o pagamento pelos serviços prestados, adotando-se posição intermediária entre o que é defendido por Clóvis Bevilaqua e J.M. Carvalho Santos.

O posicionamento adotado se funda na intepretação sistemática do ordenamento. Explica-se: não há motivo justificável para que se atribua, em casos de prova controversa, presunção de veracidade à declaração de determinada pessoa no sentido de que possua crédito contra outra, ou, em sentido inverso, de que não tenha contraído débito líquido e certo. Na ausência de clareza quanto à verossimilhança do direito discutido, recorre-se ao conceito de certeza previsto na lei e no contrato. Com efeito, a presunção de certeza deve estar amparada em títulos taxativamente previstos em lei ou expressamente estabelecidos em contrato, não bastando a previsão genérica da autorização de compensação entre créditos recíprocos, o que constitui a regra geral do instituto.

Tome-se a seguinte situação: determinada instituição financeira possui título de dívida consubstanciado em cédula de crédito bancário contra um empresário. O mesmo empresário prestou serviços à instituição financeira e considera que faz jus à remuneração derivada do atingimento de determinadas metas. A instituição financeira discorda do empresário em questão e ajuíza execução fundada em seu título executivo. Caso o empresário alegue, em sede de embargos à execução, que o processo executivo não pode prosseguir, com base na compensação dos créditos, o efeito suspensivo requerido com base no artigo 919, § 1º do Código de Processo Civil[73] não deverá ser deferido, uma vez que a contestação do crédito alegadamente detido pelo empresário e consubstanciada em título que não goza de presunção legal ou contratual de certeza é capaz de impedir, liminarmente, o reconhecimento da legalidade da compensação.

Esse posicionamento busca evitar abusos de parte a parte, privilegiando as disposições legais e contratuais das quais pode se extrair a segurança jurídica capaz de evitar litígios relacionados a compensações ou recusas de compensações indevidas. Não há, importante frisar, presunção absoluta de certeza derivada da mera existência de título executivo que represente um crédito ou presunção absoluta de incerteza de crédito que não esteja consubstanciado em título executivo.

O que importa, no caso concreto, é a distribuição dinâmica do ônus da prova caso haja fundada dúvida do julgador. Entendemos que o ônus da prova deve ser suportado, em regra, por quem pretende declarar a extinção de obrigações por meio da compensação, salvo se o crédito que detiver estiver amparado em título que goze de presunção legal ou contratual. Nesses casos, inverte-se o ônus da prova, cabendo ao receptor da declaração de compensação o ônus de desconstituir o crédito alheio. No caso em que ambos os créditos que se busca compensar estiverem amparados em títulos que gozam de mesmo grau de presunção legal ou contratual, o ônus incumbirá àquele que demandar em juízo, seguindo a regra geral, salvo se a contraparte tiver mais condições de provar os fatos sobre os quais se discute.

A jurisprudência, conquanto vacilante, adota esse entendimento em diversos julgados[74]. Nesse particular, o Tribunal de Justiça do Estado de São Paulo considerou que a imposição unilateral de multa por descumprimento contratual não é suficiente para compensar créditos devidos à contratada, caso haja oposição em relação a tal método de pagamento[75]. Considerou-se que deve ser ajuizada ação de conhecimento para fins de apuração do suposto crédito, mesmo que a sua apuração extrajudicial tenha sido precedida de processo administrativo com observância do contraditório.

Em igual sentido, mais recentemente, o TJSP reiterou esse posicionamento. Confira-se:

---

73 "Art. 919. Os embargos à execução não terão efeito suspensivo. § 1º O juiz poderá, a requerimento do embargante, atribuir efeito suspensivo aos embargos quando verificados os requisitos para a concessão da tutela provisória e desde que a execução já esteja garantida por penhora, depósito ou caução suficientes."

74 Como exemplo lapidar, cite-se: TJSP, Apelação Cível nº 9155248-06.2000.8.26.0000, Des. Rel. Elói Estevão Troly,15ª Câmara de Direito Privado, j. 26.10.05

75 Op. cit.

> "*os* ***valores de eventual cláusula penal e de ressarcimento de juros da obra não constituem dívidas líquidas e vencidas, ou seja, não têm os requisitos necessários para justificar compensação****. Pois a liquidez e exigibilidade imediata são pressupostos para a compensação de valores, como expressamente prevê o art. 369 do Código Civil. O* ***reconhecimento de que a cláusula penal é devida e a definição de seu montante, não havendo acordo, só pode se dar em juízo, e não de forma unilateral pela simples vontade dos autores****. Da mesma forma, ante a recusa da ré em aceitar sua responsabilidade pelo pretendido ressarcimento de juros da obra, a indenização só poderia ser deliberada em juízo. Em suma, ao tempo em que foi entregue a construção, as duas últimas parcelas do preço da empreitada se tornaram devidas pelos autores e, àquela altura, eles não tinham título judicial para se opor a esta cobrança, sob o fundamento de compensação. Por conseguinte, os embargos à execução opostos pelos autores, opondo-se à execução sob esse fundamento de compensação, não prosperam*"[76].

As decisões estão em consonância com o requisito da necessidade de liquidez (na qualidade e quantidade) de prestação para fins de compensação. Não havendo título que ampare a liquidez do crédito que se busca compensar, deve ser realizado o pagamento previsto em contrato, para posterior apuração a respeito da possível ilicitude da recusa da compensação.

Conclusões

O legislador se encontra, com indesejável frequência, em posição de privilegiar a segurança jurídica ou a celeridade no tráfego negocial[77]. No caso da operabilidade de compensação, conforme se verificou acima, a confusão em relação aos seus requisitos deriva não apenas de omissão legislativa, como de interpretação equivocada de texto do direito romano, perpetuada ao longo dos séculos por glosadores e pelo agora revogado artigo 1290 do Código Civil Francês.

Destacou-se, em oposição ao referido dispositivo legal, a redação do § 390 (1) do BGB, segundo o qual, em interpretação literal, qualquer exceção oposta pelo receptor da declaração de extinção da obrigação por esse meio, seria capaz de evitar a compensação de créditos[78]. Ponderam os doutrinadores que o §

76 TJSP, Apelação Cível nº 1017146-81.2019.8.26.0451, Des. Rel. Gilson Delgado Miranda, 35ª Câmara de Direito Privado, j. 3.10.22 – grifou-se.

77 É o caso na possibilidade de resolução contratual por declaração judicial (sistema francês) ou por mera declaração (sistema alemão).

78 Os tribunais alemães analisam a legalidade da declaração de compensação *a posteriori*. Nesse sentido, confira-se a decisão do Bundesarbeitsgericht de Niedersachsen de 30.03.1973, disponível em: https://dejure.org/dienste/vernetzung/rechtsprechung?Text=DB%201974,%20585

390 (1) do BGB teria sido formulado de forma tão peremptória apenas pois o requisito da liquidez para fins de compensação não está previsto no sistema do BGB[79]. O sistema do referido dispositivo legal funcionaria, então, como uma tentativa de conferir maior segurança ao demandado por dívida ilíquida que se pretende compensar. Trata-se de posicionamento controvertido, sendo a previsão expressa do referido requisito no ordenamento considerada dispensável, por exemplo, por Ruggiero, que considera tratar-se de uma exigência óbvia[80].

A razão, como costuma ocorrer, está na solução que equilibra ambas as visões antagônicas a respeito do tema. A análise do posicionamento dos doutrinadores que discordam a respeito do assunto permite a conclusão no sentido de que o julgador deve analisar a presunção de certeza ínsita ao título que representa o crédito que se busca compensar.

Nesse particular, a posição de J.X. Carvalho de Mendonça no seu Tratado de Direito Comercial Brasileiro ganha relevo. Afirma o mencionado autor o seguinte:

> *"Na execução, a menos que se não trate de dívida líquida e certa resultante de títulos com fôrça probatória independentemente de quaisquer outras provas, como a sentença passada em julgado, a escritura pública, a letra de câmbio e os títulos que lhe são equiparados, não é possível a compensação*[81].

E prossegue citando acórdão do Tribunal de Justiça do Estado de São Paulo de 15 de março de 1913: *"O contrário seria dar-se autenticidade a um título somente discutível em ação ordinária, num processo sumário onde as garantias da defesa são restritas e limitadas"*[82].

A posição do referido doutrinador se coaduna com o conceito de contemporâneo de certeza à luz do artigo 784 do Código de Processo Civil, bem como pelos exemplos de créditos amparados em títulos que gozam de presunção de certeza elencados por Clovis Bevilaqua[83].

---

79 ESPÍNOLA, Eduardo. Garantia e extinção das obrigações: obrigações solidárias e indivisíveis. Rio de Janeiro: Livraria Freitas Bastos, 1951, p. 218.

80 DE RUGGIERO, Roberto. Instituições de direito civil: direito das obrigações. Direito hereditário. Tradução da 6. ed. italiana, com notas remissivas aos Códigos Civis brasileiro e português, de Ary dos Santos. São Paulo: Saraiva, 1934. v. III, p. 222.

81 CARVALHO DE MENDONÇA, J. X. Tratado de direito comercial brasileiro. Livro Quinto: da falência e da concordata preventiva. 4. ed. atual. por Achilles Bevilaqua e Roberto Carvalho de Mendonça. Rio de Janeiro: Livraria Freitas Bastos. v. IV., 2ª Parte., p. 429

82 Op. Cit., p. 429.

83 BEVILAQUA, Clovis. *Código Civil dos Estados Unidos do Brasil Comentado: Vol. IV* 6ª ed. Rio de Janeiro: Livraria Francisco Alves, p. 163,

Com efeito, não há certeza na mera crença da vítima de um dano em relação ao suposto responsável, no feliz exemplo de Jean Mazeaud e Henri Mazeaud[84]. Por outro lado, conforme exposto por Georges Ripert e Marcel Planiol[85], em teoria, a necessidade de liquidez dos créditos se concilia mal com o caráter automático da compensação, razão pela qual, desde o século XIX, a jurisprudência atenuava a exigência desse requisito, conforme a demonstração da prova a respeito da existência do crédito a ser compensado[86]. Nesses casos, o ônus da prova cabia ao declarante, conforme exposto também por C. Aubry & C. Rau. Confira-se, pela sua clareza:

> *"Art. 1291. On appelle dette liquide celle dont l'existence est certaine et dont la quotité se trouve déterminée 7. Une dette contestée n'est donc pas liquide, et ne peut être admise comme susceptible d'entrer en compensation, à moins cependant que celui qui l'oppose n'ait em main la preuve de l'existence de la dette contestée, et ne soit ainsi en état d'en justifier promptement"*[87].

No mesmo sentido, Robert-Joseph Pothier defendia a iliquidez derivada da oposição à compensação, ressalvando a possibilidade de prova por parte do declarante da compensação de que a oposição era indevida, consubstanciada na evidência de que o crédito a ser compensado estava amparado em título executivo[88]. Alguns doutrinadores também defenderam que apenas contestação séria e cavilosa afastaria a liquidez da compensação[89]. Ocorre que tais adjetivos relacionados à oposição à compensação são de igual incerteza, não auxiliando na solução do problema.

Mais recentemente, Judith Martins-Costa[90] defendeu a distinção entre a certeza objetiva do crédito, que se relaciona com a sua liquidez, no sentido de

84 MAZEAUD, Henri, MAZEAUD, Jean, MAZEAUD, León e CHABAS, François. *Leçons de Droit Civil.* 9ª ed., Paris: Montschrestien, 1998

85 RIPERT, Georges et. PLANIOL, Marcel, Traité Pratique de Droit Civil: Tome VII. Paris: Librairie Générale de Droit e de Jurisprudence, 1954, p. 691.

86 Op. Cit. p. 692.

87 AUBRY & RAU, C. *Cours de Droit Civil Français,* Tome Quatriéme, 16ª ed., 1942, p. 340. Em tradução livre: "Art. 1291. Uma dívida líquida é aquela cuja existência é certa e cujo montante é determinado. 7 Uma dívida contestada não é, portanto, líquida, e não pode ser admitida como susceptível de ser compensada, a menos que, no entanto, a pessoa que se lhe opõe tenha provas da existência da dívida contestada, e esteja, portanto, em condições de a justificar prontamente".

88 POTHIER, Robert-Joseph, *Traité des Obligation, Oeuvres,* II (1848), 345 ss.

89 CARVALHO SANTOS, João Manuel de. Código Civil brasileiro interpretado, principalmente do ponto de vista prático. 13. ed. atual. Rio de Janeiro: Freitas Bastos, 1978. v. XIII: Direito das obrigações (arts. 972-1.036). p. 246.

90 MARTINS-COSTA, Judith. Comentários ao novo Código Civil: do inadimplemento das obrigações. Rio de Janeiro: Forense, 2003. v. V. t. I, p. 582.

existência e determinação da prestação devida, e a certeza subjetiva do crédito, que, conquanto possa ser obstada por qualquer um que tenha crédito extinto por compensação, não seria necessária para a extinção de obrigações derivada da compensação. Segundo a referida doutrinadora, a eficácia retroativa da sentença declaratória a respeito da existência do crédito obsta o reconhecimento de iliquidez do crédito contestado pela mera oposição manifestada por partícipe da relação jurídica. Não se contesta tal premissa. O que se defende é que a presunção de certeza pode ser afastada pela oposição manifestada em relação à compensação, desde que respeitados os requisitos acima expostos.

Nesse cenário, considera-se que a compensação só pode ser considerada como um mecanismo de garantia autoexecutável[91] em caso de discordância de uma das partes, caso o declarante possua título que goze de presunção legal ou contratual de certeza ou que recorra ao meio jurisdicional cabível para que, com base em elementos de prova que preencham os requisitos do artigo 300 do Código de Processo Civil, obtenha a declaração de presunção de licitude da compensação, em caráter liminar.

Em caso de dúvida e ausência de título que goze de presunção legal, deve ser privilegiado o cumprimento ordinário das obrigações, com o pagamento das prestações devidas de parte a parte, para que, por sentença, declare-se a compensação que deveria ter ocorrido anteriormente, com a respectiva atribuição de responsabilidade pela indenização das perdas e danos correspondentes à procedência ou improcedência dos pedidos.

Caso contrário, podem ser privilegiados abusos, tais como os cometidos pela Petrobras em relação a algumas de suas contratadas e reconhecido por remansosa jurisprudência do Tribunal de Justiça do Estado do Rio de Janeiro, precisa ao considerar que "[o] ***que se veda é que a estatal, manu militari, opere a compensação quando ainda há controvérsia sobre a responsabilidade pelos atrasos, como consta dos autos***"[92].

Sabe-se que as vezes as partes se aproveitam das lacunas legais para cometer abusos em suas relações jurídicas, o que também é o caso na verificação do requisito da liquidez para compensações de dívidas, conforme destacado por L. Barde e G. Baudry-Lacantinerie:

---

91 Sobre a função de garantia da compensação, discorre Luis Miguel Pestana de Vasconcelos: *"uma função de garantia das obrigações, na medida em que, para além de facilitar a extinção dos créditos, evitando a realização dos pagamentos, assegura ao credor um meio suplementar de realização do seu crédito [...] com o contra-crédito que sobre ele tem o devedor"* – LEITÃO, Luís Manuel Teles de Menezes. Garantia das obrigações, cit., p. 309.

92 TJRJ, Agravo de Instrumento nº 0023297-75.2016 8.19.0000 Des. Rel. CARLOS SANTOS DE OLIVEIRA, 22ª Câmara Cível, julgado em 01/11/2016.

> "*Mais dans tous les cas, il faut, nous semble-t-il, reconnaitre qu'on a raison de part et d'autre. Si la condition de liquidité peut favoriser l'esprit de chicane chez celui qui se voit opposer la compensation, l'absence de cette condition le favorise certainement chez celui qui se prévaut de ce mode d'extinction*"[93].

Desse modo, entende-se que a solução ora proposta se coaduna os interesses em jogo de modo equilibrado, buscando conferir balizas objetivas aos julgadores e coibindo abusos, de forma justa e em consonância com o ordenamento brasileiro. A maior segurança jurídica será obtida, como de costume, com maior regulação contratual a respeito dos casos específicos de presunção de certeza de créditos, bem como pelo recurso a garantias que afastam a discussão a respeito da certeza do crédito reclamado[94].

---

93 Traité Théorique e Pratique de Droit Civil: Tome III. 12ª ed. Paris: Librairie de La Société du Recueil Général des Lois et des Arrêts. 1905, p. 159. Em tradução livre: "*em qualquer caso, parece-nos que temos de reconhecer que ambos os lados têm razão. Se a condição de liquidez pode favorecer o espírito de briga na pessoa que se opõe à compensação, a ausência desta condição favorece-a certamente na pessoa que se aproveita deste modo de extinção.*"

94 Nesse sentido, ver LEVADA, Filipe Antônio Marchi. Garantias autoexecutáveis. Edição do Kindle.

56. CLÁUSULAS CONTRATUAIS ESTIPULANDO COMPENSAÇÃO

João Vitor de Souza Lima Pacheco

1. INTRODUÇÃO: O QUE É UMA CLÁUSULA DE COMPENSAÇÃO?

Nas obras que versam sobre a compensação, o foco da exposição é, em geral, a compensação legal, regrada pelos artigos 368 e seguintes do Código Civil de 2002. A compensação contratual ou voluntária, embora amplamente admitida com fundamento na autonomia privada[1], costuma ser relegada a uma breve exposição, a qual não raro se resume à afirmação de que, por contrato, os credores recíprocos podem facilitar a compensação legal, dispensando alguns de seus requisitos legais, notadamente os dos artigos 369 e 373 do CC, ou dificultá-la, impondo-lhe requisitos adicionais[2].

---

1 MIRANDA, Francisco Cavalcanti Pontes de. *Tratado de direito privado*, t. XXIV, São Paulo: Revista dos Tribunais, 2012, p. 504; SANTOS, J. M. de Carvalho. *Código Civil Brasileiro interpretado*, vol. XIII, 2ª ed., Rio de Janeiro: Freitas Bastos, 1938, p. 244; MENDONÇA, Manoel Ignacio Carvalho de. *Doutrina e prática das obrigações*, Curitiba: Paranaense, 1908, p. 590; MESQUITA, Euclides de. *Da compensação*, Curitiba: Lítero-Técnica, 1961, p. 258; AZEVEDO, Laurentino de. *Da compensação*, São Paulo: Globo, 1920, p. 58; SILVA, Jorge Cesa Ferreira da. *Adimplemento e Extinção das Obrigações*, coord.: Miguel Reale e Judith Martins-Costa, São Paulo: Revista dos Tribunais, 2007, p. 458; MIRAGEM, Bruno. *Direito civil: direito das obrigações*, São Paulo: Saraiva, 2007, p. 452; LOBO, Paulo Luiz Netto. *Teoria geral das obrigações*, São Paulo: Saraiva, 2005, p. 245; GOMES, Orlando. *Obrigações, 3ª ed*, Rio de Janeiro: Forense, 1971, p. 157.

2 SILVA, Jorge Cesa Ferreira da. *Adimplemento e extinção das obrigações, op cit.*, p. 458; MESQUITA, Euclides de. *Da compensação, op. cit.*, p. 259; MENDONÇA, Manoel Ignacio Carvalho de. *Doutrina e prática das obrigações, op. cit.*, p. 591; RODRIGUES, Silvio. *Direito civil*, vol. 2, 30ª ed.,

Neste artigo, procuraremos detalhar melhor o regime e algumas dificuldades da compensação contratual, de forma sucinta e considerando casos práticos, sem nos aprofundar em questões teóricas sem consequências jurídicas relevantes. Antes disso, porém, é preciso estabelecer brevemente o conceito de cláusula ou contrato *de compensação*.

Ao longo do tempo, houve diversas propostas para explicar o fenômeno da compensação pactuada em contrato. Inicialmente, houve quem aproximasse a figura de dois pagamentos e quitações recíprocos e fictícios[3], ou de duas dações em pagamento recíprocas caso se relativizasse o requisito da homogeneidade[4]. Também houve quem qualificasse o contrato de compensação como duas remissões recíprocas[5], ou como uma renúncia ao crédito somada a uma dação em pagamento[6], ou como reconhecimentos de dívida negativos recíprocos[7], ou então como contrato atípico, *sui generis*[8].

Nenhuma dessas construções é particularmente convincente. O contrato de compensação visa justamente a evitar a realização de prestações recíprocas entre as partes, evitando circulações inúteis de bens e direitos, sendo inviável compreendê-lo como pagamento ou dação em pagamento, que pressupõem, ambos, a realização de alguma prestação. De igual forma, as construções que apelam à remissão ou à renúncia ignoram o caráter satisfativo da

---

São Paulo: Saraiva, 2002, p. 219; GOMES, Orlando, *Obrigações, op. cit.*, p. 157; DERNBURG, Heinrich. *Geschichte und Theorie der Compensation nach römischem und neuerem Rechte*, 2ª ed., Heidelberg: Bangel & Schmitt, 1868, p. 593.

3 O posicionamento era disseminado na doutrina alemã do século XIX, segundo DERNBURG, Heinrich. *Geschichte und Theorie der Compensation nach römischem und neuerem Rechte, op. cit.*, p. 593.

4 KRUG, August Otto. *Die Lehre von der Compensation*, Leipzig: Friedrich Christian Wilhelm Vogel, 1833, pp. 8-9. O posicionamento é referido em nossa doutrina por MENDONÇA, Manoel Ignacio Carvalho de. *Doutrina e prática das obrigações, op. cit.*, p. 591, embora o autor não o adote, bem como por MIRANDA, Francisco Cavalcanti Pontes de. *Tratado de direito privado*, t. XXIV, *op. cit.*, pp. 501-502, que enuncia as várias posições doutrinárias surgidas sobre o problema.

5 WINDSCHEID, Bernhard. *Lehrbuch des Pandektenrechts*, vol. 2, 6ª ed., Frankfurt: Rüten & Koening, 1887, p. 357; EISELE, Fridolin. *Die Compensation nach römischem und gemeinem Recht*, Berlin: Weidmann, 1876, p. 236. Entre nós, defende essa posição MENDONÇA, Manoel Ignacio Carvalho de. *Doutrina e prática das obrigações, op. cit.*, p. 591. O recurso à remissão é reminiscência histórica, pois, no direito romano, a compensação contratual ocorria por meio de duas *acceptilationes*, ou de dois *pacta de non petendo* (LEONHARD, Franz. *Aufrechnung gegen eine Nichtschuld*, in *Archiv für bürgerliches Recht*, vol. 21, 1902, pp. 171-223, p. 175). Mas essa construção não tem mais razão de ser no direito moderno.

6 KRUG, August Otto. *Die Lehre von der Compensation, op. cit.*, pp. 86-87.

7 Quem refere esse entendimento, para dele discordar, é BERGER, Klaus Peter. *Der Aufrechnungsvertrag*, Tübingen: Mohr Siebeck, 1996, p. 102.

8 Novamente, quem refere esse entendimento, para dele discordar, é BERGER, Klaus Peter. *Der Aufrechnungsvertrag, op. cit.*, p. 102.

compensação[9], pois a liberação de dívida própria é um modo alternativo de atender aos interesses do credor.

A construção de um contrato *sui generis* também parece pouco útil, porque a intenção das partes, com uma cláusula de compensação, é a de emular, em boa parte, os efeitos da compensação legal, com extinção de dívidas recíprocas, observadas as particularidades do contrato.

Não se nega que os artigos 368 e seguintes do Código Civil de 2002 não estabeleçam, propriamente, um tipo contratual. Todavia, para a doutrina mais atual, que vem defendendo a compensação por alegação ou declaração de vontade[10], cuida-se ao menos de um tipo negocial - ou de ato jurídico em sentido estrito, discussão que não vem ao caso explorar agora. Assim, dentro de um raciocínio tipológico, marcado por um juízo de semelhança, e não de identidade[11], é possível a recondução compensação contratual ao regime da compensação legal, que pode ser aplicado naquilo que for compatível com o contrato.

Esse é, portanto, o conceito de cláusula – ou contrato, se se cuidar de negócio firmado em separado – de compensação que utilizaremos: uma cláusula que visa a extinguir obrigações entre as partes do contrato, ou por vezes entre as partes e terceiro, mas sempre desempenhando funções básicas semelhantes às da compensação legal, notadamente a função de liberação das partes de suas dívidas, a de satisfação de seus créditos, a de garantia e facilitação dessa satisfação[12], e a de evitar os riscos e custos envolvidos na realização das prestações recíprocas[13].

---

9 BERGER, Klaus Peter. *Der Aufrechnungsvertrag, op. cit.*, p. 99.

10 MARTINS-COSTA, Judith. *Comentários ao Novo Código Civil*, coord.: Sálvio de Figueiredo Teixeira, vol. V, t. I, Rio de Janeiro: Forense, 2003, pp. 569-574; SILVA, Jorge Cesa Ferreira da. *Adimplemento e Extinção das Obrigações, op cit.*, pp. 469-472; LOBO, Paulo Luiz Netto. *Teoria geral das obrigações, op. cit.*, pp. 239-240; NANNI, Giovanni Ettore. *Comentários ao Código Civil*, coord.: Giovanni Ettore Nanni, São Paulo: Saraiva, 2019, pp. 584-585; MIRAGEM, Bruno. *Direito civil: direito das obrigações, op. cit.*, pp. 451-452.

11 DE NOVA, Giorgio. *Il tipo contrattuale*, Padova: CEDAM, 1974, pp. 126-127; LARENZ, Karl. *Methodenlehre der Rechtswissenschaft*, atualizado por CANARIS, Claus-Wilhelm, 3ª ed., Berlim: Springer, 1995, p. 297.

12 A dualidade da compensação, ou seja, sua atuação como meio liberatório do devedor e ao mesmo tempo satisfativo – e, até sua ocorrência, garantidor – do credor, é amplamente reconhecida pela doutrina (RODRIGUES, Silvio. Direito civil, vol. 2, op. cit., pp. 209-210; DINIZ, Maria Helena. Curso de direito civil brasileiro, vol. 2, São Paulo: Saraiva, 2009, p. 329; LOBO, Paulo Luiz Netto. Teoria geral das obrigações, São Paulo: Saraiva, 2005, p. 241. A dualidade é especificamente abordada por OERTMANN, Paul. *Die rechtliche Natur der Aufrechnung*, in Archiv für die civilistische Praxis, vol. 113, n. 3, 1915, pp. 376-428.

13 A utilidade econômica da simplificação promovida pela compensação é também amplamente reconhecida pela doutrina: MIRANDA, Francisco Cavalcanti Pontes de. *Tratado de direito privado*, t. XXIV, *op. cit.*, p. 426; AZEVEDO, Laurentino de. *Da compensação, op. cit.*, p. 8; MESQUITA, Euclides de. *Da compensação, op. cit.*, p. 98; COSTA, Mário Júlio de Almeida. *Direito das obrigações*, 7ª ed., Coimbra: Almedina, 1999, p. 985; VARELA, João de Matos Antunes. *Das obrigações em geral*, vol. II, 7ª ed., Coimbra: Almedina, 1997, pp. 196-197.

2. ESPÉCIES DE CLÁUSULA DE COMPENSAÇÃO

Antes de prosseguir com o exame de alguns aspectos do regime das cláusulas de compensação, entendemos ser útil estabelecer uma classificação entre o que denominamos de cláusulas de compensação direta e cláusulas de compensação indireta, tendo como critério a eficácia de cada uma delas.

As cláusulas de compensação direta são aquelas que se distanciam da compensação legal do ponto de vista estrutural, porque operam por contrato, e não por alegação ou declaração de vontade unilateral, mas se aproximam dela na sua eficácia, pois visam diretamente à extinção de obrigações entre as partes. Essa extinção pode ser subdividida em duas categorias, pelo critério temporal: (i) imediata, quando se opera no mesmo instante em que firmado o contrato ou cláusula de compensação, quanto a obrigações já existentes entre as partes[14], advindas de contratos já firmados entre elas ou outras fontes obrigacionais; (ii) futura, com fundamento direto no contrato ou cláusula de compensação, mas concretizando-se apenas depois, com o surgimento ou vencimento futuro de obrigações advindas de contratos firmados – ou a serem firmados – entre as partes, independentemente de nova manifestação de vontade de qualquer delas[15].

Se a cláusula se referir a obrigações advindas de contratos futuros, ela deverá especificar quais contratos serão esses, sob pena de incorrer na hipótese de nulidade do art. 166, II do CC. Pela mesma razão, é vedado estabelecer genericamente que ficarão compensadas eventuais obrigações futuras entre as partes advindas de outras fontes obrigacionais. É necessário especificar minimamente essas obrigações, embora não de forma exauriente – bastaria a referência a uma obrigação discutida em ação indenizatória por ato ilícito, por exemplo.

Exemplos de redação genérica dessas cláusulas seriam os seguintes: (i) para as cláusulas de compensação direta imediata: *"Por meio deste contrato, compensam-se / ficam extintas as obrigações entre as partes advindas do(s) contrato(s) de [...] firmado(s) entre elas / fica extinta a obrigação de [...] decorrente de responsabilidade civil extracontratual da parte [...], a qual se compensa com a obrigação de [...] devida pela parte [...], nada restando a pagar entre elas/*

14 É a denominada *compensatio in praeteritum* (DERNBURG, Heinrich. *Geschichte und Theorie der Compensation nach römischem und neuerem Rechte, op. cit.*, p. 592).

15 BERGER, Klaus Peter. *Der Aufrechnungsvertrag, op. cit.*, p. 149. A doutrina nacional também entende possível a compensação de créditos futuros por contrato: SILVA, Jorge Cesa Ferreira da. *Adimplemento e extinção das obrigações, op cit.*, p. 460; MIRAGEM, Bruno. *Direito civil: direito das obrigações, op. cit.*, p. 452; SANTOS, J. M. de Carvalho. *Código Civil Brasileiro interpretado*, vol. XIII, *op. cit.*, p. 243; AZEVEDO, Laurentino de. *Da compensação, op. cit.*, p. 62. De fato, não parece haver obstáculo à autonomia privada neste ponto.

restando apenas a diferença de R$ [...] devida pela parte [...] à parte [...]"; (ii) para as cláusulas de compensação direta futura: *"Por força deste contrato, as partes pactuam que quaisquer obrigações futuras advindas do(s) contrato(s) de [...] firmados / a serem firmados entre elas ficarão automaticamente compensadas a partir do vencimento da última delas / a partir do surgimento da última delas / as partes pactuam que as obrigações futuras devidas pela parte [...] em razão do contrato de [...] poderão ser compensadas com o seu crédito contra a parte [...] advindo do fato [...] / discutido na ação de n. [...]"*.

Já as cláusulas de compensação indireta se aproximam da compensação legal na sua estrutura, mas se distanciam dela na sua eficácia, pois não visam a extinguir diretamente as obrigações recíprocas, mas sim a constituir, em favor de uma das partes ou de ambas, um direito potestativo de extinção das obrigações recíprocas, exercido por alegação ou declaração de vontade unilateral[16].

Na prática, essa é a espécie mais comum de compensação. As partes, ao invés de estabelecerem de forma peremptória a extinção das obrigações, costumam deixá-la a critério de uma delas ou ambas, o que se amolda melhor às suas necessidades práticas.

Exemplo de redação genérica dessas cláusulas seria o seguinte: *"Fica(m) autorizada(s) a(s) parte(s) a compensar seus créditos contra a outra / contra a parte [...] com as obrigações de [...] advindas deste contrato / do contrato de [...] / do ato ilícito praticado em [...]"*.

Aqui, é possível deixar a determinação dos créditos futuros para o momento da declaração unilateral de compensação, dispensando-se sua determinabilidade prévia.

3. QUESTÕES COMUNS A AMBAS AS ESPÉCIES DE CLÁUSULA DE COMPENSAÇÃO.

Sem pretensão de exaurir a matéria, abordaremos algumas questões comuns tanto às cláusulas de compensação direta quanto indireta.

3.1. A forma das cláusulas de compensação

Em primeiro lugar, quanto à forma das cláusulas de compensação, cuidando-se de negócio dispositivo sobre bens móveis (créditos), não há restrições especiais, incidindo a regra geral de liberdade de forma do art. 107 do CC[17].

---

16 BERGER, Klaus Peter. *Der Aufrechnungsvertrag, op. cit.*, p. 165.

17 Pela liberdade de forma do contrato de compensação no direito estrangeiro, confiram-se: EISELE, Fridolin. *Die Compensation nach römischem und gemeinem Recht, op. cit.*, p. 246;

Caso se cuide de contrato de consumo e haja cláusula de compensação em favor do fornecedor, deve haver previsão escrita, em atendimento ao dever de informação do art. 6º, III do CDC. Nesse sentido, a jurisprudência vem exigindo, em contratos de empréstimo bancário, previsão expressa da faculdade de compensar o crédito do banco contra o cliente com os valores das contas correntes bancárias deste, que têm a natureza de créditos contra o banco, pois a administração da conta deve se dar, em regra, no interesse do correntista[18].

De igual forma, caso a cláusula de compensação restrinja especialmente o direito de compensar do consumidor, deve vir redigida de maneira destacada, nos termos do art. 54, § 4º do CDC.

É sempre possível que as partes prevejam forma específica para a compensação, notadamente no caso da compensação indireta. É o que ocorreu no caso do agravo de instrumento de n. 2195774-07.2018.8.26.0000, no qual as partes previram o exercício do direito de compensar mediante o envio de notificação escrita com 30 dias de antecedência[19].

3.2. O objeto das cláusulas de compensação

Quanto ao objeto das cláusulas de compensação, isto é, as obrigações a extinguir, vale destacar que cada parte dispõe de seu próprio crédito em contrapartida à disposição, pela outra, do crédito dela[20], existindo liame causal entre as disposições recíprocas[21].

A consequência prática dessa relação causal é a de que, se uma das disposições for ineficaz, a outra também o será[22]. Assim, se uma das obrigações não existir no momento da pactuação da cláusula de compensação direta ou da declaração unilateral fundada na cláusula de compensação indireta – por nulidade do contrato que a originou, por exemplo –, a outra obrigação não se

FONSECA, Ana Taveira da. *Da recusa de cumprimento da obrigação para tutela do direito de crédito*, Coimbra: Almedina, 2019, p. 468.

18 TJSP; Apelação Cível 0165782-36.2012.8.26.0100; Relator (a): Cerqueira Leite; Órgão Julgador: 12ª Câmara de Direito Privado; Foro Central Cível – 26ª Vara Cível; Data do Julgamento: 15/06/2016; Data de Registro: 21/06/2016; TJSP; Agravo de Instrumento 2073720-34.2021.8.26.0000; Relator (a): José Wagner de Oliveira Melatto Peixoto; Órgão Julgador: 37ª Câmara de Direito Privado; Foro de Osasco – 7ª. Vara Cível; Data do Julgamento: 16/04/2021; Data de Registro: 16/04/2021.

19 TJSP; Agravo de Instrumento 2195774-07.2018.8.26.0000; Relator (a): Felipe Ferreira; Órgão Julgador: 26ª Câmara de Direito Privado; Foro de Caçapava – 1ª Vara Cível; Data do Julgamento: 02/12/2018; Data de Registro: 02/12/2018

20 BERGER, Klaus Peter. *Der Aufrechnungsvertrag, op. cit.*, pp. 137-138.

21 *Idem*, p. 138.

22 *Idem*, pp. 139 e 141.

extinguirá. Por isso, deve-se afastar o entendimento pela extinção da outra obrigação, com atribuição de direito de restituição ao seu credor (*condictio*)[23]. O sinalagma entre as disposições torna o contrato de compensação um todo unitário, incindível, de modo que uma obrigação não pode se extinguir sem que a outra também se extinga[24].

No mais, já se mencionou o requisito de validade da determinabilidade mínima do objeto, nos termos do art. 104, II e 166, II do Código Civil de 2002. Cabe apenas complementar que, mesmo se determináveis as obrigações a extinguir, elas podem ainda não ser totalmente determinadas, se o contrato ou declaração unilateral não as especificar.

Nessa situação, é possível o recurso ao regime da compensação legal do art. 379 do Código Civil de 2002, que autoriza a adoção das regras de imputação do pagamento dos artigos 352 a 355 do Código Civil de 2002[25].

As regras dos artigos 352 e 353 do CC, por se referirem à escolha por apenas um dos envolvidos, se aplicam apenas às cláusulas de compensação indireta, pois nelas o efeito extintivo se produz por declaração unilateral de qualquer das partes. Caso essa declaração seja omissa, incidem os critérios dos artigos 352 e 353 do CC, que devem ser adaptados para o caráter bilateral da compensação, entendendo-se "devedor" como "declarante" e "credor" como "declaratário".

As regras dos artigos 354 e 355 do CC se aplicam a ambos os tipos de cláusula de compensação, em caso de omissão do contrato ou da declaração unilateral.

3.3. O conteúdo das cláusulas de compensação

Quanto ao conteúdo das cláusulas de compensação, já se adiantou que podem derrogar os pressupostos da compensação legal ou acrescentar novos pressupostos.

Em primeiro lugar, é admitida a derrogação do requisito da reciprocidade das obrigações presente no art. 368 do CC, sem descaracterizar a operação

---

23 LEONHARD, Franz. *Aufrechnung gegen eine Nichtschuld, op. cit.*, p. 178.

24 DERNBURG, Heinrich. *Geschichte und Theorie der Compensation nach römischem und neuerem Rechte, op. cit.*, p. 594; EISELE, Fridolin. *Die Compensation nach römischem und gemeinem Recht, op. cit.*, p. 237.

25 É o que faz uma parte da doutrina alemã, a qual, malgrado negue a aplicação dos §§ 366 e 396 do BGB (regras de imputação do pagamento) à compensação contratual, acaba recorrendo a esses dispositivos no caso de omissão do contrato, ressaltando a identidade funcional entre a compensação contratual e a legal (BERGER, Klaus Peter. *Der Aufrechnungsvertrag, op. cit.*, p. 90).

como uma *compensação*, embora ainda haja alguma divergência a respeito na doutrina[26], desde que preservadas as funções essenciais da compensação, acima elencadas. Isso tem interações importantes com o art. 380 do CC e o próprio princípio geral da autonomia privada, pois permite que as cláusulas de compensação direta ou indireta atinjam terceiros não anuentes ao contrato, dentro de certos limites.

Por exemplo, no caso do agravo de instrumento de n. 2207241-12.2020.8.26.0000[27], discutiu-se contrato de transação pelo qual se facultou às autoras da ação utilizarem seus créditos ou créditos de outras sociedades de seu grupo econômico contra a ré para compensar com a dívida a pagar em razão do desfazimento de empreendimento imobiliário. Também se dispôs que as autoras da ação pagariam à ré uma torna de US$ 510.000,00, e que a ré, em contrapartida, cederia seus créditos contra uma terceira sociedade às autoras.

Nesse caso, a disposição sobre créditos de terceiros é eficaz, sendo dispensável a cessão do crédito da controlada à controladora para pós-eficacização nos termos do art. 1.268, *caput* e § 1º do CC. Talvez seja possível reconhecer aí até mesmo uma outorga de poder de disposição das controladas à controladora, sem transmissão da titularidade do crédito, tal qual ocorre no contrato estimatório, ou então uma gestão de negócios.

De todo modo, a sociedade controladora que firmou a cláusula de compensação, poderia, por ser controladora, exercer, ainda que indiretamente, o poder de disposição sobre os créditos das sociedades controladas. Ademais, a unidade econômica e administrativa dos grupos econômicos permite concluir que, funcionalmente, os patrimônios das sociedades agrupadas atuam como um só, de modo que a compensação continua desempenhando suas funções normais de satisfação, liberação, garantia, equidade e utilidade econômica. O art. 380 do CC não representa aqui, portanto, barreira à autonomia privada.

Outro exemplo é o do agravo de instrumento de n. 2219473-85.2022.8.26.0000[28], no qual uma sociedade do ramo educacional comprou

26 A favor da possibilidade de relativização do pressuposto da reciprocidade no contrato de compensação: MIRANDA, Francisco Cavalcanti Pontes de. *Tratado de direito privado*, t. XXIV, *op. cit.*, p. 504; SILVA, Jorge Cesa Ferreira da. *Adimplemento e extinção das obrigações, op cit.*, p. 459; LOBO, Paulo Luiz Netto. *Teoria geral das obrigações, op. cit.*, p. 245. Contra: MARTINS-COSTA, Judith. *Comentários ao Novo Código Civil*, vol. V, t. I, *op. cit.*, p. 578; GOMES, Orlando. Obrigações, *op. cit.*, p. 159.

27 TJSP; Agravo de Instrumento 2207241-12.2020.8.26.0000; Relator (a): Francisco Giaquinto; Órgão Julgador: 13ª Câmara de Direito Privado; Foro Central Cível – 18ª Vara Cível; Data do Julgamento: 07/07/2021; Data de Registro: 07/07/2021.

28 TJSP; Agravo de Instrumento 2219473-85.2022.8.26.0000; Relator (a): Alexandre Lazzarini; Órgão Julgador: 1ª Câmara Reservada de Direito Empresarial; Foro Central Cível – 2ª Vara Empresarial e Conflitos de Arbitragem; Data do Julgamento: 23/11/2022; Data de Registro: 24/11/2022.

quotas sociais de outra sociedade educacional e, na mesma ocasião, firmou contrato de locação imobiliária com uma outra sociedade, locadora, composta pelas mesmas sócias que venderam as quotas à compradora e locatária. O contrato de compra e venda previa a possibilidade de compensar as parcelas do preço das quotas e os aluguéis devidos à outra sociedade com eventuais prejuízos que a compradora viesse a sofrer e que fossem de responsabilidade das vendedoras, como dívidas de responsabilidade da sociedade cujas quotas adquiriram.

Nesse caso, relativizou-se, do ponto de vista formal, o pressuposto da reciprocidade, pois a personalidade jurídica da sociedade locadora não se confunde com a das sócias vendedoras. Mesmo assim, é certo que, do ponto de vista econômico, as sócias vendedoras tinham o total controle da sociedade locadora, de modo que é possível a compensação do crédito da compradora contra as vendedoras com a dívida de aluguel da compradora para com a locadora. Dada a vinculação econômica entre as locadoras e as sócias, a compensação também desempenha, aqui, suas funções básicas de liberação, satisfação, garantia, equidade e utilidade econômica. De igual forma, aqui o art. 380 do CC não representa barreira à autonomia privada.

Terceiro exemplo prático seria o do agravo de instrumento de n. 2006771-62.2020.8.26.0000, no qual previu-se, em contrato de prestação de serviços de transporte e segurança patrimonial, que a tomadora dos serviços poderia compensar eventuais quantias devidas à transportadora com dívidas desta para consigo, ou com quantias devidas pela transportadora aos seus empregados, pagando diretamente os salários a estes[29].

Nesse caso, com mais razão ainda não se viola o art. 380 do CC, pois os empregados, embora alheios ao contrato, são beneficiados por ele, recebendo diretamente o pagamento da tomadora de serviços, que depois procederá à compensação com seu crédito contra a transportadora, nos termos dos artigos 304 ou 305 do CC, a depender da sua qualificação como terceira interessada ou não.

Em segundo lugar, é possível, tanto nas cláusulas de compensação direta quanto indireta, a relativização do pressuposto da fungibilidade – ou, mais precisamente, homogeneidade – das prestações previsto no art. 369 do CC[30]. Há quem entenda pela derrogabilidade limitada desse pressuposto, impondo

---

29 TJSP; Agravo de Instrumento 2006771-62.2020.8.26.0000; Relator (a): Azuma Nishi; Órgão Julgador: 1ª Câmara Reservada de Direito Empresarial; Foro Central Cível – 1ª Vara de Falências e Recuperações Judiciais; Data do Julgamento: 20/07/2020; Data de Registro: 20/07/2020

30 MARTINS-COSTA, Judith. *Comentários ao Novo Código Civil*, vol. V, t. I, *op. cit.*, p. 578; SILVA, Jorge Cesa Ferreira da. *Adimplemento e extinção das obrigações*, *op cit.*, p. 459; MIRAGEM, Bruno. *Direito civil: direito das obrigações*, *op. cit.*, p. 452; GOMES, Orlando. *Obrigações*, *op. cit.*, p. 159.

alguma previsão de conversão de valores no contrato, ou a possibilidade de fazê-lo, sob pena de se colocar em risco a equivalência entre as prestações a extinguir, comprometendo o caráter satisfativo da compensação[31].

Não se entende necessária exatamente a previsão de um parâmetro de conversão de valores para colocar as prestações sobre um denominador comum e determinar a medida da extinção das obrigações. É possível que o contrato preveja a compensação entre obrigações com prestações diversas, desde que seja viável estabelecer alguma equivalência econômica entre elas[32].

Por exemplo, na apelação de n. 1001928-81.2020.8.26.0514[33], discutiu-se um contrato de permuta de participação societária em sociedade limitada em troca de 18 carrocerias, ficando autorizada a compensação no "preço" estipulado em carrocerias caso se apurasse patrimônio líquido negativo da sociedade na data da aquisição, sem avaliação prévia no contrato do valor de cada carroceria. Nem por isso, porém, o Tribunal de Justiça do Estado de São Paulo considerou inválida a cláusula ou cogitou de se cuidar de remissão ou outra figura além da compensação, pois as carrocerias negociadas tinham valor econômico. O mesmo raciocínio se estende às obrigações de fazer, desde que o fazer em questão seja apreciável economicamente.

A derrogação do pressuposto da homogeneidade se aproxima, mas não se confunde com a derrogação do pressuposto da liquidez das obrigações, também amplamente admitida[34]. A indeterminação resultante da derrogação da homogeneidade recai sobre a relação de equivalência entre as prestações, enquanto na derrogação da liquidez a indeterminação recai sobre as prestações em si.

Em terceiro lugar, é possível, tanto nas cláusulas de compensação direta quanto indireta, a relativização do pressuposto do vencimento – ou, mais precisamente, da exigibilidade – das obrigações, o que não gera maiores dificuldades e permite a compensação antes do termo final, de obrigações prescritas, ou de obrigações por outro motivo inexigíveis.

Em quarto lugar, deve-se atentar para as vedações do art. 373 do CC.

---

31 BERGER, Klaus Peter. *Der Aufrechnungsvertrag, op. cit.*, pp. 243-244.

32 GERNHUBER, Joachim. *Die Erfüllung und ihre Surrogate*, 2ª ed., Tübingen: Mohr, 1994, p. 329-330.

33 TJSP; Apelação Cível 1001928-81.2020.8.26.0514; Relator (a): Alexandre Lazzarini; Órgão Julgador: 1ª Câmara Reservada de Direito Empresarial; Foro de Itupeva – Vara Única; Data do Julgamento: 03/05/2023; Data de Registro: 04/05/2023.

34 MARTINS-COSTA, Judith. *Comentários ao Novo Código Civil*, vol. V, t. I, *op. cit.*, p. 578; SILVA, Jorge Cesa Ferreira da. *Adimplemento e extinção das obrigações, op cit.*, p. 459; MIRAGEM, Bruno. *Direito civil: direito das obrigações, op. cit.*, p. 452; GOMES, Orlando. *Obrigações, op. cit.*, p. 159.

Aqui há alguns limites à autonomia privada exercitável pela cláusula de compensação, tanto direta quanto indireta. No caso de obrigação proveniente de ato ilícito doloso[35] ou de obrigação proveniente de contrato de depósito ou comodato, a vedação do art. 373, I e II, primeira parte do CC não impede a pactuação de cláusula de compensação.

Nos casos de ato ilícito doloso, a finalidade da norma é proteger a vítima, tolhendo do autor do ilícito o direito de compensar, de modo que não faria sentido prejudicar a vítima privando-a do mesmo direito[36]. E se a vítima pode compensar unilateralmente, não há razão para não poder contratar. Já nos casos de contrato de depósito ou comodato, a finalidade da norma é proteger o depositante ou comodante, que confia na efetiva devolução da coisa, ainda que esta seja eventualmente fungível[37]. Sendo assim, também não faria sentido privar o comodante ou depositante do direito de compensar, de modo que lhe seria lícito pactuar a compensação em contrato.

Já nos casos de créditos impenhoráveis do executado, o art. 373, III do CC suprime, em princípio, apenas o direito de compensar do exequente, para impedir que contorne a impenhorabilidade prevista em lei através da compensação[38]. O direito de compensar do executado não é suprimido de modo geral, e depende de ele ter ou não poder de disposição sobre seu crédito, conforme o caso. Sendo assim, se for possível ao executado compensar, admite-se cláusula de compensação, mesmo se o crédito for impenhorável, com base na autonomia privada.

---

35 Essa é uma leitura mais ampla, não limitada aos conceitos de esbulho, furto e roubo, que visa à proteção da vítima do ato ilícito doloso, tolhendo do autor do ilícito o direito de compensar. Ela tem apoio na doutrina nacional: MARTINS-COSTA, Judith. *Comentários ao Novo Código Civil*, vol. V, t. I, *op. cit.*, p. 600; SILVA, Jorge Cesa Ferreira da. *Adimplemento e Extinção das Obrigações, op cit.*, p. 493.

36 SILVA, Jorge Cesa Ferreira da. *Adimplemento e Extinção das Obrigações, op cit.*, p. 493. Silvio Rodrigues parece também apoiar essa relativização em favor da vítima, ao menos nos casos de conversão do dever de restituição em perdas e danos (RODRIGUES, Silvio. *Direito civil*, vol. 2, *op. cit.*, p. 220).

37 BEVILÁQUA, Clóvis. *Código Civil dos Estados Unidos do Brasil*, vol. IV, 7ª ed., Rio de Janeiro: Francisco Alves, 1946, p. 171; SILVA, Jorge Cesa Ferreira da. *Adimplemento e Extinção das Obrigações, op cit.*, p. 494; SANTOS, J. M. de Carvalho. *Código Civil Brasileiro interpretado*, vol. XIII, *op. cit.*, pp. 287 e 290-291; AZEVEDO, Laurentino de. *Da compensação, op. cit.*, pp. 44-45; MESQUITA, Euclides de. *Da compensação, op. cit.*, pp. 224-225; MENDONÇA, Manoel Ignacio Carvalho de. *Doutrina e prática das obrigações, op. cit.*, p. 579.

38 MIRAGEM, Bruno. *Direito civil: direito das obrigações, op. cit.*, p. 460; SILVA, Jorge Cesa Ferreira da. *Adimplemento e Extinção das Obrigações, op cit.*, p. 497; AZEVEDO, Laurentino de. *Da compensação, op. cit.*, p. 47. Falamos em "créditos", e não em "obrigações", porque aqui a lei as considera enquanto ativos no patrimônio do executado (RIPERT, Georges e BOULANGER, Jean. *Traité de droit civil*, t. II, Paris: Librairie Générale de Droit et de Jurisprudence, 1957, p. 701).

Por fim, nos casos de alimentos legais ou por parentesco[39], nos termos do art. 373, II parte final do CC, fica vedado pactuar cláusula de compensação, seja direta ou indireta, como em qualquer outro caso em que não haja poder de disposição sobre o crédito[40]. Excetuam-se algumas situações com tratamento especial pela jurisprudência, como a dos alimentos entre ex-cônjuges ou ex-companheiros, em relação aos quais se tem admitido a compensação[41].

Em quinto lugar, além da derrogação dos pressupostos da compensação legal, é possível o estabelecimento de pressupostos adicionais nas cláusulas de compensação direta ou indireta, normalmente indicando que a compensação só poderá abranger certos créditos, oriundos de certos negócios[42].

Também se prevê, por vezes, limitações quantitativas à compensação, para assegurar o recebimento ao menos parcial do crédito. É o que ocorreu no caso do agravo de instrumento de n. 2195774-07.2018.8.26.0000, já mencionado acima, no qual o contrato de locação previu a possibilidade de compensação dos créditos de aluguéis, até o limite de 30%, com eventuais créditos da locatária contra a locadora ou a interveniente anuente por obrigações relacionadas a atividades passadas destas no imóvel[43].

Na prática, pode ser difícil distinguir uma cláusula de compensação mais restritiva do que a compensação legal de um acordo de vedação da compensação nos termos do art. 375 do CC. Exemplo deste último seria uma cláusula de contrato de locação vedando a compensação entre despesas do locatário com benfeitorias - mesmo se líquidas - e os aluguéis, previsão relativamente comum na prática.

Se se cuidar de contrato de consumo e os pressupostos adicionais para o exercício do direito de compensar forem muito restritivos para o consumidor, será possível reconhecer a abusividade da previsão, nos termos do art. 51, IV do CDC[44].

---

39 Apenas essa espécie de obrigação alimentar se sujeita às regras do direito de família, e ao art. 1.707 do CC/2002 mais especificamente (FARIAS, Christiano Chaves de e ROSENVALD, Nelson. *Curso de direito civil*, vol. 6, 7ª ed., São Paulo: Atlas, 2015, p. 737).

40 GERNHUBER, Joachim. *Die Erfüllung und ihre Surrogate*, *op. cit.*, pp. 332-333.

41 REsp 1756100/DF, Rel. Ministro Marco Aurélio Bellizze, Terceira Turma, julgado em 02/10/2018, DJe 11/10/2018; REsp 1178233/RJ, Rel. Ministro Raul Araújo, Quarta Turma, julgado em 06/11/2014, DJe 09/12/2014. A disponibilidade dos alimentos nesses casos está implícita na referência a "renúncia" constante da Súmula n. 366 do Superior Tribunal de Justiça, que parece ter superado, neste ponto, a Súmula n. 379 do Supremo Tribunal Federal.

42 EISELE, Fridolin. *Die Compensation nach römischem und gemeinem Recht*, *op. cit.*, p. 376.

43 TJSP; Agravo de Instrumento 2195774-07.2018.8.26.0000; Relator (a): Felipe Ferreira; Órgão Julgador: 26ª Câmara de Direito Privado; Foro de Caçapava - 1ª Vara Cível; Data do Julgamento: 02/12/2018; Data de Registro: 02/12/2018

44 MARTINS-COSTA, Judith. *Comentários ao Novo Código Civil*, vol. V, t. I, *op. cit.*, pp. 623-624.

3.4. Cláusulas de compensação no plano de recuperação judicial

Não há atualmente previsão específica na Lei n. 11.101/2005 acerca de cláusulas de compensação no plano de recuperação judicial.

Anteriormente, o art. 164 do Decreto-Lei n. 7.661/45 autorizava a compensação em casos de concordata, sem maiores restrições. Todavia, deve-se considerar também que todos os credores eram quirografários e gozavam de situação equivalente, nos termos do art. 147 do Decreto-Lei n. 7.661/45, o que não se amolda ao regime atual do art. 41 da Lei n. 11.101/2005, que estabelece classes de credores para fins de participação na assembleia geral de credores, embora não haja uma ordem legal de pagamento[45].

Hoje, o art. 50 da Lei n. 11.101/2005 estabelece rol exemplificativo de meios de recuperação judicial, de modo que seria possível, em tese, estabelecer a compensação como um desses meios[46]. Todavia, a jurisprudência tem se mostrado relutante em aceitar cláusulas de compensação genéricas nos planos de recuperação judicial, com base na violação da *par conditio creditorum* e na iniquidade, do ponto de vista da justiça distributiva, de um credor que também deve ao devedor receber mais do que ou antes do que os demais[47].

Uma solução possível, e que nos parece razoável, seria sujeitar o crédito a ser compensado ao mesmo deságio aplicado aos créditos dos demais credores da mesma classe, evitando-se quebra de isonomia[48].

Outra limitação colocada pela jurisprudência diz respeito à compensação envolvendo créditos não sujeitos à recuperação judicial ("extraconcursais"). Tem-se admitido somente a compensação entre créditos surgidos ambos após o pedido de recuperação, ou ambos antes dele, mas não entre uns e outros, sob pena de configuração do crime do art. 168 da Lei n. 11.101/2005, pois os créditos sujeitos à recuperação judicial seriam inexigíveis em razão da novação promovida pelo plano[49].

---

45 CORBO, Wallace de Almeida. *A compensação de créditos na falência e na recuperação judicial*, in: Revista de Direito Recuperacional e Empresa, vol. 3, 2017, jan-mar 2017, p. 5.

46 *Idem.*

47 TJSP; Agravo de Instrumento 2016361-68.2017.8.26.0000; Relator (a): Fabio Tabosa; Órgão Julgador: 2ª Câmara Reservada de Direito Empresarial; Foro de Sertãozinho – 1ª Vara Cível; Data do Julgamento: 14/08/2017; Data de Registro: 17/08/2017.

48 CORBO, Wallace de Almeida. *A compensação de créditos na falência e na recuperação judicial, op. cit.*, p. 5.

49 TJSP; Agravo de Instrumento 2191484-17.2016.8.26.0000; Relator (a): Francisco Loureiro; Órgão Julgador: 1ª Câmara Reservada de Direito Empresarial; Foro de Campinas – 1ª. Vara Cível; Data do Julgamento: 16/12/2016; Data de Registro: 16/12/2016; TJSP; Agravo de Instrumento 2056250-58.2019.8.26.0000; Relator (a): Alexandre Lazzarini; Órgão Julgador: 1ª Câmara

Entendemos possível afirmar, a partir desse raciocínio, que a cláusula de compensação do plano de recuperação judicial não pode prever compensação de créditos vencidos da devedora com créditos futuros do credor, ou vincendos em data distante, sob pena de gerar um prejuízo irrazoável aos demais credores e comprometer a recuperação econômica da devedora[50].

Enfim, é preciso analisar, caso a caso, se há prejuízo ou desigualdade excessiva entre os credores causada pela cláusula de compensação, mas esta é, a princípio, admitida no plano de recuperação judicial.

De igual forma, eventuais cláusulas de compensação previstas nos contratos firmados entre a devedora em recuperação judicial e cada um dos credores devem ser analisadas em concreto. Se a compensação aconteceu, por essa cláusula – ou por uma declaração unilateral de vontade nela fundada –, em um tempo razoável antes do pedido, não há razão para se questionar sua validade. Todavia, se a compensação foi pactuada em separado logo antes ou após o pedido de recuperação judicial, deve-se averiguar eventual fraude ou ilicitude no objeto do negócio, por prejuízo aos demais credores.

3.5. Cláusulas de compensação na falência

No âmbito da falência, dada a perda do poder de disposição da falida sobre seus bens, nos termos do art. 103, *caput* da Lei n. 11.101/2005, é em geral inviável a pactuação de cláusulas de compensação após a quebra. Por isso, cláusulas de compensação direta são raramente admissíveis no contexto falimentar, exceto se pactuadas antes do conhecimento da situação de insolvência, por analogia com o art. 122, parágrafo único da Lei n. 11.101/2005.

O art. 119, VIII da Lei n. 11.101/2005 estabelece regra especial que preserva expressamente a vigência das cláusulas de compensação vigentes no âmbito do sistema financeiro nacional, conferindo à parte não falida a faculdade de considerar seu crédito vencido antecipadamente[51]. Embora haja entendimento contrário[52], entendemos que a menção do dispositivo a *"acordo para compensação e liquidação de obrigações no âmbito do sistema financeiro*

Reservada de Direito Empresarial; Foro de Mococa – 1ª Vara; Data do Julgamento: 03/07/2019; Data de Registro: 04/07/2019.

50 CORBO, Wallace de Almeida. *A compensação de créditos na falência e na recuperação judicial, op. cit.*, p. 7.

51 CAMPINHO, Sérgio. *Falência e recuperação de empresa*, 6ª ed., Rio de Janeiro: Renovar, 2012, p. 368.

52 SABINA, Fabrício Gonçalves de Souza. *Da compensação na falência no âmbito do Sistema Financeiro Nacional*, in *Revista de direito mercantil, industrial, econômico e financeiro*, n. 143, julho-setembro de 2006, pp. 137-155, p. 141.

nacional" só pode se referir à compensação contratual, e não à compensação legal, mesmo porque esta já é amplamente admitida e regulada pelo art. 122 da Lei n. 11.101/2005.

A previsão do art. 119, VIII da Lei n. 11.101/2005 abarca todas as obrigações entre a falida e instituições financeiras que estejam inseridas em acordos de compensação ou liquidação (*netting agreements*), celebrados normalmente quando há frequentes relações entre as partes[53].

Ela reproduz o quanto já disposto no art. 7º da Lei n. 10.214/2001, segundo o qual a falência e outros regimes de insolvência específicos *"não afetarão o adimplemento de suas obrigações, assumidas no âmbito das câmaras ou prestadores de serviços de compensação e de liquidação, que serão ultimadas e liquidadas pela câmara ou prestador de serviços, na forma de seus regulamentos."*.

Aqui, há pouco espaço para peculiaridades concretas das cláusulas de compensação, visto que as operações são sujeitas estritamente aos regulamentos das câmaras e prestadores de serviços de liquidação e compensação.

É importante distinguir a hipótese do art. 119, VIII da Lei n. 11.101/2005 daqueles casos de compensação de dívidas de empréstimos e outras operações financeiras da falida com os saldos das suas contas correntes bancárias, embora estas se insiram no sistema financeiro nacional. É preciso que os créditos em questão integrem, de alguma forma, o sistema de pagamentos brasileiro, e tenham sua satisfação intermediada por acordos de liquidação ou compensação em câmara ou prestador de serviços específico. Assim, os saldos de contas correntes bancárias ficam, a princípio, excluídos do âmbito de incidência do dispositivo.

Existe ainda uma preocupação de ordem prática e valorativa envolvendo as contas correntes da falida. A jurisprudência costuma rejeitar até mesmo a compensação legal com os ativos financeiros em contas bancárias da falida, pois tais valores não seriam propriamente créditos, mas sim caixa da falida[54].

Essa é uma construção conceitual duvidosa, pois o depósito de coisas fungíveis transmite a propriedade, nos termos do art. 645 do CC. Assim, resta, ao menos em princípio, apenas crédito ao depositante ou correntista, salvo se efeito diverso decorrer da interpretação do contrato. Caso contrário, ter-se-ia de admitir ação reivindicatória para situações em que a instituição financeira se recusasse a entregar o saldo positivo da conta.

Ainda assim, a nosso ver, o posicionamento é correto em seu resultado prático, pois traduz uma preocupação valorativa válida: dada a importância

---

53 *Idem*, pp. 141-142.

54 MARIANO, Álvaro A. C. *Compensação na falência*, in: *Direito empresarial: estudos em homenagem ao professor Haroldo Malheiros Duclerc Verçosa*, 1ª ed., São Paulo: IASP, 2015, p. 302.

dos ativos financeiros da falida para a satisfação dos credores, deve-se restringir a compensação em relação a eles para se evitar um desfalque muito grande da massa falida e um excessivo prejuízo aos demais credores. Esse argumento parece suficiente para restringir a compensação neste ponto, em interpretação sistemática dos artigos 122 e 126 da Lei n. 11.101/2005, não sendo necessário requalificar juridicamente o saldo bancário positivo.

E se é assim para a compensação legal, com mais razão deve-se vedar a compensação contratual com tais ativos, dado o caráter imperativo, e não dispositivo da *par conditio creditorum.*

Também por essa natureza de ordem pública da *par conditio creditorum*, entende-se serem ineficazes, desde a decretação da falência ou desde o conhecimento do estado de insolvência pelo credor, as cláusulas de compensação indireta em contratos bancários ou quaisquer outros, mesmo se firmados antes do conhecimento do estado de insolvência, quando essas cláusulas flexibilizarem os requisitos da compensação legal, facilitando a extinção recíproca das operações.

Isso porque o art. 122, *caput* da Lei n. 11.101/2005 autoriza apenas a compensação legal de modo amplo, e a sua interpretação deve ser restritiva, pois representa um privilégio à justiça comutativa, em detrimento da justiça distributiva que orienta todo o regime falimentar.

Quando as cláusulas de compensação indireta não previrem requisitos diversos dos legais ou acrescentarem outros requisitos, não haverá motivo para negar eficácia à declaração unilateral de compensação manifestada com base nessas cláusulas, pois, mesmo se estas não existissem, os créditos poderiam se compensar por aplicação direta do art. 122 da Lei n. 11.101/2005.

4. PROBLEMAS ESPECÍFICOS DAS CLÁUSULAS DE COMPENSAÇÃO DIRETA

4.1. Compensação multilateral

A compensação multilateral, em um primeiro sentido, é marcada por um contrato que envolve uma pluralidade de sujeitos, credores e devedores entre si, e visa diretamente à extinção dessas obrigações, seja no momento da pactuação ou em um momento futuro.

Imagine-se, por exemplo, que A seja credor de B, B seja credor de C e C seja credor de A, todos pelo mesmo valor. Se eles pactuarem entre si a extinção de seus créditos, não haverá grandes dificuldades. Isso porque o contrato ou cláusula desempenhará, para todos os sujeitos envolvidos, funções similares às da compensação legal, e o tipo legal será suficiente para explicar os efeitos perseguidos pelas partes, especialmente a relação de causalidade entre as disposições sobre cada um dos créditos, afastando-se o efeito extintivo se um deles não existir.

A dificuldade surge quando os diversos créditos a serem extintos têm valores desiguais. Nesse caso, a cláusula ou contrato prevendo a extinção será *de compensação* apenas até o limite do menor crédito. Naquilo que ultrapassar o limite do menor crédito, ficará quebrada a relação de equivalência entre as obrigações a extinguir, e o contrato ou cláusula em questão deixará de desempenhar as funções típicas da compensação. Nessa parte, então, poderá ser mais útil o recurso a outras figuras que não a compensação, tais como a remissão ou novação[55], a depender do caso, de modo que o contrato será misto, não reconduzível apenas ao tipo legal da compensação.

Em um segundo sentido, a compensação multilateral corresponde àquela praticada diariamente nas câmaras ou prestadores de serviços de compensação ou liquidação, e é definida pelo art. 3º, parágrafo único da Lei n. 10.214/2001 como *"o procedimento destinado à apuração da soma dos resultados bilaterais devedores e credores de cada participante em relação aos demais"*. A definição é reproduzida no art. 2º, V da Circular BACEN n. 3.057/2001.

Como as câmaras e os prestadores de serviços de compensação e liquidação servem como mitigadoras dos riscos do sistema de pagamentos ao centralizarem as operações, elas são obrigatórias para alguns agentes do mercado, como bancos comerciais, bancos múltiplos com carteira comercial e caixas econômicas[56]. Nesses casos, então, a compensação multilateral não é fruto de cláusula de compensação, mas de imposição legal ou regulamentar.

Mas em alguns casos pode haver adesão voluntária, e então se pode falar em cláusula de compensação direta futura. Essas cláusulas são formuladas unilateralmente pelas câmaras, integrando, portanto, contratos de adesão. Esses contratos são ainda normativos, pois se destinam a regular um sem-número de relações futuras ente o aderente e a câmara e os demais aderentes[57].

A intermediação das operações pela câmara ou prestador de serviços confere segurança ao aderente, que encara todos os demais como uma única contraparte, uma massa indistinta, não importando de qual dos demais aderentes virão os recursos para arcar com o ônus financeiro do pagamento do

---

55 BERGER, Klaus Peter. *Der Aufrechnungsvertrag*, *op. cit.*, pp. 365-366.

56 DIAS, Gustavo Neto de Carvalho. *As caixas de liquidação no âmbito do sistema de pagamentos brasileiro*, Dissertação (Mestrado) - Universidade de São Paulo, São Paulo, 2011, pp. 63-64.

57 MAZZONE, Rosario. *Gli accordi di compensazione*, Bari: Luigi Macri, 1936, p. 25.

saldo positivo em seu favor[58]. Assim, a relativização do requisito da reciprocidade não afeta, portanto, as funções básicas da compensação.

Em certos casos, sequer há essa relativização, pois a câmara ou prestador de serviços de compensação e liquidação se sub-roga nas posições ativas e passivas em relação a todos os aderentes, quando houver risco relevante ao sistema financeiro nacional, nos termos do art. 4º, caput da Lei n. 10.214/2001.

Nos casos de compensação multilateral nesse segundo sentido, não haverá muito espaço para a autonomia privada na elaboração das cláusulas de compensação, dada a intensa regulamentação dos órgãos fiscalizadores do sistema financeiro nacional e das próprias câmaras de compensação[59].

4.2. Conta corrente mercantil

O contrato de conta corrente mercantil é útil quando as partes se relacionarem de forma constante, de modo que surjam, ao longo do tempo, diversos créditos recíprocos entre elas, notadamente em casos de sociedades empresárias do mesmo grupo econômico. Ele se destina a organizar esses créditos, traduzindo-os em partidas ou artigos anotados na conta[60], propiciando, ao seu final ou periodicamente, a cobrança somente do saldo positivo em favor de alguma das partes, evitando um fluxo constante de pagamentos entre elas. A conta corrente pode existir como contrato autônomo ou como meio de regulação dos pagamentos entre as partes dentro de um contrato mais abrangente.

Há controvérsia dogmática sobre a natureza do contrato de conta corrente. Alguns entendem que ele é uma novação[61] que retira a individualidade dos créditos e os transforma no saldo, e assim não faz sentido qualificá-lo como compensação, pois as obrigações recíprocas já foram extintas pela novação e substituídas pelo saldo, não havendo o que compensar. Outros entendem que o contrato de conta corrente apenas impede a cobrança e a satisfação isolada

58 BERGER, Klaus Peter. *Der Aufrechnungsvertrag, op. cit.*, pp. 357-358.

59 No regulamento da B3 da BOVESPA, por exemplo, o art. 11 prevê que *"A aceitação, a compensação, a liquidação e a administração de risco de contraparte de operações obedecem às regras deste regulamento e aos procedimentos estabelecidos nos manuais de procedimentos operacionais e de administração de risco da câmara."*. Os artigos 60 e seguintes do regulamento detalham as regras da compensação naquela câmara (disponível em https://www.b3.com.br/data/files/36/07/AC/F1/1C916710700BFA57AC094EA8/ Regulamento%20da%20Camara%20B3_20201130.pdf).

60 MENDONÇA, José Xavier Carvalho de. *Tratado de direito comercial brasileiro*, vol. VI, livro IV, parte II, Rio de Janeiro: Freitas Bastos, 1960, pp. 352-353.

61 LEÃES, Luiz Gastão Paes de Barros. *O contrato de conta corrente mercantil*, in *Pareceres*, São Paulo: Singular, 2004, p. 503.

dos créditos, combinando a suspensão de exigibilidade com a compensação direta futura[62], periódica ou não.

O contrato ou cláusula de conta corrente mercantil, mesmo se considerado como de compensação direta, tem o efeito reflexo de restringir a compensação legal ou cláusulas de compensação indireta previstas em contratos mais específicos firmados entre as partes. Isso porque porque converte os créditos recíprocos em massa homogênea, impedindo sua satisfação individualizada[63], o que inclui a declaração de compensação legal[64] ou fundada em cláusula de compensação indireta, pois a compensação é um meio indireto de satisfação do credor.

A conta corrente mercantil não se confunde com a bancária. Esta não se destina propriamente a simplificar relações constantes entre o cliente e o a instituição financeira, mas sim à prestação de serviços de caixa ao cliente, por meio dos quais a instituição administra seus recursos e pagamentos por meio do sistema de pagamentos brasileiro[65]. Ela tem em comum com a conta corrente mercantil o formato contábil[66], mas não a eficácia jurídica. Basta pensar que a maior parte dos abatimentos feitos na conta corrente do cliente não reflete a extinção de obrigações recíprocas, mas pagamentos e transferências a terceiros, com fundamento em relações jurídicas estranhas à instituição financeira, e muitas vezes esses terceiros sequer são devedores do cliente.

É possível haver cláusula de compensação no contrato de conta corrente bancária ou em contrato de crédito firmado entre o cliente e a instituição financeira, mas essa será em geral uma cláusula de compensação indireta, restrita àquele crédito específico. Ademais, como visto, deve vir prevista expressamente no contrato, por contraria a orientação geral de que a administração da conta pela instituição financeira ocorre precipuamente no interesse do cliente. Mesmo quanto às contas correntes bancárias concretamente qualificadas como depósitos é possível a previsão de cláusulas de compensação, a despeito da vedação do art. 373, II do CC, pois ela favorece o depositante e é por ele disponível.

---

62 CANARIS, Claus-Wilhelm. *Handelsrecht*, 24ª ed., Munique: C. H. Beck, 2006, p. 376.

63 *Idem*, p. 354.

64 CANARIS, Claus-Wilhelm. *Handelsrecht*, 24ª ed., Munique: C. H. Beck, 2006, p. 377.

65 WAISBERG, Ivo e GORNATI, Gilberto. *Direito bancário*, 2ª ed., São Paulo: Saraiva, 2016, p. 141; ABRÃO, Nelson. *Direito bancário*, 18ª ed., atualizado por ABRÃO, Carlos Henrique, São Paulo: Saraiva, 2019, p. 221.

66 MENDONÇA, José Xavier Carvalho de. *Tratado de direito comercial brasileiro*, vol. VI, livro IV, partes II e III, *op. cit.*, p. 153.

4.3. Limitações à aplicação do regime da compensação legal

Como já adiantamos, as cláusulas de compensação direta diferem estruturalmente da compensação legal, pois são pactuadas em contrato, enquanto esta se dá por declaração unilateral de vontade que corresponde ao exercício de um direito potestativo extintivo. Sendo assim, as partes do regime da compensação legal que disserem respeito ao exercício do direito de compensar não são aplicáveis às cláusulas de compensação direta.

É inviável, por exemplo, a aplicação do art. 377 do CC. A prerrogativa conferida pelo dispositivo ao devedor cedido é voltada à proteção deste, que não pode ter a sua situação piorada - isto é, perder o direito de compensar que tinha antes da cessão - por um ato do credor sobre o qual não tem controle, visto que sua anuência é dispensável à cessão do crédito[67], bastando a notificação, nos termos do art. 290 do CC. Sendo assim, não faz sentido estender essa prerrogativa aos contratos de compensação direta, dos quais tanto devedor quanto credor participam.

De igual forma, é inviável a aplicação do art. 371 do CC. A prerrogativa conferida pelo dispositivo ao fiador é fundada na acessoriedade que permeia todo o regime da fiança[68]. Assim se impede que o fiador fique em situação mais desvantajosa do que o próprio devedor principal, e estende-se a ele, por isso, a legitimação para compensar com o crédito do devedor principal contra o credor, conferindo-lhe todos os meios de defesa acessíveis ao devedor. Sendo assim, não faz sentido estender essa prerrogativa aos contratos de compensação direta, pois não são exercício de meio de defesa contra o credor.

4.4. Proximidade da transação

Como os contratos de compensação direta produzem, por si sós, o efeito extintivo das obrigações, na prática pode ser muito difícil distingui-los de uma transação quando as obrigações extintas estiverem sendo discutidas em ações

---

67 DERNBURG, Heinrich. *Geschichte und Theorie der Compensation nach römischem und neuerem Rechte*, *op. cit.*, p. 405; EISELE, Fridolin. *Die Compensation nach römischem und gemeinem Recht*, *op. cit.*, p. 308; NÖRR, Knut Wolfgang, SCHEYING e Robert, PÖGGELER, Wolfgang. *Sukzessionen*, 2ª ed., Tübingen: Mohr Siebeck, 1999, p. 90; LEITÃO, Luis Manuel Teles de Menezes. *Cessão de Créditos*, 1ª ed., Coimbra: Almedina, 2005, p. 371.

68 VASCONCELOS, Luis Miguel Pestana de. *Direito das garantias*, Coimbra: Almedina, 2011, pp. 80-81. A acessoriedade limita o conteúdo da obrigação do fiador ao da obrigação do devedor principal (artigos 822 e 823 do CC), contamina-a com a invalidade da obrigação principal (art. 824 do CC) ou a extingue com a extinção desta (art. 837 do CC), ou confere ao fiador os meios de defesa liberatórios acessíveis, em princípio, apenas ao devedor principal (art. 837 do CC).

judiciais. A nosso ver, o critério fundamental de distinção entre compensação e transação deve ser a finalidade de pôr fim a um litígio, marca própria da transação[69].

Caso não seja possível separar claramente as figuras no caso concreto, parece-nos possível, por um raciocínio tipológico e pelo método da combinação[70], aplicar partes do regime da compensação e partes do regime da transação, no que couber.

4.5. Conversão substancial

Em caso de nulidade ou anulabilidade da cláusula de compensação direta relacionada à manifestação de vontade de apenas uma das partes, pode-se eventualmente aproveitar a manifestação de vontade da outra parte e preservar a eficácia do negócio por conversão substancial em declaração unilateral de compensação, se presentes os requisitos da compensação legal[71].

5. PROBLEMAS ESPECÍFICOS DAS CLÁUSULAS DE COMPENSAÇÃO INDIRETA

5.1. Poder de disposição sobre os créditos

Como a cláusula de compensação indireta não produz imediatamente o efeito extintivo almejado, mas apenas cria um direito potestativo de extinção futura, não se exige que as partes tenham poder de disposição atual e imediato sobre os respectivos créditos, bastando que o tenham no momento do exercício do direito de extinção[72].

Todavia, caso se verifique uma indisponibilidade absoluta, que não poderá ser sanada no futuro, como ocorre nos casos de crédito alimentar, nos termos do art. 373, III e 1.707 do Código Civil de 2002, será possível a declaração de nulidade do negócio desde logo, por ilicitude do objeto, nos termos do art. 162, II do Código Civil de 2002.

---

69 ROPPO, Vicenzo. *Il contratto*, Milão: Giuffrè, 2001, p. 427.

70 Sobre os métodos de determinação do regime dos contratos mistos, v. LARENZ, Karl. *Lehrbuch des Schuldrechts*, vol. II, t. II, atualizado por CANARIS, Claus-Wilhelm, Munique: C. H. Beck, 1994, pp. 43-46.

71 CROME, Carl. *System des deutschen bürgerlichen Rechts*, vol. II, Tübingen: Mohr, 1902, p. 289.

72 BERGER, Klaus Peter. *Der Aufrechnungsvertrag*, *op. cit.*, p. 168.

5.2. Aplicação do regime da compensação legal

Dada a semelhança estrutural entre as cláusulas de compensação indireta e a declaração de compensação, visto que ambas envolvem o exercício de direito de compensar – uma constituindo-o, e outra exercendo-o e extinguindo-o –, é possível a aplicação do regime da compensação legal neste ponto, notadamente dos artigos 371 e 377 do CC. O fato de o direito de compensar ter fonte contratual ao invés de legal não nos parece ser razão suficiente para privar o devedor cedido ou o fiador do exercício do direito de compensar nas situações reguladas pelos dispositivos mencionados. Ainda que se cuide de compensação contratual, o devedor cedido continua sem controle sobre a cessão de crédito, e o fiador continua tendo direito a não ter tratamento mais gravoso do que o devedor.

5.3. Conversão substancial

O quanto dito sobre a conversão substancial em declaração unilateral de compensação nos casos de invalidade da cláusula de compensação indireta não se aplica à compensação indireta, pois ela não visa à extinção das obrigações, mas apenas à constituição de direito de compensar, não havendo semelhança de eficácia que autorize a conversão em uma declaração unilateral de compensação. A vontade de constituir direito de compensar não inclui em si, necessariamente, a vontade de compensar.

CONCLUSÕES

Com a exposição acima, esperamos haver esclarecido ao menos alguns aspectos teóricos e, principalmente, práticos das cláusulas de compensação, e colocado algumas questões para reflexão sobre esse tema que, a despeito de sua frequência e importância na prática contratual, não tem sido objeto de estudo suficiente.

Esperamos, igualmente, que as sugestões de redação de cláusulas contratuais e os casos práticos discutidos tenham ilustrado com clareza as principais características e efeitos das cláusulas de compensação.

57. CLÁUSULAS DE *FORCE MEJEURE* NO COMÉRCIO INTERNACIONAL

José Augusto Fontoura Costa

A mãe reparou que o menino
gostava mais do vazio
do que do cheio.
Falava que os vazios são maiores
e até infinitos.

(*Manuel de Barros*)

INTRODUÇÃO

Uma cláusula de *force majeure* é um pacto acessório a um contrato mediante o qual, no âmbito da autonomia contratual, se estabelece um regime específico de exoneração de responsabilidade pelo inadimplemento ou adimplemento imperfeito de obrigação contratual em razão de força maior e caso fortuito. Sua função geral, portanto, é a de estabelecer um regime consensual de distribuição de riscos entre as partes do contrato que se sobreponha às regras estatais sobre a matéria que sejam disponíveis. Neste capítulo, optou-se pela denominação em língua francesa em razão de ser expressão consagrada no comércio internacional, inclusive nos contratos em inglês.

No comércio internacional, porém, essas cláusulas não apenas substituem o arranjo legal, eventualmente indesejável para os interesses das partes e a estrutura da operação econômica, mas servem também para evitar incertezas sobre a lei aplicável. Como é sabido, as operações internacionais tendem a ser mais arriscadas do que as estritamente internas. A distância, o câmbio, as diferenças culturais, as variações regulatórias e tantos outros fatores expõem os negócios transnacionais a riscos e incertezas mais agudos que os incidentes sobre atividades estritamente internas. Daí a importância de dar atenção ainda maior a um meio contratual de gerir esses potenciais problemas.

Mais do que isso, toda operação internacional está submetida a riscos próprios do Direito. Particularmente, as questões da determinação da jurisdição, da incidência de um Direito aplicável ao contrato e a questões do reconhecimento de direitos adquiridos, atos e sentenças estrangeiros impõem maiores incertezas. Em particular, as eventuais diferenças entre os tratamentos dados à força maior e ao caso fortuito em diferentes ordenamentos jurídicos, sobretudo entre os pertencentes à família romano-germânica e os à anglo-americana, podem ter impacto significativo na solução de casos relacionados a eventos difíceis de prever e evitar.

Por essa razão, as cláusulas de *force majeure* nos contratos internacionais exercem uma função adicional de incremento da certeza e segurança em razão da formulação de um *regime contratual único*, o qual afasta eventuais conflitos entre disposições jurídicas legais contraditórias. Aqui, portanto, não é para *modificar* o regime legal – como proposto no primeiro parágrafo deste capítulo. É para estabelecer um quadro único para a solução de questões referentes ao inadimplemento relacionado à imprevisibilidade e irresistibilidade.

Para tratar o tema das cláusulas de *force majeure*, portanto, será necessário ir além do regime jurídico brasileiro. Nesse sentido, inicia-se com breves observações a respeito da noção e conceito da cláusula, passando por considerações de ordem econômica, para, em seguida, dar notícia das principais diferenças no Direito Comparado. Depois se realiza a exposição do tema em três instrumentos internacionais importantes: a Convenção das Nações Unidas para a Compra e Venda Internacional de Mercadorias (CISG), os Princípios Unidroit sobre os Contratos Comerciais Internacionais (Princípios Unidroit) e as cláusulas de força maior e *hardship* da Câmara de Comércio Internacional (cláusulas ICC).

Ao final, considerando as regras e modelos utilizados, reforça-se a necessidade de incluir cláusulas de *force majeure* nos contratos internacionais, ressaltando a potencial utilidade dos modelos da ICC como ponto de partida e as vantagens do emprego dos Princípios Unidroit como aplicáveis ao contrato na condição de um referencial abrangente, coeso e internacional, sobretudo naquelas operações que indicam a arbitragem como forma preferencial de solução de controvérsias.

1. FUNÇÕES E CONCEITO DA CLÁUSULA DE FORÇA MAIOR

A função das cláusulas de *force majeure* é a de estabelecer um regime consensual de distribuição de riscos entre as partes. Nesse sentido, trata-se de um acordo voltado a substituir a regra legal por um regime estabelecido pelas partes, respeitadas as normas cogentes. Do mesmo modo, permite incrementar a segurança dos contratos internacionais ao proteger o tratamento da força maior e do caso fortuito de eventuais discrepâncias entre os direitos estatais relevantes para o caso.

A construção mais simples, contendo apenas elementos essenciais, é composta por uma hipótese normativa referente a *eventos imprevisíveis, irresistíveis* e *independentes da ação das partes* que tornem o adimplemento perfeito de uma obrigação contratual *impossível* e impliquem, como efeito jurídico, a *exoneração da responsabilidade* pelo inadimplemento. Nesse sentido, caracteriza-se (1) pela *impossibilidade* da prestação (2) *pela parte devedora* (3) em razão de evento *independente das atuações das partes*, (4) o qual não pode ser *previsto* na ocasião em que se celebrou o negócio, (5) nem *resistido* pelas partes, de modo a implicar a (6) *exoneração* da responsabilidade pelo inadimplemento.

O dever de *notificação* imediata e eficiente, como elemento que possibilita à outra parte a busca de soluções para mitigar os eventuais danos, aparece com bastante frequência, sem ser elemento essencial ou natural da *force majeure*. Não obstante, tendo em conta que o dever de o devedor inadimplente buscar reduzir os eventuais prejuízos do credor, é sempre preciso ter em vista a notificação como meio idôneo para tanto.

Por outro lado, não é comum contemplar, nestas cláusulas, a *extinção* da obrigação, a qual não pode ser considerada elemento natural da força maior, pois decorre da impossibilidade subsequente ou imprestabilidade do cumprimento tardio, o que pode, evidentemente, ser objeto de outra disposição contratual.

É importante, ao discutir a composição e emprego das cláusulas de *force majeure*, ressaltar o fato de seu funcionamento ocorrer em um campo normativo predominantemente dispositivo. Nesse sentido, tratando-se de matéria contratual e comercial, evidencia-se a imensa amplitude da autonomia privada, pois os regimes legais de força maior e caso fortuito existentes não soem se caracterizar por normas cogentes para além de excepcionais limitações em razão de abusividade e parâmetros de boa-fé.

Há amplo reconhecimento doutrinário e jurisprudencial do caráter dispositivo do regime legal do caso fortuito e força maior[1]. Desde há mais de

---

1 Veja-se BÉNABENT, Alain. *Droit des Obligations*, 14ᵉ ed. Paris: LGDJ, 2014. P. 315.

200 anos, apontando seu caráter *natural* e não *essencial* nos contratos de comodato, Pothier já chamava a atenção à possibilidade de afastar o caso fortuito e força maior, transferindo o risco para a outra parte.[2] Nesse mesmo sentido, nos vários sistemas jurídicos nacionais, o normal é admitir a livre alteração de qualquer dos elementos das cláusulas. Assim, as partes podem adaptá-la à especificidade subjetiva e objetiva de cada operação econômica, o que dificulta sobremaneira, se não impossibilita, uma análise simples e supostamente universal de todas as cláusulas, particularmente de seu tratamento jurisprudencial[3].

Do ponto de vista econômico, a eficiência pode ser favorecida por uma alocação de deveres tendentes a imputar o risco sobre a parte com melhores condições para o evitar, ou seja, o risco deve incidir sobre a parte para quem *os custos de evitar sua ocorrência são menores*, o que depende da relação entre o custo da prevenção, de um lado, e a magnitude e probabilidade do dano, de outro[4]. A ideia básica seria a de, entre os envolvidos no negócio, deixar o dever colateral de prover proteção como ônus para o mais apto a, com menor custo, assegurar o cumprimento do dever ou, conforme o caso, a preservação de um bem.

No caso de circunstâncias *imprevisíveis* e *irresistíveis*, porém, a busca de uma distribuição mais eficiente não faz sentido. Sendo imprevisíveis, não admitem um cálculo do custo de assegurar a operação; sendo irresistíveis, tornam inócua qualquer ação para evitar sua ocorrência ou à extensão de seus efeitos. Por conseguinte, do ponto de vista da maximização da eficiência, qualquer arranjo de distribuição dos danos resultantes dessa ocorrência é indiferente em relação às outras alternativas.

A vida, frequentemente, supera a ficção. Nesse diapasão, a imprevisibilidade e a irresistibilidade absolutas são extremamente raras. Por exemplo, é falacioso afirmar que, há cinco anos, seria *impensável* a irrupção de uma

---

2 POTHIER,: *Oeuvres completes de Pothier*: Traité des Obligations, T. I. Paris: Chez Thomine et Fortic, 1821. P. 13 "Il est aussin de la nature de ce contrat que la perte de la chose prêtée, lorsqu'elle arrive par une force majeure, tombe sur le prêteur : mais comme cela est de la nature, et non de l'essence du contrat, on peut, par une clause du contrat, changer l'emprunteur de ce risque jusquá ce qu'il ait rendu la chose."

3 Veja-se, nesse sentido, MURRAY, Carole; HOLLOWAY, David; TIMSON-HUNT, Daren. *Schmitthoff The law and practice of international trade*, 12ª ed. Londres: Sweet & Maxwell, 2012. 136: -141. SWANDLING, William. The judicial construction of force majeure clauses. McKENDRICK, Ewan (Org.) *Force majeure and frustration of contract*, 2ª ed. Londres: Informa Law from Routledge, 1995. P. 1-19.

4 Nesse sentido, a respeito do *cheapest cost avoider*, veja-se CALABRESI, Guido. *The cost of accidents:* a legal and economic analysis. New Haven: Yale University Press, 1970. POSNER, Richard A. *Economic Analysis of Law*, 4ª ed. Boston: Little, Brown and Company, 1992. P. 163-216.

epidemia de dimensões globais; afinal de contas, o mundo já viu outras, como a da peste bubônica e a da gripe espanhola, para ficar nas mais populares. Em 2009, aliás, a H1N1, inicialmente denominada "gripe suína", ceifou mais de 150 mil vidas em mais de 70 países[5]. Pode-se, realmente, ficar surpreso com um terremoto no Japão? Para muitos casos o problema não é a impossibilidade de prever, mas o custo elevado de obter informações detalhadas e confiáveis o suficiente para orientar as decisões com algum grau de precisão. Não é muito diferente com a *irresistibilidade*.

A possibilidade e a capacidade de prever e resistir não existem de uma maneira *binária*, como se uma fina barreira separasse categorias integralmente diferentes. Há graduações e, em termos econômicos, muitas vezes quantificáveis em termos de custos. É evidente que se o custo de prever com precisão for muito elevado em relação ao valor da eventual prestação, pode, simplesmente, valer mais a pena aceitar a incerteza e seguir adiante com os negócios.

Há pouco mais de 100 anos, aliás, o economista americano Frank Knight[6] estabeleceu a diferença conceitual entre *riscos* e *incertezas*. Os primeiros se caracterizam pela *calculabilidade* (*i.e.*, a atribuição de um valor quantificável) da incidência e do potencial danoso. As outras, por sua vez, não podem ser quantificadas; são contingências cuja ocorrência e efeitos são suficientemente raros para que não seja possível estabelecer padrões de repetição.

Desse modo, sempre que se fala em riscos, no sentido estrito, é possível estabelecer custos e preços para sua mitigação ou compensação. Por isso, como bem se sabe, o estabelecimento dos valores na contratação de *seguros* depende, entre outros aspectos, de uma precisa determinação do *conjunto de eventos danosos* e da *extensão do dano* cobertos. Decerto, nos negócios jurídicos comerciais haverá uma *precificação* dos riscos que corresponde a sua distribuição entre as partes. Em compras e vendas internacionais, por exemplo, o preço CIF será superior ao CFR.

Consequentemente, é perfeitamente razoável que a cláusula de força maior se afaste das noções de imprevisibilidade e irresistibilidade absolutas e adote versões mais suaves. É possível, por exemplo, colocar ênfase na ausência de culpa das partes e na impossibilidade de estas controlarem o evento.

Não restam dúvidas de que é jurídica, e não fática, a noção de impossibilidade. Ela se configura mesmo em contextos nos quais é possível contornar o inadimplemento por meio de ações extremamente custosas, quando se

---

5 https://www.hospitaloswaldocruz.org.br/imprensa/noticias/influenza-a-gripe-suina-pode-causar-nova-pandemia-segundo-estudo/, acessado em 20 de julho de 2023.

6 KNIGHT, Frank. *Risk, Uncertainty, and Profit.* Boston e Nova Iorque: Houghton Mifflin Co., The Riverside Press, 1921.

configura, para empregar as palavras de Orlando Gomes, um "esforço incompatível com o dever de prestar"[7]. Desta noção decorre uma área cinzenta entre a impossibilidade completa e o esforço razoável; esse, portanto, pode ser objeto da cláusula. A proporção da *razoabilidade* dos esforços esperados para interferir sobre a ocorrência do evento ou da produção de seus efeitos pode ser e constantemente é objeto de modulação na redação da cláusula.

Assim, é bastante comum agregar à definição uma lista de eventos considerados de força maior. Pode variar bastante em sua extensão, mas também em seus efeitos em matéria probatória, posto que na ocorrência de determinados tipos de eventos é possível passar a presumir a irresistibilidade e a existência de impactos sobre a operação. São situações em que o ônus da prova, normalmente incidente sobre a parte afetada, pode ser invertido legal ou contratualmente. Recomenda-se, aliás, aclarar no texto qual o objetivo da enumeração.

Para além das ocorrências incontroláveis da Natureza, do Príncipe ou de Deus, verifica-se um amplo âmbito em que o comportamento das partes é relevante, inclusive para evitar o perecimento da obrigação ou do contrato. Aqui, ao contrário da classificação e compreensão dos eventos externos à vontade e à atuação das partes, a determinação dos comportamentos por meio de cláusula contratual passa a ter o sentido de *incentivo*, ou seja, de estabelecer o mínimo de cuidado e atenção exigidos. A regra da diligência do homem comum pode ser claramente substituída por um padrão de conformidade ao que se espera de *uma pessoa com experiência e expertise no setor* ou do emprego dos *melhores esforços*, por exemplo.

Além da alteração do sentido e alcance dos elementos constitutivos da *hipótese normativa* da força maior, também é possível regular seu regime. Em regra, o resultado da situação de força maior é a *exoneração da responsabilidade* pela falta de adimplemento ou pelo adimplemento imperfeito. Não decorre a extinção *per se* do vínculo obrigacional, nem o término do contrato do qual este eventualmente derive; se houver, será resultado de outra causa. Destarte, é possível incluir na cláusula disposições extensíveis a tais aspectos.

Também, no caso de o evento de força maior provocar alterações estruturais duradouras, é possível haver proximidade à problemática da *onerosidade excessiva* e, contanto, ao possível efeito de alterar o contrato para reequilibrar a relação entre as partes. Embora sejam questões conceitualmente diversas e demandantes de tratamento jurídico em separado, não deixa de ser possível prever um regime de renegociação e revisão contratual na cláusula que caracteriza a situação de força maior. Não obstante, esse não parece ser um uso adequado para a cláusula de força maior, sendo preferível tratar em item contratual próprio.

7 GOMES, Orlando. *Obrigações*, 5ª ed. Rio de Janeiro: Forense, 1978. P. 178.

Há, ainda, alguns aspectos acidentais importantes e cuja inclusão na cláusula se mostra necessária. Em primeiro lugar, a notificação do credor pelo devedor inadimplente, dando conta da situação de força maior, é fundamental para a possível mitigação dos danos. Em face de um atraso, pode o credor adquirir, o antes possível, bem similar para suprir suas necessidades; por exemplo, em face da impossibilidade da chegada tempestiva dos técnicos designados para reparar equipamento industrial, pode-se buscar alternativas para não interromper sua cadeia produtiva e assim por diante.

Apresenta-se, também, a questão da força maior incidente sobre terceiro subcontratado pela devedora da obrigação e que deixa de prestar. Em face da insegurança a respeito da prestação por terceiro pode-se, simplesmente, vedar o aproveitamento da cláusula de *force majeure* pela parte afetada ou limitar tal exceção apenas para aqueles terceiros que tenham sido contratualmente autorizados.

Vistas, ainda que panorâmica e superficialmente, as principais características e elementos mais comuns de uma cláusula de força maior, cabe observar cada um destes mais de perto e à luz da comparação com a tradição anglo-americana e sua consagração nos principais instrumentos internacionais.

2. A IMPORTÂNCIA DA CLÁUSULA DE FORÇA MAIOR E SEUS VÁRIOS ASPECTOS

É importante relembrar: a cláusula de força maior tem a função de estabelecer um regime contratual de resposta a eventos irresistíveis e imprevisíveis. Destaca-se, portanto, a substituição de regras jurídicas *default* por aquilo que foi avençado. Por isso é importante realizar alguma discussão da exoneração de responsabilidade pelo incumprimento na tradição anglo-americana como um necessário contraponto à tradição romano-germânica, da qual o Direto brasileiro é um representante.

O Código Civil brasileiro traz cinco menções a "caso fortuito ou força maior". A disposição central em que a expressão aparece é a do Artigo 393, na qual se estabelece a regra geral de exoneração da responsabilidade ("o devedor não responde pelos prejuízos") e o caráter disponível da norma ("se expressamente não se houver por eles responsabilizado"). No mesmo dispositivo está a definição legal como "fato necessário, cujos efeitos não era possível evitar ou impedir".

As demais ocorrências da expressão aparecem na regra sobre a inaplicabilidade da exoneração para coisa incerta (Artigo 246) ou estando o devedor em mora (Artigo 399), bem como com referência à salvação dos bens do comodatário em prejuízo dos do comodante (Artigo 583). Isoladamente, a expressão "caso fortuito" aparece três vezes e "força maior" outras onze, em quase todas as situações para regular seus limites em conformidade com os tipos contratuais.[8]

A opção do legislador brasileiro foi por reforçar o caráter *irresistível* do evento, pois fala apenas da (1) *necessidade do fato*, ou seja, da impossibilidade ou dificuldade extrema de impedir sua ocorrência e da (2) impossibilidade de evitar ou impedir os efeitos. Não menciona a imprevisibilidade, ainda que esta esteja subjacente à própria noção de caso fortuito, compreendido como evento regido pela Fortuna, deusa romana da aleatoriedade e atribuição injustificada de prejuízos e benefícios. Não inova, aliás, nesse sentido, pois a locução é a mesma do Artigo 1058 do Código Civil de 1916.

O efeito da situação de força maior ou caso fortuito é a exoneração da responsabilidade do devedor por perdas e danos. Nesse sentido, aliás, a surpresa para o jurista do *common law* é o afastamento das perdas e danos associado à conservação de todos os demais remédios, inclusive a própria execução específica[9]. Para um melhor contexto, é interessante descrever aspectos da doutrina da *frustration*.

Desde os manuais para o ensino do Direito, até artigos e livros de alta complexidade e sofisticação, é possível encontrar uma amplíssima literatura a respeito da doutrina denominada *frustration*. Em termos gerais, a ideia se refere à extinção de um contrato – ou ao menos alguma obrigação contratual – em razão da perda de sua finalidade.

A narrativa de seu aparecimento no Direito inglês parte do caso *Paradine v. Jane*,[10] de 1647. Nesse caso, o arrendatário de uma porção de terra teve de pagar a renda ao proprietário, mesmo em face da invasão por um inimigo da Coroa. Só com o caso *Taylor v. Caldwell*, de 1863[11] essa compreensão draconiana foi mitigada. Trata-se de circunstância em que o locatário pediu judicialmente a exoneração do pagamento do aluguel contra o locador, pois este

8 **Caso fortuito** nas disposições sobre os bens locados (Artigo 575), substabelecimento do mandato (Artigo 667, § 1º) e realização de operações arriscadas na gestão de negócios (Artigo 868). A expressão **força maior** aparece, isolada, na regra sobre extinção do contrato de prestação de serviço (Artigo 607), suspensão da obra em empreitada (Artigo 625, I), perda de coisa pelo depositário (Artigo 635), ônus da prova na perda de bens pelo depositário (Artigo 642), responsabilidade do comissário (Artigo 696, parágrafo único), remuneração parcial na comissão (Artigo 702), remuneração do agente por serviços realizados (Artigo 719), causa exclusiva de exoneração da responsabilidade do transportador (Artigo 734), dever do transportador cumprir horários e itinerários (Artigo 737), dever de zelo com a coisa transportada (Artigo 753) e dever de indenizar por fato de animal (Artigo 936).

9 Nesse sentido, a respeito da disposição do Artigo 79 da CISG, veja-se GOODE, Roy; KRONKE, Herbert; MCKENDRICK, Ewan. *Transnational Commercial Law*: texts, cases and materials, 2a ed. Oxford: Oxford University Press, 2015. P. 258.

10 EWHC KB J5, disponível em http://www.bailii.org/ew/cases/EWHC/KB/1647/J5.html

11 EWHA J1 (QB), disponível em https://www.bailii.org/ew/cases/EWHC/QB/1863/J1.html

não proveu os equipamentos e facilidades prometidos em decorrência de sua destruição por um incêndio. A decisão do Juiz Blackburn se baseou na noção da existência de uma cláusula presumida em contratos nos quais nem todas as obrigações são perfeitamente claras, assim como as opções a respeito da alocação do risco. Mais tarde, já no início do século XX, os casos *Krell v. Henry* e *Herne Bay Steamboat Co. v. Hutton*[12], parte do conjunto mais amplo de casos decorrentes do cancelamento da data da coroação do Rei Eduardo VII e da perda da função de serviços contratados para acompanhar o evento, corroboraram a hipótese da cláusula presumida.

A discussão das cláusulas presumidas, ou *implied clauses* na expressão em língua inglesa, sempre gravita em torno da ausência de uma *real* formação de consenso e das hipóteses de haver (1) uma presunção de normalidade baseada no senso comum, ou seja, a ideia de que tal assunção é tão evidente que seria desnecessário discutir a respeito e (2) uma derivação lógica de uma escolha hipotética por ocasião da formação, ou seja, imaginando o que pessoas normais incluiriam no instrumento contratual se incitadas a tanto nesse então. De qualquer modo, a ideia de cláusula presumida terminou por ser substituída por um teste *objetivo* em termos da mudança radical de seu sentido ou da impossibilidade, factual ou jurídica. Trata-se, então, de um mecanismo de dissolução automática do vínculo contratual[13] em decorrência de eventos não previstos na ocasião da celebração.

Em comparação com o uso da força maior ou caso fortuito é importante, desde logo, apontar para a diferença entre suas funções precípuas: a *frustration* termina o vínculo contratual e, por si só, não impõe ou exonera a cobrança de perdas e danos; a *force majeure* exonera a responsabilidade pelo inadimplemento de obrigação e, por si só, não implica a dissolução do vínculo contratual. É possível, nesse sentido, atribuir o maior rigor decorrente da hipótese normativa mais estreita do instituto do *common law* à produção de efeitos mais radicais.

É importante evitar o uso dessa doutrina para possibilitar a partes que negociaram mal poderem, com beneplácito jurídico, fugir de um negócio ruim. Daí a exigência de que as alterações das circunstâncias sejam *radicais* ou *fundamentais* em relação ao que se poderia esperar do contrato e se faça presente o necessário uso de uma análise multifatorial[14]. Assim, levam-se em conta (1)

---

12 2 KB 740, disponível em www.trans-lex/311100 e 2 KB 683. Veja-se, para uma descrição dos casos, MCELROY, R. G; WILLIAMS, Glanville. The coronation cases I. *Modern Law Review*, v. 4, n. 4. 1941. P. 241-260.

13 Conforme *Hirji Mulji v Cheong Yue SS Co* [1926] AC 497 a dissolução se dá independentemente da vontade das partes.

14 MCKENDRICK, Ewan. *Contract law*, 12a ed. Londres: Palgrave, 2017. P. 338-339.

as cláusulas do contrato, (2) seu contexto, (3) o conhecimento e expectativas das partes, especialmente a respeito do risco ao tempo da celebração, (4) a natureza do evento superveniente e (5) o cálculo das possibilidades de cumprimento nas novas circunstâncias.

Há, também, o entendimento de que o caráter restrito da aplicabilidade da *frustration* é relacionada à possibilidade de inserir cláusulas de *force majeure* e *hardship* nos instrumentos contratuais e, considerando a imprevisibilidade do futuro como um incontornável fato da vida, ser significativa a opção por não pactuar nesse sentido[15]. Aqui, aliás, há uma razão para um papel mais destacado da imprevisibilidade do que o desempenhado na configuração dos eventos fortuitos na tradição romano-germânica.

Em termos gerais, portanto, a *frustration* e a exoneração de responsabilidade por força maior ou caso fortuito apresentam semelhanças funcionais *latissimo sensu*, especificamente no sentido de lidarem com a flexibilização dos contratos em face de transformações posteriores à celebração por meio de um instrumento *ex lege* e automático, porém são dotadas uma estrutura bastante diversa. Uma implica a extinção do contrato, a outra não; uma é aplicada restritivamente, a outra atua em um campo mais amplo. Nesse sentido, a busca de um ajuste contratual por meio de cláusula de *force majeure*, além de já ser recomendável em ambas as tradições jurídicas, pode servir para aproximar os institutos do *common law* e do *civil law*.

3. INSTRUMENTOS INTERNACIONAIS

Como se observou na introdução, a função de uma cláusula de *force majeure* em um contrato internacional ganha uma importância ainda maior em face das incertezas decorrentes da sobreposição normativa de sistemas jurídicos nacionais e de diferentes tradições jurídicas sobre uma mesma situação concreta. Aquilo que pode ser razoável para o *bonus pater familiae* pode ser pouco para o *business common sense*, para dar um exemplo.

A busca de maior segurança pode, também, induzir o uso de instrumentos internacionais. Para uma visão dos principais instrumentos, nesse capítulo se optou por analisar o tema em três deles: a Convenção das Nações Unidas sobre Compra e Venda Internacional de Mercadorias, os Princípios Unidroit para os Contratos Comerciais Internacionais e a Cláusula de Força Maior da ICC.

15 MCKENDRICK; *Contract law*. P. 339-340.

3.1 *Force majeure* na CISG

A Convenção das Nações Unidas para a Compra e Venda Internacional de Mercadorias, firmada em Viena, em 1980, é um tratado internacional multilateral para a uniformização do regime jurídico dos contratos internacionais de compra e venda, não se aplicando a outros tipos contratuais. Entrou em vigor no Brasil em 2014 e é aplicável para as operações em que comprador e vendedor tenham seu estabelecimento em países diferentes. Aplica-se imediatamente, sem necessidade de qualquer ato das partes, embora possa ser afastada, parcial ou integralmente, por disposição do contrato.

Sua longa formulação e discussão foram voltadas a buscar um instrumento capaz de sugerir soluções de compromisso entre as soluções dadas pelas tradições jurídicas do *common law* e romano-germânica. Essa característica é a pedra de toque para os críticos da CISG, bem como para defensores de uma nova *lex mercatoria* com provisões próprias[16]. Essas perspectivas apontam para a importância da discussão do Artigo 79.

Para maior facilidade na leitura, reproduz-se o texto do artigo:

Seção IV – Exclusão de responsabilidade

Artigo 79

> (1) Nenhuma das partes será responsável pelo inadimplemento de qualquer de suas obrigações se provar que tal inadimplemento foi devido a motivo alheio à sua vontade, que não era razoável esperar fosse levado em consideração no momento da conclusão do contrato, ou que fosse evitado ou superado, ou ainda, que fossem evitadas ou superadas suas consequências.
> (2) Se o inadimplemento de uma das partes for devido à falta de cumprimento de terceiro por ela incumbido da execução total ou parcial do contrato, esta parte somente ficará exonerada de sua responsabilidade se:
> (a) estiver exonerada do disposto no parágrafo anterior; e
> (b) o terceiro incumbido da execução também estivesse exonerado, caso lhe fossem aplicadas as disposições daquele parágrafo.

16 MAZZACANO, Peter J. Force Majeure, Impossibility, Frustration & the Like: Excuses for Non-Performance: the Historical Origins and Development of an Autonomous Commercial Norm in the CISG. *Nordic Journal of Commercial Law*, 2011, n. 2. P. 1-54. Veja-se, também, PRADO, Maurício Curvelo de Almeida. Interpretação e aplicação da regra de "Exoneração" da Convenção de Viena (1980). PRADO, M. C. de A. (Org.) . Arbitragem internacional: UNCITRAL, CISG e direito brasileiro. São Paulo: Quartier Latin, 2010. P. 1-20.

(3) A exclusão prevista neste artigo produzirá efeito enquanto durar o impedimento.

(4) A parte que não tiver cumprido suas obrigações deve comunicar à outra parte o impedimento, bem como seus efeitos sobre sua capacidade de cumpri-las. Se a outra parte não receber a comunicação dentro de prazo razoável após o momento em que a parte que deixou de cumprir suas obrigações tiver ou devesse ter tomado conhecimento do impedimento, esta será responsável pelas perdas e danos decorrentes da falta de comunicação.

(5) As disposições deste artigo não impedem as partes de exercer qualquer outro direito além da indenização por perdas e danos nos termos desta Convenção.

Esse artigo está na seção da CISG referente à "exclusão de responsabilidade" (*exemptions*, no texto oficial em inglês)[17]. Trata-se, claramente, de uma regra inspirada pela tradição romano-germânica, pois consagra como efeito nuclear a exoneração de responsabilidade por inadimplemento, sem prever como consequência essencial ou natural a dissolução do vínculo contratual. Em relação ao regime do Direito brasileiro, destaca-se a diferença referente ao *dever de notificar*, atrelado à responsabilidade por danos derivados de seu incumprimento ou atraso indevido (Artigo 79, 4). É, assim, norma voltada a aclarar a existência de responsabilidade pela demora em dar notícias da ausência, atraso ou inconformidade da prestação, de modo a possibilitar ao credor da obrigação a mitigação dos danos que possa vir a sofrer em decorrência do inadimplemento.

Há dificuldades na interpretação do artigo. Particularmente, o uso da palavra "impedimento" para qualificar o resultado do evento de força maior sobre a prestação a ser realizada tem sido apontado como referente à impossibilidade física, mas extremamente limitado no que se refere à dificuldade econômica. A Opinião n. 7 do Conselho Consultivo da CISG[18] esclarece ser adequada a compreensão que não limita o alcance da regra a um

17 A seção é composta por dois artigos. O Artigo 80 reza o seguinte: "Uma parte não poderá alegar o descumprimento da outra, na medida em que tal descumprimento tiver sido causado por ação ou omissão da primeira parte."

18 https://cisgac.com/wp-content/uploads/2023/02/CISG_Advisory_Council_Opinion_No_7.pdf, particularmente: "Uma mudança de circunstâncias da qual não se poderia esperar que fosse razoavelmente levada em conta, tornando a prestação excessivamente onerosa (hardship), pode ser qualificada como um "impedimento" para o Artigo 79(1). A linguagem do Artigo 79 não equaciona o termo "impedimento" com um evento que torne o cumprimento absolutamente impossível. Portanto, uma parte pode estar que se encontre em situação de hardship pode invocar a exceção de responsabilidade do Artigo 79."

cumprimento absolutamente impossível. Ainda assim, marca a tendência de uma aplicação excepcional[19].

Em termos gerais, seu funcionamento é similar àquele do Código Civil. O efeito é, também, de exonerar a responsabilidade pelo descumprimento da obrigação, embora seja mais restrita com referência ao cumprimento imperfeito decorrente da falta de conformidade das mercadorias. A regra expressa sobre a notificação, porém, não se encontra na lei brasileira, embora seja perfeitamente possível a responsabilização da parte que deixa de comunicar tempestivamente seu inadimplemento. Do mesmo modo, a inaplicabilidade da exceção de força maior ao credor em mora, presente no Código Civil e ausente do texto convencional, pode ser estendida por analogia ou aplicação de princípios[20]. O mais importante aspecto a ter em vista é o caráter mais estrito da hipótese descritiva dos eventos de força maior, sobretudo em torno da noção de "impedimento", a respeito da qual ainda há discussão suficientemente consolidada para estabelecer um quadro conceitual claro.

Nesse sentido, é recomendável incluir cláusula de força maior em contrato internacional de compra e venda para adaptar a regulação às características do setor ou da operação e, ao mesmo tempo, evitar maiores incertezas.

3.2 *Force majeure* nos Princípios Unidroit

Os Princípios da Unidroit para os Contratos Comerciais Internacionais são um documento elaborado pelo Instituto Internacional para a Uniformização do Direito Privado (Unidroit) para estabelecer um conjunto normativo diretamente aplicável a contratos comerciais internacionais. Sua primeira versão foi publicada em 1994, sendo sucedida por outras três, em 2004, 2010 e 2016. Há textos oficiais em espanhol, inglês e francês, incluindo versão completa com comentários, além de alemão e italiano, apenas o texto dos artigos. Traduções não oficiais, inclusive em português, estão disponíveis para consulta[21].

---

19 Veja-se, também, GOODE *et al. Transnational...* P. 257-259. Também KIM. Sang Man; KIM, Jongho. Cana change of circumstances qualify as an impediment under Article 79 of the CISG? *Chinese Journal of International Law*, 2019, p. 129-163.

20 A CISG não estabelece um regime da mora e, ao que parece, busca regular a compra e venda sem se utilizar deste instituto. Seu texto, no Brasil, utiliza apenas uma vez o termo "mora" (Artigo 62), mas como sinônimo de demora, não no sentido técnico. Para uma discussão sobre os juros moratórios, veja-se DIAS, Bruno Fernandes. Os juros na Convenção das Nações Unidas sobre Compra e Venda Internacional de Mercadorias. *Revista de Informação Legislativa*, ano 52, n. 207. 2015. P. 261-287.

21 Ver https://www.unidroit.org/instruments/commercial-contracts/unidroit-principles-2016/ para a versão mais recente.

Diferentemente da CISG, os Princípios Unidroit não são documento assinado e ratificado por Estados, ainda que formalmente produzidos por Organização Internacional. Buscam sua legitimidade a partir da qualidade técnica e da atenção às diversas tradições jurídicas. São o resultado de um cuidadoso e detalhado trabalho envolvendo juristas de vários países para a consolidação de um conjunto normativo a respeito do qual se formam consensos.

Deste modo, tampouco se pode falar de uma aplicação normativamente respaldada pelos sistemas estatais, a menos que estes, eventualmente, venham a reconhecer sua aplicação, integrando-nos a seu Ordenamento interno. Nesse sentido, embora o Direito brasileiro não chegue a aceitar expressamente a aplicação dos princípios pelos órgãos judiciais[22], o Artigo 2o, §2o, da Lei de Arbitragem brasileira possibilita a aplicação dos Princípios Unidroit a partir da vontade das partes, fazendo eco ao seu Preâmbulo, conforme o qual "devem ser aplicados caso as partes tenham acordado que o seu contrato será regulado por eles." ou "podem ser aplicados caso as partes tenham acordado que o seu contrato será regulado por princípios gerais de direito, pela lex mercatoria, ou similares".

De modo equivalente, ainda que mais estrito, os Princípios da Haia sobre a Escolha do Direito Aplicável aos Contratos Comerciais Internacionais aceitam, em seu artigo 3, a escolhas de "regras jurídicas geralmente aceitas em patamar internacional, supranacional ou regional como conjuntos normativos neutros e equilibrados[23]". A Lei sobre o Direito Aplicável aos Contratos Internacionais do Paraguai (Lei 5.393/15) traz regra idêntica em seu Artigo 5, assim como a Lei Geral de Direito Internacional Privado do Uruguai (Lei 19920) o faz em seu Artigo 45 estabelece regra semelhante, mas com a exigência de que tais regras sejam emanadas de Organização Internacional de que o país seja parte, condição satisfeita pelos Princípios Unidroit.[24]

É importante observar que a aplicação dos Princípios Unidroit tem se tornado mais frequente nas arbitragens internacionais, mesmo quando não há referência expressa, mas na condição de uma fonte reveladora de conteúdo principiológico, embora a afirmação de que pertençam à nova

---

22 Não obstante, é possível afirmar que uma cláusula que indique os Princípios Unidroit como Direito aplicável deve ser, no mínimo, interpretada como correspondendo à vontade das partes de afastar as normas dispositivas do Direito indicado pela regra de conflito e aplicar, em seu lugar, as regras indicadas.

23 Disponível em https://www.hcch.net/en/instruments/conventions/full-text/?cid=135, consultado em 20 de março de 2024.

24 https://py.vlex.com/vid/ley-n-5-393-641256033 e https://www.impo.com.uy/bases/leyes/19920-2020, consultados em 19 de março de 2024.

lex mercatoria seja, no mínimo, polêmica[25]. É importante observar que a referência, direta ou indireta, a esse conjunto normativo estruturado não se restringe à questão da exoneração de responsabilidade por força maior, mas envolve sua análise sistemática em face de suas demais regras, inclusive a referente a situações de *hardship*. Nesse sentido, pode ser razoável inserir referência em cláusula inspirada no sistema, de modo a atrelar a interpretação a um contexto de notável coerência interna e adequação ao comércio internacional.

A regra referente à força maior (*force majeure*, no texto em inglês) encontra-se dentre as disposições sobre "inadimplemento em geral" (Sec. 1) do capítulo sobre "inadimplemento" (*non performance* no texto em inglês - Cap. 7), especificamente no Artigo 7.1.7. Aqui é importante retomar a questão da tensão categorial entre as tradições do *common law* e do *civil law*. Para maior facilidade, reproduz-se o texto:

ARTIGO 7.1.7

(Força maior)

> (1) A parte inadimplente isenta-se de responsabilidade se provar que o inadimplemento foi causado por um obstáculo que escapa ao seu controle e que não poderia, razoavelmente, tê-lo levado em conta ao tempo da formação do contrato, ou ter-lhe evitado ou superado as consequências.
> (2) Quando o impedimento é apenas temporário, a isenção produz efeitos pelo prazo que for razoável, tendo em vista os efeitos do obstáculo sobre a execução do contrato.
> (3) A parte inadimplente deve notificar a outra parte do obstáculo e de seus efeitos sobre sua aptidão para adimplir. Se a notificação não for recebida pela outra parte em prazo razoável, contado a partir do momento em que a parte inadimplente sabia ou deveria ter sabido do obstáculo, essa responderá pelas perdas e danos resultantes da falta do recebimento.

---

25 Sobre a aplicação na arbitragem, veja-se, *i.a.*: BENEDETTELLI, Massimo V. Applying the UNIDROIT Principles in International Arbitration: An Exercise in Conflicts. *Journal of International Arbitration*, v. 33, n. 6. 2016. P. 653-686; BONELL, Michael Joachin, A 'Global' Arbitration Decided on the Basis of the UNIDROIT Principles: In re Andersen Consulting Business Unit Member Firms v. Arthur Andersen Business Unit Member Firms and Andersen Worldwide Société Coopérative. *Arbitration International*, v, 17, n. 3. 2001. P. 249–262; BRÖDERMANN, Eckart. The Impact of the UNIDROIT Principles on International Contract and Arbitration Practice – the Experience of a German Lawyer. *Uniform Law Review*. 2011. P. 589-612; GOODE *et al. Transnational...* P. 472-477.

(4) As disposições deste artigo não impedem que as partes exerçam o direito de extinguir o contrato ou suspender seu adimplemento ou, ainda, reclamar juros sobre o valor devido.

O Artigo 7.1.7 trata, seguramente, do inadimplemento de uma obrigação e, portanto, se filia à tradição romano-germânica e não à doutrina da *frustration*, para a qual todo o contrato perece. É verdade que os comentários aos princípios afirmam, no Comentário 1[26], não haver filiação deste tema ao *common law* ou ao *civil law*, apontando para uma solução de compromisso entre a força maior e a *frustration*. Porém, a análise do dispositivo aponta para efeitos próprios de uma tradição e ausentes da outra.

Além disso, também no diapasão romano-germânico, a noção inclui não apenas a falta total de cumprimento, mas também o cumprimento defeituoso ou tardio, nos termos do Artigo 7.1.1, sem referência às formas de impossibilidade e perda total da finalidade apontadas na doutrina da *frustration*. Nesse sentido, já de início, é mais abrangente que a disposição da CISG, mesmo nas mais amplas acepções do "impedimento".

O efeito desses eventos é a exoneração da responsabilidade por perdas e danos decorrentes do inadimplemento, como no Direito brasileiro. Existe alguma variação terminológica, apontando-se para a noção de "perdão", já que na redação em alemão, espanhol e inglês há referência a um "inadimplemento perdoado" ("eine Nichterfüllung (...) ist entschuldigt", "non-performance (...) is excused" e "el incumplimiento (...) se excusa"), ao passo que apenas a versão francesa fala em "exoneração dos efeitos" ("est exonéré des conséquences de son inexécution"). Ora, o que se perdoa é a atuação da parte, do que se exonera são os efeitos jurídicos em termos de perdas e danos. Em princípio, seria possível discutir a relação da exoneração com a ausência de culpa, com fundamento subjetivista, e com a presença de fatores objetivos que tornam o adimplemento impossível, objetivista. De qualquer modo, confirma-se a observação mais simples: trata-se do afastamento de responsabilização por perdas e danos em decorrência do inadimplemento de uma obrigação contratual.

Observe-se, porém, que o Comentário 2, ao explicar que o inadimplemento por força maior não implica *per se* na extinção do contrato, aponta um

26 Comentário 1, *in verbis*: "This Article covers the ground covered in common law systems by the doctrines of frustration and impossibility of performance and in civil law systems by doctrines such as force majeure, Unmöglichkeit, etc. but it is identical with none of these doctrines. The term "force majeure" was chosen because it is widely known in international trade practice, as confirmed by the inclusion in many international contracts of so-called "force majeure" clauses."

efeito adicional: a continuidade da relação em razão da força maior[27]. Especificamente: "em muitos outros [casos, o impedimento] simplesmente retardará o adimplemento e o efeito do Artigo [7.1.7] será atribuir um tempo adicional para o cumprimento".

Além disso, os eventos externos ao controle das partes são caracterizados pela imprevisibilidade e pela irresistibilidade, devendo estas ser comprovadas pelo credor. A imprevisibilidade é qualificada pela possibilidade de "razoavelmente" levar em conta o evento por ocasião da celebração. Aqui o padrão de razoabilidade tende a ser o de um comerciante especializado do setor em que a operação ocorre, pois, ao contrário do que ocorre para o Código Civil e na própria CISG, trata-se de um instrumento para os contratos *comerciais* internacionais. Já a irresistibilidade, concernente à (1) possibilidade de evitar o evento externo ou (2) impedir a ocorrência de suas consequências, embora não venha qualificada como razoável, alcança não apenas a impossibilidade física, mas as dificuldades econômicas severas.

Isso significa haver uma confusão entre *force majeure* e *hardship*? Os Princípios Unidroit têm, também, uma regra sobre *hardship*, incorporada no Artigos 6.2.1 a 6.2.3 e reconhecem a possibilidade de sobreposição das hipóteses (Comentário 6 ao Artigo 6.2.2, referido pelo Comentário 3 ao Artigo 7.1.7), da qual resultaria, nos termos dos Comentários, na atribuição "à parte afetada por esses eventos [do direito] de decidir qual remédio utilizar". Não obstante, essa observação não pode ser interpretada como uma regra de alternatividade, ou seja, na renúncia a um remédio a partir da opção pelo outro: não há qualquer óbice lógico à busca concomitante da exoneração da responsabilidade pelo inadimplemento de uma obrigação em razão de força maior e o início de uma negociação para reequilibrar o contrato, situação bastante clara em contratos com obrigações continuadas ou de trato sucessivo.

Em seu numeral 2, o Artigo 7.1.7 se refere aos impedimentos temporários, cujos efeitos se estendem até a cessação desses, por um prazo razoável. Observa-se uma melhora significativa em relação a seu equivalente funcional na CISG, o Artigo 79, 2, que se limita a afirmar que os efeitos da exoneração duram "enquanto durar o impedimento". Há vantagens inegáveis na fórmula mais analítica adotada nos

---

27 Nesse sentido, o Comentário 2: "The Article does not restrict the rights of the party who has not received performance to terminate if the non-performance is fundamental. What it does do, where it applies, is to excuse the nonperforming party from liability in damages. In some cases the impediment will prevent any performance at all but in many others it will simply delay performance and the effect of the Article will be to give extra time for performance. It should be noted that in this event the extra time may be greater (or less) than the length of the interruption because the crucial question will be what is the effect of the interruption on the progress of the contract."

Princípios Unidroit, sobretudo mediante a inclusão da noção de razoabilidade da espera. Busca-se, aqui, ressaltar o caráter limitado dos efeitos da força maior e caso fortuito: a exoneração da responsabilidade, deixando claro que a eventual dissolução do vínculo contratual depende da perpetuidade do impedimento ou da falta de razoabilidade de uma espera mais longa, situação em que o contrário perderia sua finalidade e sentido. Sua leitura espelhada implica o dever do credor de dar continuidade à prestação uma vez desaparecido ou mitigado o impedimento, sem implicar o descumprimento do contrato, a menos que tal circunstância se afigure irrazoável, levando-se em conta as circunstâncias concretas da relação econômica. Aqui talvez esteja a maior aproximação à doutrina da *frustration*.

O numeral 3, por sua vez, dá conta do dever de notificar. Trata-se de regra equivalente à existente na CISG, Artigo 79, 4, pois, de modo similar, vincula a falta de recebimento de notificação pelo credor da obrigação à responsabilização do devedor por perdas e danos que resultarem dessa demora indevida. É uma regra extremamente razoável e consistente com as práticas do comércio internacional, inclusive com o texto das cláusulas de força maior.

Por fim, o numeral 4 do Artigo 7.1.7 refina regra semelhante da CISG, Artigo 79, 5, onde se esclarece serem as perdas e danos o tipo de indenização excepcionado pela força maior e caso fortuito, sem prejuízo de outros remédios. É, destarte, mais analítico, referindo-se ao direito de extinguir o contrato, suspender o adimplemento e reclamar juros sobre o valor devido, de modo a afastar quaisquer dúvidas a respeito daquilo que, no Direito brasileiro, se conhece por juros de mora, ainda que tal instituto não seja abordado nos Princípios Unidroit.

Em conclusão, pode-se afirmar que os dispositivos materiais dos Princípios Unidroit apresentam um regime claro, coeso e consistente com a estrutura geral do documento e, inclusive, com as práticas do comércio internacional. Não chega, porém, a ser um substituto perfeito para uma cláusula de *force majeure* elaborada para um setor, um tipo de negócio ou um contrato específico, sempre com a possibilidade de elaborar hipóteses e regimes mais adequados.

Não obstante, pode ser recomendável uma referência geral aos Princípios Unidroit na própria cláusula, caso estes já não estejam contemplados na indicação geral do Direito aplicável. A vantagem é a de deslocar o contexto textual e sistêmico da interpretação de um ou mais sistemas nacionais, nem sempre tão adequados e detalhados em matéria de negócios internacionais.

3.3 Cláusulas de *force majeure* da ICC

A Câmara de Comércio Internacional (ICC), há mais de cem anos em atividade, dispensa apresentações em matéria de arbitragem internacional, bem como pelos incontornáveis Incoterms, as cláusulas padronizadas para distribuição de custos e riscos em operações envolvendo a entrega de mercadorias. Essa importante associação privada, porém, dispõe de vários outros instrumentos voltados a facilitar o comércio internacional, um dos quais são as cláusulas-padrão de *force majeure* e *hardship*.

Ao contrário das regras da CISG, obrigatórias no Direito brasileiro, e dos Princípios Unidroit, passíveis de eventual aplicação suplementar em arbitragens internacionais como expressão escrita de princípios gerais, as cláusulas-padrão não têm qualquer pretensão a serem aplicadas por sua força própria e dependem, integralmente, de sua inclusão no contrato, seja mediante referência direta, seja pela reprodução do texto, com eventuais alterações. Nesse sentido, podem ser um bom modelo para a redação da cláusula, ainda que como um parâmetro inicial de referência.

A cláusula de *force majeure* é apresentada em duas versões[28], uma longa e uma curta. A versão curta é integralmente consistente com a longa, variando apenas em razão de não incluir alguns aspectos e comentários. Considerando a função de auxiliar na redação e avaliação de cláusulas contratuais, entendeu-se ser mais adequado tratar apenas da versão longa, nesse capítulo, com a finalidade de apresentar um modelo mais detalhado.

A primeira seção da cláusula trata de seu **conceito.** Os elementos descritos são (1) um evento de força maior, que (2) evita ou impede ("prevents or impedes") a parte de adimplir (a parte afetada) (3) obrigações contratuais ("contractual obligations under the contract') (4) e deve ser comprovada pela parte afetada, devendo o impedimento (5) estar além de um controle razoável, (6) não ser razoavelmente previsível ao tempo do contrato e (7) seus efeitos não sejam razoavelmente evitáveis ou superáveis (avoided or overcome). De modo similar aos Princípios Unidroit, a força maior e caso fortuito são eivados de razoabilidade, dando flexibilidade à aplicação e, inclusive, estabelecendo limites amplos para a ponderação dos árbitros ou juízes.

Trata-se, no segundo item do modelo, do *inadimplemento por terceiros* como causa do inadimplemento da parte afetada. Busca-se, em princípio, afastar a caracterização da falta de terceiro ou subcontratado como incumprimento por força maior. Portanto apenas se admite a hipótese em que o terceiro e o devedor da obrigação estejam, concomitantemente, impedidos em razão de força maior. Se essa estreita brecha deve ser totalmente suprimida ou, pelo contrário, ampliada pode ser discutido e alterado conforme as características do setore e do negócio, conforme o interesse das partes.

---

28 Disponível em https://icc.tobb.org.tr/docs/2022/icc-forcemajeure-hardship-clauses-march 2020.pdf

Em seu terceiro item, o modelo aborda a *presunção* de que certos eventos sejam considerados de força maior. Enumeram-se trinta e quatro tipos de ocorrências, de guerras a restrições cambiais, em que se inverte o *onus probandi* referente à inevitabilidade e imprevisibilidade do evento, restando à parte afetada apenas o dever de comprovar a irresistibilidade, ou seja, a impossibilidade de evitar ou sobrepujar os efeitos do evento sobre a prestação. Resta, evidentemente, a possibilidade de o credor comprovar o contrário.

Em seguida, trata o modelo do *dever de notificar*, especificando que ele deve ser cumprido imediatamente pelo devedor. Deixa para o item seguinte, porém, a identificação dos efeitos da demora da notificação: a impossibilidade de se servir das liberações e exonerações em razão da intempestividade. Os efeitos, porém, passam a se produzir a partir do momento em que se realiza a notificação.

Pode ser interessante, porém, redigir cláusulas mais detalhadas a respeito da notificação. Em primeiro lugar, espera-se que em outro ponto do contrato esteja uma cláusula específica a respeito dos meios admitidos de notificação entre as partes, inclusive identificando o uso de meios eletrônicos e referindo-se à efetividade da comunicação. Em segundo, a expressão "sem demora" ("*without delay*"), utilizada na redação do modelo, é bastante adequada, havendo equivalência a expressões como "o antes possível" e "na primeira oportunidade". Por fim, a identificação dos efeitos da demora ou ausência de notificação podem ser especificados para maior clareza, sobretudo a respeito da eficácia *ex tunc* ou *ex nunc* da notificação culposamente intempestiva.

No item 5, o modelo passa a discutir as *consequências* da *force majeure*. Como nos Princípios Unidroit, admitem-se dois efeitos principais: a liberação do dever de cumprir a obrigação e a exoneração da responsabilidade por perdas e danos decorrentes do inadimplemento. Para além desses efeitos, porém, protege o devedor, também, de "qualquer outro remédio contratual por quebra do contrato". Essas consequências cobrem o período contato do momento em que o evento de força maior se converteu em um impedimento para o adimplemento, desde que tempestivamente notificada a outra parte. Sendo o caso, a parte credora da obrigação impedida pode suspender o cumprimento de suas obrigações a partir do recebimento da notificação.

No próximo item, a cláusula modelo passa a tratar do *impedimento temporário*, ao término do qual as os efeitos da força maior e caso fortuito deixam de incidir e a obrigação da parte afetada pode novamente ser exigida. Nesse sentido, a prestação retoma sua exigibilidade e, a partir de então, pode haver perdas e danos.

O *dever de mitigar* é o tema tratado no item 7. Refere-se ao dever da parte afetada de tomar medidas razoáveis para minimizar os efeitos negativos sobre a outra parte. Além da notificação, expressamente apontada como devida, cabe à parte afetada atuar em consonância com as expectativas a respeito de um comerciante diligente do setor em que a operação ocorre. O texto da cláusula modelo não chega a explicitar os efeitos da ausência de atuação mitigatória, mas é possível deduzir que, em face da inércia e falta de responsividade da parte afetada, é possível sua responsabilização por perdas e danos no montante correspondente ao quanto de dano seria evitado. A lógica interpretativa é, nesse sentido, análoga à empregada para o dever de notificar.

Embora a situação de força maior, *per se*, não seja suficiente para provocar o *término do contrato*, o item 8 trata desse tema. Trata-se da extinção unilateral do contrato sem responsabilização de qualquer das partes que a efetive, por meio de notificação, em razão da perda da utilidade esperada ("*what they were reasonably entitled to expect under the contract*") em razão da extensão temporal do impedimento. Aponta-se o prazo de 120 dias, passível de afastamento pelas partes.

Por fim, o item 9 da cláusula modelo trata do *enriquecimento injusto*. Essa noção se refere a eventuais benefícios recebidos por uma parte em razão das atividades da outra para o cumprimento do contrato. Nesse caso, a parte beneficiada deve devolver à outra o equivalente em dinheiro.

Como se observou, trata-se de cláusula contratual e, portanto, de dispositivos que dependem da específica vontade das partes em adotá-la como conteúdo de seus acordos. A vantagem de utilizar uma cláusula padronizada, além de não incorrer nos custos e tempo de elaboração, é a de empregar um instrumento consagrado e, possivelmente, já conhecido pelas partes e seus advogados.

Conforme o setor e o tipo de operação, pode ser necessário escrever uma cláusula específica, mas a utilização do modelo ICJ ou dos Princípios Unidroit podem ser um bom ponto de partida.

CONCLUSÕES

Embora existam soluções gerais em virtualmente todos os sistemas jurídicos para mitigar os prejuízos do inadimplemento de obrigações contratuais em razão de eventos imprevisíveis e irresistíveis, as cláusulas de *force majeure* são um elemento indispensável de qualquer contrato comercial internacional, com ênfase ainda maior naqueles de longa duração e elevada complexidade.

Essas cláusulas têm a função de incrementar a segurança e a previsibilidade por meio da regulação contratual dos riscos e incertezas associados a eventos independentes da vontade das partes e que podem afetar o cumprimento das obrigações contratuais. Nesse sentido, servem para (1) substituir um regime legal inadequado por um outro, contratual, mais adequado à estrutura da operação econômica subjacente ao contrato, (2) estabelecer parâmetros mais claros e precisos do que os legislativamente construídos, o que é possível em razão da especificidade da disposição contratual e (3), no caso dos contratos internacionais, evitar desagradáveis surpresas a respeito dos sistemas nacionais conectados à operação, de maneira a estabelecer um regime contratual único e adequado à compreensão das partes.

Isso não significa, porém, que tal cláusula seja elaborada em um vácuo normativo. Considerações a respeito da extensão da autonomia privada nos distintos ordenamentos envolvidos, bem como referentes às estruturas, formas e conteúdos das regulações legais sempre serão relevantes. Por isso, é importante ter em vista a existência de instrumentos internacionais úteis para a contextualização normativa da cláusula, como ocorre nos casos da CISG e dos Princípios Unidroit.

Por outro lado, o estudo desses instrumentos e dos modelos efetivamente utilizados na elaboração das cláusulas de *force majeure* é importante para trazer à luz aspectos que possam ser eventualmente negligenciados quando se tem por parâmetro apenas a referência legislativa. Nesse sentido, o estudo de instrumentos como a cláusula padrão da ICC serve para orientar e facilitar a construção das cláusulas para contratos específicos.

Não há, decerto, uma cláusula ideal de *force majeure*. A melhor distribuição e intensidade da proteção irão variar sobremaneira em função dos inúmeros aspectos da operação econômica subjacente e das expectativas sobre o exercício jurisdicional. Nesse sentido, impossível elaborar um modelo perfeito, mas importante ter em vista as possibilidades efetivamente existentes para a redação e adoção de cláusulas capazes de das segurança e previsibilidade aos negócios.

58. AS CLÁUSULAS ABUSIVAS

José Roberto de Castro Neves

1. INTRODUÇÃO

No final da Idade Média, já circulava, pela Europa, a história de um certo João Fausto, que havia celebrado um pacto com o demônio. Para receber benefícios em sua vida terrena, Fausto concordara em entregar sua alma ao coisa-ruim. Um negócio tenebroso. Na peça teatral "A trágica história do doutor Fausto", possivelmente de 1592, o dramaturgo inglês Christopher Marlowe conta do homem que negocia sua alma com o diabo.

Fausto, na história de Marlowe, vai estudar em Wittenberg, na Alemanha — não à toa, o lugar de onde, no começo daquele século XVI, emanaram as ideias de Martinho Lutero, de revolta contra algumas posições da Igreja. É também para onde Shakespeare, poucos anos mais tarde, vai apontar como o local de estudos do atormentado príncipe Hamlet.

O Fausto de Marlowe é um grande erudito. Ávido pelo conhecimento, ele se rebela contra a religião a partir de sua racionalidade. Em troca do conhecimento, Fausto faz um singelo acordo com o diabo:

> "Nas condições que se seguem... Primeiro, que Fausto possa se tornar um espírito em forma e substância quando bem quiser fazê-lo. Segundo, que Mefistófeles seja seu servo e se submeta ao seu comando. Terceiro, que Mefistófeles faça o que Fausto lhe ordenar e lhe forneça tudo o que lhe pedir. Quarto, que Mefistófeles permaneça invisível em sua casa e em seus aposentos particulares. Quinto e último, que ele surja diante do mencionado Fausto todas as vezes que for requerido e sob a forma que mais agradar-lhe... Eu,

> Joannes Fausto, de Wittenberg, doutor, pela presente, cedo tanto a minha alma quanto o meu corpo a Lúcifer, Príncipe do Oriente, e a seu ministro, Mefistófeles, e, além disso, lhes asseguro, expirados 24 anos de prazo, sendo os artigos acima invioláveis, total direito de se apossar de Joannes Fausto, supracitado, ou de carregá-lo consigo, de corpo e alma, carne e sangue, e bens, para sua morada, seja onde for esta. Joannes Fausto.[1]"

Tudo é concedido a Fausto. Marlowe coloca na boca do diabo: "[o] inferno não tem limites." Entusiasmado com as vantagens e proveitos que teria a partir do negócio com o coisa-ruim, notadamente o acesso ao saber, Fausto exclama: "[t]ivesse eu tantas almas como há estrelas, / daria todas a Mefistófeles."[2]

Chegado o momento de Fausto cumprir sua prestação, ele, claro, se arrepende. Lamenta sua ida para Wittenberg e ter lido tantos livros. Em vão. Os demônios o levam. Na obra de Marlowe, o diabo ganha, supera a sua vítima, contrariando a ideia – corrente na literatura e na dramaturgia da época – de que o demônio jamais vencia.

O contrato é cumprido. Fausto vende sua alma e a entrega. Ficam, entre outras, as seguintes questões: como se reage a um negócio no qual uma das partes exerce um forte poder sobre a outra? O mero fato de o demônio, com seus ilimitados poderes, ser parte no negócio já condena o contrato à ilegalidade? Como se controla o abuso dos mais fortes numa relação contratual?

2. "CLÁUSULAS IMPOSTAS PELO LEÃO": O ABUSO DO DIREITO COMO FONTE DO CONTROLE DAS CLÁUSULAS ABUSIVAS

Da mesma forma como o Homem, na sua escalada civilizatória, reconheceu o proveito de conferir força aos contratos – uma vez que o Estado garante seu cumprimento –, ele identificou, também desde os primórdios, a possibilidade de a parte mais forte dessa relação contratual impor obrigações injustas e desiguais à outra.

---

1 "On these conditions following. First, that Faustus may be a spirit in form and substance. Secondly, that Mephistophilis shall be his servant, and at his command. Thirdly, that Mephistophilis shall do for him, and bring him whatsoever he desires. Fourthly, that he shall be in his chamber or house invisible. Lastly, that he shall appear to the said John Faustus, at all times, in what form or shape soever he please. I, John Faustus, of wertenberg, doctor, by these presents, do give both body and soul to lucifer prince of the east, and his minister mephistophilis; and furthermore grant unto them, that, twenty-four years being expired, the articles above-written inviolate, full power to fetch or carry the said John Faustus, body and soul, flesh, blood, or goods, into their habitation wheresoever. By me, John Faustus" (Ato II, Cena 1)

2 "[...] had I as many souls as there be stars, / I'd give them all for Mephistophilis." (Ato I, Cena 3)

A partir de uma antiga fábula do grego Esopo, qualificam-se essas disposições como *cláusulas leoninas* (ou mesmo de leonino o próprio contrato).[3] Ao longo da História, excessos foram apontados e, por vezes, coibidos.[4] Contudo, é historicamente recente o reconhecimento científico dessas disposições, com definições mais técnicas, identificando o abuso entre os contratantes. Esse movimento floresce mais precisamente no século passado, a partir do momento em que o jurista passa a se preocupar com as disparidades, por vezes abissal, que pode haver entre as partes de uma relação contratual.

O respeito à *igualdade formal entre as partes* foi uma importante conquista das legislações do século XIX. Até então, admitia-se o tratamento desigual às partes pela Lei, justificável por questões sociais, de sexo, de religião, entre outras. Contudo, logo se observou que apenas a igualdade formal não se mostrava suficiente para evitar injustiças. A desigualdade material, ao contrário da desigualdade formal, não poderia ser "corrigida" de forma mais óbvia pelo Direito. Cabia ao ordenamento jurídico oferecer remédios para impedir que houvesse o abuso dos mais fortes.

A partir do surgimento desse novo paradigma, que buscava evitar excessos nas relações contratuais adernadas, o intérprete ganha uma nova missão: evitar as consequências danosas de tais relações assimétricas.

Mais recentemente, no século XX, o desequilíbrio material entre as partes e suas indesejáveis implicações nos contratos de adesão e nas relações de consumo (dois fenômenos que comumente caminham juntos) foram estudados com mais profundidade. O objetivo, ao fim, consiste em evitar que uma parte com posição de prevalência obtenha proveito indevido.

---

3 No original, eis a fábula de Esopo: "O leão, o asno e a raposa tinham caçado juntos e feito uma boa provisão. O leão deu ordem para dividi-la e o asno assim o fez. Dividiu tudo em três partes iguais e pediu ao leão para escolher a sua. Furioso, o leão saltou em cima do asno e o devorou. Depois, pediu à raposa para fazer a divisão. Ela juntou tudo e deixou só alguns pedaços para si.

– Agora é a sua vez– disse para o leão.

Este lhe perguntou quem lhe ensinara dividir assim.

– O triste destino do asno – respondeu a raposa.

A infelicidade de uns é a fonte de sabedoria para outros." (Esopo, *Fábulas*, Porto Alegre, L&PM, 1997).

A história, com o tempo, ganhou outras versões, como a de que o leão e outros animais convencionam caçar juntos, mas, no momento de dividir a parte de cada um no que conseguiram capturar, o leão, então, reparte a presa em três e diz: "Eu sou o Rei Leão. Logo, por conta disso, tenho direito à primeira parte. A segunda parte também me pertence porque sou o mais forte e, por fim, a outra por eu ser o mais valente." Nenhum dos animais, claro, reclamou.

4 Veja-se, por exemplo, a Declaração de Direitos ("*Bill of Rights*"), o documento que o parlamento inglês impôs ao pretendente ao trono Guilherme de Orange, em 1689. Para que Guilherme assumisse a coroa inglesa, teve que concordar com os termos da Declaração, pela qual se estabelecia, entre outras garantias ao cidadão, que não se poderia exigir fiança ou multas excessivas. Era uma forma de evitar imposições abusivas.

Segundo a conhecida regra do artigo 104 do Código Civil, a validade do negócio jurídico requer *agente capaz, objeto lícito* e *forma não defesa em lei*. O artigo 187[5] do diploma civil registra que comete ato ilícito quem exerce um direito excedendo os limites impostos pelo seu fim econômico ou social, pela boa-fé ou pelos bons costumes. Trata-se do *abuso de direito*.

Consoante anota Claudia Lima Marques, "o abuso de direito passa a relacionar-se expressamente com a *função social do contrato*, com a *boa-fé objetiva* e com os *bons costumes*"[6], representando uma "falta praticada pelo titular de um direito que ultrapassa os limites ou que deturpa a finalidade do direito que lhe foi concedido"[7]. Verificada essa situação, do *uso antissocial de um direito*, retira-se a validade do negócio – afinal, "o que ofende o ordenamento é o modo (excessivo, irregular, causador de lesão) com que foi exercido um direito, acarretando um resultado, este sim, ilícito"[8].

Não raro, no âmbito de uma relação contratual, ajustam-se cláusulas nas quais uma das partes manifestamente excede as fronteiras mencionadas no artigo 187 da Lei Civil. Isso ocorre se uma parte se aproveita de sua posição de força para impor à outra termos injustos. Estar-se-á, nessas hipóteses, diante de cláusulas abusivas – as disposições "impostas pelo leão". Cuida-se, portanto, de uma espécie de ato ilícito[9], na medida em que se observa "o descompasso de direitos e obrigações entre os contratantes"[10].

---

5 "Art. 187. Também comete ato ilícito o titular de um direito que, ao exercê-lo, excede manifestamente os limites impostos pelo seu fim econômico ou social, pela boa-fé ou pelos bons costumes."

6 MARQUES, Cláudia Lima. Diálogo Entre O Código De Defesa Do Consumidor E O Novo Código Civil – Do "Diálogo Das Fontes" No Combate Às Cláusulas Abusivas. Revista de Direito do Consumidor. vol. 45/2003. p. 71 – 99.

7 MARQUES, Cláudia Lima. *Contratos no código de defesa do consumidor*. 3.ed. São Paulo: Ed. RT, 1998. p.404.

8 MARQUES, Cláudia Lima. *Contratos no código de defesa do consumidor*. 3.ed. São Paulo: Ed. RT, 1998. p.404.

9 Nesse sentido: "Inaceitável a distinção entre cláusulas ilícitas e cláusulas abusivas, no sentido de que ilícita seria tão-somente a cláusula contra a lei, e abusiva a que resultaria do exercício de um direito, apenas que de forma desviada e contrária à função do próprio Direito, com vantagem indevida para um dos contratantes. Ao relacionar exemplificativamente as cláusulas abusivas, o legislador incluiu no artigo 51 situações de flagrante contradição com a lei (por exemplo, inciso XIV: cláusulas com violação de normas ambientais; inciso XV: cláusulas em desacordo com o sistema de proteção ao consumidor). No mesmo plano, definidas também como cláusulas abusivas, estão as que estabelecem situações de desigualdade e iniquidade, com perda de justiça. Portanto, melhor dizer, com Almeida Costa, queas cláusulas abusivas são também cláusulas ilícitas, porque contrárias ao Direito, compreendendo-se o Direito não apenas como um conjunto de leis, mas um sistema também integrado por princípios gerais de moralidade e de interesse público [...]" (AGUIAR JÚNIOR, Ruy Rosado de. Cláusulas Abusivas no Código do Consumidor, *in Estudos sobre a proteção do consumidor no Brasil e no MERCOSUL*. Porto Alegre: Livraria do Advogado, 1994, pp. 13-32.)

10 MARQUES, Cláudia Lima. A abusividade nos contratos de seguro-saúde e de assistência médica no Brasil. *Ajuris*, Porto Alegre, n. 64, p. 34-77, jul. 1995, p. 63.

A cláusula abusiva, se cumprida pela parte frágil, representará "a autorização da atuação desleal, maliciosa, de má-fé subjetiva"[11], a configurar "o desequilíbrio contrário à essência, ao objetivo contratual, aos interesses básicos presentes naquele tipo de relação"[12].

A doutrina cuidou de definir as cláusulas abusivas. Para alguns, essas cláusulas são próprias de negócios nos quais as partes têm forças distintas e uma delas abusa dessa situação:

> "Abusivas são cláusulas que, em contratos entre as partes de desigual força, reduzem unilateralmente as obrigações do contratante mais forte ou agravam as do mais fraco, criando uma situação de grave desequilíbrio entre elas. [...] são cláusulas que destroem a relação de equivalência entre prestação e contraprestação".[13]

***

> "(...) [a cláusula abusiva] vem marcada pela unilateralidade, que é resultado da posição de força, de superioridade de uma das partes contratantes, impondo um desequilíbrio contratual, de vantagens e riscos, que a ordem jurídica corrige ou, antes, impede (...)"[14]

Há também quem aponte a existência dessas cláusulas sempre que elas veiculem um *abuso de direito*, ainda que entre partes paritárias (sempre, de toda forma, se reconhecendo que esses excessos são mais comuns nas situações nas quais as partes guardem diferentes posições de força):

> "(...) uma cláusula contratual poderá ser tida como abusiva quando se constitui um abuso de direito (o predisponente das cláusulas contratuais, num contrato de adesão, tem o direito de redigi-las previamente; mas comete abuso se, ao redigi-las, o faz de forma a causar dano ao aderente). Também será considerada abusiva se fere a boa-fé objetiva, pois, segundo a expectativa geral, de todas e quaisquer pessoas, há que haver equivalência em todas as trocas. Presumir-se-á também abusiva a cláusula contratual quando ocorrer afronta aos bons costumes, ou quando ela se desviar do fim social

---

11 MARQUES, Cláudia Lima. A abusividade nos contratos de seguro-saúde e de assistência médica no Brasil. *Ajuris*, Porto Alegre, n. 64, p. 34-77, jul. 1995, p. 63.

12 MARQUES, Cláudia Lima. A abusividade nos contratos de seguro-saúde e de assistência médica no Brasil. *Ajuris*, Porto Alegre, n. 64, p. 34-77, jul. 1995, p. 63.

13 NORONHA, Fernando. O *direito dos contratos e seus princípios fundamentais: autonomia privada, boa-fé, justiça contratual*. São Paulo: Saraiva, 1994, p. 3.

14 GODOY, Cláudio Luiz Bueno de. *Função social do contrato*. São Paulo: Saraiva, 2004. p. 49.

> ou econômico que lhe fixa o direito. A aferição dessas condições não se faz, contudo, através da indagação da real intenção das partes intervenientes no contrato."[15]

A *abusividade* se manifesta de diferentes formas: pode ser uma cláusula de meridiana clareza, porém que estabeleça uma vantagem desproporcional para a parte mais forte da relação contratual; pode ser uma cláusula ambígua (e, por isso mesmo, cria um risco de interpretação para a parte frágil); pode ser uma cláusula supressiva[16], seja retirando da parte débil um direito que ela ordinariamente teria, seja gerando efeitos não apenas desfavoráveis, mas inesperados ao polo vulnerável. Nesse sentido, o "caráter abusivo da cláusula contratual será apreciado tendo em vista a natureza dos bens e serviços objeto do contrato, as circunstâncias que concorreram para sua celebração, assim como todas as demais cláusulas do contrato e de outro contrato do qual porventura ele venha a depender"[17].

A identificação dessas disposições abusivas se opera em dois níveis: no primeiro, cumpre identificar a existência dessa disparidade de forças que permite o abuso; e, no segundo, se essa disparidade foi a responsável pela inclusão de cláusula que cria uma distorção, com uma vantagem desmesurada para essa parte mais forte.

3. A DISPARIDADE MATERIAL ENTRE AS PARTES

Como se referiu, o fundamento para reconhecer o vício dessas estipulações contratuais será sempre o abuso cometido por uma parte mais forte.

---

15 LEOPOLDINO DA FONSECA, João Bosco. *Cláusulas abusivas nos contratos*. Rio de Janeiro: Forense, 1993, p. 156.

16 "[...] dentro del género de las cláusulas abusivas, se reconoce una serie de cláusulas denominadas por la doctrina foránea sorpresivas, las cuales se presentan cuando los efectos que de ellas se derivan, resultarían, además de desfavorables, notoriamente inesperados para un cliente común (*Überrumpelungseffekt*) y que en todo caso lo son para el adherente a quien se le aplica, de manera que existe una discrepancia entre los efectos esperados o previsibles de éstas y los jurídicamente procedentes según su formulación, a juzgar según lo desacostumbrado de la cláusula en general, de acuerdo con las circunstancias y especialmente según su configuración externa tomada aisladamente o en conjunto con el resto de las cláusulas" (LAGUADO GIRALDO, Carlos Andrés. Condiciones generales, cláusulas abusivas y el principio de buena fe en el contrato de seguro. *Vniversitas*, núm. 105, junio, 2003, p. 231- 251.)

17 FAVA, Marina Dubois. *Aplicação das normas do CDC aos contratos interempresariais: a disciplina das cláusulas abusivas*. 2010. Dissertação (Mestrado) – Universidade de São Paulo, São Paulo, 2010. Disponível em: http://www.teses.usp.br/teses/disponiveis/2/2132/tde-01122010-154105/?&lang=pt-br. Acesso em: 24 mar. 2023.

Assim, o primeiro papel do intérprete consiste em verificar se existe tal disparidade entre as partes e em que medida esse desequilíbrio se manifesta.

Há, como se sabe, mais de uma forma de se exercer o poder de um contratante sobre o outro. Isso se pode dar pela necessidade de uma parte contratar (como ocorre, por exemplo, entre as pessoas e as prestadoras de um serviço essencial) por motivos técnicos (isto é, se apenas uma das partes tem o domínio técnico do objeto do contrato), por um aspecto econômico (no caso de uma parte exercer o poder econômico sobre a outra). Pode haver, ainda, uma *hipossuficiência jurídica* (se apenas um dos contratantes recebe adequada assistência legal).

Com a preocupação de evitar relações contratuais injustas, o ordenamento jurídico, antevendo situações nas quais a parte mais forte pudesse oprimir a mais frágil, estabeleceu regras coibindo abusos de um polo da relação sobre o outro. Inicialmente, o legislador distinguiu as situações nas quais haveria potencial exercício nocivo da superioridade negocial. Isso se dá, para citar um eloquente exemplo, nos contratos de adesão. Neles, o seu conteúdo foi estabelecido unilateralmente por uma das partes, de forma abstrata. A contraparte, se quiser se vincular, aceita os termos estabelecidos, sem condição de negociar (ou em condições muito restritas). Mutilada do poder de barganha, uma das partes simplesmente adere ao contrato.[18] Por razões intuitivas, a força da parte que formula os termos do contrato é muito superior se comparada à da parte que apenas adere.

Num mundo marcado pelo desenvolvimento tecnológico e pela rapidez das trocas comerciais, esse tipo de contrato é corriqueiro, notadamente nas relações com bancos, seguradoras, transportadoras e prestadoras de serviços essenciais. No geral, os contratos de adesão são largamente utilizados nas relações de consumo – trata-se do meio em que, em regra, os prestadores de serviço e os fornecedores se vinculam aos consumidores. O uso corrente do contrato de adesão ocorre, fundamentalmente, por um motivo prático: na sociedade de consumo em massa, o prestador de serviço ou o fornecedor não teriam como personalizar todas as relações.

O fato de os contratos de adesão se inserirem, na maior parte dos casos, no ramo consumerista não significa que todos os instrumentos desse tipo tenham de reger, necessariamente, uma relação de consumo. Na prática, há muitas relações de consumo que não são reguladas por um contrato de adesão.

---

18 Eis a definição de Orlando Gomes: "Contrato de adesão é o negócio jurídico no qual a participação de um dos sujeitos sucede pela aceitação em bloco de uma série de cláusulas formuladas antecipadamente, de modo geral e abstrato, pela outra parte, para constituir o conteúdo normativo e obrigacional de futuras relações concretas." (Gomes, Orlando. *Contratos de Adesão*. São Paulo: Revista dos Tribunais, 1972, p. 3).

Nosso legislador fez a opção de proteger de forma mais potente o consumidor, parte considerada como vulnerável[19], independentemente de sua relação estar regida por um contrato de adesão (embora isso, como se disse, frequentemente vá ocorrer).

Por conta da disparidade da força entre as partes, comum nas relações de consumo, o legislador brasileiro tratou do tema de modo cuidadoso, seguindo a orientação de outros ordenamentos que, da mesma forma, identificaram essa potencial fonte de injustiças (e o primeiro ordenamento a fazê-lo foi o Código Civil italiano de 1942[20]).

Como se adiantou, embora se reconheça que o desenvolvimento do estudo das cláusulas abusivas tenha avançado em grande parte pelo seu propósito de evitar situações injustas no âmbito das relações de consumo e nos contratos de adesão, a incidência de tais disposições não se encontra limitada a essas situações.

Não obstante exista a presunção de que os contratos civis e comerciais sejam paritários e simétricos (vide o artigo 421-A do Código Civil) [21], essa presunção comumente cede diante da evidência contrária, no sentido de que uma parte possua maior poder de barganha, capaz de ensejar algum proveito indevido.

Reconhecendo as cláusulas abusivas como opressivas, onerosas ou excessivas – de modo a promover o aproveitamento da parte mais forte da relação em detrimento da mais fraca –, é forçoso admitir que existem disposições contratuais com essas características em relações que não se enquadrem como de consumo, nem tampouco sejam reguladas por contrato de adesão. Como ensina

---

19 "O consumidor é a parte negocialmente mais fraca. Há que protegê-lo contra cláusulas abusivas, porque emanação da maior força do fornecedor." (ASCENSÃO, José de Oliveira. Cláusulas contratuais gerais, cláusulas abusivas e o Novo Código Civil. *Revista da EMERJ*, Rio de Janeiro, v. 7, n. 26, p. 72-93, 2004.)

20 Eis a regra do artigo 1.341 do Código italiano: "As condições gerais do contrato previamente estabelecidas por um dos contratantes serão eficazes em relação ao outro se, no momento da conclusão do contrato, forem do conhecimento deste último ou se deveriam sê-las de seu conhecimento segundo o critério de diligência ordinária."

21 Sobre o controle de abusividade de cláusulas em contratos empresariais: "3. A Lei 13.874/19, também intitulada de Lei da Liberdade Econômica, em seu art. 3º, VIII, determinou que são direitos de toda pessoa, natural ou jurídica, essenciais para o desenvolvimento e o crescimento econômicos do País, observado o disposto no parágrafo único do art. 170 da Constituição Federal, ter a garantia de que os negócios jurídicos empresariais paritários serão objeto de livre estipulação das partes pactuantes, de forma a aplicar todas as regras de direito empresarial apenas de maneira subsidiária ao avençado, exceto normas de ordem pública.

4. O controle judicial sobre eventuais cláusulas abusivas em contratos empresariais é mais restrito do que em outros setores do Direito Privado, pois as negociações são entabuladas entre profissionais da área empresarial, observando regras costumeiramente seguidas pelos integrantes desse setor da economia." (STJ, REsp n. 1.799.039/SP, Rel. Min. Moura Ribeiro, Rel. p/ acórdão Min. Nancy Andrighi, Terceira Turma, julgado em 04.10.2022, DJe de 07.10.2022.)

Luis Renato Ferreira da Silva, "o abuso ocorre sempre que, aparentemente usando de um direito regular, haja uma distorção do mesmo, por um '*desvio de finalidade*', de modo a prejudicar a outra parte interessada ou a terceiros."[22]

Cabe ao intérprete, diante do caso concreto, aferir qual o grau de disparidade do poder de barganha entre as partes. Verifica-se se existe o chamado "*equal bargaining power*". Como revela a prática, as partes de um contrato raramente têm esse poder de barganha absolutamente simétrico. Na maioria das vezes, uma delas terá alguma superioridade, cuja origem pode variar, como antes se mencionou. Cumpre verificar o grau de disparidade – isto é, se ele é suficiente para que a parte mais forte possa impor a sua vontade. Além disso, é necessário verificar se, em função dessa vantagem, foi estabelecida disposição abusiva.

Naturalmente, a abusividade não existe pelo mero fato de haver um contrato celebrado entre partes com forças díspares. Em outras palavras, o fato de haver grande disparidade entre as partes não resulta, necessariamente, num abuso. A verificação da abusividade da disposição contratual será sempre matéria de interpretação. Cumpre notar, todavia, que, mesmo na ausência de reclamação por parte do polo mais frágil, é dever do intérprete proceder ao controle de abusividade[23], eventualmente desconstituindo a injustiça encarnada numa disposição, nascida a partir da supremacia ostentada por um dos contratantes.

Outro ponto a notar é o de que a diferença de poder de negociação entre as partes de uma relação contratual pode diferir de forma extraordinária: desde uma pequena vantagem até um poder absolutamente avassalador e opressivo. Para o que importa ao Direito, a relação deixa de ser considerada paritária quando o poder que uma parte tem sobre a outra é suficiente para que se possa inserir cláusulas extremamente vantajosas no contrato que as vincula.

4. O APROVEITAMENTO ILEGAL DA SUPERIORIDADE PARA ESTABELECER CLÁUSULAS DESIGUAIS

Verificada a existência de um desequilíbrio material entre as partes – no qual exista a força, ao menos em potência, de uma das partes impor a outra

---

22 SILVA, Luis Renato Ferreira da. Cláusulas abusivas. Natureza do vício e decretação de ofício. *Revista do Direito do Consumidor*, jul./dez. 1997, n. 23-24. p.124.

23 "(...) Surge a necessidade do controle das cláusulas abusivas nas relações contratuais de consumo, pela via administrativa ou judicial, abstrata ou concretamente, a fim de que os contratos se conformem ao bem comum e aos princípios essenciais da justiça e da ordem pública, com o objetivo precípuo de recompor o equilíbrio no âmbito do interesse social." (BONATTO, Cláudio. *Código de Defesa do consumidor: cláusulas abusivas nas relações contratuais de consumo.* 2ª. ed. rev. atual. Porto Alegre: Livraria do Advogado, 2004, p. 110.)

uma cláusula extremamente vantajosa –, parte-se para um segundo exame: o abuso foi efetivamente cometido?

O abuso, por seu turno, ocorrerá nas hipóteses nas quais se verifica uma disposição contratual iníqua, de que se origina um grave desequilíbrio na relação.

Reconhecem-se, de pronto, as *cláusulas intrinsicamente abusivas*, nas quais a ilicitude se manifesta pelo conteúdo da própria disposição contratual, em casos nos quais a própria lei já as tipificou como abusivas. Nesses casos, a própria redação do texto contratual permite identificar, de pronto, a abusividade.

A Lei de Consumo (Lei nº 8.078, de 11.09.1990) examinou, no artigo 39, as práticas abusivas e, no artigo 51, listou um rol de cláusulas abusivas. Segundo determina o comando do artigo 51, a nulidade dessas disposições é *absoluta*[24], dado que as regras aplicáveis às relações de consumo são de ordem pública e há um acentuado interesse social na sua observância.

O artigo 51 da Lei do Consumidor não é taxativo, mas arrola uma longa lista de situações, cuja nulidade ela impõe. Em certas hipóteses, o vício se manifesta no próprio instrumento contratual, sendo "visível pela prova literal", como a cláusula que transfere responsabilidade do fornecedor a terceiro (artigo 51, inciso III, da Lei 8.078/1990) ou que determina a utilização compulsória de arbitragem (artigo 51, inciso VII, da Lei 8.078/1990).

Veja-se, contudo, que, no caso de uma "cláusula redigida sem o devido destaque e clareza, transferindo responsabilidade, mas cujo conteúdo é efetivamente mais favorável ao consumidor"[25], este "é [...] o beneficiário da norma que sanciona com a invalidade [...], pelo que a decretação de nulidade não se dará quando demonstrada a utilidade que lhe resultou do contrato"[26]. Em outras palavras, a interpretação sempre deve se dar de forma inteligente, atentando à razão teleológica da regra.

---

24 "A nulidade da cláusula abusiva deve ser reconhecida judicialmente, por meio de ação direta (ou reconvenção), de exceção substancial alegada em defesa (contestação), ou ainda, por ato *ex officio* do juiz. A sentença que reconhece a nulidade não é declaratória, mas constitutiva negativa. Quanto à subsistência da relação jurídica de consumo contaminada com cláusula abusiva, o efeito da sentença judicial que reconhece a nulidade da cláusula é *ex tunc*, pois desde a conclusão do negócio jurídico de consumo já preexistia essa situação de invalidade, de sorte que o magistrado somente faz reconhecer essa circunstância fática anterior à propositura da ação." (GRINOVER, Ada Pelegrini *et al. Código brasileiro de defesa do consumidor comentado pelos autores do anteprojeto*. 6. ed. Rio de Janeiro: Forense Universitária, 1999, p. 491.)

25 AGUIAR JÚNIOR, Ruy Rosado de. Cláusulas Abusivas no Código do Consumidor. *In*: MARQUES, Cláudia Lima (coord.). *Estudos sobre a proteção do consumidor no Brasil e no MERCOSUL*. Porto Alegre: Livraria do Advogado, 1994, p. 13-32.

26 AGUIAR JÚNIOR, Ruy Rosado de. Cláusulas Abusivas no Código do Consumidor. *In*: MARQUES, Cláudia Lima (coord.). *Estudos sobre a proteção do consumidor no Brasil e no MERCOSUL*. Porto Alegre: Livraria do Advogado, 1994, p. 13-32.

A partir do exame das circunstâncias da celebração, a Lei nº 8.078/1990 reputa inválidas as cláusulas incompatíveis com a boa-fé (artigo 51, inciso IV) ou com o sistema de defesa do consumidor[27] (artigo 51, inciso XV).

O artigo 51 da Lei nº 8.078/1990 também explicita hipóteses de nulidade já antes referidas no Código Civil, como as que deixam ao alvitre do fornecedor decidir sobre o conteúdo ou o preço do negócio (artigo 51, incisos IX, X, XI e XIII da Lei nº 8.078/1990 e artigos 115 e 1.125 do Código Civil). Nesses casos, "a decretação da nulidade[28] prescindirá de qualquer consideração sobre o interesse do consumidor"[29], que poderia eventualmente se beneficiar da disposição contratual. O reconhecimento do vício justifica-se graças ao desatendimento da "exigência de moralidade que deve presidir as relações de tráfico, atritando-se com princípios básicos da ordem jurídica, garantidores dos mais valiosos interesses da coletividade, no dizer de Clóvis Bevilaqua" [30].

Há harmonia na doutrina "consumerista" em entender que a defesa proporcionada pelo artigo 51 da Lei nº 8.078/1990 é mais rígida do que a do artigo 187 do Código Civil. As hipóteses referidas na Lei do Consumo – como o inciso VI, que estabelece a inversão do ônus da prova em prejuízo do consumidor, ou o inciso XIII, que autoriza o fornecedor a alterar o conteúdo do contrato após a sua celebração – não demandam maiores elocubrações para que a sua nulidade seja declarada. Basta reconhecer o tipo. Nesse sentido, para boa parte da doutrina, "a ideia de abuso de direito do Código de Defesa do Consumidor seria mais ampla no que tange à matéria e mais específica, no que tange à

---

27 "[...] incumbe aos órgãos administrativos de proteção do consumidor proceder à análise de cláusulas dos contratos mantidos entre fornecedores e consumidores para aferir situações de abusividade." (STJ, AgInt no REsp n. 1.955.737/SC, Rel. Min. Benedito Gonçalves, Primeira Turma, julgado em 12.12.2022, DJe de 14.12.2022)

28 O sistema de nulidades referente a cláusulas de contratos de seguro é frequentemente analisado pelo STJ. Tanto é assim que foi editado o tema repetitivo nº 610, segundo o qual "Na vigência dos contratos de plano ou de seguro de assistência à saúde, a pretensão condenatória decorrente da declaração de nulidade de cláusula de reajuste nele prevista prescreve em 20 anos (art. 177 do CC/1916) ou em 3 anos (art. 206, § 3º, IV, do CC/2002), observada a regra de transição do art. 2.028 do CC/2002". Nesse sentido: "Nas relações jurídicas de trato sucessivo, quando não estiver sendo negado o próprio fundo de direito, pode o contratante, durante a vigência do contrato, a qualquer tempo, requerer a revisão de cláusula contratual que considere abusiva ou ilegal, seja com base em nulidade absoluta ou relativa." (STJ, REsp n. 1.361.182/RS, Rel. Min. Marco Buzzi, Rel. p/ acórdão Min. Marco Aurélio Bellizze, Segunda Seção, julgado em 10.08.2016, DJe de 19.09.2016.)

29 AGUIAR JÚNIOR, Ruy Rosado de. Cláusulas Abusivas no Código do Consumidor. *In*: MARQUES, Cláudia Lima (coord.). *Estudos sobre a proteção do consumidor no Brasil e no MERCOSUL*. Porto Alegre: Livraria do Advogado, 1994, p. 13-32.

30 AGUIAR JÚNIOR, Ruy Rosado de. Cláusulas Abusivas no Código do Consumidor. *In*: MARQUES, Cláudia Lima (coord.). *Estudos sobre a proteção do consumidor no Brasil e no MERCOSUL*. Porto Alegre: Livraria do Advogado, 1994, p. 13-32.

vulnerabilidade do co-contratante"[31]. Por outro lado, o Código do Consumidor não estabeleceu um novo sistema de nulidades, distinto daquele preconizado pelo Código Civil[32].

Para além do rol contido no artigo 51, o artigo 53 do Código do Consumidor faz referência à outra cláusula considerada abusiva:

> "Art. 53. Nos contratos de compra e venda de móveis ou imóveis mediante pagamento em prestações, bem como nas alienações fiduciárias em garantia, consideram-se nulas de pleno direito as cláusulas que estabeleçam a perda total das prestações pagas em benefício do credor que, em razão do inadimplemento, pleitear a resolução do contrato e a retomada do produto alienado."

Recente inovação jurisprudencial trouxe novas luzes à forma de aplicação do referido dispositivo. Nos autos do Recurso Especial 1622555/MG, o STJ firmou entendimento no sentido de que "[a] propriedade fiduciária, concebida pelo legislador justamente para conferir segurança jurídica às concessões de crédito, essencial ao desenvolvimento da economia nacional, resta comprometida pela aplicação deturpada da teoria do adimplemento substancial"[33]. Sagrou-se vencedora a seguinte tese: "[é] questionável, se não inadequado, supor que a boa-fé contratual estaria ao lado de devedor fiduciante que deixa de pagar uma ou até algumas parcelas por ele reputadas ínfimas, mas certamente de expressão considerável, na ótica do credor, que já cumpriu integralmente a sua obrigação, e, instado extra e judicialmente para honrar o seu dever contratual, deixa de fazê-lo, a despeito de ter a mais absoluta ciência dos gravosos consectários legais advindos da propriedade fiduciária"[34].

---

31 Marques, *Cláudia Lima.* Diálogo Entre O Código De Defesa Do Consumidor E O Novo Código Civil – Do "Diálogo Das Fontes" No Combate Às Cláusulas Abusivas. *Revista de Direito do Consumidor.* vol. 45/2003. p. 71 – 99.

32 "É possível concluir que as características da nulidade de pleno direito no Código de Defesa do Consumidor correspondem àquelas atribuídas pelo Código Civil à nulidade absoluta, ainda que não haja consemelhança entre elas. Na seara do Direito Civil, vale destacar as palavras de Maria Helena Diniz, para quem a nulidade absoluta deve ser pronunciada "de ofício independentemente de alegação da parte, quando [o juiz] conhecer do negócio jurídico ou dos seus efeitos e as encontrar provadas [...]" (Barroso, Lucas Abreu; Encarnação, Paulo Vitor Faria da. O Enunciado nº 381 da Súmula do Superior Tribunal de Justiça, as cláusulas abusivas e a juridicidade consumerista. *Civilistica.com.* Rio de Janeiro, a. 11, n. 2, 2022. *apud* Diniz, Maria Helena. *Curso de direito civil brasileiro: teoria geral do direito civil.* 29. ed. São Paulo: Saraiva, 2012. p. 589.)

33 STJ, REsp 1622555/MG, Rel. Min. Marco Buzzi, Rel. p/ Acórdão Min. Marco Aurélio Bellizze, Segunda Seção, julgado em 22.02.2017, DJe 16.03.2017.

34 STJ, REsp 1622555/MG, Rel. Min. Marco Buzzi, Rel. p/ Acórdão Min. Marco Aurélio Bellizze, Segunda Seção, julgado em 22.02.2017, DJe 16.03.2017.

Embora o caso paradigma diga respeito ao Decreto-Lei nº 911/1969 – norma regente do contrato de alienação fiduciária[35] em garantia –, esse novo entendimento certamente contribui para a diminuição da aplicabilidade do artigo 53 da Lei 8.078/1990, pois eventuais cláusulas que consagrarem medidas constritivas ao patrimônio do devedor inadimplente poderiam não ser vistas como condenáveis do ponto de vista jurídico.

Vale a ressalva de que a tese firmada em 2017, no Recurso Especial 1622555/MG, apenas seria aplicável a contratos envolvendo *bens móveis*, pois o STJ também firmou, sob o regime de recursos repetitivos, a seguinte orientação: "[e]m contrato de compra e venda de imóvel com garantia de alienação fiduciária devidamente registrada, a resolução do pacto na hipótese de inadimplemento do devedor, devidamente constituída em mora, deverá observar a forma prevista na Lei 9.514/1997, por se tratar de legislação especifica, afastando-se, por conseguinte, a aplicação do Código de Defesa do Consumidor"[36]. Esse tema repetitivo parece colidir, ao menos à primeira vista, com o Enunciado 297[37] da Súmula do STJ, editada em 2004. Como se vê, o STJ tem sido frequentemente chamado a decidir problemáticas sensíveis sobre o ramo consumerista[38] e a profusão de decisões contribui, a passos largos, para firmar um novo paradigma do consumo brasileiro.

---

35 O controle de abusividade de cláusulas de juros é frequentemente analisado pelo STJ. Nesse sentido: "[...] a jurisprudência "tem considerado abusivas taxas superiores a uma vez e meia (voto proferido pelo Min. Ari Pargendler no REsp 271.214/RS, Rel. p. Acórdão Min. Menezes Direito, DJ de 04.08.2003), ao dobro (REsp 1.036.818, Terceira Turma, minha relatoria, DJe de 20.06.2008) ou ao triplo (REsp 971.853/RS, Quarta Turma, Rel. Min. Pádua Ribeiro, DJ de 24.09.2007) da média. Todavia, esta perquirição acerca da abusividade não é estanque, o que impossibilita a adoção de critérios genéricos e universais. A taxa média de mercado, divulgada pelo Banco Central, constitui um valioso referencial, mas cabe somente ao juiz, no exame das peculiaridades do caso concreto, avaliar se os juros contratados foram ou não abusivos" (AgInt no AREsp 657.807/RS, Rel. Min. Lázaro Guimarães, Desembargador convocado do TRF 5ª Região, Quarta Turma, julgado em 21.06.2018, DJe 29.06.2018)" (STJ, AgInt no REsp n. 2.002.576/RS, Rel. Min. Marco Aurélio Bellizze, Terceira Turma, julgado em 17.10.2022, DJe de 20.10.2022).

36 Tema Repetitivo 1.095 do STJ.

37 "O Código de Defesa do Consumidor é aplicável às instituições financeiras."

38 Um dos pontos mais enfrentados pela Corte diz respeito à relação entre planos de saúde e consumidores. Sobre o tema, confira-se os seguintes excertos de julgados: "[...] à luz do Código de Defesa do Consumidor, devem ser reputadas como abusivas as cláusulas que nitidamente afetam de maneira significativa a própria essência do contrato, impondo restrições ou limitações aos procedimentos médicos, fonoaudiológicos e hospitalares (v.g. limitação do tempo de internação, número de sessões de fonoaudiologia, entre outros) prescritos para doenças cobertas nos contratos de assistência e seguro de saúde dos contratantes" (AgInt no AREsp 1.219.394/BA, Rel. Min. Raul Araújo, Quarta Turma, julgado em 07.02.2019, DJe de 19.02.2019); "[...] os planos de saúde podem, por expressa disposição contratual, restringir as enfermidades a serem cobertas, mas não podem limitar os tratamentos a serem realizados" (AgInt no AREsp 1.816.897/SP, Rel. Min. Luis Felipe Salomão, Quarta Turma, julgado em 20.09.2021, DJe de 27.09.2021; "[e]mbora a Lei 9.656/98

No direito brasileiro, não existe sanção pré-determinada para a violação da boa-fé objetiva. A exceção se encontra no diploma consumerista, como se viu, bem como no artigo 424 do Código Civil. Este prevê uma hipótese na qual, em contratos de adesão[39], se reconhecerá o abuso: "[n]os contratos de adesão, são nulas as cláusulas que estipulem a renúncia antecipada do aderente a direito resultante da natureza do negócio".

Trata-se, a rigor, da única norma do Código de *controle da abusividade* nos contratos de adesão – "o art. 424, além de restringir seu campo de aplicação aos contratos de adesão, limita-se aos casos de abusividade da *cláusula desnaturalizante do contrato*, sendo certo que podem existir outras formas de abusividade de uma cláusula, e não somente aquelas que desnaturalizem o negócio"[40]. Por exemplo, "mesmo no caso de um contrato de adesão em que houvesse uma cláusula de renúncia antecipada a direito resultante da natureza do negócio, não necessariamente deveria ser decretada a nulidade da cláusula em questão, [...] se [...] em troca dessa cláusula, houvesse uma clara vantagem econômica"[41-42].

---

não retroaja aos contratos celebrados antes de sua vigência, é possível aferir a abusividade de suas cláusulas à luz do Código de Defesa do Consumidor, ainda que tenham sido firmados antes mesmo de seu advento" (STJ, AgRg no REsp 1.260.121/SP, Rel. Min. Paulo De Tarso Sanseverino, Terceira Turma, julgado em 27.11.2012, DJe 06.12.2012). No mesmo sentido: STJ, AgInt no REsp n. 1.997.175/MG, Rel. Min. Antonio Carlos Ferreira, Quarta Turma, julgado em 12.12.2022, DJe de 15.12.2022; STJ, AgInt no AgInt no REsp n. 1.935.909/SP, Rel. Min. Ricardo Villas Bôas Cueva, Terceira Turma, julgado em 16.05.2022, DJe de 25.05.2022; STJ, AgInt no REsp n. 1.954.897/SP, Rel. Min. Luis Felipe Salomão, Quarta Turma, julgado em 14.01.2021, DJe de 01.02.2022.

39 "(...) se, por um lado, o Estado tem de intervir para assegurar a igualdade na contratação, especialmente para remover os inconvenientes que resultam do modo de formação dos contratos de adesão, tendo em vista que cada um dos sujeitos dessa relação pertence a grupos ou categorias sócio-econômicas diversas, fato que os coloca em posições díspares de força e poder de barganha, não pode, por outro lado, ignorar-se que até onde essa situação de desequilíbrio de forças não ocorra ou não se verifique, a parte deve poder desfrutar da liberdade contratual, tendo de se responsabilizar em face da outra parte contratante, pela assunção de todas as obrigações livremente assumidas" (MIRANDA, Custodio da Piedade Ulbadino. *Contrato de adesão*. São Paulo: Atlas, 2002, p. 170-171.)

40 FAVA, Marina Dubois. *Aplicação das normas do CDC aos contratos interempresariais: a disciplina das cláusulas abusivas*. 2010. Dissertação (Mestrado) – Universidade de São Paulo, São Paulo, 2010. Disponível em: http://www.teses.usp.br/teses/disponiveis/2/2132/tde-01122010-154105/?&lang=pt-br. Acesso em: 24 mar. 2023

41 FAVA, Marina Dubois. *Aplicação das normas do CDC aos contratos interempresariais: a disciplina das cláusulas abusivas*. 2010. Dissertação (Mestrado) – Universidade de São Paulo, São Paulo, 2010. Disponível em: http://www.teses.usp.br/teses/disponiveis/2/2132/tde-01122010-154105/?&lang=pt-br. Acesso em: 24 mar. 2023.

42 Parcela da doutrina defende a aplicação do artigo 424 do Código Civil a contratos de cunho existencial: "Alguns autores entendem que a aplicação desse art. 424 é ainda mais restrita, devendo-se levar em conta a natureza do contrato. Ganha espaço, aqui, uma nova dicotomia no campo

Deve-se admitir, a propósito, que, na medida em que as regras civis e consumeristas integram o mesmo ordenamento, o artigo 424 da Lei Civil "em nada colide ou conflita com os arts. 51, 53 e 54 do CDC, ao contrário reforça o mesmo espírito"[43]. Seja como for, "só o julgador, na apreciação do caso concreto, tem a possibilidade de identificar se determinada cláusula rompe o equilíbrio do contrato e deve ser nulificada" [44].

Entende-se, com razão, que regras limitadoras, como as que excluem ou limitam o dever de indenizar, apenas se mostram, *a priori*, lícitas nas relações paritárias. Nesses casos, não se pode reconhecer a nulidade senão após compreender a relação na sua integralidade.

De toda sorte, as hipóteses referidas no artigo 51 do Código do Consumidor servem de bons exemplos de abuso, mesmo quando ocorrem fora de uma relação de consumo. Tome-se, para citar um caso, a hipótese mencionada no inciso X do citado dispositivo. Nela, comina-se de nulidade a cláusula que permita ao fornecedor, de forma unilateral, alterar o preço do objeto do negócio. Cláusulas com esse conteúdo, mesmo em situações nas quais não haja uma relação de consumo, guardam um alto potencial de abusividade.

Em casos que não se qualificam como uma relação de consumo, porém diante de situações como as elencadas no artigo51 da Lei do Consumidor, o intérprete deverá aferir com atenção a existência de abuso, podendo-se dizer que, nessas hipóteses, há uma *presunção de ilicitude*.

---

contratual, que é aquela que busca atribuir diferentes efeitos e usar critérios de interpretação distintos para os contratos que tenham por finalidade a obtenção de lucro (contratos de lucro ou empresariais) e os contratos que visem a satisfazer necessidades pessoais (contratos existenciais). [...] o art. 424 deveria ser rigorosamente observado apenas naqueles contratos que visassem à satisfação de necessidades pessoais, próprias à dignidade da pessoa humana, ante a dependência existencial que a parte tem com relação ao bem ou serviço pretendido por meio do contrato. Em tais contratos, e desde que de adesão, toda e qualquer cláusula que desnaturalizasse o negócio deveria ser declarada nula. Já no caso dos contratos de empreendimento profissional, com claro objetivo de lucro pelas partes, a interpretação do art. 424 não deveria ser tão rígida, não sendo preciso declarar a nulidade da cláusula em todos os casos, ainda que ela estivesse no âmbito de um contrato de adesão e implicasse renúncia antecipada de um direito resultante da natureza do negócio, pois, na grande maioria dos casos, haverá riscos a serem suportados e direitos a renunciar com vistas à obtenção de outras vantagens, o que é próprio do regime da livre-iniciativa " (FAVA, Marina Dubois. *Aplicação das normas do CDC aos contratos interempresariais: a disciplina das cláusulas abusivas.* 2010. Dissertação (Mestrado) – Universidade de São Paulo, São Paulo, 2010. Disponível em: http://www.teses.usp.br/teses/disponiveis/2/2132/tde-01122010-154105/?&lang=pt-br. Acesso em: 24 mar. 2023.)

43 MARQUES, *Cláudia Lima.* Diálogo Entre O Código De Defesa Do Consumidor E O Novo Código Civil – Do "Diálogo Das Fontes" No Combate Às Cláusulas Abusivas. *Revista de Direito do Consumidor.* vol. 45/2003. p. 71 – 99.

44 BARROSO, Lucas Abreu; ENCARNAÇÃO, Paulo Vitor Faria da. O Enunciado nº 381 da Súmula do Superior Tribunal de Justiça, as cláusulas abusivas e a juridicidade consumerista. *Civilistica.com.* Rio de Janeiro, a. 11, n. 2, 2022.

O reconhecimento de cláusulas abusivas, evidentemente, não se encontra limitado às hipóteses mencionadas na Lei. O intérprete deve mostrar-se atento em relação às circunstâncias que permitam o abuso, aferindo tanto fatos contemporâneos à formação do contrato, quanto efeitos anormais observados no curso da execução contratual.

Tome-se o exemplo de uma cláusula de eleição de foro[45] que estabeleça para dirimir a disputa um local de difícil e custoso acesso para uma das partes. Suponha-se que uma multinacional e uma sociedade empresária brasileira, de pequeno porte, celebraram contrato de distribuição, no qual consta a previsão de que eventuais controvérsias derivadas daquela relação apenas serão dirimidas em arbitragens sediadas no país de origem da primeira contratante. A abusividade dessa disposição apenas se revelará no momento em que a parte mais frágil tiver que reclamar seu direito pela via judicial. À primeira vista, poder-se-ia reputar tal contrato como paritário – no entanto, a análise dos aspectos subjetivos de cada um dos contratantes abriria espaço para a discussão a respeito de um suposto desequilíbrio, já que, no caso em exame, um dos polos não poderia suportar o litígio em terras estrangeiras.

Já a *abusividade* decorrente da *ambiguidade* de cláusulas não se verifica apenas quando a disposição admite mais de uma interpretação. Como anota Carlos Andrés Laguado Giraldo, a ambiguidade também se configura quando houver mais de um dispositivo contratual sobre o mesmo tema, com orientações conflitantes e contraditórias.[46] Na visão do jurista colombiano, também são ambíguas as disposições que não delimitem de forma adequada certos aspectos relevantes do contrato. Nas relações de seguro, por exemplo, isso vai ocorrer nas cláusulas (i) que não consigam advertir o segurado das limitações da cobertura contratada; (ii) que passem ao largo de apresentar a definição clara e correta de conceitos próprios daquela contratação (*e.g.*, ausência de descrição

---

45 "COMPETÊNCIA – Código de Defesa do Consumidor. Cláusula de eleição de foro. Contrato de adesão. Cláusula de eleição de foro, em contrato de adesão, de que resulta dificuldade para a defesa do réu. Tratando-se de ação derivada de relação de consumo, em que deve ser facilitada a defesa do direito do consumidor (art. 6º, VIII, do CDC), impende considerar como absoluta a competência do foro do domicílio do réu, não se exigindo, pois, exceção de incompetência." (STJ, CC 19.358/MS, Rel. p/ Acórdão Min. Costa Leite, Segunda Seção, DJU 09.11.1998.)

46 Laguado Giraldo, Carlos Andrés. Condiciones generales, cláusulas abusivas y el principio de buena fe en el contrato de seguro. *Vniversitas*, núm. 105, junio, 2003, p. 231- 251: "Hay ambigüedad no sólo cuando una cláusula admite más de una interpretación, sino también cuando existen cláusulas insuficientemente destacadas, por lo que no son aptas para advertir al asegurado de las limitaciones de cobertura que pretenden introducir; o cuando algunas cláusulas o conceptos no están correctamente definidos o expresados; o cuando la cláusula contradice la información que previamente se había proporcionado al asegurado por medio de agentes, publicidad, folletos explicativos, etc."

dos parâmetros da regulação do sinistro); ou (iii) que contradigam informação previamente fornecida ao segurado através de materiais publicitários.

Há um sem-fim de exemplos de cláusulas que expressam um abuso: (a) cláusulas que retiram a responsabilidade pelo inadimplemento de uma das partes, sem qualquer proveito para a parte que abre mão de seu direito; (b) cláusulas penais[47] com valor exorbitante (passíveis de controle judicial, vide o artigo 413 do Código Civil); (c) cláusulas com índices de reajuste de preço em condições muito acima do mercado; (d) cláusulas que, na prática, inviabilizam ou dificultam a contraprestação; (e) cláusulas que estabeleçam prazo exíguo para cobrança da prestação; e (f) cláusulas que exijam provas difíceis para reclamar alguma indenização. Nessas hipóteses, ou bem a cláusula "favorece desmedidamente a uma das partes em detrimento da outra, o que significa uma afetação da *causa obrigacional*"[48]; ou bem a disposição, "embora não seja em si mesma abusiva, a cláusula desequilibra o contrato, afetando a *função* ou *causa do negócio*"[49].

Nas hipóteses acima elencadas, nem sempre se estará diante de vícios insanáveis, impassíveis de serem corrigidos por iniciativa das partes. Caso isso não seja possível, o ordenamento processual legitima o controle judicial de questões processuais e materiais de ordem pública, imputando ao juízo o *dever* de pronunciá-las *de ofício*[50], a exemplo do *poder-dever* inscrito no já mencionado artigo 413 da Lei Civil.

5. AS CONSEQUÊNCIAS DO RECONHECIMENTO DAS CLÁUSULAS ABUSIVAS

A cláusula abusiva resulta num ilícito civil. Como tal, na forma do artigo 187 do Código Civil – ou nas regras aplicáveis do Código do Consumidor –, a Lei impõe a sua invalidade.

Veja-se, entretanto, que as hipóteses disciplinadas nos incisos IV e XV do artigo 51 da Lei nº 8.078/1990 evidenciam a possibilidade de "sanação ou

---

47 CASTRO NEVES, José Roberto de. O Código do Consumidor e as Cláusulas Penais. *In:* SCHREIBER, Anderson; MONTEIRO FILHO, Carlos Edison do Rego; OLIVA, Milena Donato. *Problemas de Direito Civil: homenagem aos 30 anos de cátedra ao professor Gustavo Tepedino por seus orientandos e ex-orientandos*, Rio de Janeiro, Forense, 2021.

48 LORENZETTI, Ricardo Luiz. *Tratado de los contratos.* Buenos Aires: Rubinzal-Cunzoni Editores, 1999. p. 166.

49 LORENZETTI, Ricardo Luiz. *Tratado de los contratos.* Buenos Aires: Rubinzal-Cunzoni Editores, 1999. p. 166.

50 BARROSO, Lucas Abreu; ENCARNAÇÃO, Paulo Vitor Faria da. O Enunciado nº 381 da Súmula do Superior Tribunal de Justiça, as cláusulas abusivas e a juridicidade consumerista. *Civilistica.com.* Rio de Janeiro, a. 11, n. 2, 2022.

reparação do nulo", cabível em casos excepcionais. Esse caminho traduz o propósito "de evitar que, por excessiva severidade, se percam negócios úteis econômica ou socialmente"[51].

Demais disso, a *legitimidade da intervenção corretiva do juiz* nos casos de cláusulas incompatíveis com a boa-fé ou com o sistema de defesa do consumidor[52] é extraída do artigo 6º do diploma consumerista, que prevê, em seu inciso V, "a modificação das cláusulas contratuais que estabeleçam prestações desproporcionais ou sua revisão em razão de fatos supervenientes que as tornem excessivamente onerosas" como direito básico[53] do consumidor. Em que pese a inafastabilidade da jurisdição, a literatura destaca a possibilidade de o fornecedor, em espontânea iniciativa extrajudicial, propor a modificação da cláusula viciada.

Em atenção ao princípio da conservação dos negócios, deve-se admitir que a parte que cometeu o abuso possa propor a readequação do dispositivo contratual ilícito, a fim de que a justiça e a razoabilidade sejam reestabelecidas e o contrato sobreviva.

CONCLUSÕES

Goethe também escreveu sua versão do mito faustiano. A primeira parte foi lançada em 1808 e a segunda, em 1832. Na versão de Goethe, a história começa com uma aposta entre Deus e Mefistófeles, o diabo. Enquanto Deus se gaba do homem como sua extraordinária criação, o diabo afirma que os humanos são todos corruptíveis. Deus apresenta Fausto como exemplo de retidão. O diabo, então, garante seu poder de perverte-lo moralmente.

Henrique Fausto, um homem de certa idade, é um dedicado estudioso, com formação em filosofia, direito, teologia e medicina. Apesar de seu enorme talento e de sua notável dedicação, Fausto vive frustrado, pois sente que não conseguiu compreender os grandes mistérios da humanidade. Além disso,

---

51 AGUIAR JÚNIOR, Ruy Rosado de. Cláusulas Abusivas no Código do Consumidor. *In*: MARQUES, Cláudia Lima (coord.). *Estudos sobre a proteção do consumidor no Brasil e no MERCOSUL*. Porto Alegre: Livraria do Advogado, 1994, p. 13-32.

52 Sobre o controle de abusividade de cláusulas em contratos relativos a serviços públicos, confira-se: STJ, REsp n. 1.926.603/TO, Rel. Min. Herman Benjamin, Segunda Turma, julgado em 09.11.2021, DJe de 30.03.2022.

53 "O art. 6, V, do CDC, disciplina, não uma obrigação, mas um direito do consumidor à modificação de cláusulas consideradas excessivamente onerosas ou desproporcionais. Assim, referida norma não pode ser invocada pela administradora de consórcios para justificar a imposição de modificação no contrato que gere maiores prejuízos ao consumidor." (STJ, REsp 1269632/MG, Rel. Min. Nancy Andrighi, Terceira Turma, DJe 03/11/2011.)

Fausto não desfrutou o amor, tampouco ganhou dinheiro ou detém poder. O principal desejo dele, contudo, é *adquirir conhecimento*.

Inicialmente, Mefistófoles se aproxima de Fausto sob o disfarce de um cachorro. Uma sorrateira forma de se acercar. O diabo oferece um pacto: dar as maravilhas da vida mundana em troca da alma de Fausto. Mas este sugere algo diferente. Fausto compromete-se a entregar a sua alma, porém com uma condição: ele deve, em vida, sentir-se pleno, ainda que por um único momento.

Aceito o trato, Fausto inicia uma jornada. Uma das primeiras coisas que lhe acontece é rejuvenescer, ganhando uma aparência mais bela e atraente.

Fausto se interessa amorosamente por uma jovem, a ingênua Margarida — Gretchen, no original alemão. Para se deitar com a moça, Fausto pede a ajuda de Mefistófeles. A partir daí, uma série de desgraças se sucedem, como a morte da mãe e a do irmão do personagem. Morrem também Margarida, enlouquecida, e a criança que concebeu com Fausto.

Arrependido, Fausto tenta culpar o diabo pelo ocorrido, mas Mefistófeles registra que tudo aconteceu por causa de escolhas feitas pelo próprio Fausto. Ele, o diabo, foi apenas um instrumento.

Fausto, contudo, não vai para inferno, porque, ao fim, não se sentiu pleno. Mesmo com a juventude e o poder, não experimentou a satisfação verdadeira. Talvez Goethe esteja nos dizendo que não se atinge a verdadeira felicidade pela vaidade ou pelo poder. Isso não nos preenche plenamente.

Diferentemente da versão de Marlowe, o Fausto de Goethe arruma uma forma de não entregar sua alma, também se valendo de um conceito jurídico: a *condição*. Fausto alega que não experimentou a satisfação plena e, assim, a condição, que subordinava a eficácia do negócio feito com Mefistófeles, não fora implementada.

Se o diabo tivesse recorrido a um advogado, poderia reclamar que Fausto estabeleceu regra que lhe permitia unilateralmente escapar do cumprimento da prestação (bastaria alegar que não encontrou a satisfação). Fausto vendeu sua alma, mas não entregou. No caso, quiçá, o homem foi mais sagaz que o demônio – estabelecendo uma disposição contratual que lhe foi profundamente favorável. Como se vê, mesmo a parte mais frágil é capaz de impor uma estipulação que lhe era ilicitamente favorável, o que apenas dá mais um exemplo de que o intérprete deve manter sua mente arejada para as situações surpreendentes, pois até a caça tem o seu dia. Ademais, o diabo não está errado simplesmente porque é o diabo.

Não há dúvidas de que se avançou ao formular, de forma técnica, uma teoria que vise a proteger quem quer que seja vítima de disposição contratual abusiva. A análise científica do fenômeno nos permite apreciar a situação de forma isenta, a fim de compreender e evitar disposições contratuais profundamente díspares e injustas, nascidas a partir de alguma situação de força que exista entre os polos do contrato. Essa análise se justifica mesmo que tais cláusulas não ocorram em relações de consumo ou em contratos de adesão. Afinal, o "controle dessas cláusulas parte do sentimento de que elas são condenáveis dentro de um sentido de *justiça contratual*"[54].

Acima de tudo, esse estudo impõe ao intérprete que, munido da técnica, aprecie o caso concreto, pois a verdadeira justiça costuma prosperar quando a ciência encontra e se harmoniza com a vida prática, tornando-se, ao mesmo tempo, segura e sensível. Resta ao intérprete garantir que o desequilíbrio material não se transforme em injustiça contratual.

54 "[...] a justiça contratual (e já não a liberdade contratual) é, hoje em dia, em todo o mundo, o *princípio material do funcionamento do direito dos contratos*." (Fava, Marina Dubois. *Aplicação das normas do CDC aos contratos interempresariais: a disciplina das cláusulas abusivas*. 2010. Dissertação (Mestrado) – Universidade de São Paulo, São Paulo, 2010. Disponível em: http://www.teses.usp.br/teses/disponiveis/2/2132/tde-01122010-154105/?&lang=pt-br. Acesso em: 24 mar. 2023.)

59. SOLUÇÃO DE IMPASSES EM ESTRUTURAS SOCIETÁRIAS COM CONTROLE COMPARTILHADO: A CLÁUSULA DE *OPÇÃO DE VENDA* DO CASO *PASADENA*

Lara Britto de Almeida Domingues Neves Calmon Borges
Ruy Amaral Andrade

1. INTRODUÇÃO

As relações de *poder* dentro das sociedades, em suas diversas formas e portes, persistem como um relevante campo de estudo do Direito, da Economia, da Administração e de diversas outras áreas das ciências humanas e sociais.

Do ponto de vista jurídico, essas relações revelam múltiplas e diversas questões relevantes, que merecem esforço de reflexão, algumas exploradas sob o grande manto da governança corporativa[1]. Quando há um capital disperso,

1 Pela didática, vale referenciar o conceito oferecido pelo IBGC: *"Governança corporativa é um sistema formado por princípios, regras, estruturas e processos pelo qual as organizações são dirigidas e monitoradas, com vistas à geração de valor sustentável para a organização, para seus sócios e para a sociedade em geral. Esse sistema baliza a atuação dos agentes de governança e demais indivíduos de uma organização na busca pelo equilíbrio entre os interesses de todas as partes, contribuindo positivamente para a sociedade e para o meio ambiente."* (INSTITUTO BRASILEIRO DE GOVERNANÇA CORPORATIVA – IBGC. *Código de Melhores Práticas de Governança Corporativa*. 6. ed. São Paulo: IBGC, 2023. p. 17). Uma compreensão histórica do instituto pode ser extraída de Cheffins, Brian R., The History of Corporate Governance (December 1, 2011). OXFORD HANDBOOK OF CORPORATE GOVERNANCE, Mike Wright, Donald Siegel, Kevin Keasey and Igor Filatotchev, eds., Oxford University Press, 2013; University of Cambridge Faculty of Law Research

com prevalência da administração na estrutura de poder, discute-se o clássico problema de agência[2]. Por sua vez, quando há um controlador claramente definido[3], com aptidão para determinar os rumos da sociedade, vigia-se os incentivos para que este indivíduo não se aproprie de mais benefícios do que a sua quota-parte[4], ou seja, explore os benefícios privados do controle[5] [6].

Neste estudo, o *poder* será objeto de análise especificamente no contexto de compartilhamento de controle societário. Linhas gerais, é possível que as partes optem por uma organização igualitária (repartição de poder nas mesmas bases para todas as partes), seja em decorrência da própria composição societária (50:50) ou estrutura organizacional (a exemplo de conselhos com composição paritária de representantes das partes), seja em razão de mecanismos contratuais. O pacto é afastar a "vontade da maioria" para decidir-se em consenso: ninguém se sobrepõe no exercício de deliberação (sempre ou às vezes, a depender do caso).

Apostar no consenso é uma escolha de certo modo arrojada: e se o consenso não existir? A expressão "deliberar não deliberar é deliberar?"[7] ilustra a conjuntura que pode decorrer dessa escolha de exercício do poder (uma paralisia problemática) e consequentes possíveis entraves nas deliberações sociais.

Para reagir ao potencial problema do dissenso quando o consenso é exigido, é possível se antever, contratualmente, procedimentos para solução de impasses, pactuando-se rito (ou ritos) a ser utilizado quando as partes não obtiverem a concordância esperada. Estes mecanismos são tradicionalmente classificados na literatura jurídica como *mecanismos de continuidade* ou *mecanismos de divórcio*[8], fazendo-se referência a alternativas para supe-

Paper No. 54/2011; ECGI – Law Working Paper No. 184/2012. Available at SSRN: https://ssrn.com/abstract=1975404 or http://dx.doi.org/10.2139/ssrn.1975404

2 PINTO JUNIOR, Mario Engler, A Governança Corporativa e os Órgãos da Administração in Direito Societário: Gestão e Controle, São Paulo: Saraiva, 2008 (Série GVlaw) p. 83

3 A definição do que é controle está explorada no capítulo seguinte, ao qual remetemos o leitor.

4 BERGLÖF, Erik; CLAESSENS, Stijn. *Enforcement and Corporate Governance* (September 2004). World Bank Policy Research Working Paper No. 3409. Available at SSRN: https://ssrn.com/abstract=625286. p. 13; MCCAHERY, Joseph A.; VERMEULEN, Erik P. M. Corporate governance of non-listed companies. Oxford: Nova York, 2008. pp. 8/9

5 COFFEE, John C. *A theory of corporate scandals: why the U.S. and Europe differ* (March 2005). Columbia Law and Economics Working Paper No. 274, disponível em SRN: http://ssrn.com/abstract=694581. p. 2

6 A esse desafio de governança Mario Engler denomina *problema de expropriação.* (*in* PINTO JUNIOR, Mario Engler, A Governança Corporativa e os Órgãos da Administração in Direito Societário: Gestão e Controle, São Paulo: Saraiva, 2008 (Série GVlaw) p. 92)

7 BULGARELLI, Waldírio . Deliberar não deliberar é deliberar? In: *Questões de direito societário.* São Paulo: Revista dos Tribunais, 1983, p. 81 e seguintes.

8 HEWITT, Ian. *Joint Ventures.* 5.ed. Londres: Sweet & Maxwell, 2011, p. 299.

rar o impasse mantendo-se a aliança entre os envolvidos ou encerrando-se o vínculo associativo. Trata-se, portanto, de soluções contratuais para impasses em deliberações.

Essa é a ambientação do objeto-fim deste estudo, no qual se pretendeu consolidar reflexões sobre uma cláusula contratual específica, prevista em um acordo de sócios de um *caso* relevante: a cláusula de solução de impasses por meio do divórcio do "caso Pasadena"[9], intitulada como "*minority put*" (guardada alguma crítica ao termo, a ser explorada adiante).

Refletir *a partir* de um caso permite a aproximação com a experiência palpável, possibilita a abordagem de questões dogmáticas contextualizadas na prática jurídica, e é uma oportunidade de se extrair (e compartilhar) aprendizados futuros de uma experiência do passado. Assim, a razão dessa escolha considera *(i)* a importância do *caso* em si e da cláusula, mas sobretudo *(ii)* a relevância das lições que podem ser aproveitadas por outros profissionais, em casos futuros.

A referida cláusula do "caso Pasadena" é uma boa matéria prima para estudo. O caso não é um caso único – há outras incontáveis experiências reais que poderiam servir de fonte inspiradora para análise de mecanismos de divórcio, mas também está longe de ser um caso qualquer. A operação foi extremamente relevante, envolvendo uma emblemática estrutura empresarial – a Petrobrás -, e desencadeou desembolsos de mais de um bilhão e duzentos milhões de dólares americanos até 2014[10].

A complexidade negocial e jurídica da cláusula suscitou dúvidas quanto ao equilíbrio do acordo e ainda quanto a eventual "manobra" para forçar um desembolso da estatal, conforme avaliado pela Corregedoria-Geral da União[11]. Neste estudo, o pacto foi qualificado juridicamente como uma opção de venda de ações. A opção poderia ser ativada por uma das partes para sair da sociedade *se,* na hipótese de impasse intransponível, a outra parte usasse uma prerrogativa contratual: a possibilidade de impor a decisão (o *right to override*).

No passo inicial (capítulo 2) percorrer-se-á, abreviadamente, o ambiente no qual se localizam os mecanismos de resolução de impasses, visando evidenciar a funcionalidade: o contexto no qual esses instrumentos podem ser

---

9 O aqui nomeado "caso Pasadena" consiste no arranjo societário formalizado no veículo Pasadena Refining System Inc., , no qual o exercício dos poderes de controle estava partilhado entre os acionistas Petrobras America Inc. e Astra Oil Trading NV.

10 Conforme dados publicados pela própria Companhia. Disponível em https://petrobras.com.br/fatos-e-dados/esclarecimento-sobre-compra-da-refinaria-de-pasadena.htm Acesso: 03 jul 2023.

11 Disponível em https://www.gov.br/cgu/pt-br/assuntos/noticias/2014/12/auditoria-da-cgu-aponta-prejuizo-de-us-659-4-milhoes-na-compra-de-pasadena Acesso 03 jul 2023.

úteis. O capítulo seguinte (capítulo 3), será dedicado às soluções contratuais de impasses, objetivando a oferta de reflexões sobre a cláusula já referida. Os comentários não terão a pretensão de esgotar controvérsias doutrinárias a respeito de contornos lícitos ou ilícitos da previsão; envolverão descortinar a estratégia jurídica adotada, os incentivos e desincentivos ocasionados pela cláusula e os riscos jurídicos identificados[12].

O estudo confirmou a relevância de se debruçar sobre estruturas negociais que exigem consenso, diante dos relevantes desafios decorrentes. As soluções legais previstas estão distantes de serem efetivas, exigindo dedicação contratual das partes - se optarem por antever mecanismos. No caso *Pasadena*, houve o esforço de resolver impasses *antes* de ativar mecanismo de saída, levando a decisão a um comitê especial. Não foi suficiente. O mecanismo de divórcio estruturado subsistiu à avaliação de licitude e ofereceu um antídoto à paralisia. Buscou, ainda, equalizar poderes, na medida em que só poderia ser ativado por uma das partes se a outra impusesse a decisão. De outro lado, a estrutura possibilitava a ativação maliciosa pelo titular do direito, o que oferece reflexões e aprendizado relevantes quando se lida com situações em alguma medida assemelhadas.

2. O AMBIENTE DOS IMPASSES: ESTRUTURAS DE CONTROLE COMPARTILHADO, EXIGÊNCIA DE CONSENSO E SEUS DESAFIOS

Nas próximas linhas, trafegaremos pelo ambiente no qual a cláusula de opção de venda prevista no "caso Pasadena", se inseriu e é usualmente inserida: uma alternativa de resolução de impasses entre sócios em decorrência de compartilhamento de controle societário frequentemente pactuada. Conforme verificar-se-á, mais detidamente, no capítulo que segue, ela não é - em definitivo - útil *apenas* nesse contexto, mas *também* neste contexto.

Assim, o *iter* a ser percorrido consistirá em posicionar *o que é* a autoridade de definição dos rumos das sociedades - poder de controle - e o que caracteriza o compartilhamento deste (controle compartilhado); como consequência, os desafios que podem decorrer dessa escolha - os impasses.

* * *

Linhas gerais, no arranjo societário da PRSI - Pasadena Refining System, Inc., veículo que operacionalizava o funcionamento da refinaria de Pasedena, dois grupos, juntos, possuíam a integralidade das ações emitidas pela

12 PINTO JUNIOR, Mario Engler. *Pesquisa jurídica no mestrado profissional*. Disponível em: https://doi.org/10.1590/2317-6172201802

companhia: a Petrobras America Inc. e Astra Oil Trading NV e pactuaram entre si tomar uma série de decisões em consenso. O caso, portanto, centrou-se no contexto localizado pela literatura jurídica como *poder de controle.*

Controle pode ser identificado como um fenômeno de poder: "*prerrogativa possuída pelo titular de um poder superior de impor suas decisões sobre o titular de um poder inferior*" [13]. O efetivo controle sobre uma sociedade anônima é questão para profundo exame, dada a estrutura de poder com órgãos dotados de atribuições próprias[14], mas, em última instância, reside no "*poder de determinar as deliberações da assembleia-geral*", na medida em que, em sentido estritamente jurídico, a assembleia é o poder supremo da companhia[15].

A legislação brasileira das sociedades por ações (lei 6404/76), ao narrar sobre poder de controle nas sociedades anônimas, não tratou de definir diretamente o conceito ou caracterização de "controle" ou "poder de controle"; definiu "acionista controlador"[16], conferindo, assim, uma roupagem mais per-

---

13 Fábio Konder Comparato e Calixto Salomão Filho, *O poder de controle da sociedade anônima.* Rio de Janeiro: Ed. Forense, 2014. Os autores ainda realizam uma avaliação a partir da origem semântica do termo. Segundo descrevem, a palavra *controle* é etimologicamente de origem francesa, mas sofreu forte influência semântica do inglês. No inglês, o sentido central do termo é "a noção de poder ou de dominação". *To control,* podendo significar "1) investigar, testar ou verificar; 2) chamar às contas, ou censurar; 3) exercer um poder decisório sobre alguém, vale dizer, dominar ou regular as ações de outrem". Ressaltam, ainda, que a influência inglesa refletiu no sentido de utilização da palavra "controle" nas leis brasileiras com "sentido forte de dominação, ou na acepção mais atenuada de disciplina ou regulação". Os autores esclarecem que no decorrem da referida obra a noção de controle deve ser entendida como *poder de dominação.*

14 PINTO JUNIOR, Mario Engler, A Governança Corporativa e os Órgãos da Administração in *Direito Societário: Gestão e Controle*, São Paulo: Saraiva, 2008.

15 Não se desconsidera, aqui, a tendência de esvaziamento da assembleia-geral como aquela que exerce diretamente o poder de controle da companhia, conforme se evidencia da prática econômica. Contudo, do ponto de vista estritamente jurídico, a assembleia-geral mantém-se na estrutura orgânica das companhias como órgão hierarquicamente superior. Vide, sobre o assunto, Nelson Eizirik. *A Lei das S/A Comentada* – Volume I – Arts. 1 a 120. São Paulo: Quartier Latin, 2011, p. 667. Vide, também, BARROS, Luiz Gastão Paes de. *Estudos e pareceres sobre sociedades anônimas.* São Paulo: Revista dos Tribunais, 1989. O autor descreve a estrutura hierárquica das sociedades anônimas, considerando a assembleia geral dos acionistas o órgão supremo. Prossegue afirmando que "nem sempre, porém, esse modelo coincide com a realidade econômica subjacente: muitas vezes, o poder supremo da companhia se localiza fora da assembleia, embora as decisões nela se formalizem. Com frequência, esse poder de comando é exercido pelos acionistas em outra instância, no seio da administração, ou à margem dos órgãos societários".

16 A definição de poder de controle é extraída do artigo 116, que define acionista controlador, e do artigo 243, parágrafo 2º, que define as sociedades controladora e controlada:

Art. 116. Entende-se por acionista controlador a pessoa, natural ou jurídica, ou o grupo de pessoas vinculadas por acordo de voto, ou sob controle comum, que: a) é titular de direitos de sócio que lhe assegurem, de modo permanente, a maioria dos votos nas deliberações da assembleia-geral e o poder de eleger a maioria dos administradores da companhia; e b) usa efetivamente seu poder para dirigir as atividades sociais e orientar o funcionamento dos órgãos da companhia.

sonalista ao tema: direciona o conceito a *(i)* uma pessoa física ou jurídica, ou *(ii)* grupo de pessoas vinculadas por acordo de voto ou sob controle comum.

Na definição legal, que se limita à figura do controlador em uma perspectiva interna[17] (o poder dentro da companhia), a identificação do acionista controlador caracteriza-se mediante a observância cumulativa de três requisitos[18]: deve ele deter, de modo permanente, (1) a maioria dos votos nas deliberações da assembleia geral e (2) o poder de eleger a maioria dos administradores da companhia; ainda, (3) usar efetivamente do poder de controle para dirigir as atividades sociais e orientar o funcionamento dos órgãos da companhia[19].

Art. 243, § 2º Considera-se controlada a sociedade na qual a controladora, diretamente ou através de outras controladas, é titular de direitos de sócio que lhe assegurem, de modo permanente, preponderância nas deliberações sociais e o poder de eleger a maioria dos administradores.

17 No plano teórico, não se desconsidera a possibilidade de um controle externo, é dizer, não acionário, exercido mediante influência dominante, e presente em outras legislações.

2.2 A partilha do poder e seus desafios

18 Nelson Eizerik, *A Lei das S/A Comentada* - Volume I - Arts. 1 a 120. São Paulo: Quartier Latin, 2011, p. 665.

19 Duas questões são relevantemente discutidas na definição de acionista controlador e poder de controle: a primeira, em relação à definição do requisito *permanência;* a segunda, em relação à necessidade do *uso efetivo* para caracterização do poder de controle. Sobre a primeira definição (o que significa o requisito permanência), Modesto Carvalhosa (*in Comentários à Lei de sociedades anônimas*, 2 volume, artigos 75 a 137 - 6 ed. São Paulo: Saraiva, 2014) afirma que "modo permanente" significa a existência de "um acionista ou grupo deles que, possuindo 50% mais uma das ações votantes, não poderá ser destituído do seu direito de eleger a maioria dos administradores por parte de qualquer outro grupo de acionistas e que, por isso mesmo, efetivamente exerce, sempre, esse direito de comando". Nelson Eizerik (*in A Lei das S/A Comentada* - Volume I - Arts. 1 a 120. São Paulo: Quartier Latin, 2011, p. 669), afirma que, como a lei não fez a definição ao que seria tal requisito, pode-se extrai-la da Resolução 401/1976 do Conselho Monetário Nacional - já revogada, segundo a qual o acionista controlador seria aquele "titular de ações que assegurassem a maioria absoluta dos votos os acionistas presentes das 3 (três) últimas assembleias gerais". Quanto à segunda definição (exigência de uso efetivo), destaque-se que a lei passa a exigir que o poder de controle efetivamente se faça presente, além da simples maioria de votos na assembleia - a pessoa ou grupo detentora do controle utilize dele ativamente para sua atuação. Erasmo Valladão Azevedo e Novaes França (*in Alteração do Controle Direto e Indireto da Companhia, Poder de Controle e Outros Temas de Direito Societário e Mercado de Capitais* - coord. CASTRO, Rodrigo R. Monteiro de; Luís André N. de Moura Azevedo. São Paulo: Quartier Latin, 2010, p. 269), destaca que o uso efetivo do poder é questão controvertida na doutrina e traz as posições de Comparato e Alfredo Lamy Filho. "Para Comparato, 'a exigência do uso efetivo do poder para dirigir as atividades sociais e orientar o funcionamento da companhia somente se compreende, como elemento integrante da definição do controlador, em se tratando de controle minoritário (...)", pois "havendo controle majoritário, não faria sentido a exigência do uso efetivo do poder, uma vez que o controlador não poderia omitir-se do seu exercício". Para LAMY FILHO, "não existe controle sem o seu exercício; não basta poder exercê-lo, é imprescindível o seu efetivo exercício, como prevê o art. 116." Importante destacar que a discussão tem um sentido prático: a caracterização da situação de controlador atrai as responsabilidades inerentes, inclusive os deveres jurídicos impostos pelo artigo 117 da lei 6404/76.

Esta definição legal, quando faz alusão à possibilidade de o acionista controlador ser um grupo de pessoas vinculadas por acordo de voto ou sob controle comum, admite a partilha do poder entre mais de um sujeito. O grupo constitui – e age – como uma só pessoa (o acionista controlador), de modo que nenhum dos compartilhantes detém, individualmente, o controle[20].

O caso posiciona-se precisamente neste ponto. Há estruturas, como no arranjo de Pasadena, em que duas ou mais pessoas, que conjuntamente (não isoladamente) detém os predicados para exercício do controle, decidem se associar para atuar como bloco e – necessariamente – partilhar as atribuições e benefícios correspondentes à condição de controlador. Trata-se, assim, o controle compartilhado como uma subespécie de controle conjunto[21], tendo como peculiaridade o ajuste negociado quanto ao seu exercício, pelos controladores[22].

Embora seja usual associar *compartilhamento* a divisão igualitária (50:50), não necessariamente há de assim ser. A redação legal não traz essa exigência. Igualmente, a própria definição do verbo *compartilhar*, em sua semântica, denota a ideia de *fazer parte*, independente da cota parte definida. Haverá controle compartilhado se as decisões da assembleia geral e eleição dos administradores, na forma do citado art. 116 da lei 6404/76, são necessariamente em conjunto pelo grupo, mesmo que exista um minoritário entre eles[23]. Pontua-se,

---

20 Arnold Wald (in WALD, Arnold. O controle partilhado e o direito administrativo, *in* Temas de Direito empresarial e outros estudos em homenagem ao Professor Luiz Gastão Paes de Barros Leães - coord. Erasmo Valladão Azevedo e Novaes França e Marcelo Vieira Von Adamek. São Paulo: Malheiros, 2014, p. 387) comenta que, em boa técnica, não existe controle compartilhado, pois o controle – o domínio sobre as decisões da empresa –, não é divisível: "o que é partilhado é a participação no grupo que comanda a empresa, mas não o controle, que pertence ao conjunto dos seus integrantes e não pode ser exercido por qualquer um deles isoladamente.".

21 Chamamos de controle conjunto (ou por associação) o controle totalitário ou majoritário exercido por um grupo com convergência de interesses. (COMPARATO, Fábio Konder; SALOMÃO FILHO, Calixto. *O poder de controle na sociedade anônima. 6 ed.* Forense: Rio de Janeiro, 2014. p. 53)

22 Alcançamos tal conclusão após a leitura do esclarecimento conceitual apresentado por Laura Patella em sua tese de doutorado (PATELLA, Laura Amaral. Controle conjunto nas companhias brasileiras: disciplina normativa e pressupostos teóricos. 2015. Tese (Doutorado em Direito Comercial) - Faculdade de Direito, Universidade de São Paulo, São Paulo, 2015. doi:10.11606/T.2.2015.tde-11112015-105422.. pp. 14/16).

23 Diretamente sobre controle compartilhado, Eduardo Spinola e Castro (*in* Acordo de acionistas celebrado no âmbito de sociedade holding, joint venture ou sociedade de comando de grupo de sociedades - sua necessária extensão às sociedades controladas ou operacionais, in *Poder de Controle e Outros Temas de Direito Societário e Mercado de Capitais* - Coord. Rodrigo R. Monteiro de Castro e Luís André N. de Moura Azevedo. São Paulo: Quartier Latin, 2010, p. 8): "Esclareça-se que compartilhamento de controle não significa, necessariamente, participação igualitária no capital da sociedade comum. Controle de propriedade são conceitos distintos, e o controle pode (e frequentemente é) compartilhado por acionistas com percentuais de participações diferentes".

assim, que as questões críticas aqui discutidas podem ser úteis e também se aplicar a contextos diferentes daquele do caso (dois acionistas com participação igualitária).

Quando se tem estrutura de poder partilhada sem prevalência de qualquer dos envolvidos, seja pela composição societária, seja por mecanismos contratuais[24], surge um desafio: não haverá sócio apto a necessariamente impor a sua vontade, em que pese um grupo de controladores possa impor a sua vontade aos demais sócios, se houverem.

Haverá impasse quando se configurar divergência essencial quanto à definição das políticas negociais que não possa ser resolvida dada a inexistência de uma vontade preponderante, em razão da inexistência de maioria ou exigência de unanimidade[25]; em suma, quando houver empate relevante e não meramente circunstancial. Na literatura há referência à ocorrência de impasse quando não há mais como tomar-se a deliberação social, quando há uma "rua sem saída"[26 27]

Tais estruturas de controle compartilhado surgiram inicialmente no Brasil no contexto das privatizações[28] e revelam-se muito comuns tanto na estruturação de *joint ventures*[29] quanto em outras estruturas societárias em que sim-

24 Há alguma catalogação na doutrina de *tipos de impasses, o que é interessante para ofertar uma visão macro de situações potencialmente problemáticas. O resultado prático, independente do tipo, é o mesmo. Vide, por exemplo, Richard Arlen Saliterman (in SALITERNAM, Richard Arlen. Dissolution and buy-out provisions as potential solutions for close corporation dissension. Utah Law Review, Vol. 1974, Spring, n. 1, p. 38): (i) aqueles ocorridos entre dois grupos de sócios detendo cada qual 50% do capital social; (ii) aqueles entre acionistas controladores vinculados por acordo de voto; (iii) aqueles decorrentes da existência de poder de veto estipulado em acordo de voto em favor de um sócio minoritário; (iv) aqueles decorrentes de requisito de quórum qualificado legal ou estatutário.*

25 Landeo, Claudia M. and Spier, Kathryn E., Shotguns and Deadlocks (August 14, 2013). Yale Journal on Regulation, Forthcoming. Available at SSRN: https://ssrn.com/abstract=2258966

26 Em francês, o significado de impasse é definido como *"rue sans issue"*. Dicionário Le Grand Robert, disponível em https://dictionnaire.lerobert.com/definition/impasse

27 Na definição de Susanna Kim Ripken (in RIPKEN, Susanna Kim. The Provisional Director Remedy for Corporate Deadlock: A Proposed Model Statute. Washington and Lee Law Review, Vol. 60, n. 1, 2003, p. 111 e ss. Disponível em http://ssrn.com/abstract=925938): "Impasse pode ocorrer de diversas formas. A mais óbvia é quando dois acionistas, ou dois grupos de acionistas, cada qual detentor de cinquenta por cento das ações da companhia ou quando um conselho de administração está dividido em duas metades iguais. (...) Em essência, impasse é possível sempre que um membro tem habilidade de negar o poder dos demais participantes de realizar ações institucionais."

28 PATELLA, Laura Amaral. Controle conjunto nas companhias brasileiras: disciplina normativa e pressupostos teóricos. 2015. Tese (Doutorado em Direito Comercial) – Faculdade de Direito, Universidade de São Paulo, São Paulo, 2015. doi:10.11606/T.2.2015.tde-11112015-105422.. pp. 14/16

29 Pode-se definir *joint venture* como uma das formas de comunhão de esforços entre empresas para atingimento de objetivos comuns (P.A. Gaughan, Joint Ventures and Strategic Alliances, in

plesmente duas pessoas se unem para exercer a atividade com participações e direitos residuais equivalentes, em especial as chamadas sociedade *fifty-fifty*[30]. A estrutura de participações equivalentes, inclusive, é o regime mais recorrente das sociedades limitadas brasileiras, como bem apontado em estudo realizado pelo Núcleo de Estudos em Mercado e Investimentos da Escola de Direito da FGV/SP[31].

No caso Pasadena, além da composição societária pertencer exclusivamente aos dois sócios, o acordo de sócios previa a solução de impasses por um representante de cada parte, que deveriam decidir em unanimidade, conforme abordar-se-á mais a frente.

A escolha por decisões em consenso é desafiadora, mas é coerente afirmar que há incentivos que impulsionam essa opção. Nem sempre há alguém ou um grupo com interesse de se submeter às decisões dos outros (em outras palavras, nem sempre há quem aceite "ser mandado"). Na perspectiva negocial, em uma aliança estratégica, o poder dividido pode indicar uma vantagem colaborativa. Um estudo elaborado pela consultoria empresarial americana McKinsey & Co.[32] sugeriu que, em 60% dos casos, as alianças estruturadas na forma 50-50 apresentavam vantagens em relação a alianças não igualitárias porque os participantes possuíam interesses iguais, e, assim, ambos se comprometiam com o sucesso.

Essas são exemplificações da escolha por estruturas igualitárias ou simplesmente decisões em consenso, onde também o caso Pasadena se ambienta. Em uma realidade desta, e considerando que não se pode presumir que sempre se alcançará o consenso (há, inclusive, estudos que defendem não ser uma hipótese realista[33]), cabe aos envolvidos avaliar se vale pactuar mecanismos de resolução de impasses, visando a oferta de um antídoto à paralisia.

Mergers, Acquisitions and Corporate Restructurings. 4a ed., Hoboken, NJ, 2007, p. 520), sendo que no Direito Brasileiro elas são classificadas em societárias e contratuais (C.A. Silveira Lobo, As Joint Ventures, in Revista de Direito Renovar, vol. 1, 1995, p. 77. Disponível em: http://www.loboeibeas.com.br/archives/1656

30 Trata-se das sociedades com dois sócios sendo que cada um subscreveu metade das ações ou quotas com direito a voto.

31 MATTOS FILHO ET ALL. Radiografia das sociedades limitadas [Relatório de Pesquisa]. São Paulo: Núcleo de Estudos em Mercado e Investimentos- FGV Direito SP, out. 2014. Disponível em: https://direitosp.fgv.br/sites/direitosp.fgv.br/files/arquivos/anexos/radiografia_das_ltdas_v5.pdf.

32 McKinsey & Co., Seminar Presentation on Achieving Growth with Alliances in McLean, Va (Nov. 19 1997).

33 Esta é opinião, por exemplo, da professora da Columbia Business School, Kathryn Rudie Harrigan in, Kathryn Rudie. *Joint Ventures, Alliances, and Corporate Strategy*. Beard Books, Frederick, 2003, p. 368-369.

Advirta-se que, embora este estudo focalize o controle compartilhado igualitário no contexto societário – e o faz porque é o contexto da cláusula analisada –, vale relembrar que diversos arranjos jurídicos podem prever partilha igualitária de tomada de decisões, inclusive contratos atípicos. *Joint ventures* não societárias são bons exemplos. É dizer: partilha de poder e potencial necessidade de antever mecanismos de solução de impasses podem ser uma realidade em estruturas societárias ou contratuais. As discussões e as lições daqui depreendidas serão úteis onde houver possibilidade de impasses em deliberação.

3. MECANISMOS DE RESOLUÇÃO DE IMPASSES E A "*MINORITY PUT* PASADENA"

No *caso Pasadena*, diante das decisões em consenso, as partes optaram por pactuar a já referida e interessante ferramenta a ser acionada em caso de não se alcançá-lo: uma opção de venda de ações passível de ser ativada por uma parte se a outra, em caso de um impasse, escolher fazer prevalecer a sua decisão, o que também lhe é garantido contratualmente. Houve, portanto, a escolha por se prever contratualmente um rito. Nem sempre esta é uma escolha das partes e há razões para a omissão deliberada. Há, também, resposta legal no direito societário (estruturas legais de solução de impasses).

Nas linhas que seguem, portanto, abordar-se-á a (3.1) conveniência de se antever mecanismos de resolução de impasses e as soluções apontadas pela legislação para a hipótese de impasses societários, trafegando-se, sequencialmente, pela consolidação didática dos mecanismos de resolução de impasses, com destaque para um mecanismo de divórcio – opção de compra e venda, dado ser o objeto do caso; por fim, oferecer-se-á (3.2) reflexões sobre a cláusula do caso Pasadena.

3.1 Soluções contratuais visando à manutenção do vínculo associativo ou procedimentos para o divórcio

O primeiro impulso dos envolvidos no desenho de relações contratuais, dentro ou fora do contexto societário, é "prever". Previsões contratuais atraem a atenção daqueles que se sentem responsáveis por garantir a *segurança jurídica* e o bom desempenho da relação pactuada.

É possível, contudo, cogitar a possibilidade de, em estruturas sob o risco de impasse, **não** se detalhar mecanismos de resolução? Esta não foi a escolha do caso Pasadena, mas pode ser uma escolha consciente em outros casos.

Em uma perspectiva econômica, é evidente que há um custo de transação em se propor um detalhamento. Como resume Rachel Sztajn[34], *"quanto maiores os esforços investidos no assegurarem-se às partes de que a operação será bem-sucedida, maiores tendem a ser os custos de transação e, consequentemente, menores os benefícios esperados."* Essa é uma das razões que torna racional a regra da maioria: nas relações entre os acionistas, essa regra funciona como instrumento de complemento de pacto incompleto[35]. Detalhamento em excesso pode reduzir flexibilidade e a simplicidade da sociedade[36].

É necessário ponderar, ainda, possíveis desvantagens psicológicas em disparar excessos de mecanismos que denotam desconfiança[37], em um contexto de início de uma aliança; as tensões entre as partes podem se apresentar em menor frequência quando se sabe que não se pode lançar mão de nenhum recurso fácil para resolver o litígio.

* * *

Nada pactuado, há estruturas legais, no âmbito do direito societário, propondo um *iter* de solução de dissenso.

Nas sociedades por ações, as decisões dos sócios acontecerão em assembleia. O art. 129 da lei 6404/76 consagra o chamado princípio majoritário[38] (ou

---

34 Rachel Sztajn. Sociedades e contratos incompletos. *Revista da Faculdade de Direito da USP*, v. 101, p. 171-179, jan-dez 2006. Disponível em http://www.revistas .usp.br/rfdusp/article/view /67703/70311. Acesso em 23 de setembro de 2015. Ver, também, Oliver Hart e John Moore. *Incomplete Contracts and Ownership: Some New Thoughts.* Disponível em: http://scholar.harvard. edu/ files/hart/files/ incompletecontactsandownershipaer.pdf.

35 Idem. A autora completa: "No plano das relações entre acionistas, pode-se pensar na regra da maioria como instrumento de completamento do contrato estruturalmente incompleto. Quando se interpretam normas legais ou estatutárias relacionadas à validade de qualquer deliberação social, o "quórum" serve para que se tenha representatividade de sócios presentes. Mas, sob outro ângulo de análise, a validade da deliberação tomada de acordo com as normas legais ou estatutárias, além de obrigar a todos, garante a continuidade da sociedade".

36 Robert Hauswald e Ulrich Hege. *Ownership and Control in Joint Ventures.* Disponível em http://www1.american.edu/academic.depts/ksb/finance_realestate/rhauswald/papers/ Ownership%20and%20Control%20in%20JVs.pdf..

37 Joint Venture Corporations: Drafting the Corporate Papers. *Harvard Law Review*, Vol. 78, No. 2 (Dec., 1964), pp. 393-425. Disponível em: http://www.jstor.org/stable/1339100?seq=1#page_scan _tab _contents.

38 Há referências, no anteprojeto de lei que resultou na Lei 6404/76 à escolha do princípio majoritário como alternativa para exigência da unanimidade como regra para formação da vontade social: *"é sabido que a sociedade anônima buscou resolver o problema através da adoção do princípio majorit´rio, vigente nas assembleias gerais, e apurado de acordo com o voto atribuído a cada fração do capital social, ou seja, 'a cada ação, um voto'"*. LAMY FILHO, Alfredo; BULHÕES PEDREIRA, José Luiz. A lei das S/A: pressupostos, elaboração, aplicação. Rio de Janeiro: Renovar, 1992, p. 161.

regra da maioria, como propõe Celso Fernandes Campilongo[39]) que permite aos sócios majoritários efetivamente manifestar a vontade social, ainda que contrariamente à vontade dos minoritários ou à revelia destes. Para sua efetivação, exige-se a aprovação pela "maioria absoluta de votos". Persiste, ainda, o problema relativo aos empates.

O critério de desempate fixado na lei societária privilegia eventual solução estatutária e, em sua ausência: *(i)* ressubmissão da matéria à assembleia, após período não inferior a dois meses; *(ii)* tomada de decisão por terceiro, se houver concordância das partes, ou *(iii)* decisão pelo poder judiciário, no interesse da companhia.

O Código Civil, por sua vez, regulando as sociedades simples puras (aplicável também às limitadas), determina como mecanismo de desempate o "voto por cabeça" (por sócios) e, persistindo o empate, a decisão judicial[40].

As alternativas legais propostas direcionam, como última solução, a decisão pelo poder judiciário. Atribuir ao poder judiciário a tarefa de apreciar a dinâmica interna dos negócios e, especialmente, as decisões negociais é uma direção que deve ser detidamente refletida pelos envolvidos. O poder judiciário brasileiro, regra geral, pouco se debruça ou convive com dilemas societários expressivos ou com o ambiente de negócios. A dificuldade pode ser mitigada quando o juiz se faz assessorar por *experts* em gestão ou ainda quando a decisão se dá por painel arbitral especializado. Há, em qualquer circunstância, a variável da imprevisibilidade da decisão jurisdicional.

Esse cenário incentiva a pactuação de rito contratual. Qual o cenário das soluções contratuais de mecanismos de resolução de impasses?

* * *

Didaticamente, os mecanismos de resolução podem se apresentar em duas categorias[41/42]: (1) mecanismos destinados a favorecer a *continuidade* do negócio com as mesmas partes (oferecer uma solução para decisão permanecendo as partes associadas); (2) mecanismos de *divórcio*, para quando a continuidade do vínculo não é mais uma alternativa.

---

39 CAMPILONGO, Celso Fernandes. *Direito e democracia*. 2.ed. São Paulo: Max Limonad, 2000, p.33

40 Art. 1.010. Quando, por lei ou pelo contrato social, competir aos sócios decidir sobre os negócios da sociedade, as deliberações serão tomadas por maioria de votos, contados segundo o valor das quotas de cada um.

§2º Prevalece a decisão sufragada por maior número de sócios no caso de empate, e, se este persistir, decidirá o juiz.

41 PRADO, Viviane Muller; VILELA, R.. *Sociedades limitadas com participações igualitárias: quando a saída é a solução*. Revista Direito Empresarial (Curitiba) , v. 13, p. 127-142, 2016.

42 HEWITT, Ian. Joint Ventures. 5.ed. Londres: Sweet & Maxwell, 2011, p. 299.

Dentre os mecanismos de *manutenção*, é racional afirmar que uma efetiva técnica de resolução é aquela que favoreça a solução de forma mais breve possível e com o menor prejuízo possível para as partes (evitando-se litígio formal, incluindo arbitragens). O esforço deve ser para procedimentos que estimulem a discussão em diferentes níveis de hierarquia, como forma de evitar que o impasse se instale nos mais altos níveis hierárquicos[43].

Exemplos de alternativas: (a) *voto de qualidade*[44] (para presidente em Conselho de Administração ou de outro órgão deliberativo; para quaisquer das partes, especificando-se as hipóteses de desempate – a escolha recai sobre uma ou outra ou sobre terceiro independente (*swing vote*); (b) levar a deliberação a *comitês* compostos por representantes dos sócios, mesmo que paritário e exigida unanimidade, como forma de esses membros consensualmente repensarem o assunto e deliberarem; (c) atribuir a decisão a um *terceiro* independente, indicado para resolver impasses tanto em nível de conselho de administração quanto de sócios, podendo envolver mediação e/ou arbitragem; e, ainda, (d) fixar o *dever de abstenção* ou o sentido do voto em determinadas hipóteses.

No caso Pasadena, este cenário era previsto: havia uma previsão determinando o dever de reunião para negociar (a chamada *meeting deadlock clause*) e assegurando o espaço institucional que obrigue as partes a buscarem soluções negociadas, explorando o problema mais amiúde – o chamado *cooling off period*[45] – antes da adoção de medidas mais drásticas.

Para mecanismos *de divórcio*, a solução do impasse é dada por meio do encerramento do negócio como um todo (dissolução) ou, permanecendo o negócio, com a retirada de sócio(s) – saída. Exemplos de possibilidades: (a) transferência de cotas/ações entre os sócios do negócio; (b) transferência de cotas/ações para terceiros; (c) dissolução, com liquidação mediante venda dos ativos no mercado ou partilha dos ativos entre os sócios.

Como se pode observar, os mecanismos de divórcio não são necessariamente mecanismos contratuais: tratam-se de hipóteses não contratuais de

---

43 David Brown Jr. e outros. *Strategic Alliances: why, how and what to watch for*. Disponível em http://scholarship.law.unc.edu/ncbi/vol3/iss1/7/.

44 Essas alternativas podem ser customizadas de diferentes maneiras, a depender das condições e possibilidades de cada caso. Nelson Eizirik (in EIZIRIK, Nelson. A lei das S/A comentada. Vol. II. 2. ed. São Paulo: Quartier Latin, 2015, p. 408), cita, por exemplo, a possibilidade de previsão estatutária de "voto de minerva" ou "voto de qualidade" aos acionistas alternativas para solução de empates aos acionistas titulares de ações sem direito de voto, ao presidente da assembleia geral ou ao acionista presente em assembleia e titular da maior participação no capital social.

45 A expressão é empregada nas notas explicativas ao "Model JV Agreement" elaborado pela American Bar Association (p. 50). O Autor agradece ao Prof. Mário Engler pela disponibilização do material.

rompimento do vínculo associativo[46]. Não há nada, até aqui, que exija esforço contratual. O exercício contratual é o de estabelecer metodologias de quantificação do acervo da sociedade em dissolução ou da participação do retirante (preço de venda da participação societária); além disso, de definição sobre posição subjetiva das partes na associação. Ou seja, os desafios contratuais giram em torno de definir *quem* sai (ou requisitos para novos ingressantes) e *como* quantificar o valor a ser recebido por tal pessoa.

É possível, portanto, em caso de compra ou venda de participações entre sócios, prever métodos para estabelecer um preço justo das ações (ou quotas sociais) e definição sobre quem sai, quem fica – elementos do contrato de compra e venda.

Para os objetivos deste estudo, vale comentar brevemente sobre dois formatos usualmente pactuados com este fim, e que, como toda prática contratual viva, apresentam-se em diferentes variações, customizadas e moldadas de acordo com o interesse das partes: *buy or sell* e *opções de compra e venda.*

As cláusulas *buy or sell* fazem parte de um rol de mecanismo de resolução de impasses nascido na prática societária do direito americano e importado para outros sistemas jurídicos, como do Brasil; apresentou-se usualmente em contratos de aquisição de participação societária e acordo de acionistas, mas também apareceu como cláusula estatutária[47].

O ponto central é: dado o impasse, este será solucionado com a retirada de *alguma(s) parte(s)* em dissenso, mediante a venda de sua participação societária para a *outra parte*, por *preço* fixado segundo determinado critério. Há variações[48] dessa ideia-base, que aparecem na prática contratual com denominações diversas (*shotgun, russian roulette, texas shootout, chinese option*, dentre outras[49]).

Para exemplificar, na *shotgun provision*[50], ocorrendo um evento de impasse, é acordado que uma das partes pode notificar a outra, informando a intenção

---

46 FERREIRA Marina Martins-Costa. *Soluções contratuais para resolução de impasse: Cláusulas Buy or Sell e opções de compra e venda (put and call options).* São Paulo: Quartier Latin, 2018.

47 FLEISCHER, Holger; SCHNEIDER, Stephan. Shoot-out clauses in partnerships and close corporations: An approach from comparative law and economic theory. European company and financial law review, Vol 9, n. 1. 2012. Disponível em http://ssrn.com/abstract=1963118.

48 Vide TULLI, Richard A; CHUMNEY Kevin A. Issues in buy-sell, push-pull, russian roulette, or Texas provisions. Disponível em http://www.gardere.com/Binaries/Press%20and%20 Publications/2012IssuesinsBuySellPushPullRussianRouletteorTexasShootoutProvisions-CHUMNEYRTICLE.pdf

49 Para uma apresentação sistematizada de algumas opções, vide COX, M. D. *Deadlock provisions: resolução contratual de conflitos societários.* São Paulo: Almedina, 2017.

50 Joint Venture Corporations: Drafting the Corporate Papers. *Harvard Law Review*, Vol. 78, No. 2 (Dec., 1964), pp. 393-425. Disponível em: http://www.jstor.org/stable/1339100?seq=1#page_ scan_tab _contents.

de vender as suas ações ou de comprar as da contraparte, estabelecendo-se um certo valor por ação. Dentro de um determinado período, aquele que recebeu a oferta deverá ou vender as suas ações ou comprar as do ofertante (em qualquer caso, no valor das ações estabelecido na notificação). Ou seja, uma das partes fixa um preço de compra/venda das ações, compelindo a outra parte a comprar ou a vender ao preço fixado.[51]

Nas cláusulas *buy or sell*, até (e se) ocorrer do impasse insuperável (gatilho) que faz ativar a cláusula de resolução de impasses e o início do procedimento previsto, não há definição sobre quem vai comprar (permanecer) e quem vai vender (sair) e, por consequência, quem vai pagar o preço. Há um mesmo estágio de sujeição das partes (não sabem se continuarão na sociedade), direito equivalente de iniciar o procedimento, e flexibilidade na definição final desses quesitos.[52]

Por sua vez, as *opções de compra e venda* aproximam-se das cláusulas *buy or sell* por também terem por objeto transação de compra e venda de participações societárias e, com isso, o divórcio. Distinguem-se, contudo, por antecipar a definição do preço (ou minimamente o detalhamento da sua metodologia) e fixar *quem* vai se retirar da sociedade. Aqui, de antemão, no momento do pacto (e não do gatilho – resolução do impasse) já se determina esses elementos do contrato de compra e venda. Opções podem ser contratadas de maneira isoladas (conferir a uma das partes opção de compra ou opção de venda) ou opções mútuas.

Em outras palavras, as opções conferem a uma das partes, a seu exclusivo critério, o direito de vincular ambas a determinado negócio jurídico (no caso, compra e venda de participações societárias), a partir de uma manifestação unilateral. Do ponto de vista jurídico, há pontos de atenção que ainda serão objeto de alguma apreciação neste estudo.

---

51 Ver Claudia M. Landeo e Kathryn Spier (*Shotguns and deaklocks*, Disponível em http://www.law.umich.edu/centersandprograms/lawandeconomics/workshops/Documents/Paper%2012.Landeo.Shotguns%20and%20Deadlocks%20(2).pdf

52 Vide comentário de Judith Martins-Costa (in MARTINS-COSTA, Judith. A cláusula de buy or sell na perspectiva do direito das obrigações. in VENANCIO FILHO, Alberto e outros (Coord.). 40 anos da lei 6404/76: Homenagem aos professores Alfredo Lamy Filho e José Luiz Bulhões Pedreira. Rio de Janeiro: Forense, 2016): "Assim, diferente das obrigações alternativas, verifica-se na cláusula buy or sell dependerem, eficácia e concentração, de fato grandemente aleatório, qual seja: além do efetivo exercício, por uma das partes, do direito formativo gerador de fazer atuar a cláusula, observadas as condições expressas e implícitas contidas no Acordo, atua a sorte, quando o método escolhido para determinar a posição das partes e o preço é o sorteio ou outra forma aleatória, ou em qualquer caso, a incerteza que está em saber quais são os valores consignados nos envelopes fechados"

3.2 A opção de Pasadena

A disposição objeto do presente estudo está inserida em acordo de acionistas celebrado entre a Petrobras America Inc. ("Petrobrás") e a Astra Oil Trading NV[53] ("Astra"), na condição de sócias da Pasadena Refining Systems Inc ("PRSI"). Para a sua compreensão, vale compreender a estrutura deliberativa da referida sociedade.

A governança desenhada para a PRSI envolve dois principais órgãos: *Board of Directors* e *Senior Owners Committee.*

A Board of Directors, seguindo o modelo legal dos Estados Unidos, consiste em estrutura de administração organizada em sistema monista[54], ou seja, no qual "um conselho único tem poder jurídico para administrar e supervisionar a administração da companhia"[55]. A sua composição era paritária (03 membros indicados por cada sócia), salvo se houvesse alteração nos percentuais, o que nunca se concretizou até a saída da Astra[56].

O *Senior Owners Committee*, por outro lado, consiste em órgão previsto contratualmente e composto por um representante de cada sócia, presumivelmente o presidente, mas com a possibilidade de substituição por outro executivo.

A tomada ordinária de decisões pelo "board of directors" ocorre por maioria dos votos[57]. Considerando a indicação de metade dos membros por cada

53 Tratamos do "SHAREHOLDERS AGREEMENT PRSI" assinado em 01 set 2006 e indicado como Documento n. 31-2 no "Case 4:08-cv-02072" apresentado à "US District Court for the Southern District of Texas" em 03 jun 2009. Documento não disponível para acesso público. Os Autores agradecem aos professores Mário Engler e Danilo Araújo pela sua disponibilização.

54 Conforme comenta Nelson Eizirik: *"No Direito Comparado, relativamente aos órgãos colegiados de administração, podem ser identificados 2 (dois) grandes modelos: o do sistema unitário, ou monista, em que há apenas um órgão de administração, cujos membros são eleitos diretamente pela assembleia geral, o qual concentra todas as funções administrativas; e o sistema bipartido, ou dualista, no qual existem 2 (dois) conselhos, um de supervisão, que fiscaliza como atuam os administradores, outro executivo, ao qual incumbe a gestão ordinária dos negócios e a representação da companhia."* (EIZIRIK, Nelson. *A Lei das S/A Comentada*, São Paulo, 2011, v.2, p. 258)

55 KRAAKMAN, R. et al. A estrutura de governança básica: os interesses dos acionistas como classe. Em: *A anatomia do direito societário: uma abordagem comparada e funcional.* Tradução: Mariana Pargendler. [s.l.] Singular, 2018. p. 113

56 ASSUMPÇÃO FILHO, R. M. *Pasadena : uma análise crítica acerca da estrutura jurídica do negócio.* Dissertação de Mestrado—São Paulo: Fundação Getúlio Vargas, 2020. p. 30

57 Conforme cláusulas 3.5 e 3.6 do referido acordo de acionistas:
3.5 Decision by Majority if Astra owns less than the Second Tier Ownership: All decisions of the Board of Directors shall be by a majority vote at a duly called meeting of PRSI in accordance with the bylaws. The Board of Directors shall implement policies and procedures for the operation of PRSI which may include the creation of other officer positions and committees as provided in the bylaws of PRSI.

sócia, na prática isso significa que será necessária a concordância de ambas as partes para que as deliberações sejam concretizadas.

No modelo contratual posto, as decisões não consensadas seriam submetidas ao *senior partners committee*. Caso mantido o empate, a Petrobrás poderia exercer o *right to override*[58], disparando a cláusula de *minority put*[59]. Ou seja, a Petrobrás teria o poder de superar o impasse, fazendo prevalecer a sua vontade em relação à Astra, o que, todavia, geraria para a Astra o direito de alienar compulsoriamente as suas ações na PRSI à Petrobrás.

O *right to override*, nesse ponto, é maior do que uma usual *"chairman clause"* na medida em que não apenas assegura o voto de minerva, mas permite a imposição. A sofisticação da solução está na efetiva negociação do poder, que está relacionada à consequência do modelo: autoriza um dos sócios a forçar a compra da sua participação quando a solução do impasse for imposta pelo outro.

3.6 Decisions if Astra owns at least the Second Tier Ownership or More: In the event Astra owns the Second Tier Ownership or more, all issues including Major Decisions shall be decided by a majority of the members of the Board of Directors. If Astra owns the Second Tier Ownership or more and any issue, including without limitation a Major Decision issue, cannot be decided by the Board of Directors, then such issue shall be referred to the Senior Owners Committee for decision, which shall be by unanimity. In the event the Senior Owners Committee cannot unanimously decide an issue, Petrobras shall have the power to break any tie that prevents a decision being made by the Senior Owners Committee.

For purposes of this agreement, Major Decisions shall be defined as any decision with regard to the following issues:

(a) approval of the Operating Budget and the CapEx Budget, and making any material expenditure not contemplated by the applicable budget; provided that the Revamp Project budget shall not be considered a Major Decision;

(b) borrowing money or subjecting any of its assets to liens except as may be necessary to meet Operating Budgets or CapEx Budgets or the Company Principles;

(c) any sale of material assets, or any material purchase of assets outside of the ordinary course of business;

(d) any material amendment of the New Processing Agreement except to reflect the change of the New Processing Agreement to require PRSI to provide capacity of not less than 70% of the total available capacity in the Refinery to process crude denominated and owned by Petrobras or one of its affiliates;

(e) materially changing its policy on distributions, including increasing reserves against distributions except as may be required to meet Operating Budgets and CapE Budgets;

(g) making any material change to company accounting or tax policy;

(h) selection, hiring or removal of company auditors;

(i) admitting any new member except as provided in the Shareholders Agreement;

(j) entering into any transaction with a member or its affiliate, other than transactions with Trading Company or with Petrobras or any of its affiliates in connection with the supply of feedstocks or any crude oil or the purchase of products;

(k) liquidating, dissolving or filing for bankruptcy; and, taking any action which would be in violation of the Company Principles.

58 Conforme cláusula 3.6, vide nota de rodapé 59.

59 Cláusula 5.1, transcrita abaixo.

Duas designações indicadas na cláusula 5.1 do Contrato chamam a atenção. A primeira é o próprio título da cláusula: "Major Decision Buy Sell Right", que seria traduzida literalmente como "Direito de Compra e Venda em Decisão Relevante". A segunda seria a nomeação do direito de put como "*Minority Put*".

A referência a "Major Decision" se revela surpreendente porque, em que pese as decisões relevantes estejam listadas no item 3.6 do contrato (conforme definição constante no item 1.23[60]), o direito de venda ali previsto não está restrito a tais decisões, sendo aplicável a qualquer decisão em que a Petrobrás exerça o direito de sanar o impasse. Ou seja, efetivamente não é necessário uma "major decision" para a Petrobrás exercer o referido direito. Essa incongruência terminológica, contudo, não será relevante, pois o título não deverá interferir na interpretação da disposição contratual por expressa vontade das partes, indicada no item 10.2[61].

Da mesma forma, a referência a "Minority Put" não se revela plenamente acurada, tendo em vista que a Astra não estava em posição minoritária na relação com a Petrobrás, e sim em situação de igualdade. Também neste caso, a referência ao título não deve interferir na interpretação da cláusula, conforme item 10.2.

As cláusulas mais relevantes para o estudo proposto é a 5.1, ora apresentada em tradução livre[62]:

---

60 Cláusula 1.23: *"Major Decisions" shall have the meaning set forth in Section 3.6 hereof.*

61 10.2 Captions. The captions, headings, and arrangements used in this Agreement are for convenience only and do not in any way affect, limit, amplify, or modify the terms and provisions hereof.

62 5.1 Purchase Put.
In the event (i) Petrobras makes a decision with which Astra disagrees,
(a) as a result of Petrobras' right to override due to (i) the inability of the Senior Owners Committee to agree on a Major Decision issue as provided under Section 3.6 or, (i) a decision under Section 3.5. then Astra shall be entitled to cause Petrobras to purchase (the "Minority Put") (i) all or part of Astra's Ownership Interest in PRSI for a purchase price (the "Put Price") defined as per item 5 of ADDENDUM A, and any amount due will be paid to Astra in immediately available funds and (i) all or part of Astra's Ownership Interest in the Trading Company for the consideration defined on ADDENDUM A.
(b) it is provided, however, that unless the failure to take the action proposed by Petrobras would result in a violation of the Company Principles, regardless of Astra's Ownership Interest, then the Put Price shall be defined as per item 6 of ADDENDUM A, and any amount due will be paid to Astra in immediately available funds.
(c) as a result of Petrobras' right to override due to the inability of the Senior Owners Committee to agree on a decision when Astra has 50% of Ownership Interest, then the Put Price shall bedefined as per item 7 of ADDENDUM A, and any amount due will be paid to Astra in immediately available funds.
In any case of the options in this Section 5.1, the Capital Contributions related with Szorb Proiect and Diesel HDS are not included in the Revamp project. For purposes of this Section 5.1, the "Ownership Interest" of Astra or of Petrobras shall include the Ownership Interest of each of their respective Affiliates in the specified entity.

5. 1 Cláusula de Opção de Venda:

No caso de (i) a Petrobras tomar uma decisão com a qual a Astra discorde, (a) como resultado do direito da Petrobras de impor a sua decisão devido a (i) a inviabilidade de o Comitê de Sócios Seniores de chegar a um consenso sobre um assunto de Decisão Relevante conforme previsto na Seção 3.6 ou, (i) uma decisão sob a Seção 3.5., então a Astra terá o direito de fazer com que a Petrobras compre (a "Opção de Venda Minoritária") (i)[63] toda ou parte dos direitos de participação da Astra na PRSI por um preço de compra (o "*Put Price*"[64]) definido conforme item 5 do ANEXO A, e qualquer valor devido será pago à Astra em recursos imediatamente disponíveis e (ii) toda ou parte dos direitos de participação da Astra na *Trading Company* em contrapartida ao valor definido no ANEXO A.

(b) No entanto, fica estipulado que, a menos que o não cumprimento da ação proposta pela Petrobras resultasse em uma violação dos Princípios da Empresa, independentemente dos direitos de sócio da Astra, o Preço de Compra será definido conforme item 6 do ANEXO A, e qualquer valor devido será pago à Astra em recursos imediatamente disponíveis.

(c) como consequência do direito de imposição da Petrobras devido à incapacidade de o Comitê de Sócios Seniores concordar com uma decisão, nas circunstâncias em que a Astra tem 50% de participação societária, então o *Put Price* será definido conforme item 7 do ANEXO A, e qualquer valor devido será pago à Astra em recursos imediatamente disponíveis.

Em qualquer caso das opções nesta Seção 5.1, as Contribuições de Capital relacionadas com o Projeto Szorb e Diesel HDS não estão incluídas no projeto Revamp. Para os fins desta Seção 5.1, a "Participação Societária" da Astra ou da Petrobras incluirá a Participação Societária de cada uma de suas respectivas Afiliadas na entidade especificada.

A cláusula, nesse formato, apresenta-se alinhada à estrutura tradicionalmente qualificada na literatura como *opção*. Duas características reforçam essa conclusão: a definição, já no momento do pacto, sobre *quem* sairia da sociedade, em caso de impasse intransponível e uso da faculdade do *right to override;* e a definição da metodologia prévia do preço da compra e venda das ações.

O acordo de sócios atribuiu à Astra o benefício da opção, de modo que poderia, mediante declaração de vontade, formar o contrato de compra e

63 Erro na numeração constante no original.

64 Mantido no original para evitar uma aparente incongruência entre as expressões "purchase price"e "Put Price"

venda da sua participação societária, cujo preço seria calculado na forma prevista no "ANEXO A".

As literaturas brasileira e estrangeira já se debruçaram em diferentes oportunidades sobre a natureza jurídica[65] das opções e o tema ainda não é pacífico. Para os limites deste estudo, aderimos à proposta de qualificação do acordo de opções como um negócio jurídico *sui generis*[66], com características próprias, sobretudo considerando que há etapas sequenciais que marcam a sua caracterização.

Notadamente, as opções revelam, do ponto de vista da sua própria funcionalidade, contratos coligados, embora distintos: (1) a constituição do direito de opção para uma parte (ou ambas), sobre a qual as partes consensuaram a respeito, inclusive definindo os seus contornos, submetido a condição suspensiva – *contrato de opção*; (2) a celebração do contrato de compra e venda, que depende do exercício do direito pela parte que o possui (a declaração de vontade unilateral é suficiente) – *contrato optativo de compra e venda*[67].

No contexto de mecanismos de divórcio, o direito de opção usualmente é consensuado sob a condição suspensiva *impasse*. Caracterizado o impasse nas deliberações, o beneficiário do direito de opção poderá exercê-lo (unilateralmente), sujeitando a outra parte à celebração do contrato definitivo de compra e venda das participações societárias.

No caso Pasadena, a opção de venda das ações da Astra encontrava-se bem neste cenário, com alguma sofisticação a mais: para além da ocorrência do impasse, o direito de sujeitar a Petrobras ao contrato de compra e venda das ações apenas surgia para a Astra, enquanto beneficiária da opção, se a Petrobras exercesse o *right to override*. A condição suspensiva, assim, ganhou maior grau complexidade: revelava-se, na verdade, no direito de impor a decisão (*se* a

---

65 Marina Martins-Costa Ferreira, em trabalho de dissertação de mestrado intitulado "Soluções contratuais para resolução de impasse: Cláusulas Buy or Sell e opções de compra e venda (put and call options)", compila as principais divergências doutrinárias a respeito do tema, trabalho ao qual remetemos o leitor que se interessar pelo aprofundamento no assunto. São expostas as seguintes hipóteses: negócio jurídico unilateral; contrato preliminar unilateral; contrato de compra e venda definitivo sob condição suspensiva; contrato "semicompleto"; pacto de retrovenda. FERREIRA Marina Martins-Costa. *Soluções contratuais para resolução de impasse: Cláusulas Buy or Sell e opções de compra e venda (put and call options).* São Paulo: Quartier Latin, 2018.

66 Sistematização dos argumentos favoráveis a esta corrente em SOUZA JÚNIOR, Francisco Satiro. *Regime jurídico das opções negociadas em bolsas de valores.* Tese (Doutorado) – Universidade de São Paulo, São Paulo, 2002.

67 Também sistematizando o assunto, IGLESIAS, Felipe Campana Padin. *Opção de compra ou venda de ações no direito brasileiro: natureza jurídica e tutela executiva judicial.* Dissertação (Mestrado) – Universidade de São Paulo, São Paulo, 2011. Disponível em: https://doi.org/10.11606/D.2.2011.tde-21082012-112205

Petrobrás optar por impor...), que, por sua vez, consistia em um direito que só poderia ser usufruído em caso de impasse.

* * *

As opções, do ponto de vista teórico, ensejam alguma atenção jurídica e há debate formalizado na literatura a respeito de sua licitude/ilicitude em alguns aspectos, especialmente sobre o modo de determinação do preço da compra e venda e a sua potencial caracterização como condição potestativa[68].

A respeito da *determinação do preço,* existem reflexões contrapondo as opções e a vedação do art. 489[69] do Código Civil; além disso, discute-se também o potencial problema de incoerência do preço pactuado (quando já fixado) com o efetivo valor de mercado - a ensejar a sua possível revisão -, considerando que poderá decorrer expressivo lapso temporal entre o pacto da opção e a efetivação da compra e venda[70]. No caso Pasadena, a *precificação* do ativo foi alvo de controvérsias, especificamente em relação à metodologia prevista no ANEXO A do contrato, em relação à qual a CGU chegou a apontar que "*deixou de considerar diversos elementos que impactariam negativamente o seu valor de aquisição*"[71].

A preocupação de invalidade do pacto por configurar possível condição potestativa, rejeitada pelo ordenamento jurídico brasileiro conforme previsão do art. 122 do Código Civil [72], também não foi um aspecto relevante do caso já que houve a prévia definição de uma metodologia de cálculo do valor da participação societária e a especificação das hipóteses em que o direito poderia ser invocado. A distinção prevista pela doutrina[73] entre as condições puramente potestativas (fixadas com efeitos atribuídos ao *puro* arbítrio de uma das partes) e as simplesmente potestativas (pactuadas com efeitos dependentes

---

68 Sobre a validade das cláusulas puramente potestativas, os Autores indicam trabalho que produziram conjuntamente: ANDRADE, R. A.; BORGES, L. B. DE A. D. N. C. *Cláusulas Contratuais Alteráveis Unilateralmente em Contratos Empresariais.* REVISTA DA FACULDADE DE DIREITO (UFBA), v. 42, 2020.

69 Art. 489. Nulo é o contrato de compra e venda, quando se deixa ao arbítrio exclusivo de uma das partes a fixação do preço.

70 Compilação das discussões podem ser acessadas no trabalho de Marina Martins-Costa Ferreira (FERREIRA Marina Martins-Costa. *Soluções contratuais para resolução de impasse: Cláusulas Buy or Sell e opções de compra e venda (put and call options).* São Paulo: Quartier Latin, 2018.)

71 CONTROLADORIA GERAL DA UNIÃO. *Relatório final - Auditoria especial n. 201407539.* dez/2014. Disponível em https://auditoria.cgu.gov.br/download/3256.pdf Acesso em 10 dez 2017 *p.* 106

72 Art. 122. São lícitas, em geral, todas as condições não contrárias à lei, à ordem pública ou aos bons costumes; entre as condições defesas se incluem as que privarem de todo efeito o negócio jurídico, ou o sujeitarem ao puro arbítrio de uma das partes.

73 PEREIRA, Caio Mário da Silva. *Instituições de Direito Civil.* Vol. I, Rio de Janeiro: Forense, 2022.

também de acontecimentos externos à vontade das partes) oferece conforto jurídico à hipótese: enquanto mecanismos de resolução de impasse, a eficácia da compra e venda não dependia do arbítrio *exclusivo* de uma das partes já que a condição suspensiva acordada foi o *right to override* da Petrobras, que era dependente da ocorrência do *evento impasse.*

* * *

Para além destes aspectos jurídicos em sentido estrito, há curiosas reflexões que o caso oferece, no que concerne à sua aplicação e funcionalidade. A primeira delas é que a modelagem oferece um antídoto à paralisia. O modelo adotado – reconhecido por especialistas como relativamente comum[74] – estimula as partes à solução negociada, mas, em qualquer situação, tenderá a não prolongar a situação de impasse paralisante, ou mesmo a adoção de uma conduta prejudicial à companhia movida por revanchismo ou qualquer outra intenção de prejudicar o ex-sócio. De um lado, a decisão poderá ser tomada de pronto e, de outro, a gravosa consequência jurídica daí decorrente tenderá a estimular um uso parcimonioso do instituto.

Contudo, como *Pasadena* revelou, a modelagem também apresentou os seus problemas, sobretudo porque, como efeito prático, a parte titular da opção de venda ganhou uma ferramenta para forçar – se lhe fosse conveniente – a sua saída do negócio, tendo a possibilidade de levar a efeito, maliciosamente, a condição suspensiva (o impasse). Em outras palavras, a modelagem oferecia a possibilidade de a titular do direito de sair provocar reiterados impasses para pôr a contraparte na posição de não restar-lhe outra alternativa senão exercer o *right to override.*

Esse efeito maléfico, na situação de *Pasadena*, teve relação direta com uma distorção na forma de valorar a companhia para fins de exercício do direito de venda, segundo as conclusões alcançadas pela CGU e pelo TCU[75]. Isso permite a conclusão de que este modelo contratual exige esforço para garantir adequados parâmetros financeiros (valoração do ativo) para o exercício da opção de venda.

Nesse contexto, vale suscitar modelagens alternativas. Além da *put option* com valoração realizada por terceiros ou seguindo uma metodologia

74 Disponível em: http://politica.estadao.com.br/noticias/eleicoes,put-option-e-clausula-normal-em-contratos-marlim-nao-imp-,1144752 .

75 As conclusões alcançadas pelo TCU foram objeto de estudo mais detido por: ASSUMPÇÃO FILHO, R. M. Pasadena : uma análise crítica acerca da estrutura jurídica do negócio. Dissertação de Mestrado—São Paulo: Fundação Getúlio Vargas, 2020.

pré-determinada, é possível a realização de um "leilão" entre as partes[76/77], ou a referida *shotgun provision*[78]: *(i)* uma das partes faz uma oferta de preço por ação e, *(ii)* a outra parte é obrigada a vender pelo preço fixado ou comprar a parte do ofertante pelo mesmo preço[79/80].

A utilização da cláusula de shotgun, embora seja uma alternativa, não deve ser realizada sem a profunda análise do caso concreto em especial das assimetrias que impactam na sua utilização[81]. A cláusula parece adequada ao modelo de controle compartilhado, na medida em que provavelmente há baixa assimetria informacional. Contudo, assimetria de recursos financeiros e de capacidade para gerir a companhia[82] devem ser levadas em consideração no momento de realizar o desenho institucional. Apesar de não ser uma solução universal, devendo ser considerada caso a caso, é a recomendada pela American Bar Association[83] e merece ser contemplada como uma das ferramentas à disposição em estruturas de negócios similares a analisada.

---

76 Uma das principais características das cláusulas de compra e venda forçada de participações societárias é permitir uma precificação justa e interessante a ambas as partes.
A forma da precificação pode variar entre uma cláusula e outra, mas a mais simples, conforme dito anteriormente, consiste em que um sócio determine o valor e o outro decida se prefere comprar ou vender por este valor.
Em situações ideais, o sócio que determina o preço não colocaria um preço alto demais para não ser obrigado a pagar mais do que a participação do outro sócio vale, nem um valor baixo demais de forma a não ser obrigado a vender a própria participação a um valor vil. (COX, M. D. *Deadlock provisions: resolução contratual de conflitos societários.* São Paulo: Almedina, 2017. p. 57)

77 Landeo, Claudia M. and Spier, Kathryn E., Shotguns and Deadlocks (August 14, 2013). Yale Journal on Regulation, Forthcoming. Available at SSRN: https://ssrn.com/abstract=2258966 Consulta em 09 dez 2017. pp. 34/38

78 Ressalve-se a observação feita por Marcelo Dourado Cox de que "*Não há qualquer consenso doutrinário u qualquer consistência em relação aos nomes das cláusulas de compra e venda forçada (...)*" (COX, M. D. *Deadlock provisions: resolução contratual de conflitos societários.* São Paulo: Almedina, 2017. 63)

79 "Assim, considerando-se a posição igualitária entre as sócias na joint-venture de Pasadena, entende-se que a utilização de um dos formatos de cláusula de shotgun seria mais apropriada ao desenho da parceria, além de mais favorável à Petrobras"(ASSUMPÇÃO FILHO, R. M. Pasadena : uma análise crítica acerca da estrutura jurídica do negócio. Dissertação de Mestrado— São Paulo: Fundação Getúlio Vargas, 2020).

80 Landeo, Claudia M. and Spier, Kathryn E., Shotguns and Deadlocks (August 14, 2013). Yale Journal on Regulation, Forthcoming. Available at SSRN: https://ssrn.com/abstract=2258966 Consulta em 09 dez 2017. p. 22

81 Landeo, Claudia M. and Spier, Kathryn E., Shotguns and Deadlocks (August 14, 2013). Yale Journal on Regulation, Forthcoming. Available at SSRN: https://ssrn.com/abstract=2258966 Consulta em 09 dez 2017. p. 29

82 Landeo, Claudia M. and Spier, Kathryn E., Shotguns and Deadlocks (August 14, 2013). Yale Journal on Regulation, Forthcoming. Available at SSRN: https://ssrn.com/abstract=2258966 Consulta em 09 dez 2017. p. 29

83 Conforme documento indicado na nota 51.

CONCLUSÕES

O estudo confirmou a relevância do exercício de reflexão sobre estruturas negociais que exigem consenso, diante dos desafios que podem decorrer dessa escolha – os impasses. Foi este o ambiente no qual a cláusula de opção de venda prevista no "*caso Pasadena*" se inseriu e é usualmente inserida: uma alternativa de resolução de impasses entre sócios em decorrência de compartilhamento de controle societário frequentemente pactuada.

Como escolha contratual, os sócios da Pasadena Refining Systems Inc ("PRSI") arquitetaram uma estrutura de governança envolvendo dois principais órgãos: *Board of Directors* e *Senior Owners Committee*. O primeiro, órgão colegiado responsável pela direção da sociedade, era composto por quantidade de representantes igualitários das sócias, com decisões tomadas por maioria, logo, com necessária concordância de representantes de ambas as sócias. Caberia ao segundo, um comitê de dois membros sendo um representante de cada parte, resolver impasses decorrentes da primeira estrutura, em consenso.

Como um antídoto à paralisia – e se o *Senior Owners Comittee* não consensuar? – o acordo de acionistas firmado antevia a nominada "minority put", uma opção de venda de ações que poderia ser ativada por uma determinada parte diante do exercício de um direito da outra: impor a decisão em caso de impasse ("right to override").

Após reflexões sobre o contexto e a estrutura, concluiu-se que a "minority put", assim equivocadamente nominada, possui qualificação jurídica no direito brasileiro de *opção de venda*, que exige alguma atenção jurídica na sua formulação. A cláusula, contudo, subsiste a um juízo de licitude à luz do direito brasileiro, não podendo ser considerada puramente potestativa, inclusive porque o seu preço não estava à critério exclusivo de uma das partes.

A cláusula, ainda, era capaz de gerar incentivos importantes: as partes sabiam que não permaneceriam estagnadas em um impasse; sabiam, também, que não precisariam se valer de um terceiro (a exemplo de um juiz ou árbitro) para tomar decisões. Entretanto, a estrutura jurídica e o critério de valoração (precificação) das ações possibilitavam a ativação maliciosa pelo titular do direito à opção de venda (forçar impasses para ter a oportunidade de saída), um risco jurídico que deve ser mapeado pelos profissionais que se dediquem a casos de certo modo assemelhados.

60. OS INCOTERMS NA PRÁTICA CONTRATUAL BRASILEIRA

Lauro Gama Jr.

1. O QUE SÃO OS INCOTERMS?

Imagine, caro leitor, uma indústria brasileira que necessita de equipamentos eletrônicos fabricados na China, numa cidade distante 300 km do grande porto de Shenzen. Ao negociar o preço das mercadorias, a compradora dá-se conta de que será mais barato ajustar que o vendedor arque com as formalidades de exportação e custos de transporte terrestre e marítimo, exceto o seguro das mercadorias bens, até o porto de Santos. Isso, porque o produtor chinês exporta muito para o Brasil e, assim, pode obter melhores preços para todos os serviços que integram este tipo de venda internacional.

Se, para cada operação comercial, as partes tivessem que discutir a redação de cláusulas sobre os seus respectivos direitos e responsabilidades nas várias etapas da compra e venda internacional – desde a saída das mercadorias da fábrica até a entrega ao comprador – e a alocação, entre elas, dos riscos sobre a integridade das coisas vendidas, seus custos de transação seriam altos, reduzindo vendas e lucros.

É nesse contexto que se inserem os "Termos Internacionais do Comércio" ou INCOTERMS. Trata-se de cláusulas contratuais pré-definidas, compiladas e reformuladas pela Câmara de Comércio Internacional ("CCI")[1], desde 1936[2], que funcionam como *simplificadoras* de contratos de compra e venda internacional de mercadorias.

No exemplo acima, para determinar a responsabilidade e riscos assumidos pelo exportador chinês pelo desembaraço e transporte das mercadorias, bastaria mencionar na fatura *pro forma*, na aceitação ou no contrato as 3 letras correspondentes ao INCOTERM eleito e o local de entrega: DAP Santos INCOTERMS 2020. Desse modo restariam definidas as responsabilidades do exportador e do importador, a alocação entre eles dos custos ligados à entrega física, transporte e seguro dos bens, assim como a transferência dos riscos em relação às mercadorias vendidas.

Eis abaixo a lista dos INCOTERMS 2020[3]:

1. **EXW** – *Ex Works* ou – Na Origem (local de entrega nomeado)
2. **FCA** – *Free Carrier* – Livre No Transportador (local de entrega nomeado)
3. **FAS** – *Free Alongside Ship* – Livre Ao Lado Do Navio (porto de embarque nomeado)
4. ***FOB*** – **Free On Board** – Livre A Bordo (porto de embarque nomeado)
5. **CPT** – *Carriage Paid To* – Transporte Pago Até (local de destino nomeado)
6. **CIP** – *Carriage And Insurance Paid To* – Transporte E Seguro Pagos Até (local de destino nomeado)
7. **CFR** – *Cost And Freight* – Custo E Frete (porto de destino nomeado)
8. **CIF** – *Cost Insurance And Freight* – Custo, Seguro E Frete (porto de destino nomeado)
9. **DAP** – *Delivered At Place* – Entregue No Local (local de destino nomeado)
10. **DPU** – *Delivered At Place Unloaded* – Entregue No Local Desembarcado (local de destino nomeado)
11. **DDP** – *Delivered Duty Paid* – Entregue Com Direitos Pagos (local de destino nomeado).

1 A CCI foi criada logo após a Primeira Guerra Mundial, em 1919, com sede em Paris, a fim de incrementar negócios no plano internacional, por meio da promoção do comércio e investimentos, abertura de mercados para o comércio de mercadorias e serviços, e o livre fluxo de capitais. Disponível em: http://iccwbo.org/about-icc-2/our-mission-history-and-values/. Acesso em 26 jul. 2023.

2 Os INCOTERMS foram revisados e emendados, anteriormente, em 1953, 1967, 1976, 1980, 1990, 2000 e 2010. Disponível em https://iccwbo.org/business-solutions/incoterms-rules/incoterms-rules-history/. Acesso em 26 jul. 2023.

3 Disponível em: http://www.fazcomex.com.br/incoterms/. Acesso em: 26 jul. 2023.

Origem e natureza jurídica

Os termos contratuais FOB e CIF já eram utilizados na Inglaterra desde o séc. XVIII e serviam às necessidades específicas do comércio marítimo[4]. Codificados e ampliados pela CCI, no início do séc. XX, esses e outros INCOTERMS são hoje largamente empregados em vendas internacionais de mercadorias.

Lembre-se que, em termos globais, o comércio internacional de mercadorias (US$ 25 trilhões em 2022) ainda representa mais de três vezes o volume anual do crescente comércio de serviços (US$ 7 trilhões em 2022)[5].

Os INCOTERMS integram a chamada *lex mercatoria*[6]. Não porque gozem de força normativa própria, mas pela circunstância de terem alcançado um *status* superior ao de regras comerciais informais. Constituem normas contratuais de alcance global, sistematizadas e periodicamente revisadas pela mais importante associação mundial de comércio.

Para figurarem como cláusulas do contrato, os INCOTERMS dependem da vontade, tácita ou expressa, das partes[7]. Isso também define a sua hierarquia normativa, sujeitos que estão às normas imperativas do direito aplicável ao contrato.

Qualificando-se como normas contratuais, as disposições contidas nos INCOTERMS podem ser derrogadas por outras livremente convencionadas pelas partes.

Seriam os INCOTERMS expressão dos costumes do comércio internacional?

A questão interessa porque, se assim caracterizados, poderiam os INCOTERMS integrar o contrato de compra e venda, mesmo a despeito da vontade das partes. Para isso, o art. 9 da Convenção de Viena ("CISG") – que faz parte do ordenamento brasileiro[8] –, exige que os contratantes conheçam o costume do comércio em questão *(conhecimento atual)* – ou, pelo menos, devam conhecê-lo *(conhecimento presumido)* –, além de exigir que o costume seja amplamente

4 DALHUISEN, J. *Dalhuisen on International Commercial, Financial and Trade Law.* 2nd ed. Oxford and Portland, Oregon: Hart Publishing, 2004, p. 386.

5 "Após ano recorde, comércio global fecha segundo semestre no negative". Nações Unidas. ONU News, baseada em dados da UNCTAD. Disponível em: http://news.un.org/pt/story/2022/12/1806692. Acesso em: 15 fev. 2024).

6 Para um estudo aprofundado da *lex mercatoria, vide* TOTH, O. *The Lex Mercatoria in Theory and Practice.* Oxford: OUP, 2017.

7 *Introduction to INCOTERMS 2020* ©, p. 3. Disponível em: http://2go.iccwbo.org/incoterms-2020-introduction-free-document-pdf.html. Acesso em: 30 jul. 2023.

8 A Convenção das Nações Unidas sobre a Compra e Venda Internacional de Mercadorias foi ratificada pelo Brasil por meio do Decreto Legislativo nº 538 e do Decreto 8.327. Está em vigor desde 1º de abril de 2014.

conhecido no ramo comercial em questão[9]. Nos Estados Unidos, país de imensa relevância para o comércio transfronteiriço, já se decidiu que disposições pertinentes à entrega de mercadorias em contrato regido pela CISG podiam ser interpretadas segundo os INCOTERMS, pois estes últimos haviam sido a ela incorporados por meio de seu art. 9(2). Decisões no mesmo sentido foram proferidas na Itália, Suíça, Rússia e Argentina[10].

Chancela oficial

No Brasil, a Resolução CAMEX nº 16, de 2 de março de 2020[11], dispõe sobre os INCOTERMS 2020 e estabelece que serão aceitas quaisquer condições de venda praticadas no comércio internacional, desde que compatíveis com o ordenamento jurídico nacional. Trata-se, assim, do reconhecimento oficial dessas cláusulas contratuais, padronizadas por uma instituição internacional privada, que regulam determinados aspectos do contrato de compra e venda internacional.

Conteúdo e abrangência

A versão atual (a nona) dos INCOTERMS data de 2020 e contém 11 termos contratuais, cujas principais funções são:

- Definir o local onde o exportador deve entregar a mercadoria.
- Indicar a parte responsável pelo pagamento do frete internacional.
- Designar o responsável pelos custos e pelas formalidades de exportação e importação.
- Apontar quem deve contratar e pagar o seguro das mercadorias.
- Estabelecer os limites dos riscos do comprador e do vendedor.

Os INCOTERMS, obedecendo uma sequência lógica de locais para a entrega física das mercadorias, atribuem às partes distintas responsabilidades, custos e riscos, como se vê a seguir[12]:

---

9 Sobre o tema, *vide:* SAUMIER, G. *Trade Usages in the Convention on Contracts for the International Sale of Goods.* In: GÉLINAS, F. *Trade Usages and Implied Terms in the Age of Arbitration.* Oxford: OUP, 2016, p. 125-144, esp. 140-141. CISG, Article 9: (1) The parties are bound by any usage to which they have agreed and by any practices which they have established between themselves. (2) The parties are considered, unless otherwise agreed, to have impliedly made applicable to their contract or its formation a usage of which the parties knew or ought to have known and which in international trade is widely known to, and regularly observed by, parties to contracts of the type involved in the particular trade concerned.

10 SAUMIER, G., *op. cit.* p. 141-142.

11 Disponível em: http://www.camex.gov.br/resolucoes-camex-e-outros-normativos/58-resolucoes-da-camex/2669-resolucao-n-16-de-2-de-marco-de-2020. Acesso em: 30 jul. 2023.

12 Tabela obtida em Logcomex Blog. Disponível em: http://blog.logcomex.com/incoterms/. Acesso em: 1º ago. 2023.

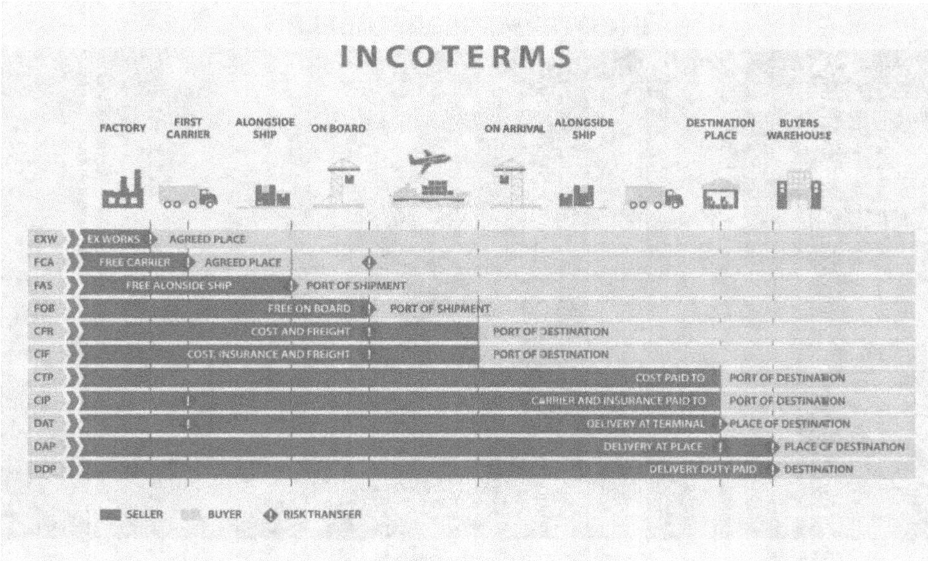

Por exemplo, uma venda "EXW Rua dos Oitis 123, Resende, RJ (Brazil) INCOTERMS 2020" significa que o vendedor porá a mercadoria à disposição do comprador no ponto e local estabelecidos. O vendedor não será obrigado a carregar os bens no veículo do transportador; mas, se o fizer, será por conta e risco do comprador, porque o risco pela integridade das mercadorias já lhe terá sido transferido. Caberá ao comprador contratar e custear o transporte, bem assim contratar e custear o seguro dos bens. O risco de extravio ou avaria da mercadoria é do comprador a partir do momento em que a carga é colocada à sua disposição no local e data combinados. As obrigações aduaneiras, quando exigíveis, ficarão a cargo do comprador, tanto na exportação como na importação ou trânsito por terceiros países. Em suma, o termo contratual EXW, que pode ser usado com todos os modais de transporte, é o que atribui *menos responsabilidades e riscos* ao vendedor.

A tabela seguinte[13] indica as principais obrigações – e custos correspondentes – a serem divididas entre comprador e vendedor, segundo o termo escolhido:

13 Tabela obtida em Freitas Inteligência Aduaneira. Disponível em: http://freitasinteligencia.com.br/wp-content/uploads/2020/01/Incoterms-2020-descubra-agora-o-que-mudou-1.pdf. Acesso em: 1º ago. 2023.

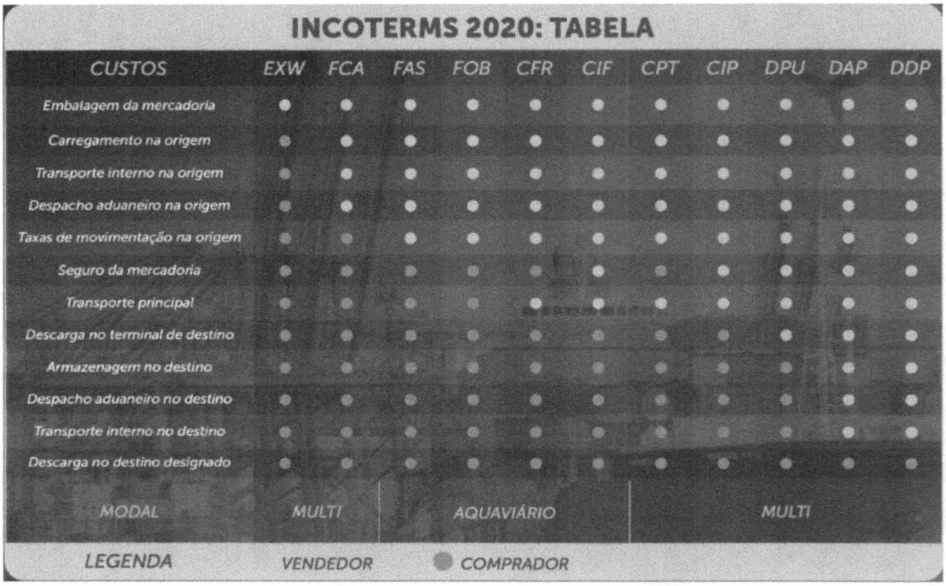

Como é fácil perceber, a escolha do INCOTERM interfere na formação do preço da mercadoria pelo exportador. Dito de outro modo, os custos atrelados à venda da mercadoria serão *menores* se escolhido o termo EXW (Ex Works) e *maiores* se eleito o termo DDP (Delivered Duty Paid).

Os INCOTERMS servem para o comércio de qualquer tipo de *mercadoria*, seja um carregamento de minério de ferro, sejam contêineres contendo equipamentos eletrônicos ou *pallets* de transporte aéreo com flores recém-colhidas.

Suas disposições não regem nem determinam: (**i**) a validade do contrato de compra e venda ou sua existência; (**ii**) a especificação das mercadorias; (**iii**) o momento, lugar, método ou moeda de pagamento do preço; (**iv**) os remédios cabíveis em caso de inadimplemento; (**v**) as consequências do atraso e outros incumprimentos do contrato; (**vi**) o efeito de sanções internacionais; (**vii**) a imposição de tarifas aduaneiras; (**viii**) a proibição de exportação ou importação de certos bens; (**ix**) casos de força maior ou *hardship;* (**x**) direitos de propriedade intelectual; e (xi) mecanismos de solução de litígios ou o foro ou sede para tal finalidade[14].

Como melhor se verá adiante, os INCOTERMS, embora formulados para o comércio transnacional de mercadorias, são igualmente utilizados em transações domésticas. É daí que se extraem as decisões que fundamentam a presente análise sobre a prática brasileira.

---

14 *Introduction to INCOTERMS 2020* ©, p. 2. Disponível em: http://2go.iccwbo.org/incoterms-2020-introduction-free-document-pdf.html. Acesso em: 1º ago. 2023.

2. QUAIS SÃO OS INCOTERMS? COMO SÃO APLICADOS E INTERPRETADOS NO BRASIL?

Os INCOTERMS se dividem em quatro grupos, identificados pela letra inicial do respectivo termo contratual, a saber: "E", "F", "C" e "D". Tais letras indicam a gradação das responsabilidades entre vendedor e comprador e, por conseguinte, do *preço de venda*, tendo como base o ponto de transferência dos custos de transporte, desembaraço para exportação etc., bem como o ponto de transferência dos riscos de perecimento e avaria da coisa vendida, como se vê na tabela a seguir[15]:

GRUPO	INCOTERMS 2010	PONTO DE TRANFERÊNCIA DO CUSTO	PONTO DE TRANFERÊNCIA DO RISCO
E	EXW - EX-WORK	ORIGEM	ARMAZÉM NA ORIGEM
F	FAS - FREE ALONG SIDE SHIP	TRANSPORTE PRINCIPAL NÃO PAGO	AO LADO DO NAVIO
	FOB - FREE ON BOARD	TRANSPORTE PRINCIPAL NÃO PAGO	PRIMEIRA MURADA DO NAVIO
	FCA - FREE CARRIER	TRANSPORTE PRINCIPAL NÃO PAGO	PRIMEIRO TRANSPORTE INTERNACIONAL
C	CFR - COST AND FREIGHT	TRANSPORTE PRINCIPAL PAGO	PRIMEIRA MURADA DO NAVIO
	CIF - COST, INSURANCE AND FREIGHT	TRANSPORTE PRINCIPAL PAGO	PRIMEIRA MURADA DO NAVIO
	CPT - COST AND FREIGHT	TRANSPORTE PRINCIPAL PAGO	PRIMEIRO TRANSPORTE INTERNACIONAL
	CIP - COST, INSURANCE AND FREIGHT PAID	TRANSPORTE PRINCIPAL PAGO	PRIMEIRO TRANSPORTE INTERNACIONAL
D	DAP - DELIVERY AT PLACE	DESPESAS ATÉ LOCAL DE ENTREGA	LOCAL DETERMINADO DO DESTINO
	DAT - DELIVERY AT TERMINAL	DESPESAS ATÉ TERMINAL DE ARMAZENAMENTO	LOCAL DETERMINADO DO DESTINO
	DDP - DELIVERY DUTY PAID	DESPESAS INCLUINDO IMPOSTOS ATÉ LOCAL FINAL DE ENTREGA	LOCAL DETERMINADO DO DESTINO

Assim, segundo cada grupo, há obrigações, custos e riscos distintos para o vendedor e para o comprador:

Grupo E – EXW: O termo EXW impõe ao comprador praticamente todas as obrigações relativas ao transporte e todos os riscos relativos à coisa. Os custos são transferidos ao importador no primeiro momento e lugar de embarque. Cabe ao vendedor assegurar a transmissão das mercadorias ao comprador no local escolhido. A partir daí, é o comprador que se encarrega da coisa no local escolhido, do desembaraço aduaneiro de exportação e de seu transporte até o destino final. Assume todos os riscos a partir do momento em que aceita as mercadorias entregues pelo vendedor.

Grupo F – FCA, FAS & FOB: Segundo tais termos, o transporte principal não é custeado pelo vendedor, mas pelo comprador, e as mercadorias são transmitidas a este último no lugar ajustado pelas partes no país de exportação. O vendedor realiza o desembaraço da mercadoria para exportação

15 Tabela obtida em Global Comércio Exterior. Disponível em: http://www.globalmaringa.com.br/blog/18/incoterms Acesso em 1º ago. 2023.

e a entrega no local de embarque designado. O comprador é responsável pela contratação do transporte principal e, posteriormente, dos custos de desembaraço da importação.

Grupo C – CPT, CIP, CFR & CIF: Conforme os termos deste grupo, o transporte principal é assumido pelo vendedor, mas os riscos sobre as mercadorias transferem-se ao comprador quando estas são entregues ao primeiro transportador. Dois destes termos (CIP e CIF) obrigam o vendedor a contratar, em favor do comprador, seguro das mercadorias. O vendedor deve contratar e custear o transporte principal, providenciar o desembaraço para exportação e a entrega das mercadorias no lugar de embarque no transporte principal, quando, então, os riscos são transferidos ao comprador. O comprador suporta o risco de perda ou avaria da mercadoria durante o transporte principal, e se responsabiliza pelo desembaraço de importação.

Grupo D – DPU, DAP, DDP: Esses termos são conhecidos como "entrega completa" (*"full delivery"*), já que a maior parte dos custos e obrigações são suportados pelo vendedor, e transferidos ao comprador quando este último recebe as mercadorias no país de destino. Assim, o vendedor é responsável pelo desembaraço para exportação, pela contratação do transporte principal e pelas providências de entrega das mercadorias para embarque, quando os riscos sobre a coisa são transferidos ao comprador. O comprador assume apenas a obrigação de descarregar as mercadorias no lugar de destino (exceto em relação ao termo DPU).

Os termos FAS, FOB, CFR e CIF são empregados *exclusivamente* no comércio aquaviário/marítimo. Os demais se aplicam a qualquer modo de transporte, combinado ou não.

Três são os INCOTERMS que mais se utilizam no comércio internacional: EXW (Ex Works), FOB (Free On Board) e CIF (Cost, Insurance and Freight).

A seguir, descrever-se-á cada um dos 11 INCOTERMS, analisando-se a sua interpretação e aplicação em casos concretos da jurisprudência brasileira.

2.1. EX WORKS (EXW)

A cláusula EX WORKS, aplicável a todas as modalidades de transporte, obriga o vendedor, no prazo acordado, a colocar a mercadoria à disposição do comprador nos locais do próprio vendedor. Portanto, é o termo que atribui menos responsabilidades e riscos ao vendedor. Este último não se responsabiliza pelo carregamento das mercadorias a bordo do veículo de transporte, nem pelo desembaraço delas para exportação, deveres que recaem sobre o comprador[16].

O vendedor cumpre sua obrigação de entrega das mercadorias quando as disponibiliza ao comprador em sua própria fábrica, armazém, indústria, usina, plantação etc. O comprador, por sua vez, assume todos os riscos e custos envolvidos em retirar as mercadorias das instalações do vendedor até o destino convencionado[17].

Todavia, no Brasil, ocorre uma ligeira desvirtuação do termo contratual quando o comprador é estrangeiro e não possui os meios legais necessários para efetuar as formalidades de liberação dos bens. Nessa situação – ou seja, uma exportação com origem no Brasil –, entende a jurisprudência que tal procedimento deve ser conduzido às expensas do vendedor e a seu próprio risco.

A cadeia de responsabilidade e de custos deste INCOTERM pode ser visualizada abaixo[18]:

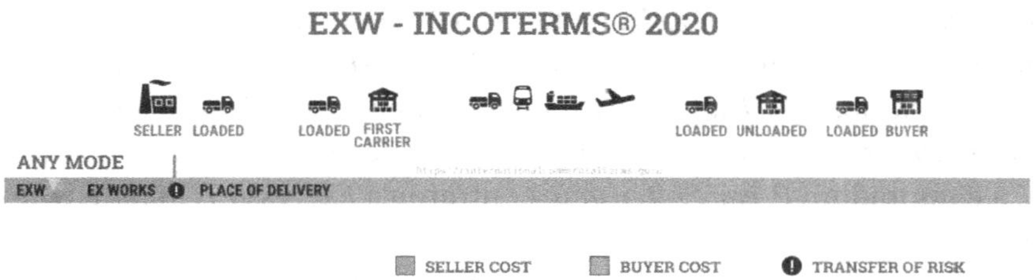

Caso concreto 1

Esse litígio envolveu a transportadora *Aliança Navegação e Logística Ltda.*, de um lado, e a seguradora *Tokio Marine Seguradora S.A.*[19], de outro. Ambas haviam sido contratadas por um importador no contexto de uma venda EXW, a primeira para o transporte e a segunda para o seguro das mercadorias.

No momento de entrega das mercadorias, constataram-se avarias nos produtos. A seguradora foi notificada e indenizou o comprador. Posteriormente, ajuizou ação de regresso contra a transportadora, acusada de ser a responsável pela deterioração das mercadorias.

---

16 Disponível em: http://www.camex.gov.br/resolucoes-camex-e-outros-normativos/58-resolucoes-da-camex/2669 resolucao-n-16-de-2-de-marco-de-2020. Acesso em: 23 ago. 2023.

17 VAZQUEZ, José L. *Comércio Exterior Brasileiro, 11ª edição.* Rio de Janeiro: Grupo GEN, 2015. p. 32. Versão digital.

18 Disponível em: https://internationalcommercialterms.guru/incoterms-exw/. Acesso em: 9 ago. 2023

19 TJSP. 15ª Câmara de Direito Privado; Foro Regional VIII - Tatuapé - 2ª Vara Cível; AC 1006240-37.2018.8.26.0008, Rel. Des. Elói Estevão Troly, j. em 30/07/2019, p. em 31/07/2019.

O TJSP rejeitou o pedido da seguradora, ressaltando o seguinte:

> "[...] o transporte da carga foi contratado na modalidade "EXW" (fls. 90/94), na qual o comprador se encarrega do armazenamento e lacração do contêiner. Nesta modalidade, o vendedor e, por consequência, a transportadora, somente têm que disponibilizar a mercadoria no local e data marcada; em contrapartida, o comprador deve providenciar o transporte da mercadoria e arcar com todos os riscos de transporte."[20]

Portanto, com base na alocação de riscos específica do termo EXW e na ausência de prova de que as avarias teriam ocorrido durante o transporte, o Tribunal concluiu que a transportadora não deveria ser responsabilizada, já que o risco pela integridade dos produtos recaía sobre o comprador.

Caso concreto 2

Noutro caso de aplicação do termo EXW, a empresa *GH do Brasil Indústria e Comércio LTDA*, especializada na fabricação de maquinário industrial, contendeu com a transportadora *Expresso TGA Transportes Internacionais Ltda*[21].

Em resumo, a *GH do Brasil* concluiu uma venda internacional para a argentina *Prear Pretensado Argentinos S/A*. Tendo em vista a escolha do termo EXW, a compradora *Prear Pretensado* contratou a *Expresso TGA* para realizar o transporte dos bens.

Após a entrega das mercadorias, a transportadora *Expresso TGA* moveu ação contra a vendedora *GH do Brasil*, pois o frete não teria sido pago. Esta, em defesa, argumentou que a venda fora firmada sob a modalidade EXW, e, por consequência, a responsabilidade pelo transporte e por todas as questões aduaneiras recaía sobre a compradora argentina, não sobre ela, vendedora das mercadorias.

O TJSP entendeu, no entanto, juridicamente fundada a cobrança do frete, tendo em vista a solidariedade passiva entre a vendedora e a compradora no contrato de transporte. Apesar da cláusula EXW, constava do Conhecimento de Transporte Internacional por Rodovia (CRT) que compradora e vendedora eram *coobrigadas* perante o transportador quanto ao pagamento do frete e reembolso de quaisquer despesas a estes devidos.

Em virtude dessa norma especial do contrato de transporte, que parcialmente derrogava a cláusula EXW, a vendedora foi condenada solidariamente a pagar a *Expresso TGA* .

---

20 *Idem* 18, p. 7.

21 TJSP. 15ª Câmara de Direito Privado; Foro de Cabreúva - Vara Única. AC 1000664-70.2020.8.26.0080, Rel. Des. Mendes Pereira, j. em 23/08/2022, p. em 25/08/2022.

O Tribunal ainda sublinhou a já referida exceção de exportação brasileira, isto é, quando o comprador é estrangeiro e não possui os meios legais necessários para efetuar as formalidades de liberação dos bens no Brasil, nos seguintes termos:

> "[...] Na modalidade "EXWORKS", há previsão no sentido de que, se o comprador estrangeiro não dispor *(sic)* de condições legais para o desembaraço para saída de bens do País, fica subentendido que tal providência é adotada pelo vendedor, sob suas expensas e riscos, no caso de exportação brasileira. Ainda, como bem consignado na r. sentença (...) "em virtude de o comprador estrangeiro não dispor de condições legais para providenciar o desembaraço para saída de bens do País, fica subentendido que esta providência é adotada pelo vendedor, sob suas expensas e riscos, no caso da exportação brasileira[22]."

2.2. FREE CARRIER (FCA)

Nesses INCOTERMS iniciados pela letra "F" – FCA, FAS e FOB – o transporte principal não é custeado pelo vendedor das mercadorias, e as mercadorias são transferidas em lugar ajustado pelas partes ainda no país do vendedor. Enquanto o vendedor é responsável pelo desembaraço dos produtos para exportação, cabe ao comprador contratar o transporte dos bens até o porto de destino e seu respectivo desembaraço.

Por meio da cláusula FCA – FREE CARRIER, o vendedor conclui suas obrigações e encerra sua responsabilidade quando entrega a mercadoria, desembaraçada para a exportação, ao primeiro transportador ou a outra pessoa indicada pelo comprador, no local acordado do país de origem. É utilizável em qualquer modalidade de transporte, podendo, ainda, o comprador e o vendedor utilizar transporte próprio em trechos do deslocamento[23].

Ao vendedor incumbe o desembaraço aduaneiro das mercadorias para a exportação. Caso ocorra algum atraso ou impedimento na exportação devido a fatores sob o controle do vendedor, os riscos e custos associados serão por ele suportados. Portanto, é crucial que o vendedor examine cuidadosamente a regulamentação aduaneira aplicável à exportação do seu produto, de modo a adotar as medidas necessárias para evitar atrasos no processo de embarque para o exterior.

---

22 *Idem* 20, p. 4.

23 Disponível em: http://www.camex.gov.br/resolucoes-camex-e-outros-normativos/58-resolucoes-da-camex/2669-resolucao-n-16-de-2-de-marco-de-2020. Acesso em: 16 ago. 2023.

A cadeia de responsabilidade e de custos do termo FCA pode ser visualizada abaixo[24]:

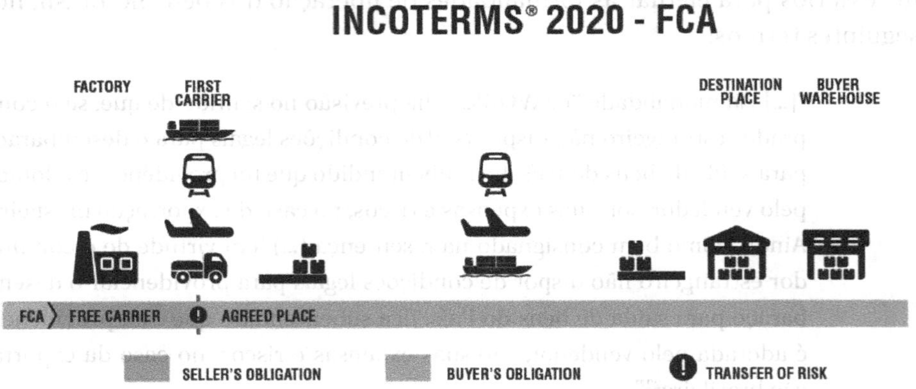

Caso concreto

Trata-se de disputa que envolveu, de um lado, a empresa brasileira *DISMAF Distribuidora de Manufaturados Ltda.*, especializada no mercado atacadista, e, de outro, a transportadora, *Fox Cargo do Brasil Ltda.*[25].

Em resumo, a *DISMAF* contratou com uma empresa chinesa a compra de um lote de escovas de dente. As partes ajustaram uma cláusula FCA, sendo contratada a *Fox Cargo* para o transporte dos produtos até o aeroporto de Campinas.

A controvérsia surgiu em razão da divergência quanto ao número de volumes constante na documentação e o número efetivamente desembarcado em Campinas. Essa discrepância impediu, na alfândega brasileira, a realização do desembaraço aduaneiro, resultando no perdimento da mercadoria. Insatisfeita, a *DISMAF* ajuizou ação indenizatória contra a transportadora. Segundo ela, a *Fox Cargo* falhou ao deixar de conferir a mercadoria de acordo com a documentação, e, por isso, devia arcar com os custos decorrentes de sua negligência.

A ação foi julgada improcedente e, em sede recursal, o Tribunal manteve a sentença, destacando que:

> "No caso, foi adotado o sistema (...) "FCA - Free Carrier - Franco Transportador ou Livre Transportador. A obrigação do vendedor termina ao entregar a mercadoria, desembaraçada para a exportação, à custódia do transportador

24 Disponível em: https://internationalcommercialterms.guru/incoterms-fca/. Acesso em 23 ago. 2023.

25 TJSP. 17ª Câmara de Direito Privado; Foro Central Cível - 21ª Vara Cível. AC 0205826-05.2009.8.26.0100, Rel. Des. Erson de Oliveira, j. em 20/03/2013, p. em 26/03/2013.

> nomeado pelo comprador, no local designado; o desembaraço aduaneiro é encargo do vendedor.
> [...] O "Critical Point" é a entrega da mercadoria ao transportador. Esta poderá ocorrer diretamente no terminal portuário ou, se for previamente acordado, entregue em determinado local onde a mercadoria aguardará para futuro carregamento marítimo. A partir deste ponto, como já dito, a responsabilidade será inteiramente do importador, quem irá suportar eventual perda ou dano à mercadoria.
> A responsabilidade do transportador, portanto, está limitada ao próprio transporte."[26]

Nesse contexto, as disposições próprias do termo FCA levaram o TJSP a determinar que, após ponto crítico *("critical point")* de transferência dos riscos, a responsabilidade pela mercadoria era integralmente do comprador. Assim, era *dever do comprador*, e não da transportadora, realizar a conferência das mercadorias e da respectiva documentação no momento da entrega efetuada pelo vendedor no país de origem.

2.3. FREE ALONGSIDE SHIP (FAS)

Segundo o termo FAS – FREE ALONGSIDE SHIP, ou Livre ao Lado do Navio, o vendedor é responsável pela embalagem, etiquetagem e transporte das mercadorias até o porto de embarque, bem assim pelo seu desembaraço aduaneiro para exportação. Assim, suas obrigações consideram-se satisfeitas – e o risco se transfere ao comprador – quando a mercadoria é colocada à disposição deste último, desembaraçada, no costado do navio no porto de origem da exportação. A partir desse momento, os riscos passam a ser do comprador, a quem cabe arcar com os custos de embarque das mercadorias no navio, o transporte marítimo principal, seguro, desembarque e desembaraço aduaneiro no país de destino, bem como do transporte subsequente, do porto ao local de destino final[27].

Esta cláusula tem aplicação exclusiva no âmbito do transporte aquaviário, abrangendo tanto o transporte marítimo quanto o hidroviário interior. Ao ajustar o termo FAS, é recomendável especificar claramente, tanto no contrato de venda como no de transporte, o porto de exportação, bem como o local preciso de embarque dentro do porto.

26 *Idem* 24, p.3.
27 Disponível em: http://www.camex.gov.br/resolucoes-camex-e-outros-normativos/58-resolucoes-da-camex/2669-resolucao-n-16-de-2-de-marco-de-2020. Acesso em: 16 ago. 2023.

O FAS é frequentemente utilizado para vendas a granel *(bulk cargo)*, tanto de carga molhada como seca, o que inclui petróleo, grãos e carvão. A cadeia de responsabilidade e de custos deste INCOTERM pode ser visualizada abaixo[28]:

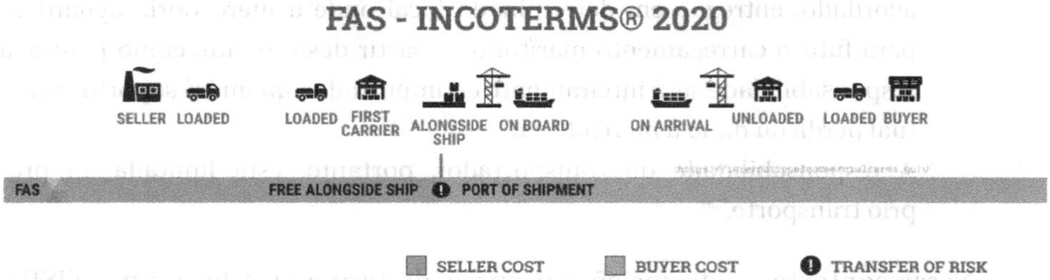

Caso concreto

Nesse litígio, a empresa brasileira, *Comercial Importação e Exportação Cantareira Ltda.* contendeu com a norte-americana *Wonderful Pistachios & Almonds LLC.*[29], que lhe vendera um carregamento de amêndoas. O contrato incluía o termo FAS e foi contratada, pela compradora, a transportadora *Ganesh Logística e Distribuição Ltda.* para realizar a importação.

A disputa emergiu quando a compradora, posteriormente ao recebimento das mercadorias, identificou problemas de qualidade na embalagem dos produtos. A vendedora, em defesa, arguiu que o termo FAS delimitava a sua responsabilidade até o momento de disponibilização, à compradora, da mercadoria no porto designado para a exportação. Desse modo, posteriormente a isso, já não era mais responsável pela integridade dos produtos, nem pelos alegados danos causados nas embalagens.

Ao julgar a causa, o STJ decidiu a favor da vendedora, ressaltando que:

> "[...] no caso da cláusula FAS, as obrigações do vendedor se encerram no momento em que a mercadoria é colocada no porto de embarque previamente designado, ao lado do navio transportador, no cais ou em embarcações utilizadas para carregamento, assumindo o comprador, a partir disso, todos os riscos e custos da compra e venda, como carregamento, frete, seguro etc.

---

28 Disponível em: https://internationalcommercialterms.guru/incoterms-fas/. Acesso em 16 ago. 2023.

29 STJ. Terceira Turma. EDcl no AgRg no REsp: 1426981 SC 2013/0417927-3, Rel. Min. Paulo de Tarso Sanseverino, j. em 24/05/2016, p. em 01/06/2016.

> No caso em tela, alegou a autora que teria importado, "através da empresa GANESH LOGISTICA E DISTRIBUIÇÃO LTDA (importação por conta e ordem de terceiros) mercadorias referentes a carregamento de Amêndoas advindo dos Estados Unidos.
> [...] Nos citados documentos há expressa menção à modalidade FAS (...), não tendo a empresa autora, em momento algum, negado que teria concordado com essa cláusula contratual. Desse modo, tendo a empresa ré comprovado a qualidade de seus produtos no momento de entrega no porto, suas obrigações devem ser consideradas adimplidas."[30]

Portanto, conforme a correta interpretação e aplicação do termo FAS, a exportadora foi eximida da responsabilidade invocada. Ao restar provado, no momento de entrega das mercadorias ao lado do costado do navio designado – quando também ocorre a transferência dos riscos – que os produtos estavam nas condições devidamente pactuadas, deram-se por adimplidas as obrigações da vendedora, o que a isentou da responsabilidade pela deterioração posterior.

2.4. FREE ON BOARD (FOB)

O termo FOB – FREE ON BOARD, utilizável somente para transporte aquaviário, é frequentemente empregado no comércio internacional. Segundo ele, o vendedor satisfaz suas obrigações e encerra suas responsabilidades quando disponibiliza a mercadoria, de maneira ordenada e devidamente desembaraçada para exportação, a bordo da embarcação designada pelo comprador, no porto de embarque indicado. A partir desse momento, o risco pelas mercadorias se transfere para o comprador, a quem compete contratar o transporte e providenciar os desembaraços necessários durante o trânsito da mercadoria e sua importação no país de destino[31].

Para evitar confusão com outras designações FOB utilizadas no comércio marítimo, é crucial indicar, no contrato de compra e venda, "FOB (porto de embarque) INCOTERMS 2020"[32].

---

30 *Idem* 28, p. 4.

31 Disponível em: http://www.camex.gov.br/resolucoes-camex-e-outros-normativos/58-resolucoes-da-camex/2669-resolucao-n-16-de-2-de-marco-de-2020. Acesso em: 16 ago. 2023.

32 Utiliza-se, por exemplo: a) FOB [place of origin], Freight Collect, para responsabilizar o comprador pelos riscos no momento em que as mercadorias são recolhidas pelo transportador e comprador assume todos os riscos de transporte; b) FOB [place of origin], Freight Prepaid, em que o comprador assume os riscos pelas mercadorias quando estas são recolhidas, mas os custos de transporte são pagos pelo vendedor; c) FOB [place of destination], Freight Collect, em que o vendedor permanece responsável pelas mercadorias até que sejam entregues ao comprador,

A cadeia de responsabilidade e de custos deste INCOTERM pode ser visualizada abaixo[33]:

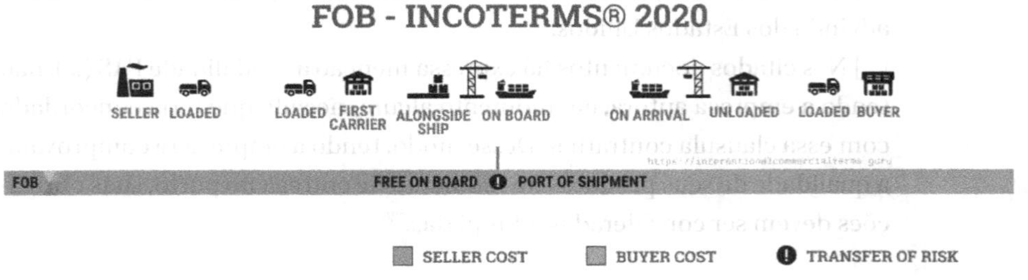

Caso concreto 1

Essa controvérsia envolveu a *Prata Pereira Comércio, Importação e Exportação de Café Ltda.*, exportadora de café, e, do outro lado, a *Embraport – Empresa Brasileira de Terminais Portuários S.A.*[34].

A *Prata Pereira* havia concluído uma exportação de café contendo o termo FOB. Após haver entregado a mercadoria no porto designado, a vendedora teve de arcar com os custos de sobreestadia dos contêineres *("demurrage")*, em virtude do atraso do navio que realizaria o transporte.

Insatisfeita, a exportadora *Prata Pereira* moveu uma ação de reparação contra a *Embraport* devido à cobrança da taxa. Alegou não dera causa ao período excedente de estadia, tendo em vista que o atraso do navio se devera a condições meteorológicas adversas que impediram a sua chegada ao porto na data aprazada.

O pedido da *Prata Pereira* foi julgado improcedente, havendo o Tribunal ressaltado que:

> "(...) a operação de exportação de café, realizada pela autora, foi pactuada na condição FOB, cláusula de responsabilidade que, segundo os termos internacionais de comércio (INCOTERMS), atribui ao vendedor o dever de entregar a mercadoria livre de embaraços, dentro do navio que será utilizado para transportar a mercadoria.

---

embora este último arque com os custos de transporte; e d) FOB [place of destination], Freight Prepaid, em que o vendedor permanece responsável pelas mercadorias até sua entrega ao comprador, e também arca com os custos de transporte.

33 Disponível em: http://internationalcommercialterms.guru/incoterms-fob/. Acesso em: 16 ago. 2023.

34 TJSP. 15ª Câmara de Direito Privado; Foro de Santos - 1ª Vara Cível. AC 1024136-46.2019.8.26.0562, Rel. Des. Jairo Brazil, j. em 20/10/2020, p. em 23/10/2020

> Tal cláusula é deveras conhecida no direito empresarial e sobremaneira nos contratos marítimos. (...)
> Assim, a despeito das alegações da autora, o fato é que, até que mercadoria transpusesse a murada do navio, recaia sobre ela o dever de arcar com todo e qualquer custo que a entrega da carga pudesse gerar, excepcionadas, é claro, eventuais despesas geradas por culpa exclusiva de terceiro."[35]

Considerando, assim, que o termo FOB impõe ao vendedor a obrigação de disponibilizar as mercadorias *a bordo do navio* designado pelo comprador, o atraso do navio - inimputável à administradora do terminal portuário - achava-se na esfera de riscos da exportadora. Assim, a *Prata Pereira,* teve de responder pelos serviços de guarda dos contêineres efetivamente prestados pela *Embraport.*

Caso concreto 2

Outro exemplo de aplicação do termo FOB deu-se na disputa entre a *Trend Technology Corporation*, produtora estrangeira de artigos eletrônicos, e a *Byte On Comercial Ltda.*, atuante em informática e desenvolvimento de *softwares*[36].

A *Trend Technology* concluiu a venda de produtos eletrônicos para a *Byte On Comercial.* O contrato previa o termo FOB, pelo qual a vendedora se responsabilizava por todas as despesas até o embarque e estivação da mercadoria no navio estacionado no porto de origem.

A vendedora afirmou não ter recebido o pagamento pela venda das mercadorias. Assim, ajuizou ação de habilitação de crédito contra a *Byte On Comercial.* Em defesa, a compradora alegou nunca ter recebido as mercadorias compradas. Por esse motivo, não realizara o pagamento.

O TJSP acolheu o pedido da *Trend Technology,* apontando que:

> "(...) se a compra e venda é contratada em termos "FOB", o vendedor se responsabiliza por todas as despesas com a tradição até o embarque da mercadoria no navio estacionado no porto de origem. E, entre as principais despesas do vendedor podem ser citadas o imposto de exportação, a estadia no porto de origem, o transporte do seu estabelecimento até o porto, as taxas e serviços de embarque.
> A partir daí, as demais despesas e responsabilidades, inclusive avarias e perdas das mercadorias, passam a correr por conta do comprador. Assim, por

---

35 *Idem* 33, p. 4.

36 TJSP. 3ª Câmara de Direito Privado; Foro Central Cível - 31ª Vara Cível. AC 9119614-75.2002.8.26.0000, Rel. Des. Flavio Pinheiro, j. em n/a, p. em 30/01/2003.

> consequência, a tradição da mercadoria ou transferência da propriedade, entende-se efetivada quando a mercadoria é entregue a bordo pelo vendedor. (...) restou demonstrado pelos documentos juntados aos autos, mais precisamente a tradução das faturas para o português, que as mercadorias foram devidamente despachadas com a cláusula "FOB", absolutamente sem razão o Magistrado de primeiro grau ao indeferir o pedido de habilitação de crédito sob o argumento de não haver prova da entrega das mercadorias."[37]

Logo, uma vez comprovado que as mercadorias foram devidamente entregues a bordo do navio, nos termos da cláusula FOB, o vendedor restou isento de responsabilidade a partir daí. Nessas circunstâncias, o eventual não recebimento dos bens comprados se achava na esfera de risco assumida pela compradora *Byte On Comercial*.

2.5. CARRIAGE PAID TO (CPT)

Nos INCOTERMS iniciados pela letra "C" – CPT, CIP, CFR e CIF –, o transporte principal é custeado pelo vendedor das mercadorias, embora os riscos sobre elas sejam transferidos ao comprador quando elas são entregues ao primeiro transportador.

Conforme a cláusula CPT – CARRIAGE PAID TO, ou Transporte Pago até o Local designado, o vendedor assume o desembaraço das mercadorias para exportação e as entrega ao transportador por ele contratado no destino indicado. Ou seja: assume todos os riscos até que as mercadorias sejam entregues aos cuidados do transportador.

Vale notar que a *transferência dos riscos* do vendedor para o comprador, segundo o termo CPT, ocorre em momento distinto que o da transferência da responsabilidade pelos custos. Assim, é prudente distinguir com precisão dois lugares: (a) o lugar em que as mercadorias são entregues ao transportador (para a *transferência do risco*) e (b) o lugar de destino, para o qual o vendedor se compromete a contratar o transporte[38]. Ao empregar este INCOTERM, as partes devem especificar o destino escolhido, *e.g.*, "CPT 123 ABC Street, Boston", o que implica a responsabilidade do vendedor pelo transporte até o endereço indicado.

37 *Idem* 35, pp. 3-4.

38 Disponível em: http://www.camex.gov.br/resolucoes-camex-e-outros-normativos/58-resolucoes-da-camex/2669-resolucao-n-16-de-2-de-marco-de-2020. Acesso em: 16 ago. 2023.

O CTP pode ser utilizado em qualquer forma de transporte (aéreo, marítimo, terrestre ou multimodal). Sua cadeia de responsabilidade e de custos pode ser visualizada abaixo[39]:

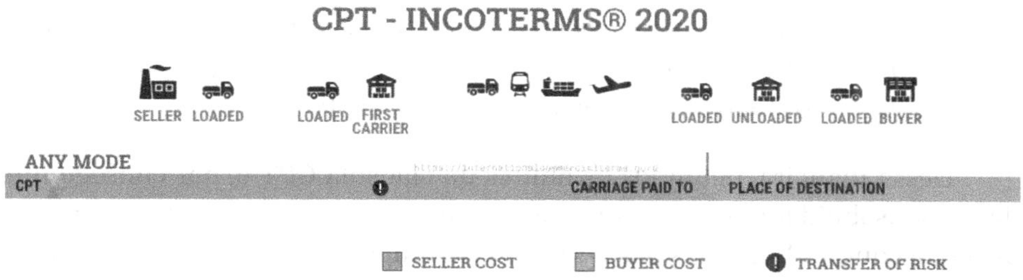

Caso concreto

Nesse caso, a brasileira *SMP Automotive Produtos Automotivos do Brasil Ltda.*, fabricante de peças automotivas, contendeu com a transportadora *Hapag Lloyd A G*[40].

Em suma, a *SMP Automotive* havia comprado mercadorias da francesa *Renault SAS,* e ajustado uma cláusula CPT, pela qual a exportadora deveria pagar as despesas de embarque da mercadoria e seu frete internacional até o local de destino designado. Para isso, foi contratada a transportadora alemã, *Hapag Lloyd A G.*

A disputa surgiu quando a *SMP Automotive* foi cobrada pela transportadora pela sobreestadia de contêineres, devido a sua não devolução no prazo estipulado. Em defesa, argumentou que havia feito negócio com a *Renault SAS*, que jamais se obrigara ao pagamento de qualquer taxa de sobreestadia, e que fora a *Renault SAS* que retirara os contêiners, estando obrigada a devolvê-los. Disse, ainda, que o contrato de venda continha o termo CPT, segundo o qual competia à *Renault SAS* arcar com os custos da exportação.

O TJSP manteve a procedência da cobrança das taxas de *demurrage* pela *Hapag Lloyd A. G.*, afirmada em primeiro grau, destacando, entre outros motivos, que:

> "(...) o Incoterm (International Commercial Terms aprovado pela Câmara Internacional do Comércio) CPT (Carriage paid to) estabelece que o

39 Disponível em: http://internationalcommercialterms.guru/incoterms-cpt/. Acesso em: 16 ago. 2023

40 TJSP. 24ª Câmara de Direito Privado; Foro de Santos - 8ª. Vara Cível. AC 0016722-92.2011.8.26.0562, Rel. Des. Erson de Oliveira, j. em 05/06/2014, p. em 01/07/2014.

> exportador deverá pagar as despesas de embarque da mercadoria e seu frete internacional até o local de destino designado.
> Assim, a cláusula CPT não exime o comprador de pagar as despesas decorrentes da sobreestadia, pois cabe ao comprador arcar com todos os encargos dede *(sic)* que a mercadoria chegou ao seu destino (Resolução CAMEX nº 21/2011), sendo certo que a *demurrage* é uma indenização pela não devolução dos contêineres e não está incluída no frete."[41]

Dessa maneira, definidos os limites da cláusula CPT e, por conseguinte, da responsabilidade da vendedora/exportadora no caso concreto, fixou-se o dever da compradora pelas despesas ocorridas após a entrega das mercadorias no destino indicado.

2.6. CARRIAGE AND INSURANCE PAID TO (CIP)

O termo CIP – CARRIAGE AND INSURANCE PAID TO - ou Transporte e Seguro Pagos até o Local designado – se assemelha ao CPT, examinado acima. Porém, exige que o vendedor também contrate seguro contra o risco (que é do comprador) de perda ou deterioração das mercadorias durante o seu transporte desde o porto de embarque até, pelo menos, o porto de destino.

Por isso, apesar de o riscos de perecimento ou avaria da coisa se transferirem ao comprador quando da entrega dos produtos ao transportador designado, o vendedor deve não apenas transportar mas assegurar – mediante cobertura securitária – a integridade das mercadorias até o local de destino indicado[42].

Segundo o termo CIP, o vendedor é apenas obrigado a contratar seguro com cobertura mínima. Por vezes, o país de destino exige que o seguro seja contratado localmente, o que pode gerar problemas na plena aplicação deste INCOTERM.

O termo CIP pode ser empregado em qualquer modalidade de transporte e sua cadeia de responsabilidade e de custos é ilustrada como se segue[43]:

41 *Idem* 39, p. 4.

42 Disponível em: http://www.camex.gov.br/resolucoes-camex-e-outros-normativos/58-resolucoes-da-camex/2669-resolucao-n-16-de-2-de-marco-de-2020. Acesso em: 16 ago. 2023.

43 Disponível em: https://internationalcommercialterms.guru/incoterms-cip/. Acesso em: 16 ago. 2023.

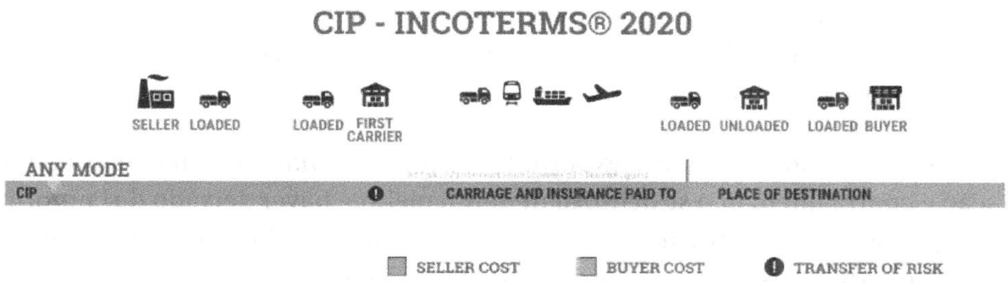

Caso concreto

Nesse litígio contenderam a empresa *HSA Logística Internacional Ltda.* e a comercializadora de *"berries" Berrygood Comércio, Importação e Distribuição Ltda.*, ligada à sociedade *Hortifruti Chile S.A.*, exportadora das mercadorias[44].

Em resumo, a *Berrygood* teria contratado a brasileira *Polilpartner Inteligência em Logística Ltda.* para uma parceria comercial visando a importação e posterior venda das mercadorias à *Berrygood*.

Berrygood e *Hortifruti Chile* engajaram a *HSA Logística Internacional Ltda.* para realizar os trâmites aduaneiros e cambiais relativos à importação de mirtilos chilenos frescos. Ficou estabelecida a condição de venda CIP na importação, a ser realizada pela *HSA Logística*. O transporte aéreo ficaria a cargo da *TAM Linhas Aéreas S/A*.

Após a internalização das mercadorias pela *HSA Logística*, a *Berrygood* constatou que os produtos estavam deteriorados, apresentando fungos, gosto e cheiro impróprios. Assim, deixou de pagar o preço dos serviços prestados pela *HSA Logística*. Apesar do termo CIP ajustado, o seguro das mercadorias não fora contratado pela exportadora *Hortifruti Chile S.A.*.

Na ação declaratória de existência de contrato verbal e cobrança movida pela *HSA Logística*, *Berrygood* reconheceu a existência de um contrato de compra e venda entre as partes. Porém, alegou seu descumprimento pela *HSA Logística*, que falhou no desembaraço tempestivo e adequado dos *"berries"*.

O pedido, rejeitado em primeiro grau, foi também rechaçado pelo TJSP, que destacou o seguinte:

> "(...) na relação comercial entre a autora e a empresa Hortifruti S/A foi pactuado o "CIP", como restou demonstrado nas faturas de exportação juntadas pelas partes. Nessa modalidade de "Incoterm" o comprador assume os riscos por perdas e danos a partir da entrega dos produtos ao transportador.

44 TJSP. 17ª Câmara Extraordinária de Direito Privado; Foro Central Cível - 17ª Vara Cível. AC 0175562-05.2009.8.26.0100, Rel. Des. Antonio Rigolin, j. em 28/04/2015, p. em 28/04/2015.

> Assim, a partir da entrega das *"berries"* à Tam Linhas Aéreas S/A, os riscos foram transferidos à autora, cabendo a ela a responsabilidade pelo seu perecimento."[45]

Deste modo, apesar de a exportadora *Hortifruti Chile* – que não figurou na ação e contra quem não se deduziu nenhum pleito – haver deixado de cumprir integralmente suas obrigações relacionadas à cláusula CIP, pois não contratou o seguro, os riscos pela deterioração das mercadorias, nada obstante isso, se transferiram à compradora/importadora *HSA Logística* no momento da sua entrega ao transportador aéreo designado. Daí a improcedência da cobrança.

2.7. COST AND FREIGHT (CFR)

Segundo a cláusula CFR – COST AND FREIGHT – Custo e Frete, específica para o transporte aquaviário (marítimo ou hidroviário interior), o vendedor é responsável pelos custos de desembaraço das mercadorias para exportação e de transporte até o porto de destino designado. Porém, o risco pelo perecimento das coisas vendidas se transfere ao comprador a partir do momento em que sejam colocadas no navio.

Assim, o vendedor cumpre suas obrigações quando disponibiliza a mercadoria, devidamente liberada para exportação, a bordo da embarcação indicada, no porto de embarque, devendo contratar e pagar o frete e demais despesas necessárias para levar a mercadoria até o porto de destino combinado[46]. O comprador poderá se proteger contratando um seguro que cubra eventuais perdas e danos.

Abaixo, ilustra-se a cadeia de responsabilidade e de custos deste INCOTERM[47]:

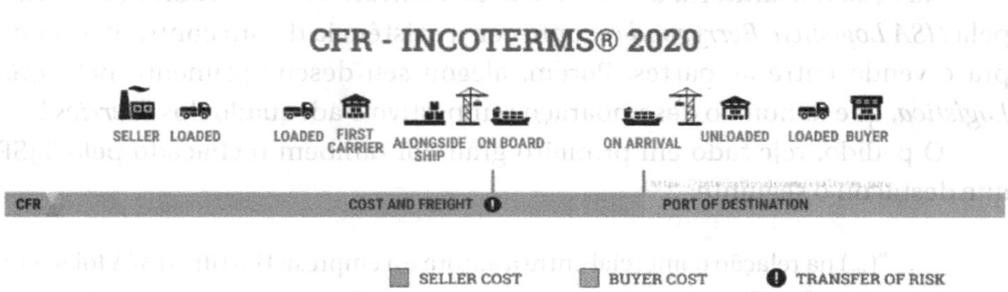

45 *Idem* 44, pp. 7-8.

46 Disponível em: http://www.camex.gov.br/resolucoes-camex-e-outros-normativos/58-resolucoes-da-camex/2669-resolucao-n-16-de-2-de-marco-de-2020. Acesso em: 21 ago. 2023.

47 Disponível em: http://internationalcommercialterms.guru/incoterms-cfr/. Acesso em: 21 ago. 2023.

Caso concreto

Este litígio envolveu, de um lado, a transportadora *Mediterranean Shipping do Brasil Ltda.*, e, de outro, a *Pincéis Tigre S.A.*, fabricante de ferramentas de pintura[48].

A *Pincéis Tigre* comprou peles de ovinos da *Australian Lamb Skin Processors PTY.* Esta última, por sua vez, contratou a *Mediterranean Shipping* para transportar a mercadoria da Austrália até o porto de Santos. No contrato figurava o termo CFR.

Já no Brasil, a mercadoria não foi desembaraçada pelo Ministério da Agricultura, em virtude da troca do lacre original do contêiner quando da sua movimentação para transbordo de um navio para outro no porto de Santos. Isso impediu a sua nacionalização, determinando a devolução da mercadoria ao país de origem ou a sua incineração. A compradora optou pela segunda alternativa.

Em seguida, a *Pincéis Tigres* ajuizou ação indenizatória contra a *Mediterranean Shipping* devido à perda total da mercadoria, segundo ela causada pelo rompimento do lacre original do contêiner, evento de responsabilidade da transportadora. O pedido foi julgado procedente. Inconformada, a transportadora recorreu, sustentando não ter sido a responsável pela alteração do lacre original, que teria ocorrido no terminal de um terceiro, a operadora portuária *Santos Brasil S/A.*

O TJSP manteve a sentença de primeiro grau. Ressaltou que a troca dos lacres ocorrera durante a transferência do contêiner de um navio para outro, ambos pertencentes à *Mediterranean Shipping*. Em que pese a cláusula CFR, a compradora demonstrou a responsabilidade objetiva da transportadora, contratada pela vendedora, pela perda das mercadorias, conforme destaca a decisão:

> "(...) empresa Australian Lamb Skin Processors PTY Ltd., que por sua vez contratou a empresa ré para o transporte marítimo da mercadoria na modalidade "Incoterm" CFR (custo e frete).
>
> (...) O fato ocorreu quando do transbordo do contêiner de um navio para outro, ambos da ré. A mercadoria ainda estava em trânsito, sob a responsabilidade da transportadora demandada, responsabilidade esta que, não é demais lembrar, é de natureza objetiva. A transportadora tem a obrigação de entregar a coisa no local de destino (...) e no caso concreto a mercadoria não pode ser desembaraçada em razão de fato ocorrido

48 TJSP. 15ª Câmara de Direito Privado; Foro de Santos - 12ª. Vara Cível. AC 9171390-07.2008.8.26.0000, Rel. Des. Alexandre Marcondes, j. em 15/09/2015, p. em 17/09/2015.

durante o transporte. Desse modo, tem a ré o dever de indenizar os prejuízos que sofreu a autora."[49]

Nessas circunstâncias, disposição específica do contrato de transporte permitiu a responsabilização da *Mediterranean Shipping*, apesar de o comprador, no âmbito do contrato de venda CFR, suportar o risco de perecimento ou avaria das mercadorias a partir do seu embarque no navio designado.

2.8. COST INSURANCE AND FREIGHT (CIF)

Na cláusula CIF – COST INSURANCE AND FREIGHT – ou seja, Custo, Seguro e Frete, o vendedor assume todos os custos de transporte, mais seguro das mercadorias, até o porto de destino. Já o risco de perda ou danos às mercadorias transferem-se do vendedor para o comprador quando estas se acharem a bordo do navio. Para utilizar o termo, basta mencionar "CIF (porto de destino designado") INCOTERMS 2020"[50].

O seguro, portanto, deve cobrir riscos de perdas e danos durante a viagem, e indicar o comprador como beneficiário. A cobertura pode ser mínima, cabendo ao comprador, se assim desejar, complementá-la[51].

O termo é utilizável exclusivamente no transporte aquaviário (marítimo ou hidroviário interior) e a cadeia de responsabilidade e de custos deste INCOTERM pode ser visualizada abaixo[52]:

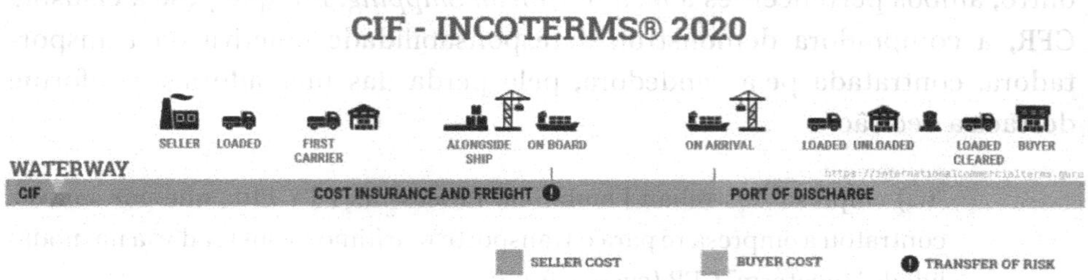

49 *Idem* 48, p. 8.

50 Disponível em: http://www.camex.gov.br/resolucoes-camex-e-outros-normativos/58-resolucoes-da-camex/2669-resolucao-n-16-de-2-de-marco-de-2020. Acesso em: 21 ago. 2023.

51 VAZQUEZ, José L. *Comércio Exterior Brasileiro, 11ª edição.* Rio de Janeiro: Grupo GEN, 2015. p.62. Versão digital.

52 Disponível em: http://internationalcommercialterms.guru/incoterms-cif/.

Caso concreto 1

Este litígio envolveu, de um lado, a brasileira *Sondageo Engenharia Ltda.*, especializada em engenharia de solos e fundações, e, de outro, a *Comacchio S.R.L*, fabricante italiana de máquinas de perfuração[53].

A *Comacchio* vendeu para a *Sondageo Engenharia*, com reserva de domínio, uma máquina perfuratriz hidráulica. Constou do contrato o termo CIF. Logo, todas as despesas com o transporte do produto e seguro eram de responsabilidade da vendedora.

Após a chegada da mercadoria ao porto de Santos, a vendedora descobriu que a compradora não providenciara o desembaraço aduaneiro da máquina, contrariamente ao previsto na cláusula CIF.

A fim de evitar a decretação de perdimento do bem pela autoridade alfandegária, a *Comacchio* assumiu todos os encargos de estadia, impostos e transporte, até o seu completo desembaraço no porto de destino. Em seguida, propôs ação de indenização contra a *Sondageo Engenharia*, visando o reembolso das despesas incorridas. Em defesa, a compradora alegou não ter responsabilidade sobre o ocorrido. O pedido foi julgado procedente em primeira instância, reconhecendo-se a culpa da compradora.

O Tribunal manteve a condenação da *Sondageo Engenharia*, ressaltando o seguinte:

> "A cláusula 1.5 do instrumento dispõe que 'A presente contratação enquadra-se na modalidade CIF custo, seguro e frete; logo, as despesas com o transporte e respectivo seguro serão de inteira responsabilidade da COMACCHIO" (fls. 91).
>
> "Incoterms" são um conjunto de regras de interpretação e consolidação de termos comerciais usuais nas transações comerciais internacionais.
>
> Pactuado o incoterm CIF, além de depositar as mercadorias, desembaraçadas para exportação, no navio no porto de origem, o vendedor deve também arcar com contratação e pagamento do frete e pelos custos e seguro de transporte das mercadorias até o porto de destino.
>
> A partir de então, ou seja, da transposição da amurada do navio, os riscos e despesas passam a correr por conta do comprador.
>
> (...) A prova produzida demonstra que a apelante não providenciou o desembaraço aduaneiro da máquina adquirida no Porto de Santos (...), tendo sido necessário que a apelada, para evitar a pena de perdimento do bem que

53 TJSP. 33ª Câmara de Direito Privado; Foro Regional II - Santo Amaro - 2ª Vara Cível. AC 1010914-47.2016.8.26.0002, Rel. Des. Sá Moreira de Oliveira, j. em 10/09/2018, p. em 10/09/2018.

> ainda integrava seu patrimônio por força do contrato, arcasse com os custos de estadia, impostos, transporte e etc.[54]"

Portanto, segundo a cláusula CIF, era obrigação da compradora providenciar e custear o desembaraço aduaneiro da mercadoria. Como, em virtude da venda com reserva de domínio, a máquina ainda era de propriedade da *Comacchio*, era de seu interesse evitar o seu perdimento, em que pese o inadimplemento da compradora.

Caso concreto 2

Em outro caso de aplicação da cláusula CIF, a seguradora brasileira *Liberty Seguros S.A.* contendeu com a empresa de navegação francesa *CMA CGM Societé Anonyme*[55].

A *Liberty Seguros* e a *CMA CGM Societé Anonyme* foram contratadas pela *Associação Comunitária de Produção e Comércio de Sisal* no contexto de de uma exportação de 500 fardos de fibra de sisal para a empresa egípcia *AL Nour Co. For Import And Export*. O contrato de venda continha o termo CIF, residindo aí o motivo da contratação, pela exportadora, do transporte e do seguro.

Na chegada das mercadorias ao porto egípcio de Damietta, a *AL Nour Co.* verificou que o contêiner fora violado, o que causara avarias de molhadura e contaminação da carga. Comunicado o fato à vendedora/exportadora, esta imediatamente acionou o seguro da *Liberty*, que realizou o pagamento da indenização contratada.

Posteriormente, a *Liberty* ajuizou ação de regresso contra a transportadora *CMA CGM Societé Anonyme*, alegando a sua responsabilidade pelo dano no contêiner e deterioração das mercadorias. Em primeira instância a ação não prosperou, em virtude da indeterminação do momento exato da violação – isto é, se durante o transporte, a armazenagem ou no transporte rodoviário – e, assim, do responsável pela deterioração dos produtos.

Em grau de apelação, o TJSP manteve a sentença, destacando que:

> "A modalidade em tela "Incoterm CIF" (cost, insurance and freight), traduzida para língua portuguesa significa "custo, seguro e frete" é aquela em que o vendedor é responsável pelos custos e fretes que envolvem o transporte da mercadoria até o destinatário, enquanto o comprador assume todos os riscos a partir da entrega da mercadoria (transposição da amurada do navio).

---

54 *Idem* 53, p. 4.

55 TJSP. 23ª Câmara de Direito Privado; Foro de Santos - 12ª Vara Cível. AC 1028372-70.2021.8.26.0562, Rel. Des. Lígia Araújo Bisogni, j. em 28/06/2023, p. em 29/06/2023.

> Assim, os riscos do transporte da mercadoria foram transferidos da empresa segurada da parte autora para o comprador "AL Nour CO. FOR IMPORT AND EXPORT" no momento da transposição da amurada do navio no porto de embarque, em Salvador.
> (...) Assim, como bem salientado pela juíza da causa, apuradas avarias na carga ocorridas durante o transporte, os danos deveriam ter sido suportados pela parte compradora, situada no exterior, e não pela empresa segurada, que era a vendedora.
> (...) Destarte, diante da modalidade da contratação em tela (CIF - pág. 31) e da ausência de prova, pela autora, dos fatos constitutivos de seu direito, nos termos do art. 373, I, do CPC, a ação era mesmo de ser julgada improcedente."[56]

O caso evidencia a importância do seguro na cláusula CIF, contratado pelo vendedor, já que os riscos de perecimento ou avaria das mercadorias se transferem ao comprador quando os bens são entregues ao primeiro transportador.

2.9. DELIVERED AT PLACE (DAP)

Por fim, nos INCOTERMS iniciados pela letra "D" – DPU, DAP e DDP –, também conhecidos por "entrega completa" *("full delivery"),* a maior parte dos custos e obrigações são assumidas pelo vendedor das mercadorias, até que o comprador as receba no país de destino.

A cláusula DELIVERED AT PLACE – ou Entregue no Local – pode ser utilizada para qualquer meio de transporte, inclusive multimodal. Segundo ela, o vendedor desempenha integralmente suas obrigações e, concomitantemente, encerra sua responsabilidade quando disponibiliza a mercadoria ao comprador, na data ou ou dentro do período previamente acordado, no local de destino indicado. A mercadoria deve estar pronta para ser descarregada do veículo transportador, sem, no entanto, ter sido desembaraçada para importação[57].

Esse INCOTERM implica que o exportador transportará a mercadoria e a levará até o local combinado com o comprador. Apenas a descarga da mercadoria e seu desembaraço no local de destino ficam a cargo do comprador. O risco de perecimento ou avaria das mercadorias é transferido ao comprador no local de destino, antes da sua descarga.

---

56 *Idem* 55, p. 5.
57 Disponível em: http://www.camex.gov.br/resolucoes-camex-e-outros-normativos/58-resolucoes-da-camex/2669-resolucao-n-16-de-2-de-marco-de-2023. Acesso em: 23 ago. 2023.

A cadeia de responsabilidade e de custos deste INCOTERM pode ser visualizada abaixo[58]:

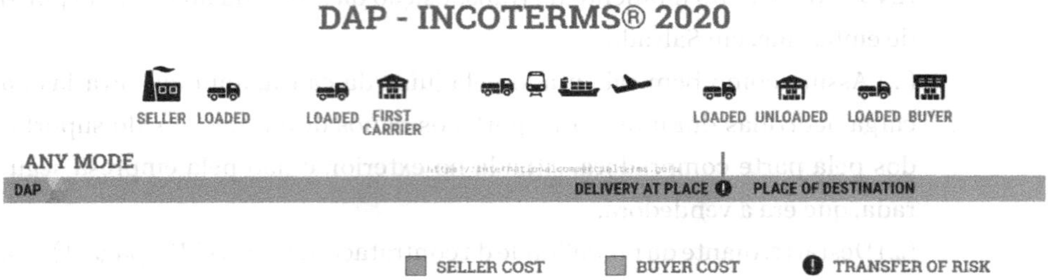

Caso concreto

A aplicação da cláusula DAP foi ilustrada, sem resolução definitiva, em caso envolvendo, entre outras, a multinacional *Trafigura do Brasil Importação, Exportação e Comércio Ltda., trading* que negocia produtos petrolíferos, a *Terra Nova, trading,* e a *Copape Produtos de Petróleo Ltda.,* uma empresa nacional dedicada à formulação, mistura e distribuição de combustíveis[59].

A *Copape* adquiriu, no mercado internacional, por meio de encomenda solicitada a *Terra Nova,* aproximadamente 50.000 m³ de nafta. A *Terra Nova,* por sua vez, comprou diretamente da *Trafigura PTE* – empresa do mesmo grupo da *Trafigura do Brasil* – a referida nafta.

Antes de o carregamento ser transportado ao Brasil a *Trafigura PTE* teria informado discrepância na qualidade da nafta, apesar de sua conformidade com as especificações técnicas acordadas com a *Terra Nova.* A venda firmada entre *Trafigura PTE* e *Terra Nova* continha o termo DAP e a mercadoria deveria ser entregue no porto de Santos.

A compradora *Copape,* alguns dias após a entrega realizada pela vendedora, alegou que a mercadoria estava desconforme. Frustrada, a ajuizou medida cautelar de produção antecipada de prova contra a *Intertek do Brasil Inspeções Ltda.* e a *Trafigura do Brasil.*

Ao impugnar a medida, a *Trafigura do Brasil* argumentou que, no momento de desembarque da mercadoria no porto brasileiro, a *Intertek* testou o produto e atestou que a nafta atendia aos requisitos contratuais. Nesse momento, encerraram-se as obrigações da *Trafigura PTE* com a *Terra Nova.*

58 Disponível em: http://internationalcommercialterms.guru/incoterms-dap/. Acesso em: 23 ago. 2023

59 TJSP. 26ª Câmara de Direito Privado. Foro de Santos - 12ª Vara Cível. Ag. 2033857-03.2023.8.26.0000, Rel. Des. Carlos Dias Motta; j. em 23/05/2023, p. em 23/05/2023. Primeira instância: proc. nª 1000383-21.2023.8.26.0562

Alegou também que, havendo escolhido o termo DAP, a partir do desembarque da nafta no porto a responsabilidade pelo produto passou a ser da compradora, *in casu*, a *Terra Nova*. Por isso, nem a *Trafigura PTE*, e muito menos a *Trafigura do Brasil* deveriam responder pelos alegados prejuízos. Ademais, a nafta, uma vez entregue, foi transportada pela *Copape* até a sua sede, onde foi armazenada, não se tendo notícia da forma de transporte nem das condições de armazenamento do produto.

Nesse contexto, em que pese a ausência de decisão de mérito sobre a causa, a lide ilustra a operação da cláusula DAP presente no contrato e a responsabilidade do vendedor pelo transporte até o local de destino, antes de seu descarregamento e desembaraço aduaneiro.

2.10. DELIVERED AT PLACE UNLOADED (DPU)

Conforme a cláusula DPU - DELIVERED AT PLACE UNLOADED, o vendedor cumpre suas obrigações, pondo fim à sua responsabilidade, quando disponibiliza a mercadoria ao comprador, na data ou período de tempo estabelecidos, em local predeterminado no país de destino. A mercadoria é descarregada do veículo transportador, porém, sem o desembaraço para a importação[60].

Este termo foi estabelecido como alternativa ao INCOTERM DAT (Delivered at Terminal), que estipulava a entrega estritamente nos terminais de carga. O DPU permite a entrega em terminais ou em qualquer outra localidade designada (como o depósito do comprador, por exemplo). Na prática, redefiniu-se o termo para torná-lo mais abrangente[61].

É utilizável em qualquer modalidade de transporte. A cadeia de responsabilidade e de custos deste INCOTERM pode ser visualizada abaixo[62]:

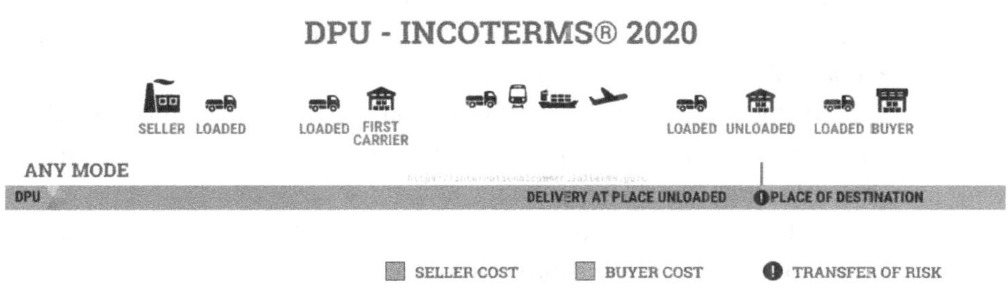

60 Disponível em: http://www.camex.gov.br/resolucoes-camex-e-outros-normativos/58-resolucoes-da-camex/2669-resolucao-n-16-de-2-de-marco-de-2020. Acesso em: 23 ago. 2023.

61 Disponível em: http://iccwbo.org/business-solutions/incoterms-rules/incoterms-2020/#block-accordion-6

62 Disponível em: http://internationalcommercialterms.guru/incoterms-dpu/

Caso concreto

O exemplo a seguir aborda a cláusula DAT, e não a DPU, que lhe sucedeu. Apesar da reformulação do termo, na prática, sua aplicação permanece inalterada. Portanto, onde se lê DAT a seguir, poder-se-ia igualmente ler DPU.

O caso envolveu a *Itaú Seguros Soluções Corporativas S.A* e a transportadora *MSC Mediterranean Shipping Company S.A*[63].

Em resumo, a brasileira *Anderson Assessoria em Importação Ltda* ajustou importar da italiana *Teseo* uma máquina de corte de tecidos, sob a modalidade DAT. A *Itaú* foi por ela contratada para a cobertura securitária do bem, para viagens de armazém a armazém, respeitando-se as responsabilidades decorrentes do INCOTERM ajustado. O transporte foi realizado pela *MSC* ao local de destino designado.

No porto de Rio Grande, verificaram-se avarias parciais na mercadoria adquirida. A seguradora foi acionada pela compradora e pagou a indenização contratada. Em seguida, ajuizou ação regressiva contra a transportadora *MSC* para reaver o prejuízo.

Em primeira como em segunda instância, o pedido da *Itaú* foi rejeitado, destacando o TJSP o seguinte:

> "Os incoterms (internacional comercial terms, ou termos internacionais de comércio), são normas internacionalmente aceitas, e que visam regular as relações de comércio exterior em termos de responsabilidade, riscos e custos das respectivas operações aos seus sujeitos, em cada caso concreto.
>
> Na hipótese, o transporte do maquinário/mercadoria em discussão, a cuja cobertura de risco comprometera-se a autora, fora firmado mediante a adoção da cláusula DAT (delivery at terminal), que vincula a responsabilidade do exportador do momento do embarque da mercadoria até o seu desembaraço no terminal de destino (Brasil), assumindo o importador, a partir de então, todas as despesas e riscos.
>
> (...) No documento de fls. 52 (fatura comercial/invoice) consta o INCOTERM DAT (...) eleito na relação comercial conforme expedido pelo vendedor da carga.
>
> A sigla DAT (delivery at terminal - "entregue no terminal") corresponde a uma modalidade de transporte internacional, segundo a qual o vendedor (no caso a TESEO) deve desembaraçar a mercadoria do seu país (Itália), arcar com os custos e riscos inerentes ao transporte internacional, até o desembaraço da mercadoria no terminal de destino (Brasil).

63 TJSP. 20ª Câmara de Direito Privado; Foro de Santos - 1ª Vara Cível. AC 1029574-92.2015.8.26.0562, Rel. Des. Roberto Maia; j. em 04/09/2017, p. em 12/09/2017.

Portanto, quem assumiu a responsabilidade por qualquer dano da mercadoria foi o vendedor, NÃO o comprador. Consequentemente, qualquer dano ocorrido no transporte deve ser suportado pelo vendedor, uma vez que assumiu os riscos.

(...) no caso em exame, mesmo o autor confirmando que as avarias ocorreram durante a navegação (percurso marítimo), ao invés de recusar indenizar seu segurado (pois não existia risco a se coberto por ele), instruindo-o a dirigir sua pretensão contra o vendedor das mercadorias, preferiu tomar a iniciativa errada de indenizá-lo, sem se atentar para a cláusula DAT.

(...) considerando-se a própria limitação de risco contida na apólice, e a cláusula adotada na fatura comercial (invoice), tem-se que o pagamento da indenização que se pretende ressarcir ocorreu por mera liberalidade da recorrente, o que não lhe garante o direito de regresso nos termos em que pleiteado."[64]

Pelo que se depreende, a limitação de risco contida na apólice e a cláusula DAT indicam que a seguradora não tinha obrigação de indenizar o prejuízo da compradora, pelo que restava impedida de exercer o direito de regresso. O risco de avarias era da vendedora *Teseo*, responsável pela mercadoria até o seu desembaraço no terminal de destino (Brasil). Nesse sentido, a *Itaú* não tinha direito de regresso e era parte ilegítima na ação.

2.11. DELIVERED DUTY PAID (DDP)

Segundo o termo DDP – DELIVERED DUTY PAID, o vendedor conclui suas obrigações e encerra sua responsabilidade quando a mercadoria é colocada à disposição do comprador, no local de destino designado no país importador, dentro do período estipulado, sem que seja efetuado o descarregamento do meio de transporte. É o termo que atribui mais responsabilidades e riscos ao vendedor.

O vendedor assume todas as responsabilidades e riscos associados ao transporte, incluindo o desembaraço e pagamento de taxas de exportação e de importação. Aplica-se o DDP a qualquer modalidade de transporte.

Vale lembrar que, se for impossível para exportador estrangeiro proceder ao desembaraço aduaneiro na entrada de bens no território nacional, a

64 Idem 63, pp. 6-7

cláusula não se aplicará integralmente no Brasil. Nesse caso, melhor seria utilizar os termos DPU ou DAP[65].

A cadeia de responsabilidade e de custos deste INCOTERM pode ser visualizada abaixo[66]:

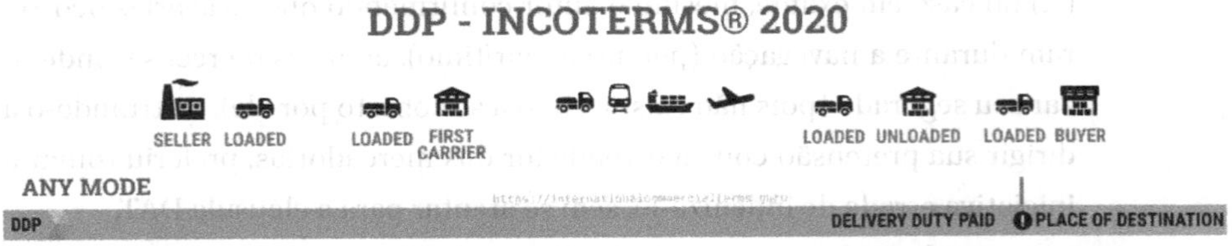

Caso concreto

Este caso envolveu a *TGM Indústria*, fabricante de maquinários industriais, que foi contratada por uma empresa mexicana *Ingenio El Puga* para fazer a manutenção de determinado equipamento. Assim, restou ajustado pela a *Ingenio El Puga* enviaria o maquinário por navio até o Brasil, para a prestação dos serviços[67].

A *Craft Multimodal Ltda.* foi contratada às ordens e expensas da *Ingenil El Puga* e de seu agente exportador *Aglapath.* Em todos os documentos de exportação constou o termo DDP, pelo qual a exportadora assumiria todas as despesas relacionadas ao transporte até o estabelecimento da adquirente.

Após a entrega da mercadoria no Brasil, a *TGM Indústria* foi notificada de para o pagamento de encargos por atraso na devolução do contêiner utilizado para a entrega *("demurrage")*. A *Craft Multimodal Ltda.* – agente marítimo – intentou ação de cobrança contra a *TGM Indústria,* consignatária da carga e, a seu ver, destinatária da mercadoria e responsável pela devolução do contêiner disponibilizado dentro do *"free time"*.

Em primeira como em segunda instância, deu-se o feito por extinto, em virtude da ausência de legitimidade da *TGM Indústria* para figurar como ré na demanda. Na fundamentação do julgado, ressaltou-se que:

> "[...] os documentos (...) comprovam ter sido firmado o contrato de importação/exportação sob a cláusula DDP, ou seja, a exportadora a empresa

65 Disponível em: http://www.camex.gov.br/resolucoes-camex-e-outros-normativos/58-resolucoes-da-camex/2669-resolucao-n-16-de-2-de-marco-de-2020. Acesso em: 25 ago. 2023.

66 Disponível em: http://internationalcommercialterms.guru/incoterms-ddp/. Acesso em: 25 ago. 2023.

67 TJSP. Câmara de Direito Privado; Foro de Sertãozinho - 3ª Vara Cível; AC 1001562-89.2017.8.26.0597, Rel. Des. Walter Fonseca, j. em 30/05/2019, p. em 05/06/2019. Primeira instância: proc. nº 1001562-89.2017.8.26.0597.

> mexicana Ingenio de Puga arcaria com os custos de frete até o estabelecimento da requerida. Apesar de não constar o nome da requerente em tais documentos, é incompatível a contratação pelo "de operação com cláusula" (sic) incoterm DDP com a contratação pelo importador de aluguel de containeres. Portanto, conclui-se que nenhuma contratação entre as partes foi firmada e, portanto, não sendo responsável por qualquer das etapas do transporte, não é a requerida que deve arcar com os custos de demurrage."[68]

Assim, em virtude da cláusula DDP, apenas a exportadora *Ingenio de Puga* era responsável por todos os custos de transporte até o destino final da carga.

3. APRECIAÇÃO CRÍTICA E CONCLUSIVA

O ambiente do comércio internacional apresenta riscos distintos e maiores que os presentes no contexto doméstico. Tais riscos estão ligados à ausência de uma autoridade regulatória comum com alcance global. Embora a eficácia da lei nacional esteja geralmente limitada ao território de que emana, em nível internacional inexiste uma autoridade global que vele pelos direitos e obrigações contratuais das partes. Dessa forma, a carência de poder do Estado nacional e a imprevisibilidade das regras e de sua aplicação criam uma situação de "incerteza constitucional"[69], que representa um risco importante para os participantes do comércio internacional.

Esse fenômeno é particularmente relevante para o comércio internacional de mercadorias, que normalmente envolve diversas relações contratuais entre uma pluralidade de partes (*e.g.*, fabricantes, distribuidores, transportadores, bancos, seguradoras etc.), todas potencialmente sujeitas a leis nacionais distintas.

Dada a escala do comércio internacional de mercadorias e a participação da maioria dos países em nível mundial, constata-se a incapacidade dos ordenamentos nacionais de fornecer uma base adequada para a regulação da multiplicidade de relações contratuais em jogo. Isso é particularmente verdadeiro no que diz respeito às obrigações, riscos e custos, entre comprador e vendedor, inerentes ao transporte internacional de mercadorias e explica por que os INCOTERMS desempenham um papel tão importante nas trocas transnacionais.

---

68 *Idem* 67, p.5.

69 J. Basedow, 'Lex Mercatoria and the Private International Law of Contracts in Economic Perspective', Uniform Law Review, vol. 12, nº 4, 2007, p. 698.

Soft law e a governança do comércio internacional

A prática contratual nas relações econômicas transnacionais se desenvolveu em paralelo e independentemente das relações puramente domésticas[70]. Com o fracasso do ideal de unificação legislativa no século XIX[71], a segunda metade do século XX experimentou uma extraordinária expansão de um novo "mercado de normas", que inclui instrumentos de *soft law* sob a forma de cláusulas e contratos padrão, bem como regras formuladas por vários agentes privados atuantes no comércio internacional (*e.g.*, CCI, GAFTA[72], ICA[73], ECF[74] etc). Esse desenvolvimento é consistente com os princípios da liberdade contratual e, mais especificamente em contratos comerciais internacionais, com o princípio da autonomia da vontade das partes[75].

Esse conjunto de normas de origem não estatal que regula o comércio internacional é conhecido como a nova *lex mercatoria*, ou seja: uma regulamentação jurídica do comércio de "baixo para cima", distinta da regulamentação estatal típica, "de cima para baixo", realizada mediante a edição de leis e julgados pelo Estado[76]. A nova *lex mercatoria* é definida como:

---

70 *Vide*, em geral, C. Kessedjian, 'Codification du droit commercial international et droit international privé : de la gouvernance normative pour les relations économiques transnationales', Collected Courses of The Hague Academy of International Law – Recueil des cours, Volume 300 (2002).

71 O ideal de unificação legislativa do século XIX, segundo o qual valores compartilhados das nações civilizadas levariam à gradual convergência das leis de todas as nações, revelou-se demasiado otimista, tendo em vista o reduzido número de convenções de direito uniforme e de direito internacional privado em vigor. Mesmo em áreas nas quais a adoção de tratados internacionais de direito privado foi bem-sucedida, como no caso da CISG e da Convenção de Nova York sobre o Reconhecimento e Execução de Laudos Arbitrais Estrangeiros, o modelo tradicional de unificação legislativa apresentou externalidades negativas. Tais externalidades se verificam nos obstáculos à revisão e emenda desses instrumentos, como a dificuldade na formação de novos consensos entre os numerosos Estados-Membros, o que impede a atualização dos instrumentos.

72 Trata-se da « Grain and Feed Association ». Para mais informações, *vide*: https://www.gafta.com/.

73 Trata-se da « International Cotton Association ». Para mais informações, *vide*: https://ica-ltd.org/.

74 Trata-se da « European Coffee Federation ». Para mais informações, *vide*: https://www.ecf-coffee.org/about/.

75 *Vide* J. Basedow, 'Lex Mercatoria and the Private International Law of Contracts in Economic Perspective', Uniform Law Review, Vol. 12, No. 4 (2007), p. 698. O princípio da autonomia da vontade estabelece que as partes em um contrato comercial internacional desfrutam da liberdade para escolher a lei regente do contrato e das disputas que possam surgir da relação. A crescente e ampla aceitação internacional do princípio da autonomia foi investigada e discutida na seguinte obra: D. Girsberger, T. Kadner Graziano and J.L. Neels (gen. eds.), Choice of Law in International Commercial Contracts: Global Perspectives on the Hague Principles, Oxford University Press, 2021.

76 *Vide* J.K. Levit, 'Bottom-up Lawmaking through a Pluralist Lens: The ICC Banking Commission and the Transnational Regulation of Letters of Credit' (2007-08) 57 Emory Law Journal 1147.

> "[U]m regime de governança de contratos transnacionais com características socioeconômicas e jurídicas. Sua função é proteger a execução confiável de contratos e criar segurança jurídica para o comércio internacional. Seus fundamentos são ideias mais amplas de autorregulação ou autodesenvolvimento e o princípio da autonomia da vontade das partes. A construção do regime é feita em instituições privadas (que criam normas, expedem decisões arbitrais e sanções sociais) e públicas (que editam leis, julgados e promovem a execução forçada de decisões), sendo que as últimas estão consideravelmente desvinculadas de seu contexto doméstico[77].

Na prática, a *lex mercatoria* exerce relevante papel na harmonização do direito comercial internacional[78]. E serve igualmente para fundamentar decisões (arbitrais e judiciais) em disputas internacionais[79].

De uma perspectiva econômica, a harmonização legislativa por meio de instrumentos de *soft law*, da qual a *lex mercatoria* constitui exemplo, é, em geral, menos custosa do que a empreendida mediante instrumentos internacionais clássicos de direito uniforme, como tratados e convenções. A elaboração destes últimos exige tempo e recursos significativos, tem normalmente escopo limitado, dado o compromisso necessário para alcançar o consenso entre os Estados e, com frequência, leva tempo para surtir efeitos.

O desenvolvimento de regras de *soft law*, por outro lado, não sofre as mesmas limitações políticas da elaboração de tratados. Dessa forma, a normativa que daí emerge pode ser mais específica e detalhada em uma ampla gama de assuntos e, apesar de seu caráter não vinculante, mais eficaz do que os tratados internacionais.

Vale notar que a diferença entre regras estatais e não estatais é menos importante em uma análise econômica. Isso, porque agentes racionais estão menos dispostos a buscar uma solução baseada regra estatal quando o mesmo resultado (ou outro melhor) pode ser alcançado por meio de acordos privados[80]. A adoção dos INCOTERMS constitui exemplo de tal atitude.

---

77 G.-P., Calliess, Lex Mercatoria, ZenTra Working Paper in Transnational Studies No. 52 / 2015, disponível em SSRN: https://ssrn.com/abstract=2597583, p. 2. *Vide* igualmente Encyclopedia of Private International Law (J. Basedow, G. Rühl, F. Ferrari, and P. de Miguel Asensio, eds.), Elgar, 2017, pp. 1120-1129.

78 F.K. Juenger, 'The Lex Mercatoria and Private International Law' (2000) 5 Uniform Law Review 171, pp. 1139-1140.

79 E. Gaillard, 'Transnational law: a legal system or a method of decision making', Arbitration International, Vol. 17, No. 1 (2001), p. 63.

80 *Vide* S. Kozuka, 'The Economic Implications of Uniformity in Law', Uniform Law Review, Vol. 4 (2007), p. 683.

A normatividade da *soft law* no âmbito das transações internacionais baseia-se nos princípios fundamentais da liberdade de contratar e da autonomia da vontade das partes[81]. Tais princípios operam sob a premissa de que "os indivíduos são (...) maximizadores racionais de seu próprio bem-estar e têm conhecimento particular sobre as preferências indisponíveis para qualquer outra pessoa"[82]. Assim, a eficácia das regras de *soft law* geralmente depende da disposição das partes em adotá-las na sua relação. Nesse contexto, o uso da *soft law* sofre as limitações inerentes à liberdade de contratar, o que pode resultar na aplicação de regras imperativas emanadas do Estado e que não podem ser derrogadas pela vontade das partes.

A harmonização das normas do comércio internacional parece, portanto, ser menos intensiva em recursos e mais eficiente se realizada por meio de instrumentos de *soft law*[83]. Isso explica uma série de iniciativas contemporâneas de soft law promovidas por organizações internacionais[84].

Os INCOTERMS se qualificam como um conjunto de regras de *soft law* porque se originam de uma fonte não legislativa e exprimem um compromisso normativo, no sentido de que podem vincular as partes, voluntariamente, através do contrato, e, potencialmente, de modo autônomo como usos comerciais.

Efetividade dos INCOTERMS como ferramenta de harmonização jurídica no comércio internacional

Pode-se afirmar, em conclusão, que os INCOTERMS têm contribuído de modo eficaz para a harmonização dos termos comerciais em matéria de obrigações, riscos e custos, entre comprador e vendedor, no contexto das trocas internacionais de mercadorias. No Brasil, em particular, a jurisprudência tem sido fiel ao propósito dos INCOTERMS.

---

81 H. Muir Watt, 'Party Autonomy', Encyclopedia of Private International Law (J. Basedow, G. Rühl, F. Ferrari, and P. de Miguel Asensio, eds.), Elgar, 2017, pp. 1336-1941; vide igualmente A. Mills, Party Autonomy in Private International Law, Cambridge University Press, 2018.

82 G. Ruehl, 'Party Autonomy in the Private International Law of Contracts: Transatlantic Convergence and Economic Efficiency', Conflict of Laws in a Globalized World (E. Gottschalk, R. Michales, G. Ruehl, J. von Hein, eds.), Cambridge University Press, 2006 (CLPE Research Paper No. 4/2007, Disponível em: http://papers.ssrn.com/sol3/papers.cfm?abstract_id=921842, pp. 32-33.

83 *Vide* J. Basedow, 'Lex Mercatoria and the Private International Law of Contracts in Economic Perspective', Uniform Law Review, Vol. 12, No. 4 (2007), p. 704.

84 Na atualidade, há numerosas iniciativas de regulação pela via da soft law, como Leis-Modelo ("Model Laws"), Diretivas ("Directives"), Guias de Boas Práticas ("Good Practice Guides") etc. Vide igualmente S. L. Schwarcz, 'Soft Law as Governing Law', Duke Law School Public Law & Legal Theory Series Paper, No. 2019-8, Disponível em: http://papers.ssrn.com/sol3/papers.cfm?abstract_id=3307418.

61. A CLÁUSULA DE PARIDADE (MFN) NO DIREITO BRASILEIRO E O FREIO CONCORRENCIAL

Leonor Cordovil
Fernanda Martino

1. INTRODUÇÃO

O estabelecimento de preços e condições comerciais é uma etapa que pode ser custosa no processo de negociação em uma relação comercial privada. Por esse motivo, a garantia de que o comprador sempre terá direito a adquirir o produto ou serviço ofertado pelo menor preço e melhores condições pode ser uma opção interessante a ser negociada, podendo ser prevista contratualmente sob certas condições.

A cláusula que contém esta obrigação é conhecida como cláusula da nação mais favorecida ou cláusula de paridade (*Most Favorite Nation* - cláusula MFN). De forma resumida, a cláusula MFN pode ser relevante para garantir ao comprador que ele não será colocado em uma situação mais desvantajosa que seus concorrentes, caso estes consigam concluir negociações futuras com o mesmo fornecedor com melhores preços ou condições.[85]

A cláusula MFN em contratos comerciais envolve compradores com poder de barganha na negociação, sendo estes, muitas vezes, agentes detentores de

---

85 AKMAN, Pinar; SOKOL, Daniel. Online RPM and MFN under Antitrust Law and Economics. Review of Industrial Organization, V. 50, n. 2, 2017. p. 137. Disponível em: <https://papers.ssrn.com/sol3/papers.cfm?abstract_id=2852782> Acesso em: 22 jun. 2023.

poder de mercado. Isto porque, em um cenário hipotético em que o comprador não possua relevância significativa no mercado, não haveria, a princípio, um motivo razoável para que o fornecedor aceitasse estar contratualmente vinculado à obrigação de sempre lhe conceder as melhores condições.

Embora seja objeto de uma negociação privada, a inclusão e a abrangência da cláusula MFN em contratos comerciais têm levantando discussões sobre potenciais efeitos anticoncorrenciais dela decorrentes, sendo esta a questão central a ser discutida ao longo dos próximos capítulos. Esta cláusula é geralmente lícita, mas exige atenção em pontos específicos, a depender, em linhas gerais, da estrutura e características do mercado, bem como do escopo da obrigação estipulada.

O capítulo 2 apresentará, de forma introdutória, o conceito da cláusula de paridade em contratos, abordando a sua segmentação entre mercado *offline* e *online*, bem como a diferença entre a cláusula ampla e sua versão restrita. O capítulo 3 abordará sua análise concorrencial, especialmente relacionada ao mercado *online*. Em seguida, no capítulo 4 serão discutidos os principais argumentos a favor e contra a aceitação da cláusula de paridade pelas autoridades antitruste, tendo em vista potenciais efeitos anticompetitivos. Por fim, o capítulo 5 analisará o risco de acesso às informações concorrencialmente sensíveis decorrente do monitoramento desta cláusula exercido pela própria parte.

2. AS CLÁUSULAS DE PARIDADE E SUAS CLASSIFICAÇÕES

Conforme exposto, a cláusula de paridade é aquela que promete que o comprador será cobrado pelo mínimo preço oferecido pelo vendedor. O seu nome - *Most Favorite Nation* - foi emprestado do direito internacional econômico. Neste ramo do direito, ela se refere à obrigação de um país de dar tratamento isonômico aos demais. Essa cláusula é, por exemplo, um princípio da Organização Mundial do Comércio (OMC), determinando que um de seus membros estenda qualquer tratamento privilegiado que eventualmente confira a uma contraparte a todos os outros membros nas mesmas circunstâncias.[86]

Daniela Nascimento explica que a sua migração para os contratos privados remonta ao final da década de 1980, encabeçada por autores estadunidenses, e observada em diversos mercados como de distribuição de gás natural, planos de saúde e distribuição de medicamentos. No direito privado, passou a ser parte do "acordo entre um fornecedor e um cliente no qual o fornecedor

86 LAFER, Celso. O GATT, a cláusula da nação mais favorecida e a América Latina. In: Revista de Direito Mercantil, Industrial, Econômico e Financeiro. V. 10, n. 3, 1971, p. 45.

promete ao cliente que lhe oferecerá condições tão favoráveis quanto aquelas oferecidas a qualquer outro cliente."[87]

Este é um exemplo de cláusula:

> *A FORNECEDORA compromete-se a não exigir, da COMPRADORA, preços mais altos e condições mais onerosas do que os praticados aos concorrentes da COMPRADORA. Caso os preços e condições do presente Contrato mostrem-se mais desfavoráveis, a FORNECEDORA compromete-se a revê-los imediatamente, oferecendo compensação equivalente, à COMPRADORA, no valor da diferença observada.* [Cláusula de paridade *offline*, a seguir explicada a classificação]

Mais recentemente, a discussão saiu do chamado mundo *offline*, ou *brick and mortar*, para atingir mercados digitais, nos quais dominam as plataformas e todas as suas implicações. As cláusulas passaram a ser observadas não somente em contratos simples de distribuição, mas na relação entre plataformas digitais e fornecedores de um dos lados dessas plataformas. Aqui estão dois exemplos:

> *O HOTEL SORBONNE compromete-se a não praticar, aos concorrentes da PLATAFORMA AGENCE e em seus próprios canais de venda, preços e condições mais favoráveis do que os oferecidos à esta última. Caso os preços e condições oferecidos mostrem-se mais favoráveis, o HOTEL SORBONNE compromete-se a revê-los imediatamente, oferecendo compensação equivalente, à PLATAFORMA AGENCE, no valor da diferença observada.* [Cláusula de paridade *online* – ampla, classificação a seguir explicada]

> *O HOTEL SORBONNE compromete-se a não praticar, em seu próprio site, preços e condições mais favoráveis do que os oferecidos à PLATAFORMA AGENCE. Caso os preços e condições praticados mostrem-se mais favoráveis, o HOTEL SORBONNE compromete-se a revê-los imediatamente, oferecendo compensação equivalente, à PLATAFORMA AGENCE, no valor da diferença observada.* [Cláusula de paridade *online* – restrita, classificação a seguir explicada]

Como pode ser visto pelos exemplos acima, a cláusula de paridade incluída em um contrato comercial do mundo *offline* contém restrições de preços e

87 NASCIMENTO, Daniela Maria Rosa. Aspectos concorrenciais das cláusulas de paridade no comércio online. Dissertação defendida na Universidade de São Paulo, 2020, p. 24. Disponível em: <https://www.teses.usp.br/teses/disponiveis/2/2132/tde-06052021-215606/publico/7128457_Dissertacao_Original.pdf>. Acesso em 25 jun. 2023.

condições que serão aplicadas à própria relação comercial estabelecida entre o fornecedor e o comprador (ou seja, entre as partes envolvidas no contrato). Já a cláusula de paridade prevista em contrato entre o fornecedor e a plataforma digital regula restrições ao preço e condições a serem praticadas na relação comercial a ser estabelecida entre o fornecedor e o consumidor ou entre a plataforma e o consumidor (ou seja, entre uma das partes envolvidas no contrato e terceiros, no caso hipotético entre o Hotel Sorbonne e os consumidores e/ou entre a Plataforma Agence e os consumidores).[88]

A cláusula de paridade *online* pode ter um escopo mais amplo (*wide clause* - cláusula de paridade ampla) ou mais restrito (*narrow clause* - cláusula de paridade restrita). Esta segmentação é relevante em relação aos potenciais efeitos concorrenciais, tendo as autoridades antitruste explorado este ponto, conforme será melhor descrito nos capítulos seguintes. Neste momento, apenas menciona-se, resumidamente, que quando há uma cláusula de paridade ampla, o fornecedor não poderá ofertar, em nenhum outro canal próprio (*online* ou *offline*) e a nenhuma outra plataforma, melhores preços e condições do que aqueles oferecidos à plataforma contratante; no caso de uma cláusula de paridade restrita, o fornecedor apenas não poderá ofertar em seu próprio *website* melhores preços do que aqueles ofertados à plataforma contratante (mas estará livre para ofertar melhores preços à outras plataformas e em outros canais próprios de venda, com exceção de seu próprio *website*).

A figura abaixo ilustra as relações apresentadas. Para melhor compreensão das demais etapas e avaliação de efeitos, esclarece-se que as plataformas são intermediárias na relação de venda entre os fornecedores e consumidores, sendo os fornecedores responsáveis pelo estabelecimento do preço na plataforma e pelo pagamento de uma taxa de intermediação às plataformas.

88 COLANGELO, Margherita. Traditional and Platform MFN Clauses under Antitrust Law: Insights from Recent Practice. Competition Policy International Antitrust Chronicle, 2019. Disponível em: <https://papers.ssrn.com/sol3/papers.cfm?abstract_id=3458462> Acesso em: 20 jun. 2023.

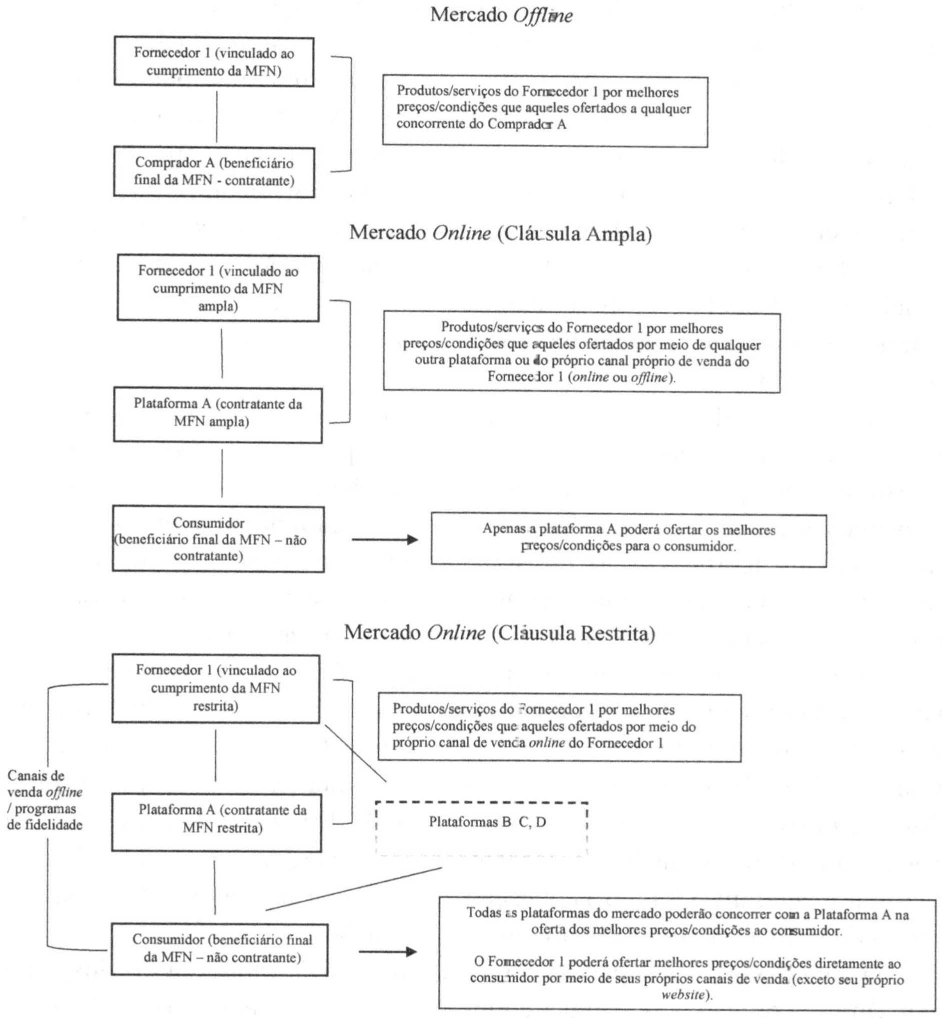

3. A ANÁLISE DAS CLÁUSULAS DE PARIDADE *ONLINE* PELO DIREITO CONCORRENCIAL

Há mais de uma década as cláusulas de paridade vêm sendo investigadas pelas autoridades concorrenciais de várias jurisdições do mundo. Contudo, a maioria das restrições até hoje impostas cingiu-se a cláusulas *online*, ou seja, presentes em contratos de plataformas ou serviços prestados em ambiente eletrônico.

Uma das primeiras investigações ocorreu na disputa pelo mercado de e-*books* entre Apple e Amazon. Em 2010, a Apple celebrou contrato de agência com cinco editoras contendo a cláusula de paridade. A prática ocorreu no contexto da criação da plataforma de *e-books* da Apple (*Ibookstore*) para utilização no recém-lançado *ipad*. Consequentemente, as editoras não poderiam mais comercializar os seus livros por melhores preços em outras plataformas, como pela então líder de mercado Amazon, sua principal concorrente no mercado *online* naquela época por meio do *kindle*. As editoras celebraram um acordo para encerrar a investigação e a Apple foi condenada pelo Departamento de Justiça dos Estados Unidos por ter usado da cláusula MFN como meio para arquitetar um conluio entre as editoras, com prejuízos ao consumidor.[89] A Comissão Europeia também investigou esta prática, que foi encerrada por meio de acordo.[90]

Alguns anos depois, a própria Amazon foi investigada por conduta semelhante. Segundo a acusação da Comissão Europeia, a Amazon obrigava os escritores a equiparar o preço de venda de seus livros em outras livrarias (plataformas) aos preços e condições pelos quais vendiam na Amazon. O caso terminou em um acordo após a Comissão concluir que a Amazon tinha poder de mercado suficiente para limitar a entrada de novos concorrentes e a inovação no mercado, além de promover a alta dos preços dos produtos.[91]

Recentemente, com o aumento das transações no comércio eletrônico, elas se tornaram ainda mais comuns, gerando a desconfiança e a investigação de seu escopo. Entre 2013 e 2015, elas passaram pelo escrutínio da Alemanha, França, Itália e Suécia e, um pouco mais recentemente, em 2016, pelo Conselho Administrativo de Defesa Econômica (Cade).[92] Essas investigações tiveram desfecho bastante semelhante, a celebração de acordos de cessação de prática, que acabaram evitando a aplicação de multas de alto valor e corrigindo de forma definitiva eventuais distorções concorrenciais.

O alvo dessas investigações foram as Agências de Reserva de Hospedagem Online, conhecidas em inglês como "*Online Travel Agents*" (OTAs). Elas são empresas (plataformas de intermediação) que ofertam produtos ou serviços como hospedagem, reserva de veículos, passeios e passagens, intermediando o relacionamento entre os ofertantes e os compradores. O seu objetivo é que o consumidor tenha, em um só site, uma boa e completa experiência de viagem, na qual ele consegue adquirir o pacote completo, embora os ofertantes sejam

89 United States v. Apple Inc., et al., 952 F. Supp. 2d 638 (S.D.N.Y. 2013).

90 COMISSÃO EUROPEIA. Case COMP/AT.39847- E-books – Commission decision C (2012) 9288.

91 COMISSÃO EUROPEIA. Case AT.40153- E-book MFNs and related matters (Amazon).

92 CADE. Inquérito Administrativo nº 08700.005679/2016-13. Representadas: Expedia do Brasil Agência de Viagens e Turismo Ltda, Decolar.com Ltda. e Booking.com Brasil Serviços de Reserva de Hotéis Ltda.

diversos fornecedores. São exemplos (e empresas investigadas) o Booking.com. e a Expedia.

A cláusula de paridade encontrada pelas autoridades concorrenciais obrigava o vendedor a não oferecer melhores preços ou condições a outros compradores, seja em seus próprios sites (por exemplo, no site do hotel) ou em sites de empresas concorrentes às OTAs (por exemplo, o Booking.com. exige que o hotel Blue Tree não ofereça preços melhores no site Expedia). Este alcance diferenciado da cláusula fez com que ela fosse definida de duas formas, conforme mencionado no capítulo anterior: cláusula de paridade ampla (*wide clause*), que é a exigida contra preços melhores a qualquer concorrente e a cláusula de paridade restrita (*narrow clause*), que é exigida apenas em relação ao site do próprio prestador de serviço (ex. hotel ou empresa aérea).

O objetivo desse artigo não é detalhar as decisões de cada autoridade antitruste. Apenas destaca-se que a autoridade alemã (*Bundeskartellamt*), em posicionamento divergente das demais autoridades europeias, entendeu que tanto a clausula de paridade ampla como a clausula restrita deveriam ser vedadas.[93] O Cade, em linha com as demais autoridades europeias, entendeu que a clausula ampla era anticompetitiva, mas a clausula restrita poderia ser mantida. Um dos principais pontos de divergência, como se verá adiante, refere-se à análise das autoridades em relação à prática chamada de carona, ou *free-riding*, em que uma empresa se apropria dos investimentos da outra para concorrer oferecendo melhores condições (ao fazer os correspondentes desembolsos). Assim, se a cláusula restrita não existisse, um hotel poderia apropriar-se dos investimentos em *marketing* feitos pela OTA, por exemplo, mas oferecer, em seu próprio site, preços temporariamente mais baratos do que os encontrados na agência. Em outras palavras: poderia vender um quarto de hotel por 100 reais em uma agência *online*, que promove a experiência e torna o hotel muito mais conhecido, mas, em seu próprio site, oferece o mesmo quarto por 80 reais. A autoridade alemã não se convenceu, no entanto, de que alegado efeito carona poderia inviabilizar o negócio da OTA, concluindo que a cláusula deveria ser vedada em qualquer escopo.

Em 2015, entrou em vigor na França a Lei Macron (Lei 2015-900), proibindo expressamente as cláusulas de paridade. Entende-se que as OTAs são representantes dos hotéis na venda dos produtos, estando vedadas quaisquer práticas de imposição de preços, cabendo aos hotéis representados a liberdade

---

93 AVILA, Francisco E. Beneke. The German Federal Supreme Court's Judgement in Booking.com as a Case Study of the Limitations of Competiton Law. International Review of Intellectual Property and Competition Law, 1374-1386, 2022. Disponível em: < https://link.springer.com/article/10.1007/s40319-022-01253-z> Acesso em 25 jun. 2023.

para precificar seus serviços a qualquer valor, em qualquer plataforma.[94] A mesma proibição ocorreu na Áustria e na Itália[95], que proibiram a implementação da cláusula de paridade.

Com o destaque à disputa pelo mercado de *e-books* e às discussões relacionadas ao mercado de agências de turismo *online*, vieram outras investigações sobre o tema. Em linha com a atenção da Europa ao tema, a cláusula MFN ampla no mercado *online* foi excluída do rol de condutas que podem se beneficiar de isenção antitruste, segundo versão atualizada da regulamentação de isenções da Comissão Europeia.[96] Em entendimento ainda mais rígido, no Reino Unido a conduta passou a ser considerada presumidamente ilícita, nos termos da sua recém-lançada regulamentação de isenções, embora ainda não se possa afirmar que este será o entendimento adotado na prática, tendo em vista controvérsias jurisprudenciais sobre o tema.[97]

Independentemente das especificidades de cada jurisdição, os exemplos mencionados comprovam a atenção das MFNs no mercado de plataformas, com amplas discussões em diferentes jurisdições, bem como a existência de reflexos na regulamentação decorrentes do posicionamento das autoridades. Isto demonstra a relevância da avaliação dos principais efeitos anticompetitivos e eficiências decorrentes desta prática no caso concreto, conforme será analisado no capítulo a seguir.

4. PARÂMETROS DA LEGALIDADE DAS CLÁUSULAS MFN

Um primeiro olhar distraído pode facilmente concluir que a obrigação de paridade tende a trazer benefícios ao consumidor, já que reduz o preço ofertado. Contudo, sob certas condições e em alguns cenários, tais cláusulas podem produzir efeitos negativos perversos à concorrência e, por isso, vêm sendo exaustivamente estudada e comentada pelos reguladores dessa área.

---

94 BARBOSA, Pedro Pinto Costa Bittencourt. A Regulação das Cláusulas de Paridade de Preços no Mercado de Reservas de Acomodações Online ao Redor do Mundo. RED/UNB, 16ª edição, p. 443. Disponível em: < https://periodicos.unb.br/index.php/redunb/article/view/24435>. Acesso em 25 jun. 2023.

95 A Itália sancionou a Lei Anual de Mercado e Concorrência, determinando ser nulo qualquer acordo entre uma empresa turístico-receptiva que se obriga a não praticar, aos clientes finais, preços, prazos, termos e qualquer outra condição que seja melhor do que a praticada pela mesma empresa através de terceiro (SOARES, Aryllis Alves. As cláusulas de paridade nos contratos de consumo com agências de turismo on-line: análise sobre desenvolvimentos nacionais europeus. Revista do Direito do Consumidor. Vol. 131/2020, p. 207).

96 Commission Regulation (EU) 2022/720 - Vertical Block Exemption Regulation.

97 UK Competition Act 1998 - Vertical Agreements Block Exemption - Order 2022.

Conforme será apresentado nos itens a seguir, podem ser identificadas potenciais vantagens e desvantagens geralmente relacionadas às cláusulas MFN, sendo elas associadas principalmente às MFN no mercado *online*, feitas as devidas ressalvas.

4.1. Vantagens das MFNs [parâmetros autorizadores]

As cláusulas MFNs têm como principais justificativas de defesa em seu uso a produção das seguintes eficiências: redução dos custos de transação (4.1.1) e prevenção em relação aos custos de investimentos da plataforma (*showrooming e free riding*) (4.1.2). Ainda, em relação ao mercado *offline*, pode ser alegada a necessidade de garantia de retorno do investimento do comprador e a prevenção do *hold up* (4.1.3).

4.1.1 Redução dos custos de transação

O processo de negociação de contratos e suas condições envolve custos associados ao tempo gasto para que a negociação seja efetivamente concluída e custos financeiros para a realização de trâmites burocráticos e monitoramento do mercado.

A celebração de contratos com a inclusão de uma cláusula MFN garante ao comprador que ele sempre terá o melhor preço à sua disposição, sem que tenha que incorrer em custos de transação relacionados à negociação. Tendo em vista esta garantia, o comprador poderá realizar os investimentos necessários à melhor *performance* e requisitados pelo vendedor, uma vez que sabe que estes custos serão recuperados posteriormente.[98]

De modo geral, em mercados em que os preços são voláteis, a redução dos custos de transação pode ser significativa e, consequentemente, ser repassada aos consumidores.[99]

O setor de saúde suplementar tem sido mencionado como um ramo em que as negociações entre operadores de planos de saúde e prestadores de serviço exigem elevados custos financeiros e de tempo e, portanto, a

98 GUERRERA, Vinicius Flora. MFN Clauses: uma análise acerca de sua aplicabilidade e os efeitos sobre a livre-concorrência. Trabalho de Conclusão de Curso apresentado à Faculdade de Direito da Universidade Presbiteriana Mackenzie, 2018. Disponível em: <https://dspace.mackenzie.br/bitstream/handle/10899/20785/VINICIUS%20FLORA%20GUERRERA.pdf?sequence=1> Acesso em 21 jun. 2023.

99 Op. Cit. p. 148.

desnecessidade de uma renegociação periódica significa uma redução de custos de transação.[100] Apesar de esta premissa ser verdadeira, dificilmente seria aceita como justificativa principal para a manutenção da cláusula.

No caso de MFN *online*, a redução de custos de transação é aplicada também ao consumidor, que não é parte do contrato, mas sofre seus efeitos, uma vez que o consumidor poderá utilizar-se de uma única plataforma para realizar uma transação a qual ele teria que consultar várias plataformas diferentes, gastando muito mais tempo e recursos.

Em suma, a redução de custos de transação é um argumento razoável de defesa para manutenção da cláusula, porém, para que tenha mais força, é necessário que seja conjugado com outras eficiências, especialmente com a prevenção do *free-riding*.

4.1.2 O *free-rider* e o *showrooming*

A maior defesa das cláusulas de paridade *online* é o fato de que elas, de fato, previnem o chamado *showrooming*. Sem elas, os consumidores podem usar a plataforma para encontrar a oferta mais desejada e depois completar a transação em outro site, no qual são oferecidos preços mais baixos (porque não são cobradas as taxas de intermediação).[101] *Showrooming* é considerado uma forma de *free-riding* (o caroneiro, aquele que não investe e pega carona no investimento alheio). Por *showrooming* também pode-se entender a prática do consumidor em se informar sobre o produto na loja física para, posteriormente, realizar a compra na loja virtual, sendo essa a origem da terminologia.[102]

A título de exemplo, pode-se falar no mercado das OTAs. Em um cenário em que não há qualquer cláusula de paridade, os hotéis estão livres para ofertar melhores preços em outras plataformas ou por meio de qualquer um de seus próprios canais de venda (ex: *website*, telefone, balcão). Como os preços finais ofertados pelos canais diretos ou por meio de plataformas novas ou menos conhecidas, que cobrem uma menor taxa de intermediação, serão menores, os consumidores tendem utilizar-se da plataforma principal para ter

---

100 GURKAYNAK, Gonenç; GUNER, Ayse; DINIZ, Sinan; FILSON, Janelle. Most-favored-nation clauses in commercial contracts: legal and economic analysis and proposal for a guideline. European Journal of Law and Economics, 2016, p. 148. Disponível em: < https://papers.ssrn.com/sol3/papers.cfm?abstract_id=3150371> Acesso em 19 jun. 2023.

101 WRIGHT, Julian; WANG, Chengsi. Search Platforms: showrooming and price parity clauses. The RAND Journal of Economics, Vol. 51, n.1, 2020.

102 COMISSÃO EUROPEIA. Support studies for the evaluation of the VBER - Study on consumer purchasing behaviour in Europe - Final report, p. 99 Disponível em: <https://ec.europa.eu/competition/publications/reports/kd0420219enn.pdf> Acesso em: 24 jun. 2023.

acesso aos seus benefícios (ex: visão consolidada da disponibilidade de oferta, comparativo de preços, *reviews* de outros clientes) para, posteriormente, optar por adquiri-las diretamente dos outros canais com melhores preços (diretamente do próprio hotel ou outras plataformas que ofertem por um melhor preço). Com isso, a longo prazo, as plataformas não teriam incentivo para realizar investimentos e, tampouco, conseguiriam sobreviver no mercado.

Este foi o argumento considerado pelas autoridades que aceitaram a validade da cláusula de paridade restrita, como o Brasil, sendo, entretanto, rejeitado pela Alemanha. Esta decisão foi considerada uma solução intermediária suficiente para evitar o *free-riding* dos hotéis que poderiam se aproveitar da sua exposição nas plataformas para, posteriormente, ofertarem preços melhores em seus *websites*, resultando em prejuízos às plataformas e aos consumidores.

Apesar de a jurisprudência nacional e internacional ter entendido este argumento como convincente, menciona-se a existência de posicionamentos doutrinários que questionam se, de fato, há *free-riding* decorrente desta prática, a ponto de se justificar a manutenção das cláusulas MFN restritas neste mercado, com base em dois argumentos principais: (i) há um grupo de consumidores que viajam muito e valorizam custos associados ao seu tempo e, portanto, não teriam incentivos para realizar a pesquisa no *website* da plataforma e, posteriormente, realizar a transação no *website* do próprio hotel (por exemplo, a plataforma já poderia ter seus dados para pagamento salvos, o que para eles significaria uma economia de tempo compensatória); (ii) os próprios hotéis têm interesse em realizar o pagamento das taxas de intermediação às plataformas para que estas continuem a investir e expor os seus produtos, uma vez que a plataforma é capaz de ofertar um tipo de serviço que cada hotel individualmente não é capaz de fornecer ao consumidor, mas lhe é compensatório ao final.[103] Para comprovar esta dúvida quanto à efetividade do *free-riding*, o autor menciona exemplos de países em que a cláusula é considerada ilícita pela jurisprudência, como a Alemanha, ou legalmente, como a França e Itália, mas nos quais observou-se uma queda de preços dos hotéis e, no caso da Alemanha, um aumento da oferta por meio das OTAs.[104] Portanto, com base nestes argumentos, a vedação da cláusula MFN restrita não prejudicaria as OTAs e a concorrência.

---

103 BAKER, Jonathan B.; SCOTT MORTON, Fiona. Antitrust Enforcement Against Platform MNFs, The Yale Law Journal, 2018, P. 2185. Disponível em: < https://papers.ssrn.com/sol3/papers.cfm?abstract_id=3079530> Acesso em: 25 jun. 2023.

104 Op. Cit. p. 2185. Referência aos estudos: Matthias Hunold et al., Evaluation of Best Price Clauses in Hotel Booking 19-36 (ZEW Ctr. for European Econ. Research, Discussion Paper No. 16-066, 2016) e Andrea Mantovani et al., The Dynamics of Online Hotel Prices and the EU Booking.com Case 12- 27 (NET Inst., Working Paper No. 17-04, 2017).

Em que pese este posicionamento, o fato é que a prevenção do *free-riding* ainda tem sido considerada um argumento bastante convincente para muitas autoridades para a manutenção da cláusula MFN restrita.

4.1.3 Garantia de retorno de investimento do comprador

Saindo um pouco do mundo digital, pode-se destacar dois argumentos a favor da inserção de cláusulas MFN: (i) garantia de recompensar os compradores por investimentos a serem realizados e (ii) possibilidade de agilizar a execução de contratos, com a mitigação do risco de que uma negociação melhor poderia ser obtida (efeito *hold up*).

Embora o *free-riding* também seja uma forma de se garantir o retorno do investimento, o argumento conforme mencionado no item anterior foi centrado no mercado *online*, ou seja, nas plataformas digitais, que possuem uma dinâmica diferente de precificação conforme explicado.

Neste ponto, pretende-se salientar que, em contratos de longo prazo, a cláusula MFN poderia ter como função garantir ao primeiro comprador que os futuros compradores (seus concorrentes), os quais poderiam ter mais previsibilidade quanto à dinâmica mercado, não receberiam uma condição comercial mais favorável.[105] Contratos celebrados no mercado de gás natural, que geralmente são de longo prazo e requerem investimentos em altos custo fixos, costumam ser mencionados como exemplos de utilização de MFN com esta justificativa.[106]

Em relação ao segundo ponto, pode-se dizer que a cláusula MFN pode agilizar transações que dependam de múltiplas operações relacionadas. Por exemplo, para o desenvolvimento de grande empreendimento imobiliário, é necessário um número mínimo de terrenos a serem adquiridos. É possível que os proprietários tenham interesse em serem os últimos a venderem suas partes, para que possam exercer seu poder de barganha e cobrar maiores preços (*hold up*). Neste caso, uma cláusula MFN resolveria o problema, ao garantir que os primeiros vendedores recebessem valores tão bons quantos os últimos, agilizando, portanto, a conclusão do negócio como um todo.[107]

105 GURKAYNAK, Gonenç; GUNER, Ayse; DINIZ, Sinan; FILSON, Janelle. Most-favored-nation clauses in commercial contracts: legal and economic analysis and proposal for a guideline. European Journal of Law and Economics, 2016, p.147. Disponível em: < https://papers.ssrn.com/sol3/papers.cfm?abstract_id=3150371> Acesso em 19 jun. 2023.

106 Op. Cit. p.148.

107 Op. Cit. p.149.

4.2. Desvantagens das MFNs (parâmetros desautorizadores)

Apesar das alegadas eficiências acima mencionadas, estas cláusulas possuem potenciais efeitos anticompetitivos que devem ser analisados com cautela. Com base na jurisprudência, as principais desvantagens relacionadas à cláusula são as seguintes: incentivo à coordenação das plataformas, uniformização de preços ao consumidor final, diminuição de incentivo à eficiência das plataformas e elevação de barreiras à entrada com o consequente fechamento de acesso a novos entrantes. Estes temas serão tratados nos itens abaixo, considerando-se os efeitos nos mercados concentrados (4.2.1), efeitos no preço (4.2.2) e barreiras à entrada (4.2.3).

4.2.1 Cláusulas MFN em mercados concentrados são piores

Em mercados concentrados e naqueles em que as partes contratantes da MFN têm uma maior participação de mercado, a imposição destas cláusulas tende a ser vista como ainda mais prejudicial.[108]

As negociações de cláusulas MFN no mercado *online* geralmente envolvem plataformas com poder de barganha, uma vez que elas concentram uma parcela significativa do total de acesso de consumidores. Assim, estas cláusulas são impostas por elas na condição "*take it or leave it*", o que leva os fornecedores a aceitarem a condição em troca do benefício de poderem negociar por meio desta plataforma.[109]

Em um mercado mais concentrado, ou seja, com um menor número de fornecedores de produtos e serviços, o poder de mercado das plataformas tende a ser ainda mais enfatizado com a obrigação de paridade, pois os fornecedores estarão ainda mais tendentes a aceitar a condição imposta pela plataforma. Assim, com ainda menos fornecedores, a condição de entrada com sucesso de uma nova plataforma torna-se ainda mais difícil, uma vez que ter um número considerável de fornecedores é o que torna a plataforma atrativa. Portanto, há mais uma dificuldade a ser enfrentada, já no cenário de que os fornecedores não tendem a se interessar em oferecer melhores preços aos novos entrantes, sob pena de ter que diminuir o valor ofertado à plataforma beneficiária da MFN.

---

108 COMISSÃO EUROPEIA. Support studies for the evaluation of the VBER - Study on consumer purchasing behaviour in Europe - Final report. p. 495. Disponível em: <https://ec.europa.eu/competition/publications/reports/kd0420219enn.pdf> Acesso em: 24 jun. 2023.

109 Op. Cit.

O reconhecimento de que cláusulas MFN tendem a ser piores em mercados concentrados e, portanto, devem ser evitadas também pode ser ilustrada pela abordagem do tema em análise de atos de concentração, mais especificamente na discussão sobre possíveis condições a serem negociadas para a aprovação de operações com potencial anticompetitivo.

A aquisição da EMI pela Universal Music foi aprovada com restrições pela Comissão Europeia, tendo como uma de suas condições acessórias a obrigação da Universal Music de não incluir cláusulas MFN em contratos novos ou renovados com clientes do mercado digital pelo prazo de 10 anos.[110] No Brasil, na aquisição da Monsanto pela Bayer, que teve como condição para aprovação no Brasil a venda de certos ativos da Bayer para a Basf, foi determinado também como uma das condições comportamentais que Bayer deveria se comprometer a conceder o licenciamento de eventos de biotecnologia e herbicidas não seletivos a todos os agentes do mercado de forma isonômica, sendo proibido o estabelecimento de cláusulas MFN com a Basf.[111]

Embora não seja um tema recorrente em atos de concentração e as preocupações concorrenciais tenham se concentrado mais em MFNs no mercado *online*, mencionam-se os casos acima para ilustrar que, eventualmente, limitações às cláusulas MFN podem vir a ser abordadas em um cenário de análise prévia de operações de concentrações em mercados digitais, especialmente considerando-se que estas têm recebido mais atenção das autoridades antitruste.

4.2.2 Efeito-preço

Em tese, esperar-se-ia que esse preço fosse baixo, mas a extensa literatura econômica prova que os preços sobem a um ponto de equilíbrio em mercados em que existem cláusulas MFN. Razão? Ela cria incentivos para que o vendedor não ofereça os menores preços, porque qualquer desconto oferecido a um deverá ser estendido aos demais. Em outras palavras, a cláusula funciona como uma penalidade que faz com que os descontos fiquem mais caros.[112]

Em linhas gerais, os efeitos de preço das cláusulas MFN podem ser vistos sob duas perspectivas: (i) aumento da possibilidade de coordenação entre os

110 COMISSÃO EUROPEIA. Case COMP/M.6458 (Universal Music Group/ EMI Music).

111 CADE. Ato de Concentração nº 08700.001097/2017-49 (Bayer Aktiengesellchaft e Monsanto Company).

112 BAKER, Jonathan B.; SCOTT MORTON, Fiona. Antitrust Enforcement Against Platform MNFs, The Yale Law Journal, 2018, p. 2179. Disponível em: < https://papers.ssrn.com/sol3/papers.cfm?abstract_id=3079530> Acesso em 25 jun. 2023.

agentes (plataformas) e (ii) aumento da possibilidade de uniformização dos preços na revenda.

Sem dúvida, as cláusulas de paridade reduzem a competição por preços, direta ou indiretamente. Elas podem ser, por exemplo, um bom instrumento, consciente ou inconsciente, para facilitar a coordenação entre empresas. De forma consciente, em um cartel *hardcore*, elas podem ser usadas para garantir que não haverá trapaça, já que o vendedor deverá manter os preços relativamente estáveis, evitando os descontos, como acima mencionado.

Em relação à uniformização dos preços na revenda, a cláusula MFN *online* tem sido comparada, por alguns autores, à prática tradicional de fixação de preço de revenda: nesta última ocorre a estipulação expressa pelo fornecedor do preço que o revendedor comercializará ao consumidor final, mas no caso da MFN também há, na prática, uma fixação do preço de venda pelos revendedores (plataformas).[113] A diferença é que no caso de uma MFN não há a fixação de preço a um valor absoluto (mínimo, máximo), mas sim a um valor relativo.[114]

Há inclusive estudos segundo os quais as cláusulas MFN *online* seriam mais prejudiciais que fixação de preço de revenda, uma vez que permitiriam à plataforma controlar o preço mínimo de venda dos produtos ao consumidor final ao aumentar a sua taxa de comissão.[115] Portanto, os efeitos da cláusula MFN poderiam ser comparados ao da fixação de preço de revenda, com uma agravante a mais: enquanto na fixação de preço de revenda o fornecedor pode livremente fixar o preço a ser aplicado aos seus revendedores, no caso da MFN o fornecedor está obrigado a ofertar pelo mesmo preço a todos, resultando, na prática, em uma uniformização de preços. Assim, em um mercado com a difusão da MFN como prática no mercado, o resultado será necessariamente a uniformização de preços entre todos os revendedores.[116]

4.2.3 Elevação das barreiras à entrada

As cláusulas MFN também podem criar uma prática anticompetitiva exclusionária (infração concorrencial que tem por objetivo eliminar rivais no mercado). Isso acontece quando a necessidade de paridade leva a um aumento

113 AKMAN, Pinar; SOKOL, Daniel. Online RPM and MFN under Antitrust Law and Economics. Review of Industrial Organization, v. 50, n. 2, 2017. p. 138. Disponível em: <https://papers.ssrn.com/sol3/papers.cfm?abstract_id=2852782> Acesso em: 22 jun. 2023.
114 Op Cit.
115 FLETCHER, Amelia; HVIID, Morten. Broad Retail Price MFN Clauses: Are they RPM "at its Worst"? In: Antitrust Law Journal. 2017; Vol. 81, n. 1. p. 10. Disponível em: < https://competitionpolicy.ac.uk/publications/retail-price-mfns-are-they-rpm-at-its-worst/> Acesso em: 24 jun. 2023.
116 Op. Cit.

de custos de atuais ou potenciais competidores, que se veem obrigados, para sobreviver, a oferecer um preço menor no mercado. Assim, a prática desestimula o surgimento de novos agentes econômicos ("para que entrarei no mercado se precisarei sempre oferecer um preço muito baixo?") ou leva à exclusão de competidores incapazes de alcançar aqueles preços. Um exemplo: uma empresa disruptiva consegue entrar e ofertar preços baixos (porque, por exemplo, ela não tem uma marca estabelecida e cara). Contudo, se ela compra de um fornecedor que também está disposto a reduzir preços para ganhar o volume, e este fornecedor também fornece a uma empresa com poder de mercado que havia lhe imposto uma MFN, ele não poderá praticar o preço menor para a empresa disruptiva.[117]

Foi exatamente esse o problema identificado nos casos Delta Dental[118] e BCBS Michigan. A MFN havia sido imposta a provedores de serviços de saúde por operadoras de planos. A obrigação impediu que operadoras novas celebrassem contratos com prestadores de serviço a um preço mais baixo, reduzindo o preço do seguro.[119]

No Brasil, esta questão foi ressaltada no caso da Gympass, uma investigação mais recente envolvendo plataformas após o acordo com as OTAs. Nesta oportunidade, ao celebrar acordo com o Cade, a Gympass se comprometeu a não manter ou celebrar novos contratos com a exigência da cláusula MFN em seus contratos com as academias, uma vez que a imposição desta obrigação teria o potencial de criar barreiras à entrada de novos concorrentes no mercado nacional de plataformas digitais agregadoras de academias de ginástica.[120]

Também recentemente, o potencial anticoncorrencial das cláusulas de paridade foi destacado na investigação relacionada ao suposto abuso de posição dominante exercido pelo Ifood na celebração de acordos de exclusividade com os principais restaurantes. Embora diferentemente dos casos anteriormente mencionados - OTAs e Gympass - a cláusula MFN não tenha sido o objeto explícito da investigação, ela constituiu um dos compromissos negociados pelo Ifood com o Cade para encerrar o caso. Isto porque a cláusula MFN foi considerada uma questão que poderia causar preocupação no futuro, sob o fundamento de que uma eventual celebração de cláusulas MFNs poderia

117 BAKER, Jonathan B.; SCOTT MORTON, Fiona. Antitrust Enforcement Against Platform MNFs. The Yale Law Journal, 2018, p. 2180. Disponível em: < https://papers.ssrn.com/sol3/papers.cfm?abstract_id=3079530>

118 United States v. Delta Dental of R.I., 943 F. Supp. 172 (D.R.I. 1996).

119 United States v. Blue Cross Blue Shield of Mich., 809 F. Supp. 2d 665 (E.D. Mich. 2011)

120 CADE. Inquérito Administrativo nº 08700.004136/2020-65. Requerimento de TCC nº 08700.006611/2021-19 - GPBR Participações Ltda. ("Gympass"). Nota Técnica nº 39/2022/CGAA1/SGA1/SG/CADE.

constituir uma barreira à entrada a plataformas entrantes, especialmente considerando-se a posição dominante que o Ifood já teria.[121]

5. A AUDITORIA DAS CLÁUSULAS MFN

Assim como todas as obrigações contratuais, as cláusulas MFN precisam ser devidamente monitoradas para que sejam de fato efetivas. Para isso, muitas vezes há a inclusão de uma cláusula adicional determinando que a auditoria da obrigação prevista nesta cláusula será realizada pelo próprio comprador.

Como a obrigação refere-se à oferta principalmente de preços e também de condições comerciais, para o monitoramento da obrigação é necessário que o comprador tenha acesso a informações potencialmente sensíveis do ponto de vista concorrencial de operações realizadas entre o fornecedor e demais compradores, ou seja, seus concorrentes no mercado. A título de exemplo, pode-se imaginar que para que a análise seja devidamente realizada sejam necessárias informações individualizadas e atuais sobre temas como preços dos produtos, lista de clientes e descontos concedidos pelo fornecedor, entre outros, a depender do caso. Informações específicas sobre estes assuntos tendem a ser considerados como dados concorrencialmente sensíveis, inclusive em linha com recomendação do Guia de Análise da Consumação Prévia de Atos de Concentração publicado pelo Cade.[122]

A troca de informações sensíveis entre concorrentes pode configurar uma infração antitruste autônoma ou pode ser um meio para facilitar outras condutas como um acordo colusivo entre as partes, o que é uma conduta ainda mais grave. Embora ainda existam poucas investigações específicas relacionadas exclusivamente à troca de informações como infração antitruste autônoma, este tema vem ganhando atenção nos últimos anos.

Por esse motivo, é recomendável que se evite a troca de informações entre concorrentes e que o monitoramento das cláusulas MFN seja realizado por auditores independentes, não relacionados a quaisquer das partes envolvidas,

---

121 Inquérito Administrativo nº 08700.004588/2020-47. Requerimento de TCC nº 08700.005597/2022-17 - iFood.com Agência de Restaurantes Online S.A. ("iFood"). Nota Técnica nº 3/2023/CGAA1/SGA1/SG/CADE.

122 Segundo o Guia de Análise da Consumação Prévia de Atos de Concentração, são consideradas informações sensíveis "informações específicas (não agregadas) sobre (...): (a) custos das empresas, (b) nível de capacidade e planos de expansão, (c) estratégias de *marketing*, (d) precificação de produtos (preços e descontos), e) principais clientes e descontos assegurados, (f) salários de funcionários, (g) principais fornecedores e termos de contratos com eles celebrados, (h) informações não públicas sobre marcas e patentes e Pesquisa e Desenvolvimento (P&D), (i) planos de aquisições futuras e (j) estratégias competitivas."

os quais poderão ter acesso aos dados específicos e garantir o efetivo monitoramento. Este procedimento estaria em linha com as recomendações adotadas para o acesso a informações de concorrentes antes do fechamento das operações (antes e durante o trâmite de Atos de Concentração), quando a troca de informações específicas ocorre por meio de grupos definidos e protocolos monitorados (terceiros independentes ou membros específicos da empresa focados nesta atividade).

CONCLUSÃO

As cláusulas MFN são, em princípio, consideradas lícitas, especialmente se celebradas em um contexto de mercados tradicionais (*offline*), sendo seus efeitos adstritos à esfera privada. Entretanto, apesar da falta de reflexões da jurisprudência brasileira sobre o tema, pode-se considerar, em um cenário teórico, que esta prática tende a ser mais prejudicial se puder facilitar a configuração de outras condutas exclusionárias, como exclusividade ou discriminação de concorrentes, sendo, nestes casos, necessária uma análise mais ampla sobre tais condutas.

As cláusulas MFN no mercado *online* têm chamado mais a atenção das autoridades antitruste em várias jurisdições. Neste caso, em que a própria cláusula já significa que a regulação entre duas partes (fornecedores e plataformas) refletirá na produção de efeitos diretos sobre terceiros (consumidores), a potencialidade de efeitos concorrenciais é mais visível. Além disso, a ênfase dada aos mercados e plataformas digitais de modo geral colaboram para que esta vertente tenha estado mais em foco.

Conforme exposto, embora o tema tenha sido poucas vezes efetivamente analisado no Brasil e, nas oportunidades em que foi, sejam casos encerrados por meio de acordo, pode-se chegar à recomendação de que cláusulas MFN celebradas com plataformas com posição dominante em mercados muitos concentrados devem ser analisadas com cautela, sendo a cláusula ampla não recomendada.

Por fim, com base nas principais eficiências e efeitos anticompetitivos, pode-se resumir alguns fatores que, se constatados, contribuem para que o risco da celebração de uma cláusula MFN seja minimizado: (i) baixo nível de concentração do mercado (compradores/plataformas e/ou fornecedores); (ii) existência de um contrato de longo prazo, com investimentos em ativos fixos, conforme prática do mercado; (iii) existência de substitutos próximos ao produto ou serviço objeto do contrato; (iv) plausibilidade e prova da necessidade de retorno de investimento no caso concreto (*free riding*); (v) referência a um produto ou serviço inovador, com valor incerto, cuja negociação pode levar ao problema de *hold up*; (vi) inexistência de direitos de auditoria (da parte) e multas por não cumprimento da obrigação, (vii) baixo potencial de estar relacionada a outras condutas anticompetitivas, especialmente acordos colusivos.[123]

123 SALOP, Steve, C.; SCOTT MORTON, Fiona. Developing an Administrable MFN Enforcement Policy. Antitrust, Vol. 27, n. 2, 2013. American Bar Association. Disponível em: < https://media.crai.com/sites/default/files/publications/Developing_An_Administrable_MFN_Enforcement_Policy_Salop_ScottMorton_Antitrust_Spring_2013.pdf> Acesso em 24 jun. 2023.